PRÉPAS SCIENCES

collection dirigée par Bertrand Hauchecorne

W0273390

Physique MP/MP* MPI/MPI*

4e édition

NOUVEAUX PROGRAMMES

ouvrage coordonné par

Lionel VIDAL

Professeur au lycée Vaucanson (Grenoble)

Régis BOURDIN

Professeur au lycée Sainte-Marie (Caen)

Ludovic MENGUY

Professeur au lycée Montesquieu (Le Mans)

Vincent PARMENTIER

Professeur au lycée Pothier (Orléans)

Emmanuel VAN BRACKEL

Professeur au lycée Livet (Nantes)

Marc VENTURI

Professeur au lycée Kléber (Strasbourg)

Sylvie ZANIER

Enseignante à l'université J. Fourier (Grenoble)

ellipses

COLLECTION
PRÉPAS SCIENCES

Retrouvez tous les titres de la collection et des extraits sur www.editions-ellipses.fr

Les notices culturelles « un scientifique » et « un peu d'histoire » des pages de titre des chapitres ont été rédigées par Bertrand Hauchecorne.

ISBN 9782340-066823
© Ellipses Édition Marketing S.A., 2022
8/10 rue la Quintinie 75015 Paris

DANGER LE PHOTOCOPILLAGE TUE LE LIVRE

Le Code de la propriété intellectuelle n'autorisant, aux termes de l'article L. 122-5.2° et 3°a), d'une part, que les « copies ou reproductions strictement réservées à l'usage privé du copiste et non destinées à une utilisation collective », et d'autre part, que les analyses et les courtes citations dans un but d'exemple et d'illustration, « toute représentation ou reproduction intégrale ou partielle faite sans le consentement de l'auteur ou de ses ayants droit ou ayants cause est illicite » (art. L. 122-4).
Cette représentation ou reproduction, par quelque procédé que ce soit constituerait une contrefaçon sanctionnée par les articles L. 335-2 et suivants du Code de la propriété intellectuelle.

www.editions-ellipses.fr

Avant-propos

Réussir en classes préparatoires nécessite d'assimiler rapidement un grand nombre de connaissances, mais surtout de savoir les utiliser, à bon escient, et les rendre opérationnelles au moment opportun. Bien sûr, l'apprentissage du cours de votre professeur jour après jour est indispensable. Cependant, on constate que pour beaucoup, c'est loin d'être suffisant. Combien d'entre vous ont bien appris leur cours et pourtant se trouvent démunis lors d'un devoir, et plus grave, le jour du concours.

Cette collection a été conçue pour répondre à cette difficulté. Suivant scrupuleusement le programme, chaque ouvrage est scindé en chapitres, dont chacun correspond, en gros, à une semaine de cours. Leur structure est identique pour chaque niveau, en physique-chimie comme en mathématiques ou sciences industrielles.

Le résumé de cours est là pour vous remettre en mémoire tous les résultats à connaître. Sa relecture est indispensable avant un devoir, le passage d'une colle relative au thème traité et lors des révisions précédant les concours. Ils sont énoncés sans démonstration.

La partie « méthodes » vous initie aux techniques utiles pour résoudre les exercices classiques. Complément indispensable du cours, elle l'éclaire et l'illustre.

La partie « vrai/faux » permet de tester votre recul par rapport au programme et de vous révéler les mauvais réflexes à rectifier. Son corrigé est l'occasion de mettre en garde contre des **erreurs classiques**.

Les exercices sont incontournables pour assimiler le programme et pour répondre aux exigences du concours. Des **indications**, que les meilleurs pourront ignorer, permettront de répondre aux besoins de chacun, selon son niveau. Les **corrigés** sont rédigés avec soin et de manière exhaustive.

Ainsi l'ouvrage de physique comme ceux de chimie, de maths et de SII vous accompagneront tout au long de l'année et vous guideront dans votre cheminement vers **la réussite aux concours**.

Bertrand Hauchecorne

Sommaire

1. Référentiels non galiléens 1
2. Lois du frottement solide 33
3. Champ électrostatique 61
4. Potentiel et dipôle électrostatique 87
5. Magnétostatique 137
6. Équations de Maxwell 179
7. Équations de Maxwell dans le cadre de l'ARQS 209
8. Ondes électromagnétiques dans le vide 235
9. Propagation dans les conducteurs et les plasmas 277
10. Réflexion d'OPPM à la surface d'un conducteur 317
11. Propagation guidée 347
12. Rayonnement dipolaire et diffusion 383
13. Généralités sur les ondes et interférences lumineuses 417
14. Dispositifs interférentiels 457
15. Thermodynamique des systèmes ouverts (MP) 519
16. Transferts thermiques 553
17. Mécanique quantique ondulatoire 613
18. Particule dans un potentiel constant 653
19. Éléments de thermodynamique statistique (MP) 701
20. Signaux périodiques et filtrage 737
21. Électronique numérique 765

Annexes 813

1. Formulaire d'analyse vectorielle 814
2. Éléments d'analyse spectrale 818
3. Le minimum de savoir-faire en mathématiques 824
4. Constantes fondamentales et ordres de grandeur classiques 830
5. Calculs d'incertitudes 832

Index 839

Chapitre 1
Référentiels non galiléens

UN SCIENTIFIQUE

Gaspard Coriolis (1792-1843) intègre en 1808 l'École polytechnique puis entre dans le corps des Ponts et Chaussées. Devenu ingénieur, il se lasse rapidement et revient à Paris pour satisfaire son goût pour la recherche scientifique. Ses travaux sont souvent en lien avec des applications à l'industrie ou au génie civil et concernent la cinématique, les notions d'énergie mécanique. Sa célébrité lui vient de son explication de la déviation dite de Coriolis qu'il explique en 1835.

Un peu d'histoire

Christian Huygens se penche sur l'étude des mouvements ce qui l'amène à introduire la notion d'énergie cinétique. En 1698, Pierre Varignon introduit les notions de « vitesse à chaque instant » et d'accélération et explique que la seconde se déduit de la première par dérivation. Il ouvre la voie à Euler et d'Alembert qui publient les premiers traités de mécanique, respectivement en 1736 et 1743. On y trouve les notions de force centrifuge et de moment d'inertie.

Motivés tous deux par l'astronomie, Lagrange et Laplace publient des ouvrages de référence en mécanique. Pourtant, ils n'expliquent pas une propriété remarquée par les navigateurs qui avaient constaté que les courants dominants ne tournaient pas dans le même sens dans chacun des hémisphères. Ce phénomène est expliqué par Gaspard Coriolis dans *Sur les équations du mouvement relatif des systèmes de corps.*

Objectifs

Ce qu'il faut connaître

- Les différents types de mouvement d'un référentiel par rapport à un autre
- Le vecteur rotation
- Les lois de composition des vitesses et des accélérations
- Les notions de vitesse et d'accélération d'entraînement et de point coïncident
- Les expressions des vitesses et accélération d'entraînement dans les deux cas particuliers
- La définition de l'accélération de Coriolis
- Les forces d'inertie d'entraînement et de Coriolis
- Les référentiels d'utilisation courante
- Quelques effets du caractère non galiléen du référentiel terrestre

Ce qu'il faut savoir faire

- Identifier le mouvement d'un référentiel par rapport à un autre
- Calculer une vitesse et une accélération avec les lois de composition
- Déterminer par une analyse des ordres de grandeurs si un référentiel est galiléen ou pas
- Mener une étude statique ou dynamique en référentiel non galiléen

Résumé de cours

Cinématique du changement de référentiel

Position du problème

Dans tout ce qui suit, (R) rapporté à $(O,\overrightarrow{e_x},\overrightarrow{e_y},\overrightarrow{e_z})$ est un référentiel absolu et (R') rapporté à $(O',\overrightarrow{e_{x'}},\overrightarrow{e_{y'}},\overrightarrow{e_{z'}})$ est un référentiel relatif en mouvement dans (R). On note $\vec{\Omega}_{R'/R}$ le vecteur rotation instantanée de (R') par rapport à (R). On peut associer à un référentiel un solide indéformable dit **solide de référence**. Etudier le mouvement du référentiel (R') par rapport à (R) revient alors à étudier le mouvement du solide attaché à (R') dans la base attachée à (R).

Distribution des vitesses d'un solide de référence

Relation de Varignon

Soient A et M deux points d'un même solide de référence S. Leur vitesse est liée par la **relation de Varignon** $\boxed{\overrightarrow{V_M} = \overrightarrow{V_A} + \vec{\omega} \wedge \overrightarrow{AM}}$ où $\vec{\omega}(t)$ est le vecteur rotation instantanée du solide que nous noterons plus simplement $\vec{\omega}$.

Mouvement instantané le plus général d'un solide

On appelle axe instantané de viration ou axe central du torseur cinématique (dit encore axe de vissage du solide) l'axe Δ parallèle à $\vec{\omega}(t)$. En tout point de cet axe, la vitesse est colinéaire à $\vec{\omega}(t)$. De plus, l'axe Δ est le lieu des points de vitesses minimales du solide.

Soit O un point du solide S appartenant à Δ et M un point quelconque de S, la relation de Varignon entre O et M donne : $\boxed{\overrightarrow{V_M} = \overrightarrow{V_O} + \vec{\omega} \wedge \overrightarrow{OM} = \overrightarrow{V_\parallel} + \vec{\omega} \wedge \overrightarrow{OM}}$.

→ Le terme $\overrightarrow{V_\parallel}$, colinéaire à Δ, est appelé vitesse de glissement le long de Δ. $\vec{\omega} \wedge \overrightarrow{OM}$ est un terme de rotation autour de Δ à la vitesse angulaire instantanée ω.

⇨ **Méthode 1.2. Comment caractériser le mouvement de rotation d'un solide autour d'un axe fixe ?**

→ Le mouvement instantané le plus général d'un solide est un mouvement hélicoïdal, combinaison d'une translation le long de Δ et d'une rotation autour de Δ.

Mouvement de translation

Un solide S est en translation dans le référentiel (R) si pour tout point A et M appartenant à S, on a : $\overrightarrow{AM} = \overrightarrow{cte}$. Attention il ne s'agit pas ici de translation rectiligne mais curviligne (translation elliptique, circulaire ou suivant une courbe quelconque).

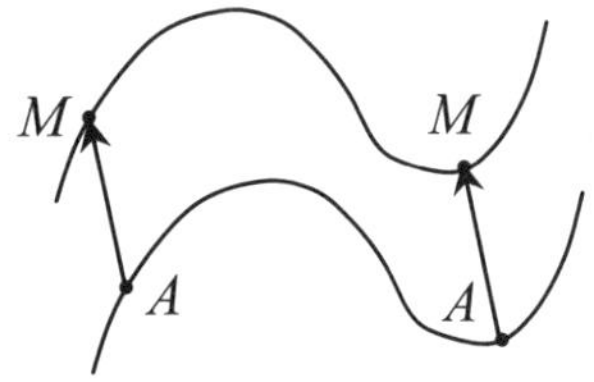

Dans ce cas, $\dfrac{\mathrm{d}\overrightarrow{AM}}{\mathrm{d}t}=\vec{0} \Rightarrow \overrightarrow{V_M}=\overrightarrow{V_A}, \quad \forall(A,M)\in S$. Tous les points de S ont même vitesse et même accélération. Par comparaison avec la relation de Varignon, on a : $\boxed{\vec{\omega}(t)=\vec{0}}$.

❑ Mouvement de rotation autour d'un axe fixe

Un solide S est en rotation autour d'un axe Δ fixe passant par une origine O fixe d'un référentiel (R), lorsque tout point M de S décrit un mouvement circulaire de rayon HM dans un plan perpendiculaire à Δ, où H est le projeté orthogonal de M sur Δ. En adoptant le système de coordonnées cylindriques d'axe (Oz) qui est le trièdre adapté aux symétries du problème, la vitesse du point M est : $\boxed{\overrightarrow{V_M}=\vec{\omega}\wedge\overrightarrow{OM}}$ où $\boxed{\vec{\omega}=\omega\,\overrightarrow{e_z}=\dot{\varphi}\,\overrightarrow{e_z}}$ est orienté suivant à l'aide de la **règle du tire bouchon**.

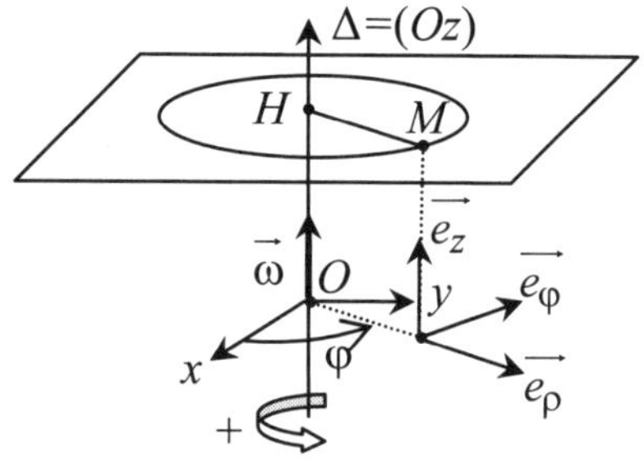

➪ **Méthode 1.2. Comment caractériser le mouvement de rotation d'un solide autour d'un axe fixe ?**

❑ Point coïncident

Soit un point matériel M mobile rapport à (R'). On appelle **point coïncident** avec M dans (R') à l'instant t le **point P fixe** de (R'), coïncident avec M à l'instant t. L'ensemble des points P successivement occupé par M est la trajectoire de M dans (R').

■ Changement de référentiel pour les vitesses et les accélérations

❑ Dérivation dans un trièdre mobile

Soit $\vec{K}=K_{x'}\,\overrightarrow{e_{x'}}+K_{y'}\,\overrightarrow{e_{y'}}+K_{z'}\,\overrightarrow{e_{z'}}$ un vecteur exprimé dans (R'), les dérivées temporelles dans (R) et (R') sont liées par $\boxed{\left.\dfrac{\mathrm{d}\vec{K}}{\mathrm{d}t}\right|_R=\left.\dfrac{\mathrm{d}\vec{K}}{\mathrm{d}t}\right|_{R'}+\overrightarrow{\Omega}_{R'/R}\wedge\vec{K}}$.

➪ **Méthode 1.1. Comment dériver un vecteur dans un trièdre mobile ?**

❑ Composition des vitesses de rotation

Soient A et B deux points d'un même solide de référence $S2$ en rotation par rapport à $S0$ et $S1$ avec les vecteurs rotations instantanées respectives $\overrightarrow{\omega_{2/0}}$ et $\overrightarrow{\omega_{2/1}}$. On associe à chacun de ces solides les référentiels (R_0), (R_1) et (R_2). On a $\boxed{\overrightarrow{\omega_{2/1}}=\overrightarrow{\omega_{2/0}}+\overrightarrow{\omega_{0/1}}}$.

❑ Composition des vitesses

Soit un point matériel M repéré à l'instant t par le vecteur $\overrightarrow{OM}$ dans (R) et par $\overrightarrow{O'M}$ dans (R').

On définit :

→ sa **vitesse absolue** comme sa vitesse par rapport à (R) : $\overrightarrow{V_a}(M)=\left.\dfrac{\mathrm{d}\overrightarrow{OM}}{\mathrm{d}t}\right|_R$

→ sa **vitesse relative** comme sa vitesse par rapport à (R') : $\overrightarrow{V_r}(M)=\left.\dfrac{\mathrm{d}\overrightarrow{O'M}}{\mathrm{d}t}\right|_{R'}$

→ sa **vitesse d'entraînement** de M comme la vitesse du point coïncidant P (fixe dans (R') et coïncidant à l'instant t avec M) : $\overrightarrow{V_e}(M)=\overrightarrow{V_{/R}}(O')+\vec{\Omega}_{R'/R}\wedge\overrightarrow{O'M}$.

On a alors $\boxed{\overrightarrow{V_a}(M)=\overrightarrow{V_r}(M)+\overrightarrow{V_e}(M)}$.

☐ Composition des accélérations

Soit un point matériel M repéré à l'instant t par le vecteur $\overrightarrow{OM}$ dans (R) et par $\overrightarrow{O'M}$ dans (R').
On définit :

→ son **accélération absolue** par rapport à (R) : $\overrightarrow{a_a}(M)=\left.\dfrac{\mathrm{d}^2\overrightarrow{OM}}{\mathrm{d}t^2}\right|_R=\left.\dfrac{\mathrm{d}\overrightarrow{V_a}}{\mathrm{d}t}\right|_R$

→ son **accélération relative** par rapport à (R') : $\overrightarrow{a_r}(M)=\left.\dfrac{\mathrm{d}^2\overrightarrow{OM}}{\mathrm{d}t^2}\right|_{R'}=\left.\dfrac{\mathrm{d}\overrightarrow{V_r}}{\mathrm{d}t}\right|_{R'}$

→ son **accélération d'entraînement** qui est celle du point coïncidant P (fixe dans (R') et coïncidant à l'instant t avec M) :

$$\overrightarrow{a_e}(M)=\left.\dfrac{\mathrm{d}^2\overrightarrow{OP}}{\mathrm{d}t^2}\right|_R=\overrightarrow{a_a}(P)=\overrightarrow{a_a}(O')+\left.\dfrac{\mathrm{d}\vec{\Omega}_{R'/R}}{\mathrm{d}t}\right|_R\wedge\overrightarrow{O'P}+\vec{\Omega}_{R'/R}\wedge\left(\vec{\Omega}_{R'/R}\wedge\overrightarrow{O'P}\right)$$

→ son **accélération de Coriolis** : $\overrightarrow{a_c}(M)=2\,\vec{\Omega}_{R'/R}\wedge\overrightarrow{V_r}(M)$.

On a alors $\boxed{\overrightarrow{a_a}(M)=\overrightarrow{a_r}(M)+\overrightarrow{a_e}(M)+\overrightarrow{a_c}(M)}$.

⇨ **Méthode 1.3. Comment utiliser les lois de composition ?**

☐ Cas où (R') est en translation et où (R') en rotation uniforme autour d'un axe fixe

Cas de la translation

Dans ce cas, les axes du référentiel (R') gardent une direction fixe par rapport à ceux de (R) de sorte que $\vec{\Omega}_{R'/R}=\vec{0}$. Ainsi, la vitesse d'entraînement et l'accélération d'entraînement ont une expression particulièrement simple $\boxed{\overrightarrow{V_e}(M)=\overrightarrow{V_{/R}}(O')}$ et $\boxed{\overrightarrow{a_e}(M)=\overrightarrow{a_a}(O')=\left.\dfrac{\mathrm{d}\overrightarrow{V_e}(M)}{\mathrm{d}t}\right|_R}$.

L'accélération de Coriolis est nulle puisque $\vec{\Omega}_{R'/R}=\vec{0}$.

Remarque

Notons que c'est seulement dans ce cas que l'accélération d'entraînement s'identifie avec la dérivée de la vitesse d'entraînement.

Cas de la rotation uniforme autour d'un axe fixe dans (R)

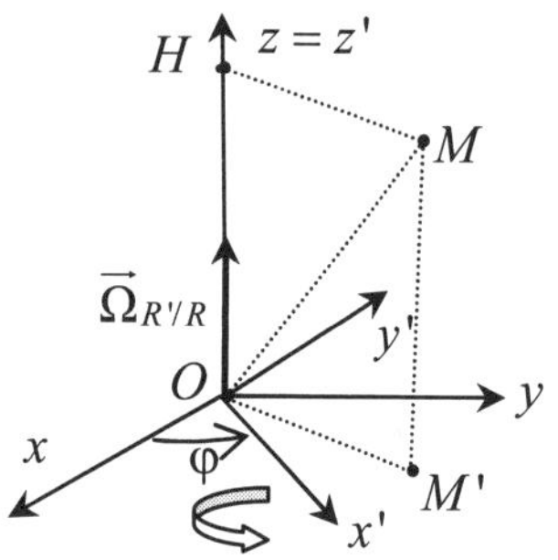

Considérons un référentiel (R') rapporté à $(O',\overrightarrow{e_{x'}},\overrightarrow{e_{y'}},\overrightarrow{e_{z'}})$ en rotation autour de l'axe (Oz) du référentiel (R) rapporté à $(O,\overrightarrow{e_x},\overrightarrow{e_y},\overrightarrow{e_z})$ avec $O = O'$ et $(Oz) = (Oz')$.

Cette rotation est repérée par l'angle $\varphi(t)=\left(\overrightarrow{e_x},\overrightarrow{e_{x'}}\right)$ et le vecteur rotation de (R') par rapport à (R) s'écrit $\vec{\Omega}_{R'/R}=\dot{\varphi}\,\overrightarrow{e_z}$. Lorsque la rotation est uniforme : $\vec{\Omega}_{R'/R}=cte\,\overrightarrow{e_z}$.

En désignant par H le projeté orthogonal de M sur l'axe de rotation (Oz) on a :

$$\boxed{\overrightarrow{V_e}(M)=\vec{\Omega}_{R'/R}\wedge\overrightarrow{O'M}=\vec{\Omega}_{R'/R}\wedge\overrightarrow{HM}} \text{ et } \boxed{\overrightarrow{a_e}(M)=\vec{\Omega}_{R'/R}\wedge\left(\vec{\Omega}_{R'/R}\wedge\overrightarrow{O'P}\right)=-\Omega^2_{R'/R}\,\overrightarrow{HM}}.$$

⇨ **Méthodes 1.2. Comment caractériser le mouvement de rotation d'un solide autour d'un axe fixe ?**

Remarque

On parle dans ce cas, pour l'accélération d'entraînement, d'accélération centripète puisqu'elle pointe vers le centre H de rotation du point M. Dans le cas contraire elle est dite centrifuge car elle pointe de H vers M : elle « fuit » le centre de rotation.

■ Dynamique en référentiel non galiléen

❑ Théorème de la résultante cinétique

Le PFD (ou le TRC pour un solide) reste valable dans un référentiel (R') non galiléen à condition d'adjoindre à la résultantes des actions extérieurs $\overrightarrow{R_{ext}}$ les forces d'inertie d'entraînement $\overrightarrow{f_{ie}}$ et de Coriolis $\overrightarrow{f_{ic}}$ s'exerçant sur le système du fait du caractère non galiléen du référentiel :

$$\boxed{\left.\frac{\mathrm{d}\vec{P}}{\mathrm{d}t}\right|_{R'}=\overrightarrow{R_{ext}}+\overrightarrow{f_{ie}}+\overrightarrow{f_{ic}}}.$$

Les termes $\overrightarrow{f_{ie}}=-m\overrightarrow{a_e}$ et $\overrightarrow{f_{ic}}=-m\overrightarrow{a_c}$ sont les **termes inertiels**, où $\overrightarrow{a_e}$ et $\overrightarrow{a_c}$ désignent respectivement les accélérations d'entraînement et de Coriolis du système de masse m.

Lorsque ces termes sont négligeables devant $\overrightarrow{R_{ext}}$ (R') peut être considéré comme une bonne réalisation d'un référentiel galiléen.

⇨ **Méthode 1.4. Comment appliquer les lois de la dynamique en référentiel non galiléen ?**

❑ TMC par rapport à un point A fixe dans un référentiel non galiléen

Comme pour le TRC, il reste valable dans un référentiel (R') non galiléen à condition d'adjoindre au moment résultant en A des actions extérieurs $\overrightarrow{M}_{A_{ext}}$ les moments en ce même

point des forces d'inertie d'entraînement et de Coriolis s'exerçant sur le système du fait du caractère non galiléen du référentiel.
Il en va de même pour le TMC en projection suivant un axe de rotation, le point A étant généralement choisi sur l'axe.

❑ Théorèmes énergétiques dans un référentiel non galiléen

Théorème de l'énergie cinétique
Si on applique le TEC dans un **référentiel non galiléen**, il faut tenir compte, en plus de travail des actions extérieures, du travail des forces d'inertie d'entraînement. La force de Coriolis qui est toujours perpendiculaire au déplacement ne travaille pas :

$\boxed{\mathrm{d}E_{c_{R'}} = \delta W_{ext} + \delta W\left(\overrightarrow{f_{ie}}\right)}$, soit $\boxed{\left.\dfrac{\mathrm{d}E_c}{\mathrm{d}t}\right|_{R'} = P_{ext} + P\left(\overrightarrow{f_{ie}}\right)}$ qui constitue le théorème de la puissance cinétique.

Énergie potentielle centrifuge et théorème de l'énergie mécanique
Dans le cas d'une rotation uniforme à la vitesse angulaire ω, la force d'inertie d'entraînement (centrifuge) dérive d'une énergie potentielle : $\boxed{E_{p\,cf} = -\dfrac{1}{2} m\omega^2 HM^2}$ où H est le projeté de M sur l'axe.
On doit l'inclure dans l'énergie potentielle totale dans l'utilisation du théorème de l'énergie mécanique.

■ Caractère galiléen approché de quelques référentiels

Le caractère approximativement galiléen d'un référentiel (R') en mouvement par rapport à un autre référentiel (R) considéré comme galiléen est contrôlable expérimentalement : le principe d'inertie doit y être vérifié avec la meilleure approximation possible. Si compte tenu des échelles spatio-temporelles mises en jeu lors qu'un processus physique, l'écart au principe d'inertie n'est pas détectable, le référentiel en question est une très bonne approximation d'un référentiel galiléen. Dans le cas contraire, les termes inertiels ne sont plus négligeables devant les autres termes dans le PFD et le caractère non galiléen ne peut être négligé.

❑ Référentiel de Copernic
Il a pour centre le centre de masse du système solaire et ses axes pointes vers trois étoiles fixes. Il s'agit de la meilleure approximation d'un référentiel galiléen. On ne l'utilise que pour les mouvements d'objets à l'échelle du système solaire (planètes, comètes...).

❑ Référentiel géocentrique
Son centre est au centre de la Terre et ses axes sont dirigés vers trois étoiles fixes. Il est une bonne approximation de référentiel galiléen pour l'étude de mouvements au voisinage de la Terre (satellites...), sur une échelle de temps de quelques heures ou jours.

❑ Référentiel terrestre et référentiel du laboratoire

Référentiels liés à la Terre et utilisables en pratique à notre échelle. Leur caractère galiléen est suffisamment précis pour des expériences brèves (jusqu'à quelques minutes) sur de faibles échelles de longueurs.

■ Quelques manifestations du caractère non galiléen du référentiel terrestre

❑ Variation du champ de pesanteur entre pôle et équateur

Le poids $\vec{P}$ est constitué de l'attraction gravitationnelle (de la Terre en négligeant les termes de marée liés aux autres astres proches) et de la force d'inertie d'entraînement due au mouvement de rotation de la Terre autour de l'axe des pôles. En posant $\vec{P}(M) = m\vec{g}(M)$ où m est la masse, on défini le champ de pesanteur $\vec{g}$ en un point M par $\boxed{\vec{g}(M) \approx -G\dfrac{M_{Terre}}{R_{Terre}^2}\vec{e_r} + \omega^2\,\overrightarrow{HM}}$ où H est le projeté de M sur l'axe des pôles et $G = 6{,}67 \cdot 10^{-11}$ (SI) est la constante de gravitation.

Le premier terme (prépondérant) est le **champ de gravitation** exercé par la Terre.

Le second provient de la **force d'inertie d'entraînement due à la rotation de la Terre** autour de son axe, il varie en fonction de la latitude induisant d'une part un écart local à la verticalité et d'autre part une variation de la norme de $\vec{g}$ de l'ordre de 0,2 % entre pôle et équateur.

❑ Effets de la force de Coriolis

Contrairement au poids, la force de Coriolis due à la rotation de la Terre est dynamique et agit sur les systèmes en mouvement. Elle n'est pas incluse dans la définition du poids. Parmi ses effets observables citons l'expérience du pendule de Foucault (se reporter à l'exercice 1.8) ou la déviation vers l'est. Cette dernière a une importance particulière puisqu'elle est responsable, à l'échelle de la Terre, des mouvements des masses d'air entre pôles et équateur créant les alizés, de la formation des dépressions, des cyclones et anticyclones...

⇨ **Méthode 1.5. Quelles conséquences du caractère non galiléen du référentiel terrestre ?**

Méthodes

Description cinématique d'un solide

❑ Méthode 1.1. Comment dériver un vecteur dans un trièdre mobile ?

Dans de nombreux problèmes de cinématique il est fréquent d'avoir à exprimer la dérivée temporelle d'une grandeur vectorielle $\overrightarrow{K}$ dans un référentiel absolu (R) notée $\left.\dfrac{\mathrm{d}\overrightarrow{K}}{\mathrm{d}t}\right|_R$, en fonction de celle dans un référentiel relatif (R') notée $\left.\dfrac{\mathrm{d}\overrightarrow{K}}{\mathrm{d}t}\right|_{R'}$, (R') étant en rotation par rapport à (R) caractérisée par un vecteur rotation instantanée $\overrightarrow{\Omega}_{R'/R}$. Le lien entre ces deux dérivées est fait par la formule de dérivation vectorielle dans un trièdre $\boxed{\left.\dfrac{\mathrm{d}\overrightarrow{K}}{\mathrm{d}t}\right|_R = \left.\dfrac{\mathrm{d}\overrightarrow{K}}{\mathrm{d}t}\right|_{R'} + \overrightarrow{\Omega}_{R'/R} \wedge \overrightarrow{K}}$ (relation que nous noterons D2 dans les exercices). Cette expression traduit le fait que le vecteur $\overrightarrow{K}$, suivant la base dans laquelle il est explicité, ne se dérive pas de la même façon. En effet, s'il est explicité dans (R), sa dérivée temporelle ne fait pas intervenir celles des vecteurs unitaires de la base attachée à (R). Au contraire si $\vec{e}\,'$ désigne l'un des vecteurs unitaires du trièdre attaché à (R'), on a : $\boxed{\left.\dfrac{\mathrm{d}\vec{e}\,'}{\mathrm{d}t}\right|_R = \overrightarrow{\Omega}_{R'/R} \wedge \vec{e}\,'}$ (relation que nous noterons D1 dans les exercices) et la dérivée de $\overrightarrow{K}$ explicité dans (R') doit en tenir compte. Cette dernière relation D1 s'applique de façon générale à tout bipoint rigidement liée au solide de référence attaché à (R').

⇨ **Exercices 1.1 à 1.3**

Soit un référentiel absolu (R) rapporté à $(O,\overrightarrow{e_x},\overrightarrow{e_y},\overrightarrow{e_z})$ et un référentiel relatif (R') rapporté à $(O',\overrightarrow{e_x}',\overrightarrow{e_{y'}},\overrightarrow{e_{z'}})$, en mouvement dans (R). On note $\overrightarrow{\Omega}_{R'/R}$ le vecteur rotation instantanée de (R') par rapport à (R). Soit $\overrightarrow{K} = K_{x'}\,\overrightarrow{e_{x'}} + K_{y'}\,\overrightarrow{e_{y'}} + K_{z'}\,\overrightarrow{e_{z'}}$ un vecteur exprimé dans (R'). Les vecteurs unitaires $(\overrightarrow{e_{x'}},\overrightarrow{e_{y'}},\overrightarrow{e_{z'}})$ étant fixes dans (R'), la dérivation temporelle y est évidente : $\left.\dfrac{\mathrm{d}\overrightarrow{K}}{\mathrm{d}t}\right|_{R'} = \left.\dfrac{\mathrm{d}K_{x'}}{\mathrm{d}t}\right|_{R'}\overrightarrow{e_{x'}} + \left.\dfrac{\mathrm{d}K_{y'}}{\mathrm{d}t}\right|_{R'}\overrightarrow{e_{y'}} + \left.\dfrac{\mathrm{d}K_{z'}}{\mathrm{d}t}\right|_{R'}\overrightarrow{e_{z'}}$.

Ces mêmes vecteurs ne sont pas constants dans (R), ainsi la dérivation dans (R) doit tenir compte de leur évolution, ce qui entraîne l'égalité suivante :

$\left.\frac{\mathrm{d}\vec{K}}{\mathrm{d}t}\right|_R = \left.\frac{\mathrm{d}\vec{K}}{\mathrm{d}t}\right|_{R'} + K_{x'}\left.\frac{\mathrm{d}\overrightarrow{e_{x'}}}{\mathrm{d}t}\right|_R + K_{y'}\left.\frac{\mathrm{d}\overrightarrow{e_{y'}}}{\mathrm{d}t}\right|_R + K_{z'}\left.\frac{\mathrm{d}\overrightarrow{e_{z'}}}{\mathrm{d}t}\right|_R$. Comme on le constate, la dérivée temporelle de ce vecteur dans (R) fait intervenir celle des vecteurs de base de (R'). Évaluons $\left.\frac{\mathrm{d}\overrightarrow{e_{x'}}}{\mathrm{d}t}\right|_R$, notons pour cela $\overrightarrow{e_{x'}} = \overrightarrow{O'I'}$ où O' et I' sont deux points du même solide attaché au référentiel (R'). D' après la relation de Varignon : $\overrightarrow{V_{I'}} = \overrightarrow{V_{O'}} + \vec{\Omega}_{R'/R} \wedge \overrightarrow{O'I'}$ d'où : $\overrightarrow{V_{I'}} - \overrightarrow{V_{O'}} = \vec{\Omega}_{R'/R} \wedge \overrightarrow{e_{x'}} = \left.\frac{\mathrm{d}(\overrightarrow{OI'} - \overrightarrow{OO'})}{\mathrm{d}t}\right|_R = \left.\frac{\mathrm{d}(\overrightarrow{O'I'})}{\mathrm{d}t}\right|_R = \left.\frac{\mathrm{d}\overrightarrow{e_{x'}}}{\mathrm{d}t}\right|_R$.

On obtient de même : $\left.\frac{\mathrm{d}\overrightarrow{e_{y'}}}{\mathrm{d}t}\right|_R = \vec{\Omega}_{R'/R} \wedge \overrightarrow{e_{y'}}$ et $\left.\frac{\mathrm{d}\overrightarrow{e_{z'}}}{\mathrm{d}t}\right|_R = \vec{\Omega}_{R'/R} \wedge \overrightarrow{e_{z'}}$. Ainsi, de façon plus générale, si $\vec{U}$ désigne un vecteur du solide attaché à (R'), on a : $\boxed{\left.\frac{\mathrm{d}\vec{U}}{\mathrm{d}t}\right|_R = \vec{\Omega}_{R'/R} \wedge \vec{U}}$ (relation D1). On peut à présent dériver $\vec{K} = K_{x'}\,\overrightarrow{e_{x'}} + K_{y'}\,\overrightarrow{e_{y'}} + K_{z'}\,\overrightarrow{e_{z'}}$ dans (R) :

$\left.\frac{\mathrm{d}\vec{K}}{\mathrm{d}t}\right|_R = \left.\frac{\mathrm{d}\vec{K}}{\mathrm{d}t}\right|_{R'} + \vec{\Omega}_{R'/R} \wedge \left(K_{x'}\overrightarrow{e_{x'}} + K_{y'}\overrightarrow{e_{y'}} + K_{z'}\overrightarrow{e_{z'}}\right)$ d'où finalement la formule de dérivation :

$\boxed{\left.\frac{\mathrm{d}\vec{K}}{\mathrm{d}t}\right|_R = \left.\frac{\mathrm{d}\vec{K}}{\mathrm{d}t}\right|_{R'} + \vec{\Omega}_{R'/R} \wedge \vec{K}}$ (relation D2).

Appliquons les résultats précédents à la composition des vecteurs rotation : soient A et B deux points d'un même solide de référence $S2$ en rotation par rapport à deux solides $S0$ et $S1$ avec les vecteurs rotation instantanée respectif $\overrightarrow{\omega_{2/0}}$ et $\overrightarrow{\omega_{2/1}}$. On associe à chacun de ces solides les référentiels (R_0), (R_1) et (R_2). D'après la relation D1, on a :

$\left.\frac{\mathrm{d}(\overrightarrow{AB})}{\mathrm{d}t}\right|_{R_0} = \overrightarrow{\omega_{2/0}} \wedge \overrightarrow{AB}$ et $\left.\frac{\mathrm{d}(\overrightarrow{AB})}{\mathrm{d}t}\right|_{R_1} = \overrightarrow{\omega_{2/1}} \wedge \overrightarrow{AB}$. D'autre part, d'après la relation D2, on a : $\left.\frac{\mathrm{d}(\overrightarrow{AB})}{\mathrm{d}t}\right|_{R_1} = \left.\frac{\mathrm{d}(\overrightarrow{AB})}{\mathrm{d}t}\right|_{R_0} + \overrightarrow{\omega_{0/1}} \wedge \overrightarrow{AB}$.

Ainsi $\forall\, \overrightarrow{AB},\ \ \overrightarrow{\omega_{2/1}} \wedge \overrightarrow{AB} = \overrightarrow{\omega_{2/0}} \wedge \overrightarrow{AB} + \overrightarrow{\omega_{0/1}} \wedge \overrightarrow{AB}$ et donc : $\boxed{\overrightarrow{\omega_{2/1}} = \overrightarrow{\omega_{2/0}} + \overrightarrow{\omega_{0/1}}}$ qui rend compte de la composition des vecteurs rotations.

❑ Méthode 1.2. Comment caractériser le mouvement de rotation d'un solide autour d'un axe fixe ?

> En mécanique, il est fréquent que l'on « attache » un solide au référentiel relatif (R'), on parle alors de solide de référence. On peut imaginer un cube donc trois des arrêtes coïncident avec les trois directions formant une base de (R'). L'étude du mouvement dans (R) en terme de vitesse et d'accélération se fait alors en utilisant les relations du cours :
>
> $$\overrightarrow{V_a}(M)=\overrightarrow{V_r}(M)+\overrightarrow{V_e}(M) \text{ et } \overrightarrow{a_a}(M)=\overrightarrow{a_r}(M)+\overrightarrow{a_e}(M)+\overrightarrow{a_c}(M)$$
>
> dans lesquelles un certains nombre de termes sont nuls lorsque le point M est en rotation pure et uniforme autour d'un axe fixe dans le référentiel d'étude.

⇨ Exercice 1.3

Considérons un solide de référence attaché à (R') rapporté à $(O',\overrightarrow{e_{x'}},\overrightarrow{e_{y'}},\overrightarrow{e_{z'}})$ en rotation autour de l'axe (Oz) du référentiel (R) rapporté à $(O,\overrightarrow{e_x},\overrightarrow{e_y},\overrightarrow{e_z})$ avec $O = O'$ et $(Oz) = (Oz')$. Cette rotation est repérée par l'angle $\varphi(t)=\left(\overrightarrow{e_x},\overrightarrow{e_{x'}}\right)$ et le vecteur rotation de (R') par rapport à (R) s'écrit $\vec{\Omega}_{R'/R}=\dot{\varphi}\,\overrightarrow{e_z}$. Lorsque la rotation est uniforme : $\vec{\Omega}_{R'/R}=cte\,\overrightarrow{e_z}$. En désignant par H le projeté orthogonal de M sur l'axe de rotation (Oz) on a, avec $\overrightarrow{V_{/R}}(O')=\vec{0}$:

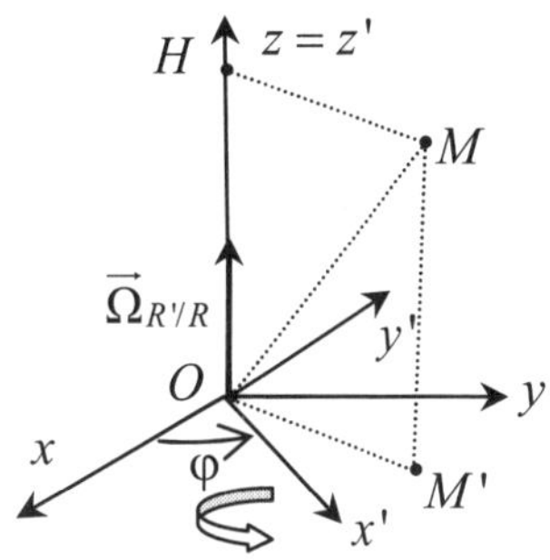

$$\boxed{\overrightarrow{V_e}(M)=\vec{\Omega}_{R'/R}\wedge\overrightarrow{OM}=\vec{\Omega}_{R'/R}\wedge\overrightarrow{HM}}.$$

D'autre part, avec $\overrightarrow{a_a}(O')=\vec{0}$ et $\left.\dfrac{\mathrm{d}\vec{\Omega}_{R'/R}}{\mathrm{d}t}\right|_R\wedge\overrightarrow{OP}=0$, puisque la rotation est uniforme, on a :

$$\boxed{\overrightarrow{a_e}(M)=\vec{\Omega}_{R'/R}\wedge\left(\vec{\Omega}_{R'/R}\wedge\overrightarrow{OP}\right)=-\Omega^2_{R'/R}\,\overrightarrow{HM}}.$$

On parle dans ce cas, pour l'accélération d'entraînement, d'accélération centripète puisqu'elle pointe vers H qui est le centre de la rotation caractérisant la trajectoire du point M.

Dans le cas particulier où le point M appartient au solide de référence (R'), c'est-à-dire lorsqu'il est fixe dans (R'), la vitesse relative est nulle (solide indéformable) de sorte que :

$$\boxed{\overrightarrow{V_a}(M)=\overrightarrow{V_M}=\vec{\Omega}_{R'/R}\wedge\overrightarrow{OM}=\dot{\varphi}\,\overrightarrow{e_z}\wedge\overrightarrow{OM}}.$$

Ce résultat est conforme à celui fournit par la relation de Varignon entre les points O et M du même solide de référence dans (R') : $\overrightarrow{V_M}=\overrightarrow{V_O}+\vec{\Omega}_{R'/R}\wedge\overrightarrow{OM}=\overrightarrow{V_{\|}}+\vec{\Omega}_{R'/R}\wedge\overrightarrow{OM}$ et s'agissant ici d'une rotation pure $\overrightarrow{V_{\|}}=\vec{0}$.

De même les accélérations relative et de Coriolis sont nulles, ainsi, pour tout point M appartenant au solide en rotation uniforme, on écrit :

$$\boxed{\vec{a}(M)=-\dot{\varphi}^2\,\overrightarrow{HM}}.$$

❑ Méthode 1.3. Comment utiliser les lois de composition ?

– Il faut tout d'abord caractériser le mouvement du point M considéré dans le référentiel relatif (R') : rectiligne, circulaire ou autre. En déduire sa vitesse et son accélération dans (R').
– Analyser ensuite le mouvement de (R') par rapport au référentiel absolu (R) : translation ou rotation autour d'un axe. En déduire la vitesse et l'accélération d'entraînement du point M.
– Le cas échéant, calculer également l'accélération de Coriolis de M.
– La vitesse et l'accélération dans (R) s'obtiennent finalement en additionnant ces différents termes, selon les deux lois de composition.

⇨ **Exercices 1.1 à 1.3**

Considérons un manège tournant à la vitesse angulaire ω constante autour de l'axe vertical (Oz) du référentiel terrestre (R). On associe au manège le référentiel tournant (R') et un repère ($Ox'y'z'$).
Un enfant se déplace sur le plateau du manège, en se dirigeant du centre vers le bord selon l'axe (Ox') à la vitesse constante v.
On cherche à déterminer sa vitesse et son accélération dans le référentiel terrestre.

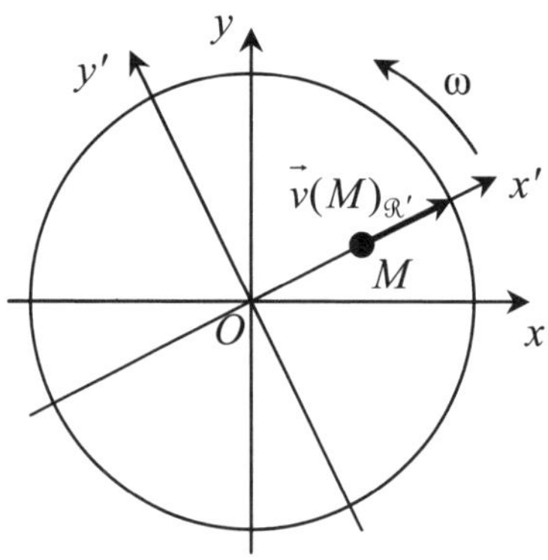

$\vec{v}(M)_R = \vec{v}(M)_{R'} + \vec{v_e}(M)_{R'/R}$ avec $\vec{v}(M)_{R'} = v\overrightarrow{e_{x'}}$ et $\vec{v_e}(M)_{R'/R} = \vec{\Omega}_{R'/R} \wedge \overrightarrow{OM} = \omega\overrightarrow{e_{z'}} \wedge x'\overrightarrow{e_{x'}}$ $= \omega x'\overrightarrow{e_{y'}}$ donc $\vec{v}(M)_R = v\overrightarrow{e_{x'}} + \omega x'\overrightarrow{e_{y'}}$ puisque l'enfant tourne et s'éloigne de O en même temps.

$\vec{a}(M)_R = \vec{a}(M)_{R'} + \vec{a_e}(M)_{R'/R} + \vec{a_c}(M)_{R'/R}$ avec $\vec{a}(M)_{R'} = \vec{0}$ car le mouvement de l'enfant est rectiligne uniforme par rapport à (R'), $\overrightarrow{a_e}(M)_{R'/R} = -\omega^2\overrightarrow{OM} = -\omega^2 x'\overrightarrow{e_{x'}}$ et
$\overrightarrow{a_c}(M)_{R'/R} = 2\vec{\Omega}_{R'/R} \wedge \vec{v}(M)_{R'} = 2\omega\overrightarrow{e_{z'}} \wedge v\overrightarrow{e_{x'}} = 2\omega v\overrightarrow{e_{y'}}$ donc $\vec{a}(M)_R = -\omega^2 x'\overrightarrow{e_{x'}} + 2\omega v\overrightarrow{e_{y'}}$.

■ Comment mener une étude dynamique en référentiel non galiléen ?

❑ Méthode 1.4. Comment appliquer les lois de la dynamique en référentiel non galiléen ?

> – Commencer par s'assurer que le référentiel utilisé n'est pas galiléen, en identifiant précisément son mouvement par rapport à un référentiel galiléen.
> – Faire un bilan des forces appliquées au point matériel ou des actions extérieurs appliquées au solide considéré, et y adjoindre les deux forces d'inertie d'entraînement et de Coriolis en n'oubliant pas en cas d'utilisation du TEC que cette dernière ne travaille pas.
> – Appliquer alors les lois de la dynamique en suivant les méthodes usuelles.

⇨ **Exercices 1.4 à 1.7**

Considérons une masse m, assimilée à un point matériel M, mobile sans frottement le long d'une tige rectiligne. On définit un axe (Ox') suivant cette tige, qui tourne autour de l'axe vertical (Oz) du référentiel terrestre (R) (supposé galiléen) avec une vitesse angulaire constante ω. La masse est accrochée à un ressort de raideur k et de longueur à vide ℓ_0, l'autre extrémité étant fixée à l'origine du repère O. Cherchons l'équation du mouvement de M le long de la tige.

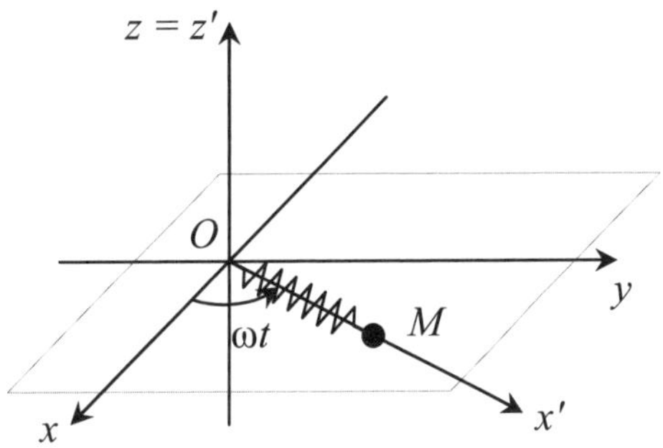

Le référentiel (R') lié à la tige, lié au repère $(Ox'y'z')$, est en rotation par rapport à (R) galiléen, (R') n'est donc pas galiléen.

Forces appliquées à M : son poids $\vec{P} = m\vec{g} = -mg\,\overrightarrow{e_{z'}}$, la réaction normale de la tige $\vec{R} = R_{y'}\overrightarrow{e_{y'}} + R_{z'}\overrightarrow{e_{z'}}$ et la tension du ressort $\vec{T} = -k(x' - \ell_0)\overrightarrow{e_{x'}}$, auxquelles on ajoute la force d'inertie d'entraînement $\overrightarrow{f_{ie}} = -m\overrightarrow{a_e}(M)_{R'/R} = +m\omega^2\,\overrightarrow{OM} = m\omega^2 x'\overrightarrow{e_{x'}}$ et la force d'inertie de Coriolis $\overrightarrow{f_{ic}} = -m\overrightarrow{a_c}(M)_{R'/R} = -2m\vec{\Omega}_{R'/R} \wedge \vec{v}(M)_{R'} = -2m\omega\overrightarrow{e_{z'}} \wedge \dot{x}'\overrightarrow{e_{x'}} = -2m\omega\dot{x}'\overrightarrow{e_{y'}}$.

Appliquons le PFD à M dans (R') : $m\vec{a}(M)_{R'} = \vec{P} + \vec{R} + \vec{T} + \overrightarrow{f_{ie}} + \overrightarrow{f_{ic}}$.

En projections suivant (Ox) il vient : $m\ddot{x}' = -k(x' - \ell_0) + m\omega^2 x'$, soit encore :

$\ddot{x}' + \left(\dfrac{k}{m} - \omega^2\right)x' = \dfrac{k}{m}\ell_0$. Il s'agit d'un oscillateur harmonique si $\omega < \sqrt{\dfrac{k}{m}}$, dans le cas contraire la solution diverge et le ressort sort du domaine élastique.

Méthodes

❑ Méthode 1.5. Quelles conséquences du caractère non galiléen du référentiel terrestre ?

En négligeant les effets de la viscosité dans l'atmosphère, le principe fondamental de la dynamique dans un référentiel galiléen, appliqué à un volume fermé de fluide de masse $dm = \rho \, d\tau(M)$ autour d'un point M soumis à l'effet des forces de pression et gravitationnelle, s'écrit par unité de masse : $\frac{d\vec{v}}{dt} = -\overrightarrow{\text{grad}}\,\Phi_g - \frac{\overrightarrow{\text{grad}}\,P}{\rho}$, où Φ_g est le potentiel gravitationnel dont dérive la force d'attraction gravitationnelle, pointant vers le centre de la Terre. Le terme $-\overrightarrow{\text{grad}}\,P$ traduit la fait que la force de pression est dans le sens des pressions décroissantes (des hautes pressions vers les basses).

Pour tenir compte du caractère non galiléen du référentiel terrestre, il convient d'ajouter les densités volumiques massiques de forces d'inertie d'entraînement et de Coriolis : $\frac{d\vec{v}}{dt} = -\overrightarrow{\text{grad}}\,\Phi_g - \frac{\overrightarrow{\text{grad}}\,P}{\rho} - 2\vec{\Omega} \wedge \vec{v} + \Omega^2\,\overrightarrow{HM}$, où H étant le projeté orthogonal d'un point M de l'atmosphère sur l'axe de rotation de la terre et $\vec{v}$ est la vitesse relative de l'élément de fluide par rapport au référentiel terrestre. Les deux termes supplémentaires ont de nombreuses conséquences en géophysique et en météorologie, domaines dans lesquels les distances et les temps caractéristiques mis en jeu sont tels que le caractère non-galiléen du référentiel terrestre s'exprime pleinement. Les effets des forces de Coriolis et d'entraînement ne sont alors plus négligeables. Voyons deux exemples importants.

⇨ **Exercices 1.6 et 1.7**

Conséquence du terme $\Omega^2\,\overrightarrow{HM}$: on introduit le potentiel gravitationnel effectif $\Phi_g = \Phi - \frac{1}{2}\Omega^2\,HM^2$ rendant compte de la gravité locale en M :

$\vec{g}(M) \approx -G\frac{M_{Terre}}{R^2_{Terre}}\vec{e_r} + \Omega^2\,\overrightarrow{HM}$, de sorte que la dynamique du mouvement est régie par l'équation :

$$\frac{d\vec{v}}{dt} = -\overrightarrow{\text{grad}}\,\Phi - \frac{\overrightarrow{\text{grad}}\,P}{\rho} - 2\vec{\Omega} \wedge \vec{v}.$$

Ainsi, un fil à plomb ne pointe pas vers le centre de la terre mais il est normal aux surfaces équipotentielles effectives $\Phi = cte$.

On admet qu'en première approximation la surface équipotentielle de référence $\Phi = 0$ est un **ellipsoïde dit de référence**. Elle diffère d'une équipotentielle sphérique qui correspondrait au seul potentiel gravitationnel qui est à symétrie sphérique. En effet, du fait du bourrelet équatorial g est plus élevé à l'équateur qu'aux pôles et de plus le terme inertiel $\Omega^2\left\|\overrightarrow{HM}\right\|$ est nul aux pôles et maximum à l'équateur. D'autre part, la Terre n'est pas homogène et sa masse n'est pas distribuée de façon uniforme, ainsi la surface équipotentielle $\Phi = 0$ n'est pas un ellipsoïde parfait mais un « patatoïde » appelé **le géoïde**. Sa forme est conditionnée par la présence des plateaux continentaux ainsi que par les mouvements magmatiques. Il est déterminé en analysant les perturbations des trajectoires de satellites artificiels terrestres par rapport aux trajectoires théoriques idéales calculées dans le cadre d'un modèle relatif à l'ellipsoïde de référence. Cette méthode permet de déterminer le champ de gravité et ses anomalies et ainsi donne accès à la surface équipotentielle correspondante. Ci-contre l'image du géoïde où les écarts à l'ellipsoïde de référence sont fortement exagérés.

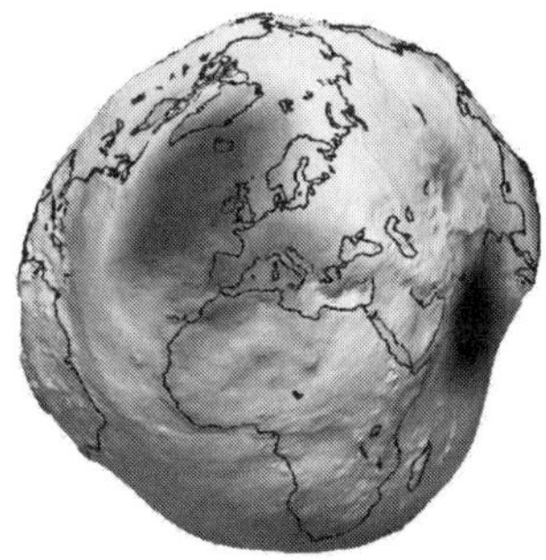

Conséquence du terme $-2\overrightarrow{\Omega} \wedge \vec{v}$:

Envisageons, dans l'hémisphère nord, un déplacement d'une masse unitaire d'air à altitude considérée comme constante. Par construction du produit vectoriel, le terme de Coriolis $-2\overrightarrow{\Omega} \wedge \vec{v}$ entraîne une déviation vers la droite de ce que serait sa propre trajectoire en l'absence de rotation terrestre. Par exemple une masse d'air chaude remontant de l'équateur vers le pôle nord suivrait en l'absence de force de Coriolis la trajectoire *AB*. Du fait de la déviation vers la droite elle se retrouve en *C* et non en *B*.

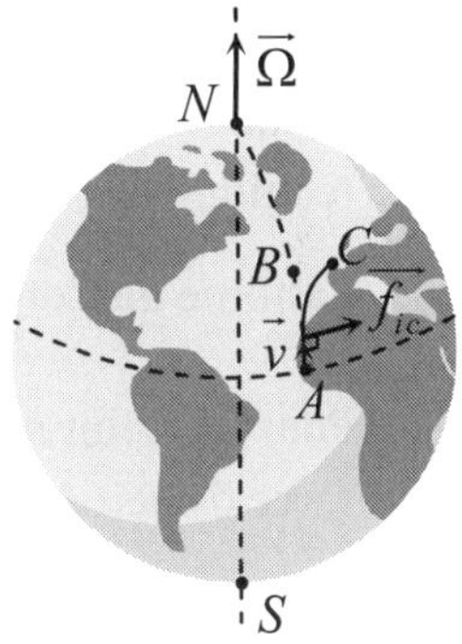

Ainsi, en présence d'un centre dépressionnaire associé à de basses pressions les masses d'air en provenance des zones de haute pression convergeraient, en l'absence de la force de Coriolis directement vers le centre de la dépression. La déviation vers la droite de la trajectoire liée à la force de Coriolis produit ainsi un effet de cisaillement de la masse d'air à l'origine de la formation des dépressions et des cyclones qui dans l'hémisphère nord tournent dans le sens antihoraire (et dans le sens contraire dans l'hémisphère sud) : la masse d'air converge vers le centre dépressionnaire en s'enroulant autour de lui et non radialement, comme le montre l'image ci-dessous illustrant une dépression sur l'Islande. Au contraire une zone de haute pression produirait en l'absence de la force de Coriolis un vent divergeant qui compte tenu de la déviation vers la droite entraînerait un mouvement en spirale divergente dans le sens horaire dans l'hémisphère nord.

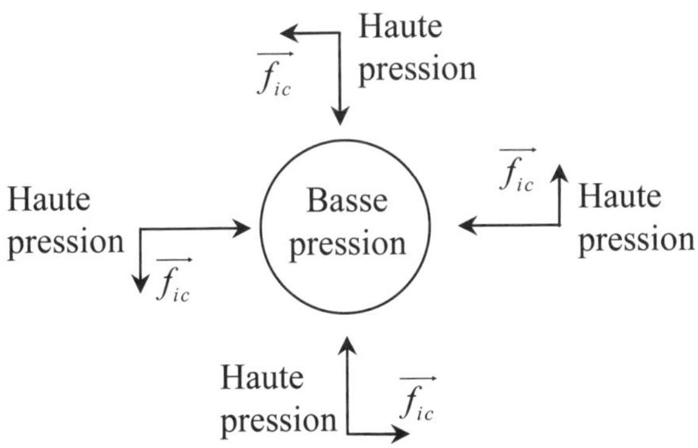

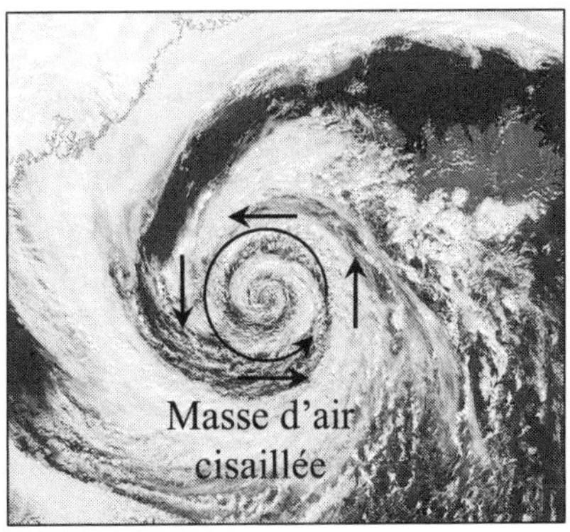

Vrai/Faux

		Vrai	Faux
1.	Une translation circulaire est identique à une rotation.	☐	☐
2.	Dans une translation, l'accélération de Coriolis est nulle.	☐	☐
3.	Dans une translation, la vitesse d'entraînement est constante au cours du temps.	☐	☐
4.	Dans une translation, la vitesse d'entraînement est indépendante du point considéré.	☐	☐
5.	Si un référentiel est galiléen, alors tout référentiel en translation rectiligne par rapport à lui est aussi galiléen.	☐	☐
6.	La force de Coriolis dérive d'une énergie potentielle.	☐	☐
7.	Pour un point matériel en équilibre dans un référentiel non galiléen, la force d'inertie de Coriolis est nulle.	☐	☐
8.	Pour un point matériel en mouvement dans un référentiel non galiléen, la force d'inertie d'entraînement ne dépend que de sa position.	☐	☐
9.	Dans le référentiel géocentrique, la Terre est immobile.	☐	☐
10.	Le poids d'un corps inclut la force d'inertie d'entraînement due au mouvement de la Terre.	☐	☐
11.	Si le vecteur rotation d'un solide est nul, son mouvement est rectiligne et uniforme.	☐	☐
12.	L'accélération d'entraînement d'un solide est la dérivée de sa vitesse d'entraînement.	☐	☐
13.	L'accélération de Coriolis est responsable de la formation des alizés et de la circulation générale atmosphérique.	☐	☐

Énoncé des exercices

Exercice 1.1. Composition des vecteurs vitesse et accélération

Soit un point matériel M repéré à l'instant t par le vecteur $\overrightarrow{OM}$ dans le référentiel (R) rapporté à $(O,\overrightarrow{e_x},\overrightarrow{e_y},\overrightarrow{e_z})$ et par $\overrightarrow{O'M}$ dans (R') rapporté à $(O',\overrightarrow{e_{x'}},\overrightarrow{e_{y'}},\overrightarrow{e_{z'}})$. On note $\overrightarrow{\Omega}_{R'/R}$ le vecteur rotation instantanée de (R') par rapport à (R). On définit la vitesse absolue du point M, $\overrightarrow{V_a}(M)$ comme sa vitesse par rapport à (R), la vitessc relative $\overrightarrow{V_r}(M)$ comme sa vitesse par rapport à (R') et sa vitesse d'entraînement $\overrightarrow{V_e}(M)$ comme la vitesse d'un point P fixe dans (R') et coïncidant à l'instant t avec M.

1. Montrer que $\overrightarrow{V_a}(M)=\overrightarrow{V_r}(M)+\overrightarrow{V_e}(M)$, en explicitant clairement chacun des termes de cette égalité. On fera en particulier clairement apparaître que la vitesse d'entraînement est égale à la celle du point coïncidant.

2. On définit l'accélération absolue $\overrightarrow{a_a}(M)$ du point M comme étant son accélération par rapport à (R), son accélération relative $\overrightarrow{a_r}(M)$ comme celle par rapport à (R') et son accélération d'entraînement $\overrightarrow{a_e}(M)$ comme celle d'un point P fixe dans (R') et coïncidant à l'instant t avec M.

a) Montrer que $\overrightarrow{a_a}(M)=\overrightarrow{a_r}(M)+\overrightarrow{a_e}(M)+\overrightarrow{a_c}(M)$, en explicitant clairement chacun des termes de cette égalité. On explicitera le terme $\overrightarrow{a_c}(M)$, appelée accélération de Coriolis, en fonction de $\overrightarrow{\Omega}_{R'/R}$ et de la vitesse relative $\overrightarrow{V_r}(M)$. On veillera à faire apparaître que l'accélération d'entraînement est égale à celle du point coïncidant.

b) Dans quel cas particulier l'accélération d'entraînement s'identifie-t-elle avec la dérivée de la vitesse d'entraînement ?

Exercice 1.2. Expression des vitesses et des accélérations en coordonnées cylindriques

Pour cet exercice, la résolution préalable de l'exercice 1.1 est nécessaire. Rapportons le référentiel (R'), en mouvement de rotation dans (R) autour de (Oz) avec le vecteur rotation $\overrightarrow{\Omega}_{R'/R}$, au système de coordonnées cylindriques (ρ,φ,z) auquel on associe le trièdre direct $(\overrightarrow{e_\rho},\overrightarrow{e_\varphi},\overrightarrow{e_z})$ tel que $\overrightarrow{OM'}=\rho\,\overrightarrow{e_\rho}$ repère la position de M', projeté orthogonal de M sur le plan (xOy) de (R). $\overrightarrow{e_\rho}$ est le vecteur unitaire radial et $\overrightarrow{e_\varphi}$, déduit de $\overrightarrow{e_\rho}$ par rotation de $\frac{\pi}{2}$ autour de $\overrightarrow{e_z}$, est le vecteur unitaire orthoradial.

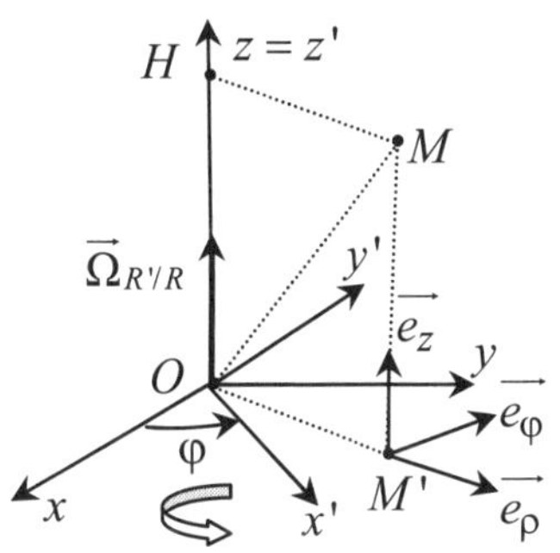

La position d'un point M peut être repérée par la donnée de son rayon polaire $\left\|\overrightarrow{OM'}\right\| = \rho$, de l'angle φ que fait ce dernier avec l'axe (Ox) du référentiel (R) : $\varphi = \left(\overrightarrow{e_x}, \overrightarrow{e_\rho}\right)$, et de sa côte z.

1. À l'aide des formules de dérivation vectorielle établies dans l'exercice 1, expliciter la vitesse absolue du point M (pour un observateur attaché à (R)) dans le repère cylindrique (R').

2. Établir de même l'expression de l'accélération absolue du point M dans le repère cylindrique (R').

❑ Exercice 1.3. Expression des vitesses et des accélérations en coordonnées sphériques*

Rapportons le référentiel (R'), en mouvement de rotation dans (R) avec le vecteur rotation $\overrightarrow{\Omega}_{R'/R}$, au système de coordonnées sphériques (r, θ, φ) auquel on associe le trièdre direct $\left(\overrightarrow{e_r}, \overrightarrow{e_\theta}, \overrightarrow{e_\varphi}\right)$ où :

– $\overrightarrow{e_r}$ désigne le vecteur unitaire radial portant $\overrightarrow{OM}$;

– $\overrightarrow{e_\theta}$ désigne le vecteur unitaire tangent à l'arc décrit par M dans le plan méridien lors de sa rotation d'angle θ autour de l'axe passant par O et perpendiculaire à ce plan, de vecteur rotation instantanée $\dot{\theta}\,\overrightarrow{e_\varphi}$.

Notons K le projeté orthogonal de M sur le plan équatorial. $\overrightarrow{e_\varphi}$ désigne le vecteur unitaire tangent à l'arc décrit par K dans un plan équatorial lors de sa rotation d'angle φ autour de l'axe (Oz), et donc aussi à celui décrit par M dans un plan parallèle au plan équatorial lors de la même rotation d'angle φ autour de l'axe (Oz) de vecteur rotation instantanée $\dot{\varphi}\,\overrightarrow{e_z}$. La position du point M peut être repérée par la norme de son rayon vecteur $r = \left\|\overrightarrow{OM}\right\|$, sa colatitude $\theta = \left(\overrightarrow{e_z}, \overrightarrow{OM}\right)$ et sa longitude $\varphi = \left(\overrightarrow{e_x}, \overrightarrow{OK}\right)$.

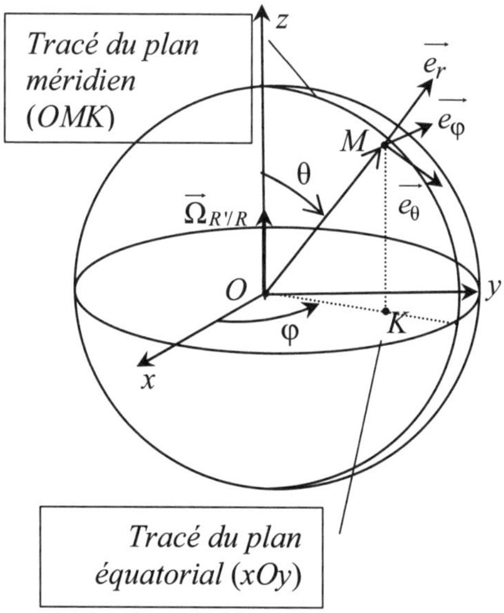

1. Établir l'expression du vecteur rotation de (R') par rapport à (R).

2. À l'aide des formules de dérivation vectorielle établies dans l'exercice 1, expliciter la vitesse absolue du point M (pour un observateur attaché à (R)) dans le repère sphérique (R').

3. Établir de même l'expression de l'accélération absolue du point M dans le repère cylindrique (R').

❑ Exercice 1.4. Anneau coulissant sur un cercle en rotation

Un guide circulaire de centre O et de rayon r est en rotation uniforme, caractérisé par $\vec{\Omega} = \omega \vec{e_x}$, autour de son diamètre vertical (Ox), par rapport au référentiel terrestre galiléen (R). Le référentiel d'étude est le référentiel (C) lié au cercle auquel on attache le repère $(Oxyz)$.

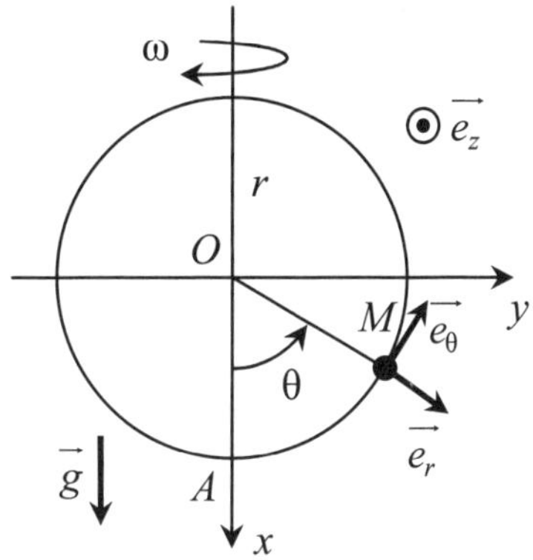

Un anneau de masse m, assimilé à un point matériel M, est astreint à coulisser sans frottement sur la circonférence. Son mouvement dans (C) est repéré par l'angle θ entre $\overrightarrow{OA}$ et $\overrightarrow{OM}$. On note $\vec{g} = +g\,\vec{e_x}$ le champ de pesanteur, et $\vec{R}$ la réaction du cercle sur M.

1. Faire la liste complète des forces qui s'exercent sur M dans le référentiel (C), et donner les composantes de ces forces dans la base cylindrique $\left(\vec{e_r}, \vec{e_\theta}, \vec{e_z}\right)$.

2. Écrire le principe fondamental de la dynamique pour M dans ce référentiel, et en déduire l'équation différentielle vérifiée par $\theta(t)$, ainsi que l'expression de $\vec{R}$ en fonction de θ, de ses dérivées et des paramètres du problème.

3. Indiquer la ou les position(s) d'équilibre de M dans ce référentiel.

❑ Exercice 1.5. Oscillations en référentiel tournant*

Un anneau circulaire horizontal, de centre C et de rayon r, est soudé en un point O à une tige verticale, confondue avec l'axe (Oz) du référentiel terrestre (R_T) supposé galiléen.

À partir de l'instant $t = 0$, on fait tourner cet anneau par rapport à (R_T), à la vitesse angulaire ω constante, autour de (Oz). Une perle de masse m, assimilable à un point matériel M, peut coulisser sans frottement sur l'anneau ; on note α l'angle entre $\overrightarrow{OC}$ et $\overrightarrow{CM}$. À $t = 0^+$, M se trouve au point A (tel que $\alpha = 0$), et sa vitesse par rapport à (R_T) est encore nulle.

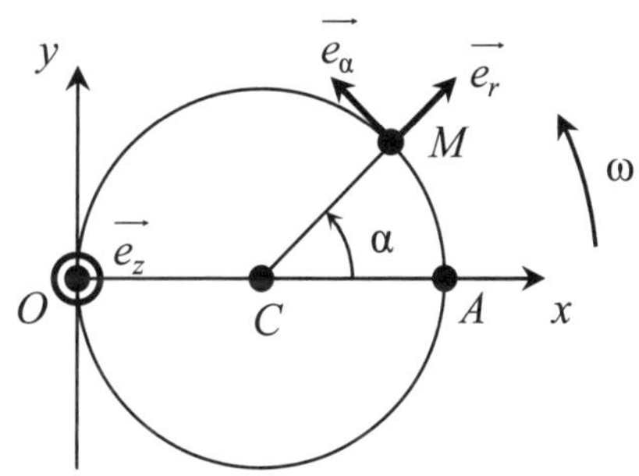

On note $\vec{g} = -g\,\vec{e_z}$ l'accélération de la pesanteur.

1. a) Le référentiel (R) lié à l'anneau est-il galiléen ?

b) Faire la liste complète des forces qui s'exercent sur M dans (R), et donner les composantes de ces forces dans la base cylindrique $\left(\vec{e_r}, \vec{e_\alpha}, \vec{e_z}\right)$.

On pourra utiliser : $\overrightarrow{OM} = \overrightarrow{OC} + \overrightarrow{CM}$.

2. Écrire le principe fondamental de la dynamique pour M dans ce référentiel, et en déduire que l'équation différentielle vérifiée par $\alpha(t)$ est de la forme : $\ddot{\alpha} + \omega^2 \sin\alpha = 0$.

3. a) Déterminer les positions d'équilibre de M dans (R).

b) Préciser leur stabilité en utilisant l'équation différentielle précédente.

4. a) On suppose maintenant $\alpha \ll 1$ (petites oscillations). Déterminer alors complètement la solution $\alpha(t)$ en tenant compte des conditions initiales.

b) Montrer que la solution trouvée est en réalité incompatible avec l'hypothèse des petites oscillations. A-t-on surestimé ou sous-estimé sin α (en valeur absolue) ? En déduire si l'amplitude réelle des oscillations est plus grande ou plus petite que celle calculée à la question précédente.

5. a) Exprimer l'énergie potentielle totale et l'énergie cinétique de M dans (R), en fonction de α, $\dot{\alpha}$ et des paramètres du système.

b) En appliquant le théorème de l'énergie mécanique, retrouver l'équation différentielle précédente.

❑ Exercice 1.6. Force de Coriolis sur un train - Problème ouvert

Sur les lignes TGV entre le nord et le sud de la France on constate une usure différentielle sur l'un des deux rails (toujours le même). Proposer une modélisation permettant de rendre compte de cette observation.

Données : le TGV est de masse $m = 7{,}8\cdot 10^5$ kg, la vitesse $v = 300$ km·h^{-1} est supposée constante. On pourra pour les applications numériques se placer à un instant donné à la hauteur de Valence (entre Lyon et Avignon) dont la latitude est $\lambda = 45°$ nord.

On donne la vitesse angulaire de la terre $\Omega = 7{,}3\cdot 10^{-5}$ rad·s^{-1} et $g = 9{,}8$ m·s^{-2}.

❑ Exercice 1.7. Champ de pesanteur

On s'intéresse au champ de pesanteur $\vec{g}(P)$ en un point P de la surface de la Terre. Par rapport au référentiel géocentrique (R_G), la Terre (assimilée à une sphère de rayon R et de masse M) effectue un mouvement de rotation autour de l'axe des pôles (Oz), à la vitesse angulaire constante $\omega = \dfrac{2\pi}{T}$. On néglige l'influence de tout autre astre, ce qui revient à ne considérer que les deux termes principaux constituant le champ $\vec{g}(P)$.

1. Indiquer en quelques mots l'origine physique de ces deux termes, et donner leur expression vectorielle. Il sera nécessaire d'introduire des notations supplémentaires que l'on définira sur un schéma (vue en coupe de la Terre) : faire apparaître sur ce schéma chacun des deux termes et le champ $\vec{g}(P)$ résultant.

2. Calculer la norme g du champ de pesanteur pour un point situé sur l'équateur.
On donne : $G = 6{,}67\cdot 10^{-11}\,\text{m}^3\cdot\text{kg}^{-1}\cdot\text{s}^{-2}$ (constante de gravitation universelle) ;
$R = 6378$ km (rayon équatorial) ; $M = 5{,}99\cdot 10^{24}$ kg ; $T = 23$ h 56 min $= 86164$ s.

3. Imaginons maintenant qu'on pose le pied sur l'astéroïde Sisyphe, lui aussi sphérique mais beaucoup plus petit que la Terre et en rotation plus rapide : $R' = 1{,}2$ km ; $M' = 1{,}8\cdot 10^{12}$ kg ; $T' = 2$ h 24 min. Que peut-on dire du poids à l'équateur ?

❑ Exercice 1.8. Pendule de Foucault en python

Un pendule de Foucault est un pendule pesant de grande longueur L (plusieurs dizaines de mètres si possible) dont le plan d'oscillation tourne, dans le référentiel terrestre, autour de la verticale sous l'effet de la force de Coriolis. La vitesse angulaire de rotation Ω est fonction de la vitesse angulaire propre de la Terre Ω_T et de la latitude λ du site où a lieu l'expérience : $\Omega = \Omega_T \sin(\lambda)$.

En projection sur le plan horizontal (Ox, Oy) et pour des amplitudes d'oscillations faibles, le système d'équation est : $\begin{cases} \ddot{x} = -\dfrac{g}{L}x + 2\Omega_T \sin(\lambda)\dot{y} \\ \ddot{y} = -\dfrac{g}{L}y - 2\Omega_T \sin(\lambda)\dot{x} \end{cases}$. Les seconds termes des seconds membres traduisent l'existence de la force de Coriolis. Pour simuler la trace du pendule dans le plan horizontal, il faut résoudre le système d'équations différentielles précédent. On prendra ici $g = 9{,}81\,\text{m}\cdot\text{s}^{-2}$ et L = 50 m, on se placera à une latitude de $\pi/4$ rad. La vitesse angulaire de rotation propre de la Terre sera estimée en rad par seconde en considérant qu'elle fait un tour en 24 heures.

1. a) Appeler les bibliothèques utiles à l'étude et définir les paramètres numériques permettant de coder le système d'équations différentielles traduisant la dynamique du pendule. On appellera également l'instruction `odeint` de la bibliothèque `scipy.integrate` qui sera utile à la résolution du système d'équations différentielles.

b) Définir une fonction, nommée `EquationPendule`, qui prend en paramètres d'entrée la liste $[x, \dot{x}, y, \dot{y}]$ et la variable temps t et qui renvoie la liste $[\dot{x}, \ddot{x}, \dot{y}, \ddot{y}]$, c'est-à-dire la dérivée de la liste déclarée en entrée par rapport au paramètre t, où $\ddot{x}$ et $\ddot{y}$ prennent les expressions définies par le système d'équations traduisant la dynamique du pendule.

2. a) Définir les conditions initiales si on lâche le pendule sans vitesse initiale pour le faire osciller dans le plan (Ox, Oz).

b) Proposer un script permettant de résoudre le système d'équation précédent à l'aide de l'instruction odeint. Cette instruction doit contenir comme arguments le système d'équations différentielles sous forme de la fonction EquationPendule précédemment créée, les conditions initiales sous forme de liste et la liste des instants (on prendra 100 000 instants également répartis entre 0 et 1000 s). Elle renvoie la liste, qui sera notée `s`, des valeurs numériques des fonctions et de leurs dérivées premières évaluées à chacun des instants, ce qui permet alors le tracé des fonctions voulues.

c) Pour obtenir la trace du pendule dans le plan (Ox, Oy) il faut extraire les listes des x et y pour tracer l'une en fonction de l'autre. Proposer un script réalisant cette étape de visualisation. Qu'observe-t-on ?

Pour vous aider à démarrer

Exercice 1.1. Question 1 : attention, le terme $\left.\dfrac{\mathrm{d}\overrightarrow{O'M}}{\mathrm{d}t}\right|_R$ n'est pas la vitesse relative.

En effet on dérive ici par rapport à (R) et non (R') comme il le faudrait... Penser donc à utiliser les résultats de l'exercice 1.1.

Exercice 1.2. Question 1 : il convient ici de bien faire la différence entre le référentiel (R) depuis lequel le mouvement est « vu » (on dérive dans (R)) et le trièdre de projection où le mouvement est explicité (ici il s'agit de la base cylindrique).

Exercice 1.3. Songer à décomposer le vecteur rotation de (R') dans (R) en une rotation dans le plan équatorial autour de (*Oz*) et une dans le plan méridien autour de l'axe passant par *O* et perpendiculaire à ce plan.

Exercice 1.6. L'idée directrice est que c'est la force de Coriolis qui est la responsable de l'usure. Définir, au point *P* où se situe le train, une base orthonormale $\left(\overrightarrow{e_x},\overrightarrow{e_y},\overrightarrow{e_z}\right)$ avec $\overrightarrow{e_x}$ vers l'est, $\overrightarrow{e_y}$ vers le nord et $\overrightarrow{e_z}$ vers le zénith et faire un schéma de la situation.

■■ Corrigé des vrai/faux

1.	2.	3.	4.	5.	6.	7.	8.	9.	10.	11.	12.	13.
faux	vrai	faux	vrai	faux	faux	vrai	vrai	faux	vrai	faux	faux	vrai

1. Les axes ont une direction fixe dans la translation circulaire, alors qu'ils tournent dans une rotation.

3. Cela n'est vrai que si la translation est rectiligne uniforme.

5. La translation doit également être uniforme.

6. Elle dépend de la vitesse, donc ne constitue pas un champ de force.

9. Dans ce référentiel, la Terre est en rotation autour de l'axe des pôles.

11. Le mouvement de translation n'est pas nécessairement rectiligne, dans le cas général il est curviligne (translation elliptique, circulaire ou suivant une courbe quelconque), il est encore moins nécessairement uniforme.

12. Cette assertion n'est vraie que dans le cas d'un solide en translation. En effet, dans ce cas, les axes du solide de référence (R') gardent une direction fixe par rapport à ceux du référentiel absolu (R) de sorte que $\vec{\Omega}_{R'/R} = \vec{0}$. Ainsi, la vitesse d'entraînement et l'accélération d'entraînement ont pour expression : $\vec{V_e}(M) = \vec{V_{/R}}(O')$ et $\vec{a_e}(M) = \vec{a_a}(O') = \left.\dfrac{\mathrm{d}\vec{V_e}(M)}{\mathrm{d}t}\right|_R$.

L'accélération de Coriolis est nulle puisque $\vec{\Omega}_{R'/R} = \vec{0}$. Ainsi l'accélération d'entraînement s'identifie avec la dérivée de la vitesse d'entraînement.

13. Dans le référentiel terrestre, une masse d'air en mouvement dans l'hémisphère nord est déviée vers la droite de sa trajectoire et vers la gauche dans l'hémisphère sud. Sous l'effet de la forte isolation à l'équateur, l'air chaud s'élève provoquant une zone de basse pression à l'équateur. Ainsi les masses d'air froid descendant des pôles vers l'équateur où elles remplacent les masses d'air chaud qui montent sont déviées vers l'ouest et contribuent, dans la zone située entre l'équateur et 30 degrés de latitude nord ou sud, à des vents réguliers soufflant du nord-est dans l'hémisphère nord et du sud-est dans celui du sud : les alizés.

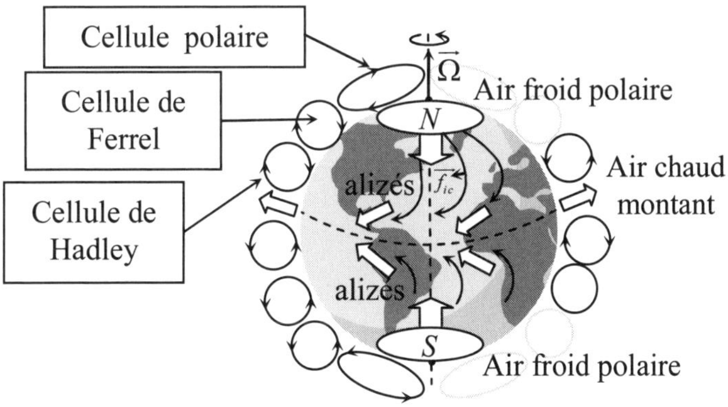

Des cellules de convection thermique dite de Hadley assurent le retour des masses d'air chaud ayant quitté l'équateur : l'air chaud monte de l'équateur à la troposphère où il diverge vers les pôles en se refroidissant, il redescend alors vers les basses couches de l'atmosphère pour retourner à l'équateur en contribuant aux alizés. Ces cellules qui théoriquement devraient s'étendre jusqu'aux pôles sont en fait limités 30 degrés de latitude nord ou sud. En effet la composante méridienne (de l'équateur vers les pôles) de la vitesse est initialement quasi nulle pour l'air montant sur l'équateur et augmente à mesure que l'air divergeant vers les pôles par conservation du moment cinétique. Ainsi la masse d'air atteint environ $100\ \mathrm{m \cdot s^{-1}}$ au sommet de la cellule de Hadley par 30 degrés de latitude nord ou sud, ce qui la rend instable. La cellule se morcelle ainsi en trois : une cellule de Hadley, une cellule de Ferrel et une cellule polaire.

❑ Les erreurs classiques

→ Le vecteur rotation $\vec{\omega}_{S/R}$ d'un solide dans (R) est orienté par la règle du tire bouchon, conformément au sens positif suivant lequel l'angle θ, paramétrant la rotation, augmente. Cette orientation est sans rapport avec le sens de rotation réel du solide

→ Ne pas confondre les différentes vitesses et accélérations dans les formules. En particulier, la vitesse entrant dans le calcul de l'accélération de Coriolis est la vitesse du point considéré dans le référentiel « mobile ».

→ Attention aux erreurs dues à une analyse insuffisante des différents mouvements : commencer par bien décrire le mouvement de (R') par rapport à (R), puis examiner les informations connues sur le mouvement du point étudié dans (R').

→ Le poids inclut la force d'inertie d'entraînement due au mouvement de la Terre, mais non celle due au mouvement d'un autre référentiel mobile (véhicule…).

→ La force de Coriolis n'induit pas toujours une déviation vers l'est ! La déviation est vers la droite de la trajectoire dans l'hémisphère nord et vers la gauche dans l'hémisphère sud. Ce n'est qu'en cas de chute libre que cette déviation est toujours vers l'est.

→ Le référentiel terrestre n'est pas toujours galiléen. Il ne l'est que sur de faibles échelles spatio-temporelles, par contre à l'échelle de phénomènes géophysiques il est non galiléen.

Corrigé des exercices

Exercice 1.1

1. En dérivant par rapport au temps l'égalité $\overrightarrow{OM} = \overrightarrow{OO'} + \overrightarrow{O'M}$ il vient $\overrightarrow{V_a}(M) = \left.\dfrac{\mathrm{d}\overrightarrow{OM}}{\mathrm{d}t}\right|_R = \left.\dfrac{\mathrm{d}\overrightarrow{OO'}}{\mathrm{d}t}\right|_R + \left.\dfrac{\mathrm{d}\overrightarrow{O'M}}{\mathrm{d}t}\right|_R$. On reconnaît le premier terme du second membre de cette égalité comme étant la vitesse de O' par rapport à (R) : $\overrightarrow{V_{/R}}(O')$.

Le second terme $\left.\dfrac{\mathrm{d}\overrightarrow{O'M}}{\mathrm{d}t}\right|_R$ n'est pas la vitesse relative. Pour la faire apparaître, il faudrait dériver par rapport à (R') et non (R) comme c'est ici le cas.

Utilisons donc la relation D2 : $\left.\dfrac{\mathrm{d}\overrightarrow{O'M}}{\mathrm{d}t}\right|_R = \left.\dfrac{\mathrm{d}\overrightarrow{O'M}}{\mathrm{d}t}\right|_{R'} + \overrightarrow{\Omega}_{R'/R} \wedge \overrightarrow{O'M} = \overrightarrow{V_r}(M) + \overrightarrow{\Omega}_{R'/R} \wedge \overrightarrow{O'M}$.

Ainsi, $\overrightarrow{V_a}(M) = \overrightarrow{V_r}(M) + \overrightarrow{V_{/R}}(O') + \overrightarrow{\Omega}_{R'/R} \wedge \overrightarrow{O'M}$, relation qui rend compte de la composition des vitesses du point M entre (R) et (R'). Écrivons la composition des vitesses pour le point coïncidant P : $\overrightarrow{V_a}(P) = \overrightarrow{V_r}(P) + \overrightarrow{V_{/R}}(O') + \overrightarrow{\Omega}_{R'/R} \wedge \overrightarrow{O'P}$. Or, P est fixe dans (R') ($\overrightarrow{V_r}(P) = \vec{0}$), et coïncide à t avec M, on peut donc identifier le terme $\overrightarrow{V_{/R}}(O') + \overrightarrow{\Omega}_{R'/R} \wedge \overrightarrow{O'M}$ avec la vitesse d'entraînement $\overrightarrow{V_a}(P) = \overrightarrow{V_{/R}}(O') + \overrightarrow{\Omega}_{R'/R} \wedge \overrightarrow{O'M} = \overrightarrow{V_e}(M)$. Finalement :

$\boxed{\overrightarrow{V_a}(M) = \overrightarrow{V_r}(M) + \overrightarrow{V_e}(M)}$ avec $\overrightarrow{V_r}(M) = \left.\dfrac{\mathrm{d}\overrightarrow{O'M}}{\mathrm{d}t}\right|_{R'}$ et $\overrightarrow{V_e}(M) = \overrightarrow{V_{/R}}(O') + \overrightarrow{\Omega}_{R'/R} \wedge \overrightarrow{O'M}$.

2. a) Dérivons dans (R) la formule de composition des vitesses obtenue à la question 1, il vient $\overrightarrow{a_a}(M) = \left.\dfrac{\mathrm{d}\overrightarrow{V_r}(M)}{\mathrm{d}t}\right|_R + \overrightarrow{a_a}(O') + \left.\dfrac{\mathrm{d}\left(\overrightarrow{\Omega}_{R'/R} \wedge \overrightarrow{O'M}\right)}{\mathrm{d}t}\right|_R$. D'après la formule D2, on a d'une part $\left.\dfrac{\mathrm{d}\overrightarrow{V_r}(M)}{\mathrm{d}t}\right|_R = \left.\dfrac{\mathrm{d}\overrightarrow{V_r}(M)}{\mathrm{d}t}\right|_{R'} + \overrightarrow{\Omega}_{R'/R} \wedge \overrightarrow{V_r}(M) = \overrightarrow{a_r}(M) + \overrightarrow{\Omega}_{R'/R} \wedge \overrightarrow{V_r}(M)$. Évaluons d'autre part $\left.\dfrac{\mathrm{d}\left(\overrightarrow{\Omega}_{R'/R} \wedge \overrightarrow{O'M}\right)}{\mathrm{d}t}\right|_R$: $\left.\dfrac{\mathrm{d}\left(\overrightarrow{\Omega}_{R'/R} \wedge \overrightarrow{O'M}\right)}{\mathrm{d}t}\right|_R = \left.\dfrac{\mathrm{d}\overrightarrow{\Omega}_{R'/R}}{\mathrm{d}t}\right|_R \wedge \overrightarrow{O'M} + \overrightarrow{\Omega}_{R'/R} \wedge \left.\dfrac{\mathrm{d}\overrightarrow{O'M}}{\mathrm{d}t}\right|_R$ or, d'après la relation D2, on a $\left.\dfrac{\mathrm{d}\overrightarrow{O'M}}{\mathrm{d}t}\right|_R = \left.\dfrac{\mathrm{d}\overrightarrow{O'M}}{\mathrm{d}t}\right|_{R'} + \overrightarrow{\Omega}_{R'/R} \wedge \overrightarrow{O'M} = \overrightarrow{V_r}(M) + \overrightarrow{\Omega}_{R'/R} \wedge \overrightarrow{O'M}$, ainsi

Corrigé

$$\left.\frac{\mathrm{d}\left(\vec{\Omega}_{R'/R}\wedge\overrightarrow{O'M}\right)}{\mathrm{d}t}\right|_R=\left.\frac{\mathrm{d}\vec{\Omega}_{R'/R}}{\mathrm{d}t}\right|_R\wedge\overrightarrow{O'M}+\vec{\Omega}_{R'/R}\wedge\left(\vec{V_r}(M)+\vec{\Omega}_{R'/R}\wedge\overrightarrow{O'M}\right)$$

$$=\left.\frac{\mathrm{d}\vec{\Omega}_{R'/R}}{\mathrm{d}t}\right|_R\wedge\overrightarrow{O'M}+\vec{\Omega}_{R'/R}\wedge\vec{V_r}(M)+\vec{\Omega}_{R'/R}\wedge\left(\vec{\Omega}_{R'/R}\wedge\overrightarrow{O'M}\right).$$ Finalement :

$$\vec{a_a}(M)=\vec{a_r}(M)+\vec{a_a}(O')+\left.\frac{\mathrm{d}\vec{\Omega}_{R'/R}}{\mathrm{d}t}\right|_R\wedge\overrightarrow{O'M}+2\,\vec{\Omega}_{R'/R}\wedge\vec{V_r}(M)+\vec{\Omega}_{R'/R}\wedge\left(\vec{\Omega}_{R'/R}\wedge\overrightarrow{O'M}\right).$$

En écrivant la même loi de composition des accélérations pour le point P fixe dans (R') et coïncidant avec M à l'instant t, on a :

$\vec{a_a}(P)=\vec{a_a}(O')+\left.\frac{\mathrm{d}\vec{\Omega}_{R'/R}}{\mathrm{d}t}\right|_R\wedge\overrightarrow{O'P}+\vec{\Omega}_{R'/R}\wedge\left(\vec{\Omega}_{R'/R}\wedge\overrightarrow{O'P}\right)=\vec{a_e}(M)$. Ainsi, on obtient la relation de composition des accélérations $\vec{a_a}(M)=\vec{a_r}(M)+\vec{a_e}(M)+2\,\vec{\Omega}_{R'/R}\wedge\vec{V_r}(M)$. On pose alors $\vec{a_c}(M)=2\,\overrightarrow{\Omega_{R'/R}}\wedge\vec{V_r}(M)$ l'accélération de Coriolis, de sorte que finalement :

$\boxed{\vec{a_a}(M)=\vec{a_r}(M)+\vec{a_e}(M)+\vec{a_c}(M)}$, où $\vec{a_r}(M)=\left.\frac{\mathrm{d}\vec{V_r}(M)}{\mathrm{d}t}\right|_{R'}$,

$\vec{a_e}(M)=\vec{a_a}(O')+\left.\frac{\mathrm{d}\vec{\Omega}_{R'/R}}{\mathrm{d}t}\right|_R\wedge\overrightarrow{O'P}+\vec{\Omega}_{R'/R}\wedge\left(\vec{\Omega}_{R'/R}\wedge\overrightarrow{O'P}\right)$ et $\vec{a_c}(M)=2\,\overrightarrow{\Omega_{R'/R}}\wedge\vec{V_r}(M)$.

b) Dans le cas d'une translation du référentiel (R') par rapport à (R), les axes de (R') gardent une direction fixe par rapport à ceux de (R) de sorte que $\vec{\Omega}_{R'/R}=\vec{0}$. Ainsi l'accélération d'entraînement s'identifie avec la dérivée de la vitesse d'entraînement :

$$\boxed{\vec{a_e}(M)=\vec{a_a}(O')=\left.\frac{\mathrm{d}\vec{V_e}(M)}{\mathrm{d}t}\right|_R}.$$

✐ *Ce n'est que dans ce cas que cette égalité est vérifiée.*

Exercice 1.2

1. Dérivons $\overrightarrow{OM}$ dans (R) pour obtenir la vitesse absolue $\left.\frac{\mathrm{d}\overrightarrow{OM}}{\mathrm{d}t}\right|_R=\left.\frac{\mathrm{d}\overrightarrow{OM}}{\mathrm{d}t}\right|_{R'}+\vec{\Omega}_{R'/R}\wedge\overrightarrow{OM}$.

Dans (R'), on a $\overrightarrow{OM}=\rho\,\vec{e_\rho}+z\,\vec{e_z}$ et $\left.\frac{\mathrm{d}\overrightarrow{OM}}{\mathrm{d}t}\right|_{R'}=\dot\rho\,\vec{e_\rho}+\dot z\,\vec{e_z}$ puisque $\vec{e_\rho}$ et $\vec{e_z}$ y sont indépendants du temps. D'autre part, $\vec{\Omega}_{R'/R}\wedge\overrightarrow{OM}=\dot\varphi\,\vec{e_z}\wedge\left(\rho\,\vec{e_\rho}+z\,\vec{e_z}\right)=\rho\,\dot\varphi\,\vec{e_\varphi}$. Ainsi la vitesse absolue du point M s'écrit $\boxed{\vec{V_a}(M)=\dot\rho\,\vec{e_\rho}+\rho\dot\varphi\,\vec{e_\varphi}+\dot z\,\vec{e_z}}$.

2. Dérivons à présent $\vec{V_a}(M)$ dans (R) pour obtenir $\vec{a_a}(M)$:

$$\overrightarrow{a_a}(M)=\left.\frac{\mathrm{d}\overrightarrow{V_a}(M)}{\mathrm{d}t}\right|_R=\left.\frac{\mathrm{d}\overrightarrow{V_a}(M)}{\mathrm{d}t}\right|_{R'}+\overrightarrow{\Omega}_{R'/R}\wedge\overrightarrow{V_a}(M).$$

Dans (R') : $\left.\frac{\mathrm{d}\overrightarrow{V_a}(M)}{\mathrm{d}t}\right|_{R'}=\ddot{\rho}\,\overrightarrow{e_\rho}+\left(\rho\ddot{\varphi}+\dot{\rho}\dot{\varphi}\right)\overrightarrow{e_\varphi}+\ddot{z}\,\overrightarrow{e_z}$, et d'autre part,

$\overrightarrow{\Omega}_{R'/R}\wedge\overrightarrow{V_a}(M)=-\rho\dot{\varphi}^2\,\overrightarrow{e_\rho}+\dot{\rho}\,\dot{\varphi}\,\overrightarrow{e_\varphi}$. Ainsi l'accélération absolue (pour un observateur attaché à (R)) explicitée dans le repère cylindrique est $\boxed{\overrightarrow{a_a}(M)=\left(\ddot{\rho}-\rho\dot{\varphi}^2\right)\overrightarrow{e_\rho}+\left(\rho\ddot{\varphi}+2\dot{\rho}\dot{\varphi}\right)\overrightarrow{e_\varphi}+\ddot{z}\,\overrightarrow{e_z}}$.

Exercice 1.3

1. Le vecteur rotation de (R') par rapport à (R) se décompose en une rotation dans le plan équatorial autour de (Oz) de vecteur $\dot{\varphi}\,\overrightarrow{e_z}$, et une dans le plan méridien autour de l'axe passant par O et perpendiculaire à ce plan de vecteur $\dot{\theta}\,\overrightarrow{e_\varphi}$: $\overrightarrow{\Omega}_{R'/R}=\dot{\varphi}\,\overrightarrow{e_z}+\dot{\theta}\,\overrightarrow{e_\varphi}$. Comme, de plus, $\overrightarrow{e_z}=\cos\theta\,\overrightarrow{e_r}-\sin\theta\,\overrightarrow{e_\theta}$, il vient $\boxed{\overrightarrow{\Omega}_{R'/R}=\dot{\varphi}\cos\theta\,\overrightarrow{e_r}-\dot{\varphi}\sin\theta\,\overrightarrow{e_\theta}+\dot{\theta}\,\overrightarrow{e_\varphi}}$.

2. Le vecteur position de M s'écrit en coordonnées sphériques $\overrightarrow{OM}=r\,\overrightarrow{e_r}$.

Dérivons $\overrightarrow{OM}$ dans (R) pour obtenir la vitesse absolue $\left.\frac{\mathrm{d}\overrightarrow{OM}}{\mathrm{d}t}\right|_R=\left.\frac{\mathrm{d}\overrightarrow{OM}}{\mathrm{d}t}\right|_{R'}+\overrightarrow{\Omega}_{R'/R}\wedge\overrightarrow{OM}$.

Avec $\overrightarrow{\Omega}_{R'/R}\wedge\overrightarrow{OM}=\dot{\varphi}\cos\theta\,\overrightarrow{e_r}-\dot{\varphi}\sin\theta\,\overrightarrow{e_\theta}+\dot{\theta}\,\overrightarrow{e_\varphi}\wedge r\,\overrightarrow{e_r}=r\dot{\theta}\,\overrightarrow{e_\theta}+r\sin\theta\,\dot{\varphi}\,\overrightarrow{e_\varphi}$ et $\left.\frac{\mathrm{d}\overrightarrow{OM}}{\mathrm{d}t}\right|_{R'}=\dot{r}\,\overrightarrow{e_r}$

on a $\boxed{\overrightarrow{V}_a(M)=\dot{r}\,\overrightarrow{e_r}+r\dot{\theta}\,\overrightarrow{e_\theta}+r\sin\theta\,\dot{\varphi}\,\overrightarrow{e_\varphi}}$.

3. Dérivons à présent $\overrightarrow{V_a}(M)$ dans (R) pour obtenir $\overrightarrow{a_a}(M)$, il vient :

$$\boxed{\overrightarrow{a_a}(M)=\left.\frac{\mathrm{d}\overrightarrow{V_a}(M)}{\mathrm{d}t}\right|_R=\left.\frac{\mathrm{d}\overrightarrow{V_a}(M)}{\mathrm{d}t}\right|_{R'}+\overrightarrow{\Omega}_{R'/R}\wedge\overrightarrow{V_a}(M)=\begin{cases}\left(\ddot{r}-r\sin^2\theta\,\dot{\varphi}^2-r\dot{\theta}^2\right)\overrightarrow{e_r}\\ \left(r\ddot{\theta}+2\dot{r}\dot{\theta}-r\sin\theta\cos\theta\,\dot{\varphi}^2\right)\overrightarrow{e_\theta}\\ \left(2\dot{r}\dot{\varphi}\sin\theta+2r\dot{\theta}\dot{\varphi}\cos\theta+r\sin\theta\,\ddot{\varphi}\right)\overrightarrow{e_\varphi}\end{cases}}.$$

Exercice 1.4

1. On étudie le point matériel M de masse m dans le référentiel (C) de l'anneau, non galiléen (en rotation uniforme par rapport au référentiel terrestre galiléen R). Son mouvement est circulaire : $\vec{v}(M)_C=r\dot{\theta}\,\overrightarrow{e_\theta}$ et $\vec{a}(M)_C=-r\dot{\theta}^2\,\overrightarrow{e_r}+r\ddot{\theta}\,\overrightarrow{e_\theta}$.

Dressons le bilan des forces appliquées à M :

- le poids $\boxed{\vec{P}=m\vec{g}=+mg\,\overrightarrow{e_x}=mg\left(\cos\theta\,\overrightarrow{e_r}-\sin\theta\,\overrightarrow{e_\theta}\right)}$;
- la réaction normale du support circulaire $\boxed{\vec{R}=R_r\,\overrightarrow{e_r}+R_z\,\overrightarrow{e_z}}$;
- la force d'inertie d'entraînement $\overrightarrow{f_{ie}}=-m\overrightarrow{a_e}(M)=+m\omega^2\,\overrightarrow{HM}$ où H est le projeté de M sur l'axe de rotation (Ox), soit $\boxed{\overrightarrow{f_{ie}}=m\omega^2\,r\sin\theta\,\overrightarrow{e_y}=m\omega^2\,r\sin\theta\left(\sin\theta\,\overrightarrow{e_r}+\cos\theta\,\overrightarrow{e_\theta}\right)}$;

Corrigé

– la force d'inertie de Coriolis $\overrightarrow{f_{ic}} = -m\overrightarrow{a_c}(M) = -2m\overrightarrow{\Omega} \wedge \vec{v}(M)_C = -2m\omega\overrightarrow{e_x} \wedge r\dot{\theta}\overrightarrow{e_\theta}$ soit $\boxed{\overrightarrow{f_{ic}} = -2m\omega r\dot{\theta}\cos\theta\overrightarrow{e_z}}$.

> *Ne pas oublier la composante sur $\overrightarrow{e_z}$ dans la réaction normale ! Ce n'est pas parce qu'elle n'est pas dans le plan de figure qu'elle n'existe pas… et la suite montrera qu'elle est bien non nulle en général.*

2. Appliquons le PFD à M dans le référentiel (C) : $m\vec{a}(M)_C = \vec{P} + \vec{R} + \overrightarrow{f_{ie}} + \overrightarrow{f_{ic}}$. En projection dans la base $\left(\overrightarrow{e_r}, \overrightarrow{e_\theta}, \overrightarrow{e_z}\right)$ il vient :

$$\begin{cases} mg\cos\theta + R_r + m\omega^2 r\sin^2\theta = -mr\dot{\theta}^2 \\ -mg\sin\theta + m\omega^2 r\sin\theta\cos\theta = mr\ddot{\theta} \\ R_z - 2m\omega r\dot{\theta}\cos\theta = 0 \end{cases} \Leftrightarrow \boxed{\begin{cases} r\ddot{\theta} + g\sin\theta - \omega^2 r\sin\theta\cos\theta = 0 \\ R_r = -mg\cos\theta - m\omega^2 r\sin^2\theta - mr\dot{\theta}^2 \\ R_z = 2m\omega r\dot{\theta}\cos\theta \end{cases}}.$$

3. Une position d'équilibre est donnée par $\ddot{\theta} = 0$ d'où $\sin\theta(g - \omega^2 r\cos\theta) = 0$, soit :
- $\sin\theta = 0$, ce qui correspond à $\boxed{\theta = 0 \text{ ou } \theta = \pi}$;
- ou bien $\cos\theta = \dfrac{g}{r\omega^2}$, soit $\boxed{\theta = \arccos\dfrac{g}{r\omega^2}}$ qui n'existe que $\boxed{\text{si } \omega > \sqrt{\dfrac{g}{r}}}$.

> *On pourrait montrer que c'est la dernière position qui est stable lorsqu'elle existe, sinon c'est $\theta = 0$.*

Exercice 1.5

1. a) Le référentiel (R) de l'anneau est non galiléen, car il est en rotation (uniforme) par rapport au référentiel terrestre galiléen.

b) Dressons le bilan des forces appliquées à M dans (R) :
- le poids $\boxed{\vec{P} = m\vec{g} = -mg\overrightarrow{e_z}}$;
- la réaction normale de l'anneau $\boxed{\vec{R} = R_r\overrightarrow{e_r} + R_z\overrightarrow{e_z}}$;
- la force d'inertie d'entraînement $\overrightarrow{f_{ie}} = -m\overrightarrow{a_e}(M) = m\omega^2\overrightarrow{OM} = m\omega^2\left(\overrightarrow{OC} + \overrightarrow{CM}\right)$ soit $\boxed{\overrightarrow{f_{ie}} = m\omega^2\left(r\cos\alpha\overrightarrow{e_r} - r\sin\alpha\overrightarrow{e_\alpha} + r\overrightarrow{e_r}\right)}$;
- la force d'inertie de Coriolis $\overrightarrow{f_{ic}} = -m\overrightarrow{a_c}(M) = -2m\overrightarrow{\Omega} \wedge \vec{v}(M)_R = -2m\omega\overrightarrow{e_z} \wedge r\dot{\alpha}\overrightarrow{e_\alpha}$ soit $\boxed{\overrightarrow{f_{ic}} = 2m\omega r\dot{\alpha}\overrightarrow{e_r}}$.

2. Appliquons le PFD à M dans (R) : $m\vec{a}(M)_R = \vec{P} + \vec{R} + \overrightarrow{f_{ie}} + \overrightarrow{f_{ic}}$.

En projection dans la base $\left(\overrightarrow{e_r},\overrightarrow{e_\alpha},\overrightarrow{e_z}\right)$ il vient : $\begin{cases} R_r + m\omega^2 r(\cos\alpha+1) + 2m\omega r\,\dot\alpha = -mr\,\dot\alpha^2 \\ -m\omega^2 r\sin\alpha = mr\,\ddot\alpha \\ -mg + R_z = 0 \end{cases}$

car $\vec{a}(M)_R = -r\dot\alpha^2\overrightarrow{e_r} + r\ddot\alpha\overrightarrow{e_\alpha}$ (le mouvement étant circulaire). L'équation différentielle du mouvement est la deuxième (qui ne contient pas d'autre inconnue) : $\boxed{\ddot\alpha + \omega^2\sin\alpha = 0}$.

3. a) L'équilibre correspond à $\ddot\alpha = 0$ d'où $\sin\alpha = 0$, ce qui donne deux positions d'équilibre : $\boxed{\alpha = 0}$ (point *A*) et $\boxed{\alpha = \pi}$ (point *O*).

b) Pour le point *A* :
Supposons que *M* s'écarte légèrement de $\alpha = 0$: si $\alpha > 0$ alors $\sin\alpha > 0$ donc $\ddot\alpha < 0$, alors α aura tendance à diminuer, ce qui ramène *M* vers *A* ; même chose si $\alpha < 0$. Donc <u>*A* est une position d'équilibre stable</u>.
Pour le point *O* :
Supposons que *M* s'écarte légèrement de $\alpha = \pi$, soit $\alpha = \pi + \varepsilon$:
si $\varepsilon > 0$ alors $\sin(\pi+\varepsilon) = -\sin\varepsilon < 0$ donc $\ddot\alpha > 0$, alors α aura tendance à augmenter, ce qui éloigne encore *M* de *O* ; même chose si $\varepsilon < 0$. Donc <u>*O* est une position d'équilibre instable</u>.

4. a) Pour $\alpha << 1$ (c'est-à-dire au voisinage de *A*), $\sin\alpha \approx \alpha$ donc l'équation différentielle devient : $\ddot\alpha + \omega^2\alpha = 0$. On reconnaît un oscillateur harmonique, donc la solution générale est $\alpha(t) = A\cos(\omega t) + B\sin(\omega t)$ d'où $\dot\alpha(t) = -A\omega\sin(\omega t) + B\omega\cos(\omega t)$.

Position à $t = 0$: $\alpha(0) = 0$ donc $A = 0$. Vitesse à $t = 0$: $\vec{v}(M)_{R_T} = \vec{0}$ soit $\vec{v}(M)_R + \vec{v_e}(M) = \vec{0}$ d'où $\vec{v}(M)_R = -\vec{v_e}(M) = -\vec{v}(A)_{R_T} = -2r\omega\overrightarrow{e_y}$; or $\vec{v}(M)_R = r\dot\alpha\overrightarrow{e_\alpha}$, donc $\dot\alpha(0) = -2\omega$, d'où $B = -2$.
Finalement : $\boxed{\alpha(t) = -2\sin(\omega t)}$.

b) α oscille entre –2 et 2 (en radians), donc <u>ne vérifie pas l'approximation</u> $\alpha << 1$ (toujours radians).
En réalité, $|\sin\alpha| < |\alpha|$, donc $|\ddot\alpha| < \omega^2|\alpha|$: l'accélération est toujours plus faible que dans l'approximation linéaire, donc <u>l'amplitude réelle des oscillations est plus faible</u> que celle qu'on avait calculée.

5. a) Il y a deux forces conservatives, $\vec{P}$ et $\overrightarrow{f_{ie}}$. Énergie potentielle de pesanteur : $E_{pp} = +mgz + \text{cte} = \text{cte}$ puisque $z = 0$. Le seul terme variable est donc l'énergie potentielle centrifuge : $E_{pcf} = -\frac{1}{2}m\omega^2 OM^2 + \text{cte} = -\frac{1}{2}m\omega^2(r^2 + r^2 - 2r^2\cos(\pi-\alpha)) + \text{cte}$ soit

$\boxed{E_p = -m\omega^2 r^2(1+\cos\alpha) + \text{cte}}$. Énergie cinétique : $E_c = \frac{1}{2}mv(M)_R^2$ soit $\boxed{E_c = \frac{1}{2}mr^2\dot\alpha^2}$.

b) Appliquons le théorème de l'énergie mécanique dans (R) en notant $P\left(\overrightarrow{f_{nc}}\right)$ la puissance des actions non conservatives : $\left.\frac{\mathrm{d}E_m}{\mathrm{d}t}\right|_R = P\left(\overrightarrow{f_{nc}}\right)_R$. Or les deux forces non conservatives $\vec{R}$ et $\overrightarrow{f_{ic}}$ sont orthogonales à la vitesse (qui est selon $\overrightarrow{e_\alpha}$) donc leur puissance est nulle.

Ainsi, $\left.\dfrac{\mathrm{d}E_m}{\mathrm{d}t}\right|_R = -m\omega^2 r^2(-\dot{\alpha}\sin\alpha) + m r^2\dot{\alpha}\ddot{\alpha} = 0$ d'où après simplification : $\dot{\alpha} = 0$ (solution particulière correspondant à l'équilibre) ou $\boxed{\ddot{\alpha} + \omega^2 \sin\alpha = 0}$.

Exercice 1.6

Prenons le cas où le TGV circule du nord vers le sud entre Lyon et Avignon à la hauteur de Valence. Comme bien souvent en mécanique on commence par faire un schéma de la situation au point P. On note $\vec{v}$ le vecteur vitesse du train et $\vec{\Omega}$ le vecteur rotation de la Terre.

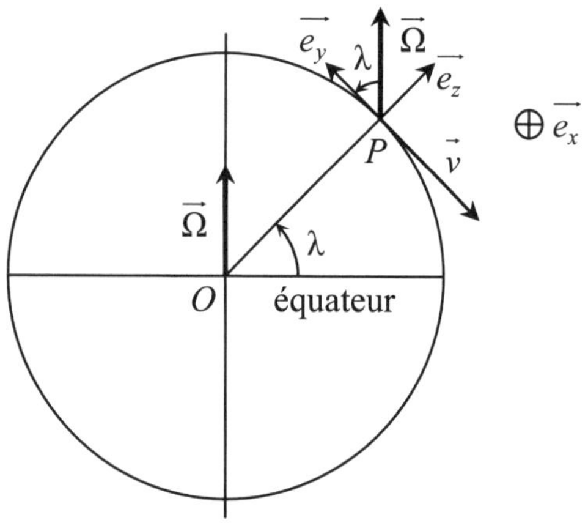

L'idée directrice est que c'est la force de Coriolis que est la responsable de l'usure et non le poids du train. Exprimons donc la force de Coriolis qui s'exerce sur le train dans le référentiel terrestre dans le but de comparer sa norme à celle du poids du train : $\overrightarrow{f_{ic}} = -m\overrightarrow{a_c}(M) = -2m\vec{\Omega}\wedge\vec{v}$.

Or $\vec{\Omega} = \Omega\cos\lambda\overrightarrow{e_y} + \Omega\sin\lambda\overrightarrow{e_z}$ et $\vec{v} = -v\overrightarrow{e_y}$ donc $\overrightarrow{f_{ic}} = -2m\left(\Omega\cos\lambda\overrightarrow{e_y} + \Omega\sin\lambda\overrightarrow{e_z}\right)\wedge\left(-v\overrightarrow{e_y}\right)$ soit $\boxed{\overrightarrow{f_{ic}} = -2m\Omega\sin\lambda v\overrightarrow{e_x}}$ qui pointe vers l'ouest, c'est-à-dire ici vers la droite.

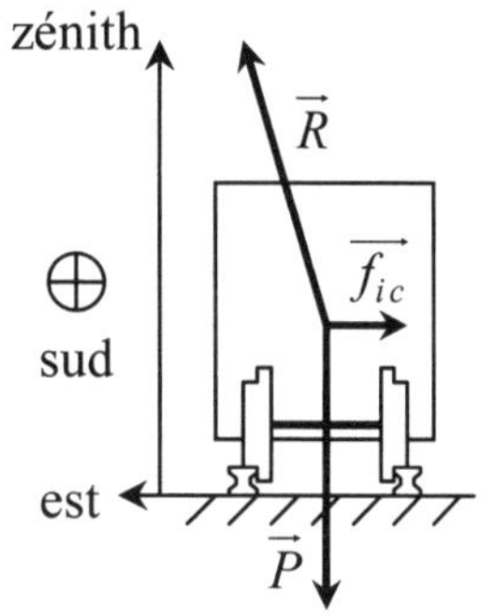

Dressons à présent un schéma local du train, vu de l'arrière, représentant les différentes forces subies. Aux deux forces précédentes s'ajoute la réaction $\vec{R}$ des deux rails (la force d'inertie d'entraînement, due au mouvement de la Terre, étant déjà incluse dans le poids).

Le PFD appliqué au train donne donc $m\vec{a} = \vec{P} + \vec{R} + \overrightarrow{f_{ic}}$.

L'accélération du train est nulle si on considère son mouvement comme rectiligne uniforme.

Par contre, si on tient compte dans la modélisation de la courbure de la Terre, le mouvement du train est circulaire uniforme donc son accélération vaut $-\dfrac{v^2}{R}\overrightarrow{e_z}$.

Cependant, dans les deux cas, la projection horizontale donne $R_x = -f_{ic}$: c'est donc le rail de droite (côté ouest) qui doit exercer une force de poussée horizontale, et subit alors une force opposée donc s'usera plus vite que le rail de gauche. Numériquement on calcul : $\boxed{f_{ic} = 6{,}7\ \text{kN}}$.

Or le poids est $P = mg = 7{,}6\ \text{MN}$ donc $\boxed{\dfrac{f_{ic}}{P} = 9\cdot 10^{-4} = 0{,}09\ \%}$. La force subie par le rail de droite est donc en norme de l'ordre de 1 % de poids du train ce qui sur des années d'utilisation permet de produire une usure visible.

Si le train va vers le nord, la force de Coriolis est orientée vers l'est et c'est donc le rail du côté est qui s'use le plus, mais il s'agit toujours du rail de droite.

Exercice 1.7

1. D'après le cours : $\boxed{\vec{g}(P) = -G\dfrac{M}{R^2}\vec{e_r} + \omega^2 \overrightarrow{HP}}$.

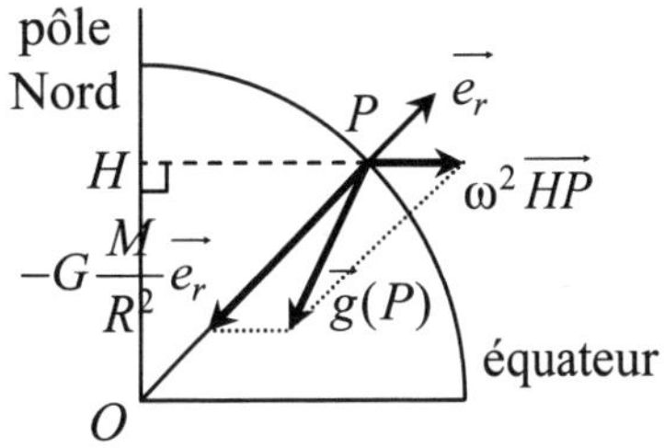

Le premier terme (prépondérant) est le <u>champ de gravitation</u> exercé par la Terre.
Le second provient de la <u>force d'inertie d'entraînement due à la rotation de la Terre</u> autour de son axe.

2. Pour P à l'équateur, H est confondu avec O donc $HP = R$. De plus les deux termes sont colinéaires et de sens contraires, donc leurs normes se soustraient : $g = G\dfrac{M}{R^2} - \dfrac{4\pi^2}{T^2}R = 9{,}82 - 0{,}034$ soit $\boxed{g = 9{,}79\ \text{m}\cdot\text{s}^{-2}}$.

3. Cette fois $G\dfrac{M'}{R'^2} = 8{,}34\cdot 10^{-5}\ \text{m}\cdot\text{s}^{-2}$ et $\dfrac{4\pi^2}{T'^2}R' = 6{,}35\cdot 10^{-4}\ \text{m}\cdot\text{s}^{-2}$.

Comme on pouvait s'y attendre, ces termes sont <u>beaucoup plus faibles</u> que sur la Terre, mais surtout le terme d'inertie d'entraînement est prépondérant, ce qui signifie que ce « poids » est en fait <u>orienté vers l'extérieur</u> !

Exercice 1.8

1. a)
```
#Importation des bibliothèques
import numpy as np #commandes de calculs numériques
import matplotlib.pyplot as plt #commandes de tracés
from scipy.integrate import odeint #commande de résolution numérique
#d'équations différentielles
#Paramètres numériques de l'étude
g=9.81 #intensité de la pesanteur
L=50   #longueur du pendule
omega=np.sqrt(g/L) # pulsation propre du pendule
latitude=np.pi/4   #latitude du lieu, en rad.
OmegaT=2*np.pi/24/3600 #vitesse angulaire de rotation propre de la Terre
```

b) Codons à présent l'équation différentielle du mouvement. L'objet liste qui contient les coordonnées de position `x` et `y` et leur dérivée, les vitesses `vx` et `vy` est noté `X`. La seconde ligne permet d'affecter les quatre éléments de la liste `X` aux variables `x`, `vx`, `y` et `vy`, dans cet ordre. Il serait équivalent d'écrire `x=X[0]`, `vx=X[1]`, `y=X[2]` et `vy=X[3]`. C'est dans l'instruction return que l'on déclare le système d'équations différentielles : on renvoie une liste de quatre éléments qui sont, dans l'ordre, la dérivée de `x`, donc `vx`, puis la dérivée de `vx`, donc l'accélération `ax` selon (Ox), qui prend l'expression définie par le système d'équations, puis la dérivée de `y`, donc `vy`, et enfin la dérivée de `vy`, donc `ay`, dont l'expression est elle aussi issue du système d'équations. Le script est le suivant :

```
def EquationPendule(X,t):
  x,vx,y,vy=X
  return [vx, -omega**2*x +2*OmegaT**np.sin(latitude)*vy ,vy ,-omega**2*y\
  2*OmegaT**np.sin(latitude)*vx ]
```

2. a) On définit ensuite les conditions initiales : pendule sans vitesse initiale oscillant dans le plan (*Ox, Oz*) :

```
#Conditions initiales
x0=.45
vx0=0
y0=0
vy0=0
```

b) On définit ensuite la liste des instants, ici entre 0 et 1000, avec 100 000 points, pour cela, on fait appel à l'instruction odeint et on renvoie son résultat, un tableau des quatre valeurs `x`, `vx`, `y` et `vy` évalués à chaque instant, dans la variable `s` :

```
s=odeint(EquationPendule,[x0,vx0,y0,vy0],t)
```

c) On extrait les listes des grandeurs de la matrice `s`. Pour cela, on utilise le « slicing » (ou extraction de sous-liste ou tranchage de liste) de listes (ou de tableaux). Le double point « : » signifie que l'on parcourt tous les éléments du tableau `s`, qui sont des listes de quatre éléments, le `0` signifie que parmi tous les éléments, du premier au dernier, on ne retient que celui d'indice `0`, donc le premier. L'ensemble est stocké dans la variable `x`. On le code comme suit :

```
x=s[:,0]
```

On fait de même pour extraire `y` de `s`

```
y=s[:,2]
```

Il ne reste plus qu'à observer la trace du pendule dans le plan (*Ox,Oy*) à l'aide d'un plot :

```
plt.figure() #on ouvre une fenêtre
plt.plot(x,y,color='black') #on trace y en fonction de x en noir
plt.title('Graphe x-y')     #titre du graphe
plt.xlabel('x')  #légende des abscisses
plt.ylabel('y')  #légende des ordonnées
plt.xlim(-.5,.5) #on fixe les valeurs minimale et maximale sur Ox
plt.ylim(-.5,.5) #on fixe les valeurs minimale et maximale sur Oy
plt.show() #on affiche l'ensemble
```

On obtient le tracé suivant sur lequel on constate la rotation de la trace du plan d'oscillation dans le plan (*Ox,Oy*) autour de la verticale (*Oz*) sous l'effet de la force de Coriolis :

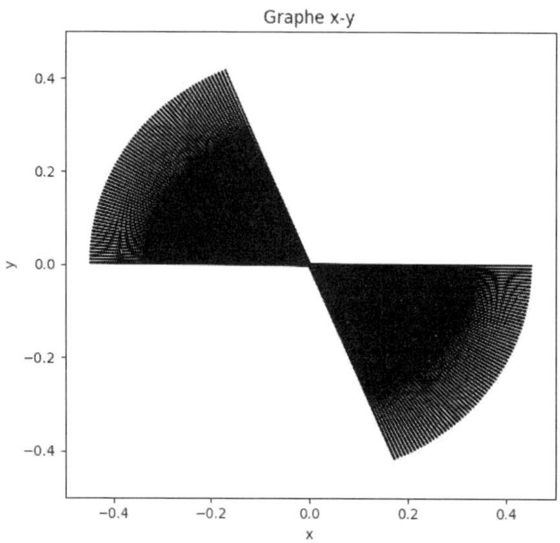

Chapitre 2

Lois du frottement solide

UN SCIENTIFIQUE

Esprit à la fois théorique et pratique, **Guillaume Amontons** (1663-1705) est avant tout un inventeur. Cependant, il comprend que de bien connaître les sciences est fondamental pour améliorer les instruments qu'il conçoit. Ceci le conduit à étudier les mathématiques et la physique. Très intéressé par la météorologie, il conçoit un baromètre, un hygromètre et un thermomètre. Il participe à la conception de travaux publics ce qui l'amène à étudier les forces de frottement.

Un peu d'histoire

Comme l'avait suggéré Aristote, on pensait, jusqu'à Galilée, que le mouvement nécessitait continuellement l'application d'une force sans comprendre la cause réelle du ralentissement des mobiles. Léonard de Vinci affirme en 1493 deux principes régissant les frottements. Cette découverte étant restée inconnue, c'est totalement indépendamment que Guillaume Amontons les retrouve et affirme en 1699 que la force de frottement est proportionnelle à la charge appliquée et qu'elle est indépendante de la surface de contact. Il étudie par la suite la force nécessaire pour enrouler un câble marin sur une poulie en fonction de son diamètre et de celui de la poulie.

Lorsqu'il est en poste à Rochefort, Charles de Coulomb, célèbre pour ses découvertes en électrostatique, reprend les travaux d'Amontons, confirme ses résultats et introduit un coefficient de frottement variable suivant les matériaux.

Objectifs

Ce qu'il faut connaître

- ▷ La définition de la résultante des actions de contact dans le cadre du modèle du contact ponctuel entre deux solides indéformables. Le sens physique de ses composantes normale et tangentielle
- ▷ Les lois de Coulomb pour le frottement sec entre deux solides, en statique comme en dynamique
- ▷ La notion de cône de frottement
- ▷ La définition de la puissance des actions de contact, son lien avec la vitesse de glissement

Ce qu'il faut savoir faire

- ▷ Savoir traduire la condition de non-glissement d'un solide sur son support
- ▷ Savoir traduire la condition d'initiation du glissement d'un solide sur son support
- ▷ Savoir traduire la condition de basculement d'un solide sur son support
- ▷ Savoir simuler en Python une situation mécanique dans laquelle intervient au moins un changement de mode de glissement

Résumé de cours

Introduction et position du problème

On s'intéresse ici au contact ponctuel, dans un référentiel (R), entre deux solides $S1$ et $S2$ indéformables, en un point de contact géométrique à l'instant t noté $I(t)$ ou plus simplement I. La réalité physique est bien entendu plus complexe : les solides sont déformables et le contact s'effectue sur une surface. Les actions de contact entre les deux solides s'exercent ainsi en tout point de cette surface. Dans le modèle du contact ponctuel, on représente ces actions de surface par des actions équivalentes ramenées au point de contact I. Si les surfaces en contact sont assez régulières, on peut définir un plan commun tangent aux deux solides en contact (noté (π) sur le schéma ci-dessous) et décomposer les actions de contact en composantes normale et tangentielle.

⇨ **Méthodes 2.1. Comment modéliser un contact surfacique ?**
et 2.2. Comment modéliser un contact linéique ?

Vitesse de glissement

❑ Définition

I étant le point de l'espace où le contact entre les solides se produit à l'instant t, $I_{1\in S1}$ le point appartenant à $S1$ coïncidant avec I à l'instant t (mais pas à un instant antérieur ou postérieur) et $I_{2\in S2}$ le point appartenant à $S2$ coïncidant avec I à l'instant t, on définit la vitesse de glissement de $S1$ sur $S2$, notée $\overrightarrow{V_g}$.

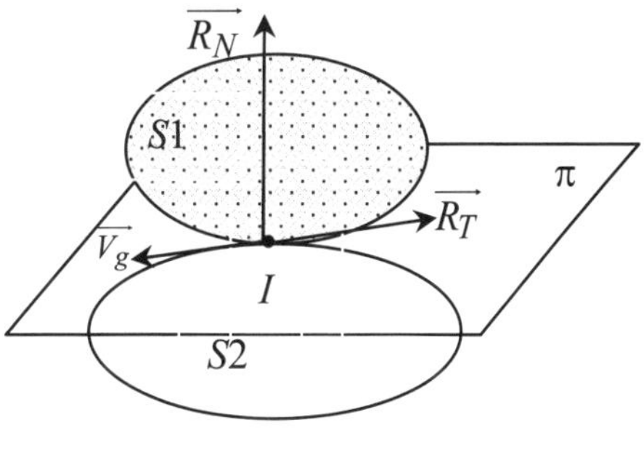

La vitesse de glissement s'écrit :

$$\boxed{\overrightarrow{V_g} = \overrightarrow{V}_{S1/S2} = \overrightarrow{V}_{I_1/S2} = \overrightarrow{V}_{I_1\in S1/R} - \overrightarrow{V}_{I_2\in S2/R}}.$$

Remarque

Les solides étant indéformables, on a $\boxed{\overrightarrow{V_g} \in (\pi)}$.

Actions de contact

La force de contact équivalente au point I se décompose en :

→ une composante normale $\overrightarrow{R_N}$ traduisant l'impossibilité d'interpénétration des solides,

→ une composante tangentielle $\overrightarrow{R_T}$ traduisant les forces de frottement, dite de résistance au glissement, entre les solides : $\boxed{\overrightarrow{R} = \overrightarrow{R_N} + \overrightarrow{R_T}}$.

Si $\vec{R}_{1\to 2}$ désigne la force qu'exerce $S1$ sur $S2$, alors d'après le principe des actions mutuelles $\vec{R}_{2\to 1} = -\vec{R}_{1\to 2}$.

Remarques

La force de frottement est la moyenne à l'échelle macroscopique d'interactions microscopiques d'origine électromagnétique.

■ Approche empirique des lois du frottement sec : lois de Coulomb

❑ Définition

On dit qu'il y a frottement sec lorsqu'il n'y a pas de couche fluide entre les surfaces en contact (en particulier, ceci exclut la présence de lubrifiant). Un tel frottement peut se manifester en s'opposant à la mise en mouvement du solide $S1$ par rapport au solide $S2$ en contact avec $S1$: on parle alors de frottement statique, ou bien par sa capacité à dissiper l'énergie mécanique d'un solide en mouvement : on parle alors de frottement dynamique.

❑ Loi de Coulomb pour le frottement statique

En statique, la vitesse de glissement est nulle : $\boxed{\vec{V_g} = \vec{0}}$. À la limite du glissement, on peut relier la composante normale de la réaction de $S1$ sur $S2$ à sa composante tangentielle par une relation linéaire : $\boxed{\left\|\vec{R_T}\right\| = \mu_s \left\|\vec{R_N}\right\|}$, où μ_s est une constante caractéristique de la nature des solides en contact dite coefficient de frottement statique.

⇨ **Méthode 2.3. Comment traduire les conditions de non-glissement et de début de glissement d'un solide initialement statique ?**

❑ Loi de Coulomb pour le frottement dynamique

Lors du glissement, on est en dynamique, $\boxed{\vec{V_g} \neq \vec{0}}$ et on peut écrire : $\boxed{\left\|\vec{R_T}\right\| = \mu_d \left\|\vec{R_N}\right\|}$, où μ_d est le coefficient de frottement dynamique. μ_d est légèrement inférieur à μ_s et diminue faiblement lorsque $\vec{V_g}$ augmente.

Dans la pratique, on néglige la différence entre μ_d et μ_s. On note alors simplement μ le coefficient de frottement caractéristique du contact.

La composante de frottement en I s'oppose au mouvement : $\boxed{\vec{R_T} \cdot \vec{V_g} < 0}$ et elle a même support que la vitesse de glissement : $\boxed{\vec{R_T} \wedge \vec{V_g} = 0}$.

⇨ **Méthode 2.5. Comment simuler un collé-glissé d'un point matériel sur un plan horizontal ?**

❑ Cône de frottement

Si φ désigne l'angle entre la réaction $\overrightarrow{R} = \overrightarrow{R_N} + \overrightarrow{R_T}$ en I et la normale en I au plan commun tangent, à la limite du glissement, on peut écrire $\varphi = \Phi$ où $\boxed{\dfrac{\|\overrightarrow{R_T}\|}{\|\overrightarrow{R_N}\|} = \mu = \tan(\Phi)}$. Φ est l'angle de frottement qui, comme μ, est caractéristique de la nature des solides en contact.

→ En l'absence de glissement $\varphi < \Phi$ et $\dfrac{\|\overrightarrow{R_T}\|}{\|\overrightarrow{R_N}\|} < \mu = \tan(\Phi)$, ainsi $\overrightarrow{V_g} = \vec{0}$, $\overrightarrow{R}$ est à l'intérieur du cône de frottement.

→ En cours de glissement $\boxed{\|\overrightarrow{R_T}\| = \mu_d \|\overrightarrow{R_N}\| \simeq \mu \|\overrightarrow{R_N}\|}$ et $\overrightarrow{R}$ reste à la surface du cône de frottement.

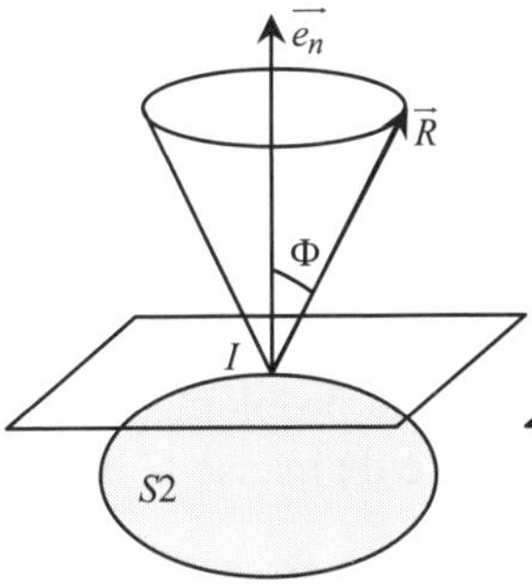

Situation au glissement de $S1$ sur $S2$

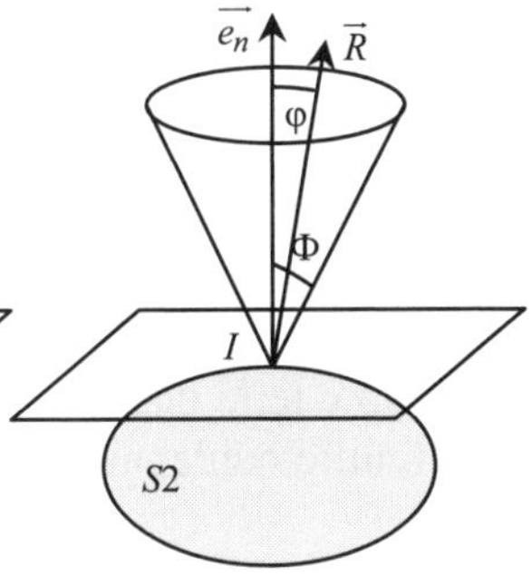

Situation en l'absence de glissement de $S1$ sur $S2$

Ordre de grandeur

Nature du contact	Ordre de grandeur de μ
Acier sur acier	0,1
Bois sur bois	0,3
Plaquettes sur acier	0,45
Pneu sur bitume	0,6
Fer sur bois sec	0,6

Remarque

Le coefficient de frottement est indépendant de l'aire de la surface de contact et ne dépend en théorie que de la nature des matériaux en contact. Cependant, il est en fait fortement conditionné par l'état de surface et la présence d'impuretés.

■ Puissance des actions de contact

Dans le cas de deux solides $S1$ et $S2$ en contact, la puissance des actions de contact est intérieure au système formé par $S1 \cup S2$. On la décompose en $\boxed{P_{contact} = P_{S1\to S2} + P_{S2\to S1}}$.

On a : $\boxed{P_{contact} = \overrightarrow{R}_{T_{S1\to S2}} \cdot \overrightarrow{V_g}}$ où $\overrightarrow{R}_{T_{S1\to S2}}$ désigne la résultante des forces de frottement de $S1$ sur $S2$ et $\overrightarrow{V_g}$ la vitesse de glissement.

En l'absence de glissement $\overrightarrow{V_g} = \vec{0}$ et $P_{contact} = 0$. En présence de glissement $\overrightarrow{V_g} \neq \vec{0}$ et comme d'après les lois de coulomb $\overrightarrow{R}_{T_{S1\to S2}} \cdot \overrightarrow{V_g} < 0$ on a $P_{contact} < 0$. La composante de frottement est dissipatrice d'énergie mécanique.

■■ Méthodes

■ Comment modéliser un contact surfacique ou linéique, et les actions de contact équivalentes ?

❑ Méthode 2.1. Comment modéliser un contact surfacique ?

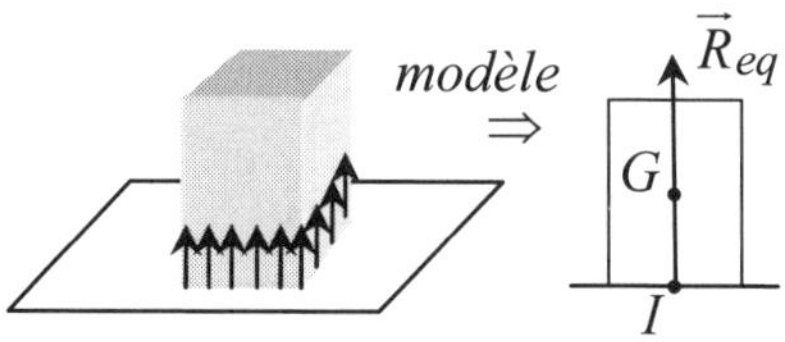

Dans de nombreux exercices, le contact entre le solide étudié et le support sur lequel il repose se fait, de par leur géométrie, par l'intermédiaire d'une surface de contact. C'est par exemple le cas d'un bloc parallélépipédique reposant sur un plan. Les actions de contact s'exercent en tout point de cette surface et on les modélise par une unique action équivalente de résultante $\vec{R}_{eq}$ ramenée en un point de cette surface noté I. Il sera souvent possible, compte tenu des symétries du problème, de se ramener à une étude dans le plan de la feuille contenant le centre de masse G du bloc ainsi que le point I.

⇨ **Exercices 2.1, 2.3, 2.4 et 2.5**

❑ Méthode 2.2. Comment modéliser un contact linéique ?

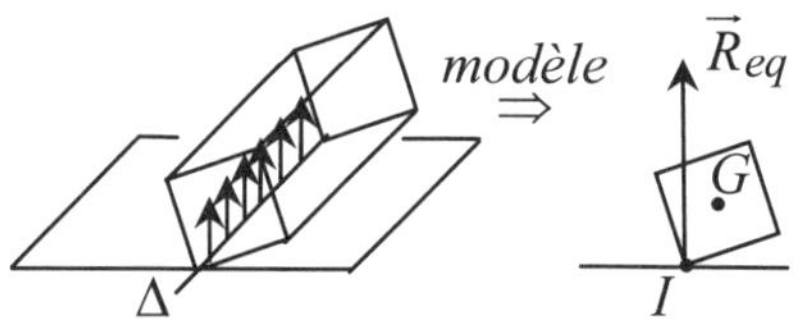

Lorsque le contact entre le solide étudié et le support sur lequel il repose se fait, de par leur géométrie, par l'intermédiaire d'une génératrice Δ de contact linéaire, (c'est par exemple le cas d'un bloc parallélépipédique reposant sur une arrête), les actions de contact s'exercent en tout point de cette génératrice et on les modélise par une unique action équivalente de résultante $\vec{R}_{eq}$ ramenée en un point I de la génératrice. Tout se passe alors comme s'il s'agissait d'un contact ponctuel, le solide étant assujetti à se mouvoir dans le plan de la feuille contenant le centre de masse du solide ainsi que le point I.

⇨ **Exercice 2.3**

■ Comment traduire les conditions de glissement ou de basculement, d'un solide ?

❑ Méthode 2.3. Comment traduire les conditions de non-glissement et de début de glissement d'un solide initialement statique ?

→ On désigne par $\overrightarrow{R_N}$ et $\overrightarrow{R_T}$ les composantes normale et tangentielle de la réaction au support, ramenées en un point de la surface de contact et μ le coefficient de frottement (le plus souvent indifféremment statique ou dynamique).
→ On se place à la limite du glissement, en statique, ce qui permet d'expliciter $\left\|\overrightarrow{R_N}\right\|$ et $\left\|\overrightarrow{R_T}\right\|$ en utilisant le TRC en statique en projection sur les deux axes portant $\overrightarrow{R_N}$ et $\overrightarrow{R_T}$.
La condition de non-glissement du solide sur son support se traduit par l'inégalité $\left\|\overrightarrow{R_T}\right\| < \mu\left\|\overrightarrow{R_N}\right\|$. Au contraire à l'initiation du glissement on a : $\left\|\overrightarrow{R_T}\right\| = \mu\left\|\overrightarrow{R_N}\right\|$.
→ Il est conseillé de faire un schéma clair respectant en particulier le sens de la composante de frottement $\overrightarrow{R_T}$ qui est opposée à la vitesse de glissement $\vec{V}_g$: $\overrightarrow{R_T}\cdot\overrightarrow{V_g} < 0$.

⇨ Tous les exercices du chapitre

Transport d'une caisse par camion. Une caisse cubique de masse m repose sur la plateforme d'un camion qui démarre. Il acquiert alors une accélération $\overrightarrow{a_0}$ par rapport au sol. On note μ le coefficient de frottement entre la caisse et le plateau. Dressons tout d'abord le bilan des forces s'exerçant sur la caisse dans le référentiel non-galiléen (R) du camion rapporté au repère cartésien (O,x,y,z) représenté ci-après :

La caisse est soumise à l'action de son poids $m\vec{g}$ s'exerçant en G, à la réaction du plateau $\vec{R} = \overrightarrow{R_N} + \overrightarrow{R_T}$ rapportée en un point de la surface et, du fait du caractère non-galiléen du référentiel (R), à la force d'inertie d'entraînement $\overrightarrow{f_{ie}} = -m\,\overrightarrow{a_0} = m\,a_0\,\overrightarrow{e_x}$ s'exerçant au centre de masse (en effet, l'accélération d'entraînement est ici égale à $\overrightarrow{a_0}$ et l'accélération de Coriolis est nulle puisque le camion est en translation par rapport au sol).

Notons que $\overrightarrow{R_N} = R_N \overrightarrow{e_z}$ et $\overrightarrow{R_T} = -R_T \overrightarrow{e_x}$ où $R_N > 0$ et $R_T > 0$, puisque si la caisse glisse, sa vitesse relative par rapport au plateau est suivant $\overrightarrow{e_x}$ et que, par définition, la composante de frottement $\overrightarrow{R_T}$ s'oppose au mouvement de la caisse.

La condition de non-glissement est $\left\|\overrightarrow{R_T}\right\| < \mu \left\|\overrightarrow{R_N}\right\|$. Il nous faut donc exprimer les composantes $\overrightarrow{R_N}$ et $\overrightarrow{R_T}$ de la réaction. En l'absence de glissement, la caisse étant immobile par rapport au plateau on a, d'après le TRC, dans (R) non-galiléen, en projection suivant (Ox) et (Oy) :

$$\begin{cases} 0 = f_{ie} - R_T \\ 0 = R_N - mg \end{cases}, \text{ soit } \begin{cases} f_{ie} = R_T = m\, a_0 \\ R_N = mg \end{cases}.$$

Ainsi, la condition de non-glissement s'écrit $\boxed{a_0 < \mu\, g}$. Au contraire, dés que $\boxed{a_0 = \mu\, g}$ le glissement s'initie.

❑ Méthode 2.4. Comment traduire la condition de basculement d'un solide sur son support ?

Deux cas sont à distinguer en fonction du contexte :

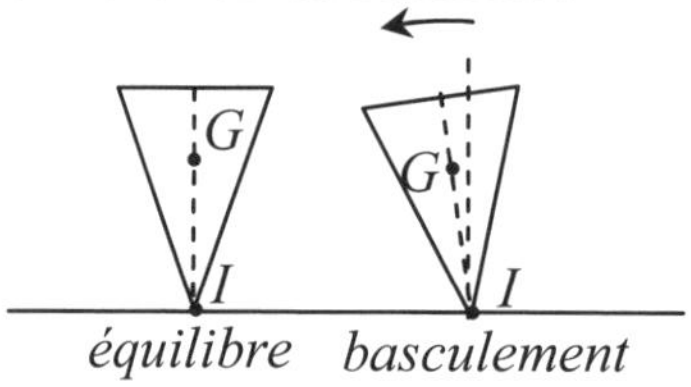

→ Le premier cas est celui d'un solide dont le contact avec le support est ponctuel (ou linéique se ramenant à ponctuel dans le plan de la feuille) au point I de par sa géométrie propre. Dans ce cas, le TMC en ce point (le moment de la réaction au support étant nul) entraîne la condition suivante : dès que le centre G de masse n'est plus à la verticale de I, le solide bascule. Condition qu'il faut ensuite traduire en fonction des données du problème.

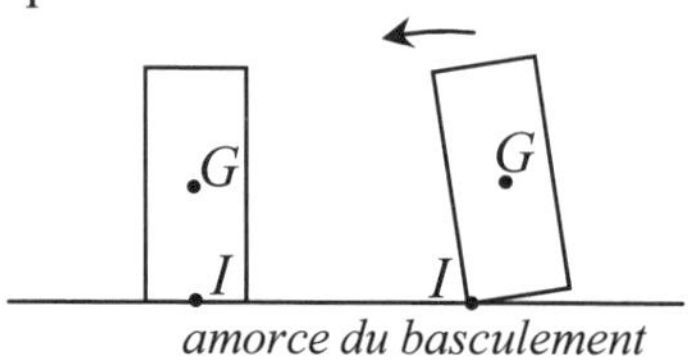

→ Le second cas est celui d'un solide dont la géométrie impose un contact surfacique avec le support (armoire reposant sur le sol). Le basculement s'amorce lors de la transition du contact surfacique vers un contact linéique (ou ponctuel dans le plan de la feuille). Dans ce cas, le TMC en projection sur la génératrice de contact passant par I permet de traduire la condition d'amorce du basculement en fonction des données du problème.

⇨ **Exercice 2.3**

Déménageur poussant une armoire. On modélise une armoire de masse m par un parallélépipède rectangle de hauteur a et de largueur b. On note G son centre d'inertie. On néglige ici toute possibilité de glissement sur le sol. Un déménageur exerce, à une hauteur h du sol, une force de poussée horizontale $\overrightarrow{F} = -F\,\overrightarrow{e_x}$ contenue dans le plan vertical (O,x,y) contenant G de façon à faire basculer l'armoire autour de la génératrice de contact (Iz). On note J_{Iz} le moment d'inertie de l'armoire par rapport à l'axe (Iz). On cherche la condition sur h à l'amorce du basculement.

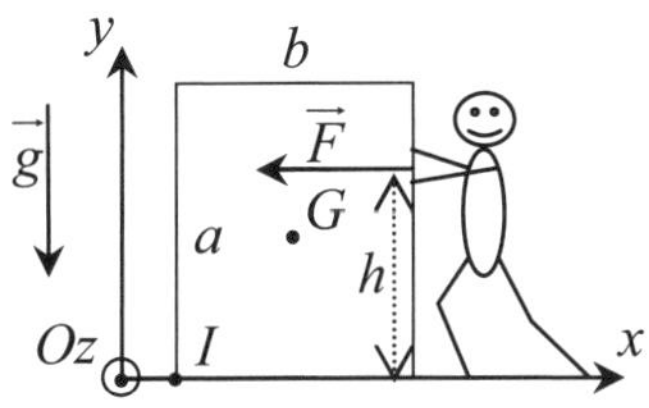

Figure 1

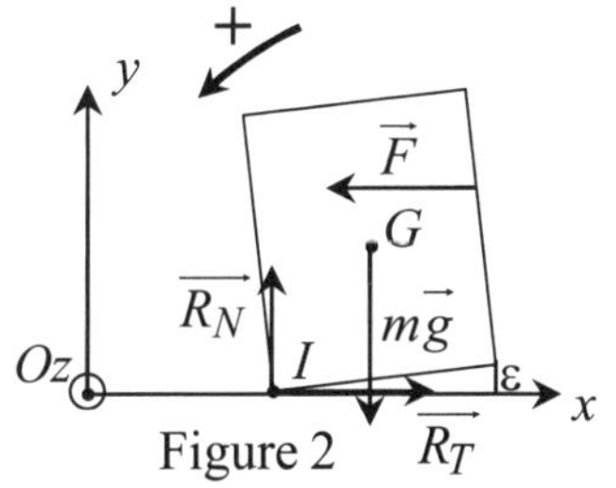

Figure 2

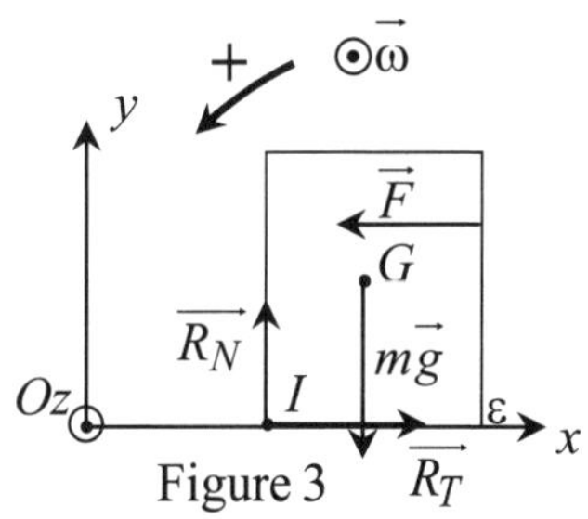

Figure 3

On note que le basculement correspond à un vecteur rotation $\overrightarrow{\omega} = \omega\,\overrightarrow{e_z}$ positif en projection suivant (Oz), conformément à la règle du tire bouchon. Plaçons nous à l'amorce du basculement alors que le contact avec le sol ne se fait plus que par la génératrice de contact, c'est-à-dire l'axe (Iz). Ainsi, les réactions normale et tangentielle s'exercent au point I.

Attention, l'armoire venant juste de commencer à décoller, on néglige le petit angle ε que fait sa base avec le plan incliné. La figure 2 ci-dessus présente une vision très exagérée de la situation pour une meilleure visibilité. La réalité est plus proche de la figure 3.

Appliquons le TMC en projection suivant l'axe (Iz), en utilisant la méthode des bras de levier (les moments suivant (Iz) des réactions normale et tangentielle étant alors nuls), il vient : $J_{Iz}\dfrac{\mathrm{d}\omega}{\mathrm{d}t} = F\,h - m\,g\dfrac{b}{2}$. Au basculement, $\dfrac{\mathrm{d}\omega}{\mathrm{d}t} > 0$, ce qui correspond à un moment de la force de poussée plus important que celui du poids : $F\,h - m\,g\dfrac{b}{2} > 0$. La hauteur minimum à laquelle doit s'exercer la poussée est : $\boxed{h > h_{min} = \dfrac{m\,g\,b}{2\,F}}$. Ce résultat traduit l'analyse intuitive du problème suivant laquelle l'armoire bascule d'autant plus facilement que l'on pousse haut.

❑ Méthode 2.5. Comment simuler un collé-glissé d'un point matériel sur un plan horizontal ?

On modélise l'avancée d'un solide parallélépipédique sur un plan horizontal, qui peut glisser sans basculer, sous l'action d'un ressort tiré à vitesse constante à l'une de ses extrémités et des actions de contact décrites par la loi de Coulomb. Les actions de contact s'exercent en tous points de la surface de contact et on les modélise par une unique force équivalente ramenée en un point de la surface commune.

Le point important du calcul est de décrire correctement les conditions de glissement et d'en déduire les forces exercées puis le mouvement. On écrira qu'il y a **non glissement** si la force du ressort est inférieure à la valeur maximale de la force de frottement **et** si la vitesse est nulle. Dans le cas contraire, il y a glissement et donc mouvement de la masse. Ainsi, l'équation différentielle de mouvement contiendra une condition.

Soit une masse m pouvant se déplacer sur un sol plan horizontal. Elle est supposée liée à un ressort dont l'autre extrémité est entraîné à une vitesse constante. La masse est initialement au repos à l'origine du repère. Le ressort est caractérisé par sa raideur k et sa longueur à vide l_0. À l'instant initial, la position de l'extrémité droite du ressort est $l_0 + V_0 t$.

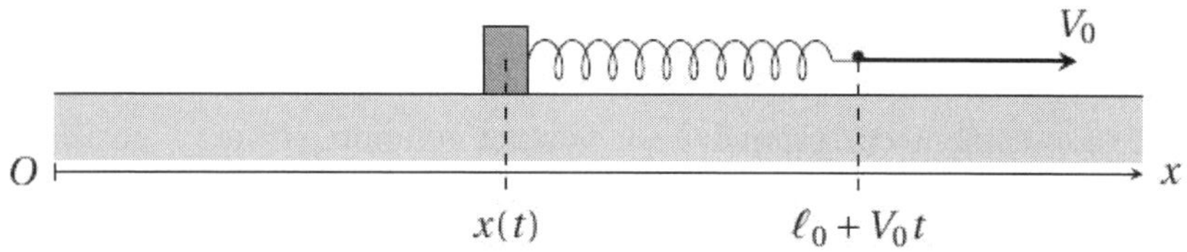

L'inventaire des forces est le suivant :

- la force $\vec{F}_r$ exercée par le ressort ;
- la force de frottement $\vec{T}$;
- la force de réaction du sol $\vec{N}$;
- le poids $m\vec{g}$.

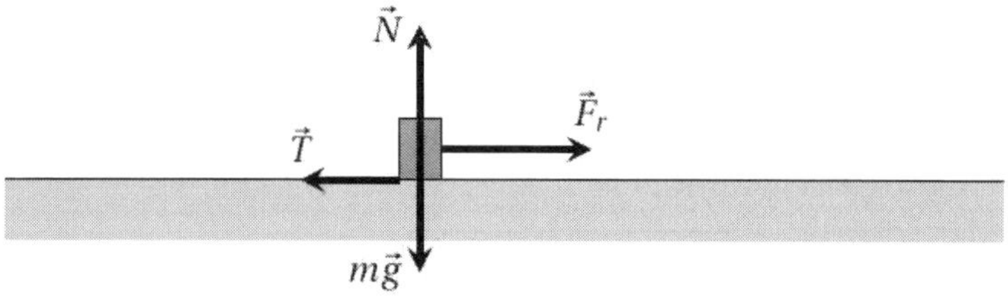

Hypothèses simplificatrices :

- le mouvement a lieu vers la droite, la force de frottement est orientée vers la gauche (ou nulle) ;
- les coefficients de frottement statique et dynamique f_c sont confondus ;
- le ressort exerce toujours une force vers la droite.

Il n'y a aucun déplacement vertical, la masse reste en contact avec le sol, d'où $N = mg$. La condition de non glissement (repos) peut alors s'écrire : $\dot{x} = 0$ et $|T| < f_c\, m g$.

S'il y a repos, la résultante des forces est nulle d'où $|T| = F_r$. On peut donc encore écrire la condition de repos : $\dot{x} = 0$ et $F_r < f_c\, m g$.

Le principe de la fonction `odeint(F,x0,t)`, qui permet d'intégrer numériquement une équation différentielle, est d'évaluer les valeurs $x(t)$ de l'équation $\dot{x} = F(x,t)$ avec la condition initiale `x(t[0])=x0` pour toutes les valeurs de la **liste** `t`. Il s'agit donc, a priori, d'intégrer une équation du premier ordre. Néanmoins, on peut s'en servir pour intégrer des équations différentielles d'ordre plus élevé en se servant de la propriété de **vectorialisation** de la fonction **`odeint`**. En effet, on peut écrire une fonction *F(X,t)* s'appliquant sur une **liste** *X* et renvoyant une autre **liste représentant** $\dot{X}$. Si $X=[x,\dot{x}]$, la fonction *F* doit renvoyer la **liste** $[\dot{x},\ddot{x}]$, dérivée première des éléments de la liste *X*. La résolution de l'équation du second ordre $\ddot{x}+a\dot{x}+bx=g(t)$ se code comme suit :

```
def F(X,t) :
   return [X[1],g(t)-a*X[1]-b*X[0]]
```

puisque `X[0]` représente *x* et `X[1]` représente $\dot{x}$, puis s'utilise selon :

```
s=odeint(F,[x0,xpoint0],t)
```

où `x0` et `xpoint0` représentent respectivement les conditions initiales.

```
#Importation des bibliothèques
import numpy as np #commandes de calculs numériques
import matplotlib.pyplot as plt #commandes de tracés
from scipy.integrate import odeint #commande de résolution numérique
#d'équations différentielles

#Paramètres
m=.3     #masse du système
fc=.8    #coefficient de frottement
g=9.81   #intensité de la pesanteur
k=.6     #constante de raideur du ressort
l0=1     #longueur à vide du ressort
V0=.5    #vitesse de l'extrémité droite du ressort

#Fonction qui renvoie la force exercée par le ressort en fonction du temps
#et de la position x de la masse
def ForceRessort(x,t):
      longueur=l0+V0*t-x #longueur du ressort entre les extrémités droite
                         #et gauche
      return k*(longueur-l0) #expression k*élongation du ressort

#Force de frottement dans le cas du glissement
T= fc*m*g
```

La première condition énonce le fait que si la force exercée par le ressort est inférieure à la force de frottement maximale et que s'il y a repos, le système reste au repos et son accélération est nulle, sinon il subit une accélération égale à $(F_r-T)/m$.

`X` est la liste contenant la position et la vitesse : $X=[x,\dot{x}]$. Ainsi `X[0]` est la position et `X[1]` la vitesse. La fonction doit renvoyer la liste vitesse-accélération $[\dot{x},\ddot{x}]$.

La condition de repos $\dot{x}=0$ ne peut être traduite en langage informatique par `X[1]==0` car le flottant `X[1]` ne peut avoir une valeur exacte. On choisit alors de considérer nulle toute vitesse inférieure à une valeur arbitraire suffisamment petite, par exemple $0{,}01 \ll V_0 = 0{,}5$, d'où l'écriture de la condition de vitesse nulle `np.abs(X[1]) < 0.01`. Le code est donc le suivant :

```
#Équation différentielle du mouvement
def EquationDiff(X,t):
      if ForceRessort(X[0],t) < fc*m*g and np.abs(X[1]) < 0.01: #condition
                                                                 #de repos
            return [X[1],0] #auquel cas l'accélération est nulle
      else : #sinon
            return [X[1],ForceRessort(X[0],t)/m-T/m] #l'accélération est
                                                      #(F_r - T)/m

#Conditions initiales
x0=0 #position nulle
v0=0 #vitesse nulle
#Liste des 1000 instants entre 0 et 10
t=np.linspace(0,10,1000)
#Résolution de l'équation du mouvement et création de la liste s
#contenant les couples [position(t),vitesse(t)] pour tous les instants de
#la liste t
s=odeint(EquationDiff,[x0,v0],t)
#Extraction des positions et des vitesses
#x est la liste des positions x(t) et v la liste des vitesses v(t)
x=s[:,0]
v=s[:,1]
#Tracés de x(t) et v(t)
plt.figure()                 #on ouvre une fenêtre
plt.plot(t,v)                #on réalise le tracé de la vitesse v(t)
plt.title('Graphe de v(t)')  #titre du graphe
plt.xlabel('t')              #légende des abscisses
plt.ylabel('v(t)')           #légende des ordonnées
plt.figure()                 #on ouvre une nouvelle fenêtre
plt.plot(t,x)                #on réalise le tracé de la position x(t)
plt.title('Graphe de x(t)')  #titre du graphe
plt.xlabel('t')              #légende des abscisses
plt.ylabel('x(t)')           #légende des ordonnées
plt.show()                   #on provoque l'affichage des courbes
```

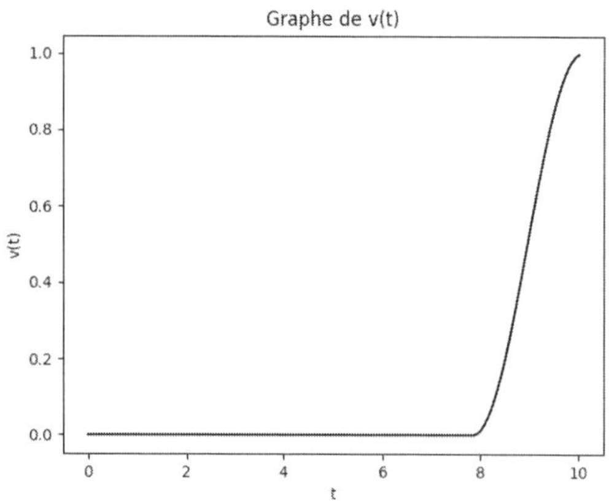

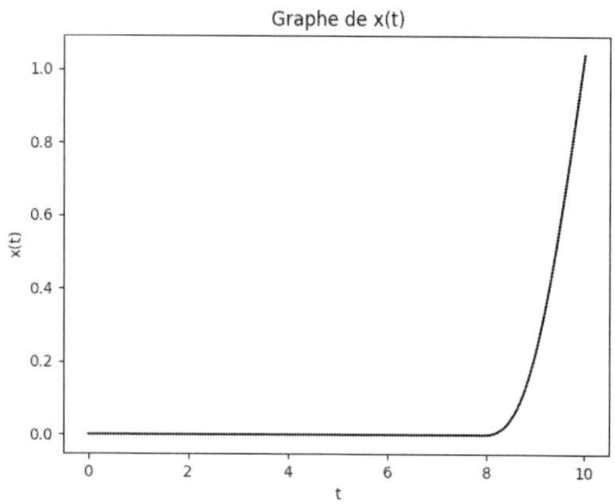

On remarque sur les deux courbes que le repos cesse au bout de 8 secondes et que l'on passe ensuite à une phase de glissement vers la droite.

■■ Vrai/Faux

		Vrai	Faux
1.	Le coefficient de frottement est d'autant plus élevé que la composante normale de la force de contact est élevée.	☐	☐
2.	Plus la surface entre deux solides en contact est rugueuse, plus la force de frottement entre eux est élevée.	☐	☐
3.	La force de frottement est la composante tangentielle de la force de contact.	☐	☐
4.	Le coefficient de frottement est un angle.	☐	☐
5.	Les forces de frottement sont de nature électromagnétique.	☐	☐
6.	Il est plus aisé de faire glisser un solide déjà en mouvement que de le mettre en mouvement.	☐	☐
7.	Une vis à métal a un angle de pas de vis plus faible qu'une vis à bois.	☐	☐
8.	Les frottements solides sont toujours dissipateurs d'énergie.	☐	☐
9.	Sans frottement le mouvement serait plus facile.	☐	☐
10.	La résultante des actions de contact peut se trouver en dehors du cône de frottement.	☐	☐

Énoncé des exercices

❑ Exercice 2.1. Modélisation simplifiée d'une avalanche

On considère un bloc de neige, assimilable à un solide, de masse m reposant sur un plan incliné dont la ligne de plus grande pente fait avec l'horizontale un angle α. Le contact entre la neige et ce plan, décrit par les lois de Coulomb sur le frottement, est caractérisé par des coefficients de frottement statique μ_s et dynamique μ_d. On rappelle qu'en toute rigueur $\mu_d \leq \mu_s$. On note $g = 9{,}81\, m \cdot s^{-2}$ l'accélération de la pesanteur.

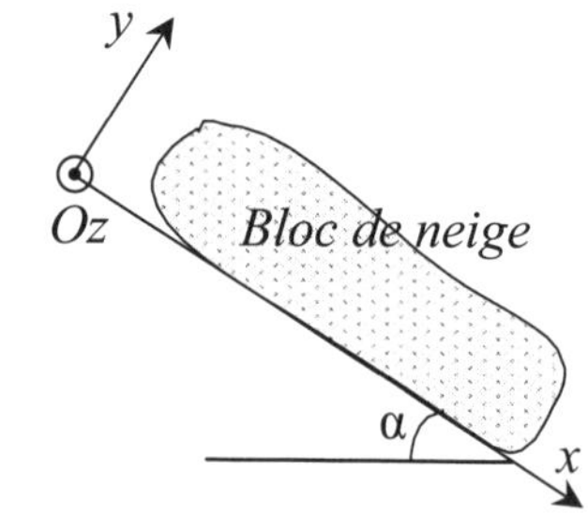

1. Montrer que l'équilibre est possible tant que $\alpha \leq \alpha_c$ où α_c est la valeur critique de l'angle dont on donnera l'expression.

2. La masse de neige en équilibre sur une pente d'angle α_c subit une légère perturbation qui lui donne une vitesse initiale $\overrightarrow{V_0} = V_0\, \overrightarrow{e_x}$, $V_0 > 0$. Exprimer sa vitesse ultérieure $V(t)$ et son énergie cinétique $Ec(t)$.

3. L'énergie acquise sert en fait à mettre en mouvement de nouveaux blocs de neige, conduisant à l'amplification de l'avalanche. Les valeurs approximatives de μ_s et μ_d sont données dans le tableau ci-dessous pour différents types de neige.

Type de neige	μ_s	μ_d
Neige fraiche	*jusqu'à* 10	0,3
Neige en gobelet	1,2	0,7
Neige à grain rond	1,2	0,4

D'après la question précédente, quel type de neige conduit aux avalanches les plus violentes ? On justifiera la réponse.

4. Au bout d'un temps t_1, animée d'une vitesse V_1, la masse de neige arrive dans une zone de pente où l'angle α prend une valeur plus faible, constante. À quelle condition portant sur α le mouvement est-il ralenti ? Au bout de combien de temps l'avalanche va-t-elle stoppée ?

D'après concours Centrale-Supélec

❑ Exercice 2.2. Ascension d'une échelle

Une échelle de longueur l est posée contre un mur et fait un angle θ avec le sol. Une personne, de masse M, cherche à atteindre son sommet sans que celle-ci ne glisse sur le sol. Comment lui conseilleriez-vous de placer l'échelle pour y parvenir sans encombre ?

❑ Exercice 2.3. Bloc sur un plan incliné

Un bloc de masse M, de longueur l (égale à sa largeur) et de hauteur h repose, comme représenté ci-après, sur un plan initialement horizontal. On note μ le coefficient de frottement entre le bloc et le plan, la nature du contact se caractérisant par $\mu \in [0,1]$. Un operateur augmente progressivement la valeur de l'angle α que fait le plan avec l'horizontal. On modélise le basculement éventuel du bloc par un pivotement sans glissement autour de la génératrice de contact passant par I. On note alors J_{Iz} le moment d'inertie du bloc par rapport à cet axe et $\vec{\omega} = -\omega \vec{e_z}$, son vecteur rotation instantanée autour de cet axe où $\omega > 0$ est sa vitesse angulaire.

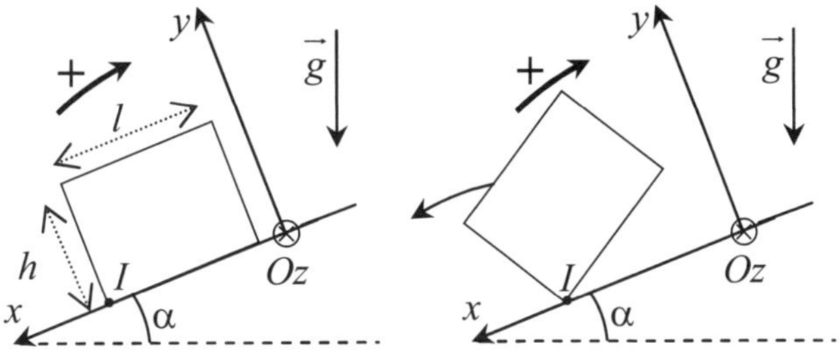

1. On ignore la possibilité de basculement. À quelle condition sur α y a-t-il glissement ?

2. À quelle condition sur α y a-t-il basculement sans glissement ?

3. En déduire la condition sur les dimensions du bloc telle que celui-ci glisse sans avoir préalablement basculé quelle que soit la nature du contact envisagé. A.N. : $\mu = 0,5$.

❑ Exercice 2.4. Déménageur poussant une caisse

On considère, dans le référentiel (R) rapporté à (*O*, *x*, *y*, *z*), un bloc parallélépipédique solide (noté *S*1) de masse *M* reposant sur le sol horizontal (noté *S*2, rapporté au plan (*O*, *x*, *y*)). Un opérateur cherche, sous l'action d'une force de poussée $\vec{F} = F\,\vec{e_x}$, à maintenir le bloc en translation à vitesse constante. On note $\vec{R_T} = -R_T\,\vec{e_x}$, la force de frottement au contact avec le sol.

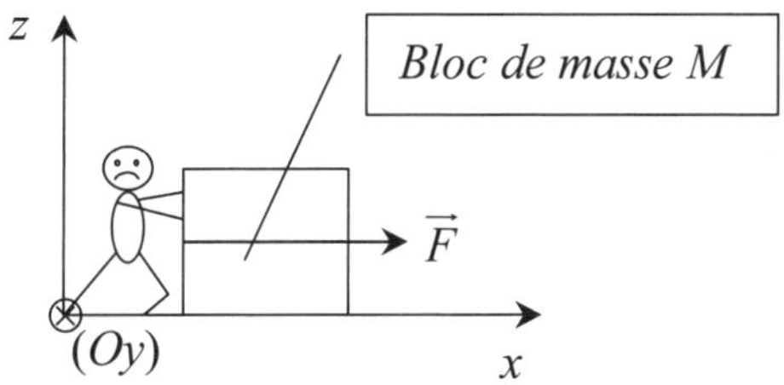

1. Exprimer la condition sur la force de poussée assurant la mise en mouvement du bloc. On note μ_s le coefficient de frottement statique caractéristique du contact bloc-sol. Commentaires ?

2. Le bloc glisse sans pivoter sur le sol.

a) Montrer que la puissance des actions de contact entre le bloc et le sol s'exprime en fonction de $\vec{R_T}$ et de la vitesse de glissement $\vec{V_g}$.

b) Un opérateur fournit un travail musculaire W_{opp} pendant un temps Δt pour amener le bloc en translation d'une vitesse initiale nulle à une vitesse V_0. Montrer que, pour un temps Δt donné, le travail à fournir par l'opérateur est d'autant plus élevé que le bloc est lourd, que le coefficient de frottement dynamique μ_d caractéristique du contact bloc-sol est élevé et que V_0 est grand.

❑ Exercice 2.5. Mesure d'un coefficient de frottement

On se propose de déterminer expérimentalement le coefficient de frottement μ entre un bloc de cuivre et une table. On dispose pour cela d'un bloc parallélépipédique de masse M, d'un jeu de masse de précision m, d'un dynamomètre qu'il est possible d'accrocher au bloc.

1. Proposer un protocole permettant d'accéder à la mesure du coefficient de frottement μ entre le bloc et la table.
2. Discuter les sources d'incertitudes dans la mesure de ce coefficient de frottement.
3. La valeur du coefficient de frottement μ ainsi déterminé dépend-il du choix de la face du bloc que l'on met en contact avec la table ? De l'aire de la surface de contacte ?
4. Le tableau ci-dessous rend compte des valeurs de la force tangentielle F exercée sur un bloc pour initier son glissement pour cinq valeurs différentes de sa masse. En déduire la valeur de μ. Une précision de 10 % sur le résultat vous paraît-il raisonnable ? Donner dans ce cadre la valeur numérique de μ. On prendra $g = 9{,}81\,\mathrm{m}\cdot\mathrm{s}^{-2}$.

F (N)	0,6	0,7	0,8	0,9	1
masse (g)	300	350	400	450	500

❑ Exercice 2.6. Modélisation simplifiée du contact ski-neige.

Le déplacement d'un skieur de fond est permis par une fine couche d'eau liquide sous le ski générée par la fonte des cristaux de neige sous l'effet des frottements au contact de la semelle du ski. Le skieur de masse m évolue sur le plan horizontal (O,x,y) à la vitesse $\vec{V} = V\vec{e_x}$ constante sous l'effet d'une force de poussée F supposée de même support que la vitesse. Le ski est supposé avoir la même vitesse. On note μ le coefficient de frottement caractéristique du contact semelle-neige. On s'intéresse à la phase de création de la couche d'eau liquide sous une partie du ski.

1. En l'absence d'eau sous le ski, donner l'expression la puissance des actions de contact entre la semelle et la neige de μ, m, g et de la vitesse V.

On suppose pour simplifier que la quantité de chaleur ainsi dégagée lors d'un déplacement $\mathrm{d}x$ du ski est intégralement utilisée pour provoquer la fusion de la neige sur la largeur L du ski, sur une épaisseur e et la longueur $\mathrm{d}x$. On note L_{fus} la chaleur latente massique de fusion de la neige et ρ sa masse volumique.

2. Donner l'expression de l'épaisseur e en fonction de L_{fus}, μ, m, g, V, L et de ρ. Les lois de Coulomb vous paraissent-elles bien adaptées à la description du contact ski-neige sur toute la surface de la semelle ?

Pour vous aider à démarrer

Exercice 2.1. Question 1 : utiliser les lois de Coulomb en statique, à la limite du glissement.
Exercice 2.2. La question peut être formulée en termes de condition sur θ pour que la personne arrive en haut de l'échelle sans que celle-ci ne glisse sur le sol. À l'équilibre la somme des forces ainsi que celle des moments est nulle.
Exercice 2.3. Se reporter à la méthode 3.5. La méthode des bras de levier et le TMC appliqué en projection sur un axe judicieusement choisi permettent de conclure.
Exercice 2.4. Question 2.a) la puissance des actions de contact, intérieure au système $S1 \cup S2$ se décompose en $P_{contact} = P_{S1 \to S2} + P_{S2 \to S1}$.

Corrigé des vrai/faux

1.	2.	3.	4.	5.	6.	7.	8.	9.	10.
faux	faux	vrai	faux	vrai	vrai	vrai	faux	faux	faux

1. Le coefficient de frottement est une caractéristique de la nature des matériaux en contacts.

2. À l'échelle microscopique, ces forces sont de nature électromagnétique (interactions attractive à courte distance entre les dipôles à la surface des solides en contact). En effet, les ions d'un réseau métallique ou les molécules d'un amorphe sont modélisables par des dipôles électromagnétiques. Plus les surfaces en contact sont régulières, plus les dipôles appartenant aux deux surfaces en contact sont proches et plus les interactions dipôle-dipôle (qui sont globalement attractives) sont intenses. La force de frottement est la moyenne à l'échelle macroscopique de ces interactions microscopiques. Ainsi, contrairement à l'idée reçue, moins la surface est rugueuse, plus les frottements sont élevés. On comprend aussi que l'état de surface et la présence d'impuretés conditionnent fortement la valeur locale des frottements qui ne sont pas uniformes à l'échelle de la surface de contact. La force de frottement équivalente au point de contact est une valeur moyenne.

4. Il s'agit de la tangente du demi-angle au sommet du cône de frottement.

5. Il s'agit en effet d'interactions globalement attractives (de type interaction de Van Der Waals) entre moments dipolaires aux surfaces en contact.

6. Le coefficient de frottement dynamique est moins élevé que le coefficient de frottement statique.

7. Le coefficient de frottement métal-métal étant plus faible que celui du contact bois-métal pour assurer le non-glissement de la vis en métal une fois vissée dans le matériau, l'angle du pas de la vis à métal est plus faible que celui de la vis à bois… En effet la surface du pas de vis subit la force pressante de la matière comprimée alentour, si la condition de non-glissement n'est pas assurée et peut se dévisser par suite de chocs ou de vibrations. On parle de situation d'arc-boutement pour décrire ce « blocage » du fait des frottements.

8. En cas de roulement sans glissement ou de liaison parfaite, $P_{contact} = 0$ et les forces de frottement ne dissipent pas d'énergie.

9. Ce sont les frottements solides qui permettent la mise en mouvement, sans eux il n'y aurait que du glissement pur (essayez de courir un 100 mètres sur de la glace vive). Par contre une fois le mouvement initié, les frottements s'y opposent (tant les frottements solides qui ici nous occupent que les frottements visqueux avec l'air par exemple).

10. En l'absence de glissement elle est à l'intérieur du cône de frottement et en cours de glissement à la surface du cône de frottement.

❑ Les erreurs classiques

→ Ne pas oublier qu'en l'absence de frottement $P_{contact} = 0$ et il y a glissement pur. Seuls les frottements permettent la mise en mouvement mais ils dissipent ensuite une partie de l'énergie motrice.

→ Attention à positionner correctement la composante de frottement $\vec{R}_T$ sur un schéma : $\vec{R}_T$ s'oppose au glissement.

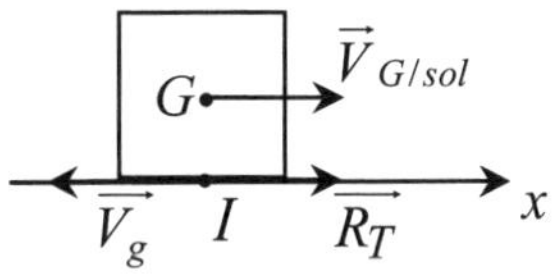

→ Ne pas confondre la force qu'exerce le solide sur son support avec celle qu'exerce le support sur le solide étudié (une question de définition du système comme toujours…).

Corrigé

■■ Corrigé des exercices

Exercice 2.1

1. Le bloc est soumis à l'action de son propre poids $\vec{P} = m\vec{g}$ s'exerçant au centre de masse *G*, à la réaction du sol $\vec{R} = \overrightarrow{R_N} + \overrightarrow{R_T}$ où $\overrightarrow{R_N} = R_N\,\overrightarrow{e_y}$ et $\overrightarrow{R_T} = -R_T\,\overrightarrow{e_x}$ où $R_N > 0$ et $R_T > 0$.

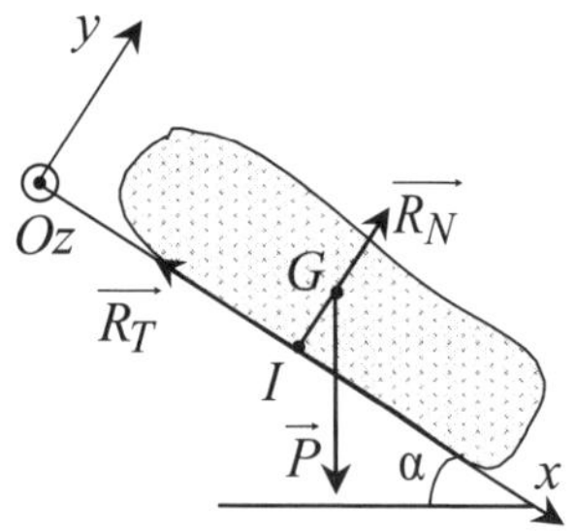

On ramène les forces de contact entre le bloc de neige et le plan à une force équivalente au point *I*.

⇨ *Méthode 2.1*

À l'équilibre, la vitesse de glissement est nulle, le TRC en projection suivant (*Ox*) et (*Oy*) conduit à : $0 = -mg\cos\alpha + R_N$ et $0 = mg\sin\alpha - R_T$. D'après les lois de Coulomb en statique au contact entre neige et plan incliné : $R_T \leq \mu_s\ R_N$ ainsi : $\sin\alpha \leq \mu_s \cos\alpha$.

L'équilibre est réalisé tant que la vitesse de glissement reste nulle, ce qui assure la validité de l'inégalité ci-dessus. Il y a donc équilibre tant que $\tan\alpha \leq \mu_s$, ce qui correspond à un angle critique de : $\boxed{\alpha_c = \arctan(\mu_s)}$.

2. Lorsque le mouvement s'amorce, la vitesse de glissement devient non nulle et les lois de Coulomb en dynamique conduisent à $\overrightarrow{R_T} = \mu_d\,\overrightarrow{R_N}$, le TRC en projection suivant (*Ox*) et (*Oy*) conduit à : $0 = -mg\cos\alpha + R_N$ et $m\dfrac{\mathrm{d}V}{\mathrm{d}t} = mg\sin\alpha - R_T$. Ainsi, $\dfrac{\mathrm{d}V}{\mathrm{d}t} = g(\sin\alpha - \mu_d\ \cos\alpha)$ et compte tenu des conditions initiales : $V(t) = g(\sin\alpha_c - \mu_d\ \cos\alpha_c)t + V_0$, ce qui, sachant que $\alpha_c = \mathrm{Arctan}(\mu_s)$, s'écrit :

$$\boxed{V(t) = g\cos\alpha_c(\mu_s - \mu_d)t + V_0} \text{ et } \boxed{E_c(t) = \frac{1}{2}mV^2 = \frac{1}{2}m\left(g\cos\alpha_c(\mu_s - \mu_d)t + V_0\right)^2}.$$

⇨ *Méthode 2.3*

3. Notons que, pour la neige fraîche, compte tenu de la valeur élevée du coefficient de frottement statique, on a : $\alpha_c \approx 90°$, ce qui correspondrait à une pente verticale sur laquelle la neige fraîche ne peut s'accumuler ! (dans les Andes, du fait de la proximité de l'océan, la neige fraîche est assez « collante » pour s'accumuler sur des pentes quasi verticales pour former des structures surprenantes dites en « tuyau d'orgue ». Sous nos latitudes, ce phénomène n'est pas observé. Les pentes sur lesquelles la neige fraîche s'accumule sont donc telles que $\alpha < \alpha_c$: la neige fraîche y reste en équilibre.

Pour les grains ronds et les gobelets, $\mu_s = 1{,}2$ et $\alpha_c \approx 50°$. L'avalanche sera d'autant plus violente que la masse de neige mise initialement en mouvement aura la capacité de mobiliser d'autres masses ultérieurement (on parle de phénomène de « reprise »), ce qui sera d'autant plus facile que l'énergie cinétique du premier bloc se mettant en mouvement sera élevée. Cette dernière est d'autant plus grande que μ_d est petit, ce qui correspond, d'après le tableau proposé dans l'énoncé, aux grains ronds. Ainsi, dans le cadre de cette modélisation simplifiée, les avalanches de grains ronds sont les plus violentes.

4. Prenons l'origine des temps à l'instant où l'avalanche arrive sur la pente d'angle plus faible, ce qui revient à poser $t' = t - t_1$. En reprenant le même raisonnement qu'au 2, mais sur une pente d'angle α, on a : $V(t') = g(\sin\alpha - \mu_d \cos\alpha)\, t' + V_1$.

Le mouvement est ralenti à condition que $\sin\alpha - \mu_d \cos\alpha < 0$ et donc la condition recherchée s'écrit : $\boxed{\alpha < \arctan(\mu_d)}$. On peut alors écrire $V(t') = V_1 - g\left(\mu_d \cos\alpha - \sin\alpha\right)t'$.

L'avalanche stoppe au bout d'un temps *t'* tel que $V(t') = 0$, soit : $t' = \dfrac{V_1}{g\left(\mu_d \cos\alpha - \sin\alpha\right)}$ et donc par rapport à l'instant initial au bout d'un temps $\boxed{t = t_1 + t' = t_1 + \dfrac{V_1}{g\left(\mu_d \cos\alpha - \sin\alpha\right)}}$.

Exercice 2.2

La première chose à faire ici est de modéliser la situation physique dans le cadre du programme et de reformuler la question dans le cadre de cette modélisation simplifiée. Procédons donc comme suit :

On modélise l'échelle par une tige homogène de longueur l, de centre d'inertie G et masse m. On la suppose contenue dans le plan (O,x,y) où elle repose au point A sur le sol horizontal et au point B sur un mur vertical. On note θ l'angle qu'elle fait avec le sol. On considère, pour simplifier, que le contact au sol se caractérise par un coefficient de frottement μ constant et que le contact avec le mur est sans frottement. La personne qui monte dessus est modélisée par un point matériel *P* de masse *M*.

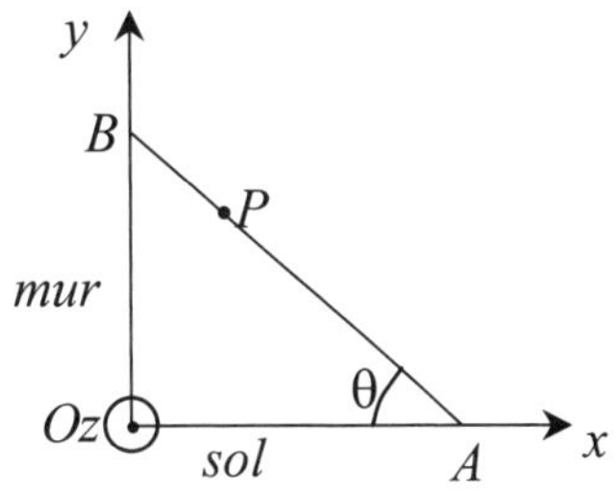

La question peut être formuler en termes de condition sur θ pour que la personne arrive en haut de l'échelle sans que celle-ci ne glisse sur le sol.

On se place dans le référentiel terrestre supposé galiléen et rapporté au repère (O,x,y,z). Le système {échelle + personne} est soumis à l'action du poids de l'échelle $m\vec{g}$ s'exerçant en *G*, au poids de la personne $M\vec{g}$ s'exerçant en *P*, à la réaction du mur $\overrightarrow{R_B} = \overrightarrow{R_{N_B}}$ qui, en l'absence de frottement, est normale au mur et à la réaction au sol $\overrightarrow{R_A} = \overrightarrow{R_{N_A}} + \overrightarrow{R_{T_A}}$.

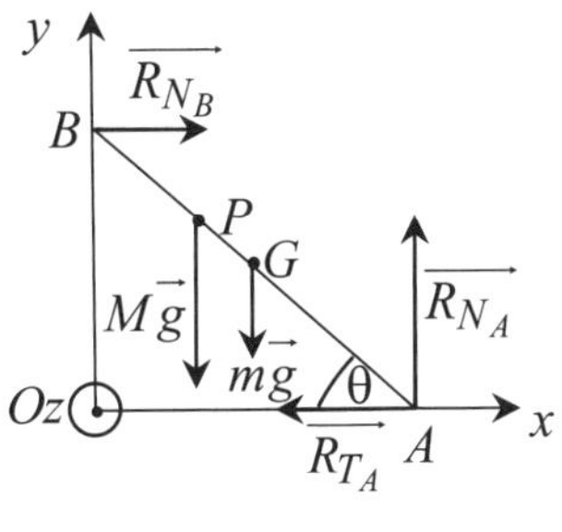

La condition de non-glissement en *A* est $\left\|\overrightarrow{R_{T_A}}\right\| < \mu \left\|\overrightarrow{R_{N_A}}\right\|$.

⇨ *Méthode 2.3*

Il nous faut exprimer les composantes $\overrightarrow{R_{N_A}}$ et $\overrightarrow{R_{T_A}}$ de la réaction en *A*. À l'équilibre la somme des forces est nulle ainsi que celle des moments que nous exprimerons dans le cas particulier où *P* est en *A*.

✎ *Le moment de la réaction en A est nul ce qui est ici bien venu.*

En projection suivant les axes (Ox) et (Oy), la nullité de la somme des forces s'écrit :

$$\begin{cases} R_{N_B} - R_{T_A} = 0 \quad (1) \\ R_{N_A} - (m+M)g = 0 \quad (2) \end{cases}.$$

En projection suivant l'axe (Oz), la nullité de la somme des moments en A s'écrit, en utilisant par exemple la méthode des bras de leviers et en désignant par d la distance AP repérant la position de la personne sur l'échelle : $mg\frac{l}{2}\cos\theta + M\,g\,d\cos\theta - l\,R_{N_B}\sin\theta = 0 \quad (3)$.

En éliminant R_{N_B} entre (1) et (3), il vient : $\begin{cases} R_{N_A} = (m+M)g \\ R_{T_A} = \dfrac{(ml/2 + M\,d)g}{l\tan\theta} \end{cases}.$

La condition de non-glissement s'écrit ainsi $\tan\theta > \dfrac{(ml/2 + M\,d)}{\mu l(m+M)}$.

Il nous faut vérifier que cette condition reste vraie quelle que soit la position de la personne sur l'échelle. Comme $\dfrac{(ml/2 + M\,d)}{\mu l(m+M)}$ est une fonction croissante de d, le cas le plus contraignant pour que la condition de non-glissement reste vérifiée correspond au cas où la personne est en haut de l'échelle en B, soit pour $d = l$.

Dans ce cas, on a $\boxed{\tan\theta > \dfrac{(m/2+M)}{\mu(m+M)}}$ qui est la condition recherchée. Cette condition est d'autant plus facile à vérifier que θ est grand, il vaut donc mieux placer la base de l'échelle assez près du mur, ce qui permet d'une part de monter plus haut et d'autre part d'avoir une chance d'arriver sans encombre en haut de l'échelle !

✎ *Le cas le plus contraignant correspond, à θ fixé, à la situation qui maximise ce bras de levier dans le moment du poids de la personne. Par contre, en plaçant l'échelle de façon à augmenter l'angle θ, on minimise le bras de levier à la fois du poids de l'échelle et du poids de la personne, ce qui favorise le non-glissement.*

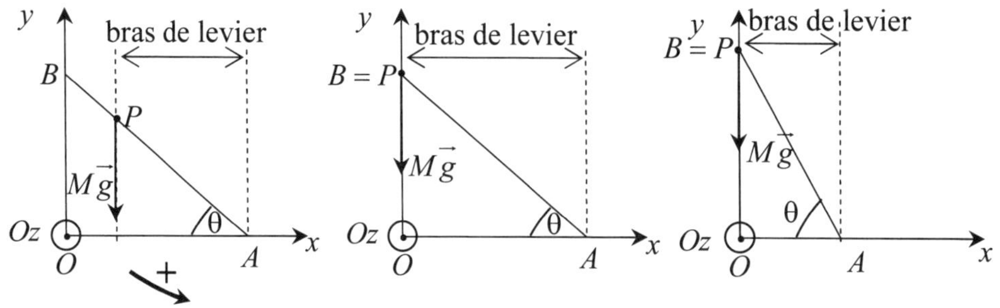

Exercice 2.3

1. En l'absence de basculement, le bloc est soumis à l'action de son propre poids $M\vec{g}$ s'exerçant en G, et aux réactions normale $\overrightarrow{R_N}$ et tangentielle $\overrightarrow{R_T}$ ramenées en un point de la surface de contact, où $\overrightarrow{R_N} = R_N\,\overrightarrow{e_y}$ avec $R_N > 0$ et $\overrightarrow{R_T} = -R_T\,\overrightarrow{e_x}$ avec $R_T > 0$ (le bloc tend à glisser dans le sens des x positifs). À l'équilibre $M\vec{g} + \overrightarrow{R_T} + \overrightarrow{R_N} = \vec{0}$ et $\left\|\overrightarrow{R_T}\right\| < \mu \left\|\overrightarrow{R_N}\right\|$, soit : $Mg\sin\alpha < \mu\, Mg\cos\alpha$ et finalement $\tan\alpha < \mu$.

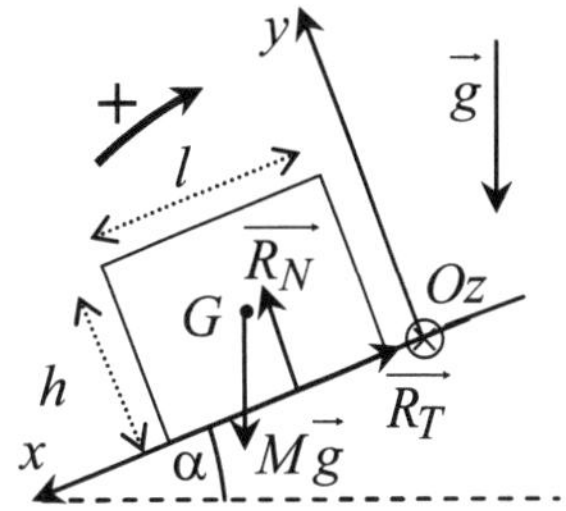

Au contraire, la condition recherchée de glissement sans basculement correspond à : $\boxed{\tan\alpha \geq \mu}$.

⇨ *Méthodes 2.1 et 2.3*

2. Plaçons-nous à l'amorce du basculement alors que le contact avec le plan ne se fait plus que par la génératrice de contact, c'est-à-dire l'axe (Iz). Ainsi, les réactions normale et tangentielle s'exercent au point I. Cependant, l'amont du bloc venant juste de commencer à décoller, on néglige le petit angle ε que fait sa base avec le plan incliné. La figure ci-contre présente une vision exagérée de la situation.

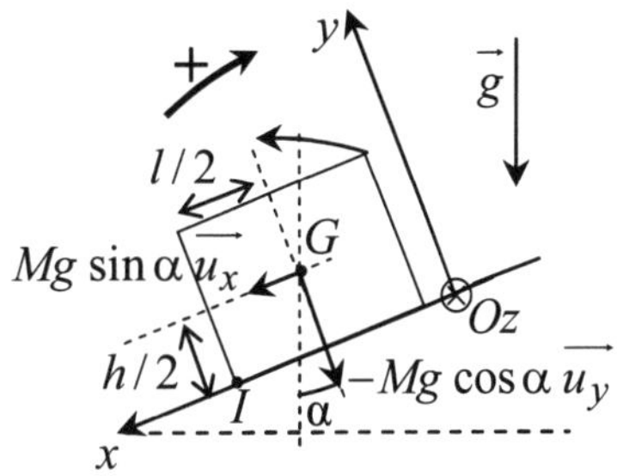

✎ *Notons que le basculement correspond à une rotation dans le sens négatif, le sens positif correspondant à un vecteur rotation positif suivant (Oz) conformément à la règle du tire-bouchon.*

Appliquons le TMC en projection suivant l'axe (Iz), les moments suivant (Iz) des réactions normale et tangentielle étant nuls, il vient : $J_{Iz}\dfrac{\mathrm{d}\omega}{\mathrm{d}t} = \left(\overrightarrow{IG} \wedge M\vec{g}\right)\cdot\overrightarrow{e_z} = \dfrac{Mg}{2}\left(l\cos\alpha - h\sin\alpha\right) < 0$.

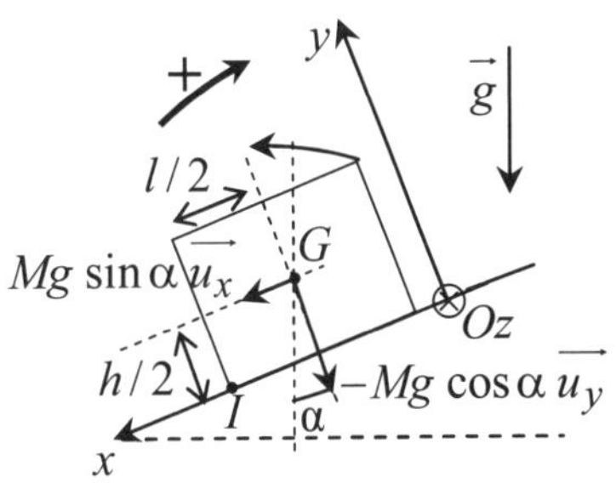

✎ *On peut retrouver ce résultat en utilisant la méthode des bras de levier pour les composantes normale et tangentielle du poids : la première tend à faire tourner dans le sens positif et sa norme est multipliée par le bras de levier* $\dfrac{l}{2}$*, la seconde tend à faire tourner dans le sens négatif (sens du basculement) et sa norme est multipliée par le bras de levier* $\dfrac{h}{2}$.

Ainsi, la condition de basculement sans glissement s'écrit : $l\cos\alpha - h\sin\alpha < 0$, soit $\boxed{\tan\alpha > \dfrac{l}{h}}$.

⇨ *Méthode 2.4*

Ce résultat traduit l'analyse intuitive du problème suivant laquelle le basculement se produit pour un angle d'autant moins élevé que le bloc est haut et peu large.

3. Finalement, la condition de glissement sans basculement s'écrit $\boxed{\mu < \tan\alpha < \frac{l}{h}}$. Cette condition n'est vérifiée que si $\mu < \frac{l}{h}$. Comme $\mu \in [0,1]$, elle impose $\frac{l}{h} > 1$, le bloc doit donc être moins haut que large. Pour $\mu = 0,5$ cette condition s'écrit $\frac{1}{2} < \frac{l}{h}$: le bloc doit être au moins deux fois plus large que haut pour ne pas basculer avant que le glissement ne s'amorce.

Exercice 2.4

1. D'après la loi de Coulomb en statique, à la limite du glissement, on peut relier la composante normale de la réaction de $S1$ sur $S2$ à sa composante tangentielle par : $\left\|\overrightarrow{R_T}\right\| = \mu_s \left\|\overrightarrow{R_N}\right\| = \mu_s\, M\, g$.
Or d'après le TRC en statique et en projection suivant l'axe (Ox) : $F = -R_T$, soit à la limite du glissement : $\left\|\vec{F}\right\| = \left\|\overrightarrow{R_T}\right\| = \mu_s\, M\, g$. Ainsi le bloc est d'autant moins aisé à mettre en mouvement qu'il est lourd et que le coefficient de frottement statique est élevé.

⇨ *Méthode 2.3*

2. a) Dans le cas présent des solides $S1$ et $S2$ en contact, la puissance des actions de contact est intérieure au système formé par $S1 \cup S2$. On la décompose en $P_{contact} = P_{S1\to S2} + P_{S2\to S1}$.
Dans cette expression, $P_{S1\to S2}$ est la puissance des actions de contact exercées par $S1$ sur $S2$ au point de contact I. En prenant I_2 comme point d'application des actions de contact de $S1$ sur $S2$, on a : $P_{S1\to S2} = \vec{R}_{S1\to S2} \cdot \overrightarrow{V_{I_2/R}}$, où I_2 est le point de $S2$ coïncidant avec I à l'instant t.
De même, $P_{S2\to S1} = \vec{R}_{S2\to S1} \cdot \overrightarrow{V_{I_1/R}}$, où I_1 est le point de $S1$ coïncidant avec I à l'instant t.
Compte tenu du principe des actions réciproques : $\vec{R}_{S1\to S2} = -\vec{R}_{S2\to S1}$, et en utilisant la définition de la vitesse de glissement, on a alors : $P_{contact} = \left(\overrightarrow{V_{I_1/R}} - \overrightarrow{V_{I_2/R}}\right) \cdot \vec{R}_{S1\to S2} = \vec{R}_{S1\to S2} \cdot \overrightarrow{V_g}$.
Or, la composante normale $\vec{R}_{N_{S1\to S2}}$ de la résultante des actions de $S1$ sur $S2$ est perpendiculaire à $\overrightarrow{V_g}$, d'où : $\boxed{P_{contact} = \vec{R}_{T_{S1\to S2}} \cdot \overrightarrow{V_g} = \vec{R}_T \cdot \overrightarrow{V_g}}$.

b) Si les frottements étaient négligeables, le travail reçu par le bloc de la part de l'opérateur serait, d'après le TEC : $W_{opp} = \Delta\left(E_c(bloc)\right) = \frac{1}{2} M\, V_0^2$. Cependant, du fait des frottements, une fraction W_{opp}' du travail fourni par l'opérateur est dissipée en énergie thermique par les frottements.
Évaluons W_{opp}' : d'après le théorème de l'énergie mécanique appliqué au bloc, dans un référentiel galiléen (R) : $\frac{\mathrm{d}E_m}{\mathrm{d}t} = P^{nc}$. Ici les actions non-conservatives sont les frottements entre

le bloc et le sol. Ainsi : $\frac{\mathrm{d}E_m}{\mathrm{d}t} = P_{contact} = \overrightarrow{R_T} \cdot \overrightarrow{V_g}$. D'après la troisième loi de Coulomb en dynamique $\overrightarrow{R_T} \cdot \overrightarrow{V_g} < 0$, on a ainsi : $\frac{\mathrm{d}E_m}{\mathrm{d}t} < 0$. Le sol étant horizontal, l'énergie potentielle de pesanteur du bloc ne varie pas et ainsi : $\frac{\mathrm{d}E_c(bloc)}{\mathrm{d}t} = \overrightarrow{R_T} \cdot \overrightarrow{V_g} < 0$. En l'absence de travail fourni par l'opérateur, l'énergie cinétique diminue au cours du temps. Pour maintenir le bloc à vitesse constante, l'opérateur doit, d'après le théorème de l'énergie cinétique appliqué au bloc entre t et t+dt, fournir le travail élémentaire $\delta W_{opp}' = -\left(\overrightarrow{R_T} \cdot \overrightarrow{V_g}\right)\mathrm{d}t$ (travail positif puisque fourni par l'opérateur et donc reçu par le bloc) de façon à compenser exactement l'énergie cinétique dissipée par frottement.

Or, d'après la première loi de Coulomb en dynamique en cours de glissement $\left\|\overrightarrow{R_T}\right\| = \mu_d \left\|\overrightarrow{R_N}\right\|$, soit ici : $R_T = \mu_d\, R_N = M\, g\, \mu_d$ et $\delta W_{opp} = \left(M\, g\, \mu_d\, V_g\right)\mathrm{d}t$. En intégrant cette égalité par rapport au temps, il vient : $\boxed{W_{opp}' = \left(M\, g\, \mu_d\right)\int_0^{\Delta t} V_g\, \mathrm{d}t}$.

Notons qu'ici, la vitesse de glissement est la vitesse du centre de masse G du bloc par rapport au sol. Elle dépend du temps : $V_g(t) = \frac{\mathrm{d}x_G}{\mathrm{d}t} = f(t)$. Si la loi de vitesse est connue entre l'instant initial et celui Δt où le bloc atteint la vitesse V_0, on peut alors évaluer $W_{opp}' = \left(M\, g\, \mu_d\right)\int_0^{\Delta t} f(t)\,\mathrm{d}t$. Au total, l'opérateur fournit un travail égal en valeur absolue à $\left|W_{opp}'\right| = \frac{1}{2} M\, V_0^2 + \left(M\, g\, \mu_d\right)\int_0^{\Delta t} V_g(t)\,\mathrm{d}t$. Ainsi, pour un intervalle de temps Δt donné, le travail à fournir par l'opérateur est d'autant plus élevé que le bloc est lourd, que le coefficient de frottement dynamique μ_d caractéristique du contact bloc-sol est élevé et que V_0 est grand.

Exercice 2.5

1. Notons I le point de la surface de contacte entre le bloc et la table où s'exercent les actions de surface équivalentes ramenées au point I. Dans le cadre de ce modèle, la force de contact équivalente $\overrightarrow{R}$ au point I se décompose en une composante normale $\overrightarrow{R_N}$ et une composante tangentielle $\overrightarrow{R_T}$ de résistance au glissement : $\overrightarrow{R} = \overrightarrow{R_N} + \overrightarrow{R_T}$.

⇨ *Méthode 2.1*

On sait d'après le cours que si φ désigne l'angle entre la réaction $\overrightarrow{R}$ en I et la normale en I à la table, à la limite du glissement, on peut écrire $\varphi = \Phi$ où $\frac{\left\|\overrightarrow{R_T}\right\|}{\left\|\overrightarrow{R_N}\right\|} = \mu = \tan(\Phi)$. Ainsi en mesurant la valeur de $\left\|\overrightarrow{R_T}\right\|$ correspondant à la limite du glissement pour différentes valeurs de $\left\|\overrightarrow{R_N}\right\|$ on peut en déduire μ. Notons $\vec{F}$ la force exercée par un opérateur tirant sur un dynamomètre relié au bloc de façon à ce que le support de $\vec{F}$ soit parallèle à la table. En statique, à la limite du glissement en appliquant le TRC au système « bloc + masse » dans le référentiel de la table supposé galiléen on a : $\begin{cases} R_T = F \\ R_N = (m+M)g \end{cases}$.

La composante normale $\overrightarrow{R_N}$ s'exerçant en I est l'opposée au poids qui s'exerce en G. La composante tangentielle $\overrightarrow{R_T}$ s'exerçant en I est l'opposée de $\vec{F}$.

⇨ *Méthode 2.3*

Ainsi, en posant sur le boc un masse connue m puis mesurant au dynamomètre la valeur de $\left\|\vec{F}\right\|$ à la limite du glissement pour différentes valeurs de m, puis en traçant $\left\|\vec{F}\right\|$ en fonction de $\left\|\overrightarrow{R_N}\right\|$ on obtient une droite dont la pente est le coefficient de frottement.

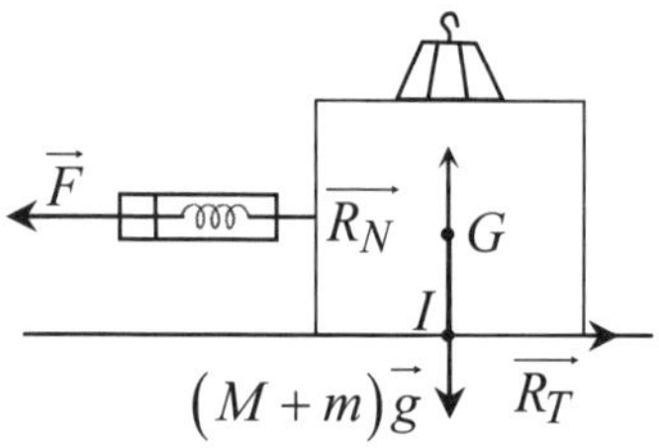

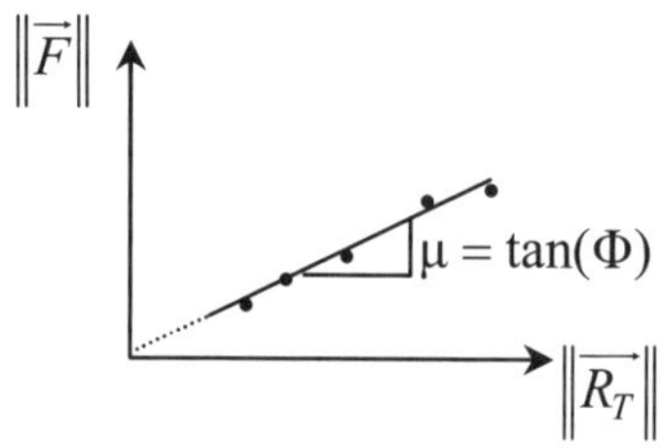

2. La première source d'incertitude est liée à l'estimation de $\left\|\vec{F}\right\|$ à la limite du glissement, il faut en effet tenir compte de la lecture au dynamomètre (erreur de graduations = 1 graduation sur $\sqrt{12}$). On pourra obtenir une incertitude sur les masses m utilisées ainsi que sur celle du bloc en les pesant préalablement avec une balance de précision (incertitude de type B). D'autre part la valeur relevée de $\left\|\vec{F}\right\|$ dépend de la capacité de l'opérateur à repérer le moment de la mise en mouvement, ce qui produit une incertitude de caractère aléatoire (type A). Une autre incertitude aléatoire est liée à la variation de l'état de surface de la table qui ne peut être contrôlée. Chaque point expérimental sera ainsi le résultat d'une moyenne d'essaies réalisés pour une valeur de m fixée. On obtiendra ainsi sur le coefficient de frottement une incertitude composée. Cependant l'incertitude majorant est sans doute attribuée à la mesure de $\left\|\vec{F}\right\|$.

3. La valeur du coefficient de frottement μ ainsi déterminé est une caractéristique des matériaux en contact, il ne dépend théoriquement ni du choix de la face du bloc que l'on met en contact avec la table ni de l'aire de la surface de contacte. Cependant si l'état de surface des différentes faces n'est pas rigoureusement identique cela peut légèrement affecter le coefficient de frottement.

4. Les mesures reportées dans le tableau conduisent à une pente moyenne de 0,2. Une précision de 10% semble tout à fait réaliste compte tenu du protocole de mesure proposé. Une plus grande précision demande en générale un protocole très particulier. Ainsi, compte tenu de la précision on écrira : $\boxed{\mu = 0{,}2 \pm 0{,}02}$.

Exercice 2.6

1. On note $\overrightarrow{R_N}$ la composante normale des actions de contact ramenées en un point I de l'interface semelle-neige et $\overrightarrow{R_T}$ leur composante tangentielle. Les lois de Coulomb en dynamique s'écrivent $\overrightarrow{R_T} = \mu \overrightarrow{R_N}$ (à la limite du glissement).

➪ *Méthode 2.3*

Le TRC en projection suivant (Ox) et (Oz) ascendant conduit à : $0 = -mg + R_N$ et $m\dfrac{\mathrm{d}V}{\mathrm{d}t} = F - R_T$, V étant constante il vient : $F = R_T$. La puissance des actions de contact à pour expression : $P_{contact} = \overrightarrow{R_T} \cdot \overrightarrow{V_g}$ où $\overrightarrow{R_T}$ et $\overrightarrow{V_g}$ sont de même support et de sens opposé.
Or ici le sol étant immobile la vitesse de glissement est celle du ski, de sorte que :

$$\boxed{P_{contact} = \overrightarrow{R_T} \cdot \vec{V} = -mg\mu V}.$$

2. Le travail de la force de frottement à la surface S entre la neige et la semelle lors d'un déplacement $\mathrm{d}x$ des skis s'écrit : $\delta W = P_{contact}\,\mathrm{d}t = -mg\mu V\,\mathrm{d}t = -mg\mu\,\mathrm{d}x$. Ce travail est cédé à la couche de neige fraiche rencontrée par les skis sur l'épaisseur e, la largeur L et la longueur $\mathrm{d}x$ et peut donc être traité comme la quantité de chaleur $\delta Q_P = -\delta W$ reçue par la couche de neige et utilisée intégralement pour provoquer sa fusion à pression et température constante.

✎ *Ce transfert d'énergie mécanique en énergie thermique utilisée intégralement pour la fusion repose sur l'hypothèse où la diffusion thermique dans le semelle du ski est négligeable.*

En utilisant la chaleur latente massique de fusion L_{fus}, il vient :

$\mathrm{d}H = \delta Q_P = mg\mu\,\mathrm{d}x = L_{fus}\,\rho L e\,\mathrm{d}x$ d'où : $\boxed{e = \dfrac{mg\mu}{L_{fus}\,\rho L}}$.

En réalité sous la semelle les contacts avec la neige ne se fait que sur des zones de contact quasi ponctuelles (la surface effective n'est que de l'ordre de centième de la surface géométrique), certains de ces contacts étant secs et d'autres lubrifiés par l'eau. Cependant les forces de viscosité dans la couche d'eau sont aussi à prendre en compte, il en résulte une force de frottement moyenne sur la semelle ne relevant plus des lois du frottement. Les lois de Coulomb ne concernant que le frottement sec, elles ne peuvent suffire à l'analyse du problème. Une étude basée sur la viscosité de la couche d'eau liquide sous le ski est nécessaire (mais hors programme).

Chapitre 3
Champ électrostatique

UN SCIENTIFIQUE

Charles Coulomb (1736-1806) embrasse une carrière militaire après des études à l'École du Génie de Mézières. Chargé de construire ou de renforcer des forts et des ouvrages portuaires, il utilise le calcul différentiel pour évaluer la résistance des maçonneries mais aussi celle des cordages. Ce n'est que tardivement qu'il se tourne vers la physique, discipline dans laquelle il est un expérimentateur très rigoureux. Il contribue à établir les lois fondamentales de l'électrostatique.

Un peu d'histoire

Pour Benjamin Franklin (1706-1790) l'électricité est un fluide qui prend deux états, positif et négatif et il énonce le principe de conservation de la charge électrique. Il comprend que l'éclair est une simple décharge électrique ce qui le conduit à l'invention du paratonnerre.

Grâce à des expériences précises et rigoureuses, Charles Coulomb étudie la distribution des charges électriques sur une surface et établit les lois qui régissent l'attraction et la répulsion des charges électriques et des pôles magnétiques. Il construit en particulier une balance électrique grâce à laquelle il postule, de manière expérimentale, que l'attraction des charges électriques est proportionnelle à l'inverse du carré de la distance.

Six ans après le décès de Coulomb, Siméon-Denis Poisson (1781-1840) étudie la répartition des charges électriques à la surface d'un conducteur et confirme cette propriété.

Objectifs

Ce qu'il faut connaître

- La loi de Coulomb
- Les propriétés de symétrie et d'invariance de la distribution de charge et les conséquences pour le champ électrostatique
- Le théorème de Gauss (pour le champ électrostatique et pour le champ gravitationnel) sous sa forme intégrale et locale
- La capacité d'un condensateur plan

Ce qu'il faut savoir faire

- Déterminer la direction d'un champ électrostatique, à partir des symétries de la distribution de charges
- Déterminer les coordonnées spatiales dont dépendent les composantes du champ, à partir des invariances de la distribution de charges
- Expliciter un champ électrostatique en utilisant le théorème de Gauss
- Trouver des informations sur le champ par lecture d'une carte des lignes de champ

Résumé de cours

Interaction électrique et champ

Charges électriques

La charge électrique est une grandeur scalaire intrinsèque, extensive et conservative, qui caractérise le comportement de la matière vis-à-vis de l'interaction électromagnétique ; elle peut être positive ou négative.

Elle est quantifiée : toutes les charges isolables sont multiples de la charge élémentaire $e = 1,602 \cdot 10^{-19}$ C . La charge électrique est répartie de manière discontinue au niveau microscopique, là où sont les particules qui peuvent être considérées comme ponctuelles.

Loi de Coulomb

En électrostatique, on s'intéresse à des charges immobiles les unes par rapport aux autres. Alors les forces exercées par des charges q_1 et q_2 l'une sur l'autre sont données par la loi de Coulomb :

$$\boxed{\vec{F}_{1\to 2} = -\vec{F}_{2\to 1} = \frac{1}{4\pi\varepsilon_0} q_1\, q_2 \frac{\overrightarrow{M_1M_2}}{M_1M_2^3}}.$$

Elles sont attractives si les charges sont de signe opposé ($q_1\, q_2 < 0$) et répulsives si les charges sont de même signe ($q_1\, q_2 > 0$).

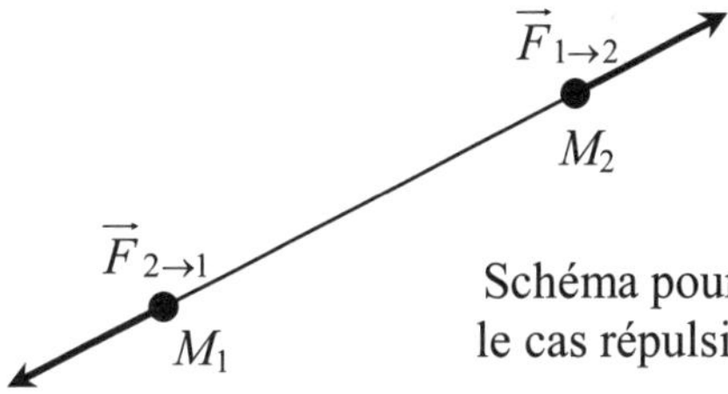

Schéma pour le cas répulsif

La constante ε_0 est la permittivité diélectrique du vide et vaut $\varepsilon_0 = 8,854 \cdot 10^{-12}$ F·m^{-1} .

Notion de champ électrostatique

On peut décrire indirectement l'interaction électrique en faisant intervenir la notion de champ :

- des charges immobiles créent en un point M un champ électrostatique $\vec{E}(M)$;
- une charge q placée au point M subit alors une force électrique $\boxed{\vec{F}(M) = q\vec{E}(M)}$.

Champ créé par une charge ponctuelle

Le champ créé en un point M par une charge q immobile en un point P est :

$$\vec{E}(M) = \frac{q}{4\pi\varepsilon_0} \frac{\overrightarrow{PM}}{PM^3}.$$

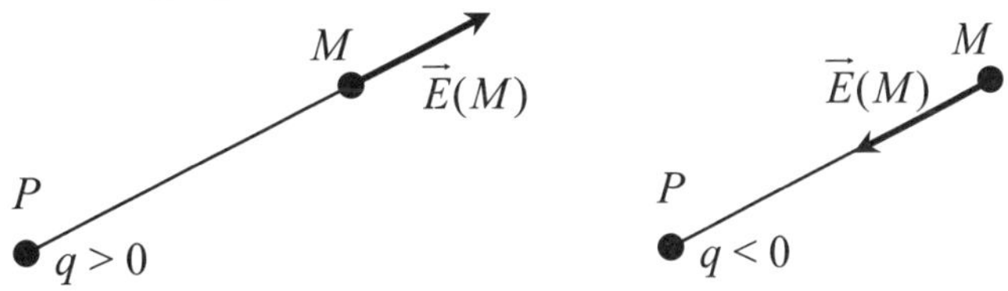

Principe de superposition, champ créé par une distribution discrète

Le champ créé par une charge est indépendant de la présence d'autres charges. De plus les forces s'additionnent vectoriellement, donc le champ créé par un ensemble de charges est la somme vectorielle des champs créés par chaque charge individuellement. Ainsi le champ créé en un point M par un ensemble de charges ponctuelles q_i situées aux points P_i est :

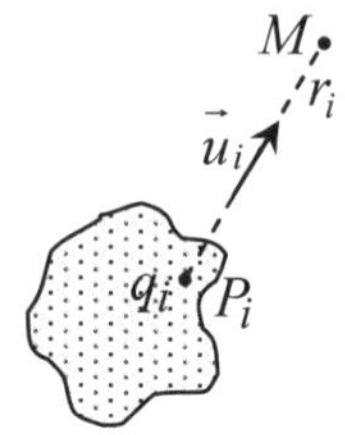

$$\boxed{\vec{E}(M) = \frac{1}{4\pi\varepsilon_0}\sum_i \frac{q_i\,\overrightarrow{P_iM}}{P_iM^3} = \frac{1}{4\pi\varepsilon_0}\sum_i \frac{q_i\,\vec{u}_i}{r_i^2}} \text{ où } \vec{u}_i = \frac{\overrightarrow{P_iM}}{\left\|\overrightarrow{P_iM}\right\|} \text{ et } r_i = \left\|\overrightarrow{P_iM}\right\|.$$

■ Champ créé par une distribution continue de charges

❑ Distribution volumique

Si $\mathrm{d}\tau(P)$ est un volume élémentaire contenant la charge $\mathrm{d}q(P)$ à l'instant t autour du point P d'une distribution de charge (D), on définit la densité volumique de charge par $\boxed{\rho(P) = \dfrac{\mathrm{d}q(P)}{\mathrm{d}\tau(P)}}$ en $\boxed{\mathrm{C \cdot m^{-3}}}$. La charge totale de la distribution est alors obtenue par : $Q = \int_D \rho(P)\,\mathrm{d}\tau(P)$, où $\int_D$ désigne ici la triple sommation continue sur (D).

Remarque

La densité volumique $\rho(P)$ est définie à l'échelle mésoscopique, c'est-à-dire à une échelle de dimension assez faible à l'échelle macroscopique pour qu'elle soit localement représentative du milieu et de dimension suffisamment grande à l'échelle microscopique pour que la notion de moyenne ait un sens. Ainsi, $\rho(P)$ est une grandeur locale et moyennée. À cette échelle, la distribution est continue (l'aspect corpusculaire caractéristique de l'échelle atomique est lissée par le processus de moyenne), d'où l'usage de sommes continues.

❑ Distribution surfacique

La distribution surfacique est la limite d'une réalité volumique où les charges sont réparties sur une petite épaisseur a avec une densité volumique de ρ, la densité surfacique correspondante est, si la distribution est uniforme, $\sigma = \lim\limits_{a \to 0} \rho a$. La charge portée par une surface élémentaire $\mathrm{d}S$ centrée sur P s'écrit : $\boxed{\mathrm{d}q = \sigma(P)\,\mathrm{d}S}$, où $\sigma(P)$ est la **densité surfacique de charge** au point P.

❑ Distribution linéique

C'est la limite d'une réalité volumique « filiforme » lorsque sa section tend vers zéro.
La charge portée par un élément de longueur $\mathrm{d}l$ centré sur P s'écrit : $\boxed{\mathrm{d}q = \lambda(P)\,\mathrm{d}l}$, où $\lambda(P)$ est la **densité linéique de charge** au point P.

❑ Correspondance entre les éléments de charge

Les éléments de charges dans les descriptions volumique, surfacique et linéique sont liées par : $\boxed{\mathrm{d}q = \rho\,\mathrm{d}\tau = \sigma\,\mathrm{d}S = \lambda\,\mathrm{d}l}$.

Symétries de la distribution de charges et du champ

Principe de Curie

Le principe de symétrie de Curie postule que « les effets ont au moins les symétries des causes ». Appliqué à l'électrostatique, ce principe implique donc que le champ électrostatique a au moins les mêmes symétries que la distribution de charges.

Plans de symétrie et d'antisymétrie pour les charges

Plan de symétrie

Un plan Π est plan de symétrie d'une distribution volumique de charges si, quels que soient les points P et P' symétriques par rapport à Π, $\rho(P') = \rho(P)$.

Ce plan est alors également un plan de symétrie pour le champ : $\vec{E}(P')$ est le symétrique de $\vec{E}(P)$, donc leurs composantes parallèles au plan sont égales et celles orthogonales au plan sont opposées.

En particulier, *en un point M d'un plan de symétrie, le champ est contenu dans ce plan.*

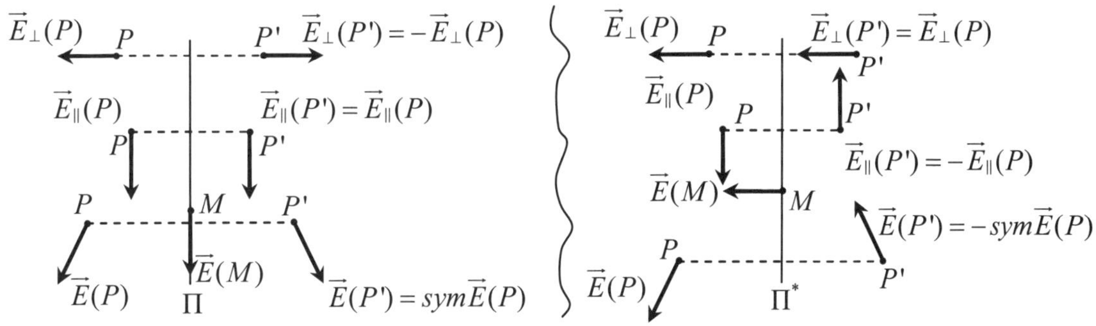

Plan d'antisymétrie

Un plan Π^* est plan d'antisymétrie d'une distribution volumique de charges si, pour tous points P et P' symétriques par rapport à Π^*, $\rho(P') = -\rho(P)$.

Ce plan est alors également un plan d'antisymétrie pour le champ : $\vec{E}(P')$ est l'opposé du symétrique de $\vec{E}(P)$, donc leurs composantes parallèles au plan sont opposées et celles orthogonales au plan sont égales.

En particulier, *en un point M d'un plan d'antisymétrie, le champ est orthogonal à ce plan.*

⇨ **Méthode 3.1. Comment déterminer la direction du champ ?**

Invariances

Invariance par translation

Si la distribution de charges est invariante par translation selon un axe, les composantes du champ le sont aussi : elles ne dépendent donc pas de la coordonnée le long de cet axe.

Invariance par rotation autour d'un axe (symétrie de révolution)

Si la distribution de charges est invariante par rotation autour d'un axe, les composantes du champ le sont aussi : elles ne dépendent donc pas de la coordonnée angulaire qui définit la rotation autour de cet axe.

Invariance par rotation autour d'un point (symétrie sphérique)
Si la distribution de charges est invariante par rotation autour d'un point, les composantes du champ le sont aussi : elles ne dépendent donc d'aucune coordonnée angulaire.

⇨ **Méthode 3.2. Comment déterminer les coordonnées spatiales dont dépendent les composantes du champ ?**

■ Lignes et tubes de champ

Une **ligne de champ** de $\vec{E}$ est une courbe tangente au champ $\vec{E}$ en chacun de ses points.

Équation d'une ligne de champ : elle est obtenue en écrivant que $\vec{E}$ est localement tangent à un élément $\mathrm{d}\vec{r}(M)$ de la ligne de champ au point M, c'est-à-dire en explicitant le fait que $\vec{E}(M) \wedge \mathrm{d}\vec{r}(M) = \vec{0}$ dans le système de coordonnées adapté aux symétries du problème.
Un plan de symétrie contient entièrement une infinité de lignes de champ.
Un plan d'antisymétrie est orthogonal aux lignes de champ en chacun de ses points.

ligne de champ
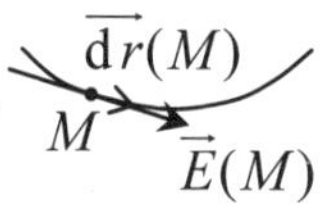

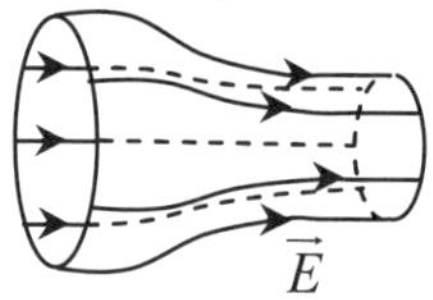

tube de champ

Un **tube de champ** est une surface (ouverte) formée par l'ensemble des lignes de champ s'appuyant sur une courbe fermée. On peut le fermé à ses extrémités pour former une surface fermée.

⇨ **Méthode 3.3. Comment jongler avec l'orientation des surfaces ?**

❑ Topographie des lignes de champ

L'équation locale de (M.G) traduit le fait que $\vec{E}$ est à divergence non nulle en présence de charges c'est-à-dire de monopôles électrostatiques. Les lignes de champs de $\vec{E}$ divergent à partir du point P vers l'infini si la charge est positive et convergent vers P depuis l'infini si elle est négative.

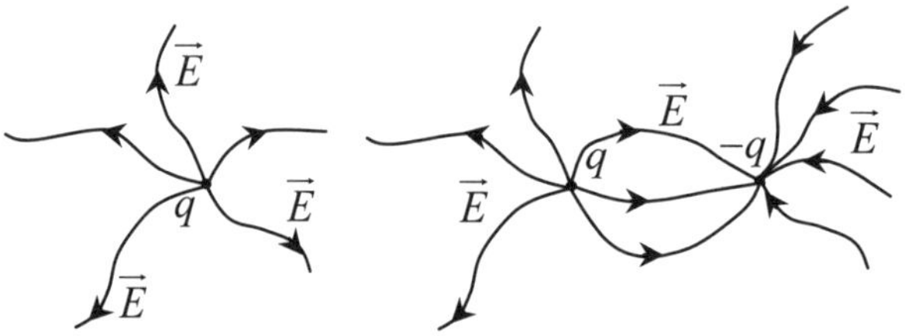

De façon plus générale, il apparaît que $\vec{E}$ diverge en partant de charges positives et converge vers des charges négatives comme le montre la cartographie des lignes de champs ci-dessus.

■ Théorème de Gauss

❑ Flux du champ électrostatique

Le flux du champ électrostatique au travers d'une surface Σ est par définition :

$$\Phi(\vec{E})_\Sigma = \iint_\Sigma \vec{E}(M)\cdot \mathrm{d}s\vec{n}.$$

$\vec{n}$ est un vecteur unitaire normal (localement) à la surface Σ. Le choix du sens de $\vec{n}$ revient à orienter la surface, en fonction de l'orientation de son contour.

⇨ **Méthode 3.3. Comment jongler avec l'orientation des surfaces ?**

Si la surface n'est pas plane, $\vec{n}$ n'est pas partout le même mais il est toujours dirigé du même coté de la surface.

Pour une surface fermée (entourant complètement un certain volume), $\vec{n}$ est soit dirigé vers l'extérieur de la surface (on parle alors de flux sortant), soit vers l'intérieur (flux entrant).

❑ Théorème de Gauss

Le flux sortant du champ électrostatique au travers d'une surface fermée Σ est égal à la charge électrique totale contenue à l'intérieur de cette surface, divisée par la constante ε_0 :

$$\boxed{\oiint_\Sigma \vec{E}(M)\cdot \mathrm{d}s\vec{n} = \frac{Q_{\text{int}}}{\varepsilon_0}}.$$

⇨ **Méthode 3.4. Utiliser le théorème de Gauss**

❑ Formulation locale du théorème de Gauss

L'équation de Maxwell-Gauss (M.G) : $\mathrm{div}\left(\vec{E}\right) = \frac{\rho}{\varepsilon_0}$ soit $\boxed{\vec{\nabla}\cdot\vec{E} = \frac{\rho}{\varepsilon_0}}$ traduit localement le théorème de Gauss.

Remarque

Le théorème de superposition pour le champ découle de la linéarité de cette équation locale liant source et champ.

■ Condensateur plan

❑ Description et modélisation

Un condensateur plan est constitué de deux surfaces planes conductrices appelées armatures, placées l'une en face de l'autre et séparées par un isolant. On note S la surface des armatures et e la distance qui les sépare. On considère ici que l'isolant est le vide.

Lorsque le condensateur est chargé, ses armatures portent des charges égales en valeur absolue et de signe opposé $-Q$ et $+Q$, réparties uniformément sur les armatures avec des densités surfaciques $\pm\sigma = \pm\dfrac{Q}{S}$.

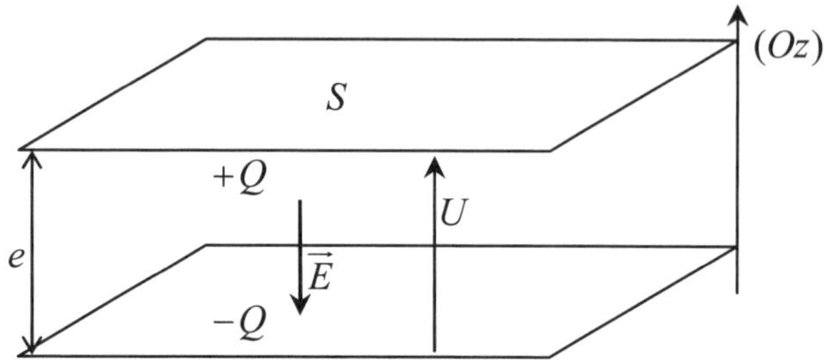

Dans le cas où la distance entre les armatures est très inférieure à leurs dimensions, on peut modéliser le condensateur chargé par deux plans infinis uniformément chargés. Le champ électrostatique entre les armatures a pour expression : $\boxed{\vec{E} = -\dfrac{\sigma}{\varepsilon_0}\vec{e_z} = -\dfrac{Q}{\varepsilon_0 S}\vec{e_z}}$.

À l'extérieur des armatures : $\vec{E} = \vec{0}$.

❑ Capacité

La capacité d'un condensateur est le rapport entre la charge portée par les armatures et leur différence de potentiel : $\boxed{C = \dfrac{Q}{U}}$ (avec les conventions ci-dessus).

Dans le modèle précédent, on trouve $\boxed{C = \dfrac{\varepsilon_0 S}{e}}$.

❑ Densité volumique d'énergie électrostatique

La densité d'énergie électrostatique dans le condensateur est $\boxed{u_e = \dfrac{\varepsilon_0 E^2}{2}}$.

■ Théorème de Gauss pour le champ de gravitation

La loi de Coulomb et la loi de la gravitation en physique classique ont des expressions tout à fait analogues. On peut donc transposer les notions vues en électrostatique, et notamment le théorème de Gauss, aux forces de gravitation. Il suffit pour cela de remplacer les charges par les masses et la constante $\dfrac{1}{4\pi\varepsilon_0}$ par $-G$:

$$\boxed{\oiint_{\Sigma} \vec{\mathcal{G}}(M)\cdot \mathrm{d}s\,\vec{n} = -4\pi G\, M_{\text{int}}}.$$

Dans cette expression, $\vec{\mathcal{G}}$ est le champ gravitationnel et $G = 6{,}67\cdot 10^{-11}$ (SI) est la constante de gravitation.

❑ Méthode 3.1. Comment déterminer la direction du champ ?

– Préciser d'abord en quel point on recherche la direction du champ électrostatique. Cela peut être un point bien particulier, un point sur un axe, un point sur un plan ou n'importe quel point de l'espace.
– Rechercher ensuite des plans de symétrie *qui passent par le point considéré* : la direction du champ est l'intersection de ces plans.
– On peut également rechercher un plan d'antisymétrie *qui passe par le point considéré* : la direction du champ est alors orthogonale à ce plan.

⇨ **Exercices 3.1 à 3.5**

– Exemple 1 : segment uniformément chargé en longueur
On considère un fil rectiligne de longueur $L=AB$, de milieu O, qui porte une charge uniformément répartie avec une charge linéique λ. On s'intéresse au champ dans le plan médiateur du segment, Π_1.
Le point M considéré est ici un point quelconque du plan médiateur du segment. Il y a deux plans de symétrie qui passent par ce point M : le plan médiateur Π_1 lui-même et le plan Π_2 qui contient le segment et le point M. La direction du champ est l'intersection de ces deux plans, donc la droite (OM).

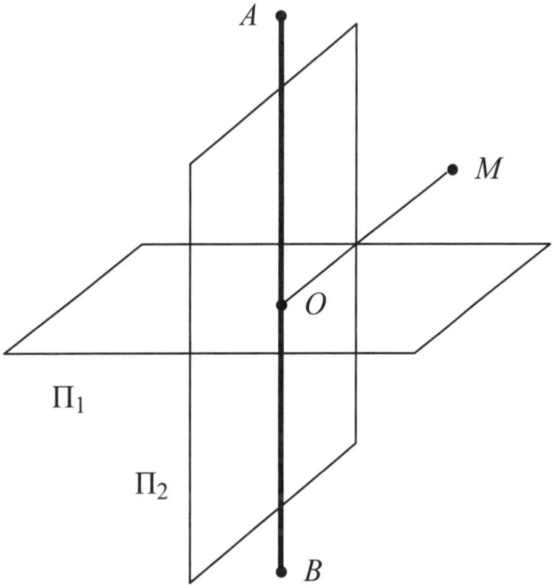

– Exemple 2 : sphère uniformément chargée en volume
On considère une sphère de centre O et de rayon R qui porte une charge uniformément répartie à l'intérieur avec une charge volumique ρ. On s'intéresse au champ en tout point de l'espace.
Le point M considéré est ici un point quelconque. Comme tout plan qui contient le centre de la sphère est plan de symétrie, il y a une infinité de plans de symétrie qui contiennent M. Quels que soient ceux que l'on considère, leur intersection est la droite (OM), qui est donc la direction du champ (on dit que le champ est radial), on note explicitement : $\vec{E}(M) = E_r(M)\vec{e_r}$.

– Exemple 3 : doublet

Un doublet électrostatique consiste en deux charges de signes opposés séparées par une distance a. On note N la position de la charge $-q$ et P la position de la charge $+q$.

Le plan médiateur du segment [NP], Π^* est plan d'antisymétrie de la distribution de charges. Donc, en un point de ce plan, le champ lui est orthogonal (et donc parallèle à [NP]).

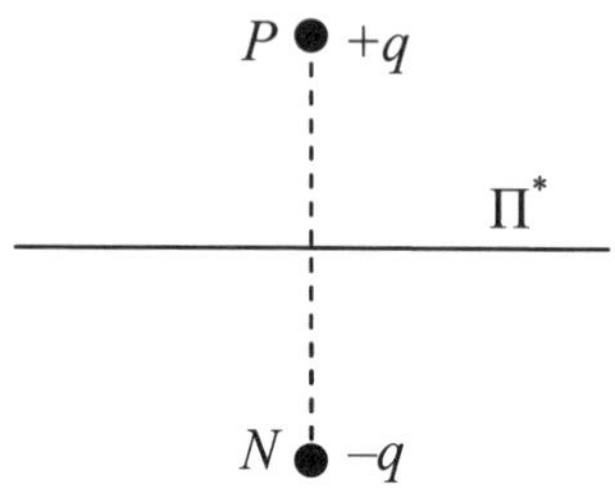

❑ Méthode 3.2. Comment déterminer les coordonnées spatiales dont dépendent les composantes du champ ?

Rechercher les invariances de la distribution de charges, puis choisir le bon système de coordonnées et déterminer celles dont dépend le champ électrostatique.

– Invariance par translation le long d'un axe : utiliser la coordonnée linéaire sur cet axe. Le champ ne dépend pas de cette coordonnée.

– Invariance par rotation autour d'un axe de symétrie : utiliser les coordonnées cylindriques (r,θ,z) avec l'axe de symétrie comme axe (Oz). Les composantes du champ (donc sa norme) ne dépendent pas de la coordonnée angulaire θ.

– Invariance par rotation autour d'un point de symétrie : utiliser les coordonnées sphériques (r,θ,φ) avec le point de symétrie comme origine. Les composantes du champ ne dépendent pas des coordonnées angulaires θ et φ.

⇨ **Exercices 3.1 à 3.5**

– Exemple 1 : fil infini uniformément chargé en longueur

On considère un fil rectiligne infini qui porte une charge uniformément répartie avec une charge linéique λ.

On utilise les coordonnées cylindriques (r,θ,z), l'axe (Oz) coincidant avec le fil chargé, pour repérer la position d'un point M où l'on cherche le champ.

La distribution de charges est invariante par rotation autour de l'axe (Oz), les composantes du champ ne dépendent donc pas de θ.

La distribution de charges est invariante par translation le long de l'axe (Oz), le champ ne dépend donc pas de z.

Les composantes du champ ne dépendent donc que de r.

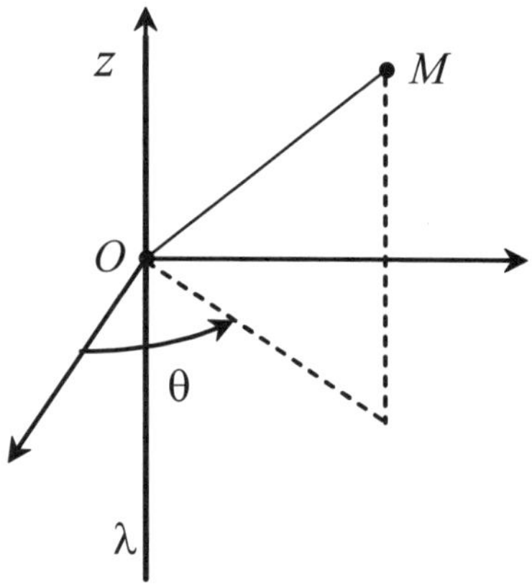

Il ne peut y avoir invariance par translation que si la distribution de charges s'étend jusqu'à l'infini (c'est un modèle).

– Exemple 2 : sphère uniformément chargée en volume

On a déjà vu que $\vec{E}(M) = E_r(M)\vec{e_r}$ en coordonnées sphériques. La distribution de charges est invariante par rotation autour du point O, la coordonnée radiale qui ici est **la norme du champ** ne dépend donc pas de θ et φ : $E_r(M) = E_r(r)$, on note explicitement : $\vec{E}(M) = E_r(r)\vec{e_r}$.

❑ Méthode 3.3. Comment jongler avec l'orientation des surfaces ?

→ Normale à une surface ouverte (fig. a) : Soit un contour (C) fermé orienté par un sens positif de parcours arbitrairement choisi. La normale à une surface ouverte s'appuyant sur ce contour est orientée suivant la règle du tire bouchon relativement à ce sens positif.

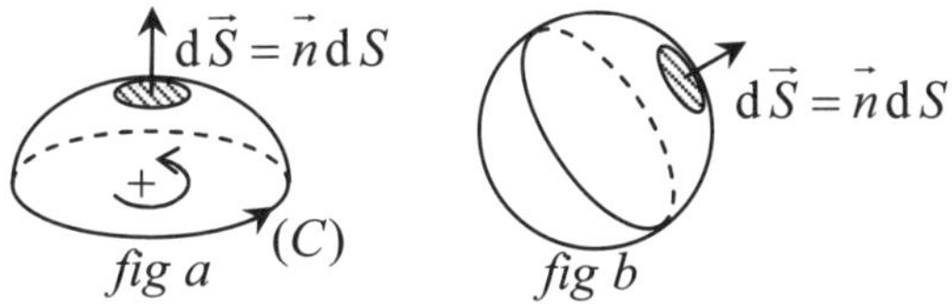

→ Normale à une surface fermée (fig. b) : la normale locale à une surface fermée pointe toujours de l'intérieure vers l'extérieure de celle-ci.

→ Considérons à présent la situation fréquente d'une surface ouverte Σ_{lat} de révolution autour d'un axe orienté Δ de symétrie physique. Fermons cette surface par deux surfaces ouvertes S_1 et S_2 orientées s'appuyant sur deux contours que nous prendrons ici, par convention, de même orientation (conformément à la règle du tire bouchon relativement à l'orientation de l'axe Δ). La surface $S = \Sigma_{lat} \cup S_1 \cup S_2$ de normale $\vec{n}$ est fermée.

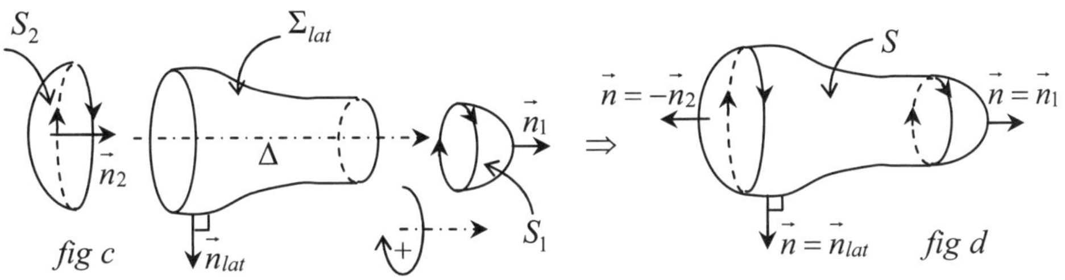

Il convient ici de ne pas confondre les surfaces ouvertes orientées S_1 et S_2 prises séparément (fig. c), dont les vecteurs unitaires sont $\vec{n}_1$ et $\vec{n}_2$, avec S_1 et S_2 appartenant à la même surface fermée S (fig. d).

⇨ **De très nombreux exercices des chapitres d'électromagnétisme**

Considérons un tube de champ de surface Σ_{lat} et fermons le par deux surfaces S_1 et S_2 s'appuyant sur deux contours de même orientation s'appuyant sur le tube. La surface $S = \Sigma_{lat} \cup S_1 \cup S_2$ est fermée.

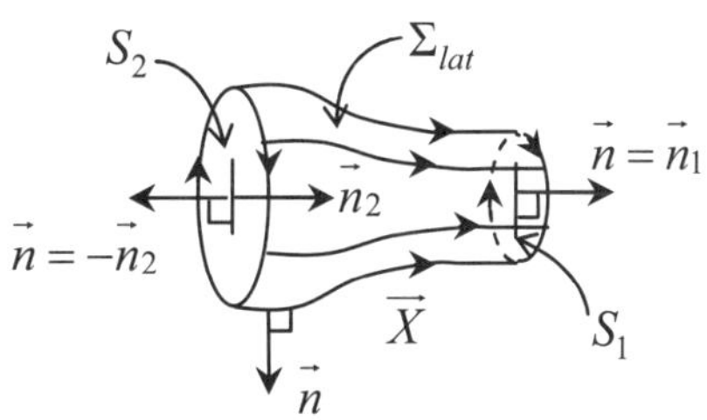

Notons $\phi = \oiint_S \vec{X} \cdot \vec{n}\,\mathrm{d}S$ le flux de $\vec{X}$ à travers S.

$\phi = \iint_{\Sigma_{lat}} \vec{X} \cdot \vec{n}\,\mathrm{d}S + \iint_{S_1} \vec{X} \cdot \vec{n}\,\mathrm{d}S + \iint_{S_2} \vec{X} \cdot \vec{n}\,\mathrm{d}S$, où $\vec{n}$ est la <u>normale locale à S pointant de</u>

l'intérieur vers l'extérieur de S. Ainsi, si l'on note $\phi_1 = \iint_{S_1} \vec{X}\cdot\vec{n}\,\mathrm{d}S$ le flux à travers S_1 partie de S fermée, avec en tout point de S_1 : $\vec{n} = \vec{n}_1$, il vient $\phi_1 = \iint_{S_1} \vec{X}\cdot\vec{n}_1\,\mathrm{d}S_1 = \phi_{S_1}$. Le flux de $\vec{X}$ à travers S_1, surface ouverte s'appuyant sur le tube, s'identifie donc avec celui à travers S_1 partie de S fermée. Au contraire, en tout point de S_2, $\vec{n} = -\vec{n}_2$ et $\phi_2 = -\iint_{S_2} \vec{X}\cdot\vec{n}_2\,\mathrm{d}S_2 = -\phi_{S_2}$ Comme en tout point de Σ_{lat}, $\vec{n}$ est orthogonal à $\vec{X}$, $\iint_{\Sigma_{lat}} \vec{X}\cdot\vec{n}\,\mathrm{d}S = 0$ et finalement $\phi = \phi_{S_1} - \phi_{S_2}$. Nous verrons que lorsque $\vec{X}$ désigne un champ de vecteur tel que l'on a on a nullité du flux à travers toute surface fermée $\phi = \oiint_{S} \vec{X}\cdot\vec{n}\,\mathrm{d}S = 0$ et $\phi_{S_1} = \phi_{S_2}$: il y a conservation du flux de $\vec{X}$ à travers toute section d'un même tube de champ. Cela concernera le champ magnétostatique ainsi que le vecteur densité volumique de courant dans le carde de l'ARQS ainsi qu'en statique.

❑ Méthode 3.4. Comment utiliser le théorème de Gauss ?

Le théorème de Gauss permet de calculer simplement le champ électrostatique si la distribution de charges possède suffisamment de symétries.

– La première étape consiste à prévoir la direction du champ et les variables dont il dépend (voir méthodes 23.1 et 23.2).

– La deuxième étape est le choix de la surface *fermée* sur laquelle on applique le théorème de Gauss, c'est la surface de Gauss. Il faut respecter les critères suivants : en un point de la surface, le vecteur unitaire normal doit être soit colinéaire soit orthogonal au champ, et la **norme du champ doit être constante** sur toute partie de la surface où le flux n'est pas nul.

– La troisième étape est l'expression du flux sortant en fonction du champ recherché : il faut souvent découper la surface en plusieurs parties, calculer les flux au travers de chacune d'elles et les ajouter ensuite.

– La quatrième étape est le calcul de la charge contenue à l'intérieur de la surface puis la conclusion via le théorème de Gauss.

⇨ **Exercices 3.1 à 3.5**

On reprend l'exemple d'une sphère de centre O et de rayon R qui porte une charge uniformément répartie à l'intérieur avec une charge volumique ρ (sur le schéma, en hachuré). On considère un point M quelconque, à une distance $r = OM$ du centre de la sphère et on repère sa position en coordonnées sphériques (r,θ,φ).

On a déjà trouvé précédemment : $\vec{E}(M) = E_r(r)\vec{e_r}$.

Choix de la surface de Gauss : la sphère Σ de centre O qui passe par le point M (donc de rayon r). Quel que soit le point M sur cette sphère, le vecteur unitaire normal dirigé vers l'extérieur est $\overrightarrow{e_r}$ et est donc toujours colinéaire au champ. De plus, sur l'ensemble de la surface Σ, r ne varie pas et donc la norme du champ non plus.

Expression du flux : $\Phi(\vec{E})_\Sigma = \iint_\Sigma \vec{E}(M)\cdot \mathrm{d}s\vec{n}$.

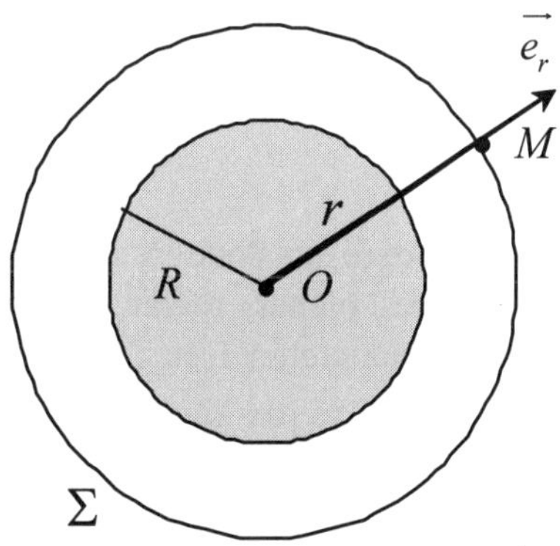

On remplace $\vec{E}(M)$ par $E_r(r)\overrightarrow{e_r}$ et $\vec{n}$ par $\overrightarrow{e_r}$:

$\Phi(\vec{E})_\Sigma = \iint_\Sigma E_r(r)\overrightarrow{e_r}\cdot\overrightarrow{e_r}\,\mathrm{d}s = \iint_\Sigma E_r(r)\,\mathrm{d}s$.

Comme $E_r(r)$ ne varie pas sur toute la surface Σ, $\iint_\Sigma E_r(r)\,\mathrm{d}s = E_r(r)\iint_\Sigma \mathrm{d}s$.

Enfin, $\iint_\Sigma \mathrm{d}s$ est la surface de la sphère Σ de rayon r qui vaut $4\pi r^2$.

Finalement $\Phi(\vec{E})_\Sigma = 4\pi r^2 E_r(r)$.

Calcul de la charge Q_{int} contenue à l'intérieur de la sphère Σ dans deux cas :
Soit M est à l'extérieur de la sphère chargée, donc $r > R$ (cas représenté sur le schéma) ; soit M est à l'intérieur de la sphère chargée, donc $r < R$.
Dans le premier cas, la charge intérieure est la totalité de la charge contenue dans la sphère chargée de rayon R et vaut donc $Q_{\text{int}} = \frac{4}{3}\pi R^3\rho$. Dans le second cas, Σ est plus petite que la sphère chargée et la charge intérieure vaut $Q_{\text{int}} = \frac{4}{3}\pi r^3\rho$.

Il ne reste plus qu'à conclure avec le théorème de Gauss : $\Phi(\vec{E})_\Sigma = \frac{Q_{\text{int}}}{\varepsilon_0}$.

Dans le premier cas, cela donne $4\pi r^2 E_r(r) = \frac{4\pi R^3\rho}{3\varepsilon_0}$, et donc $E_r(r) = \frac{\rho R^3}{3\varepsilon_0 r^2}$.

Dans le second cas, cela donne $4\pi r^2 E_r(r) = \frac{4\pi r^3\rho}{3\varepsilon_0}$, et donc $E_r(r) = \frac{\rho r}{3\varepsilon_0}$.

On rassemble ces résultats en donnant l'expression vectorielle du champ :

pour $r < R$ (M à l'intérieur), $\vec{E}(M) = \frac{\rho r}{3\varepsilon_0}\overrightarrow{e_r}$; pour $r > R$ (M à l'extérieur), $\vec{E}(M) = \frac{\rho R^3}{3\varepsilon_0 r^2}\overrightarrow{e_r}$.

Lien avec le champ créé par une charge ponctuelle Q en O : si on ramène la charge totale de la sphère $Q = \frac{4}{3}\pi R^3\rho$ en son centre, le champ extérieur $E_r(r) = \frac{\rho R^3}{3\varepsilon_0 r^2}$ a la même expression que celui qu'aurait cette charge ponctuelle Q en O : $E_r(r) = \frac{\rho R^3}{3\varepsilon_0 r^2} = \frac{Q}{4\pi\varepsilon_0 r^2}$.

Méthodes

❑ Méthode 3.5. Comment utiliser l'équation de Maxwell-Gauss sous sa forme locale ?

L'équation de Maxwell-Gauss $\vec{\nabla} \cdot \vec{E} = \dfrac{\rho}{\varepsilon_0}$ renseigne localement sur la dépendance spatiale du champ. Bien entendu la méthode requiert une étude préalable des symétries et invariances de la distribution de charge.

⇨ **Nombreux exercices**

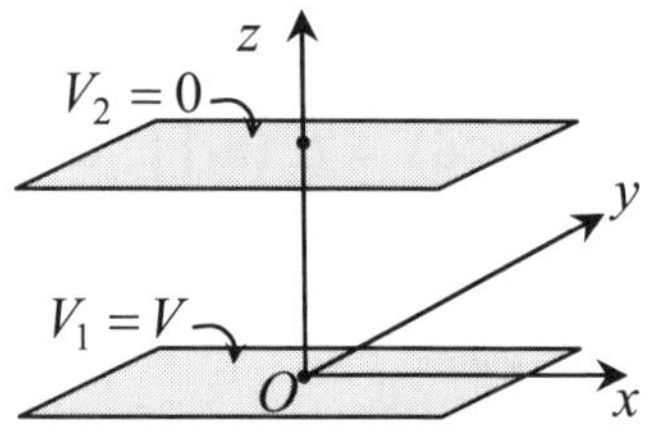

On considère un condensateur plan formé de deux armatures métalliques planes, rectangulaires et identiques, de surface S notées conducteurs 1 et 2, perpendiculaires à (Oz) et séparées l'une de l'autre par un diélectrique d'épaisseur e assimilable au vide. O est choisi au centre de l'armature 1. L'armature en $z = 0$ est portée au potentiel V et celle en $z = e$ est maintenue à un potentiel nul. Les deux conducteurs sont considérés comme parfaits et à l'équilibre électrostatique, ainsi leur charge intérieure est nulle et ils ne peuvent porter que des charges surfaciques opposées. On note σ la densité surfacique de charge sur l'armature positive. On néglige les effets de bords, ce qui revient à considérer les plans des armatures infinis ou plus précisément à considérer que e est très faible devant leur dimensions transversales. Les armatures sont porteuses de charges égales en valeur absolue et de signe opposé : $Q_1 = -Q_2 = Q$. On se place en coordonnées cartésiennes (x, y, z) rapportées au trièdre $\left(\vec{e_x}, \vec{e_y}, \vec{e_z}\right)$.

Compte tenu des symétries on a : $\boxed{\vec{E}(M) = E_z(M)\,\vec{e_z}}$. La distribution de charge est invariante par toutes translations d'axe (Ox) et (Oy). Ainsi, E_z ne dépendant que de z : $\boxed{\vec{E}(M) = E_z(z)\,\vec{e_z}}$. Appliquons l'équation de Maxwell-Gauss (forme locale du théorème de Gauss) dans le vide entre les armatures où la densité volumique de charge est nulle, il vient en coordonnées cartésiennes $\dfrac{\partial E_z(z)}{\partial z} = 0$. Ainsi E_z ne dépend pas de z. Finalement : $\vec{E}(M) = E_0\,\vec{e_z}$ où E_0 est constant. Le champ entre les armatures est donc uniforme.

■■ Vrai/Faux

		Vrai	Faux
1.	Le champ électrostatique créé par une charge q_1 n'a pas d'influence sur le champ électrostatique créé par une autre charge q_2.	☐	☐
2.	Un électron dans un champ électrostatique subit une force dont le sens est le même que celui du champ électrostatique.	☐	☐
3.	Une modélisation des charges par une distribution surfacique ne permet pas de calculer le champ au niveau de la surface chargée.	☐	☐
4.	Les charges situées à l'extérieur d'une surface fermée n'ont pas d'influence sur le flux du champ électrostatique au travers de cette surface fermée.	☐	☐
5.	Les charges situées à l'extérieur d'une surface fermée n'ont pas d'influence sur la valeur champ électrostatique à l'intérieur de cette surface fermée.	☐	☐
6.	En un point situé sur un plan d'antisymétrie d'une distribution de charges, le champ électrostatique est orthogonal à ce plan.	☐	☐
7.	Les considérations sur les invariances de la distribution de charge permettent de déterminer la direction du champ électrostatique.	☐	☐
8.	On peut appliquer le théorème de Gauss à une surface plane.	☐	☐
9.	Une distribution de charges ne peut être invariante par translation que s'il y a des charges à l'infini.	☐	☐
10.	Le théorème de Gauss permet de calculer le champ électrostatique pour n'importe quelle distribution de charges.	☐	☐
11.	La capacité d'un condensateur plan ne dépend que de sa géométrie.	☐	☐
12.	La capacité d'un condensateur peut être négative suivant les orientations choisies pour calculer la différence de potentiel.	☐	☐
13.	Dans un condensateur plan, l'énergie électrostatique s'écrit $U_e = \iiint_{condensateur} u_e \, d\tau$, où $u_e = \dfrac{\varepsilon_0 E^2}{2}$ est la densité volumique d'énergie électrostatique.	☐	☐
14.	Une ligne de champ électrostatique peut se refermer sur elle-même.	☐	☐

Énoncé des exercices

Calcul intégral direct de champ électrostatique

❑ E…

Calculer le … au travers d'un carré … ce $\frac{a}{2}$ du centre C du …

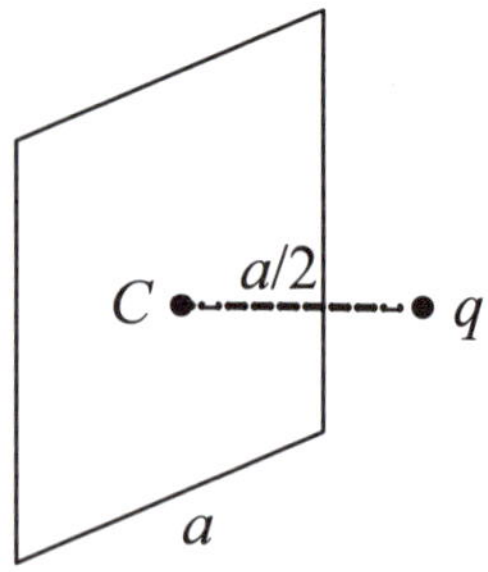

❑ Exe… infini

Un cylindre d… chargé en volume avec une densité volumique de …

1. Calculer le … créé par cette distribution en distinguant deux cas (à l'intérieur et à l'extérieur du cylindre).
2. Comparer les résultats que l'on obtiendrait avec la modélisation par une charge linéique. Que vaut le champ sur l'axe du cylindre ?

❑ Exercice 3.3. Champ d'un condensateur plan

La distribution de charges d'un condensateur chargé peut être modélisée par deux plans infinis uniformément chargés, l'un portant une densité surfacique uniforme de charge $+\sigma$ et l'autre une densité surfacique $-\sigma$.

1. Calculer le champ créé par un plan infini uniformément chargé.
2. En utilisant le théorème de superposition, en déduire le champ créé par le condensateur, entre les armatures et à l'extérieur.
3. Retrouver ce résultat en résonnant directement sur l'ensemble du condensateur et sans appliquer le théorème de superposition. On admettra que les conducteurs formant les armatures étant à l'équilibre électrostatique, le champ intérieur y est nul.

❑ Exercice 3.4. Accélération de la pesanteur - Problème ouvert

On se propose d'obtenir une estimation de l'accélération de la pesanteur à la surface du globe. Proposer une modélisation permettant de répondre à cette problématique.

Données : la Terre peut en première approximation être assimilée à une sphère de rayon $R = 6{,}37 \cdot 10^3$ km et de masse $m = 5{,}97 \cdot 10^{24}$ kg répartie uniformément. On donne la constante de gravitation $G = 6{,}67 \cdot 10^{-11}\ \text{kg}^{-1} \cdot \text{m}^3 \cdot \text{s}^{-2}$.

❑ Exercice 3.5. Champ créé une sphère chargée en surface*

On considère un sphère de centre O et de rayon R à la surface de laquelle est uniformément distribuée une charge de densité surfacique σ. On se place en coordonnées sphériques (r,θ,φ) de centre O auxquelles on associe le trièdre direct $(\vec{e_r},\vec{e_\theta},\vec{e_\varphi})$.

1. Étudier les propriétés de symétrie et d'invariance de la distribution de charge. En déduire, par l'utilisation du théorème de Gauss, l'expression du champ électrique $\vec{E}$ en tout point M de l'espace (intérieur et extérieur). On justifiera très soigneusement le choix de la surface de Gauss au vu de l'étude des symétries et d'invariances.

2. Tracer l'allure de la norme de champ en fonction de r et commentez en particulier le comportement du champ au passage de la surface chargée en $r = R$. Commenter en utilisant la relation de passage du champ électrostatique en présence de charges surfaciques (donnée en fin d'énoncé).

On donne la relation de passage pour $\vec{E}$ en présence de charges surfaciques séparant deux milieux 1 et 2 de part et d'autre de cette surface chargée est : $\boxed{\vec{E_2}-\vec{E_1}=\frac{\sigma}{\varepsilon_0}\vec{n_{12}}}$ où $\vec{E_1}$ et $\vec{E_2}$ sont respectivement les champs dans les milieux 1 et 2 **au voisinage immédiat** de la surface. $\vec{n_{12}}$ est le vecteur unitaire normal localement à cette surface et point du milieu 1 vers le milieu 2. Cette relation traduit la continuité de la composante tangentielle de $\vec{E}$ et la discontinuité de sa composante normale en présence de charges surfaciques.et point du milieu 1 vers le milieu 2. Cette relation traduit la continuité de la composante tangentielle de $\vec{E}$ et la discontinuité de sa composante normale en présence de charges surfaciques.

■ Pour vous aider à démarrer

Exercice 3.1. Rechercher une surface fermée pour utiliser le théorème de Gauss.
Exercice 3.3. Prendre une surface fermée symétrique par rapport au plan qui sépare la couche chargée en deux parties égales.

Corrigé des vrai/faux

1.	2.	3.	4.	5.	6.	7.	8.	9.	10.	11.	12.	13.	14.
vrai	faux	vrai	vrai	faux	vrai	faux	faux	vrai	faux	vrai	faux	vrai	faux

2. La charge de l'électron est négative donc la force est de sens opposé à celui du champ.
4. Le théorème de Gauss ne fait intervenir que les charges intérieures.
5. Des charges modifient le champ, où qu'elles soient : celui qu'elles créent s'ajoute aux autres.
7. Elles permettent de déterminer les coordonnées dont dépendent les composantes du champ.
8. La surface doit être fermée, c'est-à-dire entourer un certain volume.
10. La distribution de charges doit présenter suffisamment de symétries.
11. La différence de potentiel entre les armatures du condensateur plan est $U = V_1 - V_2 = \int_1^2 \vec{E}\cdot d\vec{l} = \int_1^2 E(z)\,dz$, soit $U = \frac{\sigma}{\varepsilon_0}\int_1^2 dz = \frac{\sigma e}{\varepsilon_0}$. La capacité est liée à la différence de potentiel U entre l'armature par $C = \frac{Q}{U}$. Ainsi, avec $Q = S\sigma$ et $U = \frac{\sigma e}{\varepsilon_0}$, on obtient : $C = \frac{\varepsilon_0 S}{e}$.
12. Elle est toujours positive, indépendamment des choix d'orientation et de la géométrie du condensateur.
13. On a établi (voir le chapitre d'électrocinétique de l'ouvrage de première année dans la même collection) que l'énergie électrostatique emmagasinée dans un condensateur est $U_e = \frac{1}{2}CU^2$ avec $U = \frac{Q}{C}$. Pour le condensateur plan la norme du champ entre les armatures est donné par $E = \frac{Q}{\varepsilon_0 S}$, d'où $U_e = \frac{1}{2}\frac{\varepsilon_0^2 E^2 S^2}{C}$. D'autre part la capacité du condensateur plan est $C = \frac{\varepsilon_0 S}{e}$, ainsi $U_e = \frac{1}{2}\varepsilon_0 E^2 S e$. Le produit Se étant le volume du condensateur on obtient finalement $U_e = \iiint_{condensateur} u_e\, d\tau$, où $u_e = \frac{\varepsilon_0 E^2}{2}$ est la densité volumique d'énergie électrostatique. Dans le cadre du programme on admet la généralisation de ce résultat ce qui conduit à poser $U_e = \iiint_{espace} u_e\, d\tau$, avec $u_e = \frac{\varepsilon_0 E^2}{2}$.

14. L'équation de (M.G), forme locale du théorème de Gauss, traduit le fait que, contrairement à $\vec{B}$ (voir chapitre de magnétostatique), $\vec{E}$ est à divergence non nulle en présence de charges. Ainsi, une ligne de champ de $\vec{E}$ ne peut que diverger ou converger, mais pas se refermer sur elle-même.

❑ Les erreurs classiques

→ Pour donner une information sur la direction du champ électrique en un point donné, les plans de symétrie/antisymétrie utilisés doivent passer par ce point.
→ Ne pas confondre l'utilisation des plans de symétrie (pour déterminer la *direction* du champ, donc ses composantes) et l'utilisation des invariances (pour déterminer les *coordonnées dont dépendent* les composantes du champ).
→ Il faut alors exprimer clairement les résultats : on peut dire par exemple qu'un champ est porté par $\overrightarrow{e_r}$, ou bien que ses composantes dépendent de r, mais l'expression « le champ dépend de $\overrightarrow{e_r}$ » ne veut rien dire !
→ Dans le cas d'une invariance par rotation, il est faux de dire que le champ ne dépend pas de l'angle (θ) : ce sont ses composantes (donc aussi sa norme) qui ne dépendent pas de θ, mais le champ lui-même dépend de θ puisqu'il *tourne* avec le vecteur unitaire ($\overrightarrow{e_r}$).
→ Bien choisir une surface *fermée* pour appliquer le théorème de Gauss : un cylindre infini, par exemple, n'est pas une surface fermée ; en revanche un cylindre de longueur finie et fermé par deux bases convient.

Corrigé

Corrigé des exercices

Exercice 3.1

Au premier abord, on peut penser à exprimer le champ créé par la charge ponctuelle q en un point M situé sur le carré puis à calculer le flux. C'est simple en principe, mais le calcul ne l'est pas ! Il est beaucoup plus simple d'utiliser le théorème de Gauss, si l'on peut trouver une surface fermée sur laquelle l'appliquer. On peut remarquer que la surface Σ d'un cube centré sur la charge constitue la surface fermée adéquate : comme le flux est le même au travers de chacune des faces, le flux recherché est égal à un sixième du flux au travers de la surface Σ.
On applique alors le théorème de Gauss : la charge intérieure étant égale à q, le flux au travers de Σ vaut $\dfrac{q}{\varepsilon_0}$ et le flux recherché est donc $\boxed{\Phi = \dfrac{q}{6\varepsilon_0}}$.

Exercice 3.2

1. On repère la position d'un point M en coordonnées cylindriques (r,θ,z). Il faut d'abord étudier les symétries et invariances de la distribution de charge : tout plan qui contient l'axe (Oz) et M est plan de symétrie, ainsi que tout plan qui lui est orthogonal. On en déduit que le champ en un point M est radial, c'est-à-dire selon $\overrightarrow{e_r}$. Par ailleurs, la distribution est invariante par toute rotation autour de (Oz) et par toute translation selon $\overrightarrow{e_z}$. On en déduit que la norme du champ ne dépend ni de θ ni de z. On peut finalement conclure : $\vec{E}(M) = E_r(r)\overrightarrow{e_r}$.

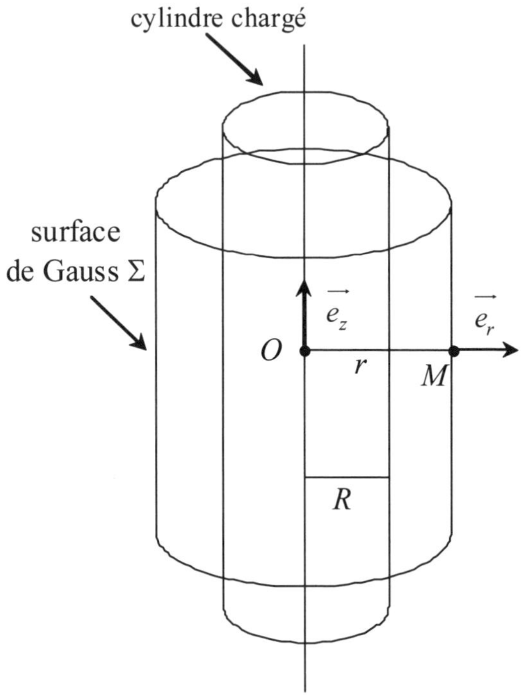

⇨ *Méthodes 3.1 et 3.2*

On applique ensuite le théorème de Gauss à la surface fermée Σ constituée d'un cylindre d'axe (Oz) de rayon r et de hauteur h et des deux disques qui ferment ses extrémités. Le flux au travers des disques est nul, puisque le champ y est orthogonal au vecteur unitaire normal à la surface. Il reste à calculer le flux au travers de la partie cylindrique, pour laquelle le vecteur unitaire normal à la surface sortant est $\overrightarrow{e_r}$.

L'expression de ce flux est donc $\Phi(\vec{E})_\Sigma = \iint_{\text{cylindre}} \vec{E}(M)\cdot \mathrm{d}s\,\vec{n} = \iint_{\text{cylindre}} E_r(r)\,\overrightarrow{e_r}\cdot\overrightarrow{e_r}\,\mathrm{d}s$.

Comme $E_r(r)$ ne varie pas sur toute la surface du cylindre, on peut le « sortir » de l'intégrale, ce qui donne $\Phi(\vec{E})_\Sigma = E_r(r)\iint_{\text{cylindre}} \mathrm{d}s$ et l'intégrale est simplement la surface du cylindre, qui vaut $2\pi r h$. On a donc $\Phi(\vec{E})_\Sigma = 2\pi r h E_r(r)$.

Il faut maintenant, pour exprimer la charge intérieure à Σ, distinguer deux cas : soit le point M est à l'intérieur du cylindre chargé ($r \leq R$), soit il est à l'extérieur ($r \geq R$).

Dans le premier cas la charge intérieure vaut $Q_{\text{int}} = \rho\pi r^2 h$ et dans le second cas elle vaut $Q_{\text{int}} = \rho\pi R^2 h$. Le théorème de Gauss $\Phi(\vec{E})_\Sigma = \dfrac{Q_{\text{int}}}{\varepsilon_0}$ donne finalement :

– pour $r \leq R$, $\boxed{\vec{E}(M_{\text{int}}) = \dfrac{\rho r}{2\varepsilon_0}\vec{e_r}}$; – pour $r \geq R$, $\boxed{\vec{E}(M_{\text{ext}}) = \dfrac{\rho R^2}{2\varepsilon_0 r}\vec{e_r}}$.

⇨ *Méthode 3.4*

2. Avec une modélisation linéique, on avait obtenu $\vec{E}(M) = \dfrac{\lambda}{2\pi\varepsilon_0 r}\vec{e_r}$. Le lien entre les deux modèles se fait via la relation $\lambda = \pi R^2 \rho$, que l'on obtient en écrivant que pour une hauteur h la charge donnée par les deux modélisations doit être la même, donc $\lambda h = \rho\pi R^2 h$.

On remarque ainsi qu'à l'extérieur du cylindre chargé, le champ donné par les deux modélisations est le même. En revanche, là où il y a des charges, la modélisation par un cylindre chargé est plus « fine », elle donne en particulier le champ sur l'axe lui-même, qui est nul, alors que la modélisation linéique laisse cette question sans réponse.

Exercice 3.3

1. On considère un plan infini Π uniformément chargé en surface, avec une densité surfacique σ. Le plan des charges est le plan (Oxy) et l'axe (Oz) lui est donc orthogonal. On cherche le champ en un point M de coordonnées (x,y,z) situé au-dessus du plan des charges.

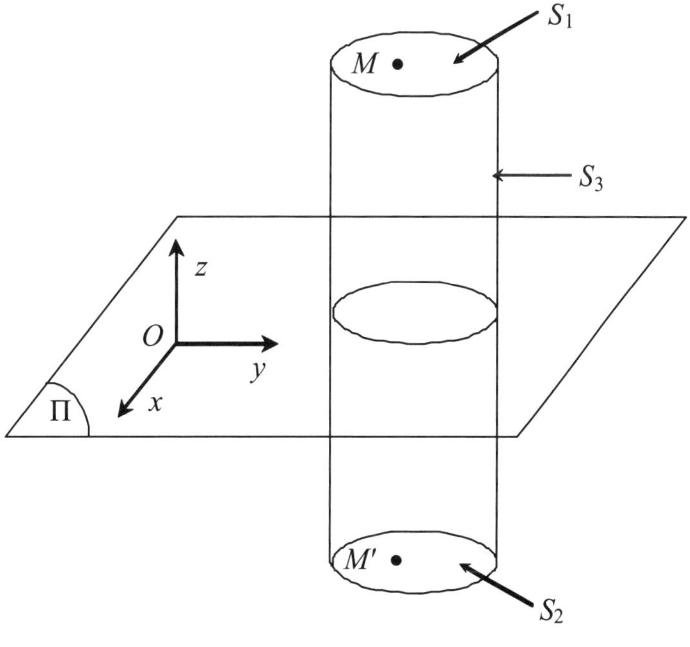

Tout plan orthogonal à Π étant plan de symétrie de la distribution de charges, on peut en trouver au moins deux qui passent par M. Le champ en M est porté par leur intersection, donc selon (Oz) :

$\vec{E}(M) = E_z(M)\vec{e_z}$.

⇨ *Méthodes 3.1 et 3.2*

Corrigé

La distribution de charges est invariante par translation selon les axes (Ox) et (Oy), le champ ne dépend donc pas des coordonnées x et y : $E_z(M) = E_z(z)$.

On peut donc écrire $\vec{E}(M) = E_z(z)\vec{e_z}$.

On choisit comme surface fermée Σ une surface constituée de deux disques S_1 et S_2 et d'une surface cylindrique S_3, telles que le point M soit sur S_1, que S_2 soit symétrique de S_1 par rapport à Π et que l'axe du cylindre soit orthogonal à Π. On note S la surface commune à S_1 et S_2.

Sur S_1 et S_2 le vecteur unitaire normal sortant, respectivement $\vec{e_z}$ et $-\vec{e_z}$, est colinéaire au champ et le champ, qui ne dépend que de z, ne varie pas. Sur S_3 le vecteur unitaire normal est orthogonal au champ et le flux est donc nul.

On calcule maintenant le flux en commençant par la surface S_1 : $\Phi(\vec{E})_{S_1} = \iint_{S_1} \vec{E}(M)\cdot \mathrm{d}s\vec{n}$.

On remplace $\vec{E}(M)$ par $E_z(z)\vec{e_z}$ et $\vec{n}$ par $\vec{e_z}$: $\Phi(\vec{E})_{S_1} = \iint_{S_1} E_z(z)\vec{e_z}\cdot\vec{e_z}\,\mathrm{d}s = \iint_{S_1} E_z(z)\mathrm{d}s$.

Comme $E_z(z)$ ne varie pas sur toute la surface S_1, $\iint_{S_1} E_z(z)\mathrm{d}s = E_z(z)\iint_{S_1} \mathrm{d}s = E_z(z)S$.

En ce qui concerne la surface S_2, on a déjà remarqué que le vecteur unitaire normal sortant était $-\vec{e_z}$. De plus, le plan Π des charges étant plan de symétrie de la distribution de charges, le champ en un point M' de S_2 est le symétrique par rapport à Π du champ en un point M de S_1, c'est-à-dire que $\vec{E}(M') = -\vec{E}(M)$. Donc, en un point de S_2, le champ s'écrit $-E_z(z)\vec{e_z}$.

Donc $\Phi(\vec{E})_{S_2} = \iint_{S_2} -E_z(z)\vec{e_z}\cdot\left(-\vec{e_z}\right)\mathrm{d}s = \iint_{S_2} E_z(z)\mathrm{d}s = E_z(z)S$. Finalement, comme le flux est nul au travers de S_3, $\Phi(\vec{E})_\Sigma = 2E_z(z)S$.

La charge contenue à l'intérieur de la surface fermée Σ correspond à une surface S du plan chargé et vaut donc $Q_{\text{int}} = \sigma S$.

On en déduit par le théorème de Gauss que $2E_z(z)S = \dfrac{\sigma S}{\varepsilon_0}$ et donc $E_z(z) = \dfrac{\sigma}{2\varepsilon_0}$.

Il ne reste qu'à donner l'expression vectorielle, en se rappelant que $E_z(z) = \dfrac{\sigma}{2\varepsilon_0}$ n'est valable que pour z > 0, pour $z < 0$ on a le signe opposé. Le résultat final est donc :

pour $z > 0$, $\boxed{\vec{E}(M) = \dfrac{\sigma}{2\varepsilon_0}\vec{e_z}}$

et pour $z < 0$, $\boxed{\vec{E}(M) = -\dfrac{\sigma}{2\varepsilon_0}\vec{e_z}}$.

➪ *Méthode 3.4*

2. Sur le schéma ci-dessous, on considère que $\sigma > 0$. On note $\vec{E_1}$ le champ créé par le plan chargé $+\sigma$ et $\vec{E_2}$ le champ créé par le plan chargé $-\sigma$. La direction et la norme de $\vec{E_1}$ et $\vec{E_2}$ sont partout les mêmes, seuls les sens changent. On constate donc qu'à l'extérieur du condensateur, le champ résultant est nul et qu'à l'intérieur, entre les deux plans chargés, le champ résultant vaut deux fois le champ créé par un seul plan, donc sa norme est $\frac{\sigma}{\varepsilon_0}$.

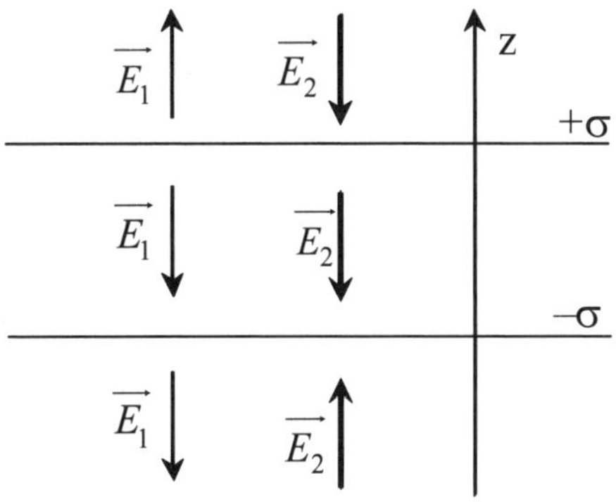

Conclusion : à l'extérieur le champ est nul et entre les armatures il vaut $\boxed{\vec{E}(M) = \vec{E}_0 = -\frac{\sigma}{\varepsilon_0}\vec{e_z}}$, il est uniforme.

3. Pour déterminer directement le champ au point M, choisissons pour surface de Gauss la surface fermée Σ , réunion de la surface latérale Σ_{lat} s'appuyant sur un tube de champ fermé à ces extrémités par deux disques D_1 et D_2 de même surface S. Le premier est à l'intérieur de l'armature chargée positivement le second passe par le point M dans le vide entre les armatures.

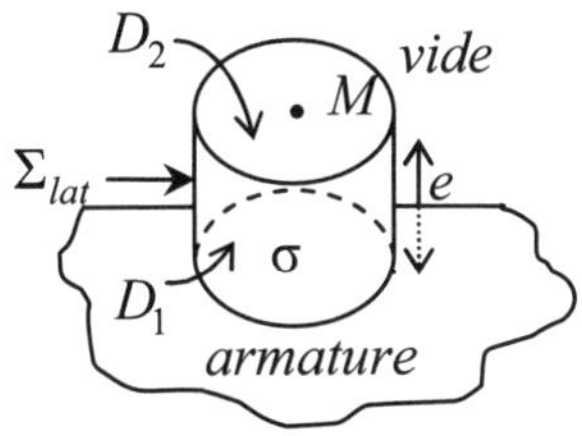

D'après le théorème de Gauss :

$$\oiint_{\Sigma} \vec{E} \cdot \mathrm{d}\vec{S} = \iiint_{\mathcal{V}} \frac{\rho}{\varepsilon_0} \mathrm{d}\tau \quad \Rightarrow \quad \iint_{\Sigma_{lat}} \vec{E} \cdot \mathrm{d}\vec{S} + \iint_{D_1} \vec{E} \cdot \mathrm{d}\vec{S} + \iint_{D_2} \vec{E} \cdot \mathrm{d}\vec{S} = \frac{Q_{int}}{\varepsilon_0}$$

, où $\mathcal{V}$ est le volume intérieur à Σ et Q_{int} sa charge intérieure.

Or, par définition d'un tube de champ, en tout point de Σ_{lat}, $\vec{E}$ est orthogonal à la normale locale à la surface de sorte que $\iint_{\Sigma_{lat}} \vec{E} \cdot \mathrm{d}\vec{S} = 0$.

Dans le conducteur parfait, à l'équilibre électrostatique, le champ est nul et donc $\iint_{D_1} \vec{E} \cdot \mathrm{d}\vec{S} = 0$

et en tout point de D_2 le champ est uniforme et $\iint_{D_2} \vec{E} \cdot \mathrm{d}\vec{S} = \iint_{D_2} E_0\, \vec{e_z} \cdot \vec{e_z}\, \mathrm{d}S = S\,E_0$.

La charge intérieure à Σ est uniquement portée par l'armature positive et vaut σS.

Ainsi $E_0\,S = \frac{\sigma S}{\varepsilon_0}$ et $\boxed{E_0 = \frac{\sigma}{\varepsilon_0}}$.

Exercice 3.4

On sait qu'à la surface de la Terre, en négligeant les termes de marée liés aux autres astres proches et de la force d'inertie d'entraînement due au mouvement de rotation de la Terre autour de l'axe des pôles, le champ de pesanteur $\vec{g}$ en un point M est donné par $\vec{g}(M) \approx \vec{\mathcal{G}}(M)$, où

$\vec{\mathcal{G}}(M)$ est le champ gravitationnel de la Terre en M (voir le chapitre sur les changements de référentiel). L'idée de départ est donc d'utiliser le théorème de Gauss appliqué à la gravitation en modélisant, comme nous y engage les données fournies, la terre a une sphère homogène pour déterminer le champ gravitationnel de la Terre en un point de sa surface.
Deux solutions s'offrent à nous : la première consiste à supposer la masse uniformément répartie, la seconde à exploiter nos connaissances en électrostatique pour dire que tout se passe comme si toute la masse était rapportée au centre de la terre (centre de masse dans notre modélisation).
Menons la démarche dans le cadre de la première solution :

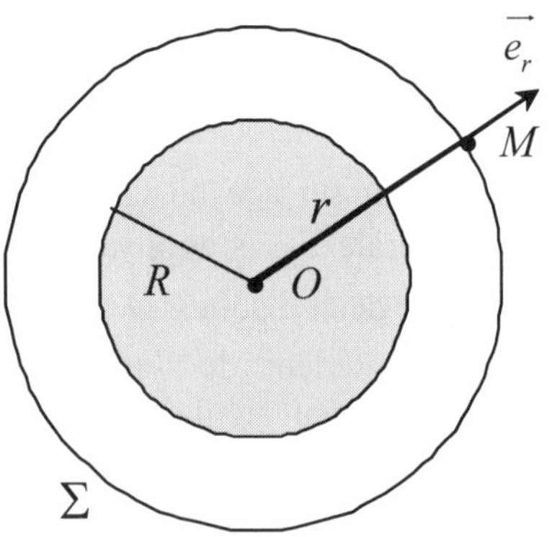

On repère la position d'un point M à l'extérieur de la terre en coordonnées sphériques (r,θ,φ).
La masse étant répartie uniformément, tout plan qui contient le centre O est plan de symétrie de la distribution de masse. La direction du champ de gravitation en M est donc la direction (OM), puisque l'on peut trouver deux plans de symétrie qui passent par M et que leur intersection est (OM). De plus, la distribution de masse étant à symétrie sphérique de centre O, la norme du champ ne dépend pas des coordonnées angulaires θ et φ.

➪ *Méthode 3.1*

On peut donc écrire : $\vec{\mathcal{G}}(M) = \mathcal{G}_r(r)\vec{e_r}$. Pour appliquer le théorème de Gauss, on prend comme surface fermée la sphère Σ de centre O et de rayon r, qui passe par M. L'expression générale du flux du champ de gravitation $\vec{\mathcal{G}}$ au travers de la surface Σ est $\Phi(\vec{\mathcal{G}})_\Sigma = \iint_\Sigma \vec{\mathcal{G}}(M)\cdot \mathrm{d}s\,\vec{n}$ et comme $\vec{n} = \vec{e_r}$,

$\Phi(\vec{g})_\Sigma = \iint_\Sigma \mathcal{G}_r(r)\vec{e_r}\cdot\vec{e_r}\,\mathrm{d}s = \iint_\Sigma \mathcal{G}_r(r)\,\mathrm{d}s = \mathcal{G}_r(r)\iint_\Sigma \mathrm{d}s = 4\pi r^2\mathcal{G}_r(r)$, puisque $\iint_\Sigma \mathrm{d}s$ est la surface de la sphère Σ et vaut donc $4\pi r^2$.

Le théorème de Gauss appliqué au cas de la gravitation s'écrit : $\iint_\Sigma \vec{\mathcal{G}}(M)\cdot\mathrm{d}s\,\vec{n} = -4\pi G M_{\text{int}}$.

La masse contenue à l'intérieur de la surface Σ étant la masse de la terre m, on en déduit que $4\pi r^2\mathcal{G}_r(r) = -4\pi Gm$ et donc $\mathcal{G}_r(r) = \dfrac{-Gm}{r^2}$. Finalement, $\boxed{\vec{\mathcal{G}}(M) = \dfrac{-Gm}{r^2}\vec{e_r}}$.

➪ *Méthode 3.4*

Pour la seconde solution : si l'on considère que toute la masse m de la terre est concentrée en son centre O, le champ de gravitation créé est donné par l'expression pour une masse ponctuelle, donc $\boxed{\vec{\mathcal{G}}(M) = \dfrac{-Gm\overrightarrow{OM}}{OM^3}}$: on peut le retrouver à partir de l'expression de la force de gravitation, ou en faisant l'analogie avec le champ électrique créé par une charge ponctuelle, $\vec{E}(M) = \dfrac{q\overrightarrow{OM}}{4\pi\varepsilon_0 OM^3}$, en remplaçant la charge par la masse et la constante $\dfrac{1}{4\pi\varepsilon_0}$ par $-G$.

Comme $\dfrac{\overrightarrow{OM}}{OM^3} = \dfrac{\overrightarrow{e_r}}{r^2}$, on retrouve bien la même expression.

À la surface de la Terre, on obtient $\boxed{\mathcal{G}(M) = \dfrac{Gm}{r^2} = 9{,}81\ \text{m}\cdot\text{s}^{-2}}$, ce qui coïncide avec la valeur généralement retenue pour l'accélération de la pesanteur g.
Discutions la validité du modèle : d'une part la Terre n'est pas exactement sphérique et que le champ de pesanteur et l'accélération de la pesanteur n'ont donc pas la même valeur partout, d'autre part, le champ de pesanteur g et le champ de gravitation $\mathcal{G}$ ne sont pas exactement égaux, ils diffèrent en effet par les termes de marée et de la force d'inertie d'entraînement due au mouvement de rotation de la Terre autour de l'axe des pôles.

Exercice 3.5

1. Symétries : tout plan contenant un rayon et le point M est plan de symétrie pour la distribution de charge. Or, en un point d'un tel plan $\vec{E}(M)$ appartient à ce plan, ainsi $\vec{E}(M)$ appartient à l'intersection de ces plans, il est donc radial : $\vec{E}(M) = E_r(M)\,\overrightarrow{e_r}$.

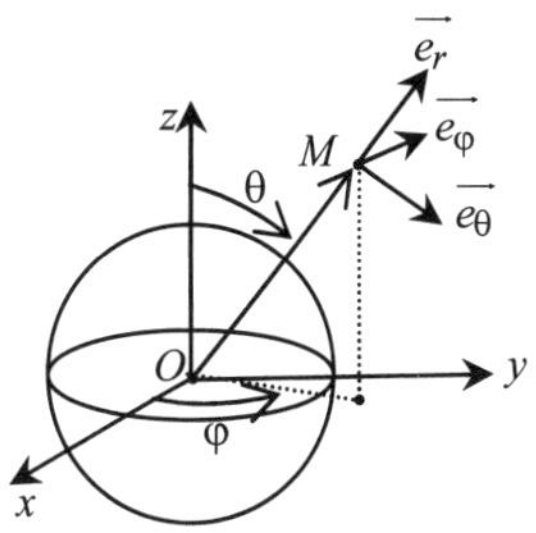

⇨ *Méthodes 3.1 et 3.2*

✐ *On peut aussi utiliser le fait qu'un rayon passant par M est axe de symétrie de la distribution de charge, ce qui conduit directement au caractère radial du champ.*

Invariances : la distribution de charge est invariante par toute rotation d'angle θ et d'angle φ autour de (Oz), ainsi, $E_r = E_r(r)$.
Le champ étant purement radial et ne dépendant en norme que de r, choisissons une surface de Gauss sphérique de rayon r sur laquelle il soit de norme constante et sur laquelle la normale locale coïncide avec la direction du champ. Le flux sortant du champ (**attention il s'agit du flux sortant** ! le flux étant une grandeur algébrique !) à travers une telle surface fermée est égal à : $\Phi = \oiint_{sphère\ r} E(r)\,\overrightarrow{e_r}\cdot\overrightarrow{e_r}\,\mathrm{d}S = 4\pi r^2 E(r)$. D'après le théorème de Gauss ce flux est égal à la charge intérieure Q_{int} contenue dans cette surface que divise ε_0 : $4\pi r^2 E(r) = \dfrac{Q_{\text{int}}}{\varepsilon_0}$.

Deux cas sont alors à distinguer :

✐ *Éviter l'erreur classique et au combien préjudiciable : il faut à ce stade être très vigilant pour ne pas confondre la surface de définition de la distribution de charge de rayon R avec la surface de Gauss de rayon r (voir figure ci-après).*

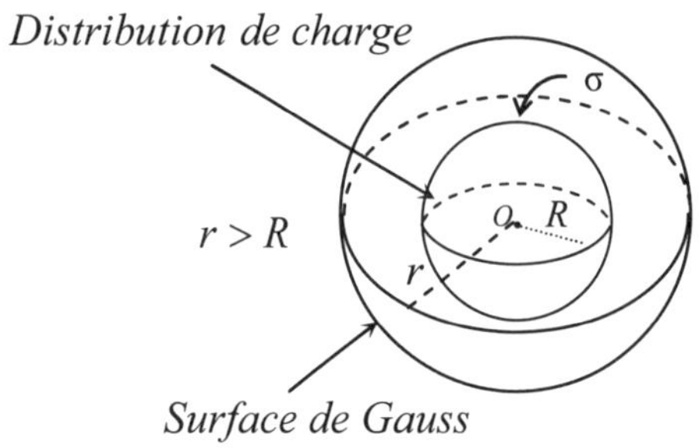

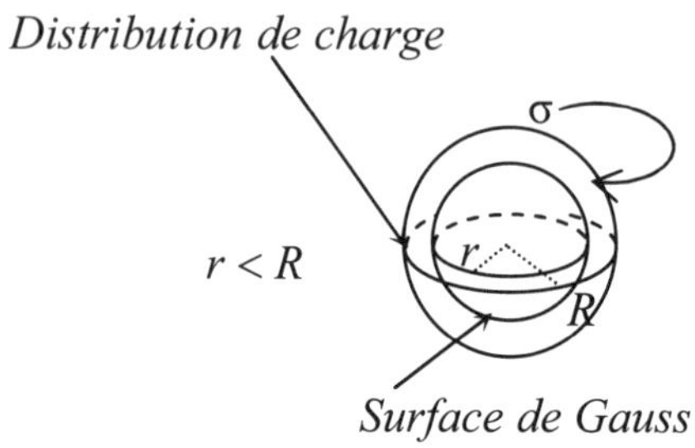

Pour $r > R$: la charge intérieure a pour expression $Q_{\text{int}} = \underbrace{4\pi R^2}\ \sigma$ (surface de la sphère $4\pi R^2$ fois densité surfacique de charge). Ainsi, pour $r > R$: $\boxed{E(r) = \dfrac{\sigma R^2}{\varepsilon_0 r^2}}$.

Pour $r < R$: la charge intérieure a pour expression $Q_{\text{int}} = 0$ (le volume intérieur à la surface de Gauss est vide !). Ainsi, pour $r < R$: $\boxed{E(r) = 0}$.

⇨ *Méthode 3.4*

2. L'allure des variations de $\left\|\vec{E}\right\|$ avec r est la suivante : on note la discontinuité de $\vec{E}$ en $r = R$ ce qui est conforme à la relation de passage donnée dans l'énoncé. En effet, en notant $\vec{E}_1 = \vec{E}(r = R^-)$ le champ à l'intérieur de la sphère au voisinage de sa surface en $r = R^-$ et $\vec{E}_2 = \vec{E}(r = R^+)$ le champ à l'extérieur au voisinage de sa surface en $r = R^+$, la relation de passage pour $\vec{E}$ s'écrit : $\vec{E}_2 - \vec{E}_1 = \dfrac{\sigma}{\varepsilon_0}\vec{n}_{12}$ avec

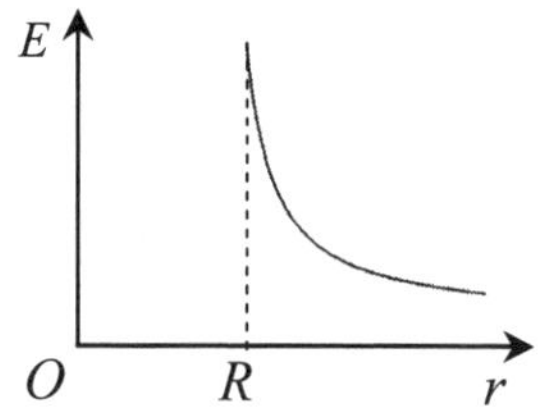

ici $\vec{n}_{12} = \vec{e_r}$ vecteur unitaire normal à la surface chargée, orientée de l'intérieur vers l'extérieur. Ainsi, avec $\vec{E}_1 = \vec{E}_{interieur} = \vec{0}$, on obtient au voisinage de la surface de la sphère chargée en surface $\boxed{\vec{E}_2 = \vec{E}_{exterieur} = \dfrac{\sigma}{\varepsilon_0}\vec{n}_{12}}$.

Chapitre 4

Potentiel et dipôle électrostatique

UN SCIENTIFIQUE

Mathématicien et physicien, **Denis Poisson** (1781-1840) intègre l'École polytechnique en 1798. À sa sortie, il se tourne vers la physique mathématique, domaine dans lequel il publie des ouvrages qui font référence comme son *Traité de mécanique*, publié en 1811. Il donne en 1812 les lois de l'électrostatique et publie *Théorie analytique de la chaleur* en 1835. En fin de carrière, il se tourne vers les probabilités et introduit en 1837 une loi discrète comme limite de lois binomiales.

Un peu d'histoire

Dans la fin des années 1770, le mathématicien Joseph-Louis Lagrange avait introduit la notion de potentiel. Dans un mémoire publié dans les années 1780, Pierre-Simon Laplace montre qu'il vérifie l'équation différentielle du second ordre $\Delta\,(V) = 0$. Siméon-Denis Poisson ajoute en 1811 un terme dans cette équation de Laplace concernant le potentiel électrique pour tenir compte de la présence des charges.

On doit au physicien anglais Michael Faraday, dans les années 1830, des progrès spectaculaires dans la compréhension des phénomènes électrostatiques, et plus généralement dans la nature de l'électricité. Contrairement aux savants cités précédemment, il base ses découvertes sur des expériences précises. Celles-ci auront des applications rapides dans le domaine industriel. Il pense que les atomes sont tous « équivalents » et possèdent des qualités égales d'électricité.

■■ Objectifs

■ Ce qu'il faut connaître

- ▷ Les relations entre le potentiel et le champ électrostatiques
- ▷ Les équations locales régissant les variations spatiales du potentiel
- ▷ L'énergie potentielle électrostatique d'une charge dans un champ extérieur
- ▷ Les notions de dipôle et de moment dipolaire
- ▷ Le moment des forces exercées sur un dipôle par un champ extérieur uniforme (et des idées sur le cas non uniforme pour les approches documentaires)
- ▷ Les analogies gravitationnelles

■ Ce qu'il faut savoir faire

- ▷ Calculer un potentiel électrostatique à partir du champ, et inversement
- ▷ Calculer le potentiel et le champ créés par un dipôle à grande distance
- ▷ Expliquer les effets d'un champ électrostatique sur un dipôle
- ▷ Extraire des informations sur le champ par lecture d'une carte des équipotentielles
- ▷ Savoir résoudre l'équation de Laplace en deux dimensions en Python (MPI)
- ▷ Savoir tracer les surfaces équipotentielles et les lignes de champ en Python (MP)

Résumé de cours

Potentiel électrostatique

Circulation du champ électrostatique

La circulation du champ électrique le long d'une courbe C orientée est définie par l'intégrale curviligne $\int_C \vec{E}(M)\cdot d\vec{l}$ où $d\vec{l}$ est un déplacement élémentaire du point M le long de la courbe C.

Définition du potentiel électrostatique

Le potentiel est un champ scalaire prenant des valeurs en chaque point de l'espace.
La différence de potentiel entre deux points A et B est égale à la circulation du champ électrostatique entre ces deux points : $\boxed{V(A)-V(B)=\int_A^B \vec{E}(M)\cdot d\vec{l}}$.

Elle ne dépend pas du chemin suivi entre A et B.

Le long d'un contour fermée : $\oint_C \vec{E}(M)\cdot d\vec{\ell}=0$: le champ électrostatique est **à circulation conservative**.

Remarque
Le potentiel électrique est défini à une constante (additive) près.

Expressions du potentiel électrique

Le potentiel créé en M par une charge ponctuelle q placée en P est : $V(M)=\dfrac{q}{4\pi\varepsilon_0 PM}$, si le potentiel est posé *nul à l'infini* (potentiel dit coulombien).

Le potentiel créé par un ensemble de charges ponctuelles (principe de superposition) est :

$$\boxed{V(M)=\frac{1}{4\pi\varepsilon_0}\sum_i \frac{q_i}{P_iM}}.$$

Relations entre champ et potentiel

La relation $V(A)-V(B)=\int_A^B \vec{E}(M)\cdot \overrightarrow{dl}$ peut être écrite pour une variation infinitésimale de potentiel (donc deux points infiniment proches) : $\boxed{dV=-\vec{E}\cdot d\vec{l}}$.

⇨ **Méthode 4.1. Calcul du potentiel à partir du champ**

En utilisant la définition intrinsèque de l'opérateur différentiel gradient, cette relation est équivalente à $\boxed{\vec{E}(M) = -\overrightarrow{\text{grad}}\, V(M)}$.

En coordonnées cartésiennes : $\vec{E}(M) = -\left(\dfrac{\partial V}{\partial x}\vec{e_x} + \dfrac{\partial V}{\partial y}\vec{e_y} + \dfrac{\partial V}{\partial z}\vec{e_z}\right)$.

⇨ **Méthode 4.2. Calcul du champ à partir du potentiel**

Remarque

En gravitation la relation analogue s'écrit en remplaçant $\vec{E}$ par le champ gravitationnel $\vec{\mathcal{G}}$, V par le potentiel gravitationnel Φ et la constante $\dfrac{1}{4\pi\varepsilon_0}$ par $-G$: $\boxed{\vec{\mathcal{G}}(M) = -\overrightarrow{\text{grad}}\,\Phi(M)}$.

❑ Topographie du potentiel et ligne de champ

Une **surface équipotentielle** est une surface sur laquelle le potentiel a la même valeur.

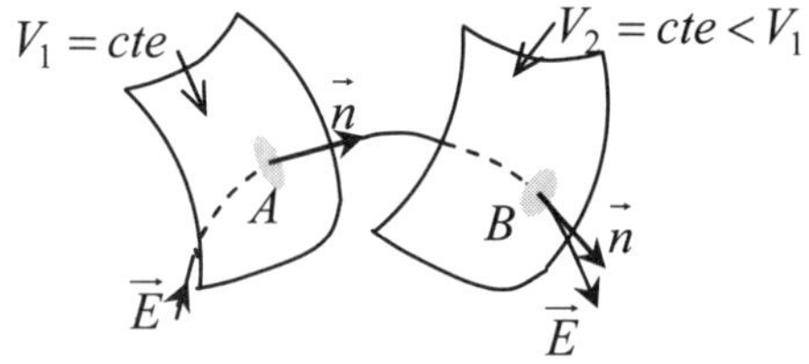

$\vec{E}$ est suivant les potentiels décroissants. Le long d'une ligne de champ de $\vec{E}$, le potentiel est décroissant. Les surfaces équipotentielles sont (par définition du gradient) orthogonales aux lignes de champs.
En particulier, un plan d'antisymétrie est toujours une surface équipotentielle.

Le champ est d'autant plus intense que les surfaces équipotentielles se rapprochent les unes des autres et que les lignes de champs se resserrent.

⇨ **Méthode 4.4. Comment exploiter la topographie du potentiel et des lignes de champ ?**
⇨ **Méthode 4.6. Équipotentielles et des lignes de champ en Python (MP)**

■ Équations de Poisson et de Laplace

En reportant $\vec{E}(M) = -\vec{\nabla}(V(M))$ dans (M.G), on obtient l'équation de Poisson régissant les variations spatiales locales de $V(M)$ en relation avec les charges : $\boxed{\Delta(V) + \dfrac{\rho}{\varepsilon_0} = 0}$.

Dans le vide local, avec $\rho = 0$ on obtient l'équation de Laplace $\boxed{\Delta(V) = \nabla^2(V) = 0}$.

⇨ **Méthode 4.3. Comment utiliser l'équation de Poisson ou de Laplace ?**
⇨ **Méthode 4.5. Comment résoudre l'équation de Laplace en deux dimensions en Python ?**

Remarque

L'intégration d'une de ces équations locales permet d'obtenir le potentiel à condition de connaître les conditions aux limites du problème. On notera la continuité du potentiel en présence de charges surfaciques.

Énergie potentielle électrostatique

Énergie potentielle d'une charge dans un champ extérieur

Une charge q placée en un point M où règne un champ électrostatique dérivant du potentiel V a une énergie potentielle : $\boxed{E_p(M) = qV(M)}$.

La force qui dérive de ce potentiel est la force de Coulomb : $\vec{F}(M) = -\overrightarrow{\text{grad}}\, E_p(M) = q\vec{E}$.

Le travail élémentaire de la force de Coulomb lors d'un petit déplacement $\mathrm{d}\vec{r}$ de la charge q en M soumise à l'action du champ $\vec{E}(M)$ s'écrit $\boxed{\delta W = -q\vec{\nabla}(V)\cdot \mathrm{d}\vec{r} = -q\,\mathrm{d}V = -\mathrm{d}\,E_p}$.

Sur un trajct fini AB on a le travail $\boxed{W_{AB} = q(V_A - V_B) = qU}$ où $U = V_A - V_B$ est la différence de potentiel entre A et B.

Énergie potentielle d'interaction électrostatique entre deux charges

L'énergie potentielle d'interaction de deux charges ponctuelles q_1 et q_2 séparées d'une distance r est :

$$\boxed{E_p = \frac{q_1 q_2}{4\pi\varepsilon_0 r}}$$ (potentiel nul lorsque les charges sont infiniment éloignées).

Elle correspond à l'énergie potentielle de l'une des deux charges dans le potentiel créé par l'autre (à ne pas compter deux fois). Son signe dépend du signe du produit $q_1 q_2$.

Énergie potentielle d'interaction gravitationnelle entre deux masses

L'énergie potentielle d'interaction de deux masses ponctuelles m_1 et m_2 séparées d'une distance r est obtenue par analogie en remplaçant les charges par les masses et $\frac{1}{4\pi\varepsilon_0}$ par $-G$:

$$\boxed{\varepsilon_p = -G\frac{m_1 m_2}{r}}.$$

Remarque

Contrairement à l'énergie potentielle électrostatique, l'énergie potentielle gravitationnelle est toujours négative ce qui traduit le fait que la force gravitationnelle est toujours attractive.

Dipôle électrostatique

Modélisation et moment dipolaire

Un doublet électrostatique est constitué de deux charges $-q$ et $+q$ immobiles, séparées par une distance a. On le qualifie de **dipôle électrostatique** si on étudie ses effets à grande distance ($r >> a$).

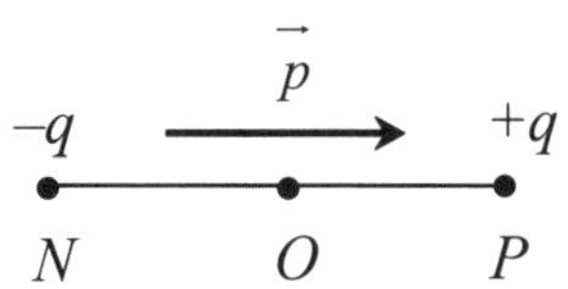

La caractéristique fondamentale d'un dipôle est son **moment dipolaire** $\boxed{\vec{p} = q\overrightarrow{NP}}$.

Unité SI de moment dipolaire : le coulomb-mètre (C·m).

Unité usuelle en chimie : le debye (D), $1\,\mathrm{D} = 3{,}336 \cdot 10^{-30}\,\mathrm{C \cdot m}$.

De manière plus générale, ce modèle rend compte des caractéristiques de toute **distribution dipolaire**, c'est-à-dire dont la charge totale est nulle et dont les barycentres de charges positives (P) et des charges négatives (N) sont distincts.

❑ Potentiel et champ créés par un dipôle à grande distance

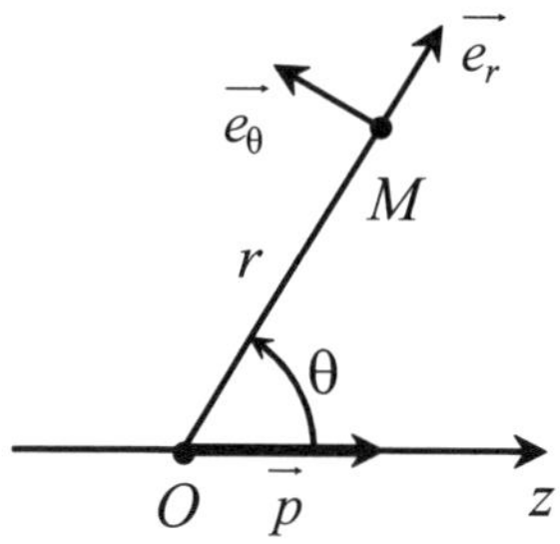

On repère la position d'un point M en coordonnées sphériques, l'axe (Oz) étant dirigé selon le moment dipolaire. On note r la distance OM où O est le milieu du dipôle. Le potentiel et le champ créés à grande distance du dipôle ($r >> a$) sont :

$$V(M) = \frac{p\cos\theta}{4\pi\varepsilon_0 r^2} = \frac{\vec{p}\cdot\vec{e_r}}{4\pi\varepsilon_0 r^2} = \frac{\vec{p}\cdot\overrightarrow{OM}}{4\pi\varepsilon_0 OM^3}$$

$$\vec{E}(M) = \frac{p\left(2\cos\theta\,\vec{e_r} + \sin\theta\,\vec{e_\theta}\right)}{4\pi\varepsilon_0 r^3} = \frac{\left(3\left(\vec{p}\cdot\vec{e_r}\right)\vec{e_r} - \vec{p}\right)}{4\pi\varepsilon_0 r^3} = \frac{\left(3\left(\vec{p}\cdot\overrightarrow{OM}\right)\overrightarrow{OM} - OM^2\vec{p}\right)}{4\pi\varepsilon_0 OM^5}.$$

❑ Actions subies dans un champ électrostatique

En présence d'un champ extérieur $\vec{E}_{ext}$ uniforme, les actions s'exerçant sur le dipôle sont données par :

$\boxed{\vec{F}_{ext} = \vec{0}}$ (résultante nulle) et $\boxed{\vec{\Gamma}_{ext} = \vec{p} \wedge \vec{E}_{ext}}$ (moment indépendant du point O).

On définit l'énergie potentielle d'interaction champ-dipôle $E_{p_{ext}}$ par :

$$\boxed{E_{p_{ext}} = -\vec{E}_{ext}\cdot q\,\overrightarrow{NP} = -\vec{p}\cdot\vec{E}_{ext}}.$$

La configuration $\vec{p}$ aligné avec $\vec{E}_{ext}$ correspond à une situation d'équilibre réalisant un extremum de $E_{p_{ext}}$.

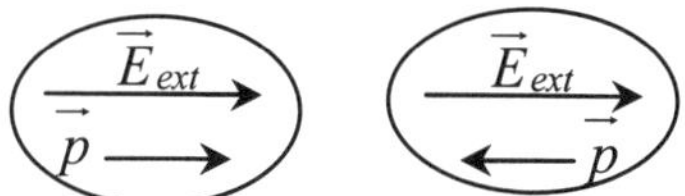

Equilibre stable | Equilibre instable

Pour un équilibre stable, $\left(E_{p_{ext}}\right)_{min} = -p\,E_{ext} < 0$.

Pour un équilibre est instable $\left(E_{p_{ext}}\right)_{max} = p\,E_{ext} > 0$.

Lorsque $\vec{E}_{ext}$ est non homogène, la résultante est non nulle et s'écrit $\vec{F}_{ext} = \vec{\nabla}\left(\vec{p}\cdot\vec{E}_{ext}\right)$ (la dérivation s'entend ici à $\vec{p} = \overrightarrow{cte}$), elle tend à faire migrer le dipôle vers les zones de champ fort.

Les expressions établies précédentes restent valables à condition de remplacer en première approximation $\vec{E}_{ext}$ par le champ ressenti au centre du dipôle $\vec{E}_{ext}(O)$: $\vec{\Gamma}_{ext} = \vec{p} \wedge \vec{E}_{ext}(O)$ et $E_{p_{ext}} = -\vec{p}\cdot\vec{E}_{ext}(O)$.

❑ Méthode 4.1. Calcul du potentiel à partir du champ

Il s'agit, connaissant l'expression du champ, d'utiliser la relation $\mathrm{d}V = -\vec{E} \cdot \mathrm{d}\vec{l}$ puis d'intégrer.

Il faut d'abord donner l'expression d'un déplacement élémentaire $\mathrm{d}\vec{l}$ en utilisant le même système de coordonnées que celui avec lequel est exprimé le champ. On en déduit $\mathrm{d}V$ puis on intègre, en n'oubliant pas la constante d'intégration. Pour finir, on détermine la valeur de la constante en choisissant en quel point de l'espace le potentiel est connu (très souvent nul).

⇨ Exercices 4.1 à 4.4

Le champ électrique créé par une sphère de centre O et de rayon R uniformément chargée en volume avec une charge volumique ρ vaut $\vec{E}(M) = \dfrac{\rho r}{3\varepsilon_0}\vec{e_r}$ à l'intérieur de la sphère et $\vec{E}(M) = \dfrac{\rho R^3}{3\varepsilon_0 r^2}\vec{e_r}$ à l'extérieur. Un déplacement élémentaire du point M s'écrit, en coordonnées sphériques, $\mathrm{d}\vec{l} = \mathrm{d}r\,\vec{e_r} + r\,\mathrm{d}\theta\,\vec{e_\theta} + r\sin\theta\,\mathrm{d}\varphi\,\vec{e_\varphi}$ (l'expression exacte sur $\vec{e_\theta}$ et $\vec{e_\varphi}$ n'est pas importante ici, on peut simplement dire que c'est orthogonal à $\vec{e_r}$).

À l'extérieur de la sphère : $\mathrm{d}V = -\vec{E} \cdot \mathrm{d}\vec{l} = -\dfrac{\rho R^3\,\mathrm{d}r}{3\varepsilon_0 r^2}$ donc $V(M) = \dfrac{\rho R^3}{3\varepsilon_0 r} + \text{cte}$. On prend $V = 0$ à l'infini, ce qui conduit à $\text{cte} = 0$ donc $V(M_{\text{ext}}) = \dfrac{\rho R^3}{3\varepsilon_0 r}$.

À l'intérieur de la sphère : $\mathrm{d}V = -\vec{E} \cdot \mathrm{d}\vec{l} = -\dfrac{\rho r\,\mathrm{d}r}{3\varepsilon_0}$ donc $V(M) = -\dfrac{\rho r^2}{6\varepsilon_0} + \text{cte}'$. Comme le potentiel doit être continu en $r = R$, on a $-\dfrac{\rho R^2}{6\varepsilon_0} + \text{cte}' = \dfrac{\rho R^2}{3\varepsilon_0}$, soit $\text{cte}' = \dfrac{\rho R^2}{2\varepsilon_0}$ donc $V(M_{\text{int}}) = \dfrac{\rho}{6\varepsilon_0}(3R^2 - r^2)$.

❑ Méthode 4.2. Calcul du champ à partir du potentiel

Il faut simplement calculer le champ par dérivation du potentiel, avec l'expression $\vec{E} = -\overrightarrow{\text{grad}}\,V$ selon le système de coordonnées utilisé :

en coordonnées cartésiennes, $\overrightarrow{\text{grad}}\,V = \dfrac{\partial V}{\partial x}\vec{e_x} + \dfrac{\partial V}{\partial y}\vec{e_y} + \dfrac{\partial V}{\partial z}\vec{e_z}$

en coordonnées cylindriques, $\overrightarrow{\text{grad}}\,V = \dfrac{\partial V}{\partial r}\vec{e_r} + \dfrac{1}{r}\dfrac{\partial V}{\partial \theta}\vec{e_\theta} + \dfrac{\partial V}{\partial z}\vec{e_z}$

en coordonnées sphériques, $\overrightarrow{\text{grad}}\,V = \dfrac{\partial V}{\partial r}\vec{e_r} + \dfrac{1}{r}\dfrac{\partial V}{\partial \theta}\vec{e_\theta} + \dfrac{1}{r\sin\theta}\dfrac{\partial V}{\partial \varphi}\vec{e_\varphi}$.

Cette méthode est particulièrement adaptée lorsqu'il sera possible d'exprimer d'abord le potentiel en utilisant les équations locales de Poisson ou de Laplace.

⇨ **Exercices 4.6, 4.7, 4.8 et 4.12**

Considérons par exemple une sphère de rayon R et de centre O, portant la charge Q répartie uniformément sur sa surface : elle crée le potentiel $V(M) = \dfrac{Q}{4\pi\varepsilon_0 r}$ pour M à l'extérieur ($r > R$) et $V(M) = \dfrac{Q}{4\pi\varepsilon_0 R} = \text{cte}$ pour M à l'intérieur ($r < R$).

On utilise $\overrightarrow{\text{grad}}\,V = \dfrac{\partial V}{\partial r}\vec{e_r} + \dfrac{1}{r}\dfrac{\partial V}{\partial \theta}\vec{e_\theta} + \dfrac{1}{r\sin\theta}\dfrac{\partial V}{\partial \varphi}\vec{e_\varphi}$ avec $\dfrac{\partial V}{\partial \theta} = \dfrac{\partial V}{\partial \varphi} = 0$ puisque V ne dépend que de r.

Pour $r > R$: $\vec{E}(M) = -\dfrac{\mathrm{d}V}{\mathrm{d}r}\vec{e_r} = -\dfrac{Q}{4\pi\varepsilon_0}\dfrac{\mathrm{d}}{\mathrm{d}r}\left(\dfrac{1}{r}\right)\vec{e_r}$ soit $\vec{E} = \dfrac{Q}{4\pi\varepsilon_0 r^2}\vec{e_r}$.

Pour $r < R$: V est constant donc sa dérivée est nulle et $\vec{E} = \vec{0}$.

❑ Méthode 4.3. Comment utiliser l'équation de Poisson ou de Laplace ?

Lorsque la forme de distribution de charge est connue dans une zone déterminée de l'espace ainsi que les conditions aux limites de ce domaine, l'intégration de l'équation de Poisson régissant les variations spatiales locales de $V(M)$ en relation avec les charges : $\nabla^2(V) + \dfrac{\rho}{\varepsilon_0} = 0$, qui dans le vide local s'écrit $\nabla^2(V) = 0$ (équation de Laplace), permet de déterminer la forme de V et par suite celle de $\vec{E}(M)$ grâce à la relation $\vec{E}(M) = -\vec{\nabla}(V(M))$. La démarche est similaire à celle menée en magnétostatique.

⇨ **Exercices 4.6, 4.7 et 4.8**

Revenons sur l'exemple du condensateur plan traité dans la méthode 3.5, pour lequel $\vec{E}(M)=E(z)\,\vec{e_z}$ et $V=V(z)$.

Dans le vide entre les armatures, l'équation de Laplace s'écrit $\nabla^2(V)=0$. Comme $V=V(z)$, on écrit en coordonnées cartésiennes : $\nabla^2\big(V(M)\big)=\dfrac{\mathrm{d}^2V(z)}{\mathrm{d}z^2}=0$, soit en intégrant deux fois $V(z)=A\,z+B$ où A et B sont des constantes à déterminer.

Pour les déterminer, utilisons les conditions aux limites du domaine d'intégration : en $z=0$, on a $V=V_1$ et en $z=e$, $0=V_2$, de sorte que $A=-\dfrac{V}{e}$ et $V=B$. Ainsi, avec $V(z)=V(1-z/e)$, il vient $E(z)=-\dfrac{\mathrm{d}V(z)}{\mathrm{d}z}=\dfrac{V}{e}$, ce qui démontre que le champ entre les armatures est uniforme.

Ainsi en appliquant le théorème de Gauss sur un cylindre à cheval sur l'armature positive (voir exercice 3.3), il vient : $\boxed{\vec{E}(M)=\dfrac{\sigma}{\varepsilon_0}\vec{e_z}}$.

❑ Méthode 4.4. Comment exploiter la topographie du potentiel et des lignes de champ ?

> Lorsque la topographie des lignes de champ est donnée, une compétence importante est de savoir en déduire la forme des surfaces équipotentielles qui sont en tout point normales aux lignes de champ. Inversement, si la topographie des surfaces équipotentielles est donnée, on doit savoir en déduire l'allure des lignes de champ.
> Pour se faire on utilise le fait que $\vec{E}$ est suivant les potentiels décroissants et que le champ est d'autant plus intense que les surfaces équipotentielles se rapprochent, auquel cas les lignes de champs se resserrent.

⇨ **Exercices 4.2, 4.8 et 4.13**

Un exemple classique est l'effet de pointe responsable du fait que la foudre tombe préférentiellement sur les pointes conductrices. Durant un orage il apparaît une différence de potentiel entre la base du nuage orageux (chargée positivement) et le sol (chargé négativement). Modélisons une pointe conductrice sur le sol (une personne, un pylône, un arbre...) par un conducteur supposé parfait. À la surface d'un tel conducteur le champ est normal ou nul, la surface du conducteur est équipotentielle et dans l'espace au voisinage du conducteur, les surfaces équipotentielles sont tangentes à la surface. Les équipotentielles épousent donc la forme du conducteur ce qui engendre un resserrement local des équipotentielles au voisinage de cette pointe par rapport à l'espace alentour. Ce resserrement est d'autant plus marqué que le rayon de courbure de la pointe est faible : c'est l'effet de pointe. Le champ électrostatique augmente alors fortement au voisinage de la pointe, provoquant l'ionisation de l'air qui devient conducteur entre le sol et la base du nuage, ce qui induit le passage d'un courant électrique qui neutralise les charges : la foudre.

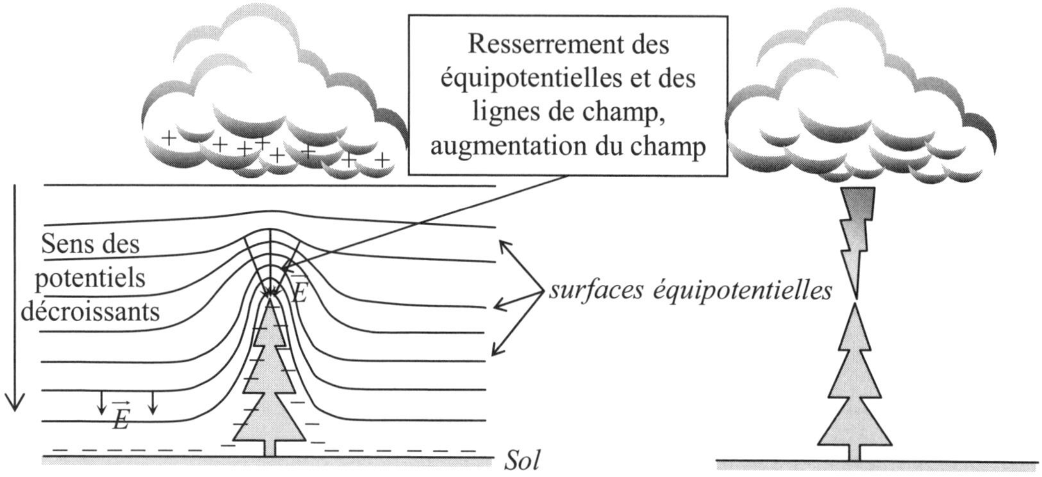

❑ Méthode 4.5. Comment résoudre l'équation de Laplace en deux dimensions en Python ? (MPI)

L'équation de Laplace se retrouve dans différents contextes dont la diffusion thermique.

Équation de Laplace vérifiée par la température

On se place à trois dimensions en coordonnées cartésiennes, la température dépendant alors en régime variable de *x,y,z* et du temps *t*. L'équation de diffusion thermique dans un matériau indéformable de masse volumique ρ, de capacité thermique massique *c* et de conductivité thermique λ s'écrit : $\rho c \frac{\partial T}{\partial t} = \lambda \Delta T$, où ΔT est le laplacien scalaire de T : $\Delta T = \frac{\partial^2 T}{\partial x^2} + \frac{\partial^2 T}{\partial y^2} + \frac{\partial^2 T}{\partial z^2}$. En régime permanent, $\frac{\partial T}{\partial t} = 0$ et l'équation de la chaleur (ou de la diffusion thermique) devient : $\Delta T = 0$, c'est l'équation de Laplace pour $T = T(x, y, z)$.

Équation de Laplace vérifiée par le potentiel électrostatique

Cette équation est aussi l'équation vérifiée par le potentiel électrostatique dans une région vide de charges : $\Delta V = 0$.

Méthode d'Euler explicite pour l'équation de Laplace à deux dimensions

On ramène l'espace à deux dimensions *x* et *y*, l'équation de Laplace vérifiée par une grandeur scalaire *G*(*x*,*y*) devient : $\frac{\partial^2 G}{\partial x^2} + \frac{\partial^2 G}{\partial y^2} = 0$.

La méthode repose sur une discrétisation de l'espace avec un même pas noté *h* selon (*Ox*) et selon (*Oy*). On obtient alors un maillage de l'espace dont chaque nœud est séparé du plus proche voisin par une distance *h*, seuls les déplacements suivant (*Ox*) et selon (*Oy*) étant autorisés. La méthode des différences finies consiste alors à discrétiser les équations différentielles en utilisant les différences de la grandeur scalaire entre deux points successifs du maillage. Pour se faire on réécrit le taux d'accroissement local de la grandeur G en remplaçant les dérivées partielles par :

$$\frac{\partial G}{\partial x} \approx \frac{G(x+h/2,y)-G(x-h/2,y)}{h} \text{ et } \frac{\partial G}{\partial y} \approx \frac{G(x,y+h/2)-G(x,y-h/2)}{h}.$$

h doit être le plus petit possible pour que l'approximation soit la plus exacte possible car, en procédant de cette manière, il se crée une erreur qui va se propager et s'amplifier à chaque nouvelle itération. Les dérivées secondes s'obtiennent en posant $H(x,y)=1/h\big(G(x+h/2,y)-G(x-h/2,y)\big)$:

$$\frac{\partial^2 G}{\partial^2 x} \approx 1/h\big(H(x+h/2,y)-H(x-h/2,y)\big)$$

$$\approx \frac{G(x+h,y)+G(x-h,y)-2G(x,y)}{h^2}$$

et $\dfrac{\partial^2 G}{\partial^2 y} \approx \dfrac{G(x,y+h)+G(x,y-h)-2G(x,y)}{h^2}$.

Ainsi, l'équation de Laplace pour G permet finalement d'extraire l'expression de G en un nœud du maillage en fonction de la valeur prise par G aux 4 points les plus proches :

$G(x,y) \approx \dfrac{G(x+h,y)+G(x-h,y)+G(x,y+h)+G(x,y-h)}{4}$: c'est la moyenne en un point des valeurs prises par G aux 4 points qui l'entourent.

On cherche ici à déterminer la température dans une plaque carrée de côté 1 mètre, x sera l'abscisse en cm et y l'ordonnée en cm. On « maille » le plan par un réseau carré de pas constant dans les deux directions de l'espace. On obtient un tableau de points de 100 lignes par 100 colonnes x varie alors de façon discrète de 0 à $N-1$ et y de 0 à $N-1$ avec N = 100 mais i indexant les lignes et j les colonnes : $x \to x_j$ et $y \to y_i$, attention à ne pas inverser l'ordre ! La température au point de coordonnées (x,y) est alors celle au nœud correspondant $T(x_j,y_i) \to T[i,j]$.

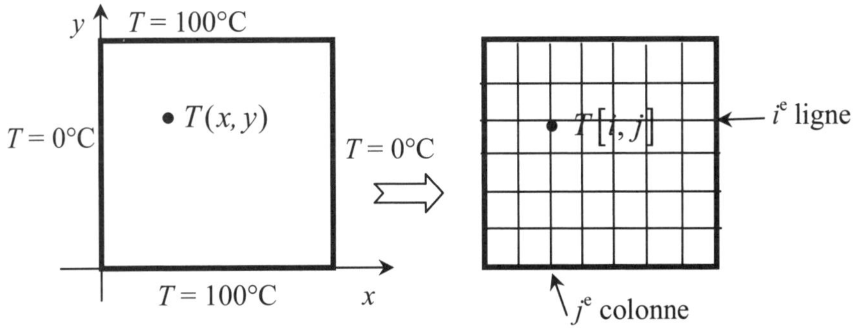

Les parties inférieure et supérieure de la plaque (j = 0 et 99) sont maintenues à la température 100°C, les parties gauche et droite (i = 0 et 99) maintenues à 0°C.

Méthodes

Pour trouver T en tout point du maillage on l'initialise à une valeur quelconque, sauf aux bords qui sont à une valeur fixée : conditions aux limites. On commence par calculer la valeur moyenne des points aux limites du maillage de température connue. On remplace ensuite les valeurs prises par chacun des points du plan de sorte que la valeur de chaque point du plan soit égale à la moyenne des valeurs des quatre points voisins. Cela est réalisé dans une boucle telle que l'équation de Laplace soit vérifiée en tout point de la plaque pour $1 \le i < N-1$ et $1 \le j < N-1$ en faisant varier par n itérations successives la température en chaque point de la plaque et en balayant ainsi n fois toute la plaque et ceci jusqu'à atteindre ce qui sera considéré comme une assez bonne approximation de T en chaque point. Il nous faudra donc se donner un critère de sortie de boucle. On notera pour cela **`deltaT`** la variation de température en un point donné d'une itération à l'autre. On peut par exemple considérer que la solution est atteinte lorsque le maximum de cette variation, pour tous les points de la plaque, est inférieur à une valeur arbitraire ε fixée ici à 0,01°C. Tant que cette condition n'est pas vérifiée on poursuit le calcul itératif (boucle tant que).
Voyons comment le coder en Python. On commence par importer les bibliothèques utiles :

```
import numpy as np
import matplotlib.pyplot as plt
```

On définit une matrice température `T` de `N=100` lignes et `N=100` colonnes en fixant les conditions aux limites. À l'intérieur de la plaque (partout sauf sur les bords), on fixe initialement, à la première itération, une température uniforme de 50°C :

```
N=100
epsilon=0.01
nmax=1000
T=np.zeros((N,N),float)
for i in range(N):
      T[i][0]=0.;T[0][i]=100.;T[i][N-1]=0;T[N-1][i]=100. #conditions aux
                                                          #limites

#Initialisation de la température au sein de la plaque avant le début des
#itérations en excluant les bords
for i in range(1,N-1):
      for j in range(1,N-1):
            T[i][j]=50.
```

On note n le nombre d'itérations. La complexité, si on fait n itérations, est en O(n). On peut imposer une valeur maximale à n pour éviter un temps de calcul trop long si la condition de sortie de boucle n'était pas atteinte. **`deltaT`** est posé initialement égale à une valeur arbitraire (ici de 5) et n pris à 0 avant d'entrer dans la boucle « tant que ». La sortie de boucle sera alors condition à la réalisation de l'un des critères suivants : `deltaT < 0.01` ou n supérieur à une valeur prédéfinie (par exemple 1000 itérations). Tant que l'on reste dans cette boucle, on calcule la valeur moyenne de `T` en tous les nœuds ainsi que la valeur courante de `deltaT` par calcul de la valeur max de la différence de `T` en tout nœud entre deux itérations :

```
deltaT=5;n=0  #initialisation pour entrer dans la boucle
while deltaT>epsilon and n<nmax:
```

```
    deltaT=0
    n+=1
    for i in range(1,N-1):
        for j in range(1,N-1):
            Tinitiale=T[i][j] #température en tout nœud avant
                              #rafraichissement
            #valeur moyenne
            T[i][j]=(T[i-1][j]+T[i+1][j]+T[i][j-1]+T[i][j+1])/4.
            Tfinale=T[i][j] #rafraichissement à la nouvelle
                            #température aux nœuds
        deltaT=max(deltaT,abs(Tfinale-Tinitiale)) #calcul de la
        #valeur courante de deltaT pour test de comparaison à ε
```

Pour visualiser la température en chaque point de la plaque, on lui associe une couleur à l'aide de l'instruction `plt.imshow(T)`, puis pour montrer le lien entre la couleur et la température on utilise `plt.colorbar( )` et enfin un `plt.show( )`. On affiche le nombre d'itérations avec l'instruction `print (n)`.

```
plt.imshow(T,cmap='hot') #pour montrer le lien entre la couleur et la
#température
plt.colorbar()
print ("nombre d'itérations: ")
print (n)
plt.show()
```

On obtient (image initialement en couleur transformée en niveaux de gris).

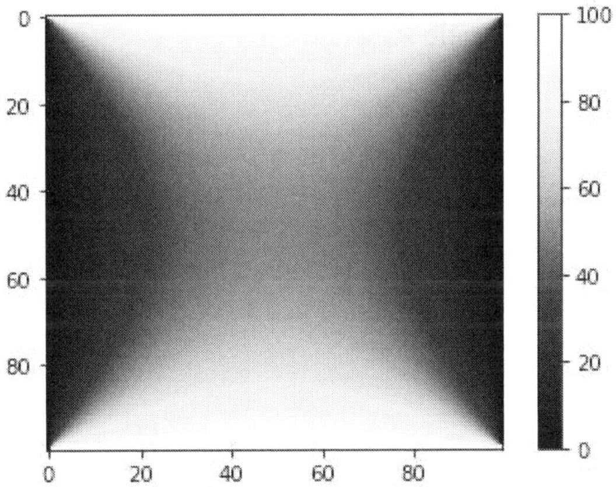

Méthode de vectorialisation des boucles avec numpy

Numpy offre la possibilité de réduire la complexité d'un code utilisant des boucles en exploitant la vectorialisation des opérations sur les tableaux de numpy. L'idée est d'utiliser des instructions vectorielles par extraction (slice) sur les tableaux de sorte que les boucles soient traitées par du code compilé et non par du code interprété (boucle for classique par exemple).

Rappelons d'abord que `x=np.arange(0,10,1)` crée le tableau d'une ligne et de 10 colonnes de 0 inclus à 10 exclu par pas de 1 et renvoie donc `[0 1 2 3 4 5 6 7 8 9]`.

`x[0]` renvoie le premier élément ici 0, `x[1]` le second, ici 1 et `x[9]` le dernier, ici 9. Attention, le tableau contient 10 éléments mais le dernier n'est pas `x[10]` qui est hors limite ! Le dernier élément peut aussi s'obtenir avec `x[-1]`. De même `x[-2]` renvoie l'avant-dernier élément, ici 8.

Pour réaliser une extraction on utilise les commandes suivantes :

Pour extraire du tableau précédent les éléments du 2e inclus au 6e exclu et l'affecter à un nouveau tableau `t` on écrira `t=x[1:6]` qui renvoie : `[1 2 3 4 5]`. Si on veut extraire les éléments du premier inclus au 6e exclu : `t=x[0:6]` ou encore `t=x[:6]` qui renvoie : `[0 1 2 3 4 5]`. Du 6e inclus au dernier inclus : `t=x[6:]`qui renvoie : `[6 7 8 9]`. Du 6e inclus au dernier exclu (on rajoute `-1` après : pour exclure le dernier) `t=x[6:-1]` qui renvoie `[6 7 8]` et du 6e inclus à l'avant-dernier exclu `t=x[6:-2]` qui renvoie : `[6 7]`. Pour un tableau de *N* lignes et *P* colonnes le principe d'écriture reste le même.

Voyons à présent comment utiliser ces instructions pour vectorialiser une boucle simple.

La boucle suivante :

```
N=5
V=np.zeros((N,N),float) #création d'un tableau 5 par 5 composé de zéros
for i in range(N): #de zéro à N exclu
    V[i][0]=1
```

renvoie le tableau de 5 lignes par 5 colonnes en affectant toute la première colonne à 1 :

```
[[1. 0. 0. 0. 0.]
 [1. 0. 0. 0. 0.]
 [1. 0. 0. 0. 0.]
 [1. 0. 0. 0. 0.]
 [1. 0. 0. 0. 0.]]
```

Si on veut affecter à 1 tous les éléments sauf les bords du tableau : `V[1:-1,1:-1] = 1.` , qui en fait une vectorialisation de la boucle suivante :

```
N=5
V=np.zeros((N,N),float)
for i in range(1,N-1):
    for j in range(1,N-1):
        V[i][j]=1
```

et qui renvoie :

```
[[0. 0. 0. 0. 0.]
 [0. 1. 1. 1. 0.]
 [0. 1. 1. 1. 0.]
 [0. 1. 1. 1. 0.]
 [0. 0. 0. 0. 0.]]
```

Examinons à présent la boucle suivante :

on part d'un tableau `B` d'une ligne de `N` éléments allant de `B[0]` inclus à `B[N-1]` inclus (attention `B[N]` n'appartient pas au tableau !). On désire générer le tableau `A` dont chaque élément `A[i]` est la somme de `B[i-1] + B[i] + B[i+1]` sauf le premier et le dernier qui doivent être nuls (ce qui simule une condition aux bords fixée). On doit donc balayer le tableau `B` de son second élément `B[1]` à son avant-dernier `B[N-2]` pour générer `A`. Dans un codage compilé classique cela s'écrira en faisant varier l'indice de boucle `i` de 1 inclus à `N-1` exclu :

```
for i in range(1,N-1):
      A[i] = B[i-1] + B[i] + B[i+1]
```

Par exemple pour N=10 on obtient le code simple suivant :

```
N=10
B=np.arange(0,N,1, float)
A=np.zeros(N)
print(B)
for i in range(1,N-1):
    A[i] = B[i-1]+B[i]+B[i+1])
print(A)
```

qui renvoie pour B : [0. 1. 2. 3. 4. 5. 6. 7. 8. 9.]
et pour A : [0. 3. 6. 9. 12. 15. 18. 21. 24. 0.]

Elle sera vectorialisée par l'instruction : A[1:-1]=B[:-2]+B[1:-1]+B[2:]
En effet, A[1:-1] va du second élément inclus (ici 1) au dernier exclu (donc à l'avant-dernier inclus ici 8), B[:-2] va du premier inclus (ici 0) à l'avant-dernier exclu et B[2:] du troisième inclus au dernier inclus.
De la même façon pour un tableau à 2D, la vectorialisation de la double boucle imbriquée du code précédent portant sur le calcul de la moyenne dans la boucle imbriquée portant sur i et j :

```
      for i in range(1,N-1):
            for j in range(1,N-1):
                  T[i][j]=(T[i-1][j]+T[i+1][j]+T[i][j-1]+T[i][j+1])/4
```

sera vectorialisée par :

```
T[1:-1,1:-1]= (T[:-2,1:-1] +T[2:,1:-1] + T[1:-1,:-2] + T[1:-1,2:])/4
```

Résolution de l'équation de Laplace en électrostatique

Cette méthode est illustrée sur une application en électrostatique qui est le tracé des équipotentielles d'un condensateur plan de dimension finie enfermé dans une boite dont les bords sont à la masse (pour figurer le potentiel nul à l'infini). Les armatures sont portées au potentiel de 10 V et -10 V. Pour tracer les lignes équipotentielles on utilise la fonction meshgrid(x,y) de numpy pour réaliser le passage en quadrillage 2D (X,Y) en partant de deux vecteurs x et y créés avec la fonction arange(a,b,h) créant un vecteur de a inclus à b exclu avec un pas de h.
L'instruction plt.contour(X,Y,V,15) trace 15 équipotentielles dans le plan (X,Y)

Le code est le suivant

```
import numpy as np
import matplotlib.pyplot as plt
N=100
epsilon=0.001

#Conditions aux limites
V=np.zeros((N,N),float)
# for i in range(N):
#   V[i][0]=0.;V[0][i]=0.;V[i][N-1]=0.;V[N-1][i]=0. est remplacée par :
V[0,:]  = 0.  #bord supérieur à la masse
V[:,0]  = 0.  #bord gauche à la masse
V[:,-1] = 0.  #bord droit à la masse
V[-1,:] = 0.  #bord inférieur à la masse
```

```
#géométrie et potentiel des armatures du condensateur
V[25:75,40]  = 10  #fixe le potentiel à 10 v pour des nœuds de la 40eme
                   #colonne entre les 25 et ligne : armature au potentiel
                   #positif

V[25:75,60]  = -10   #idem pour l'armature au potentiel négatif à la 60eme
                     #colonne
#initialisation du potentiel avant le début des itérations.
#la boucle de définition de la matrice de potentiel :
#for i in range(1,N-1):
#   for j in range(1,N-1):
#      V[i][j]=0.   est remplacée par :

V[1:N,1:N] = 0.0

#initialisation de l'écart de potentiel et du compteur de boucle
deltaV = 1.0
n = 0

while deltaV>epsilon:
    n+=1
    #sauvegarde de la grille courante pour calculer l'écart de potentiel
    #entre deux nœuds
    Vcourante=V.copy()
    #calcul de la nouvelle valeur du potentiel sur la grille
    V[1:-1,1:-1]= 0.25*(V[0:-2,1:-1]+V[2:,1:-1]+V[1:-1,0:-2]+V[1:-1,2:])
    #réaffectation des valeurs du potentiel sur les armatures
    V[25:75,40] = 10
    V[25:75,60] = -10
    deltaV=np.max(np.abs(V-Vcourante)) #on détecte l'écart max pour le
                                       #test de boucle

#on dessine les deux armatures pour les superposer au tracé des
#équipotentielles
plt.plot([40,40],[25,75],'k-', lw = 3)  #armature positive de couleur
noire, épaisseur du trait 3
plt.plot([60,60],[25,75],'k-', lw = 3)  #plaque négative

#construction du quadrillage 2D (X,Y)
x=np.arange(0,100,100//N)
y=np.arange(0,100,100//N)
X,Y=np.meshgrid(x,y)
#trace 15 équiV dans le plan (X,Y)
plt.contour(X,Y,V,15)
print ("nombre d'itérations: ")
print (n)
plt.show()
```

On obtient en 1309 itérations l'image ci-contre.

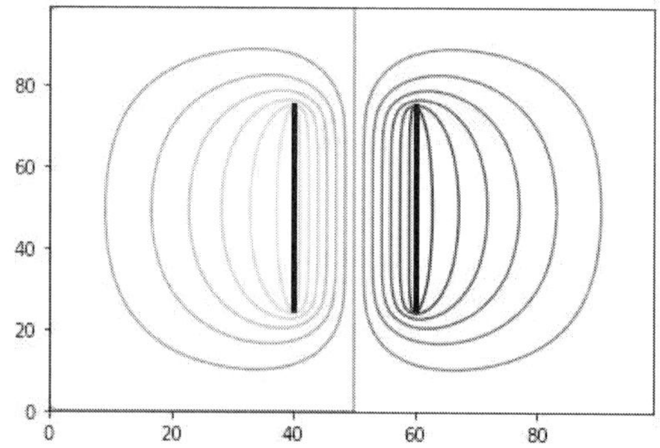

❑ Méthode 4.6. Équipotentielles et lignes de champ en Python (MP)

On réalise pour commencer une discrétisation de l'espace à 2D avec un même pas noté h selon (Ox) et selon (Oy). On obtient alors un maillage de l'espace dont chaque nœud est séparé du plus proche voisin par une distance h, seuls les déplacements suivant (Ox) et selon (Oy) étant autorisés. On « maille » ainsi le plan par un réseau de pas h constant dans les deux directions de l'espace. On obtient un tableau de points de P lignes par N colonnes : x varie donc alors de façon discrète de 0 à $N-1$ et y de 0 à $P-1$. Le potentiel en un point de coordonnées (x, y) est alors celui au nœud correspondant $V(x,y) \to V[i,j]$: mais i indexant les lignes et j les colonnes à $x \to x_j$ et $y \to y_i$, attention à ne pas inverser l'ordre ! Le potentiel sera alors représenté par une matrice de N lignes et P colonnes $V[i,j] \to V(x_j, y_i)$ pour $0 \le i < N-1$ et $0 \le j < P-1$.

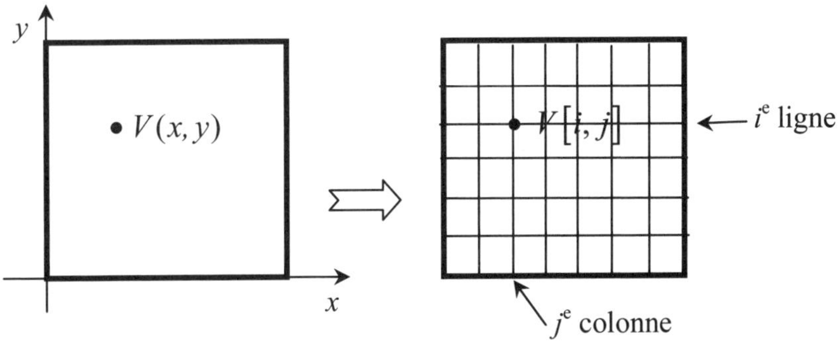

On va utiliser la fonction `meshgrid(x,y)` de `numpy` pour réaliser ce « quadrillage » 2D maillant l'espace. On peut alors utiliser le maillage ainsi généré pour définir le potentiel électrostatique en chaque point. Le potentiel créé en M par une charge ponctuelle q placée en P est : $V(M) = \frac{q}{4\pi\varepsilon_0 PM}$, si le potentiel est posé nul à l'infini (potentiel dit coulombien). D'après le principe de superposition, celui créé en M par q_1 en P_1 et q_2 en P_2 est : $V(M) = \frac{1}{4\pi\varepsilon_0}\left(\frac{q_1}{P_1M} + \frac{q_2}{P_2M}\right)$. La matrice correspondante sera générée à partir des matrices de coordonnées des nœuds fournies par `meshgrid(x,y)`. On devra veiller à éviter que les distances aux sources puissent tendre vers zéro, ce qui serait la cause d'une divergence du potentiel ! On utilisera enfin la fonction contour de `matplotlib.pyplot` pour tracer les lignes équipotentielles, puis en prenant le gradient de la matrice de potentiel on obtiendra les composantes du champ dans le maillage 2D, ce qui permettra de tracer les lignes de champ à l'aide de la foncrtion `streamplot` de `matplotlib.pyplot` également.

Méthodes

Réalisation du maillage 2D : on commence par créer les deux vecteurs `x` et `y` de `xmin` à `xmax` et `ymin` à `ymax` respectivement, avec un pas de `h` . On procède comme suit :
`x=np.arange(xmin,xmax,h)` et `y=np.arange(ymin,ymax,h)`.
On crée le quadrillage 2D en générant deux matrices `X` et `Y` dont les éléments sont respectivement les abscisses `x` et les ordonnées `y` des nœuds du maillage. On dispose pour cela de l'outil de `numpy : np.meshgrid(x,y)`.
Par exemple si on désire créer un maillage pour `x` allant de -2 à 2 par pas de 1 et `y` allant de -3 à 3 par pas de 1 on procède comme suit :

```
import numpy as np
import matplotlib.pyplot as plt
x = np.arange(-2,3,1) #création de la matrice des abscisses allant de 2
#inclus à 3 exclu par pas de 1
y = np.arange(-3,4,1) #création de la matrice des ordonnées allant de 3
#inclus à 4 exclu par pas de 1
X,Y = np.meshgrid(x,y) #affectation à X des abscisses des nœuds du
#maillage et à Y des ordonnées
print (X) #visualisation de X et Y
print(Y)
```

On obtient pour `X` :

```
[[-2 -1  0  1  2]
 [-2 -1  0  1  2]
 [-2 -1  0  1  2]
 [-2 -1  0  1  2]
 [-2 -1  0  1  2]
 [-2 -1  0  1  2]
 [-2 -1  0  1  2]]
```

et pour `Y` :

```
[[-3 -3 -3 -3 -3]
 [-2 -2 -2 -2 -2]
 [-1 -1 -1 -1 -1]
 [ 0  0  0  0  0]
 [ 1  1  1  1  1]
 [ 2  2  2  2  2]
 [ 3  3  3  3  3]]
```

Le nœud de coordonnées $(1,-3)$ se trouve sur l'avant dernière **colonne** de `X` et la 1ère **ligne** de `Y`.
On veut à présent générer la matrice de potentiel créé en M par q_1 en P_1 de coordonnées $(-1,0)$ et q_2 en P_2 de coordonnées (1,0). À l'aide des matrices de coordonnées des nœuds et l'abscisse des charges on définit les matrices de distances :

```
x1=-1
x2=1

P1M=np.sqrt((X-x1)**2+(Y)**2)    #distance
P2M=np.sqrt((X-x2)**2+(Y)**2)  #distance
```

$P_1M=\sqrt{\left(x_M-x_{P_1}\right)^2+\left(y_M-y_{P_1}\right)^2}$

$P_2M=\sqrt{\left(x_M-x_{P_2}\right)^2+\left(y_M-y_{P_2}\right)^2}$

À ce stade, un problème se pose : lorsqu'on se place au voisinage d'une des deux charges, la distance correspondante tend vers zéro ce qui va faire diverger le potentiel. Pour garder une valeur finie du potentiel en tout point du maillage, il convient donc, dans les matrices de distance, de détecter les valeurs inférieures au pas `h` du maillage (plus petite distance dans l'espace discrétisé) et de les poser égale à `h`. Pour éviter d'avoir à parcourir tous les éléments des matrices de distance dans des boucles imbriquées, il est commode d'utiliser du code interprété en extrayant de ces matrices les éléments inférieurs à `h` et en leur affectant la valeur `h`, ce qui se code simplement. Le principe est illustré par l'exemple suivant :

```
import numpy as np
x=np.arange(10)
```

```
print(x)
```
qui renvoie `[0 1 2 3 4 5 6 7 8 9]` dont on veut affecter à zéro tous les éléments inférieurs à 5, ce qui se code comme suit :
```
x[x<5]=0
print(x)
```
qui renvoie bien `[0 0 0 0 0 5 6 7 8 9]`

Dans le cas présent on écrira de même pour les matrices de distance :
```
#Affectation à la valeur h de tous les éléments inférieurs à h
P1M[P1M<h]=h
P2M[P2M<h]=h
```

On définit ensuite la matrice de potentiel en chaque nœud, en prenant numériquement $\varepsilon_0 \approx \frac{1}{36\pi}10^{-9}\ (SI)$ et pour deux charges $q = q_2 = -q_1 = 10^{-7}\,\mathrm{C}$:
```
q=1.e-7
epsilon0=10**(-9)/(36*np.pi)
K=1/(4*np.pi*epsilon0)
V=K*((-1*q/P1M)+(q/P2M))
```

Il reste à présent à tracer un ensemble de lignes équipotentielles sur le maillage. Pour cela on utilise la fonction `plt.contour` de `matplotlib.pyplot` qui trace les lignes d'égales valeurs d'une matrice (ici celle de potentiel). Voyons quels sont les arguments de cette fonction et comment l'utiliser :
Tout d'abord on crée une liste contenant l'ensemble des valeurs du potentiel correspondant à chaque équipotentielle à tracer. Pour cela on remarque que qK/PM = 900 V pour PM = 1 m, ce qui nous conduit par exemple à explorer l'ensemble des 20 équipotentielles également réparties entre les valeurs de – 1000 V à 1000 V et à les tracer dans le maillage préalablement défini.
On le code comme suit :

```
plt.axis('equal') #obtention d'une échelle isométrique, ou encore avec
#plt.figure(figsize = (5, 5))
#création d'une échelle de potentiel V pour le tracé de 20 équiV
#régulièrement espacées de -1000 à +1000
echelle=np.linspace(-1000,1000,20)
plt.contour(X,Y,V,echelle, colors='k') #de couleur noire comme blac'k'
plt.plot([-1],[0],'ko')  #trace un point où se trouvent les charges
plt.plot([1],[0],'ko')
plt.show
```

Méthodes

On obtient le résultat suivant :

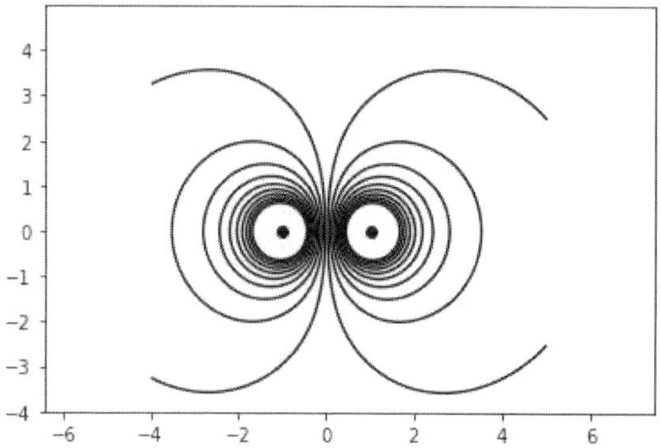

À noter que pour superposer par la suite les lignes équipotentielles aux lignes de champ, il est commode de tracer les équipotentielles en ligne brisée et les lignes de champ en trait plein. Pour obtenir les équipotentielles en ligne brisée il suffit de le spécifier dans l'argument **linestyles** de la fonction contour comme suit :

```
plt.contour(X,Y,V,echelle,colors='k',linestyles='dashed')
```

À présent, on cherche à superposer à ces équipotentielles les lignes de champ. On utilise la fonction `np.gradient` qui appliquée à la matrice de potentiel `V` calcule le gradient de `V` en chaque nœud dans les deux directions de l'espace 2D et renvoie deux matrices relatives aux composantes du champ électrostatique suivant ces deux directions et ayant même taille que la matrice initiale de potentiel : `Ex,Ey=np.gradient(V)`

On peut enfin utiliser `plt.streamplot(X,Y,Ey,Ex,density = 1,color='k')` pour tracer, en tout point du maillage `(X,Y)`, les lignes de champ dont les composantes `(Ex,Ey)` sont contenues dans les matrices renvoyées par `np.grandient`
On peut adapter la densité (`density =`) en resserrant plus ou moins les lignes de champ.
On obtient les tracés suivants :

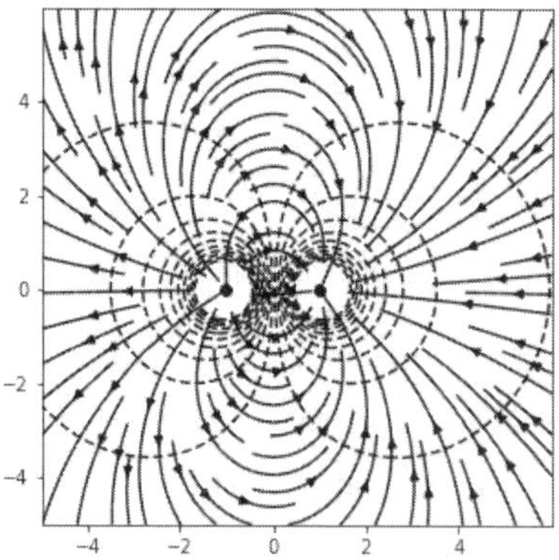

Densité de 1

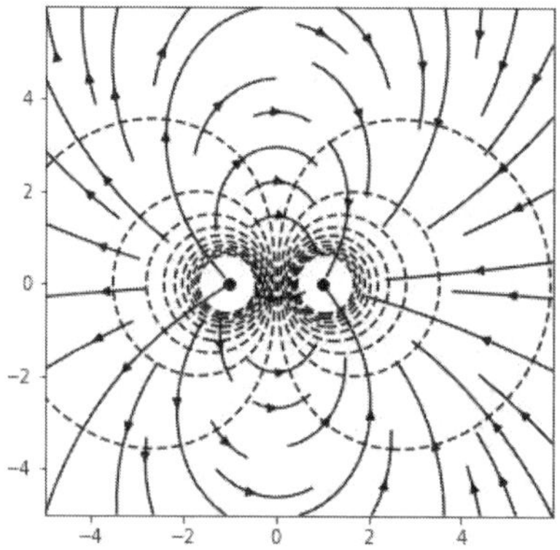

Densité de 0,5

Vrai/Faux

		Vrai	Faux
1.	La circulation du champ électrostatique est toujours nulle.	☐	☐
2.	Le champ électrique créé à grande distance par une distribution dipolaire est en $\frac{1}{r^2}$.	☐	☐
3.	Le champ créé à grande distance par une distribution dipolaire possède un axe de symétrie.	☐	☐
4.	On passe du champ au potentiel en dérivant, et du potentiel au champ en intégrant.	☐	☐
5.	Une valeur de potentiel n'a pas de signification physique, seules les différences de potentiel en ont une.	☐	☐
6.	Les forces exercées par un champ électrostatique sur un dipôle ont tendance à aligner le dipôle sur le champ (direction et sens).	☐	☐
7.	La résultante des forces électriques exercées par un champ électrostatique uniforme sur un dipôle est généralement non nulle.	☐	☐
8.	La connaissance du moment dipolaire d'une distribution dipolaire est suffisante pour calculer le champ créé à grande distance ou les actions subies.	☐	☐
9.	Les surfaces équipotentielles sont parallèles aux lignes de champ.	☐	☐
10.	Le champ électrostatique est orienté dans le sens des potentiels décroissants.	☐	☐

■■ Énoncé des exercices

❑ Exercice 4.1. Potentiel d'un plan de charges infini

Le champ créé en tout point M de l'espace par un plan infini (Oxy), uniformément chargé en surface avec une densité surfacique σ, vaut $\vec{E}(M)=\dfrac{\sigma\times \mathrm{sgn}(z)}{2\varepsilon_0}\vec{e_z}$ (on rappelle que $\mathrm{sgn}(z)=1$ pour $z>0$ et $\mathrm{sgn}(z)=-1$ pour $z<0$).

1. Calculer le potentiel en M en précisant bien le choix de la constante.

2. Peut-on effectuer ici un calcul direct du potentiel ?

❑ Exercice 4.2. Pouvoir des pointes

Dans cet exercice on cherche à montrer que, pour un potentiel donné, le champ à proximité d'une surface est d'autant plus intense que la surface est « pointue », c'est-à-dire que son rayon de courbure est faible. Ce phénomène s'appelle « pouvoir des pointes » et s'applique particulièrement aux surfaces des conducteurs à l'équilibre électrostatique dont la surface est équipotentielle. Il explique notamment que la foudre tombe préférentiellement sur des objets pointus. On modélise le conducteur par une sphère de centre O et de rayon R uniformément chargée en surface au potentiel V. Afin de relier le champ au voisinage de la surface et le potentiel, on calcule d'abord le champ créé par une charge surfacique σ sur la sphère puis on en déduit le potentiel.

1. Calculer le champ électrique créé en un point M par cette distribution, à l'intérieur et à l'extérieur de la sphère, en fonction de r.

2. En déduire l'expression du potentiel en fonction de r, en prenant $V = 0$ à l'infini.

3. En déduire une relation entre le champ et le potentiel en $r = R$ et conclure.

❑ Exercice 4.3. Capacité linéique d'un câble coaxial

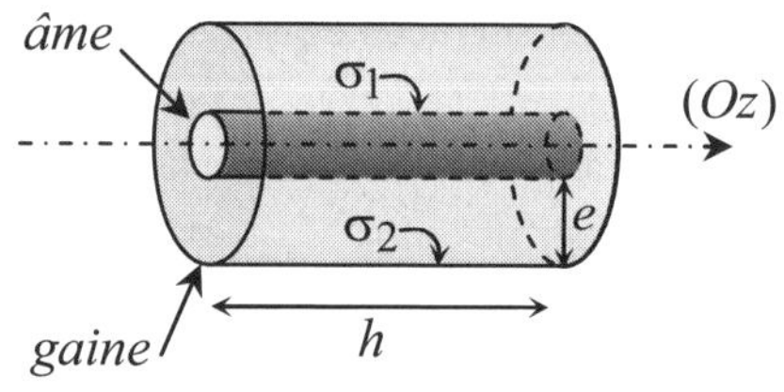

On modélise un câble coaxial par deux cylindres conducteurs parfaits infiniment longs de même axe (Oz), de sections circulaires. Le premier de rayon R_1 est appelé âme et est porté au potentiel $V_1>0$, et le second de rayon intérieur R_2 (où $R_2>R_1$) est la gaine, portée au potentiel $V_2<V_1$. L'espace entre l'âme et la gaine est rempli d'un diélectrique non magnétique, homogène, linéaire et isotrope, de permittivité relative ε_r que l'on assimilera ici à celle vide ($\varepsilon_r=1$). Une portion de câble de longueur h forme ainsi un condensateur cylindrique dont les armatures sont constituées des surfaces conductrices en regard. On néglige les effets de bord, c'est-à-dire que l'on considère que le champ entre les armatures est le même que si la hauteur h était infinie. On cherche à exprimer ici sa capacité. Pour cette portion de câble, on désigne par σ_1 la densité surfacique de charges supposée uniforme à la surface de l'âme et par σ_2 celle que porte la surface intérieure de la gaine.

L'équilibre électrostatique étant réalisé, on admet que dans les conducteurs formant l'âme et la gaine le champ est nul ainsi que la densité volumique de charge. Les surfaces des deux conducteurs en regard sont porteuses de charges égales en norme et de signe opposé. On posera $e = R_2 - R_1$, l'espacement radial entre les armatures. On se place en coordonnées cylindriques d'axe (Oz).

1. Dans quelle mesure les effets de bord sont-ils raisonnablement négligeables ? Donner dans le cadre de ce modèle la relation entre σ_1 et σ_2.

2. a) En raisonnant sur le câble supposé infini, étudier les symétries et les invariances de la distribution de charge. Quelles en sont les conséquences pour le champ électrostatique $\vec{E}(M)$ et le potentiel $V(M)$ en un point M dans l'espace entre les armatures ?

b) En appliquant le théorème de Gauss à une surface fermée Σ dont on justifiera très soigneusement le choix, exprimer le champ électrostatique qui règne dans le diélectrique entre les deux cylindres. En déduire la différence de potentiel U entre l'âme et la gaine.

c) En généralisant la définition de la capacité d'un condensateur plan $C = \dfrac{Q}{U}$ où Q est la charge portée par son armature positive et U la différence de potentiel entre les armatures, exprimer la capacité linéique du câble notée C_l en fonction de ε_0, R_1 et R_2. Application numérique : déterminer C_l pour $R_1 = 1\ \text{mm}$ et $R_2 = 2{,}5\ \text{mm}$.

On rappelle que $\varepsilon_0 = \dfrac{1}{36\,\pi} \cdot 10^{-9}\ \text{F} \cdot \text{m}^{-1}$.

❑ Exercice 4.4. Ligne bifilaire

Une ligne bifilaire est constituée de deux conducteurs rectilignes cylindriques de rayon a parallèles entre eux et séparés par une distance h telle que $h >> a$. On se place dans l'approximation d'une ligne infinie.

Dans un premier temps, on considère un seul conducteur, centré sur l'axe (Oz), et on note λ la charge par unité de longueur.

1. Sachant que la charge se répartit uniformément sur la surface du conducteur, donner l'expression de cette charge surfacique σ en fonction de λ et a.

2. Déterminer le champ électrique créé à l'extérieur du conducteur ($r > a$).

3. En déduire le potentiel créé à l'extérieur du conducteur.

On considère maintenant les deux conducteurs, l'un portant la charge linéique $-\lambda$ et l'autre la charge linéique $+\lambda$.

4. Donner l'expression du potentiel créé par cette ligne bifilaire en un point situé à l'extérieur des conducteurs.

5. Déterminer la différence de potentiel entre les deux conducteurs en fonction de λ, ε_0 et a.

6. En considérant une longueur ℓ de ligne bifilaire, en déduire la capacité par unité de longueur associée à cette ligne.

❑ Exercice 4.5. Potentiel d'une sphère uniformément chargée en surface*

On cherche, sans utiliser le champ obtenu par le théorème de Gauss, le potentiel créé dans tout l'espace par une sphère de centre O et de rayon R uniformément chargée en surface avec une charge surfacique σ. On admet que pour une distribution surfacique, l'expression générale du potentiel en un point M est $V(M)=\dfrac{1}{4\pi\varepsilon_0}\displaystyle\iint_S \dfrac{\sigma(P)\,\mathrm{d}s}{PM}$.

1. Calculer le potentiel créé par cette distribution en O.

2. On considère maintenant un point M quelconque. Expliquer pourquoi on peut faire le calcul en prenant M sur l'axe (Oz) sans en restreindre la généralité. On notera z_M la position de M sur cet axe.

3. Pour faire le calcul on repère la position d'un point P à la surface de la sphère avec ses coordonnées sphériques (R,θ,φ). Donner l'expression du potentiel et calculer l'intégrale, sachant qu'un élément de surface infinitésimal de cette sphère s'écrit en coordonnées sphériques $\mathrm{d}s=R^2\sin\theta\,\mathrm{d}\theta\,\mathrm{d}\varphi$. Il faudra distinguer deux cas ($z_M<R$ et $z_M>R$), ce qui apparaîtra dans le calcul via une valeur absolue.

❑ Exercice 4.6. Capacité linéique d'un câble coaxial

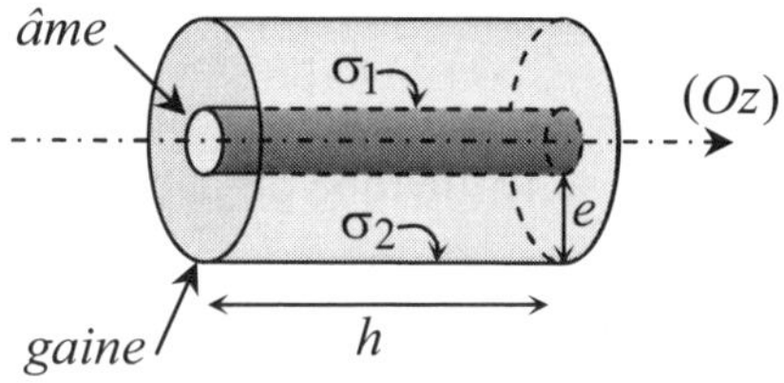

On reprend l'exercice 4.3 dans lequel on a montré, en adoptant les coordonnées cylindriques d'axe (Oz), que le champ dans l'espace entre l'âme et la gaine est radial : $\vec{E}(M)=E_r(M)\,\vec{e_r}$ et que le potentiel ne dépend que de r : $V(M)=V(r)$.

On cherche à retrouver l'expression de la capacité linéique du câble par l'utilisation des équations locales.

1. Quelle méthode paraît la plus adapté compte tenu de la forme du potentiel ?

2. Établir l'expression du champ électrostatique dans l'espace entre l'âme et la gaine en fonction de r, de R_1 et R_2 et de la différence de potentiel U entre l'âme et la gaine.

3. Exprimer la charge portée par l'armature positive du condensateur formé par l'âme et la gaine.

4. En généralisant la définition de la capacité d'un condensateur plan $C=\dfrac{Q}{U}$ où Q est la charge portée par son armature positive et U la différence de potentiel entre les armatures, exprimer la capacité linéique du câble notée C_l en fonction de ε_0, R_1 et R_2.

En coordonnées cylindriques d'axe (Oz), le laplacien scalaire est donné par :

$$\nabla^2(\xi)=\frac{1}{r}\frac{\partial}{\partial r}\left(r\frac{\partial \xi}{\partial r}\right)+\frac{1}{r^2}\frac{\partial^2\xi}{\partial\varphi^2}+\frac{\partial^2\xi}{\partial z^2}.$$

❑ Exercice 4.7. Potentiel de Yukawa

Le modèle classique de l'atome d'hydrogène dans lequel l'électron décrit une orbite circulaire autour du noyau ne permet pas de rendre compte de la stabilité de l'édifice atomique. En effet, un électron accéléré rayonne un champ électromagnétique dont l'énergie est empruntée à son énergie cinétique orbitale. Ainsi, en orbitant, l'électron devrait voir son énergie cinétique diminuer ce qui réduirait le rayon de son orbite jusqu'à ce qu'il « tombe » sur le noyau. Cet échec de la théorie classique de l'atome conduit à remplacer, dans un modèle quantique, la notion de trajectoire par celle de densité de probabilité de présence de l'électron dans un volume déterminé de l'espace. On modélise alors l'atome dans son état fondamental comme suit : on considère une densité volumique de charge électronique à symétrie sphérique $\rho(r)$ traduisant le fait que la charge $-e$ de l'électron est diffuse dans tout l'espace autour de noyau supposé ponctuel au point O et de charge $+e$ et on note : $V(r)=\dfrac{e}{4\pi\varepsilon_0 r}\exp\left(-\dfrac{r}{a}\right)$ le potentiel associé à cette distribution de charge au point M à la distance $r = OM$ du noyau.

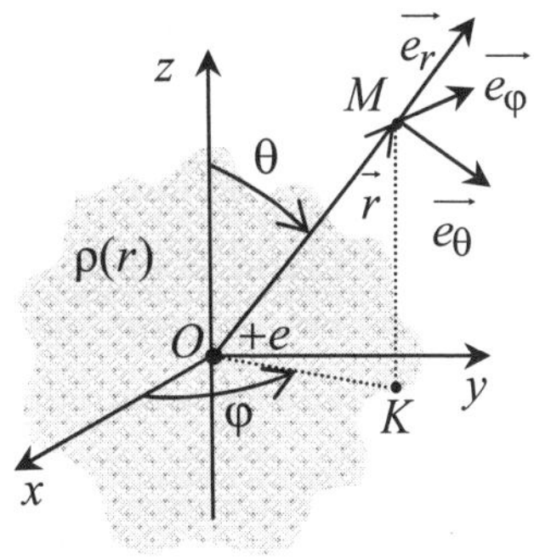

1. a) Quelle est la dimension de a ? Donner l'expression du champ électrostatique $\vec{E}$ correspondant.

b) En analysant les cas $r \gg a$ et $r \ll a$, donner une interprétation physique du paramètre a.

c) On donne $E(a) \approx 10^{11}\ \text{V}\cdot\text{m}^{-1}$, en déduire l'ordre de grandeur de a. Commenter.

2. On cherche à présent à exprimer, par les équations locales, la densité volumique de charge $\rho(r)$ relative à ce modèle de l'atome.

a) Écrire l'équation de Poisson liant les dérivées partielles de $V(r)$ à la densité volumique de charge $\rho(r)$. En déduire que la norme du champ électrostatique $E(r)$ satisfait à l'équation différentielle suivante : $-\dfrac{\mathrm{d}\,E(r)}{\mathrm{d}\,r}-\dfrac{2}{r}E(r)+\dfrac{\rho(r)}{\varepsilon_0}=0$.

On rappelle qu'en coordonnées sphériques :

$$\Delta(\xi(r))=\nabla^2(\xi(r))=\frac{1}{r^2}\frac{\partial}{\partial r}\left(r^2\frac{\partial(\xi(r))}{\partial r}\right)=\frac{2}{r}\frac{\partial(\xi(r))}{\partial r}+\frac{\partial^2(\xi(r))}{\partial r^2}.$$

b) Montrer alors que $\rho(r)$ se met sous la forme $\rho(r)=f(r)\exp\left(-\dfrac{r}{a}\right)$ où $f(r)$ est une fonction de r à déterminer en fonction de e, a et r. Vérifier alors que la charge totale Q_{elec} relative la distribution électronique dans tout l'espace entourant le noyau correspond à celle de l'électron. On donne $\displaystyle\int_0^{+\infty} r\exp\left(-\frac{r}{a}\right)\mathrm{d}\,r=a^2$.

c) Exprimer le flux de $\vec{E}$ à travers une sphère de rayon r ainsi que la charge totale contenue dans cette surface fermée dans les deux cas limites : $r\to 0$ et $r\to+\infty$. Comparer la contribution de la charge électronique contenue dans la sphère de rayon r à la charge portée par le noyau. Les résultats sont-ils en adéquation avec l'expression du flux ? Dans le cas où r est de l'ordre de a, on parle d'écrantage partiel de la charge du noyau par celle de l'électron. Justifier qualitativement cette terminologie. Dans quel cas y a-t-il absence d'écrantage ? Dans quel cas a-t-on écrantage total ?

❑ Exercice 4.8. Étude du système terre-électrosphère

Au-delà d'une altitude h de environ 60 km, la conductivité de l'atmosphère (sous l'effet de l'ionisation de ses composants par le rayonnement solaire) est suffisante pour que cette dernière soit équipotentielle, on appelle cette région l'électrosphère. On la modélise par une surface équipotentielle sphérique de rayon $r = R + h$ où R est le rayon de la terre supposée sphérique, de potentiel $V = V_h = cte$, possédant une charge totale $+Q$ uniformément répartie en surface et de densité surfacique σ. D'autre part, on assimile la Terre, de rayon R et de centre O, à un conducteur parfait de potentiel nul portant une charge négative $-Q$ où $Q > 0$ uniformément répartie sur sa surface. L'ensemble de ces deux conducteurs forme ainsi un condensateur sphérique dont l'armature intérieure est la Terre et dont l'électrosphère constitue l'armature extérieure. On assimile la permittivité de l'atmosphère à celle du vide. En réalité, l'air est faiblement conducteur et un faible courant de fuite circulant entre les armatures décharge rapidement le condensateur Terre-électrosphère. Ce sont les transferts de charge, sous l'effet de la convection dans les nuages orageux, qui rechargent le condensateur et assurent une différence de potentiel de $360\,\text{kV}$ entre l'électrosphère et le sol. On se place en coordonnées sphériques (r, θ, φ) de centre O auxquelles on associe le trièdre direct $\left(\overrightarrow{e_r}, \overrightarrow{e_\theta}, \overrightarrow{e_\varphi}\right)$.

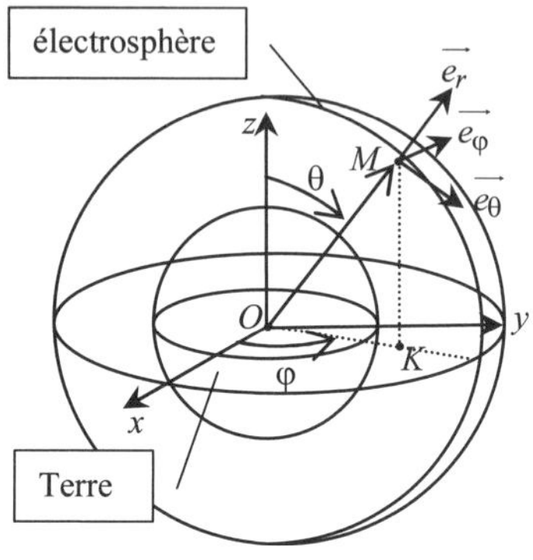

1. Étudier les propriétés de symétrie et d'invariance de la distribution de charge. En déduire l'expression du potentiel V à l'altitude r où $0 < r < h$ en fonction de V_h, R, r, h et ε_0.
2. En déduire l'expression du champ électrique $\vec{E}$, ainsi que celle de la capacité C du système en fonction de V_h, R, r et h.
3. En appliquant le théorème de Gauss à une surface dont le choix sera clairement justifié, exprimer la charge portée par la terre (armature interne du condensateur).
4. À l'altitude $h = 60\text{ km}$, on mesure le potentiel $V_h \approx 360\,\text{kV}$ (référence prise au sol). En généralisant la définition de la capacité d'un condensateur plan $C = \dfrac{Q}{U}$ où Q est la charge portée par son armature positive et U la différence de potentiel entre les armatures, donner une expression approchée de la capacité C ainsi que celle de l'énergie électrostatique W_{elec} du système Terre-électrosphère. Déterminer W_{elec} numériquement. Quelle est la valeur du champ $E(R)$ au niveau du sol ? On prendra $R = 6000\text{ km}$ comme valeur du rayon terrestre.
5. Durant un orage, les flux d'air ascendants et descendants au sein des nuages (principalement les cumulonimbus s'élevant sur plusieurs kilomètres et dont le haut est de température bien plus basse que la base) provoquent des collisions entre particules de glace responsables d'une séparation de charge : la base du nuage se charge positivement alors que son centre se charge négativement, son sommet se charge, quant à lui, positivement. Il en résulte l'apparition d'une différence de potentiel U_{bs} entre la base du nuage et le sol. On considère que la base du nuage a une surface S de l'ordre de 10^6 m^2 et qu'elle est située à une altitude de 1 km par rapport au sol. Par une modélisation adaptée du système Terre-nuage dont on

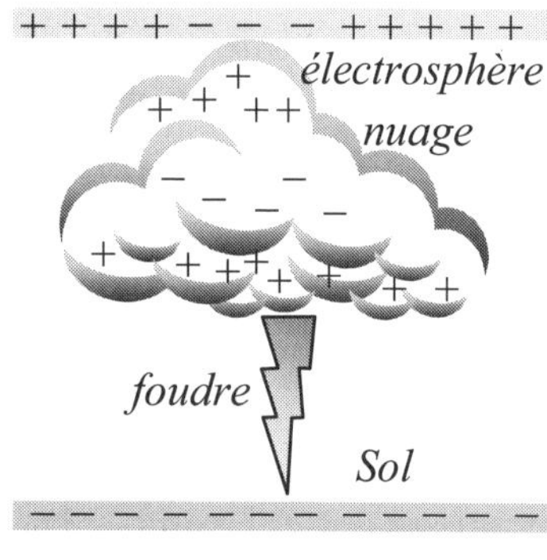

discutera la pertinence et les limites, et sachant que le claquage de l'atmosphère se produit pour un champ $E_c \approx 300\,\text{kV}\cdot\text{m}^{-1}$, donner l'ordre de grandeur de la valeur limite de $U_{bs_{lim}}$ tel qu'un éclair se produit. Quel est alors l'ordre de grandeur de la charge Q_b portée par la base du nuage ?

❑ Exercice 4.9. Champ créé à grande distance d'un dipôle

On considère un dipôle électrostatique constitué de deux charges opposées q et $-q$ respectivement localisées aux point P et N séparées d'une faible distance a fixe dans le référentiel (R) rapporté à (O, x, y, z). L'origine O est prise au milieu de $[PN]$. On se place en un point M à grande distance du dipôle telle qu'en cordonnées sphériques de centre O : $r = OM >> a$, $\theta = \left(\overrightarrow{e_z}, \overrightarrow{OM}\right)$ et $\varphi = \left(\overrightarrow{e_x}, \overrightarrow{OK}\right)$ où K est le projeté orthogonal de M dans le plan (O, x, y).

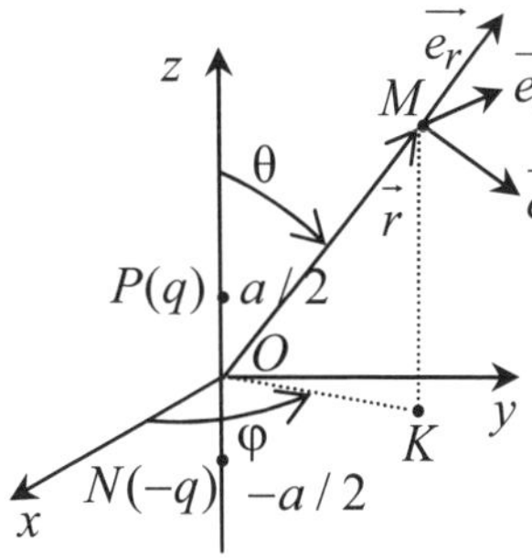

1. Par une analyse de la présente distribution de charges montrer que l'étude du champ et du potentiel engendré en M peut être menée en coordonnées polaires dans le plan $\left(\overrightarrow{Oz}, \overrightarrow{OM}\right)$.

2. a) Donner alors l'expression du potentiel $V(M)$ au premier ordre en $\dfrac{a}{r}$ en fonction du moment dipolaire $\vec{p}$ de la distribution, de ε_0, de r et de $\vec{r} = \overrightarrow{OM}$.

b) Montrer alors que le champ $\vec{E}(M)$ au point M peut s'écrire sous la forme intrinsèque $\vec{E}(M) = \alpha(r)\left(\beta\left(\vec{p}\cdot\vec{r}\right)\cdot\vec{r} - r^2\vec{p}\right)$ où $\alpha(r)$ est une fonction de r et β une constante dont les expressions sont à déterminer. Commenter la dépendance spatiale de la fonction $\alpha(r)$. Cette fonction peut-elle être de la forme $\dfrac{cte}{r^2}$?

c) Déterminer l'expression des équipotentiels et des lignes de champs et tracer leurs allures.

3. a) Le précédent dipôle est plongé dans un champ extérieur $\vec{E}_{ext}$ uniforme. Montrer qu'il subit alors un couple $\vec{\Gamma}_{ext}$ tendant à l'aligner sur les lignes de champ de $\vec{E}_{ext}$.

b) Montrer que, le dipôle étant rigide, son énergie potentielle se réduit à l'énergie potentielle d'interaction entre le champ et le dipôle et s'écrit $E_{p_{ext}} = -\vec{p}\cdot\vec{E}_{ext}$. Préciser ainsi, suivant la configuration du dipôle dans le champ extérieur $\vec{E}_{ext}$, la nature de l'équilibre réalisé. On notera V_{ext} le potentiel associé au champ extérieur.

4. On considère à présent que le champ extérieur $\vec{E}_{ext}$ est non uniforme et on suppose que la distance a séparant les deux charges formant le dipôle est suffisamment faible pour que le champ $\vec{E}_{ext}$ y varie d'un infiniment petit du premier ordre. Montrer que, en coordonnées cartésiennes, la composante en x F_{ext_x} de la résultante des forces $\vec{F}_{ext}$ subies par le dipôle se met sous la forme $F_{ext_x} \approx \left(\vec{p}\cdot\vec{\nabla}\right)E_{ext_x}$ où l'opérateur symbolique $\left(\vec{p}\cdot\vec{\nabla}\right)$ s'écrit

$\left(\vec{p}\cdot\vec{\nabla}\right)\vec{A}=\left(\dfrac{\partial A_x}{\partial x}p_x+\dfrac{\partial A_y}{\partial y}p_y+\dfrac{\partial A_z}{\partial z}p_z\right)$. Exprimer de même les composantes F_{ext_y} et F_{ext_z}. Montrer alors que le dipôle migre vers les régions de champ fort.

Comment sont alors modifiées les expressions de $\vec{\Gamma}_{ext}$ et de $E_{p_{ext}}$?

❑ Exercice 4.10. Moment dipolaire moléculaire

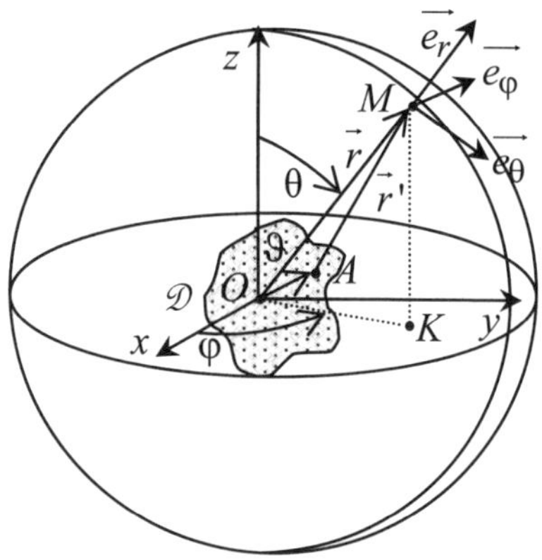

On considère dans le référentiel d'étude (R) rapporté à $(O, \overrightarrow{e_x}, \overrightarrow{e_y}, \overrightarrow{e_z})$ une distribution de N charges ponctuelles q_i situées aux points A_i dans le volume ϑ tel que $\sum_{i=1}^{N} q_i = 0$. On note a l'ordre de grandeur de son extension spatiale maximum. On s'intéresse ici au champ et au potentiel engendrés dans le vide à grande distance de cette distribution au point M repéré par $r=\left\|\overrightarrow{OM}\right\|>>a$, $\theta=\left(\overrightarrow{e_z}, \overrightarrow{OM}\right)$ et $\varphi=\left(\overrightarrow{e_x}, \overrightarrow{OK}\right)$ où K est le projeté orthogonal de M dans le plan $(0, x, y)$. On désigne par $\vec{p}=\sum_{i=1}^{N} q_i\overrightarrow{OA_i}$ le moment dipolaire de cette distribution.

1. a) Montrer que son moment dipolaire $\vec{p}=\sum_{i=1} q_i\overrightarrow{OA_i}$ est indépendant de l'origine choisie.

b) En déduire l'expression du moment dipolaire associé à deux charges opposées q et $-q$ respectivement localisées aux points P et N fixes dans le référentiel (R) rapporté à (O, x, y, z). Quelle est son orientation ?

2. On considère la molécule de H-F dont la liaison est modélisée en première approximation par un transfert total de l'électron de l'hydrogène sur l'atome de fluor (liaison dite ionique). Cet électron forme, avec ceux du fluor, une sphère chargée négativement, centrée sur le noyau du fluor. On désigne respectivement par H et F les positions des noyaux d'hydrogène et de fluor.

a) Donner la valeur du moment dipolaire p_{mod} en Debye (D) de la molécule ainsi modélisée. On donne le numéro atomique du fluor $Z=9$, la distance entre le noyau d'hydrogène et le noyau de fluor $d = 0{,}92\cdot10^{-10}$ m et $1\,\text{D} = \dfrac{1}{3}\cdot10^{-29}\ \text{C}\cdot\text{m}$.

b) On mesure expérimentalement un moment dipolaire de $p_{exp}=1{,}83\,\text{D}$. Interpréter physiquement ce résultat. Pourquoi le moment dipolaire n'est-il pas nul, pour quel type de molécule diatomique le serait-il et quelle serait alors la nature de la liaison ?

c) On désigne par G^- le barycentre des charges électroniques de la molécule H-F. En déduire la distance $a = FG^-$. On rappelle que le fluor est plus électronégatif que l'hydrogène.

❑ Exercice 4.11. Molécule quadrupolaire*

Dans une molécule de dioxyde de carbone (CO_2), les atomes d'oxygène portent une charge négative $-q$ et l'atome de carbone porte une charge positive $+2q$ (ceci est dû au fait que l'oxygène est plus électronégatif que le carbone). On note a la longueur des liaisons.
Calculer le champ créé par cette molécule à une distance r grande devant a.

❑ Exercice 4.12. Déviation d'un jet d'eau

On réalise l'expérience classique suivante : on se frotte d'abord une règle sur les cheveux, puis on approche la règle d'un filet d'eau coulant du robinet : le filet d'eau est alors dévié vers la règle.

1. Justifier que la molécule d'eau est une distribution dipolaire.

2. Interpréter alors ce phénomène, et expliquer pourquoi le signe des charges portées par la règle n'a pas d'influence.

❑ Exercice 4.13. Étude d'un quadripôle - Problème ouvert

1. Rappeler l'expression du champ créé en un point M par une charge q ponctuelle et immobile en un point O.
Tracer l'allure des lignes de champ et des équipotentielles. Comparer au cas d'une sphère de centre O et de rayon R qui porte une charge uniformément répartie à l'intérieur avec une charge volumique ρ. $\vec{E}$ diverge-t-il depuis une charge positive ou converge-t-il sur une charge positive ? Qu'en est-il pour une charge négative ?

2. On considère à présent un quadripôle électrostatique formé de quatre charges ponctuelles immobiles : deux charges $+q$ en (a, a) et $(-a, -a)$ et deux charges $-q$ en $(a, -a)$ et $(-a, a)$. Le tracé de la trace des surfaces équipotentielles dans le plan de la feuille (obtenu par un code en Python) est donné sur la page suivante.
Sachant que l'on peut montrer, à partir du théorème de Gauss, que deux lignes de champ ne peuvent se couper hors des charges, tracer l'allure de quelques lignes de champ électrostatique $\vec{E}$ créé par ce quadripôle sur la figure.

Équipotentielles

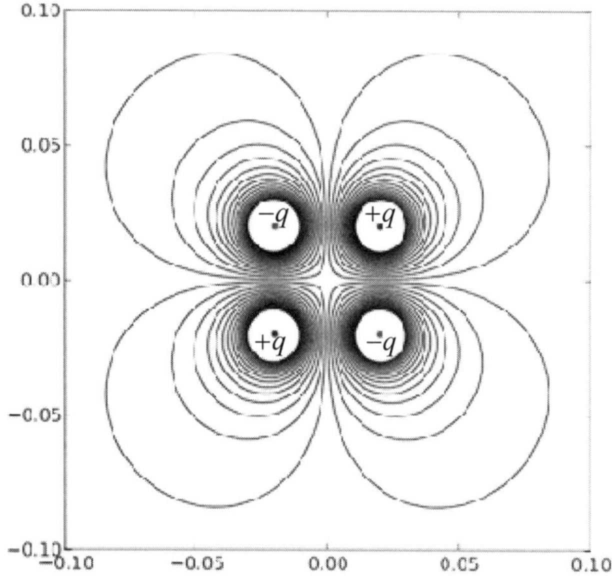

■ Pour vous aider à démarrer

Exercice 4.3. Négliger les effets de bords, utiliser le théorème des éléments correspondants.
Exercice 4.4. Egaler la charge portée par une longueur L de conducteur à celle répartie en surface sur un cylindre de rayon a et de longueur L.
Exercice 4.5. Utiliser la relation intégrale donnant le potentiel pour une distribution surfacique $V(M)=\dfrac{1}{4\pi\varepsilon_0}\iint_S \dfrac{\sigma(P)\,\mathrm{d}s}{PM}$ avec une charge surfacique uniforme.
Exercice 4.7. Question 2.c) : on rappelle que si $\mathrm{d}\vec{r}(M)$ est un élément de ligne de champ de $\vec{E}(M)$, on écrit : $\vec{E}(M)\wedge \mathrm{d}\vec{r}(M)=\vec{0}$. L'équation des lignes de champ s'obtient en explicitant cette égalité et en l'intégrant.
Exercice 4.8. Montrer que le potentiel ne dépend que de r de façon à utiliser l'équation de Laplace.
Exercice 4.11. Le moment dipolaire de cette distribution est nul. Il faut effectuer un développement limité à l'ordre 2.

■■ Corrigé des vrai/faux

1.	2.	3.	4.	5.	6.	7.	8.	9.	10.
faux	faux	vrai	faux	vrai	vrai	faux	vrai	faux	vrai

1. Elle n'est nulle que le long d'une courbe fermée.
3. L'axe du dipôle est axe de symétrie.
4. C'est l'inverse.
7. La résultante des forces exercées par un champ uniforme est nulle.
9. Elles sont orthogonales aux lignes de champ en tout point.
10. C'est ce qu'indique la relation $\vec{E} = -\overrightarrow{\text{grad}}\,V$.

❑ Les erreurs classiques

→ Ne pas tenter un calcul direct du potentiel pour une distribution de charges qui s'étend à l'infini, car l'intégrale ne converge pas.
→ Faire bien attention aux signes dans les relations entre champ et potentiel :
$\vec{E} = -\overrightarrow{\text{grad}}\,V$, $\mathrm{d}V = -\vec{E}\cdot\mathrm{d}\vec{\ell}$, $V(A) - V(B) = \int_A^B \vec{E}(M)\cdot\mathrm{d}\vec{\ell}$.
→ Lors du calcul du champ à partir du potentiel ou inversement, attention à ne pas confondre dérivation et intégration !
→ Ne pas confondre le champ électrique créé *par* un dipôle et un champ extérieur créé par d'autres charges, susceptible d'agir *sur* le dipôle.

Corrigé

Corrigé des exercices

Exercice 4.1

1. On calcule le potentiel à partir du champ en utilisant la relation $\mathrm{d}V = -\vec{E}\cdot\mathrm{d}\vec{l}$. En coordonnées cartésiennes, $\mathrm{d}\vec{l} = \mathrm{d}x\,\vec{e_x} + \mathrm{d}y\,\vec{e_y} + \mathrm{d}z\,\vec{e_z}$, donc $\mathrm{d}V = -\dfrac{\sigma\,\mathrm{sgn}(z)}{2\varepsilon_0}\mathrm{d}z$. En intégrant, on obtient $V(M) = -\dfrac{\sigma|z|}{2\varepsilon_0} + \mathrm{cte}$. On peut faire le choix d'un potentiel nul en $z = 0$, ce qui donne $\mathrm{cte} = 0$, donc $\boxed{V(M) = -\dfrac{\sigma|z|}{2\varepsilon_0}}$.

On remarque que ce potentiel est bien symétrique par rapport au plan $z = 0$, qui est plan de symétrie de la distribution de charges.

2. Il n'est pas possible de faire un calcul direct du potentiel, car la distribution de charges s'étend à l'infini. (Les intégrales correspondent à un choix de l'origine des potentiels à l'infini, ce qui est impossible ici.)

Exercice 4.2

1. On cherche le champ en un point *M* à la distance *r* du centre *O*. Tout plan qui contient (*OM*) est plan de symétrie de la distribution de charges, il en résulte que le champ est radial, selon $\vec{e_r}$ (puisque le champ est contenu dans un plan de symétrie, il est donc porté par l'intersection d'au moins deux plans de symétrie passant par *M*). Par ailleurs, la distribution de charges étant à symétrie sphérique, la norme du champ ne dépend pas des coordonnées angulaires θ et φ. On en déduit que $\vec{E}(M) = E_r(r)\vec{e_r}$.

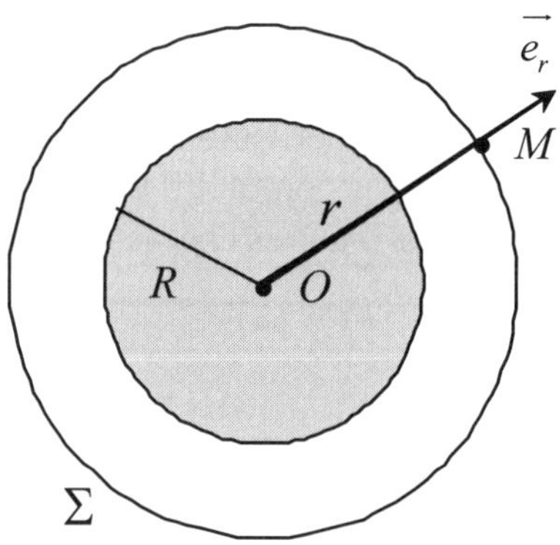

On prend comme surface fermée une sphère Σ de centre *O* qui passe par le point *M*, de rayon *r*. Le flux sortant au travers de cette surface est $\Phi(\vec{E})_\Sigma = \iint_\Sigma \vec{E}(M)\cdot\mathrm{d}s\,\vec{n}$. On remplace ensuite $\vec{E}(M)$ par $E_r(r)\vec{e_r}$ et $\vec{n}$ par $\vec{e_r}$: $\Phi(\vec{E})_\Sigma = \iint_\Sigma E_r(r)\vec{e_r}\cdot\vec{e_r}\,\mathrm{d}s = \iint_\Sigma E_r(r)\,\mathrm{d}s$. Comme $E_r(r)$ ne varie pas sur la surface Σ, $\Phi(\vec{E})_\Sigma = \iint_\Sigma E_r(r)\,\mathrm{d}s = E_r(r)\iint_\Sigma \mathrm{d}s = 4\pi r^2 E_r(r)$. La charge Q_{int}

contenue à l'intérieur de la sphère Σ dépend de r : elle est nulle si $r < R$ et vaut $Q_{\text{int}} = 4\pi R^2\sigma$ si $r > R$. Le théorème de Gauss $\Phi(\vec{E})_\Sigma = \dfrac{Q_{\text{int}}}{\varepsilon_0}$ donne donc : à l'intérieur de la sphère, $\boxed{\vec{E}(M_{\text{int}}) = \vec{0}}$; à l'extérieur de la sphère, $4\pi r^2 E_r(r) = \dfrac{4\pi R^2\sigma}{\varepsilon_0}$, d'où $\boxed{\vec{E}(M_{\text{ext}}) = \dfrac{\sigma R^2}{\varepsilon_0 r^2}\vec{e_r}}$.

2. On utilise la relation $\mathrm{d}V = -\vec{E}\cdot\mathrm{d}\vec{\ell}$, avec $\mathrm{d}\vec{\ell} = \mathrm{d}r\,\vec{e_r} + r\,\mathrm{d}\theta\,\vec{e_\theta} + r\sin\theta\,\mathrm{d}\varphi\,\vec{e_\varphi}$ en coordonnées sphériques. On commence par le potentiel à l'extérieur de la sphère : $\mathrm{d}V = -\dfrac{\sigma R^2}{\varepsilon_0 r^2}\mathrm{d}r$, d'où $V(M) = \dfrac{\sigma R^2}{\varepsilon_0 r} + \text{cte}$. Le choix d'un potentiel nul à l'infini implique $\text{cte} = 0$, et donc $\boxed{V(M_{\text{ext}}) = \dfrac{\sigma R^2}{\varepsilon_0 r}}$. À l'intérieur de la sphère le champ est nul, donc le potentiel est constant. On détermine sa valeur en utilisant la continuité du potentiel en $r = R$, ce qui donne $\boxed{V(M_{\text{int}}) = \dfrac{\sigma R}{\varepsilon_0}}$.

3. En $r = R$, $V(M) = \dfrac{\sigma R}{\varepsilon_0}$ et $\vec{E}(M) = \dfrac{\sigma}{\varepsilon_0}\vec{e_r}$. (En fait, avec cette modélisation surfacique des charges, le champ est discontinu en $r = R$, mais on s'intéresse au champ au voisinage de la surface à l'extérieur de la sphère, soit $r = R^+$). En notant $\vec{E}(M) = E(M)\vec{e_r}$ on obtient au voisinage de la surface $\boxed{E(M) = \dfrac{V(M)}{R}}$. On en conclut donc que, pour un potentiel donné, le champ au voisinage d'une sphère chargée en surface est d'autant plus grand que son rayon est petit. D'une manière plus générale, le champ est d'autant plus intense que le rayon de courbure d'une surface est faible (c'est-à-dire qu'elle est pointue).

Exercice 4.3

1. Les effets de bords sont négligeables lorsque l'espace entre les armatures $e = R_2 - R_1$ est petit devant la longueur de câble considérée h, les cylindres étant alors « vus » comme infinis depuis un point dans l'espace entre leurs surfaces. Les charges portées par les surfaces en regard sont d'après l'énoncé telles que : $2\pi R_1 h\sigma_1 = -2\pi R_2 h\sigma_2$, soit $\boxed{R_1\sigma_1 = -R_2\sigma_2}$.

2. a) Considérons le câble supposé infini. Considérons un point M de coordonnées (r,φ,z) dans l'espace entre les armatures. Tout plan contenant l'axe (Oz) et le point M est plan de symétrie pour la distribution de charge de même que celui contenant M et perpendiculaire à (Oz). Or, en un point d'un tel plan $\vec{E}(M)$ appartient à ce plan, ainsi $\vec{E}(M)$ appartient à l'intersection de ces deux plans, il est donc radial : $\boxed{\vec{E}(M) = E_r(M)\,\vec{e_r}}$. La distribution de charge est invariante par toute translation d'axe (Oz) et toute rotation d'angle φ autour de (Oz). Ainsi, $E_r = E_r(r)$. Par définition, on a $\vec{E}(M) = -\vec{\nabla}(V(M))$. En coordonnées cylindriques $\vec{E}$ étant radial et ne dépendant que de r, il vient : $\vec{E}(r) = -\dfrac{\mathrm{d}V(M)}{\mathrm{d}r}\vec{e_r}$, de sorte que le potentiel ne dépend lui aussi que de r : $\boxed{V(M) = V(r)}$.

b) Les équipotentiels sont donc des cylindres d'axe (Oz) et de rayon r. Ainsi, pour déterminer le champ au point M, en choisissant pour surface de Gauss la surface fermée Σ réunion de la surface latérale Σ_{lat} du cylindre d'axe (Oz), de rayon $R_1 < r = OM < R_2$ et de hauteur h, fermée à ces extrémités par deux disques D_1 et D_2 de même rayon, il vient :

$\displaystyle\oiint_{\Sigma} \vec{E}\cdot\mathrm{d}\vec{S} = \iint_{\Sigma_{lat}} \vec{E}\cdot\mathrm{d}\vec{S} + \iint_{D_1} \vec{E}\cdot\mathrm{d}\vec{S} + \iint_{D_2} \vec{E}\cdot\mathrm{d}\vec{S} = \frac{Q_{int}}{\varepsilon_0}$ où Q_{int} est la charge intérieure à Σ. Or, $\vec{E}$ étant radial $\displaystyle\iint_{D_1} \vec{E}\cdot\mathrm{d}\vec{S} = \iint_{D_2} \vec{E}\cdot\mathrm{d}\vec{S} = 0$. Sur la surface latérale Σ_{lat} du cylindre d'axe (Oz) la norme du champ étant uniforme et le champ de même direction que l'élément de surface $\mathrm{d}\vec{S}$ on peut le « sortir » de l'intégrale.

✎ Ce dernier point est essentiel, sans quoi on aurait à intégrer une fonction inconnue...

Avec $Q_{int} = 2\pi R_1 h\sigma_1$, il vient : $E_r(r)\,2\pi r h = \dfrac{2\pi R_1 h\sigma_1}{\varepsilon_0}$, soit $\boxed{E_r(r) = \dfrac{R_1\,\sigma_1}{\varepsilon_0\, r}}$.

La différence de potentiel entre l'âme et la gaine est $U = V_1 - V_2 = \displaystyle\int_{R_1}^{R_2} \vec{E}\cdot\mathrm{d}\vec{l} = \int_{R_1}^{R_2} E_r(r)\,\mathrm{d}r$, soit

$$\boxed{U = \frac{R_1\,\sigma_1}{\varepsilon_0}\int_{R_1}^{R_2} \mathrm{d}r/r = \frac{R_1\,\sigma_1 \ln(R_2/R_1)}{\varepsilon_0}}.$$

c) La charge Q de l'armature positive du condensateur est celle portée par son armature intérieure et sa capacité est alors liée à la différence de potentiel U entre l'armature intérieure et extérieure par $C = \dfrac{Q}{U}$. Ainsi, avec $Q = 2\pi R_1 h\sigma_1$ et $U = \dfrac{R_1\,\sigma_1 \ln(R_2/R_1)}{\varepsilon_0}$ on obtient :

$C = \dfrac{2\pi\varepsilon_0\, h}{\ln(R_2/R_1)}$. Par unité de longueur de câble on a finalement $\boxed{C_l = \dfrac{2\pi\varepsilon_0}{\ln(R_2/R_1)}}$.

A. N. : pour $R_1 = 1\ \text{mm}$ et $R_2 = 2{,}5\ \text{mm}$ on trouve $\boxed{C_l = 60{,}6\ \text{pF}\cdot\text{m}^{-1}}$.

Exercice 4.4

1. La charge portée par une longueur L de conducteur vaut λL. Si on considère une charge répartie en surface (sur un cylindre de rayon a et de longueur L), elle vaut $2\pi a L\sigma$. Par identification, on en déduit $\boxed{\sigma = \dfrac{\lambda}{2\pi a}}$.

2. On repère la position d'un point M en coordonnées cylindriques (r,θ,z). Il faut d'abord étudier les symétries et invariances de la distribution de charge : tout plan qui contient l'axe (Oz) est plan de symétrie, ainsi

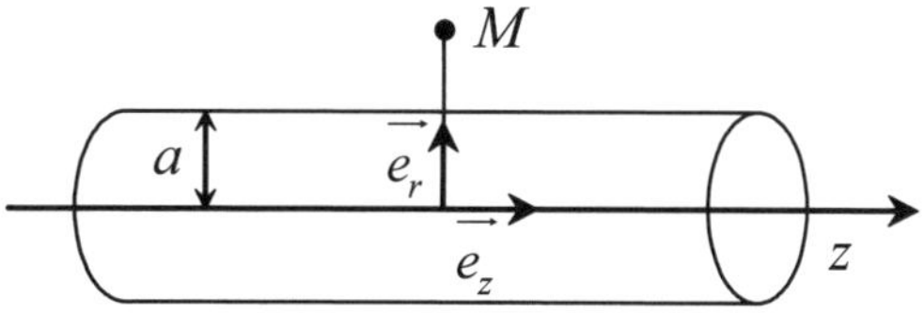

que tout plan qui lui est orthogonal. On en déduit que le champ en un point M est radial, c'est-à-dire selon $\overrightarrow{e_r}$. Par ailleurs, la distribution est invariante par toute rotation autour de (Oz) et par toute translation selon $\overrightarrow{e_z}$. On en déduit que la norme du champ ne dépend ni de θ ni de z. On peut finalement conclure : $\vec{E}(M) = E_r(r)\overrightarrow{e_r}$. On applique ensuite le théorème de Gauss à la surface fermée Σ constituée d'un cylindre d'axe (Oz) de rayon r et de hauteur b et des deux disques qui ferment ses extrémités. Le flux au travers des disques est nul, puisque le champ y est orthogonal au vecteur unitaire normal à la surface. Il reste à calculer le flux au travers de la partie cylindrique (surface latérale), pour laquelle le vecteur unitaire normal à la surface sortant est $\overrightarrow{e_r}$. L'expression de ce flux est donc $\Phi(\vec{E})_\Sigma = \iint_{\text{cylindre}} \vec{E}(M)\cdot \mathrm{d}s\,\vec{n} = \iint_{\text{cylindre}} E_r(r)\overrightarrow{e_r}\cdot\overrightarrow{e_r}\,\mathrm{d}s$.

Comme $E_r(r)$ ne varie pas sur la surface du cylindre, on peut le « sortir » de l'intégrale, ce qui donne $\Phi(\vec{E})_\Sigma = E_r(r)\iint_{\text{cylindre}} \mathrm{d}s$ et l'intégrale est simplement la surface latérale du cylindre, qui vaut $2\pi rb$. Donc $\Phi(\vec{E})_\Sigma = 2\pi r b E_r(r)$. La charge intérieure vaut $Q_{\text{int}} = 2\pi a b\sigma$. Le théorème de Gauss, $\Phi(\vec{E})_\Sigma = \dfrac{Q_{\text{int}}}{\varepsilon_0}$, donne donc : $\boxed{\vec{E}(M) = \dfrac{a\sigma}{\varepsilon_0 r}\overrightarrow{e_r}}$.

3. On calcule le potentiel à partir de $\mathrm{d}V = -\vec{E}\cdot\mathrm{d}\vec{l}$. Le déplacement élémentaire s'écrit $\mathrm{d}\vec{l} = \mathrm{d}r\,\overrightarrow{e_r} + r\,\mathrm{d}\theta\,\overrightarrow{e_\theta} + \mathrm{d}z\,\overrightarrow{e_z}$, donc $\mathrm{d}V = -\dfrac{a\sigma}{\varepsilon_0 r}\mathrm{d}r$. On en déduit $V(M) = -\dfrac{\sigma_1 R_1}{\varepsilon_0}\ln r + \text{cte}$. On peut choisir un potentiel nul en $r = a$, ce qui conduit à $\text{cte} = \dfrac{\sigma_1 R_1}{\varepsilon_0}\ln a$, et finalement à

$$\boxed{V(M) = -\frac{a\sigma}{\varepsilon_0}\ln\frac{r}{a} = -\frac{\lambda}{2\pi\varepsilon_0}\ln\frac{r}{a}}.$$

4. On note r_1 et r_2 les distances par rapport aux deux lignes. Le potentiel en M est la somme des potentiels créés par chaque ligne, donc

$$\boxed{V(M) = \frac{\lambda}{2\pi\varepsilon_0}\ln\frac{r_1}{a} - \frac{\lambda}{2\pi\varepsilon_0}\ln\frac{r_2}{a} = \frac{\lambda}{2\pi\varepsilon_0}\ln\frac{r_1}{r_2}}.$$

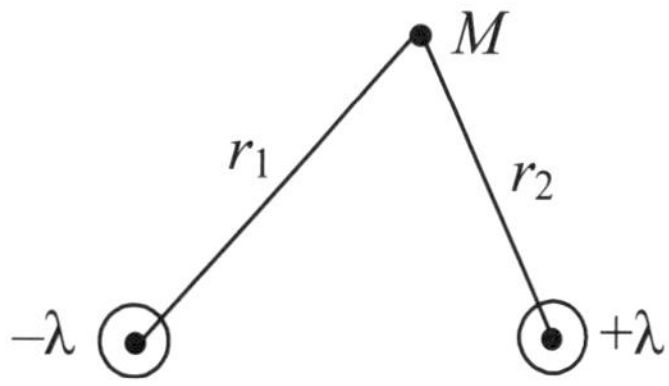

Corrigé

5. La différence de potentiel est égale à la différence entre les potentiels à la surface de chaque conducteur, qui valent respectivement $V_1 = \dfrac{\lambda}{2\pi\varepsilon_0}\ln\dfrac{a}{h}$ et $V_2 = \dfrac{\lambda}{2\pi\varepsilon_0}\ln\dfrac{h}{a}$, compte tenu du fait que $h >> a$. On en déduit $U = V_2 - V_1 = 2\dfrac{\lambda}{2\pi\varepsilon_0}\ln\dfrac{h}{a}$, soit $\boxed{U = \dfrac{\lambda}{\pi\varepsilon_0}\ln\dfrac{h}{a}}$.

6. Pour une longueur ℓ la charge q portée par l'armature 2 vaut $\lambda\ell$. La capacité de cette longueur de ligne est donc $C = \dfrac{q}{U} = \lambda\ell\dfrac{\pi\varepsilon_0}{\lambda\ln(h/a)}$, d'où une capacité linéique $\boxed{C_\ell = \dfrac{\pi\varepsilon_0}{\ln(h/a)}}$.

Exercice 4.5

1. Pour une distribution surfacique, l'expression générale du potentiel en un point M est $V(M) = \dfrac{1}{4\pi\varepsilon_0}\iint_S \dfrac{\sigma(P)\,\mathrm{d}s}{PM}$. Ici la charge surfacique est uniforme et on cherche le potentiel au point O centre de la sphère, la distance OP est donc constante et égale au rayon R de la sphère. Donc $V(O) = \dfrac{\sigma}{4\pi\varepsilon_0 R}\iint_S \mathrm{d}s$. Or $\iint_S \mathrm{d}s$ est la surface de la sphère et vaut donc $4\pi R^2$, d'où $\boxed{V(O) = \dfrac{\sigma R}{\varepsilon_0}}$.

2. La distribution de charges est à symétrie sphérique, donc le potentiel l'est aussi, c'est-à-dire qu'il est indépendant des coordonnées θ et φ du point M, il ne dépend que de la distance r par rapport à O. Le potentiel sur l'axe (Oz) à une distance z_M de O est donc le même que celui en n'importe quel point à la même distance de O, c'est pourquoi on peut effectuer un calcul tout à fait général en considérant un point M sur l'axe (Oz).

3. On reprend l'expression générale du potentiel $V(M) = \dfrac{1}{4\pi\varepsilon_0}\iint_S \dfrac{\sigma(P)\,\mathrm{d}s}{PM}$ et on exprime la distance PM en fonction des coordonnées θ et φ du point P.

Comme $\overrightarrow{PM} = \overrightarrow{OM} - \overrightarrow{OP} = z_M\overrightarrow{e_z} - \left(R\sin\theta\cos\varphi\,\overrightarrow{e_x} + R\sin\theta\sin\varphi\,\overrightarrow{e_y} + R\cos\theta\,\overrightarrow{e_z}\right)$,

$PM^2 = (R\sin\theta\cos\varphi)^2 + (R\sin\theta\sin\varphi)^2 + (R\cos\theta - z_M)^2 = R^2 + z_M{}^2 - 2Rz_M\cos\theta$.

Donc, compte tenu de l'expression d'un élément de surface $\mathrm{d}s = R^2\sin\theta\,\mathrm{d}\theta\,\mathrm{d}\varphi$,

$$V(M) = \frac{\sigma}{4\pi\varepsilon_0}\iint_S \frac{R^2\sin\theta\,\mathrm{d}\theta\,\mathrm{d}\varphi}{\sqrt{R^2 + z_M{}^2 - 2Rz_M\cos\theta}} = \frac{\sigma R}{4\pi\varepsilon_0}\iint_S \frac{\sin\theta\,\mathrm{d}\theta\,\mathrm{d}\varphi}{\sqrt{1 + \left(\frac{z_M}{R}\right)^2 - 2\frac{z_M}{R}\cos\theta}}.$$

Pour parcourir toute la sphère on doit intégrer sur θ entre 0 et π et sur φ entre 0 et 2π. D'où

$$V(M)=\frac{\sigma R}{4\pi\varepsilon_0}\int_0^{2\pi}\mathrm{d}\varphi\int_0^{\pi}\frac{\sin\theta\,\mathrm{d}\theta}{\sqrt{1+\left(\frac{z_M}{R}\right)^2-2\frac{z_M}{R}\cos\theta}}=\frac{\sigma R}{2\varepsilon_0}\int_0^{\pi}\frac{\sin\theta\,\mathrm{d}\theta}{\sqrt{1+\left(\frac{z_M}{R}\right)^2-2\frac{z_M}{R}\cos\theta}}.$$

Il reste à calculer : $\displaystyle\int_0^{\pi}\frac{\sin\theta\,\mathrm{d}\theta}{\sqrt{1+\left(\frac{z_M}{R}\right)^2-2\frac{z_M}{R}\cos\theta}}=\left[\frac{R}{2z_M}\times 2\times\sqrt{1+\left(\frac{z_M}{R}\right)^2-2\frac{z_M}{R}\cos\theta}\right]_0^{\pi}$

$$=\frac{R}{z_M}\left(\sqrt{1+\left(\frac{z_M}{R}\right)^2+2\frac{z_M}{R}}-\sqrt{1+\left(\frac{z_M}{R}\right)^2-2\frac{z_M}{R}}\right)=\frac{R}{z_M}\left(\sqrt{\left(1+\frac{z_M}{R}\right)^2}-\sqrt{\left(1-\frac{z_M}{R}\right)^2}\right)$$

$=\dfrac{R}{z_M}\left(1+\dfrac{z_M}{R}-\left|1-\dfrac{z_M}{R}\right|\right)$ (ne pas oublier de prendre la valeur absolue !).

Il faut alors distinguer deux cas.

– Si $z_M<R$ (M à l'intérieur de la sphère), $\left|1-\dfrac{z_M}{R}\right|=1-\dfrac{z_M}{R}$, et l'intégrale vaut $\dfrac{R}{z_M}\left(1+\dfrac{z_M}{R}-1+\dfrac{z_M}{R}\right)=2$. Le potentiel vaut donc $\boxed{V(M_{\text{int}})=\dfrac{\sigma R}{\varepsilon_0}}$.

– Si $z_M>R$ (M à l'extérieur de la sphère), $\left|1-\dfrac{z_M}{R}\right|=\dfrac{z_M}{R}-1$, et l'intégrale vaut $\dfrac{R}{z_M}\left(1+\dfrac{z_M}{R}+1-\dfrac{z_M}{R}\right)=\dfrac{2R}{z_M}$. Le potentiel vaut donc $\dfrac{\sigma R}{2\varepsilon_0}*\dfrac{2R}{z_M}=\dfrac{\sigma R^2}{\varepsilon_0 z_M}$, soit pour un point M quelconque (pas nécessairement sur l'axe) : $\boxed{V(M_{\text{ext}})=\dfrac{\sigma R^2}{\varepsilon_0 r}}$.

✐ *À l'intérieur le potentiel est constant, et on retrouve bien la valeur calculée au centre précédemment. À l'extérieur le potentiel est inversement proportionnel à la distance r et on retrouve le même champ que si toute la charge portée sur la sphère, $Q=\sigma 4\pi R^2$, était concentrée en son centre.*

Exercice 4.6

1. La connaissance des potentiels (qui ne dépendent que d'une unique coordonnée spatiale) sur la surface des conducteurs nous engage à utiliser **l'équation de Poisson** (qui ici se réduit à celle de Laplace).

2. Dans le vide entre les armatures l'équation de Poisson s'écrit $\nabla^2(V)=0$. Comme $V=V(r)$, on écrit en coordonnées cylindriques : $\nabla^2\big(V(r)\big)=\dfrac{1}{r}\dfrac{\mathrm{d}}{\mathrm{d}r}\left(r\dfrac{\mathrm{d}\big(V(r)\big)}{\mathrm{d}r}\right)=0$, soit

$\frac{\partial}{\mathrm{d}r}\left(r\frac{\mathrm{d}(V(r))}{\mathrm{d}r}\right)=0$. Intégrons une première fois par rapport à r : $r\frac{\mathrm{d}(V(r))}{\mathrm{d}r}=A$ où A est une constante à déterminer. Ainsi, $\frac{\mathrm{d}(V(r))}{\mathrm{d}r}=\frac{A}{r}$, et en intégrant une seconde fois par rapport à r : $V(r)=A\ln(r/r_0)$ où r_0 est une constante.

Pour déterminer les constantes, utilisons les conditions aux limites du domaine d'intégration : en $r=R_1$, on sait d'après l'énoncé que $V=V_1$ et qu'en $r=R_2$ $V=V_2$. On obtient ainsi un système de deux équations à deux inconnues $\begin{cases}V_1=A\ln(R_1/r_0)\\V_2=A\ln(R_2/r_0)\end{cases}$ donnant $A=\frac{(V_1-V_2)}{\ln(R_1/R_2)}=\frac{U}{\ln(R_1/R_2)}$. Notons qu'il n'est pas utile de déterminer la seconde constante r_0 qui disparaîtra lorsque que nous formerons le gradient de $V(r)$ de façon à obtenir $E(r)$. Ainsi, avec $V(r)=\frac{U}{\ln(R_1/R_2)}\ln(r/r_0)$, il vient : $E(r)=-\frac{\mathrm{d}V(r)}{\mathrm{d}r}$ soit

$$\boxed{E(r)=-\frac{U}{\ln(R_1/R_2)}\frac{\mathrm{d}\ln(r/r_0)}{\mathrm{d}r}=-\frac{U}{r\ln(R_1/R_2)}}.$$

3. Pour déterminer le champ au point *M*, en choisissant pour surface de Gauss la surface fermée Σ réunion de la surface latérale Σ_{lat} du cylindre d'axe (*Oz*), de rayon $R_1<r=OM<R_2$ et de hauteur *h*, fermée à ces extrémités par deux disques D_1 et D_2 de même rayon. Sur cette surface de Gauss le champ est de norme constante et sa direction coïncide avec la normale locale et il vient :

$\oiint_{\Sigma}\vec{E}\cdot\mathrm{d}\vec{S}=\iint_{\Sigma_{lat}}\vec{E}\cdot\mathrm{d}\vec{S}+\iint_{D_1}\vec{E}\cdot\mathrm{d}\vec{S}+\iint_{D_2}\vec{E}\cdot\mathrm{d}\vec{S}=\frac{Q_{int}}{\varepsilon_0}$ où Q_{int} est la charge intérieure à Σ. Or, $\vec{E}$ étant radial $\iint_{D_1}\vec{E}\cdot\mathrm{d}\vec{S}=\iint_{D_2}\vec{E}\cdot\mathrm{d}\vec{S}=0$. Sur la surface latérale Σ_{lat} du cylindre d'axe (*Oz*) la norme du champ étant uniforme et le champ de même direction que l'élément de surface $\mathrm{d}\vec{S}$ on peut le « sortir » de l'intégrale. Avec $Q_{int}=2\pi R_1 h\sigma_1$, il vient : $E_r(r)\,2\pi r h=\frac{2\pi R_1 h\sigma_1}{\varepsilon_0}$ et : $E_r(R_1)\,2\pi R_1 h=\frac{2\pi R_1 h\sigma_1}{\varepsilon_0}$, soit : $\boxed{\sigma_1=\frac{\varepsilon_0 U}{R_1\ln(R_2/R_1)}}$.

4. Pour une longueur *h* de câble, la charge portée par l'armature interne est donc $Q=\frac{2\pi R_1 h\varepsilon_0 U}{R_1\ln(R_2/R_1)}=\frac{2\pi h\varepsilon_0 U}{\ln(R_2/R_1)}$. Comme par définition la capacité est $C=\frac{Q}{U}$, il vient $C=\frac{2\pi h\varepsilon_0}{\ln(R_2/R_1)}$ et par unité de longueur de câble $\boxed{C_l=\frac{2\pi\varepsilon_0}{\ln(R_2/R_1)}}$.

Exercice 4.7

1. a) L'argument $\frac{r}{a}$ de l'exponentielle $\exp\left(-\frac{r}{a}\right)$ est sans dimension ainsi a est homogène à une distance. De $\vec{E}=-\vec{\nabla}(V)$, on tire $\boxed{\vec{E}(r)=-\frac{\partial V(r)}{\partial r}\vec{e_r}=\frac{e}{4\pi\varepsilon_0}\left(\frac{1}{r^2}+\frac{1}{ar}\right)\exp\left(-\frac{r}{a}\right)\vec{e_r}}$.

b) Pour $r<<a$, on a $\frac{1}{r^2}>>\frac{1}{ar}$, d'où $E(r)\approx\frac{e}{4\pi\varepsilon_0 r^2}$ (on retrouve le champ d'une charge ponctuelle). Pour $r>>a$, on a $E(r)\approx 0$. Ainsi, a apparaît comme l'ordre de grandeur de la portée de l'interaction coulombienne véhiculée par le champ $\vec{E}$ et traduisant l'état lié entre le noyau et l'électron.

c) Avec $E(a)\approx 10^{11}\ V\cdot m^{-1}$ on trouve $\boxed{a\approx 1\ \mathring{A}=10^{-10}\ m}$ qui est bien l'ordre de grandeur du rayon de l'atome.

2. a) L'équation de Poisson s'écrit $\Delta\big(V(r)\big)+\frac{\rho(r)}{\varepsilon_0}=0$, soit en coordonnées cylindriques $\frac{1}{r^2}\frac{\partial}{\partial r}\left(r^2\frac{\partial(\xi)}{\partial r}\right)+\frac{\rho(r)}{\varepsilon_0}=0$. Or $\frac{1}{r^2}\frac{\partial}{\partial r}\left(r^2\frac{\partial(V(r))}{\partial r}\right)=\frac{2}{r}\frac{\partial(V(r))}{\partial r}+\frac{\partial^2(V(r))}{\partial r^2}$ et de plus $E(r)=-\frac{\partial V(r)}{\partial r}$ de sorte que finalement l'équation de Poisson s'écrit en terme de champ : $\boxed{-\frac{dE(r)}{dr}-\frac{2}{r}E(r)+\frac{\rho(r)}{\varepsilon_0}=0}$.

b) Remplaçons $E(r)$ par son expression dans cette équation, il vient :

$$-\frac{e}{4\pi\varepsilon_0}\left(\frac{2}{r^3}+\frac{1}{ar^2}\right)\exp\left(-\frac{r}{a}\right)-\frac{e}{4\pi\varepsilon_0 a}\left(\frac{1}{r^2}+\frac{1}{ar}\right)\exp\left(-\frac{r}{a}\right)-$$

$$-\frac{e}{4\pi\varepsilon_0}\left(\frac{2}{r^3}+\frac{2}{ar^2}\right)\exp\left(-\frac{r}{a}\right)+\frac{\rho(r)}{\varepsilon_0}=0$$

soit : $\frac{e}{4\pi\varepsilon_0 a^2 r}\exp\left(-\frac{r}{a}\right)+\frac{\rho(r)}{\varepsilon_0}=0$ et donc $\rho(r)=f(r)\exp\left(-\frac{r}{a}\right)$ avec $f(r)=-\frac{e}{4\pi a^2 r}$.

La charge totale relative à la distribution électronique dans tout l'espace entourant le noyau s'obtient en sommant la densité volumique électronique $\rho(r)$ sur tout l'espace : $Q_{elec}=\iiint_{espace}\rho(r)\,d\tau$. La distribution de charge ayant la symétrie sphérique, on peut prendre l'élément de volume en sphérique possédant cette même symétrie : il s'agit du volume élémentaire $d\tau=4\pi r^2\,dr$ contenu entre deux sphères de rayon r et $r+dr$, ainsi

Corrigé

$Q_{elec} = \int_0^{+\infty} 4\pi r^2 \rho(r)\,\mathrm{d}r = -\frac{e}{a^2}\int_0^{+\infty} r\exp\left(-\frac{r}{a}\right)\mathrm{d}r = -e$ la charge totale de la distribution électronique dans tout l'espace correspond bien à celle de l'électron.

c) Le champ ne dépendant que de *r*, il est d'amplitude constant sur une sphère de rayon *r* de sorte que son flux à travers une telle surface fermée est égal à :

$\Phi = \oiint_{sphère\ r} E(r)\,\overrightarrow{e_r}\cdot\overrightarrow{e_r}\,\mathrm{d}S = 4\pi r^2 E(r)$, soit compte tenu de l'expression de $E(r)$,

$\boxed{\Phi = \frac{e}{\varepsilon_0}\left(1+\frac{r}{a}\right)\exp\left(-\frac{r}{a}\right)}$. D'après le **théorème de Gauss** ce flux est égal à la charge intérieure contenue dans cette surface, c'est-à-dire la somme de la charge du noyau et de la contribution de la charge électronique contenue dans la sphère de rayon *r* : $\boxed{Q_{int} = \iiint_{sphère\ r} \rho(r)\,\mathrm{d}\tau + e}$.

Dans la limite $r \to 0$, on a $\Phi \to \frac{e}{\varepsilon_0}$ et on retrouve ainsi le flux du champ créé par une charge ponctuelle $+e$ en O (comme on pouvait s'y attendre au vu de la question 1, ce qui traduit physiquement le fait que dans le cas $r << a$, la contribution de la charge électronique contenue dans la sphère de rayon $r << a$ est négligeable par rapport à celle portée par le noyau qui domine ainsi la distribution de charge : $\iiint_{sphère\ r<<a} \rho(r)\,\mathrm{d}\tau << e$ et $Q_{int} \approx +e$.

Dans la limite $r \to 0$, on a $\rho(r) \to 0$ (dominé par l'exponentielle décroissante) de sorte que $\left(\iiint_{sphère\ r} \rho(r)\,\mathrm{d}\tau\right) \to 0$ lorsque $r \to 0$ et ainsi $\boxed{Q_{int} \to +e}$.

Dans la limite $r \to +\infty$, on a $\Phi \to 0$ ce qui traduit physiquement le fait que dans le cas $r >> a$, la contribution de la charge électronique contenue dans la sphère de rayon $r >> a$ compense presque totalement la charge du noyau de sorte que $\left(\iiint_{sphère\ r>>a} \rho(r)\,\mathrm{d}\tau\right) + e \approx 0$. Dans la limite $r \to +\infty$, en sommant sur tout l'espace, on a $\boxed{\iiint_{espace} \rho(r)\,\mathrm{d}\tau = -e}$: en sommant sur tout l'espace entourant le noyau on retrouve la charge totale de l'électron qui s'y trouve distribué. Entre ces deux situations extrêmes pour des valeurs de *r* de l'ordre de *a*, la contribution de la charge électronique contenue dans la sphère de rayon *r* ne compense qu'une fraction de la charge du noyau : on dit que la charge électronique diffuse dans l'espace entre *O* et le point *M* écrante partiellement la charge du noyau. À faible distance $r << a$ cet écrantage est négligeable et à grande distance $r >> a$ l'écrantage est quasi total. Pour $r \to +\infty$ il est total.

Exercice 4.8

1. Considérons un point dans l'espace entre la Terre et l'électrosphère : tout plan contenant un rayon et le point M est plan de symétrie pour la distribution de charge. Or, en un point d'un tel plan $\vec{E}(M)$ appartient à ce plan, ainsi $\vec{E}(M)$ appartient à l'intersection de ces plans, il est donc radial : $\boxed{\vec{E}(M) = E_r(M)\,\vec{e_r}}$.

> ✎ *On peut aussi utiliser le fait qu'un rayon passant par M est axe de symétrie de la distribution de charge, ce qui conduit directement au caractère radial du champ.*

La distribution de charge est invariante par toute rotation d'angle θ et d'angle φ autour de (Oz), ainsi, $E_r = E_r(r)$. Par définition, on a $\vec{E}(M) = -\vec{\nabla}(V(M))$. En coordonnées sphériques $\vec{E}$ étant radial et ne dépendant que de r, il vient : $\vec{E}(r) = -\dfrac{\mathrm{d}V(M)}{\mathrm{d}r}\vec{e_r}$. Ainsi, le potentiel ne dépend lui aussi que de r : $\boxed{V = V(r)}$. Le potentiel ne dépendant que d'une unique coordonnée spatiale et les conditions aux limites étant connues utilisons l'**équation de Laplace**, qui dans le vide entre les armatures s'écrit : $\nabla^2(V) = 0$.

Comme $V = V(r)$ on écrit en coordonnées sphériques : $\nabla^2\big(V(r)\big) = \dfrac{1}{r^2}\dfrac{\mathrm{d}}{\mathrm{d}r}\left(r^2\dfrac{\mathrm{d}\big(V(r)\big)}{\mathrm{d}r}\right) = 0$,

soit $\dfrac{\mathrm{d}}{\mathrm{d}r}\left(r^2\dfrac{\mathrm{d}\big(V(r)\big)}{\mathrm{d}r}\right) = 0$. Intégrons une première fois par rapport à r : $r^2\dfrac{\mathrm{d}\big(V(r)\big)}{\mathrm{d}r} = A$ où A est une constante à déterminer. Ainsi $\dfrac{\mathrm{d}\big(V(r)\big)}{\mathrm{d}r} = \dfrac{A}{r^2}$, et en intégrant une seconde fois par rapport à r : $V(r) = -\dfrac{A}{r} + B$ où B est une constante.

Pour déterminer les constantes utilisons les conditions aux limites du domaine d'intégration : en $r = R + h$ on sait d'après l'énoncé que $V = V_h$ et qu'en $r = R$ $V = 0$.

On obtient ainsi un système de deux équations à deux inconnues $\begin{cases} 0 = -A/R + B \\ V_h = -A/(R+h) + B \end{cases}$

donnant : $A = V_h\left(\dfrac{R\,(R+h)}{h}\right)$ et $B = V_h\left(\dfrac{(R+h)}{h}\right)$.

Ainsi avec $\boxed{V(r) = V_h\left[-\dfrac{1}{r}\left(\dfrac{R\,(R+h)}{h}\right) + \dfrac{(R+h)}{h}\right]}$.

2. Avec $E_r(r) = -\dfrac{\mathrm{d}V(r)}{\mathrm{d}r}$ on obtient $E_r(r) = -\dfrac{V_h}{r^2}\left(\dfrac{R\,(R+h)}{h}\right)$ et $\vec{E}(M) = -\dfrac{V_h}{r^2}\left(\dfrac{R\,(R+h)}{h}\right)\vec{e_r}$.

3. Appliquons le **théorème de Gauss** sur une surface de Gauss de centre O et de rayon $R < r < R + h$ pour déterminer l'expression de la charge Q portée par l'armature interne du condensateur. Sur cette surface de Gauss le champ est de norme constante et sa direction coïncide avec la normale locale. Le flux sortant du champ à travers une telle surface fermée est

Corrigé

égal à : $\Phi = \oiint_{sphère\ r} \vec{E}\cdot\vec{e_r}\,\mathrm{d}S = -4\pi r^2 |E(r)|$. D'après le théorème de Gauss ce flux est égal à la charge intérieure $Q_{int} = -Q$ contenue dans cette surface que divise ε_0, soit : $4\pi r^2 |E(r)| = \dfrac{+Q}{\varepsilon_0} = \dfrac{\sigma 4\pi R^2}{\varepsilon_0}$.

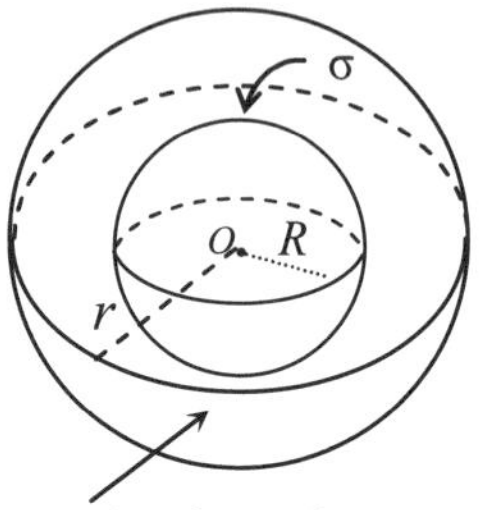

Ainsi, pour $r > R$: $|E(r)| = \dfrac{\sigma R^2}{\varepsilon_0 r^2}$. En $r = R^+$ au voisinage immédiat de l'armature interne de densité surfacique de charge σ, on a ainsi :

$$|E(r=R)| = \frac{\sigma}{\varepsilon_0} = \frac{V_h}{R}\left(\frac{(R+h)}{h}\right) \text{ soit } \sigma = \varepsilon_0 V_h \left(\frac{(R+h)}{R\,h}\right).$$

La charge portée par la terre, armature interne, est donc :

$$\boxed{Q = 4\pi R^2 \varepsilon_0 V_h \left(\frac{(R+h)}{R\,h}\right) = 4\pi\varepsilon_0 V_h \left(\frac{R(R+h)}{h}\right)}.$$

4. Comme par définition la capacité est $C = \dfrac{Q}{U}$, avec $U = V_h - V_R = V_h - 0 = V_h$ la différence de potentiel entre les armatures, il vient : $C = 4\pi\varepsilon_0 \left(\dfrac{R(R+h)}{h}\right)$.

Pour $h << R$, l'expression approchée de la capacité est $\boxed{C = 4\pi\varepsilon_0 \dfrac{R^2}{h}}$. L'énergie électrostatique dans l'espace entre la Terre et l'électrosphère est $W_{elec} = \dfrac{1}{2} C U^2$, avec $U = V_h$, il vient $\boxed{W_{elec} = 2\pi\varepsilon_0 \dfrac{R^2}{h} V_h^2}$ soit numériquement $\boxed{W_{elec} = 432\cdot 10^7 \text{ J}}$.

Le champ électrostatique au niveau du sol est $\boxed{E(r) \approx \dfrac{V_h}{h}}$ soit numériquement $\boxed{E(R) \approx 6 \text{ V}\cdot\text{m}^{-1}}$.

5. Modélisons le système Terre-nuage par un condensateur plan dont les armatures sont séparées d'une distance $e = 1000$ m, dont la Terre constitue l'armature de plus bas potentiel et la base du nuage celle de plus haut potentiel. Cette modélisation suppose de considérer la base du nuage comme un conducteur parfait à l'équilibre portant une charge surfacique et de négliger les effets de bords en considérant que la base du nuage est en influence totale avec la surface correspondante au sol. Cette modélisation est relativement simpliste mais permet d'obtenir simplement des ordres de grandeurs compatibles avec la réalité observée. Dans un condensateur plan le champ électrostatique est uniforme, dirigé dans le sens des potentiels décroissants (donc du nuage vers le sol), sa norme a pour expression : $E = \dfrac{U_{bs}}{e}$ où U_{bs} est la différence de potentiel entre la base du nuage et le sol.

À la limite du claquage, ionisant l'air sur le chemin suivi par la foudre (décharge brutale du condensateur nuage-Terre par claquage dans l'air), on a donc $E = \dfrac{U_{bs}}{e} = E_c$. Ainsi $U_{bs} = e\,E_c$

soit $U_{bs} \approx 300\,MV$. Le champ étant uniforme, le théorème de Coulomb au voisinage de la surface de la base du nuage fournit $E = \dfrac{\sigma_b}{\varepsilon_0}$ où σ_b est la densité surfacique de charge à la base du nuage. Ainsi à l'apparition de la foudre, on a $\dfrac{\sigma_b}{\varepsilon_0} = E_c$ soit $\sigma_b = \varepsilon_0\, E_c$. La charge Q_b portée par la base du nuage est alors $\boxed{Q_b = \varepsilon_0\, S\, E_c}$, soit numériquement $\boxed{Q_b = 2{,}6\,\mathrm{C}}$.

Exercice 4.9

1. Tout plan contenant *P, N* et le point *M* est plan de symétrie pour la distribution de charge. Or, en un point d'un tel plan le champ $\vec{E}(M)$ appartient à ce plan, ainsi $\vec{E}(M)$ n'a pas de composante suivant $\overrightarrow{e_\varphi}$. D'autre part, la distribution de charge est invariante par toute rotation d'angle φ autour de (Oz). Ainsi, le potentiel $V(M)$ comme la norme du champ $\left\|\vec{E}(M)\right\|$ ne dépend pas de φ : $V(M) = V(r,\theta)$ et $\left\|\vec{E}(M)\right\| = E(r,\theta)$. Ainsi, l'étude de $V(M)$ et de $\vec{E}(M)$ peut être menée dans le plan $\left(\overrightarrow{Oz},\, \overrightarrow{OM}\right)$, la position du point *M* étant simplement repérée en coordonnées polaires d'axe (Oz) par $r = OM$ et $\theta = \left(\overrightarrow{e_z},\, \overrightarrow{OM}\right)$.

2. a) Le potentiel crée au point *M* par le présent dipôle a pour expression :

$V(M) = \dfrac{q}{4\pi\varepsilon_0}\left(\dfrac{1}{PM} - \dfrac{1}{NM}\right)$. Or, $PM = \left(r^2 + \dfrac{a^2}{4} + a\,r\cos^2(\theta)\right)^{1/2}$ et

$NM = \left(r^2 + \dfrac{a^2}{4} - a\,r\cos^2(\theta)\right)^{1/2}$. Par un développement au premier ordre en $\dfrac{a}{r}$, on a

$$PM = r\left(1 + \left(\frac{a}{2r}\right)^2 + \frac{a}{r}\cos^2(\theta)\right)^{1/2} \approx 1 - \frac{a}{2r}\cos(\theta) \text{ et}$$

$$NM = r\left(1 + \left(\frac{a}{2r}\right)^2 - \frac{a}{r}\cos^2(\theta)\right)^{1/2} \approx 1 + \frac{a}{2r}\cos(\theta). \text{ Ainsi :}$$

$$V(M) \approx \frac{q}{4\pi\varepsilon_0\, r}\left(\left(1 - \frac{a}{2r}\cos(\theta)\right)^{-1} - \left(1 + \frac{a}{2r}\cos(\theta)\right)^{-1}\right)$$

$$\approx \frac{q}{4\pi\varepsilon_0\, r}\left(\left(1 + \frac{a}{2r}\cos(\theta)\right) - \left(1 - \frac{a}{2r}\cos(\theta)\right)\right) \text{ soit } V(M) = \frac{q\,a\cos(\theta)}{4\pi\varepsilon_0\, r^2}.$$

Par définition, le moment dipolaire de cette distribution est $\vec{p} = q\,a\,\overrightarrow{e_z}$ (orienté du « – » vers le « + ») de sorte que $q\,a\cos(\theta) = \vec{p}\cdot\vec{r}$ et finalement $\boxed{V(M) = \dfrac{\vec{p}\cdot\vec{r}}{4\pi\varepsilon_0\, r^3}}$.

✎ *On note la dépendance du potentiel en* $\frac{1}{r^2}$ *caractéristique du terme dipolaire.*

b) Comme $\vec{E}(M) = -\vec{\nabla}(V)$, il vient :

$E_r = -\frac{\partial V}{\partial r} = \frac{2\,q\,a\cos(\theta)}{4\pi\varepsilon_0\,r^3} = \frac{2\,p\cos(\theta)}{4\pi\varepsilon_0\,r^3}$ et $E_\theta = -\frac{1}{r}\frac{\partial V}{\partial\theta} = \frac{p\sin(\theta)}{4\pi\varepsilon_0\,r^3}$ où $p = \left\|\vec{p}\right\|$ (bien entendu $E_\varphi = 0$ puisque V ne dépend pas de φ).

On obtient encore : $\vec{E}(M) = E_r\,\vec{e_r} + E_\theta\,\vec{e_\theta} = \frac{1}{4\pi\varepsilon_0\,r^3}\left(2\,p\cos(\theta)\,\vec{e_r} + p\sin(\theta)\,\vec{e_\theta}\right)$ qui, en notant que $\vec{p} = p\left(\cos(\theta)\,\vec{e_r} - \sin(\theta)\,\vec{e_\theta}\right)$, s'écrit $\vec{E}(M) = \frac{3\vec{e_r}\,p\cos(\theta) - \vec{p}}{4\pi\varepsilon_0\,r^3}$ et finalement avec $p\cos(\theta) = \vec{p}\cdot\vec{e_r}$: $\vec{E}(M) = \frac{3\left(\vec{p}\cdot\vec{e_r}\right)\cdot\vec{e_r} - \vec{p}}{4\pi\varepsilon_0\,r^3}$ ou sous forme intrinsèque :

$\boxed{\vec{E}(M) = \frac{3\left(\vec{p}\cdot\vec{r}\right)\cdot\vec{r} - r^2\vec{p}}{4\pi\varepsilon_0\,r^5}}$. Ainsi par identification il vient : $\boxed{\alpha(r) = \frac{1}{4\pi\varepsilon_0\,r^5}}$ et $\boxed{\beta = 3}$.

On note la dépendance du champ en $\frac{1}{r^3}$ caractéristique du terme dipolaire. Le terme en $\frac{1}{r^2}$ qui correspondrait au champ créé par la charge globale du dipôle vue à grande distance depuis le point M (et donc quasi ponctuelle) est nul compte tenu de la neutralité électrique de la distribution (le terme monopolaire est nul).

c) Les équipotentielles sont définies dans le plan $\left(\overrightarrow{Oz},\vec{u}\right)$ où $\vec{u} = \frac{\overrightarrow{OK}}{\left\|\overrightarrow{OK}\right\|}$ par :

$V = \frac{p\cos(\theta)}{4\pi\varepsilon_0\,r^2} = cte$, soit $\boxed{r = r_0\sqrt{\left|\cos(\theta)\right|}}$ où r_0 est la valeur que prend r pour $\theta = 0$. Comme $E_\varphi = 0$, les lignes de champ sont contenues dans le plan $\left(\overrightarrow{Oz},\overrightarrow{OM}\right)$. Si $\mathrm{d}\vec{r}(M)$ est un élément de ligne de champ au point M, comme $\vec{E}(M)$ est localement tangent à la ligne de champ, il vient : $\vec{E}(M)\wedge\mathrm{d}\vec{r}(M) = \vec{0}$ soit $\frac{\mathrm{d}r}{E_r} = \frac{r\,\mathrm{d}\theta}{E_\theta}$. Ainsi, compte tenu des expressions de E_r et E_θ, il vient $\frac{\mathrm{d}r}{r} = \frac{2\,p\cos(\theta)\,\mathrm{d}\theta}{\sin(\theta)}$. Par intégration, on obtient $\ln\left(\frac{r}{cte}\right) = \ln\left(\sin^2\theta\right)$. Ainsi, les lignes de champ ont pour équation $\boxed{r = cte\cdot\sin^2\theta}$.

On note sur la figure ci-contre la perpendicularité entre les équipotentielles et les lignes de champ. En toute rigueur, ce tracé n'a de sens qu'à grande distance du point O de façon à ce que la validité de l'approximation dipolaire soit assurée, ce qui exclut la zone

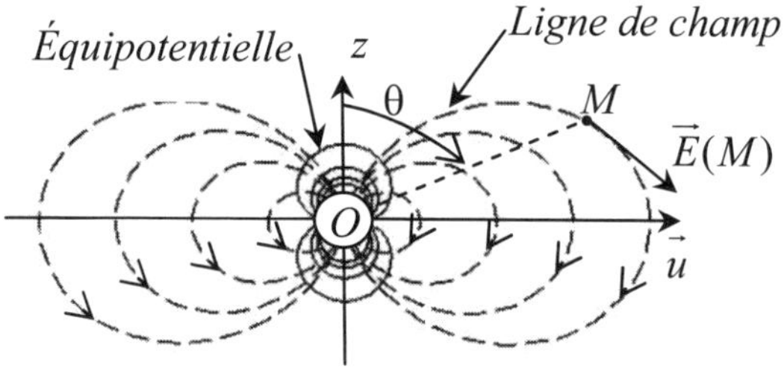

centrale (non représentée sur la figure).

3. a) Les actions s'exerçant entre chaque charge étant intérieures, la résultante des forces subies par le dipôle de la part du champ extérieur est $\vec{F}_{ext} = q\,\vec{E}_{ext}(P) - q\,\vec{E}_{ext}(N)$. Or, le champ étant uniforme $\vec{E}_{ext}(P) = \vec{E}_{ext}(N)$ et $\vec{F}_{ext} = \vec{0}$. Montrons à présent que le moment des forces est indépendant du point : $\vec{M}_{O_{ext}} = \overrightarrow{OP} \wedge \left(q\,\vec{E}_{ext}(P)\right) - \overrightarrow{ON} \wedge \left(q\,\vec{E}_{ext}(N)\right)$ soit $\vec{M}_{O_{ext}} = q\,\overrightarrow{NP} \wedge \vec{E}_{ext}$.
Avec $\vec{p} = q\,\overrightarrow{NP}$, il vient ainsi $\boxed{\vec{\Gamma}_{ext} = \vec{p} \wedge \vec{E}_{ext}}$ indépendamment de O. Le dipôle plongé dans $\vec{E}_{ext}$ subit donc un couple de moment $\vec{\Gamma}_{ext} = \vec{p} \wedge \vec{E}_{ext}$. À l'équilibre, ce moment étant nul, on a $\vec{p} \wedge \vec{E}_{ext} = \vec{0}$ et donc $\vec{p}$ est aligné avec $\vec{E}_{ext}$.

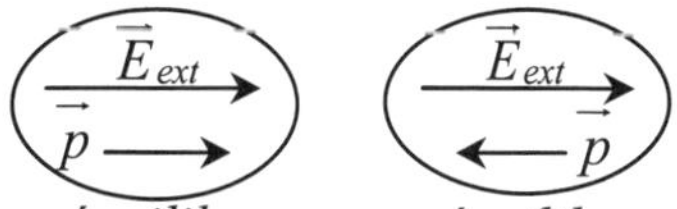

équilibre stable — *équilibre instable*

b) Le dipôle étant rigide, l'énergie potentielle d'une charge dans le champ de l'autre est constante. Son énergie potentielle se réduit donc à l'énergie potentielle d'interaction entre le champ et chacune des charges : $E_{p_{ext}} = q\,V_{ext}(P) - q\,V_{ext}(N)$.
Par définition $\vec{E}_{ext} = -\vec{\nabla}(V_{ext})$ soit en coordonnées polaires d'axe (Oz) $\mathrm{d}V_{ext} = -\vec{E}_{ext} \cdot \mathrm{d}z\,\vec{e}_z$ et par intégration entre N et P : $V(P) - V(N) = -\vec{E}_{ext} \cdot \overrightarrow{NP}$. Ainsi, $\boxed{E_{p_{ext}} = -\vec{E}_{ext} \cdot q\,\overrightarrow{NP} = -\vec{p} \cdot \vec{E}_{ext}}$. La configuration $\vec{p}$ aligné avec $\vec{E}_{ext}$ correspond donc à une situation d'équilibre puisqu'elle réalise un extrémum de $E_{p_{ext}}$.
À l'équilibre stable, l'énergie potentielle d'interaction avec $\vec{E}_{ext}$ est minimum ce qui est réalisé par $\vec{p}$ parallèle à $\vec{E}_{ext}$ de sorte que $\left(E_{p_{ext}}\right)_{min} = -p\,E_{ext} < 0$. La configuration où $\vec{p}$ est antiparallèle à $\vec{E}_{ext}$ correspond à un maximum d'énergie potentielle $\left(E_{p_{ext}}\right)_{max} = p\,E_{ext} > 0$ et donc à un équilibre instable.

4. Reprenons le calcul de la résultante des forces subies par le dipôle :
$\vec{F}_{ext} = q\,\vec{E}_{ext}(P) - q\,\vec{E}_{ext}(N)$ dont la composante suivant (Ox) s'écrit

$$\vec{F}_{ext_x} = q\left(\vec{E}_{ext_x}(P) - \vec{E}_{ext_x}(N)\right), \text{ soit } \vec{F}_{ext_x} = q\left(\vec{E}_{ext_x}\left(0,0,\frac{a}{2}\right) - \vec{E}_{ext_x}\left(0,0,-\frac{a}{2}\right)\right).$$

Comme entre les points N et P, $\vec{E}_{ext}$ varie d'un infiniment petit du premier ordre, on obtient, par un développement au premier ordre en a autour de O :

$$F_{ext_x} \approx q\left(E_{ext_x}(O) + \frac{a}{2}\frac{\partial E_{ext_x}}{\partial z}(O) - E_{ext_x}(O) - \left(-\frac{a}{2}\right)\frac{\partial E_{ext_x}}{\partial z}(O)\right) = q\left(\frac{\partial E_{ext_x}}{\partial z}(O)\,a\right).$$

En notant que $\vec{p} = q\,a\,\vec{e}_z$, il vient : $F_{ext_x} = \left(\dfrac{\partial E_{ext_x}}{\partial z}(O)\,p_z\right)$ que l'on notera symboliquement $\boxed{F_{ext_x} = \left(\vec{p} \cdot \vec{\nabla}\right)E_{ext_x}(O)}$. Finalement, en première approximation $F_{ext_x} \approx \left(\vec{p} \cdot \vec{\nabla}\right)E_{ext_x}$ (les variations de E_{ext_x} étant suffisamment faibles sur la distance a pour qu'en première approximation, on ait $E_{ext_x} \approx E_{ext_x}(O)$).

On montre de même que $F_{ext_y} \approx \left(\vec{p}\cdot\vec{\nabla}\right)E_{ext_y}$ et $F_{ext_z} \approx \left(\vec{p}\cdot\vec{\nabla}\right)E_{ext_z}$, de sorte que finalement : $\boxed{\vec{F}_{ext} = \left(\vec{p}\cdot\vec{\nabla}\right)\vec{E}_{ext}}$. Le dipôle étant rigide, son moment dipolaire est constant et indépendant des coordonnées spatiales et cette expression s'écrit encore $\boxed{\vec{F}_{ext} = \vec{\nabla}\left(\vec{p}\cdot\vec{E}_{ext}\right)}$ (la dérivation s'entend ici à $\vec{p} = \overrightarrow{cte}$). Lorsque $\vec{E}_{ext}$ est non homogène, le gradient est dans le sens des champs croissants de sorte que la résultante tend à faire migrer le dipôle vers les zones de champ fort.

Les variations de $\vec{E}_{ext}$ étant des infiniment petits du premier ordre sur la distance a, les expressions établies au 3) restent valables à condition de remplacer en première approximation $\vec{E}_{ext}$ par le champ ressenti au centre du dipôle $\vec{E}_{ext}(O)$:

$$\boxed{\vec{\Gamma}_{ext} = \vec{p}\wedge\vec{E}_{ext}(O)} \text{ et } \boxed{E_{p_{ext}} = -\vec{p}\cdot\vec{E}_{ext}(O)}.$$

Exercice 4.10

1. a) La distribution de charge étant globalement neutre, on a $\sum_i q_i = 0$. Si O et $O' \neq O$ sont deux points fixes de (R), on a $\vec{p}_O = \sum_{i=1} q_i\overrightarrow{OA_i} = \sum_i q_i\left(\overrightarrow{OO'}+\overrightarrow{O'A_i}\right) = \overrightarrow{OO'}\sum_i q_i + \sum_i q_i\overrightarrow{O'A_i}$.

Ainsi, avec $\sum_i q_i = 0$, il vient : $\vec{p}_O = \sum_{i=1} q_i\overrightarrow{O'A_i} = \vec{P}_{O'}$, le moment dipolaire de la distribution est indépendant de l'origine choisie.

b) Pour un couple constitué d'une charge positives $+q$ localisées au point P et d'une charge de signe opposée $-q$ localisées au point N, on a : $\vec{p} = q\,\overrightarrow{OP} - q\,\overrightarrow{ON} = q\,\overrightarrow{NP}$.

✎ *Par convention, le moment dipolaire est orienté du « − » vers le « + ».*

2. a) Dans la molécule de H-F ainsi modélisée, l'électron étant totalement transféré de l'hydrogène sur le fluor, la charge portée par l'hydrogène rapportée au point H est de $+e$ et celle portée par le fluor rapportée au point F est de $-e$ (la distribution de charge autour du point F étant à considérée comme ayant la symétrie sphérique). Par définition du moment dipolaire, on peut alors écrire, indépendamment de toute origine :

$\vec{p} = \sum_{i=1} q_i\overrightarrow{OA_i} = -e\,\overrightarrow{OF} + e\,\overrightarrow{OH} = e\,\overrightarrow{FH}$, ainsi en norme on obtient $p = e\,d$, soit numériquement $\boxed{1,47.10^{-29}\ \mathrm{C\cdot m} = 4,42\ \mathrm{D}}$.

b) La valeur expérimentale est moins élevée que la valeur donnée par le modèle de liaison polaire précédent. Si la liaison était totalement ionique, comme dans le modèle simpliste de la question précédente, le barycentre des charges négatives serait confondu avec F. Au contraire, si la liaison était parfaitement covalente, ce qui serait le cas pour une molécule diatomique homonucléaire A-A, le barycentre des charges négatives serait confondu avec le barycentre des charges positives au milieu de l'axe internucléaire. Entre ces deux extrêmes, pour une molécule hétéro-nucléaire A-B dont l'un des constituants est plus électronégatif que l'autre (du fait de différence de stabilité des orbitales mises en jeu dans la liaison comme dans le cas ici : l'hydrogène engageant une OA $1s$ et le fluor une OA $2p$ axiale dont on montre qu'elle est plus stable que la $1s$), une fraction de la charge de l'électron appartenant en propre à l'hydrogène avant formation de la molécule est reportée sur le fluor dont la plus grande électronégativité attire à lui le doublé de liaison : la liaison covalente est partiellement polarisée (ou partiellement ionique) et le barycentre des charges négatives est déplacé vers le fluor.

c) En attribuant une charge de $+e$ à l'hydrogène localisée en H et une charge négative totale de $-10\times e$ localisée au barycentre G des charges négatives, il vient avec origine en F :

$\vec{p}_{exp} = \sum_{i=1} q_i \overrightarrow{FA_i} = e\,\overrightarrow{FH} - 10\,e\,\overrightarrow{FG^-}$, soit $p_{exp} = e\,d - 10\,e\,a$ ainsi $\boxed{a = \dfrac{e\,d - p_{exp}}{10\,e}}$.

Numériquement, on trouve $\boxed{a \approx 5{,}4\cdot 10^{-12}\ \text{m}}$.

Exercice 4.11

On note O la position de l'atome de carbone, qui porte une charge $+2q$, et A et B celles des atomes d'oxygène, qui portent une charge $-q$. Les distances OA et OB sont égales à a. Les notations sont les mêmes que celles utilisées pour le dipôle, et le calcul est en beaucoup de points analogue. La grande différence est qu'ici les termes du premier ordre en $\dfrac{a}{r}$ se compensent, et il faut donc développer au second ordre.

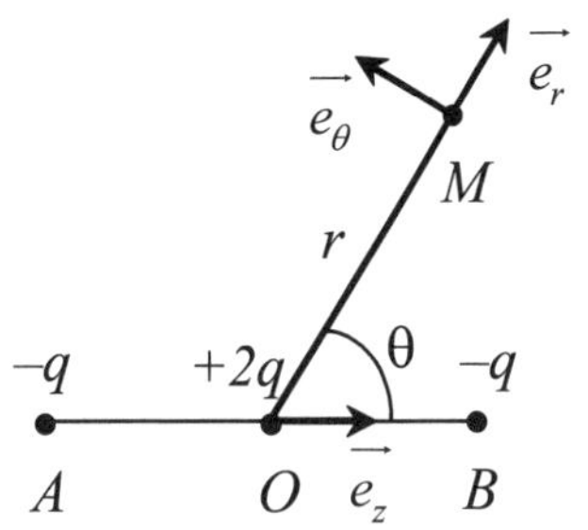

Le champ est $\vec{E}(M) = \dfrac{-q\,\overrightarrow{AM}}{4\pi\varepsilon_0\,AM^3} + \dfrac{-q\,\overrightarrow{BM}}{4\pi\varepsilon_0\,BM^3} + \dfrac{2q\,\overrightarrow{OM}}{4\pi\varepsilon_0\,OM^3} = \dfrac{q}{4\pi\varepsilon_0}\left(2\dfrac{\overrightarrow{OM}}{OM^3} - \dfrac{\overrightarrow{AM}}{AM^3} - \dfrac{\overrightarrow{BM}}{BM^3}\right)$.

On exprime ensuite $\overrightarrow{OM} = r\vec{e}_r$, $\overrightarrow{AM} = a\vec{e}_z + r\vec{e}_r$ et $\overrightarrow{BM} = -a\vec{e}_z + r\vec{e}_r$. $OM = r$ et on effectue un développement limité au second ordre pour $\dfrac{1}{AM^3}$ et $\dfrac{1}{BM^3}$.

$$AM^2 = \overrightarrow{AM}^2 = \left(-a\vec{e}_z + r\vec{e}_r\right)^2 = a^2 + r^2 - 2ar\,\vec{e}_z\cdot\vec{e}_r = r^2\left(1 - \frac{2a}{r}\cos\theta + \left(\frac{a}{r}\right)^2\right), \text{ donc}$$

$\dfrac{1}{AM^3} = \dfrac{1}{r^3}\left(1 - \dfrac{2a}{r}\cos\theta + \left(\dfrac{a}{r}\right)^2\right)^{-\frac{3}{2}}$. On effectue ensuite un développement limité au second ordre en $\dfrac{a}{r}$: $\dfrac{1}{AM^3} \approx \dfrac{1}{r^3}\left(1 - \dfrac{3}{2}\left(-\dfrac{2a}{r}\cos\theta + \left(\dfrac{a}{r}\right)^2\right) + \dfrac{1}{2}\left(-\dfrac{3}{2}\right)\left(-\dfrac{5}{2}\right)\left(-\dfrac{2a}{r}\cos\theta + \left(\dfrac{a}{r}\right)^2\right)^2\right)$, ce qui donne en éliminant les termes d'ordre supérieur à 2 :

$$\frac{1}{AM^3} \approx \frac{1}{r^3}\left(1-\frac{3}{2}\left(-\frac{2a}{r}\cos\theta+\left(\frac{a}{r}\right)^2\right)+\frac{1}{2}\left(-\frac{3}{2}\right)\left(-\frac{5}{2}\right)\left(\frac{2a}{r}\cos\theta\right)^2\right)$$

et après simplification, $\frac{1}{AM^3} \approx \frac{1}{r^3}\left(1+3\cos\theta\frac{a}{r}+\left(\frac{15\cos^2\theta}{2}-\frac{3}{2}\right)\left(\frac{a}{r}\right)^2\right)$.

De même : $\frac{1}{BM^3} \approx \frac{1}{r^3}\left(1-3\cos\theta\frac{a}{r}+\left(\frac{15\cos^2\theta}{2}-\frac{3}{2}\right)\left(\frac{a}{r}\right)^2\right)$.

En réutilisant tous ces résultats dans l'expression de $\vec{E}(M)$, on obtient :

$$\vec{E}(M)=\frac{q}{4\pi\varepsilon_0}\left(2\frac{r\vec{e_r}}{r^3}-\frac{1}{r^3}\left(1+3\cos\theta\frac{a}{r}+\left(\frac{15\cos^2\theta}{2}-\frac{3}{2}\right)\left(\frac{a}{r}\right)^2\right)\left(a\vec{e_z}+r\vec{e_r}\right)\right.$$

$\left.-\frac{1}{r^3}\left(1-3\cos\theta\frac{a}{r}+\left(\frac{15\cos^2\theta}{2}-\frac{3}{2}\right)\left(\frac{a}{r}\right)^2\right)\left(-a\vec{e_z}+r\vec{e_r}\right)\right)$. Il ne reste plus qu'à finir le calcul en négligeant les termes du troisième ordre en $\frac{a}{r}$, en simplifiant et en factorisant, et on obtient :

$$\boxed{\vec{E}(M)=\frac{qa^2}{4\pi\varepsilon_0 r^4}\left(6\cos\theta\vec{e_z}+\left(3-15\cos^2\theta\right)\vec{e_r}\right)}.$$

✐ *Le fait que les termes du premier ordre s'annulent dans le développement est à rapprocher du moment dipolaire nul de cette distribution, que l'on qualifie de quadrupolaire. Le champ à grande distance est ici inversement proportionnel à la distance puissance 4, c'est-à-dire que le champ décroît encore plus rapidement que pour un dipôle en fonction de la distance.*

Exercice 4.12

1. Une molécule est neutre par définition, et dans la molécule d'eau le barycentre des charges négatives (centre de l'atome d'oxygène) est distinct de celui des charges positives (milieu des deux atomes d'hydrogène) : c'est donc une distribution dipolaire.

2. En frottant la règle sur ses cheveux, on fait apparaître des charges électriques sur sa surface. La règle chargée crée alors un champ électrostatique qui est plus intense à proximité de la règle. En présence de ce champ, l'effet principal subi par les molécules d'eau est celui du moment $\vec{\mathcal{M}}=\vec{p}\wedge\vec{E}$: les dipôles que constituent les molécules ont tendance à s'aligner sur le champ électrique, c'est-à-dire que leur moment dipolaire $\vec{p}$ tend à devenir colinéaire au champ électrostatique $\vec{E}$ et de même sens.

Cette orientation étant réalisée (au moins pour une partie des molécules), la force résultante exercée par ce champ non uniforme est dirigée vers les zones où règne le champ le plus intense, et ce quels que soient la direction et le sens de ce champ, donc quel que soit le signe des charges sur la règle (et la position précise de celle-ci) : la déviation du filet d'eau a toujours lieu en direction de la règle.

Exercice 4.13

1. Le champ créé en un point M par une charge q immobile en un point O est :

$$\boxed{\vec{E}(M)=\frac{q}{4\pi\varepsilon_0}\frac{\overrightarrow{OM}}{OM^3}=\frac{q}{4\pi\varepsilon_0 r^2}\vec{e_r}}$$

. Lien avec le champ créé par une sphère de centre O et de rayon R qui porte une charge uniformément répartie à l'intérieur avec une charge volumique ρ : si on ramène la charge totale de la sphère $Q=\frac{4}{3}\pi R^3\rho$ en son centre, le champ extérieur $E_r(r)=\frac{\rho R^3}{3\varepsilon_0 r^2}$ a la même expression que celui qu'aurait cette charge ponctuelle q en O : $E_r(r)=\frac{\rho R^3}{3\varepsilon_0 r^2}=\frac{q}{4\pi\varepsilon_0 r^2}$. Ainsi, en se limitant à l'espace extérieur à la sphère, les surfaces équipotentielles et des lignes de champ de $\vec{E}$ sont identiques dans les deux cas :

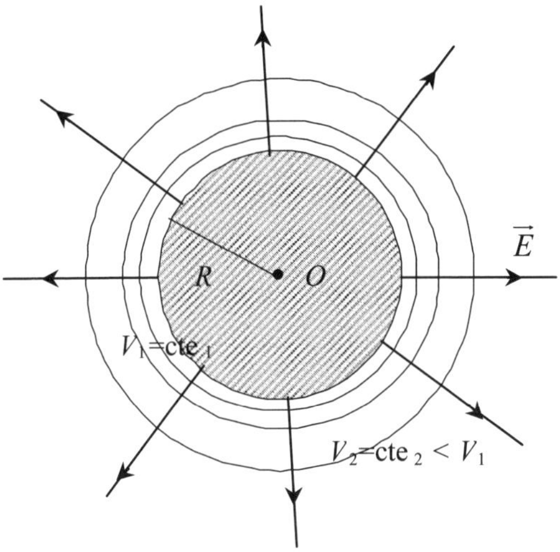

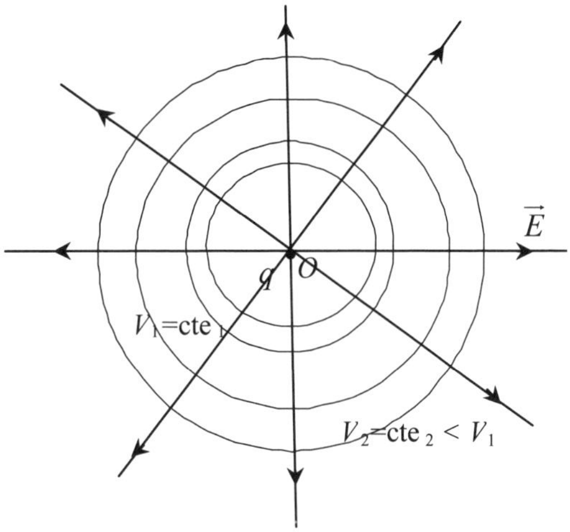

On note que si la charge est positive (pour la sphère comme pour la charge ponctuelle) $\vec{E}$ diverge en partant d'une charges positive. Au contraire il converge vers une charge négative.

2. On sait d'après le cours que $\vec{E}$ diverge en partant des charges positives et converge vers des charges négatives et que deux lignes de champ ne peuvent se couper hors des charges. On obtient ainsi les lignes de champ suivantes (obtenues en Python) :

Quelques lignes de champ

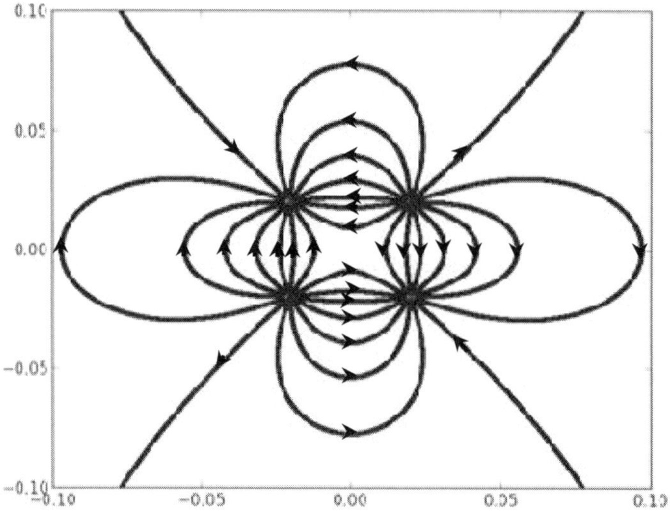

Chapitre 5

Magnétostatique

UN SCIENTIFIQUE

Tout en effectuant ses études de pharmacie, **Hans Christian Ørsted** (1777-1851) se passionne pour la physique, la chimie et la philosophie, en particulier celle de Kant. Influencé par le physicien et philosophe Johann Ritter, il s'intéresse au galvanisme. À ses temps libres, il effectue des expériences en électricité et découvre en 1820 qu'un champ électrique peut dévier une aiguille aimantée, événement considéré comme le point de départ de l'étude de l'électromagnétisme.

Un peu d'histoire

Le mot *magnétisme* provient du nom de la Magnésie, région d'Asie Mineure où l'on a trouvé sans doute des minerais aimantés. Le magnétisme terrestre intriguait au Moyen Âge, époque où apparaît la boussole, d'abord en Chine puis en Occident. Le physicien anglais Williams Gilbert est le premier à en faire une étude expérimentale qu'il présente dans un ouvrage en 1600.

Cependant, c'est l'expérience d'Ørsted, en 1820, qui montre l'action d'un courant électrique sur une aiguille aimantée. Très impressionné par cette découverte, André-Marie Ampère étudie ce phénomène et confirme l'hypothèse de l'origine électrique du magnétisme. Il en déduit différentes propriétés dont un théorème sur la circulation du champ magnétostatique qui porte son nom. Les équations de Maxwell permettent de confirmer ces découvertes et de les inscrire dans un contexte plus large.

Objectifs

Ce qu'il faut connaître

▷ Les propriétés de symétrie du champ magnétostatique

▷ Le théorème d'Ampère sous sa forme intégrale et locale

▷ La propriété de flux conservatif sous sa forme intégrale et locale

▷ Les actions subies par un dipôle magnétique placé dans un champ magnétostatique extérieur.

▷ Quelques ordres de grandeur de champ magnétique

Ce qu'il faut savoir faire

▷ Déterminer la direction d'un champ magnétostatique, à partir des symétries de la distribution de charges

▷ Déterminer les coordonnées dont dépendent les composantes du champ, à partir des invariances de la distribution de charges

▷ Calculer un champ magnétostatique en utilisant le théorème d'Ampère

▷ Trouver des informations sur le champ par lecture d'une carte des lignes de champ

▷ Exploiter l'expression du champ créé par un dipôle magnétique

▷ Exploiter l'expression des actions subies par un dipôle magnétique dans un champ magnétostatique extérieur non uniforme

▷ Exploiter l'expression de l'énergie potentielle d'interaction

Résumé de cours

Densités de courant et intensité du courant

Distribution volumique de courant

On appelle courant électrique un mouvement d'ensemble de particules chargées. Si n_i désigne la densité volumique de porteurs de charges de l'espèce i (dite densité particulaire) dont la charge est q_i et la vitesse d'ensemble dans (R) est $\vec{V}_i$, on définit le vecteur *densité volumique de courant* $\vec{j}$ par : $\boxed{\vec{j} = \sum_{i \text{ espèces}} n_i\, q_i\, \vec{V}_i}$, en $\boxed{\text{A}\cdot\text{m}^{-2}}$.

On définit alors l'intensité électrique traversant une surface orientée S par $\boxed{I = \dfrac{\mathrm{d}q}{\mathrm{d}t} = \iint_S \vec{j}.\mathrm{d}\vec{S}}$ en Ampère, avec $\mathrm{d}q$ la charge élémentaire passant par S entre t et $t + \mathrm{d}t$.

Il s'agit du **flux (algébrique)** du vecteur densité volumique de courant à travers la surface S.

Remarque

Comme les $\vec{V}_i$, $\vec{j}$ est défini par rapport à un référentiel donné. D'autre part, on entend par vitesse d'ensemble la vitesse moyenne des porteurs de charge définie à l'échelle mésoscopique. On note d'autre part que dans l'expression de $\vec{j}$, **la somme ne porte en fait que sur les espèces de porteurs de charge mobiles.**

Distribution surfacique de courant

Lorsque les courants sont localisés au voisinage d'une surface S, on peut les décrire au moyen d'une modélisation surfacique. La distribution surfacique est la limite d'une réalité volumique où les courants sont répartis sur une petite épaisseur a avec une densité volumique de courant $\vec{j}$, la densité surfacique correspondante est, si la distribution est uniforme, $\vec{j}_S = \lim\limits_{a \to 0} \left(\vec{j}\, a\right)$.

Distribution filiforme de courant

C'est la limite d'une réalité volumique « filiforme » lorsque sa section tend vers zéro.
La densité linéique de courant n'est autre que l'intensité dans le fil.

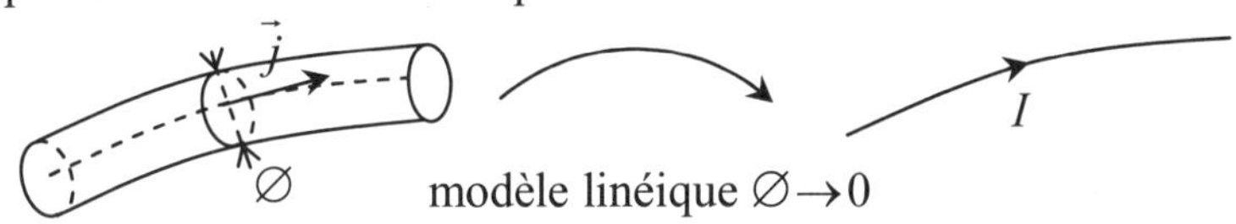

❑ Correspondance entre les éléments de courant

Les éléments de courant dans les descriptions volumiques, surfaciques et linéiques sont liés par : $\boxed{\mathrm{d}\vec{C} = \vec{j}\,\mathrm{d}\tau = \vec{j}_S\,\mathrm{d}S = I\,\overrightarrow{\mathrm{d}l}}$.

■ Symétries de la distribution de courant et du champ

❑ Propriétés de symétrie du champ magnétostatique

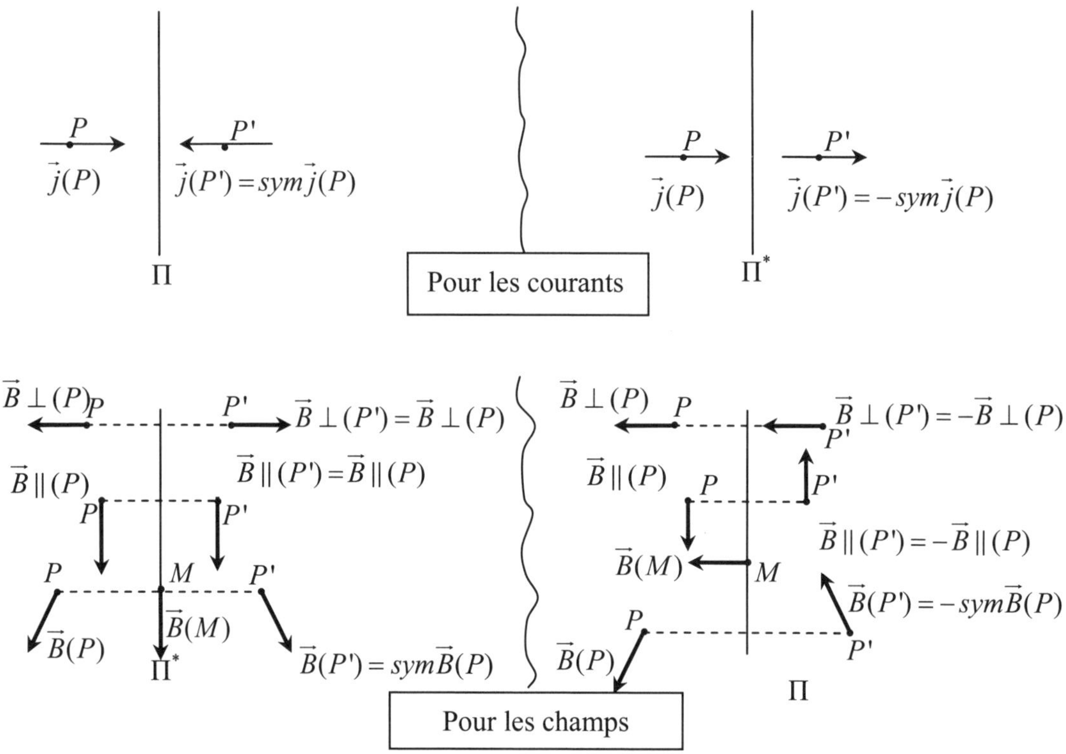

Plan de symétrie pour les courants

Un plan de symétrie pour la distribution de courants est un plan d'*antisymétrie* pour le champ magnétostatique : pour deux points P et P' symétriques, $\vec{B}(P')$ est l'opposé du symétrique de $\vec{B}(P)$, donc leurs composantes parallèles au plan sont opposées et celles orthogonales au plan sont égales.

En particulier, *en un point d'un plan de symétrie pour les courants, le champ est orthogonal à ce plan.*

Plan d'antisymétrie pour les courants

Inversement, un plan d'antisymétrie pour la distribution de courants est un plan de *symétrie* pour le champ magnétostatique : pour deux points P et P' symétriques, $\vec{B}(P')$ est le symétrique de $\vec{B}(P)$, donc leurs composantes parallèles au plan sont égales et celles orthogonales au plan sont opposées.

En particulier, *en un point d'un plan d'antisymétrie pour les courants, le champ est contenu dans ce plan.*

⇨ **Méthode 5.1. Comment déterminer la direction du champ magnétostatique ?**

Remarque

Les propriétés de symétrie de $\vec{B}$ sont « inversées » par rapport à celles de $\vec{E}$.

❑ Invariances

Invariance par translation

Si la distribution de courants est invariante par translation selon un axe, le champ l'est aussi : il ne dépend donc pas de la coordonnée le long de cet axe.

Invariance par rotation autour d'un axe (symétrie de révolution)

Si la distribution de courants est invariante par rotation autour d'un axe, les composantes du champ le sont aussi : elles ne dépendent donc pas de la coordonnée angulaire qui définit la rotation autour de cet axe.

⇨ **Méthode 5.2. Comment déterminer la dépendance spatiale des composantes du champ ?**

■ Propriétés du champ magnétostatique

❑ Théorème d'Ampère

La circulation du champ magnétostatique le long d'un contour (C) (dit contour d'Ampère) fermée et orientée est égale au produit de μ_0 par l'intensité I_e enlacée, intensité qui traverse une surface S orientée s'appuyant sur (C) :

$\boxed{\oint_C \vec{B}\cdot \mathrm{d}\vec{l} = \mu_0 I_e}$ avec $\boxed{I_e = \iint_S \vec{j}\cdot \mathrm{d}\vec{S}}$ le courant enlacé par (C).

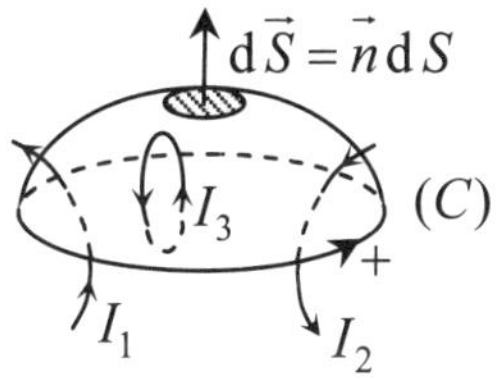

Pour un courant filiforme, l'intensité est comptée positivement s'il perce la surface S s'appuyant sur (C) dans le sens de la normale à la surface S, orienté conformément au sens de parcours sur le contour (C) par la règle « du tire-bouchon » ou de la main droite. Sur le dessin ci-contre : $I_e = I_1 - I_2 + I_3 - I_3 = I_1 - I_2$.

⇨ **Méthode 5.3. Comment utiliser le théorème d'Ampère ?**

❑ Formulation locale du théorème d'Ampère

C'est la réduction en statique d'une équation plus générale dite équation de **Maxwell-Ampère** (M.A) : $\overrightarrow{\mathrm{rot}}\left(\vec{B}\right) = \mu_0\,\vec{j}$ soit $\boxed{\vec{\nabla}\wedge\vec{B} = \mu_0\,\vec{j}}$.

Remarques

En régime variable un terme supplémentaire apparaît dans cette équation (voir chapitre suivant).

Le théorème de superposition pour le champ découle de la linéarité de cette équation locale liant source et champ.

❑ Flux du champ magnétostatique

Le flux du champ magnétostatique est nul à travers toute surface fermée : $\boxed{\oiint_S \vec{B}(M)\cdot \mathrm{d}\vec{S}=0}$.

Le flux de $\vec{B}$ à travers une surface fermée quelconque est nul, $\vec{B}$ **est à flux conservatif.**
En particulier le flux de $\vec{B}$ à travers toute section d'un même tube de champ est constant : lorsque les lignes de champs de $\vec{B}$ se resserrent le champ est plus intense.

❑ Formulation locale de la nullité du flux

Elle conduit à **l'équation de Maxwell-Flux** (M.Φ) : $\operatorname{div}\left(\vec{B}\right)=0$ soit $\boxed{\vec{\nabla}\cdot\vec{B}=0}$.

■ Action d'un champ magnétique sur un courant

Force de Lorentz : une particule ponctuelle de charge q animée d'une vitesse $\vec{V}$ par rapport au référentiel (R) galiléen où règne un champ magnétique $\vec{B}$ subit l'action de la composante magnétique de la force de Lorentz $\boxed{\vec{F}=q\vec{V}\wedge\vec{B}}$.
Force de Laplace : un élément de volume $\mathrm{d}\tau$ d'un conducteur siège d'un courant de densité volumique $\vec{j}$ subit la force de Laplace élémentaire $\boxed{\mathrm{d}\vec{F}_L=\vec{j}\,\mathrm{d}\tau\wedge\vec{B}}$.
Si le conducteur est filiforme, en substituant l'élément de courant linéique $I\,\mathrm{d}\vec{l}$ à $\vec{j}(P)\,\mathrm{d}\tau$, on obtient : $\boxed{\mathrm{d}\vec{F}_L=I\,\mathrm{d}\vec{l}\wedge\vec{B}}$.

■ Dipôle magnétique, moment magnétique et actions subies par un dipôle dans un champ magnétostatique

❑ Moment magnétique associé à un dipôle et champ magnétostatique à grande distance

On appelle dipôle magnétique une boucle de courant de contour (C). Si $\vec{S}$ est le vecteur surface s'appuyant sur un contour (C) fermé orienté suivant la règle du tire-bouchon, on définit le moment magnétique associé à la boucle de courant par :

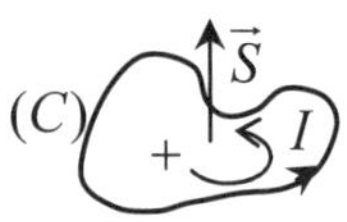

$$\boxed{\vec{m}=I\,\vec{S}=I\,S\,\vec{n}}.$$

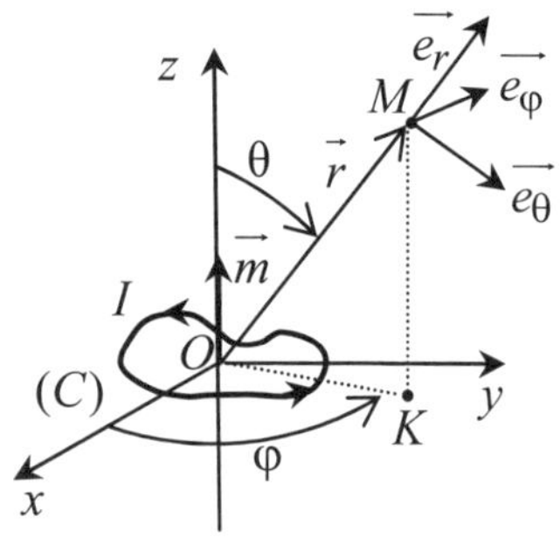

Lorsque cette boucle est localisée au voisinage du point O et d'extension spatiale a, elle engendre, en un point M à grande distance du dipôle tel que $r=OM>>a$ un champ magnétique.

En prenant $\vec{m}$ suivant (Oz) comme sur la figure ci-contre, le champ magnétique engendré est donné par :

$$\boxed{\vec{B}(M) = \frac{\mu_0 m}{4\pi r^3}\left(2\cos(\theta)\,\vec{e_r} + \sin(\theta)\,\vec{e_\theta}\right)}.$$

De façon intrinsèque on écrit : $\boxed{\vec{B}(M) = \frac{\mu_0}{4\pi}\frac{3\left(\vec{m}\cdot\vec{r}\right)\cdot\vec{r} - r^2\vec{m}}{r^5}}$.

⇨ **Méthode 5.4. Comment utiliser la notion de dipôle magnétique ?**

❑ Actions subies par un dipôle dans un champ magnétique extérieur

En présence d'un champ extérieur $\vec{B}_{ext}$ uniforme, les actions s'exerçant sur le dipôle magnétique sont : $\boxed{\vec{F}_{ext} = \vec{0}}$ (résultante nulle) et le couple $\boxed{\vec{\Gamma} = \vec{m} \wedge \vec{B}}$.

On définit l'énergie potentielle d'interaction champ-dipôle E_p par : $\boxed{E_p = -\vec{m}\cdot\vec{B}}$.

La configuration où $\vec{m}$ est aligné avec $\vec{B}$ correspond une situation d'équilibre réalisant un extremum de E_p.

Lorsque le champ est non uniforme, la résultante est alors non nulle $\boxed{\vec{F} = \left(\vec{m}\cdot\vec{\nabla}\right)\vec{B}}$: en champ non homogène, cette résultante non nulle tend à faire migrer le dipôle vers les zones de champ fort.

Les expressions ci-dessus restent valables à condition de remplacer en première approximation $\vec{B}$ par le champ ressenti au centre O du dipôle :

$$\boxed{\vec{\Gamma} = \vec{m} \wedge \vec{B}(O)} \text{ et } \boxed{E_p = -\vec{m}\cdot\vec{B}(O)}.$$

⇨ **Méthode 5.5. Comment exploiter l'expression des actions par un dipôle dans un champ extérieur non uniforme ?**

■■ Méthodes

■ Comment utiliser les symétries de la distribution de courant

❑ Méthode 5.1. Comment déterminer la direction du champ ?

– Préciser d'abord en quel point on recherche la direction du champ magnétostatique.
– Si on trouve un plan de symétrie des courants *qui passe par le point considéré*, la direction du champ est orthogonale à ce plan.
– Si on trouve deux plans d'antisymétrie (ou plus) *qui passent par le point considéré*, la direction du champ est donnée par l'intersection de ces plans.

⇨ Exercices 5.1, 5.6, 5.7, 5.8 et 5.9

Considérons un « fil infini » rectiligne parcouru par un courant d'intensité *I*. Cette distribution de courant modélise une situation où l'on considère le champ à une distance d'un fil très faible devant son rayon de courbure. On note (*Oz*) l'axe du fil et on repère la position de *M* en coordonnées cylindriques (r,θ,z).

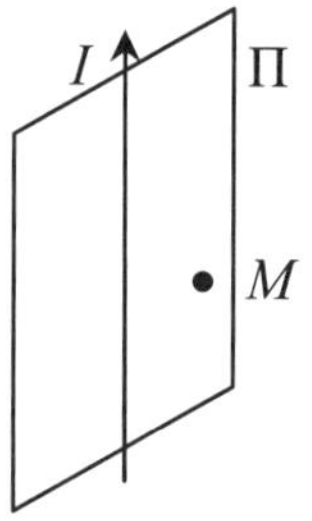

Tout plan qui contient le fil est plan de symétrie Π de cette distribution de courants. En un point *M* d'un tel plan le champ est orthogonal à Π. Le champ magnétostatique en *M* est donc orthoradial, on écrit explicitement : $\vec{B}(M) = B_\theta(M)\vec{e_\theta}$.

❑ Méthode 5.2. Comment déterminer la dépendance spatiale des composantes du champ ?

On recherche les invariances de la distribution de courants puis on en déduit les coordonnées dont dépendent la (ou les) composante(s) du champ.
– Invariance par rotation autour d'un axe (*Oz*) : les composantes du champ (donc sa norme) ne dépendent pas de la coordonnée angulaire θ.
– Invariance par translation le long d'un axe : le champ ne dépend pas de cette coordonnée.

⇨ Exercices 5.1, 5.6, 5.7, 5.8 et 5.9

On reprend l'exemple du fil infini abordé dans la méthode précédente. La distribution de courants est invariante par rotation autour de (*Oz*), la norme du champ ne dépend donc pas de θ. Elle est aussi invariante par translation le long de (*Oz*), la norme du champ ne dépend donc pas de *z* (ou encore sa composante orthoradiale ne dépend donc pas de z). On écrit donc explicitement $\vec{B}(M) = B_\theta(r)\vec{e_\theta}$.

❑ Méthode 5.3. Comment utiliser le théorème d'Ampère ?

Le théorème d'Ampère permet de calculer le champ magnétostatique si la distribution de charges possède suffisamment de symétries.

– La première étape consiste à prévoir la direction du champ et les variables dont dépendent ses composantes (voir les deux méthodes précédentes).

– La deuxième étape est le choix du contour d'Ampère *fermée et orientée* sur laquelle on applique le théorème d'Ampère. L'expression de la circulation le long de ce contour doit être simple, il faut respecter les critères suivants : en un point de la courbe, le vecteur unitaire tangent doit être soit colinéaire soit orthogonal au champ, et la norme du champ doit être constante sur toute partie de la courbe où la circulation n'est pas nulle.

– La troisième étape est l'expression de la circulation en fonction du champ recherché : il faut parfois découper la courbe en plusieurs parties, calculer les circulations le long de chacune d'elles et les ajouter ensuite.

– La quatrième étape est le calcul du courant enlacé qui traverse une surface s'appuyant sur le contour d'ampère, puis la conclusion via le théorème d'Ampère.

⇨ **Exercices 5.1, 5.7, 5.8, 5.9 et 5.10**

Poursuivons l'exemple du fil infini

L'axe du fil est (Oz) et le courant I est dirigé vers les z croissants. On repère la position de M en coordonnées cylindriques (r,θ,z) et que l'on note $\overrightarrow{e_r}$, $\overrightarrow{e_\theta}$ et $\overrightarrow{e_z}$ les vecteurs de base associés. On a vu que le champ magnétostatique est selon $\overrightarrow{e_\theta}$ et qu'il ne dépend que de la coordonnée r du point M. On peut donc écrire $\vec{B}(M) = B_\theta(r)\overrightarrow{e_\theta}$.

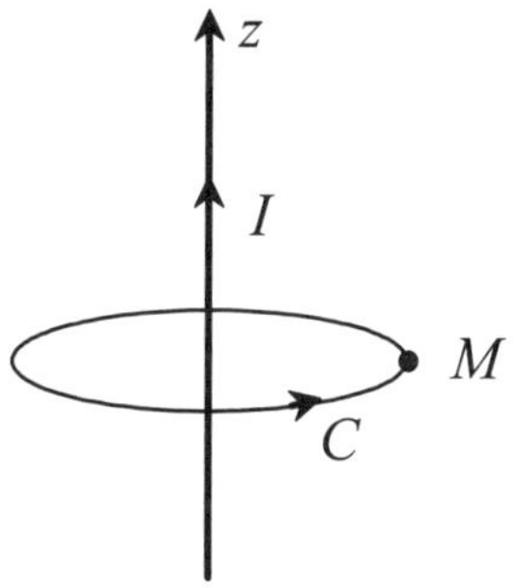

On prend comme courbe fermée C un cercle de rayon r centré sur le fil et orienté comme indiqué sur les schémas ci-contre. Sur cette courbe, le champ magnétostatique est partout colinéaire au vecteur tangent $\overrightarrow{e_\theta}$ et sa norme ne change pas.

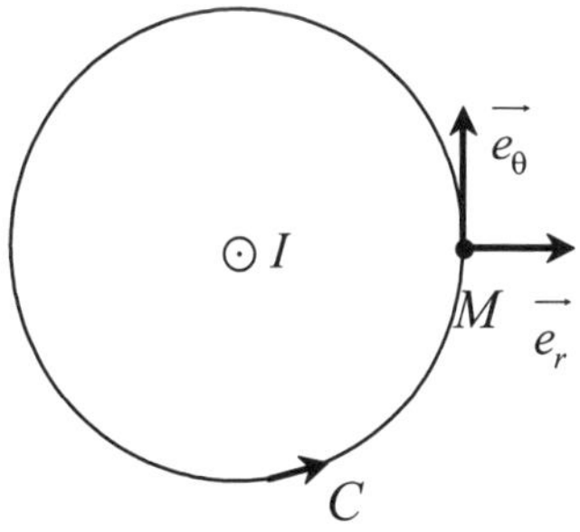

Alors $\displaystyle\int_C \vec{B}\cdot d\vec{l} = \int_C B_\theta(r)\overrightarrow{e_\theta}\cdot dl\,\overrightarrow{e_\theta} = B_\theta(r)\int_C dl = 2\pi r\, B_\theta(r)$,

puisque $\displaystyle\int_C dl$ est le périmètre du cercle C et vaut donc $2\pi r$.

Le courant qui traverse le disque délimité par C vaut I, compte tenu des conventions d'orientation. Théorème d'Ampère : $\displaystyle\int_C \vec{B}\cdot d\vec{l} = \mu_0 I$, d'où $2\pi r\, B_\theta(r) = \mu_0 I$ et $B_\theta(r) = \dfrac{\mu_0 I}{2\pi r}$.

Le champ est orthoradial et décroît proportionnellement à la distance au fil : $\vec{B}(M) = \dfrac{\mu_0 I}{2\pi r}\overrightarrow{e_\theta}$.

❑ Méthode 5.4. Comment utiliser la notion de dipôle magnétique ?

Du point de vue microscopique on peut considérer, dans un modèle classique (le bon cadre pour expliquer ces phénomènes étant la mécanique quantique), que le mouvement d'un électron atomique sur une orbite circulaire équivaut à une petite boucle de courant et confère aux atomes un moment magnétique électronique orbital. De même, le noyau peut être modélisé par une petite sphère chargée en rotation engendrant un moment magnétique nucléaire. Ainsi, à l'échelle microscopique, le moment magnétique $\vec{m}$ est lié à la rotation d'une charge autour d'un axe et donc au moment cinétique orbital $\vec{L}$ du point matériel portant cette charge, le lien entre moment magnétique et moment cinétique est le *rapport gyromagnétique noté* γ : $\boxed{\vec{m} = \gamma \vec{L}}$.

Un exercice classique, préliminaire à de nombreux problèmes traitant de l'interaction entre un champ et un moment magnétique consiste à étudier l'interaction entre une boucle de courant et un champ magnétique via le couple qu'elle subit $\vec{\Gamma} = \vec{m} \wedge \vec{B}$ et l'énergie potentielle d'interaction associée $E_p = -\vec{m} \cdot \vec{B}$. L'exemple suivant illustre les éléments de méthodes fondamentaux sur ce sujet.

⇨ **Exercices 5.10 et 5.11**

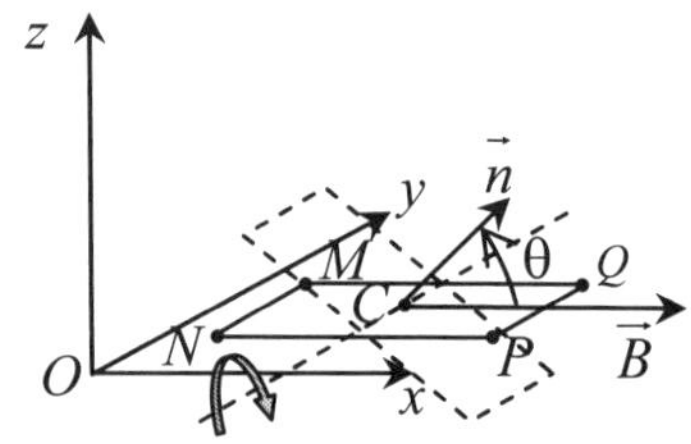

Considérons une spire rectangulaire indéformable de contour orienté $(\mathscr{C}) = MNPQ$ de centre *C*, initialement contenue dans le plan (O,x,y) du référentiel (*R*) rapporté à (O,x,y,z) et parcourue par un courant d'intensité *I*. On note $a = MN = QP$ et $b = NP = MQ$. Cette spire, libre en rotation autour de l'axe (Cy) est soumise à l'action d'un champ magnétique extérieur constant et uniforme $\vec{B} = B\,\vec{e_x}$ où $B > 0$. Pour alléger les notations on affectera aux quatre brins leur indice respectif : brin 1 *MN*, brin 2 *NP*, brin 3 *PQ* et brin 4 *QM*. On note θ l'angle que fait la normale $\vec{n}$ au plan de la spire avec la direction du champ magnétique (orienté de $\vec{B}$ vers $\vec{n}$, sans que cela ne préjuge du sens de rotation effectif).

Vérifions en nous plaçant dans la situation initiale ou la spire est contenue dans le plan (xOy), que le système de forces s'exerçant sur la spire est un couple :

La résultante des forces de Laplace a pour expression $\vec{F} = \sum_{i=1}^{4} \vec{F}_i = \sum_{i=1}^{4} \int_{brin\,i} I\,\mathrm{d}\vec{l}_i \wedge \vec{B}$. Or sur les brins 2 et 4, l'élément de brin $\mathrm{d}\vec{l}$ est parallèle à $\vec{B}$ de sorte que les contributions de ces brins à la résultante des forces sont nulles : $\vec{F}_2 = \vec{F}_4 = \vec{0}$.

Sur le brin 1, en prenant l'origine du brin en M, il vient : $\vec{F_1} = \int_0^a -I\,\mathrm{d}l\,\vec{e_y} \wedge B\,\vec{e_x} = I\,B\,b\,\vec{e_z}$.

D'autre part, sur les brins 1 et 3, les éléments de brin $\mathrm{d}\vec{l_1}$ et $\mathrm{d}\vec{l_3}$ sont égaux en norme et opposés en direction $\vec{F_1} = -\vec{F_3}$, et finalement : $\boxed{\vec{F} = \vec{0}}$.

Évaluons le moment résultant $\vec{M_C} = \sum_{i=1}^{4} \vec{M_{C_i}}$ de ce système de force par rapport au centre de la spire. Soit P un point de la spire, le moment en C de la force de Laplace s'exerçant sur le brin i est $\vec{M_{C_i}} = \int_{brin\,i} \vec{CP} \wedge \left(I\,\mathrm{d}\vec{l} \wedge \vec{B}\right)$. Sur les brins 2 et 4, $I\,\mathrm{d}\vec{l} \wedge \vec{B} = \vec{0}$ et $\vec{M_{C_2}} = \vec{M_{C_4}} = \vec{0}$.

Si P désigne un point courant du brin 1 on peut écrire dans le plan de la spire $\vec{CP} = \vec{CM} + \vec{MP} = \left(-\frac{b}{2}\vec{e_x} + \frac{a}{2}\vec{e_y} - MP\,\vec{e_y}\right)$. Ainsi l'élément de moment $\vec{CP} \wedge \left(I\,\mathrm{d}\vec{l} \wedge \vec{B}\right)$ s'écrit

$$\mathrm{d}\vec{M_{C_1}} = \left(-\frac{b}{2}\vec{e_x} + \frac{a}{2}\vec{e_y} - MP\,\vec{e_y}\right) \wedge \left(I\,\mathrm{d}l\,B\,\vec{e_z}\right) = I\,\mathrm{d}l\frac{b}{2}B\,\vec{e_y} - I\,\mathrm{d}l\,MP\,B\,\vec{e_x} + I\,\mathrm{d}l\frac{a}{2}B\,\vec{e_x}.$$

En prenant pour origine le point du brin le point M on peut écrire $\mathrm{d}l = \mathrm{d}(MP)$ de sorte que :

$$\vec{M_{C_1}} = \left(I\frac{b}{2}B\int_0^a \mathrm{d}l\right)\vec{e_y} - \left(I\,B\int_0^a l\,\mathrm{d}l\right)\vec{e_x} + \left(I\frac{a}{2}B\int_0^a \mathrm{d}l\right)\vec{e_x}, \text{ soit}$$

$$\vec{M_{C_1}} = I\,B\,a\frac{b}{2}\vec{e_y} - I\,B\left[\frac{l^2}{2}\right]_0^a + I\,B\frac{a^2}{2}\vec{e_x} = I\,B\,a\frac{b}{2}\vec{e_y} + I\,B\frac{a^2}{2}\vec{e_x} - I\,B\frac{a^2}{2}\vec{e_x} = I\,B\,a\frac{b}{2}\vec{e_y}$$

Le même calcul sur le brin 3 conduit de même à $\vec{M_{C_3}} = I\,B\,a\frac{b}{2}\vec{e_y}$.

Finalement, le moment résultant s'écrit $\boxed{\vec{M_C} = I\,a\,b\,B\,\vec{e_y}}$.

Ce moment étant indépendant du point de réduction C, le système de force s'exerçant sur la spire (torseur des actions de Laplace) est un couple que nous noterons indépendamment de toute origine $\boxed{\vec{\Gamma} = I\,a\,b\,B\,\vec{e_y}}$. Par analogie avec le couple subi par un dipôle électrostatique dans un champ extérieur $\vec{\Gamma}_{ext} = \vec{p} \wedge \vec{E}_{ext}$, on écrit le couple subi par la présente spire sous la forme $\boxed{\vec{\Gamma} = \vec{m} \wedge \vec{B}}$ où $\vec{m} = I\,\vec{S} = I\,S\,\vec{n}$ le moment magnétique associé à la boucle.

Attention à l'orientation du contour $(\mathcal{C}) = MNPQ$ qui fixe la direction de $\vec{m} = I\,\vec{S}$.

Dans la situation initiale envisagée ici $\vec{n}$ coïncidant avec $\vec{e_z}$, $\vec{S} = \iint_{spire} \mathrm{d}\vec{S} = a\,b\,\vec{e_z}$ est alors la surface orientée suivant la règle du tire-bouchon s'appuyant sur ce contour orienté $(\mathcal{C})$ de la spire. Ainsi, avec $\theta = \left(\vec{B}, \vec{m}\right)$ il vient $\vec{\Gamma} = -m\,B\sin(\theta)\,\vec{e_y}$.

Attention avec l'orientation de $\theta = \left(\vec{B}, \vec{m}\right)$ orienté de $\vec{B}$ vers $\vec{n}$ le couple est suivant $\vec{e_y}$ et tend donc à aligner $\vec{m}$ sur la direction de $\vec{B}$.

La position d'équilibre correspond à $\vec{\Gamma} = \vec{0}$ et donc à $\theta = p\,\pi,\ p \in \mathbb{N}$. Pour analyser la stabilité des deux positions d'équilibre correspondant à p paire et p impaire, on définit (de même que dans le cas du dipôle électrostatique) une énergie potentielle d'interaction champ-dipôle E_p : supposons que la spire subisse une rotation d'un angle $\mathrm{d}\theta > 0$ autour de (Cy), le travail du couple des actions de Laplace lors de cette rotation infinitésimale s'écrit avec $\left\|\vec{m}\right\| = cte$ et $\left\|\vec{B}\right\| = cte$: $\mathrm{d}W = \vec{\Gamma} \cdot \mathrm{d}\theta\,\vec{e_y} = -m\,B\sin(\theta)\,\mathrm{d}\theta = m\,B\,\mathrm{d}\left(\cos(\theta)\right)$.

$\mathrm{d}W$ est une différentielle totale exacte dont la variation est indépendante du chemin suivi, il existe donc une énergie potentielle associée E_p telle que $\mathrm{d}W = -\mathrm{d}E_p$, de sorte que $\mathrm{d}E_p = -m\,B\,\mathrm{d}\left(\cos(\theta)\right)$ et $E_p = -m\,B\cos(\theta) + cte$.

En posant $cte = 0$ et en remarquant que $m\,B\cos(\theta) = \vec{m} \cdot \vec{B}$, on obtient $\boxed{E_p = -\vec{m} \cdot \vec{B}}$.

À l'équilibre stable, l'énergie potentielle est minimum ce qui est réalisé par $\vec{m}$ parallèle à $\vec{B}$ de sorte que $\left(E_p\right)_{min} = -m\,B < 0$. La configuration où $\vec{m}$ est antiparallèle à $\vec{B}$ correspond à un maximum d'énergie potentielle $\left(E_p\right)_{max} = m\,B > 0$ et donc à un équilibre instable.

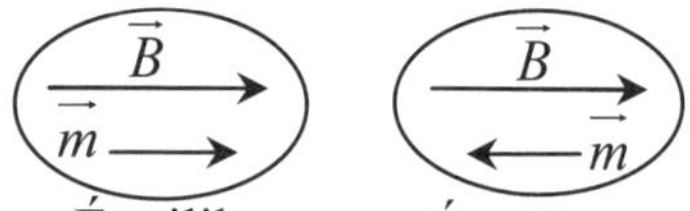

Équilibre stable   Équilibre instable

❑ Méthode 5.5. Comment exploiter l'expression des actions subies par un dipôle dans un champ extérieur non uniforme ?

> Dans un modèle classique de l'atome, un électron est en orbite circulaire uniforme autour du noyau. Le moment magnétique $\vec{m}$ associé à « cette boucle de courant atomique » est lié au moment cinétique orbital $\vec{L}$ de l'électron par le rapport gyromagnétique γ : $\vec{m} = \gamma\vec{L}$ (voir exercice 5.11). L'expérience de Stern et Gerlach (1921) est un exemple d'action d'un champ magnétique inhomogène sur un tel dipôle.

Dans cette expérience, un jet atomique d'argent est obtenu à la sortie d'un orifice ménagé dans une enceinte contenant de l'argent très pur chauffée à haute température. Il traverse ensuite un diaphragme D permettant d'obtenir un jet monocinétique émergeant (l'onde de De Broglie associée est alors monochromatique) et se propage (dans le vide poussé pour éviter les collisions perturbatrices avec l'air) suivant un axe noté ici (Ox). En supposant que le jet est dans le plan $y = 0$, il traverse sur une longueur L la zone d'action d'un champ magnétique dont la plus grande composante est verticale (figure 2) ce qui permet de poser en première approximation $\vec{B}(M) = B_z(M)\vec{e_z}$, fortement inhomogène dans cette direction. Ce gradient de champ est créé par un électroaimant dont les pièces polaires ont été taillées de façon adéquates de sorte qu'en première approximation le gradient de champ est vertical : $\overrightarrow{\text{grad}}\, B = \dfrac{\partial B_z}{\partial z}\vec{e_z}$. Les particules d'argent sont ensuite collectées sur une plaque où leurs impacts sont observés (figure 1).

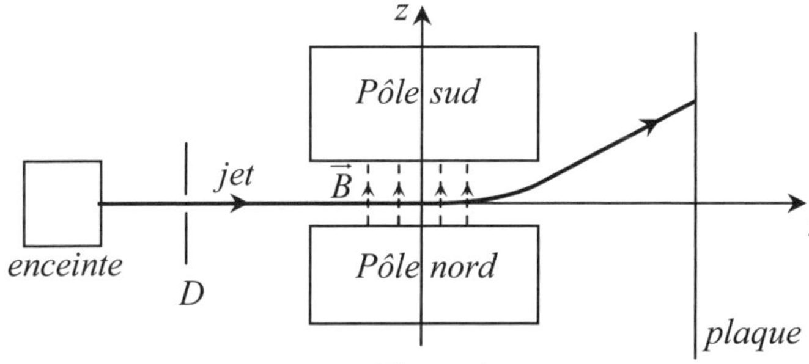

Figure 1

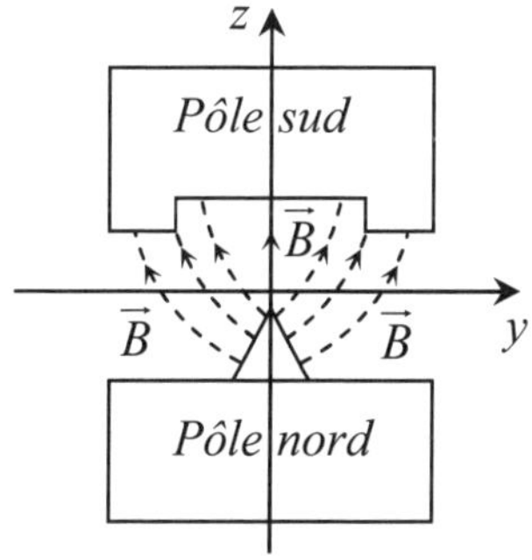

Figure 2

On constate sur la topographie des lignes de champs donnée sur la figure 2 que les lignes de $\vec{B}$ sont beaucoup plus resserrées au voisinage du pôle nord que du pôle sud, ainsi, conformément à ce qui a été vu dans le vrai-faux n° 9, le champ magnétique est plus intense au voisinage du pôle nord que du pôle sud. Le gradient de champ est ainsi globalement suivant la verticale descendante.

Voyons comment mobiliser les connaissances du cours pour prédire ce que devrait être, dans le cadre de cette modélisation semi-classique, le résultat de l'expérience.
Premièrement il faut noter que l'atome est neutre et qu'il ne subit donc pas la composante magnétique de la force de Lorentz. Ce n'est donc pas elle qui est responsable de la déviation du jet dans l'entrefer.

Nécessité d'un champ inhomogène

On associe, dans un modèle classique, un moment magnétique $\vec{m}$ à l'unique électron de valence de l'argent. En présence d'un champ extérieur $\vec{B} = B\vec{e_z}$ *uniforme et vertical*, les actions s'exerçant sur le dipôle magnétique $\vec{m}$ sont : $\boxed{\vec{F} = \vec{0}}$ (résultante nulle) et le couple $\boxed{\vec{\Gamma} = \vec{m} \wedge \vec{B}}$.
Le *théorème du moment cinétique* qui relie la dérivée temporelle du moment cinétique de l'atome à la somme des moments des actions qu'il subit s'écrit :

$$\frac{\mathrm{d}\vec{L}}{\mathrm{d}t} = \vec{\Gamma} = \vec{m} \wedge \vec{B}, \text{ soit } \frac{\mathrm{d}\vec{m}}{\mathrm{d}t} = \gamma \vec{m} \wedge \vec{B}.$$

On montre alors (voir exercice 5.10) que $\vec{m}$ tourne autour de la direction de $\vec{B}$ en décrivant un cône de demi-angle au sommet θ constant. Son extrémité décrit ainsi un cercle d'axe (Oz)

(c'est la direction du champ magnétique extérieure) à la vitesse angulaire $\Omega = \gamma B$ dite *pulsation de Larmor*.

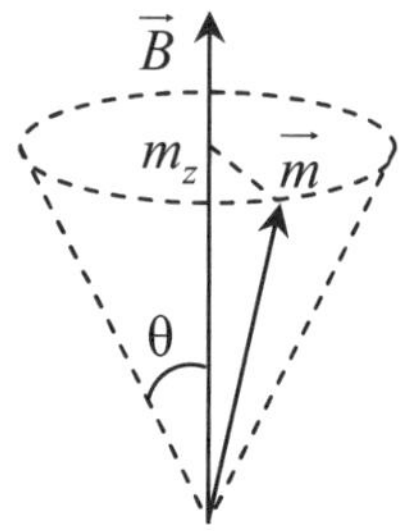

Conclusion : dans un champ $\vec{B}$ *uniforme*, chaque moment magnétique des atomes du jet est animé d'un mouvement de précession autour de la direction de $\vec{B}$ qui n'agit pas sur sa trajectoire (c'est le moment magnétique qui tourne autour de $\vec{B}$ et pas l'atome !) et comme de plus en champ uniforme la résultante des actions magnétiques est nulle $\vec{F} = \vec{0}$, le jet ne serait pas dévié. On observerait donc sur la plaque une simple tache circulaire centrée sur la ligne de vol du jet.

À présent nous pouvons discuter la conséquence d'un gradient de champ vertical $\partial B_z / \partial z \overrightarrow{e_z}$. Dans ce cas on peut montrer que $\vec{F} \neq \vec{0}$, ce qui va infléchir la trajectoire. On peut mener l'analyse à différents niveaux. Le plus simple est de procéder comme suit : on peut tout d'abord supposer que les directions des moment magnétiques des différents atomes du jet entrant dans la zone d'action du champ sont distribuées de façon aléatoire de sorte que leur projection m_z suivant (*Oz*) est distribuée aléatoirement entre m_0 et $-m_0$. En présence d'un champ verticalement inhomogène et de direction verticale (c'est une approximation) la résultante des actions magnétiques $\vec{F} = \left(\vec{m} \cdot \vec{\nabla}\right)\vec{B}$ n'a de composante que suivant (*Oz*) se réduisant à : $F_z = m_z \partial B_z / \partial z$.

En effet, il s'agit d'appliquer l'opérateur $\left(\vec{m} \cdot \vec{\nabla}\right)$ à chaque composante de $\vec{B}$. Comme $\vec{B}$ n'a de composante que suivant (*Oz*), on obtient en cartésienne :
$\vec{F} = \left(m_x \frac{\partial B_z}{\partial x} + m_y \frac{\partial B_z}{\partial y} + m_z \frac{\partial B_z}{\partial z} \right) \overrightarrow{e_z} = F_z \overrightarrow{e_z}$. En considérant que le champ ne présente d'inhomogénéité que suivant (Oz) (hypothèse de gradient vertical) on obtient ainsi :

$$F_z = m_z \frac{\partial B_z}{\partial z}.$$

Cette force se distribue entre deux valeurs extrêmes $\pm m_0 \partial B_z / \partial z$ et agit sur les atomes porteurs de ces moments en les déviant donc suivant $\pm(Oz)$. On observe donc dans ce cas une tache étirée suivant l'axe (Oz) et symétrique par rapport à la ligne de vol du jet.

On peut pousser l'analyse un cran plus loin en discutant la pertinence de l'approximation faite plus haut. En effet en réalité le gradient de champ dans l'entrefer n'est pas purement vertical. Il devrait donc intervenir dans le calcul de F_z deux termes supplémentaires $m_x \partial B_z / \partial x$ et $m_y \partial B_z / \partial y$. Cependant, du fait du mouvement de précession, la composante de $\vec{m}$ perpendiculaire à $\vec{B}$ oscille autour de zéro alors que la composante parallèle à $\vec{B}$ reste constante. Ainsi, pour un atome donné, en valeur moyenne temporelle $\langle m_x \rangle = 0$ et $\langle m_y \rangle = 0$ alors $\langle m_z \rangle = m_0 = cte$. Or la pulsation de Larmor intervenant dans le mouvement de précession est suffisamment élevée pour qu'à l'échelle de temps nécessaire pour que $\vec{F}$ agisse notablement

sur les moments seuls la valeur moyenne $\vec{F}$ intervienne. Ainsi sa composante verticale se réduit, pour un atome donné à : $F_z = \langle m_z \rangle \partial B_z / \partial z = m_0 \partial B_z / \partial z$. Pour un grand nombre d'atomes passant dans la zone d'action m_z est distribuée aléatoirement entre m_0 et $-m_0$ et on retrouve le résultat de l'analyse précédente.
On pourra aussi vérifier que le poids est négligeable devant F_z.

Confrontation à l'observation
En réalité on observe non pas une mais deux taches, l'une correspondant à $m_z = m_0$ et l'autre à $m_z = -m_0$. Aucune des valeurs intermédiaires que l'on attendait classiquement du fait d'une hypothétique distribution aléatoire n'est observée ! La projection suivant la direction du champ extérieur d'un moment magnétique atomique est donc quantifiée. L'approche classique ne permet pas d'expliquer ce résultat expérimental. C'est l'un des grands succès de la mécanique quantique d'y parvenir en introduisant le moment cinétique de spin de l'électron dont la projection suivant (*Oz*) ne peut prendre que deux valeurs $L_{spin\ z} = \pm \frac{\hbar}{2}$.

Vrai/Faux

		Vrai	Faux
1.	En présence d'un champ magnétique, la composante magnétique de la force de Lorentz provoque la mise en mouvement des particules chargées.	☐	☐
2.	Contrairement à celles du champ électrostatique, les lignes du champ magnétostatique ne peuvent diverger à partir d'un point ou converger vers ce point.	☐	☐
3.	Il n'existe pas de surfaces équipotentielles pour le champ magnétostatique.	☐	☐
4.	Le champ magnétostatique est orthogonal à un plan de symétrie des courants.	☐	☐
5.	On utilise les invariances de la distribution (de charges ou de courants) de la même manière pour le champ électrostatique et pour le champ magnétostatique.	☐	☐
6.	Le flux du champ magnétostatique au travers d'une surface fermée est toujours nul.	☐	☐
7.	La circulation du champ magnétostatique le long d'une courbe fermée est toujours nulle.	☐	☐
8.	Le champ magnétostatique créé par une bobine n'est pas toujours proportionnel à l'intensité du courant circulant dans la bobine.	☐	☐
9.	Dans l'entrefer d'un électroaimant, l'intensité du champ magnétique augmente lorsque les lignes de champs se resserrent.	☐	☐
10.	Un dipôle magnétique centré sur un point O, plongé dans la zone d'action d'un champ magnétique non uniforme migre vers les zones de champ fort.	☐	☐
11.	Dans la nature, les valeurs de champ magnétique s'étalent sur plus de 13 ordres de grandeur.	☐	☐

Énoncé des exercices

❑ Exercice 5.1. Champ dans un solénoïde infini

On considère un solénoïde infini d'axe (Oz) comportant n spires planes jointives par unité de longueur, chaque spire circulaire de rayon R est orthogonale à (Oz) et parcourue par un courant d'intensité I. On se place en coordonnées cylindriques d'axe (Oz) (r,φ,z) rapportées au trièdre $\left(\overrightarrow{e_r},\overrightarrow{e_\varphi},\overrightarrow{e_z}\right)$.

1. Exprimer le nombre de spires par unité de longueur pour une portion de longueur de L de ce solénoïde. Discuter les hypothèses du modèle adopté ainsi que leur domaine de validité.

2. Montrer qu'en tout point M de l'espace le champ créé par cette distribution de courant est de la forme $\vec{B}(M)=B_z(r)\,\overrightarrow{e_z}$.

3. On cherche à exprimer le champ magnétique à l'intérieur du solénoïde en admettant qu'il est nul à l'extérieur de celui-ci.

a) En appliquant le théorème d'Ampère à un contour dont on précisera la raison du choix, montrer que le champ magnétique en tout point de l'espace intérieur au solénoïde est uniforme.

b) En déduire l'expression du champ intérieur en fonction de μ_0, n et I.

❑ Exercice 5.2. Le solénoïde fini de spires jointives

On se place en coordonnées cylindriques (r,θ,z) d'axe (Oz), rapportées au trièdre $\left(\overrightarrow{e_r},\overrightarrow{e_\theta},\overrightarrow{e_z}\right)$.

On admet qu'une spire circulaire de rayon R d'axe vertical (Oz) parcourue par un courant d'intensité constante I crée le champ $\vec{B}(M)=\dfrac{\mu_0 I}{2R}\sin^3\alpha\,\overrightarrow{e_z}$, où

M est un point de l'axe vu sous un angle α depuis un point de la spire (figure ci-contre),

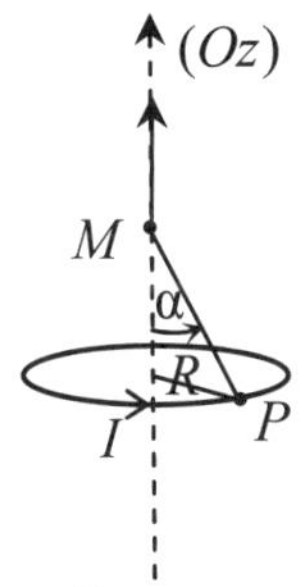

1. Vérifiez que ce champ est conforme à l'analyse de symétries de la distribution de courant.

On considère à présent un solénoïde de longueur finie d'axe (Oz) comportant n spires jointives par unité de longueur, chaque spire circulaire de rayon R étant parcourue par un courant d'intensité I (voir figure ci-contre).

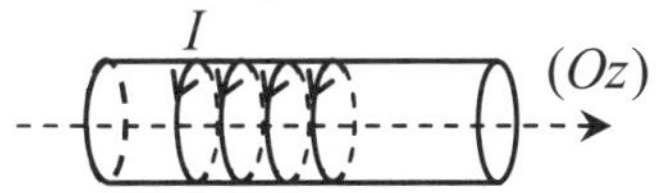

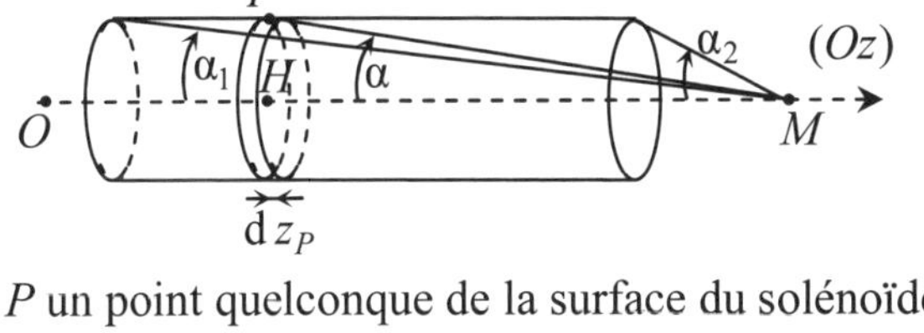

Soit P un point quelconque de la surface du solénoïde et H son projeté orthogonal sur (Oz).

On « découpe » le solénoïde en tranches élémentaires centrées sur un point H, d'épaisseur $\mathrm{d}z_P$ et vu sous l'ange α depuis le point P (voir figure ci-dessus). Les faces d'entrée et de sortie du solénoïde sont ainsi repérées par les angles respectifs α_1 et α_2.

2. Quelle est la direction du champ créé par ce solénoïde en un point M de son axe ?

3. On considère le champ élémentaire $\mathrm{d}\vec{B}_{tranche}(M)$ créé par l'une de ces tranches en un point M de l'axe repéré par l'angle en fonction de μ_0, I, R, n, α et $\mathrm{d}z_p$ dans un premier temps, puis en exprimant $\mathrm{d}z_p$ en fonction de $\mathrm{d}\alpha$, donner $\mathrm{d}\vec{B}_{tranche}(M)$ en fonction de μ_0, I, n, α et $\mathrm{d}\alpha$ uniquement.

4. Montrer que finalement le champ en un point de l'axe est :

$$\vec{B}(M) = \frac{\mu_0 n I}{2}(\cos\alpha_1 - \cos\alpha_2)\vec{e_z}.$$

5. On considère maintenant un solénoïde infini. Par un passage à la limite sur le cas précédent, donner l'expression du champ magnétique sur l'axe.

❑ Exercice 5.3. Effet hall dans un conducteur de section rectangulaire

Considérons un barreau conducteur rectiligne de plus grande dimension suivant (Ox) et de section droite rectangulaire de côtés a et b, parcouru, sous l'influence d'un champ électrostatique $\vec{E}_0 = E_0\,\vec{e_x}$, par un courant continu d'intensité I. On suppose que tous les porteurs de charge libres sont du même type. On note $\vec{V}$ leur vitesse d'ensemble, n leur densité volumique et q leur charge individuelle. Initialement la densité volumique de courant uniforme dans le conducteur est longitudinale : $\vec{j} = \vec{j}_{long} = nq\vec{V} = nqV\,\vec{e_x}$. À l'instant $t = 0$, ce conducteur est plongé dans un champ magnétique $\vec{B} = B\,\vec{e_y}$ uniforme et statique.

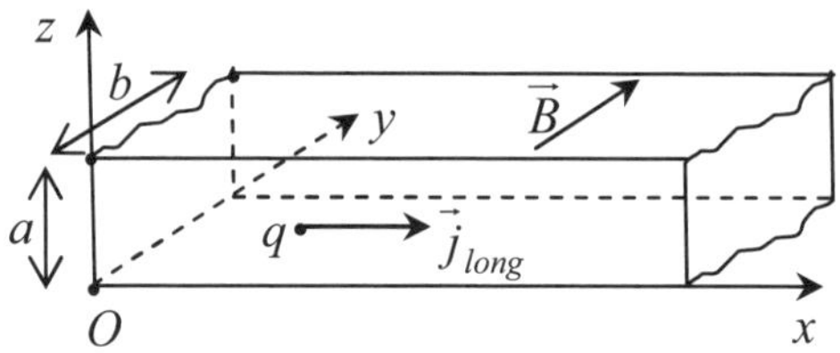

1. Montrer qu'à partir de $t = 0$ le barreau est le siège d'un régime transitoire se caractérisant par l'apparition d'une différence de potentiel et d'un champ électrostatique entre deux des faces du conducteur que l'on précisera. Montrer qu'alors une composante transversale suivant (Oz) vient se superposer à la densité volumique de courant longitudinale. Tracer l'allure des lignes de courant.

2. À quelle condition le régime transitoire prend-t-il fin. Quel est alors la forme des lignes de courant ? Exprimer, le régime permanent étant atteint, le champ électrostatique (dit champ de Hall noté $\vec{E}_H$) en fonction de la constante de Hall $A_H = \dfrac{1}{nq}$ (en $\mathrm{m^3 \cdot C^{-1}}$), de $\vec{j}$ et de $\vec{B}$.

Exprimer de même la différence de potentiel (dite *ddp* de Hall notée U_H) entre les deux faces du conducteur identifiées à la question précédente en fonction de la constante de Hall

$A_H = \dfrac{1}{nq}$, de l'intensité I, de la norme de $\vec{B}$ et de la distance entre les faces concernées.

Discuter son signe en fonction de celui des porteurs de charge.

3. Un capteur à effet Hall est composé d'une pastille semi-conductrice de surface $a^2 \approx 1\,mm^2$ et d'épaisseur $b \approx 0{,}1\,\text{mm}$, composée d'Antimoniure d'indium (*InSb*), dans laquelle circule un courant permanent de l'ordre de $1\,\text{A}$. Un voltmètre permet de mesurer la *ddp* de Hall apparaissant en présence d'un champ magnétique. Sachant que dans un tel semi-conducteur la densité volumique de porteur de charge est de $n \approx 10^{22}\,\text{m}^{-3}$ alors qu'elle est de $n \approx 10^{28}\,\text{m}^{-3}$ dans un bon conducteur tel que le cuivre, discuter l'intérêt d'utiliser l'Antimoniure d'indium pour la fabrication d'une sonde à effet Hall dont on décrira brièvement le fonctionnement.

❑ Exercice 5.4. Énergie magnétostatique

L'énergie magnétique stockée dans un solénoïde infini a pour expression $U_m = \dfrac{1}{2} L\, I^2$, où L est le coefficient d'inductance propre du solénoïde et I l'intensité du courant qui le parcourt. Sachant que pour une portion de longueur l d'un tel solénoïde, on a $L = \mu_0\, l\, n^2 S$, où S est sa section et n le nombre de spires par unité de longueur, en déduire l'expression de la densité volumique d'énergie magnétostatique dans le solénoïde.

❑ Exercice 5.5. Inductance

L'inductance propre L d'une bobine est définie par la relation $\Phi = L I$, où Φ est le flux au travers de la bobine du champ magnétostatique créé par la bobine elle-même et I le courant qui circule dans la bobine.

On considère un solénoïde comportant N spires, de rayon R et de longueur h. On se place dans l'approximation du solénoïde infini.

1. En utilisant l'expression du champ magnétostatique à l'intérieur d'un solénoïde infini, calculer le flux au travers d'une spire du solénoïde.

2. En déduire le flux au travers des N spires et en déduire l'inductance propre de la bobine.

❑ Exercice 5.6. Nappe de courant volumique*

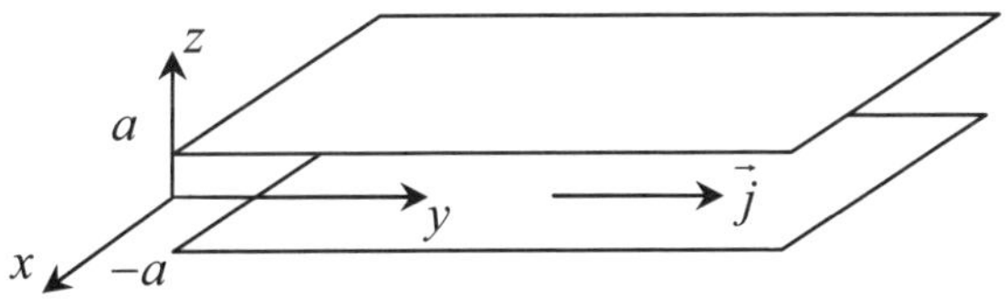

On modélise une piste conductrice dans un circuit intégré, où les courants circulent sur de très faibles épaisseurs, par la distribution de courant suivante :

pour $-a < z < a$: $\vec{j} = j_0\, \vec{e_y}$

pour $z < -a$ ou $z > a$ $\vec{j} = \vec{0}$.

1. Analyser les symétries et invariances de cette distribution de courant. En déduire une information sur la parité de la fonction $B = f(z)$.

2. Déterminer le champ magnétique créé dans tout l'espace. Tracez l'allure de la norme du champ en fonction de z.

3. On passe à la limite surfacique en considérant que l'épaisseur e de la distribution volumique tend vers zéro : $e = 2a \rightarrow 0$.

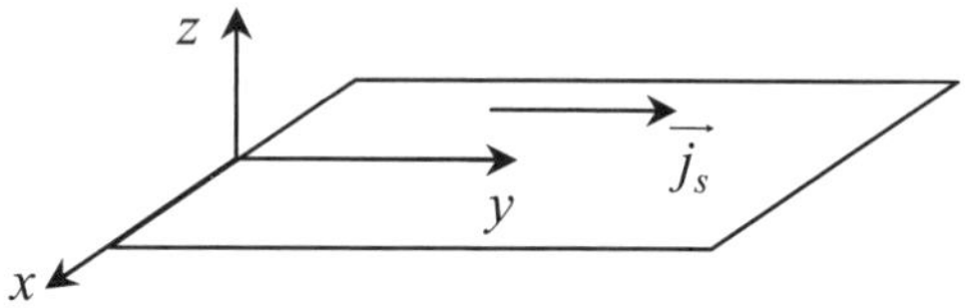

Donner l'expression de la densité surfacique de courant $\vec{j_s}$ et celle du champ magnétique engendré partout dans l'espace. Le résultat est-il en accord avec la relation de passage pour $\vec{B}$ en présence de courants surfaciques ?

On donne la relation de passage qui traduit la continuité de la composante normale de $\vec{B}$ et la discontinuité de sa composante tangentielle en présence de courants surfaciques : $\vec{B}_2 - \vec{B}_1 = \mu_0 \, \vec{j}_s(M) \wedge \vec{n}_{12}$ où $\vec{n}_{12}$ désigne le vecteur unitaire normal à la surface de séparation entre les deux milieux et est dirigé du milieu 1 vers le milieu 2. $\vec{B}_1$ et $\vec{B}_2$ sont respectivement les champs dans les milieux 1 et 2 au voisinage immédiat de la surface.

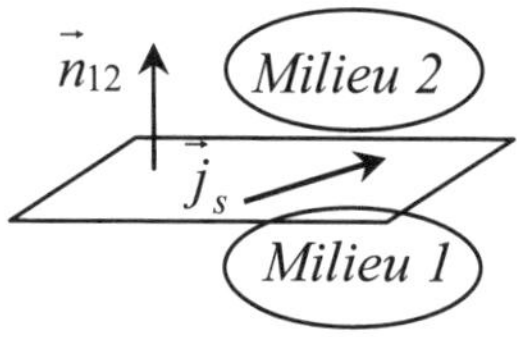

❑ Exercice 5.7. Bobine torique

Une bobine torique est un enroulement sur un support de forme torique (la forme d'une bouée). Le support torique est caractérisé un rayon R autour de son axe de symétrie (Oz) et une section circulaire de rayon a. L'enroulement comporte N spires que l'on considérera comme des spires planes, circulaires de rayon a. On considère que le nombre N de spires est suffisamment grand pour que l'on puisse considérer les spires comme continûment réparties le long du tore.
On note I le courant circulant dans cette bobine.
On repère la position d'un point M en coordonnées cylindriques (r,θ,z) autour de l'axe de symétrie du tore.

1. Montrer que le champ magnétostatique créé par cette bobine est orthoradial (selon $\vec{e_\theta}$) et que sa norme ne dépend pas de la coordonnée θ.

2. Calculer le champ à l'intérieur et à l'extérieur de la bobine en utilisant le théorème d'Ampère.

3. Qu'obtient-on si R est grand devant a et devant les dimensions de la zone de l'espace considérée ?

❑ Exercice 5.8. Inductance linéique d'un câble coaxial

On modélise un câble coaxial par deux cylindres conducteurs parfaits infiniment longs de même axe (Oz), de sections circulaires. Le premier de rayon R_1 est appelé âme, et le second de rayon intérieur R_2 (où $R_2 > R_1$) est la gaine. L'espace entre l'âme et la gaine est rempli d'un diélectrique non magnétique, homogène, linéaire et isotrope, que l'on assimilera au vide. On se place en coordonnées cylindriques d'axe (Oz). On considère que l'âme véhicule une intensité $I_1 = I$, tandis que la gaine véhicule l'intensité opposée $I_2 = -I$. Les courants sont volumiques et considérés comme uniformément distribués sur une pellicule

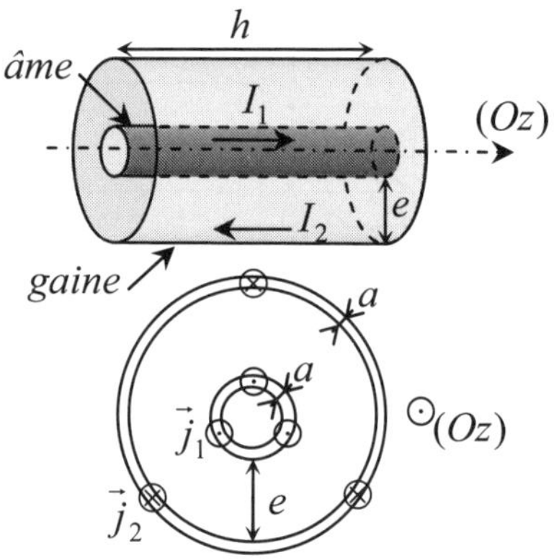

cylindrique de faible épaisseur a localisée au voisinage de la surface des conducteurs. On note $\vec{j}_1 = j\,\vec{e_z}$ et $\vec{j}_2 = -j\,\vec{e_z}$ les densités volumiques de courants correspondantes.

1. Donner les expressions de $\vec{j}_1$ et $\vec{j}_2$ en fonction de I et de a.

2. La distribution surfacique est la limite d'une réalité volumique où les courants sont répartis sur une petite épaisseur a avec une densité volumique de courant $\vec{j}$, la densité surfacique correspondante est, si la distribution est uniforme, $\vec{j}_S = \lim\limits_{a \to 0} \left(\vec{j}\,a\right)$. Dans le cadre de cette modélisation, quelle serait l'expression des densités de courant surfaciques $\vec{j}_{s_1}$ et $\vec{j}_{s_2}$ associées.

3. Étudier les symétries et invariances de la distribution de courant et en déduire la direction du champ ainsi que sa dépendance spatiale.

4. En appliquant le théorème d'Ampère sur un contour dont le choix sera justifié avec précision, donner l'expression du champ magnétostatique $\vec{B}$ en un point M dans l'espace à la distance $r = OM$ de l'axe (Oz). Tracer l'allure de $\left\|\vec{B}\right\|$ en fonction des coordonnées spatiales d'intérêt.

5. On admet que l'énergie magnétique a pour expression $U_m = \dfrac{1}{2} L\, I^2 = \displaystyle\iiint_{espace} \frac{B^2}{2\mu_0}\,\mathrm{d}\tau$ où L est l'inductance du solénoïde. On considère à présent une portion de longueur h de câble. Sur quel volume $\mathcal{V}$ doit-on alors faire porter la triple intégrale $\displaystyle\iiint_{\mathcal{V}} \frac{B^2}{2\mu_0}\,\mathrm{d}\tau$? En déduire l'expression de l'inductance linéique L_l du câble en fonction de μ_0, R_1 et R_2. A.N. : déterminer L_l pour $R_1 = 1\ \text{mm}$ et $R_2 = 2{,}5\ \text{mm}$. On rappelle que $\mu_0 = 4\,\pi \cdot 10^{-7}\ \text{H} \cdot \text{m}^{-1}$.

6. On a montré que la capacité linéique d'un câble coaxial est donnée par $C_l = \dfrac{2\pi\,\varepsilon_0}{\ln(R_2 / R_1)}$. Évaluer le produit de C_l par L_l.

❑ Exercice 5.9. Étude simplifiée de la foudre

Durant un orage, la différence de potentiel entre la base des nuages orageux et le sol est telle que l'air s'ionise sur un trajet qu'emprunte la foudre. On modélise celle-ci comme une colonne cylindrique d'axe (Oz), de rayon R, formée d'un plasma d'électrons animés d'une vitesse moyenne $\vec{V} = V\,\vec{e_z}$, dite vitesse de dérive, supposée uniforme. On néglige la mobilité des atomes ionisés devant celle des électrons libres et on note $n(r)$ la densité particulaire en électrons libres dont on suppose qu'elle ne dépend que de la distance $r = OM$ d'un point M de la colonne à l'axe (Oz). La colonne est ainsi supposée parcourue par un courant d'intensité I caractérisé par une densité volumique de courant $\vec{j} = j\,\vec{e_z}$ que l'on considère uniforme et permanent dans ce modèle simple. On se place en coordonnées cylindriques d'axe (Oz) (r, φ, z)

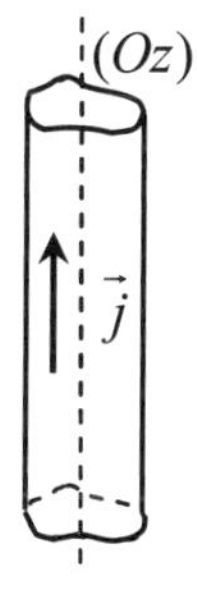

rapportées au trièdre $\left(\vec{e_r}, \vec{e_\varphi}, \vec{e_z}\right)$.

La pression locale au point M à la distance $r = OM$ de l'axe est donnée par $P(r) = n(r)\, k_B\, T$ où T est la température du plasma supposée uniforme et $k_B = \dfrac{R}{N_A} = 1{,}381 \cdot 10^{-23}\ \mathrm{J \cdot K^{-1}}$ la constante de Boltzmann.

1. Questions préliminaires

a) Donner l'expression du champ magnétique $\vec{B}(M)$ en un point M intérieur à la colonne en fonction de μ_0, de j et de la distance r du point M à l'axe (Oz).

b) Dans le cadre de l'hypothèse de densité volumique de courant uniforme, exprimer la vitesse $\vec{V}$ d'ensemble des porteurs de charge en fonction de la charge e de l'électron et de la densité particulaire moyenne n.

2. On considère un tore de plasma de section rectangulaire d'épaisseur comprise entre r et $r + \mathrm{d}r$ et de hauteur $\mathrm{d}z$. On note $\mathrm{d}S = r\,\mathrm{d}\theta\,\mathrm{d}z$ un élément de sa surface latérale intérieure ou extérieure (les deux seront prises égales en première approximation) et $\mathrm{d}\tau = r\,\mathrm{d}\theta\,\mathrm{d}r\,\mathrm{d}z = \mathrm{d}S\,\mathrm{d}r$, l'élément de volume correspondant autour du point M à la distance r de l'axe.

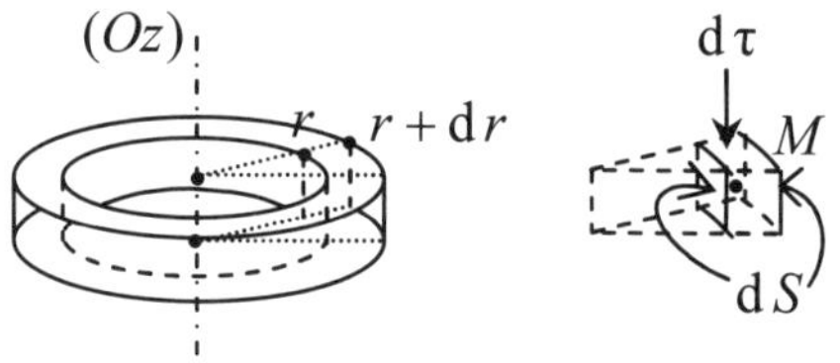

a) Exprimer la force de Laplace élémentaire subie par cet élément de volume. Montrer alors qu'au passage du courant le tore de plasma tend à se contracter (phénomène de magnétostriction) au passage de la foudre.

b) On désigne par N le nombre d'électrons par unité de longueur de colonne de plasma. Sachant que la densité particulaire s'en déduit : $n(r) = \dfrac{\mu_0\, j^2}{4 k_B T}\left(R^2 - r^2\right)$, montrer que la température T supposée uniforme dans la colonne est liée au courant total transporté I par la relation $N = \dfrac{\mu_0\, I^2}{8\pi k_B T}$.

c) L'ordre de grandeur typique du rayon de la colonne est de $R = 1\ \mathrm{mm}$. Elle véhicule un courant d'intensité de l'ordre de $I \approx 10^4\ \mathrm{A}$. On donne l'ordre de grandeur de la densité volumique moyenne en électrons libres (densité particulaire moyenne) égale à $n \approx 10^{25}\ \mathrm{m^{-3}}$. En déduire l'ordre de grandeur de la densité volumique de courant dans la colonne ainsi que celui de la vitesse de dérive. Estimer alors la température T qui règne dans la colonne ainsi que la pression $P(0)$ et la densité particulaire $n(0)$ en son centre.

On donne : $P(0) = \dfrac{\mu_0\, j^2 R^2}{4}$ et $n(0) = \dfrac{\mu_0\, j^2 R^2}{4 k_B T}$.

Problème ouvert

d) Sachant que lorsque la vitesse de déplacement d'une tranche d'air est localement plus élevée que la vitesse du son dans l'air, une onde de choc se forme, associée à une onde sonore. Proposer une explication qualitative du tonnerre.

❑ Exercice 5.10. Rapport gyromagnétique et magnéton de Bohr

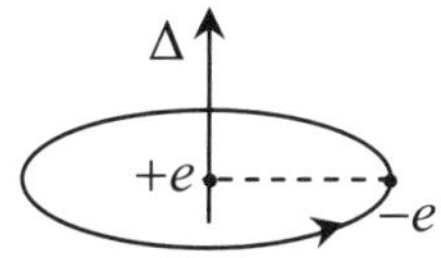

Dans le modèle semi-classique de l'atome d'hydrogène l'électron non relativiste, de charge $-e=-1{,}6\cdot10^{-19}\,\mathrm{C}$ et de masse $m_e=9{,}11\cdot10^{-31}\,\mathrm{kg}$, est en orbite circulaire uniforme d'axe Δ et de rayon r autour d'un proton supposé fixe au centre O du référentiel d'étude. On rappelle que la masse du proton est $m_p=9{,}67\cdot10^{-27}\,\mathrm{kg}$.

1. Discuter la pertinence de considérer que le proton est fixe.

2. On associe au mouvement orbital de l'électron une petite boucle de courant d'intensité I. Donner l'expression de I en fonction de e, r et la vitesse V de l'électron sur son orbite.

3. Donner l'expression du moment magnétique $\vec{m}$ associé à cette boucle de courant ainsi que celle du moment cinétique orbital $\vec{L}$ lié au mouvement de l'électron sur son orbite. Montrer que $\vec{m}=\gamma_0\vec{L}$ où γ_0 est le rapport gyromagnétique que l'on exprimera en fonction de m_e et de e.

4. L'atome est à présent plongé dans la zone d'action d'un champ magnétique $\vec{B}=B\vec{e_z}$ uniforme et vertical qui ne perturbe pas l'orbite. On suppose que l'axe Δ portant son moment magnétique fait un angle θ avec (Oz).

En appliquant le théorème du moment cinétique à l'électron sur son orbite, montrer que l'extrémité de $\vec{m}$ tourne autour de (Oz) en décrivant un cercle à la vitesse angulaire Ω_L dite *pulsation de Larmor* que l'on exprimera.

Donner un ordre de grandeur de Ω_L. Justifier ainsi qu'en moyenne temporelle seule la valeur moyenne de m_z est non nulle et égale à une constante.

On rappelle que le *théorème du moment cinétique* (TMC) relie la dérivée temporelle du moment cinétique de l'atome au point O à la somme des moments des actions qu'il subit par : $\dfrac{\mathrm{d}\vec{L}_O}{\mathrm{d}t}=\sum\vec{M}_O$. On rappelle que si M est un point en rotation uniforme autour d'un axe Δ fixe passant par une origine O fixe d'un référentiel (R) :

$$\vec{V_M}=\frac{\mathrm{d}\overrightarrow{OM}}{\mathrm{d}t}=\vec{\Omega}\wedge\overrightarrow{OM} \quad \text{où } \vec{\Omega}=\Omega\,\vec{e_z}=\dot{\varphi}\,\vec{e_z}.$$

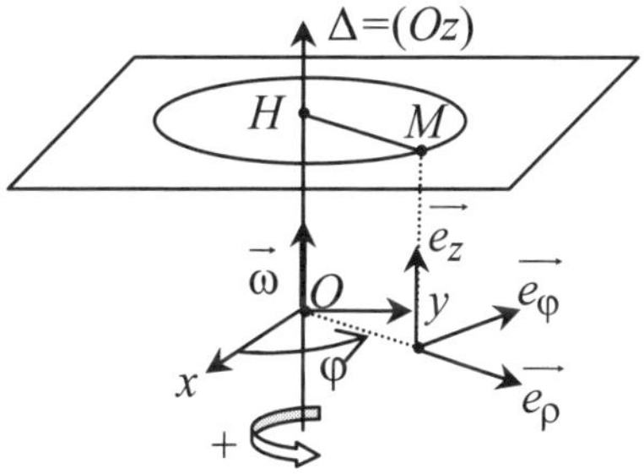

5. La composante suivant (Oz) du moment cinétique orbital $\vec{L}$ de cet électron est quantifiée : $L_z=n\hbar$ où n est un entier et $\hbar=h/2\pi$ avec $h=6{,}62\cdot10^{-34}\,\mathrm{Kg\cdot m^2\cdot s^{-1}}$ la constante de Planck. Le magnéton de Bohr μ_B est le moment magnétique de l'électron dans son état fondamental correspondant à $n=1$. Donner son expression en fonction de e, $\hbar$ et m_e. L'évaluer numériquement. Quel est l'ordre de grandeur d'un moment magnétique atomique ?

❑ Exercice 5.11. Champ magnétique terrestre

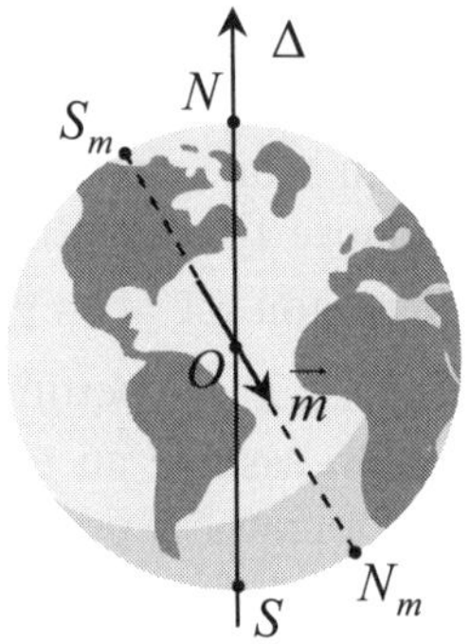

Le noyau terrestre est pour l'essentiel composé de fer solide (la graine) entouré de fer liquide (la fusion est provoquée par la radioactivité naturelle au sein de la graine). Il est siège d'un couplage complexe entre courants électriques volumiques et écoulement dans le fer liquide conducteur (ce couplage fait actuellement l'objet d'études dans le cadre de la magnétohydrodynamique pour comprendre l'origine et la dynamique du champ magnétique terrestre). Nous nous contenterons ici de dire que ces courants sont la source d'un champ magnétique auto-entretenu par un phénomène d'induction (le fer liquide conducteur est en mouvement dans le champ magnétique) : c'est la géo-dynamo terrestre. En première approximation on modélise le champ magnétique terrestre par celui d'un dipôle magnétique $\vec{m}$ associé à une boucle de courant placée au centre de la Terre. $\vec{m}$ est orienté suivant l'axe (Oz) qui est l'axe géomagnétique sud-nord magnétique noté S_mN_m. Cet axe présente un angle α avec l'axe de rotation Δ de la Terre qui varie à l'échelle de temps géologique et vaut actuellement environ 11°. Suivant une étude menée en 2005, la valeur moyenne de m sur les 780 000 dernières années est de l'ordre de $m = 7{,}5.10^{22}\,\text{A}\cdot\text{m}^2$.

1. Que pensez-vous de l'assertion « une boussole pointe le nord » ?

2. On se place en un point M à grande distance du centre de la Terre. En cordonnées sphériques de centre O on note : $r = OM$, $\theta = \left(\vec{e_z}, \overrightarrow{OM}\right)$ et $\varphi = \left(\vec{e_x}, \overrightarrow{OK}\right)$ où K est le projeté orthogonal de M dans le plan équatorial magnétique (x,O,y) (à ne pas confondre avec le plan équatorial géographique qui est lui orthogonal à l'axe de rotation Δ). On donne l'expression du champ magnétique en M créé par un moment magnétique $\vec{m}$ suivant (Oz) :

$$\vec{B}(M) = \frac{\mu_0\, m}{4\pi r^3}\left(2\cos(\theta)\,\vec{e_r} + \sin(\theta)\,\vec{e_\theta}\right).$$

a) Donner l'expression de $\vec{B}(M)$ en fonction de $\vec{m}$, μ_0 et r uniquement. Expliciter l'approximation dipolaire dans le cadre de laquelle cette expression du champ est valable. Quel est le sens physique de cette approximation ?

b) Justifier que les lignes de champ sont contenues dans le plan méridien magnétique $\left(\overrightarrow{Oz}, \overrightarrow{OM}\right)$. Donner l'équation des lignes de champ de $\vec{B}$ dans ce plan et tracer leur allure en faisant figurer le champ en un point M de coordonnées (r,θ). Ce tracé peut-il être représentatif du champ dans la zone centrale ?

3. Donner l'expression de la norme du champ magnétique à la surface de la terre à l'équateur géomagnétique noté B_{eq} en fonction du rayon terrestre R_T de m et de θ. Évaluer son ordre de grandeur sachant que $R_T \approx 6\,300$ km. Montrer que lorsqu'on se rapproche des pôles magnétiques à la surface de la terre, la norme du champ tend vers une valeur maximale B_{max} dont on donnera l'expression en fonction de B_{eq}. Quel est l'ordre de grandeur de B_{max} ?
Cette variation de l'intensité du champ entre l'équateur magnétique et les pôles magnétiques est-elle prévisible par lecture de la carte des lignes de champs ?

Problème ouvert

4. La Terre est entourée d'une zone, appelée *ceinture de Van Allen* située dans la zone de l'équateur magnétique entre environ 700 km et 65 000 km d'altitude, où des particules chargées de haute énergie issues du Soleil (portées par le vent solaire), sont piégées dans le champ magnétique terrestre, ce qui protège la Terre de leur effets nocifs pour les organismes vivants. Dans ces zones, les trajectoires des particules s'enroulent autour des lignes de champ. On admet les faits suivants : la composante longitudinale $V_{//}$ de la vitesse des particules le long d'une ligne diminue lorsque la norme B du champ augmente, elle s'annule pour une valeur limite du champ. Le moment cinétique de la particule sur sa trajectoire localement considérée comme circulaire est longitudinal et il est constant.
Proposer dans ce cadre de cette modélisation une explication du phénomène de piégeage dans la ceinture de Van Allen.

■ Pour vous aider à démarrer

Exercice 5.1, question 3.a) : prendre un contour rectangulaire appartenant au plan contenant (Oz)
Exercice 5.2, questions 2 et 3 : le champ total est suivant (Oz), utiliser le théorème de superposition pour exprimer le champ élémentaire $\mathrm{d}\vec{B}_{tranche}(M)$ créé par une tranche.
Exercice 5.3 : en présence de $\vec{B}$, chaque porteur de charge est soumis en plus de la force électromotrice $\vec{f}_0 = q\,\vec{E}_0$ à la composante magnétique de la force de Lorentz $\vec{f}_m = q\,\vec{V} \wedge \vec{B}$ que l'on exprime en fonction de $\vec{j}$.
Exercice 5.6, question 1 : reportez-vous aux méthodes 1 et 2. Question 3 : faire apparaître le fait que $\vec{j_s} = \lim\limits_{a \to 0} \vec{j}\; 2a$ lors du passage à la limite surfacique.
Exercice 5.7, question 1 : reportez-vous aux méthodes 1 et 2 puis appliquez le théorème d'Ampère sur un cercle C de rayon r centré sur l'axe.
Exercice 5.8, questions 3 et 4 : le champ magnétique étant ici orthoradial on prend un contour d'Ampère circulaire de rayon r coïncidant avec une ligne de champ.
Exercice 5.9, question 1.b) : compte tenu de l'homogénéité de la densité volumique de courant, on a : $\vec{j} = -ne\vec{V}$ s'exprime simplement en fonction de $\vec{j}$.
Exercice 5.10, question 2 : évaluer la variation de charge Δq en un point de la trajectoire pour une révolution de l'électron pendant le temps Δt, l'intensité en ce point est $I = \dfrac{\Delta q}{\Delta t}$.

Corrigé des vrai/faux

1.	2.	3.	4.	5.	6.	7.	8.	9.	10.	11.
faux	vrai	vrai	vrai	vrai	vrai	faux	faux	vrai	vrai	vrai

1. Si la particule chargée est au repos, la force magnétique $\vec{F} = q\vec{V} \wedge \vec{B}$, est nulle puisque $\vec{V}$ est nulle et ne provoque donc pas sa mise en mouvement. Si elle est en mouvement en entrant dans la zone d'action d'un champ magnétique, la force magnétique étant orthogonale au déplacement elle ne travaille pas : elle infléchit la trajectoire.

2. Au contraire de ce que l'équation de (M.G) implique aux lignes de champ électrostatique l'équation de (M.Φ) implique que $\vec{B}$ est à divergence nulle. Contrairement à celles de $\vec{E}$, les lignes de champ $\vec{B}$ ne peuvent diverger à partir d'un point ou converger vers ce point. Au contraire elles sont fermées et tournent autour des courants comme le montre l'analyse du spectre magnétique d'un fil « infini » par exemple. Cette situation traduit la non-existence de monopôles magnétiques à partir desquels $\vec{B}$ divergerait.

3. Il n'existe pas de potentiel scalaire dont dérive le champ magnétostatique.

7. Elle est donnée par le théorème d'Ampère.

8. Quelle que soit la forme de l'enroulement, on trouve toujours un champ magnétostatique proportionnel à l'intensité du courant.

9. On sait que $\vec{B}$ est à flux conservatif. Ainsi, le flux de $\vec{B}$ à travers toute section d'un même tube de champ est constant. Ainsi, lorsque les lignes de champ de $\vec{B}$ se resserrent le champ est plus intense.

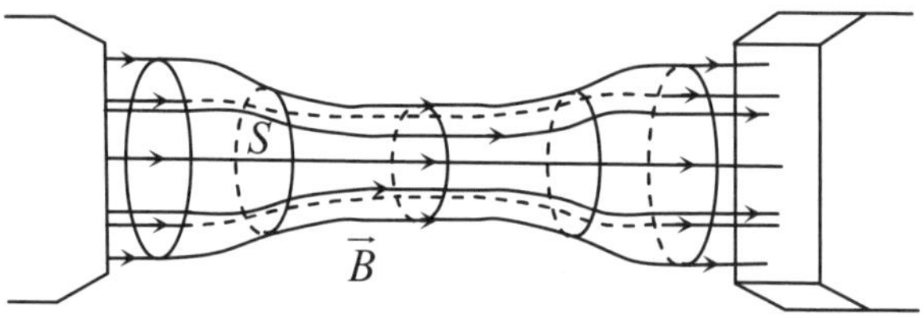

En considérant un tube de champ dont la section diminue au centre de l'entrefer, ce qui correspond bien à un resserrement des lignes de champs, on constate que pour conserver le flux du champ magnétique lorsque la section S diminue, il faut que la norme du champ augmente.

10. Lorsque le champ magnétique s'exerçant sur un dipôle est non uniforme on montre, comme dans le cas d'un dipôle électrostatique, que les expressions du couple et de l'énergie potentielle d'interaction champ-dipôle établies dans la méthode 5.4 restent valables, à condition de remplacer en première approximation $\vec{B}$ par le champ ressenti au centre O du dipôle : $\boxed{\vec{\Gamma} = \vec{m} \wedge \vec{B}(O)}$ et $\boxed{E_p = -\vec{m} \cdot \vec{B}(O)}$. On montre aussi, comme en électrostatique, que la résultante des forces s'exerçant sur le dipôle est non nulle : $\boxed{\vec{F} = \left(\vec{m} \cdot \vec{\nabla}\right)\vec{B}}$. Ainsi, en champ non homogène, cette résultante tend à faire migrer le dipôle vers les zones de champ fort.

11. Le champ magnétique de certains astres, comme une étoile à neutron (pulsar) peut atteindre en norme $10^8\,\mathrm{T}$, le champ magnétique terrestre est quant à lui de l'ordre de $10^{-5}\,\mathrm{T}$ ($4{,}5\cdot 10^{-5}\,\mathrm{T}$ en France). Pour fixer les idées un aimant puissant (aimant au néodyme) produit un champ de l'ordre de 1 T.

❑ Les erreurs classiques

→ Attention à écrire de façon générale $\vec{j} = \sum_{i\ espèces} \rho_i \vec{V_i} = \sum_{i\ espèces} n_i\, q_i\, \vec{V_i}$, la somme ne portant que sur les porteurs de charge mobiles, et pas $\vec{j} = \rho \vec{V}$, qui pourrait laisser croire que $\vec{j} = \vec{0}$, comme dans un conducteur localement neutre où $\rho = \sum_{i\ espèces} \rho_i = 0$.

→ Faire attention aux propriétés de symétrie particulières du champ magnétostatique, « inversées » par rapport à celles du champ électrostatique : en un point M d'un plan de symétrie pour la distribution de charge $\vec{E}(M)$ appartient à ce plan, alors qu'en un point M d'un plan d'antisymétrie pour la distribution de charge $\vec{E}(M)$ est normal à ce plan. Au contraire en un point M d'un plan de symétrie pour la distribution de courant $\vec{B}(M)$ est normal à ce plan, alors qu'en un point M d'un plan d'antisymétrie pour la distribution de courant $\vec{B}(M)$ appartient à ce plan.

→ Faire attention aux conventions d'orientation dans l'utilisation du théorème d'Ampère, les choix des sens positifs pour la circulation et pour le courant ne sont pas indépendants.

→ Dans la mise en œuvre du théorème d'Ampère, on veillera :

– à appliquer les considérations de symétrie (dans un premier temps) et d'invariance (dans un deuxième temps) à la distribution de courant qui est une donnée du problème ;

– à bien identifier le sens de parcours sur contour d'intégration d'Ampère ;

– à vérifier le signe des courants enlacés en adéquation avec le sens de parcours du contour d'Ampère.

■■ Corrigé des exercices

Exercice 5.1

1. Le nombre de spires par unité de longueur est $n = \dfrac{N}{L}$. Le modèle de solénoïde infini de spires jointives repose sur deux approximations : la première consiste à dire que la longueur L est infinie, elle est valable pour un solénoïde de longueur grande devant son rayon et dans sa zone centrale au voisinage de l'axe. On néglige ainsi les effets de bords aux extrémités du solénoïde. D'autre part l'enroulement est nécessairement de forme hélicoïdale, le passage d'une spire à la suivante engendre donc une zone où le courant n'est plus orthoradial. Dire que les spires sont jointives consiste à négliger cette faible portion de fil devant la longueur de fil coïncidant localement avec une spire circulaire.

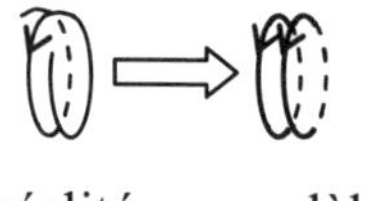

2. Dans le cadre du modèle adopté (spire planes jointives orthogonales à (Oz) et solénoïde infini) tout plan orthogonal à (Oz) et contenant le point M de coordonnées (r, φ, z) est plan de symétrie pour la distribution de courant. Or, en un point d'un tel plan, $\vec{B}(M)$ est orthogonal à ce plan, ainsi $\vec{B}(M) = B_z(M)\,\vec{e_z}$. La distribution de courant est invariante par toute rotation d'angle φ autour de (Oz) et toute translation d'axe (Oz). Ainsi, l'unique composante B_z du champ magnétique est indépendant de φ et de z : $B_z(M) = B_z(r)$.
Finalement $\boxed{\vec{B}(M) = B_z(r)\,\vec{e_z}}$.

⇨ *Méthodes 5.1 et 5.2*

3. a) Compte tenu de la forme du champ, prenons pour contour d'Ampère un rectangle $ABCD$ orienté comme cela est représenté ci-contre, contenu dans un plan contenant (Oz) dont les brins $AB = a$ et $CD = b$ sont parallèles à (Oz) et passent respectivement par les points M' et M. D'après le théorème d'Ampère, $\oint_{ABCD} B_z(r)\,\vec{e_z} \cdot \mathrm{d}\vec{l} = \mu_0\, I_e$ où I_e est l'intensité totale enlacée par le contour $ABCD$. La contribution des brins verticaux BC et DA est nulle puisque le champ y est orthogonal à $\mathrm{d}\vec{l}$ et sur les brins horizontaux AB et CD, on a respectivement $B_z(r) = B_z(M) = cte$ et $B_z(r) = B_z(M') = cte'$ qui peuvent donc être sortis de la somme, ainsi :

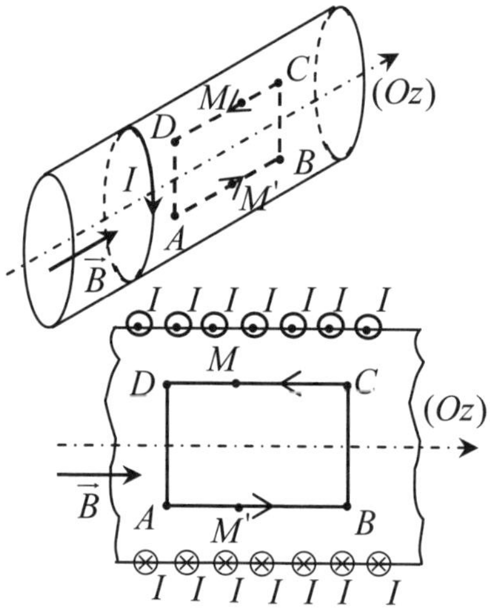

$$\oint_{ABCD} B_z(r)\overrightarrow{e_z}\cdot \mathrm{d}\vec{l} = \int_{AB} B_z(r)\overrightarrow{e_z}\cdot \mathrm{d}\vec{l} + \int_{CD} B_z(r)\overrightarrow{e_z}\cdot \mathrm{d}\vec{l}$$
$$= a\big(B_z(M') - B_z(M)\big)$$

⇨ Méthode 5.3

Attention aux signes compte tenu de l'orientation du contour et de la direction du champ en M et M'.

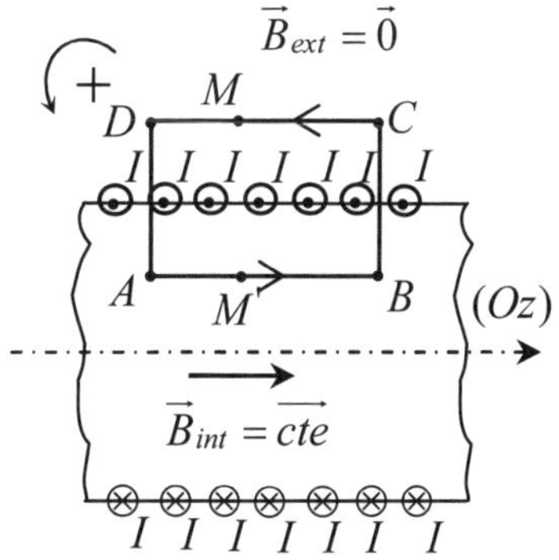

Choisissons un contour intérieur au solénoïde comme présenté ci-dessus : il n'enlace aucun courant de sorte que $I_e = 0$. Ainsi d'après le théorème d'Ampère $B_z(M) = B_z(M')$, le champ intérieur au solénoïde infini est donc uniforme : $B_{z\,int} = cte$.

b) Pour déterminer l'expression du champ intérieur, prenons un contour à cheval sur la surface du solénoïde comme représenté ci-contre : le champ extérieur étant nul $B_z(M) = 0$ et le champ intérieur étant uniforme $B_z(M') = B_{int} = cte$. Ainsi la circulation du champ magnétique se réduit à :

$$\oint_{ABCD} B_z(r)\overrightarrow{e_z}\cdot \mathrm{d}\vec{l} = a\, B_z(M') = a\, B_{int}.$$

Pour calculer le courant enlacé I_e par ce contour il suffit de compter le nombre de spires qui traversent la surface s'appuyant sur ce contour, orientée suivant la règle du tire bouchon en adéquation avec le sens de parcours positif. Comme il y a n spires par unité de longueur, il y en a na qui traversent la surface dans le sens positif. Ainsi, le courant enlacé a pour expression $I_e = naI$.

Le théorème d'Ampère s'écrit donc : $a\, B_{int} = \mu_0\, n a I$, soit enfin $\boxed{\overrightarrow{B_{int}} = \mu_0\, n I\, \overrightarrow{e_z}}$.

Exercice 5.2

1. Tout plan contenant l'axe (*Oz*) de la spire est plan d'antisymétrie pour les courants. Or en un point d'un plan d'antisymétrie, $\vec{B}$ appartient à ce plan, donc $\vec{B}$ est à l'intersection de tous ces plan et $\vec{B}$ est donc axial : $\vec{B}(M) = B_z(M)\overrightarrow{e_z}$, ce qui est bien conforme à l'expression fournie dans l'énoncé.

⇨ Méthode 5.1

2. L'étude des symétries nous apprend que tout plan contenant (*Oz*) est plan d'antisymétrie, de sorte que $\vec{B}(M) = B_z(M)\overrightarrow{e_z}$.

Corrigé

3. D'après le théorème de superposition, le champ élémentaire créé par l'une de ces tranches est $n\,\mathrm{d}z_p$ fois le champ créé par une spire unique de cette tranche, soit, d'après l'exercice précédent : $\mathrm{d}\vec{B}_{tranche}(M)=\dfrac{\mu_0 I}{2R}\sin^3\alpha\, n\,\mathrm{d}z_p\,\overrightarrow{e_z}$.

Or (petite astuce…), $\mathrm{d}z_p=\mathrm{d}OH=\mathrm{d}OH-\mathrm{d}OM=-\mathrm{d}HM$ et :

$\mathrm{d}HM=\mathrm{d}\left(R\,\mathrm{cotan}\,\alpha\right)=-\dfrac{R}{\sin^2\alpha}\mathrm{d}\alpha$, $\left(\mathrm{cotan}\,\alpha=\dfrac{HM}{HP}\right)$. Ainsi, $\mathrm{d}\vec{B}_{tranche}=\dfrac{\mu_0 nI}{2}\sin\alpha\,\mathrm{d}\alpha\,\overrightarrow{e_z}$.

4. Intégrons sur l'angle α_1 entre α_1 et α_2 pour décrire la totalité du solénoïde :

$\vec{B}(M)=\displaystyle\int_{\alpha_1}^{\alpha_2}\mathrm{d}\vec{B}_{tranche}=\dfrac{\mu_0 nI}{2}\int_{\alpha_1}^{\alpha_2}\sin\alpha\,\mathrm{d}\alpha\,\overrightarrow{e_z}$, et finalement :

$$\vec{B}(M)=\frac{\mu_0 nI}{2}\left(\cos\alpha_1-\cos\alpha_2\right)\overrightarrow{e_z}$$

5. On considère maintenant un solénoïde infini. Rejetons les faces d'entrée du solénoïde précédent à l'infini par passage à la limite $\alpha_1\to 0$ et $\alpha_2\to\pi$, il vient $\vec{B}(M)=\mu_0 nI\,\overrightarrow{e_z}$: le champ à l'intérieur d'un solénoïde infini est uniforme, résultat conforme à ce qui a déjà été obtenu par le théorème d'Ampère sur le solénoïde infini.

Exercice 5.3

1. En présence de $\vec{B}$, chaque porteur de charge est soumis en plus de la force électromotrice $\vec{f}_0=q\,E_0\,\overrightarrow{e_x}$ à la composante magnétique de la force de Lorentz $\vec{f}_m=q\vec{V}\wedge\vec{B}=\dfrac{1}{n}\vec{j}\wedge\vec{B}$.

> *Si $q>0$ alors $\vec{V}$ est dirigée suivant les $x>0$ et au contraire si $q<0$ alors $\vec{V}$ est dirigée suivant les $x<0$ de sorte que dans tous les cas $\vec{j}=nq\vec{V}$ est suivant les $x>0$.*

Ainsi, $\vec{f}_m=\dfrac{1}{n}\vec{j}\wedge\vec{B}=\dfrac{jB}{n}\overrightarrow{e_z}$ est suivant les $z>0$ et les porteurs de charge s'accumulent sur la face supérieure du conducteur en $z=a$ alors que la face inférieure s'en trouve dégarnie d'autant (pour assurer la neutralité du conducteur). Il apparaît ainsi unc *ddp* entre les deux faces qui augmente au cours du temps à mesure que le nombre de porteurs de charge transférés augmente. En termes de densité volumique de courant, cela se traduit par l'apparition d'une composante transversale $\vec{j}_{trans}$ suivant $\overrightarrow{e_z}$ se superposant au courant longitudinal de conduction. Les lignes de courant ne sont plus alors suivant $\vec{E}_0$ mais incurvées vers les $z>0$.

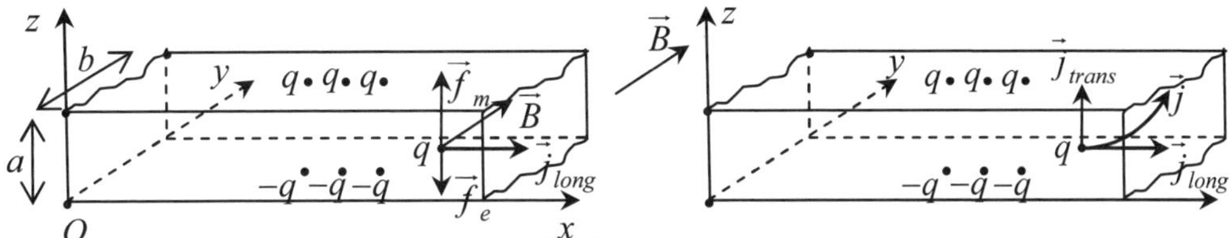

Régime transitoire

Si $q > 0$ alors la face supérieure se charge positivement et la face inférieure se charge négativement de sorte qu'il apparaît un champ électrique $\vec{E}$ dirigé suivant les $z < 0$ et donc une force électrique $\vec{f}_e = q\vec{E} = -q\,E\,\vec{e_z}$ s'opposant à $\vec{f}_m$. Si $q < 0$ alors $\vec{E}$ est dirigé suivant les $z > 0$ et donc une force électrique $\vec{f}_e = q\vec{E} = -|q|\,E\,\vec{e_z}$ s'oppose encore à $\vec{f}_m$. Durant le régime transitoire, $|\vec{f}_e|$ augmente progressivement mais reste inférieure à $|\vec{f}_m|$ de sorte que le transfert de charge se poursuit, augmentant progressivement la *ddp* entre les faces en $z = 0$ et $z = a$, et donc augmentant le champ électrique $\vec{E}$ jusqu'à ce que $\vec{f}_e$ compense parfaitement $\vec{f}_m$.

2. Le régime transitoire prend fin lorsque $q\vec{E}_H + q\vec{V} \wedge \vec{B} = \vec{0}$ soit $\vec{E}_H = -\vec{V} \wedge \vec{B}$ et donc avec $A_H = \dfrac{1}{nq}$: $\boxed{\vec{E}_H = -\dfrac{1}{nq}\vec{j} \wedge \vec{B} = -A_H\,\vec{j} \wedge \vec{B}}$. En régime permanent, les lignes de courant sont alors de nouveau suivant $\vec{e_x}$.

La *ddp* de Hall entre les deux faces s'écrit entre deux points *A* et *B* sur une même verticale (*B* sur à la face du bas et *A* sur celle du haut) $U_H = V_A - V_B = \displaystyle\int_B^A \mathrm{d}V$. Or par définition intrinsèque du gradient $\mathrm{d}V = \vec{\nabla}(V) \cdot \mathrm{d}\overrightarrow{OM}$ et

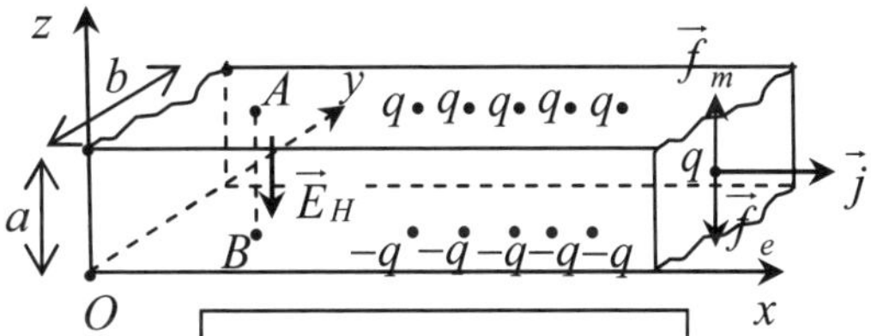

Régime permanent

comme $\vec{E}_H = -\vec{\nabla}(V)$ il vient $U_H = -\displaystyle\int_B^A \vec{E}_H \cdot \mathrm{d}\overrightarrow{OM}$ soit avec $\vec{E}_H = -A_H\,\vec{j} \wedge \vec{B}$:

$U_H = V_A - V_B = -\displaystyle\int_B^A A_H \left\|\vec{j} \wedge \vec{B}\right\| \left(-\vec{e_z}\right) \cdot \mathrm{d}z\,\vec{e_z} = A_H\,j\,B\,a$. Remarquons que l'intensité parcourant le conducteur est le flux du vecteur densité volumique de courant sur une section droite $I = \displaystyle\iint_{section} \vec{j} \cdot \vec{n}\,\mathrm{d}S = j\,a\,b$ (avec $\vec{n}\,\mathrm{d}S = \mathrm{d}S\,\vec{e_x}$) on obtient enfin : $\boxed{U_H = \dfrac{A_H\,I\,B}{b}}$. Son signe dépend de celui de la constante de Hall : si $q > 0$ $A_H = \dfrac{1}{nq} > 0$ et donc $U_H > 0$, au contraire si $q < 0$ $A_H = \dfrac{1}{nq} < 0$ et donc $U_H < 0$.

3. D'après ce qui précède on constate que la *ddp* de Hall est proportionnelle à B, le coefficient de proportionnalité étant égal à $k = \dfrac{A_H I}{b}$. Ainsi si l'on mesure U_H connaissant k on en déduit, après étalonnage, la valeur de B correspondante. Il bien entendu préférable, pour réduire les incertitudes de mesures, d'avoir pour une valeur de B donnée (prenons par exemple $B = 10^{-3}$ T) une *ddp* la plus élevée possible. Comme le courant pouvant traverser la pastille est limité et b fixé, il s'agit finalement d'avoir une constante de Hall la plus élevée possible. Dans un conducteur tel que le cuivre où les porteurs de charge sont des électrons la constante de Hall et négative et on a : $|A_H| = \dfrac{1}{n|e|} \approx 6{,}25 \cdot 10^{-10}\ \mathrm{m^3 \cdot C^{-1}}$ et pour $B = 10^{-3}$ T, $b = 0{,}1$ mm et $I = 1$ A on a $U_H \approx 6$ nV ce qui est difficilement mesurable. Pour un semi-conducteur dopé N (les porteur de charge majoritaires sont des électrons) tel que l'Antimoniure d'indium $|A_H| = \dfrac{1}{n|e|} \approx 6{,}25 \cdot 10^{-4}\ \mathrm{m^3 \cdot C^{-1}}$ et dans les mêmes conditions que précédemment on a $U_H \approx 6{,}2 \cdot 10^{-3}$ V ce qui devient tout à fait mesurable.

Exercice 5.4

Sachant que dans un solénoïde infini, la norme du champ magnétostatique est $B = \mu_0\, n\, I$, il vient : $U_m = \dfrac{1}{2} L\, I^2 = \dfrac{1}{2} \mu_0\, l\, n^2 S\, I^2 = \dfrac{B^2}{2\mu_0} S\, l$. Remarquons que $\vartheta = S\, l$ n'est autre que le volume intérieur de la portion de longueur l du solénoïde. On définit alors la densité volumique d'énergie magnétique $u_m = \dfrac{U_m}{\vartheta} = \dfrac{B^2}{2\mu_0}$. Ainsi, le champ magnétique étant nul à l'extérieur d'un solénoïde infini on a : $U_m = \iiint_{espace} u_m \,\mathrm{d}\tau = \iiint_{espace} \dfrac{B^2}{2\mu_0} \,\mathrm{d}\tau$.

Exercice 5.5

1. L'expression du champ magnétostatique à l'intérieur d'un solénoïde est, dans l'approximation du solénoïde infini, $\vec{B} = \mu_0 \dfrac{N}{h} I \vec{e_z}$.

Le flux, orienté dans le sens du champ, au travers d'une spire circulaire de rayon R est donc $\Phi = \iint_{\text{spire}} \left(\mu_0 \dfrac{N}{h} I \vec{e_z}\right) . \left(\mathrm{d}S \vec{e_z}\right) = \mu_0 \dfrac{N}{h} I \iint_{\text{spire}} \mathrm{d}S$ soit $\boxed{\Phi = \mu_0 \dfrac{N}{h} I\, \pi R^2}$.

2. Le flux au travers de l'ensemble du solénoïde vaut N fois le flux au travers d'une spire, donc $\Phi = \mu_0 \dfrac{N}{h} I \pi R^2 N$. On en déduit l'inductance : $\boxed{L = \dfrac{\mu_0 \pi R^2 N^2}{h}}$.

Exercice 5.6

1. Symétries et invariances : soit M un point quelconque de l'espace, le plan (y,M,z) est plan de symétrie pour les courants, donc $\vec{B}(M)$ qui lui est perpendiculaire est selon (Ox). Par ailleurs, il y a invariance de la distribution de courant suivant toute translation d'axe (Ox) et (Oy), ainsi $\|\vec{B}\|$ ne dépend ni de x, ni de y $\vec{B} = B(z)\vec{e_x}$. Par ailleurs le plan (x,O,y) étant plan de symétrie pour les courants, on a $B(-z) = -B(z)$.

⇨ *Méthodes 5.1 et 5.2*

Le plan (x,O,y) étant un plan de symétrie pour les courants, on peut être tenté de dire que le champ en M doit lui être perpendiculaire et donc suivant (Oz). Cependant, le point M étant quelconque il n'appartient pas dans le cas général au plan (x,O,y) et le fait que $\vec{B}(M)$ soit suivant (Ox) ne pose donc pas de problème. De pus dans le cas particulier où M est dans le plan (x,O,y), B étant une fonction impaire de z le champ s'annule en tout point du plan (x,O,y).

2. Appliquons le théorème d'Ampère au contour rectangulaire orienté ($MNPQ$) de hauteur $2z$ et de largeur L contenu dans un plan orthogonal à (Oy) et symétrique par rapport au plan (Oxy), comme représenté ci-dessous. Sur les brins verticaux le champ est normal et sur les brins horizontaux le champ est constant en norme. Ainsi dans l'écriture du théorème d'Ampère $\oint_{MNPQ} \vec{B}\cdot \mathrm{d}\vec{l} = \mu_0 I_{enlacé}$, la circulation se réduit aux deux brins horizontaux.

Ainsi, $\displaystyle\oint_{MNPQ} \vec{B}\cdot \mathrm{d}\vec{l} = \int_{PQ} \vec{B}\cdot \mathrm{d}\vec{l} + \int_{MN} \vec{B}\cdot \mathrm{d}\vec{l} = L\vec{e_x}\cdot B(z)\vec{e_x} - L\vec{e_x}\cdot B(-z)\vec{e_x}$.

Compte tenu que $B(-z) = -B(z)$, il vient : $\displaystyle\oint_{MNPQ} \vec{B}\cdot \mathrm{d}\vec{l} = 2LB(z)$.

⇨ *Méthode 5.3*

Dans l'évaluation des courants enlacés deux cas sont à distinguer :
Lorsque $z < a$, le courant enlacé est le flux du vecteur densité volumique de courant à travers la surface orientée S s'appuyant sur le contour ($MNPQ$), soit : $I_e = \iint_S j\vec{e_y}\cdot\vec{e_y}\,\mathrm{d}S = j2zL$. Ainsi, le théorème d'Ampère conduit à : $\boxed{B(z) = \mu_0 j z}$.
Lorsque $z > a$, le courant enlacé s'écrit $I_e = j2aL$, ainsi le théorème d'Ampère conduit à : $\boxed{B(z) = \mu_0 j a}$.

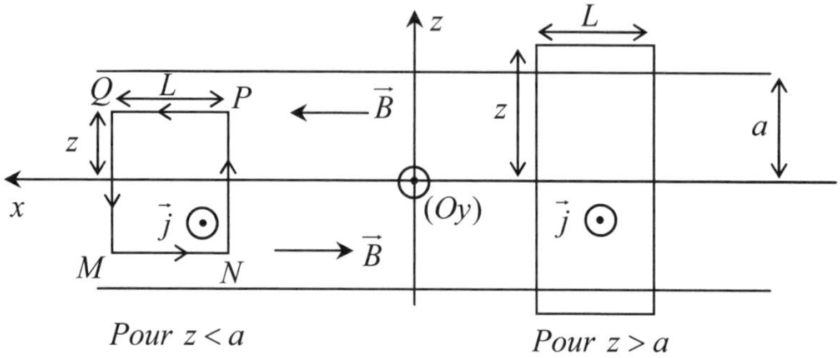

L'allure de la norme du champ en fonction de z est la suivante :

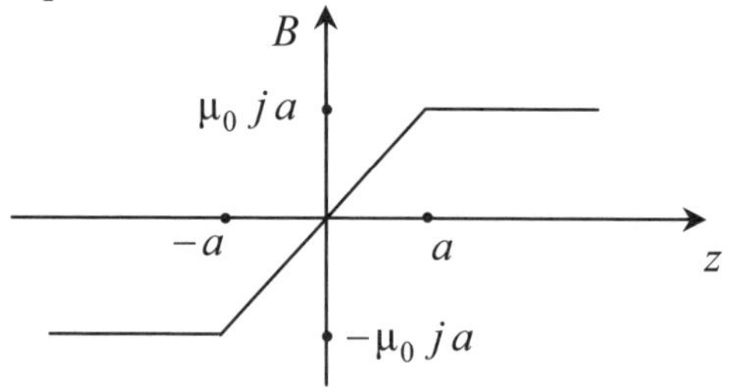

3. La densité surfacique de courant est la limite de la distribution volumique lorsque son épaisseur $e = 2a$ tend vers zéro. Le courant enlacé s'écrit, en considérant la distribution volumique : $I_e = j2aL$. Passons à la limite surfacique, il vient $I_{enlacé} = j_s L$, avec $\overrightarrow{j_s} = \lim\limits_{a \to 0} \vec{j}\, 2a$. Au-dessus de la nappe, en volumique on avait : $B = \mu_0 j\, a$, ainsi en repassant en surfacique $B = \mu_0 j_s / 2$. Avec $\overrightarrow{j_s} = j_s \overrightarrow{e_y}$ et $\vec{n} = \overrightarrow{e_z}$ vecteur normal à la nappe pointant vers le haut : $\boxed{\vec{B} = \mu_0 \dfrac{\overrightarrow{j_s} \wedge \vec{n}}{2}}$.

Ce résultat est bien conforme à la relation de passage. En effet, en prenant deux points de part et d'autre de l'interface et dans son voisinage en z et $-z$, la relation de passage s'écrit ici $\vec{B}(z) - \vec{B}(-z) = \mu_0 \vec{j}_s \wedge \overrightarrow{e_z}$. Or $\vec{B}(z) - \vec{B}(-z) = 2B(z)$ et $\vec{j}_s \wedge \overrightarrow{e_z} = \vec{j}_s \wedge \vec{n}$, on retrouve donc $\boxed{\vec{B} = \mu_0 \dfrac{\overrightarrow{j_s} \wedge \vec{n}}{2}}$.

Exercice 5.7

1. Tout plan qui contient l'axe (Oz) est plan de symétrie de la distribution de courants, donc d'antisymétrie pour le champ magnétostatique : il est orthogonal à ce plan, donc selon $\overrightarrow{e_\theta}$.

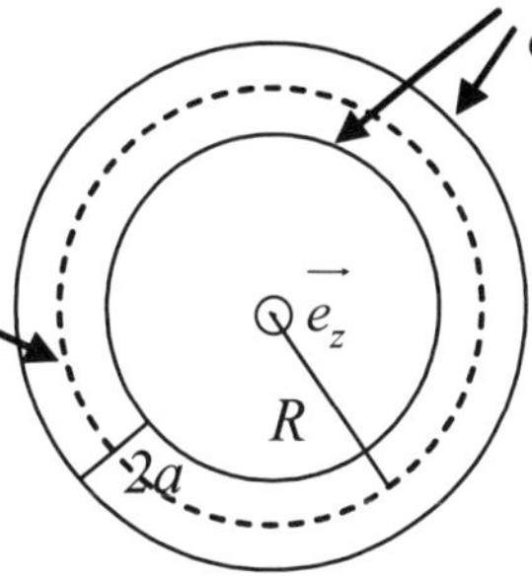

Par ailleurs, cette distribution de courants est invariante par rotation autour de l'axe (Oz), dans la mesure où l'on considère les spires comme continûment réparties le long du tore. La norme du champ ne dépend donc pas de θ.

On peut donc écrire $\boxed{\vec{B}(M) = B_\theta(r,z)\overrightarrow{e_\theta}}$.

⇨ *Méthodes 5.1 et 5.2*

2. On applique le théorème d'Ampère sur un cercle C de rayon r centré sur l'axe et orienté comme sur le schéma. L'expression de la circulation du champ magnétostatique le long de C est

$$\int_C \vec{B}\cdot \mathrm{d}\vec{l} = \int_C B_\theta(r,z)\overrightarrow{e_\theta}\cdot \mathrm{d}l\,\overrightarrow{e_\theta} = B_\theta(r,z)\int_C \mathrm{d}l.$$

Or, $\int_C \mathrm{d}l = 2\pi r$ puisque c'est le périmètre du cercle C. Donc $\int_C \vec{B}\cdot \mathrm{d}\vec{l} = 2\pi r B_\theta(r,z)$.

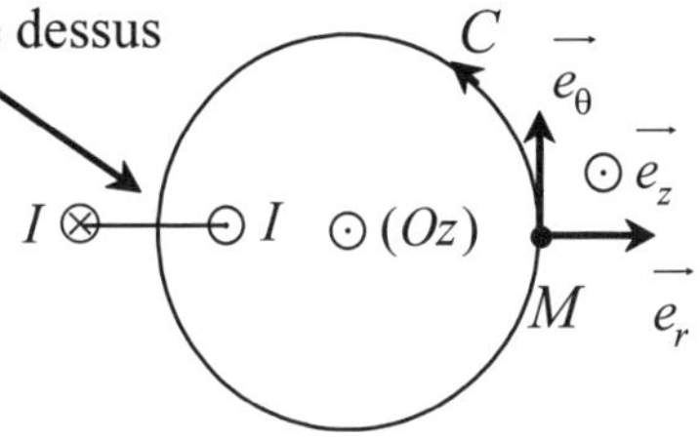

Schéma pour M à l'intérieur du tore

Il faut ensuite calculer le courant I_e qui traverse C, et on distingue deux cas :

– si le point M est à l'extérieur du tore, le courant total qui traverse C est nul ;

– si le point M est à l'intérieur du tore, le courant total qui traverse C est égal au courant qui passe dans une spire multiplié par le nombre de spires, donc $I_e = NI$.

Le théorème d'Ampère $\int_C \vec{B}\cdot \mathrm{d}\vec{l} = \mu_0 I_e$ donne $2\pi r B_\theta(r,z) = \mu_0 I_e$, ce qui permet de conclure :

– à l'extérieur du tore, $\boxed{\vec{B}(M_{\text{ext}}) = \vec{0}}$;

– à l'intérieur du tore, le champ magnétostatique vaut $\boxed{\vec{B}(M_{\text{int}}) = \dfrac{\mu_0 NI}{2\pi r}\overrightarrow{e_\theta}}$.

⇨ *Méthode 5.3*

3. Alors $r \approx R$ et donc $\vec{B}(M) = \dfrac{\mu_0 NI}{2\pi R}\overrightarrow{e_\theta}$. Mais $2\pi R$ est le périmètre du tore en son milieu, $n = \dfrac{N}{2\pi R}$ peut donc être considéré comme le nombre de spires par unité de longueur, et ainsi $\boxed{\vec{B}(M) = \mu_0 nI\,\overrightarrow{e_\theta}}$. Sur une zone de l'espace de dimensions petites devant R, ce champ est donc uniforme et on retrouve l'expression du champ créé par un solénoide infini.

Exercice 5.8

1. Le courant $I_1 = I$ étant uniformément distribué sur une pellicule cylindrique d'épaisseur a au voisinage de la surface de l'âme de rayon R_1, on a :

$I_1 = +I = \iint_{pellicule} \vec{j}_1 \cdot \vec{n}\, \mathrm{d}S = \iint_{pellicule} j_1\, \vec{e_z} \cdot \vec{e_z}\, \mathrm{d}S = j_1 \iint_{pellicule} \mathrm{d}S$. Or en se limitant au premier ordre, $\iint_{pellicule} \mathrm{d}S = 2\pi R_1 a$. Ainsi, $\vec{j}_1 = \dfrac{I}{2\pi R_1 a}\vec{e_z}$ et de même sur la pellicule au voisinage de la face intérieure de la gaine, $\vec{j}_2 = -\dfrac{I}{2\pi R_2 a}\vec{e_z}$.

2. En partant des expressions $\vec{j}_1 a = \dfrac{I}{2\pi R_1}\vec{e_z}$ et $\vec{j}_2 a = -\dfrac{I}{2\pi R_2}\vec{e_z}$, puis par passage à la limite surfacique on obtient : $\vec{j}_{S_1} = \dfrac{I}{2\pi R_1}\vec{e_z}$ et $\vec{j}_{S_2} = -\dfrac{I}{2\pi R_2}\vec{e_z}$.

3. Considérons en coordonnées cylindriques (r, θ, z) un point M à la distance $r = OM$ de l'axe (Oz). Le plan contenant l'axe (Oz) et le point M est plan de symétrie pour la distribution de courant. Or, en un point d'un tel plan, $\vec{B}(M)$ est normal à ce plan, ainsi $\vec{B}(M)$ est ortho-radial : $\vec{B}(M) = B_\theta(M)\,\vec{e_\theta}$. Le câble étant supposé infini, la distribution de courant est invariante par toute translation d'axe (Oz) et toute rotation d'angle θ autour de (Oz), ainsi le champ magnétostatique ne dépend que de r : $B_\theta = B_\theta(r)$. Finalement $\vec{B}(M) = B_\theta(r)\,\vec{e_\theta}$.
Les lignes de champ sont donc des cercles d'axe (Oz) et de rayon r.

⇨ *Méthodes 5.1 et 5.2*

4. Ainsi pour déterminer le champ au point M, en choisissant un contour d'Ampère (C) circulaire de rayon r coïncidant avec une ligne de champ, $B_\theta(r)\,\vec{e_\theta}$ y étant en tout point constant et de même direction de l'élément de contour $\mathrm{d}\vec{l}$, on peut le « sortir » de l'intégrale.

> ✎ *Ce point est essentiel puisque sans quoi on aurait à intégrer une fonction inconnue...*

D'après le théorème d'Ampère, il vient ainsi $\oint_{(C)} \vec{B} \cdot \mathrm{d}\vec{l} = B_\theta(r) \oint_{(C)} \mathrm{d}l = B_\theta(r)\, 2\pi r = \mu_0\, I_e$ où I_e est le courant enlacé par le contour (C). Trois cas sont alors à distinguer en fonction de la valeur de r : pour $r < R_1$, le courant enlacé est nul et donc $B_\theta = 0$. Pour $R_1 < r < R_2$, le contour (C) enlace le courant total transporté par l'âme mais pas celui que véhicule la gaine : $I_e = I_1 = I$ et ainsi $B_\theta(r) = \dfrac{\mu_0\, I}{2\pi r}$.

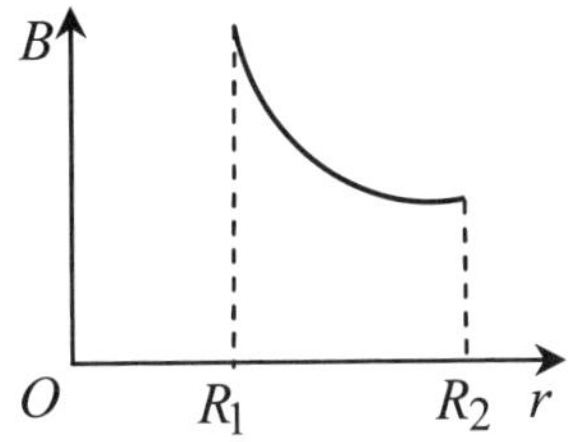

Pour $r > R_2$, le contour (C) enlace à la fois le courant total $I_1 = I$ transporté par l'âme et celui $I_2 = -I$ transporté par la gaine : $I_e = I_1 + I_2 = 0$ et ainsi $B_\theta = 0$. Finalement, dans l'espace entre l'âme et la gaine, $\boxed{\vec{B} = \dfrac{\mu_0 I}{2\pi r}\vec{e_\theta}}$ et $\boxed{\vec{B} = \vec{0}}$ partout ailleurs.

➪ Méthode 5.3

L'allure de $\|\vec{B}\|$ en fonction de *r* est représentée sur la figure.

5. Pour une portion de longueur *h* de câble, *B* étant nul en dehors de l'espace entre l'âme et la gaine, le volume d'intégration $\mathcal{V}$ est celui compris entre les deux cylindres de hauteur *h*. Ainsi, d'après l'énoncé $U_m = \dfrac{1}{2}L I^2 = \left(\displaystyle\int_{R_1}^{R_2} B(r)\, 2\pi r \,\mathrm{d}r\right)\int_0^h \mathrm{d}z = \dfrac{\mu_0 I^2}{4\pi}\left(\displaystyle\int_{R_1}^{R_2}\dfrac{\mathrm{d}r}{r}\right)\int_0^h \mathrm{d}z = \dfrac{\mu_0 h I^2}{4\pi}\ln\left(\dfrac{R_2}{R_1}\right)$

et donc l'inductance d'une portion de longueur *h* de câble est $L = \dfrac{\mu_0 h}{2\pi}\ln\left(\dfrac{R_2}{R_1}\right)$. Finalement, par unité de longueur de câble on a $\boxed{L_l = \dfrac{\mu_0}{2\pi}\ln\left(\dfrac{R_2}{R_1}\right)}$.

A.N. : pour $R_1 = 1\text{ mm}$ et $R_2 = 2{,}5\text{ mm}$ et avec $\mu_0 = 4\pi\cdot 10^{-7}\ \text{H}\cdot\text{m}^{-1}$ on trouve : $\boxed{L_l = 1{,}83\cdot 10^{-7}\ \text{H}\cdot\text{m}^{-1}}$.

6. Avec $C_l = \dfrac{2\pi\varepsilon_0}{\ln(R_2/R_1)}$ on a $\boxed{C_l L_l = \mu_0\varepsilon_0 = \dfrac{1}{c^2} \approx 1{,}1\cdot 10^{-17}(SI)}$.

Exercice 5.9

1. a) Tout plan contenant (Oz) et le point *M* de coordonnées (r,φ,z) est plan de symétrie pour la distribution de courant. Or, en un point d'un tel plan, $\vec{B}$ est perpendiculaire à ce plan, ainsi $\vec{B} = B_\varphi \vec{e_\varphi}$. La distribution de courant est invariante par toute rotation d'angle φ autour de (Oz) et toute translation d'axe (Oz). Ainsi, le champ magnétique est indépendant de φ et de *z* : $\boxed{\vec{B}(M) = B_\varphi(r)\vec{e_\varphi}}$.

➪ Méthodes 5.1 et 5.2

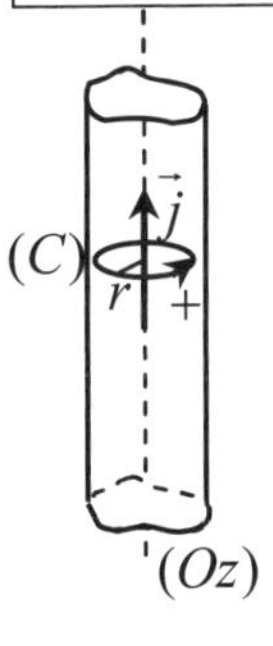

Les lignes de champ magnétiques étant des cercles d'axe (*Oz*), on applique le théorème d'Ampère sur un contour circulaire (*C*) de rayon r sur lequel vient s'appuyer la surface $\vec{S} = \pi r^2 \vec{e_z}$, il vient :

$\displaystyle\oint_{(C)} B_\varphi(r)\vec{e_\varphi}\cdot \mathrm{d}l\,\vec{e_\varphi} = B_\varphi(r)\oint_{(C)}\mathrm{d}l = 2\pi r B_\varphi(r) = \mu_0 I_e$ où $I_e = \displaystyle\iint_S \vec{j}\cdot\mathrm{d}\vec{S}$ est le courant enlacé par le contour (*C*). *B* étant constant, il peut être « sorti » de la circulation, de sorte que finalement : $\vec{B}(M) = \dfrac{\mu_0 I_e}{2\pi r}\vec{e_\varphi}$.

En un point M intérieur à la colonne pour $r < R$, le contour (C) n'enlace que la fraction du courant transporté dans le cylindre à travers la surface $\vec{S} = \pi r^2 \vec{e_z}$, ainsi $I_e = j\pi r^2 = I$ et $\boxed{\vec{B}(M) = \dfrac{\mu_0 r j}{2}\vec{e_\varphi}}$.

⇨ *Méthode 5.3*

b) Dans le cadre de l'hypothèse d'homogénéité de la densité volumique de courant, on a : $\vec{j} = nq\vec{V} = -ne\vec{V}$ où $\vec{V}$ est la vitesse d'ensemble des électrons. Ainsi $\boxed{\vec{V} = -\dfrac{ne}{j}\vec{e_z}}$.

2. a) Le plasma étant localement neutre, les densités volumiques n_e d'électrons et n_{ions} d'atomes ionisés sont égales, de sorte que la composante électrique de la force est nulle : $e\left(n_{ions} - n_e\right)\vec{E} = \vec{0}$.

Un élément de volume $\mathrm{d}\tau(M)$ autour du point M intérieur à la colonne portant la charge élémentaire $\mathrm{d}q(M) = -ne\,\mathrm{d}\tau(M)$ et animé d'une vitesse $\vec{V}$ subit ainsi la force de Lorentz élémentaire :

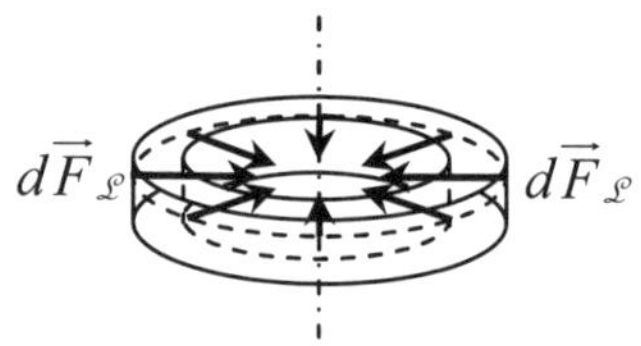

$\mathrm{d}\vec{F}_{\mathcal{L}} = \mathrm{d}q(M)\vec{V}(M)\wedge\vec{B}(M) = -ne\,\mathrm{d}\tau(M)\vec{V}(M)\wedge\vec{B}(M)$ soit avec $\vec{j} = -ne\vec{V}$ uniforme : $\mathrm{d}\vec{F}_{\mathcal{L}} = \vec{j}\wedge\vec{B}(M)\,\mathrm{d}\tau(M)$.

Finalement :

$$\mathrm{d}\vec{F}_{\mathcal{L}}(M) = \frac{\mu_0 r j^2}{2}\mathrm{d}\tau(M)\vec{e_z}\wedge\vec{e_\varphi} = -\frac{\mu_0 r j^2}{2}\mathrm{d}\tau(M)\vec{e_r}.$$

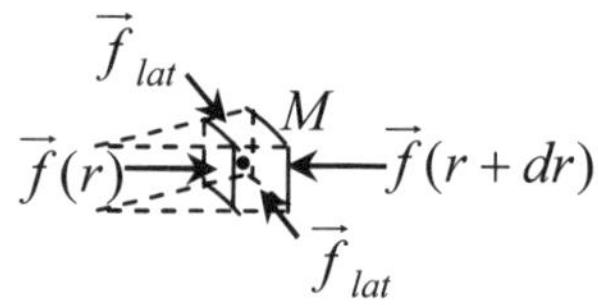

Ainsi, tout élément du tore de plasma intérieur à la colonne à la distance r de l'axe subit une force élémentaire suivant $-\vec{e_r}$ tendant à le rapprocher de l'axe (phénomène de magnétostriction) ce qui a pour effet de comprimer le plasma.

b) Compte tenu de la symétrie cylindrique, le volume de la colonne est engendré par l'intégration entre $r = 0$ et $r = R$ de l'élément de volume $2\pi r h\mathrm{d}r$ ayant la même symétrie et compris entre les deux cylindres coaxiaux de rayon r et $r + \mathrm{d}r$. Si N_h désigne le nombre d'électrons libres contenus dans une hauteur h de colonne, on obtient par intégration : $N_h = h\displaystyle\int_0^R n(r)2\pi r\,\mathrm{d}r$. Ainsi, compte tenu de l'expression de la densité particulaire obtenue précédemment, on a :

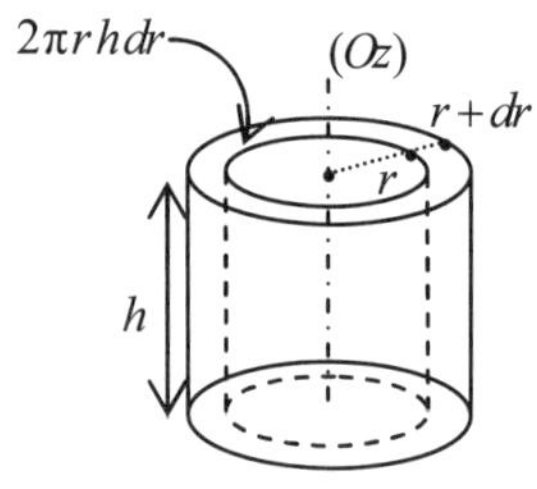

$$N = \frac{N_h}{h} = \int_0^R n(r)2\pi r\,\mathrm{d}r = \frac{\mu_0 \pi j^2}{2k_B T}\int_0^R \left(R^2 - r^2\right) r\,\mathrm{d}r = \frac{\mu_0 \pi j^2 R^4}{8k_B T}.$$

Faisons apparaître au numérateur l'intensité totale transportée dans la colonne : $I^2 = j^2 \pi^2 R^4$, il vient : $\boxed{N = \dfrac{\mu_0 I^2}{8\pi k_B T}}$.

c) Avec les ordres de grandeur proposés dans l'énoncé, on a $\boxed{j = \dfrac{I}{\pi R^2} \approx 32\,10^8 \text{ A}\cdot\text{m}^{-2}}$. La vitesse de dérive correspondante est $\boxed{V = \dfrac{j}{ne} \approx 2000 \text{ m}\cdot\text{s}^{-1}}$. La surpression engendrée au centre de la colonne est ainsi de l'ordre de : $\boxed{P(0) = \dfrac{\mu_0 j^2 R^2}{4} \approx 3{,}2\cdot 10^6 \text{ Pa}}$, soit plus de trente fois la pression atmosphérique !

Évaluons la température de la colonne : la densité volumique moyenne en électrons libres étant $n \approx 10^{25} \text{ m}^{-3}$, on en déduit le nombre l'électrons libres par unité de longueur de colonne de section S : $N = nS \approx 3{,}14\,10^{19}$ particules par unité de longueur. Sachant que $N = \dfrac{\mu_0 I^2}{8\pi k_B T}$, la température de la colonne est alors $T = \dfrac{\mu_0 I^2}{8\pi k_B N} \approx 11500 \text{ K}$. On en déduit finalement la densité particulaire au centre de la colonne $\boxed{n(0) = \dfrac{\mu_0 j^2 R^2}{4 k_B T} = \dfrac{P(0)}{k_B T} \approx 2\cdot 10^{25} \text{ m}^{-3}}$.

d) L'air, qui est un milieu élastique, se détend rapidement après le passage de la foudre. Sachant que, lorsque la vitesse de déplacement d'une tranche d'air est localement plus élevée que la vitesse du son dans l'air, une onde de choc se forme, la détente violente de la colonne fortement comprimée engendre une onde de choc associée à une onde sonore : le tonnerre.

Exercice 5.10

1. Le proton peut être considéré comme fixe dans la mesure où sa masse est très grande devant celle de l'électron. Il y a en effet quatre ordres de grandeur entre les deux !

2. A chaque tour, en un point de la trajectoire, la charge varie de $\Delta q = -e$ pendant un temps $\Delta t = T$ où T est la période de révolution. L'intensité en ce point est donc $I = \dfrac{\Delta q}{\Delta t} = -\dfrac{e}{T}$. Or la période n'est autre que le temps nécessaire au parcours du périmètre de l'orbite à la vitesse : $T = \dfrac{2\pi r}{V}$. Ainsi $I = -\dfrac{Ve}{2\pi r}$.

3. Le moment magnétique orbital est par définition le produit de cette intensité par la surface orientée $\vec{S} = \pi r^2 \vec{e_\Delta}$ (dans le sens le I et avec $\vec{e_\Delta}$ vecteur unitaire de l'axe Δ) de cette boucle de courant circulaire : $\vec{m} = I S \vec{e_\Delta} = -\dfrac{Ver}{2}\vec{e_\Delta}$.

D'autre part, par définition du moment cinétique, en coordonnées cylindriques d'axe Δ, il vient $\vec{L} = m_e r \vec{e_r} \wedge \vec{V} = m_e r V \vec{e_\Delta}$.

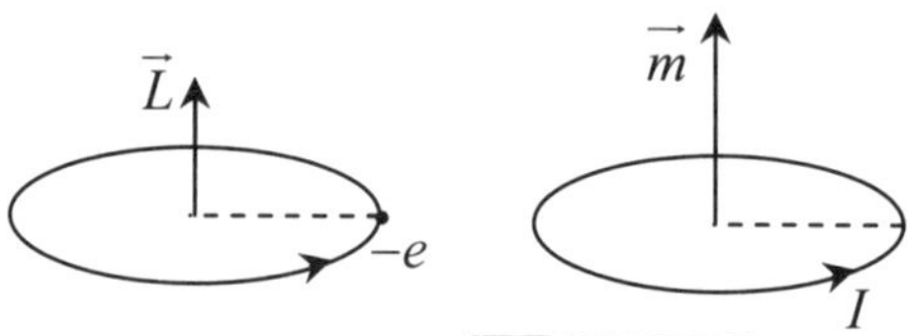

Ainsi, $\vec{m} = \gamma_0 \vec{L}$ avec le rapport gyromagnétique $\boxed{\gamma_0 = -\dfrac{e}{2m_e}}$.

4. Le théorème du moment cinétique s'écrit ici : $\dfrac{\mathrm{d}\vec{L}}{\mathrm{d}t} = \vec{\Gamma} = \vec{m} \wedge \vec{B}$, soit $\dfrac{\mathrm{d}\vec{m}}{\mathrm{d}t} = \gamma_0 \vec{m} \wedge \vec{B}$.

Multiplions membre à membre cette égalité par $\vec{e_z}$, il vient : $\dfrac{\mathrm{d}\vec{m}}{\mathrm{d}t} \cdot \vec{e_z} = \gamma_0 \left(\vec{m} \wedge B\vec{e_z}\right) \cdot \vec{e_z} = 0$ et donc $\dfrac{\mathrm{d}m_z}{\mathrm{d}t} = 0$, soit $m_z = m_0 = cte$: la composante du moment magnétique orbital de l'atome suivant la direction du champ extérieur est constante.

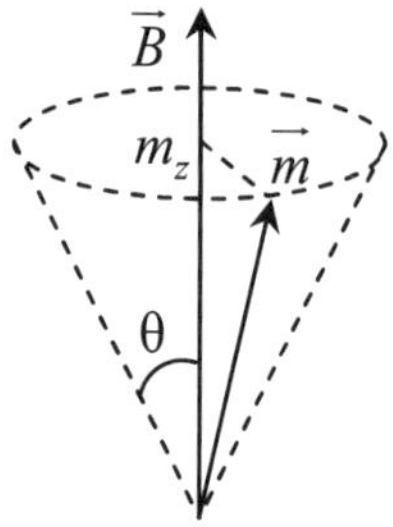

Multiplions à présent membre à membre cette égalité par $\vec{m}$, il vient : $\dfrac{\mathrm{d}\vec{m}}{\mathrm{d}t} \cdot \vec{e_z} = \gamma_0 \left(\vec{m} \wedge B\vec{e_z}\right) \cdot \vec{m}$, qui s'écrit encore $\dfrac{\mathrm{d}}{\mathrm{d}t}\left(\dfrac{m^2}{2}\right) = 0$, de sorte que $\vec{m}$ est de norme constante. Ainsi $\vec{m}$ tourne autour de la direction de $\vec{B}$ en décrivant un cône de demi-angle au sommet θ constant. Son extrémité décrit ainsi un cercle d'axe (*Oz*) (c'est la direction du champ magnétique extérieure). Pour évaluer la vitesse angulaire à laquelle ce cercle est décrit il suffit de changer l'écriture du (TMC) sous la forme $\dfrac{\mathrm{d}\vec{m}}{\mathrm{d}t} = -\gamma_0 \vec{B} \wedge \vec{m}$ pour comparer cette expression à celle donnée dans l'énoncé pour la vitesse d'un point *M* animé d'un mouvement circulaire : $\dfrac{\mathrm{d}\overrightarrow{OM}}{\mathrm{d}t} = \vec{\Omega} \wedge \overrightarrow{OM}$. Il apparaît ainsi que l'extrémité *M* du vecteur $\vec{m}$ décrit un cercle à la vitesse angulaire $\vec{\Omega} = -\gamma_0 \vec{B}$, de sort que la pulsation de Larmor est : $\boxed{\Omega_L = \dfrac{eB}{2m_e}}$.

Numériquement on obtient $\boxed{\Omega_L \approx 10^{11}\ \mathrm{rad \cdot s^{-1}}}$.

Du fait du mouvement de précession à très haute fréquence, la composante de $\vec{m}$ perpendiculaire à $\vec{B}$ oscille rapidement de façon sinusoïdale autour de zéro alors que la composante parallèle à $\vec{B}$ reste constante. Ainsi, pour un atome donné, en valeur moyenne temporelle $\langle m_x \rangle = 0$ et $\langle m_y \rangle = 0$ alors $\langle m_z \rangle = cte$.

5. Compte tenu de l'énoncé, $\boxed{\mu_B = \dfrac{e\hbar}{2m_e}}$. Numériquement : $\boxed{\mu_B = 9{,}3 \cdot 10^{-24}\ \mathrm{A \cdot m^2}}$, il s'agit de l'ordre de grandeur d'un moment magnétique atomique.

Exercice 5.11

1. Les pôles nord et sud géographiques ne coïncident pas avec les pôles nord et sud magnétique. Le nord géographique est en terre Adélie en Antarctique et le sud magnétique se trouve actuellement dans le nord du Canada. Une boussole qui peut être assimilée à un petit dipôle subit le couple magnétique $\vec{\Gamma} = \vec{m} \wedge \vec{B}$ qui l'aligne sur la direction du champ magnétique local $\vec{B}$ (position d'équilibre stable) pointe donc vers le sud magnétique.

2. a) En notant que $\vec{m} = m\left(\cos(\theta)\,\vec{e_r} - \sin(\theta)\,\vec{e_\theta}\right)$, $\vec{B}(M)$ s'écrit $\vec{B}(M) = \dfrac{\mu_0}{4\pi}\dfrac{3\vec{e_r}\,m\cos(\theta) - \vec{m}}{r^3}$

soit avec $m\cos(\theta) = \vec{m}\cdot\vec{e_r}$: $\boxed{\vec{B}(M) = \dfrac{\mu_0}{4\pi}\dfrac{3\left(\vec{m}\cdot\vec{r}\right)\cdot\vec{r} - r^2\vec{m}}{r^5}}$.

Dans le cadre de l'approximation dipolaire, si P désigne un point de la distribution de courant (la boucle de courant) source de $\vec{B}$, à grande distance de la boucle on doit pouvoir écrire $\overrightarrow{PM} \approx \overrightarrow{OM}$. A l'ordre le plus bas on a donc $\dfrac{1}{PM} \approx \dfrac{1}{OM} = \dfrac{1}{r}$ de sorte qu'en M à grande distance tout se passe comme si la boucle de courant étant localisée en O.

En effet, en notant $OP = a$, on a $PM = \left\|\overrightarrow{OM} - \overrightarrow{OP}\right\| = \left(r^2 + a^2 - 2ar\cos(\theta)\right)^{1/2}$ ainsi au premier ordre en $\dfrac{a}{r}$ il vient $\dfrac{1}{PM} \approx \dfrac{1}{r}\left(1 + \left(\dfrac{a}{r}\right)^2 - \dfrac{2a\cos(\theta)}{r}\right)^{-1/2}$ et à l'ordre le plus bas $\dfrac{1}{PM} \approx \dfrac{1}{r}$.

b) Comme $B_\varphi = 0$, les lignes de champ sont contenues dans le plan méridien magnétique $\left(\overrightarrow{Oz}, \overrightarrow{OM}\right)$. Si $\mathrm{d}\vec{r}(M)$ est un élément de ligne de champ au point M, comme $\vec{B}(M)$ est localement tangent à la ligne de champ il vient $\vec{B}(M) \wedge \mathrm{d}\vec{r}(M) = \vec{0}$, soit : $\dfrac{\mathrm{d}r}{B_r} = \dfrac{r\,\mathrm{d}\theta}{B_\theta}$. Ainsi, compte tenu des expressions de B_r et B_θ il vient $\dfrac{\mathrm{d}r}{r} = \dfrac{2\,m\cos(\theta)\,\mathrm{d}\theta}{\sin(\theta)}$. Par intégration, on obtient $\ln\left(\dfrac{r}{cte}\right) = \ln\left(\sin^2\theta\right)$.

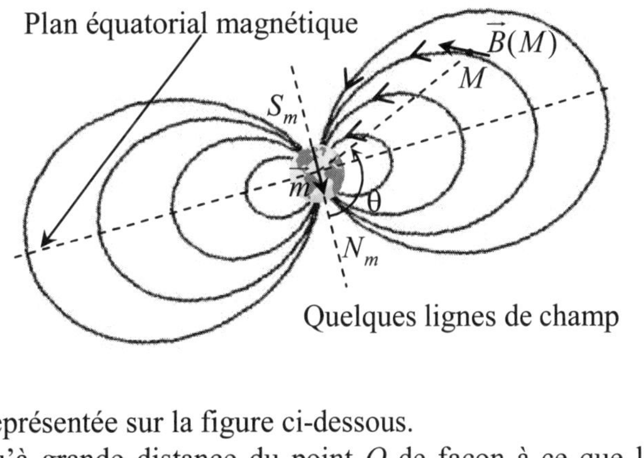

Quelques lignes de champ

Ainsi, les lignes de champ ont pour équation $\boxed{r = cte\cdot\sin^2\theta}$ dont l'allure est représentée sur la figure ci-dessous.

En toute rigueur, ce tracé n'a de sens qu'à grande distance du point O de façon à ce que la validité de l'approximation dipolaire soit assurée, ce qui exclut la zone centrale.

Corrigé

3. Compte tenu de l'expression du champ $\vec{B}(M)=\frac{\mu_0}{4\pi}\frac{3\vec{e_r}\,m\cos(\theta)-\vec{m}}{r^3}$, la norme du champ en un point de coordonnées (r,θ) est donnée par $\left\|\vec{B}(M)\right\|=\frac{\mu_0}{4\pi}\frac{m\sqrt{3\cos^2\theta+1}}{r^3}$.

À l'équateur géomagnétique et à la surface de la terre on a $\theta=\pi/2$ et $r=R_T$, de sorte que le champ magnétique a pour expression : $\boxed{B_{eq}=\frac{\mu_0\,m}{4\pi R_T^3}}$. Compte tenu de l'ordre de grandeur du rayon terrestre $R_T\approx 6300\text{ km}$, on obtient l'ordre de grandeur de la norme du champ à l'équateur géomagnétique $\boxed{B_{eq}\approx 30\ \mu\text{T}}$.

Lorsqu'on se rapproche des pôles magnétiques, $\theta\to\pi$ au pôle nord magnétique et $\theta\to 0$ au sud magnétique, ainsi $\cos^2\theta\to 1$ et le champ tend vers sa valeur maximale aux pôles magnétiques : $\boxed{B_{max}=\frac{\mu_0\,m}{2\pi R_T^3}\approx 3B_{eq}}$. Ainsi son ordre de grandeur est $\boxed{B_{max}\approx 90\ \mu\text{T}}$.

On constate que les lignes de champs se resserrent à mesure qu'elles convergent vers les pôles magnétiques, ainsi par conservation du flux de $\vec{B}$ le long d'un tube de champ l'intensité du champ augmente à mesure qu'on se rapproche des pôles.

4. En arrivant dans la zone équatoriale du champ magnétique terrestre, les particules chargées sont soumises à un champ inhomogène qui croît de l'équateur vers les pôles. Ainsi la résultante des actions magnétiques $\vec{F}=\left(\vec{m}\cdot\vec{\nabla}\right)\vec{B}$ a une composante non nulle suivant une ligne de champ et fait migrer les particules vers les zones de champ fort que sont les pôles. Lorsque les particules se rapprochent des pôles la norme du champ augmente le long d'une ligne de champ et la composante longitudinale de la vitesse des particules le long des lignes de champ diminue à mesure de leur remontée vers les pôles : les zones de champ forts au-delà d'une certaine limite sont inaccessibles aux particules. $V_{//}$ s'annule donc en un point dit point miroir pour repartir en sens inverse vers l'autre pôle où le même rebroussement se produit. Notons que la conservation du moment cinétique interdit à la particule de s'arrêter ce qui l'oblige à rebrousser chemin ! Les particules chargées oscillent ainsi entre deux points miroirs et sont ainsi piégées pour former la ceinture de Van Allen.

Chapitre 6

Équations de Maxwell

UN SCIENTIFIQUE

James Maxwell (1831-1879) étudie à Édimbourg, à Cambridge puis devient professeur à Aberdeen. Après des travaux concernant la vision des couleurs, il rédige un traité d'électricité et de magnétisme. Il étudie également la cinétique des gaz avec une approche intégrant la thermodynamique. Maxwell a fait faire un progrès spectaculaire à la compréhension de l'électromagnétisme grâce à son souci constant d'unifier les connaissances, mais aussi à ses compétences en mathématiques.

Un peu d'histoire

Dans le début de sa carrière James Maxwell étudie les différents domaines de la physique qui se sont élaborés dans la première moitié du XIXe siècle comme l'électricité, le magnétisme, la cinétique des gaz et la thermodynamique. Maxwell participe à des expériences cherchant à calculer la vitesse des ondes électromagnétiques qui s'avère être la même que celle de la lumière dans le vide. C'est sans doute ce résultat qui l'amène à penser que la lumière est de même nature que les ondes électromagnétiques.

Entre 1855 et 1868 le savant écossais propose une approche unifiée de la théorie des ondes électromagnétiques en publiant plusieurs articles suivis d'un ouvrage synthétique en 1873. On y trouve de nombreuses équations que son compatriote Oliver Heaviside réduira à quatre. En 1887 Heinrich Hertz produit des ondes électromagnétiques et confirme les résultats théoriques de Maxwell.

Objectifs

Ce qu'il faut connaître

▷ L'équation locale de conservation de la charge

▷ Les équations de Maxwell dans le vide local

▷ L'expression de la force de Lorentz

▷ La loi d'Ohm locale

▷ Les définitions de la densité volumique d'énergie et du vecteur de Poynting. Connaître leur sens physique

▷ L'expression du bilan local d'énergie (ou de puissance) électromagnétique

Ce qu'il faut savoir faire

▷ Savoir exprimer les équations (locales) de Maxwell sous forme intégrale et en déduire leur sens physique. En particulier savoir faire le lien avec l'induction de première année

▷ Savoir faire le lien avec la statique

▷ Savoir faire un bilan de puissance en présence de porteurs de charge ou dans le vide

▷ Savoir évaluer le flux du vecteur de Poynting à travers une surface orientée adaptée au contexte du problème

■■ Résumé de cours

■ L'équation de conservation de la charge

Elle s'écrit localement pour un problème à une dimension suivant l'axe (Ox) avec $\vec{j} = j_x \vec{e_x}$:

$$\boxed{\frac{\partial j_x}{\partial x} + \frac{\partial \rho}{\partial t} = 0}.$$

On généralise à trois dimensions en reconnaissant dans $\frac{\partial j_x}{\partial x}$ la réduction à une dimension suivant l'axe (Ox) de la divergence de $\vec{j}$: $\boxed{\vec{\nabla} \cdot \vec{j} + \frac{\partial \rho}{\partial t} = 0}$.

Remarque

Une équation du même type peut être obtenue dans des domaines variés de la physique concernant la conservation de certaines grandeurs extensives. En particulier dans cet ouvrage on retrouvera des équations analogues dans le chapitre traitant de la diffusion thermique exprimant la conservation de l'énergie. On trouvera à propos de l'énergie électromagnétique dans le vide une équation similaire.

■ Équations de Maxwell

❑ Équations de Maxwell, notion de champ électromagnétique

Les équations de Maxwell dans le vide sont au nombre de quatre. Ces équations rendent comptent des variations locales des champs en relation avec leurs sources, ainsi que de leur variation temporelle. Les deux premières traduisent les propriétés intrinsèques de $\vec{E}$ et $\vec{B}$, les deux autres relient les champs à leurs sources ρ et $\vec{j}$ ainsi qu'au courant de déplacement $\vec{j}_D$.

→ **Équation de Maxwell-Flux (M.Φ) :** $\text{div}\left(\vec{B}\right) = 0$ soit $\boxed{\vec{\nabla} \cdot \vec{B} = 0}$. Elle traduit localement la nullité du flux de $\vec{B}$ à travers une surface fermée quelconque : on dit qu'à t donné, $\vec{B}$ **est à flux conservatif**

⇨ **Méthode 6.1. Comment utiliser l'équation de Maxwell-Flux ?**

→ **Équation de Maxwell-Faraday (M.F) :** $\overrightarrow{\text{rot}}\left(\vec{E}\right) = -\frac{\partial \vec{B}}{\partial t}$ soit $\boxed{\vec{\nabla} \wedge \vec{E} = -\frac{\partial \vec{B}}{\partial t}}$. Elle traduit le fait que la variation temporelle de $\vec{B}$ est la source d'un champ $\vec{E}$ à circulation non conservative (contrairement au champ électrostatique), phénomène à la base de l'induction.

⇨ **Méthode 6.4. Comment lier l'équation de (M.F) à l'induction ?**

→ **Équation de Maxwell-Ampère (M.A) :** $\overrightarrow{\text{rot}}\left(\vec{B}\right)=\mu_0\,\vec{j}+\varepsilon_0\mu_0\,\dfrac{\partial \vec{E}}{\partial t}$ soit

$\boxed{\vec{\nabla}\wedge\vec{B}=\mu_0\left(\vec{j}+\varepsilon_0\,\dfrac{\partial \vec{E}}{\partial t}\right)}$. Elle traduit localement la généralisation en régime variable du **théorème d'Ampère**.

$\vec{j}_D=\varepsilon_0\,\dfrac{\partial \vec{E}}{\partial t}$ homogène à un courant est appelé **courant de déplacement**.

→ **Équation de Maxwell-Gauss (M.G) :** $\text{div}\left(\vec{E}\right)=\dfrac{\rho}{\varepsilon_0}$ soit $\boxed{\vec{\nabla}\cdot\vec{E}=\dfrac{\rho}{\varepsilon_0}}$. Elle traduit localement le **théorème de Gauss**.

Remarque

En présence de charges et de courants surfaciques localisés à l'interface séparant deux milieux les relations de passage pour $\vec{E}$ et $\vec{B}$ se substituent aux équations de Maxwell.

⇨ **Méthode 6.2. Comment interpréter physiquement les équations de (M.Φ), (M.A) et (M.G) ?**

❑ Force de Lorentz

On décrit l'interaction entre champ et matière par la force de Lorentz : $\boxed{\vec{F}=q\left(\vec{E}+\vec{V}\wedge\vec{B}\right)}$ agissant sur une particule de charge q et de vitesse $\vec{V}$.

❑ Notion de champ électromagnétique

Les équations de Maxwell-Ampère (M.A) et de Maxwell-Gauss (M.G) relient les champs à leurs sources ρ et $\vec{j}$. Le couplage entre $\vec{E}$ et $\vec{B}$ qui apparaît par le terme $\dfrac{\partial \vec{B}}{\partial t}$ dans (M.F) comme une source d'un champ $\vec{E}$ non uniforme et dans (M.A) par le terme $\vec{j}_D=\varepsilon_0\,\dfrac{\partial \vec{E}}{\partial t}$ de courant de déplacement. Elles rendent ainsi compte du couplage entre $\vec{E}$ et $\vec{B}$: une variation temporelle de $\vec{E}$ étant une source de $\vec{B}$ et vis et versa. Ce couplage rend indissociable en régime variable les champs électrique et magnétique ce qui conduit à parler de champ électromagnétique noté $\left(\vec{E},\vec{B}\right)$.

❑ Principe de superposition

Soit deux distributions de charge et de courant $\left(\rho_1,\vec{j}_1\right)$ et $\left(\rho_2,\vec{j}_2\right)$ qui engendrent respectivement les champs $\left(\vec{E}_1,\vec{B}_1\right)$ et $\left(\vec{E}_2,\vec{B}_2\right)$. Soient alors la distribution totale $\left(\rho_T,\vec{j}_T\right)$ formée par combinaison linéaire des deux précédentes : $\rho_T=\alpha\rho_1+\beta\rho_2$ et $\vec{j}_T=\alpha\vec{j}_1+\beta\vec{j}_2$ avec

$(\alpha,\beta)\in R^2$. Compte tenu de la linéarité des équations de Maxwell (reliant le champ à ses sources) elle engendre les champs $\vec{E}_T=\alpha\vec{E}_T+\beta\vec{E}_T$ et $\vec{B}_T=\alpha\vec{B}_T+\beta\vec{B}_T$. Ces résultats constituent le principe de superposition.

■ Mécanisme de la conduction électrique

❑ Loi d'Ohm locale

La relation linéaire entre $\vec{j}$ et $\vec{E}$ traduisant localement la loi d'Ohm dans le conducteur s'écrit : $\boxed{\vec{j}=\sigma_0\,\vec{E}}$ où $\boxed{\sigma_0}$ est la conductivité en régime permanent en $(\mathrm{S}\cdot\mathrm{m}^{-1})$, S désignant le siemens ou ohm^{-1}.

❑ Conductivité d'un conducteur métallique en régime variable

Pour un conducteur soumis à un champ électrique variable de pulsation ω la conductivité est complexe : $\boxed{\sigma=\dfrac{\sigma_0}{1+i\,\omega\,\tau}}$ et il apparaît un déphasage entre $\vec{j}$ et $\vec{E}$. τ est une constante de temps caractéristique du conducteur liée aux interactions des porteurs de charge avec les défauts de la maille. Pour un bon conducteur $\tau\approx10^{-14}$ s.

Deux cas limites sont alors à distinguer :

– Lorsque $\omega\,\tau<<1$, $\boxed{\sigma\approx\sigma_0}$, la conductivité est alors réelle. Comme en régime permanent, $\vec{j}$ et $\vec{E}$ sont en phase : cette condition est vérifiée dans le cadre de l'ARQS magnétique.

– Lorsque $\omega\,\tau>>1$, $\boxed{\sigma\approx-i\dfrac{\sigma_0}{\omega\,\tau}}$, la conductivité est imaginaire pure et $\vec{j}$ et $\vec{E}$ sont en quadrature.

■ Énergie électromagnétique, cas des milieux ohmiques

❑ Densité d'énergie électromagnétique

On définit la densité d'énergie électromagnétique par : $\boxed{u_{em}=\dfrac{\varepsilon_0E^2}{2}+\dfrac{B^2}{2\mu_0}}$.

Remarque

On peut faire le lien avec les expressions des énergies électrostatique et magnétostatique.

❑ Densité d'énergie électromagnétique et vecteur de Poynting

La puissance cédée algébriquement (la matière peut absorber ou produire du rayonnement) aux porteurs de charge par le champ $(\vec{E},\vec{B})$ est : $\boxed{P_{cédée}=\iiint_{espace}\vec{j}\cdot\vec{E}\,\mathrm{d}\tau}$.

Vecteur de Poynting et puissance rayonnée : on définit le vecteur de Poynting $\vec{R} = \dfrac{\vec{E} \wedge \vec{B}}{\mu_0}$, vecteur densité volumique de courant d'énergie électromagnétique en $\boxed{\mathrm{W \cdot m^{-2}}}$. La puissance transportée par le champ $\left(\vec{E}, \vec{B}\right)$ à travers une surface S fermée est égale au **flux algébrique** de $\vec{R}$ à travers S : $\boxed{P_{ray} = \oiint_S \vec{R} \cdot \vec{n} \, \mathrm{d}S}$ en W.

Remarque

On est souvent conduit, avec la forme de $\vec{R}$ postulée plus haut, à étendre la définition de la puissance rayonnée à une surface non fermée, le flux de $\vec{R}$ à travers une telle surface est alors égal à la puissance la traversant.

Le bilan de puissance se traduit localement par l'équation : $\boxed{\vec{\nabla} \cdot \vec{R} + \dfrac{\partial u_{em}}{\partial t} = -\vec{j} \cdot \vec{E}}$.

Dans le **vide local** : $\boxed{\vec{\nabla} \cdot \vec{R} + \dfrac{\partial u_{em}}{\partial t} = 0}$, il y a conservation de l'énergie électromagnétique.

⇨ **Méthode 6.3. Comment faire un bilan de puissance électromagnétique ?**

❑ Puissance dissipée dans un conducteur ohmique : effet Joule

Dans un conducteur ohmique de volume ϑ, la puissance cédée à la matière (effet joule) se met sous la forme : $P_{cédée} = \iiint_\vartheta \dfrac{j^2}{\sigma} \, \mathrm{d}\tau = \iiint_\vartheta \sigma E^2 \, \mathrm{d}\tau = \iiint_\vartheta \rho_r \, j^2 \, \mathrm{d}\tau$ où $\rho_r = \dfrac{1}{\sigma}$ la résistivité.

Méthodes

Savoir-faire essentiel en électromagnétisme

❑ Méthode 6.1. Comment utiliser l'équation de Maxwell-Flux ?

Une utilisation classique de l'équation de Maxwell-Flux est la détermination de la composante radiale d'un champ magnétique possédant la symétrie de révolution autour d'un axe (Oz). Compte tenu de la symétrie et des invariances d'un tel problème, en un point M de (Oz) le champ est axial et ne dépend que de z : on le note $\vec{B}(M) = B_z(z)\,\vec{e_z}$. Par contre en un point M au voisinage de l'axe, à une distance r de celui-ci, $\vec{B}(M)$ possède en plus une composante radiale dépendant de r et de z. Sa composante axiale est alors aussi fonction de r et de z, et sa composante orthoradiale est nulle (tout plan contenant l'axe (Oz) et le point M est plan d'antisymétrie et $\vec{B}(M)$ est ainsi contenu dans ce plan), de sorte que hors axe on écrit $\vec{B}(M) = B_z(r,z)\,\vec{e_z} + B_r(r,z)\,\vec{e_r}$. On montre que la composante radiale en un point proche de l'axe (pour r « petit ») et la composante axiale en un point de l'axe sont liées par : $B_r(r,z) = -\frac{2}{r}\left(\frac{\mathrm{d}B_z(z)}{\mathrm{d}z}\right)$.

⇨ Exercice 6.5

❑ Méthode 6.2. Comment interpréter physiquement les équations de (M.Φ), (M.A) et (M.G) ?

→ L'équation de Maxwell-Flux (M.Φ), $\vec{\nabla}\cdot\vec{B} = 0$ traduit le fait que les lignes de champs de $\vec{B}$ ne peuvent diverger à partir d'un point source, contrairement au champ électrique (absence de monopôle magnétique). Du point de vue intégrale ceci se traduit par la nullité du flux de $\vec{B}$ à travers une surface fermée S : $\boxed{\phi = \iint_S \vec{B}\cdot\vec{n}\,\mathrm{d}S = 0}$ où $\vec{n}$ est la normale locale à S pointant de l'intérieur vers l'extérieur de S. On le montre en prenant pour surface fermée une portion de tube de champ fermée par deux surfaces s'appuyant sur le tube.

→ L'équation de (M.G) $\boxed{\vec{\nabla}\cdot\vec{E}=\dfrac{\rho}{\varepsilon_0}}$ est la formulation locale du théorème de Gauss qui sous forme intégrale s'écrit $\displaystyle\oint\!\!\oint_S \vec{E}\cdot\vec{n}\,\mathrm{d}S=\frac{Q_{\text{int}}}{\varepsilon_0}$. On le montre en utilisant la formule d'Ostrogradsky.

→ Sa compatibilité avec l'équation de conservation locale de la charge $\boxed{\vec{\nabla}\cdot\vec{j}+\dfrac{\partial\rho}{\partial t}=0}$ conduit, compte tenu des relations d'analyse vectorielle, à écrire l'équation de (M.A) $\boxed{\dfrac{\vec{\nabla}\wedge\vec{B}}{\mu_0}=\vec{j}+\varepsilon_0\dfrac{\partial\vec{E}}{\partial t}}$. Celle-ci à pour forme intégrale $\displaystyle\oint_C \vec{B}\cdot\mathrm{d}\vec{l}=\mu_0\iint_S \vec{j}\cdot\vec{n}\,\mathrm{d}S+\mu_0\iint_S \vec{j}_D\cdot\vec{n}\,\mathrm{d}S$. En régime permanent, avec $\dfrac{\partial\vec{E}}{\partial t}=\vec{0}$, on retrouve simplement le théorème d'Ampère où $i_e=\displaystyle\iint_S \vec{j}\cdot\vec{n}\,\mathrm{d}S$ est le terme de courant de charge enlacé.

⇨ **Exercices 6.1, 6.2, 6.3 et 6.4**

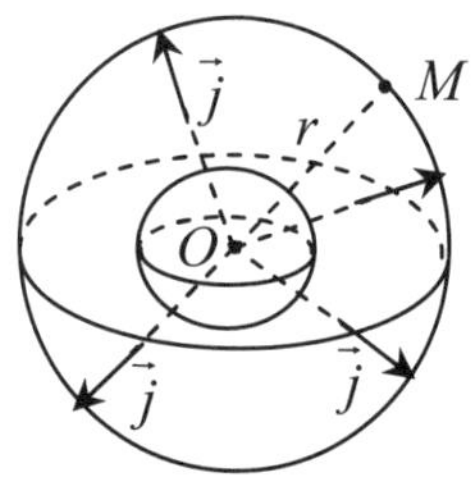

Considérons une sphère radioactive de centre O émettant des particules chargées de façon isotrope. À t donné on admet que la distribution de charge équivalente est alors à symétrie sphérique et que les lignes de courants associées à cette émission sont radiales. On se place en un point M quelconque à la distance r de O et on adopte le système de coordonnées sphériques de centre O adapté aux symétries du problème, $Q(r,t)$ est alors la charge spatiale intérieure à la sphère de rayon r à l'instant t.

Compte tenu de l'isotropie de l'émission, la distributions de charge admet pour plan de symétrie tout plan passant par O et M. Ainsi au point M : $\vec{E}(M)=E_r(M)\vec{e_r}$. D'autre part la distribution de charge étant invariante par toute rotation d'angle θ et φ : $\boxed{\vec{E}(M)=E_r(r)\vec{e_r}}$.

De plus, les lignes de courant associées étant radiales $\vec{j}=j\vec{e_r}$, tout plan contenant O et M est plan de symétrie pour les courants. $\vec{B}(M)$ étant orthogonal à tous ces plans, $\vec{B}(M)=\vec{0}$.

L'équation de (M.A) s'écrit ainsi $\vec{\nabla}\wedge\vec{B}=\mu_0\, j\,\vec{e_r}+\varepsilon_0\,\mu_0\dfrac{\partial E_r(r,t)}{\partial t}\vec{e_r}=\vec{0}$.

Remarquons que même en ignorant que $\vec{B}(M)=\vec{0}$, le second membre de M.A étant un champ vectoriel purement divergeant depuis le point O, il ne peut en aucun cas être égale à un rotationnel (voir Annexe 1 : Analyse vectorielle), de sorte que nécessairement $\vec{\nabla}\wedge\vec{B}=\vec{0}$.

On a donc $\boxed{\vec{j}=-\varepsilon_0\dfrac{\partial E(r,t)}{\partial t}\vec{e_r}}$.

D'autre part, d'après le théorème de Gauss appliqué sur la sphère de Gauss de rayon r passant par M, on a $\oiint_{S(sphère)} E(r)\overrightarrow{e_r}\cdot\overrightarrow{e_r}\,\mathrm{d}S = \oiint_{S(sphère)} E(r)\,\mathrm{d}S = E(r)\oiint_{S(sphère)} \mathrm{d}S = E(r)4\pi r^2 = \dfrac{Q(r,t)}{\varepsilon_0}$.

Ainsi $\boxed{\vec{E}(M) = \dfrac{Q(r,t)}{4\pi\varepsilon_0 r^2}\overrightarrow{e_r}}$. On en déduit que : $\boxed{\vec{j} = -\dfrac{1}{4\pi r^2}\dfrac{\partial Q(r,t)}{\partial t}\overrightarrow{e_r}}$.

Vérifions que cette expression de la densité volumique de courant est conforme à la conservation de la charge : entre t et $t+\mathrm{d}t$ la charge intérieure à la sphère de rayon r varie de $-\dfrac{\partial Q(r,t)}{\partial t}$.

Cette diminution de charge doit, pour respecter la conservation de la charge, être liée au flux de $\vec{j}$ à travers la surface de cette sphère par $-\dfrac{\partial Q(r,t)}{\partial t} = \iint_{sphère} \vec{j}\cdot\overrightarrow{e_r}\,\mathrm{d}S$, ce qui est bien vérifié lorsqu'on remplace $\vec{j}$ par l'expression $\vec{j} = -\dfrac{1}{4\pi r^2}\dfrac{\partial Q(r,t)}{\partial t}\overrightarrow{e_r}$ trouvée précédemment.

❑ Méthode 6.3. Comment faire un bilan de puissance électromagnétique ?

Le bilan de puissance se traduit localement par l'équation : $\boxed{\vec{\nabla}\cdot\vec{R} + \dfrac{\partial u_{em}}{\partial t} = -\vec{j}\cdot\vec{E}}$.

Il convient de savoir attribuer un sens physique clair à chaque terme de cette égalité :

→ Le terme $\vec{\nabla}\cdot\vec{R}$ traduit le flux d'énergie à travers une surface de contrôle fermée.

→ $\dfrac{\partial u_{em}}{\partial t}$ traduit la variation d'énergie à l'intérieur de cette surface.

→ $-\vec{j}\cdot\vec{E}$ correspond à l'énergie cédée aux porteurs de charge dans le volume enclos dans la surface de contrôle. Ce terme est responsable de la non-conservation de l'énergie électromagnétique. Dans le **vide local**, en l'absence de courant $\vec{j} = \vec{0}$, il y a conservation de l'énergie électromagnétique : $\boxed{\vec{\nabla}\cdot\vec{R} + \dfrac{\partial u_{em}}{\partial t} = 0}$.

⇨ **Exercice 6.8**

Méthodes

❑ Méthode 6.4. Comment lier l'équation de (M.F) à l'induction ?

On pourrait penser qu'un champ électrique permanent est capable de générer un courant électrique permanent au sein d'un conducteur ohmique fermé, il n'en est rien. En effet, pour un conducteur purement ohmique, la loi d'Ohm $\vec{j} = \sigma \vec{E}$ nous indique que si les lignes de courant sont fermées sur elles-mêmes, il devrait en être de même pour les lignes de champ électrique. Or, en statique, l'équation locale liant champ et potentiel $\vec{E} = -\overrightarrow{\mathrm{grad}}(V)$ implique que le champ est à circulation conservative : $\oint_{\text{Chemin fermé}} \vec{E} \cdot \overrightarrow{\mathrm{d}l} = 0$, ce qui interdit l'existence de lignes de champ statiques fermées sur elles-mêmes. Un champ statique ne peut donc être la source d'un courant induit. Ce n'est qu'en régime variable que le champ électrique n'est plus à circulation conservative et peut être à l'origine de lignes de courant fermées sur elles-mêmes : le courant induit. L'équation de (M.F) est la traduction locale de ce phénomène d'induction dont rend compte la loi phénoménologique de Lenz-Faraday vue en première année.

⇨ **Exercices 6.4 et 6.10**

Vrai/Faux

	Vrai	Faux
1. Dans un conducteur, la vitesse individuelle des porteurs de charge est du même ordre de grandeur que la vitesse d'ensemble.	☐	☐
2. Deux types de charges de signe opposé soumise à l'action d'un champ électrique, contribuent à une même densité volumique de courant $\vec{j}$.	☐	☐
3. Dans un conducteur localement neutre comportant des charges positives et négatives soumise à l'action d'un champ électrique, $\rho = 0$ et $\vec{j} = \rho\vec{V} = \vec{0}$	☐	☐
4. Les équations de Maxwell relient les champs à leurs sources et traduisent le couplage entre $\vec{E}$ et $\vec{B}$ qui conduit à parler de champ électromagnétique noté $(\vec{E}, \vec{B})$.	☐	☐
5. Les équations de Maxwell décrivent totalement l'interaction entre champ électromagnétique et matière.	☐	☐
6. Le vecteur de Poynting est un vecteur densité volumique de courant d'énergie électromagnétique, il s'exprime en $\mathrm{W \cdot m^{-2}}$. La puissance rayonnée est égale au flux algébrique de $\vec{R}$ à travers une surface S en W.	☐	☐
7. La densité d'énergie électromagnétique est quadratique en champ.	☐	☐
8. Dans le vide local, le vecteur de Poynting et la densité volumique d'énergie électromagnétique sont liés par une équation aux dérivées partielles formellement identique à celle satisfaite localement par le vecteur densité volumique de courant et la densité volumique de charge.	☐	☐

Énoncé des exercices

❑ Exercice 6.1. Validité du théorème de Gauss en régime variable

En électrostatique, la validité du théorème de Gauss repose sur la symétrie sphérique d'une charge ponctuelle.

1. En régime variable, la symétrie sphérique est perdue du fait du mouvement des charges et la validité du théorème de Gauss n'a plus rien d'évident. On choisit donc de postuler la validité du théorème de Gauss en régime variable. Montrer que cela revient à postuler la validité de l'équation de (M.G).
2. Ce postulat doit être confronté à l'expérience : la conservation de la charge est observable expérimentalement et les équations de Maxwell doivent pouvoir en rendre compte.
   Vérifier que le postulat analysé à la question précédente est compatible avec l'équation de conservation de la charge.

❑ Exercice 6.2. Conservation du flux du champ magnétique

Montrer que le flux de $\vec{B}$ est identique à travers toute surface S s'appuyant sur un contour C fermé. Dans le cas où C est un contour circulaire de rayon r quelle surface d'intégration proposez-vous ?

❑ Exercice 6.3. Interprétation de l'équation de Maxwell-Ampère

Proposer une généralisation du théorème d'Ampère aux régimes variables à partir de l'équation de (M.A). En déduire le sens physique du courant de déplacement.

❑ Exercice 6.4. Interprétation de l'équation de Maxwell-Faraday

Dans le cadre de l'induction, on pose, conformément à la loi de Lenz-Faraday, $e = -\dfrac{\mathrm{d}\phi}{\mathrm{d}t}$ égale à la *fem* d'induction, avec $\phi = \iint_S \vec{B} \cdot \vec{n}\, \mathrm{d}S$. Montrer que l'équation de (M.F) rend localement compte du phénomène d'induction.

❑ Exercice 6.5. Champ hors axe d'une spire circulaire

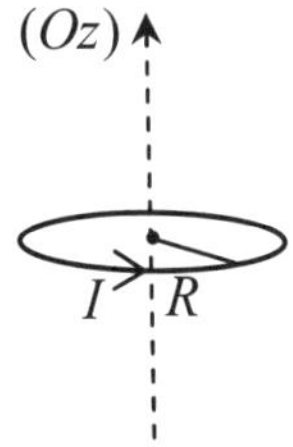

On considère une spire circulaire de rayon R d'axc vertical (Oz), de section négligeable, parcourue par un courant d'intensité constante I. On se placera en coordonnées cylindriques d'axe (Oz) (r, θ, z) rapportées au trièdre $\left(\vec{e_r}, \vec{e_\theta}, \vec{e_z}\right)$. On considère le point M à la distance r de l'axe et au voisinage de celui-ci ($r \ll R$). On note $B_z(M)$ la composante axiale du champ magnétique en ce point et $B_r(M)$ sa composant radiale. On admet que la distance r à l'axe au voisinage de celui-ci est suffisamment faible pour que, dans le développement de la composante axiale $B_z(r,z)$ au voisinage de $r = 0$, on ne retienne, en première approximation, que le terme d'ordre zéro : $B_z(r,z) \approx B_z(r=0,z)$.

1. Montrer que $B_z(r,\theta,z) \approx B_z(z)$.

2. En utilisant la forme locale de l'équation de Maxwell-Flux, montrer que l'expression du champ magnétique en fonction de r et de la dérivée première de B_z par rapport à z est donnée par $B_r(r,z) = -\frac{r}{2}\left(\frac{\mathrm{d}B_z(z)}{\mathrm{d}z}\right)$. On rappelle qu'en coordonnées cylindriques, l'opérateur *divergence* a pour expression $div\left(\vec{\xi}\right) = \vec{\nabla}\cdot\vec{\xi} = \frac{1}{r}\frac{\partial(r\xi_r)}{\partial r} + \frac{1}{r}\frac{\partial \xi_\varphi}{\partial \varphi} + \frac{\partial \xi_z}{\partial z} = 0$.

3. Redémontrer, en utilisant la formule d'Ostrogradsky : $\oiint_S \vec{A}\cdot\vec{n}\,\mathrm{d}S = \iiint_{\vartheta} \mathrm{div}\left(\vec{A}\right)\mathrm{d}\tau$, la formulation intégrale de l'équation de Maxwell-Flux. On considèrera pour évaluer le flux du champ magnétique, une surface S fermée, formée de la surface latérale Σ_{lat} du cylindre d'axe (Oz), de rayon r et de hauteur $\mathrm{d}z$, fermée à ses extrémités par deux disques D_1 en z et D_2 en $z+\mathrm{d}z$, de même rayon.

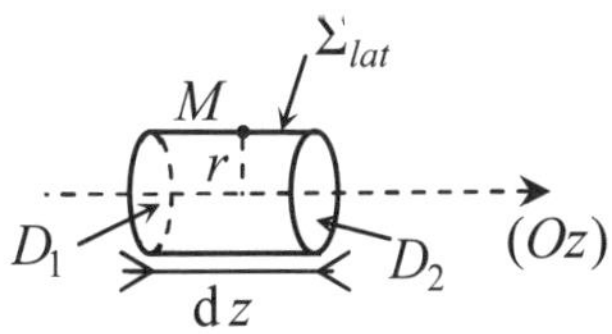

❑ Exercice 6.6. Différents modèles de conductivité d'un milieu

A) Conductivité d'un conducteur métallique en régime permanent : le modèle de Drude

Dans un conducteur, la conduction est assurée par les porteurs de charge que sont les électrons libres : chaque atome du réseau cristallin est ionisé et contribue à la conduction en apportant un certain nombre d'électrons libres au « gaz d'électron » pouvant se déplacer sur de grandes distances devant les distances interatomiques (typiquement de l'ordre de quelques angströms).
Considérons un bon conducteur, tel que le cuivre, initialement à l'équilibre (les électrons libres ont alors une vitesse d'ensemble nulle). Les électrons de conduction ont une masse $m = 9{,}1\cdot10^{-31}\,\mathrm{Kg}$, une charge $-e = -1{,}6\cdot10^{-19}\,\mathrm{C}$ et densité particulaire de $n \approx 10^{28}\,\mathrm{m}^{-3}$. On note $\vec{V_i}$ leur individuelle et $\vec{V}$ leur vitesse d'ensemble (ou de dérive) en présence d'un champ électrique appliqué au conducteur.
Lors de leur mouvement, les électrons libres interagissent avec les écarts que présente le réseau cristallin par rapport au réseau idéal parfaitement périodique. Ces déviations sont essentiellement les impuretés, les lacunes, les dislocations du réseau (décalage de la maille suivant un plan) et les vibrations du réseau liées à l'agitation thermique. D'autre part, les électrons de conductions interagissent entre eux (effet négligeable sauf à très basse température) et avec les ions du réseau dans une interaction globalement attractive, (le « gaz » d'électron restant ainsi confiné dans le conducteur). Dans un modèle simple, on ne tient compte que des interactions avec les défauts du réseau. À l'échelle atomique, lors de leur déplacement, les électrons libres entrent en collision avec ces défauts. À l'échelle macroscopique, ces chocs sont modélisables par une force de frottement visqueux équivalente $\vec{f}_v = -\alpha\vec{V}$.

1. Justifier brièvement qu'en l'absence de champ électrique appliqué, $\vec{V} = \vec{0}$. Que devient cette vitesse d'ensemble lorsqu'on applique un champ statique $\vec{E} = E_o\,\vec{e_z}$ dans le conducteur ?

2. a) En négligeant une éventuelle composante magnétique de la force de Lorentz et en considérant qu'initialement la vitesse d'ensemble est nulle, établir l'expression de la vitesse d'ensemble en fonction du temps. On posera $\tau = \frac{m}{\alpha}$ paramètre dont on précisera la dimension et le sens physique.

b) Tracer l'allure de $V = f(t)$ et établir l'expression de conductivité σ_0 en régime permanent en fonction de n, m, e et τ. Sachant que pour le cuivre $\sigma_0 \simeq 58 \cdot 10^6 \text{ S} \cdot \text{m}^{-1}$, au bout de combien de temps la vitesse limite est-elle atteinte ? conclure.

c) Évaluer la vitesse de dérive des porteurs de charge dans un fil de cuivre de section droite S égale à 1 mm^2 parcouru par un courant d'intensité $I = 10 \text{ A}$. Vérifier alors l'hypothèse faite question 2.a concernant la composante magnétique de la force de Lorentz, conclure sur la validité du modèle.

B) Conductivité d'un conducteur métallique en régime variable

Le même conducteur est à présent soumis à un champ électrique variable de pulsation ω dont l'amplitude varie de façon sinusoïdale : $\vec{E} = \vec{E}_o \cos(\omega t)$. Il est alors commode de passer en notation complexe : $\underline{\vec{E}} = \vec{E}_o \exp(j\omega t)$.

1. Établir l'expression de la conductivité complexe en régime harmonique σ en fonction de la conductivité en régime permanent σ_0, de ω et de τ. Montrer que dans le cas général il apparaît donc un déphasage entre $\vec{j}$ et $\vec{E}$.

2. Montrer que moyennant une approximation sur le produit $\omega\tau$, la conductivité peut être considérée comme réelle. Que vaut alors le déphasage entre $\vec{j}$ et $\vec{E}$? Dans quel domaine de fréquence cette approximation est-elle vérifiée à 10^{-2} près ?

3. Dans quel cas la conductivité peut-elle être considérée comme imaginaire pure ? Que vaut alors le déphasage entre $\vec{j}$ et $\vec{E}$? Examiner le cadre de validité de cette approximation. Montrer que dans ce cas, les frottements sont négligeables.

C) Conductivité d'un plasma en régime variable

Dans un modèle simple, un plasma est un milieu dilué homogène et isotrope, dont les propriétés thermomécaniques sont assimilables à celle d'un gaz ionisé globalement neutre. Le plasma est donc composé de cations supposés fixes (du fait de leur masse très supérieure à celle des électrons) et d'électrons libres de densité particulaire n. Le poids de l'électron ainsi que la composante magnétique de la force de Lorentz (dans l'approximation non relativiste où $V << c$) sont négligeables devant la composante électrique. De plus, pour des densités particulaires suffisamment faibles (plasmas peu denses), les interactions électrons-électrons et électrons-cations sont négligés : ainsi contrairement au cas des conducteurs métalliques, les électrons libres ne subissent aucune force de frottement dans leur déplacement. Un plasma peu dense est soumis à un champ électrique variable de pulsation ω dont l'amplitude varie de façon sinusoïdale : $\vec{E} = \vec{E}_0 \cos(\omega t)$, en complexe on pose : $\underline{\vec{E}} = \vec{E}_0 \exp(\omega t)$. Montrer que sa conductivité est formellement identique à celle d'un conducteur à très haute fréquence.

❑ Exercice 6.7. Puissance dissipée dans un conducteur

Considérons deux grandeurs harmoniques de la forme $f = f_0 \cos(\omega t)$ et $g = g_0 \cos(\omega t + \varphi)$, soit en notation complexe : $\underline{f} = f_0 \exp(i\omega t)$ et $\underline{g} = g_0 \exp(i\omega t)\exp(i\varphi)$.

1. Montrer que $\langle f\,g\rangle = \frac{1}{2}\mathrm{Re}\left(\underline{f}\,\underline{g}^*\right) = \frac{1}{2} f_0\, g_0 \cos(\varphi)$ et $\langle f^2\rangle = \frac{1}{2}\mathrm{Re}\left(\underline{f}\,\underline{f}^*\right) = \frac{1}{2}\left|\underline{f}^2\right|$.

2. On considère ici un champ électromagnétique en interaction avec une population d'électrons libres caractérisée par un vecteur densité volumique de courant $\vec{j}$. Déduire de ce qui précède la puissance moyenne cédée par le champ électromagnétique à l'unité de volume du milieu.

3. Dans un conducteur métallique en régime variable, la conductivité est complexe : $\sigma = \dfrac{\sigma_0}{1 + i\,\omega\,\tau}$. Étudier les deux cas limites HF et BF, dont on précisera le sens physique. Commenter.

❑ Exercice 6.8. Résistance statique d'une bobine

On considère un fil cylindrique de longueur $L = AB$, de résistivité ρ_r et de section S. Sa résistance est notée R et il est traversé, du fait d'une différence de potentiel U_{AB} constante à ses bornes, par un courant d'intensité I caractérisé par un vecteur densité volumique de courant $\vec{j}$ uniforme et suivant l'axe du cylindre (voir figure ci-contre).

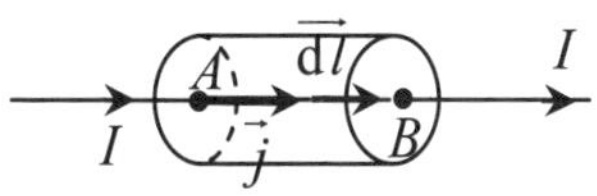

1. Montrer que la puissance cédée aux porteurs de charge dans ce conducteur ohmique s'identifie à la puissance cédée par effet Joule. En déduire l'expression de la résistance R en fonction de ρ_r, L, S.

2. Application : Une bobine de rayon moyen $R_0 = 7$ cm comporte N = 100 spires faites d'un fil de cuivre de $r = 0{,}5$ mm de rayon. La conductivité du cuivre est $\sigma = 6.10^7\ \mathrm{S.m^{-1}}$. Calculer la résistance totale de la bobine.

❑ Exercice 6.9. Non-covariance des équations de Maxwell par changement de référentiel galiléen

Considérons un observateur attaché à un référentiel galiléen (R) rapporté à $(O, \overrightarrow{e_x}, \overrightarrow{e_y}, \overrightarrow{e_z})$, et une particule P de charge q soumise à l'action du champ électromagnétique $\left(\vec{E}, \vec{B}\right)$ vu depuis (R).

Soit (R') un référentiel galiléen rapporté à $(O', \overrightarrow{e_{x'}}, \overrightarrow{e_{y'}}, \overrightarrow{e_{z'}})$ animé d'un mouvement de translation rectiligne et uniforme à la vitesse $\vec{V}_e = V_e\,\overrightarrow{e_x}$ par rapport à (R).

1. Rappeler les transformations galiléennes des coordonnées d'espace et des vitesses ainsi que leur cadre de validité.

2. Sachant qu'en mécanique classique la charge, comme la force de Lorentz sont invariantes par changement de référentiel, établir la transformation galiléenne des champs :
$$\begin{cases} \vec{B}' = \vec{B} \\ \vec{E}' = \vec{E} + \vec{V}_e \wedge \vec{B} \end{cases}.$$

3. Montrer que la transformation galiléenne des champs est incompatible avec la relation de Maxwell-Gauss. La transformation galiléenne des champs vous paraît-elle compatible avec le principe de relativité ?

4. Pour « sauver » la compatibilité des équations de Maxwell avec la cinématique, on doit renoncer à l'hypothèse de temps absolu qui sous-tend la cinématique classique.

On introduit alors la transformation de Lorentz Poincaré : $\begin{cases} x' = \gamma(x - \beta c t) \\ y' = y \\ z' = z \\ c t' = \gamma(c t - \beta x) \end{cases}$, où $\beta = V_e / c$

et $\gamma = \dfrac{1}{\sqrt{1-\beta^2}}$. On considère à l'instant t une charge élémentaire $\mathrm{d}q$ occupant le volume $\mathrm{d}\tau = \mathrm{d}x\mathrm{d}y\mathrm{d}z$ autour du point P animé d'un mouvement de translation rectiligne et uniforme de vitesse $\overrightarrow{V}_{P/(R)} = V_e \overrightarrow{e_x}$ par rapport à (R). Compte tenu de la transformation de Lorentz Poincaré donnée ci-dessus, exprimer la densité volumique de charge ρ dans le référentiel (R) en fonction de la densité volumique de charge propre ρ' dans le référentiel (R') attaché à la charge en mouvement. Commenter.

❑ Exercice 6.10. Induction dans une spire circulaire

On concidère une spire circulaire de rayon a, d'axe (Oz) et de résistance R placée dans un champ magnétique $\overrightarrow{B} = B_0 \cos(\omega t)\overrightarrow{e_z}$ temporellement variable et spatialement uniforme.

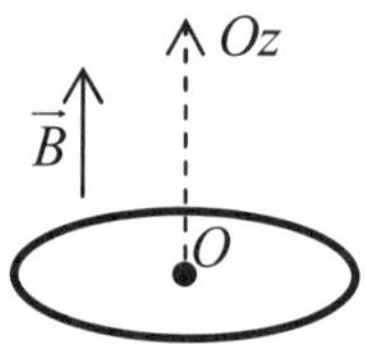

1. Exprimer le courant induit dans cette spire.

2. Le résultat dépend-t-il du choix d'orientation de la spire ?

■ Pour vous aider à démarrer

Exercice 6.1. Penser à utiliser la formule d'Ostrogradsky :
$\iiint_V \vec{\nabla}\cdot\vec{E}\,\mathrm{d}\tau = \oiint_S \vec{E}\cdot\vec{n}\,\mathrm{d}S$, où V est le volume enclos dans une surface fermées S.

Exercice 6.2. Se placer sur une surface $S = \Sigma_{lat} \cup S_1 \cup S_2$ fermée, où Σ_{lat} est la surface latérale d'un tube de champ de $\vec{B}$, et où S_1 et S_2 sont deux surfaces s'appuyant sur deux contours de même orientation s'appuyant sur le tube. Le flux de $\vec{B}$ à travers S est alors nul $\phi = \oiint_S \vec{B}\cdot\vec{n}\,\mathrm{d}S = 0$.

Exercice 6.3, question 2, intégrer l'équation de Maxwell-Flux en cylindrique en prenant pour $r = 0$ $B_r(r = 0, z) = 0$.

Exercice 6.6. À la question 2.a. négliger le poids et une éventuelle composante magnétique devant la composante électrique de la force de Lorentz pour appliquer PFD à un électron de conduction.

Exercice 6.9. Question 2 : introduire la transformation galiléenne des vitesses $\vec{V}_a = \vec{V}_r + \vec{V}_e$ (où $\vec{V}_a = \vec{V}_{P/R}$ et $\vec{V}_r = \vec{V}_{P/R'}$) dans la force de Lorentz subie dans (*R*') par la particule P de charge q (la charge est invariante) et identifier, par comparaison avec la force de Lorentz subie dans (*R*) par la même particule, les termes dépendant de $\vec{V}_a$ et ceux qui n'en dépendent pas. À la question 3, il s'agit de montrer que dans (R'), $\vec{\nabla}'\cdot\vec{E}' = \frac{\partial E'_x}{\partial x'} + \frac{\partial E'_y}{\partial y'} + \frac{\partial E'_z}{\partial z'} \neq 0$ alors que dans (R) $\vec{\nabla}\cdot\vec{E} = 0$.

Exercice 6.10. Se reporter à la méthode 4.

Corrigé des vrai/faux

1.	2.	3.	4.	5.	6.	7.	8.
faux	vrai	faux	vrai	faux	vrai	vrai	vrai

1. Cette vitesse est en générale très différente des vitesses individuelles des porteurs : pour le cuivre, à température ambiante, les vitesses individuelles sont de l'ordre de $10^6\ \mathrm{m \cdot s^{-1}}$ alors que la vitesse d'ensemble n'est que de l'ordre de $10^{-3}\ \mathrm{m \cdot s^{-1}}$.

2. Pour deux types de charges de signe opposé soumise à l'action d'un champ électrique, leur vitesse est de sens opposé mais leur contribution à $\vec{j}$ s'ajoutent puisque les produits $q_i \vec{V}_i$ ont même signe.

3. Dans un conducteur localement neutre comportant des charges positives et négatives soumise à l'action d'un champ électrique, $\rho = \sum_{i\ espèces} \rho_i = 0$ mais $\vec{j} = \sum_{i\ espèces} \rho_i \vec{V_i} = \sum_{i\ espèces} n_i\, q_i\, \vec{V_i} \neq \vec{0}$. Par exemple dans un conducteur métallique les cations du réseau ont une densité volumique de charge ρ^+ et les électrons de conduction une densité volumique de charge ρ^-. L'électro-neutralité impose $\rho = \rho^+ + \rho^- = 0$, mais les cations étant fixes ($\overrightarrow{V^+} = \vec{0}$), et les électrons mobiles à la vitesse d'ensemble $\overrightarrow{V^-}$, on a $\vec{j} = \rho^- \overrightarrow{V^-} \neq \vec{0}$. Il faudra donc écrire de façon générale $\vec{j} = \sum_{i\ espèces} \rho_i \vec{V_i} = \sum_{i\ espèces} n_i\, q_i\, \vec{V_i}$, la somme ne portant finalement que sur les porteurs de charge mobiles et pas $\vec{j} = \rho \vec{V}$ qui pourrait laisser croire que $\vec{j} = \vec{0}$.

4. Les équations de Maxwell-Ampère (M.A) $\vec{\nabla} \wedge \vec{B} = \mu_0 \left(\vec{j} + \varepsilon_0 \dfrac{\partial \vec{E}}{\partial t} \right)$ et de Maxwell-Gauss (M.G) : $\vec{\nabla} \cdot \vec{E} = \dfrac{\rho}{\varepsilon_0}$ relient les champs à leurs sources ρ et $\vec{j}$. Le couplage entre $\vec{E}$ et $\vec{B}$ qui apparaît par le terme $\dfrac{\partial \vec{B}}{\partial t}$ dans (M.F) comme une source d'un champ $\vec{E}$ non uniforme et dans (M.A) par le terme $\vec{j}_D = \varepsilon_0 \dfrac{\partial \vec{E}}{\partial t}$ homogène à un courant, dit courant de déplacement. Elles rendent ainsi compte du couplage entre $\vec{E}$ et $\vec{B}$: une variation temporelle de $\vec{E}$ étant une source de $\vec{B}$ et vis et versa. Ce couplage rend indissociable en régime variable les champs électrique et magnétique ce qui conduit à parler de champ électromagnétique noté $(\vec{E},\vec{B})$.

5. Les équations de Maxwell doivent, pour décrire l'interaction entre champ et matière, être complétées par la force de Lorentz $\vec{F}=q(\vec{E}+\vec{V}\wedge\vec{B})$ agissant sur une particule de charge q et de vitesse $\vec{V}$ par rapport au référentiel (R) duquel est vu le champ $(\vec{E},\vec{B})$. Notons que les équations de Maxwell ne se démontrent pas indépendamment l'une de l'autre, il s'agit en fait d'un ensemble cohérent qui se trouve être justifié par l'expérience. La vitesse de la lumière théorique dans le vide donnée par combinaison de ces équations (il s'agit des équations de d'Alembert) offre un accord remarquable avec la mesure.

7. Elle a pour expression $u_{em}=\dfrac{\varepsilon_0 E^2}{2}+\dfrac{B^2}{2\mu_0}$, elle est donc bien quadratique en champ.

8. Dans le vide local $\vec{R}$ et u_{em} satisfont à l'équation $\vec{\nabla}\cdot\vec{R}+\dfrac{\partial u_{em}}{\partial t}=0$, traduisant localement la conservation de l'énergie électromagnétique. L'équation locale de conservation de la charge $\vec{\nabla}\cdot\vec{j}+\dfrac{\partial\rho}{\partial t}=0$ est du même type. Ceci n'a rien de surprenant, toute équation locale de conservation d'une grandeur extensive X (telles u_{em} ou ρ) prendra la même forme, en liant la variation temporelle de cette grandeur à la divergence du vecteur densité volumique de courant de cette grandeur $\vec{\Pi}_X$: $\vec{\nabla}\cdot\vec{\Pi}_X+\dfrac{\partial X}{\partial t}=0$.

❑ Les erreurs classiques

→ Attention aux unités : le vecteur de Poynting $\vec{R}$ est en $\mathrm{W\cdot m^{-2}}$. La puissance rayonnée à travers une surface S est le flux **algébrique** de $\vec{R}$ à travers S, elle est en W. Il convient sur ce point de convenablement orienter la surface pour évaluer correctement le flux algébrique.

→ L'évaluation du flux algébrique d'un vecteur $\vec{Q}$ à travers une surface donne lieu à de nombreuses erreurs de signe qui peuvent être évité en analysant systématiquement les points suivants :

Pour une surface S fermée, le vecteur unitaire normal à la surface $\vec{n}$ pointe toujours vers l'extérieur de cette surface. Si le produit scalaire entre un vecteur $\vec{Q}$ et $\vec{n}$ est positif le flux est positif (on dit qu'il est sortant), il est négatif sinon (flux entrant).

Corrigé

Corrigé des exercices

Exercice 6.1

1. D'après la formule d'Ostrogradsky $\iiint_V \vec{\nabla}\cdot\vec{E}\,\mathrm{d}\tau = \oiint_S \vec{E}\cdot\vec{n}\,\mathrm{d}S = \iiint_V \frac{\rho}{\varepsilon_0}\mathrm{d}\tau$, où V est le volume enclos dans une surface fermée S. Notons $Q_{\text{int}} = \iiint_V \rho\,\mathrm{d}\tau$ la charge intérieure à S à l'instant t. Il vient $\boxed{\oiint_S \vec{E}\cdot\vec{n}\,\mathrm{d}S = \frac{Q_{\text{int}}}{\varepsilon_0}}$ qui est bien l'expression du théorème de Gauss.

2. Partons de l'équation de (M.A) $\frac{\vec{\nabla}\wedge\vec{B}}{\mu_0} = \vec{j} + \varepsilon_0\frac{\partial\vec{E}}{\partial t}$ et formons la divergence de cette égalité membre à membre : $\vec{\nabla}\cdot\left(\frac{\vec{\nabla}\wedge\vec{B}}{\mu_0}\right) = \vec{\nabla}\cdot\left(\vec{j} + \varepsilon_0\frac{\partial\vec{E}}{\partial t}\right) = \vec{\nabla}\cdot\vec{j} + \varepsilon_0\vec{\nabla}\cdot\frac{\partial\vec{E}}{\partial t} = \vec{\nabla}\cdot\vec{j} + \varepsilon_0\frac{\partial\left(\vec{\nabla}\cdot\vec{E}\right)}{\partial t}$.

Ayant postulé la validité de l'équation de (M.G) $\vec{\nabla}\cdot\vec{E} = \frac{\rho}{\varepsilon_0}$, il vient : $\vec{\nabla}\cdot\left(\frac{\vec{\nabla}\wedge\vec{B}}{\mu_0}\right) = \vec{\nabla}\cdot\vec{j} + \frac{\partial\rho}{\partial t}$.

Comme de plus la divergence d'un rotationnel est nulle $\vec{\nabla}\cdot\left(\frac{\vec{\nabla}\wedge\vec{B}}{\mu_0}\right) = \frac{1}{\mu_0}\vec{\nabla}\cdot\left(\vec{\nabla}\wedge\vec{B}\right) = 0$ et finalement $\boxed{\vec{\nabla}\cdot\vec{j} + \frac{\partial\rho}{\partial t} = 0}$: on retrouve bien l'équation de conservation de la charge.

Exercice 6.2

Considérons un tube de champ (surface ouverte s'appuyant sur les lignes de champ de $\vec{B}$) de surface Σ_{lat} et fermons le par deux surfaces S_1 et S_2 s'appuyant sur deux contours de même orientation s'appuyant sur le tube. La surface $S = \Sigma_{lat} \cup S_1 \cup S_2$ est fermée. Notons $\phi = \oiint_S \vec{B}\cdot\vec{n}\,\mathrm{d}S$ le flux de $\vec{B}$ à travers S. D'après (MΦ),

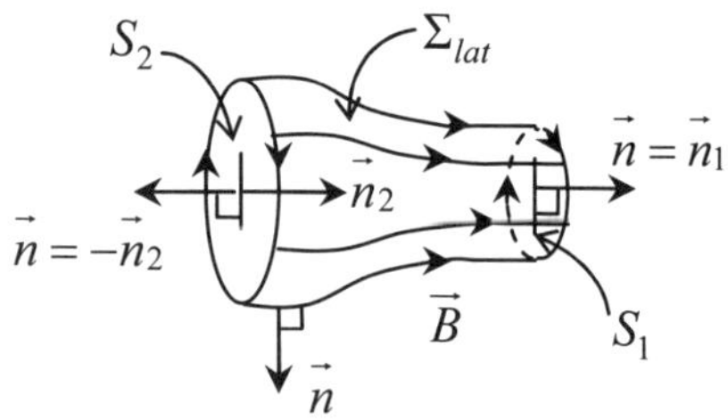

ce flux est nul s'écrit : $\boxed{\phi = \iint_{\Sigma_{lat}} \vec{B}\cdot\vec{n}\,\mathrm{d}S + \iint_{S_1} \vec{B}\cdot\vec{n}\,\mathrm{d}S + \iint_{S_2} \vec{B}\cdot\vec{n}\,\mathrm{d}S = 0}$, où $\vec{n}$ est la normale locale à S pointant de l'intérieur vers l'extérieur de S.

Il convient ici de ne pas confondre les surfaces orientées S_1 et S_2 prisent indépendamment de S, dont les vecteurs unitaires sont $\vec{n}_1$ et $\vec{n}_2$ avec S_1 et S_2 appartenant à la même surface fermée S de vecteur unitaire $\vec{n}$.

Ainsi, si l'on note $\phi_1 = \iint_{S_1} \vec{B}\cdot\vec{n}\,\mathrm{d}S$ le flux à travers S_1 partie de S fermée, avec en tout point de S_1 : $\vec{n}=\vec{n}_1$, il vient $\phi_1 = \iint_{S_1} \vec{B}\cdot\vec{n}_1\,\mathrm{d}S_1 = \phi_{S_1}$. Le flux de $\vec{B}$ à travers S_1, surface ouverte s'appuyant sur le tube, s'identifie donc avec celui à travers S_1 partie de S fermée. Au contraire, en tout point de S_2, $\vec{n}=-\vec{n}_2$ et $\phi_2 = -\iint_{S_2} \vec{B}\cdot\vec{n}_2\,\mathrm{d}S_2 = -\phi_{S_2}$. De plus, en tout point de Σ_{lat}, $\vec{n}$ est orthogonal à $\vec{B}$ ainsi $\iint_{\Sigma_{lat}} \vec{B}\cdot\vec{n}\,\mathrm{d}S = 0$. Finalement $\phi_{S_1} - \phi_{S_2} = 0$ et donc $\boxed{\phi_{S_1} = \phi_{S_2}}$ (d'où la terminologie de flux conservatif pour $\vec{B}$). Ce résultat est valable quelque soit S_1 et S_2 s'appuyant sur le même tube de champ et en particulier pour deux sections de ce tube : à t donné, le flux de $\vec{B}$ se conserve le long d'un tube de champ. Ce qui précède s'applique en particulier pour deux surfaces S_1 et S_2 s'appuyant sur le même contour C : à t donné le flux de $\vec{B}$ à travers une surface S s'appuyant sur un contour C est indépendant de S et ne dépend que de C. Ainsi, lorsque ce contour est circulaire, il sera souvent pratique d'évaluer le flux à travers le disque s'appuyant sur son périmètre.

Exercice 6.3

D'après la formule Stockes $\oint_C \vec{B}\cdot\vec{\mathrm{d}l} = \iint_S \left(\vec{\nabla}\wedge\vec{B}\right)\cdot\vec{n}\,\mathrm{d}S = \mu_0 \iint_S \vec{j}\cdot\vec{n}\,\mathrm{d}S + \mu_0 \iint_S \vec{j}_D\cdot\vec{n}\,\mathrm{d}S$. Cette expression généralise le théorème d'Ampère dans la mesure où le terme $\iint_S \vec{j}_D\cdot\vec{n}\,\mathrm{d}S$ (où $\vec{j}_D = \varepsilon_0 \dfrac{\partial\vec{E}}{\partial t}$ est le courant de déplacement) vient compléter le terme de courant de charge enlacé $i_e = \iint_S \vec{j}\cdot\vec{n}\,\mathrm{d}S$ en régime permanent où $\dfrac{\partial\vec{E}}{\partial t} = \vec{0}$.

Exercice 6.4

D'après le théorème de Stokes, S étant une surface quelconque s'appuyant sur le contour C : $\oint_C \vec{E}\cdot\vec{\mathrm{d}l} = \iint_S \left(\vec{\nabla}\wedge\vec{E}\right)\cdot\vec{n}\,\mathrm{d}S = \iint_S -\dfrac{\partial\vec{B}}{\partial t}\cdot\vec{n}\,\mathrm{d}S = -\dfrac{\partial}{\partial t}\iint_S \vec{B}\cdot\vec{n}\,\mathrm{d}S$. Or le flux de $\vec{B}$ à travers une surface S s'appuyant sur un contour C ne dépend que de ce dernier et est indépendant du choix

Corrigé

de la surface, notons $\phi = \iint_S \vec{B} \cdot \vec{n}\, \mathrm{d}S$ ce flux, il vient : $\oint_C \vec{E} \cdot \vec{\mathrm{d}l} = -\dfrac{\mathrm{d}\phi}{\mathrm{d}t}$. Ainsi en posant $e = -\dfrac{\mathrm{d}\phi}{\mathrm{d}t}$ la *fem* d'induction, on comprend que l'équation de (M.F) traduit la naissance d'un champ $\vec{E}$ à circulation non conservative. Ce champ, contrairement au champ électrostatique, est à circulation non nulle. Il est ainsi responsable, dans un circuit conducteur fermé, de la mise en mouvement des porteurs de charge générant un courant induit.

Exercice 6.5

1. La distribution de courant est invariante par toute rotation d'angle φ autour de (*Oz*). Le système de coordonnées adaptées à la symétrie de révolution autour de l'axe (*Oz*) est le système cylindrique de même axe (r, φ, z). Du fait de la symétrie de révolution autour de (Oz), le champ est indépendant de φ et n'a pas de composante suivant $\vec{e_\varphi}$: $B_\varphi = 0$. D'autre part, la distance r à l'axe au voisinage de celui-ci est suffisamment faible pour que, dans le développement de la composante axiale $B_z(r,z)$ au voisinage de $r = 0$, on ne retienne, en première approximation, que le terme d'ordre zéro : $B_z(r,z) \approx B_z(r=0,z)$ et comme sur l'axe $B_z(r=0,z) = B_z(z)$ (on sait que sur l'axe d'un solénoïde le champ est porté par l'axe), on a finalement $B_z(r,z) \approx B_z(z)$.

2. Sous forme locale l'équation de Maxwell-Flux s'écrit $\vec{\nabla} \cdot \vec{B} = 0$. Compte tenu de l'expression de l'opérateur div en coordonnées cylindriques, on a :

$$\vec{\nabla} \cdot \vec{B} = \frac{1}{r}\frac{\partial (r B_r)}{\partial r} + \frac{1}{r}\frac{\partial B_\varphi}{\partial \varphi} + \frac{\partial B_z}{\partial z} = 0. \quad \text{Ainsi} \quad : \quad \frac{\partial (r B_r(r,z))}{\partial r} = -r\frac{\partial B_z(r,z)}{\partial z} \approx -r\frac{\mathrm{d}B_z(z)}{\mathrm{d}z}.$$

Intégrons cette égalité par rapport à r, il vient $r\, B_r(r,z) = -\dfrac{r^2}{2}\dfrac{\partial B_z(z)}{\partial z} + f(z)$, où $f(z)$ est une fonction de z uniquement (constante d'intégration par rapport à r de la fonction de deux variables $g(r,z) = r\, B_r(r,z)$). Or pour $r = 0$, on sait que $B_r(r=0,z) = 0$ (le champ est purement axial sur l'axe) ainsi nécessairement $f(z) = 0$. Finalement on obtient bien

$$\boxed{B_r(r,z) = -\frac{r}{2}\left(\frac{\mathrm{d}B_z(z)}{\mathrm{d}z}\right)}.$$

3. Sous forme intégrale, l'équation de Maxwell-Flux s'écrit $\oiint_S \vec{B} \cdot \mathrm{d}\vec{S} = 0$. Elle traduit la nullité du flux de $\vec{B}$ à travers une surface *S* fermée quelconque. Choisissons ici une surface *S* adaptée à la symétrie du problème : prenons la surface fermée *S* réunion de la surface latérale Σ_{lat} du cylindre d'axe (*Oz*), de rayon r et de hauteur $\mathrm{d}z$, fermée à ses extrémités par deux disques D_1 en z et D_2 en $z + \mathrm{d}z$, de même rayon. Compte tenu de la forme du champ $\vec{B}(M) = B_z(r,z)\,\vec{e_z} + B_r(r,z)\,\vec{e_r}$, il vient :

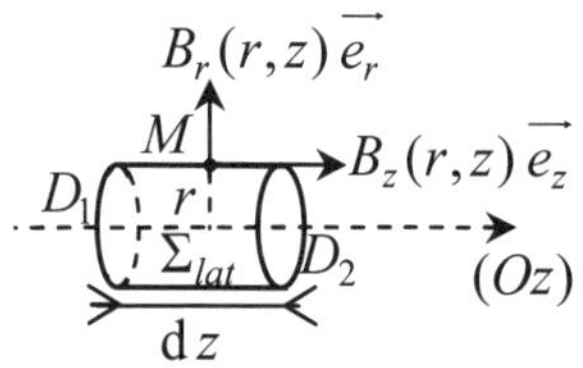

$$\oiint_{\Sigma} \vec{B}\cdot \mathrm{d}\vec{S} = \iint_{\Sigma_{lat}} \vec{B}\cdot \mathrm{d}\vec{S} + \iint_{D_1} \vec{B}\cdot \mathrm{d}\vec{S} + \iint_{D_2} \vec{B}\cdot \mathrm{d}\vec{S} = 0 \quad (1).$$

Or, compte tenu de l'orientation des surfaces : $\iint_{D_1} B_r\,\vec{e_r}\cdot \mathrm{d}\vec{S} = \iint_{D_2} B_r\,\vec{e_r}\cdot \mathrm{d}\vec{S} = 0$. Sur la surface latérale, d'une part $\iint_{\Sigma_{lat}} B_z\,\vec{e_z}\cdot \mathrm{d}\vec{S} = 0$ et d'autre part $\mathrm{d}z$ est suffisamment faible pour que n'intervienne, dans l'expression du flux, que $B_r(r,z)\,\vec{e_r}$.

Ainsi, (1) s'écrit : $\iint_{\Sigma_{lat}} B_r(r,z)\,\vec{e_r}\cdot \mathrm{d}\vec{S} + \iint_{D_1} B_z(r,z)\,\vec{e_z}\cdot \mathrm{d}\vec{S} + \iint_{D_2} B_z(r,z+\mathrm{d}z)\,\vec{e_z}\cdot \mathrm{d}\vec{S} = 0$.

En assimilant $B_z(r,z) \approx B_z(z)$ et $B_z(r,z) \approx B_z(z+\mathrm{d}z)$ il vient alors :

$2\pi r\,\mathrm{d}z\, B_r(r,z) + \pi r^2\left(-B_z(z) + B_z(z+\mathrm{d}z)\right) = 0$. En notant que $\dfrac{\mathrm{d}B_z(z)}{\mathrm{d}z} = \dfrac{B_z(z+\mathrm{d}z) - B_z(z)}{\mathrm{d}z}$,

on obtient alors : $2\pi r\,\mathrm{d}z\, B_r(r,z) + \pi r^2 \left(\dfrac{\mathrm{d}B_z(z)}{\mathrm{d}z}\right)\mathrm{d}z = 0$, et enfin : $\boxed{B_r(r,z) = -\dfrac{r}{2}\left(\dfrac{\mathrm{d}B_z(z)}{\mathrm{d}z}\right)}$.

Exercice 6.6

A) 1. En l'absence de champ électrique appliqué, les électrons ont des vitesses individuelle $\vec{V}_i$, dite vitesse thermique. La distribution des $\vec{V}_i$, sous l'effet de l'agitation thermique, est aléatoire. Ainsi, la vitesse d'ensemble, moyenne des $\vec{V}_i$ à l'échelle mésoscopique, est nulle. Sous l'effet d'un champ statique $\vec{E} = E_o\,\vec{e_z}$ dans le conducteur, les porteurs de charges acquièrent une vitesse d'ensemble $\vec{V} = V\,\vec{e_z}$ par rapport au réseau cristallin (dite vitesse de dérive) qui se superpose à leur vitesse thermique.

2. a) En négligeant le poids et une éventuelle composante magnétique devant la composante électrique de la force de Lorentz, l'application du PFD conduit à : $m\dfrac{\mathrm{d}\vec{V}}{\mathrm{d}t} = -e\,\vec{E} - \alpha\,\vec{V}$. Équation du première ordre à second membre constant, dont la solution sachant qu'à l'instant initial $\vec{V}(0) = \vec{0}$ s'écrit : $\boxed{\vec{V}(t) = -\dfrac{e\,\vec{E}}{\alpha}\left(1 - \exp\left(-\dfrac{t}{\tau}\right)\right)}$, où $\tau = \dfrac{m}{\alpha}$ est le temps de relaxation du conducteur qui apparaît ici comme le temps caractéristique d'établissement du régime permanent dans le conducteur.

✎ *Il s'agit à l'échelle microscopique du temps de libre parcours moyen entre deux chocs successifs.*

b) Pour $t >> \tau$, la vitesse d'ensemble tend vers sa valeur limite $\vec{V}_\infty = -\dfrac{e\,\vec{E}}{\alpha}$. La densité volumique de courant dans le conducteur est $\vec{j} = n\,q\,\vec{V} = -n\,e\,\vec{V}$, il vient

$\vec{j} = -n e \vec{V}_\infty = \dfrac{n e^2 \tau}{m} \vec{E}$. D'autre part, la loi d'ohm locale s'écrit $\vec{j} = \sigma_0 \vec{E}$ d'où : la conductivité en régime permanent $\sigma_0 = \dfrac{n e^2 \tau}{m}$ en $(\mathrm{S \cdot m^{-1}})$, S désignant le siemens (ou $\mathrm{ohm^{-1}}$).

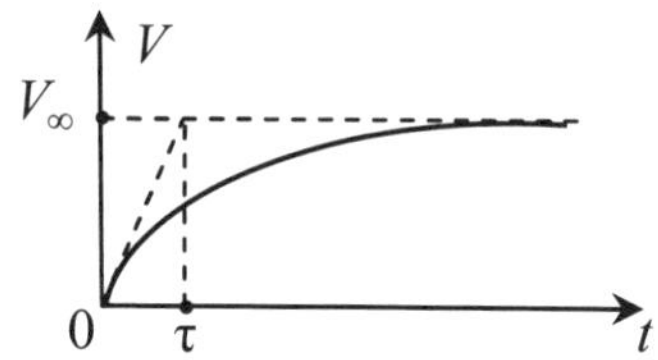

On déduit de ce qui précède que $\tau = \dfrac{m \gamma}{n e^2}$. Pour le cuivre, avec $\sigma_0 \approx 58 \cdot 10^6\ \mathrm{S \cdot m^{-1}}$ on a $\boxed{\tau \approx 2 \cdot 10^{-14}\ \mathrm{s}}$ ce qui entraîne l'établissement du régime permanent de façon quasi instantanée : la vitesse d'ensemble atteint sa valeur limite $\boxed{\vec{V}_\infty = -\dfrac{e \vec{E}}{\alpha}}$ quasi instantanément.

c) On peut évaluer la vitesse de dérive des porteurs de charge dans un conducteur tel que le cuivre. Dans un fil de section droite S égale à $1\ \mathrm{mm^2}$ parcouru par un courant d'intensité $I = 10\ \mathrm{A}$. En effet, on a $j \approx \dfrac{I}{S} = 10^7\ \mathrm{A \cdot m^{-2}}$. Ainsi $|V| = \left|\dfrac{j}{n e}\right| \approx 1\ \mathrm{mm \cdot s^{-1}}$.

✎ *Par comparaison, la vitesse individuelle d'un électron sous l'effet de l'agitation thermique est, dans le cuivre à la température ambiante, de l'ordre de $V_i \simeq 10^6\ \mathrm{m \cdot s^{-1}}$. Ainsi $V \ll V_i$: le comportement collectif du « gaz » d'électrons libres est très différent du comportement individuel d'un porteur de charge.*

Vérifions à posteriori l'hypothèse consistant à négliger la composante magnétique de la force de Lorentz : il nous faut comparer les ordres de grandeur de $\left|\vec{F}_e\right| = e E$ à celui de $\left|\vec{F}_m\right| = e V B$. Ils sont comparables lorsque : $B \approx \dfrac{E}{V} = \dfrac{j}{\sigma_0 V}$, soit avec $j \simeq \dfrac{I}{S} = 10^7\ \mathrm{A \cdot m^{-2}}$, $V \simeq 1\ \mathrm{mm \cdot s^{-1}}$ et $\sigma_0 \simeq 58 \cdot 10^6\ \mathrm{S \cdot m^{-1}}$: $B \approx 250$ teslas. Par comparaison avec les champs les plus intenses de l'ordre de 30 teslas accessible en laboratoire grâce à des aimants supraconducteurs, cette valeur de 250 teslas est énorme ! Dans la pratique, la composante magnétique de la force de Lorentz est donc bien négligeable et le modèle est justifié.

B) 1. Sous l'influence de ce champ, les porteurs de charge effectuent, en régime sinusoïdal établi, des oscillations forcées de même pulsation que celles du champ, de sorte que $\underline{\vec{V}} = \vec{V}_o \exp(i(\omega t + \varphi)) = \underline{\vec{V}}_o \exp(i \omega t)$. En effet, s'il apparaît temporairement des modes vibratoires à des pulsations différentes de celle du champ, elles sont rapidement amorties par les mécanismes dissipatifs dans le conducteur. En négligeant le poids et une éventuelle composante magnétique devant la composante électrique de la force de Lorentz, l'application du PFD conduit à : $m \dfrac{\mathrm{d}\underline{\vec{V}}}{\mathrm{d}t} = -e \underline{\vec{E}} - \alpha \underline{\vec{V}}$, soit : $\left(i \omega + \dfrac{\alpha}{m}\right) \underline{\vec{V}} = -\dfrac{e}{m} \underline{\vec{E}}$. Posons $\tau = \dfrac{m}{\alpha}$, il vient $\underline{\vec{V}} = -\left(\dfrac{\tau e / m}{1 + i \omega \tau}\right) \underline{\vec{E}}$. Ainsi, la densité volumique de courant s'écrit en complexe :

$\underline{\vec{j}} = \left(\dfrac{n\,\tau\,e^2/m}{1+i\,\omega\,\tau} \right) \underline{\vec{E}} = \sigma\,\underline{\vec{E}}$. On reconnaît, dans cette expression, la conductivité réelle en régime permanent $\boxed{\sigma_0 = \dfrac{n\,e^2\,\tau}{m}}$, de sorte que la conductivité complexe est $\boxed{\sigma = \dfrac{\sigma_0}{1+i\,\omega\,\tau}}$. Ainsi dans le cas général la conductivité est complexe, il apparaît donc un déphasage entre $\vec{j}$ et $\vec{E}$.

2. Lorsque $\omega\,\tau << 1$, $\sigma \approx \sigma_0$, la conductivité est alors réelle, comme en régime permanent, et $\vec{j}$ et $\vec{E}$ sont en phase. Examinons le cadre de validité de cette approximation : envisageons le cas où l'hypothèse $\omega\,\tau << 1$ est vérifiée à 10^{-2} près. La conductivité est alors réelle tant que ω reste inférieure à une pulsation limite : $\omega_{lim} = \dfrac{10^{-2}}{\tau}$. Or, pour le cuivre $\tau \approx 2\cdot 10^{-14}$ s, ainsi $\omega_{lim} \approx 10^{12}\ \text{rad}\cdot\text{s}^{-1}$, soit une fréquence limite de l'ordre de $f_{lim} \approx 100\ \text{GHz}$. La conductivité reste réelle dans tout le domaine allant des régimes permanent à la limite de l'infrarouge.

3. Lorsque $\omega\,\tau >> 1$, $\sigma \approx -i\dfrac{\sigma_0}{\omega\,\tau} = -i\dfrac{n\,e^2}{m\,\omega}$, la conductivité est alors imaginaire pure et $\vec{j}$ et $\vec{E}$ sont en quadrature.

Examinons le cadre de validité de cette approximation : d'après ce qui précède, la conductivité est imaginaire pure, comme cela serait le cas dans un plasma, pour des fréquences très supérieures à $100\ \text{GHz}$. Une analyse plus fine du problème conduit à $f \geq f_p$, où f_p est une fréquence limite dite fréquence plasma dépendant de la densité particulaire n : pour le cuivre avec $n \approx 10^{28}\ \text{m}^{-3}$, $f_p \approx 10^{15}\ \text{Hz}$. Ainsi, la conductivité est alors imaginaire pure à partir de l'ultra violet jusqu'aux rayons γ.

On note que le temps τ de libre parcours moyen entre deux chocs n'intervient plus dans l'expression de σ, contrairement au cas précédent. Comme la force de frottement dans le conducteur $\vec{f}_v = -\dfrac{m}{\tau}\vec{V}$ traduit à l'échelle macroscopique la dissipation d'énergie par chocs, l'absence de τ dans le modèle doit correspondre à une absence de frottement. En effet, à haute fréquence, l'amplitude des oscillations des électrons est trop faible pour que les interactions avec le réseau se manifestent : les frottements sont alors négligeables.

C) Sous l'influence de ce champ, les électrons libres effectuent, en régime sinusoïdal établi, des oscillations forcées de même pulsation que celles du champ, de sorte que $\underline{\vec{V}} = \vec{V}_o \exp(i(\omega\,t + \varphi)) = \underline{\vec{V}}_o \exp(i\,\omega\,t)$. En négligeant le poids, tout frottement et une éventuelle composante magnétique devant la composante électrique de la force de Lorentz, l'application du PFD conduit à : $m\dfrac{\mathrm{d}\underline{\vec{V}}}{\mathrm{d}t} = -e\,\underline{\vec{E}}$, soit : $\underline{\vec{V}} = \dfrac{i\,e}{m\,\omega}\underline{\vec{E}}$. Ainsi, la densité volumique de courant s'écrit en complexe : $\underline{\vec{j}} = -n\,e\,\underline{\vec{V}} = -\dfrac{n\,i\,e^2}{m\,\omega}\underline{\vec{E}} = \sigma\,\underline{\vec{E}}$, de sorte que la conductivité est <u>imaginaire pure</u> :

$\boxed{\sigma = -i\dfrac{n\,e^2}{m\,\omega}}$, $\vec{j}$ et $\vec{E}$ sont alors en quadrature.

Exercice 6.7

1. Passons en valeur moyenne sur le produit $f\,g$, on obtient :

$\langle f\,g\rangle = f_0\,g_0\left\langle \cos(\omega t)\big(\cos(\omega t)\cos(\varphi)-\sin(\omega t)\sin(\varphi)\big)\right\rangle$, soit

$\langle f\,g\rangle = f_0\,g_0\cos(\varphi)\left\langle \cos^2(\omega t)\right\rangle - \frac{1}{2}\langle \sin(2\,\omega t)\rangle \sin(\varphi)$. Avec $\left\langle \cos^2(\omega t)\right\rangle = \frac{1}{2}$ et $\langle \sin(2\,\omega t)\rangle = 0$,

il vient finalement $\langle f\,g\rangle = \frac{1}{2}\,f_0\,g_0\cos(\varphi)$. D'autre part, $\underline{f}\,\underline{g}^* = f_0\,g_0\,\exp(-i\,\varphi)$. Ainsi :

$$\boxed{\langle f\,g\rangle = \frac{1}{2}\,\mathrm{Re}\left(\underline{f}\,\underline{g}^*\right) = \frac{1}{2}\,f_0\,g_0\cos(\varphi)} \text{ et pour } f = g \text{ : } \boxed{\left\langle f^2\right\rangle = \frac{1}{2}\,\mathrm{Re}\left(\underline{f}\,\underline{f}^*\right) = \frac{1}{2}\left|\underline{f}^2\right|}.$$

2. La puissance cédée par unité de volume à la matière par le champ est $\frac{\mathrm{d}P_{cédée}}{\mathrm{d}\tau} = \vec{j}\cdot\vec{E}$. En passant en valeur moyenne, on obtient :

$$\boxed{\left\langle \frac{\mathrm{d}P_{cédée}}{\mathrm{d}\tau}\right\rangle = \left\langle \vec{j}\cdot\vec{E}\right\rangle = \frac{1}{2}\,\mathrm{Re}\left(\vec{\underline{j}}\cdot\vec{\underline{E}}^*\right) = \frac{1}{2}\,\mathrm{Re}\left(\sigma\left|\vec{\underline{E}}\right|^2\right) = \frac{1}{2}\,\mathrm{Re}(\sigma)\left|\vec{\underline{E}}\right|^2}.$$

3. Dans un conducteur en régime variable, la conductivité complexe étant $\sigma = \frac{\sigma_0}{1+i\,\omega\,\tau}$, deux eux cas limites à distinguer :

– Lorsque $\omega\,\tau \ll 1$ $\boxed{\sigma \simeq \sigma_0}$, la conductivité est alors réelle (cette condition est vérifiée dans le cadre de l'ARQS) : le conducteur absorbe alors l'énergie du champ et la dissipe par effet Joule.

– Lorsque $\omega\,\tau \gg 1$ $\boxed{\sigma \simeq -i\,\frac{\sigma_0}{\omega\,\tau}}$, la conductivité est alors imaginaire : le conducteur est transparent aux OPPM et n'absorbe pas d'énergie (c'est aussi le cas pour un plasma peu dense).

Exercice 6.8

1. De façon générale, dans un conducteur ohmique de volume ϑ, la puissance cédée à la matière (effet joule) se met sous la forme : $\boxed{P_{cédée} = \iiint_{\vartheta} \frac{j^2}{\sigma}\,\mathrm{d}\tau = \iiint_{\vartheta} \sigma\,E^2\,\mathrm{d}\tau = \iiint_{\vartheta} \rho_r\,j^2\,\mathrm{d}\tau}$ où $\rho_r = \frac{1}{\sigma}$ la résistivité. Dans le cas d'un dipôle ohmique cylindrique de section S supposée constante, de résistance R, de longueur AB, parcourue par un courant électrique de vecteur densité volumique $\vec{j}$ supposé colinéaire à $\overrightarrow{\mathrm{d}l}$ entre A et B :

$$P_{cédée} = \iiint_{\vartheta} \vec{E}\cdot\vec{j}\,\mathrm{d}\tau = \int_A^B \vec{E}\cdot\underbrace{\left(\iint_S \vec{j}\cdot\vec{n}\,\mathrm{d}S\right)}_{=I_{AB}}\overrightarrow{\mathrm{d}l} = I_{AB}\int_A^B \vec{E}\cdot\overrightarrow{\mathrm{d}l} = U_{AB}\,I_{AB}.$$

Or aux bornes d'un tel dipôle, $U_{AB} = R\,I_{AB}$, de sorte que $\boxed{P_{cédée} = R\,I^2 = P_{Joule}}$.

Avec $I = \iint_S \vec{j}\cdot\mathrm{d}\vec{S} = j\,S = \sigma\,E\,S = \frac{E\,S}{\rho_r}$, il vient : $P_{Joule} = \frac{R\,E^2\,S^2}{\rho_r^2}$ et comme

$P_{cédée} = \iiint_{\vartheta} \vec{E} \cdot \vec{j}\, \mathrm{d}\tau = \sigma E^2 S L = \dfrac{E^2 S L}{\rho_r}$, on obtient finalement par identification : $\boxed{R = \dfrac{\rho_r L}{S}}$.

2. Avec $L = N 2\pi R_0$ et $S = \pi r^2$, il vient $R = \dfrac{N 2\pi R_0}{\sigma \pi r^2}$, soit : $R = 0{,}93\ \Omega$.

Exercice 6.9

1. Plaçons-nous du point de vue d'un observateur attaché à un référentiel galiléen (*R*) rapporté à $(O, \vec{e_x}, \vec{e_y}, \vec{e_z})$, et considérons une particule P de charge q soumise à l'action du champ électromagnétique $(\vec{E}, \vec{B})$ vu depuis (*R*) : elle subit dans (R) la force de Lorentz $\vec{F} = q(\vec{E} + \vec{V}_a \wedge \vec{B})$. Soit alors (*R*') un référentiel galiléen rapporté à $(O', \vec{e_{x'}}, \vec{e_{y'}}, \vec{e_{z'}})$ animé d'un mouvement de translation rectiligne et uniforme de vitesse $\vec{V}_e = V_e \vec{e_x}$ par rapport à (*R*). En mécanique classique, pour des vitesses très inférieures à la vitesse de la lumière, l'hypothèse de temps absolu conduit à la transformation galiléenne des coordonnées $\begin{cases} x = x' + V_e t \\ y = y' \\ z = z' \end{cases}$ et des vitesses $\vec{V}_a = \vec{V}_r + \vec{V}_e$ où $\vec{V}_a = \vec{V}_{P/R}$ et $\vec{V}_r = \vec{V}_{P/R'}$.

2. Dans (*R*'), la particule P de charge q (la charge est invariante) est soumise à l'action du champ électromagnétique $(\vec{E}', \vec{B}')$ vu depuis (*R*') : elle subit dans (*R*') la force de Lorentz $\boxed{\vec{F}' = q(\vec{E}' + \vec{V}_r \wedge \vec{B}')}$.

Sachant qu'en mécanique classique la force de Lorentz est invariante par changement de référentiel, on a : $\vec{F} = \vec{F}'$, soit $(\vec{E}' + \vec{V}_r \wedge \vec{B}') = (\vec{E} + \vec{V}_a \wedge \vec{B}) = (\vec{E} + (\vec{V}_r + \vec{V}_e) \wedge \vec{B})$.

En identifiant les termes dépendant de $\vec{V}_a$ et ceux qui n'en dépendent pas, on est conduit à poser : $\begin{cases} \vec{B}' = \vec{B} \\ \vec{E}' = \vec{E} + \vec{V}_e \wedge \vec{B} \end{cases}$ qui constitue la transformation galiléenne des champs.

Cette transformation est, par construction, compatible avec la transformation de Galilée. Par contre elle conduit, pour $\vec{V}_e$ de direction quelconque par rapport à $\vec{B}$, à une incompatibilité avec le principe de relativité, comme nous allons le voir dans la question suivante.

3. Considérons dans (*R*) une région de l'espace vide de charge où règne un champ $(\vec{E}, \vec{B})$. Pour un observateur attaché à (*R*), dans ce vide local, $\rho = 0$. D'après (M.G), $\vec{E}$ doit alors être à divergence nulle : $\nabla \cdot \vec{E} = 0$. Pour un observateur attaché (*R'*), exprimons la divergence de $\vec{E}'$ $\nabla' \cdot \vec{E}'$.

Corrigé

La transformation galiléenne des champs conduit à écrire $\vec{E} = \begin{vmatrix} E_x \\ E_y \\ E_z \end{vmatrix} = \vec{E}' - \vec{V}_e \wedge \vec{B} = \begin{vmatrix} E'_x \\ E'_y + V_e\, B_z \\ E'_z - V_e\, B_y \end{vmatrix}$.

D'autre part, en relativité galiléenne $\begin{cases} \partial / \partial x = \partial / \partial x' \\ \partial / \partial y = \partial / \partial y' \\ \partial / \partial z = \partial / \partial z' \end{cases}$, donc : $\begin{vmatrix} \partial E_x / \partial x \\ \partial E_y / \partial y \\ \partial E_z / \partial z \end{vmatrix} = \begin{vmatrix} \partial E'_x / \partial x' \\ \partial E'_y / \partial y' + V_e\, \partial B_z / \partial y \\ \partial E'_z / \partial z' - V_e\, \partial B_y / \partial z \end{vmatrix}$.

Par définition $\vec{\nabla} \cdot \vec{E} = \dfrac{\partial E_x}{\partial x} + \dfrac{\partial E_y}{\partial y} + \dfrac{\partial E_z}{\partial z}$ et $\vec{\nabla}' \cdot \vec{E}' = \dfrac{\partial E'_x}{\partial x'} + \dfrac{\partial E'_y}{\partial y'} + \dfrac{\partial E'_z}{\partial z'}$, ainsi :

$\vec{\nabla} \cdot \vec{E} = \vec{\nabla}' \cdot \vec{E}' + V_e \left(\dfrac{\partial B_z}{\partial y'} - \dfrac{\partial B_y}{\partial z'} \right)$. Alors que dans (R) on a $\vec{\nabla} \cdot \vec{E} = 0$, dans (R') on a dans le cas général $\vec{\nabla}' \cdot \vec{E}' = V_e \left(\dfrac{\partial B_y}{\partial z'} - \dfrac{\partial B_z}{\partial y'} \right) \neq 0$.

Il apparaît donc que la transformation galiléenne des champs est incompatible avec l'invariance de la relation de Maxwell-Gauss : il y a non-covariance de l'équation de (M.G) par changement de référentiel galiléen, ce qui est contraire au principe de relativité puisque les propriétés physiques liées à la forme des lignes de champs électrique ne sont pas identiques dans (R) et (R').

✐ *On peut montrer de même que l'équation de Maxwell-Ampère est non invariante par la transformation de Galilée alors que les équations de (MΦ) et de (M.F) le sont.*

Conclusion : il n'est pas possible d'assurer la compatibilité des équations de Maxwell à la fois avec le principe de relativité et avec la transformation galiléenne des vitesses et la mécanique classique qui en découle. La raison fondamentale est que les équations de Maxwell sont compatibles avec la mécanique relativiste et non avec la mécanique classique, sauf dans le cadre de l'approximation non relativiste $V_e \ll c$.

4. Compte tenu du principe d'invariance de la charge on peut écrire $\rho = \dfrac{\mathrm{d}q}{\mathrm{d}\tau}$ et $\rho' = \dfrac{\mathrm{d}q}{\mathrm{d}\tau'}$ où $\mathrm{d}\tau = \mathrm{d}x\mathrm{d}y\mathrm{d}z$ et $\mathrm{d}\tau' = \mathrm{d}x'\mathrm{d}y'\mathrm{d}z'$. Or, avec $\vec{V}_{P/(R)} = V_e\, \vec{e_x}$, il vient à t donné d'après la transformation de Lorentz Poincaré : $\mathrm{d}x' = \gamma \mathrm{d}x$ et $\mathrm{d}y' = \mathrm{d}y$, $\mathrm{d}z' = \mathrm{d}z$ de sorte que $\mathrm{d}\tau' = \gamma \mathrm{d}x\mathrm{d}y\mathrm{d}z = \gamma \mathrm{d}\tau$.

💣 *Ne pas confondre invariance de la charge et de la densité volumique de charge.*

Ainsi $\rho' = \dfrac{\mathrm{d}q}{\gamma \mathrm{d}\tau} = \dfrac{1}{\gamma}\rho$, soit $\boxed{\rho = \gamma \rho'}$. Ce n'est que pour une particule non relativiste que, avec $\gamma \approx 1$, la densité volumique de charge reste inchangée par changement de référentiel galiléen.

Exercice 6.10

1. On oriente (arbitrairement) le circuit comme indiqué sur la figure ci-contre et l'on choisit comme surface s'appuyant sur le circuit un disque de surface $S=\pi a^2$. Avec cette orientation, la normale à cette surface est $\vec{n}=-\vec{e_z}$ et le vecteur surface orientée s'écrit donc $\vec{S}=-\pi a^2\vec{e_z}$.

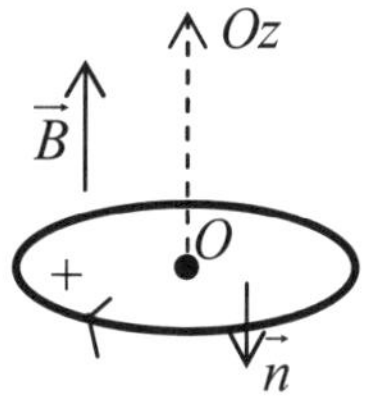

Comme le champ magnétique est uniforme, le flux du champ magnétique a pour expression : $\Phi=\iint_{\substack{Surface\\du\ disque}}\vec{B}\cdot\overrightarrow{dS}=\vec{B}\cdot\vec{S}=-\pi a^2 B_0\cos(\omega t)$.

La fém induite est donnée par $e_{ind}=-\dfrac{\mathrm{d}\Phi}{\mathrm{d}t}=-\pi a^2 B_0\,\omega\cos(\omega t)$ et le circuit électrique

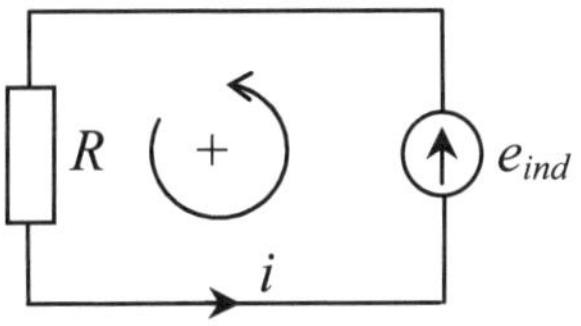

équivalent est représenté ci-contre, en convention générateur pour la fém induite. D'après la loi des mailles, l'équation électrique s'écrit alors $e_{ind}=Ri$ ce qui donne :

$$\boxed{i(t)=\frac{-\pi a^2 B_0\omega\cos(\omega t)}{R}}.$$

2. On oriente à présent (c'est un choix arbitraire) le circuit dans l'autre sens. Avec cette nouvelle orientation, la normale est $\vec{n}=+\vec{e_z}$ et le vecteur surface orientée est $\vec{S}=+\pi a^2\vec{e_z}$.

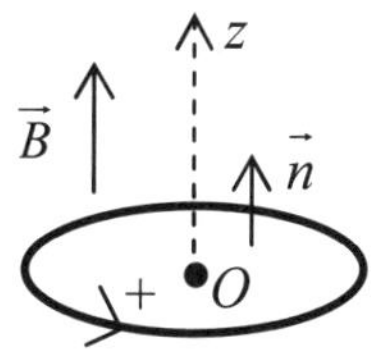

Le flux du champ magnétique s'écrit : $\Phi=\vec{B}\cdot\vec{S}=+\pi a^2 B_0\cos(\omega t)$.

La fém induite est $e_{ind}=-\dfrac{\mathrm{d}\Phi}{\mathrm{d}t}=+\pi a^2 B_0\,\omega\cos(\omega t)$ et le circuit électrique équivalent est le même que précédemment. L'équation électrique est donc encore $e_{ind}=Ri$ et on obtient une intensité de signe opposé $\boxed{i(t)=\dfrac{+\pi a^2 B_0\,\omega\cos(\omega t)}{R}}$. Cependant, le sens positif ayant été inversé par rapport au cas précédent, ce résultat correspond à la même situation physique que précédemment : il est indépendant du **choix arbitraire** d'orientation.

Chapitre 7

Équations de Maxwell dans le cadre de l'ARQS

UN SCIENTIFIQUE

Après des études de latin et de physique, **Josiah Gibbs** (1839-1903) vient compléter sa formation scientifique en Europe. Il entame alors une carrière de professeur de physique mathématique à l'université de Yale dans son Connecticut natal. En mathématiques, il fait faire des progrès importants à l'analyse vectorielle. C'est pourtant en physique que ces recherches sont essentielles. Il prolonge, dans des exposés d'une grande clarté, les travaux de Maxwell et de Boltzmann.

Un peu d'histoire

Vers 1870, les équations gérant l'électromagnétisme étaient établies mais les travaux de James Maxwell méritaient d'être simplifiés, justifiés, explicités et complétés. Grâce à Boltzmann, une approche statistique de la thermodynamique permet d'expliquer de nombreux phénomènes sur le comportement des gaz.

À partir de 1873, Josiah Gibbs publie différents articles dans lesquels il représente géométriquement les fonctions d'état thermodynamique. Ceci plaît énormément à Maxwell qui réalise des moulages en plâtre.

En 1902, Gibbs publie les *Principes élémentaires de la mécanique statistique*. Dans cet ouvrage, il généralise les résultats de Maxwell et Boltzmann et donne une présentation de la thermodynamique et de l'électromagnétisme qui fait abstraction du milieu de la propagation des ondes. Il ouvre ainsi la voie aux travaux d'Einstein et de Planck.

Objectifs

Ce qu'il faut connaître

- ▷ Savoir en quoi consiste l'ARQS et comment s'exprime les potentiels dans le cadre de cette approximation
- ▷ Connaître le sens physique de cette approximation
- ▷ Savoir que ce même niveau d'approximation ne permet pas d'obtenir la forme approximée des champs sans des hypothèses supplémentaires
- ▷ Connaître la forme des équations de Maxwell dans le cadre de l'ARQS

Ce qu'il faut savoir faire

- ▷ Savoir expliciter les inégalités traduisant l'ARQS qui portent sur les grandeurs d'intérêt du problème en fonction du contexte
- ▷ Savoir écrire les équations de Maxwell en fonction du contexte dans le cadre de l'ARQS
- ▷ Savoir interpréter, dans un condensateur ou une bobine dans l'ARQS, un bilan local d'énergie électromagnétique

Résumé de cours

Densités de charge et de courant dans l'approximation des régimes quasi stationnaires (ARQS)

Équation de conservation de la charge dans l'ARQS

Dans le cadre de l'ARQS, le régime est quasi stationnaire. Les distributions de charge et de courant varient suffisamment lentement pour que $\frac{\partial \rho}{\partial t} \approx 0$. L'équation de conservation de la charge impose $\boxed{\vec{\nabla} \cdot \vec{j} = 0}$. On dit alors que $\vec{j}$ est à flux conservatif.

Intensité du courant dans l'ARQS

Dans l'ARQS, le flux de $\vec{j}$ est identique à travers toute section d'un même tube de courant ce qui permet de définir l'intensité du courant sans faire référence à la surface S : $\boxed{i = \iint_S \vec{j} \cdot \vec{n} \, \mathrm{d}S}$.

Potentiels et champs dans (ARQS)

Domaine de validité usuelle de l'ARQS

Si, dans un circuit, un signal électrique périodique de longueur d'onde λ se propage à la vitesse de la lumière c, entre deux points distants de PM, l'ARQS impose que $\boxed{PM << \lambda}$. En terme de propagation, on peut traduire cette condition en écrivant que si $\lambda = cT$ est la longueur d'onde des grandeurs électromagnétiques liées à la variation des sources, la condition de validité de l'ARQS devient $\boxed{\frac{PM}{c} << \frac{\lambda}{c}}$, soit $\boxed{T >> \frac{PM}{c}}$. L'effet de la propagation dans le vide entre les sources au point P et le point M est alors négligeable à l'échelle des variations des grandeurs électromagnétiques.

Dans un circuit, si un signal électrique périodique de longueur d'onde λ se propage à la vitesse de la lumière c, entre deux points distants de L, la condition de validité de l'ARQS impose alors que $\boxed{L << \lambda}$. Par exemple, en TP pour des circuits dont la taille est de l'ordre du mètre, si l'ARQS est vérifiée à 10^{-2} près, on a $L < \frac{\lambda}{100}$ soit $T > \frac{1}{3 \cdot 10^6}$ s ce qui correspond à une fréquence maximum de 3 MHz.

❑ Champs dans l'ARQS magnétique

Dans le cas communément rencontré d'une bobine, en plus de la condition de validité de l'ARQS $T >> \dfrac{PM}{c}$, le contexte physique permet de faire l'hypothèse que les effets des courants sont prédominantes sur ceux des charges. **Le champ magnétique $\vec{B}(M, t)$ a alors, à l'instant *t*, quasiment les mêmes caractéristiques que le champ magnétostatique :**

→ Le courant de déplacement $\varepsilon_0 \dfrac{\partial \vec{E}}{\partial t}$ est négligeable devant le courant de conduction dans l'équation de Maxwell-Ampère (M.A) qui s'écrit : $\boxed{\vec{\nabla} \wedge \vec{B} \approx \mu_0 \vec{j}}$. On retrouve ici sous sa forme locale, le **théorème d'Ampère** de la magnétostatique.

⇨ **Méthode 7.1. Comment exprimer un champ magnétique dans l'ARQS magnétique ?**

→ Par contre au même niveau d'approximation le terme $\dfrac{\partial \vec{B}}{\partial t}$ n'est pas négligeable dans l'équation de (M.F) qui s'écrit : $\boxed{\vec{\nabla} \wedge \vec{E} = -\dfrac{\partial \vec{B}}{\partial t}}$, ce qui assure l'existence d'un champ électrique $\vec{E}$ à circulation non conservative couplé aux variations temporelles de $\vec{B}$.

→ L'énergie électromagnétique est essentiellement sous forme magnétique : $\boxed{\dfrac{B^2}{2\mu_0} >> \dfrac{\varepsilon_0 E^2}{2}}$.

En conclusion on peut dire que dans **l'ARQS magnétique**, tout se passe (à l'instant *t*) pour le champ magnétique comme en régime statique, mais pas pour le champ électrique. En particulier la notion d'inductance d'une bobine est étendue de la statique aux régimes variables.

⇨ **Méthodes 7.2. Comment étudier les champs dans une bobine dans le cadre de l'ARQS magnétique ?**

Remarque

C'est dans ce cadre que sont étudiés les phénomènes d'induction de Neumann.

Remarque

Dans le cas communément rencontré d'une coupure capacitive dans un circuit (classiquement entre les armatures d'un condensateur), en plus de la condition de validité de l'ARQS $T >> \dfrac{PM}{c}$, le contexte physique permet de faire l'hypothèse que les effets des charges sont prédominantes sur ceux des courants. **Le champ électrique $\vec{E}(M, t)$ a alors, à l'instant *t*, quasiment les mêmes caractéristiques que le champ électrostatique** : on se trouve alors dans **l'ARQS électrique**, tout se passe (à l'instant *t*) pour le champ électrique comme en régime statique, mais pas pour le champ magnétique. En particulier **la notion de capacité d'un condensateur est étendue de la statique aux régimes variables**.

⇨ **Méthodes 7.2. Comment étudier les champs dans un condensateur dans le cadre de l'ARQS électrique ?**

Méthodes

❑ Méthode 7.1. Comment exprimer un champ magnétique dans l'ARQS magnétique ?

L'équation de (M.A) $\vec{\nabla} \wedge \vec{B} = \mu_0 \left(\vec{j} + \varepsilon_0 \dfrac{\partial \vec{E}}{\partial t} \right)$ généralise, sous sa forme intégrale, le théorème d'Ampère à condition d'adjoindre aux courants enlacés la contribution du courant de déplacement. Dans le cadre de l'ARQS magnétique, lorsque le courant de déplacement $\vec{j}_D = \varepsilon_0 \dfrac{\partial \vec{E}}{\partial t}$ est négligeable devant le courant de conduction $\vec{j}$, on retrouve le **théorème d'Ampère** comme en magnétostatique.

Le champ magnétique se calcule ainsi, dans l'ARQS magnétique, comme en magnétostatique, par le théorème d'Ampère si les symétries et invariances de la distribution de courant sont suffisantes.

⇨ Exercice 7.4

Écrivons la forme intégrale de (M.F) en évaluant la circulation de $\vec{B}$ le long d'un contour C en appliquant la formule de Stokes :

$$\oint_C \vec{B} \cdot \vec{dl} = \iint_S \vec{\nabla} \wedge \vec{B}\, \vec{n}\, dS = \mu_0 \iint_S \left(\vec{j} + \varepsilon_o \frac{\partial \vec{E}}{\partial t} \right) \vec{n}\, dS = \mu_0 \iint_S \vec{j}\, \vec{n}\, dS + \mu_0 \iint_S \vec{j}_D\, \vec{n}\, dS .$$

Cette égalité généralise le théorème d'Ampère dans la mesure où le terme $\iint_S \vec{j}_D\, \vec{n}\, dS$ (où $\vec{j}_D = \varepsilon_0 \dfrac{\partial \vec{E}}{\partial t}$ est le courant de déplacement) vient compléter le terme de courant de charges enlacé $i_e = \iint_S \vec{j}\, \vec{n}\, dS$. Dans le cadre de l'ARQS magnétique, lorsque le courant de déplacement $\vec{j}_D = \varepsilon_0 \dfrac{\partial \vec{E}}{\partial t}$ est négligeable devant le courant de conduction $\vec{j}$, l'équation de (M.A) s'écrit : $\vec{\nabla} \wedge \vec{B} = \mu_0 \vec{j}$.

Sous forme intégrale, on retrouve le théorème d'Ampère sous sa forme habituelle :

$$\boxed{\oint_C \vec{B} \cdot \vec{dl} = \iint_S \vec{\nabla} \wedge \vec{B}\, \vec{n}\, dS = \mu_0 \iint_S \vec{j} \cdot \vec{n}\, dS = \mu_0\, I_e}.$$

❑ Méthode 7.2. Comment étudier les champs dans un condensateur dans le cadre de l'ARQS électrique ?

Une situation fréquemment rencontrée est celle de la coupure capacitive d'un circuit. En l'absence de courant de conduction, comme entre les armatures d'un condensateur assimilé au vide local, le courant de déplacement n'est pas négligeable dans l'équation de (M.A) et assure la continuité des lignes de courants dans les circuits. Dans l'espace entre les armatures on peut montrer que, dans le cadre de l'ARQS, le champ électrique est, comme en statique, uniforme. Cependant, au même niveau d'approximation, et contrairement au cas statique, il existe un champ magnétique temporellement variable. Le champ électrique ayant, à l'instant t, les mêmes caractéristiques que le champ électrostatique dans la situation statique analogue (contrairement au champ magnétique), on dit qu'on est dans le cadre de l'ARQS électrique. On montre que l'essentiel de l'énergie électromagnétique est alors sous forme électrique.

⇨ **Exercices 7.1 et 7.3**

On considère, en régime variable, un condensateur plan formé de deux armatures métalliques circulaires de rayon a de même axe (Oz), portant des charges surfaciques opposées, et séparées l'une de l'autre par un diélectrique d'épaisseur e assimilable au vide. il est soumis à une tension variable de façon sinusoïdale à la pulsation ω à priori quelconque. On néglige les effets de bords et on se place dans les coordonnées cylindriques (r, φ, z) d'axe (Oz) rapportées au trièdre $\left(\overrightarrow{e_r}, \overrightarrow{e_\varphi}, \overrightarrow{e_z}\right)$. On cherche ici à calculer directement la forme du champ électrique entre les armatures en résolvant les équations de Maxwell.

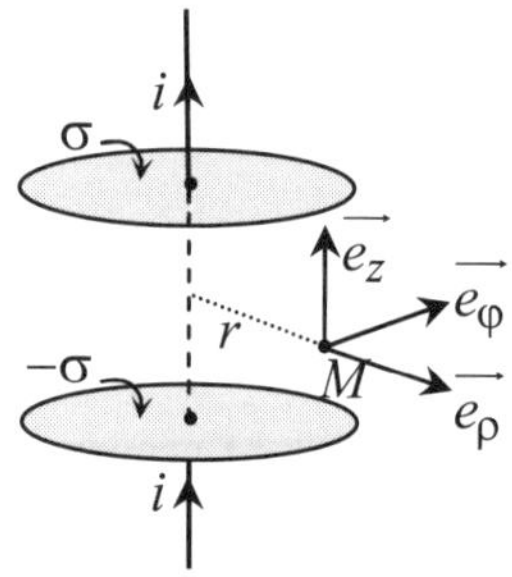

→ Étudions pour commencer la forme du champ électrique.

Vu depuis le point M entre les armatures, les effets de bords étant négligeables, celles-ci apparaissant comme des plans infinis. Ainsi, tous plan passant par M et orthogonal aux armatures est plan de symétrie de la distribution de charge. $\vec{E}(M)$ est à l'intersection de ces plans (puisque contenu dans un plan de symétrie) et donc : $\boxed{\vec{E}(M) = E_z(M)\,\overrightarrow{e_z}}$. La distribution de charge est invariante par toute rotation d'angle φ autour de (Oz). Ainsi, $E_z = E_z(r, z)$. Écrivons d'autre part l'équation de Maxwell-Gauss dans le vide entre les armatures, il vient $\dfrac{\partial E_z(r,z)}{\partial z} = 0$ et E_z ne dépend donc pas de z. Finalement : $\boxed{\vec{E}(M) = E_z(r)\,\overrightarrow{e_z}}$.

→ On cherche à présent l'équation aux dérivées partielles régissant les variations spatio-temporelles de $\vec{E}$ dans l'espace assimilé au vide entre les armatures. Pour cela, écrivons les équations de Maxwell satisfaites par $\vec{E}$. Dans le vide local entre les armatures $\rho = 0$ et $\vec{j} = \vec{0}$, en formant le rotationnel du rotationnel de $\vec{E}$ à partir de l'équation de (M.F) :

$\vec{\nabla}\wedge\left(\vec{\nabla}\wedge\vec{E}\right)=-\vec{\nabla}\wedge\left(\dfrac{\partial\vec{B}}{\partial t}\right)=-\dfrac{\partial\left(\vec{\nabla}\wedge\vec{B}\right)}{\partial t}$ avec $\vec{\nabla}\wedge\left(\vec{\nabla}\wedge\vec{E}\right)=\vec{\nabla}\left(\vec{\nabla}\cdot\vec{E}\right)-\vec{\Delta}\left(\vec{E}\right)$, il vient $\vec{\nabla}\left(\vec{\nabla}\cdot\vec{E}\right)-\vec{\Delta}\left(\vec{E}\right)=-\dfrac{\partial\left(\vec{\nabla}\wedge\vec{B}\right)}{\partial t}$. Or, entre les armatures, les équations de (M.G) et de (M.A) s'écrivent respectivement $\vec{\nabla}\cdot\vec{E}=0$ et $\boxed{\vec{\nabla}\wedge\vec{B}=\varepsilon_0\,\mu_0\,\dfrac{\partial\vec{E}}{\partial t}}$. Attention ici à ne pas négliger le courant de déplacement.

Finalement, on obtient $\vec{\Delta}\left(\vec{E}\right)-\dfrac{1}{c^2}\dfrac{\partial^2\vec{E}}{\partial t^2}=0$ (1). Comme $\vec{E}$ est axial, en projection suivant $\vec{e_z}$, on a : $\Delta\left(E_z(r)\right)-\dfrac{1}{c^2}\dfrac{\partial^2 E_z(r)}{\partial t^2}=0$. En régime harmonique, on cherche une solution de cette l'équation sous la forme complexe : $\underline{E}_z(M,t)=E_z(r)\exp(i\,\omega t)$. Comme $E_z=E_z(r)$, le Laplacien se réduit à $\dfrac{\mathrm{d}^2E_z(r)}{\mathrm{d}\,r^2}+\dfrac{1}{r}\dfrac{\mathrm{d}\,E_z(r)}{\mathrm{d}\,r}$ et (1) s'écrit : $\dfrac{\mathrm{d}^2E_z(r)}{\mathrm{d}\,r^2}+\dfrac{1}{r}\dfrac{\mathrm{d}\,E_z(r)}{\mathrm{d}\,r}+\dfrac{\omega^2}{c^2}E_z(r)=0$ (2). Posons $X=\dfrac{r\,\omega}{c}$, (2) s'écrit alors $\left(\dfrac{\mathrm{d}^2}{\mathrm{d}\,X^2}+\dfrac{1}{X}\dfrac{\mathrm{d}}{\mathrm{d}\,X}+1\right)E_z(X)=0$ (3).

Cherchons une solution de (3) sous la forme $E_z(r)=E_0\,J_0(X)$ où E_0 est l'amplitude du champ en $r=0$ et $J_0(X)$ est une série entière de la variable X (dite fonction J_0 de Bessel) dont nous pouvons déterminer l'expression. En remarquant que le changement de X en $-X$ laisse (3) invariante, sa solution doit s'écrire comme une série entière de puissances paires, de sorte que : $E_z(X)=E_0\displaystyle\sum_{k=0}^{\infty}\alpha_{2k}\,X^{2k}$. En remplaçant dans (3), il vient $\left(2k\right)^2\,\alpha_{2k}+\alpha_{2k-1}=0$ (4). Compte tenu de (4), on montre alors par récurrence que $\boxed{\alpha_{2k}=(-1)^k\,\dfrac{\alpha_0}{2^{2k}\,(k!)^2}}$. Ainsi $E_z(X)=E_0\displaystyle\sum_{k=0}^{\infty}(-1)^k\,\dfrac{\alpha_0}{(k!)^2}\left(\dfrac{X}{2}\right)^{2k}$. De façon à retrouver $E_z(r=0)=E_0$ (pour $X=0$), on est conduit à poser $\alpha_0=1$ et finalement : $\boxed{\underline{E}_z(r,t)=E_0\exp(i\,\omega t)\displaystyle\sum_{k=0}^{\infty}\dfrac{(-1)^k}{(k!)^2}\left(\dfrac{r\,\omega}{2\,c}\right)^{2k}}$. Ainsi, dans le cas général, en régime variable à ω donnée, le champ électrique n'est pas uniforme entre les armatures du condensateur.

Dans le **cadre de l'ARQS** pour des valeurs de ω suffisamment faibles, on peut se limiter au premier terme : l'ordre zéro ($k=0$) de cette suite égale à l'unité (les autres termes sont d'amplitude négligeables). Ainsi dans l'ARQS, on a $\boxed{\underline{E}(r)\approx E_0\exp(i\,\omega t)}$ et le champ est alors uniforme et temporellement variable.

Méthodes

À haute fréquence, pour des valeurs plus élevées de ω, on ne peut plus négliger le terme suivant correspondant à la première correction d'ordre deux ($k=1$) à apporter au champ uniforme, ainsi $\underline{E}(X)=\underline{E}_0\left(1-\frac{X^2}{4}\right)$ où $X=\frac{r\omega}{c}$. À des fréquences plus élevées encore, la correction suivante à prendre en compte est d'ordre quatre ($k=2$) et $\underline{E}(X)=\underline{E}_0\left(1-X^2+\frac{X^4}{64}\right)$... Ainsi de suite, plus la fréquence est élevée et plus on doit pousser le développement de la fonction $J_0(X)$ pour approcher la forme réelle du champ entre les armatures.

Finalement, l'ARQS consiste ici à négliger toutes ces corrections à partir de l'ordre 2 inclus. En effet, la validité de cette approximation est assurée par la condition $\frac{r\omega}{2c}<<1$. Or, $\frac{r\omega}{2c}$ est au plus de l'ordre de $\frac{a\omega}{2c}$ lorsque $r=a$. Ainsi, l'hypothèse de champ uniforme est valable dans la mesure où $\omega<<\frac{2c}{a}$. Avec $\omega=\frac{2\pi c}{\lambda}$ où λ est la longueur d'onde du champ dans le condensateur, on écrit cette condition sous la forme $\boxed{\lambda>>a}$ où l'on reconnaît la condition de validité de l'ARQS.

Le champ électrique, à ce niveau d'approximation est donc uniforme comme dans la situation statique analogue. **Par contre au même niveau d'approximation, le champ magnétique n'est pas nul comme cela serait le cas en statique** !

En effet, compte tenu de la forme général de $\vec{E}(X)=E_0\exp(i\omega t)\,J_0(X)\vec{e_z}$, montrons que le champ magnétique se met sous la forme : $\underline{\vec{B}}(X)=\frac{iE_0}{c}\exp(i\omega t)\,J_1(X)\vec{e_z}$, où $J_1(X)=\sum_{k=0}^{\infty}\frac{(-1)^k}{(k!)(k+1!)}\left(\frac{X}{2}\right)^{2k+1}$ (dite fonction J_1 de Bessel). En effet, l'équation de (M.A) $\vec{\nabla}\wedge\vec{B}(r,t)=\varepsilon_0\,\mu_0\,\frac{\partial\vec{E}(r,t)}{\partial t}=\frac{1}{c^2}\frac{\partial\vec{E}(r,t)}{\partial t}$, qui, compte tenu de l'expression du rotationnel en cylindrique (voir Annexe d'analyse vectorielle) s'écrit $\frac{1}{r}\left(\frac{\partial}{\partial r}\big(r\,B_\varphi(r)\big)\right)\vec{e_z}=\frac{1}{c^2}\frac{\partial\vec{E}}{\partial t}$, et en projection suivant (Oz) : $\frac{\partial}{\partial r}\big(r\,B_\varphi(r)\big)=\frac{r}{c^2}\frac{\partial}{\partial t}\left(E_0\exp(i\omega t)\sum_{k=0}^{\infty}\frac{(-1)^k}{(k!)^2}\left(\frac{r\omega}{2c}\right)^{2k}\right)$. Intégrons cette expression, il vient, en veillant à ne pas confondre l'intégration spatiale avec la dérivation temporelle, la constante d'intégration correspondant à un champ uniforme posé égal à zéro :

$$r\,B_\varphi(r)=\frac{2iE_0}{c}\sum_{k=0}^{\infty}\frac{(-1)^k}{(k!)^2}\int\left(\frac{r\,\omega}{2\,c}\right)^{2k+1}\mathrm{d}r\text{, soit }B_\varphi(r)=\frac{2iE_0}{c}\sum_{k=0}^{\infty}\frac{(-1)^k}{(k!)^2(2k+2)}\left(\frac{2c}{r\,\omega}\right)\left(\frac{r\,\omega}{2\,c}\right)^{2k+2}$$

Et finalement $B_\varphi(r)=\frac{iE_0}{c}\sum_{k=0}^{\infty}\frac{(-1)^k}{(k!)(k+1!)}\left(\frac{r\,\omega}{2\,c}\right)^{2k+1}$, d'où $\underline{\vec{B}}(X)=\frac{iE_0}{c}\exp(i\,\omega t)\,J_1(X)\vec{e_z}$.

Ainsi, au même niveau d'approximation que sur le champ électrique, (on néglige toutes les corrections sur le champ à partir de l'ordre 2 inclus) le champ magnétique s'écrit : $\boxed{\underline{\vec{B}}(r)\approx\frac{i\,r\,\omega E_0}{2c^2}\exp(i\,\omega t)\,e_z}$. Le champ magnétique est ici non nul (contrairement au cas statique) et constitue la correction de l'ARQS électrique au cas statique.

❑ Méthode 7.3. Comment étudier les champs dans une bobine dans le cadre de l'ARQS magnétique ?

Une situation fréquemment rencontrée est celle d'un bobinage présent dans un circuit. Dans l'espace intérieur à la bobine, on peut montrer que, dans le cadre de l'ARQS, le champ magnétique est, comme en statique, uniforme. Cependant, au même niveau d'approximation, et contrairement au cas statique, il existe un champ électrique temporellement variable. Le champ magnétique ayant, à l'instant t, les même caractéristiques que le champ magnétostatique dans la situation statique analogue (contrairement au champ électrique), on dit qu'on est dans le cadre de l'ARQS magnétique. On montre que l'essentiel de l'énergie électromagnétique est alors sous forme magnétique.

⇨ **Exercice 7.4**

Vrai/Faux

		Vrai	Faux
1.	Dans l'ARQS, tout se passe comme s'il y avait propagation instantanée de l'information portant sur la variation des sources entre un point P de la distribution et un point M de l'espace.	☐	☐
2.	Dans le cadre de l'ARQS, le courant de déplacement est toujours négligeable dans l'équation de (M.A).	☐	☐
3.	Pour un conducteur dans le cadre de l'ARQS magnétique tout se passe comme en régime statique et on néglige le phénomène d'induction.	☐	☐
4.	Entre les armatures d'un condensateur dans l'ARQS électrique, tout se passe comme en régime statique et on néglige le phénomène d'induction.	☐	☐
5.	Un signal électrique transporté à 50 Hz sur une ligne électrique entre le Havre et Nice est identique entre l'émetteur et le récepteur.	☐	☐
6.	Un condensateur occasionne une coupure physique dans un circuit puisque l'espace entre ces armatures ne conduit pas le courant électrique.	☐	☐
7.	Dans l'ARQS, la conservation de la charge traduit la loi des nœuds.	☐	☐

■■ Énoncé des exercices

❑ Exercice 7.1. Condenseur plan dans l'ARQS

On considère un condensateur plan formé de deux armatures métalliques circulaires de rayon a de même axe (Oz) et séparées l'une de l'autre par un diélectrique d'épaisseur e assimilable au vide (on prendra sa permittivité diélectrique relative égale à l'unité : $\varepsilon_r = 1$). Ce condensateur est soumis à une tension variable de façon sinusoïdale à la pulsation ω de sorte que l'armature supérieure porte une densité surfacique de charge positive $\sigma(t)$ et l'armature inférieure porte une densité surfacique de charge négative $-\sigma(t)$. La variation temporelle du champ électrique crée un champ magnétique qui, à son tour, crée un champ électrique variable se superposant au premier et ainsi de suite... On fait pour l'instant l'hypothèse qu'entre les armatures, le champ électrique est de la forme $\vec{E}_0 = -\dfrac{\sigma(t)}{\varepsilon_0}\vec{e_z}$, hypothèse dont on cherche ici à déterminer le domaine de validité. On néglige les effets de bords et on se place dans les coordonnées cylindriques (r, φ, z) d'axe (Oz) rapportées au trièdre $\left(\vec{e_r}, \vec{e_\varphi}, \vec{e_z}\right)$. On rappelle qu'en cylindriques l'opérateur divergence appliqué à $\vec{E}$ s'écrit :

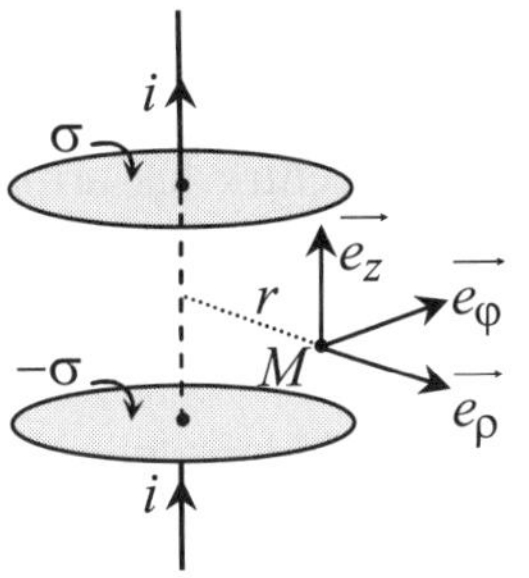

$$\vec{\nabla}\cdot\vec{E} = \frac{1}{r}\frac{\partial\left(rE_r\right)}{\partial r} + \frac{1}{r}\frac{\partial E_\varphi}{\partial \varphi} + \frac{\partial E_z}{\partial z}.$$

1. Justifier que le champ est axial et qu'il ne dépend, à priori, que de r. Quel est alors le cadre de validité de l'expression $\vec{E}_0 = -\dfrac{\sigma(t)}{\varepsilon_0}\vec{e_z}$ du champ dans l'espace entre les armatures ?

2. a) On se place dans le cadre de validité de l'hypothèse de champ électrique uniforme. Montrer que la variation au cours du temps du champ électrique $\vec{E}_0$ crée un champ magnétique $\vec{B}_1(M, t)$. En identifiant les sources de $\vec{B}_1(M, t)$ et en analysant précisément leurs symétries déterminer la direction de $\vec{B}_1(M, t)$.

b) En intégrant $\vec{B}_1(M, t)$ sur un contour fermé orienté judicieusement choisi (il sera utile d'examiner les invariances des sources de $\vec{B}_1$), donner l'expression de $\vec{B}_1(M, t)$ en fonction de $\dfrac{\partial\sigma(t)}{\partial t}$, en un point M à la distance $r = OM$ de l'axe, en distinguant les cas $r < a$ et $r > a$.

c) Déduire de ce qui précède que tout se passe comme si le champ $\vec{B}_1(M, t)$ était crée par un fil rectiligne d'axe (Oz) parcouru par un courant d'intensité $i(t)$ que l'on exprimera en fonction de a et de $\frac{\partial \sigma(t)}{\partial t}$ et dont on précisera le sens. Que peut-on en conclure quant à la continuité des lignes de courant dans l'ARQS dans un circuit comportant un condensateur ? On rappelle que dans l'ARQS, le champ magnétique crée au point M par un fil d'axe (Oz) transportant un courant $i(t)$ est donné par $\vec{B}(M, t) = \frac{\mu_0 \, i(t)}{2\pi r} \vec{e_\varphi}$ et que par conservation de la charge l'intensité du courant s'écrit $i(t) = -\frac{dq}{dt}$ où q désigne la charge de l'armature de laquelle le courant « sort ».

3. On cherche à présent la condition de validité de l'hypothèse d'uniformité du champ électrique. Pour cela, on tient compte du champ électrique induit par la variation temporelle de $\vec{B}_1(M, t)$. Ce champ apporte, par rapport au champ $\vec{E}_0(t)$ uniforme, une correction $\vec{E}_2(M, t)$ que l'on désire évaluer. On note $\vec{E}_{tot} = \vec{E}_0 + \vec{E}_2$ le champ total entre les armatures. On néglige le champ magnétique créé par la variation temporelle de $\vec{E}_2$, de sorte que le champ magnétique se réduit en première approximation à $\vec{B}_1(M, t)$.

a) Écrire l'équation de Maxwell-Faraday dans l'espace entre les armatures. En déduire que $\vec{E}_2$ est axial. Justifier de plus qu'il ne dépend que de r.

b) On désigne par (C_2) le contour rectangulaire contenu dans un plan méridien et orienté de sorte que la normale à la surface rectangulaire s'appuyant sur ce contour soit $\vec{n} = \vec{e_\varphi}$. Justifier le choix de ce contour. En évaluant la circulation de $\vec{E}_2$ sur (C_2), donner l'expression de $\vec{E}_{tot}$ en fonction de $\vec{E}_0(t)$, $\vec{E}_2(r = 0, t)$ et ω. À quelle condition sur ω le champ total est-il uniforme ? Quel est le cadre de cette approximation, quelle différence peut-on faire par rapport au régime stationnaire ? Pour un condensateur à 1 MHz avec des armatures de rayon $a = 1$ cm, le champ est-il uniforme ? Conclure sur la validité de la notion de capacité d'un condensateur dans le cadre de cette approximation.

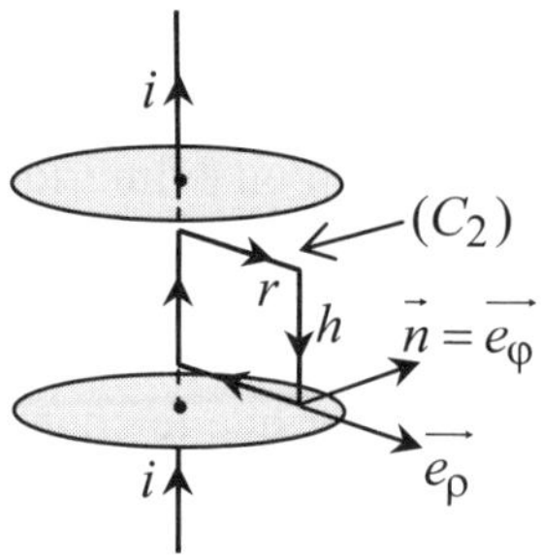

❑ Exercice 7.2. Intensité du courant dans l'ARQS

Considérons dans le référentiel (R) une portion de l'espace contenant différents types de porteurs de charges. On désigne par n_i la densité particulaire de l'espèce i dont la charge est q_i et dont la vitesse d'ensemble dans (R) est $\vec{V}_i$. On désigne par $\rho = \sum_{i\ espèces} n_i \, q_i$ la densité volumique de porteurs mobiles de charge.

1. Soit (C) le contour fixe dans (R) sur lequel s'appuie la surface S. Donner l'expression de l'intensité du courant électrique traversant S à l'instant t en fonction la densité volumique de courant $\vec{j}$. Est-elle indépendante du choix de la surface S ?

2. Considérons une surface de contrôle fermée Σ, fixe dans le référentiel d'étude (R), qui enclot le volume $\mathcal{V}$.

a) Donner l'équation locale traduisant la conservation de la charge.

b) Montrer que, dans le cadre de l'ARQS, $\vec{j}$ est à flux conservatif.

c) Montrer que, dans l'ARQS, le flux de $\vec{j}$ est identique à travers toute section d'un même tube de courant. Conclure sur la définition de l'intensité du courant traversant S à l'instant t.

❑ Exercice 7.3. Énergie électromagnétique dans l'ARQS

On considère un condensateur formé de deux armatures métalliques (considérées comme des conducteurs parfaits) circulaires de rayon a de même axe (Oz) séparées d'une distance e. L'espace dans la cavité est assimilée au vide. Les effets de bords sont négligés. On se place en coordonnées cylindriques (r, φ, z) d'axe (Oz) rapportées au trièdre $\left(\overrightarrow{e_r}, \overrightarrow{e_\varphi}, \overrightarrow{e_z}\right)$. Ce condensateur est soumis à une tension $u(t)$ variable de façon sinusoïdale à la pulsation ω. Dans ces conditions, en posant $X = \dfrac{r\omega}{c}$, on montre que le champ électrique dans la cavité est axial et s'écrit, en notation complexe, sous la forme d'une série entière : $\underline{\vec{E}}(M, t) = E_0 \exp(i\omega t) J_0(X)\overrightarrow{e_z}$ où $J_0(X) = \displaystyle\sum_{k=0}^{\infty} \frac{(-1)^k}{(k!)^2}\left(\frac{X}{2}\right)^{2k}$ est la fonction J_0 de Bessel.

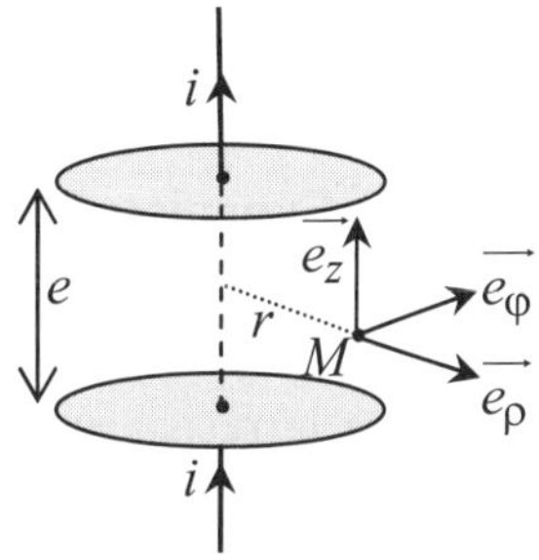

1. a) Dans le cadre de l'ARQS, à basse fréquence $X = \dfrac{r\omega}{c} << 1$, on se limite alors aux termes en X de degré inférieur ou égal à 2 dans le développement de $\underline{\vec{E}}(M, t)$. Donner, dans ces conditions, l'expression du champ $\underline{\vec{E}}(M, t)$. Écrire l'équation aux dérivées partielles liant $\underline{\vec{E}}(M, t)$ à $\underline{\vec{B}}(M, t)$ entre les armatures. Le courant de déplacement est-il homogène entre les armatures ? Étudier ses symétries et invariances ?

b) Par une intégration sur un contour adapté et avec le même ordre d'approximation en X que pour $\underline{\vec{E}}(M, t)$, donner l'expression de $\underline{\vec{B}}(M, t)$ régnant dans le condensateur en fonction de X. Pourquoi parle-t-on dans ce cas d'ARQS électrique ?

2. a) En déduire les expressions de la densité volumique instantanée d'énergie électrique $u_e(t)$ ainsi que celle de la densité volumique instantanée d'énergie magnétique $u_m(t)$ dans le condensateur en fonction de la permittivité du vide ε_0 de X, ω, t et E_0.

b) Donner alors le rapport $\dfrac{\langle u_m \rangle}{\langle u_e \rangle}$, où $\langle\ \rangle$ désigne la valeur moyenne temporelle de la grandeur entre crochet, en fonction de X. Commenter le résultat obtenu.

3. Exprimer le vecteur de Poynting $\vec{R}$ à l'ordre le plus bas en X en fonction de ε_0, c, X, ω, t et E_0, en déduire la puissance rayonnée $\langle P_{ray} \rangle$ à travers le cylindre fermé délimitant le condensateur. Interpréter ce résultat en effectuant le bilan énergétique du condensateur à basse fréquence sur un cycle charge-décharge. Ce résultat est-il conforme à l'ARQS ?

4. Déduire de ce qui précède l'expression de l'énergie électromagnétique stockée U_{em} dans le condensateur dans le cadre de l'ARQS en fonction de sa capacité C et de la tension entre les armatures $u(t)$. Ce résultat était-il prévisible ? On rappelle que la capacité d'un condensateur plan dont les armatures de surface S sont distantes de e est (en négligeant les effets de bords) $C = \dfrac{\varepsilon_0 S}{e}$.

❑ Exercice 7.4. Solénoïde dans l'ARQS

On considère une portion de longueur l d'un solénoïde infini d'axe (Oz) comportant n spires jointives par unité de longueur. On négligera la résistance de cette bobine. On note a le rayon de ces spires parcourues, en régime variable, par un courant d'intensité $i(t)$. On se place en coordonnées cylindriques d'axe (Oz) $(r,\ \varphi,\ z)$ rapportées au trièdre $\left(\overrightarrow{e_r},\ \overrightarrow{e_\varphi},\ \overrightarrow{e_z}\right)$. On admet que les champs magnétique et électrique, dans l'espace intérieur à la bobine, sont respectivement donnés (par une démarche analogue à celle explicité dans l'exemple de la méthode 11.2), en notation complexe, par :

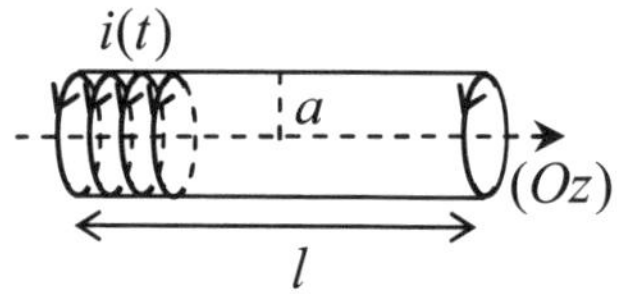

$$\underline{\vec{B}}(r,t) = B_0 \exp(i\omega t) \sum_{k=0}^{\infty} \frac{(-1)^k}{(k!)^2} \left(\frac{r\omega}{2c}\right)^{2k} \overrightarrow{e_z} \text{ et } \underline{\vec{E}}(r,t) = -i c B_0 \exp(i\omega t) \sum_{k=0}^{\infty} \frac{(-1)^k}{(k!)(k+1)!} \left(\frac{r\omega}{2c}\right)^{2k+1} \overrightarrow{e_\varphi}$$

1. On pose $X = \dfrac{r\omega}{c}$. On se place dans le cadre de l'ARQS, avec $X \ll 1$. Montrer qu'en négligeant les termes d'ordre supérieure ou égal à deux dans les développements ci-dessus, le champ magnétique est uniforme (comme en statique), mais qu'il existe au même niveau d'approximation (et contrairement au cas statique) un champ électrique. Donner les expressions de ces champs (réels) en fonction des variables d'intérêt du problème. Pourquoi parle-t-on, dans ce cas, d'ARQS magnétique ?

2. Montrer que la contribution électrique à l'énergie électromagnétique dans la bobine est négligeable devant la contribution magnétique.

3. a) Exprimer, dans le cadre de l'ARQS, les champs $\vec{B}(r,\ t)$ et $\vec{E}(r,\ t)$ en fonction de l'intensité $i(t)$ et de sa dérivée première. Montrer ainsi qu'au même niveau d'approximation, le vecteur de Poynting a pour expression $\vec{R}(r,t) = \dfrac{\vec{E} \wedge \vec{B}}{\mu_0} = -\dfrac{\mu_0 n^2 r}{2} \dfrac{\mathrm{d}}{\mathrm{d}t}\left(\dfrac{1}{2} i^2(t)\right) \overrightarrow{e_r}$.

b) Montrer que la variation d'énergie magnétique stockée dans une portion de solénoïde de longueur l s'identifie à l'opposé de la puissance rayonnée à travers la surface qui la limite. On rappel que dans le cadre de la magnétostatique, le coefficient de self inductance d'une telle portion de bobine de rayon a a pour expression : $L = \mu_0 n^2 a^2 \pi l$.

c) Ce résultat est-il conforme au bilan local de puissance électromagnétique dans la portion de bobine envisagée ?

Pour vous aider à démarrer

Exercice 7.1. Étudier d'abord les symétries et invariances pour montrer que $\vec{E}(M) = E(r,z)\,\vec{e_z}$. Appliquer ensuite (M.G) entre les armatures.

Exercice 7.3. L'équation de (M.A) permet de relier $\underline{\vec{E}}$ à $\underline{\vec{B}}$. Dans le vide entre les armatures le courant de déplacement à la même direction que $\vec{E}$, possède la symétrie cylindrique, et, dans le plan $z = cte$, n'est fonction que de *r*.

Corrigé des vrai/faux

1.	2.	3.	4.	5.	6.	7.
vrai	faux	faux	faux	faux	faux	vrai

1. Supposons que les sources varient périodiquement et notons T leur période d'évolution. Comparons le temps caractéristique d'évolution des sources T au retard $\frac{PM}{c}$ introduit par la propagation, à la vitesse c dans le vide entre P et M, de l'information portant sur la variation de ces sources. Lorsque $T >> \frac{PM}{c}$, l'évolution des sources est suffisamment lente pour que $\rho(P,t)$ et $\vec{j}(P,t)$ varient très peu durant le temps de propagation. Dans le cadre de cette hypothèse, on peut alors négliger l'effet de la propagation, tout se passe alors comme s'il y avait propagation instantanée de P à M.

2. Dans l'ARQS le courant de déplacement n'est pas forcément négligeable devant le courant de conduction. L'équation de (M.A) s'écrit $\vec{\nabla} \wedge \vec{B} \approx \mu_0 \vec{j}$ lorsque $\vec{j}_D = \varepsilon_0 \frac{\partial \vec{E}}{\partial t} << \vec{j}$ (ARQS magnétique), mais $\vec{\nabla} \wedge \vec{B} = \varepsilon_0 \mu_0 \frac{\partial \vec{E}}{\partial t}$ lorsque, comme dans le vide local entre les armatures d'un condensateur, $\vec{j} = \vec{0}$ (ARQS électrique).

3. Au niveau d'approximation utilisé dans l'ARQS magnétique, on ne néglige pas le phénomène d'induction comme cela serait le cas en régime statique. En effet, si le terme $\varepsilon_0 \frac{\partial \vec{E}}{\partial t}$ est alors négligeable dans l'équation de (M.A), ce n'est pas le cas du terme $\frac{\partial \vec{B}}{\partial t}$ dans l'équation de (M.F) qui au même niveau d'approximation s'écrit $\vec{\nabla} \wedge \vec{E} = -\frac{\partial \vec{B}}{\partial t}$ et non $\vec{\nabla} \wedge \vec{E} = \vec{0}$ comme en statique. De plus si le champ magnétique à t à les mêmes propriétés que le champ magnétostatique, ce n'est pas le cas du champ électrique. Il convient donc de **ne pas confondre ARQS magnétique et régime statique**.

4. Dans l'ARQS électrique, dans le vide entre les armatures d'un condensateur, le champ électrique à t a les mêmes propriétés que le champ électrostatique, ce n'est pas le cas du champ magnétique. Par contre le phénomène d'induction est bien négligeable, puisque, le champ électrique est à rotationnel nul comme en statique !

5. Sur une telle distance, même en négligeant l'atténuation du signal, l'effet de la propagation est à prendre en compte car il apparaît un déphasage non négligeable. Évaluons ce déphasage sur une distance L de l'ordre de 1000 km, pour un signal se propageant à la vitesse de la lumière

c : en empruntant le formalisme de l'optique interférentielle ce déphasage est égale à $\Delta\varphi = \frac{2\pi}{\lambda_0}L = \frac{\omega L}{c} \approx \frac{\pi}{6}$.

6. Entre les armatures d'un condensateur dans l'ARQS, le courant de déplacement entre les armatures se substitue au courant de charge libre, de sorte que tout se passe dans l'ARQS comme si le circuit était continu.

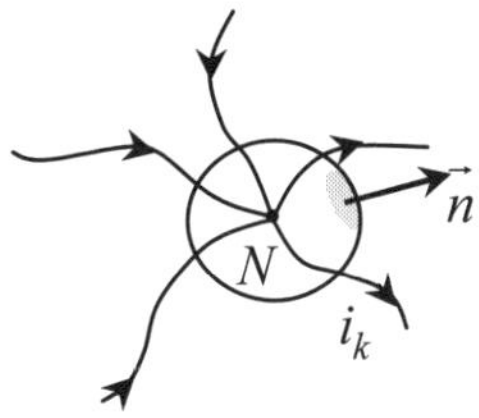

7. Pour s'en convaincre il suffit d'écrire de traduire sous forme intégrale la conservation du flux de $\vec{j}$ sur une surface fermée entourant le nœud :

d'après la formule d'Ostrogradsky, $\oiint_{\Sigma} \vec{j}\cdot\vec{n}\,\mathrm{d}S = \iiint_{\mathcal{V}} \vec{\nabla}\cdot\vec{j}\,\mathrm{d}\tau = 0$.

Ainsi l'intensité du courant entrant (pour laquelle $\vec{j}\cdot\vec{n} < 0$) est égale à celle du courant sortant (pour laquelle $\vec{j}\cdot\vec{n} > 0$). Pour des conducteurs filiformes, on a : $\sum_k i_k = 0$ où l'intensité i_k dans la branche k est comptée positivement dans le sens partant du nœud.

❑ Les erreurs classiques

→ Attention de ne pas confondre ARQS et régime statique.

→ Pour écrire l'expression de l'intensité du courant, flux algébrique du vecteur densité volumique de courant à travers *S*, il convient de choisir un sens positif sur le contour (*C*), fixe dans (*R*), sur lequel s'appuie *S*. Ceci étant fait, l'orientation de *S* se fait conformément à la règle du tire-bouchon ce qui permet d'évaluer le signe du produit scalaire $\vec{j}\cdot\vec{S}$ intervenant dans le calcul du flux.

Corrigé des exercices

Exercice 7.1

1. Compte tenu des symétries et invariances, on à montré dans l'exemple de la méthode 7.2 que $\vec{E}(M)=E(r)\,\vec{e_z}$. Le champ entre les armatures n'est donc pas à priori uniforme. Considérer que le champ électrique entre les armatures s'écrit $\vec{E}_0=-\dfrac{\sigma(t)}{\varepsilon_0}\vec{e_z}$, indépendamment des coordonnées d'espace, revient à se placer en régime quasi stationnaire (ARQS), c'est-à-dire à considérer que le régime est lentement variable. Dans ce cas, le champ est uniforme. La direction du champ est bien conforme au sens des potentiels décroissants de l'armature chargée positivement vers celle chargée négativement.

⇨ *Méthode 7.2.*

2. a) Dans le vide, entre les armatures, la variation au cours du temps du champ électrique $\vec{E}_0$ génère un courant de déplacement $\vec{j}_D=\varepsilon_0\dfrac{\partial\vec{E}_0}{\partial t}$ source du champ magnétique $\vec{B}_1$: l'équation de (M.A) s'écrit en effet $\vec{\nabla}\wedge\vec{B}_1=\varepsilon_0\,\mu_0\dfrac{\partial\vec{E}_0}{\partial t}$.

⇨ *Méthode 7.2*

✎ *Notons que, bien que nous soyons ici dans l'ARQS, le courant de déplacement ne peut être négligé devant le courant de conduction puisque que ce dernier est nul entre les armatures.*

Examinons les symétries des sources de $\vec{B}_1$: comme $\vec{E}_0$, $\vec{j}_D$ est porté par $\vec{e_z}$ et est uniformément distribué dans le volume entre les armatures. Ainsi, tout plan contenant l'axe (Oz) est plan de symétrie de la distribution de courant. Or, en un point M d'un tel plan, $\vec{B}_1(M)$ est normal à ce plan, ainsi $\vec{B}_1(M)$ est suivant $\vec{e_\varphi}$: $\vec{B}_1(M)=B_{1,\varphi}(M)\vec{e_\varphi}$.

b) La distribution de courant de déplacement source de $\vec{B}_1$ est invariante par toute rotation d'angle φ autour de (Oz). Ainsi, $B_{1,\varphi}(M)$ ne dépend pas de φ : $B_{1\,\varphi}(M)=B_{1\,\varphi}(r,\,z)$. L'intégration de $\vec{B}_1$ sur un contour (C) orienté conduit, d'après la formule de Stockes, à écrire : $\oint_{(C)}\vec{B}_1\cdot\mathrm{d}\vec{l}=\iint_S\left(\vec{\nabla}\wedge\vec{B}_1\right)\cdot\mathrm{d}\vec{S}$ où S est une surface orientée s'appuyant sur (C). Ainsi, $\oint_{(C)}\vec{B}_1\cdot\mathrm{d}\vec{l}=\varepsilon_0\,\mu_0\dfrac{\partial}{\partial t}\iint_S\vec{E}_0\cdot\mathrm{d}\vec{S}$. Choisissons pour contour un cercle de rayon r contenu dans un plan $z=cte$ parcouru dans le sens des φ positifs de sorte que $\mathrm{d}\vec{l}=\mathrm{d}l\,\vec{e_\varphi}$. La surface S s'appuyant sur ce contour peut être prise égale au disque de rayon r dans le même plan de sorte que $d\vec{S} = dS\,\vec{e_z}$. Ainsi, pour $r < a$, on a $2\pi r\, B_{1\varphi} = -\mu_0 \left(\dfrac{d\sigma(t)}{dt}\right)\pi r^2$ et dans le plan $z = cte$: $\vec{B_1} = -\dfrac{\mu_0\, r}{2}\left(\dfrac{d\sigma(t)}{dt}\right)\vec{e_\varphi}$. Pour $r > a$, on a $2\pi r\, B_{1\varphi} = -\mu_0 \left(\dfrac{d\sigma(t)}{dt}\right)\pi a^2$ et dans le plan $z = cte$: $\vec{B_1} = -\dfrac{\mu_0\, a^2}{2r}\left(\dfrac{d\sigma(t)}{dt}\right)\vec{e_\varphi}$.

c) En un point M extérieur au condensateur, en remarquant que la charge portée par l'armature de laquelle sort le courant i est $q(t) = \pi a^2 \sigma(t)$, le champ magnétique s'écrit $\vec{B_1} = \dfrac{\mu_0}{2\pi r}\left(-\dfrac{dq(t)}{dt}\right)\vec{e_\varphi}$, soit avec $i(t) = -\dfrac{dq(t)}{dt}$: $\vec{B_1} = \dfrac{\mu_0\, i(t)}{2\pi r}\vec{e_\varphi}$. Ainsi, d'après la règle du tire-bouchon, en un point M extérieur au condensateur, tout se passe comme si le champ $\vec{B_1}(M, t)$ était crée par un fil rectiligne d'axe (Oz) parcouru par un courant $i(t) = -\dfrac{dq(t)}{dt}$ quittant l'armature positive et parcourant le fil suivant les z positifs. On peut donc formellement remplacer l'espace entre les armatures par un fil qui assurerait la continuité des lignes de courants dans l'espace vide entre les armatures. En réalité, c'est le courant de déplacement qui assure cette continuité. En effet, son flux à travers la surface de l'armature supérieure s'identifie (à $z = cte$) au courant i qui en émerge :

$$\boxed{\varepsilon_0 \iint_{S_1} \frac{\partial \vec{E_0}}{\partial t}\cdot\vec{e_z}\, dS = \varepsilon_0 \frac{dE_0}{dt}\pi a^2 = -\frac{d\sigma(t)}{dt}\pi a^2 = -\frac{d\left(\sigma(t)\,\pi a^2\right)}{dt} = -\frac{dq}{dt} = i}.$$

3. a) Le champ $\vec{E_0}$ étant uniforme, son rotationnel est nul et l'équation de Maxwell-Faraday entre les armatures s'écrit $\vec{\nabla}\wedge\vec{E_2} = -\dfrac{\partial \vec{B_1}}{\partial t}$. D'après les propriétés du rotationnel en cylindrique, $\dfrac{\partial \vec{B_1}}{\partial t}$ étant suivant $\vec{e_\varphi}$ (comme $\vec{B_1}$), on en déduit que $\vec{E_2}$ est axial : $\vec{E_2}(M,t) = E_{2z}(r,\varphi,z,t)\,\vec{e_z}$. La symétrie cylindrique des sources entraîne l'indépendance vis-à-vis de l'angle φ et l'équation de Maxwell-Gauss dans le vide entre les armatures s'écrivant $\dfrac{\partial E_{2z}(r,z)}{\partial z} = 0$ entraîne l'indépendance vis-à-vis de z. Ainsi, $\boxed{\vec{E_2}(M) = E_{2z}(r,t)\,\vec{e_z}}$.

b) Le choix du contour découle de la forme de $\vec{E_2}$. En effet, $\vec{E_2}$ étant axial, la contribution à la circulation $\displaystyle\oint_{(C_2)} \vec{E_2}\cdot d\vec{l}$ des deux brins horizontaux est nulle et $\vec{E_2}$ ne dépendant pas de r, il est donc constant sur les deux brins verticaux ce qui permet de le « sortir » des intégrales correspondantes. Le choix de se placer dans un plan méridien correspond à la nécessité d'avoir

$\vec{B}_1$ de même direction que la normale à la surface rectangulaire s'appuyant sur (C_2) pour pouvoir simplifier le produit scalaire $\dfrac{\partial \vec{B}_1}{\partial t}\cdot\vec{n}$ dans la formule de Stokes qui s'écrit ainsi :

$\oint_{(C_2)} \vec{E}_2\cdot d\vec{l} = \iint_{\Sigma}\left(\vec{\nabla}\wedge\vec{E}_2\right)\cdot\vec{n}\,dS = -\iint_{\Sigma}\dfrac{\partial B_1}{\partial t}\vec{e_\varphi}\cdot\vec{e_\varphi}\,dS = -\int_z^{z+h}\int_0^r \dfrac{\partial B_1(u)}{\partial t}\,du\,dv$. D'autre part la circulation se réduit à $\oint_{(C_2)} \vec{E}_2\cdot d\vec{l} = \int_z^{z+h} E_2(0)\cdot dz - \int_z^{z+h} E_2(r)\cdot dz = h\left(E_2(0)-E_2(r)\right)$. En égalant ces deux expressions de la circulation, il vient : $h\int_0^r \dfrac{\partial B_1}{\partial t}\,du = -h\left(E_2(0)-E_2(r)\right)$. Or, entre les armatures $B_1 = -\dfrac{\mu_0\, r}{2}\left(\dfrac{d\sigma(t)}{dt}\right)$, ainsi : $E_2(r) = -\dfrac{\mu_0\, r^2}{4}\left(\dfrac{d^2\sigma(t)}{dt^2}\right) + E_2(0)$. Sachant que $\vec{E}_0 = -\dfrac{\sigma(t)}{\varepsilon_0}\vec{e_z}$, il vient : $\vec{E}_2(r,t) = \dfrac{r^2}{4c^2}\left(\dfrac{d^2\vec{E}_0(t)}{dt^2}\right) + \vec{E}_2(0,t)$. En régime harmonique, $\vec{E}_0(t)$ est de la forme $\vec{E}_0(t) = \vec{E}_0\cos(\omega t)$. Ainsi, le champ total s'écrit :

$\vec{E}_{tot}(r,t) = \vec{E}_0(t) + \vec{E}_2(r,t) = \vec{E}_0(t)\left(1-\dfrac{r^2\omega^2}{4c^2}\right) + \vec{E}_2(0,t)$. Le champ $\vec{E}_2(0,\, t)$ ne dépendant pas des coordonnées spatiales, il constitue une contribution uniforme au champ total. Par contre, le terme $\dfrac{r^2\omega^2}{4c^2}\vec{E}_0$ correspond à une correction non uniforme à variation parabolique suivant la coordonnée radiale. Le champ total peut être considéré comme uniforme à condition de négliger le terme correctif $\dfrac{r^2\omega^2}{4c^2}$ devant l'unité. Or, $\dfrac{r^2\omega^2}{4c^2}$ est au plus de l'ordre de $\dfrac{a^2\omega^2}{4c^2}$. L'hypothèse de champ uniforme n'est donc valable que dans la mesure où $\omega \ll \dfrac{2c}{a}$. Avec $\omega = \dfrac{2\pi c}{\lambda}$ où λ est la longueur d'onde des grandeurs électriques, on écrit cette condition sous la forme $\lambda \gg a$ où l'on reconnaît la condition de validité de l'ARQS.

En régime stationnaire, le champ électrique est uniforme entre les armatures $\vec{E}_{tot} = \vec{E}_0$, comme c'est aussi le cas dans l'ARQS. Par contre, le champ magnétique est nul en régime stationnaire $\vec{B} = \vec{0}$ **contrairement au cas de l'ARQS** où $\vec{B} = \vec{B}_1$. On parle d'ARQS électrique.

✎ *Le problème du stockage d'énergie dans le condensateur est traité dans l'exercice 7.4, dans lequel on montre que, dans l'ARQS électrique, l'énergie magnétique est négligeable devant l'énergie électrique.*

Pour un condensateur à $1\,\text{MHz}$ avec des armatures de rayon $a = 1\,\text{cm}$, on a $\dfrac{\omega a}{2c} \approx 10^{-5} << 1$.

L'ARQS est alors bien vérifiée et le champ uniforme avec une très bonne approximation.
Dans le cadre de l'ARQS électrique, les grandeurs électriques sont identiques à celles que l'on aurait en régime stationnaire : le champ électrique ainsi que la densité surfacique de charge sur les armatures sont uniformes, ce qui assure la validité de la notion de **capacité constante**.

Exercice 7.2

1. Pour écrire l'expression de l'intensité du courant, flux algébrique du vecteur densité volumique de courant à travers *S*, il convient de choisir un sens positif sur le contour (*C*) fixe dans (*R*) sur lequel s'appuie *S*. Ceci étant fait, l'orientation de *S* se fait conformément à la règle du tire-bouchon. La charge élémentaire traversant un élément de surface $\mathrm{d}S$ entre t et $t + \mathrm{d}t$ est contenu dans le cylindre de base $\mathrm{d}S$ et de génératrice $V\,\mathrm{d}t$: $\mathrm{d}^2 q = \displaystyle\sum_{i\ espèces} n_i\, q_i\, \overrightarrow{\mathrm{d}S} \cdot \overrightarrow{V_i}\, \mathrm{d}t$

(attention c'est une quantité algébrique dont le signe dépend du sens de $\overrightarrow{V_i}$ par rapport à $\overrightarrow{\mathrm{d}S}$).

En sommant sur toute la surface, on a $\mathrm{d}q = \displaystyle\iint_S \sum_{i\ espèces} n_i\, q_i\, \overrightarrow{\mathrm{d}S} \cdot \overrightarrow{V_i}\, \mathrm{d}t$. On définit alors l'intensité du courant électrique traversant *S* à l'instant *t* par $\boxed{i_S = \dfrac{\mathrm{d}q}{\mathrm{d}t} = \displaystyle\iint_S \vec{j} \cdot \vec{n}\, \mathrm{d}S}$ où $\vec{j} = \displaystyle\sum_{i\ espèces} n_i\, q_i\, \vec{V}_i$ est le vecteur densité volumique de courant.

Notons que dans le cas général, **ce flux dépend du choix de la surface *S*** venant s'appuyer sur le contour (*C*). Ce n'est que dans le cadre de **l'ARQS qu'il en est indépendant** comme le montre la question 2.c).

2. a) Considérons une surface de contrôle fermée Σ, fixe dans le référentiel d'étude (R), qui enclot le volume $\mathcal{V}$. À l'instant *t*, la charge contenue dans $\mathcal{V}$ est $q_{\text{int}} = \displaystyle\iiint_{\mathcal{V}} \rho\, \mathrm{d}\tau$. Cette charge est variable du fait du flux de charges mobiles à travers Σ. À l'instant *t*, il se peut que plus de charges sortent de Σ que ce qu'il en pénètre ce qui se traduit par un flux de charges à travers Σ globalement sortant : (flux global de charges sortant) = (flux de charges sortant) – (flux de charges entrant). L'intensité du courant électrique sortant de Σ à l'instant *t* est égale au flux global de charges sortant de Σ c'est-à-dire au flux sortant du vecteur densité volumique de courant à travers Σ : $i_s = \displaystyle\oiint_{\Sigma} \vec{j} \cdot \vec{n}\, \mathrm{d}S$. Ainsi, entre t et $t + \mathrm{d}t$, la quantité de charge $\mathrm{d}q_{\Sigma}$ traversant Σ de l'intérieur vers l'extérieur s'écrit $\mathrm{d}q_{\Sigma} = i_{\Sigma}\, \mathrm{d}t = \left(\displaystyle\oiint_{\Sigma} \vec{j} \cdot \vec{n}\, \mathrm{d}S \right) \mathrm{d}t$. Or, si entre t et $t + \mathrm{d}t$, q_{int} a diminué de $-\left(q_{\text{int}}(t + \mathrm{d}t) - q_{\text{int}}(t)\right) = -\left(\dfrac{\mathrm{d}q_{\text{int}}}{\mathrm{d}t}\right)\mathrm{d}t$, d'après le principe de conservation de la charge, la quantité $\mathrm{d}q_\Sigma$ s'identifie à cette diminution de la charge intérieure :

$$-\left(\frac{\mathrm{d}q_{\text{int}}}{\mathrm{d}t}\right)\mathrm{d}t = -\iiint_{\mathcal{V}}\left(\frac{\partial\rho\,\mathrm{d}\tau}{\partial t}\right)\mathrm{d}t = \left(\oiint_{\Sigma}\vec{j}\cdot\vec{n}\,\mathrm{d}S\right)\mathrm{d}t.$$

✎ *On note* $\frac{\partial\rho}{\partial t}$ *puisque, à priori,* $\rho=\rho(P,t)$ *dépend des coordonnées d'espace du point courant P et du temps.*

D'après la formule d'Ostrogradsky, $\oiint_{\Sigma}\vec{j}\cdot\vec{n}\,\mathrm{d}S=\iiint_{\mathcal{V}}\vec{\nabla}\cdot\vec{j}\,\mathrm{d}\tau$, ainsi $\forall\,\mathrm{d}\tau$:

$\left(\iiint_{\mathcal{V}}\vec{\nabla}\cdot\vec{j}\,\mathrm{d}\tau\right)\mathrm{d}t=-\left(\iiint_{\mathcal{V}}\left(\frac{\partial\rho}{\partial t}\right)\mathrm{d}\tau\right)\mathrm{d}t$ et donc $\boxed{\vec{\nabla}\cdot\vec{j}+\frac{\partial\rho}{\partial t}=0}$, qui traduit localement l'équation de conservation de la charge.

b) Dans le cadre de l'ARQS, $\frac{\partial\rho}{\partial t}\approx 0$. Ainsi, l'équation de conservation de la charge impose $\vec{\nabla}\cdot\vec{j}=0$. Soit Σ une surface fermée quelconque dont le volume intérieur est $\mathcal{V}$. D'après la formule d'Ostrogradsky, l'équation de conservation de la charge traduit localement la nullité du flux de $\vec{j}$ à travers une surface fermée quelconque : on dit que $\vec{j}$ **est à flux conservatif**.

c) Considérons un tube de courant (surface ouverte s'appuyant sur les lignes de courant) de surface Σ_{lat} et fermons-le par deux surfaces S_1 et S_2 s'appuyant sur deux contours de même orientation s'appuyant sur le tube. La surface $S=\Sigma_{lat}\cup S_1\cup S_2$ est fermée. Notons $i_S=\oiint_{S}\vec{j}\cdot\vec{n}\,\mathrm{d}S$, l'intensité du courant à travers *S*. D'après l'équation de conservation de la charge, ce flux est nul et s'écrit $i_s=\iint_{\Sigma_{lat}}\vec{j}\cdot\vec{n}\,\mathrm{d}S+\iint_{S_1}\vec{j}\cdot\vec{n}\,\mathrm{d}S+\iint_{S_2}\vec{j}\cdot\vec{n}\,\mathrm{d}S$ où $\vec{n}$ est la **normale locale à *S* pointant de l'intérieur vers l'extérieur de *S*.**

💣 *Il convient ici de ne pas confondre les surfaces orientées* S_1 *et* S_2 *prises indépendamment de S, dont les vecteurs unitaires sont* $\vec{n_1}$ *et* $\vec{n_2}$ *avec* S_1 *et* S_2 *appartenant à la même surface fermée S.*

Ainsi, on note $\iint_{S_1}\vec{j}\cdot\vec{n}\,\mathrm{d}S=\iint_{S_1}\vec{j}\cdot\vec{n_1}\,\mathrm{d}S_1=i_{S_1}$ le flux de $\vec{j}$ à travers S_1 partie de S fermée, avec en tout point de S_1, $\vec{n}=\vec{n_1}$. Au contraire, en tout point de S_2, $\vec{n}=-\vec{n_2}$ et $\iint_{S_2}\vec{j}\cdot\vec{n}\,\mathrm{d}S=\iint_{S_1}\vec{j}\cdot\vec{n_1}\,\mathrm{d}S_1=-i_{S_2}$. De plus, en tout point de Σ_{lat}, $\vec{n}$ est orthogonal à $\vec{j}$ ainsi $\iint_{\Sigma_{lat}}\vec{j}\cdot\vec{n}\,\mathrm{d}S=0$. Finalement : $\boxed{i_{S_1}=i_{S_2}}$. Dans l'ARQS, l'intensité est constante le long d'un tube de courant et ne dépend pas de la section de ce tube. On note alors, en omettant la référence à la surface : $\boxed{i_{S_1} = i_{S_2} = i = \iint_S \vec{j} \cdot \vec{n} \, \mathrm{d}S}$. Dans le cadre de l'ARQS, l'intensité du courant traversant S à l'instant t est indépendante du choix de la surface S choisie pour l'évaluer.

Exercice 7.3

1. a) En négligeant les termes d'ordre supérieur à deux dans le développement en série du champ électrique, il vient $\underline{\vec{E}}(M,\, t) = \left(1 - \dfrac{X^2}{4}\right) E_0 \exp(i\omega t)\, \vec{e_z}$. L'équation de (M.A) s'écrit : $\vec{\nabla} \wedge \underline{\vec{B}} = \varepsilon_0 \mu_0 \dfrac{\partial \underline{\vec{E}}}{\partial t}$. Dans le vide, entre les armatures, le courant de déplacement $\vec{j}_D = \varepsilon_0 \dfrac{\partial \vec{E}}{\partial t}$ est, comme $\vec{E}$, porté par $\vec{e_z}$. Il possède la symétrie cylindrique et est non uniforme. Dans le plan $z = cte$, il n'est fonction que de r.

b) D'après ce qui précède, et compte tenu de l'expression du rotationnel en cylindriques, $\vec{B}(M,\, t)$ est suivant $\vec{e_\varphi}$ et la composante $B_\varphi(M,\, t)$ ne dépend pas de φ. Intégrons $\vec{B}$ sur un contour (C) circulaire de rayon r contenu dans un plan $z = cte$ parcouru dans le sens des φ positifs de sorte que $\mathrm{d}\vec{l} = \mathrm{d}l\, \vec{e_\varphi}$. D'après la formule de Stockes, on peut alors écrire : $\oint_{(C)} \underline{\vec{B}} \cdot \mathrm{d}\vec{l} = \iint_S \left(\vec{\nabla} \wedge \underline{\vec{B}}\right) \cdot \mathrm{d}\vec{S} = \varepsilon_0 \mu_0 \iint_S \dfrac{\partial \underline{\vec{E}}}{\partial t} \cdot \mathrm{d}\vec{S}$. Le courant de déplacement étant non uniforme considérons pour élément de surface la couronne comprise entre les cercles coplanaires de rayons r et $r + \mathrm{d}r$: $\mathrm{d}\vec{S} = 2\pi r \,\mathrm{d}r\, \vec{e_z}$.

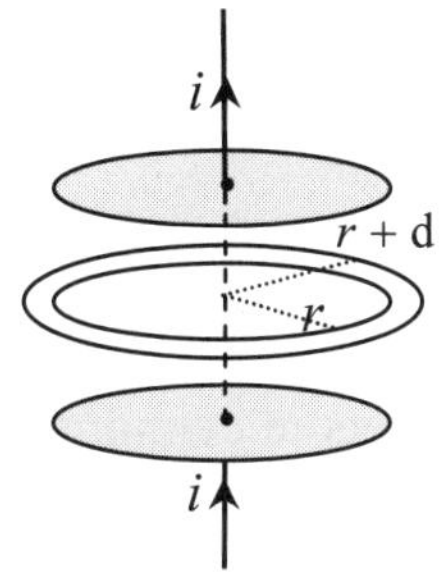

Ainsi, $\displaystyle\iint_S \frac{\partial \underline{\vec{E}}}{\partial t} \cdot \mathrm{d}\vec{S} = (i\omega)\, E_0 \exp(i\omega t) \int_0^{2\pi} \mathrm{d}\varphi \int_0^{r} \left(1 - \frac{u^2 \omega^2}{4c^2}\right) u \,\mathrm{d}u$, soit encore :

$\displaystyle\iint_S \frac{\partial \underline{\vec{E}}}{\partial t} \cdot \mathrm{d}\vec{S} = (i\omega)\, E_0 \exp(i\omega t)\, 2\pi \left(\frac{r^2}{2} - \frac{r^4 \omega^2}{16 c^2}\right)$. En ne conservant que les termes d'ordre inférieur ou égal à deux et en posant $X = \dfrac{r\omega}{c}$ il vient : $\underline{\vec{B}}(M,t) = \left(\dfrac{i X}{2c}\right) E_0 \exp(i\omega t)\, \vec{e_\varphi}$. Ainsi :

$$\boxed{\vec{E}(M,t) = \left(1 - \frac{X^2}{4}\right) E_0 \cos(\omega t)\, \vec{e_z}} \text{ et } \boxed{\vec{B}(M,t) = -\left(\frac{X}{2c}\right) E_0 \sin(\omega t)\, \vec{e_\varphi}}.$$

Dans l'espace entre les armatures, dans le cadre de l'ARQS, le champ électrique est, comme en statique, uniforme. Au même niveau d'approximation, et contrairement au cas statique, il existe un champ magnétique temporellement variable. Le champ électrique ayant, à l'instant t, les même caractéristiques que le champ électrostatique dans la situation statique analogue (**contrairement au champ magnétique**), on dit qu'on est dans le cadre de l'ARQS électrique.

⇨ *Méthode 7.2*

2. a) Les densités volumiques instantanées d'énergie électrique et magnétique sont :

$$\boxed{u_e(t) = \frac{\varepsilon_0\, E^2}{2} = \frac{\varepsilon_0}{2}\left(1-\left(\frac{X}{2}\right)^2\right)^2 E_0^2 \cos^2(\omega t)} \text{ et } \boxed{u_m(t) = \frac{B^2}{2\,\mu_0} = \frac{\varepsilon_0}{2}\left(\frac{X}{2}\right)^2 E_0^2 \sin^2(\omega t)}.$$

b) Leurs valeurs moyennes temporelles sont $\langle u_e \rangle = \frac{\varepsilon_0}{4}\left(1-\left(\frac{X}{2}\right)^2\right)^2 E_0^2$ et $\langle u_m \rangle = \frac{\varepsilon_0}{4}\left(\frac{X}{2}\right)^2 E_0^2$.

Ainsi $\boxed{\frac{\langle u_m \rangle}{\langle u_e \rangle} = \frac{(X/2)^2}{\left(1-(X/2)^2\right)^2} \approx (X/2)^2}$: à basse fréquence (dans l'ARQS) pour $X \ll 1$, l'énergie magnétique stockée est négligeable devant l'énergie électrique, ce qui est conforme au résultat attendu dans le cadre de l'ARQS électrique.

⇨ *Méthode 7.2*

3. Le vecteur de Poynting s'écrit $\vec{R} = \frac{\vec{E} \wedge \vec{B}}{\mu_0} = \frac{1}{\mu_0\, c}\left(1-\left(\frac{X}{2}\right)^2\right)\left(\frac{X}{2}\right) E_0^2 \sin(\omega t)\cos(\omega t)\,\vec{e_r}$. À l'ordre le plus bas en *X*, on obtient $\vec{R} = \varepsilon_0\, c\left(\frac{X}{4}\right) E_0^2 \sin(2\omega t)\,\vec{e_r}$. $\vec{R}$ étant radial, son flux à travers le cylindre fermé délimitant le condensateur se réduit ainsi au flux à travers la surface latérale s'appuyant sur les armatures du condensateur :

$P_{ray} = \iint_{\Sigma_{lat}} \vec{R} \cdot \vec{n}\, \mathrm{d}S = \pi\, e\, a\, \varepsilon_0\, c \frac{X}{2} E_0^2 \sin(2\omega t)$. En valeur moyenne, on a ainsi : $\langle P_{ray} \rangle = 0$. En l'absence de pertes par effet joule dans les conducteurs supposés parfaits et dans le vide inter-armatures, la puissance rayonnée étant nulle en valeur moyenne, toute l'énergie accumulée sous forme électrique dans le condensateur lors de sa charge, via le flux du vecteur de Poynting à travers la surface latérale limitant le condensateur, est restituée intégralement lors de sa décharge. Ceci est conforme au comportement du condensateur dans l'ARQS.

4. D'après la question 2.b), dans le cadre de l'ARQS électrique, l'énergie électromagnétique est $U_{em} \approx U_e = \iiint_{\mathcal{V}_{int}} \frac{\varepsilon_0\, E^2}{2} \mathrm{d}\tau = \frac{\varepsilon_0\, E^2}{2} \pi a^2 e$ ($\mathcal{V}_{int} = \pi a^2 e$ désignant le volume intérieur au condensateur). D'autre part, les effets de bords étant négligeables, la capacité de ce condensateur plan a pour expression $C = \frac{\varepsilon_0\, \pi a^2}{e}$. Ainsi $U_{em} \approx C \frac{e^2 E^2}{2}$. En introduisant la différence de potentielle variable entre les armatures $u = \int_z^{z+e} \vec{E} \cdot \mathrm{d}\vec{l} = E\, e$, il vient

$\boxed{U_{em} \approx U_e = C \frac{e^2 E^2}{2} = \frac{1}{2} C\, u^2}$ résultat classique dans l'ARQS.

Exercice 7.4

1. En ne conservant, dans l'ARQS, que les termes d'ordre inférieur ou égal à deux et en posant $X=\dfrac{r\omega}{c}$ il vient, dans l'espace intérieur à la bobine : $\underline{\vec{B}}(M,t)\approx B_0\exp(i\omega t)\overrightarrow{e_z}$ et $\underline{\vec{E}}(M,t)\approx -\dfrac{icB_0X}{2}\exp(i\omega t)\overrightarrow{e_\varphi}$, soit en repassant en réel, $\vec{B}(M,t)\approx B_0\cos(\omega t)\overrightarrow{e_z}$ et $\vec{E}(M,t)\approx \dfrac{cB_0X}{2}\sin(\omega t)\,\overrightarrow{e_\varphi}$. Ainsi, dans le cadre de l'ARQS, le champ magnétique est, comme en statique, uniforme. Par contre, au même niveau d'approximation, et contrairement au cas statique, il existe un champ électrique temporellement variable et non uniforme. Le champ magnétique ayant, à l'instant t, les mêmes caractéristiques que le champ magnétostatique dans la situation statique analogue (contrairement au champ électrique), on dit qu'on est dans le cadre de l'ARQS magnétique.

⇨ *Méthode 7.3*

2. Les densités volumiques instantanées d'énergie électrique et magnétique ont pour expression : $u_e(t)=\dfrac{\varepsilon_0E^2}{2}\approx\dfrac{\varepsilon_0}{2}\left(\dfrac{X}{2}\right)^2c^2B_0^2\sin^2(\omega t)=\dfrac{1}{2\mu_0}\left(\dfrac{X}{2}\right)^2B_0^2\sin^2(\omega t)$ et $u_m(t)=\dfrac{B^2}{2\mu_0}\approx\dfrac{B_0^2}{2\mu_0}\cos^2(\omega t)$. Leurs valeurs moyennes temporelles sont $\langle u_e\rangle=\dfrac{1}{4\mu_0}\left(\dfrac{X}{2}\right)^2B_0^2$ et $\langle u_m\rangle=\dfrac{B_0^2}{4\mu_0}$. Ainsi, dans l'ARQS, pour $X<<1$, $\boxed{\dfrac{\langle u_m\rangle}{\langle u_e\rangle}\approx\dfrac{1}{(X/2)^2}>>1}$: l'énergie électrique stockée dans la bobine est négligeable devant l'énergie magnétique.

3. a) Le champ magnétique dans l'ARQS ayant même expression qu'en statique, on a dans la portion envisagée de solénoïde infini : $\vec{B}(r,\,t)\approx B_0\cos(\omega t)\overrightarrow{e_z}\approx\mu_0ni(t)\overrightarrow{e_z}$, ce qui permet d'écrire $i(t)=\dfrac{B_0}{\mu_0n}\cos(\omega t)$. Ainsi, $\vec{E}(r,\,t)\approx\dfrac{B_0r\omega}{2}\sin(\omega t)\,\overrightarrow{e_\varphi}=-\dfrac{\mu_0nr}{2}\dfrac{\mathrm{d}i(t)}{\mathrm{d}t}\overrightarrow{e_\varphi}$. Le vecteur de Poynting s'écrit, à ce même niveau d'approximation : $\vec{R}(r,\,t)=\dfrac{\vec{E}\wedge\vec{B}}{\mu_0}=-\dfrac{\mu_0n^2r}{2}i(t)\dfrac{\mathrm{d}i(t)}{\mathrm{d}t}\overrightarrow{e_r}$,

soit $\boxed{\vec{R}(r,\,t)=-\dfrac{\mu_0n^2r}{2}\dfrac{\mathrm{d}}{\mathrm{d}t}\left(\dfrac{1}{2}i^2(t)\right)\overrightarrow{e_r}}$.

b) $\vec{R}$ étant radial, son flux à travers le cylindre fermé délimitant la portion de bobine de longueur l se réduit au flux de $\vec{R}(r=a,\,t)$ à travers la surface latérale du cylindre de rayon a limitant la portion de bobine qui nous intéresse ici :

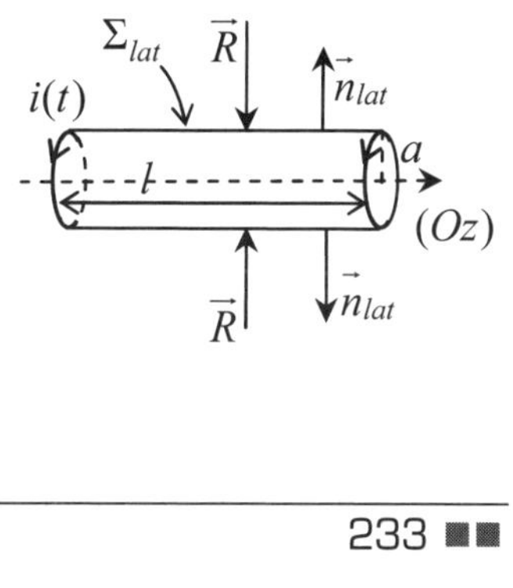

$$P_{ray}=\iint_{\Sigma_{lat}}\vec{R}\cdot\vec{n}\,\mathrm{d}S=-\left\|\vec{R}(r=a,t)\right\|2\pi a\,l$$

Corrigé

$= -\underbrace{\mu_0 n^2 a^2 \pi l}_{L} \dfrac{\mathrm{d}}{\mathrm{d}t}\left(\dfrac{1}{2} i^2(t)\right) = -\dfrac{\mathrm{d}}{\mathrm{d}t}\left(\dfrac{1}{2} L i^2(t)\right)$. Or, $U_m = \dfrac{1}{2} L i^2(t)$ est l'énergie magnétique stockée dans la bobine, ainsi, l'opposé de la puissance rayonnée à travers la surface du cylindre qui la limite s'identifie à la variation temporelle d'énergie magnétique stockée dans la bobine : $\dfrac{\mathrm{d}U_m}{\mathrm{d}t} = -\iint_{\Sigma_{lat}} \vec{R} \cdot \vec{n}\, \mathrm{d}S = -P_{ray}$.

c) Ce résultat est bien conforme au bilan local de puissance électromagnétique. En effet, le bilan de puissance se traduit localement par $\vec{\nabla} \cdot \vec{R} + \dfrac{\partial u_{em}}{\partial t} = -\vec{j} \cdot \vec{E}$, et en l'absence de terme de puissance cédée aux porteurs de charge (puisque la résistance de la bobine à été négligée) par : $\vec{\nabla} \cdot \vec{R} + \dfrac{\partial u_{em}}{\partial t} = 0$. Or dans le cadre de l'ARQS, $u_{em} \approx u_m$, de sorte qu'en intégrant sur le volume $\mathcal{V}$ intérieure à la portion de solénoïde : $\iiint_{\mathcal{V}} \vec{\nabla} \cdot \vec{R}\, \mathrm{d}\tau + \iiint_{\mathcal{V}} \dfrac{\partial u_m}{\partial t} \mathrm{d}\tau = 0$. D'après la formule d'Ostrogradsky, il vient ainsi $\oiint_{\Sigma} \vec{R} \cdot \vec{n}\, \mathrm{d}S = -\dfrac{\mathrm{d}U_m}{\mathrm{d}t}$, où Σ est la surface fermée limitant ce volume. $\vec{R}$ étant radial, cette égalité se réduit, à : $\dfrac{\mathrm{d}U_m}{\mathrm{d}t} = -\iint_{\Sigma_{lat}} \vec{R} \cdot \vec{n}\, \mathrm{d}S$.

Chapitre 8

Ondes électromagnétiques dans le vide

UN SCIENTIFIQUE

Le physicien anglais **John Poynting** (1852-1914) étudie à Cambridge puis effectue toute sa carrière universitaire à Birmingham. Ses travaux concernent l'électromagnétisme, domaine dans lequel il introduit en 1884 le vecteur qui porte son nom.

Poynting s'intéresse aussi à l'astrophysique ce qui lui permet de calculer la constante gravitationnelle en 1891, d'évaluer la température à la surface des planètes et d'expliquer les mouvements des nuages de poussières cosmiques.

Un peu d'histoire

Pendant longtemps, seuls des contacts mécaniques semblaient permettre d'impulser des mouvements. Afin d'expliquer celui des planètes, le transport de la lumière ou, plus tard, l'action des ondes électromagnétiques, les scientifiques ont longtemps cru à l'existence de l'éther, une substance invisible et impossible à percevoir. La découverte de l'attraction universelle puis, plus tard, celle des ondes électromagnétiques, pouvaient remettre en cause cette croyance.

La compréhension des ondes électromagnétiques s'est faite dans le milieu du XIXe siècle avec pour aboutissement les équations introduites par Maxwell. On peut s'étonner de trouver le nom de d'Alembert dans ce chapitre puisqu'il vivait au siècle précédent. Ce savant s'était intéressé à la mécanique ; il avait par ailleurs développé de nombreuses méthodes de résolution d'équations différentielles aux dérivées partielles.

Objectifs

Ce qu'il faut connaître

- La forme des équations de d'Alembert vérifiées par les champs $\vec{E}$ et $\vec{B}$ dans le vide local
- La forme des solutions en onde plane progressive (OPP), en onde plane, progressive et monochromatique (OPPM), en notation réelle ou complexe
- La relation de structure de l'onde plane progressive dans le vide local
- L'état de polarisation rectiligne d'une OPPM
- Les différents domaines fréquentiels et le type d'ondes associées
- La définition de la vitesse de phase
- L'expression du vecteur de Poynting (en notation réelle comme en complexe pour une OPPM) et de la densité volumique d'énergie électromagnétique
- La limite du modèle de l'onde plane monochromatique et la notion de paquet d'onde
- Les définitions des vitesses de groupe et de propagation de l'énergie, leur lien avec la vitesse de phase dans le vide local

Ce qu'il faut savoir faire

- Savoir redémontrer les équations de d'Alembert vérifiées par les champs $\vec{E}$ et $\vec{B}$ dans le vide local et vérifier qu'une forme d'OPP (ou d'OPPM) en est solution
- Savoir montrer qu'une onde est plane, progressive, savoir identifier le vecteur unitaire correspondant à une direction (et un sens) de propagation
- Dans un contexte de propagation d'ondes planes monochromatiques électromagnétiques, savoir écrire les équations de Maxwell en complexe
- Savoir établir la relation de dispersion pour une OPPM
- Savoir reconnaître et caractériser un état de polarisation rectiligne
- Savoir montrer comment un polariseur dichroïque agit sur l'état de polarisation, savoir utiliser la loi de Malus
- Savoir établir l'expression de la vitesse de phase et celle de propagation de l'énergie
- Savoir mener les calculs, y compris des grandeurs énergétiques, en notation complexe comme réelle

■■ Résumé de cours

■ Les équations de d'Alembert et leurs solutions

❑ Équations de propagation des champs dans le vide local

Dans une région de l'espace suffisamment loin de toute charge et de tout courant, appelé vide local, on a $\rho = 0$ et $\vec{j} = \vec{0}$. Les équations de propagation des champs s'écrivent alors : $\boxed{\vec{\Delta}\left(\vec{E}\right) - \varepsilon_0\mu_0 \dfrac{\partial^2 \vec{E}}{\partial t^2} = \vec{0}}$ et $\boxed{\vec{\Delta}\left(\vec{B}\right) - \varepsilon_0\mu_0 \dfrac{\partial^2 \vec{B}}{\partial t^2} = \vec{0}}$, dites équations de d'Alembert.

❑ Solutions à une dimension en ondes planes progressives : OPP

Notion d'onde plane

→ On appelle onde un phénomène physique décrit par la grandeur $\xi(\vec{r},t)$ variant dans l'espace et au cours du temps, avec $\vec{r} = \overrightarrow{OM}$ repérant la position d'un point M de l'espace par rapport à une origine O fixe d'un repère d'espace (O,x,y,z).

→ On appelle surface d'onde (ou front d'onde) le lieu des points tels que l'argument de la fonction ξ est constant à t donné.

→ On dit que l'onde est plane si, à tout instant, ces surfaces sont des plans (infinis) perpendiculaires à une direction fixe dite direction de propagation et définie par un vecteur unitaire $\vec{n}$.

→ L'onde plane est dite **homogène** lorsqu'en plus de la condition précédente portant sur la phase de la fonction ξ, son l'amplitude est uniforme sur une surface d'onde.

→ Un cas fréquent est celui où les champs ne dépendent que du temps et d'une unique coordonnée spatiale, suivant l'axe (Ox) par exemple, en coordonnées cartésiennes.

En notant $\xi(x,t)$ l'une des composantes de $\vec{E}$ ou $\vec{B}$ ne dépendant que de l'abscisse x et du temps, la solution générale de l'équation de d'Alembert à une dimension $\dfrac{\partial^2\xi(x,t)}{\partial x^2} - \dfrac{1}{c^2}\dfrac{\partial^2\xi(x,t)}{\partial t^2} = 0$ est de la forme $\boxed{\xi(x,t) = f(x-ct) + g(x+ct)}$, où $\boxed{c = \dfrac{1}{\sqrt{\varepsilon_0\mu_0}} \approx 3\cdot 10^8 \text{ m}\cdot\text{s}^{-1}}$ est la vitesse de la lumière dans le vide.

Le terme $f(x-ct)$ caractérise une onde plane progressive suivant les x positifs à la vitesse c. Dans ce cas, le vecteur unitaire de la direction de propagation est $\overrightarrow{e_x}$. De même, le terme $g(x+ct)$ caractérise une onde plane progressive se propageant suivant les x négatifs à la vitesse c (on parle d'onde régressive). Dans ce cas, le vecteur unitaire donnant la direction et le sens de propagation est $-\overrightarrow{e_x}$.

→ Compte tenu de sa **linéarité**, la superposition de deux solutions de l'équation de d'Alembert à une dimension est aussi solution.

⇨ **Méthodes 8.3. Comment montrer qu'une onde est plane ? et 8.4. Comment montrer qu'une onde est progressive ?**

Remarques

Les équations de d'Alembert sont symétriques par renversement du temps : on peut changer *t* en – *t*, l'équation reste inchangée. En conséquence si $f(x,t)$ est solution, alors $f(x,-t)$ est aussi solution. En d'autre termes un phénomène ondulatoire géré par une équation de d'Alembert est réversible.

La nature propagative de la grandeur physique repose sur la structure de la phase des fonctions *f* et *g*. Par exemple, pour l'onde progressive $f(x-ct)$, les coordonnées d'espace et le temps sont couplées dans un terme de phase.

❑ Solutions des équations de d'Alembert à trois dimensions

En généralisant à trois dimensions, pour une direction de propagation quelconque définie par $\vec{n} = \begin{vmatrix} \alpha \\ \beta \\ \gamma \end{vmatrix}$, avec $\sqrt{\alpha^2+\beta^2+\gamma^2}=1$, on a pour solution générale de l'équation de d'Alembert :

$\xi(\vec{r},t) = f(\vec{r}\cdot\vec{n}-ct)+g(\vec{r}\cdot\vec{n}+ct)$ soit encore :

$$\boxed{\xi(\vec{r},t) = f(\alpha x+\beta y+\gamma z-ct)+g(\alpha x+\beta y+\gamma z+ct)}.$$

■ Structure de l'OPP électromagnétique dans le vide

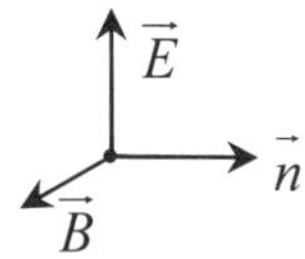

Dans le vide, $\vec{E}$ et $\vec{B}$ sont orthogonaux à $\vec{n}$: on dit qu'ils sont **transversaux**.

La relation de structure de l'OPP dans le vide s'écrit $\boxed{\vec{B} = \dfrac{\vec{n}\wedge\vec{E}}{c}}$. Elle montre que $\vec{E}$ et $\vec{B}$ sont orthogonaux entre eux et que le trièdre $\left(\vec{n},\vec{E},\vec{B}\right)$ est direct.

Le rapport des normes des champs est constant et égale à *c* : $\boxed{\left\|\vec{E}\right\|/\left\|\vec{B}\right\|=c}$.

⇨ **Méthode 8.2. Approximation des ondes planes**

❑ Conséquence pour la force de Lorentz

Si l'onde possède au moins localement la structure d'OPP, la force de Lorentz s'écrit, en tenant compte de la relation de structure : $\vec{F} = q\left(\vec{E}+\vec{V}\wedge\vec{B}\right) = \underbrace{q\vec{E}}_{\vec{F}_E} + \underbrace{q\dfrac{\vec{V}}{c}\wedge\left(\vec{n}\wedge\vec{E}\right)}_{\vec{F}_B}$. Pour des particules non relativistes dont la vitesse *V* est $<< c$, la norme de la composante magnétique de la force de

Lorentz $\left\|\vec{F}_B\right\|$ est négligeable devant celle de la composante électrique $\left\|\vec{F}_E\right\|$. Ainsi, dans les problèmes de propagation d'OPP électromagnétique, on peut écrire $\vec{F} \approx q\,\vec{E}$.

Remarque

On choisit souvent, de ce fait, de mener l'étude de l'OPP électromagnétique en déterminant son champ électrique $\vec{E}$, $\vec{B}$ étant ensuite déduit de la relation de structure.

■ Onde plane progressive monochromatique (dite harmonique) : OPPM ou OPPH

❑ Définition

Prenons le cas d'une onde plane progressive électromagnétique se propageant dans le vide suivant l'axe (Ox) à la vitesse c : on a $\xi(x,t) = f(x-ct)$. On dit qu'elle est monochromatique lorsque $\xi(x,t)$ est sinusoïdale de pulsation ω (d'où la terminologie monochromatique : une seule pulsation et donc, dans le domaine optique, une seule couleur) : $\boxed{\xi(x,t) = A\cos(k(x-ct)+\varphi_o)}$, où A est l'amplitude de l'onde, φ_o la phase à l'origine et k la norme du vecteur d'onde $\vec{k}$. k et ω sont liés par la relation de dispersion $\boxed{k = \left\|\vec{k}\right\| = \dfrac{\omega}{c}}$.

On peut ainsi écrire de façon équivalente $\boxed{\xi(x,t) = A\cos(k\,x-\omega t+\varphi_o)}$.

Pour une onde de direction de propagation $\vec{n}$ quelconque, en posant $\boxed{\vec{k} = \left(\dfrac{\omega}{c}\right)\vec{n}}$, on a : $\boxed{\xi(\vec{r},t) = A\cos(\vec{k}\cdot\vec{r}-\omega t+\varphi_o)}$.

❑ La notation complexe et son intérêt

Compte tenu de la linéarité de l'équation de d'Alembert, il est souvent fructueux de poser en notation complexe, pour un champ se propageant suivant $(Ox)^+$: $\underline{\xi}(x,t) = \underline{\xi}_0\exp\left(i(k\,x-\omega t)\right)$ où $\underline{\xi}_0 = \xi_0\exp\left(i\,\varphi_o\right)$, de sorte que $\xi(x,t) = \mathrm{Re}\left\{\underline{\xi}(x,t)\right\}$.

Avec cette notation, les opérateurs de dérivation spatiale et temporelle deviennent :

$$\boxed{\frac{\partial}{\partial x} \to \times i\,k} \text{ et } \boxed{\frac{\partial}{\partial t} \to \times\left(-i\,\omega\right)}.$$

La relation de dispersion et la relation de structure de l'OPPM s'obtiennent alors facilement. Les calculs peuvent s'avérer plus simples à mener en complexe. On restera attentif aux calculs des grandeurs énergétiques en notation complexe (voir erreurs classiques).

Remarque

Avec la convention de phase contraire en $\omega t - k\,x$: $\dfrac{\partial}{\partial x} \to \times\left(-i\,k\right)$ et $\dfrac{\partial}{\partial t} \to \times i\,\omega$.

❑ Vitesse de phase

Un observateur attaché à une surface d'onde (pour une OPPM, lieu des points de phase constante) lors de son déplacement voit une phase constante : la vitesse de propagation de la phase s'identifie ainsi à la vitesse de déplacement d'une surface d'onde dans la direction de $\vec{n}$: $\boxed{\vec{V}_\varphi = \frac{\omega}{k}\vec{n}}$. Dans le vide, la relation de dispersion implique $\boxed{\vec{V}_\varphi = \frac{\omega}{k}\vec{n} = c\,\vec{n}}$.

Remarque

Dans le cas présent, la vitesse de phase est indépendante de la pulsation : on dit que le vide est un milieu non dispersif.

❑ Double périodicité de l'OPPM monochromatique

Les solutions progressives des équations de l'Alembert à une dimension $\xi(x,t) = A\cos(k\,x - \omega t + \varphi_o)$ font état d'une double périodicité :

→ Dans l'espace à t fixé, $\xi(x) = A\cos(k\,x + \varphi'_o)$, où $\varphi'_o = \varphi_o - \omega\,t$, est périodique de période spatiale $\boxed{\lambda = \frac{2\pi}{k} = \frac{2\pi\,c}{\omega}}$. On introduit dans ce contexte le nombre d'onde $\boxed{\sigma = \frac{1}{\lambda}}$ qui n'est autre que la fréquence spatiale.

→ Au cours du temps à x fixé, $\xi(t) = \xi_0\cos(\omega\,t + \varphi''_o)$, où $\varphi''_o = -\varphi_o - k\,x$, est périodique de période temporelle $\boxed{T = \frac{2\pi}{\omega}}$. On introduit $\boxed{\nu = \frac{1}{T}}$ la fréquence temporelle de sorte que $\omega = 2\pi\,\nu$.

On constate que les périodes spatiale et temporelle sont liées par $\boxed{\lambda = c\,T}$.

❑ Les différents domaines de fréquence

Type d'onde	*Domaine fréquentiel*	*Domaine d'application*
Très basses fréquences (ELF)	de la limite électrostatique à 10^5 Hz en passant par le réseau domestique) 220 Hz	transport et distribution de l'électricité communication (sous-marins militaires)
Ondes radio (domaine herztien)	des grandes ondes à 10^5 Hz à la FM à 10^8 Hz	produit par des courants oscillants. Application au transport de l'information, communication satellite
Micro-ondes	des ondes centimétriques à 10^9 Hz aux ondes submillimétriques à 10^{12} Hz	radar, four micro-ondes, téléphonie mobile
Infrarouge (*IR*)	de l'*IR* lointain à 10^{12} Hz à l'*IR* proche à $3\cdot10^{14}$ Hz	chauffage
Visible	du rouge $3{,}8\cdot10^{14}$ Hz au bleu à $7{,}5\cdot10^{14}$ Hz	vision humaine, processus de photosynthèse, photographie...

Ultraviolet (UV)	de l'UV proche à $7{,}5\cdot10^{14}$ Hz à l'UV lointain à $3\cdot10^{16}$ Hz	activation de réaction chimique (photochimie), ionisation des hautes couches de l'atmosphère (ionosphère), stérilisation médicale...
Rayon X	des X mous à $3\cdot10^{16}$ Hz aux X durs à $5\cdot10^{19}$ Hz	émis par rayonnement de freinage, utilisés en imagerie médicale (radiographie), étude de la matière par diffraction des X
Rayon γ Rayons cosmiques	de $5\cdot10^{19}$ Hz à $5\cdot10^{20}$ Hz au-delà de $5\cdot10^{20}$ Hz pour les rayons cosmiques	rayonnement très énergétique, provoquant de graves lésions cellulaires (altération de l'ADN d'où cancers)

❑ Structure de l'OPPM monochromatique dans le vide

$\vec{E}$ et $\vec{B}$ sont orthogonaux à $\vec{k}$ et donc **transversaux**. La relation de structure de l'OPPM dans le vide s'écrit toujours $\vec{B} = \dfrac{\vec{n}\wedge\vec{E}}{c}$, soit encore, avec $\vec{k} = \dfrac{\omega}{c}\vec{n}$,

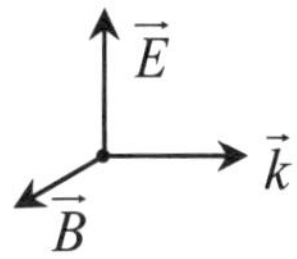

$\boxed{\vec{B} = \dfrac{\vec{k}\wedge\vec{E}}{\omega}}$. Elle montre que $\vec{E}$ et $\vec{B}$ sont orthogonaux entre eux et en phase.

Le trièdre $\left(\vec{k},\vec{E},\vec{B}\right)$ est direct.

❑ États de polarisation des OPPM

Étudier la polarisation d'une OPPM, c'est étudier l'évolution de la direction de son champ électrique $\vec{E}$ (celui de son champ magnétique s'en déduit par la relation de structure) au cours de la propagation. Par convention, l'étude est menée en se plaçant du point de vue d'un observateur « assis » sur le support du vecteur d'onde $\vec{k}$ (direction de propagation) et regardant l'onde venir vers lui. En coordonnées cartésiennes, l'expression générale du champ attaché à une OPPM progressive suivant l'axe (Ox) est : $\begin{cases} 0 \\ E_y = E_{0y}\cos(k\,x - \omega t + \varphi_y) \\ E_z = E_{0z}\cos(k\,x - \omega t + \varphi_z) \end{cases}$ où $k = \dfrac{\omega}{c}$, le caractère transverse de l'onde impliquant l'absence de composante suivant la direction de propagation (Ox). Les amplitudes des composantes transverses E_{0y} et E_{0z} sont positives et dans le cas général $\varphi_y \neq \varphi_z$, $\varphi_y, \varphi_z \in [0, 2\pi[$.

L'étude de la polarisation peut se faire :

– en fixant x (on se place alors sur un plan d'onde) et en étudiant l'évolution de $\vec{E}$ au cours du temps dans ce plan d'onde ;

– en fixant t et en étudiant l'évolution de $\vec{E}$ dans l'espace (on prend en quelque sorte une photographie du champ à l'instant t).

❑ Description de la polarisation dans un plan d'onde

Avec la convention de phase en $k\,x-\omega t+\varphi_{y,z}$ adoptée ici, à x fixé, l'extrémité du vecteur $\vec{E}$ décrit une ellipse. Lorsque $E_{0y}=E_{0z}$, cette ellipse se réduit à un cercle : la polarisation est circulaire gauche ou droite suivant que $0<\varphi<\pi$ ou que $\pi<\varphi<2\pi$ respectivement.

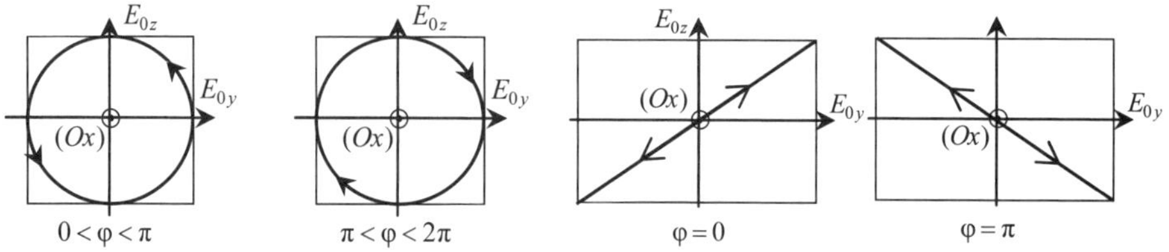

Dans le cas où $\varphi=0$ ou bien $\varphi=\pi$: la polarisation est dite rectiligne.

⇨ **Méthode 8.9. Comment étudier l'état de polarisation d'une OPPM ?**

Remarque

Il est dangereux (et inutile bien que faussement rassurant) d'apprendre par cœur les états de polarisations relatifs aux différentes valeurs de φ. En effet, la réalité physique que traduit l'état de polarisation du champs est ici décrite par des formes mathématiques de ses composantes en $\cos\left(k\,x-\omega t+\varphi_{y,z}\right)$. Si l'on adoptait la convention de phase contraire en $\cos\left(\omega t-k\,x+\varphi_{y,z}\right)$ (sans changer le signe des phases à l'origine $\varphi_{y,z}$ ni la nature de la fonction mathématique) on ne pourrait décrire la même réalité physique. Au contraire, pour les mêmes valeurs de φ que celle présentée plus haut, les états polarisations correspondant seraient de sens opposés à ceux que l'on a représentés ! Il vaudra bien mieux faire l'étude au cas par cas en se reportant à la méthode 8.9.

❑ Description de la polarisation à *t* donné

On représente l'évolution de $\vec{E}$ dans l'espace à t donné (« photographie » du champ à l'instant t). Le schéma figure a rend compte d'une polarisation rectiligne.
La figure b rend compte d'un état de polarisation circulaire droite.

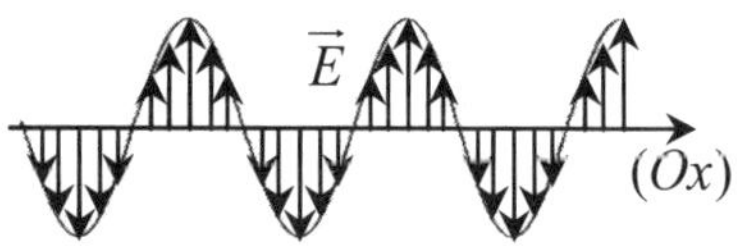

Figure a

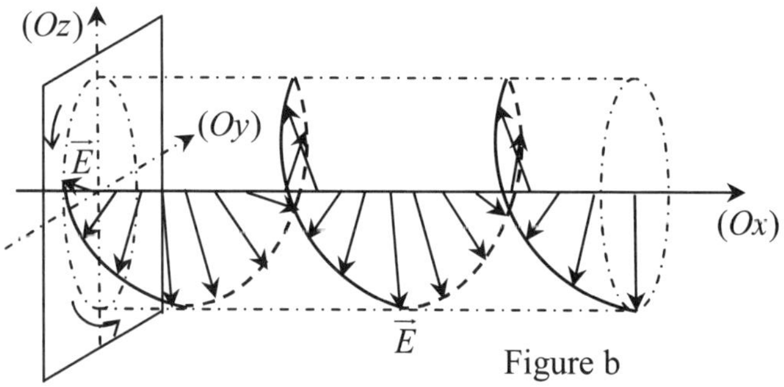

Figure b

Remarque

On note, figure b, que pour cette état de polarisation circulaire droite, l'extrémité du champ décrit une hélice s'enroulant vers la droite dans la direction de propagation, d'où la dénomination de polarisation droite. Dans le plan $(O,\,y,\,z)$, si on laissait défiler le temps, un observateur regardant venir l'onde verrait l'extrémité de $\vec{E}$ décrire le cercle en pointillait dans le sens trigonométrique. Pour une polarisation circulaire gauche l'hélice s'enroulerait vers la gauche et ce cercle serait décrit dans le sens inverse au sens trigonométrique.

Aspect énergétique des OPP

Vecteur de Poynting et puissance transportée par l'onde

Le vecteur de Poynting est $\boxed{\vec{R} = \varepsilon_0\, c\, E^2\, \vec{n} = u_{em}\, c\, \vec{n}}$, il est porté par la direction de propagation.

La puissance traversant une surface S perpendiculaire à la direction de propagation est $P_S = \iint_S \vec{R} \cdot \vec{n}\, \mathrm{d}S = R\, S = \dfrac{\delta W_S}{dt}$ où δW_S est l'énergie traversant S entre t et $t + \mathrm{d}t$.

L'énergie se propage dans la même direction que l'onde à la vitesse $\boxed{\vec{V}_e = c\, \vec{n}}$.

⇨ **Méthode 8.5. Comment évaluer la vitesse de propagation de l'énergie ?**

Densité d'énergie électromagnétique

La densité volumique d'énergie électromagnétique dans le vide a pour expression $\boxed{u_{em} = \dfrac{\varepsilon_0 E^2}{2} + \dfrac{B^2}{2\mu_0} = \varepsilon_0 E^2 = \dfrac{B^2}{\mu_0}}$. Il y a **équipartition de l'énergie** entre $\vec{E}$ et $\vec{B}$: les termes $\dfrac{\varepsilon_0 E^2}{2}$ et $\dfrac{B^2}{2\mu_0}$ sont tous deux égaux à $\dfrac{u_{em}}{2}$.

Aspect énergétique pour l'OPPM

Grandeurs énergétiques moyennes pour une OPPM

Les grandeurs énergétiques moyennes pour une OPPM sont :

– son vecteur de Poynting moyen qui en notation réelle et complexe s'écrit :

$$\boxed{\left\langle \vec{R} \right\rangle = \left\langle \frac{\vec{E} \wedge \vec{B}}{\mu_0} \right\rangle = \frac{1}{2} \mathrm{Re}\left\{ \frac{\underline{\vec{E}} \wedge \underline{\vec{B}}^*}{\mu_0} \right\}}.$$

– sa densité volumique d'énergie électromagnétique moyenne qui en notation réelle et complexe s'écrit :

$$\boxed{\left\langle u_{em} \right\rangle = \frac{\varepsilon_0 \left\langle E^2 \right\rangle}{2} + \frac{\left\langle B^2 \right\rangle}{2\mu_0} = \frac{\varepsilon_0}{4} \left| \underline{\vec{E}} \right|^2 + \frac{1}{4\mu_0} \left| \underline{\vec{B}} \right|^2}.$$

❑ Vitesse de l'énergie dans le vide

Les résultats concernant l'OPP sont encore valables pour l'OPPM. Dans ce cas, la phase se propageant dans le vide à la vitesse $\vec{V}_\varphi = c\,\vec{n}$, il apparaît que la phase et l'énergie se propagent à la même vitesse pour une OPPM dans le vide : $\boxed{V_\varphi = V_e = c}$.

❑ Vecteur de Poynting et puissance traversant une surface

Soit une surface S perpendiculaire à la direction de propagation. La puissance traversant S est égale à $\boxed{\langle P_S \rangle = \dfrac{\varepsilon_0\, c\, S}{2} E_0^2}$, où E_0 est l'amplitude du champ électrique attaché à l'OPPM. Elle est indépendante de l'état de polarisation de l'onde.

❑ Notion d'éclairement

Dans le domaine optique, un faisceau de rayons parallèles provenant d'une source ponctuelle monochromatique à l'infini peut être considéré comme une OPPM de fréquence de l'ordre de 10^{15} Hz (fréquence optique dans le domaine visible). On définit alors la notion d'éclairement ε comme étant la puissance reçue par unité de surface sur un écran orthogonal à la direction de propagation de la lumière : $\boxed{\varepsilon = \dfrac{\langle P_S \rangle}{S} = \dfrac{\varepsilon_0\, c}{2} E_0^2}$. On constate que l'éclairement est quadratique en champ : il est proportionnel au carré de l'amplitude du champ électrique E_0. En notation complexe avec $\underline{\vec{E}} = \underline{\vec{E}}_0 \exp\left(i(\vec{k}\cdot\vec{r} - \omega t)\right)$ où $\underline{\vec{E}}_0 = \vec{E}_0 \exp(i\,\varphi_o)$, on écrit :

$\boxed{\varepsilon = \dfrac{\langle P_S \rangle}{S} = \varepsilon_0\, c \left\langle \vec{E}^2 \right\rangle = \dfrac{\varepsilon_0\, c}{2} \left|\underline{\vec{E}}\right|^2}$, écriture que l'on utilisera en optique ondulatoire.

■ Limite du modèle d'OPPM

❑ Paquet d'ondes

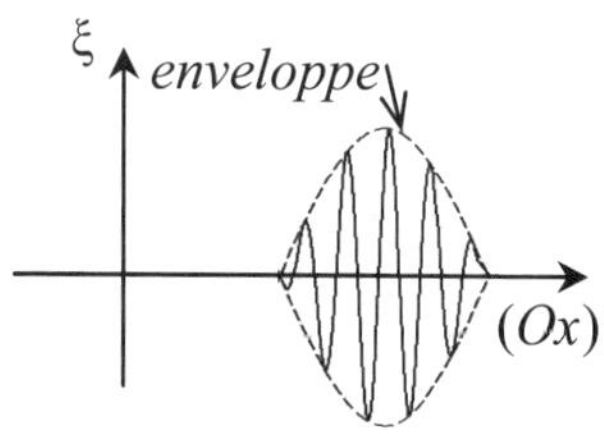

À une onde plane monochromatique correspond un train d'onde (voir chapitre 13) illimité (temporellement et spatialement) transportant donc une énergie infinie. Une onde réelle ne peut donc être représentée par une onde parfaitement monochromatique. On introduit alors la notion de paquet d'ondes, pour lequel l'énergie reste finie. Il s'agit de la superposition d'OPPM de pulsation ω réparties dans une bande spectrale de largeur $\Delta\omega$ et centrées autour d'une fréquence centrale ω_0. Chaque composante monochromatique dans la bande spectrale $\Delta\omega$ se propage avec sa propre vitesse de phase et a son amplitude modulée par une enveloppe (seule cette enveloppe a une réalité physique, les composantes monochromatiques n'étant que des intermédiaires mathématiques).

On peut alors montrer que la vitesse de propagation du maximum de l'enveloppe du paquet d'ondes, dite vitesse de groupe (comprendre groupe d'OPPM au sens paquet d'ondes), et notée

V_g, est égale à la vitesse de propagation de l'énergie V_e. La relation de dispersion permet de calculer la vitesse de groupe d'un paquet d'onde : $\boxed{V_g = \dfrac{d\omega}{dk}}$.

❑ Vitesse de groupe dans le vide

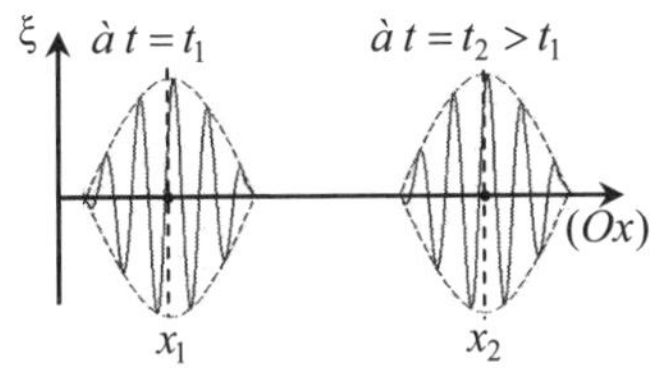

Dans un milieu **non dispersif**, tel le vide, toutes les composantes monochromatiques du paquet d'ondes sont régies par une équation de d'Alembert et répondent à la même relation de dispersion $k = \dfrac{\omega}{c}$. Elles se propagent donc avec une même vitesse de phase $V_\varphi = c$ indépendante de ω.

L'enveloppe du paquet d'ondes se propage donc sans déformation à la même vitesse c que la phase de chaque OPPM qui le compose, donc : $\boxed{V_g = \dfrac{d\omega}{dk} = c = V_e = V_\varphi}$.

⇨ **Méthode 8.8. Paquet d'ondes et vitesse de groupe**

Méthodes

Comment passer de la structure d'onde sphérique à celle d'onde plane ?

Méthode 8.1. La symétrie sphérique et les champs associés

Plaçons-nous en coordonnées sphériques de centre *O*. Dans le cas de sources localisées autour du point *O* possédant la symétrie sphérique, ou lorsque la source est ponctuelle, les champs possédant au moins la symétrie des sources (d'après le principe de Curie). On est alors conduit à considérer que chaque composante ξ du champ électromagnétique ne dépende que de la coordonnée radiale r : $\xi = \xi(r,t)$. Dans ce cas, les fronts d'ondes sont des sphères de rayon r et de centre *O*, et le vecteur unitaire de la direction de propagation est radial : on dit que l'onde est sphérique. L'amplitude des champs varie alors en $1/r$.

⇨ Tout exercice

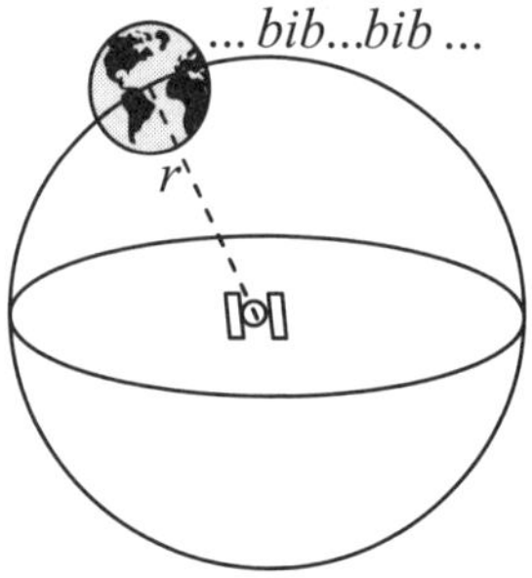

Considérons l'onde électromagnétique rayonnée, à une longueur d'onde λ donnée, par la source radio d'une sonde spatiale, qui vue à grande distance (depuis la terre) est quasi ponctuelle. On lui associe les champs $\vec{E} = \frac{A}{r}\cos\left(\omega(t - r/c)\right)\vec{e_\theta}$ et $\vec{B} = \frac{A}{rc}\cos\left(\omega(t - r/c)\right)\vec{e_\varphi}$. À grande distance, la source de ces champs étant vue comme une source quasi ponctuelle, on s'attend à une structure d'onde sphérique divergente. On peut le vérifier en écrivant l'équation de d'Alembert en coordonnées sphériques pour l'une des composantes $\xi(r,t)$ du champ électromagnétique et en interprétant ses solutions. En coordonnées sphériques : $\vec{\nabla}^2(\xi) = \frac{1}{r}\frac{\partial^2(r\,\xi)}{\partial r^2}$, de sorte que $\xi(r,t)$ satisfait à $\frac{1}{r}\frac{\partial^2(r\,\xi)}{\partial r^2} - \frac{1}{c^2}\frac{\partial^2(\xi)}{\partial t^2} = 0$, soit en multipliant membre à membre par r : $\frac{\partial^2(r\,\xi)}{\partial r^2} - \frac{1}{c^2}\frac{\partial^2(r\,\xi)}{\partial t^2} = 0$. Posons $\psi(r,t) = r\,\xi(r,t)$. On sait que la solution générale de l'équation de d'Alembert pour $\psi(r,t)$ est $\psi(r,t) = f(r-ct) + g(r+ct)$ (voir exercice 9.1). Ainsi, $\boxed{\xi(r,t) = \frac{1}{r}f(r-ct) + \frac{1}{r}g(r+ct)}$. Le terme $\frac{1}{r}f(r-ct)$ correspond à une onde sphérique divergente de direction de propagation suivant $\vec{n} = \vec{e_r}$ et amplitude variant en $\frac{1}{r}$, ce qui est bien conforme aux formes des champs proposés ici. Le terme $\frac{1}{r}g(r+ct)$ correspond quant à lui à une onde sphérique convergente de direction de propagation $\vec{n}=-\vec{e_r}$.

Ici, l'onde se propage dans le vide mais son amplitude décroit en $1/r$ pour assurer la conservation de l'énergie. On parle d'atténuation géométrique par opposition à une atténuation liée à l'absorption du milieu traversé. En effet, avec $\langle \cos^2(\omega(t-r/c))\rangle = \frac{1}{2}$, $\langle \vec{R}\rangle = \left\langle \frac{\vec{E}\wedge\vec{B}}{\mu_0}\right\rangle = \frac{\varepsilon_0 A^2}{2r^2}\vec{e_r}$. Ainsi $\langle \|\vec{R}\|\rangle = \frac{\varepsilon_0 A^2}{2r^2}$ et, pour une longueur d'onde λ donnée, la puissance moyenne rayonnée à travers la sphère de centre O et de rayon r est une constante indépendante de r : $\langle P\rangle = \langle \|\vec{R}\|\rangle 4\pi r^2 = cte$. La dépendance de l'amplitude des champs en $1/r$ assure donc bien la **conservation de l'énergie**.

❑ Méthode 8.2. Approximation des ondes planes

> L'onde sphérique peut être considérée comme localement plane : on assimile alors localement la surface de la sphère de rayon r à son plan tangent.
> Sur des distances faibles devant la distance à la source, en négligeant la variation en $\frac{1}{r}$ de l'amplitude des champs, on a alors $\xi(r,t)=f(r-ct)+g(r+ct)$. On s'est alors formellement ramené au traitement de l'onde plane progressive.

⇨ **Exercice 8.1**

Poursuivons l'exemple du champ rayonné à grande distance d'une source radio.

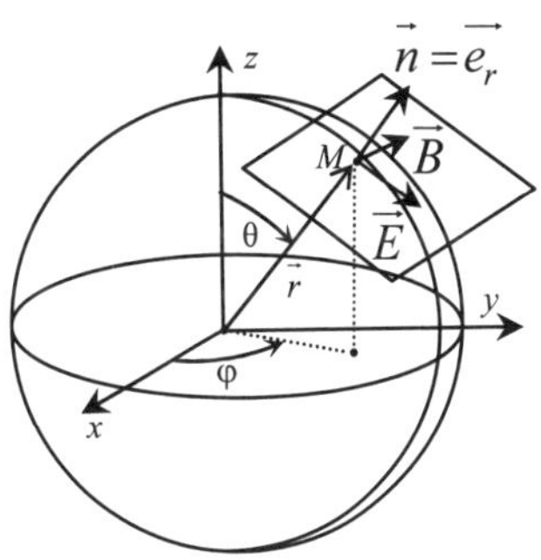

On remarque que $\vec{E}$ et $\vec{B}$ sont transverses et en phase, et formant, avec la direction de propagation $\vec{n}=\vec{e_r}$, un trièdre direct, comme c'est le cas pour une OPPM dans le vide. D'autre part, on a, comme pour une OPPM dans le vide, $\|\vec{E}\|/\|\vec{B}\|=c$. Ainsi, on peut localement écrire que $\vec{B}=\frac{\vec{n}\wedge\vec{E}}{c}$ de sorte que l'onde a localement une **structure d'onde plane**.

■ Comment étudier une OPP ou une OPPM ?

❑ Méthode 8.3. Comment montrer qu'une onde est plane ?

Considérons une onde se caractérisant par une grandeur physique $f(x-ct)$ variable dans l'espace et au cours du temps. À t donné, le lieu des points de phase constante (ou de $f=cte$) définit un front d'ondes. Ici, à t donné, $x-ct=cte \Rightarrow x=cte$: les fronts d'ondes sont des plans perpendiculaires à (Ox). Le terme $f(x-ct)$ caractérise ainsi une onde plane.

⇨ Exercice 8.1

On considère le champ électrique attaché à une onde EM de la forme : $\vec{E}(z,t)=E_0\cos(k(z-ct)+\varphi_o)\,\vec{e_x}$. À t donné, le lieu des points de phase constante est déterminé par $z-ct=cte \Rightarrow z=cte$: les fronts d'ondes sont des plans perpendiculaires à (Oz). **L'onde est plane.**

Attention, on veillera à ne pas confondre la direction de propagation (l'axe (Oz) dans cet exemple), avec la direction de polarisation (l'axe (Ox) dans cet exemple).

❑ Méthode 8.4. Comment montrer qu'une onde est progressive ?

Soit $f=f(x_1-ct_1)$ la valeur prise par f à l'instant $t=t_1$ en $x=x_1$. f retrouve la même valeur en $t=t_2>t_1$ et pour $x=x_2$ lorsque $f(x_1-ct_1)=f(x_2-ct_2)$, soit pour $(x_1-ct_1)=(x_2-ct_2)$, ce qui implique la condition $x_2-x_1=c(t_2-t_1)>0$. Ainsi, l'onde s'est propagée en bloc au cours du temps (puisque la condition $t_2>t_1$ oriente « la flèche » du temps) le long de l'axe des abscisses et a progressée suivant les x positifs à la vitesse $c=\dfrac{x_2-x_1}{t_2-t_1}$. On appelle onde progressive ce phénomène de propagation d'une grandeur physique dans l'espace et au cours du temps. Dans ce cas, le vecteur unitaire de la direction de propagation est $\vec{e_x}$.

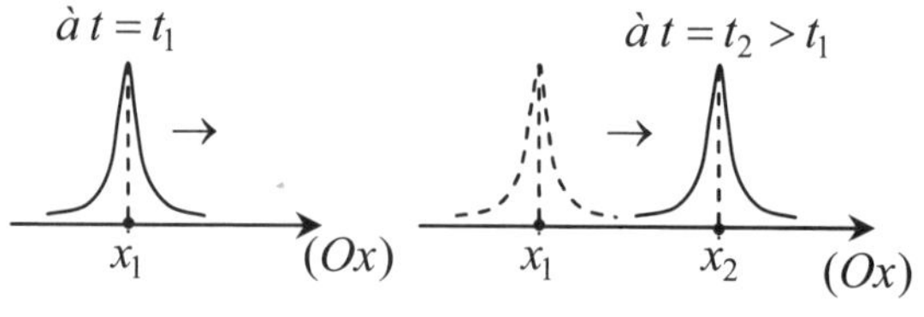

⇨ Exercice 8.1

❑ Méthode 8.5. Comment évaluer la vitesse de propagation de l'énergie ?

Soit une surface S perpendiculaire à la direction de propagation et $\langle \delta W_S \rangle$ l'énergie moyenne traversant S entre t et $t + \mathrm{d}t$. Le vecteur de Poynting moyen $\langle \vec{R} \rangle$ étant généralement porté par la direction de propagation, le flux du vecteur de Poynting à travers S est égal à la puissance moyenne rayonnée à travers S : $\langle P_S \rangle = \iint_S \langle \vec{R} \rangle \cdot \vec{n}\, \mathrm{d}S = \dfrac{\langle \delta W_S \rangle}{\mathrm{d}t}$, soit $\langle \delta W_S \rangle = \mathrm{d}t \iint_S \langle \vec{R} \rangle \cdot \vec{n}\, \mathrm{d}S$ (1).

Évaluons $\langle \delta W_S \rangle$ d'une autre façon : notons $\vec{V}_e$ la vitesse de propagation de l'énergie dans le vide. L'énergie $\langle \delta W_S \rangle$ traversant S entre t et $t + \mathrm{d}t$ est contenue dans un cylindre droit de section S et de génératrice $V_e \, \mathrm{d}t$. Le produit du volume de ce cylindre $S V_e \, \mathrm{d}t$ par la densité volumique d'énergie moyenne $\langle u_{em} \rangle$ (uniforme) est donc égal à δW_S : $\langle \delta W_S \rangle = \langle u_{em} \rangle S \, V_e \, \mathrm{d}t$ (2).

La comparaison entre (1) et (2) conduit à l'expression de V_e. On peut vérifier qu'en l'absence d'absorption, elle est égale à la vitesse de groupe V_g.

⇨ Exercice 8.1

❑ Méthode 8.6. Par la relation de structure

Lorsqu'on a préalablement vérifié que l'onde est plane, la relation de structure $\vec{B} = \dfrac{\vec{n} \wedge \vec{E}}{c}$ s'applique et permet de déduire directement la forme de $\vec{B}$ connaissant celle de $\vec{E}$. Dans le cas d'une OPPM, on utilisera indifféremment $\vec{B} = \dfrac{\vec{n} \wedge \vec{E}}{c}$ ou $\vec{B} = \dfrac{\vec{k} \wedge \vec{E}}{\omega}$ où $\vec{k} = \dfrac{\omega}{c}\vec{n}$ est son vecteur d'onde et ω sa pulsation.

⇨ Exercice 8.1

Considérons dans le vide, le champ $\vec{E}(z,t) = E_o \cos(k\,z - \omega t)\,\vec{e_x}$. À t donné, le lieu des point de phases constantes est donné par $k\,z - \omega t = cte \;\; \Rightarrow z = cte$. Ce champ caractérise donc une onde plane, les fronts d'ondes étant des plans perpendiculaires à (Oz), le vecteur directeur de la propagation étant $\vec{n} = \vec{e_z}$. Ainsi, on peut lui appliquer la relation de structure pour calculer : $\vec{B} = \dfrac{\vec{n} \wedge \vec{E}}{c}$, soit $\boxed{\vec{B}(z,t) = \dfrac{E_0}{c} \cos(k\,z - \omega t + \varphi_o)\,\vec{e_y}}$.

Méthodes

❑ Méthode 8.7. Par l'utilisation des équations de Maxwell

Lorsque que la structure d'onde plane n'est pas facilement identifiable ou plus simplement s'il est clair que l'onde n'est pas plane, ou plane mais non progressive, la relation de structure n'est plus valable. Il convient alors d'intégrer par rapport au temps l'équation de (M.F) $\vec{\nabla} \wedge \vec{E} = -\dfrac{\partial \vec{B}}{\partial t}$ pour déterminer la forme de $\vec{B}$ connaissant celle de $\vec{E}$. Dans certains cas, il peut être plus rapide d'utiliser l'équation de (M.A) $\vec{\nabla} \wedge \vec{B} = \mu_0 \left(\vec{j} + \varepsilon_0 \dfrac{\partial \vec{E}}{\partial t} \right)$. En particulier, dans le vide avec $\vec{j} = \vec{0}$, si les symétries sont suffisantes pour réduire le rotationnel à une unique dérivée partielle, on a $\vec{\nabla} \wedge \vec{B} = \dfrac{1}{c^2} \dfrac{\partial \vec{E}}{\partial t}$, qu'il s'agira alors d'intégrer par rapport à l'unique coordonnée d'espace intervenant dans l'écriture du rotationnel de $\vec{B}$.

⇨ **Très nombreux exercices d'électromagnétisme**

Considérons le champ de la forme $\vec{E} = E_0 \sin(\omega t) \sin(k\, z) \vec{e_x}$: il caractérise une onde monochromatique plane stationnaire (on rencontre par exemple cette structure d'onde dans le vide devant la surface d'un conducteur parfait). On ne peut dont pas utiliser ici la relation de structure réservée aux OPPM pour déterminer l'expression de $\vec{B}$. Il faut intégrer l'équation de (M.F) : $\vec{\nabla} \wedge \vec{E} = -\dfrac{\partial \vec{B}}{\partial t}$, qui en cordonnées cartésiennes s'écrit :

$$\begin{vmatrix} \partial B_x / \partial t \\ \partial B_y / \partial t \\ \partial B_z / \partial t \end{vmatrix} = - \begin{vmatrix} \partial / \partial x \\ \partial / \partial y \\ \partial / \partial z \end{vmatrix} \wedge \begin{vmatrix} E_x \\ E_y \\ E_z \end{vmatrix} = - \begin{vmatrix} 0 \\ k\, E_0 \sin(\omega t) \cos(k\, z) \\ 0 \end{vmatrix} \text{ soit } \frac{\partial B_y}{\partial t} = -\frac{\omega}{c} E_0 \sin(\omega t) \cos(k\, z).$$

Par intégration par rapport au temps : $\boxed{\vec{B}(z,t) = \dfrac{E_0}{c} \cos(\omega t) \cos(k\, z) \vec{e_y}}$. Les constantes d'intégrations correspondant à des champs statiques sont prises égales à zéro en régime d'onde.

■ Comment étudier un paquet d'ondes ?

❑ Méthode 8.8. Paquet d'ondes et vitesse de groupe

En considérant le paquet d'ondes comme la superposition de plusieurs OPPM à différentes pulsations dans un domaine spectral étroit (train d'ondes), on écrit l'expression du champ total pour déterminer la vitesse de propagation du maximum de l'enveloppe de la vibration : il s'agit de la vitesse de groupe.

⇨ **Exercice 8.3**

On considère l'onde électromagnétique (dans le domaine du visible) issue du doublet jaune du sodium, composé de deux radiations monochromatiques de longueur d'onde proche à 589,0 nm et 589,6 nm : $\underline{\xi}_1(x,t) = A\exp\left(i(k_1\, x - \omega_1\, t)\right)$ et $\underline{\xi}_2(x,t) = A\exp\left(i(k_2\, x - \omega_2\, t)\right)$ de pulsations ω_1 et ω_2 telles que $\omega_1 = \omega_0 - \dfrac{\Delta\omega}{2}$ et $\omega_2 = \omega_0 + \dfrac{\Delta\omega}{2}$ où $\Delta\omega = \omega_2 - \omega_1 << \omega_0$ et $\omega_0 = \dfrac{\omega_1 + \omega_2}{2}$ est la pulsation centrale. On suppose pour simplifier que ces deux radiations ont la même amplitude A et que les phases à l'origine sont nulles.

La radiation totale s'écrit, $\Delta k = k_2 - k_1 = \dfrac{\Delta\omega}{c}$ et en notant que $k_1 + k_2 \approx 2c\,\omega_0 = 2k_0$: $\underline{\xi}(x,t) = \underline{\xi}_1 + \underline{\xi}_2 = 2A\cos\left(\left(\dfrac{\Delta k}{2}\right)x - \left(\dfrac{\Delta\omega}{2}\right)t\right)\exp\left(i\left(k_0\, x - \omega_0\, t\right)\right)$. En passant en notations réelles : $\boxed{\xi(x,t) = 2A\cos\left(\left(\dfrac{\Delta k}{2}\right)x - \left(\dfrac{\Delta\omega}{2}\right)t\right)\cos\left(k_0\, x - \omega_0\, t\right)}$. Ainsi, $\underline{\xi}(x,t)$ est équivalente à une onde sinusoïdale de pulsation ω_0 et de vecteur d'onde k_0, dont l'amplitude serait modulée par la fonction $\cos\left(\left(\dfrac{\Delta k}{2}\right)x - \left(\dfrac{\Delta\omega}{2}\right)t\right)$, qui forme l'enveloppe de l'onde. En effet, avec $\Delta k << k_0$ et $\Delta\omega << \omega_0$ le terme $\cos\left(\left(\dfrac{\Delta k}{2}\right)x - \left(\dfrac{\Delta\omega}{2}\right)t\right)$ de longue période module les oscillations plus rapides du terme $\cos\left(k_0\, x - \omega_0\, t\right)$. L'enveloppe de la vibration se propage à la vitesse $V = \dfrac{\mathrm{d}x}{\mathrm{d}t}$ telle qu'en suivant un plan où $\left(\dfrac{\Delta k}{2}\right)x - \left(\dfrac{\Delta\omega}{2}\right)t = cte$, on ait : $\left(\dfrac{\Delta k}{2}\right)\mathrm{d}x - \left(\dfrac{\Delta\omega}{2}\right)\mathrm{d}t = 0$ soit $V = \dfrac{\mathrm{d}x}{\mathrm{d}t} = \dfrac{\Delta\omega}{\Delta k}$, que l'on identifie avec la vitesse de groupe V_g.

L'allure de $\xi(x)$ à t fixé est représentée ci-dessous. On reconnaît le phénomène de modulation d'amplitude caractéristique du battement entre deux pulsations proches.

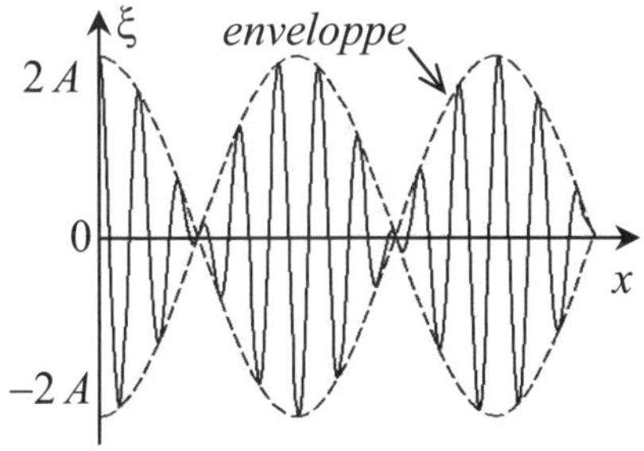

❑ Méthode 8.9. Comment étudier l'état de polarisation d'une OPPM ?

→ La méthode consiste dans un premier temps à identifier la forme de la courbe décrite par l'extrémité du vecteur $\vec{E}$ défini par $\begin{cases} 0 \\ E_y = E_0 \cos(k\,x - \omega t + \varphi_y) \\ E_z = E_0 \cos(k\,x - \omega t + \varphi_z) \end{cases}$. À t donné, dans un plan d'onde, $\vec{E}$ décrit un cercle ou une droite, on parle de polarisation circulaire ou rectiligne. Pour la polarisation circulaire, il convient de décrire le sens de parcours vu par un observateur regardant venir l'onde vers lui (ici en regardant dans le sens $(Ox)^-$, l'onde se propageant suivant $(Ox)^+$) : polarisation gauche si $\vec{E}$ semble tourner dans le sens trigonométrique et droite dans le cas contraire. Ce sens dépend de la valeur de $\varphi = \varphi_z - \varphi_y$ et peut être déterminé par exemple en étudiant l'évolution de la composante en z de $\vec{E}$ à l'instant initial dans le plan d'onde $x = 0$, donné par $\left(\dfrac{\mathrm{d}\,E_z}{\mathrm{d}t}\right)_{\begin{cases}t=0\\x=0\end{cases}} = \omega\,E_0 \sin(\varphi)$. La **convention de phase contraire** en $\cos(\omega t - k\,x + \varphi)$, rend compte d'un **sens de rotation inversé** par rapport au cas précédent.

→ On peut aussi écrire $\vec{E}$ sous la forme $\begin{cases} 0 \\ E_y = E_0 \cos(\Phi) \\ E_z = E_0 \cos(\Phi + \varphi) \end{cases}$ où $\varphi = \varphi_z - \varphi_y$ et constater que le terme de phase $\phi = k\,x - \omega t$ diminue au cours du temps à x fixé Attention avec une convention de phase en $\omega t - k\,x + \varphi$, avec la même valeur de φ, elle augmente au cours du temps !

On se place à x fixé, en faisant prendre à ϕ les valeurs particulièrement commodes (ce qui revient à se donner deux valeurs de t) que sont $\phi = 0$, $\phi = -\dfrac{\pi}{2}$ (ou $\phi = 0$, $\phi = +\dfrac{\pi}{2}$ avec la convention de phase contraire $\phi = \omega t - k\,x$). Puis, connaissant la valeur de φ, on représentant $\vec{E}$ pour ces deux valeurs particulières de ϕ et on en déduit le sens dans lequel il a tourné.

⇨ Exercice 8.5

Considérons le champ transverse suivant :

$$\begin{vmatrix} E_x \\ E_y = \\ E_z \end{vmatrix} \begin{matrix} 0 \\ E_0 \cos(\omega t - k\,x) \\ E_0 \cos(\omega t - k\,x + \pi/4) \end{matrix}$$

où E_0 est une constante positive.

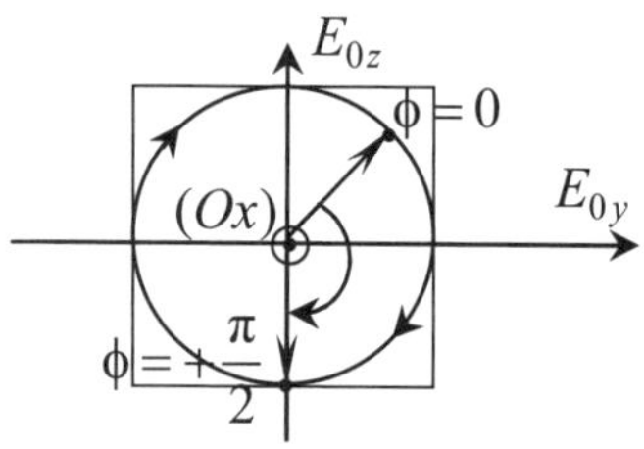

L'étude de la polarisation de cette OPPM peut être menée en

remarquant que le terme de phase $\phi = \omega t - k\,x$ augmente au cours du temps à x fixé. Ainsi, en se plaçant sur une surface d'onde en $x = cte$, faisons prendre à la phase les valeurs particulières suivantes :

$$\phi = 0 \ : \begin{vmatrix} E_x \\ E_y \\ E_z \end{vmatrix} = \begin{vmatrix} 0 \\ E_{y_0} \\ \sqrt{2}\,E_0/2 \end{vmatrix} \quad , \ \phi = +\frac{\pi}{2} \ : \begin{vmatrix} E_x \\ E_y \\ E_z \end{vmatrix} = \begin{vmatrix} 0 \\ 0 \\ -\sqrt{2}\,E_0/2 \end{vmatrix} \quad .$$

Ainsi, un observateur regardant venir l'onde vers lui (regardant dans le sens $(Ox)^-$ l'onde qui progresse suivant $(Ox)^+$) voit tourner le champ dans le sens inverse trigonométrique : la polarisation est circulaire droite.

Méthodes

Vrai/Faux

	Vrai	Faux
1. La puissance moyenne transportée à travers une surface perpendiculaire à la direction de propagation d'une OPPM est indépendante de son état de polarisation.	☐	☐
2. La relation de structure $\vec{B} = \dfrac{\vec{k} \wedge \vec{E}}{\omega}$ concerne toute onde électromagnétique monochromatique dans le vide.	☐	☐
3. Le vecteur de Poynting attaché à une OPPM traitée en notation complexe est donné par : $\underline{\vec{R}} = \dfrac{\underline{\vec{E}} \wedge \underline{\vec{B}}}{\mu_0}$. La densité volumique d'énergie électromagnétique est $u_{em} = \dfrac{\varepsilon_0}{2} \lvert\underline{\vec{E}}\rvert^2 + \dfrac{1}{2\mu_0} \lvert\underline{\vec{B}}\rvert^2$.	☐	☐
4. La propagation d'une onde électromagnétique dans le vide se fait toujours sans atténuation et sans dispersion.	☐	☐
5. L'onde lumineuse émise par un laser hélium-néon est assez bien représentée localement par une onde plane.	☐	☐
6. La lumière naturelle n'est pas polarisée. Il est possible d'agir sur son état de polarisation pour produire une lumière polarisée rectilignement.	☐	☐
7. Pour des champs de la forme $\underline{\vec{E}} = \underline{\vec{E}}_0 \exp\left(i(\vec{k} \cdot \vec{r} - \omega t)\right)$ où $\underline{\vec{E}}_0 = \vec{E}_0 \exp\left(i\,\varphi_0\right)$ et $\underline{\vec{B}} = \underline{\vec{B}}_0 \exp\left(i(\vec{k} \cdot \vec{r} - \omega t)\right)$ où $\underline{\vec{B}}_0 = \vec{B}_0 \exp\left(i\,\varphi_0\right)$, les équation de Maxwell pour des champ complexes prennent la forme suivante : (M.Φ) $\longrightarrow\ i\,\vec{k} \cdot \underline{\vec{B}} = 0$, (M.A) $\longrightarrow\ i\,\vec{k} \wedge \underline{\vec{B}} = -i\,\omega\,\varepsilon_0\mu_0 \underline{\vec{E}}$, (M.G) $\longrightarrow\ i\,\vec{k} \cdot \underline{\vec{E}} = 0$ et (M.F) $\longrightarrow\ i\,\vec{k} \wedge \underline{\vec{E}} = i\,\omega\,\underline{\vec{B}}$.	☐	☐
8. Il est plus rapide d'obtenir la relation de structure d'une OPPM en complexe qu'en réel.	☐	☐
9. Les deux sens possibles de propagation d'une OPPM (onde progressive et régressive) apparaissent comme deux solutions de la relation de dispersion.	☐	☐

Énoncé des exercices

❑ Exercice 8.1. Solution des équations de d'Alembert en ondes planes progressives

1. Établir les équations de propagation pour $\vec{E}$ et $\vec{B}$ en présence de charge et de courant dans un premier temps. Montrer que dans le vide local elles se mettent sous la forme d'un opérateur $\vec{\Delta}(\ ) - \varepsilon_0\mu_0 \dfrac{\partial^2(\ )}{\partial t^2}$ (dit opérateur d'Alembertien) qui, appliqué aux champs, donne $\vec{0}$. Commenter dans ce dernier cas la dépendance temporelle des équations de d'Alembert.

2. Plaçons-nous dans le cas où les champs ne dépendent que du temps et d'une unique coordonnée spatiale suivant l'axe (Ox), en coordonnées cartésiennes. On note alors $\xi(x,t)$ l'une des composantes de $\vec{E}$ ou $\vec{B}$ ne dépendant que de l'abscisse x et du temps t.

a) Rappeler la définition d'une onde plane.

b) Trouver la solution des équations de d'Alembert à une dimension en onde plane progressive. Quelle est la dimension du terme $\varepsilon_0\mu_0$?

c) Généraliser ces résultats au cas d'une une direction de propagation quelconque définie par le vecteur unitaire $\vec{n} = \alpha\,\vec{e_x} + \beta\,\vec{e_y} + \gamma\,\vec{e_z}$.

3. On se place dans le cas où $\vec{n} = \vec{e_x}$. Montrer que les champs $\vec{E}$ et $\vec{B}$ sont transversaux. Trouver la relation liant $\vec{E}$, $\vec{B}$ et $\vec{n}$.

4. Déterminer l'expression de la densité volumique d'énergie électromagnétique u_{em}. Commenter. Exprimer le vecteur de Poynting ainsi que la puissance transportée à travers une surface S perpendiculaire à la direction de propagation. En déduire le vecteur vitesse de propagation de l'énergie.

❑ Exercice 8.2. Étude d'un rayon laser - Problème ouvert

Lors d'un TP d'optique, le professeur de physique sort la notice du constructeur d'un laser qui donne pour le faisceau émis une section $s = 4\ \text{mm}^2$ et pour l'amplitude du champ électrique associé à l'onde électromagnétique émise $430\ \text{V}\cdot\text{m}^{-1}$. Le professeur à malheureusement égaré la page où était reportée la puissance moyenne. Pouvez-vous, en vous appuyant sur une modélisation simple du faisceau laser, l'aider à retrouver rapidement son ordre de grandeur ?

❑ Exercice 8.3. Exemple d'un paquet d'ondes de faible largeur spectrale

Considérons l'une des composantes du champ électromagnétique $\xi(x,t)$ se propageant suivant l'axe (Ox). S'agissant d'une onde plane non rigoureusement monochromatique, on la représente par un paquet d'ondes de largeur spectrale $\Delta\omega$ et de fréquence centrale ω_0 . Il s'agit, par définition, de la somme continue des différentes composantes monochromatiques progressives de pulsation ω comprises entre $\omega_1 = \omega_0 - \dfrac{\Delta\omega}{2}$ et $\omega_2 = \omega_0 + \dfrac{\Delta\omega}{2}$. Dans le cas présent, on suppose que le paquet d'ondes est de faible largeur spectrale, ce qui se traduit par $\Delta\omega << \omega_0$. En notation complexe, ce paquet d'ondes se met sous la forme $\underline{\xi}(x,t) = \displaystyle\int_{\omega_1}^{\omega_2} a(\omega)\exp\big(i\,(k(\omega)\,x - \omega\,t + \varphi)\big)\,\mathrm{d}\omega$ où $a(\omega)$ est positif et représente le poids de la composante harmonique de pulsation ω et où $k(\omega)$ est le module de son vecteur d'onde lié à ω par la relation de dispersion (qui est non linéaire puisque le milieu est dispersif) et $\varphi = \varphi(\omega)$ est le déphasage entre ces différentes composantes monochromatiques.

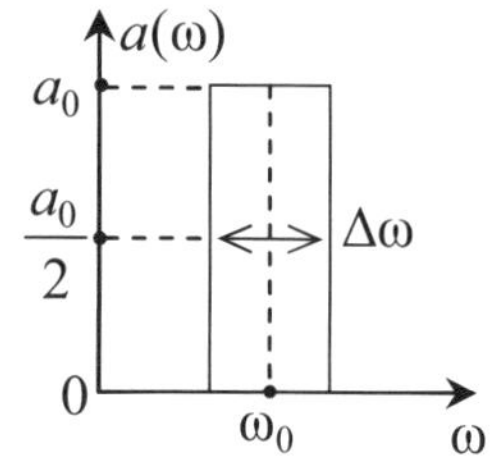

1. Dans le cadre de l'hypothèse $\Delta\omega << \omega_0$, on pose $\delta\omega = \omega - \omega_0 << \omega_0$. En effectuant un développement limité au premier ordre de $k(\omega)$ et de $\varphi(\omega)$ autour de la pulsation centrale ω_0, montrer que $\underline{\xi}(x,t)$ est équivalente à une onde sinusoïdale $\exp\big(i\,(k_0\,x - \omega_0\,t + \varphi_0)\big)$ de même pulsation ω_0 et de même vecteur d'onde k_0 que la composante centrale du paquet d'ondes et dont l'amplitude serait modulée par une enveloppe $\underline{A}(x,t)$ dont on précisera l'expression.

2. a) Sachant que, par définition, la vitesse de groupe est la vitesse de propagation du maximum $x_m(t)$ de cette l'enveloppe, montrer qu'elle a pour expression $V_g = \left(\dfrac{\mathrm{d}\omega}{\mathrm{d}k}\right)_{\omega=\omega_0}$.

b) À quelle condition la vitesse de phase d'une composante monochromatique du paquet d'ondes est-elle égale à la vitesse de groupe ? Interpréter physiquement cette condition en termes de caractéristiques du milieu.

3. Dans le cas où le milieu est absorbant, le vecteur d'onde est complexe et on pose $\vec{k} = (k' - ik'')\overrightarrow{e_x}$ avec $k'' > 0$. Montrer, k'' étant considéré comme indépendant de la pulsation (hypothèse du milieu faiblement dispersif), que $\underline{\xi}(x,t)$ peut être écrit comme le produit de la composante centrale du paquet d'ondes amorti $\exp(-k''\,x)\exp\big(i\,(k'_0\,x - \omega_0\,t + \varphi_0)\big)$ et du terme d'enveloppe modulante :

$$\underline{A}(x,t) = \int_{\omega_1}^{\omega_2} a(\omega)\exp\left(i\,\delta\omega\left(x\left(\frac{\mathrm{d}k'}{\mathrm{d}\omega}\right)_{\omega=\omega_0} - t + \left(\frac{\mathrm{d}\varphi}{\mathrm{d}\omega}\right)_{\omega=\omega_0}\right)\right)\mathrm{d}\omega.$$

Quelle est alors l'expression de la vitesse de groupe V_g ?

4. On considère, dans le vide, un paquet d'ondes émis par une population d'atomes préalablement excités. On ne tient pas compte, dans cette approche simplifiée, des problèmes de cohérence entre les différentes composantes du paquet d'ondes, de sorte que la phase à l'origine est supposée constante et posée égale à zéro. Le paquet d'ondes se met ainsi sous la forme complexe $\underline{\xi}(x,t) = \displaystyle\int_{\omega_1}^{\omega_2} a(\omega)\exp\big(i\,(k(\omega)\,x - \omega\,t)\big)\,\mathrm{d}\omega$. Compte tenu du temps de vie limité des états excités des atomes émetteurs (effet responsable d'un élargissement des raies émises appelé largeur naturelle des raies) et du fait de la distribution des vitesses de ces atomes (responsable de l'élargissement des raies par effet doppler, affectant la fréquence des ondes perçues dans le référentiel du laboratoire), on considère que $a(\omega)$ a grossièrement la forme d'une fonction porte de largeur spectrale $\Delta\omega$ et de fréquence centrale ω_0. On rappelle que l'intensité associée à un paquet d'ondes est proportionnelle au module carré de son amplitude de sorte que l'on posera : $I(x,t) = \left|\underline{\xi}(x,t)\right|^2$.

a) Montrer que l'intensité véhiculée par ce paquet d'ondes est de la forme $I(x,t) = I_0\, f(u)$ où f est une fonction que l'on explicitera et où $u = \dfrac{\Delta\omega}{2}\left(\dfrac{x}{c} - t\right)$. On rappelle que la limite en zéro de la fonction sinus-cardinal, définie par $\text{sinc}(u) = \dfrac{\sin(u)}{u}$, vaut 1.

b) Tracer l'allure de $I(x)$ à t fixé et en déduire une estimation de l'extension spatiale Δx de l'énergie véhiculée par ce paquet d'ondes qui par convention sera prise égale à la largeur à la base du lobe principal. On donne ci-contre l'allure des variations de la fonction $\text{sinc}(u)$ entre zéro et $+\infty$ et on rappelle que son premier zéro est en $u = \pi$. Exprimer alors l'extension temporelle τ_c du paquet d'onde en fonction de la largeur spectrale en fréquence $\Delta\nu$. On admettra que $\tau_c\, c = \Delta x$. Quel résultat retrouve-t-on dans la limite d'une source monochromatique ? Conclure sur la validité du modèle de l'onde plane monochromatique en relation avec la localisation de l'énergie.

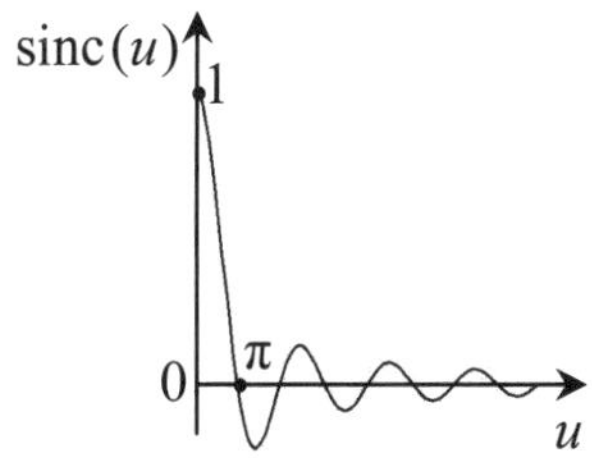

❑ Exercice 8.4. Polariseur et analyseur

On modélise un film polarisant dichroïque, noté P_1, par une lame d'épaisseur négligeable constituée d'un milieu anisotrope. On suppose que le caractère anisotrope du milieu se traduit par une transparence vis-à-vis des ondes dont le champ électrique est parallèle à une direction (Ox) attachée au plan du polariseur, dite axe du polariseur, et par une opacité vis-à-vis des ondes dont le champ électrique est parallèle à une direction (Oy) orthogonale à (Ox). On admet que dans le cas général, le champ électrique associé à une onde de polarisation quelconque se propageant suivant l'axe (Oz) normal à la surface du polariseur est de la forme :

$$\vec{E}_1 = \begin{vmatrix} E_{0x}\cos(k\,z - \omega t + \varphi_x) \\ E_{0y}\cos(k\,z - \omega t + \varphi_y) \\ 0 \end{vmatrix}$$

. Le caractère transverse de l'onde impliquant l'absence de composante suivant la direction de propagation (Oz). Les amplitudes des composantes transverses E_{0x} et E_{0y} sont positives. Dans le cas d'une lumière non polarisée, les phases à l'origine φ_x et φ_x sont différentes et aléatoires.

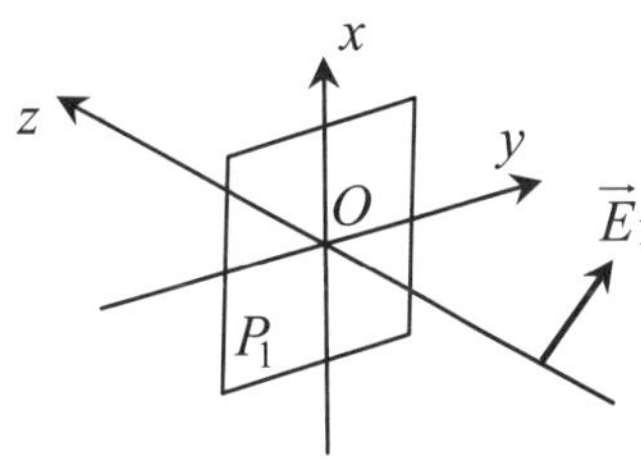

1. Une lumière non polarisée à laquelle on associe une OPPM tombe en incidence normale au point O à la surface du polaroïd. Donner la forme du champ incident $\vec{E}_1$ sur le polariseur dans le système d'axe (O, x, y, z) lié à sa surface, ainsi que celle du champ émergeant $\vec{E}_2$. Justifier brièvement la terminologie d'usage de « polariseur » pour décrire ce film polaroïd.

2. On place à présent un second polaroïd P_2, identique au premier et parallèle à celui-ci, sur le trajet de la lumière émergeante du polariseur P_1. On note (OX) son axe et on suppose que celui-ci fait un angle α avec l'axe (Ox) de P_1. On note I l'intensité lumineuse transportée par l'onde, dont on rappelle qu'elle est égale au flux du vecteur de Poynting moyen à travers une surface unitaire perpendiculaire à la direction de propagation.

a) Donner l'expression de l'intensité I_2 de l'onde incidente sur P_2 ainsi que celle, notée I_3, de l'onde qui en émerge. En déduire la relation entre I_2, I_3 et α, dite loi de Malus.

b) On place un écran derrière P_2. Que se passe-t-il lorsque les directions (Ox) et (OX) sont orthogonales.

c) Partant de la situation décrite précédemment, on place entre les deux polaroïds une lame transparente composée d'un milieu permettant de générer, à partir d'une polarisation incidente rectiligne, une polarisation émergeante elliptique ou circulaire (on parle de lame à retard dite lame quart d'onde). Qu'observe-t-on à l'écran si un opérateur fait tourner l'axe (OX) du polaroïd P_2 de façon continue ?

d) Justifier, d'après ce qui précède, la terminologie d'usage « d'analyseur » utilisée pour décrire le polaroïd P_2.

❑ Exercice 8.5. Étude de la polarisation d'une OPPM dans un plan d'onde*

Considérons le champ $\vec{E}$ attaché à une OPPM progressive suivant l'axe (Ox), dont l'expression en coordonnées cartésiennes est : $\begin{cases} 0 \\ E_y = E_{0y}\cos(kx - \omega t + \varphi_y) \\ E_z = E_{0z}\cos(kx - \omega t + \varphi_z) \end{cases}$ où $k = \dfrac{\omega}{c}$. Les amplitudes des composantes transverses E_{0y} et E_{0z} sont positives et dans la cas général $\varphi_y \neq \varphi_z$.

1. Expliquer l'absence de composante suivant (Ox). En se plaçant dans un plan d'onde $x = 0$, montrer que, dans le cas général, l'extrémité du vecteur $\vec{E}$ décrit une ellipse dont on écrira l'équation cartésienne en fonction de la différence de phase à l'origine $\varphi = \varphi_z - \varphi_y$, de E_{0y} et de E_{0z}.

2. a) Déterminer en fonction de la valeur prise par $\varphi = \varphi_y - \varphi_z$ le sens de parcours de l'extrémité de $\vec{E}$ sur l'ellipse et tracer sommairement sa représentation dans le plan d'onde $x = 0$ dans les différents cas envisageables.

b) Peut on décrie les mêmes états de polarisation en adoptant des dépendances spatio-temporelles des composantes du champ de la forme $\cos\left(\omega t - kx + \varphi_{x,y}\right)$?

■ Pour vous aider à démarrer

Exercice 8.1. À la question 1, former le rotationnel du rotationnel de $\vec{E}$ à partir de l'équation de (M.F), sachant que $\vec{\nabla} \wedge \left(\vec{\nabla} \wedge \vec{E}\right) = \vec{\nabla}\left(\vec{\nabla} \cdot \vec{E}\right) - \vec{\Delta}\left(\vec{E}\right)$, et reporter les équations de (M.G) et de (M.A) dans l'égalité obtenue : l'équation de propagation pour $\vec{E}$ s'en déduit. Procéder de même pour $\vec{B}$ en partant de l'équation de (M.A) et en utilisant (M.F) et (M.Φ). À la question 2.b), dans le problème à une dimension, si $\xi(x,t)$ est l'une des composantes de $\vec{E}$ ou $\vec{B}$ ne dépendant que de l'abscisse x et du temps, l'équation de d'Alembert s'écrit $\dfrac{\partial^2\left(\xi(x,t)\right)}{\partial x^2} - \dfrac{1}{c^2}\dfrac{\partial^2\left(\xi(x,t)\right)}{\partial t^2} = 0$. En posant $u = x - ct$ et $v = x + ct$, il faut d'abord monter qu'elle s'écrit encore $\dfrac{\partial}{\partial u}\left(\dfrac{\partial \xi}{\partial v}\right) = 0$ avant d'intégrer cette égalité successivement par rapport à u, puis par rapport à v.

Exercice 8.4. Seule la composante suivant l'axe (Ox) du polariseur est transmise.

Corrigé des vrai/faux

1.	2.	3.	4.	5.	6.	7.	8.	9.
vrai	faux	faux	faux	faux	vrai	vrai	vrai	vrai

1. La forme générale du champ électrique attaché à une OPPM progressive suivant l'axe (Ox) est : $\begin{cases} 0 \\ E_y = E_{0y}\cos(k\,x - \omega t + \varphi_y) \\ E_z = E_{0z}\cos(k\,x - \omega t + \varphi_z) \end{cases}$ où $\vec{k} = \dfrac{\omega}{c}\,\vec{e_x}$.

Ainsi, $\vec{R} = \varepsilon_o\, c\, E^2\, \vec{e_x} = \varepsilon_o\, c\, \vec{e_x}\left(E_{0y}^2 \cos^2(k\,x - \omega t + \varphi_y) + E_{0z}^2 \cos^2(k\,x - \omega t + \varphi_z)\right)$. Soit une surface S perpendiculaire à la direction de propagation. La puissance traversant S est égale à $P_S = \iint_S \vec{R}\cdot\vec{e_x}\,\mathrm{d}S = R\,S = \varepsilon_o\, S\, c\left(E_{0y}^2 \cos^2(k\,x - \omega t + \varphi_y) + E_{0z}^2 \cos^2(k\,x - \omega t + \varphi_z)\right)$ dont la valeur moyenne temporelle est

$\langle P_S\rangle = \varepsilon_o\, S\, c\left(E_{0y}^2\left\langle\cos^2(k\,x - \omega t + \varphi_y)\right\rangle + E_{0z}^2\left\langle\cos^2(k\,x - \omega t + \varphi_z)\right\rangle\right)$, soit finalement

$\boxed{\langle P_S\rangle = \dfrac{\varepsilon_0\, S\, c}{2}\left(E_{0y}^2 + E_{0z}^2\right) = \dfrac{\varepsilon_0\, c\, S}{2}\, E_0^2}$ où $E_0 = \sqrt{E_{0y}^2 + E_{0z}^2}$ est l'amplitude du champ. Cette puissance moyenne est indépendante de φ_y et de φ_z (et donc de $\varphi_z - \varphi_y$), c'est-à-dire indépendante de l'état de polarisation de l'onde.

2. La relation de structure dans le vide s'écrit $\boxed{\vec{B} = \dfrac{\vec{k}\wedge\vec{E}}{\omega}}$ pour une onde plane progressive et monochromatique. Si l'onde n'est pas plane ou non progressive elle n'est plus valable. Elle montre que $\vec{E}$ et $\vec{B}$ sont orthogonaux entre eux et que le trièdre $\left(\vec{k},\vec{E},\vec{B}\right)$ est direct.

3. Cette assertion n'a aucun sens ! Les seules expression utilisables pour une OPPM si les calculs sont menés en complexe sont, en valeur moyenne uniquement : $\left\langle\vec{R}\right\rangle = \dfrac{1}{2}\mathrm{Re}\left\{\dfrac{\underline{\vec{E}}\wedge\underline{\vec{B}}^*}{\mu_0}\right\}$ et $\langle u_{em}\rangle = \dfrac{\varepsilon_0}{4}\left|\underline{\vec{E}}\right|^2 + \dfrac{1}{4\mu_0}\left|\underline{\vec{B}}\right|^2$. Autrement, il est toujours possible de repasser aux champs réels avec $\vec{E} = \mathrm{Re}\left\{\underline{\vec{E}}\right\}$ et $\vec{B} = \mathrm{Re}\left\{\underline{\vec{B}}\right\}$ avant d'utiliser les formules classiques $\vec{R} = \dfrac{\vec{E}\wedge\vec{B}}{\mu_0}$ et $u_{em} = \dfrac{\varepsilon_0 E^2}{2} + \dfrac{B^2}{2\mu_0}$ avant de passer aux valeurs moyennes.

4. Lorsque l'onde est sphérique, ce qui est très fréquemment le cas, même si elle est souvent considérée comme localement plane, il y a atténuation géométrique du fait de la dépendance de l'amplitude en $\frac{1}{r}$ (voir la méthode 8.1 sur ce point). D'autre part seul le vide illimité est non dispersif. En présence d'obstacle à la propagation, les conditions aux limites impliquent une propagation avec dispersion (voir le chapitre traitant de la réflexion sur un conducteur parfait sur ce point).

5. L'onde lumineuse émise par un laser hélium-néon peut être, en première approximation, représenté par une OPPM du fait du caractère quasi monochromatique et très unidirectionnel de l'émission laser. Cependant, du point de vue énergétique, l'OPPM n'étant pas limitée (temporellement et spatialement) elle transporterait une énergie infinie, ce qui bien entendu n'a pas de sens. En ce qui concerne l'onde émise par la lampe à vapeur de sodium, son doublet jaune du sodium étant composé de deux radiations monochromatiques, il n'est plus modélisable par une onde plane mais par la superposition de deux ondes planes formant un paquet d'onde.

6. La lumière naturelle peut être considérée comme la superposition de deux ondes de même amplitude et polarisées rectilignement dans deux directions de polarisation orthogonales mais n'ayant aucune relation de phase (du fait d'une variation aléatoire de la phase à l'origine lors du processus d'émission) : la lumière naturelle n'est donc pas polarisée. Dans le domaine optique, on sait, grâce à l'utilisation de matériaux optiquement anisotropes (n'ayant pas les mêmes propriétés optiques suivant toutes les directions), fabriquer des polariseurs et des lames agissant sur l'état de polarisation de la lumière. On sait ainsi générer à partir de la lumière non polarisée, une polarisation rectiligne.

7. Compte tenu de la forme harmonique des champs attachés aux OPPM électromagnétiques fréquemment étudiées, il est commode, pour simplifier la résolution des exercices, de passer en notation complexe. Considérons les champs $\underline{\vec{E}} = \underline{\vec{E}}_0 \exp\left(i(\vec{k}\cdot\vec{r} - \omega t)\right)$ où $\underline{\vec{E}}_0 = \vec{E}_0 \exp\left(i\,\varphi_0\right)$ et $\underline{\vec{B}} = \underline{\vec{B}}_0 \exp\left(i(\vec{k}\cdot\vec{r} - \omega t)\right)$ où $\underline{\vec{B}}_0 = \vec{B}_0 \exp\left(i\,\varphi_0\right)$. En remplaçant formellement l'opérateur de dérivation spatial nabla par $\vec{\nabla} \to i\vec{k}$ et l'opérateur de dérivation temporelle $\frac{\partial}{\partial t} \to -i\omega$ (avec la convention de phase contraire en $\omega t - \vec{k}\cdot\vec{r}$ dans l'expression des champs complexes, on aurait $\vec{\nabla} \to -i\vec{k}$ et $\frac{\partial}{\partial t} \to i\omega$). Ainsi, les opérateurs divergence et rotationnel sont formellement remplacés par : pour la divergence : $\vec{\nabla}\cdot(\ ) \to i\vec{k}\cdot(\ )$ et pour le rotationnel $\vec{\nabla}\wedge(\ ) \to i\vec{k}\wedge(\ )$. Les équations de Maxwell s'écrivent alors en complexe :

(M.Φ) $\longrightarrow$ $i\vec{k}\cdot\underline{\vec{B}} = 0$, (M.A) $\longrightarrow$ $i\vec{k}\wedge\underline{\vec{B}} = -i\,\omega\,\varepsilon_0\mu_0\underline{\vec{E}}$,

(M.G) $\longrightarrow$ $i\vec{k}\cdot\underline{\vec{E}} = 0$, (M.F) $\longrightarrow$ $i\vec{k}\wedge\underline{\vec{E}} = i\,\omega\,\underline{\vec{B}}$.

8. Des équations de (M.Φ) et (M.G) précédemment établies, en repassant en réel, on tire $\vec{k}\cdot\vec{B} = 0$ et $\vec{k}\cdot\vec{E} = 0$. $\vec{E}$ et $\vec{B}$ sont donc orthogonaux à $\vec{k}$ et donc à $\vec{n}$: on dit qu'ils sont transversaux. L'équation de (M.F) montre, en repassant en réel, que $\boxed{\vec{B} = \frac{\vec{k}\wedge\vec{E}}{\omega} = \frac{\vec{n}\wedge\vec{E}}{c}}$

Corrigé

constitue la relation de structure de l'OPPM dans le vide. Elle montre que $\vec{E}$ et $\vec{B}$ sont orthogonaux entre eux et en phase. Le trièdre $\left(\vec{k},\vec{E},\vec{B}\right)$ est direct, de même que $\left(\vec{n},\vec{E},\vec{B}\right)$.

9. En norme, (M.F) s'écrit $\left\|\vec{B}\right\|=\left\|\vec{E}\right\|/c$, qui compte tenu de (M.A) toujours en complexe pour l'OPPM, conduit à $k=\pm\frac{\omega}{c}$ correspondent aux deux sens possibles de propagation (onde progressive et régressive).

❑ Les erreurs classiques

→ La relation de structure n'est valable que pour l'onde plane ! Attention à ne pas abusivement utiliser cette relation pour une onde de structure quelconque.

→ On veillera à ne pas confondre la direction de polarisation (celle de $\vec{E}$ où $\vec{B}$) avec la direction de propagation (celle de $\vec{k}$), les deux étant orthogonales pour une onde plane dans le vide.

→ Dans le cadre de l'étude des OPPM, il est souvent commode de mener les calculs en complexe pour repasser en réel à la fin, de façon à obtenir des résultats qui ont un sens physique. Ceci est possible tant que les équations qui sous-tendent l'étude sont linéaires (c'est le cas pour les équations de Maxwell, et de d'Alembert qui en découlent). Cependant, en ce qui concerne les grandeurs énergétiques qui sont quadratiques en champ, les choses ne sont pas si simples. En effet, il faut garder à l'esprit que $\vec{R}\neq\frac{\underline{\vec{E}}\wedge\underline{\vec{B}}}{\mu_0}$ et que $u_{em}\neq\frac{\varepsilon_0\underline{\vec{E}}^2}{2}+\frac{\underline{\vec{B}}^2}{2\mu_0}$. En effet, $\underline{\vec{E}}^2=\underline{\vec{E}}\cdot\underline{\vec{E}}$ est un complexe qui ne peut représenter une grandeur énergétique contrairement à $\left|\underline{\vec{E}}\right|^2$ qui est réel.

→ Attention, lorsque dans le contexte de propagation d'OPPM on demande d'évaluer le vecteur de Poynting instantané, il est impératif de repasser en réel pour écrire $\vec{R}=\frac{\vec{E}\wedge\vec{B}}{\mu_0}$. Par contre si c'est sa valeur moyenne que l'on recherche on pourra indifféremment utiliser $\left\langle\vec{R}\right\rangle=\left\langle\frac{\vec{E}\wedge\vec{B}}{\mu_0}\right\rangle$ ou bien, en notation complexe, $\left\langle\vec{R}\right\rangle=\frac{1}{2}\mathrm{Re}\left\{\frac{\underline{\vec{E}}\wedge\underline{\vec{B}}^*}{\mu_0}\right\}$. Les mêmes remarques valent pour u_{em} et $\left\langle u_{em}\right\rangle$.

Corrigé des exercices

Exercice 8.1

1. Formons le rotationnel du rotationnel de $\vec{E}$ à partir de l'équation de (M.F) et commutons les dérivées partielles par rapport au temps avec celles par rapport aux coordonnées d'espace dans l'operateur rotationnel : $\vec{\nabla} \wedge \left(\vec{\nabla} \wedge \vec{E}\right) = -\vec{\nabla} \wedge \left(\dfrac{\partial \vec{B}}{\partial t}\right) = -\dfrac{\partial\left(\vec{\nabla} \wedge \vec{B}\right)}{\partial t}$ avec

$\vec{\nabla} \wedge \left(\vec{\nabla} \wedge \vec{E}\right) = \vec{\nabla}\left(\vec{\nabla} \cdot \vec{E}\right) - \vec{\Delta}\left(\vec{E}\right)$, il vient $\vec{\nabla}\left(\vec{\nabla} \cdot \vec{E}\right) - \vec{\Delta}\left(\vec{E}\right) = -\dfrac{\partial\left(\vec{\nabla} \wedge \vec{B}\right)}{\partial t}$.

Reportons les équations de (M.G) et de (M.A) dans cette égalité, on obtient :

$\boxed{\vec{\Delta}\left(\vec{E}\right) - \varepsilon_0\mu_0 \dfrac{\partial^2 \vec{E}}{\partial t^2} = \mu_0 \dfrac{\partial \vec{j}}{\partial t} + \dfrac{1}{\varepsilon_0}\vec{\nabla}(\rho)}$ qui est l'équation de propagation pour $\vec{E}$.

Formons de même le rotationnel du rotationnel de $\vec{B}$ à partir de l'équation de (M.A), il vient :

$\vec{\nabla} \wedge \left(\vec{\nabla} \wedge \vec{B}\right) = \mu_o \vec{\nabla} \wedge \vec{j} + \varepsilon_0\mu_0 \dfrac{\partial\left(\vec{\nabla} \wedge \vec{E}\right)}{\partial t}$. En utilisant (M.F) et sachant que

$\vec{\nabla} \wedge \left(\vec{\nabla} \wedge \vec{B}\right) = \vec{\nabla}\left(\vec{\nabla} \cdot \vec{B}\right) - \vec{\Delta}\left(\vec{B}\right)$ on a : $-\vec{\nabla}^2\left(\vec{B}\right) = \mu_0 \vec{\nabla} \wedge \vec{j} - \varepsilon_0\mu_0 \dfrac{\partial^2 \vec{B}}{\partial t^2}$ puisque $\vec{\nabla} \cdot \vec{B} = 0$.

Finalement, $\boxed{\vec{\Delta}\left(\vec{B}\right) - \varepsilon_0\mu_0 \dfrac{\partial^2 \vec{B}}{\partial t^2} = -\mu_0 \vec{\nabla} \wedge \vec{j}}$ qui est l'équation de propagation pour $\vec{B}$.

Dans une région de l'espace suffisamment loin de toute charge et de tout courant, on a dans le vide local $\rho = 0$ et $\vec{j} = \vec{0}$. Les équations de propagation des champs s'écrivent alors : $\boxed{\vec{\Delta}\left(\vec{E}\right) - \varepsilon_0\mu_0 \dfrac{\partial^2 \vec{E}}{\partial t^2} = \vec{0}}$ et $\boxed{\vec{\Delta}\left(\vec{B}\right) - \varepsilon_0\mu_0 \dfrac{\partial^2 \vec{B}}{\partial t^2} = \vec{0}}$. Il s'agit des équations de d'Alembert, dont on remarquera qu'elles sont symétriques par l'opération $t \to -t$ ce qui est à relier à l'absence de processus dissipatifs dans le vide et donc à la « réversibilité » des phénomènes de propagation.

Cela n'est plus le cas en présence de terme de perte, comme par exemple dans les conducteurs.

2. a) On appelle onde un phénomène physique décrit par la grandeur $\xi(\vec{r},t)$ variant dans l'espace et au cours du temps, avec $\vec{r} = \overrightarrow{OM}$ repérant la position d'un point M de l'espace par rapport une origine O fixe d'un repère d'espace (O,x,y,z). On appelle front d'ondes, le lieu des points tels que $\xi = cte$ à t donné. On dit que l'onde est plane si, à tout instant, les fronts d'ondes sont des plans (infinis) perpendiculaires à une direction fixe, dite direction de propagation et définie par le vecteur unitaire $\vec{n}$.

b) On s'intéresse ici à la propagation du champ électromagnétique. En posant $c = \dfrac{1}{\sqrt{\varepsilon_0 \mu_0}}$, les deux équations de d'Alembert précédentes se ramènent à des équations scalaires du type $\Delta(\xi) - \dfrac{1}{c^2}\dfrac{\partial^2 \xi}{\partial t^2} = 0$ où Δ désigne le Laplacien scalaire. Plaçons nous dans le cas où les champs ne dépendent que du temps et d'une unique coordonnée spatiale, en coordonnées cartésiennes. On considère alors $\xi(x,t)$ l'une des composantes de $\vec{E}$ ou $\vec{B}$ ne dépendant que de l'abscisse x et du temps, il vient alors : $\dfrac{\partial^2 \xi(x,t)}{\partial x^2} - \dfrac{1}{c^2}\dfrac{\partial^2 \xi(x,t)}{\partial t^2} = 0$ (1). Montrons que cette équation caractérise la propagation des champs à la vitesse $c = \dfrac{1}{\sqrt{\varepsilon_0 \mu_0}}$. Pour cela, posons $u = x - ct$ et $v = x + ct$. La différentielle totale exacte de $\xi(x,t)$ s'écrit $\mathrm{d}\xi(x,t) = \dfrac{\partial \xi}{\partial x}\mathrm{d}x + \dfrac{\partial \xi}{\partial t}\mathrm{d}t$, soit avec $x = \dfrac{u+v}{2}$ et $t = \dfrac{v-u}{2c}$:

$\mathrm{d}\xi = \dfrac{\partial \xi}{\partial x}\left(\dfrac{\mathrm{d}u + \mathrm{d}v}{2}\right) + \dfrac{\partial \xi}{\partial t}\left(\dfrac{\mathrm{d}v - \mathrm{d}u}{2c}\right) = \dfrac{\mathrm{d}u}{2}\left(\dfrac{\partial \xi}{\partial x} - \dfrac{1}{c}\dfrac{\partial \xi}{\partial t}\right) + \dfrac{\mathrm{d}v}{2}\left(\dfrac{\partial \xi}{\partial x} + \dfrac{1}{c}\dfrac{\partial \xi}{\partial t}\right)$. Or, la différentielle totale exacte de $\xi(u,v)$ s'écrit $\mathrm{d}\xi(x,t) = \dfrac{\partial \xi}{\partial u}\mathrm{d}u + \dfrac{\partial \xi}{\partial v}\mathrm{d}v$. Par identification, on obtient les dérivées partielles par rapport à u et v en fonction de celles par rapport à x et t : $\dfrac{\partial()}{\partial u} = \dfrac{1}{2}\left(\dfrac{\partial()}{\partial x} - \dfrac{1}{c}\dfrac{\partial()}{\partial t}\right)$ (2) et $\dfrac{\partial()}{\partial v} = \dfrac{1}{2}\left(\dfrac{\partial()}{\partial x} + \dfrac{1}{c}\dfrac{\partial()}{\partial t}\right)$ (3). Remarquons que (1) peut s'écrire $\dfrac{\partial}{\partial x}\left(\dfrac{\partial \xi}{\partial x} + \dfrac{1}{c}\dfrac{\partial \xi}{\partial t}\right) - \dfrac{1}{c}\dfrac{\partial}{\partial t}\left(\dfrac{\partial \xi}{\partial x} + \dfrac{1}{c}\dfrac{\partial \xi}{\partial t}\right) = 0$, soit encore, d'après (2) et (3), $\boxed{\dfrac{\partial}{\partial u}\left(\dfrac{\partial \xi}{\partial v}\right) = 0}$. Intégrons cette égalité par rapport à *u*, il vient $\dfrac{\partial \xi}{\partial v} = \psi(v)$ où $\psi(v)$ est « la constante d'intégration » fonction de *v* uniquement.

Intégrons à présent par rapport à v : $\xi(u,v) = \displaystyle\int \psi(v)\,\mathrm{d}v + f(u)$ où $f(u)$ est fonction de u uniquement. Posons $g(v) = \displaystyle\int \psi(v)\,\mathrm{d}v$ fonction de v uniquement. Finalement $\xi(u,v) = f(u) + g(v)$. Revenons aux variables (x,t), la solution générale de l'équation de d'Alembert (1) s'écrit $\boxed{\xi(x,t) = f(x-ct) + g(x+ct)}$.

Le terme $f(x-ct)$ caractérise ainsi une onde plane (car le lieu des points équiphases à t donné est un plan) progressive suivant les x positifs à la vitesse c. Dans ce cas, le vecteur unitaire de la direction de propagation est $\vec{e_x}$. De même, le terme $g(x+ct)$ caractérise une onde plane progressive suivant les x négatifs à la vitesse c (on parle d'onde régressive). Dans ce cas, le vecteur unitaire de la direction de propagation est $-\vec{e_x}$.

Ainsi, la solution générale de l'équation de d'Alembert à une dimension est la superposition de deux ondes planes progressives en sens inverse à la vitesse de la lumière dans le vide $\boxed{c = \dfrac{1}{\sqrt{\varepsilon_0 \mu_0}}}$.

⇨ *Méthodes 8.3 et 8.4*

c) Dans le cas de l'onde progressive à une dimension suivant l'axe (Ox), on a, en coordonnées cartésiennes : $\vec{n} = \vec{e_x}$ et $\vec{r} \cdot \vec{n} = \overrightarrow{OM} \cdot \vec{n} = x$, ainsi $\xi(x,t) = \xi(\vec{r} \cdot \vec{n}, t)$.

En généralisant à trois dimensions, pour une direction de propagation quelconque définie par $\vec{n} = \alpha\, \vec{e_x} + \beta\, \vec{e_y} + \gamma\, \vec{e_z}$ (avec $\sqrt{\alpha^2 + \beta^2 + \gamma^2} = 1$ de manière à ce que $\vec{n}$ soit unitaire), on a pour solution générale de l'équation de d'Alembert : $\xi(\vec{r}, t) = f(\vec{r} \cdot \vec{n} - ct) + g(\vec{r} \cdot \vec{n} + ct)$.

Soit encore $\xi(\vec{r}, t) = f(\alpha x + \beta y + \gamma z - ct) + g(\alpha x + \beta y + \gamma z + ct)$.

3. Examinons les conséquences des équations de (M.Φ) et (M.G) : de $\vec{\nabla} \cdot \vec{B} = 0$, on tire $\dfrac{\partial B_x}{\partial x} = 0$. Ainsi, $B_x = cte$. D'après le théorème de superposition, cette constante correspond à un champ permanent que nous prendrons nul en régime purement variable. Ainsi $B_x = 0$. De même de $\vec{\nabla} \cdot \vec{E} = 0$, on tire $\dfrac{\partial E_x}{\partial x} = 0$ et $E_x = 0$. $\vec{E}$ et $\vec{B}$ sont donc orthogonaux à la direction de propagation portée par $\vec{n} = \vec{e_x}$. Ce résultat est tout à fait général et, pour une direction de propagation quelconque, $\vec{E}$ et $\vec{B}$ sont donc orthogonaux à $\vec{n}$: on dit qu'ils sont transversaux.

Examinons à présent la conséquence de l'équation de (M.F) : les composantes des champs électriques et magnétiques attachés à l'onde plane sont de la forme $\xi(x,t) = f(x - ct)$. Ils sont donc fonction de $u = x - ct$. Ainsi $\dfrac{\partial \xi}{\partial t} = \dfrac{\mathrm{d}\xi}{\mathrm{d}u}\dfrac{\partial u}{\partial t} = -c\dfrac{\mathrm{d}\xi}{\mathrm{d}u}$, et $\dfrac{\partial \xi}{\partial x} = \dfrac{\mathrm{d}\xi}{\mathrm{d}u}\dfrac{\partial x}{\partial t} = \dfrac{\mathrm{d}\xi}{\mathrm{d}u}$. L'équation de (M.F) s'écrit alors $\vec{\nabla} \wedge \vec{E} = c\dfrac{\mathrm{d}\vec{B}}{\mathrm{d}u}$. En coordonnées cartésiennes, il vient $\begin{vmatrix} \partial/\partial x \\ \partial/\partial y \\ \partial/\partial z \end{vmatrix} \wedge \begin{vmatrix} E_x \\ E_y \\ E_z \end{vmatrix} = c\dfrac{\mathrm{d}\vec{B}}{\mathrm{d}u}$, soit en remarquant que les dérivées partielles des composantes de $\vec{E}$ par rapport à y et z sont nulles (puisque u ne dépend ni de y ni de z) : $\begin{vmatrix} 0 \\ -\partial E_z/\partial x \\ \partial E_y/\partial x \end{vmatrix} = c\dfrac{\mathrm{d}\vec{B}}{\mathrm{d}u} = \begin{vmatrix} 0 \\ -\mathrm{d}E_z/\mathrm{d}u \\ \mathrm{d}E_y/\mathrm{d}u \end{vmatrix}$. Remarquons que avec $\vec{n} = \vec{e_x}$, le second membre de cette égalité s'écrit $\vec{n} \wedge \dfrac{\mathrm{d}\vec{E}}{\mathrm{d}u}$. Finalement l'équation de (M.F) s'écrit $\vec{n} \wedge \dfrac{\mathrm{d}\vec{E}}{\mathrm{d}u} = c\dfrac{\mathrm{d}\vec{B}}{\mathrm{d}u}$. Intégrons-la par rapport à u, il vient $\vec{B} = \dfrac{1}{c}\vec{n} \wedge \vec{E} + \overrightarrow{cte}$. En régime purement variable, on prend la constante nulle de sorte que : $\boxed{\vec{B} = \frac{\vec{n} \wedge \vec{E}}{c}}$ qui constitue la relation de structure de l'OPP électromagnétique dans le vide. Elle montre que $\vec{E}$ et $\vec{B}$ sont orthogonaux entre eux. Le trièdre $\left(\vec{n}, \vec{E}, \vec{B}\right)$ est direct.

4. La relation de structure de l'onde plane $\vec{B} = \frac{\vec{n} \wedge \vec{E}}{c}$, sachant que $c = \frac{1}{\sqrt{\varepsilon_0 \mu_0}}$, permet d'écrire la densité volumique d'énergie électromagnétique $u_{em} = \frac{\varepsilon_0 E^2}{2} + \frac{B^2}{2\mu_0} = \varepsilon_0 E^2 = \frac{B^2}{\mu_0}$. Il y a équipartition de l'énergie entre $\vec{E}$ et $\vec{B}$. Compte tenu de la relation de structure, on a $\vec{R} = \frac{\vec{E} \wedge \left(\vec{n} \wedge \vec{E}\right)}{\mu_0 c}$. La formule du double produit vectoriel donne $\vec{E} \wedge \left(\vec{n} \wedge \vec{E}\right) = \vec{n}\left(\vec{E} \cdot \vec{E}\right) - \vec{E}\left(\vec{E} \cdot \vec{n}\right) = E^2 \, \vec{n}$ (en effet, puisque le champ est transversal, $\vec{E} \cdot \vec{n} = 0$).

Ainsi $\boxed{\vec{R} = \varepsilon_0 \, c \, E^2 \, \vec{n} = u_{em} \, c \, \vec{n}}$. Le vecteur de Poynting est donc porté par la direction de propagation : l'énergie se propage dans la même direction que l'onde qui la transporte.

Soit une surface S perpendiculaire à la direction de propagation. Si δW_S est l'énergie traversant S entre t et $t + \mathrm{d}t$ alors le flux du vecteur de Poynting à travers S est égal à

$P_S = \iint_S \vec{R} \cdot \vec{n} \, \mathrm{d}S = R\,S = \frac{\delta W_S}{\mathrm{d}t}$: il s'agit de la puissance traversant S. Avec $R = \varepsilon_0 \, c \, E^2$, il vient finalement $\boxed{\delta W_S = u_{em} \, S \, c \, \mathrm{d}t}$.

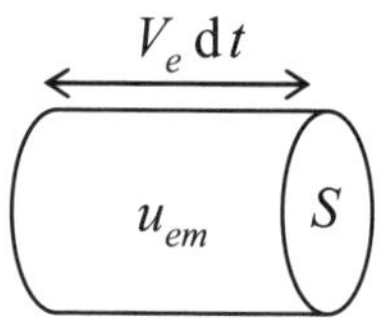

Évaluons δW_S d'une autre façon : notons $\vec{V}_e$ la vitesse de propagation de l'énergie dans le vide. L'énergie δW_S traversant S entre t et $t + \mathrm{d}t$ est contenue dans un cylindre droit de section S et de génératrice $V_e \, dt$. Le produit du volume de ce cylindre $S \, V_e \, \mathrm{d}t$ par la densité volumique d'énergie u_{em} uniforme est donc égal à δW_S : $\boxed{\delta W_S = u_{em} \, S \, V_e \, \mathrm{d}t}$. Ainsi, par comparaison avec $\delta W_S = u_{em} \, S \, c \, \mathrm{d}t$, il vient : $\boxed{V_e = c}$. Dans le vide, l'énergie se propage à la vitesse c de la lumière. Comme, de plus, l'énergie se propage dans la même direction que l'onde, on a finalement $\boxed{\vec{V}_e = c \, \vec{n}}$.

⇨ *Méthode 8.5*

Exercice 8.2

Modélisons tout d'abord l'onde électromagnétique émise par ce laser.

On sait que le faisceau laser est très directif, nous prendrons chaque rayon dans le faisceau porté par (Oz). D'autre part, on sait que l'émission est quasi monochromatique de pulsation ω, et que sur une faible distance de propagation l'amplitude reste constante (modélisation de l'onde plane homogène). Nous allons donc associer au faisceau une OPPEM de la forme

$\vec{E}(z,t) = E_0 \cos(k\,z - \omega t)\,\vec{e_x}$ qui caractérise une propagation de l'amplitude suivant l'axe $(Oz)^+$ à la vitesse c, de vecteur d'onde $\vec{k} = k\,\vec{e_z}$, de norme $k = \dfrac{\omega}{c}$ où c est la célérité de l'onde dans le milieu de propagation : ici l'air assimilé au vide. La polarisation est prise rectiligne et portée par $\vec{e_x}$ pour simplifier.

Il s'agit d'une OPPEM homogène pour laquelle la relation de structure fournit $\vec{B} = \dfrac{\vec{k} \wedge \vec{E}}{\omega} = \dfrac{\vec{n} \wedge \vec{E}}{c}$, soit : $\vec{B}(z,t) = \dfrac{E_0}{c} \cos(k\,z - \omega t)\,\vec{e_y}$.

⇨ *Méthode 8.6*

Pour exprimer la puissance il nous faut passer par le vecteur de Poynting $\vec{R} = \dfrac{\vec{E} \wedge \vec{B}}{\mu_0}$, soit : $\vec{R} = \varepsilon_0\, c\, E_0^2 \cos^2(k\,z - \omega t)\,\vec{e_z}$. La puissance moyenne transportée par le faisceau de section s est (sachant que $\vec{n} = \vec{e_z}$) : $\langle P \rangle = \iint_s \langle \vec{R} \rangle \cdot \vec{n}\, \mathrm{d}s$, soit avec $\langle \cos^2(k\,z - \omega t) \rangle = \dfrac{1}{2}$, $\langle P \rangle = \dfrac{\varepsilon_0\, c\, s\, E_0^2}{2}$.

Numériquement, on trouve : $\boxed{\langle P \rangle \approx 1\,\mathrm{mW}}$, sauvé !

Exercice 8.3

1. Linéarisons la phase de chaque composante monochromatique. Pour cela, il nous faut linéariser la relation de dispersion $k = f(\omega)$ ainsi que le terme de phase. En posant $k_0 = k(\omega_0)$ et $\varphi_0 = \varphi(\omega_0)$, effectuons le développement limité au premier ordre de $k(\omega)$ et de $\varphi(\omega)$ autour de la pulsation centrale ω_0 :

$$k(\omega) \approx k_0 + (\omega - \omega_0)\left(\frac{\mathrm{d}k}{\mathrm{d}\omega}\right)_{\omega=\omega_0} \quad \text{et} \quad \varphi(\omega) \approx \varphi(\omega_0) + (\omega - \omega_0)\left(\frac{\mathrm{d}\varphi}{\mathrm{d}\omega}\right)_{\omega=\omega_0}.$$

On peut alors linéariser le terme phase de chaque composante monochromatique en écrivant :

$$k(\omega)\,x - \omega\,t + \varphi = k_0\,x + \delta\omega\,x\left(\frac{\mathrm{d}k}{\mathrm{d}\omega}\right)_{\omega=\omega_0} - \omega\,t + \varphi_0 + \delta\omega\left(\frac{\mathrm{d}\varphi}{\mathrm{d}\omega}\right)_{\omega=\omega_0}$$ on obtient

$$\underline{\xi}(x,t) = \int_{\omega_1}^{\omega_2} a(\omega) \exp\left(i\left(k_0\,x + \delta\omega\,x\left(\frac{\mathrm{d}k}{\mathrm{d}\omega}\right)_{\omega=\omega_0} - \omega\,t + \varphi_0 + \delta\omega\left(\frac{\mathrm{d}\varphi}{\mathrm{d}\omega}\right)_{\omega=\omega_0}\right)\right)\mathrm{d}\omega.$$

En sortant de l'intégrale tous les termes indépendants de ω et en faisant apparaître $\delta\omega = \omega - \omega_0$ dans l'argument de l'exponentielle complexe, il vient alors :

$$\underline{\xi}(x,t) = \exp\big(i\,(k_0\,x - \omega_0\,t + \varphi_0)\big)\int_{\omega_1}^{\omega_2} a(\omega) \exp\left(i\,\delta\omega\left(x\left(\frac{\mathrm{d}k}{\mathrm{d}\omega}\right)_{\omega=\omega_0} - t + \left(\frac{\mathrm{d}\varphi}{\mathrm{d}\omega}\right)_{\omega=\omega_0}\right)\right)\mathrm{d}\omega.$$

Ainsi $\underline{\xi}(x,t)$ peut être mise sous la forme $\underline{\xi}(x,t) = \underline{A}(x,t)\exp\big(i\,(k_0\,x - \omega_0\,t + \varphi_0)\big)$, où $\underline{A}(x,t) = \int_{\omega_1}^{\omega_2} a(\omega)\exp\left(i\,\delta\omega\left(x\left(\frac{\mathrm{d}k}{\mathrm{d}\omega}\right)_{\omega=\omega_0} - t + \left(\frac{\mathrm{d}\varphi}{\mathrm{d}\omega}\right)_{\omega=\omega_0}\right)\right)\mathrm{d}\omega$. Elle correspond donc à une onde sinusoïdale de pulsation ω_0 et de vecteur d'onde k_0 qui n'est autre que la composante centrale du paquet d'ondes dont l'amplitude dépend des coordonnées spatiales et du temps.

Comparons la période T_0 de la composante centrale à celle T_a de l'amplitude $A(x,t)$: la première vaut $T_0 = \frac{2\pi}{\omega_0}$, la seconde $T_a = \frac{2\pi}{\delta\omega}$ lui est très supérieure puisque par hypothèse $\delta\omega << \omega_0$. Ainsi, l'amplitude du terme central à courte période : $\exp\big(i\,(k_0\,x - \omega_0\,t + \varphi_0)\big)$ est modulée par une enveloppe longue période :

$$\boxed{\underline{A}(x,t) = \int_{\omega_1}^{\omega_2} a(\omega)\exp\left(i\,\delta\omega\left(x\left(\frac{\mathrm{d}k}{\mathrm{d}\omega}\right)_{\omega=\omega_0} - t + \left(\frac{\mathrm{d}\varphi}{\mathrm{d}\omega}\right)_{\omega=\omega_0}\right)\right)\mathrm{d}\omega}.$$

2. a) Le maximum de cette enveloppe est donné par $x(t) = x_m(t)$ tel que $x_m(t)\left(\frac{\mathrm{d}k}{\mathrm{d}\omega}\right)_{\omega=\omega_0} - t + \left(\frac{\mathrm{d}\varphi}{\mathrm{d}\omega}\right)_{\omega=\omega_0} = 0$ (l'exponentielle vaut alors 1). La vitesse de groupe a donc pour expression $V_g = \frac{\mathrm{d}x_m(t)}{\mathrm{d}t} = \left(\frac{\mathrm{d}\omega}{\mathrm{d}k}\right)_{\omega=\omega_0}$. L'ensemble des composantes monochromatiques se propagent avec des vitesses de phase $V_\varphi = \frac{\omega}{k}$ différentes en restant confinées dans une enveloppe dont le maximum se propage à la vitesse de groupe $\boxed{V_g = \left(\frac{\mathrm{d}\omega}{\mathrm{d}k}\right)_{\omega=\omega_0}}$.

b) La vitesse de phase d'une composante monochromatique du paquet d'ondes est égale à la vitesse de groupe lorsque $\frac{\omega}{k} = \frac{\mathrm{d}\omega}{\mathrm{d}k}$, soit $\frac{\mathrm{d}k}{k} = \frac{\mathrm{d}\omega}{\omega}$. En intégrant, $\ln\left(\frac{k}{k_0}\right) = \ln\left(\frac{\omega}{\omega_0}\right)$, où k_0 et ω_0 sont des constantes. Ainsi $k = cte \times \omega$ ce qui impose une relation linéaire entre k et ω : ainsi on comprend que à condition que le milieu soit non dispersif $\boxed{V_\varphi = V_g}$.

3. Comme précédemment on peut écrire :

$\underline{\xi}(x,t) = \int_{\omega_1}^{\omega_2} a(\omega)\exp(-k''\,x)\exp\big(i\,(k'(\omega)\,x - \omega\,t + \varphi)\big)\mathrm{d}\omega$. k'' étant indépendant de ω, on peut « sortir » le terme $\exp(-k''\,x)$ de l'intégrale et il vient :

$\underline{\xi}(x,t) = \exp(-k''\,x)\int_{\omega_1}^{\omega_2} a(\omega)\exp\big(i\,(k'(\omega)\,x - \omega\,t + \varphi)\big)\mathrm{d}\omega$ et

$$\underline{\xi}(x,t) = \exp(-k''x)\exp(i(k'_0 x - \omega_0 t + \varphi_0))\int_{\omega_1}^{\omega_2} a(\omega)\exp\left(i\,\delta\omega\left(x\left(\frac{\mathrm{d}k'}{\mathrm{d}\omega}\right)_{\omega=\omega_0} - t + \left(\frac{\mathrm{d}\varphi}{\mathrm{d}\omega}\right)_{\omega=\omega_0}\right)\right)\mathrm{d}\omega$$

de sorte que $\underline{\xi}(x,t)$ est le produit de la composante centrale du paquet d'ondes amorti $\exp(-k''x)\exp(i(k'_0 x - \omega_0 t + \varphi_0))$ et d'un terme d'enveloppe modulante $\int_{\omega_1}^{\omega_2} a(\omega)\exp\left(i\,\delta\omega\left(x\left(\frac{\mathrm{d}k'}{\mathrm{d}\omega}\right)_{\omega=\omega_0} - t + \left(\frac{\mathrm{d}\varphi}{\mathrm{d}\omega}\right)_{\omega=\omega_0}\right)\right)\mathrm{d}\omega$ dont le maximum se déplace à la vitesse de groupe donnée par $\boxed{V_g = \frac{\mathrm{d}\omega}{\mathrm{d}k'}}$.

✎ *Notons que la vitesse du maximum de cette enveloppe ne s'identifie à la vitesse du maximum du paquet d'ondes que lorsque k'' est indépendant de ω, hypothèse qui ne se justifie que si le milieu est faiblement dispersif.*

4. a) L'amplitude complexe du paquet d'ondes s'écrit ainsi sous la forme $\underline{\xi}(x,t) = \int_{\omega_1}^{\omega_2} a(\omega)\exp(i(k(\omega)x - \omega t))\,\mathrm{d}\omega = a_0\int_{\omega_0-\frac{\Delta\omega}{2}}^{\omega_0+\frac{\Delta\omega}{2}} \exp(i(kx-\omega t))\,\mathrm{d}\omega$. Or, dans le vide, en l'absence de dispersion $k = \frac{\omega}{c}$, de sorte que $\underline{\xi}(x,t) = a_0\int_{\omega_0-\frac{\Delta\omega}{2}}^{\omega_0+\frac{\Delta\omega}{2}} \exp(i(\omega(x/c-t)))\,\mathrm{d}\omega$, ainsi :

$$\underline{\xi}(x,t) = \frac{a_0}{i(x/c-t)}\left[\exp\left(i\left(\frac{\Delta\omega}{2}\right)(x/c-t)\right) - \exp\left(i\left(-\frac{\Delta\omega}{2}\right)(x/c-t)\right)\right]\exp(i\,\omega_0(x/c-t)).$$

En introduisant la fonction sinus cardinal $\mathrm{sinc}(u) = \frac{\sin(u)}{u}$ et en posant $u = \frac{\Delta\omega}{2}\left(\frac{x}{c}-t\right)$ on obtient finalement $\boxed{\underline{\xi}(x,t) = \Delta\omega\, a_0\,\mathrm{sinc}(u)\exp\left(2i\frac{\omega_0 u}{\Delta\omega}\right)}$.

L'intensité est alors $I(x,t) = \left|\underline{\xi}(x,t)\right|^2 = (\Delta\omega\, a_0)^2\,\mathrm{sinc}^2(u)$. Posons $I = I_0$ pour $u = 0$ (intensité émise à la source), il vient, sachant que $\mathrm{sinc}(0) = \lim\limits_{u\to 0}\frac{\sin(u)}{u} = 1$,

$$\boxed{I(x,t) = I_0\,\mathrm{sinc}^2\left(\frac{\Delta\omega}{2}\left(\frac{x}{c}-t\right)\right)}.$$

b) Fixons $t = 0$ dans l'expression de l'intensité ci-dessus (ce qui est justifié par le fait que pour $t \neq 0$ le profile d'intensité est le même mais translaté), l'intensité a ainsi pour expression $I(x) = I_0\,\mathrm{sinc}^2\left(\frac{\Delta\omega}{2c}x\right)$, son allure est donnée ci-après. On constate que l'essentiel de l'intensité

Corrigé

correspond au lobe central de la fonction sinc^2 limité spatialement par les premiers zéros symétriques par rapport à l'origine et donnés par x_1 et x_2 tels que $\frac{\Delta\omega}{2c}x = \pm\pi$, soit une largeur à la base du lobe principal de $\Delta x = x_2 - x_1 = \frac{4\pi c}{\Delta\omega}$.

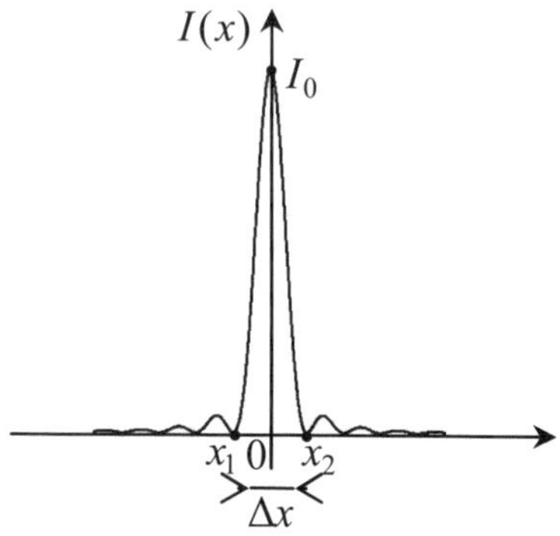

On peut ainsi trouver une valeur approchée de la largeur de $I(x)$ et par conséquent, celle de l'extension spatiale de l'énergie véhiculée par le paquet d'ondes à environ $\boxed{\Delta x \approx \frac{x_2 - x_1}{2} = \frac{2\pi c}{\Delta\omega}}$.

Son extension temporelle τ_c s'en déduit, sachant $\tau_c\, c = \Delta x = \frac{2\pi c}{\Delta\omega}$, on obtient $\boxed{\tau_c = \frac{1}{\Delta\nu}}$ où ν est la fréquence. Dans la limite de l'onde monochromatique pour lequel $\Delta\omega \to 0$, on a : $\lim_{\Delta\omega\to 0}(\Delta x) = \lim_{\Delta\omega\to 0}\left(\frac{2\pi}{\Delta\omega}\right) = +\infty$ et $\tau_c \to +\infty$. Ainsi, l'extension spatiale, comme temporelle, de l'énergie véhiculée par une onde monochromatique tend vers l'infini dans la limite d'une source monochromatique. On retrouve ainsi la limite du modèle de l'onde plane monochromatique qui, n'étant limitée ni spatialement, ni temporellement, transporte une énergie infinie ce qui n'est pas physiquement admissible. Ainsi, seule la superposition d'ondes planes monochromatiques comme autant de composantes d'un paquet d'ondes (qui lui transporte une énergie finie puisque spatialement et temporellement limité) a un sens physique.

Exercice 8.4

1. Seule la composante suivant l'axe (Ox) est transmise par P_1 (l'autre étant éteinte), le champ transmis est donc de la forme : $\vec{E}_2 = E_{0x}\cos(k\,z - \omega t + \varphi_x)\vec{e_x}$.

On est ainsi passé d'une OPPM non polarisée à une OPPM de polarisation rectiligne parallèle à l'axe du polaroïd, d'où la terminologie de polariseur pour P_1.

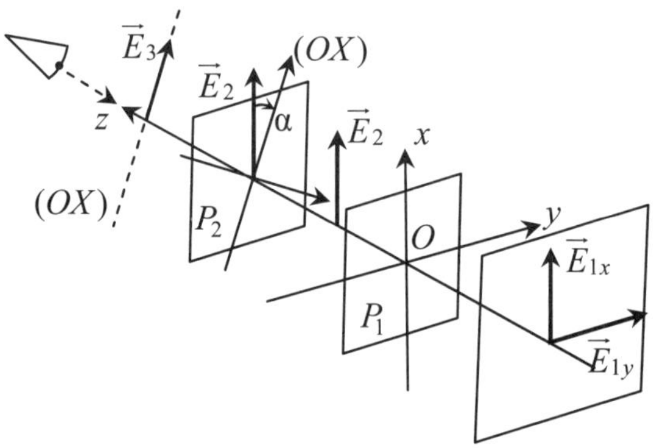

2. a) Le vecteur de Poynting moyen associé à l'onde incidente sur le second polaroïd est $\left\langle \overrightarrow{R_2} \right\rangle = \frac{1}{2}\text{Re}\left(\frac{\underline{\vec{E}}_2 \wedge \underline{\vec{B}}_2^*}{\mu_0}\right) = \frac{E_{0x}^2}{2\mu_0 c}\overrightarrow{e_z}$. Le second polaroïd ne transmet que la projection de $\vec{E}_2$ suivant son axe (OX), ainsi le champ émergeant est $\vec{E}_3 = \left[E_{0x}\cos(k\,z - \omega t + \varphi_x)\,\overrightarrow{e_x}\cdot\overrightarrow{e_X}\right]\overrightarrow{e_X}$, soit $\vec{E}_3 = E_{0x}\cos(k\,z - \omega t + \varphi_x)\cos\alpha\,\overrightarrow{e_X}$. Le vecteur de Poynting moyen associé à l'onde émergeante du second polaroïd est ainsi $\left\langle \overrightarrow{R_3} \right\rangle = \frac{1}{2}\text{Re}\left(\frac{\underline{\vec{E}}_3 \wedge \underline{\vec{B}}_3^*}{\mu_0}\right) = \frac{E_{0x}^2\cos^2\alpha}{2\mu_0 c}\overrightarrow{e_z}$. Le rapport des intensités est dans le même rapport que celui des normes des vecteurs de Poynting moyen :

$$\boxed{\frac{I_3}{I_2} = \frac{\left\langle \left\|\overrightarrow{R_3}\right\| \right\rangle}{\left\langle \left\|\overrightarrow{R_2}\right\| \right\rangle} = \cos^2\alpha} \text{ (loi de Malus).}$$

b) Lorsque les directions (Ox) et (OX) sont orthogonales (polariseur et analyseur croisés comme on le verra au 2.d), $\alpha = \frac{\pi}{2}$ donc $I_3 = 0$: il y a extinction totale de la lumière émergeante.

c) Si la polarisation est elliptique, on observe les situations suivantes quant on tourne P_2 :

- Quand l'axe (OX) coïncide avec le grand axe de l'ellipse, l'amplitude du champ transmis est maximum, de même que l'intensité lumineuse.
- Quand l'axe (OX) coïncide avec le petit axe de l'ellipse, l'amplitude du champ transmis est minimum mais non nulle, de même que l'intensité lumineuse.
- Entre ces deux cas, l'amplitude du champ transmis correspond à la projection du grand axe sur la direction (OX) de l'axe du polaroïd. l'intensité est comprise, suivant l'angle α, entre un minimum non nul (P_2 parallèle au petit axe) et un maximum (P_2 parallèle au grand axe). Ainsi en faisant tourner l'axe du polaroïd, l'intensité à l'écran varie entre ces valeurs extrémales sans jamais s'annuler.

Lorsque la polarisation est circulaire, la projection du champ incident sur l'axe du polaroïd est constante, ainsi l'amplitude du champ transmis est constante à mesure que l'on tourne le polaroïd, de même que l'intensité à l'écran.

d) L'observation du minimum nul à l'écran pour une orientation donnée de l'axe du polaroïd renseigne à la fois sur le caractère rectiligne de la polarisation incidente et sur la direction de cette polarisation (orthogonale à l'axe du second polaroïd dans la position d'extinction : on dit que polariseur et analyseur sont croisés). L'observation d'une intensité variant sans s'annuler est caractéristique d'une polarisation elliptique de l'onde incidente. Enfin, l'observation d'une intensité indépendante de l'orientation de l'axe du second polaroïd est le signe d'une polarisation circulaire. Il est ainsi possible d'analyser la nature de la polarisation incidente, et d'en déduire la nature de la lame insérée entre les deux polaroids, d'où le terme d'analyseur pour P_2.

Exercice 8.5

1. Le caractère transverse des champs attachés à l'OPPM implique l'absence de composante suivant la direction de propagation (*Ox*). L'évolution temporelle de $\vec{E}$ est alors régie par $\begin{cases} E_y = E_{0y}\cos(\omega t - \varphi_y) \\ E_z = E_{0z}\cos(\omega t - \varphi_z) \end{cases}$, que l'on peut écrire $\begin{cases} E_y = E_{0y}\cos(\omega t) \\ E_z = E_{0z}\cos(\omega t - \varphi) \end{cases}$, avec $\varphi = \varphi_z - \varphi_y$, et moyennant un changement d'origine du temps. Trois cas sont alors à distinguer en fonction des valeurs de E_{0y} et E_{0z} et de celles de φ_y et φ_z. Le cas général où φ est quelconque (non multiple de π) et $E_{0y} \neq E_{0z}$ correspond à une polarisation elliptique. En effet, on a alors $\dfrac{E_y}{E_{0y}} = \cos(\omega t)$ et $\dfrac{E_z}{E_{0z}} = \cos(\omega t - \varphi) = \cos(\omega t)\cos(\varphi) + \sin(\omega t)\sin(\varphi)$, soit encore :

$$\begin{cases} \sin(\omega t)\sin(\varphi) = \dfrac{E_z}{E_{0z}} - \cos(\varphi)\left(\dfrac{E_y}{E_{0y}}\right) \\ \cos(\omega t)\sin(\varphi) = \sin(\varphi)\left(\dfrac{E_y}{E_{0y}}\right) \end{cases}$$

. Portons ces égalités au carré de façon à éliminer le temps entre ces deux expressions, il vient : $\left(\dfrac{E_y}{E_{0y}}\right)^2 + \left(\dfrac{E_z}{E_{0z}}\right)^2 - 2\cos(\varphi)\left(\dfrac{E_y}{E_{0y}}\right)\left(\dfrac{E_z}{E_{0z}}\right) = \sin^2(\varphi)$. Dans le plan (E_y, E_z) dit plan de Fresnel, il s'agit d'une ellipse inscrite dans un rectangle de côte E_{0y} et E_{0z}. On dit que la polarisation est elliptique.

2. a) Réécrivons $\vec{E}$ sous la forme $\begin{cases} 0 \\ E_y = E_{0y}\cos(k\,x - \omega t) \\ E_z = E_{0z}\cos(k\,x - \omega t + \varphi) \end{cases}$. Compte tenu du terme de phase $k\,x - \omega t$, les fronts d'ondes sont des plans $x = cte$ perpendiculaires au vecteur directeur de la propagation $\vec{n} = \vec{e_x}$. À l'instant initial, les composantes de $\vec{E}$ dans le plan d'onde $x = 0$ sont $\begin{cases} 0 \\ E_y = E_{0y} \\ E_z = E_{0z}\cos(\varphi) \end{cases}$. L'orientation du grand axe de l'ellipse dépend donc du signe de $\cos(\varphi)$.

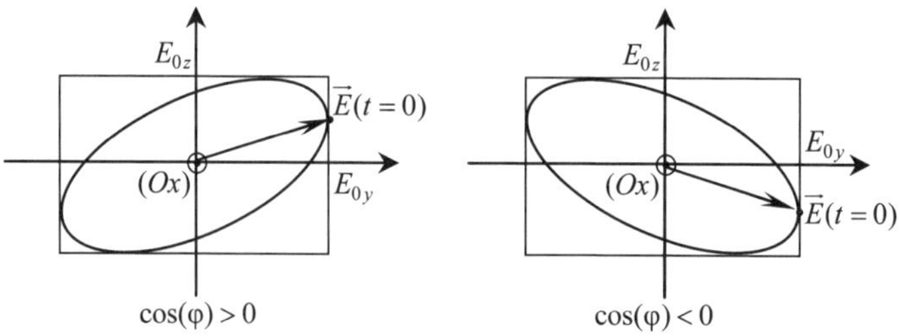

Le sens de parcours de l'extrémité de $\vec{E}$ sur l'ellipse dans le plan d'onde $x=0$ est déterminé par la variation $\dfrac{\mathrm{d}E_z}{\mathrm{d}t}$ de la composante verticale de $\vec{E}$ entre deux instants t et $t+\mathrm{d}t$, c'est-à-dire par son taux d'accroissement à l'instant t. En particulier, à l'instant initial on a : $\left(\dfrac{\mathrm{d}E_z}{\mathrm{d}t}\right)_{t=0} = \omega\, E_{0z} \sin(\varphi)$. Si $\left(\dfrac{\mathrm{d}E_z}{\mathrm{d}t}\right)_{t=0} > 0$, entre $t=0$ et $\mathrm{d}t$, E_z augmente, ce qui pour un observateur « assis » sur la direction (Ox) de propagation et regardant venir l'onde vers lui, correspond à une rotation de $\vec{E}$ vers la gauche (sens trigonométrique). Au contraire lorsque $\left(\dfrac{\mathrm{d}E_z}{\mathrm{d}t}\right)_{t=0} < 0$, l'observateur voit $\vec{E}$ tourner vers la droite. Ainsi le sens de parcours sur l'ellipse est fixé par le signe de $\left(\dfrac{\mathrm{d}E_z}{\mathrm{d}t}\right)_{t=0}$ et donc par celui de $\sin(\varphi)$.

On distingue les cas suivant :

→ Lorsque $0 < \varphi < \dfrac{\pi}{2}$, $\cos(\varphi) > 0$, $\sin(\varphi) > 0$, $\left(\dfrac{\mathrm{d}E_z}{\mathrm{d}t}\right)_{t=0} > 0$ l'observateur voit $\vec{E}$ tourner vers la gauche : la polarisation est dite elliptique gauche.

→ Lorsque $\varphi = \dfrac{\pi}{2}$, $\cos(\varphi) = 0$, $\sin(\varphi) > 0$, $\left(\dfrac{\mathrm{d}E_z}{\mathrm{d}t}\right)_{t=0} > 0$: polarisation elliptique gauche.

→ Lorsque $\dfrac{\pi}{2} < \varphi < \pi$, $\cos(\varphi) < 0$, $\sin(\varphi) > 0$, $\left(\dfrac{\mathrm{d}E_z}{\mathrm{d}t}\right)_{t=0} > 0$: polarisation elliptique gauche.

→ Lorsque $\pi < \varphi < \dfrac{3\pi}{2}$, $\cos(\varphi) < 0$, $\sin(\varphi) < 0$, $\left(\dfrac{\mathrm{d}E_z}{\mathrm{d}t}\right)_{t=0} < 0$: polarisation elliptique droite.

→ Lorsque $\varphi = \dfrac{3\pi}{2}$, $\cos(\varphi) = 0$, $\sin(\varphi) < 0$, $\left(\dfrac{\mathrm{d}E_z}{\mathrm{d}t}\right)_{t=0} < 0$: polarisation elliptique droite.

→ Lorsque $\dfrac{3\pi}{2} < \varphi < 2\pi$, $\cos(\varphi) > 0$, $\sin(\varphi) < 0$, $\left(\dfrac{\mathrm{d}E_z}{\mathrm{d}t}\right)_{t=0} < 0$: polarisation elliptique droite.

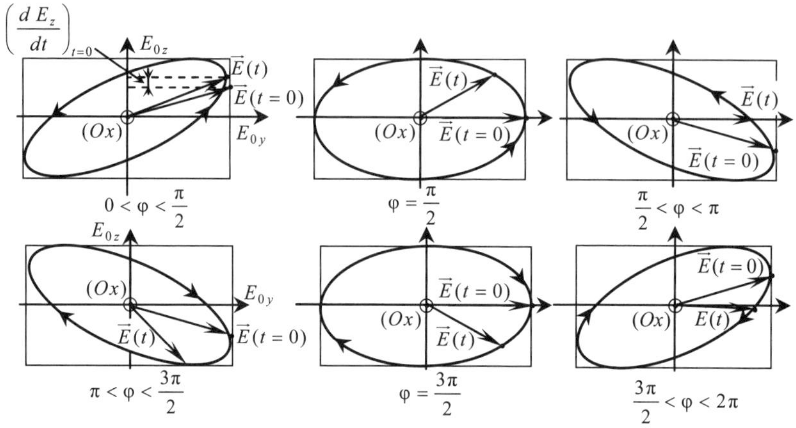

⇨ *Méthode 8.9*

→ Lorsque $E_{0y} = E_{0z}$, les ellipses se réduisent à des cercles : la polarisation est circulaire gauche ou droite suivant que $0 < \varphi < \pi$ ou que $\pi < \varphi < 2\pi$ respectivement.

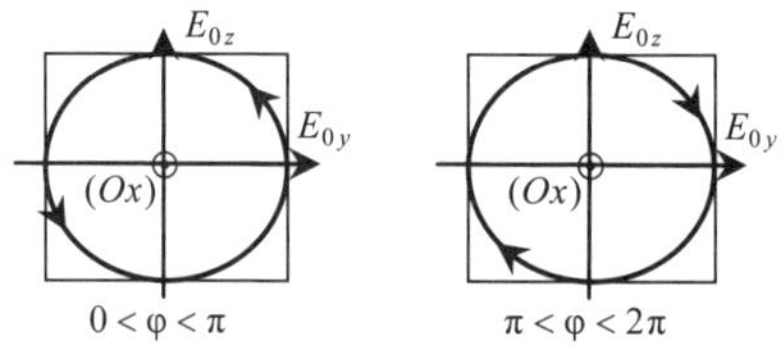

– Cas où $\varphi = 0$: $\frac{E_y}{E_z} = \frac{E_{0y}}{E_{0z}} = cte$ (les composantes de $\vec{E}$ sont en phase). Dans le plan (E_y, E_z), c'est l'équation d'une droite passant par l'origine : la polarisation est dite rectiligne et $\vec{E}$ évolue dans le premier cadran.

– Cas où $\varphi = \pi$: $\frac{E_y}{E_z} = -\frac{E_{0y}}{E_{0z}}$ (les composantes $\vec{E}$ sont en opposition de phase) : la polarisation est dite rectiligne et $\vec{E}$ évolue dans le second cadran.

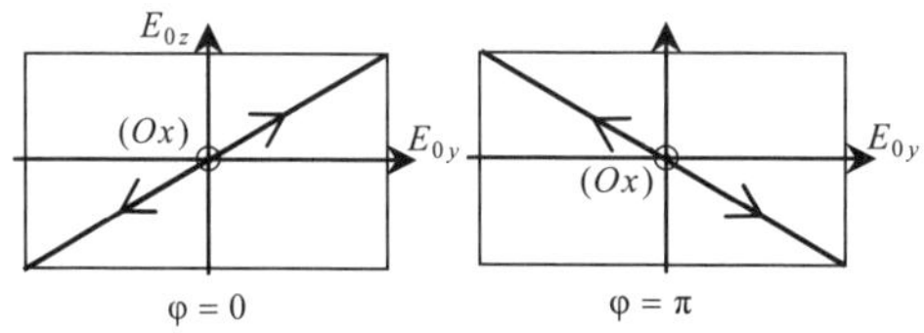

b) La composante suivant (Oz) du champ $\vec{E}$ est à présent de la forme $E_z = E_{0z}\cos(\omega t - k\,x + \varphi)$, sa dérivée par rapport au temps à l'instant initial est : $\left(\frac{\mathrm{d}E_z}{\mathrm{d}t}\right)_{t=0} = -\omega\,E_{0z}\sin(\varphi)$, le sens de rotation conventionnel est donc inversé.

Ainsi, lorsque $0<\varphi<\pi$, $\sin(\varphi)>0$ et $\left(\dfrac{\mathrm{d}E_z}{\mathrm{d}t}\right)_{t=0}<0$: l'observateur voit $\vec{E}$ tourner vers la droite, la polarisation est elliptique droite. Lorsque $\pi<\varphi<2\pi$, $\sin(\varphi)<0$ et $\left(\dfrac{\mathrm{d}E_z}{\mathrm{d}t}\right)_{t=0}>0$: l'observateur voit $\vec{E}$ tourner vers la gauche : la polarisation est elliptique gauche.

Chapitre 9

Propagation dans les conducteurs et les plasmas

UN SCIENTIFIQUE

Chimiste et physicien, **Irving Langmuir** (1881-1957) effectue ses études à l'Université de Columbia à New York qu'il conclut par une thèse et à celle de Göttingen sous la direction de Nernst. Par ses travaux concernant les flux d'électrons et les gaz ionisés, il concourt à la confection de tubes électroniques. Il obtient le prix Nobel de chimie en 1932 pour ses « découvertes en chimie des surfaces ». À la fin de sa carrière, il étudie la formation du givre et des cristaux de glaces.

Un peu d'histoire

Souvent considéré comme le quatrième état de la matière, le plasma est de loin le plus représenté dans l'univers, en particulier dans les étoiles, le milieu interstellaire et l'ionosphère.

L'établissement des équations de Maxwell en 1864, la découverte de l'électron par Thompson en 1897 et la compréhension de la structure de l'atome dans les années 1910 ont permis l'émergence de la physique des plasmas dans les années 1920. Cette découverte a révolutionné la technologie.

De même racine que « plastique », le mot « plasma » est issu d'un terme grec désignant un ouvrage façonné, modelé. Il fut utilisé dès le XVIIIe siècle en minéralogie puis, en 1845, en physiologie pour désigner la partie liquide du sang. Le chimiste américain Irving Langmuir est l'un des premiers à étudier les plasmas et il leur donne ce nom parce qu'il y voit une analogie avec les plasmas sanguins.

Objectifs

Ce qu'il faut connaître

- ▷ Savoir décrire brièvement un modèle simple de plasma de faible densité et sans interactions.
- ▷ Savoir décrire brièvement un conducteur.
- ▷ Savoir qu'un plasma peu dense est un milieu dispersif et non absorbant de conductivité complexe imaginaire pure.
- ▷ Savoir qu'un conducteur est dispersif et absorbant et que la conductivité y est complexe.
- ▷ Savoir qu'il existe une pulsation plasma au dessous de laquelle la propagation d'une OPPM dans un plasma est impossible.
- ▷ Savoir que dans un conducteur les champs sont localisés sur une épaisseur de peau.

Ce qu'il faut savoir faire

- ▷ Savoir exploiter les hypothèses du plasma peu dense et sans interactions.
- ▷ Savoir établir la relation de dispersion du plasma et savoir l'interpréter.
- ▷ Savoir établir l'expression de la pulsation plasma et savoir l'interpréter physiquement.
- ▷ Savoir établir l'équation de diffusion du champ dans un conducteur et l'interpréter en termes d'épaisseur de peau.
- ▷ Savoir exprimer la vitesse de phase et de groupe dans un plasma.

Résumé de cours

Description simplifiée d'un plasma

Dans un modèle simple, un plasma est un milieu dilué homogène et isotrope, dont les propriétés thermomécaniques sont assimilables à celles d'un **gaz ionisé globalement neutre**. Le plasma est donc composé de cations supposés fixes (du fait de leur masse très supérieure à celle des électrons) et d'électrons libres de densité particulaire n. L'état plasma, souvent appelé le quatrième état de la matière, est de loin le plus représenté dans l'univers connu, avec des densités particulaires allant de $n \simeq 10^{40}\ \mathrm{m}^{-3}$ dans les étoiles à $n \simeq 10^{6}\ \mathrm{m}^{-3}$ dans les gaz interstellaires.
Dans un traitement simplifié, le poids de l'électron ainsi que la composante magnétique de la force de Lorentz (dans l'approximation non relativiste où $V \ll c$) sont négligeables devant la composante électrique. De plus, pour des densités particulaires suffisamment faibles (plasmas peu denses), les interactions électrons-électrons et électrons-cations sont négligés : ainsi (contrairement au cas des conducteurs métalliques) les électrons libres ne subissent aucune force de frottement dans leur déplacement. Le plasma est dit sans interaction.

Conductivité d'un plasma en régime variable

On envisage la propagation dans le plasma d'une OPPM polarisée rectilignement à laquelle est par exemple associé, en notation complexe, le champ $\underline{\vec{E}} = \vec{E}_0 \exp\big(i(\omega t - k z)\big)$. **La conductivité y est imaginaire pure** : $\sigma = -i\,\varepsilon_0 \dfrac{\omega_p^2}{\omega}$ où $\omega_p = \sqrt{\dfrac{n e^2}{\varepsilon_0 m}}$ est la **pulsation plasma**.

Densité volumique de courant $\vec{j}$ et champ $\vec{E}$ sont alors en quadrature et la densité volumique de **puissance moyenne cédée** par le champ à la matière **est nulle** $\left\langle \dfrac{\mathrm{d} P_{cédée}}{\mathrm{d}\tau} \right\rangle = 0$ ce qui est en accord avec le modèle de plasma sans interaction.

⇨ **Méthode 9.1. Comment montrer que le plasma est non absorbant ?**

Onde plane électromagnétique dans un plasma

Le plasma est un milieu dispersif, la **relation de dispersion** est de la forme $\boxed{k^2 = \dfrac{\omega^2}{c^2}\left(1 - \dfrac{\omega_p^2}{\omega^2}\right)}$.

⇨ **Méthode 9.2. Comment obtenir la relation de dispersion ?**

Pour $\omega > \omega_p$: c'est le **domaine de transparence** du plasma, la propagation d'une OPPM de pulsation est possible sous certaines conditions d'incidences à l'interface vide-plasma.
Pour $\omega < \omega_p$: c'est le **domaine réactif** du plasma : l'onde dans le plasma est de type évanescente (stationnaire et amortie) l'énergie ne s'y propage pas.

Remarque

ω_p est la **pulsation de coupure** du plasma.

⇨ **Méthode 9.3. Comment interpréter physiquement la pulsation plasma ?**

❑ Plasma dans son domaine de transparence

Le vecteur d'onde est réel. La vitesse de phase dépend de la pulsation, le milieu est dispersif.

– La **vitesse de phase** est : $\boxed{V_\varphi = \dfrac{c}{\sqrt{1-\left(\dfrac{\omega_p}{\omega}\right)^2}} > c}$, elle dépend de la pulsation ce qui est caractéristique d'un milieu dispersif.

– La **vitesse de groupe** est : $\boxed{V_g = c\sqrt{1-\left(\dfrac{\omega_p}{\omega}\right)^2} < c}$.

– Pour $\omega >> \omega_p$: $V_\varphi \approx V_g \approx c$, le plasma est non dispersif à très haute fréquence.

– V_φ et V_g sont liées par la relation : $\boxed{V_g\, V_\varphi = c^2}$.

⇨ **Méthode 9.4. Comment établir les vitesses de phase et de groupe dans le plasma ?**

■ Étalement du paquet d'ondes dans un plasma

Dans un milieu **dispersif**, tel un plasma au dessus de sa pulsation de coupure, ou dans un guide d'onde, chaque composante monochromatique du paquet d'onde se propage avec sa propre vitesse de phase $V_\varphi(\omega) = \dfrac{\omega}{k(\omega)}$.

L'enveloppe du paquet d'onde se déforme en se propageant : on dit qu'il y a étalement du paquet d'onde.

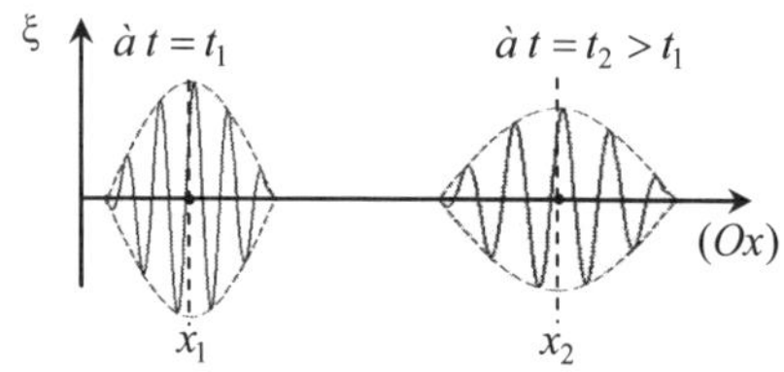

Remarque

La conservation de l'énergie, dépendant de façon générale quadratiquement de l'amplitude, impose à mesure que le paquet d'onde s'étale une diminution de son amplitude.
Pour un plasma faiblement dispersif et non absorbant, la vitesse de groupe V_g est égale à la vitesse de propagation de l'énergie V_e, elle est alors donnée par la relation $\boxed{V_g = \dfrac{\mathrm{d}\omega}{\mathrm{d}k}}$ avec $\boxed{V_g \le c}$.

Propagation dans un conducteur ohmique dans l'ARQS magnétique

❑ Relation de dispersion

Lorsqu'on envisage la propagation unidimensionnelle dans un conducteur ohmique d'une OPPM électromagnétique à laquelle on attache le champ de la forme $\underline{\vec{E}} = \underline{\vec{E}}_0 \exp\left(i(\omega t - \underline{k}\, z)\right)$, celui-ci ne satisfait pas à une équation de d'Alembert mais à une équation de diffusion. La relation de dispersion conduit à un vecteur d'onde complexe qui s'écrit $\boxed{\underline{k} = \dfrac{1-i}{\delta}}$.

❑ Épaisseur de peau

Le champ dans le conducteur est de la forme $\vec{E} = \vec{E}_0 \exp(-z/\delta)\cos(\omega t - z/\delta)$. Les oscillations sinusoïdales de l'amplitude du champ sont modulées par une enveloppe exponentielle décroissante caractérisant une atténuation d'un facteur $\dfrac{1}{e}$ sur une longueur caractéristique de δ dite épaisseur de peau. L'épaisseur de peau dépend de la pulsation considérée par $\boxed{\delta = \sqrt{2/\mu_0\,\sigma_0\,\omega}}$ où σ_0 est la **conductivité statique** du conducteur.

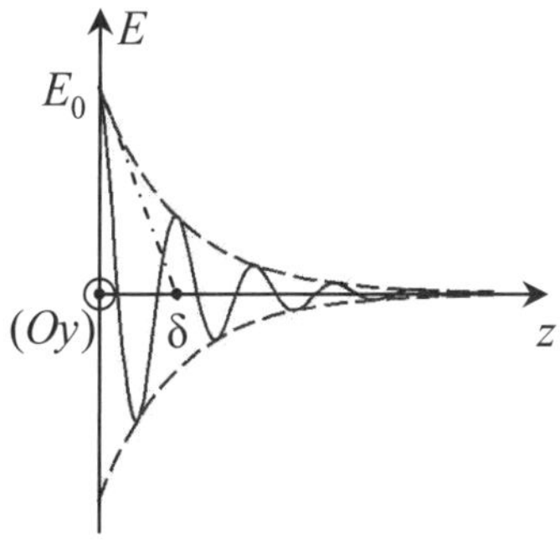

⇨ **Méthode 9.5. Comment déterminer l'équation de propagation dans un conducteur dans l'ARQS magnétique ?**

Complément sur les phénomènes de dispersion et d'atténuation dans un milieu*

❑ Vitesse de phase et vecteur d'onde complexe

Lorsqu'on traite de la propagation d'une OPPM dans un milieu matériel suivant un axe (Ox) par exemple, il est fréquent que la résolution des équations de Maxwell conduisent à des champs de la forme $\underline{\vec{E}} = \vec{E}_0 \exp\left(i(\underline{k}\, x - \omega t)\right)$ où $\underline{k}$ est à priori complexe : $\underline{k} = k' + ik''$, avec en général $k'' > 0$. Ainsi ce champ s'écrit sous la forme $\underline{\vec{E}} = \vec{E}_0 \exp\left(i(k' x - \omega t)\right)\exp\left(-k'' x\right)$, soit en repassant en notation réelles, $\vec{E} = \vec{E}_0 \cos\left(k' x - \omega t\right)\exp\left(-k'' x\right)$. C'est le cas par exemple d'un conducteur réel dans l'ARQS ou d'un câble coaxial avec pertes.

Remarque

Avec la convention de phase en $\omega t - \underline{k}\, x$, on serait conduit, pour retrouver la même forme amortie dans la propagation suivant $(Ox)^+$, à poser $\underline{k} = k' - ik''$ avec toujours $k'' > 0$.

– La partie réelle k' est liée à la propagation de la phase à la vitesse $\boxed{V_\varphi = \dfrac{\omega}{k'(\omega)}}$.

– La partie imaginaire k'' du vecteur d'onde caractérise l'atténuation du champ lors de sa propagation sur une longueur caractéristique d'atténuation $\delta = \frac{1}{k''}$ dite **profondeur de pénétration** (ou épaisseur de peau).

❑ Onde évanescente ou stationnaire amortie

Dans le cas particulier où $k' = \text{Re}\{k\} = 0$, le vecteur d'onde est imaginaire pur, le champ est de la forme $E(x,t) = E_0 \cos(\omega t)\exp(-k''x)$. L'onde ne se propage plus, elle est au contraire stationnaire et amortie sur la distance caractéristique $\delta = \frac{1}{k''}$: on parle d'onde évanescente. C'est le cas rencontré lorsqu'on étudie la propagation d'une onde électromagnétique dans un plasma pour $\omega < \omega_p$.

❑ Cas du milieu transparent, définition de l'indice de réfraction

Dans un milieu transparent tel un plasma ou un diélectrique transparent comme un verre, (un tel milieu est non absorbant et se caractérise par un indice réel : $k'' = \text{Im}\{k\} = 0$) on définit l'indice par le rapport $\boxed{n(\omega) = \frac{c}{V_\varphi(\omega)}}$ où c est la vitesse de la lumière dans le vide et $V_\varphi(\omega) = \frac{\omega}{k(\omega)}$ la vitesse de phase dans le milieu (qui contrairement au cas du vide dépend de la pulsation).

Méthodes

Comment étudier la propagation d'une OPPM dans un plasma peu dense

Méthode 9.1. Comment montrer que le plasma est non absorbant ?

Il s'agit dans un premier temps de montrer que la conductivité est imaginaire pure. On en déduit alors que $\vec{j}$ et $\vec{E}$ sont en quadrature. Puis sachant que $\left\langle \frac{\mathrm{d}P_{cédée}}{\mathrm{d}\tau} \right\rangle = \frac{1}{2}\mathrm{Re}\left(\underline{\vec{j}}\cdot\underline{\vec{E}}^*\right) = \frac{1}{2}\mathrm{Re}\left(\underline{\sigma}\right)\left|\underline{\vec{E}}\right|^2$, on établit que $\left\langle \frac{\mathrm{d}P_{cédée}}{\mathrm{d}\tau} \right\rangle = 0$. Le plasma ne prélève donc aucune puissance à l'onde : il est non absorbant.

⇨ Exercice 9.1

Méthode 9.2. Comment obtenir la relation de dispersion ?

De façon générale, la **linéarité** de l'équation de propagation dans le milieu considéré (plasma ou conducteur) conduit à en rechercher les solutions sous forme d'**OPPM**. La recherche d'une solution **complexe** de la forme $\underline{\xi}(x,t) = \underline{\xi}_o \exp\left(i(\omega t - k\,x)\right)$ où $\underline{\xi}$ est l'une des composantes du champ se fait en injectant l'expression de $\underline{\xi}$ dans l'équation de propagation. Cela conduit à la **relation de dispersion** liant le nombre d'onde k à la pulsation ω. Lorsque cette relation est non linéaire, le milieu est dispersif.

⇨ Exercice 9.1

Voyons le cas d'un plasma peu dense localement neutre. L'équation de propagation est obtenue en formant le rotationnel du rotationnel de $\vec{E}$ à partir de l'équation de (M.F) et en commutant les dérivées partielles par rapport au temps avec celles par rapport aux coordonnées d'espace dans l'opérateur rotationnel :

$\vec{\nabla}\wedge\left(\vec{\nabla}\wedge\vec{E}\right) = -\vec{\nabla}\wedge\left(\frac{\partial\vec{B}}{\partial t}\right) = -\frac{\partial\left(\vec{\nabla}\wedge\vec{B}\right)}{\partial t}$ avec $\vec{\nabla}\wedge\left(\vec{\nabla}\wedge\vec{E}\right) = \vec{\nabla}\left(\vec{\nabla}\cdot\vec{E}\right) - \vec{\Delta}\left(\vec{E}\right)$, il vient $\vec{\nabla}\left(\vec{\nabla}\cdot\vec{E}\right) - \vec{\Delta}\left(\vec{E}\right) = -\frac{\partial\left(\vec{\nabla}\wedge\vec{B}\right)}{\partial t}$. Reportons les équations de (M.G) et de (M.A) dans cette égalité, on obtient : $\boxed{\vec{\Delta}\left(\vec{E}\right)-\varepsilon_0\mu_0\dfrac{\partial^2\vec{E}}{\partial t^2}=\mu_0\dfrac{\partial\vec{j}}{\partial t}+\dfrac{1}{\varepsilon_0}\vec{\nabla}(\rho)}$. Or ici, ρ est la densité volumique de courant totale qui est nulle par hypothèse (plasma localement neutre), ainsi en notation complexe il vient : $-k^2\underline{E}+\dfrac{\omega^2}{c^2}\underline{E}=\mu_0 i\omega\underline{j}=\mu_0\dfrac{Ne^2}{m}\underline{E}=\dfrac{Ne^2}{m\varepsilon_0 c^2}\underline{E}=\dfrac{\omega_P^2}{c^2}\underline{E}$.

Finalement $\omega^2=\omega_P^2+k^2c^2$, soit $\boxed{k^2=\dfrac{\omega^2}{c^2}\left(1-\dfrac{\omega_p^2}{\omega^2}\right)}$ qui est la relation de dispersion caractéristique d'un milieu dispersif.

❑ Méthode 9.3. Comment interpréter physiquement la pulsation plasma ?

> Ayant établi la relation de dispersion dans le plasma : $k^2=\dfrac{\omega^2}{c^2}\left(1-\dfrac{\omega_p^2}{\omega^2}\right)$, on note que pour $\omega<\omega_p$, k est imaginaire pur ce qui se traduit par l'impossibilité de voir une OPPM de pulsation $\omega<\omega_p$ se propager dans le plasma. ω_p apparaît de ce point de vue comme une pulsation de coupure.

⇨ **Exercices 9.1 et 9.2**

Lorsqu'on envisage la propagation d'une OPPM de pulsation ω dans un plasma, la relation de dispersion est de la forme $k^2=\dfrac{\omega^2}{c^2}\left(1-\dfrac{\omega_p^2}{\omega^2}\right)$, où ω_p est la pulsation plasma. Cette relation est non linéaire, ce qui montre que le plasma est un milieu dispersif.

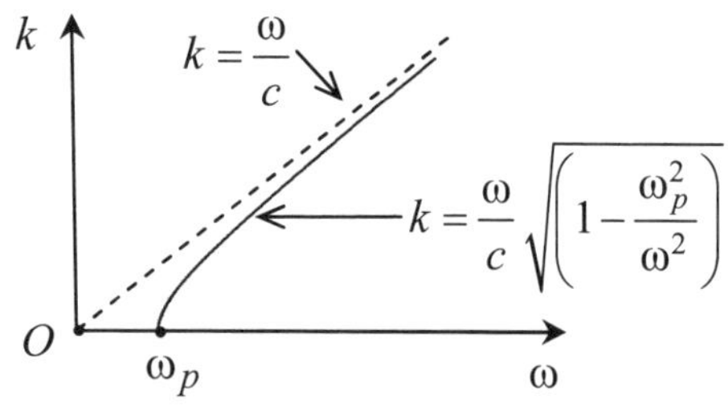

Pour $\omega>>\omega_p$, on constate que la courbe de dispersion tend asymptotiquement vers la droite $k=\dfrac{\omega}{c}$. Le plasma devient non dispersif à très hautes fréquences. Ceci est physiquement lié au fait qu'aux très hautes fréquences, les électrons ne suivent plus les oscillations du champ qui alors traversent le milieu sans interagir avec lui.

La propagation d'une OPPM dans le plasma n'est possible que dans le cas où k est réel, ce qui implique $\omega>\omega_p$. Dans le cas contraire, avec $\omega<\omega_p$ le vecteur d'onde est imaginaire pure et l'onde est évanescente, elle ne se propage plus, on parle de domaine réactif du plasma.

ω_p apparaît donc comme une pulsation de coupure en dessous de laquelle une OPPM ne peut s'y propager.

❑ Méthode 9.4. Comment établir les vitesses de phase et de groupe dans le plasma ?

> La condition de propagation d'une OPPM dans le plasma est $\omega > \omega_p$. Cette condition étant remplie, on différentie la relation de dispersion pour obtenir les vitesses de phase V_φ et de groupe V_g définies par $V_\varphi(\omega) = \dfrac{\omega}{k(\omega)}$ et $V_g = \dfrac{\mathrm{d}\omega}{\mathrm{d}k}$. On prendra toujours soin de vérifier que $V_g \leq c$. Par contre trouver $V_\varphi > c$ ne doit pas inquiéter, s'agissant d'un objet purement mathématique. On vérifie d'autre part que la vitesse de groupe est égale à celle de l'énergie.

⇨ Exercice 9.1

Pour $\omega > \omega_p$, d'après le relation de dispersion, $k = \pm\dfrac{\omega}{c}\sqrt{1-\dfrac{\omega_p^2}{\omega^2}}$ est réel. La vitesse de phase est définie par $V_\varphi = \dfrac{\omega}{k}$, soit : $\boxed{V_\varphi = \dfrac{c}{\sqrt{1-\left(\dfrac{\omega_p}{\omega}\right)^2}}}$. La vitesse de groupe est donnée par $V_g = \dfrac{\mathrm{d}\omega}{\mathrm{d}k}$.

En différentiant la relation de dispersion, il vient : $k^2 = \dfrac{\omega^2}{c^2}\left(1-\dfrac{\omega_p^2}{\omega^2}\right) \Rightarrow 2\,k\,\mathrm{d}k = \dfrac{2\,\omega\,\mathrm{d}\omega}{c^2}$,

d'où $V_g = \dfrac{c^2\,k}{\omega} = \dfrac{c^2}{V_\varphi}$, et finalement : $\boxed{V_g = c\sqrt{1-\left(\dfrac{\omega_p}{\omega}\right)^2} < c}$. Ces deux vitesses étant liées par la relation : $\boxed{V_g\,V_\varphi = c^2}$.

❑ Méthode 9.5. Comment établir l'équation de propagation du champ dans un conducteur dans l'ARQS magnétique ?

> Cette méthode menant à l'équation de propagation dans un conducteur dans l'ARQS passe par trois étapes essentielles :
>
> → La première est l'écriture de la conductivité. On part de son expression en régime variable de pulsation ω : $\sigma = \dfrac{\sigma_0}{1+i\,\omega\,\tau}$ (la conductivité est alors complexe).
>
> Puis on se place dans le cadre de l'ARQS ce qui requiert $\omega\,\tau << 1$ (avec $\tau \approx 10^{-14}$ s pour un bon conducteur) pour écrire $\sigma \approx \sigma_0$, où $\sigma_0 = \dfrac{n e^2\,\tau}{m}$. La conductivité est alors réelle, comme en régime permanent, et $\vec{j}$ et $\vec{E}$ sont en phase.

Méthodes

→Dans le cadre de l'ARQS avec $\omega\,\tau << 1$, on montre alors que le rapport entre courant de conduction et courant de déplacement $\dfrac{\left|\vec{j}\right|}{\left|\varepsilon_0 \dfrac{\partial \underline{\vec{E}}_t}{\partial t}\right|} >> 1$ conduit à négliger le courant de déplacement devant le courant de conduction dans l'équation de (M.A). C'est le cadre de **l'ARQS magnétique**.

→ Enfin, les équations de Maxwell restant valables dans le conducteur à condition de leur adjoindre la loi d'Ohm locale, on montre que le champ dans un conducteur dans l'ARQS satisfait à une **équation de diffusion** de la forme $\vec{\Delta}\left(\vec{E}\right) - \mu_0\,\sigma_0 \dfrac{\partial \vec{E}}{\partial t} = 0$. La solution de cette équation traduit l'existence d'un champ localisé sur une longueur caractéristique $\delta = \sqrt{2/\mu_0\,\sigma_0\,\omega}$ dite épaisseur de peau dépendant de la fréquence. Pour le cuivre on a $\delta \approx 9\ \text{mm}$ à $50\ \text{Hz}$ et $\delta \approx 6\ \mu\text{m}$ à $100\ \text{Hz}$.

➪ **Exercices 9.2, 9.3 et 9.4**

Équation de diffusion du champ électrique dans un conducteur réel

Les équations de Maxwell restent valables dans un conducteur à condition de leur adjoindre la loi d'Ohm locale. On a ainsi $\vec{\nabla} \wedge \vec{E} = -\dfrac{\partial \vec{B}}{\partial t}$, $\vec{\nabla} \cdot \vec{E} = 0$ et $\vec{\nabla} \wedge \vec{B} = \mu_0\,\vec{j}$. Pour obtenir l'équation de propagation du champ électrique $\vec{E}$ dans le conducteur, formons (comme pour l'obtention des équations de d'Alembert) le rotationnel de l'équation de (M.F) :

$\vec{\nabla} \wedge \left(\vec{\nabla} \wedge \vec{E}\right) = -\dfrac{\partial\left(\vec{\nabla} \wedge \vec{B}\right)}{\partial t} = -\mu_0 \dfrac{\partial \vec{j}}{\partial t}$ qui, compte tenu de la loi d'Ohm locale $\vec{j} = \sigma_0\,\vec{E}$, s'écrit $\vec{\nabla} \wedge \left(\vec{\nabla} \wedge \vec{E}\right) = -\mu_0\,\sigma_0 \dfrac{\partial \vec{E}}{\partial t}$. Sachant que $\vec{\nabla} \wedge \left(\vec{\nabla} \wedge \vec{E}\right) = \vec{\nabla}\left(\vec{\nabla} \cdot \vec{E}\right) - \vec{\Delta}\left(\vec{E}\right)$ (où $\vec{\Delta}$ désigne le laplacien vectoriel) et comme $\vec{\nabla} \cdot \vec{E} = 0$, il vient finalement $\boxed{\vec{\Delta}\left(\vec{E}\right) - \mu_0\,\sigma_0 \dfrac{\partial \vec{E}}{\partial t} = \vec{0}}$ qui est **l'équation de diffusion** du champ dans le conducteur.

Vrai/Faux

		Vrai	Faux
1.	Les hautes couches de l'atmosphère (ionosphère) forment un plasma de faible densité.	☐	☐
2.	Dans un plasma peu dense, les électrons ne sont soumis qu'à la composante électrique de la force de Lorentz.	☐	☐
3.	Quelle que soit sa fréquence, une onde électromagnétique peut se propager dans un plasma, qui se comporte alors comme un milieu dispersif.	☐	☐
4.	Les électrons (présents dans le vent solaire) piégés dans les lignes de champs magnétiques des planètes possédant un tel champ émettent des ondes radio dit rayonnement auroral, comme celui de Jupiter détecté sur Terre autour de $30\,\text{MHz}$. Celui de la Terre situé autour de $300\,\text{kHz}$ est détectable depuis le sol (le plasma ionosphérique se caractérise par une fréquence plasma de $\nu_p \approx 9\,\text{MHz}$).	☐	☐
5.	L'image radio du ciel vue depuis le sol terrestre n'est pas identique le jour et la nuit.	☐	☐
6.	Vis-à-vis d'une OPPM de pulsation $\omega > \omega_p$ (fréquence de coupure du plasma), le plasma se comporte comme le vide.	☐	☐
7.	Les équations de Maxwell restant valables dans un conducteur, l'équation de propagation d'un champ y est du même type que dans le vide (équation de d'Alembert).	☐	☐
8.	Lorsqu'une OPPM tombe sur la surface non plane d'un conducteur réel dont le rayon de courbure locale est ρ, le conducteur peut, sous certaines conditions, être localement assimilé à son plan local tangent.	☐	☐
9.	Une OPPM se propageant dans un plasma d'indice n, à même pulsation que dans le vide mais une longueur d'onde différente.	☐	☐
10.	Une OPPM de pulsation ω en incidence quelconque sur la surface d'un plasma de pulsation plasma telle $\omega_p < \omega$ est toujours transmise puisqu'on est dans le domaine de transparence du plasma.	☐	☐

Énoncé des exercices

Exercice 9.1. Interaction entre une onde radio et le plasma ionosphérique

Dans un modèle simple, l'ionosphère (hautes couches de l'atmosphère situées entre environ 80 km et 800 km d'altitude, ionisées par le rayonnement *U.V.* et les particules de haute énergie issues du Soleil) est considérée comme un plasma peu dense, composé de cations supposés fixes (du fait de leur masse très supérieure à celle des électrons) et d'électrons libres de densité particulaire $n \approx 10^{12}\ \mathrm{m}^{-3}$, de charge $-e$, de masse $m = 9{,}1 \cdot 10^{-31}\,\mathrm{kg}$. De plus, on suppose que la densité particulaire est suffisamment faible pour que les interactions électrons-électrons et électrons-cations soient négligeables. Ainsi, contrairement au cas des conducteurs métalliques, les électrons libres ne subissent aucune force de frottement dans leur déplacement. Le plasma est alors dit sans collision. Dès 1901, Marconi met en évidence que le phénomène de réflexion des ondes radio sur l'ionosphère leur permet, sous certaines conditions, de « survoler l'Atlantique ».

En radioastronomie, branche importante de l'observation du ciel dans le domaine des ondes radio, on obtient des renseignements sur les sources qui les émettent (étoiles, nuages interstellaires, planètes possédant un champ magnétique, pulsar, supernova…) en analysant le rayonnement reçu. Par exemple, l'image ci-contre montre les restes de la supernova *G1.9+0.3.* (au centre de la voie lactée), obtenue en combinant deux images dans les domaines *radio* et *X*.

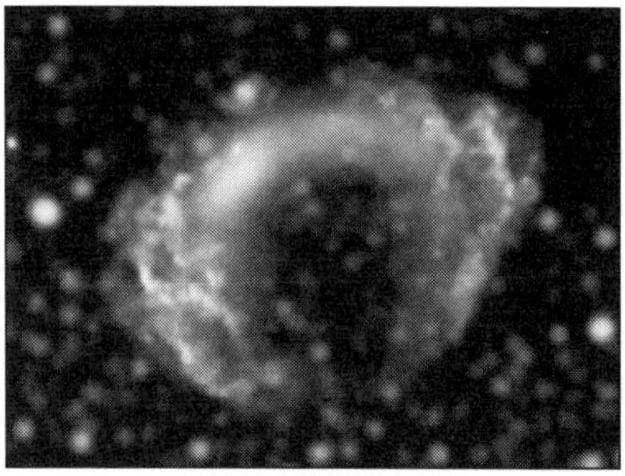

Image X-ray : NASA/CXC/NCSU/S. Reynolds et al.
Image radio : NSF/NRAO/VLA/Cambridge/D. Green et al.

De ce point de vue, l'étude des interactions du plasma ionosphérique avec le rayonnement électromagnétique permet de connaître la bande spectrale de transparence ionosphérique autorisant les observations depuis la Terre. Cet exercice se propose d'en donner une description simplifiée.

On envisage la possibilité de voir se propager dans le plasma une OPPM polarisée rectilignement à laquelle est attaché le champ $\underline{\vec{E}} = E_0 \exp\big(i(\omega t - k\,z)\big)\,\vec{e_x}$ où la norme du vecteur d'onde k est à priori inconnue et fonction de ω et des caractéristiques du plasma.

1. Moyennant certaines hypothèses à expliciter concernant la composante magnétique de la force de Lorentz, le poids des électrons et la force de frottement « fluide » qu'ils subissent de la part du milieu, montrer que la conductivité du plasma peut se mettre sous la forme $\sigma = -i\,\varepsilon_0 \dfrac{\omega_p^2}{\omega}$ où ω_p est la pulsation plasma que l'on exprimera en fonction de ε_0, *m*, *n* et *e*.

2. Donner l'expression de la densité volumique de puissance moyenne cédée par le champ au plasma. Ce résultat était-il prévisible compte tenu des hypothèses du problème ?

3. Montrer que, dans le cas général, pour $\omega \neq \omega_p$, le plasma reste localement neutre.

4. Établir la relation de dispersion $k = f(\omega)$ caractéristique du plasma. Tracer l'allure de la courbe $k = f(\omega)$ et proposez-en une interprétation physique détaillée.

5. a) Montrer que pour $\omega < \omega_p$, la forme des champs $\underline{\vec{E}}$ et $\underline{\vec{B}}$ est conforme aux résultats du 4. Exprimer dans ce cas le vecteur de Poynting moyen $\langle \vec{R} \rangle$. Qu'advient-il d'une OPPM de pulsation $\omega < \omega_p$ incidente sur l'ionosphère ?

b) Pour $\omega > \omega_p$, exprimer la forme des champs $\underline{\vec{E}}$ et $\underline{\vec{B}}$. Exprimer la vitesse de phase $V_\varphi = \dfrac{\omega}{k}$ et vérifier l'hypothèse faite à la question 1 sur la composante magnétique de la force de Lorentz.

c) Exprimer la vitesse de groupe $V_g = \dfrac{\mathrm{d}\omega}{\mathrm{d}k}$ et tracer l'allure de V_φ et V_g en fonction de ω. Trouver une relation simple entre V_φ, V_g et *c*. Étudier en particulier le cas limite $\omega >> \omega_p$ et commenter. Donner l'expression du vecteur de Poynting moyen $\langle \vec{R} \rangle$ en fonction des grandeurs d'intérêts. Quelle est alors la vitesse de propagation de l'énergie.
Pourquoi parle-t-on dans ce cas de transparence ionosphérique ?

❑ Exercice 9.2. Indice du plasma ionosphérique

On envisage une OPPM de pulsation ω telle que $\omega > \omega_p$ où ω_p est la pulsation du plasma ionosphérique. Dans une problématique de télécommunication, on cherche à déterminer les conditions telles qu'une telle OPPM émise depuis le sol puisse être totalement réfléchie à l'interface entre l'atmosphère et l'ionosphère ou au contraire puisse traverser le plasma.

1. Donner, en fonction de ω_p / ω l'expression de l'indice du plasma défini par $n = \dfrac{c}{V_\varphi}$ où V_φ est la vitesse de phase de l'OPPM dans le plasma établie dans l'exercice précédent. Quelle relation trouve-t-on alors entre *k*, *n*, *c* et ω ? Faire l'application numérique pour *n*, à une fréquence de 14 MHz.

2. On suppose que l'interface entre l'air d'indice $n_a = 1$ et le plasma ionosphérique d'indice *n* est localement plane. Une OPPM de fréquence supérieur à la fréquence plasma, émise depuis le sol arrive en un point *O* de l'interface air-ionosphère, son vecteur d'onde faisant avec la normale à l'interface un angle d'incidence *i* de $30°$. En admettant que les lois de Descartes s'appliquent aux vecteurs d'ondes incidents réfléchis et réfractés, montrer qu'il existe une fréquence $\nu_0 > \nu_p = \dfrac{\omega_p}{2\pi}$ en dessous de laquelle l'onde est totalement réfléchie. Donner l'expression de ν_0 dans le cas d'une incidence normale.

3. La communication par onde hertzienne avec les satellites artificiels utilise les propriétés de transparence du plasma ionosphérique alors qu'au contraire les communications terrestres en grandes ondes utilisent la réflexion des ondes EM sur l'ionosphère. Quelle bande de fréquences vous paraît adaptée à la transmission terrestre des ondes radio ? Même question pour la communication avec les satellites orbitant dans ou au-delà de l'ionosphère.

❑ Exercice 9.3. OPPM dans un conducteur réel dans l'ARQS magnétique

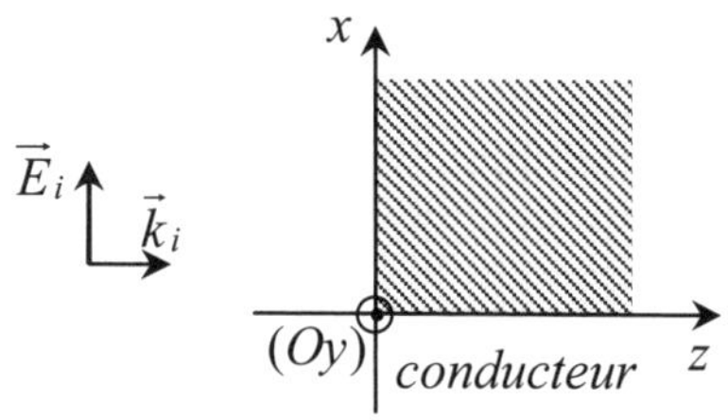

Considérons une OPPM polarisée rectilignement à laquelle est attaché le champ $\underline{\vec{E}}_i = E_0 \exp\left(i(\omega t - k\,z)\right)\overrightarrow{e_x}$ se propageant dans le vide suivant les z positifs, et tombant en incidence normale sur la surface (O,x,y) d'un conducteur métallique de conductivité σ occupant le demi espace infini $(z > 0)$. On note $\underline{\vec{E}}_t$ le champ transmis dans le conducteur et $\underline{\vec{E}}_r$ le champ réfléchi à sa surface. On admettra que la transmission et la réflexion à la surface du conducteur s'accompagnent d'un déphasage ce qui se traduit par le caractère complexe des coefficients de transmission et de réflexion en amplitude que l'on notera respectivement $\underline{t}$ et $\underline{r}$.

1. Exprimer la densité volumique de puissance moyenne $\left\langle \dfrac{\mathrm{d}P_{cédée}}{\mathrm{d}\tau} \right\rangle$ cédée aux porteurs de charges dans un conducteur. Montrer qualitativement qu'il est alors légitime de considérer que le vecteur d'onde transmis dans le conducteur $\vec{k}_t$ est complexe.

2. Montrer que le champ transmis dans le conducteur est de la forme $\underline{\vec{E}}_t = \underline{t}\,E_0 \exp\left(i(\omega t - k_t\,z)\right)\overrightarrow{e_x}$. Justifier brièvement que la polarisation n'est pas affectée par le passage à l'interface vide-conducteur.

3. Dans un modèle simple de la conductivité, les porteurs de charge, de masse $m = 9{,}31 \cdot 10^{-31}$ kg et de charge $-e = -1{,}6 \cdot 10^{-19}$ C, effectuent, en régime sinusoïdal établi, des oscillations forcées de même pulsation que celles du champ transmis. Lors de leurs déplacements, ils entrent en collision avec les défauts de la maille, ce qui, à l'échelle macroscopique, se traduit par une force de frottement visqueux de la forme $\vec{f}_v = -\alpha \vec{V}$.

a) Donner l'expression de la conductivité complexe σ en régime variable en fonction de la conductivité statique (réelle) σ_0, de ω et $\tau = \dfrac{m}{\alpha}$.

b) Montrer que, sous certaines conditions, on peut considérer que σ est purement réelle et qu'alors, elle a la même expression qu'en régime permanent $\sigma \approx \sigma_0$. Quelle est alors la relation classique liant $\vec{j}$ à $\vec{E}_t$ dans le conducteur ? Jusqu'à quelle fréquence limite f_{lim} ce modèle vous paraît-il applicable ? Quelle est la période T_{lim} de variation des grandeurs électriques correspondantes ?

c) Montrer que dans le cadre de cette approximation, le courant de déplacement $\varepsilon_0 \dfrac{\partial \vec{E}_t}{\partial t}$ est négligeable devant le courant de conduction $\vec{j}$.

4. Sachant que pour un bon conducteur tel que le cuivre, à température ordinaire, on a $\sigma_0 = 58 \cdot 10^6\ \mathrm{S \cdot m^{-1}}$, montrer qu'un excédent local de charge s'écoule en un temps négligeable devant les périodes T_{lim} caractéristiques de variations des grandeurs électriques autorisées dans notre modèle.

5. a) Établir les expressions des équations de Maxwell dans le conducteur et en déduire l'équation aux dérivées partielles satisfaite par $\vec{E}_t$. De quel type d'équation s'agit-il ? Commenter physiquement sa forme en la comparant aux équations de d'Alembert. Un tel résultat était-il prévisible ?

b) Donner l'expression du vecteur d'onde transmis $\vec{k}_t$ en fonction de σ_0 de ω puis en fonction de l'épaisseur de peau $\delta = \sqrt{2 / \mu_0 \sigma_0 \omega}$ uniquement. En déduire celle du champ transmis $\vec{E}_t$ en fonction de $|\underline{t}|$, E_0, ω et δ. Tracer l'allure de $\left|\vec{E}_t\right|$ en fonction de z et justifier le terme d'épaisseur de peau utiliser pour décrire l'évolution spatiale du champ au voisinage de la surface du conducteur.

A.N. : évaluer δ pour une fréquence de $50\ \mathrm{Hz}$ et de $100\ \mathrm{MHz}$, conclure sur la dépendance fréquentielle du phénomène. Pour un conducteur d'épaisseur a finie, en admettant la validité des résultats précédents, à quelle condition sur δ l'effet de peau se manifeste-il de façon notable ?

c) Montrer que dans le conducteur la vitesse de phase est donnée par $V_\varphi = \dfrac{\omega}{\mathrm{Re}(k_t)}$. Donner son expression en fonction de c, ω et τ. L'évaluer pour les ondes radio dans la bande FM aux alentours de $100\ \mathrm{MHz}$, conclure sur leur propagation dans un bon conducteur.

6. a) Montrer que le champ réfléchi est de la forme $\underline{\vec{E}}_r = \underline{r}\, E_o \exp\left(i(\omega t + k\, z)\right) \vec{e_x}$.

b) Donner les expressions des champs magnétiques incidents $\underline{\vec{B}}_i$, réfléchis $\underline{\vec{B}}_r$ et transmis $\underline{\vec{B}}_t$.

c) En utilisant les relations de passage à l'interface, donner les expressions des coefficients de transmission $\underline{t}$ et de réflexion $\underline{r}$ en amplitude en fonction de $\alpha = \dfrac{\delta\, \omega}{c}$.

d) Exprimer les coefficients de transmission $\mathcal{T}$ et de réflexion $\mathcal{R}$ en énergie donnés par le rapport des puissances moyennes rayonnées à travers un élément de surface orthogonale à la direction de propagation de l'énergie en $z = 0$:

$$\mathcal{T} = \frac{\left\langle \left\| \vec{R}_t(z=0) \cdot \mathrm{d}\vec{S} \right\| \right\rangle}{\left\langle \left\| \vec{R}_i(z=0) \cdot \mathrm{d}\vec{S} \right\| \right\rangle} \text{ et } \mathcal{R} = \frac{\left\langle \left\| \vec{R}_r(z=0) \cdot \mathrm{d}\vec{S} \right\| \right\rangle}{\left\langle \left\| \vec{R}_i(z=0) \cdot \mathrm{d}\vec{S} \right\| \right\rangle}.$$

Donner leur ordre de grandeur dans le domaine hertzien, conclusion.

❑ Exercice 9.4. Effet de peau dans un fil conducteur

Considérons une portion de fil de cuivre soumise à une différence de potentielle harmonique de pulsation ω à ces bornes. Modélisons le fil par un cylindre infini de rayon a et d'axe (Oz). Compte tenu de la symétrie de révolution autour de (Oz) et de translation suivant (Oz), la densité volumique de courant imposé par le générateur dans le cylindre est de la forme $\underline{\vec{j}} = j(r)\exp(i\,\omega t)\overrightarrow{e_z}$. On note j_a l'amplitude de la densité volumique de courant à la périphérie du cylindre. On se place dans le cadre de L'ARQS de sorte que la conductivité σ_0 est réelle. Dans le cadre de l'ARQS, on lui associe le champ $\underline{\vec{E}} = \dfrac{1}{\sigma_0}\underline{\vec{j}} = E(r)\exp(i\,\omega t)\overrightarrow{e_z}$.

1. À quelles équations aux dérivées partielles doivent satisfaire $\underline{\vec{E}}$ et $\underline{\vec{j}}$?

2. On cherche la solution de l'équation satisfaite par $\underline{\vec{j}}$ sous la forme :

$\underline{j} = j_a \exp\left(-(1+i)\dfrac{(a-r)}{\delta}\right)\exp(i\,\omega t)$, on justifiera brièvement ce choix.

Quelle est la dimension de δ ? Donner, dans le cadre d'observation de l'effet de peau où $r >> \delta$, son expression en fonction de μ_0, ω et σ_0. Interpréter physiquement la forme de j et justifier le terme d'effet de peau usuellement utilisé pour décrire le phénomène observé.

3. Évaluer δ pour une fréquence de $50\ \text{Hz}$ et de $100\ \text{MHz}$. Pour un fil de section $1\ \text{mm}$ l'effet de peau est-il observable dans les deux cas ? Comparer la résistance du fil à ces deux fréquences et proposer une solution technologique permettant l'utilisation à haute fréquence.

❑ Exercice 9.5. Résistance en haute fréquence

Une bobine est alimentée en courant alternatif sinusoïdal de pulsation ω. La répartition du courant dans un fil à section cylindrique donne lieu à des développements de calculs compliqués. On utilisera donc le modèle suivant, dans lequel le fil a la forme d'un ruban. On considère un fil conducteur ayant la forme d'un ruban plat rectiligne à section rectangulaire d'épaisseur e et de largeur a, tel que représenté sur le schéma ci-dessous.

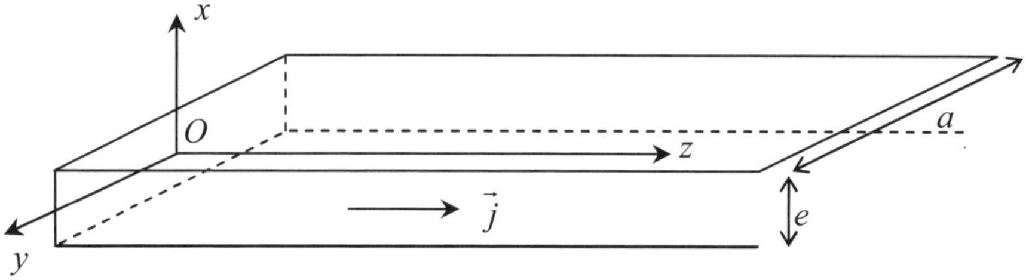

On prendra $e << a$. Soient (Oz) l'axe parallèle à la longueur du ruban passant par le centre de sa section, (Ox) normal au ruban et (Oy) dans le plan du ruban. Pour simplifier, on supposera qu'à l'intérieur du ruban, on peut négliger les effets de bord, c'est à dire que le vecteur densité de courant $\vec{j}$ est en tout point parallèle à (Oz) et que son module ne dépend ni de y, ni de z. Le conducteur suit la loi d'Ohm et sa conductivité est notée σ.

1. Écrire, en utilisant la notation complexe et en prenant une dépendance temporelle des fonctions sinusoïdales de la forme $\exp(i\omega t)$, les trois équations qui lient les trois vecteurs $\underline{\vec{E}}$, champ électrique, $\underline{\vec{B}}$, champ magnétique et $\underline{\vec{j}}$ dans le ruban, dans le cadre de l'ARQS magnétique. En déduire que les variation spatiales du vecteur $\underline{\vec{j}}$ satisfont à une l'équation différentielle suivante : $\dfrac{\partial^2 \underline{\vec{j}}}{\partial x^2} - K^2 \underline{\vec{j}} = 0$, où K est un complexe que l'on exprimera en fonction de σ, μ_0 et ω.

2. Résoudre cette équation et en exploitant la parité de la densité volumique de courant ($j(x)$ étant paire), montrer que $\underline{\vec{j}}(x,t)$ est de la forme $j(x) = C\exp(i\omega t) f\big((1+i)x/\delta\big)$ où C est une constante et où la fonction f sera préciser. On fera pour cela apparaître une longueur caractéristique δ, que l'on exprimera en fonction de σ, μ_0 et ω et dont on précisera l'homogénéité.

Donner les valeurs numériques de δ pour le cuivre pour des fréquences égales à 50Hz, 5000Hz, 500kHz et 50MHz.

On rappelle que $\text{ch}(x) = \dfrac{\exp(x) + \exp(-x)}{2}$ et $\text{sh}(x) = \dfrac{\exp(x) - \exp(-x)}{2}$.

3. En exprimant l'intensité totale $\underline{I}$ du un courant complexe traversant une section droite du ruban déduire que la densité volumique de courant est de la forme :

$$\underline{j}(x) = \frac{\underline{I}(1+i)}{2a\delta\,\text{sh}\left(\dfrac{(1+i)e}{2\delta}\right)} f\big((1+i)x/\delta\big).$$

4. Calculer les amplitudes réelles $j(x)$ et $E(x)$ des vecteurs complexes $\underline{\vec{j}}$ et $\underline{\vec{E}}$.

Plusieurs modes de calcul sont possibles, pour l'un d'eux on donne les formules suivantes :

$$\begin{cases} 2\,\text{sh}\big((1+\text{i})u\big)\text{sh}\big((1-\text{i})u\big) = \text{ch}\,(2u) - \cos\,(2u) \\ 2\,\text{ch}\big((1+\text{i})u\big)\text{ch}\big((1-\text{i})u\big) = \text{ch}\,(2u) + \cos\,(2u) \end{cases}$$

On rappelle en outre que les fonctions ch z et sh z de la variable complexe z, sont définies de la même façon que pour une variable réelle, et que toutes les expressions analytiques des identités, des dérivées, des primitives sont semblables, que z soit complexe ou réel.

5. En évaluant la puissance dissipée par effet Joule, exprimer la résistance du fil par unité de longueur de fil. Que devient ce résultat en régime continu ?

❑ Exercice 9.6. Propagation dans un milieu diélectrique*

On traduit la réponse d'un milieu diélectrique LHI (linéaire, homogène et isotrope) à un champ électrique, par l'apparition d'un vecteur polarisation $\vec{P}$ relié linéairement à $\vec{E}$. En notation complexe cette relation prend la forme : $\underline{\vec{P}}(t) = \varepsilon_0 \underline{\chi}(\omega)\, \underline{\vec{E}}(t)$ où $\underline{\chi}(\omega)$ est appelée la susceptibilité (électrique) dynamique complexe du milieu. On admettra qu'il en résulte l'apparition de densités volumique de charge ρ_p et de courant de polarisation $\vec{j}_p$ données par $\rho_p = -\vec{\nabla}\cdot\vec{P}$ et $\vec{j}_p = \dfrac{\partial \vec{P}}{\partial t}$. Elles se superposent aux densités volumiques de charge libres et de courant de conduction notés ρ_{libre} et $\vec{j}_{libre}$.

1. En tenant compte de l'ensemble de ces sources, écrire les équations de Maxwell satisfaites par le champ électromagnétique $\left(\vec{E},\vec{B}\right)$ dans le diélectrique LHI.

2. Dans un diélectrique isolant, les densités volumiques de charge et de courant libres sont nulles : $\rho_{libre}=0$ et $\vec{j}_{libre}=\vec{0}$. On définit la permittivité complexe $\underline{\varepsilon}(\omega)=\underline{\varepsilon}_r(\omega)\varepsilon_0$ avec $\underline{\varepsilon}_r(\omega)=1+\underline{\chi}(\omega)$ la permittivité relative complexe. En déduire, par une démarche analogue à celle menée dans le vide, la forme des équations de Maxwell satisfaites par les champs complexes.

3. Une OPPM à laquelle est attaché le champ $\underline{\vec{E}}=\vec{E}_0\exp\left(i(\omega t-\underline{\vec{k}}\cdot\vec{r})\right)$, de vecteur d'onde complexe $\underline{\vec{k}}=\left(k'-ik''\right)\vec{u}$ où $\vec{u}$ est le vecteur directeur de la propagation, se propage dans un diélectrique absorbant (LHI), de permittivité complexe $\underline{\varepsilon}(\omega)=\varepsilon'-i\varepsilon''$, où $\varepsilon''_r>0$.

Établir la relation de dispersion liant $\underline{k}^2$ à ω dans le diélectrique.

4. L'indice complexe du milieu étant défini par la relation $\underline{n}^2(\omega)=\underline{\varepsilon}_r(\omega)=\left(n'-in''\right)^2$ où $n'>0$.

On pose $k'=n'\dfrac{\omega}{c}$ et $k''=n''\dfrac{\omega}{c}$ soit de façon compacte : $\underline{k}=\underline{n}\dfrac{\omega}{c}$. Envisageons à présent la propagation d'une OPPM suivant un axe $(Ox)^+$ dans un milieu diélectrique absorbant LHI. Le champ électrique est pris de la forme $\underline{\vec{E}}=\vec{E}_0\exp\left(i(\omega t-\underline{k}\,x)\right)$.

a) Établir que $k'k''>0$.

b) Sachant que la vitesse de phase dans le diélectrique est définie par $V_\varphi=\dfrac{\omega}{k'}>0$, donner son expression en fonction de c et n'.

c) Montrer que le champ complexe dans le diélectrique est de la forme $\underline{\vec{E}}=\vec{E}_0\exp\left(i(\omega t-k'x)\right)\exp\left(-k''x\right)$. Proposer une interprétation physique des différents termes de cette expression lorsque la condition est réalisée. Montrer en particulier qu'il est possible d'introduire un coefficient d'atténuation de l'onde plane lié à n'' par : $\alpha=n''\dfrac{\omega}{c}=k''$. Que se passerait-il si $k'k''$ était négatif ?

Problème ouvert

5. On cherche à suivre l'évolution de la croissance d'une population de bactérie contenue dans une cuve, aux parois transparentes de faible épaisseur, contenant un liquide transparent de faible densité. Dans un milieu suffisamment dilué, on caractérise l'absorption par la décroissance exponentielle de l'intensité lumineuse I (égale au flux du vecteur de Poynting moyen à travers une surface unitaire perpendiculaire à la direction de propagation), elle est de la forme $I=I_0\,F\left(\beta\,x\right)$ où F est une fonction inconnue et où β peut être liée à l'indice d'extinction (partie imaginaire de l'indice complexe du milieu) et caractérise l'absorption.
En vous appuyant sur une modélisation du problème qui sera détaillée, donner la forme de la fonction F et proposez un protocole expérimental permettant d'obtenir l'information souhaitée.

❑ Exercice 9.7. Bilan énergétique pour une OPPM dans un plasma

Un plasma est constitué d'une part d'électrons de masse m, de charge $-e$ et de densité particulaire n, et d'autre part d'ions positifs quasiment immobiles car de masse très supérieure à m. Le plasma est localement neutre de sorte que la densité volumique de charge du plasma est nulle $\rho = 0$. Sa conductivité complexe est $\sigma = -i\,\varepsilon_0 \dfrac{\omega_p^2}{\omega}$, et on note $\omega_p = \sqrt{\dfrac{n\,e^2}{\varepsilon_0\, m}}$ sa pulsation plasma. On étudie la propagation d'une OPPM à laquelle on attache le champ $\underline{\vec{E}} = E_0 \exp\big(i(\omega t - k z)\big)\vec{e_x}$. On se place dans le cas où $\omega > \omega_P$. On rappelle que la relation de dispersion du plasma s'écrit $k^2 = \dfrac{\omega^2}{c^2}\left(1 - \dfrac{\omega_p^2}{\omega^2}\right) > 0$ dans ce cas.

1. Exprimer le vecteur de Poynting instantané $\vec{R}$.

2. Exprimer la densité volumique d'énergie électromagnétique u_{em}.

3. Exprimer la densité volumique de puissance cédée au plasma.

4. On rappelle que de façon générale le bilan de puissance pour le champ en interaction avec la matière se traduit par l'identité de Poynting : $\dfrac{\partial u_m}{\partial t} + \operatorname{div}\vec{R} + \vec{j}\cdot\vec{E} = 0$. Attribuer un sens physique à chacun des termes de cette égalité.

5. Vérifier cette égalité dans le cas du plasma.

❑ Exercice 9.8. Image radio du ciel - Problème ouvert

Une analyse attentive de différents clichés du ciel réalisés par des radiotélescopes révèle que l'image radio du ciel n'est pas rigoureusement identique le jour et la nuit. Sachant qu'entre le jour et la nuit, la diminution du rayonnement solaire ionisant fait diminuer la densité particulaire du plasma ionosphérique de $n_j \approx 10^{12}\ \text{m}^{-3}$ à $n_n \approx 10^{10}\ \text{m}^{-3}$, proposer une analyse permettant de rendre compte de cette observation.

Pour vous aider à démarrer

Exercice 9.1. À la question 1, tenez compte du fait que les cations sont considérés comme étant fixes. Pour des particules non relativistes la composante magnétique de la force de Lorentz est négligeable devant la composante électrique, de même que le poids de l'électron. Songer aussi que dans le cadre du présent modèle, les interactions électrons-électrons et électrons-cations sont négligées. Appliquer ensuite le PFD à un pour exprimer $\underline{\vec{V}}$ en fonction de $\underline{\vec{E}}$. La conductivité s'en déduit par : $\underline{\vec{j}} = \sigma\,\underline{\vec{E}}$. À la question 2, reportez-vous à la méthode 9.1. À la question 3, écrire, l'équation de conservation de la charge, en régime sinusoïdal forcé, avec $\underline{\rho} = \rho \exp(i\,\omega\,t)$.

Exercice 9.3 : À la question 1, penser à utiliser le fait que pour deux fonction f et g harmoniques $\langle f\,g \rangle = \dfrac{1}{2}\mathrm{Re}\{\underline{f}\,\underline{g}^*\}$. À la question 3.a), appliquer le PFD à un électron de conduction, en négligeant son poids et une éventuelle composante magnétique devant la composante électrique de la force de Lorentz, pour établir la relation entre sa vitesse et le champ électrique, puis utiliser la loi d'Ohm locale.

Exercice 9.4 : À la question 1, reportez-vous à la méthode 9.4. À la question 2.a), projeter l'équation de diffusion suivant l'axe (*Oz*) portant les courants qui ne dépendant spatialement que r pour écrire l'équation différentielle régissant les variations de $\underline{j}$ avec r que l'on simplifiera sachant que $r \gg \delta$.

■■ Corrigé des vrai/faux

1.	2.	3.	4.	5.	6.	7.	8.	9.	10.
vrai	vrai	faux	faux	vrai	faux	faux	vrai	vrai	faux

1. L'état plasma, souvent appelé le quatrième état de la matière, est de loin le plus représenté dans l'univers connu, avec des densités particulaires allant de $n \simeq 10^{40}\ \text{m}^{-3}$ dans les étoiles à $n \simeq 10^{6}\ \text{m}^{-3}$ dans les gaz interstellaires. Un plasma fréquemment rencontré dans les problèmes de propagation des ondes sur terre est celui que constitue les plus hautes couches de l'atmosphère, ionisées par le rayonnement solaire (rayonnement *UV* et particules de hautes énergie principalement), formant ainsi un plasma de faible densité $n \simeq 10^{11}\ \text{m}^{-3}$ (en réalité, cette valeur oscille du fait de l'alternance jour-nuit entre $n \simeq 10^{10}\ \text{m}^{-3}$ et $n \simeq 10^{12}\ \text{m}^{-3}$ environ).

2. Dans un traitement simplifié, le poids de l'électron ainsi que la composante magnétique de la force de Lorentz (dans l'approximation non relativiste où $V << c$) sont négligeables devant la composante électrique. De plus, pour des densités particulaires suffisamment faibles (plasmas peu denses), les interactions électrons-électrons et électrons-cations sont négligés : ainsi (contrairement au cas des conducteurs métalliques) les électrons libres ne subissent aucune force de frottement dans leur déplacement.

3. La propagation n'est possible que si la pulsation ω de l'onde EM est supérieure à la pulsation ω_p plasma. Par contre, pour $\omega >> \omega_p$ on a $V_\varphi \approx V_g \approx c$: le plasma est donc non dispersif à très haute fréquence.

4. La fréquence de coupure ionosphérique est aux environs de $9\ \text{MHz}$. Ainsi, le rayonnement auroral de Jupiter autour de $30\ \text{MHz}$ bénéficie de la transparence ionosphérique pour nous parvenir au sol. Au contraire, celui de la Terre situé autour de $300\ \text{kHz}$ est totalement réfléchi sur la limite extérieure de l'ionosphère, il n'est détectable que par des satellites extra-ionosphériques.

5. La nuit, du fait de la diminution du rayonnement solaire incident sur l'ionosphère, l'ionisation est moins importante ce qui entraîne une diminution de la densité particulaire du plasma ionosphérique de environ $\Delta n \approx 10\ \text{m}^{-3}$. Pour $n \approx 10^{12}\ \text{m}^{-3}$, on a $\nu_p \approx 9\ \text{MHz}$, pour $n \approx 10^{11}\ \text{m}^{-3}$ on a $\nu_p \approx 2{,}9\ \text{MHz}$, ainsi pour $\Delta n \approx 10\ \text{m}^{-3}$ la variation de fréquence de coupure est de l'ordre de $\Delta\,\nu_p \approx 6\ \text{MHz}$. La variation de fréquence de coupure est relativement faible mais fait que l'image radio du ciel n'est pas rigoureusement identique le jour et la nuit.

6. L'énergie se propage sans atténuation comme elle le ferait dans le vide à la vitesse de groupe. Cependant, contrairement au vide, cette vitesse est dans le plasma inférieur à *c*. Du fait de cette absence d'atténuation, on dit que le plasma est transparent aux OPPM de pulsation supérieure à ω_p. Par contre, contrairement au vide, le plasma est dispersif !

7. Le champ dans un conducteur dans l'ARQS satisfait à une équation de diffusion de la forme $\vec{\Delta}\left(\vec{E}\right) - \mu_0\, \sigma_0 \dfrac{\partial \vec{E}}{\partial t} = \vec{0}$. Cette équation n'est pas symétrique par renversement du temps comme cela était le cas des équations de d'Alembert. Ceci traduit la non-réversibilité du phénomène de diffusion liée au processus dissipatif (l'effet joule).

8. Si l'effet de peau est très marqué au voisinage de la surface du conducteur dans la direction de la normale entrante à sa surface on a : $\rho >> \delta$. En conséquence, la surface peut, au moins localement, être assimilée à son plan local tangent.

9. La longueur d'onde dans le plasma s'écrit, l'indice étant réel pour une OPPM s'y propageant, $\lambda = \dfrac{\lambda_0}{n}$ où $\lambda_0 = \dfrac{2\pi c}{\omega}$ est la longueur d'onde dans le vide. La pulsation est conservée mais la longueur d'onde est plus courte puisque $n > 1$.

10. En exprimant l'indice du plasma on montre, en appliquant les lois de Descartes à l'interface vide-plasma, que pour un angle d'incidence i fixé il y a réflexion totale pour $\omega_p \leq \omega \leq \omega_0$ où $\omega_0 = \dfrac{\omega_p}{\cos(i)}$. Au-delà de cette fréquence, l'onde est partiellement réfléchie et réfractée. Ce point fait l'objet de l'exercice 9.2.

❑ Les erreurs classiques

→ Dans un milieu conducteur, la relation de structure de l'OPPM dans le vide ne s'applique pas tel quel. Pour déterminer la forme de $\vec{B}$ attachée à une OPPM en ayant celle de $\vec{E}$, on intègre l'équation de (M.F). En complexe cela s'écrit $\underline{\vec{B}} = \dfrac{\underline{\vec{k}} \wedge \underline{\vec{E}}}{\omega}$ où $\underline{\vec{k}}$ est généralement complexe. Dans le cas du plasma dans son domaine de transparence on a bien comme pour une OPPM homogène dans vide $\vec{B} = \dfrac{\vec{k} \wedge \vec{E}}{\omega}$ mais contrairement au cas du vide la relation de dispersion conduit à $k(\omega) \neq \dfrac{\omega}{c}$! On n'a donc pas $\vec{B} = \dfrac{\vec{u} \wedge \vec{E}}{c}$ où $\vec{u}$ est le vecteur unitaire directeur de la propagation mais en notant n l'indice réel du plasma on a : $\vec{B} = n\dfrac{\vec{u} \wedge \vec{E}}{c}$.

→ En cas de propagation avec absorption, le vecteur d'onde $\underline{k} = k' - ik''$ est complexe, les champs qui se propagent sont bien sur réels. Suivant $(Ox)^+$ par exemple, ils sont de la forme $\xi(x,t) = \xi_0 \cos\left((\omega t - k'x)\right) \exp(-k''x)$, le terme en $\exp(-k''x)$ traduisant l'atténuation liée à l'absorption. À ne pas confondre avec, une onde évanescente de la forme $\xi(x,t) = \xi_0 \cos(\omega t) \exp(-k''x)$, correspondant à un vecteur d'onde imaginaire pur.

Corrigé des exercices

Exercice 9.1

1. Compte tenu de leur trop faible mobilité (ils sont ici considérés comme étant fixes), la contribution des cations au courant volumique de charge est nulle. D'autre part, la composante magnétique de la force de Lorentz (dans l'approximation non relativiste où $V << c$) est négligeable devant la composante électrique.
De même, le poids de l'électron est négligeable devant la composante électrique. De plus, les interactions électrons-électrons et électrons-cations étant négligées, les électrons libres ne subissent aucune force de frottement (moyenne macroscopique des chocs électrons-cations) dans leur déplacement.

Dans un plasma peu dense, les électrons ne sont soumis qu'à la force $\vec{F} = -e\,\vec{E}$ de pulsation ω. Les électrons effectuent, en régime permanent, des oscillations de même pulsation que celles du champ, de sorte que leur vitesse s'écrit $\underline{\vec{V}} = \vec{V}_0 \exp\big(i(\omega\, t + \varphi)\big) = \underline{\vec{V}}_0 \exp(i\,\omega\, t)$. L'application du PFD conduit à : $m\dfrac{\mathrm{d}\underline{\vec{V}}}{\mathrm{d}t} = -e\,\underline{\vec{E}}$, soit : $\underline{\vec{V}} = \dfrac{i\,e}{m\,\omega}\,\underline{\vec{E}}$. Ainsi, la densité volumique de courant s'écrit en complexe : $\underline{\vec{j}} = -n\,e\,\underline{\vec{V}} = -i\dfrac{n\,e^2}{m\,\omega}\,\underline{\vec{E}} = \sigma\,\underline{\vec{E}}$, où la conductivité complexe est de la forme :

$\boxed{\sigma = -i\,\varepsilon_0\,\dfrac{\omega_p^2}{\omega}}$, avec $\boxed{\omega_p = \sqrt{\dfrac{n\,e^2}{\varepsilon_0\, m}}}$: pulsation plasma.

2. La densité volumique de puissance moyenne cédée par le champ aux électrons dans le plasma est $\left\langle \dfrac{\mathrm{d}P_{cédée}}{\mathrm{d}\tau} \right\rangle = \dfrac{1}{2}\mathrm{Re}\left(\underline{\vec{j}}\cdot\underline{\vec{E}}^*\right)$. La conductivité étant imaginaire pure, $\vec{j}$ et $\vec{E}$ sont en quadrature et $\left\langle \dfrac{\mathrm{d}P_{cédée}}{\mathrm{d}\tau} \right\rangle = 0$.

⇨ *Méthode 9.1*

Ceci est en accord avec le modèle d'électrons sans interaction : en l'absence de terme dissipatif lié aux chocs des électrons avec les cations, la puissance cédée de la part du champ à la matière est nulle.

3. En régime sinusoïdal forcé, posons $\underline{\rho} = \rho \exp(i\,\omega\, t)$. L'équation de conservation de la charge s'écrit $\left(\dfrac{\sigma}{\varepsilon_0} + i\omega\right)\underline{\rho} = 0$. Or, $\dfrac{\sigma}{\varepsilon_0} + i\omega$ ne s'annule que pour $\omega = \dfrac{i\sigma}{\varepsilon_0} = \dfrac{\omega_p^2}{\omega}$, soit $\omega = \omega_p$. Ainsi, dans le cas général, pour $\omega \neq \omega_p$ on a $\dfrac{\sigma}{\varepsilon_0} + i\omega \neq 0$ et donc $\underline{\rho} = 0$, d'où $\rho = 0$: le plasma reste localement neutre.

4. En exploitant la loi d'Ohm locale et les équations de Maxwell, on obtient $\boxed{k^2 = \dfrac{\omega^2}{c^2}\left(1-\dfrac{\omega_p^2}{\omega^2}\right)}$ qui est la relation de dispersion recherchée, caractéristique d'un milieu dispersif.

➪ *Méthode 9.2*

Pour qu'une OPPM puisse effectivement se propager dans le plasma, k doit être réel et donc $1-\dfrac{\omega_p^2}{\omega^2}>0$. ω_p apparaît donc comme une pulsation de coupure en dessous de laquelle une OPPM ne peut se propager.

➪ *Méthode 9.3*

5. a) Pour $\omega<\omega_p$, $k=\pm i\dfrac{\omega}{c}\sqrt{\dfrac{\omega_p^2}{\omega^2}-1}$ est **imaginaire pur** ce qui conduit, en ne gardant que $k=-i\,\alpha$ où $\alpha=\dfrac{\omega}{c}\sqrt{\dfrac{\omega_p^2}{\omega^2}-1}>0$ et réel, à un champ de la forme :

$\underline{\vec{E}}=E_0\exp(-\alpha\,z))\exp(i\,\omega\,t)\overrightarrow{e_x}$, soit, en passant en réel : $\vec{E}=E_0\exp(-\alpha\,z))\cos(\omega\,t)\overrightarrow{e_x}$.

La solution $k=+i\,\alpha$ conduirait à une exponentielle divergente impossible physiquement.

Il s'agit d'une onde évanescente s'amortissant sur une distance caractéristique :

$\delta=\dfrac{1}{\alpha}=\dfrac{c}{\omega}\left(\dfrac{\omega_p^2}{\omega^2}-1\right)^{-1/2}$ appelée profondeur de pénétration du champ dans le plasma. La coordonnée spatiale z et le temps n'intervenant pas dans un même terme de phase, il y a découplage spatio-temporel, l'onde n'est donc pas progressive mais stationnaire : pour $\omega<\omega_p$, il n'y a pas de propagation possible, conformément à ce que nous apprend la relation de dispersion (voir question 4).

Pour exprimer le champ magnétique, intégrons l'équation de (M.F) : $\vec{\nabla}\wedge\underline{\vec{E}}=-\dfrac{\partial\underline{\vec{B}}}{\partial t}$.

En coordonnées cartésiennes, on a $\begin{vmatrix}\partial/\partial x\\ \partial/\partial y\\ \partial/\partial z\end{vmatrix}\wedge\begin{vmatrix}\underline{E}_x\\ 0\\ 0\end{vmatrix}=\begin{vmatrix}0\\ \partial\underline{E}_x/\partial z\\ -\partial\underline{E}_x/\partial y\end{vmatrix}=\begin{vmatrix}0\\ \partial\underline{E}_x/\partial z\\ 0\end{vmatrix}=-\begin{vmatrix}\partial\underline{B}_x/\partial t\\ \partial\underline{B}_y/\partial t\\ \partial\underline{B}_z/\partial t\end{vmatrix}$, soit : $\partial\underline{B}_y/\partial t=\alpha\,E_0\exp(-\alpha\,z)\exp(i\,\omega\,t)$. En intégrant cette égalité avec une constante d'intégration nulle en régime d'onde, il vient : $\underline{\vec{B}}=-\dfrac{i\,\alpha\,E_0}{\omega}\exp(-\alpha\,z)\exp(i\omega\,t)\overrightarrow{e_y}$. Repassons en réel (ce qui sera utile au calcul du vecteur de Poynting), il vient : $\vec{B}=\dfrac{\alpha\,E_0}{\omega}\exp(-\alpha\,z)\sin(\omega\,t)\overrightarrow{e_y}$, soit finalement $\vec{B}=\left(\dfrac{E_0}{c}\sqrt{\dfrac{\omega_p^2}{\omega^2}-1}\right)\exp(-\alpha\,z))\sin(\omega\,t)\overrightarrow{e_y}$. Il s'agit là aussi d'une onde évanescente non progressive. Le vecteur de Poynting a pour expression :

$\vec{R} = \dfrac{\vec{E} \wedge \vec{B}}{\mu_0} = \dfrac{E_0^2}{2\mu_0 c}\left(\sqrt{\dfrac{\omega_p^2}{\omega^2} - 1}\right)\exp(-2\,\alpha\, z)\sin(2\,\omega\, t)\vec{e_z}$. Sa valeur moyenne est donc nulle $\left\langle \vec{R} \right\rangle = \vec{0}$ (puisque $< \sin(2\,\omega\, t) > = 0$). Ainsi, l'onde évanescente ne transporte pas d'énergie. Ainsi, si une OPPM de pulsation $\omega < \omega_p$ se propageant dans le vide arrive au contact de l'ionosphère, elle ne peut s'y propager et subit donc, par conservation de l'énergie, une réflexion totale.

b) Pour $\omega > \omega_p$, $k = \pm \dfrac{\omega}{c}\sqrt{1 - \dfrac{\omega_p^2}{\omega^2}}$ **est réel**. On recherche d'après l'énoncé une onde progressive suivant $(Oz)^+$, ce qui conduit à ne conserver que le signe + et à écrire $\underline{\vec{E}} = E_0 \exp\left(i(\omega t - k\, z)\right)\vec{e_x}$ où $k = \dfrac{\omega}{c}\sqrt{1 - \dfrac{\omega_p^2}{\omega^2}}$. Pour déterminer l'expression de $\underline{\vec{B}}$, on ne peut pas utiliser ici la relation de structure réservée aux OPPEM dans le vide, il faut de nouveau intégrer l'équation de (M.F) : $\vec{\nabla} \wedge \vec{E} = -\dfrac{\partial \vec{B}}{\partial t}$, qui conduit à : $\underline{\vec{B}} = \dfrac{k\, E_0}{\omega}\exp\left(i(\omega t - k\, z)\right)\vec{e_y}$ (en régime purement variable la constante d'intégration est en effet nulle). Les champs se propagent sans atténuation dans le plasma.

La vitesse de phase est définie par $V_\varphi = \dfrac{\omega}{k}$, soit : $\boxed{V_\varphi = \dfrac{c}{\sqrt{1 - \left(\dfrac{\omega_p}{\omega}\right)^2}}}$.

⇨ *Méthode 9.4*

✐ *On constate que $V_\varphi > c$, ce qui n'est pas inquiétant puisque V_φ est en rapport avec la phase qui est un objet mathématique contrairement à l'énergie dont on vérifiera qu'elle se propage bien à une vitesse inférieure à c.*

On peut à présent comparer la norme de la composante magnétique de la force de Lorentz à celle de la composante électrique : avec $V_\varphi = \dfrac{\omega}{k}$, on a, en repassant aux champs réels $\left\|\vec{B}\right\| = \dfrac{\left\|\vec{E}\right\|}{V_\varphi}$, de sorte que $\dfrac{\left\|\vec{F_m}\right\|}{\left\|\vec{F_e}\right\|} = \dfrac{eV\,B}{e\,E} = \dfrac{V}{V_\varphi}$. Ainsi lorsque la vitesse des électrons est faible devant la vitesse de la lumière (électrons non relativistes), on a $V << V_\varphi$ et la composante magnétique de la force de Lorentz est négligeable (comme nous l'avons supposé à la question 1).

c) La vitesse de groupe est : $\boxed{V_g = c\sqrt{1 - \left(\dfrac{\omega_p}{\omega}\right)^2} < c}$.

⇨ *Méthode 9.4*

✐ *On constate que $V_g < c$ et que V_φ et V_g sont liées par $V_g\, V_\varphi = c^2$.*

Pour $\omega >> \omega_p$, V_φ et V_g tendent vers la même asymptote horizontale correspondant à la vitesse c de la lumière et on a $V_\varphi \approx V_g \approx c$. Le plasma est ainsi non dispersif à très haute fréquence.

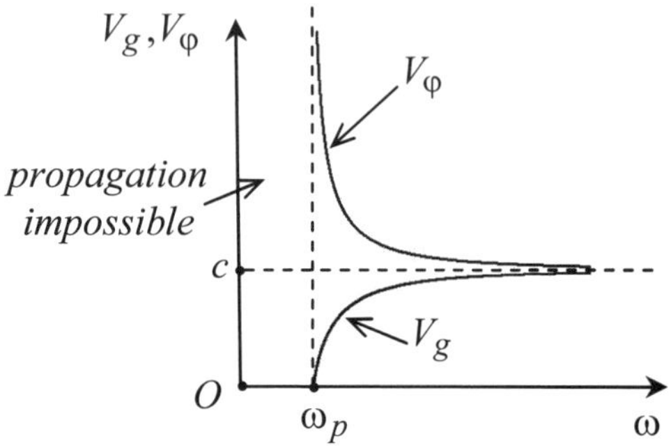

Le vecteur de Poynting moyen a pour expression $\langle \vec{R} \rangle = \frac{1}{2} \mathrm{Re}\left(\frac{\underline{\vec{E}} \wedge \underline{\vec{B}}^*}{\mu_0} \right)$, soit $\langle \vec{R} \rangle = \frac{k}{2\,\omega\,\mu_0} E_0^2\, \vec{e_z}$.

Or, $\frac{\omega}{k} = V_\varphi$ est la vitesse de phase et on a montré qu'elle est liée à la vitesse de groupe par $V_g\, V_\varphi = c^2$. Ainsi, $\boxed{\langle \vec{R} \rangle = \frac{V_g}{2\,\mu_0\, c^2} E_0^2\, \vec{e_z} = \frac{\varepsilon_0\, E_0^2}{2} V_g\, \vec{e_z}}$.

D'autre part, la densité volumique d'énergie électromagnétique moyenne est donnée par $\langle u_{em} \rangle = \left\langle \frac{\varepsilon_0 E^2}{2} \right\rangle + \left\langle \frac{B^2}{2\mu_o} \right\rangle = \frac{\varepsilon_0 E_0^2}{4} + \frac{B_0^2}{4\mu_o} = \frac{\varepsilon_0\, E_0^2}{2}$.

Ainsi $\langle \vec{R} \rangle = \langle u_{em} \rangle V_g\, \vec{e_z}$. L'énergie moyenne $\langle \delta W_{dS} \rangle$ traversant l'élément de surface $\mathrm{d}S$ perpendiculaire à $\langle \vec{R} \rangle$ entre t et $t + \mathrm{d}t$ peut être évaluée de deux façons : d'une part, elle est contenue dans le cylindre droit de section $\mathrm{d}S$ et de génératrice $V_e\, \mathrm{d}t$ où V_e est la vitesse de propagation de l'énergie. Ce cylindre contient l'énergie $\langle u_{em} \rangle \mathrm{d}S\, V_e\, \mathrm{d}t$, ainsi $\langle \delta W_{dS} \rangle = \langle u_{em} \rangle \mathrm{d}S\, V_e\, \mathrm{d}t$.

D'autre part, la puissance moyenne rayonnée à travers dS est égale à l'énergie traversant dS par unité de temps : $\langle \mathrm{d}P_{ray} \rangle = \frac{\langle \delta W_{dS} \rangle}{\mathrm{d}t} = \langle \vec{R} \rangle \mathrm{d}\vec{S} = \langle u_{em} \rangle \frac{c^2}{V_\varphi} \mathrm{d}S$ (avec $\mathrm{d}\vec{S} = \mathrm{d}S\, \vec{e_z}$), de sorte que $\langle \delta W_{dS} \rangle = \langle u_{em} \rangle V_g\, \mathrm{d}S\, \mathrm{d}t$. Par identification, il vient donc $\boxed{V_e = V_g}$.

L'énergie se propage donc sans atténuation (voir question 4) comme elle le ferait dans le vide à la vitesse de groupe. Cependant, contrairement au vide, cette vitesse est dans le plasma inférieur à c.

Du fait de cette absence d'atténuation, on dit que le plasma est transparent aux OPPM de pulsation $> \omega_p$.

Ceci est à relier à l'absence de phénomène d'absorption que traduit le caractère réel de k (partie imaginaire nulle $\Rightarrow$ pas d'absorption) et que laissait déjà entrevoir le résultat de la question 2 : comme $\left\langle \frac{\mathrm{d}P_{cédée}}{\mathrm{d}\tau} \right\rangle = 0$, les champs ne cèdent pas d'énergie à la matière et se propagent ainsi sans s'atténuer « comme dans le vide ». Par contre, contrairement au vide, le plasma est dispersif !

Exercice 9.2

1. L'indice du plasma est donné par $\boxed{n=\frac{c}{V_\varphi}=\sqrt{1-\left(\frac{\nu_p}{\nu}\right)^2}}$. On est conduit à poser $\boxed{k=n\frac{\omega}{c}}$.

Pour une fréquence de 14 MHz on trouve $\boxed{n=0{,}77}$.

2. On suppose que $\nu \geq \nu_p$. L'air étant d'indice plus élevé que le plasma, il y a réflexion totale à l'interface air-ionosphère lorsque $\sin(i)\geq\sin(\lambda)$ où $\lambda=\arcsin(n)$ est l'angle limite de réfraction à l'interface. Ainsi, la condition de réflexion totale s'écrit, pour un angle d'incidence i fixé : $\sin(i)\geq n=\sqrt{1-\left(\frac{\nu_p}{\nu}\right)^2}$ soit $\sin^2(i)\geq n=1-\left(\frac{\nu_p}{\nu}\right)^2$, qui s'écrit encore $\nu\leq\frac{\nu_p}{\cos(i)}$. Ainsi, pour un angle d'incidence i fixé, il y a réflexion totale pour $\boxed{\nu_p\leq\nu\leq\nu_0}$ où $\boxed{f_0=\frac{\nu_p}{\cos(i)}}$. Au delà de cette fréquence, l'onde est partiellement réfléchie et réfractée. Pour un angle d'incidence de $30°$, on a $\boxed{\nu_0=\sqrt{2}\,\nu_p}$. En incidence normale, on trouve $\boxed{\nu_0=\nu_p}$.

3. Pour $n\approx 10^{12}\ \text{m}^{-3}$ (attention à ne pas confonde avec l'indice n), on a $\nu_p\approx 9\ \text{MHz}$. Les grandes ondes (A.M) aux alentours du MHz sont donc réfléchies par l'ionosphère ce qui permet de les propager, par réflexions multiples, en incidence oblique entre la surface de la terre et celle de l'ionosphère, sur de grandes distances. Les ondes courtes de la bande (F.M) aux alentours de 100 MHz peuvent se propager dans l'ionosphère et atteindre les satellites. Par contre, elles ne bénéficient pas de la réflexion ionosphérique pour atteindre de lointaines contrées...

Exercice 9.3

1. La densité volumique de puissance moyenne cédée aux porteurs de charges dans un conducteur est $\left\langle\frac{\mathrm{d}P_{cédée}}{\mathrm{d}\tau}\right\rangle=\frac{1}{2}\mathrm{Re}\left(\underline{\vec{j}}\cdot\underline{\vec{E}}_t{}^*\right)$. En appliquant la loi d'Ohm locale $\underline{\vec{j}}=\sigma\,\underline{\vec{E}}_t$ où σ est la conductivité, il vient $\left\langle\frac{\mathrm{d}P_{cédée}}{\mathrm{d}\tau}\right\rangle=\frac{1}{2}\mathrm{Re}\left(\sigma\,\underline{\vec{E}}_t\cdot\underline{\vec{E}}_t{}^*\right)$, soit finalement $\left\langle\frac{\mathrm{d}P_{cédée}}{\mathrm{d}\tau}\right\rangle=\frac{1}{2}\mathrm{Re}(\sigma)\left|\underline{\vec{E}}_t\right|^2$. Or, dans un conducteur, σ est réelle et donc $\left\langle\frac{\mathrm{d}P_{cédée}}{\mathrm{d}\tau}\right\rangle=\frac{\sigma}{2}\left|\underline{\vec{E}}_t\right|^2$.

Cette puissance est cédée par le champ au conducteur qui la convertit en puissance thermique par effet Joule. On doit donc s'attendre à un amortissement du champ lors de sa pénétration dans le conducteur se traduisant par un vecteur d'onde $\vec{k}_t$ complexe pour le champ transmis.

2. À la surface du conducteur, la force de Lorentz induit une oscillation forcée des électrons libres à la même pulsation ω que le champ incident. Il y a donc, sous l'influence du champ incident, apparition d'un courant harmonique de pulsation ω rayonnant d'après (M.A) un champ magnétique variable de pulsation ω lui-même source (d'après (M.F)) d'un champ électrique spatialement variable (l'opérateur rotationnel traduit les variations locales de ce

Corrigé

champ) : le champ, ainsi rayonné dans le conducteur, n'est autre que le champ transmis $\vec{\underline{E}}_t$. Il a même pulsation ω que ces sources. Ce champ $\vec{\underline{E}}_t$ doit être inhomogène du fait de l'atténuation liée à l'effet Joule. On cherche donc le champ transmis sous la forme :
$\vec{\underline{E}}_t = \underline{t}\, E_o \exp\left(i(\omega t - k_t\, z)\right) \vec{e_x}$ où $\underline{t} = |\underline{t}| \exp\left(i\,\varphi\right)$ est le coefficient de transmission complexe en amplitude. Notons que la polarisation n'est pas affectée par le passage de la surface dans la mesure où le conducteur est un milieu homogène et isotrope

✎ *Cela ne serait plus le cas si le conducteur avait la forme d'une grille (polariseur à grille pour les ondes centimétriques).*

3. a) Sous l'influence de ce champ, les porteurs de charge effectuent, en régime sinusoïdal établi, des oscillations forcées de même pulsation que celles du champ, de sorte que $\vec{\underline{V}} = \vec{V}_o \exp\left(i(\omega\, t + \varphi)\right) = \vec{\underline{V}}_o \exp(i\,\omega\, t)$. En effet, s'il apparaît temporairement des modes vibratoires à des pulsations différentes de celles du champ, elles sont rapidement amorties par les mécanismes dissipatifs dans le conducteur.
En négligeant le poids et une éventuelle composante magnétique devant la composante électrique de la force de Lorentz, l'application du PFD conduit à : $m\dfrac{\mathrm{d}\vec{\underline{V}}}{\mathrm{d}t} = -e\,\vec{\underline{E}}_t - \alpha\,\vec{\underline{V}}$, soit :
$\left(i\,\omega + \dfrac{\alpha}{m}\right)\vec{\underline{V}} = -\dfrac{e}{m}\vec{\underline{E}}_t$.

Posons $\tau = \dfrac{m}{\alpha}$, il vient $\left(i\,\omega + \dfrac{1}{\tau}\right)\vec{\underline{V}} = -\dfrac{e}{m}\vec{\underline{E}}_t$, soit encore $\vec{\underline{V}} = -\dfrac{\tau\, e/m}{1 + i\,\omega\,\tau}\vec{\underline{E}}_t$. Ainsi la densité volumique de courant s'écrit en complexe : $\vec{\underline{j}} = \dfrac{n\,\tau\, e^2/m}{1 + i\,\omega\,\tau}\vec{\underline{E}}_t = \underline{\sigma}\,\vec{\underline{E}}_t$. On reconnaît dans cette expression la conductivité réelle en régime permanent $\boxed{\sigma_0 = \dfrac{n\,e^2\,\tau}{m}}$, de sorte que $\boxed{\underline{\sigma} = \dfrac{\sigma_0}{1 + i\,\omega\,\tau}}$.

b) La conductivité est alors réelle à condition que $\omega\,\tau << 1$, on a alors $\underline{\sigma} \approx \sigma_0$. Ainsi, on retrouve la loi d'Ohm locale dans le conducteur $\boxed{\vec{j} = \sigma_0\,\vec{E}_t}$.
Examinons le cadre de validité de cette approximation. Pour cela, imposons de vérifier $\omega\,\tau << 1$ à 10^{-2} près. La conductivité est alors réelle tant que ω reste inférieure à une pulsation limite : $\omega_{lim} = \dfrac{10^{-2}}{\tau}$. Or, pour le cuivre, $\tau \approx 10^{-14}$ s, ainsi $\omega_{lim} = 10^{12}\ \mathrm{rad \cdot s^{-1}}$, soit une fréquence limite de l'ordre de $f_{lim} \approx 100$ GHz ce qui correspond à une période en limite de modèle de l'ordre de $T_{lim} = 10^{-11}$ s. La conductivité reste réelle dans tout le domaine allant des régimes permanents à la limite de l'infrarouge.

c) Évaluons le rapport entre courant de conduction et courant de déplacement : $\dfrac{\left|\vec{\underline{j}}\right|}{\left|\varepsilon_0 \dfrac{\partial \vec{\underline{E}}_t}{\partial t}\right|} = \dfrac{\sigma_0 \left|\vec{\underline{E}}_t\right|}{\varepsilon_0 \left|\dfrac{\partial \vec{\underline{E}}_t}{\partial t}\right|} = \dfrac{\sigma_0}{\varepsilon_0\, \omega}$, dont la valeur maximale, dans le cadre de notre modèle, est $\boxed{\dfrac{\sigma_0}{\varepsilon_0\, \omega_{lim}} \approx 10^9}$. Ainsi, le courant de déplacement est négligeable devant le courant de conduction.

4. L'équation de conservation de la charge s'écrit avec une conductivité réelle $\sigma_0 \vec{\nabla} \cdot \vec{\underline{E}}_t + \dfrac{\partial \rho}{\partial t} = 0$. Comme d'après (M.G) $\vec{\nabla} \cdot \vec{\underline{E}}_t = \dfrac{\rho}{\varepsilon_o}$, il vient $\dfrac{\sigma_0}{\varepsilon_0}\rho + \dfrac{\partial \rho}{\partial t} = 0$. Ainsi, $\rho(t) = \rho_0 \exp\left(-\dfrac{t}{\tau}\right)$ où $\boxed{\tau = \dfrac{\varepsilon_0}{\sigma_0}}$ est le **temps caractéristique** d'écoulement d'un excédent de charge. Pour un bon conducteur tel que le cuivre, on a $\boxed{\tau \approx 10^{-19}\ \text{s}}$. Or, pour des intervalles de temps aussi faibles, la loi d'Ohm locale n'est plus valable, il nous faut ramener cette valeur à $\boxed{\tau \approx 10^{-14}\ \text{s}}$ pour assurer la **validité de la loi d'Ohm**.

Compte tenu du domaine de fréquences autorisées par notre modèle, on a $T_{lim} >> \tau$ et on peut poser $\boxed{\rho = 0}$.

> ✎ *Une autre solution consiste à poser, en régime sinusoïdal forcé, $\underline{\rho} = \rho \exp(i\,\omega\, t)$. L'équation de conservation s'écrit $\left(\dfrac{\sigma_0}{\varepsilon_0} + i\omega\right)\underline{\rho} = 0$. Or, la conductivité σ_0 étant réelle, $\dfrac{\sigma_0}{\varepsilon_0} + i\omega \neq 0$ et donc $\underline{\rho} = 0$, d'où $\boxed{\rho = 0}$.*

5. a) En utilisant les équations de Maxwell dans le conducteur et la loi d'Ohm locale, on obtient $\boxed{\vec{\Delta}\left(\vec{\underline{E}}_t\right) - \mu_0\, \sigma_0 \dfrac{\partial \vec{\underline{E}}_t}{\partial t} = 0}$ qui est l'équation de diffusion du champ dans le conducteur.

⇨ *Méthode 9.5.*

On constate que dans cette équation, contrairement aux équations de d'Alembert, le temps intervient dans une dérivée première. Ainsi, cette équation n'est plus symétrique par renversement du temps comme cela était le cas des équations de d'Alembert. Ceci traduit la non-réversibilité du phénomène de diffusion liée au processus dissipatifs (effet joule mis en évidence question 1) dans l'interaction champ-conducteur.

b) Compte tenu de la forme de $\vec{\underline{E}}_t = \underline{E}_{t0} \exp\left(i(\omega t - k_t\, z)\right) \vec{e_x}$, l'équation de diffusion s'écrit $-k_t^2 = \mu_0\, \sigma_0\, i\omega$ (qui est l'équation de dispersion dans le conducteur), soit $k_t = \pm\sqrt{-i\mu_0\, \sigma_0\, \omega}$.

En remarquant que le complexe $-i$ peut s'écrire $\dfrac{(1-i)^2}{2}$, on a $k_t = \pm\left(\dfrac{1-i}{\sqrt{2}}\right)\sqrt{\mu_0\, \sigma_0\, \omega}$. Posons

Corrigé

$\delta = \sqrt{2 / \mu_0 \sigma_0 \omega}$, on a finalement $k_t = \pm\left(\frac{1-i}{\delta}\right)$. Quel signe retenir physiquement de cette expression ? D'une part, la partie réelle de k_t doit être positive puisque que $\underline{\vec{E}}_t$ se propage dans le métal suivant les z croissants. D'autre part, sa partie imaginaire doit correspondre à une atténuation du champ lors d'une propagation suivant (Oz^+). Ainsi, en ne retenant que $k_t = \left(\frac{1-i}{\delta}\right)$, on obtient :

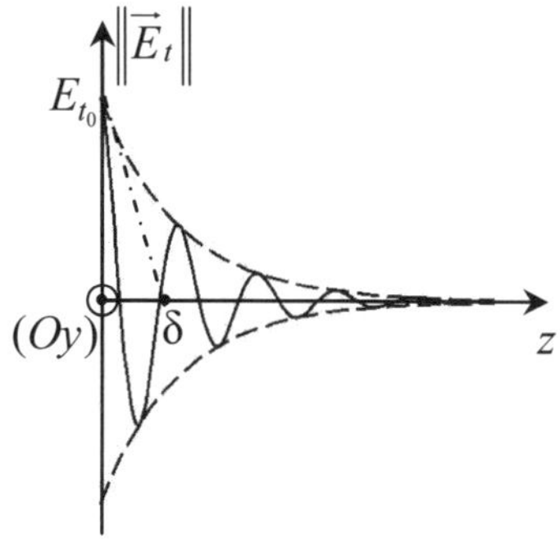

$\underline{\vec{E}}_t = \underline{t}\, E_0 \exp(-z/\delta) \exp\big(i(\omega t - z/\delta)\big)\, \vec{e_x}$. Lors du passage au champ « physique » réel, il vient finalement $\vec{E}_t = E_{t_0} \exp(-z/\delta) \cos(\omega t - z/\delta)\, \vec{e_x}$ avec $E_{t_0} = |\underline{t}|\, E_0$. Ainsi les oscillations sinusoïdales de l'amplitude du champ sont modulées par une enveloppe exponentielle décroissante caractérisant une atténuation d'un facteur $\frac{1}{e}$ sur une longueur caractéristique de δ dite épaisseur de peau. Sur une distance de l'ordre de quelques fois δ, le champ est totalement atténué : on a ici un phénomène d'absorption. Notons que δ dépend de la fréquence. Pour le cuivre, à $50\ \text{Hz}$, on a $\delta \approx 9\ \text{mm}$ alors qu'à $100\ \text{MHz}$, on a $\delta \approx 6\ \mu\text{m}$. Ainsi, le champ transmis s'annule sur une épaisseur d'autant plus faible que la fréquence est élevée (dans la limite fixée par notre modèle).

L'atténuation ne se manifeste de façon efficace que lorsque l'onde parcourt effectivement une distance au moins égale à quelques fois δ dans le conducteur. Ainsi, pour un conducteur d'épaisseur a finie, la condition d'observation de l'effet de peau est $\boxed{\delta << a}$.

c) Un plan équiphase se caractérise par $\omega t - z/\delta + \varphi = cte$, il se propage à la vitesse $V_\varphi = \frac{\mathrm{d}x}{\mathrm{d}t}$ telle que $\omega\, \mathrm{d}t - \mathrm{d}(z/\delta) = 0$ soit $V_\varphi = \frac{\omega}{\mathrm{Re}(k_t)} = \omega\,\delta$. Ainsi $V_\varphi = \sqrt{2\omega / \mu_0 \sigma_0}$. Or, on sait que $\tau = \frac{\varepsilon_0}{\sigma_0}$, ainsi il vient alors $V_\varphi = c\sqrt{2\omega\tau}$ qui dépend de ω, le conducteur est dispersif.

Dans le domaine hertzien, pour la bande FM, on a typiquement $\omega \approx 10^8\ \text{rad}\cdot\text{s}^{-1}$, ce qui avec $\tau \approx 10^{-14}\ \text{s}$, conduit à $\boxed{V_\varphi \approx c\, 10^{-5} << c}$. Les ondes radio se propagent bien plus lentement dans le conducteur que dans le vide et elles y sont atténuées très fortement sur une distance très faible.

6. a) Le champ incident de pulsation ω excite des sources qui, à leur tour, rayonnent un champ dans l'espace vide devant le conducteur. Ce champ n'est autre que le champ réfléchi, il a même pulsation ω que ces sources. Sa direction de polarisation n'est pas affectée par la réflexion, sa direction de propagation est opposée à celle du champ incident. De plus, le vide étant non absorbant et non dispersif, le module du vecteur d'onde n'est pas affecté par la réflexion. En tenant compte d'un déphasage à la réflexion, on pose $\underline{\vec{E}}_r = \underline{r}\, E_0 \exp\big(i(\omega t + k z)\big)\, \vec{e_x}$ où $\underline{r} = |\underline{r}| \exp(i\varphi')$ est le coefficient de transmission complexe en amplitude.

b) Dans le vide devant le conducteur, la relation de structure appliquée aux champs incident et réfléchi conduit à $\underline{\vec{B}}_i = \dfrac{\vec{e_z} \wedge \underline{\vec{E}}_i}{c} = \dfrac{E_0}{c} \exp\big(i(\omega t - k\,z)\big)\vec{e_y}$ et $\underline{\vec{B}}_r = -\dfrac{\underline{r}\,E_0}{c} \exp\big(i(\omega t + k\,z)\big)\vec{e_y}$.

Dans le conducteur, le champ magnétique est obtenu simplement par intégration de l'équation de (M.F) en complexe $i\,\vec{k} \wedge \underline{\vec{E}}_t = i\,\omega\,\underline{\vec{B}}_t$: $\underline{\vec{B}}_t = \dfrac{k_t}{\omega}\,\underline{t}\,E_0 \exp(-z/\delta)\exp\big(i(\omega t - z/\delta)\big)\vec{e_y}$.

c) Traduisons la continuité de la composante tangentielle du champ électrique total de part et d'autre de la surface et dans son voisinage immédiat, c'est-à-dire en $z = 0$:

Pour $z = 0^-$, le champ total est $\underline{\vec{E}}(z = 0^-) = \underline{\vec{E}}_i(z = 0^-) + \underline{\vec{E}}_r(z = 0^-)$ et pour $z = 0^+$, il se réduit à $\underline{\vec{E}}_t(z = 0^+)$. Ainsi, la continuité de la composante suivant (Ox) s'écrit $\underline{\vec{E}}_i(z = 0^-) + \underline{\vec{E}}_r(z = 0^-) = \underline{\vec{E}}_t(z = 0^+)$, soit encore : $1 + \underline{r} = \underline{t}$.

Dans le conducteur, la densité de courant est volumique, il n'y a donc pas de densité surfacique de courant : $\vec{j}_s = \vec{0}$. Or, la relation de passage pour $\vec{B}$ s'écrit $\vec{B}_2 - \vec{B}_1 = \mu_0\,\vec{j}_s \wedge \vec{e_z}$ où (1) et (2) désignent respectivement le conducteur et le vide de part et d'autre de la surface et dans son voisinage immédiat. Ainsi, $\vec{B}_2 - \vec{B}_1 = \vec{0}$, de sorte que : $\underline{\vec{B}}_i(z = 0^-) + \underline{\vec{B}}_r(z = 0^-) = \underline{\vec{B}}_t(z = 0^+)$, soit encore $1 - \underline{r} = c\left(\dfrac{k_t}{\omega}\right)\underline{t} = c\left(\dfrac{1-i}{\delta\,\omega}\right)\underline{t}$. Il est d'usage de poser $\alpha = \dfrac{\delta\,\omega}{c}$, de sorte que les deux relations ci-dessus conduisent à : $\boxed{\underline{r} = \dfrac{\alpha - 1 + i}{\alpha + 1 - i}}$ et $\boxed{\underline{t} = \dfrac{2\alpha}{\alpha + 1 - i}}$.

d) Par définition, les coefficients de transmission et de réflexion en énergie $\mathcal{T}$ et $\mathcal{R}$ sont donnés par $\mathcal{T} = \dfrac{\left\langle \left\| \vec{R}_t(z=0)\cdot \mathrm{d}\vec{S} \right\| \right\rangle}{\left\langle \left\| \vec{R}_i(z=0)\cdot \mathrm{d}\vec{S} \right\| \right\rangle}$ et $\mathcal{R} = \dfrac{\left\langle \left\| \vec{R}_r(z=0)\cdot \mathrm{d}\vec{S} \right\| \right\rangle}{\left\langle \left\| \vec{R}_i(z=0)\cdot \mathrm{d}\vec{S} \right\| \right\rangle}$.

Pour les champs complexes, il est indispensable de repasser en réel avant d'évaluer les vecteurs de Poynting, ou, à défaut, d'utiliser la relation $\left\langle \vec{R} \right\rangle = \dfrac{1}{2}\mathrm{Re}\left(\dfrac{\underline{\vec{E}} \wedge \underline{\vec{B}}^*}{\mu_o}\right)$.

On obtient ainsi : $\left\langle \left| \vec{R}_i(z=0) \right| \right\rangle = \dfrac{E_0^2}{2\,\mu_0\,c}\vec{e_z}$, $\left\langle \left| \vec{R}_r(z=0) \right| \right\rangle = \dfrac{|\underline{r}|^2\,E_0^2}{2\,\mu_0\,c}\vec{e_z}$ *et*

$\left\langle \left| \vec{R}_t(z=0) \right| \right\rangle = \dfrac{|\underline{t}|^2\,E_0^2}{2\,\mu_0\,c\,\alpha}\vec{e_z}$, *d'où finalement :* $\boxed{\mathcal{R} = \dfrac{(\alpha-1)^2 + 1}{(\alpha+1)^2 + 1}}$ *et* $\boxed{\mathcal{T} = \dfrac{4\alpha}{(\alpha+1)^2 + 1}}$.

On vérifie ainsi que $\mathcal{T} + \mathcal{R} = 1$, relation qui traduit la conservation de flux énergétique au niveau de la surface de conducteur.

Dans le domaine hertzien, on trouve $\mathcal{T} \approx 10^{-5}$ et $\mathcal{R} = 1 - \mathcal{T} \approx 1$. Le conducteur est un excellent réflecteur dans le domaine hertzien ce qui est en bon accord avec les résultats de la question 5.

Exercice 9.4

1. $\underline{\vec{E}}$ doit satisfaire à l'équation de diffusion $\vec{\Delta}\left(\underline{\vec{E}}\right)-\mu_0\,\sigma_0\,\dfrac{\partial \underline{\vec{E}}}{\partial t}=0$ obtenue en combinant les équations de Maxwell et la loi d'Ohm locale.

⇨ *Méthode 9.5.*

Ainsi, l'équation de diffusion pour $\underline{\vec{j}}$ est de la même forme $\boxed{\vec{\Delta}\left(\underline{\vec{j}}\right)-\mu_0\,\sigma_0\,\dfrac{\partial \underline{\vec{j}}}{\partial t}=0}$.

2. En projection suivant l'axe (Oz), on a donc $\Delta\left(\underline{j}\right)-i\,\omega\,\mu_0\,\sigma_0\,\underline{j}=0$. S'agissant d'une équation de diffusion dont la solution est non uniforme, on recherche $\underline{j}$ sous la forme $\underline{j}=j_a\exp\left(-(1+i)\dfrac{(a-r)}{\delta}\right)\exp(i\,\omega t)$. L'argument dans l'exponentiel étant sans dimension, $\dfrac{(a-r)}{\delta}$ est sans dimension et ainsi δ est une longueur. L'expression du Laplacien en coordonnées cylindriques est ($\underline{j}$ ne dépendant spatialement que r) : $\dfrac{1}{r}\dfrac{\mathrm{d}}{\mathrm{d}r}\left(r\dfrac{\mathrm{d}\underline{j}}{\mathrm{d}r}\right)=i\,\omega\,\mu_0\,\sigma_0\,\underline{j}$, soit : $\dfrac{2i}{\delta^2}\left(1+\dfrac{(1-i)}{2}\dfrac{\delta}{r}\right)\underline{j}=i\,\omega\,\mu_0\,\sigma_0\,\underline{j}$. La condition d'observation de l'effet de peau est donc $r>>\delta$ correspond à $\boxed{\dfrac{\delta}{r}<<1}$, pour laquelle on obtient $\dfrac{2i}{\delta^2}\underline{j}\approx i\,\omega\,\mu_0\,\sigma_0\,\underline{j}$, soit $\boxed{\delta=\sqrt{2/\mu_0\,\sigma_0\,\omega}}$.

Ainsi, la densité volumique de courant s'écrit $\underline{\vec{j}}=j_a\exp\left(-\dfrac{(a-r)}{\delta}\right)\exp\left(i\,\omega t-\dfrac{(a-r)}{\delta}\right)\vec{e_z}$. En

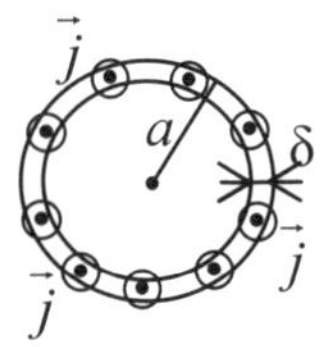

repassant en réel, on a $\boxed{\vec{j}=j_a\exp\left(-\dfrac{(a-r)}{\delta}\right)\cos\left(\omega t-\dfrac{(a-r)}{\delta}\right)\vec{e_z}}$ dont l'amplitude décroît de façon exponentielle sur une distance caractéristique de l'ordre de δ.

Les courants sont localisés sur une couronne cylindrique (une peau de courant à la surface du cylindre) d'épaisseur de l'ordre de δ dite épaisseur de peau.

3. Pour le cuivre : à $50\ \mathrm{Hz}$, on obtient $\delta\approx 9\ \mathrm{mm}$. Pour un fil de diamètre $1\ \mathrm{mm}$, la condition d'observation de l'effet de peau $r>>\delta$ n'est pas remplie et l'effet de peau est négligeable. La densité de courant est alors uniforme sur toute la section de conducteur. La section offerte au courant est sensiblement égale à S. La résistance d'une portion de fil cylindrique de longueur l est alors : $\boxed{R=\dfrac{\rho_R\,l}{S}=\dfrac{l}{\sigma_0\,\pi\,a^2}}$, où $\boxed{\rho_R=\dfrac{1}{\sigma_0}}$ est la résistivité du conducteur.

Pour le cuivre : à $100\ \mathrm{MHz}$, on obtient $\delta\approx 6\ \mu\mathrm{m}$, de sorte que la condition d'observation de l'effet de peau $r>>\delta$ est remplie et l'effet de peau est très marqué. Du fait de l'effet de peau à haute fréquence, la section offerte au courant diminue fortement. En effet, si S' est la section du fil offerte aux courants à basse fréquence, à 100 MHz elle vaut environ $S' \approx 2\pi a \delta << S$. La résistance d'une portion de fil cylindrique de longueur l devient : $\boxed{R' = \dfrac{\rho_R l}{2\pi a \delta} = \dfrac{R a}{2\delta}}$.

Lorsque qu'on passe de 50 Hz à 100 MHz, les résistances sont dans le rapport $\boxed{\dfrac{R'}{R} = \dfrac{a}{2\delta} \approx 3{,}5\,10^6}$. Ainsi, une diminution de l'épaisseur de peau entraîne une forte augmentation de la résistance et donc des pertes par effet joule. À hautes fréquences, on utilise des fils tressés de manière à subdiviser la section du fil en sous sections de rayon κ tel que la condition d'observation de l'effet de peau $\kappa << \delta$ ne soit plus réalisée. L'effet de peau est alors négligeable dans chaque subdivision, ce qui limite les pertes par effet joule.

Exercice 9.5

1. En considérant une dépendance temporelle des fonctions sinusoïdales de la forme $e^{i\omega t}$, dans le cadre de l'ARQS magnétique, en négligeant le courant de déplacement devant le courant de charges mobiles, on peut écrire $(M \cdot F)$ $\overrightarrow{\mathrm{rot}}\,\underline{\vec{E}} = -\dfrac{\partial \vec{B}}{\partial t} = -i\omega \underline{\vec{B}}$ et $(M \cdot A)$ $\overrightarrow{\mathrm{rot}}\,\underline{\vec{B}} = \mu_0 \underline{\vec{j}}$, soit compte tenu de la loi d'Ohm locale $\underline{\vec{j}} = \sigma \underline{\vec{E}}$ (où σ est réel) : $\overrightarrow{\mathrm{rot}}\,\underline{\vec{j}} = -i\sigma\omega \underline{\vec{B}}$ et $\overrightarrow{\mathrm{rot}}\,\sigma \underline{\vec{B}} = \sigma\mu_0 \underline{\vec{j}}$.

En utilisant $\overrightarrow{\mathrm{rot}}\,\overrightarrow{\mathrm{rot}}(\ ) = \overrightarrow{\mathrm{grad}}\,\mathrm{div}(\ ) - \vec{\Delta}(\ )$, il vient :

$\overrightarrow{\mathrm{grad}}\,\mathrm{div}\,\vec{j} - \vec{\Delta}\vec{j} = -i\omega\sigma\mu_0 \vec{j}$. Or $\mathrm{div}\,\vec{j} = \sigma\,\mathrm{div}\,\vec{E} = 0$, de sorte que : $\vec{\Delta}\vec{j} - i\omega\sigma\mu_0 \vec{j} = \vec{0}$.

Comme d'après l'énoncé $\vec{j} = j(x)\,\vec{e_z}$ l'équation obtenue conduit bien à :

$\dfrac{\partial^2 \vec{j}}{\partial x^2} - K^2 \vec{j} = \vec{0}$ à condition de poser $\boxed{K^2 = i\sigma\omega\mu_0}$.

⇨ *Méthode 9.5.*

2. La constante K^2 peut encore s'écrire : $K^2 = i\sigma\omega\mu_0 = (1+i)^2 \dfrac{\sigma\omega\mu_0}{2} = \dfrac{(1+i)^2}{\delta^2}$ avec $\boxed{\delta = \sqrt{\dfrac{2}{\sigma\omega\mu_0}}}$. D'après l'équation différentielle régissant les variations de la densité volumique de courant, K^2 est homogène à $1/x^2$ et donc δ est homogène à une longueur. Les solutions de l'équation du courant sont alors : $\boxed{j(x) = C_1 \exp\big((1+i)x/\delta\big) + C_2 \exp\big(-(1+i)x/\delta\big)}$.

La fonction $j(x)$ étant paire, les constantes d'intégration sont égales : $C_1 = C_2 = C/2$.

Ainsi la solution est de la forme : $j(x) = C\,ch\big((1+i)x/\delta\big)$. En tenant compte de la dépendance temporelle en $\exp(i\omega t)$, il vient finalement $\boxed{j(x) = C\exp(i\omega t)\,f\big((1+i)x/\delta\big)}$, où f est la fonction $x \to \mathrm{ch}(x)$. Numériquement, on trouve successivement : δ = 9,2 mm ; 0,92 mm ; 92 µm et 9,2 µm.

Corrigé

3. L'intensité totale est donnée par $I = \iint_S \vec{j} \cdot \mathrm{d}\vec{S}$. Prenons pour élément de surface une bande de surface élémentaire $a\,\mathrm{d}x$, il vient (compte tenu de la parité de la fonction $j(x,t)$) :

$$\underline{I} = 2\int_0^{e/2} \underline{j}(x,t)\, a\, \mathrm{d}x = \left(\frac{2Ca\delta}{1+i}\right)\exp(i\omega t)\left[sh\left((1+i)x/\delta\right)\right]_0^{e/2}$$, soit finalement :

$$\underline{I} = \frac{2Ca\delta}{(1+i)} \exp(i\omega t)\, sh\left(\frac{(1+i)e}{2\delta}\right).$$

On en déduit la constante d'intégration C : $C = \dfrac{\underline{I}(1+i)}{2a\delta\exp(i\omega t)\mathrm{sh}\left(\dfrac{(1+i)e}{2\delta}\right)}$ et par suite la forme de la dentité volumique de courant : $\boxed{\underline{j}(x) = \dfrac{\underline{I}(1+i)}{2a\delta\,\mathrm{sh}\left(\dfrac{(1+i)e}{2\delta}\right)}\mathrm{ch}\left((1+i)x/\delta\right)}$.

4. Pour exprimer les amplitudes réelles évaluons $\underline{j} \times \underline{j}^*$:

$$\underline{j} \times \underline{j}^* = \frac{\underline{I}\,\underline{I}^*(1+i)(1-i)}{4a^2\delta^2\,\mathrm{sh}\left(\dfrac{(1+i)e}{2\delta}\right)\mathrm{sh}\left(\dfrac{(1-i)e}{2\delta}\right)}\mathrm{ch}\left(\frac{(1+i)x}{\delta}\right)\mathrm{ch}\left(\frac{(1-i)x}{\delta}\right)$$

Grâce aux formules aimablement données dans l'énoncé, il vient finalement :

$$\boxed{\underline{j} \times \underline{j}^* = \frac{\underline{I}\,\underline{I}^*}{2a^2\delta^2}\,\frac{\mathrm{ch}\left(\dfrac{2x}{\delta}\right)+\cos\left(\dfrac{2x}{\delta}\right)}{\mathrm{ch}\left(\dfrac{e}{\delta}\right)-\cos\left(\dfrac{e}{\delta}\right)}}.$$

On peut alors conclure en écrivant :

$\boxed{\mathrm{Re}\{j(x,t)\} = \sqrt{\underline{j} \times \underline{j}^*}\cos\omega t}$ et $\boxed{\mathrm{Re}\{E(x,t)\} = \dfrac{1}{\sigma}\sqrt{\underline{j} \times \underline{j}^*}\cos\omega t}$.

5. La densité volumique de puissance moyenne cédée à la matière est (en utilisant la notation complexe) : $\left\langle \dfrac{\mathrm{d}P_{cédée}}{\mathrm{d}\tau} \right\rangle = \dfrac{1}{2}\mathrm{Re}\left\{\underline{\vec{j}} \cdot \underline{\vec{E}}^*\right\} = \left\langle \cos^2\omega t \right\rangle \mathrm{Re}\left\{\underline{\vec{j}}\right\} \cdot \mathrm{Re}\left\{\underline{\vec{E}}\right\} = \dfrac{1}{2\sigma}\underline{\vec{j}} \cdot \underline{\vec{j}}^*$.

Or dans le conducteur cette puissance cédée s'identifie à la puissance Joule, par intégration dans une longueur L de ruban :

$$P_{Joule} = \iiint_{\vartheta} \frac{1}{2\sigma}\underline{\vec{j}} \cdot \underline{\vec{j}}^*\,\mathrm{d}\tau = \frac{2La\underline{I}\,\underline{I}^*}{4\sigma a^2\delta^2}\,\frac{1}{\mathrm{ch}\left(\dfrac{e}{\delta}\right)-\cos\left(\dfrac{e}{\delta}\right)}\int_0^{e/2} \mathrm{ch}\left(\frac{2x}{\delta}\right)+\cos\left(\frac{2x}{\delta}\right)\mathrm{d}x,$$

soit finalement : $P_{Joule} = \dfrac{L\underline{I}\,\underline{I}^*}{4\sigma a\delta}\,\dfrac{\left(\mathrm{sh}\left(\dfrac{e}{\delta}\right)+\sin\left(\dfrac{e}{\delta}\right)\right)}{\left(\mathrm{ch}\left(\dfrac{e}{\delta}\right)-\cos\left(\dfrac{e}{\delta}\right)\right)}$.

Identifions à l'expression classique de la puissance Joule $P_{Joule} = RI^2 = \frac{1}{2} R \underline{I}\,\underline{I}^*$, il vient :

$$\boxed{R/L = \frac{1}{2a\delta} \frac{\left(\mathrm{sh}\left(\frac{e}{\delta}\right) + \sin\left(\frac{e}{\delta}\right)\right)}{\left(\mathrm{ch}\left(\frac{e}{\delta}\right) - \cos\left(\frac{e}{\delta}\right)\right)}}.$$

En régime continu: $\omega \to 0$ donc $\delta \to \infty$ et par un DL au premier ordre des fonction sin, sh, cos et ch, il vient : $R/L = \frac{1}{2\sigma a \delta} \frac{2e/\delta}{\left[1 + (1/2)(e/\delta)^2 - 1 + (1/2)(e/\delta)^2\right]}$, soit $\boxed{R/L = \frac{1}{\sigma a e}}$. On retrouve le résultat attendu par la formule classique $\boxed{R/L = \frac{\rho_r}{S} = \frac{1}{\sigma S} = \frac{1}{\sigma e a}}$.

Exercice 9.6

1. En adaptant les équations de Maxwell aux sources décrites dans l'énoncé, et donc en remplaçant ρ par $\rho_{libre} + \rho_p$ et $\vec{j}$ par $\vec{j}_{libre} + \vec{j}_p$, on obtient les équations de Maxwell suivantes :

– L'équation de (M.G) : $\vec{\nabla} \cdot \vec{E} = \frac{\rho_{libre} + \rho_p}{\varepsilon_0} = \frac{\rho_{libre} - \vec{\nabla} \cdot \vec{P}}{\varepsilon_0} \quad \Rightarrow \quad \vec{\nabla} \cdot \left(\varepsilon_0 \vec{E} + \vec{P}\right) = \rho_{libre}$.

– L'équation de (M.Φ) reste inchangée car liée aux propriétés intrinsèques du champ électromagnétique : $\vec{\nabla} \cdot \vec{B} = 0$, de même que l'équation de (M.F) : $\vec{\nabla} \wedge \vec{E} = -\frac{\partial \vec{B}}{\partial t}$.

– L'équation de (M.A) s'écrit : $\vec{\nabla} \wedge \vec{B} = \mu_0 \left(\vec{j}_{libre} + \vec{j}_p + \varepsilon_0 \frac{\partial \vec{E}}{\partial t}\right) = \mu_0 \left(\vec{j}_{libre} + \frac{\partial \vec{P}}{\partial t} + \varepsilon_0 \frac{\partial \vec{E}}{\partial t}\right)$,

soit $\vec{\nabla} \wedge \vec{B} = \mu_0 \vec{j}_{libre} + \frac{\partial\left(\varepsilon_0 \vec{E} + \vec{P}\right)}{\partial t}$.

2. L'équation de (M.G) s'écrit :

$\vec{\nabla} \cdot \left(\varepsilon_0 \underline{\vec{E}} + \underline{\vec{P}}\right) = 0$ soit avec $\underline{\vec{P}} = \varepsilon_0 \underline{\chi}(\omega) \underline{\vec{E}}$: $\vec{\nabla} \cdot \left(\varepsilon_0 \underline{\vec{E}}\left(1 + \underline{\chi}(\omega)\right)\right) = 0$.

Comme $\underline{\varepsilon}_r(\omega) = 1 + \underline{\chi}(\omega)$ on obtient, le milieu étant <u>uniforme</u> : $\vec{\nabla} \cdot \left(\varepsilon_0 \underline{\varepsilon}_r \underline{\vec{E}}\right) = \underline{\varepsilon} \vec{\nabla} \cdot \left(\underline{\vec{E}}\right) = 0$.

Finalement l'équation de (M.G) s'écrit $\vec{\nabla} \cdot \underline{\vec{E}} = 0$.

L'équation de (M.Φ) (propriété intrinsèque du champ) reste inchangée : $\vec{\nabla} \cdot \underline{\vec{B}} = 0$, de même que l'équation de (M.F) : $\vec{\nabla} \wedge \underline{\vec{E}} = -\frac{\partial \underline{\vec{B}}}{\partial t}$. L'équation de (M.A) s'écrit :

$$\vec{\nabla} \wedge \underline{\vec{B}} = \mu_0 \left(\frac{\partial \underline{\vec{P}}}{\partial t} + \varepsilon_0 \frac{\partial \underline{\vec{E}}}{\partial t} \right) = \varepsilon_0 \mu_0 \frac{\partial \underline{\vec{E}}}{\partial t} \left(1 + \underline{\chi}(\omega)\right) \text{ soit } \vec{\nabla} \wedge \underline{\vec{B}} = \underline{\varepsilon}(\omega) \mu_0 \frac{\partial \underline{\vec{E}}}{\partial t} \text{ où } \underline{\varepsilon}(\omega) = \varepsilon_0 \underline{\varepsilon}_r(\omega).$$

On écrit encore $\vec{\nabla} \wedge \underline{\vec{B}} = \frac{\underline{\varepsilon}_r(\omega)}{c^2} \frac{\partial \underline{\vec{E}}}{\partial t}$. On remarque que les équations de Maxwell ont la même forme que dans le vide à condition de remplacer ε_0 par $\underline{\varepsilon}(\omega)$ la permittivité du milieu (à priori complexe).

3. Pour des champs dont les phases sont de la forme $\omega t - \vec{k} \cdot \vec{r}$ (où $\vec{k}$ est à priori complexe et noté ainsi $\underline{\vec{k}}$) en remplaçant formellement l'opérateur de dérivation spatial nabla par $\vec{\nabla} \to \times\left(-i\vec{k}\right)$ et l'opérateur de dérivation temporelle $\frac{\partial}{\partial t} \to \times(i\omega)$ (avec la convention de phase contraire, il suffit d'inverser les signes), les opérateurs divergence et rotationnel sont formellement et respectivement remplacés par $\vec{\nabla} \cdot (\ ) \to -i\underline{\vec{k}} \cdot (\ )$ et $\vec{\nabla} \wedge (\ ) \to -i\underline{\vec{k}} \wedge (\ )$.
Les quatre équations de Maxwell s'écrivent alors :

– Équation de (M.G) : $\underline{\vec{k}} \cdot \underline{\vec{E}} = \vec{0}$.
– Équation de (M.Φ) : $\underline{\vec{k}} \cdot \underline{\vec{B}} = 0$.
– Équation de (M.F) : $\underline{\vec{B}} = \frac{\underline{\vec{k}} \wedge \underline{\vec{E}}}{\omega}$ (trièdre $\left(\vec{k}, \vec{E}, \vec{B}\right)$ direct), soit : $\vec{B} = \underline{n} \frac{\vec{u} \wedge \vec{E}}{c}$, où $\vec{u}$ est le vecteur directeur de la propagation.
– Équation de (M.A) : $\underline{\vec{k}} \wedge \underline{\vec{B}} = -\omega \frac{\underline{\varepsilon}_r}{c^2} \underline{\vec{E}}$.

En reportant l'équation de (M.F) dans celle de (M.A), on obtient $\underline{\vec{k}} \wedge \left(\underline{\vec{k}} \wedge \underline{\vec{E}}\right) = -\omega^2 \frac{\underline{\varepsilon}_r}{c^2} \underline{\vec{E}}$, soit en développant le triple produit vectoriel $\underline{\vec{k}} \cdot \left(\underbrace{\underline{\vec{k}} \cdot \underline{\vec{E}}}_{=0} \right) - \underline{\vec{E}} \cdot \left(\underline{\vec{k}} \cdot \underline{\vec{k}}\right) = -\omega^2 \frac{\underline{\varepsilon}_r}{c^2} \underline{\vec{E}}$ et $\boxed{\underline{k}^2 = \omega^2 \frac{\underline{\varepsilon}_r}{c^2}}$ qui constitue la relation de dispersion dans le diélectrique.

Ne pas confondre ici $\underline{k}^2$ qui est un complexe élevé au carré (donc lui-même complexe) avec $|\underline{k}|^2$ qui est lui réel !

4. a) Sachant que $\underline{\vec{k}} = (k' - ik'')\vec{e_x}$ et d'après la relation de dispersion $\underline{k}^2 = \omega^2 \frac{\underline{\varepsilon}_r}{c^2}$ en identifiant parties réelles et imaginaires il vient : $k'^2 - k''^2 = \frac{\omega^2}{c^2} \varepsilon'_r$ et $2k'k'' = \frac{\omega^2}{c^2} \varepsilon''_r$. Avec $\varepsilon''_r > 0$ et en se donnant $k' > 0$ pour traduire la propagation suivant les x positifs on obtient $k'' > 0$. Ainsi $\boxed{k'k'' > 0}$.

b) La vitesse de phase s'écrit alors $V_\varphi = \dfrac{\omega}{k'} > 0$ (conformément à la propagation suivant les x positifs), avec $k' = n'\dfrac{\omega}{c}$ on a : $\boxed{V_\varphi = \dfrac{c}{n'}}$.

c) En reportant cette forme de $\underline{\vec{k}}$ dans l'expression du champ, on obtient : $\underline{\vec{E}} = \vec{E}_0 \exp(\omega t - k'x)\exp(-k''x)$. En posant $k'' = n''\dfrac{\omega}{c}$ (où n'' est dit indice d'extinction), on obtient, en repassant en réel : $\vec{E} = \vec{E}_0 \cos(\omega t - k'x)\exp\left(-n''\dfrac{\omega}{c}x\right)$. Ainsi les oscillations sinusoïdales de l'amplitude du champ sont modulées par une enveloppe exponentielle décroissante caractérisée par un **coefficient d'atténuation** de l'onde plane lié à l'indice d'extinction du milieu n'' par : $\alpha = n''\dfrac{\omega}{c} = k''$.

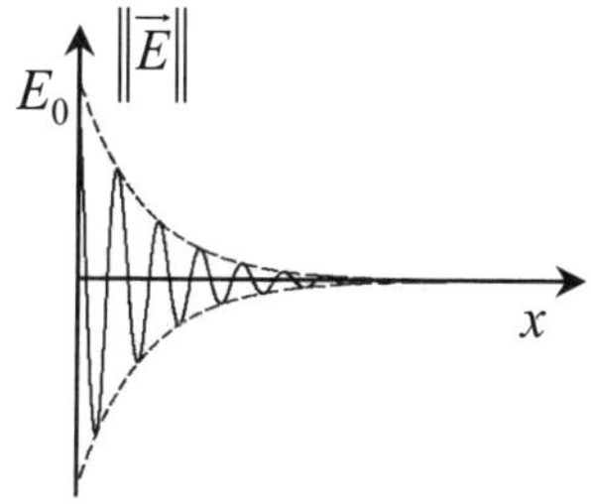

La condition d'atténuation lors de la propagation suivant les x positifs s'écrit $\boxed{k'k'' > 0}$. Dans certains milieux (comme dans une cavité laser) on a $\varepsilon''_r < 0$, et donc $\boxed{k'k'' < 0}$ de sorte que l'onde est au contraire amplifiée ! (c'est la base de l'effet laser).

5. L'idée est de mesurée l'intensité lumineuse du faisceau lumineux traversant la cuve contenant la population de bactérie en entrée et en sortie de la cuve pour en déduire l'absorption. On modélise le faisceau lumineux traversant un milieu diélectrique par une OPPM de la forme $\underline{\vec{E}} = \vec{E}_0 \exp\big(i(k\,x - \omega t)\big)$. Supposons que le faisceau pénètre en $x = 0$ dans la cuve aux parois d'épaisseur négligeable devant la distance offerte à la propagation dans la cuve.

Le vecteur de Poynting moyen associé à l'OPPM dans le milieu est $\langle \vec{R} \rangle = \dfrac{1}{2}\mathrm{Re}\left(\dfrac{\underline{\vec{E}} \wedge \underline{\vec{B}}^*}{\mu_0}\right)$ où

$$\underline{\vec{B}} = \frac{n\,\vec{e}_x \wedge \vec{E}_0}{c}\exp(i(k'x - \omega t))\exp\left(-n''\frac{\omega}{c}x\right).$$

Ainsi, $\langle \vec{R} \rangle = \dfrac{1}{2}\mathrm{Re}\left(\dfrac{\underline{\vec{E}} \wedge \underline{\vec{B}}^*}{\mu_0}\right) = \dfrac{n'E_0^2}{2\mu_0 c}\exp(-2n''\dfrac{\omega}{c}x)\,\vec{e}_x$.

L'intensité I transportée par l'onde est égale au flux du vecteur de Poynting moyen à travers une surface unitaire perpendiculaire à la direction de propagation : $\boxed{I = \dfrac{n'E_0^2}{2\mu_0 c}\exp\left(-2n''\dfrac{\omega}{c}x\right)}$.

Posons $I(x=0) = \dfrac{n'E_0^2}{2\mu_0 c} = I_0$ et $\beta = 2n''\dfrac{\omega}{c}$. Il vient $\boxed{I = I_0 \exp(-\beta\,x)}$ qui est la loi dite de Beer-Lambert.

Corrigé

À la traversée d'une longueur L du milieu, en mesurant le rapport des intensités $\dfrac{I(x=L)}{I_0}$, on obtient $\boxed{\beta = \dfrac{1}{L}\ln\left(\dfrac{I_0}{I(x=L)}\right)}$. Connaissant ω et L, on peut ainsi, par une mesure d'intensité, remonter à l'indice d'extinction $n'' = \dfrac{\beta c}{2\omega}$ du milieu traversé. Cet indice pouvant varier en fonction de différentes grandeurs physiques, le suivi de sa mesure renseigne sur l'évolution du milieu sondé. En particulier, pour un milieu dilué, β est proportionnel à la concentration de l'élément absorbant, ici la population de bactérie. Une mesure en continue permet donc de suivre son évolution temporelle.

Exercice 9.7

1. Pour exprimer le champ magnétique, intégrons l'équation de (M.F) : $\vec{\nabla}\wedge\underline{\vec{E}} = -\dfrac{\partial \underline{\vec{B}}}{\partial t}$, en complexe on obtient :
$\underline{\vec{B}} = \dfrac{\vec{k}\wedge\underline{\vec{E}}}{\omega} = \dfrac{k(\omega)\,E_0}{\omega}\exp\big(i(\omega t - kz)\big)\overrightarrow{e_y}$. Pour $\omega > \omega_P$ la relation de dispersion du plasma conduit à un vecteur d'onde réel $k(\omega) = \dfrac{\omega}{c}\left(1-\dfrac{\omega_p^2}{\omega^2}\right)^{1/2}$, ainsi en repassant en réel : $\vec{B} = \dfrac{k(\omega)\,E_0}{\omega}\cos(\omega t - kz)\overrightarrow{e_y}$. Le vecteur de Poynting instantané est donné par $\vec{R} = \dfrac{\vec{E}\wedge\vec{B}}{\mu_0}$.

> *Attention, il faut passer en notation réelles pour $\vec{E}$ et $\vec{B}$ pour obtenir $\vec{R}$ instantané !*

Il vient : $\boxed{\vec{R} = \dfrac{k\,E_0^2}{\omega\,\mu_0}\cos^2(\omega t - kz)\overrightarrow{e_z}}$.

> *Le fait d'avoir $\omega > \omega_P$ permet d'avoir k réel et propagation de l'énergie, sinon k serait imaginaire pure, l'onde serait évanescente, l'énergie ne se propagerait plus.*

2. Par définition, $u_{em} = \dfrac{1}{2}\varepsilon_0 E^2 + \dfrac{B^2}{2\mu_0} = \dfrac{E_0^2}{2}\left(\varepsilon_0 + \dfrac{k^2}{\omega^2\mu_0}\right)\cos^2(\omega t - kz)$.

3. Cette densité volumique de puissance vaut $\dfrac{\mathrm{d}P_{cédée}}{\mathrm{d}\tau} = \vec{j}\cdot\vec{E}$. D'après la loi d'Ohm locale $\underline{\vec{j}} = \sigma\,\underline{\vec{E}} = -i\dfrac{n\,e^2}{m\,\omega}\underline{\vec{E}}$, de sorte qu'en notation réelles : $\vec{j} = \dfrac{n\,E_0\,e^2}{m\,\omega}\sin\big(\omega t - kz\big)\overrightarrow{e_x}$.

> *À noter que ces deux vecteurs sont tous deux dirigés selon (Ox).*

Il vient : $\boxed{\dfrac{\mathrm{d}P_{cédée}}{\mathrm{d}\tau}=\dfrac{Ne^2E_0^2}{m\omega}\sin(\omega t-kz)\cos(\omega t-kz)}$.

4. Soit un volume ϑ délimité par une surface S fermée. On définit le vecteur $\vec{R}$, densité volumique de courant d'énergie électromagnétique, dit vecteur de Poynting. La puissance transportée par le champ $\left(\vec{E},\vec{B}\right)$ à travers S est alors égale au flux de $\vec{R}$ à travers S : on parle de puissance rayonnée à travers S et on a $P_{ray}=\oiint_S \vec{R}\cdot\vec{n}\,\mathrm{d}S$. Ce flux est algébrique : il est positif lorsqu'il y a transfert de puissance de l'intérieur de S vers l'extérieur, et négatif lorsqu'il y a transfert de puissance de l'extérieur de S vers l'intérieur.

L'énergie électromagnétique contenue dans le volume ϑ enclos dans la surface fermée S a pour expression $U_{em}=\iiint_\vartheta u_{em}\,\mathrm{d}\tau$, où u_{em} est la densité d'énergie électromagnétique correspondant au champ $\left(\vec{E},\vec{B}\right)$ régnant dans ce volume. Entre t et $t+\mathrm{d}t$, cette énergie peut diminuer sous l'effet de deux causes :

– Le flux global d'énergie électromagnétique à travers S peut être négatif : il y a alors globalement plus d'énergie sortant de S que rentrant dans S. La puissance rayonnée à travers S entre t et $t+\mathrm{d}t$ (dans le sens de la normale sortante à S) est alors positive :

$$P_{ray}=\oiint_S \vec{R}\cdot\vec{n}\,\mathrm{d}S>0.$$

Or, d'après le théorème d'Ostrogradsky :

$$\oiint_S \vec{R}\cdot\vec{n}\,\mathrm{d}S=\iiint_\vartheta \vec{\nabla}\cdot\vec{R}\,\mathrm{d}\tau\text{, ainsi } P_{ray}=\oiint_S \vec{R}\cdot\vec{n}\,\mathrm{d}S=\iiint_\vartheta \vec{\nabla}\cdot\vec{R}\,\mathrm{d}\tau.$$

– Le champ $\left(\vec{E},\vec{B}\right)$ cède aux porteurs de charge dans le volume ϑ de plasma la puissance algébrique : $P_{cédée}=\iiint_\vartheta \vec{j}\cdot\vec{E}\,\mathrm{d}\tau$ (puissance algébriquement cédée par le champ et reçue par la matière intérieure à ϑ).

À la diminution d'énergie contenue dans le volume ϑ entre t et $t+\mathrm{d}t$ correspond un terme de puissance perdue dans le volume ϑ : $P_{perdue}=-\dfrac{\mathrm{d}U_{em}}{\mathrm{d}t}$.

Corrigé

D'après la conservation de l'énergie : $P_{perdue} = P_{cédée} + P_{ray}$. On obtient le bilan de puissance suivant : $-\dfrac{\mathrm{d}U_{em}}{\mathrm{d}t} = \iiint_{\vartheta} \vec{\nabla}\cdot\vec{R}\,\mathrm{d}\tau + \iiint_{\vartheta} \vec{j}\cdot\vec{E}\,\mathrm{d}\tau$. Comme $\dfrac{\mathrm{d}U_{em}}{\mathrm{d}t} = \iiint_{\vartheta} \dfrac{\partial u_{em}}{\partial t}\,\mathrm{d}\tau$. Il vient finalement : $-\iiint_{\vartheta} \dfrac{du_{em}}{dt}\,\mathrm{d}\tau = \iiint_{\vartheta} \vec{\nabla}\cdot\vec{R}\,\mathrm{d}\tau + \iiint_{\vartheta} \vec{j}\cdot\vec{E}\,\mathrm{d}\tau \quad \forall\,\mathrm{d}\tau$.

Le bilan de puissance se traduit donc localement par l'équation: $\boxed{\vec{\nabla}\cdot\vec{R} + \dfrac{\partial u_{em}}{\partial t} = -\vec{j}\cdot\vec{E}}$.

5. $\operatorname{div}\vec{R} = \dfrac{\partial R_x}{\partial x} + \dfrac{\partial R_y}{\partial y} + \dfrac{\partial R_z}{\partial z} = \dfrac{\partial R}{\partial z} = \dfrac{2k^2 E_0^2}{\omega\mu_0}\sin(\omega t - kz)\cos(\omega t - kz)$, donc :

$$\frac{\partial u_{em}}{\partial t} + \operatorname{div}\vec{R} + \vec{j}\cdot\vec{E} = \frac{E_0^2}{2}\left(\varepsilon_0 + \frac{k^2}{\omega^2\mu_0}\right)(-2\omega)\sin(\omega t - kz)\cos(\omega t - kz) +$$

$$\frac{2k^2 E_0^2}{\omega\mu_0}\sin(\omega t - kz)\cos(\omega t - kz) + \frac{\omega_P^2 E_0^2 \varepsilon_0}{\omega}\sin(\omega t - kz)\cos(\omega t - kz).$$

Finalement, $\boxed{\dfrac{\partial u_{em}}{\partial t} + \operatorname{div}\vec{R} + \vec{j}\cdot\vec{E} = \dfrac{2\varepsilon_0 E_0^2}{\omega}(-\omega^2 + k^2c^2 + \omega_P^2) = 0}$ d'après la relation de dispersion. L'identité de Poynting est donc bien vérifiée.

Exercice 9.8

On a vu dans la question 4 de l'exercice 9.1 que la pulsation plasma $\omega_p = \sqrt{\dfrac{n\,e^2}{\varepsilon_0\, m}}$ est une pulsation de coupure en dessous de laquelle une OPPM ne peut se propager dans le plasma ionosphérique entourant la Terre dans la haute atmosphère. Comme $\omega_p \propto \sqrt{n}$, si la densité particulaire n du plasma est divisé par 100 entre le jour et la nuit, ω_p est divisée par 10 et on passe donc de $\nu_p \approx 9\,\text{MHz}$ le jour à $\nu_p \approx 0{,}9\,\text{MHz}$ la nuit. La variation de fréquence de coupure fait que l'image radio du ciel n'est pas rigoureusement identique le jour et la nuit.

Chapitre 10
Réflexion d'OPPM à la surface d'un conducteur

UN SCIENTIFIQUE

Natif de Londres, **William Crookes** (1832-1919) est autant physicien que chimiste mais possède des lacunes en mathématiques. Il partage ses activités entre la science et les affaires. Ses travaux en spectroscopie lui permettent de découvrir le thalium en 1861. On lui doit aussi des travaux sur les gaz et il met au point des ampoules dans un but avant tout mercantile. Ses travaux en sciences ne l'empêchent pas de pratiquer des séances de spiritisme.

Un peu d'histoire

En 1836, Faraday montre que l'intérieur d'un conducteur creux est à l'abri des champs extérieurs : c'est ce que l'on nomme une cage de Faraday.

On a introduit le concept de conducteur parfait de manière théorique comme cas limite lorsque la profondeur de pénétration des ondes électromagnétiques tend vers zéro. Celles-ci s'y réfléchissent parfaitement, mais avec un déphasage de 180 degrés. Ce phénomène permet des applications au blindage et à la construction de cavités électromagnétiques.

Par amusement, citons le radiomètre de Crookes, conçu en 1872 par le physicien éponyme, sorte d'ampoule avec des faces de matières différentes et censée tourner à cause d'une différence d'absorption des radiations suivant la nature des faces mais qui met en fait en évidence une force liée à la différence de pression résiduelle dans un vide imparfait : les forces radiométriques.

Objectifs

Ce qu'il faut connaître

- ▷ Savoir que les champs électrique et magnétique sont nuls dans un conducteur parfait.
- ▷ Les relations de passage pour en déduire la forme des champs électrique et magnétique à la surface du conducteur parfait (condition aux limites du problème).
- ▷ Savoir reconnaître une structure d'onde stationnaire.
- ▷ Les définitions des nœuds et des ventres de vibration.

Ce qu'il faut savoir faire

- ▷ Exploiter les conditions aux limites pour montrer l'existence des champs réfléchis et déterminer leurs formes.
- ▷ Savoir faire apparaître la structure d'onde stationnaire des champs totaux à partir des champs incidents et réfléchis.
- ▷ Savoir analyser la structure d'une onde stationnaire en termes de ventre et de nœuds de vibration.
- ▷ Savoir mener l'analyse énergétique de l'onde stationnaire et bien la différentier de celle relative à une onde progressive.

Résumé de cours

Champs au voisinage de la surface d'un conducteur parfait

Dans un conducteur réel, les champs sont localisés au voisinage de la surface sur une épaisseur de peau de l'ordre de quelques fois δ où $\delta = \sqrt{2/\mu_0\,\sigma_0\,\omega}$, σ_0 étant la conductivité réelle en régime permanent et ω la pulsation des champs.

→ Un **conducteur parfait** réalise la limite $\delta \to 0$, les champs y sont alors nuls à l'échelle macroscopique : $\boxed{\vec{E}_{int} = \vec{0}}$ et $\boxed{\vec{B}_{int} = \vec{0}}$.

→ Charges et courants ne sont localisés qu'en surface et se caractérisent par leur densité surfacique respective σ et $\vec{j}_S$.

⇨ **Méthode 10.1. Comment passer du conducteur réel au conducteur parfait ?**

Lorsqu'une onde incidente $\left(\vec{E}_i(M,t), \vec{B}_i(M,t)\right)$ arrive en incidence normale sur la surface d'un conducteur parfait, elle génère des courants de surface qui, à leur tour, rayonnent un champ réfléchi $\left(\vec{E}_r(M,t), \vec{B}_r(M,t)\right)$ dans le vide devant le conducteur.

Remarque

L'onde réfléchie a la même structure d'onde plane progressive que l'onde incidente, elle est qualifiée de régressive.

⇨ **Méthode 10.2. Comment montrer l'existence de l'onde réfléchie ? Conséquence pour les densités surfaciques de charge et de courant**

Le **champ total** dans le vide devant le conducteur est la superposition de ces deux champs : $\boxed{\vec{E}_{total}(M,t) = \vec{E}_i(M,t) + \vec{E}_r(M,t)}$ et $\boxed{\vec{B}_{total}(M,t) = \vec{B}_i(M,t) + \vec{B}_r(M,t)}$.

Les champs totaux doivent satisfaire aux conditions de passage au voisinage immédiat de la surface du conducteur qui, en un point H de la surface, conduisent à :

→ $\boxed{\vec{E}_{total}(H,t) = \dfrac{\sigma}{\varepsilon_0}\vec{n}}$ où $\vec{n}$ est le vecteur unitaire localement normale à la surface et σ la densité surfacique de charge.

→ $\boxed{\vec{B}_{total}(H,t) = \mu_0\,\vec{j}_S \wedge \vec{n}}$ où $\vec{j}_S$ est la densité surfacique de courant.

Ainsi, le champ $\vec{E}_{total}$ à la surface d'un conducteur parfait est soit normal à cette surface soit nul. En incidence normale, le champ total à la surface du conducteur est nul et la surface reste globalement neutre : $\boxed{\sigma = 0}$.

⇨ **Méthode 10.2 Comment montrer l'existence de l'onde réfléchie ? Conséquence pour les densités surfaciques de charge et de courant**

■ Structure d'onde stationnaire devant la surface du conducteur parfait

❑ Solutions des équations de d'Alembert en ondes stationnaires

→ Un cas fréquent est celui où les champs ne dépendent que du temps et d'une unique coordonnée spatiale, suivant l'axe (Ox) par exemple, en coordonnées cartésiennes. En notant $\xi(x,t)$ l'une des composantes de $\vec{E}$ ou $\vec{B}$ ne dépendant que de l'abscisse x et du temps, en présence d'obstacles à la propagation libre, comme c'est le cas en présence de la surface d'un conducteur parfait, les solutions de l'équation de d'Alembert à une dimension $\dfrac{\partial^2\xi(x,t)}{\partial x^2}-\dfrac{1}{c^2}\dfrac{\partial^2\xi(x,t)}{\partial t^2}=0$ satisfaisant aux conditions aux limites sont des d'ondes stationnaires : $\boxed{\xi(x,t)=f(x)\,g(t)}$. Les conditions aux limites du problème permettent de déterminer la forme des fonctions f et g.

❑ Forme de l'onde électromagnétique devant la surface du conducteur parfait

→ Les champs $\vec{E}_{total}(M,t)$ et $\vec{B}_{total}(M,t)$ dans l'espace devant le conducteur parfait caractérisent une onde stationnaire de la forme :

$\boxed{\vec{E}_{total}=2E_0\sin(\omega t)\sin(k\,z)\,\overrightarrow{e_x}}$ et $\boxed{\vec{B}_{total}=\dfrac{2\,E_0}{c}\cos(\omega t)\cos(k\,z)\,\overrightarrow{e_y}}$, ils sont en quadrature (spatiale et temporelle).

→ Le vecteur de Poynting a aussi une structure d'onde stationnaire et sa valeur moyenne est nulle : $\langle\vec{R}\rangle=\vec{0}$. En tout point de l'espace, la densité volumique d'énergie électromagnétique est constante : $\boxed{\langle u_{em}\rangle=\varepsilon_0\,E_0^2=cte}$. $\langle u_{em}\rangle=cte$ et $\langle\vec{R}\rangle=\vec{0}$ caractérisent l'absence de propagation de l'énergie.

→ L'onde stationnaire se caractérise par un découplage spatio-temporel dans le terme de phase. Elles admettent **des nœuds** de vibration se caractérisant, à t donné, par une amplitude nulle et **des ventres** de vibration caractérisés par des maximas d'amplitude. Les positions des nœuds et des ventres sont parfaitement déterminées en fonction de la longueur d'onde $\lambda=\dfrac{2\pi c}{\omega}$.

⇨ **Méthodes 10.3. Comment mettre en évidence la structure d'onde stationnaire dans l'espace devant le conducteur ?, 10.4. Comment analyser énergétiquement l'onde stationnaire dans l'espace devant le conducteur ? et 10.5. Comment déterminer les modes propres d'une cavité ?**

■■ Méthodes

■ Comment déterminer l'expression des champs réfléchis ?

❑ Méthode 10.1. Comment passer du conducteur réel au conducteur parfait ?

On sait que dans un conducteur parfait, les champs sont nuls à l'échelle macroscopique : $\vec{E}_{int} = \vec{0}$ et $\vec{B}_{int} = \vec{0}$. On peut retrouver cette situation comme un cas limite du modèle du conducteur réel dans l'ARQS :
→ Dans un conducteur réel, le champ est localisé sur une **épaisseur de peau** de quelques fois δ avec $\delta = \sqrt{2/\mu_0\,\sigma_0\,\omega}$.
→ On considère alors un conducteur comme parfait, dans la limite où l'épaisseur de peau est négligeable devant la longueur d'onde des champs : $\delta << \lambda$. Du point de vue macroscopique, les champs ne pénètrent plus dans la matière, on a $\delta \to 0$.
On peut ainsi considérer le conducteur parfait comme :
i→ la limite haute fréquence du conducteur réel (dans la limite des fréquences de l'ARQS),
ii→ la limite lorsque $\sigma_0 \to +\infty$ du conducteur réel.
On retrouve, dans les deux cas, la condition $\delta \to 0$ de champs intérieurs nuls.
→ Les courants qui, dans un conducteur réel sont distribués en volume sur une épaisseur de l'ordre de quelques fois δ, doivent être ici considérés comme surfacique de densité $\vec{j}_s$: il s'agit là de la limite lorsque $\delta \to 0$ des courants volumiques.

⇨ **Exercice 10.2**

Considérons une OPPM polarisée rectilignement à laquelle est attaché le champ $\underline{\vec{E}}_i = E_0 \exp\big(i(\omega t - k\,z)\big)\,\vec{e_x}$ avec E_0 réel, se propageant dans le vide suivant les z positifs, et tombant en incidence normale sur la surface (O,x,y) d'un conducteur de conductivité σ_0 réelle occupant le demi espace infini $(z > 0)$. On a montré dans l'exercice 9.3 que les champs transmis derrière la surface d'un conducteur réel sont de la forme :
$\underline{\vec{E}}_t = E_{t_0} \exp(-z/\delta) \exp\big(i(\omega t - z/\delta)\big)\,\vec{e_x}$ et $\underline{\vec{B}}_t = B_{t_0} \exp(-z/\delta) \exp\big(i(\omega t - z/\delta)\big)\,\vec{e_y}$. Ces champs sont totalement atténués sur une épaisseur de quelques fois δ, où $\delta = \sqrt{2/\mu_0\,\sigma_0\,\omega}$ est l'épaisseur de peau. Dans la limite du conducteur parfait $\delta \to 0$.
Les champs ne sont pas transmis derrière la surface du conducteur parfait :

$$\boxed{\underline{\vec{E}}_t = \underline{\vec{E}}_{int} = \vec{0}} \text{ et } \boxed{\underline{\vec{B}}_t = \underline{\vec{B}}_{int} = \vec{0}}.$$

Dans le conducteur réel, les courants sont distribués en volume sur une épaisseur de l'ordre de quelques fois δ que nous poserons égale à a. Ainsi, $\vec{j}_s$ doit être considéré comme la limite lorsque $a \to 0$ des courants volumiques. D'après ce qui précède, la densité volumique de courant est : $\vec{j} = \sigma_0 \vec{E}_t = \sigma_0 E_{t_0} \exp(-z/\delta)\cos(\omega t - z/\delta + \varphi)\,\vec{e_x} = j(z,t)\,\vec{e_x}$, on peut donc écrire :

$$\boxed{\vec{j}_s = \lim_{a \to 0}\left(\int_0^a j(z)\,\mathrm{d}z\right)\vec{e_x}}$$

Ce résultat est conforme à l'analyse physique du problème : à la surface du conducteur, les électrons libres subissent la force de Lorentz et oscillent dans la direction du champ incident.

❑ Méthode 10.2. Comment montrer l'existence de l'onde réfléchie ? Conséquence pour les densités surfaciques de charge et de courant

Le champ incident de pulsation ω excite des sources qui, à leur tour, rayonnent un champ dans l'espace vide devant le conducteur. Ce champ n'est autre que le champ réfléchi, il a même pulsation ω que ces sources. Sa structure est celle de l'onde incidente, plane, sa direction de polarisation n'est pas affectée par la réflexion, sa direction de propagation est opposée à celle du champ incident. De plus, le vide étant non absorbant et non dispersif, le module du vecteur d'onde n'est pas affecté par la réflexion. En tenant compte d'un déphasage à la réflexion, on pose $\underline{\vec{E}}_r = \underline{r}\,E_0 \exp\big(i(\omega t + k\,z)\big)\vec{e_x}$ où $k = \dfrac{\omega}{c}$ et où $\underline{r} = |\underline{r}|\exp(i\,\varphi')$ est le coefficient de réflexion complexe en amplitude. On pourra poser de façon équivalente $\underline{\vec{E}}_r = \underline{E}_r^0 \exp\big(i(\omega t + k\,z)\big)\vec{e_x}$ en notant bien que, contrairement au champ incident, $\underline{E}_r^0$ est complexe (du fait du déphasage à la réflexion).

On peut formellement prouver l'existence du champ électrique réfléchi et du même coup, déterminer sa structure en appliquant les relations de passage pour le champ électrique total au voisinage de la surface. On en déduit la forme du champ magnétique réfléchi (par la relation de structure de l'onde plane) ainsi que les densités surfaciques de charge et de courant.

⇨ **Exercices 10.1, 10.4 et 10.6**

Poursuivons l'exemple précédent. Désignons par (1) le demi-espace $z > 0$ dans le conducteur et par (2) le demi-espace $z < 0$ devant le conducteur. D'après la relation de passage pour le champ électrique total noté $\vec{E}_{total}$ au voisinage immédiat de la surface en $z = 0$, on a : $\vec{E}_{total_2}(z = 0^-) - \vec{E}_{total_1}(z = 0^+) = \dfrac{\sigma}{\varepsilon_o}\vec{n}_{12}$, où $\vec{n}_{12} = -\vec{e_z}$. Or, le conducteur étant parfait, $\vec{E}_{total_1}(z = 0^+) = \vec{E}_{int} = \vec{0}$.

Ainsi, le champ total à la surface du conducteur a pour expression : $\vec{E}_{total}(z=0) = -\frac{\sigma}{\varepsilon_0}\vec{e_z}$. Supposons pour l'instant qu'il n'existe pas de champ réfléchi : dans ce cas $\vec{E}_{total}(z=0) = \underline{\vec{E}}_i(z=0) = -\frac{\sigma}{\varepsilon_0}\vec{e_z}$. Or le champ incident $\underline{\vec{E}}_i(z=0)$ est suivant $\vec{e_x}$: le seul vecteur satisfaisant à cette égalité à tout instant est le vecteur nul ! Donc soit $\underline{\vec{E}}_i = \vec{0}$ (ce qui n'a pas de sens), soit il doit exister un champ réfléchi $\vec{E}_r$ se superposant à $\underline{\vec{E}}_i$ de sorte que le champ total en $z=0$ soit nul quel que soit t :

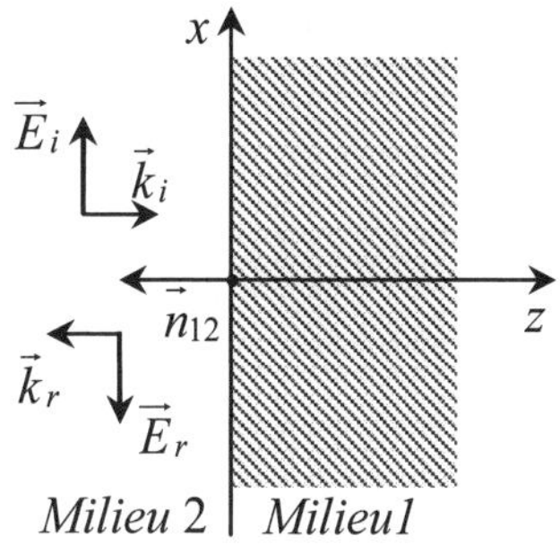

$\boxed{\vec{E}_{total}(z=0) = \vec{E}_i(z=0) + \vec{E}_r(z=0) = \vec{0}}$. Attention, cette égalité n'est valable qu'en $z=0$!

Remarque

Le champ total à la surface du conducteur est donc soit purement normal soit nul. Notons que, si on suppose qu'à priori la pulsation du champ réfléchi soit différente de celle de champ incident, la condition $\vec{E}_i(z=0) + \vec{E}_r(z=0) = \vec{0}$ impose $\omega_r = \omega_i = \omega$, ce qui est conforme avec l'idée d'un champ $\vec{E}_r$ rayonné par des sources surfaciques excitées par $\vec{E}_i$ à la pulsation $\omega_i = \omega$.

→ De façon à respecter l'égalité $\vec{E}_{total}(z=0) = -\frac{\sigma}{\varepsilon_0}\vec{e_z}$, il apparaît donc dans ce cas (champ transverse et incidence normale) que la surface du conducteur reste globalement neutre : $\boxed{\sigma = 0}$.

Ainsi $\vec{E}_r(z=0) = -\vec{E}_i(z=0)$. En supposant que le champ $\vec{E}_r$ a la même structure d'onde plane que le champ incident (ce qui est légitime compte tenu de la symétrie des sources à la surface du conducteur), on est conduit à poser (en n'oubliant pas que $\vec{E}_r$ se propage suivant $(Oz)^-$ et que sa phase est donc en $\omega t + k z$) :

$\boxed{\underline{\vec{E}}_r = -E_0 \exp\left(i(\omega t + k z)\right)\vec{e_x}}$. Ainsi, il apparaît que $\underline{r} = -1$: le champ réfléchi est en opposition de phase avec le champ incident.

On déduit de ce qui précède l'expression de la densité surfacique de courant $\vec{j}_s$:

Dans le vide, devant le conducteur, la relation de structure de l'onde plane incidente (ou l'équation de M.F) conduit pour le champ incident à : $\underline{\vec{B}}_i = \frac{\vec{k} \wedge \underline{\vec{E}}_i}{\omega}$ avec $\vec{k} = \frac{\omega}{c}\vec{e_z}$ on obtient $\underline{\vec{B}}_i = \frac{E_0}{c}\exp\left(i(\omega t - k z)\right)\vec{e_y}$, et pour le champ réfléchi à : $\underline{\vec{B}}_r = \frac{\vec{k}_r \wedge \underline{\vec{E}}_r}{\omega}$ avec $\vec{k} = -\frac{\omega}{c}\vec{e_z}$ on obtient $\underline{\vec{B}}_r = \frac{E_0}{c}\exp\left(i(\omega t + k z)\right)\vec{e_y}$.

Appliquons la relation de passage pour le champ $\underline{\vec{B}}_{total}$ en $z=0$: $\underline{\vec{B}}_{total_2} - \underline{\vec{B}}_{total_1} = \mu_0\, \underline{\vec{j}}_s \wedge \vec{n}_{12}$.

Or $\underline{\vec{B}}_{total_1} = \underline{\vec{B}}_{int} = \vec{0}$, ainsi $\underline{\vec{B}}_{total}(z=0) = -\mu_0\, \underline{\vec{j}}_s \wedge \vec{e_z} = \underline{\vec{B}}_i(z=0) + \underline{\vec{B}}_r(z=0)$. On peut écrire

$$\begin{vmatrix} 0 \\ \dfrac{2E_0}{c}\exp(i\omega t) \\ 0 \end{vmatrix} = \mu_0 \begin{vmatrix} j_x \\ j_y \\ j_z \end{vmatrix} \wedge \begin{vmatrix} 0 \\ 0 \\ -1 \end{vmatrix} = \mu_0 \begin{vmatrix} -\underline{j}_y \\ \underline{j}_x \\ 0 \end{vmatrix}$$

. En identifiant la seule composante non nulle de $\underline{\vec{j}}_s$ il vient, $\underline{\vec{j}}_s = \dfrac{2\,E_0}{\mu_0\, c}\exp(i\omega t)\,\vec{e_x} = 2\,\varepsilon_0\, c\, E_0 \exp(i\omega t)\,\vec{e_x}$, résultat conforme à ce que le passage à la limite sur les courants volumiques laissait entrevoir.

■ Comment analyser la structure de l'onde réfléchie ?

❑ Méthode 10.3. Comment mettre en évidence la structure d'onde stationnaire dans l'espace devant le conducteur ?

→ À partir de l'expression des champs électriques et magnétiques incidents et réfléchis on exprime les champs électriques et magnétiques totaux $\underline{\vec{E}}_{total}(z,t) = \underline{\vec{E}}_i(z,t) + \underline{\vec{E}}_r(z,t)$ et $\underline{\vec{B}}_{total}(z,t) = \underline{\vec{B}}_i(z,t) + \underline{\vec{B}}_r(z,t)$.

→ Pour mettre en évidence la structure d'onde stationnaire on doit montrer que la coordonnée spatiale z et le temps ne sont pas couplés dans un même terme de phase. Au contraire, ils doivent apparaître indépendamment dans deux fonctions périodiques. Dans ce cas, il n'y a pas propagation de la phase comme pour une onde progressive. Les champs oscillent « sur place » et admettent des nœuds de vibration : points tels que les champs sont toujours nuls. De même, les positions des maximas d'amplitude, dit ventre de vibration, sont bien déterminées.

→ On montre alors qu'à t donné, $\vec{E}_{total}$ et $\vec{B}_{total}$ sont en quadrature spatiale.

⇨ Exercice 10.2

Poursuivons l'exemple précédent : les champs électriques et magnétiques totaux ont pour expression respective $\underline{\vec{E}}_{total} = \underline{\vec{E}}_i + \underline{\vec{E}}_r$ et $\underline{\vec{B}}_{total} = \underline{\vec{B}}_i + \underline{\vec{B}}_r$, soit en passant en réel, compte-tenu de ce qui précède : $\vec{E}_{total} = \mathrm{Re}\left\{\underline{\vec{E}}_{total}\right\} = \left(E_0\cos(\omega t - k\,z) - E_0\cos(\omega t + k\,z)\right)\vec{e_x}$, et

$\vec{B}_{total} = \mathrm{Re}\left\{\underline{\vec{B}}_{total}\right\} = \left(\dfrac{E_0}{c}\cos(\omega t - k\,z) + \dfrac{E_0}{c}\cos(\omega t + k\,z)\right)\vec{e_y}$. Finalement on obtient :

$\vec{E}_{total} = 2E_0\sin(\omega t)\sin(k\,z)\,\vec{e_x}$ et $\vec{B}_{total} = \dfrac{2\,E_0}{c}\cos(\omega t)\cos(k\,z)\,\vec{e_y}$. On reconnaît là une structure d'onde stationnaire.

Remarque

On constate en analysant les formes des champs totaux que la structure d'onde stationnaire correspond à la superposition d'une onde progressive et d'une onde régressive de même amplitude générée par la réflexion sur une condition aux limites finie, ce qui est tout à fait général en physique.

À t donné, les positions des nœuds de $\vec{E}_{total}$ correspondent à z_{N_E} tel que $\sin\left(k\, z_{N_E}\right)=0$, soit $k\, z_{N_E}=n\,\pi$. Avec $k=\dfrac{\omega}{c}$, il vient $z_{N_E}=\dfrac{n\lambda}{2}$ où n est un entier négatif (l'espace accessible à l'onde est en effet $z<0$). Au contraire, la position des ventres de $\vec{E}_{total}$ correspondent à z_{V_E} tel que $\left|\sin\left(k\, z_{V_E}\right)\right|=1$, soit $k\, z_{V_E}=\dfrac{(2n+1)\,\pi}{2}$, soit $z_{V_E}=\dfrac{n\lambda}{2}+\dfrac{\lambda}{4}$.

De même, à t donné, les positions des nœuds de $\vec{B}_{total}$ correspondent à z_{N_B} tel que $\cos\left(k\, z_{N_B}\right)=0$, soit $k\, z_{N_B}=\dfrac{(2n+1)\,\pi}{2}$, soit $z_{N_B}=\dfrac{n\lambda}{2}+\dfrac{\lambda}{4}$. Les ventres de $\vec{B}_{total}$ correspondent quant à eux à z_{V_B} tel que $\left|\cos\left(k\, z_{V_B}\right)\right|=1$, soit $k\, z_{V_B}=n\,\pi$, soit $z_{V_B}=\dfrac{n\lambda}{2}$.

On constate ainsi que les nœuds de $\vec{E}_{total}$ correspondent aux ventres de $\vec{B}_{total}$ et réciproquement. $\vec{E}_{total}$ et $\vec{B}_{total}$ sont en quadrature spatiale à t donné, comme l'illustre la figure ci-contre.

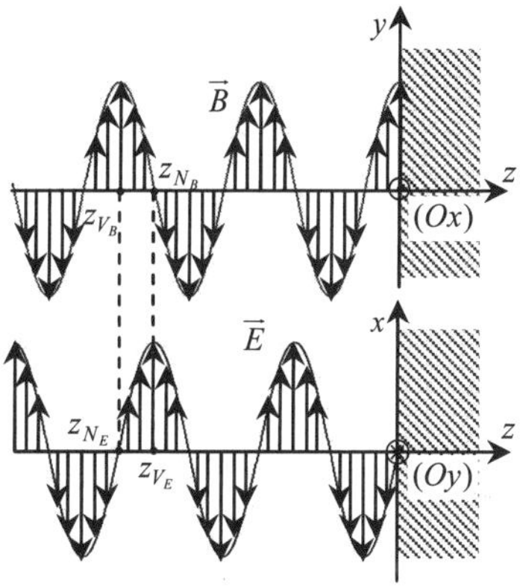

De même, à z fixé, $\vec{E}_{total}$ et $\vec{B}_{total}$ sont en quadrature temporelle contrairement au cas de l'onde progressive où ils sont en phase.

À t donné, on constate qu'à la surface du conducteur en $z=0$, on a un nœud pour $\vec{E}_{total}$ ce qui est bien compatible avec la condition $\vec{E}_{total}(z=0)=\vec{0}$ et un ventre pour $\vec{B}_{total}$ ce qui est aussi en accord avec la condition $\underline{\vec{B}}_{total}(z=0)=-\mu_0\,\underline{\vec{j}}_s\wedge\vec{e}_z$.

❑ Méthode 10.4. Comment analyser énergétiquement l'onde stationnaire dans l'espace devant le conducteur ?

Contrairement au cas d'une onde progressive le vecteur de Poynting moyen attaché à l'onde stationnaire devant le conducteur est nul : $\left\langle\vec{R}\right\rangle=\vec{0}$. On déduit que le flux moyen d'énergie transitant à travers une surface perpendiculaire à la direction de propagation est nul. L'énergie ne se propage donc pas.

Poursuivons l'exemple précédent : le vecteur de Poynting instantané a pour expression : $\vec{R} = \dfrac{\vec{E}_{total} \wedge \vec{B}_{total}}{\mu_0}$, soit : $\vec{R} = 4\,\varepsilon_0\, c\, E_0^2 \sin(\omega t)\cos(\omega t)\sin(k\,z)\cos(k\,z)\vec{e_z}$, que l'on écrit simplement : $\vec{R} = \varepsilon_0\, c\, E_0^2 \sin(2\omega t)\sin(2k\,z)\vec{e_z}$ sa valeur moyenne est donc nulle $\langle\vec{R}\rangle = \vec{0}$.

La densité volumique d'énergie électromagnétique a pour expression $u_{em} = \dfrac{\varepsilon_0\, E_{total}^2}{2} + \dfrac{B_{total}^2}{2\,\mu_0}$, soit, en valeur moyenne temporelle, $\langle u_{em}\rangle = \varepsilon_0\, E_0^2\left(\sin^2(k\,z) + \cos^2(k\,z)\right)$ et finalement :

$\boxed{\langle u_{em}\rangle = \varepsilon_0\, E_0^2}$. On a $\boxed{\langle\vec{R}\rangle = \vec{0}}$: **l'énergie ne se propage donc pas**.

Ceci est bien confirmé par l'analyse du vecteur de Poynting instantané $\vec{R} = \varepsilon_0\, c\, E_0^2 \sin(2\omega t)\sin(2k\,z)\vec{e_z}$: quel que soit t, $\vec{R} = \vec{0}$ pour $z = z_{N_R}$ tel que $\sin(2k\,z_{N_R}) = 0$, soit $z_{N_R} = \dfrac{n\lambda}{4}$. Il a donc lui aussi une structure d'onde stationnaire, chacun de ses nœuds successifs étant séparés de $\dfrac{\lambda}{4}$. Cette distance est précisément celle qui sépare deux plans nodaux successifs de $\vec{E}_{total}$ et $\vec{B}_{total}$. Ainsi, contrairement à une onde progressive, $\vec{R}$ s'annule sur chaque plan nodal successif de $\vec{E}_{total}$ et $\vec{B}_{total}$ et l'énergie ne se propage pas.

❑ Méthode 10.5. Comment déterminer les modes propres d'une cavité ?

On forme une cavité électromagnétique entre les surfaces planes de deux conducteurs parfaits en regard. Les ondes dans la cavité sont encore stationnaires.

→ Compte tenu des conditions aux limites examinées dans le point de méthode 10.2, seuls certains modes vibratoires monochromatiques peuvent exister dans la cavité : on parle de **mode propre** de la cavité.

→ À chacun de ces modes correspond une fréquence propre, et donc une longueur d'onde, bien déterminée, dépendant de la dimension de la cavité.

→ Lorsque la cavité est soumise à un champ dont la pulsation est ajustée sur celle d'un mode propre, il y a résonnance d'ondes stationnaires.

⇨ **Exercices 10.1, 10.4**

Résolution de problème

Champ électrique dans une cavité, plaque tournante dans un « four micro-ondes »

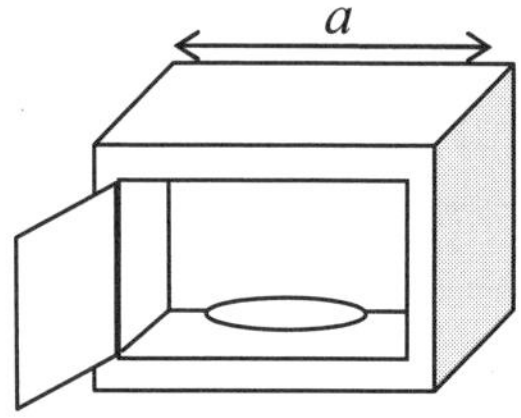

On cherche, en s'appuyant sur une étude énergétique, à répondre à la question suivante : pourquoi est-il nécessaire de faire tourner l'aliment sur un plateau lors de sa cuisson ?

On admet, et c'est une donnée du problème, que le chauffage par micro-ondes se fait par transfert d'énergie électromagnétique en énergie thermique (le champ électrique variable agit sur les dipôles permanents des molécules d'eau qui, pour suivre les oscillations du champ, se mettent en rotation, « frottant » ainsi sur leur environnement et dissipant l'énergie que leur a cédé le champ par le biais du vecteur de Poynting.

Considérons tout d'abord le champ électrique associé à l'onde électromagnétique (générée par un magnétron) régnant dans un micro-onde entre les plans conducteur formant les parois intérieures distantes de a. Réduisons le problème à une dimension. D'après la méthode 3, le champ électrique devant le plan conducteur localisé en $z=0$ est de la forme $\vec{E}_{total} = 2E_0 \sin(\omega t)\sin(k\,z)\vec{e_x}$. On envisage à présent la possibilité de confiner ce champ entre le plan, conducteur parfait de dimensions transversales considérées ici infinies en $z=0$ et un autre plan de même nature localisé en $z=-a$. Par rapport au cas précédent (méthode 3), il nous faut prendre en compte une condition supplémentaire : au voisinage immédiat de la surface du conducteur en $z=-a$ (comme c'était déjà le cas en $z=0$), le champ électrique $\vec{E}$ est nul (voir méthode 2). On a un nœud de vibration sur les surfaces en $z=-a$ et $z=0$. Ainsi, seules les fonctions vérifiant ces conditions aux limites peuvent exister dans la cavité.

→ La condition $\vec{E}_{total}(z=-a)=\vec{0}$ implique $\sin(k\,a)=0$ soit $k\,a=n\pi,\ n\in\mathbb{N}$. Avec $k=\dfrac{\omega}{c}=\dfrac{2\pi}{\lambda}$, on obtient la longueur d'onde du mode propre d'ordre n dans la cavité :

$$\boxed{\lambda_n = \frac{2a}{n},\quad n\in\mathbb{N}}.$$

→ Le premier mode propre correspond à $n=1$, sa longueur d'onde est $\lambda_1 = 2a$ de sorte que la cavité ne contient qu'une demi-alternance du champ.

→ Le second mode propre correspond à $n=2$, sa longueur d'onde est $\lambda_2 = a$ de sorte que la cavité ne contient qu'une alternance du champ.

→ Le troisième mode propre correspond à $n=3$, sa longueur d'onde est $\lambda_3 = \dfrac{2a}{3}$ de sorte que la cavité ne contient qu'une alternance et demi du champ.

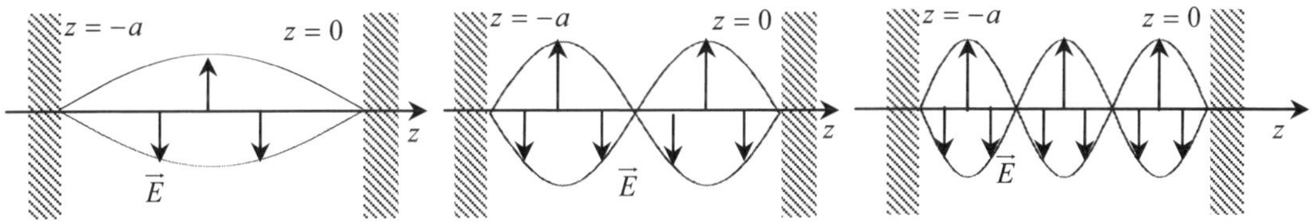

Mode n=1 *Mode n*=2 *Mode n*=3

D'après la méthode 4, le vecteur de Poynting $\vec{R}=\varepsilon_0\,c\,E_0^2\sin(2\omega t)\sin(2k\,z)\vec{e_z}$ a une structure similaire d'onde stationnaire.

D'après le mécanisme de transfert décrit au début du problème, on en déduit qu'aux nœuds de $\vec{R}$, le transfert d'énergie entre le champ et la matière est nul et au contraire, maximal aux ventres de $\vec{R}$. Pour obtenir une température plus homogène de l'aliment, on le fait tourner sur un plateau de façon à ce que ces zones de chauffage hétérogène ne coïncident pas tout le temps avec les mêmes parties de l'aliment.

Vrai/Faux

		Vrai	Faux
1.	Le champ magnétique peut toujours être déduit du champ électrique par la relation de structure.	☐	☐
2.	La réflexion sur un conducteur parfait dont la surface est confondue avec le plan (O, x, y) d'un champ progressif suivant $(Oz)^+$ conduit à un champ total régressif (suivant $(Oz)^-$).	☐	☐
3.	Entre deux plans conducteurs parfaits, la longueur d'onde des champs totaux ne peut prendre que certaines valeurs discrètes.	☐	☐
4.	Pour un champ polarisé rectilignement dans un plan perpendiculaire à la surface d'un conducteur parfait, en incidence normale sur cette surface, la densité surfacique de charge est nulle.	☐	☐
5.	Pour un champ polarisé rectilignement dans un plan perpendiculaire à la surface d'un conducteur parfait, en incidence oblique sur cette surface, une densité surfacique de charge apparaît à l'instant *t,* mais reste nulle en moyenne.	☐	☐
6.	Devant le conducteur parfait les champs électrique et magnétique totaux sont en quadrature spatiale (et temporelle).	☐	☐
7.	En réalité les champs pénètrent dans le conducteur sur une faible épaisseur qui, dans le modèle du conducteur parfait, tend vers zéro.	☐	☐

Énoncé des exercices

❑ Exercice 10.1. Réflexion sur un conducteur parfait en incidence quelconque

On considère, en notations complexes, le champ incident $\underline{\vec{E}}_i = E_0 \exp\left(i(\omega t - \vec{k}_i \cdot \vec{r})\right)\overrightarrow{e_y}$ se propageant dans le vide à la vitesse c et tombant en incidence quelconque sur la surface (O,x,y) d'un conducteur considéré comme parfait de conductivité réelle σ_0 occupant le demi-espace $z > 0$. Son vecteur d'onde fait un angle α avec la normale $\vec{N}$ à la surface du conducteur. On suppose que la surface du conducteur est globalement neutre.

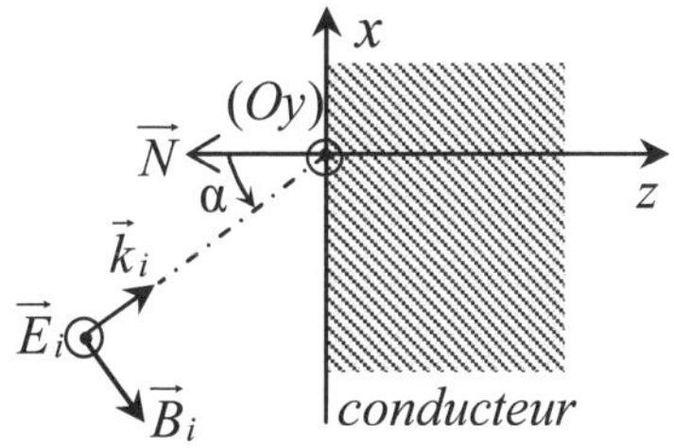

1. Caractériser le champ électromagnétique $\left(\underline{\vec{E}}_i, \underline{\vec{B}}_i\right)$ incident. Faire un schéma clair illustrant la situation. Quel est le plan d'incidence ? Exprimer ainsi $\underline{\vec{E}}_i$ et $\underline{\vec{B}}_i$ en coordonnées cartésiennes.

2. a) Montrer, en se plaçant au point O, qu'il existe un champ réfléchi que l'on notera $\underline{\vec{E}}_r = E'_0 \exp\left(i(\omega_r t - \vec{k}_r \cdot \vec{r})\right)\vec{u}$ en supposant que le champ $\vec{E}_r$ ait la même structure d'onde plane que le champ incident. On notera α' l'angle que fait $\vec{k}_r$ avec la normale $\vec{N}$ à la surface du conducteur.

b) En déduire la pulsation ω_r, l'amplitude E'_0 et la direction de polarisation $\vec{u}$ du champ réfléchi.

c) Puis, en se plaçant un point $M \neq O$ sur la surface du conducteur, déterminer les composantes du vecteur unitaire portant sa direction de propagation. La réflexion suit-elle les lois de Descartes en substituant la direction des vecteurs d'onde à celle des rayons lumineux ?

d) Exprimer ainsi $\underline{\vec{E}}_r$ et $\underline{\vec{B}}_r$ en coordonnées cartésiennes.

3. Quelle est la structure du champ électrique total obtenu par superposition des champs incidents et réfléchis ? Comparer au cas de l'incidence normale. Proposer une application pratique illustrant le phénomène mis en évidence.

❑ Exercice 10.2. Approche ondulatoire de la pression de radiation

Pour comprendre l'origine physique de la pression de radiation, il nous faut revenir aux courants volumiques crées dans l'épaisseur de peau du conducteur réel et à la force de Laplace qu'ils subissent de la part du champ. Considérons donc une OPPM polarisée rectilignement à laquelle est attaché le champ $\underline{\vec{E}}_i = E_0 \exp\left(i(\omega t - k\,z)\right)\overrightarrow{e_x}$ avec E_0 réel, se propageant dans le

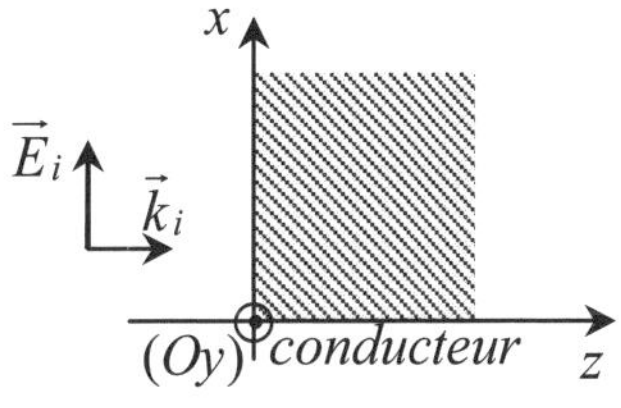

vide suivant les z positifs, et tombant en incidence normale sur la surface (O,x,y) d'un conducteur de conductivité σ_0 réelle occupant le demi espace infini $(z>0)$. On a montré qu'il existe dans le conducteur une onde transmise totalement atténuée sur une épaisseur de quelques fois δ, où $\delta=\sqrt{2/\mu_0\,\sigma_0\,\omega}$ est l'épaisseur de peau. Dans le conducteur réel, sur cette épaisseur de peau, les champs ont pour expression $\underline{\vec{E}}_t=E_{t_0}\exp(-z/\delta)\exp\left(i(\omega t-z/\delta)\right)\vec{e_x}$ et $\underline{\vec{B}}_t=B_{t_0}\exp(-z/\delta)\exp\left(i(\omega t-z/\delta)\right)\vec{e_y}$, les courants volumiques associés sont de la forme $\vec{j}=j(z,t)\,\vec{e_x}$.

1. Donner l'expression de la force de Laplace élémentaire s'exerçant sur un volume élémentaire $\mathrm{d}\tau=\mathrm{d}x\,\mathrm{d}y\,\mathrm{d}z$ situé dans l'épaisseur de peau. Montrer que, dans le cadre du modèle du conducteur parfait (à la limite surfacique $\delta\to0$), tout ce passe comme si un élément de surface $\mathrm{d}S=\mathrm{d}x\,\mathrm{d}y$ subissait la force $\mathrm{d}^2\vec{F}_{Lap}=\dfrac{1}{2}\vec{j}_s\,\mathrm{d}S\wedge\vec{B}_{total}(z=0)$, où $\vec{j}_s=2\,\varepsilon_0\,c\,E_0\cos(\omega t)\,\vec{e_x}$ est la densité surfacique de courant et $\vec{B}_{total}=\dfrac{2\,E_0}{c}\cos(\omega t)\cos(k\,z)\,\vec{e_y}$ est le champ magnétique total (incident plus réfléchi) dans l'espace devant le conducteur.

2. Dans quelle mesure est-il légitime d'associer une pression au rayonnement électromagnétique agissant sur le conducteur ? On définit la pression de radiation par la valeur moyenne de la norme de cette force par unité de surface : donner son expression en fonction de la densité volumique d'énergie.

3. En reprenant les résultats de l'exercice 1, généraliser le résultat précédent au cas de l'incidence quelconque.

❑ Exercice 10.3. Approche corpusculaire de la pression de radiation

Sous certains aspects, l'interaction entre la matière et le rayonnement électromagnétique ne peut plus s'expliquer par une approche purement ondulatoire. On est alors conduit à associer au rayonnement un flux de particules neutres et sans masse dites photons. Par exemple, la lumière, suivant la nature des expériences envisagées (interférence, effet photo-électrique...) se comporte tantôt comme une onde tantôt comme un flux de photons (se reporter au chapitre 17 d'initiation à la mécanique quantique ondulatoire). On rend compte de cette dualité onde-corpuscule en associant à une OPPM électromagnétique de fréquence ν et de vecteur d'onde $\vec{k}$, un photon d'énergie $E=h\,\nu$ et de quantité de mouvement (on parle d'impulsion) $\vec{P}=\hbar\,\vec{k}$, où $\hbar=\dfrac{h}{2\pi}$ est la constante réduite de Planck. Par ailleurs, dans l'approche ondulatoire, on définit l'intensité I du rayonnement comme étant la puissance moyenne traversant une surface unitaire perpendiculaire à la direction de propagation de l'énergie (puissance par unité de surface en $\mathrm{W\cdot m^{-2}}$).

On associe à l'onde plane $\underline{\vec{E}}_i=E_0\exp\left(i(\omega t-k\,z)\right)\vec{e_x}$ en incidence normale sur la surface d'un conducteur parfait occupant le demi-espace $z>0$ un « jet » de photons (on parle de faisceau) se propageant à la vitesse c et suivant $\vec{e_z}$.

Dans le cadre de la mécanique classique, on considère que les photons subissent des chocs élastiques (ils rebondissent sur la surface sans dissipation d'énergie) à la surface du conducteur.

1. Exprimer la densité volumique moyenne $\overline{n_p}$ de photons associée au faisceau incident en fonction de l'intensité I puis en fonction de l'amplitude E_0 du champ incident.

2. Exprimer la quantité de mouvement moyenne cédée à un élément de surface $\mathrm{d}S$ du conducteur. En déduire l'expression de la pression de radiation en fonction de I.

3. En reprenant les résultats de l'exercice 11.1, adapter la précédente démarche au cas d'un faisceau incident sur la surface du conducteur sous un angle α.

4. Au niveau de l'orbite terrestre, le rayonnement solaire a une intensité de l'ordre de $1400\ \mathrm{W \cdot m^{-2}}$. Quelle est la pression de radiation subie par un satellite offrant une surface de $S = 100\ \mathrm{m^2}$ en incidence normale au rayonnement ? Évaluer la force correspondante et la comparer à la force gravitationnelle si le satellite a une masse de 100 tonnes et qu'il se trouve sur une orbite géostationnaire à 36 000 km d'altitude. Commenter.

Données : la masse de la terre est de $M_T \approx 6 \cdot 10^{24}\ \mathrm{kg}$, la constante gravitationnelle est $G \approx 6{,}67 \cdot 10^{-11}\ \mathrm{SI}$.

❑ Exercice 10.4. Champ dans une cavité cylindrique

On considère un condensateur formé de deux armatures métalliques circulaires de rayon a et de même axe (Oz). L'espace entre les armatures est assimilé au vide. Les effets de bords sont négligés. On se place en coordonnées cylindriques (r, φ, z) d'axe (Oz) rapportées au trièdre $(\vec{e_r}, \vec{e_\varphi}, \vec{e_z})$. Ce condensateur est soumis à une tension variable de façon sinusoïdale à la pulsation ω.

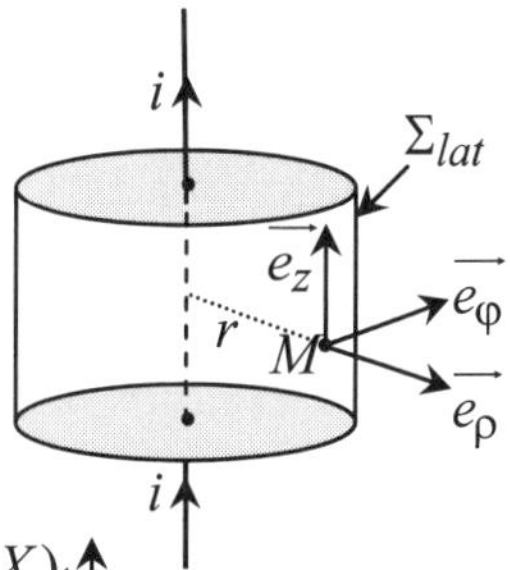

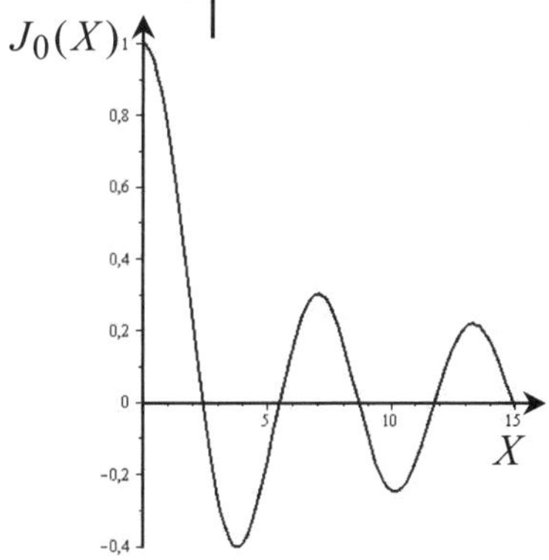

1. Montrer que, dans ces conditions, en posant $X = \dfrac{r\omega}{c}$, le champ électrique dans la cavité est axial et satisfait à l'équation différentielle $\left(\dfrac{\mathrm{d}^2}{\mathrm{d}X^2} + \dfrac{1}{X}\dfrac{\mathrm{d}}{\mathrm{d}X} + 1\right)E(X) = 0$.

On admet que la solution de cette équation, en notation complexe, se met sous la forme d'une série entière $\underline{\vec{E}}(X,t) = E_0 \exp(i\omega t)\, J_0(X)\, \vec{e_z}$ où :

$J_0(X) = \displaystyle\sum_{k=0}^{\infty} \frac{(-1)^k}{(k!)^2}\left(\frac{X}{2}\right)^{2k}$ est une fonction Bessel dont les variations pour $X > 0$ sont représentées ci-contre. Les premiers zéros de $J_0(X)$ sont donnés par $X = 2{,}4 ; 5{,}52 ; 8{,}65 ; 11{,}8 \ldots$

On réalise une cavité cylindrique en fermant ce condensateur par une surface latérale Σ_{lat} cylindrique de même rayon $r = a$ parfaitement conductrice. On note $X_a = \dfrac{a\omega}{c}$ la valeur prise par X en $r = a$ sur la surface latérale.

2. a) Montrer que les conditions aux limites sur le champ électrique $\vec{E}$ régnant dans la cavité imposent l'existence de modes propres de pulsations bien définies. Donner l'expression de la pulsation des trois premiers modes de la cavité.

b) A.N. : évaluer la fréquence propre f_1 correspondant au premier mode propre de la cavité si $a = 4 \cdot 10^{-2}$ m . Cette fréquence est-elle accessible en TP ?

c) Expliquer qualitativement, par comparaison avec d'autres domaines de la physique, que, pour certaines pulsations de la tension appliquées aux bornes de la cavité, l'amplitude du champ augmente fortement. Quel phénomène limite dans la pratique cette augmentation ? Comment faudrait-il modifier notre modèle pour en tenir compte ?

❑ Exercice 10.5. Propagation en « zig-zag »

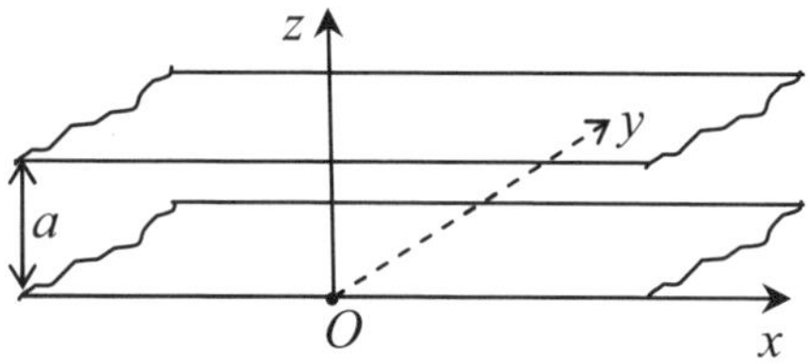

Le champ électrique se propageant dans un guide d'onde plan, formé de deux plans conducteurs parfaits de dimensions transversales infinies, localisés en $z = 0$ et $z = a$, est de la forme $\vec{E} = A(z)\cos\big((\omega t - k\,x)\big)\vec{e_y}$ où $A(z) = E_0 \sin\left(\dfrac{n\pi}{a} z\right)$ avec $n \in \mathbb{N}^*$.

1. Quel est le champ complexe associé au champ entre les plans ?

2. Montrer que ce champ peut être interprété comme la superposition de deux champs de la forme $\vec{E}_{1,2} = \dfrac{E_0}{2}\sin\left(\omega t - \vec{k}_{1,2}\cdot\vec{r}\right)\vec{e_y}$, dont les vecteur d'onde respectif sont $\vec{k_1} = k\,\vec{e_x} - \dfrac{n\pi}{a}\vec{e_z}$ et $\vec{k_2} = k\,\vec{e_x} + \dfrac{n\pi}{a}\vec{e_z}$.

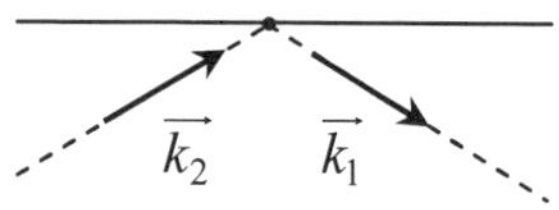

3. Montrer ainsi que l'onde guidée entre les deux plans peut s'interpréter en termes de réflexions multiples en incidence oblique entre les plans conducteurs. On admettra ici que le vecteur d'onde d'une OPPEM monochromatique est réfléchi en incidence oblique à la surface d'un conducteur en suivant les mêmes lois de Descartes que pour la réflexion d'un rayon lumineux à la surface d'un miroir.

❑ Exercice 10.6. Effet Doppler longitudinal

Un radar émet, dans le référentiel (R) lié au sol, une OPPM polarisée rectilignement à laquelle est attaché le champ $\underline{\vec{E}}_i = E_0 \exp\left(i\omega_i\left(t - z/c\right)\right)\vec{e_x}$ se propageant dans le référentiel terrestre (R) supposé galiléen suivant les z positifs. On assimile l'air au vide parfait de sorte que l'onde se propage à la vitesse c. Elle tombe en incidence normale sur la surface d'un avion (non furtif...) assimilé localement à la surface plane d'un conducteur parfait orthogonal à (Oz). L'avion se déplace à la vitesse constante $\vec{V} = V\,\vec{e_z}$ (telle que, n'en déplaise aux fans de Star

Trek, $V \ll c$ ...). On note r le coefficient de réflexion en amplitude à la surface et ω_r la pulsation de l'onde réfléchie mesurée dans le référentiel (R).

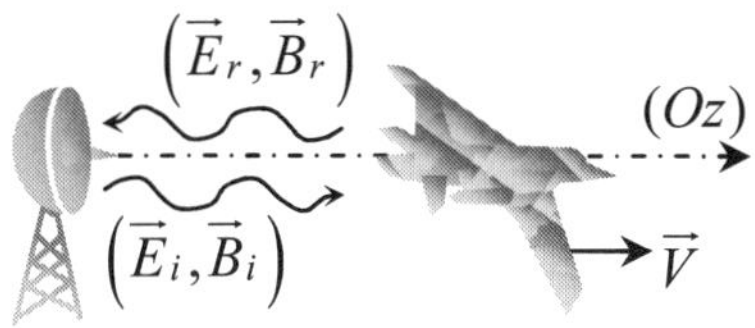

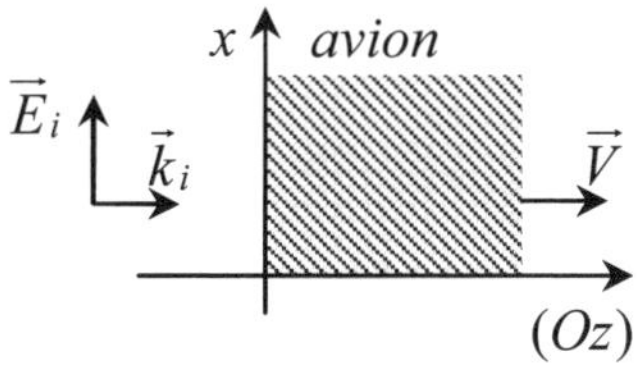

Le but de l'exercice est de montrer que, du fait du mouvement de l'avion, $\omega_i \neq \omega_r$: c'est l'effet Doppler, et d'en déduire la vitesse de l'avion par une mesure de $\omega_i - \omega_r$.

1. Donner les expressions des champs électromagnétiques $\left(\underline{\vec{E}}_i, \underline{\vec{B}}_i\right)$ et $\left(\underline{\vec{E}}_r, \underline{\vec{B}}_r\right)$ associés aux ondes incidentes et réfléchies à la surface du conducteur mobile dans le référentiel (R).

2. On donne la formule de transformation galiléenne des champs entre les référentiels (R) et (R') : $\begin{cases} \vec{B}' = \vec{B} \\ \vec{E}' = \vec{E} + \vec{V}_e \wedge \vec{B} \end{cases}$. En déduire les expressions du champ électrique $\underline{\vec{E}}'_i$ et $\underline{\vec{E}}'_r$ dans le référentiel (R') lié à l'avion.

3. Écrire la relation traduisant la continuité de la composante tangentielle du champ total $\underline{\vec{E}}'$ dans (R') à la surface du conducteur, en déduire l'expression de $\dfrac{\omega_i - \omega_r}{\omega_i}$ en fonction de $\dfrac{V}{c}$.
Que dire du coefficient de réflexion r ?

4. Sachant que le radar émet à la fréquence $f_i = 10\,\text{GHz}$ et que l'on mesure une différence entre les fréquences de l'onde émise et reçue en retour après réflexion sur l'avion de $f_i - f_r = 30\,\text{KHz}$, en déduire la vitesse de l'avion.

■ Pour vous aider à démarrer

Exercice 10.1. À la question 1, exprimer le vecteur d'onde $\vec{k}_i$ attaché au champ $\underline{\vec{E}}_i$ incident (polarisé rectilignement suivant $\overrightarrow{e_y}$). Utiliser la relation de structure pour obtenir $\underline{\vec{B}}_i$ et vérifier que le trièdre $\left(\vec{k}_i, \vec{E}_i, \vec{B}_i\right)$ est direct.
Exercice 10.2. À la question 1, Considérer l'élément de volume $\mathrm{d}\tau = \mathrm{d}z\,\mathrm{d}S$ à la côte z telle que $0 < z < \delta$ et où $\mathrm{d}S$ est un élément de surface intercepté par le rayonnement incident. En utilisant l'équation de (M.A) exprimer la densité volumique de courant $\vec{j}$, en déduire la force de Laplace élémentaire s'exerçant sur $\mathrm{d}\tau$.
Exercice 10.4. À la question 2, se reporter aux méthodes 2 et 5.

Corrigé des vrai/faux

1.	2.	3.	4.	5.	6.	7.
faux	faux	vrai	vrai	vrai	vrai	vrai

1. Seuls les champs électriques et magnétiques incidents ou réfléchis sont associés à des OPPM pour lesquelles ont peut utiliser la relation de structure ! Pour les champs totaux on est en présence d'onde stationnaire. Il faut alors revenir à l'intégration de l'équation de (M.F) pour déterminer la forme du champ magnétique total ayant celle du champ électrique total. On peut sinon déterminer indépendamment les champs magnétiques incidents et réfléchis (par la relation de structure) et en faire la somme pour obtenir le champ magnétique total.

2. Il y a ici confusion entre $\vec{E}_{total}$ et $\vec{E}_r$: $\vec{E}_r$ est bien régressif mais $\vec{E}_{total}$ est stationnaire.

3. On a un nœud de vibration sur les surfaces. L'exemple traité méthode 10.5 montre que la longueur d'onde de peut prendre que les valeur discrètes données par : $\boxed{\lambda_n = \dfrac{2a}{n}, \quad n \in \mathbb{N}}$.

5. Au voisinage d'un conducteur parfait on a $\vec{E}_{total}(z=0,t) = \dfrac{\sigma(t)}{\varepsilon_0}\vec{n}$ où $\vec{n}$ est normale extérieure au conducteur. Pour qu'une densité surfacique de charge $\sigma(t)$ apparaisse à l'instant t à la surface du conducteur, le champ total, et par conséquent le champ incident doit nécessairement faire état d'une composante normale, il doit donc être polarisé dans un plan perpendiculaire au plan du conducteur. Par contre, comme E_{total} est une fonction sinusoïdale de t, $\langle\sigma\rangle = 0$ et la surface reste globalement neutre.

6. C'est la conséquence de la structure d'onde stationnaire. Contrairement au cas de l'onde progressive, les champs électrique et magnétique ne sont pas en phase, au contraire ils sont en quadrature puisque qu'un ventre du champ magnétique correspond à un nœud du champ électrique. On note qu'en un point fixé de l'espace ils sont aussi en quadrature temporelle.

7. Ce point fait l'objet de la méthode 10.1.

❑ Les erreurs classiques

→ Attention aux relations de trigonométrie pour l'obtention des champs $\vec{E}_{total}(M,t)$ et $\vec{B}_{total}(M,t)$.

→ Attention, les champs totaux caractérisent une onde stationnaire, on ne peut en aucun cas leur appliquer directement la relation de structure ! Il faut donc, pour déterminer $\vec{B}_{total}(M,t)$, appliquer la relation de structure aux champs électrique incidents et réfléchis puis en faire la superposition !

→ Lorsqu'on est en notations complexes, bien que les termes temporel et spatial puissent sembler être découplés, il faut être vigilant avant de conclure à une structure d'onde stationnaire. En effet, en complexe on peut toujours écrire : $\exp\left(j(\omega t - kx)\right) = \exp\left(j\omega t\right)\exp\left(-jkx\right)$. Il faut impérativement repasser en réel !

→ Attention, l'égalité $\vec{E}_i(z=0) = -\vec{E}_r(z=0)$ n'est valable qu'en $z=0$! Elle montre que le champ incident et le champ réfléchi sont en opposition de phase.

→ Ne pas oublier que $\vec{E}_r$ se propage suivant $(Oz)^-$ et que sa phase est donc en $\omega t + kz$. Dans le cas où le champ incident est polarisé circulairement ou elliptiquement dans un sens (pour un observateur regardant venir l'onde incidente suivant $(Oz)^+$), le champ réfléchie garde l'état de polarisation circulaire ou elliptique mais, pour un observateur regardant venir l'onde incidente suivant $(Oz)^-$, le champ tourne dans l'autre sens (bien que dans l'absolue il tourne dans le même sens, mais la convention nous oblige à faire cette différence).

→ On veillera à vérifie que les trièdres $\left(\vec{k}_i, \vec{E}_i, \vec{B}_i\right)$ et $\left(\vec{k}_r, \vec{E}_r, \vec{B}_r\right)$ sont directs.

→ Les relations $\vec{E}_{total} = \dfrac{\sigma}{\varepsilon_0}\vec{n}$ et $\vec{B}_{total} = \mu_0 \vec{j}_S \wedge \vec{n}$ ne sont vraies que dans le vide devant la surface du conducteur et dans son voisinage immédiat.

Corrigé des exercices

Exercice 10.1

1. Le champ incident $\underline{\vec{E}}_i = E_0 \exp\left(i(\omega t - \vec{k}_i \cdot \vec{r})\right)\overrightarrow{e_y}$ caractérise une onde plane monochromatique de pulsation ω_i se propageant dans le vide à la vitesse c suivant la direction de vecteur unitaire $\vec{n}_i = \sin\alpha\,\overrightarrow{e_x} + \cos\alpha\,\overrightarrow{e_z}$ portant le vecteur d'onde $\vec{k}_i = \frac{\omega}{c}\left(\sin\alpha\,\overrightarrow{e_x} + \cos\alpha\,\overrightarrow{e_z}\right)$. Ce champ est polarisé rectilignement suivant $\overrightarrow{e_y}$. Le plan d'incidence est le plan formé par $\vec{k}_i$ et $\vec{N}$: il s'agit du plan (O,x,z).

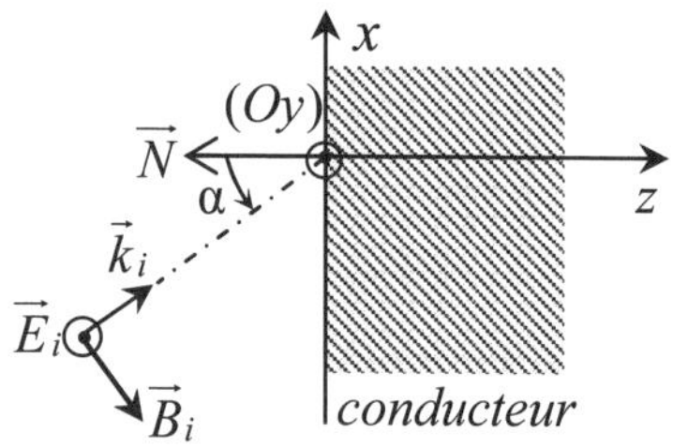

Exprimons le champ magnétique attaché à cette onde. Dans le vide, devant le conducteur, la relation de structure de l'onde plane incidente conduit à $\underline{\vec{B}}_i = \frac{\vec{n}_i \wedge \underline{\vec{E}}_i}{c}$, avec $\vec{k}_i = \frac{\omega}{c}\left(\sin\alpha\,\overrightarrow{e_x} + \cos\alpha\,\overrightarrow{e_z}\right)$, on obtient :

$\underline{\vec{B}}_i = \frac{E_0}{c}\exp\left(i(\omega t - \vec{k}_i \cdot \vec{r})\right)\left(\sin\alpha\,\overrightarrow{e_z} - \cos\alpha\,\overrightarrow{e_x}\right)$.

On vérifie bien que le trièdre $\left(\vec{k}_i, \vec{E}_i, \vec{B}_i\right)$ est direct.

Les expressions des champs $\underline{\vec{E}}_i$ et $\underline{\vec{B}}_i$ en coordonnées cartésiennes sont :

$$\begin{cases} \underline{\vec{E}}_i = E_0 \exp\left(i(\omega t - k_i \sin\alpha\, x - k_i \cos\alpha\, z)\right)\overrightarrow{e_y} \\ \underline{\vec{B}}_i = \frac{E_0}{c}\exp\left(i(\omega t - k_i \sin\alpha\, x - k_i \cos\alpha\, z)\right)\left(\sin\alpha\,\overrightarrow{e_z} - \cos\alpha\,\overrightarrow{e_x}\right) \end{cases} \text{ avec } k_i = \frac{\omega}{c}.$$

2. a) Désignons par (1) le demi-espace $z > 0$ dans le conducteur et par (2) le demi-espace $z < 0$ devant le conducteur. Envisageons le cas où le champ incident touche la surface du conducteur en O. D'après la relation de passage en $z = 0$ pour le champ électrique total noté $\vec{E}_{total}$, on a $\forall\, t$: $\vec{E}_{total_2}(t, x=0, z=0^-) - \vec{E}_{total_1}(t, x=0, z=0^+) = \frac{\sigma}{\varepsilon_0}\vec{n}_{12}$, où $\vec{n}_{12} = -\overrightarrow{e_z}$. Or, dans un conducteur parfait, le champ est nul $\vec{E}_{total_1}(t, x=0, z=0^+) = \vec{E}_{int} = \vec{0}$. Ainsi, le champ total à la surface du conducteur a pour expression : $\vec{E}_{total}(t, x=0, z=0) = -\frac{\sigma}{\varepsilon_0}\overrightarrow{e_z}$. Comme en l'absence de densité surfacique de charge $\sigma = 0$, il vient $\vec{E}_{total}(t, x=0, z=0) = \vec{0}$. Il doit donc exister un champ réfléchi $\vec{E}_r$ se superposant à $\underline{\vec{E}}_i$ de sorte que le champ total en $z = 0$ soit nul quel que soit t : $\vec{E}_{total}(t, x=0, z=0) = \vec{E}_i(t, x=0, z=0) + \vec{E}_r(t, x=0, z=0) = \vec{0}$.

Ainsi : $\underline{\vec{E}}_r(t, x=0, z=0) = -\underline{\vec{E}}_i(t, x=0, z=0)$.

➪ *Méthode 10.2*

b) On est conduit à poser : $E_0 \exp(i\omega t)\overrightarrow{e_y} = -E'_0 \exp(i\omega_r t)\vec{u}$. Cette égalité étant vraie $\forall t$, on en déduit que $\omega_r = \omega$, $E_0 = E'_0$ et $\vec{u} = -\overrightarrow{e_y}$: le champ électrique réfléchi a même pulsation, même amplitude et même état de polarisation que le champ incident mais de direction opposée.

> ✐ *Dans le cas d'une polarisation circulaire, le sens de parcours vu par un observateur regardant venir le champ serait aussi inversé !*

c) Plaçons-nous à présent en un point $M \neq O$ sur la surface du conducteur. La continuité de la composante tangentielle de $\vec{E}_{total}$ impose $\forall t$ $\underline{\vec{E}}_{total}(t, \overrightarrow{OM}) = \underline{\vec{E}}_i(t, \overrightarrow{OM}) + \underline{\vec{E}}_r(t, \overrightarrow{OM}) = \vec{0}$, soit compte tenu de ce qui précède : $E_0 \exp\left(i(\omega t - \vec{k}_i \cdot \overrightarrow{OM})\right) - E_0 \exp\left(i(\omega t - \vec{k}_r \cdot \overrightarrow{OM})\right) = 0$ ce qui impose que $\forall \overrightarrow{OM}$ appartenant à la surface du conducteur $\vec{k}_i \cdot \overrightarrow{OM} = \vec{k}_r \cdot \overrightarrow{OM}$, soit encore $\left(\vec{k}_i - \vec{k}_r\right) \cdot \overrightarrow{OM} = 0$.

Comme $\overrightarrow{OM}$ appartient à la surface du conducteur, on en déduit que $\vec{k}_i - \vec{k}_r = cte \cdot \vec{N}$ (1). $\vec{k}_r$ appartient donc au plan formé par $\vec{k}_i$ et $\vec{N}$: le rayon réfléchi appartient au plan d'incidence. C'est, en substituant la notion de direction d'un rayon lumineux à celle de vecteur d'onde, la première loi de Descartes pour la réflexion.

Multiplions membre à membre (1) par $\overrightarrow{OM}$, il vient $\vec{k}_i \cdot \overrightarrow{OM} = \vec{k}_r \cdot \overrightarrow{OM}$ (2), relation de laquelle on déduit que le rayon incident et le rayon réfléchi sont de part et d'autre de la normale, ce qui constitue la seconde loi de Descartes pour la réflexion.

Enfin, de (2) on tire $\|\vec{k}_i\| \sin\alpha = \|\vec{k}_r\| \sin\alpha'$. Comme, de plus, $\|\vec{k}_i\| = \|\vec{k}_r\| = \dfrac{\omega}{c}$, on a $\sin\alpha = \sin\alpha'$ ce qui, pour des angles orientés de la normale vers le vecteur d'onde et compris entre 0 et $\dfrac{\pi}{2}$, entraîne finalement $\boxed{\alpha = \alpha'}$ qui constitue la dernière loi de Descartes pour la réflexion.

La réflexion sur le conducteur parfait est donc bien conforme aux lois de Descartes.

Les composantes du vecteur d'onde du champ réfléchi sont donc $\boxed{\vec{k}_r = \dfrac{\omega}{c}\left(\sin\alpha\, \overrightarrow{e_x} - \cos\alpha\, \overrightarrow{e_z}\right)}$.

d) En coordonnées cartésiennes, on a $\underline{\vec{E}}_r = -E_0 \exp\left(i(\omega t - k_r \sin\alpha\, x + k_r \cos\alpha\, z)\right)\overrightarrow{e_y}$ avec $k_i = \dfrac{\omega}{c}$. Dans le vide, devant le conducteur, la relation de structure de l'onde plane réfléchie conduit à : $\underline{\vec{B}}_r = \dfrac{\vec{k}_r \wedge \underline{\vec{E}}_r}{\omega}$ avec $\vec{k}_r = \dfrac{\omega}{c}\left(\sin\alpha\, \overrightarrow{e_x} - \cos\alpha\, \overrightarrow{e_z}\right)$ on obtient, avec $k_i = \dfrac{\omega}{c}$:

$$\underline{\vec{B}}_r = -\frac{E_0}{c} \exp\left(i(\omega t - k_r \sin\alpha\, x + k_r \cos\alpha\, z)\right)\left(\sin\alpha\, \overrightarrow{e_z} + \cos\alpha\, \overrightarrow{e_x}\right).$$

➪ *Méthode 10.2*

Corrigé

On vérifie bien que le trièdre $\left(\vec{k}_r, \vec{E}_r, \vec{B}_r\right)$ *est direct.*

3. Le champ électrique total a pour expression $\underline{\vec{E}}_{total}(t,\vec{r}) = \underline{\vec{E}}_i(t,\vec{r}) + \underline{\vec{E}}_r(t,\vec{r})$. Compte tenu des expressions obtenues précédemment et en notant $\left\|\vec{k}_i\right\| = \left\|\vec{k}_r\right\| = k = \dfrac{\omega}{c}$, il vient :

$\underline{\vec{E}}_{total}(t,\vec{r}) = E_0 \exp\left(i(\omega t - k \sin\alpha\, x)\right)\left[\exp\left(-i\, k \cos\alpha\, z\right) - \exp\left(i\, k\cos\alpha\, z\right)\right]\overrightarrow{e_y}$

$\underline{\vec{E}}_{total}(t,\vec{r}) = -2\, i\, E_0 \sin(k\cos\alpha\, z)\exp\left(i(\omega t - k\sin\alpha\, x)\right)\overrightarrow{e_y}$. Ce champ caractérise une onde progressive suivant $(Ox)^+$ (parallèlement à la surface du conducteur) polarisée suivant $\overrightarrow{e_y}$ et stationnaire dans la direction (Oy) perpendiculaire à la surface du conducteur.

⇨ *Méthode 10.3*

On constate que la condition de champ total nul à la surface $\underline{\vec{E}}_{total}(t, z=0) = 0$ est bien respectée puisqu'on a un nœud en $z = 0$. En plaçant un second plan conducteur en $z = -a$ tel que les conditions aux limites à sa surface soient respectées ($z = -a$ doit aussi être un nœud de $\underline{\vec{E}}_{total}$) il est alors possible de guider l'onde dans la direction $(Ox)^+$ entre les deux plans, à condition que sa fréquence soit correctement choisie.

⇨ *Méthode 10.5*

Les conditions aux limites sur les deux plans conducteurs n'autorisent qu'à des modes de certaines fréquences bien déterminées de se propager.

Exercice 10.2

1. Considérons un élément de surface $\mathrm{d}S = \mathrm{d}x\,\mathrm{d}y$ dans le plan, $z = 0$ interceptant le rayonnement incident. Soit alors l'élément de volume $\mathrm{d}\tau = \mathrm{d}z\,\mathrm{d}S$ à la côte z telle que $0 < z < \delta$. Le champ magnétique transmis y est non nul et ses variations spatiales engendrent un courant de densité volumique $\vec{j}$ non uniforme donné par l'équation de (M.A) : $\vec{\nabla} \wedge \vec{B}_t = \mu_0\, \vec{j}$,

soit $\vec{j} = \dfrac{1}{\mu_0}\begin{vmatrix}\partial/\partial x \\ \partial/\partial y \\ \partial/\partial z\end{vmatrix} \wedge \begin{vmatrix} 0 \\ B_{t_y} \\ 0\end{vmatrix} = -\dfrac{1}{\mu_0}\left(\dfrac{\partial B_{t_y}}{\partial z}\right)\overrightarrow{e_x}$. La force de Laplace élémentaire s'exerçant sur $\mathrm{d}\tau$

est $\mathrm{d}^3\vec{F}_{Lap} = \vec{j}\,\mathrm{d}\tau \wedge \vec{B}_t$, soit $\mathrm{d}^3\vec{F}_{Lap} = -\dfrac{1}{\mu_0}\left(\dfrac{\partial B_{t_y}}{\partial z}\right)\mathrm{d}\tau\, B_{t_y}\overrightarrow{e_x} \wedge \overrightarrow{e_y} = -\dfrac{1}{\mu_0}\left(\dfrac{\partial B_{t_y}}{\partial z}\right)\mathrm{d}z\,\mathrm{d}S\, B_{t_y}\overrightarrow{e_z}$.

Sommons sur l'épaisseur du conducteur de $z = 0$ à $+\infty$ de façon à obtenir la force de Laplace s'exerçant sur l'élément de surface considéré : $\mathrm{d}^2\vec{F}_{Lap} = -\dfrac{\mathrm{d}S}{\mu_0}\displaystyle\int_0^{+\infty}\left(\dfrac{\partial B_{t_y}}{\partial z}\right)\mathrm{d}z\, B_{t_y}\overrightarrow{e_z}$, soit encore

$\mathrm{d}^2\vec{F}_{Lap} = -\dfrac{\mathrm{d}S}{\mu_0}\displaystyle\int_0^{+\infty} B_{t_y}\,\mathrm{d}B_{t_y}\overrightarrow{e_z} = -\dfrac{\mathrm{d}S}{\mu_0}\displaystyle\int_0^{+\infty}\mathrm{d}\left(\dfrac{1}{2}B_{t_y}^2\right)\overrightarrow{e_z} = +\dfrac{\mathrm{d}S}{2\,\mu_0}B_{t_y}^2(0)\,\overrightarrow{e_z}$. En effet, au delà de quelques fois δ, le champ est nul. À la surface du conducteur, dans la limite des conducteurs parfaits, $B_{t_y}(0)$ s'écrit : $B_{t_y}(0) = B_{total_y}(0) = \dfrac{2E_0}{c^2}\cos(\omega t)$.

Dans le cadre de la modélisation volumique il n'y a pas de densité surfacique de courant (elle n'apparaît que par passage à la limite $\delta \to 0$ comme la limite surfacique des courants volumiques). Ainsi, dans le modèle volumique, il y a continuité de la composante tangentielle du champ magnétique (la discontinuité n'apparaît que dans le passage à la limite surfacique).

On a donc : $\mathrm{d}^2\overrightarrow{F}_{Lap} = \dfrac{\mathrm{d}S}{2\,\mu_0} B^2_{total_y}(0)\,\overrightarrow{e_z}$.

À la limite surfacique, remarquons qu'avec $\overrightarrow{B}_{total} = \dfrac{2\,E_0}{c}\cos(\omega t)\cos(k\,z)\overrightarrow{e_y}$, on peut écrire $\vec{j}_s = 2\,\varepsilon_0\,c\,E_0\cos(\omega t)\overrightarrow{e_x} = \dfrac{1}{\mu_0}\overrightarrow{B}_{total}(z=0)\wedge\overrightarrow{e_z}$. Tout se passe alors comme si l'élément de surface $\mathrm{d}S$ était soumis à la force de Laplace élémentaire $\boxed{\mathrm{d}^2\overrightarrow{F}_{Lap} = \dfrac{1}{2}\vec{j}_s\,\mathrm{d}\vec{S}\wedge\overrightarrow{B}_{total}(z=0)}$.

2. On constate que cette force est dirigée vers l'intérieur du conducteur et perpendiculairement à sa surface, comme c'est le cas, dans une analogie hydraulique, pour une force de pression qu'exercerait un jet sur l'élément de surface (cette idée est à la base de l'interprétation corpusculaire du phénomène.

⇨ *Exercice 10.3*

La pression de radiation est la valeur moyenne de la norme de cette force par unité de surface : $P_{rad} = \left\langle \dfrac{\mathrm{d}^2F_{Lap}}{\mathrm{d}S} \right\rangle = \dfrac{1}{2\,\mu_0}\left\langle B^2_{total_y}(0)\right\rangle$. Comme $\left\langle B^2{}_{total}(0)\right\rangle = \dfrac{4\,E_0^2}{2c^2} = 2\,\varepsilon_0\,\mu_0\,E_0^2$, il vient finalement $\boxed{P_{rad} = \varepsilon_0\,E_0^2 = \langle u_{em}\rangle}$.

3. L'expression de la densité surfacique de courant $\underline{\vec{j}}_s$ est obtenue par la discontinuité de la composante tangentielle de $\underline{\overrightarrow{B}}_{total}$ au passage de la surface du conducteur en $z=0$: $\underline{\overrightarrow{B}}_{total}(z=0^-) - \underline{\overrightarrow{B}}_{total}(z=0^+) = -\mu_0\,\underline{\vec{j}}_s\wedge\overrightarrow{e_z}$. Or, dans le conducteur parfait, $\underline{\overrightarrow{B}}_{total}(z=0^+) = \underline{\overrightarrow{B}}_{int} = \vec{0}$, ainsi : $\underline{\overrightarrow{B}}_{total}(z=0) = -\mu_o\,\underline{\vec{j}}_s\wedge\overrightarrow{e_z} = \underline{\overrightarrow{B}}_i(z=0) + \underline{\overrightarrow{B}}_r(z=0)$,

avec $\left\|\vec{k}_r\right\| = k = \dfrac{\omega}{c}$, et compte tenu des expressions de $\underline{\overrightarrow{B}}_i$ et $\underline{\overrightarrow{B}}_r$ établies à l'exercice 10.1, il vient :

$$\underline{\vec{B}}_{total}(z=0)=\frac{E_0}{\mu_0\, c}\exp\left(i(\omega t-k\sin\alpha\, x)\right)\left[\left(\sin\alpha\,\overrightarrow{e_z}-\cos\alpha\,\overrightarrow{e_x}\right)-\left(\sin\alpha\,\overrightarrow{e_z}+\cos\alpha\,\overrightarrow{e_x}\right)\right]=-\underline{\vec{j}}_s\wedge\overrightarrow{e_z},$$

soit finalement : $\underline{\vec{B}}_{total}(z=0)=-\dfrac{2\,E_0}{\mu_0\, c}\exp\left(i(\omega t-k\sin\alpha\, x)\right)\cos\alpha\,\overrightarrow{e_x}=-\underline{\vec{j}}_s\wedge\overrightarrow{e_z}$, d'où

$\underline{\vec{j}}_s=\dfrac{2\,E_0}{\mu_0\, c}\exp\left(i(\omega t-k\sin\alpha\, x)\right)\cos\alpha\,\overrightarrow{e_y}$ et $\underline{\vec{B}}_{total}(z=0)=-\dfrac{2\,E_0}{c}\exp\left(i(\omega t-k\sin\alpha\, x)\right)\cos\alpha\,\overrightarrow{e_x}$.

Finalement, en passant en réel avant d'exprimer $\mathrm{d}^2\vec{F}_{Lap}$, on a :

$\vec{B}_{total}(z=0)=-\dfrac{2\,E_0}{c}\cos\left(\omega t-k\sin\alpha\, x\right)\cos\alpha\,\overrightarrow{e_x}$ et $\vec{j}_s=\dfrac{2\,E_0}{\mu_0\, c}\cos\left(\omega t-k\sin\alpha\, x\right)\cos\alpha\,\overrightarrow{e_y}$, soit :

$\mathrm{d}^2\vec{F}_{Lap}=2\,\mathrm{d}S\,\varepsilon_0\,E_0^2\cos^2\left(\omega t-k\sin\alpha\, x\right)\cos^2\alpha\,\overrightarrow{e_z}$.

La pression de radiation est la valeur moyenne de la norme de cette force élémentaire par unité de surface :

$P_{rad}=\left\langle\dfrac{\mathrm{d}^2\vec{F}_{Lap}}{\mathrm{d}S}\right\rangle=2\,\varepsilon_0\,E_0^2\left\langle\cos^2\left(\omega t-k\sin\alpha\, x\right)\right\rangle\cos^2\alpha$, finalement $\boxed{P_{rad}=\varepsilon_0\,E_0^2\cos^2\alpha}$.

Exercice 10.3

1. Dans une approche ondulatoire, évaluons l'énergie moyenne traversant un élément de surface $\mathrm{d}S$ perpendiculaire à $\vec{k}$ pendant l'intervalle de temps $\mathrm{d}t$ pour en déduire l'intensité I : on a $\underline{\vec{E}}_i=E_0\exp\left(i(\omega t-k\,z)\right)\overrightarrow{e_x}$ et avec $\underline{\vec{B}}_i=\dfrac{\vec{k}\wedge\underline{\vec{E}}_i}{\omega}$ où $\vec{k}=\dfrac{\omega}{c}\overrightarrow{e_z}$, on obtient : $\underline{\vec{B}}_i=\dfrac{E_0}{c}\exp\left(i(\omega t-k\,z)\right)\overrightarrow{e_y}$ et donc $\left\langle\vec{R}\right\rangle=\dfrac{1}{2}\mathrm{Re}\left(\dfrac{\underline{\vec{E}}\wedge\underline{\vec{B}}^*}{\mu_o}\right)=\dfrac{\varepsilon_0\,E_0^2}{2}\overrightarrow{e_z}$. La puissance traversant une surface unitaire perpendiculaire à la direction de propagation est $I=\left|\left\langle\vec{R}\right\rangle\right|$. Ainsi, l'intensité du faisceau incident est $I=\dfrac{\varepsilon_0\,E_0^2}{2}$. D'autre part, l'énergie moyenne traversant un élément de surface $\mathrm{d}S$ perpendiculaire à $\vec{k}$ pendant l'intervalle de temps $\mathrm{d}t$ est $\mathrm{d}^2\mathcal{E}=\left\langle\vec{R}\right\rangle\cdot\mathrm{d}\vec{S}\,\mathrm{d}t=\dfrac{\varepsilon_0\,E_0^2\,\mathrm{d}S\,\mathrm{d}t}{2}$, soit encore $\mathrm{d}^2\mathcal{E}=I\,\mathrm{d}S\,\mathrm{d}t$.

Plaçons-nous à présent du point de vue corpusculaire. Chaque photon est porteur d'une énergie $E=h\,\nu$. Pendant le même temps $\mathrm{d}t$, l'énergie traversant un élément de surface $\mathrm{d}S$ perpendiculaire à $\vec{k}$ est contenue dans le volume du cylindre droit de génératrice $c\,\mathrm{d}t$, comportant donc $\overline{n}_p\,\mathrm{d}S\,c\,\mathrm{d}t$ photons. Ainsi $\mathrm{d}^2\mathcal{E}=\overline{n}_p\,\mathrm{d}S\,c\,\mathrm{d}t\,h\,\nu$. Par comparaison avec l'approche ondulatoire, on a $\overline{n}_p\,c\,h\,\nu=I$, soit une densité volumique moyenne de photons incidents de $\overline{n}_p=\dfrac{I}{c\,h\,\nu}$. Avec $\omega=2\pi\nu$ et $\hbar=\dfrac{h}{2\pi}$, il vient finalement $\boxed{\overline{n}_p=\dfrac{I}{\hbar\,\omega}=\dfrac{\varepsilon_0\,E_0^2}{2\hbar\,\omega}}$.

2. Les photons incidents subissent des chocs élastiques à la surface du conducteur. Ainsi, chaque photon incident de quantité de mouvement $\vec{P}_i = \hbar\,\vec{k} = \dfrac{h\,\nu}{c}\vec{e_z}$ engendre un photon réfléchi de quantité de mouvement $\vec{P}_r = -\dfrac{h\,\nu}{c}\vec{e_z}$. Chacun d'entre eux voit donc sa quantité de mouvement varier de $\Delta\vec{P}_{photon} = \vec{P}_r - \vec{P}_i = -\dfrac{2\,h\,\nu}{c}\vec{e_z}$. La conservation de la quantité de mouvement lors du choc élastique pour le système {photon+conducteur} impose au conducteur de voir sa propre quantité de mouvement varier de $\Delta\vec{P}_{cond} = -\Delta\vec{P}_{photon} = \dfrac{2\,h\,\nu}{c}\vec{e_z}$. En effet, si $\vec{P}_{av}$ et $\vec{P}_{ap}$ désignent respectivement la quantité de mouvement du conducteur avant et après le choc, on a $\vec{P}_i + \vec{P}_{av} = \vec{P}_r + \vec{P}_{ap}$. Ainsi, la variation de quantité de mouvement du conducteur au cours du choc élastique s'écrit $\Delta\vec{P}_{choc} = \vec{P}_{ap} - \vec{P}_{av} = \vec{P}_i - \vec{P}_r$. Or, initialement, le conducteur est au repos, ce qui entraîne : $\vec{P}_{av} = \vec{0}$ et donc $\Delta\vec{P}_{cond} = \vec{P}_{ap} = \vec{P}_i - \vec{P}_r = -\dfrac{2\,h\,\nu}{c}\vec{e_z}$. Le nombre de photons percutant $\mathrm{d}S$ entre t et $t+\mathrm{d}t$ est $\bar{n}_p\,\mathrm{d}S\,c\,\mathrm{d}t$. Ainsi, durant $\mathrm{d}t$, la quantité de mouvement cédée à l'élément de surface $\mathrm{d}S$ par le flux de photon est : $\Delta\vec{P}_{cond} = \left(\bar{n}_p\,\mathrm{d}S\,c\,\mathrm{d}t\right)\Delta\vec{P}_{choc}$, soit $\Delta\vec{P}_{cond} = 2\,h\,\nu\,\bar{n}_p\,\mathrm{d}S\,\mathrm{d}t\,\vec{e_z}$. Il lui correspond la force élémentaire $\mathrm{d}^2\vec{f} = \dfrac{\Delta\vec{P}_{cond}}{\mathrm{d}t} = 2\,h\,\nu\,\bar{n}_p\,\mathrm{d}S\,\vec{e_z}$. La pression de radiation est la norme de cette force par unité de surface $P_{rad} = 2\,h\,\nu\,\bar{n}_p$. Or $\bar{n}_p\,h\,\nu = \dfrac{I}{c}$, finalement $\boxed{P_{rad} = 2\dfrac{I}{c}}$.

3. D'après les résultats de l'exercice 10.1, on a $\underline{\vec{E}_i} = \vec{E}_0\,\exp\left(i(\omega t - k_i \sin\alpha\,x - k_i\cos\alpha\,z)\right)$ et $\underline{\vec{B}_i} = \vec{B}_0\,\exp\left(i(\omega t - k_i\sin\alpha\,x - k_i\cos\alpha\,z)\right)$ où $\left\|\vec{B}_0\right\| = \dfrac{E_0}{c}$. Le trièdre $\left(\vec{k}_i, \vec{E}_i, \vec{B}_i\right)$ étant direct, il vient : $\left\langle\vec{R}\right\rangle = \dfrac{1}{2}\mathrm{Re}\left(\dfrac{\underline{\vec{E}}\wedge\underline{\vec{B}}^*}{\mu_0}\right) = \dfrac{\varepsilon_0\,E_0^2}{2}\vec{n}_i$, où $\vec{n}_i$ est le vecteur unitaire de la direction de propagation de l'onde incidente. La puissance traversant une surface unitaire perpendiculaire à la direction de propagation est $I = \left|\left\langle\vec{R}\right\rangle\right|$. Ainsi, l'intensité du faisceau incident est $I = \dfrac{\varepsilon_0\,E_0^2}{2}$. La densité volumique moyenne de photons incident est $\bar{n}_p = \dfrac{I}{\hbar\,\omega} = \dfrac{I}{h\,\nu\,c}$. Les photons incidents

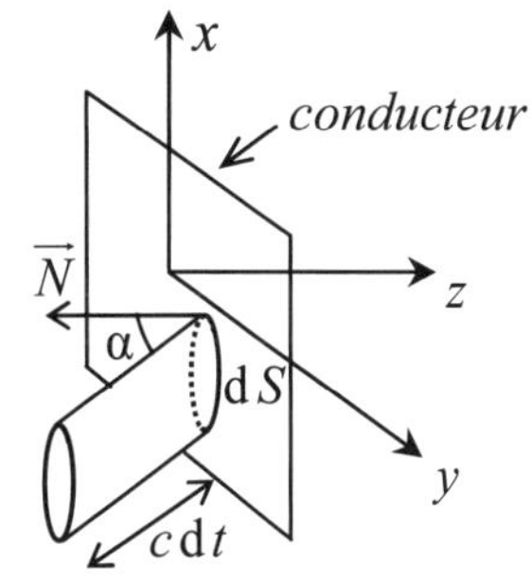

subissent des chocs élastiques à la surface du conducteur. Ainsi, chaque photon incident de quantité de mouvement $\vec{P}_i = \hbar \vec{k}_i = \dfrac{h\nu}{c}\left(\sin\alpha\,\vec{e_x} + \cos\alpha\,\vec{e_z}\right)$ engendre un photon réfléchi de quantité de mouvement $\vec{P}_r = \dfrac{h\nu}{c}\left(\sin\alpha\,\vec{e_x} - \cos\alpha\,\vec{e_z}\right)$. Lors du choc, la quantité de mouvement transférée au conducteur est donc $\Delta\vec{P}_{choc} = -\Delta\vec{P}_{photon} = -\left(\vec{P}_r - \vec{P}_i\right) = \dfrac{2\,h\nu}{c}\cos\alpha\,\vec{e_z}$.

Le nombre de photons percutant $\mathrm{d}S$ entre t et $t+\mathrm{d}t$ est contenu dans un cylindre oblique de base $\mathrm{d}S$ et de génératrice $c\,\mathrm{d}t$ faisant un angle α avec la normale au conducteur et dont le volume est $\cos\alpha\,\mathrm{d}S\,c\,\mathrm{d}t$. Ce cylindre contient donc $\overline{n}_p\cos\alpha\,\mathrm{d}S\,c\,\mathrm{d}t$ photons impactant $\mathrm{d}S$ entre t et $t+\mathrm{d}t$. Ainsi, durant $\mathrm{d}t$, la quantité de mouvement cédée à l'élément de surface $\mathrm{d}S$ par le flux de photon est : $\Delta\vec{P}_{cond} = \left(\overline{n}_p\cos\alpha\,\mathrm{d}S\,c\,\mathrm{d}t\right)\Delta\vec{P}_{choc}$ soit, $\Delta\vec{P}_{cond} = 2\,h\,\nu\,\overline{n}_p\cos^2\alpha\,\mathrm{d}S\,\mathrm{d}t\,\vec{e_z}$. Il lui correspond, d'après le PFD, la force élémentaire $\mathrm{d}^2\vec{f} = \dfrac{\Delta\vec{P}_{cond}}{\mathrm{d}t} = 2\,h\,\nu\,\overline{n}_p\cos^2\alpha\,\mathrm{d}S\,\vec{e_z}$. La pression de radiation est la norme de cette force par unité de surface $P_{rad} = 2\,h\,\nu\,\overline{n}_p\cos^2\alpha$. Or $\overline{n}_p\,h\,\nu = \dfrac{I}{c}$ et finalement $\boxed{P_{rad} = 2\dfrac{I}{c}\cos^2\alpha}$, ce qui est bien conforme au résultat de la question précédente.

✐ Si la surface était parfaitement absorbante, il faudrait, dans le bilan de quantité de mouvement transférée à la paroi lors des chocs des photons, tenir compte de l'absence de « rebond » : la composante normale de la quantité de mouvement serait alors intégralement transférée à la paroi et : $P_{rad} = 4\dfrac{I}{c}\cos^2\alpha$.

4. Numériquement, on a $P_{rad} = 2\dfrac{I}{c} \approx 9{,}3\cdot10^{-6}$ Pa, soit une force de norme $F_{rad} = S\,P_{rad}$ ce qui vaut numériquement $F_{rad} = 9{,}3\cdot10^{-4}\text{ N} \approx 10^{-3}$ N. La force gravitationnelle qu'exerce la terre sur le satellite est en norme $F_{grav} = G\dfrac{M_T\,M_{sat}}{R_g^2}$, soit numériquement $\boxed{F_{grav} = 3{,}7\cdot10^{11}\text{ N}}$.

L'effet de la pression de radiation est donc faible devant la force gravitationnelle et ne peut éjecter le satellite de son orbite. Par contre, il est susceptible de produire une dérive de la trajectoire à long terme. Il doit ainsi être pris en compte dans l'étude de la stabilité du satellite.

Exercice 10.4

1. Dans le vide, entre les armatures, $\vec{E}$ vérifie l'équation de d'Alembert qui, compte tenu des symétries et invariances du problème, s'écrit après changement de variable $\left(\dfrac{\mathrm{d}^2}{\mathrm{d}X^2} + \dfrac{1}{X}\dfrac{\mathrm{d}}{\mathrm{d}X} + 1\right)E(X) = 0$. La recherche d'une solution sous forme d'un développement en série entière de la variable X conduit alors à $E(X) = E_0 J_0(X)$ où $J_0(X) = \sum_{k=0}^{\infty} \frac{(-1)^k}{(k!)^2} \left(\frac{X}{2}\right)^{2k}$ est la fonction de Bessel.

2. a) Au voisinage immédiat de la surface du conducteur parfait constituant la surface latérale en $r = a$, le champ électrique $\vec{E}$ est normal à cette surface ou nul.

⇨ *Méthode 10.2*

Or, dans la cavité, $\vec{E}$ est axial. Ainsi, en $r = a$, le champ est nécessairement nul : $\underline{\vec{E}}(X_a, t) = \vec{0}$. On a un nœud de vibration sur la surface latérale. Ainsi, seuls les modes vibratoires vérifiant la condition $J_0(X_a) = 0$ peuvent exister dans la cavité. La pulsation la plus basse de l'onde dans la cavité correspond au premier mode propre vérifiant cette condition, pour $\frac{a\omega_1}{c} = 2{,}4$ soit $\boxed{\omega_1 = \frac{2{,}4\,c}{a}}$. La pulsation suivante vérifiant cette condition correspond au second mode propre pour $\frac{a\omega_2}{c} = 5{,}52$ soit $\boxed{\omega_2 = \frac{5{,}52\,c}{a}}$. Le troisième mode propre correspond à $\frac{a\omega_3}{c} = 8{,}65$ soit $\boxed{\omega_3 = \frac{8{,}65\,c}{a}}$. Dans chaque mode donné, les positions des nœuds de vibration de l'onde dans la cavité sont parfaitement déterminées : on a une structure d'onde stationnaire dans la cavité.

⇨ *Méthode 10.5*

b) La pulsation du premier mode est $\omega_1 = \frac{2{,}4\,c}{a}$ soit une fréquence de $f_1 = \frac{2{,}4\,c}{2\pi a}$; numériquement on trouve $\boxed{f_1 = 2{,}86\ \text{GHz}}$ fréquence en dehors du domaine accessible en TP.

c) Lorsque la fréquence f du signal électrique délivré par le générateur est ajustée sur une fréquence propre de la cavité, il y a résonance d'onde stationnaire. Le phénomène est général dès qu'on excite l'un des modes propres d'une cavité : on peut par exemple songer à la résonance d'onde stationnaire dans le domaine des ondes sismiques responsables des effets de site lié au confinement de ces ondes dans un bassin sédimentaire, comme à Mexico city, provoquant des amplitudes d'oscillation du sol très importantes. On peut penser aussi à la résonance d'ondes stationnaires acoustiques dans un tuyau d'orgue, ou encore à la résonance d'ondes mécaniques sur une corde dont les extrémités sont fixées (corde de Mèlde).
Dans la pratique, les amplitudes des oscillations sont limitées par les phénomènes dissipatifs (frottements en mécanique). Ici, il s'agit de la dissipation par effet Joule, les champs pénétrant sur une faible épaisseur de peau dans les conducteurs non parfaits. Pour en tenir compte, il faudrait introduire l'épaisseur de peau sur laquelle les champs pénètrent dans les conducteurs non parfaits.

⇨ *Méthode 10.1*

Exercice 10.5

1. En complexe le champ entre les plans s'écrit $\underline{\vec{E}} = E_0 \sin\left(\frac{n\pi}{a} z\right) \exp\left(i(\omega t - k\,x)\right) \vec{e_y}$. Remarquons que :

$$\sin\left(\frac{n\pi}{a}z\right) = \frac{1}{2i}\left(\exp\left(i\frac{n\pi}{a}z\right) - \exp\left(-i\frac{n\pi}{a}z\right)\right) = -\frac{i}{2}\left(\exp\left(i\frac{n\pi}{a}z\right) - \exp\left(-i\frac{n\pi}{a}z\right)\right).$$

Ainsi le champ complexe entre les plans se met sous la forme :

$$\underline{\vec{E}} = \frac{i E_0}{2}\left(\exp\left(i\left(\omega t - k\,x - \frac{n\pi}{a}z\right)\right) - \exp\left(i\left(\omega t - k\,x + \frac{n\pi}{a}z\right)\right)\right)\vec{e_y}, n \in \mathbb{N}^*.$$

2. Avec $\vec{k_2} = k\vec{e_x} + \frac{n\pi}{a}\vec{e_z}$ et $\vec{k_1} = k\vec{e_x} - \frac{n\pi}{a}\vec{e_z}$, il vient :

$\underline{\vec{E}} = -\frac{i E_0}{2}\left(\exp\left(i\left(\omega t - \vec{k_1}\cdot\vec{r}\right)\right) - \exp\left(i\left(\omega t - \vec{k_2}\cdot\vec{r}\right)\right)\right)\vec{e_y}$, où $\vec{r} = x\vec{e_x} + z\vec{e_z}$. En repassant en réel, on a ainsi $\boxed{\vec{E} = \mathrm{Re}\left\{\underline{\vec{E}}\right\} = \frac{E_0}{2}\left(\sin\left(\omega t - \vec{k_1}\cdot\vec{r}\right) - \sin\left(\omega t - \vec{k_2}\cdot\vec{r}\right)\right)\vec{e_y}}$.

3. L'onde entre les plans conducteurs est ainsi la superposition d'une OPPM de vecteur d'onde $\vec{k_2} = k\vec{e_x} + \frac{n\pi}{a}\vec{e_z}$ et d'une autre de vecteur d'onde $\vec{k_1} = k\vec{e_x} - \frac{n\pi}{a}\vec{e_z}$, qui peut s'interpréter comme étant issue de la réflexion en incidence oblique sur la surface du conducteur du vecteur d'onde $\vec{k_1}$. Ainsi la propagation peut s'interpréter en termes de réflexions multiples entre les plans conducteurs.

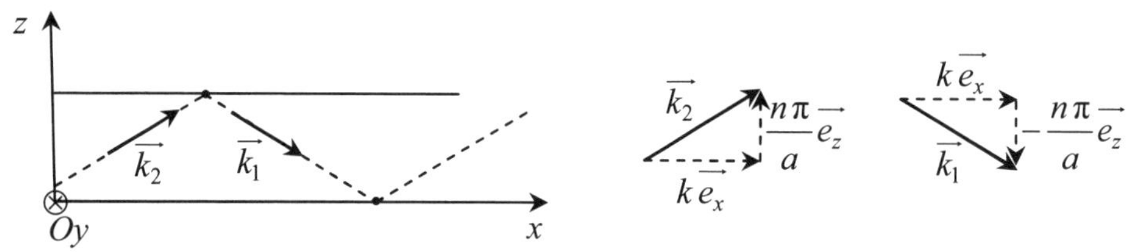

Exercice 10.6

1. Dans le référentiel (R), la structure d'onde plane conduit aux expressions des champs attachés à l'onde incidente : $\underline{\vec{E}}_i = E_0 \exp\left(i\omega_i\left(t - z/c\right)\right)\vec{e_x}$ et $\underline{\vec{B}}_i = \frac{E_0}{c}\exp\left(i\omega_i\left(t - z/c\right)\right)\vec{e_y}$.

Celles des champs attachées à l'onde réfléchie sont : $\underline{\vec{E}}_r = -r E_0 \exp\left(i\omega_r\left(t + z\right)\right)\vec{e_x}$ et $\underline{\vec{B}}_r = \frac{r E_0}{c}\exp\left(i\omega_r\left(t + z/c\right)\right)\vec{e_y}$.

⇨ *Méthode 10.2*

2. L'avion se déplaçant à vitesse constante (en norme comme en direction) dans un référentiel galiléen, le référentiel (R') lié à l'avion est lui-même galiléen. En utilisant la formule de transformation galiléenne des champs $\begin{cases} \vec{B}' = \vec{B} \\ \vec{E}' = \vec{E} + \vec{V}_e \wedge \vec{B} \end{cases}$ entre les référentiels (R) et (R'), on obtient dans (R') : $\underline{\vec{E}}'_i = \underline{\vec{E}}_i + \vec{V} \wedge \underline{\vec{B}}_i = E_0 \left(1 - \frac{V}{c}\right) \exp\left(i\omega_i (t - z/c)\right) \vec{e_x}$ et

$\underline{\vec{E}}'_r = \underline{\vec{E}}_r + \vec{V} \wedge \underline{\vec{B}}_r = -r E_0 \left(1 + \frac{V}{c}\right) \exp\left(i\omega_r (t + z/c)\right) \vec{e_x}$.

3. Dans le référentiel (R') lié à l'avion, la relation traduisant la continuité de la composante tangentielle du champ total $\underline{\vec{E}}'$ à la surface située à l'instant t en $z = z_a(t)$ s'écrit (le champ étant nul dans le conducteur parfait) $\underline{\vec{E}}'_i(z = z_a, t) + \underline{\vec{E}}'_r(z = z_a, t) = \vec{0}$, soit :

$E_0 \left(1 - \frac{V}{c}\right) \exp\left(i\omega_i (t - z_a/c)\right) = r E_0 \left(1 + \frac{V}{c}\right) \exp\left(i\omega_r (t + z_a/c)\right)$.

L'identification des phases conduit à : $\omega_i (t - z_a/c) = \omega_r (t + z_a/c)$. Or, à l'instant t, l'avion a parcouru à la vitesse c, la distance $z(t) = z_a(t) = z_0 + Vt$, ainsi $\omega_i t(1 - V/c) = \omega_r t(1 + V/c)$.

On a donc $\omega_r = \omega_i \frac{1 - V/c}{1 + V/c}$ et comme $V/c << 1$, il vient au premier ordre en $\frac{V}{c}$:

$\omega_r \approx \omega_i \left(1 - 2\left(\frac{V}{c}\right)\right)$, soit $\boxed{\frac{\omega_i - \omega_r}{\omega_i} = 2\left(\frac{V}{c}\right)}$.

L'identification des amplitudes conduit quant à elle à : $\boxed{r = \frac{1 - V/c}{1 + V/c} \approx 1 - 2\left(\frac{V}{c}\right)}$. Ainsi, la réflexion sur un conducteur parfait mobile n'est pas totale puisque $r < 1$.

4. Avec $f_i = 10\,\text{GHz}$ et $f_i - f_r = 30\,\text{KHz}$ on trouve $V = \frac{c}{2}\left(\frac{f_i - f_r}{f_i}\right) = 450\,\text{m} \cdot \text{s}^{-1}$ soit $\boxed{V = 1620\,\text{km} \cdot \text{h}^{-1}}$.

Chapitre 11

Propagation guidée

UN SCIENTIFIQUE

Oliver Heaviside (1850-1925) est un scientifique anglais autodidacte. En découvrant en 1873 le *Traité d'électricité et de magnétisme* de Maxwell, scientifique qui le fascine, il comprend qu'il ne peut poursuivre sans un sérieux bagage mathématique. Il devient l'un des fondateurs de l'analyse vectorielle avec Josiah Gibbs et utilise cet outil pour simplifier les équations de Maxwell. Très visionnaire, Heaviside émet diverses hypothèses comme l'existence d'ondes gravitationnelles.

Un peu d'histoire

Le physicien anglais Charles Wheatstone, (1802-1875) est spécialiste de la propagation des ondes ; il invente un télégraphe à aiguilles en 1844. Olivier Heaviside suit les passions de cet oncle prestigieux ; possédant de grandes compétences en mathématiques, il établit les équations dites du télégraphe, qui régissent la transmission d'ondes électromagnétiques. Il invente le câble coaxial en 1880 et pressent, en 1902, l'existence de couches ionisées dans la haute atmosphère qui permettent de réfléchir les ondes électromagnétiques. La première d'entre elles sera découverte l'année de sa mort.

Esprit très éclectique, William Thompson (1824-1907) s'intéresse à la conduction électrique des câbles sous-marins. Ses recherches sont à l'origine de la mise en place de câbles permettant des échanges télégraphiques entre l'Amérique du Nord et les îles Britanniques.

■■ Objectifs

■ Ce qu'il faut connaître

- ▷ La description simplifiée d'un câble coaxial sans perte et la façon de la modéliser
- ▷ Savoir que dans le cas général (impédance non adaptée) l'onde dans le câble n'est pas purement progressive et qu'elle le devient lorsque l'impédance caractéristique du câble est égale à l'impédance de la charge sur lequel il est fermé (adaptation d'impédance)
- ▷ La description du guide d'onde plan
- ▷ Savoir que dans une guide d'onde plan, la limitation spatiale de l'onde par les plans conducteurs entraîne (contions aux limites sur les conducteur) : l'apparition de modes propres du guide, l'existence, dans un mode donné, d'une fréquence de coupure au dessous de laquelle la propagation d'une onde électromagnétique est impossible
- ▷ Savoir qu'au-dessus de cette pulsation, la propagation, dans un mode donné, est dispersive

■ Ce qu'il faut savoir faire

- ▷ Dans un câble coaxial sans pertes, savoir établir, grâce au modèle de cellules dans l'ARQS, les équations de d'Alembert auxquelles satisfont les ondes de tension et de courant
- ▷ Savoir interpréter les solutions de ces équations en relation avec les conditions aux limites (adaptation d'impédance)
- ▷ Dans un guide d'onde plan, savoir exploiter les conditions aux limites pour : établir la forme des champs électromagnétiques dans le guide, établir la relation de dispersion et la fréquence de coupure relative à chaque mode propre du guide, faire apparaître le caractère dispersif, ou non dispersif, en fonction de la gamme de fréquences utilisée et mettre cela en relation avec les expressions des vitesses de phase et de groupe

Résumé de cours

Propagation dans un câble coaxial sans perte

Un câble coaxial sans perte est modélisé par un cylindre composé d'un conducteur parfait dit l'âme, entouré d'un second conducteur cylindrique creux coaxial appelé gaine. L'espace entre l'âme et la gaine est un diélectrique parfait assimilable au vide. Le câble est caractérisé par une impédance caractéristique $\underline{Z}_C$. Il est généralement fermé sur une charge d'impédance $\underline{Z}_D$. Lorsque $\underline{Z}_D \neq \underline{Z}_C$ (impédance non adaptée), des ondes de tension $u(z, t)$ et de courant $i(z, t)$ toutes deux progressives génèrent par réflexion en bout de câble des ondes régressives, ce qui produit par superposition une structure d'onde stationnaire dans le câble. L'adaptation d'impédance $\underline{Z}_D = \underline{Z}_C$ permet d'annuler l'onde réfléchie, l'onde dans le câble étant alors purement progressive.

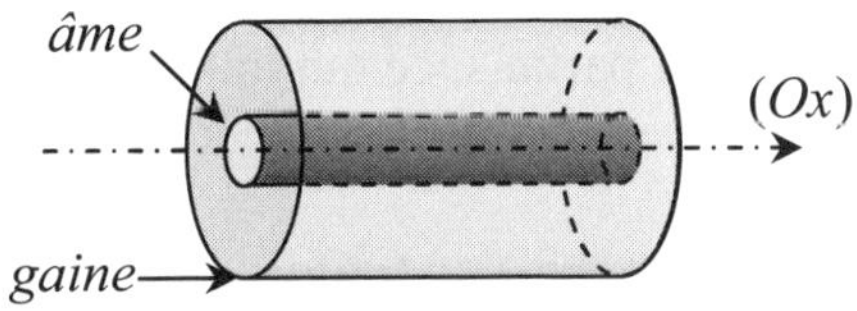

→ Le transfert d'énergie électromagnétique du câble vers la charge est optimal lorsque les impédances du câble et de la charge sont adaptées : $\underline{Z}_D = \underline{Z}_C$.

⇨ **Méthode 11.1. En intégrant les équations de Maxwell pour déterminer les champs et les grandeurs électriques associées dans le câble**

→ Dans l'étude électrique du câble par son impédance, on adopte le modèle équivalent dans lequel le câble est considéré comme une juxtaposition de cellules élémentaires dans l'ARQS, de longueur dx, telles que celle représentée sur la figure ci-contre, présentant :

– une capacité linéique $C = \dfrac{2\pi\varepsilon_0}{\ln(R_2/R_1)}$ (en $\mathrm{F \cdot m^{-1}}$)

– une inductance linéique $L = \dfrac{\mu_0}{2\pi}\ln\left(\dfrac{R_2}{R_1}\right)$ (en $\mathrm{H \cdot m^{-1}}$) où R_1 et R_2 sont les rayons de l'âme et de la gaine respectivement.

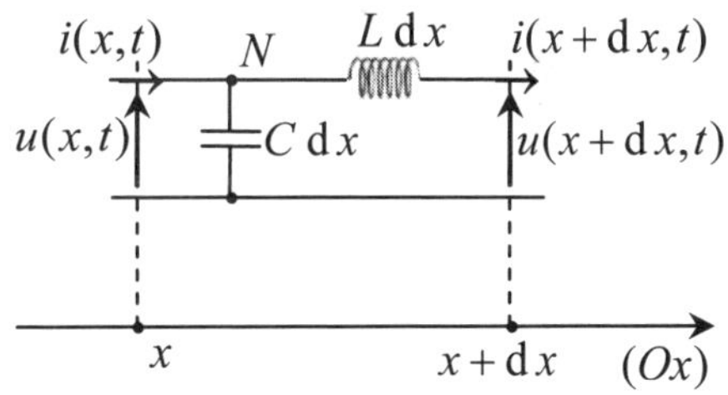

→ L'ARQS n'est vérifiée qu'à l'échelle des cellules élémentaires, mais pas sur l'ensemble du câble.

Dans le cadre de ce modèle, les équations de propagation des grandeurs électriques véhiculées par le câble sont :

$$\boxed{\frac{\partial^2 i}{\partial x^2} = LC\frac{\partial^2 i}{\partial t^2}} \text{ et } \boxed{\frac{\partial^2 u}{\partial x^2} = LC\frac{\partial^2 u}{\partial t^2}}.$$

Il s'agit d'équations de d'Alembert, traduisant dans le câble la superposition d'une onde progressive et régressive, se propageant, sans dispersion ni atténuation, à la vitesse de la lumière $c = 1/\sqrt{\varepsilon_0 \mu_0} = 1/LC$.

⇨ **Méthode 11.2. En utilisant un schéma électrique équivalent**

■ Complément sur la propagation dans un câble coaxial avec pertes

En réalité, ni les conducteurs ni le diélectrique les séparant ne sont parfaits, ce qui introduit des pertes dont on tient compte en ajoutant au modèle précédent une résistance linéique R en série et une conductance linéique G en parallèle

→ La propagation dans un câble avec pertes se fait avec atténuation et avec dispersion, sauf lorsque la condition $\boxed{RC = LG}$ (dite condition de Heaviside) est réalisée, auquel cas la propagation est non dispersive et $V_\varphi = \dfrac{1}{\sqrt{LC}}$ comme dans un guide sans perte.

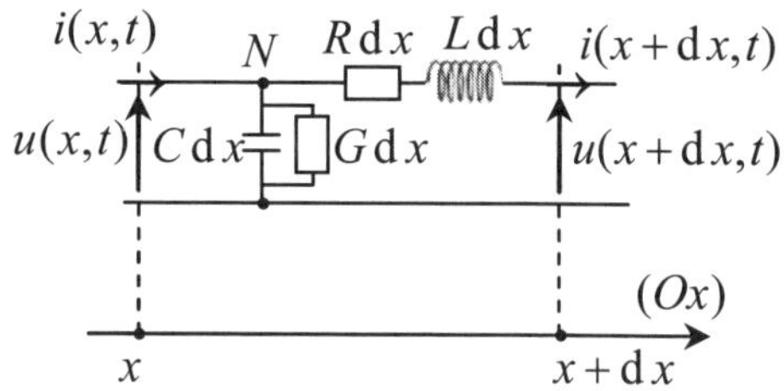

■ Propagation dans un guide d'onde plan

Un guide d'onde plan est délimité par deux plans conducteurs parfaits, de dimensions transversales infinies, localisés en $z = 0$ et $z = a$. Le champ électrique se propageant dans le vide entre ces plans est de la forme :

$$\boxed{\underline{\vec{E}} = E_0 \sin\left(\frac{n\pi}{a} z\right) \exp\left(i(\omega t - kx)\right) \vec{e_y}}$$

, où $n \in \mathbb{N}^*$. À chaque valeur de n correspond un mode propre du guide d'onde.

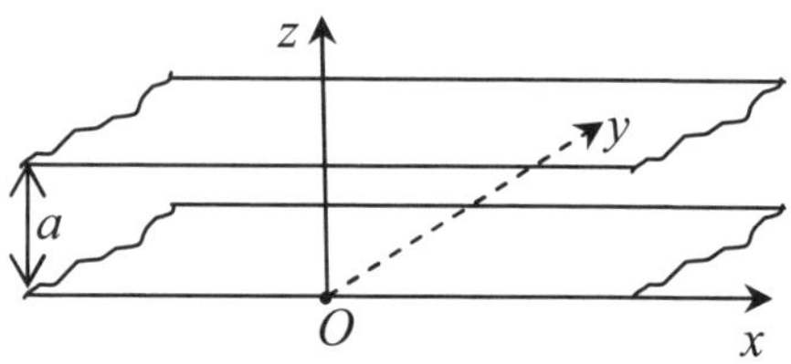

⇨ **Méthodes 11.3. Comment utiliser des conditions aux limites pour identifier une structure d'onde stationnaire ?**
et 11.4. Comment déterminer le champ magnétique dans le guide d'onde ?

→ L'onde est stationnaire dans la direction transversale (Oz). Le vecteur de Poynting moyen associé à cette onde stationnaire est nul $\langle \vec{R} \rangle = \vec{0}$. Seule la composante longitudinale de $\vec{R}$ se propage suivant (Ox).

⇨ **Méthode 11.5. Comment déterminer le caractère progressif ou stationnaire de l'onde dans le guide ?**

→ La relation de dispersion, dans le mode n, liant k_n à ω (conséquence des conditions aux limites) s'écrit : $k_n = \sqrt{\dfrac{\omega^2}{c^2} - \dfrac{\omega_{c_n}^2}{c^2}}$, où $\omega_{c_n} = \dfrac{n\pi c}{a}$ est la **pulsation de coupure** au dessous de laquelle la propagation dans le mode d'ordre n n'est plus possible. Pour $\omega > \omega_{c_n}$ la propagation se fait **avec dispersion**.

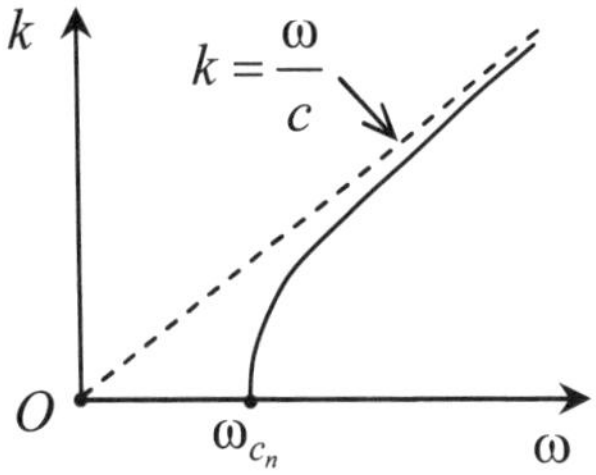

Dans un mode d'ordre n donné :

→ La vitesse de phase est $\boxed{V_{\varphi_n} = \dfrac{c}{\sqrt{1-\left(\dfrac{\omega_{c_n}}{\omega}\right)^2}} > c}$.

→ La vitesse de groupe est $\boxed{V_{g_n} = c\sqrt{1-\left(\dfrac{\omega_{c_n}}{\omega}\right)^2}}$.

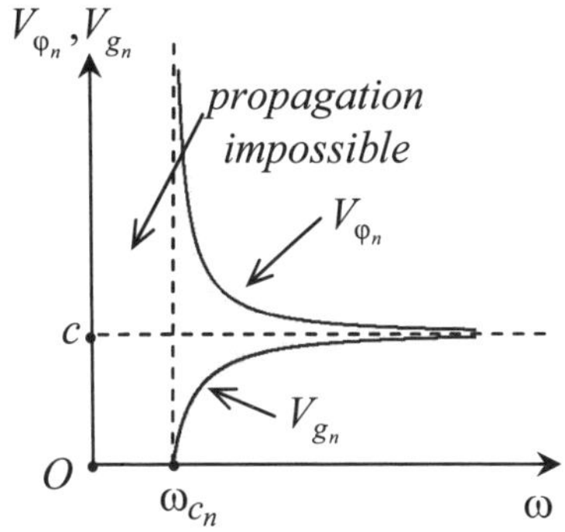

On constate que $V_{g\,n} < c$.

Pour $\omega >> \omega_{c_n}$, $V_{\varphi\,n}$ et $V_{g\,n}$ tendent vers la même asymptote horizontale correspondant à la vitesse c de la lumière dans le guide qui devient alors non dispersif.

■■ Méthodes

■ Comment étudier l'onde se propageant dans un câble coaxial sans perte ?

❑ Méthode 11.1. En intégrant les équations de Maxwell pour déterminer les champs et les grandeurs électriques associées dans le câble

Le câble est alimenté par un générateur délivrant une tension sinusoïdale, de sorte qu'une différence de potentiel harmonique règne entre l'âme et la gaine. Un courant électrique $i(z, t)$ circule le long de l'âme et la gaine en assure le retour. À ces grandeurs électriques sont associés des champs électromagnétiques $\vec{E}(M,t)$ et $\vec{B}(M,t)$ dans l'espace entre les conducteurs.

→ L'intégration de l'équation de Maxwell-Ampère sur un contour dicté par l'étude des symétries conduit au champ magnétique $\underline{\vec{B}}(M,t)$.

→ Le champ magnétique ayant été obtenu, l'intégration de l'équation Maxwell-Faraday $\vec{\nabla} \wedge \underline{\vec{B}} = \varepsilon_0 \mu_0 \dfrac{\partial \underline{\vec{E}}}{\partial t}$ conduit à $\vec{E}(M,t)$, puis par $\underline{u}(z, t) = \int_{R_1}^{R_2} \underline{\vec{E}} \cdot \mathrm{d}\vec{r}$, à la différence de potentiel $\underline{u}(z, t)$ à la côte z entre l'âme et la gaine.

⇨ **Exercice 11.1**

❑ Méthode 11.2. En utilisant un schéma électrique équivalent

Reprenons la description du câble donnée dans le résumé de cours. Il peut être considéré comme une juxtaposition de cellules élémentaires, de longueur dx, présentant une capacité linéique C et une inductance linéique L. On note $i(x, t)$ le courant circulant à l'instant t, au point d'abscisse x, dans l'âme du câble, et $u(x, t)$ la différence de potentiel entre l'âme et la gaine.

→ Dans le cadre de ce modèle, les conducteurs sont supposés parfaits et l'épaisseur de peau est nulle. Dans ce cas, l'onde ne pénètre pas dans les conducteurs et n'y dissipe pas d'énergie. Ceci revient à dire que leur conductivité est infinie et leur résistance nulle ce qui annule les pertes per effet Joule. Le câble est dit parfait.

⇨ **Exercice 11.3**

Les équations de propagation des grandeurs électriques s'obtiennent par les étapes suivantes :

→ La première étape consiste à appliquer la loi des mailles à un élément de ligne compris entre x et $x+\mathrm{d}x$, d'inductance $L\,\mathrm{d}x$, et de faire un développement de Taylor au premier ordre (qui se trouve justifié par le fait que l'élément de cellule est dans l'ARQS : $\mathrm{d}x << \lambda$). On a $u(x)-u(x+dx)=L\,\mathrm{d}x\dfrac{\partial i(x,t)}{\partial t}$ et en se limitant aux termes d'ordre le plus bas dans le développement de Taylor, on obtient : $\left(\dfrac{\partial u(x,t)}{\partial x}\right)\mathrm{d}x=-L\,\mathrm{d}x\dfrac{\partial i(x,t)}{\partial t}$, soit finalement :

$\boxed{\dfrac{\partial u}{\partial x}=-L\dfrac{\partial i}{\partial t}}$ relation (1).

→ On applique ensuite la loi des nœuds en N (voir schéma du résumé de cours) on a $i(x)-i(x+\mathrm{d}x)=C\,\mathrm{d}x\dfrac{\partial u(x+\mathrm{d}x,t)}{\partial t}$.

Remarquons que $\mathrm{d}x\dfrac{\partial u(x+\mathrm{d}x,t)}{\partial t}\approx\mathrm{d}x\left(\dfrac{\partial u(x,t)}{\partial t}+\mathrm{d}x\dfrac{\partial^2 u(x,t)}{\partial t\,\partial x}\right)$. En se limitant aux termes d'ordre le plus bas, on obtient $\mathrm{d}x\dfrac{\partial u(x+\mathrm{d}x,t)}{\partial t}\approx\mathrm{d}x\left(\dfrac{\partial u(x,t)}{\partial t}\right)$, soit finalement :

$\boxed{\dfrac{\partial i}{\partial x}=-C\dfrac{\partial u}{\partial t}}$ relation (2).

→ Enfin, en dérivant la relation (1) par rapport à x et la relation (2) par rapport à t, on obtient : $\dfrac{\partial^2 u}{\partial x^2}=-L\dfrac{\partial^2 i}{\partial x\,\partial t}$ (1') et $\dfrac{\partial^2 i}{\partial t\,\partial x}=-C\dfrac{\partial^2 u}{\partial t^2}$. Or, d'après le théorème de Schwartz, $\dfrac{\partial^2 i}{\partial t\,\partial x}=\dfrac{\partial^2 i}{\partial x\,\partial t}$ de sorte que $\dfrac{\partial^2 i}{\partial x\,\partial t}=-C\dfrac{\partial^2 u}{\partial t^2}$ (2') et finalement en recombinant avec (1') :

$\boxed{\dfrac{\partial^2 u}{\partial x^2}=LC\dfrac{\partial^2 u}{\partial t^2}}$ relation (3) et de même $\boxed{\dfrac{\partial^2 i}{\partial x^2}=-C\dfrac{\partial^2 u}{\partial x\partial t}=LC\dfrac{\partial^2 i}{\partial t^2}}$ relation (4).

■ Comment étudier l'onde électromagnétique dans un guide d'onde ?

☐ Méthode 11.3. Comment utiliser des conditions aux limites pour identifier une structure d'onde stationnaire ?

Dans le guide d'onde, en présence d'obstacles à la propagation libre, la solution générale de l'équation de d'Alembert s'écrit sous la forme d'un produit d'une fonction des coordonnées d'espace par une fonction du temps : à une dimension suivant l'axe (Ox), on a $\boxed{\xi(x,t) = f(x)\, g(t)}$. Dans ce cas, les coordonnées spatiales et temporelles sont découplées et les champs ne se propagent plus : ils « vibrent sur place » en faisant état d'une structure périodique de ventres et de nœuds : on parle d'onde stationnaire. En particulier, l'énergie ne se propage pas, contrairement à l'onde progressive. Les conditions aux limites permettent de déterminer la forme des fonctions f et g.

⇨ **Exercice 11.2**

Dans un guide d'onde plan, on montre que le champ électrique se propageant dans le vide entre deux plans conducteurs parfaits de dimensions transversales infinies, localisés en $z = 0$ et $z = a$, est de la forme $\underline{\vec{E}} = A(z)\exp\left(i(\omega t - k\,x)\right)\overrightarrow{e_y}$ où $A(z) = E_0 \sin\left(\frac{n\,\pi}{a} z\right)$, $n \in \mathbb{N}^*$.

Ce champ ne caractérise pas une onde plane puisque son amplitude dépend de z et sa phase en $\omega t - k\,x$ caractérise une onde progressive dans la direction $(Ox)^+$ parallèlement aux plans des conducteurs.

D'autre part, la phase de $A(z) = E_0 \sin\left(\frac{n\,\pi}{a} z\right)$ ne faisant intervenir aucun couplage spatio-temporel, l'onde, bien que progressive suivant $(Ox)^+$, est stationnaire dans la direction (Oz) perpendiculaire aux plans des conducteurs.

❑ Méthode 11.4. Comment déterminer le champ magnétique dans le guide d'onde ?

Pour déterminer la forme de $\vec{B}$ dans le guide connaissant celle de $\vec{E}$, l'onde n'étant pas plane, il convient d'intégrer par rapport au temps l'équation de (M.F) $\vec{\nabla} \wedge \vec{E} = -\dfrac{\partial \vec{B}}{\partial t}$. Dans certains cas, il peut être plus rapide d'utiliser l'équation de (M.A) $\vec{\nabla} \wedge \vec{B} = \mu_0 \left(\vec{j} + \varepsilon_0 \dfrac{\partial \vec{E}}{\partial t} \right)$. En particulier, dans le vide avec $\vec{j} = \vec{0}$, si les symétries sont suffisantes pour réduire le rotationnel à une unique dérivée partielle, on a $\vec{\nabla} \wedge \vec{B} = \dfrac{1}{c^2} \dfrac{\partial \vec{E}}{\partial t}$, qu'il s'agira alors d'intégrer par rapport à l'unique coordonnée d'espace intervenant dans l'écriture du rotationnel de $\vec{B}$.

⇨ **Exercices 11.1 et 11.2**

Revenons sur l'exemple précédent du guide d'onde plan dans lequel on a montré que le champ électrique est en notations complexes : $\underline{\vec{E}} = E_0 \sin\left(\dfrac{n\pi}{a} z \right) \exp(i(\omega t - k x)) \overrightarrow{e_y}$. Ce champ caractérise une onde non plane (puisque son amplitude dépend de z) progressive dans la direction $(Ox)^+$ et monochromatique. On ne peut donc pas utiliser ici la relation de structure. Il nous faut intégrer l'équation de (M.F) sous sa forme la plus générale : $\vec{\nabla} \wedge \underline{\vec{E}} = -\dfrac{\partial \underline{\vec{B}}}{\partial t}$.

On obtient $\begin{vmatrix} \partial/\partial x \\ \partial/\partial y \\ \partial/\partial z \end{vmatrix} \wedge \begin{vmatrix} 0 \\ \underline{E}_y \\ 0 \end{vmatrix} = \begin{vmatrix} -\partial \underline{E}_y/\partial z \\ 0 \\ \partial \underline{E}_y/\partial x \end{vmatrix} = -\begin{vmatrix} \partial \underline{B}_x/\partial t \\ \partial \underline{B}_y/\partial t \\ \partial \underline{B}_z/\partial t \end{vmatrix}$, soit :

$$\begin{vmatrix} \partial \underline{B}_x/\partial t \\ \partial \underline{B}_y/\partial t \\ \partial \underline{B}_z/\partial t \end{vmatrix} = \begin{vmatrix} \dfrac{n\pi E_0}{a} \cos\left(\dfrac{n\pi}{a} z \right) \exp(i(\omega t - k x)) \\ 0 \\ i k E_0 \sin\left(\dfrac{n\pi}{a} z \right) \exp(i(\omega t - k x)) \end{vmatrix}$$

, puis par intégration par rapport au temps :

$$\begin{vmatrix} B_x \\ B_y \\ B_z \end{vmatrix} = \begin{vmatrix} \dfrac{n\pi E_0}{\omega a} \cos\left(\dfrac{n\pi}{a} z \right) \sin(\omega t - k x) \\ 0 \\ \dfrac{k E_0}{\omega} \sin\left(\dfrac{n\pi}{a} z \right) \cos(\omega t - k x) \end{vmatrix}$$

Les constantes d'intégration correspondant à des champs statiques ont été prises égales à zéro en régime purement variable (régime d'onde).

❑ Méthode 11.5. Comment déterminer le caractère progressif ou stationnaire de l'onde dans le guide ?

Outre le découplage spatio-temporel dans le terme de phase des champs, l'onde stationnaire se caractérise par son aspect énergétique. Pour une onde électromagnétique progressive, l'énergie se propage. Cela se traduit par une puissance moyenne rayonnée non nulle contrairement au cas d'une onde stationnaire. Ainsi, pour la partie de l'onde progressive dans le guide envisagé dans la méthode 3, le vecteur de Poynting moyen est non nul $\left\langle \vec{R} \right\rangle \neq \vec{0}$ et suivant la direction $(Ox)^+$, et au contraire celui de la partie stationnaire de l'onde, dans la direction (Oz), est nul $\left\langle \vec{R} \right\rangle = \vec{0}$.

⇨ Exercice 11.2

Poursuivons l'étude du guide d'onde plan, pour lequel l'onde électromagnétique est caractérisée par :

$$\underline{\vec{E}} = E_0 \sin\left(\frac{n\,\pi}{a} z\right) \exp\big(i(\omega t - k\,x)\big)\,\vec{e_y} \quad \text{et} \quad \underline{\vec{B}} = \begin{vmatrix} -i\dfrac{n\,\pi\,E_0}{\omega\,a} \cos\left(\dfrac{n\,\pi}{a} z\right) \exp\big(i(\omega t - k\,x)\big) \\ 0 \\ \dfrac{k\,E_0}{\omega} \sin\left(\dfrac{n\,\pi}{a} z\right) \exp\big(i(\omega t - k\,x)\big) \end{vmatrix}$$

Ces champs peuvent être considérés comme la superposition d'une onde progressive dans la direction longitudinale $(Ox)^+$, parallèlement aux plans des conducteurs, et d'une onde stationnaire dans la direction transversale (Oz), perpendiculaire aux plans des conducteurs.

De ce fait, on s'attend à ce que l'énergie se propage uniquement dans la direction $(Ox)^+$, et non dans la direction (Oz), ce que confirme le calcul du vecteur de Poynting moyen :

$$\left\langle \vec{R} \right\rangle = \frac{k\,E_0^2}{2\,\mu_o\,\omega} \sin^2\left(\frac{n\,\pi}{a} z\right) \vec{e_x}\,.$$

❑ Méthode 11.6. Comment déterminer la vitesse de propagation de l'énergie dans un guide d'onde ?

On peut évaluer l'énergie traversant une section du guide de deux façons :

→ Soit une surface S perpendiculaire à la direction de propagation et $\langle \delta W_S \rangle$ l'énergie moyenne traversant S entre t et $t+\mathrm{d}t$. Le vecteur de Poynting moyen $\langle \vec{R} \rangle$ étant généralement porté par la direction de propagation, le flux du vecteur de Poynting à travers S est égal à la puissance moyenne rayonnée à travers S : $\langle P_S \rangle = \iint_S \langle \vec{R} \rangle \cdot \vec{n}\,\mathrm{d}S = \dfrac{\langle \delta W_S \rangle}{\mathrm{d}t}$, soit $\langle \delta W_S \rangle = \mathrm{d}t \iint_S \langle \vec{R} \rangle \cdot \vec{n}\,\mathrm{d}S$ (1).

→ Évaluons $\langle \delta W_S \rangle$ d'une autre façon : notons $\vec{V}_e$ la vitesse de propagation de l'énergie dans le vide. L'énergie $\langle \delta W_S \rangle$ traversant S entre t et $t+\mathrm{d}t$ est contenue dans un cylindre droit de section S et de génératrice $V_e\,\mathrm{d}t$. Le produit du volume de ce cylindre $S V_e\,\mathrm{d}t$ par la densité volumique d'énergie moyenne $\langle u_{em} \rangle$ (uniforme) est donc égal à δW_S : $\langle \delta W_S \rangle = \langle u_{em} \rangle S\, V_e\,\mathrm{d}t$ (2).

La comparaison entre (1) et (2) conduit à l'expression de V_e. On peut vérifier qu'en l'absence d'absorption, elle est égale à la vitesse de groupe V_g.

⇨ **Exercices 11.1 et 11.2**

❑ Méthode 11.7. Comment montrer que le guide d'onde est dispersif et calculer les vitesses de phases et de groupe ?

Dans un guide d'onde, les conditions aux limites impliquent une relation non linéaire (relation de dispersion) liant la norme k du vecteur d'onde $\vec{k}$ à la pulsation ω : $k = f(\omega)$. En différentiant cette relation de dispersion, on calcule la vitesse de groupe V_g définie par $V_g = \dfrac{\mathrm{d}\omega}{\mathrm{d}k}$. La vitesse de phase V_φ et simplement donnée par le rapport $V_\varphi(\omega) = \dfrac{\omega}{k(\omega)}$. Notons que lorsque k est complexe (situation non explicitement au programme mais pouvant être rencontrée en exercice), on écrit : $V_\varphi(\omega) = \dfrac{\omega}{\mathrm{Re}\{k\}}$ et $V_g(\omega) = \dfrac{\mathrm{d}\,\omega}{\mathrm{d}\left(\mathrm{Re}\{k\}\right)}$.

⇨ **Exercices 11.2, 11.3 et 11.4**

■■ Vrai/Faux

		Vrai	Faux
1.	La propagation dans un câble coaxial non parfait se fait toujours avec dispersion.	☐	☐
2.	Dans un guide d'onde rectangulaire, l'espace intérieur étant assimilé au vide, la propagation est non-dispersive.	☐	☐
3.	Dans un câble coaxial fermé sur un dipôle d'impédance $\underline{Z}_D$, il existe généralement une onde réfléchie, créant une structure d'onde stationnaire dans le câble, sauf pour une valeur particulière de $\underline{Z}_D$.	☐	☐
4.	Dans un guide d'onde rectangulaire, la propagation d'une onde électromagnétique plane est impossible.	☐	☐
5.	Dans un câble coaxial, l'onde est plane.	☐	☐
6.	Sous certaines conditions, un guide d'ondes électromagnétiques peut être considéré comme étant non dispersif.	☐	☐
7.	Dans un guide, V_φ et V_g doivent toujours être inferieurs à c.	☐	☐
8.	Dans un guide d'onde plan, toute onde électromagnétique peut se propager quelque soit sa pulsation.	☐	☐
9.	En interpolant les valeurs de k correspondantes à différentes valeurs de pulsation dans un guide d'onde, sur une faible gamme de fréquence, on trouve une relation de dispersion du type $k = \alpha\omega + \beta$, où α et β sont des constantes. Cette relation caractérise une propagation dispersive dans le guide.	☐	☐

Énoncé des exercices

❑ Exercice 11.1. Câble coaxial

Considérons un câble coaxial supposé infini, d'axe (*Oz*), constitué d'un cylindre conducteur plein, de rayon R_1 d'axe (*Oz*), dit âme, et d'un cylindre conducteur coaxial dit gaine, de rayon intérieur $R_2 > R_1$. Les conducteurs sont considérés comme étant parfaits. L'âme sert à amener un courant électrique et la gaine en assure le retour. Les distributions de courant sont surfaciques et invariantes par toute rotation autour de (*Oz*).

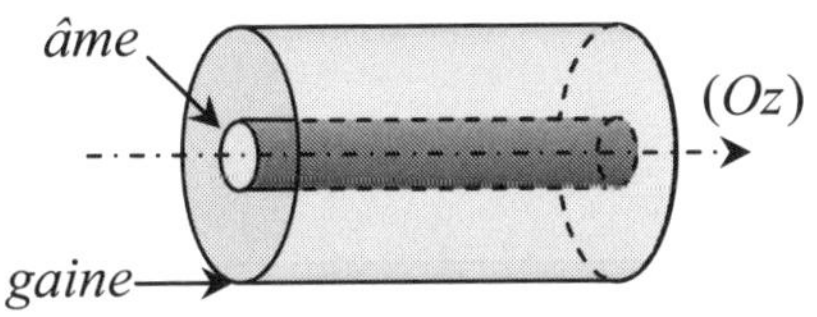

L'espace entre l'âme et la gaine est rempli d'un diélectrique que l'on assimilera au vide. À l'instant *t*, au point d'abscisse *z*, un courant de forme complexe $\underline{i}(z, t) = I_0(z)\exp(j\omega t)$ (où $j^2 = -1$) circule dans l'âme dans le sens des *z* croissants, le courant opposé circule en sens inverse dans la gaine. Une différence de potentiel harmonique $u(z = 0, t) = u_0 \exp(j\omega t)$ est appliquée en $z = 0$ entre l'âme et la gaine et on note $\underline{u}(z, t)$ la grandeur complexe associée à la côte *z*, le potentiel de la gaine étant pris comme potentiel de référence. On admet que, compte tenu de la symétrie cylindrique du câble, le champ électrique dans le diélectrique est de la forme $\vec{E} = E(r,z,t)\,\vec{e_r}$ en coordonnées cylindriques d'axe (*Oz*). Dans ce problème, on ne s'intéresse qu'aux ondes progressives dans le câble suivant le sens des *z* croissants et on se place en régime purement variable (les champs statiques ne sont pas pris en compte).

1. a) Étudier les dépendances spatiales et la direction du champ magnétique. En déduire, en intégrant l'équation de Maxwell-Ampère sur une surface s'appuyant sur contour adapté, l'expression du champ magnétique en notation complexe $\underline{\vec{B}}(M,t)$ dans l'espace entre les conducteurs, en fonction de $I_0(z)$, *r* et ω.

b) Donner alors l'expression du champ électrique associé, en notation complexe $\underline{\vec{E}}(M,t)$, en fonction de $\dfrac{\mathrm{d}I_0(z)}{\mathrm{d}z}$, r et ω, ainsi que celle de la différence de potentiel $u(z, t)$ à la côte *z* entre l'âme et la gaine.

2. a) En utilisant l'équation de Maxwell-Faraday, montrer que le courant qui circule dans l'âme dans le sens des *z* croissants a la structure d'une onde progressive dont on exprimera l'amplitude en fonction de u_0, ε_0, R_1 et R_2 et de la vitesse de la lumière dans le vide *c*. Montrer l'existence d'une onde progressive de tension le long du câble.

b) En déduire les expressions des champs complexes $\underline{\vec{E}}(M,t)$ et $\underline{\vec{B}}(M,t)$. Commenter la structure de l'onde électromagnétique dans l'espace entre les conducteurs.

c) Exprimer la puissance moyenne $\langle P \rangle$ transportée par le câble.

d) On définit l'impédance caractéristique de la ligne par $\underline{Z}_c = \frac{\underline{u}}{\underline{i}}$ relatif aux ondes progressives monochromatiques suivant $(Oz)^+$. Donner l'expression de $\underline{Z}_c$ en fonction de u_0, ε_0, R_1 et R_2 et de c, et montrer qu'elle est réelle. L'exprimer en fonction de $\langle P \rangle$ et de u_0 uniquement et calculer sa valeur pour $R_1 = 1\ \text{mm}$ et $R_2 = 2{,}5\ \text{mm}$. En déduire la puissance moyenne transportée par le câble si $u_0 = 55\ \text{V}$. On rappelle que $c = 3 \cdot 10^8\ \text{m} \cdot \text{s}^{-1}$ et $\varepsilon_0 = \frac{1}{36\,\pi} \cdot 10^{-9}$ SI.

❑ Exercice 11.2. Guide d'onde rectangulaire

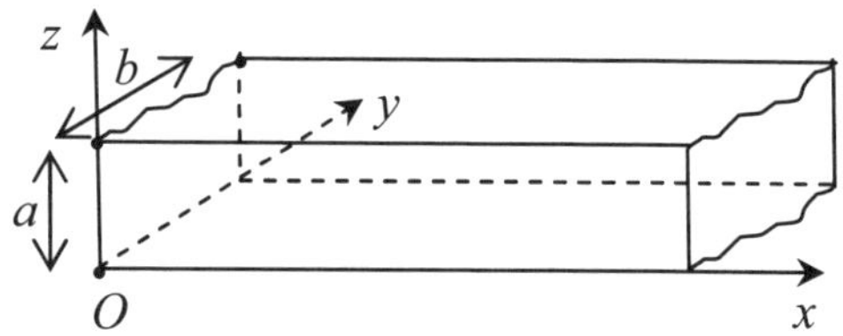

On considère un champ de la forme $\underline{\vec{E}} = A(z)\exp\big(i(\omega t - k\,x)\big)\,\vec{e_y}$ se propageant dans le vide entre quatre plans conducteurs parfaits localisés en $z = 0$, $z = a$, $y = 0$ et $y = b$, infinis dans la direction (Ox). Cette configuration constitue ce qu'on appelle un guide d'onde rectangulaire. On donne $a = 2{,}29\ \text{cm}$, $b = 1{,}02\ \text{cm}$.

1. Rappeler les conditions aux limites qui doivent être satisfaites par $\underline{\vec{E}}$ à la surface des conducteurs. En déduire deux conditions sur la fonction $A(z)$.

2. Montrer que $A(z)$ satisfait à l'équation différentielle du second ordre suivante : $\left(\frac{\omega^2}{c^2} - k^2\right)A(z) + \frac{\mathrm{d}^2 A(z)}{\mathrm{d}z^2} = 0$. En discutant, en fonction des valeurs prises par k, la comptabilité des solutions de cette équation avec les conditions aux limites, en déduire que $A(z)$ est nécessairement une fonction périodique dont on posera l'amplitude égale E_0 et dont on exprimera la période spatiale en fonction de k, ω et c.

3. Quelle est ainsi la nature de l'onde se propageant dans le guide. Justifier la terminologie utilisée de « guide d'onde » pour un tel dispositif.

4. a) Établir la relation de dispersion dans le guide ? Montrer que les valeurs de k sont discrètes et appartiennent à l'ensemble des $\{k_n\}$ où n est un entier positif. À une valeur de k_n donnée on associe un mode propre d'ordre n du guide d'onde. Montrer que dans chaque mode la propagation est dispersive. Que devient la relation de dispersion lorsque, dans un mode d'ordre n donné, la longueur d'onde λ est très inférieure à a ? Ce résultat était-il prévisible ?

b) Montrer que dans chaque mode propre du guide, l'onde ne peut se propager que si sa pulsation ω est supérieure à une pulsation de coupure caractéristique de ce mode ω_{c_n} que l'on exprimera en fonction de n, c et a. Calculer la fréquence de coupure ν_{c_1} dans le mode $n = 1$. Tracer l'allure du champ électrique correspondant aux deux premiers modes de propagation guidée.

c) Tracer l'allure des courbes $k_n = f(\omega)$ correspondant aux trois premiers modes propres.

d) Exprimer la vitesse de phase $V_{\varphi_n} = \dfrac{\omega}{k_n}$ et la vitesse de groupe $V_{g_n} = \dfrac{\mathrm{d}\omega}{\mathrm{d}k_n}$ en fonction de c, ω et ω_{c_n} et tracer leur allure en fonction de ω pour une valeur de n donnée, commenter. A.N. : pour le mode $n=1$ et pour $\nu = 7$ GHz.

5. a) Étudier la forme du champ magnétique $\vec{B}$ associé à $\vec{E}$. On posera $B_{x_0}(z) = \dfrac{n\,\pi\,E_0}{\omega\,a}\cos\left(\dfrac{n\,\pi}{a}z\right)$ et $B_{z_0}(z) = \dfrac{k\,E_0}{\omega}\sin\left(\dfrac{n\,\pi}{a}z\right)$ les amplitudes respectives des composantes de $\vec{B}$ suivant (Ox) et (Oz). L'onde électromagnétique se propageant dans le guide est-elle transverse ? $\vec{B}$ est-il en phase avec $\vec{E}$? Ceci est-il en accord avec la structure de l'onde étudiée ? Dans quelle mesure peut-on parler de polarisation elliptique pour $\vec{B}$?

b) Étudier qualitativement la conséquence des conditions aux limites imposées aux champs pour les parois du guide, en termes de charges et de courants surfaciques.

6. a) Donner l'expression du vecteur de Poynting instantané $\vec{R}$ ainsi que celle de sa moyenne temporelle $\langle\vec{R}\rangle$. Comment interpréter le résultat que fournit leur comparaison au regard de la structure de l'onde étudiée ? Interpréter le résultat en termes de guidage.

b) Donner l'expression de l'énergie moyenne $\langle\delta W_S\rangle$ traversant une section droite du guide de hauteur a et de largeur b perpendiculaire à la direction de $\langle\vec{R}\rangle$ entre t et $t+\mathrm{d}t$, en fonction de V_g. Après avoir exprimé la densité volumique d'énergie électromagnétique $\langle u_{em}\rangle$ dans le guide d'onde, en déduire la vitesse de propagation de l'énergie. Conclure. On rappelle que $\displaystyle\int_0^a \sin^2\left(\frac{n\,\pi}{a}z\right)\mathrm{d}z = \frac{a}{2}$.

A.N. : calculer la puissance moyenne P_m traversant une section droite du guide pour le mode $n=1$ et pour $\nu = 7$ GHz et $E_0 = 10^3$ V m^{-1}. Commenter son ordre de grandeur.

❑ Exercice 11.3. Ligne coaxiale sans perte

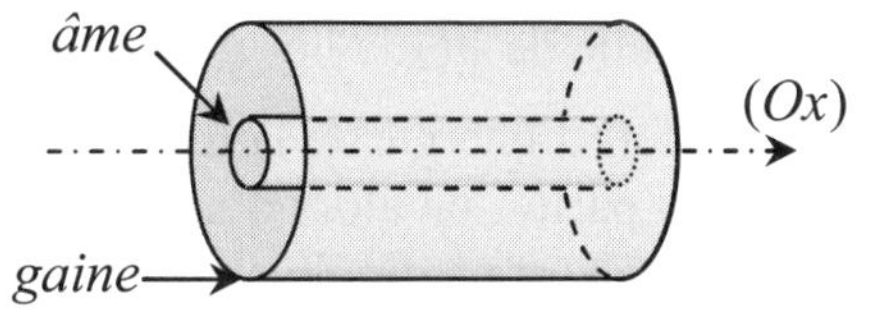

Considérons une ligne coaxiale parallèle à l'axe (Ox), considérée sans perte, constituée d'un cylindre plein de rayon R_1 d'axe Oz dit âme, et un cylindre coaxial dit gaine de rayon $R_2 > R_1$ et d'épaisseur négligée. L'âme sert à amener un courant électrique et le conducteur extérieur en assure le retour. L'espace entre l'âme et la gaine est rempli d'un diélectrique que l'on assimilera au vide pour simplifier. Cette ligne peut se décomposer en cellules élémentaires, de longueur dx, telle que celle représentée sur la figure ci-contre. Elle présente une capacité linéique C (capacité linéique du condensateur formé par l'âme et la gaine en $\mathrm{F\cdot m^{-1}}$)

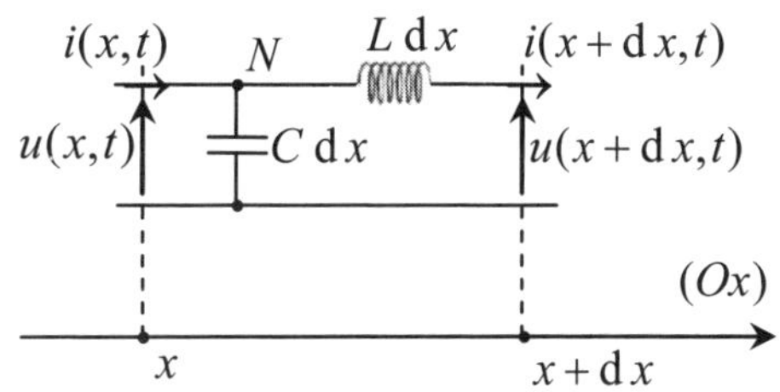

et une inductance linéique L (en $\mathrm{H \cdot m^{-1}}$) telles que $LC = \dfrac{1}{c^2}$. À l'instant t, au point d'abscisse x, $i(x,\ t)$ est le courant circulant dans l'âme du câble et $u(x,\ t)$ la différence de potentiel entre l'âme et la gaine, le potentiel de la gaine étant pris comme potentiel de référence. La ligne étant sans perte, on admettra qu'elle peut être assimilée à un milieu non dispersif et sans atténuation.

1. a) En appliquant les lois de l'électrocinétique à une cellule élémentaire de longueur dx et en se limitant aux termes d'ordre le plus bas (ce que l'on justifiera par la suite question 2.a.), établir les relations entre dérivées spatiales $\dfrac{\partial u}{\partial x}$, $\dfrac{\partial i}{\partial x}$ et temporelles $\dfrac{\partial u}{\partial t}$, $\dfrac{\partial i}{\partial t}$ des grandeurs électriques u et i.

b) En déduire que $u(x,\ t)$ et $i(x,\ t)$ satisfont à une même équation aux dérivées partielles que l'on explicitera. De quel type d'équation s'agit-il ? Écrire la forme générale de la solution de cette équation pour u et pour i et proposez-en une interprétation physique en terme de propagation du signal électrique.

2. La ligne est alimentée en $x = 0$ par un générateur délivrant une tension sinusoïdale de pulsation ω de la forme $u(t) = u_0 \exp(i\omega t)$ et fermée en $x = l$ sur un dipôle D d'impédance $\underline{Z}_D$. On admet que, de façon générale, lorsqu'une onde progressive rencontre une interface entre deux milieux d'impédance différente, elle y subit une réflexion.

a) Justifier que l'on peut écrire la tension dans la ligne sous la forme complexe : $\underline{u}(x,t) = \left(A \exp(-j\,k\,x) + B \exp(j\,k\,x)\right) \exp(j\,\omega\,t)$, où A et B sont constants et où $k = \omega / c$. On notera, pour éviter toute confusion, $j^2 = -1$. À quelle condition les calculs menés à la question 1.b) sont-ils valables ? Déterminer la forme du courant associée $\underline{i}(x,\ t)$ dans la ligne coaxiale en fonction de son impédance caractéristique $\underline{Z}_C = \sqrt{\dfrac{L}{C}}$.

b) On définit l'impédance de ligne en un point d'abscisse x par $\underline{Z}(x) = \underline{u} / \underline{i}$. On désigne par $\underline{u}(0,t)$ et $\underline{i}(0,t)$ la tension et le courant à l'extrémité de la ligne en $x = 0$ et par $\underline{u}(l,t)$ et $\underline{i}(l,t)$ la tension et le courant à l'autre extrémité de la ligne en $x = l$. En utilisant les conditions aux limites aux deux extrémités de la ligne, donner les expressions de A et B. En déduire celle de $\underline{u}(x,\ t)$ et $\underline{i}(x,\ t)$ en fonction de $\underline{Z}_C$, $\underline{Z}_D$, $\underline{u}(0,t)$, ainsi que de k, l et x.

c) Le transfert d'énergie de la ligne vers le dipôle D est optimum en l'absence d'onde réfléchie. Pourquoi parle-t-on alors d'adaptation d'impédance ? Donner les valeurs numériques de L et C lorsque D est un dipôle ohmique de résistance $R = 600\,\Omega$?

❑ Exercice 11.4. Ligne coaxiale avec pertes

Il est conseillé de traiter cet exercice à la suite de l'exercice 11.3 auquel on se reportera pour la description générale. On prend ici en compte les pertes de la ligne en rajoutant, par rapport au cas de la ligne parfaite, une résistance linéique R en $\Omega \cdot \mathrm{m^{-1}}$, en série avec l'inductance, et une conductance linéique G en $\Omega^{-1} \cdot \mathrm{m^{-1}}$ en parallèle avec la capacité. L'espace entre l'âme et la gaine est rempli d'un diélectrique non magnétique, homogène, linéaire et isotrope de permittivité relative ε_r.

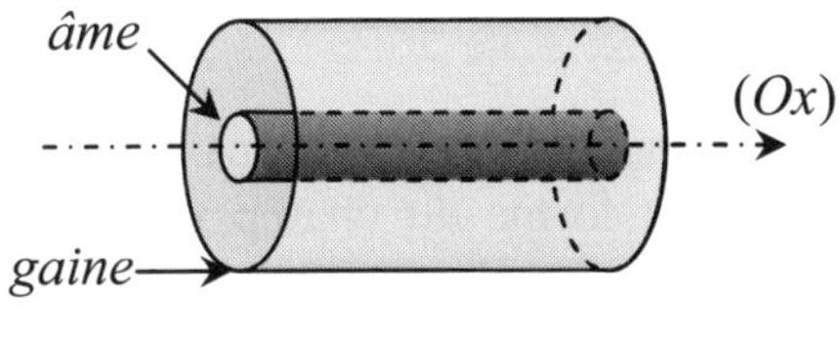

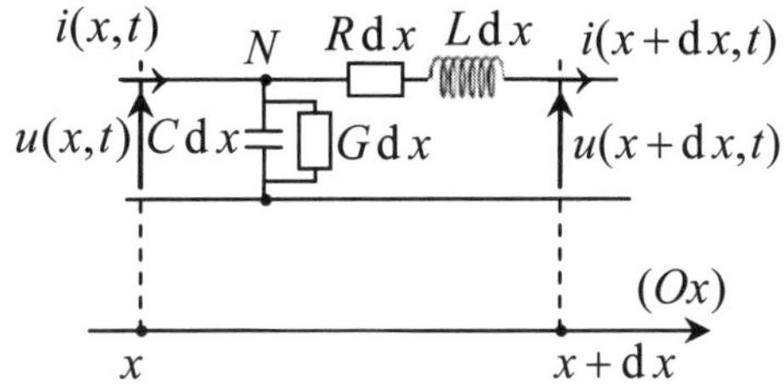

On admet alors que $LC = \dfrac{\varepsilon_r}{c^2}$. À l'instant t, au point d'abscisse x, $i(x,\ t)$ est le courant circulant dans l'âme du câble et $u(x,\ t)$ la différence de potentiel entre l'âme et la gaine, le potentiel de la gaine étant pris comme potentiel de référence.

1. En appliquant les lois de l'électrocinétique à une cellule élémentaire de longueur dx et en se limitant aux termes d'ordre le plus bas, établir les relations entre dérivées spatiales $\dfrac{\partial u}{\partial x}$, $\dfrac{\partial i}{\partial x}$ et temporelles $\dfrac{\partial u}{\partial t}$, $\dfrac{\partial i}{\partial t}$ des grandeurs électriques u et i. En déduire que l'équation aux dérivées partielles satisfaite par $u(x,\ t)$ est $\dfrac{\partial^2 u}{\partial x^2} = LC\dfrac{\partial^2 u}{\partial t^2} + \left(GL + RC\right)\dfrac{\partial u}{\partial t} + RGu$ (dite équation des télégraphistes).

2. a) On ne s'intéresse ici qu'à la solution de cette équation sous forme d'une onde de tension progressive dans la ligne suivant $(Ox)^+$, de la forme $\underline{u}(x,t) = u_0 \exp\left(j(\omega t - kx)\right)$, où le vecteur d'onde complexe est $k = \alpha - j\beta$, avec α et β réels positifs. Donner l'expression de k^2 en fonction de R, G, L, C et ω.

b) On considère à présent que les pertes sont faibles et, en première approximation, indépendantes de la pulsation, de sorte que $R << L\omega$ et $G << C\omega$. Par un développement limité de k au second ordre, donner alors les expressions de α et β. En déduire la forme de $\underline{u}(x,t)$ correspondante en fonction de α, β, x, t. Interpréter physiquement les coefficients α et β. La propagation se fait-elle avec ou sans atténuation ? avec ou sans dispersion ?

c) On désire propager un signal sans déformation le long de cette ligne. Quelle condition doivent alors vérifier R, G, L et C (dite condition de Heaviside) ?

d) On considère une ligne aérienne transportant un signal dont la fréquence centrale est $\nu_0 = 2000$ Hz. La condition de Heaviside est-elle respectée (voir données ci-après)? Évaluer la vitesse de phase ainsi que la distance d au bout de laquelle l'amplitude du signal est divisée par $\sqrt{2}$. Commenter les résultats obtenus.

Données : pour une ligne aérienne, on prendra $L = 2 \cdot 10^{-6}\ \text{H} \cdot \text{m}^{-1}$, $C = 5{,}5 \cdot 10^{-12}\ \text{F} \cdot \text{m}^{-1}$, $R = 10^{-2}\ \Omega \cdot \text{m}^{-1}$, $G = 2 \cdot 10^{-9}\ \Omega^{-1} \cdot \text{m}^{-1}$.

3. On se place à présent dans le cadre du modèle de la ligne parfaite, pour laquelle les pertes sont négligées. Donner dans ce cas les expressions de α et β ainsi que de la vitesse de phase. Commenter. Envisager le cas où les caractéristiques diélectriques de l'isolant entre l'âme et la gaine sont assimilées à celles du vide.

■ Pour vous aider à démarrer

Exercice 11.1. À la question 1.a), utiliser l'invariance des distributions de courant et intégrer l'équation de (M.F) pour déterminer la forme du champ magnétique connaissant celle du champ électrique. Pour Intégrer l'équation de Maxwell-Ampère, appliquer la formule de Stockes sur une surface s'appuyant sur un contour dicté par les invariances.
Exercice 11.2. À la question 1, à la surface d'un conducteur parfait en $z=0$ et $z=a$, le champ est normal ou nul.
Exercice 11.3. À la question 1.a), reportez-vous à la méthode 11.2 pour appliquer la loi des mailles et la loi des nœuds en N à un élément de ligne compris entre x et $x+\mathrm{d}x$.

Corrigé des vrai/faux

1.	2.	3.	4.	5.	6.	7.	8.	9.
faux	faux	vrai	faux	faux	vrai	faux	faux	vrai

1. Lorsque la condition de Heaviside est réalisée (voir exercice 4), la vitesse de phase V_φ est indépendante de la pulsation ω. La propagation se fait sans dispersion.

2. Les conditions aux limites impliquent : $V_\varphi = f(\omega)$

3. Si le câble est fermé sur un dipôle d'impédance $\underline{Z}_D$, il existe une onde réfléchie dans le câble se superposant à l'onde incidente pour générer une structure d'onde stationnaire. Pour annuler l'onde réfléchie, il faut réaliser $\underline{Z}_c = \underline{Z}_D$, c'est-à-dire l'adaptation d'impédance. Ce n'est que sous cette condition que l'onde est purement progressive.

4. L'onde est stationnaire dans une des directions transversales du guide et progressive dans la direction longitudinale (voir l'exercice 11.2). Vue comme une onde longitudinale progressive, son amplitude dépend d'au moins une coordonnée transversale : l'onde est non plane.

5. Dans un câble coaxial les expressions de $\vec{E}(M,t)$ et $\vec{B}(M,t)$ sont, en coordonnées cylindriques (voir exercice 11.1) : $\boxed{\vec{B}(r,z,t) = \dfrac{A}{rc}\cos\left(\omega(t - z/c)\right)\vec{e_\theta}}$ et $\boxed{\vec{E} = \dfrac{A}{r}\cos\left(\omega(t - z/c)\right)\vec{e_r}}$. Bien que, comme pour une onde plane, $\left\|\vec{B}\right\| = \dfrac{\left\|\vec{E}\right\|}{c}$ et que $\left(\vec{k} = k\vec{e_z}, \vec{E}, \vec{B}\right)$ forment un trièdre direct, contrairement à une onde plane leur amplitude varie en $1/r$. L'onde est donc non plane.

6. Dans un mode propre d'ordre *n*, la relation de dispersion s'écrit $\omega = \dfrac{c}{\lambda}\sqrt{4\pi^2 + \left(\dfrac{\lambda}{a}\right)^2 n^2\pi^2}$.

Dans la limite $\dfrac{\lambda}{a} \to 0$, il vient $\boxed{k \approx \dfrac{\omega}{c}}$: l'espace entre les plans conducteurs n'est plus dispersif et on retrouve la même relation de dispersion que dans le vide. En effet, lorsque $\lambda << a$, cela revient, à l'échelle de la longueur d'onde, à « rejeter » les conducteurs à l'infini. L'onde « voit » un espace de propagation libre et on retrouve la relation de dispersion caractéristique du vide (voir exercice 11.2).

7. On constate que $V_\varphi > c$ ce qui n'a rien de gênant puisque V_φ concerne la propagation de la phases qui est un objet mathématique contrairement à l'énergie : on doit toujours s'assurer que cette dernière se propage bien à une vitesse de groupe inférieure ou égale à *c*.

8. Il existe une pulsation de coupure au dessus de laquelle la propagation est impossible.

Corrigé

9. La propagation se fait sans dispersion lorsque $V_\varphi = V_g$, comme c'est par exemple le cas dans le guide lorsque la pulsation est très supérieure à la pulsation de coupure. Ainsi la condition de non dispersion s'écrit $\dfrac{\omega}{k} = \dfrac{\mathrm{d}\omega}{\mathrm{d}k}$, soit $\dfrac{\mathrm{d}k}{k} = \dfrac{\mathrm{d}\omega}{\omega}$ qui s'intègre en $\mathrm{Ln}\left(\dfrac{k}{k_0}\right) = \mathrm{Ln}\left(\dfrac{\omega}{\omega_0}\right)$, où k_0 et ω_0 sont des constantes. Ceci impose donc une relation entre k et ω du type $k = \alpha\omega$, où α est une constante. Ainsi une relation de la forme $k = \alpha\omega + \beta$, (affine mais non linéaire) caractérise bien un milieu dispersif.

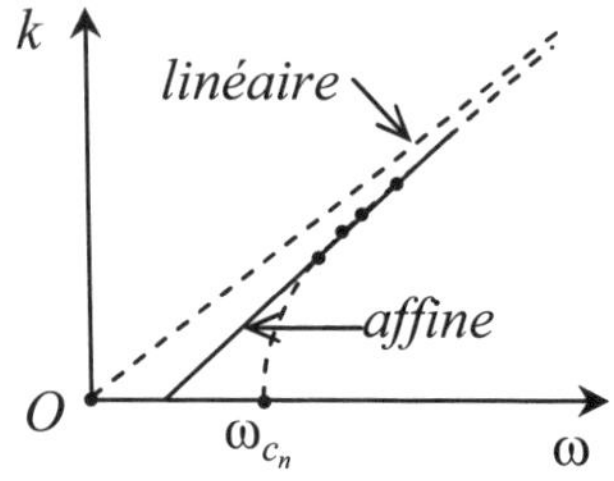

❑ Les erreurs classiques

→ Il est erroné de penser que la propagation de l'énergie est liée à la valeur instantanée de $\vec{R}$, elle est en fait liée à sa valeur moyenne $\langle \vec{R} \rangle$.

→ Dans un guide d'onde ou un câble coaxial, l'onde est monochromatique mais non plane, attention à ne pas utiliser la relation de structure $\underline{\vec{B}} = \dfrac{\vec{k} \wedge \underline{\vec{E}}}{\omega}$ ni l'équation de (M.F) sous forme complexe $-i\,\vec{k} \wedge \underline{\vec{E}} = -i\,\omega\,\underline{\vec{B}}$ réservée aux OPPM. Il faut dans ce cas intégrer l'équation de (M.F) sous sa forme la plus générale : $\vec{\nabla} \wedge \underline{\vec{E}} = -\dfrac{\partial \underline{\vec{B}}}{\partial t}$.

→ Il est erroné de penser que si un câble coaxial n'est pas fermé à son extrémité, l'onde ne voit pas d'obstacle et est alors totalement transmise ! C'est tout l'inverse, l'impédance n'étant pas du tout adaptée en sortie, l'onde est réfléchie.

■■ Corrigé des exercices

Exercice 11.1

1. a) Les distributions de courant surfaciques étant invariantes par toute rotation d'angle θ autour de (Oz), le champ magnétique est indépendant de θ : $B(M,t) = B(r,z,t)$.

L'équation de (M.F) $\vec{\nabla} \wedge \vec{E} = -\dfrac{\partial \vec{B}}{\partial t}$ s'écrit avec $\vec{E} = E(r,z,t)\,\vec{e_r}$: $\dfrac{\partial B_r}{\partial t} = 0$, $\dfrac{\partial E_r}{\partial z} = -\dfrac{\partial B_\theta}{\partial t}$, $\dfrac{\partial B_z}{\partial t} = 0$. Par intégration par rapport au temps, il vient : $B_r = cte_1$, $B_z = cte_2$. Ces constantes correspondent à des champs statiques qui sont posés égaux à zéro en régime purement variable, ainsi $B_r = 0$ et $B_z = 0$. $\vec{B}$ n'a donc pas de composante que suivant $\vec{e_\theta}$: $\boxed{\vec{B} = B_\theta(r,z,t)\,\vec{e_\theta}}$. Ainsi, les lignes de champ magnétiques sont des cercles d'axe (Oz). En se plaçant sur un contour circulaire (C) de rayon $R_1 < r < R_2$ à la côte $z = cte$ et considérant la surface S s'appuyant sur ce contour, il vient, en appliquant la formule de Stokes à l'équation de Maxwell-Ampère : $\iint_S \left(\vec{\nabla} \wedge \vec{B}\right) \cdot \mathrm{d}\vec{S} = \mu_0 \iint_S \vec{j} \cdot \mathrm{d}\vec{S} + \varepsilon_0 \mu_0 \iint_S \dfrac{\partial \vec{E}}{\partial t} \cdot \mathrm{d}\vec{S} = \oint_{(C)} \vec{B} \cdot \mathrm{d}\vec{l}$. On a $\vec{S} = \pi r^2\,\vec{e_z}$ de sorte que, $\vec{E}$ étant radial, $\iint_S \dfrac{\partial E}{\partial t}\,\vec{e_r} \cdot \vec{e_z}\,\mathrm{d}S = 0$. Comme d'autre part $\iint_S \vec{j} \cdot \mathrm{d}\vec{S}$ n'est autre que le courant total transporté par l'âme de câble, et que sur le contour (C) à z et r constants B_θ peut être « sorti » de l'intégrale, il vient pour le champ complexe :

$\oint_{(C)} \underline{B}_\theta\,\vec{e_\theta} \cdot \mathrm{d}l\,\vec{e_\theta} = \underline{B}_\theta \oint_{(C)} \mathrm{d}l = 2\pi r\,\underline{B}_\theta(r,z,t) = \mu_0\,I_0(z)\exp(j\omega t)$ et finalement :

$$\boxed{\underline{\vec{B}}(r,z,t) = \frac{\mu_0\,I_0(z)}{2\pi r}\exp(j\omega t)\,\vec{e_\theta}}.$$

⇨ *Méthode 11.4*

b) En assimilant le diélectrique au vide, l'équation de Maxwell-Faraday s'écrit $\vec{\nabla} \wedge \underline{\vec{B}} = \varepsilon_0 \mu_0 \dfrac{\partial \underline{\vec{E}}}{\partial t}$, soit en projection suivant $\vec{e_r}$: $-\dfrac{\partial \underline{B}_\theta}{\partial z} = \varepsilon_0 \mu_0 \dfrac{\partial \underline{E}_r}{\partial t}$. Intégrons par rapport au temps en ne conservant que la partie variable du champ, il vient : $\underline{E}_r = -\dfrac{1}{\varepsilon_0 \mu_0}\displaystyle\int \dfrac{\partial \underline{B}_\theta}{\partial z}\,\mathrm{d}t$.

D'après la question précédente $\dfrac{\partial \underline{B}_\theta}{\partial z} = \dfrac{\mu_0}{2\pi r}\,\mathrm{d}\dfrac{\mathrm{d}\,I_0(z)}{dz}\exp(j\omega t)$ (on notera qu'on a ici remplacé les dérivées partielles $\dfrac{\partial}{\partial z}$ par des dérivées droites I_0 ne dépendant que de z) et finalement :

$$\underline{\vec{E}} = \frac{j}{2\pi\omega\varepsilon_0 r}\frac{\mathrm{d}\,I_0(z)}{\mathrm{d}\,z}\exp(j\omega t)\,\vec{e_r}\,.$$

💣 *Sans information sur la structure de l'onde, ne pas supposer qu'elle est plane (ce qui d'ailleurs n'est pas le cas) et donc ne pas utiliser la relation de structure réservée à l'onde plane.*

La différence de potentiel $\underline{u}(z,\,t)$ à la côte z entre l'âme et la gaine est

$$\underline{u}(z,\,t) = \int_{R_1}^{R_2}\underline{\vec{E}}\cdot\mathrm{d}\vec{r} = \frac{j}{2\pi\omega\varepsilon_0}\frac{\mathrm{d}\,I_0(z)}{\mathrm{d}\,z}\exp(j\omega t)\int_{R_1}^{R_2}\frac{\mathrm{d}r}{r}\text{, soit :}$$

$$\boxed{\underline{u}(z,\,t) = \frac{j}{2\pi\omega\varepsilon_0}\frac{\mathrm{d}\,I_0(z)}{\mathrm{d}\,z}\ln\left(\frac{R_2}{R_1}\right)\exp(j\omega t)}.$$

2. a) D'après l'équation de (M.F) en projection suivant $\vec{e_\theta}$, on a $\dfrac{\partial \underline{E}_r}{\partial z} = -\dfrac{\partial \underline{B}_\theta}{\partial t}$, soit compte tenu des expressions de $\underline{\vec{E}}(M,t)$ et $\underline{\vec{B}}(M,t)$:

$\dfrac{j}{2\pi\omega\varepsilon_0 r}\dfrac{\mathrm{d}^2 I_0(z)}{\mathrm{d}z^2}\exp(j\omega t) = -\dfrac{j\omega\mu_0 I_0(z)}{2\pi r}\exp(j\omega t)$. Ainsi, sachant que $\varepsilon_0\,\mu_0 = \dfrac{1}{c^2}$, on obtient $\dfrac{\mathrm{d}^2 I_0(z)}{\mathrm{d}z^2} + \dfrac{\omega^2}{c^2}I_0(z) = 0$. La solution de cette équation différentielle du second ordre sans second membre est de la forme : $I_0(z) = A\exp\left(j\dfrac{\omega}{c}z\right) + B\exp\left(-j\dfrac{\omega}{c}z\right)$. On prend $A = 0$ de façon à ne conserver que la propagation suivant les z positifs. Ainsi, $I_0(z) = B\exp\left(-j\dfrac{\omega}{c}z\right)$.

Exprimons la constante B en fonction de u_0, R_1 et R_2 : en $z = 0$ on a

$\underline{u}(z=0,\,t) = u_0\exp(j\omega t) = \dfrac{j}{2\pi\omega\varepsilon_0}\left(\dfrac{\mathrm{d}\,I_0(z)}{\mathrm{d}z}\right)_{z=0}\ln\left(\dfrac{R_2}{R_1}\right)\exp(j\omega t)$, or $\left(\dfrac{\mathrm{d}\,I_0(z)}{\mathrm{d}z}\right)_{z=0} = -j\dfrac{\omega}{c}B$,

ainsi $u_0 = \dfrac{B}{2\pi c\varepsilon_0}\ln\left(\dfrac{R_2}{R_1}\right)$ et $B = \dfrac{2\pi c\varepsilon_0\,u_0}{\ln(R_2/R_1)}$. Finalement, on a :

$\boxed{\underline{i}(z,\,t) = \dfrac{2\pi c\varepsilon_0\,u_0}{\ln(R_2/R_1)}\exp\big(j\omega(t - z/c)\big)}$. D'après la question 1.b) en remplaçant $I_0(z)$ par son expression $I_0(z) = \dfrac{2\pi c\varepsilon_0\,u_0}{\ln(R_2/R_1)}\exp\left(-j\dfrac{\omega}{c}z\right)$ et en dérivant par rapport à z, il vient :

$\boxed{\underline{u}(z,\,t) = u_0\exp\big(j\omega(t - z/c)\big)}$. Ces deux expressions caractérisent respectivement une onde de courant et une onde de tension se propageant à la vitesse c suivant les z croissants.

b) Les expressions de $\underline{\vec{E}}(M,t)$ et $\underline{\vec{B}}(M,t)$ sont obtenues en remplaçant $I_0(z)$ par son expression dans celles des champs complexes. Il vient :

$\underline{\vec{B}}(r,z,t) = \dfrac{u_0}{r\,c\ln(R_2/R_1)}\exp\big(j\omega(t-z/c)\big)\vec{e_\theta}$ et $\underline{\vec{E}} = \dfrac{u_0}{r\ln(R_2/R_1)}\exp\big(j\omega(t-z/c)\big)\vec{e_r}$. On constate que, comme dans le cas d'une onde plane, $\underline{\vec{E}}(M,t)$ et $\underline{\vec{B}}(M,t)$ sont en phase, orthogonaux entre eux, qu'ils forment avec la direction de propagation $\vec{e_z}$ un trièdre $\left(\vec{e_z},\underline{\vec{E}},\underline{\vec{B}}\right)$ direct et que le rapport de leur module est $B=\dfrac{E}{c}$. Par contre, contrairement à l'onde plane, leur amplitude varie en $1/r$. L'onde dans l'espace entre les conducteurs est donc progressive à la vitesse c suivant les z croissants mais non plane.

c) La puissance moyenne transportée par le câble est le flux du vecteur de Poynting moyen à travers une section droite S comprise entre R_1 et R_2. L'élément de surface de cette section en coordonnées cylindriques s'écrivant $\mathrm{d}\vec{S} = r\,\mathrm{d}\theta\,\mathrm{d}r\,\vec{e_z}$, il vient :

$\langle P\rangle = \iint_S \langle\vec{R}\rangle\cdot\mathrm{d}\vec{S} = \int_{R_1}^{R_2}\int_0^{2\pi}\langle\vec{R}\rangle\cdot\vec{e_z}\,r\,\mathrm{d}r\,\mathrm{d}\theta$. En repassant en notations réelles pour écrire $\vec{R} = \dfrac{\vec{E}\wedge\vec{B}}{\mu_0}$, on calcule avec $\left\langle\cos^2\big(\omega(t-z/c)\big)\right\rangle = \dfrac{1}{2}$:

$\langle\vec{R}\rangle = \dfrac{\varepsilon_0\,c\,u_0^2}{2r^2\big(\ln(R_2/R_1)\big)^2}\vec{e_z}$. Ainsi $\boxed{\langle P\rangle = \dfrac{\varepsilon_0\,c\,u_0^2}{2\big(\ln(R_2/R_1)\big)^2}\displaystyle\int_{R_1}^{R_2}\frac{\mathrm{d}r}{r}\int_0^{2\pi}\mathrm{d}\theta = \frac{\pi\,\varepsilon_0\,c\,u_0^2}{\ln(R_2/R_1)}}$.

⇨ *Méthode 11.6*

d) L'impédance caractéristique de la ligne est définie par $\underline{Z}_c = \dfrac{\underline{u}}{\underline{i}}$. D'après la question 2.a, on a

$\underline{i}(z,\,t) = \dfrac{2\pi c\varepsilon_0\,u_0}{\ln(R_2/R_1)}\exp\big(j\omega(t-z/c)\big)$ et $\underline{u}(z,\,t) = u_0\exp\big(j\omega(t-z/c)\big)$, soit $Z_c = \dfrac{\ln(R_2/R_1)}{2\pi c\varepsilon_0}$, elle est réelle. Compte tenu de la question précédente, il vient alors $\boxed{Z_c = \dfrac{u_0^2}{2\langle P\rangle}}$.

A.N. : pour $R_1 = 1\,\text{mm}$ et $R_2 = 2{,}5\,\text{mm}$ avec $c = 3\cdot10^8\,\text{m}\cdot\text{s}^{-1}$ et $\varepsilon_0 = \dfrac{1}{36\,\pi}\cdot10^{-9}$ (SI) on a $\boxed{Z_c = 55\,\Omega}$. Pour $u_0 = 55\,\text{V}$ on a alors $\boxed{\langle P\rangle = 27{,}5\,\text{W}}$.

Exercice 11.2

1. À la surface du conducteur parfait en $z=0$ et $z=a$, par continuité de la composante tangentielle de $\underline{\vec{E}}$, qui doit être nul dans le conducteur, on a, le champ étant purement tangentiel : $\underline{\vec{E}}=\vec{0}$. Ainsi $\forall x$ et $\forall t$, $\underline{\vec{E}}(x,z=0,t)=\underline{\vec{E}}(x,z=a,t)=\vec{0}$, et donc $\boxed{A(z=0)=A(z=a)=0}$.

2. Dans le vide, entre les deux conducteurs, $\underline{\vec{E}}$ satisfait à l'équation de d'Alembert $\vec{\nabla}^2\underline{\vec{E}}-\dfrac{1}{c^2}\dfrac{\partial^2\underline{\vec{E}}}{\partial t^2}=\vec{0}$, où le Laplacien vectoriel de $\underline{\vec{E}}$ est donné par

$\vec{\nabla}^2\underline{\vec{E}}=\nabla^2\underline{E}_x\,\vec{e_x}+\nabla^2\underline{E}_y\,\vec{e_y}+\nabla^2\underline{E}_z\,\vec{e_z}$ ($\nabla^2=\Delta$ étant le Laplacien scalaire). Or, $\underline{\vec{E}}$ n'ayant de composante que suivant $\vec{e_y}$, l'équation de d'Alembert scalaire s'écrit simplement $\nabla^2\underline{E}_y-\dfrac{1}{c^2}\dfrac{\partial^2\underline{E}_y}{\partial t^2}=0$, soit avec $\underline{E}_y=\underline{E}_y(x,z)$: $\dfrac{\partial^2\underline{E}_y}{\partial x^2}+\dfrac{\partial^2\underline{E}_y}{\partial z^2}-\dfrac{1}{c^2}\dfrac{\partial^2\underline{E}_y}{\partial t^2}=0$. Avec $\underline{E}_y=A(z)\exp\left(i(\omega t-k\,x)\right)$, il vient alors :

$\left(-k^2\,A(z)+\dfrac{\mathrm{d}^2A(z)}{\mathrm{d}z^2}\right)\exp\left(i(\omega t-k\,x)\right)+\dfrac{\omega^2}{c^2}A(z)\exp\left(i(\omega t-k\,x)\right)=0$, soit encore :

$\boxed{\left(\dfrac{\omega^2}{c^2}-k^2\right)A(z)+\dfrac{\mathrm{d}^2A(z)}{\mathrm{d}z^2}=0}$ (1) qui est l'équation différentielle satisfaite par $A(z)$. Trois cas sont alors envisageables en fonction de la valeur du vecteur d'onde k.

→ Si $k=\dfrac{\omega}{c}$ alors (1) s'écrit $\dfrac{\mathrm{d}^2A(z)}{\mathrm{d}z^2}=0$, qui a pour solution $A(z)=\alpha\,z+\beta$, où α et β sont des constantes. Or $A(z=0)=0$ implique $\beta=0$ et donc $A(z)=\alpha\,z$. La seconde condition aux limites $A(z=a)=0$ implique alors $\alpha=0$. Autrement dit, une variation linéaire de $A(z)$ n'est compatible avec les conditions aux limites que si A est nul partout. Ainsi le cas $k^2=\dfrac{\omega^2}{c^2}$ est sans intérêt.

→ Dans le cas où $k>\dfrac{\omega}{c}$ posons $\chi^2=k^2-\dfrac{\omega^2}{c^2},\chi>0$ de sorte que (1) s'écrit $\dfrac{\mathrm{d}^2A(z)}{\mathrm{d}z^2}-\chi^2\,A(z)=0$.

La solution de cette équation est de la forme $A(z)=\alpha\exp(\chi\,z)+\beta\exp(-\chi\,z)$. Avec $A(z=0)=0$ il vient $\alpha+\beta=0$ soit $A(z)=\alpha\left(\exp(\chi\,z)-\exp(-\chi\,z)\right)=2\,\alpha\,sh(\chi\,z)$. Cette solution est incompatible avec $A(z=a)=0$ et doit donc être également écartée.

→ Reste a envisager le cas où $k<\dfrac{\omega}{c}$: posons $\boxed{\chi^2=\dfrac{\omega^2}{c^2}-k^2,\chi>0}$ de sorte que (1) s'écrit $\dfrac{\mathrm{d}^2A(z)}{\mathrm{d}z^2}+\chi^2\,A(z)=0$ dont la solution est de la forme $\boxed{A(z)=\alpha\cos(\chi\,z)+\beta\sin(\chi\,z)}$. La première condition aux limites $A(z=0)=0$ conduit à poser $\alpha=0$, la seconde entraîne que

$\beta \sin(\chi a) = 0$ soit $\sin(\chi a) = 0$ et donc $\boxed{\chi = \dfrac{n\pi}{a}}$ où $n \in \mathbb{N}^*$. L'amplitude de $A(z)$ étant posée égale à E_0 on a finalement $\boxed{A(z) = E_0 \sin\left(\dfrac{n\pi}{a} z\right)}$, $n \in \mathbb{N}^*$. Cette solution de période $\dfrac{2a}{n}$ satisfait bien aux deux conditions aux limites du problème.

3. D'après ce qui précède, $\underline{\vec{E}} = E_0 \sin\left(\dfrac{n\pi}{a} z\right) \exp\big(i(\omega t - k x)\big) \overrightarrow{e_y}$. Ce champ ne caractérise pas une onde plane puisque son amplitude dépend de z, mais il peut être considéré comme la superposition d'une onde progressive dans la direction $(Ox)^+$ parallèlement aux plans des conducteurs, et d'une onde stationnaire dans la direction (Oz) perpendiculaire aux plans des conducteurs.

⇨ *Méthode 11.3*

L'onde ne pouvant pénétrer dans les conducteurs parfaits, elle reste confinée entre les plans conducteurs. Se propageant dans la direction $(Ox)^+$, elle est ainsi guidée dans sa propagation entre les plans conducteurs.

4. a) La relation de dispersion liant k à ω est une conséquence des conditions aux limites en $z = 0$ et $z = a$ qui imposent, d'après ce qui a été vu à la question 2 : $\chi = \sqrt{\dfrac{\omega^2}{c^2} - k^2} = \dfrac{n\pi}{a}$, $n \in \mathbb{N}^*$. Ainsi la relation de dispersion est $k_n = \sqrt{\left(\dfrac{\omega}{c}\right)^2 - \left(\dfrac{n\pi}{a}\right)^2}$ (2). Cette relation est non linéaire, l'espace vide entre les deux plans conducteurs est donc dispersif.

⇨ *Méthode 11.7*

Ici, la dispersion ne vient pas de la nature du milieu traversé par l'onde (comme c'est le cas dans un milieu tel le verre ou dans un plasma par exemple) mais doit être attribuée aux conditions aux limites. En effet, par rapport au vide en propagation libre, on a ici des plans conducteurs limitant l'onde et lui imposant des conditions aux limites déterminées (d'où provient la relation (2)). Ainsi, c'est le confinement de l'onde qui entraîne le caractère dispersif de la propagation et non la nature du milieu de propagation.

Dans le mode propre d'ordre n (donc pour une valeur de n fixée), on peut écrire la relation de dispersion sous la forme $\omega = c\sqrt{k_n^2 + \dfrac{n^2\pi^2}{a^2}} = c\sqrt{\dfrac{4\pi^2}{\lambda_n^2} + \dfrac{n^2\pi^2}{a^2}}$, soit $\omega = \dfrac{c}{\lambda}\sqrt{4\pi^2 + \left(\dfrac{\lambda_n}{a}\right)^2 n^2\pi^2}$.

Ainsi, dans la limite $\dfrac{\lambda_n}{a} \to 0$, il vient $\omega \approx \dfrac{c}{\lambda}\sqrt{4\pi^2} = \dfrac{2\pi c}{\lambda}$ soit finalement $\boxed{k \approx \dfrac{\omega}{c}}$: l'espace entre les plans conducteurs n'est plus dispersif et on retrouve la même relation de dispersion que dans le vide. Ceci était prévisible puisque, lorsque $\lambda << a$, cela revient, à l'échelle de la longueur d'onde, à « rejeter » les conducteurs à l'infini. L'onde « voit » un espace de propagation libre.

b) À chaque valeur de n correspond une valeur de k possible $k = k_n = \sqrt{\left(\frac{\omega}{c}\right)^2 - \left(\frac{n\,\pi}{a}\right)^2}$, et à chaque k_n correspond une phase de l'onde $\phi_n = \omega t - k_n\, x$ et une amplitude $E_0 \sin\left(\frac{n\,\pi}{a} z\right)$, caractérisant un mode de propagation dit mode propre d'ordre n. L'onde est progressive dans le mode d'ordre n à condition que k_n soit réel. En effet, un nombre d'onde imaginaire pur $k_n = i\,\eta_n$ conduirait à écrire le champ sous la forme $\underline{\vec{E}} = E_0 \sin\left(\frac{n\,\pi}{a} z\right) \exp(i\,\omega t) \exp(\eta_n\, x) \vec{e_y}$ qui, de part le découplage spatio-temporel de la phase, caractérise une onde non plus progressive mais stationnaire.

Ainsi, la condition d'existence de l'onde progressive dans le mode d'ordre n se traduit par $k_n = \sqrt{\left(\frac{\omega}{c}\right)^2 - \left(\frac{n\,\pi}{a}\right)^2}$ réel, soit : $\frac{\omega^2}{c^2} - \frac{n^2\,\pi^2}{a^2} > 0$ et donc $\omega > \omega_{c_n}$ où $\boxed{\omega_{c_n} = \frac{n\,\pi\, c}{a}}$ est la pulsation de coupure dans le mode n. Pour $n = 1$ la fréquence de coupure est $\nu_{c_1} = \frac{c}{2a}$, soit $\boxed{\nu_{c_1} \approx 6{,}55 \text{ GHz}}$.

→ Le champ électrique correspondant au premier mode $n = 1$ a pour expression, en notation réelle : $\vec{E} = E_0 \sin\left(\frac{\pi}{a} z\right) \cos(\omega t - k_1\, x) \vec{e_y}$, avec $k_1 = \sqrt{\frac{\omega^2}{c^2} - \frac{\pi^2}{a^2}}$ et $\omega > \omega_{c_1} = \frac{\pi\, c}{a}$. Ce champ est progressif dans la direction $(Ox)^+$ et stationnaire suivant (Oz). La position des nœuds de sa composante stationnaire est donnée par $\sin\left(\frac{\pi}{a} z_{N_1}\right) = 0$, soit $\frac{\pi}{a} z_{N_1} = p\,\pi$, $p \in \mathbb{N}^*$, d'où $z_{N_1} = p\, a$. Les seules valeurs possibles pour p dans le mode fondamental sont donc $p = 0$ et $p = 1$, auxquelles correspondent les deux nœuds en $z = 0$ et $z = a$.

→ Le champ électrique correspondant au premier mode $n = 2$ a pour expression : $\vec{E} = E_0 \sin\left(\frac{2\,\pi}{a} z\right) \cos(\omega t - k_2\, x) \vec{e_y}$, avec $k_2 = \sqrt{\frac{\omega^2}{c^2} - \frac{2\,\pi^2}{a^2}}$ et $\omega > \omega_{c_2} = \frac{2\,\pi\, c}{a}$. La position des nœuds de sa composante stationnaire est donnée par $\sin\left(\frac{2\,\pi}{a} z_{N_2}\right) = 0$, soit $\frac{2\,\pi}{a} z_{N_2} = p\,\pi$, $p \in \mathbb{N}^*$, d'où $z_{N_2} = \frac{p\, a}{2}$. Les seules valeurs possibles pour p dans ce mode sont donc $p = 0$, $p = 1$ et $p = 2$ auxquelles correspondent les deux nœuds en $z = 0$, $z = \frac{a}{2}$ et $z = a$.

L'enveloppe de l'extrémité du champ électrique à un instant donné est représentée ci-dessous dans les deux premiers modes.

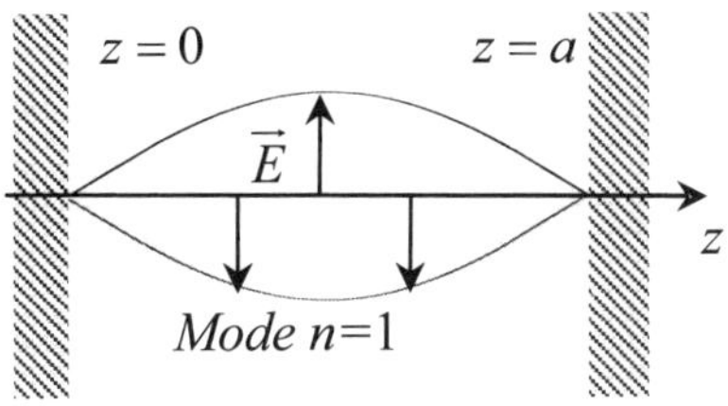

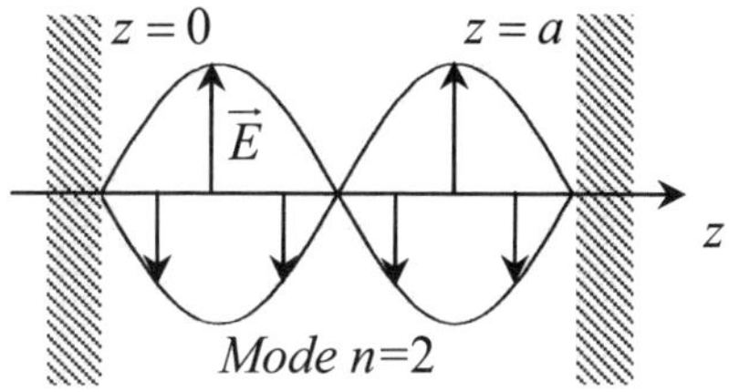

c) L'allure des courbes $k_n = f_n(\omega)$ correspondant aux trois premiers modes propres $n=1$, $n=2$ et $n=3$ est donnée ci-contre.

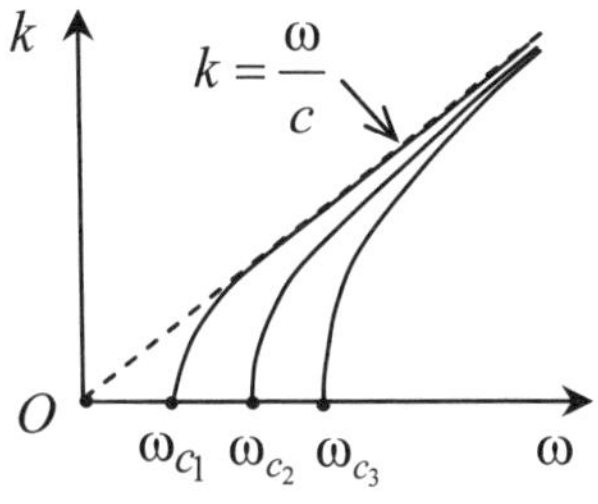

Ne pas oublier, dans le tracé à main levée, de rendre compte du comportement asymptotique : dans chaque mode, la courbe représentative de $k_n(\omega)$ admet pour asymptote la droite $k = \frac{\omega}{c}$.

d) La vitesse de phase est définie par $V_{\varphi_n} = \frac{\omega}{k_n}$, soit : $\boxed{V_{\varphi_n} = \frac{c}{\sqrt{1-\left(\frac{\omega_{c_n}}{\omega}\right)^2}}}$.

On constate que $V_\varphi > c$, ce qui n'a rien de gênant puisque V_φ est relative à la propagation de la phase, objet mathématique sans rapport avec la propagation de l'énergie, égale à la vitesse de groupe, dont on devra s'assurer par la suite qu'elle se propage bien à une vitesse inférieure ou égale à c. La vitesse de groupe est donnée par $V_{g_n} = \frac{\mathrm{d}\omega}{\mathrm{d}k_n}$.

Il s'agit de l'inverse de la pente locale de la courbe de dispersion $k_n = f(\omega)$.

En différentiant la relation de dispersion, il vient : $\boxed{V_{g_n} = c\sqrt{1-\left(\frac{\omega_{c_n}}{\omega}\right)^2}}$. On vérifie bien que $V_g < c$. Remarquons que $V_{g_n} V_{\varphi_n} = c^2$.

⇨ *Méthode 11.7*

Numériquement pour $n=1$ et $\nu = 7\ \text{GHz}$, on trouve $\boxed{V_{\varphi_1} = 8{,}5 \cdot 10^8\ \text{m}\cdot\text{s}^{-1}}$ et $\boxed{V_{g_1} = 1{,}06 \cdot 10^8\ \text{m}\cdot\text{s}^{-1}}$.

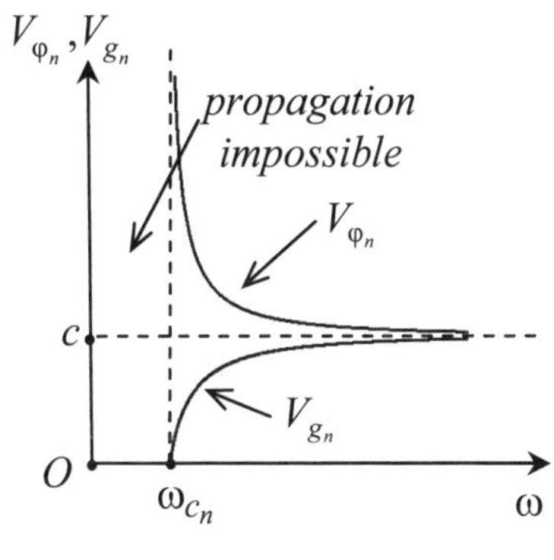

Dans un mode d'ordre n donné, V_{φ_n} et V_{g_n} admettent pour asymptote verticale la droite $\omega = \omega_{c_n}$, et ne sont définies que sur la plage de fréquence $\omega > \omega_{c_n}$. Ainsi, ω_{c_n} apparaît bien comme une fréquence de coupure, au-dessous de laquelle le propagation dans le guide est impossible.
Pour $\omega >> \omega_{c_n}$ (ce qui revient à se placer dans des hautes fréquences c'est-à-dire des petites longueurs d'onde :

$\lambda << a$), V_{φ_n} et V_{g_n} tendent vers la même asymptote horizontale correspondant à la vitesse c de la lumière dans le vide : la dispersion est négligeable et on a $\boxed{V_\varphi \approx V_g \approx c}$, comme dans le vide illimité.

5. a)

L'onde est monochromatique mais non plane, donc attention à ne pas utiliser la relation de structure $\underline{\vec{B}} = \dfrac{\vec{k} \wedge \underline{\vec{E}}}{\omega}$ *ni l'équation de (M.F) sous forme complexe* $-i\,\vec{k} \wedge \underline{\vec{E}} = -i\,\omega\,\underline{\vec{B}}$ *réservée aux OPPM ! Il faut ici intégrer l'équation de (M.F) sous sa forme la plus générale :* $\vec{\nabla} \wedge \underline{\vec{E}} = -\dfrac{\partial \underline{\vec{B}}}{\partial t}$.

⇨ *Méthode 11.4*

On obtient : $\boxed{\begin{vmatrix} B_x \\ B_y \\ B_z \end{vmatrix} = \begin{vmatrix} \dfrac{n\,\pi\,E_0}{\omega\,a} \cos\left(\dfrac{n\,\pi}{a} z\right) \sin(\omega t - k\,x) \\ 0 \\ \dfrac{k\,E_0}{\omega} \sin\left(\dfrac{n\,\pi}{a} z\right) \cos(\omega t - k\,x) \end{vmatrix}}$. On reconnaît là l'équation paramétrique d'une ellipse, à condition que $B_{x_0}(z)$ et $B_{z_0}(z)$ soient constants, ce qui implique donc de se placer à $z = cte$. Il ne s'agit cependant pas d'une polarisation au sens défini pour une OPPM, puisqu'ici l'ellipse n'est pas dans un plan transverse à la direction de propagation, mais au contraire dans le plan (O, x, z) contenant le vecteur directeur de la direction de propagation. Son sens de parcours ne peut être obtenu avec la même convention (sens vu par un observateur regardant venir l'onde) que celle utilisée pour une OPPM.

On a supposé que $\vec{E}$ était polarisé rectilignement suivant (Oy), se propageant suivant (Ox). $\vec{E}$ est donc transverse : on parle de mode transverse électrique, dite mode TE. On obtient alors un champ $\vec{B}$ polarisé elliptiquement avec une composante transverse $B_z = B_{z_0} \cos(\omega t - k\,x)$ en phase avec $\vec{E}$ et une composante longitudinale (dans la direction de propagation) $B_x = B_{x_0} \sin(\omega t - k\,x)$ en quadrature avec $\vec{E}$. Ainsi, $\vec{B}$ n'est ni transverse, ni en phase avec $\vec{E}$. Dans la mesure où l'onde n'est pas plane ceci n'a rien de surprenant …

b) Étudions les conséquences des conditions aux limites $z = 0$ et $z = a$. L'existence d'une composante de $\vec{B}$ parallèle aux plans conducteur limitant le guide en $z = 0$ et $z = a$ entraîne l'apparition de courants de surface sur les plans conducteurs.

Par contre, $\vec{E}$ n'ayant pas de composante normale à ces mêmes surfaces, il n'y a pas de charges superficielles sur les conducteurs : $\sigma = 0$ en $z = 0$ et $z = a$.

Étudions à présent les conséquences des conditions aux limites $y = 0$ et $y = b$. $\vec{E}$ peut être non nul sur les plans $y = 0$ et $y = b$, mais alors il leur est normal et une densité surfacique de charge apparaît sur ces plans. En effet, à la surface des conducteurs en $y = 0$ et $y = b$, les relations de passage pour $\vec{E}$ s'écrivent :

– au passage de la surface en $y=0$: $\vec{E}(y=0^+)-\vec{E}(y=0^-)=\dfrac{\sigma}{\varepsilon_0}\,\overrightarrow{e_y}$

– au passage de la surface en $y=b$: $\vec{E}(y=b^-)-\vec{E}(y=b^+)=-\dfrac{\sigma}{\varepsilon_0}\,\overrightarrow{e_y}$.

Dans les conducteurs, les champs sont nuls : $\vec{E}(y=0^-)=\vec{0}$ et $\vec{E}(y=b^+)=\vec{0}$.

Ainsi $\vec{E}(y=0^+)=\dfrac{\sigma}{\varepsilon_0}\overrightarrow{e_y}$ et $\vec{E}(y=b^-)=-\dfrac{\sigma}{\varepsilon_0}\overrightarrow{e_y}$. En conséquence, à la surface des conducteurs en $y=0$ et $y=b$, les champs étant normaux et non nul, on doit leur associer une densité surfacique de charge σ sur les deux conducteurs en $y=0$ et $y=b$.

D'autre part, $\vec{B}$ est purement tangentiel à la surface des conducteurs en $y=0^+$ comme en $y=b^-$ et nul en leur sein en $y=0^-$ et $y=b^+$. Il y a donc une discontinuité tangentielle de $\vec{B}$ qui entraîne l'apparition de courants surfaciques les deux conducteurs en $y=0$ et $y=b$, ce que traduisent les relations de passage en $y=0$ et $y=b$.

6. a) Pour exprimer le vecteur de Poynting instantané, il est impératif d'utiliser les expressions réelles des champs : $\vec{R}=\dfrac{\vec{E}\wedge\vec{B}}{\mu_0}$. On obtient :

$$\boxed{\vec{R}=\frac{1}{\mu_0}\left|\begin{array}{l}\dfrac{k\,E_0^2}{\omega}\sin^2\left(\dfrac{n\,\pi}{a}z\right)\cos^2(\omega t-k\,x)\\ 0\\ \dfrac{k\,E_0^2}{2\,\omega}\sin^2\left(\dfrac{n\,\pi}{a}z\right)\sin\left(2\,(\omega t-k\,x)\right)\end{array}\right.}\quad \text{et}\quad \boxed{\left\langle\vec{R}\right\rangle=\frac{k\,E_0^2}{2\,\mu_0\,\omega}\sin^2\left(\frac{n\,\pi}{a}z\right)\overrightarrow{e_x}}.$$

Ne pas utiliser une formule « tout faite » du type $\vec{R}=\varepsilon_0\,c\,E^2\,\vec{n}$, réservée à l'onde plane.

On constate qu'en moyenne, seule la composante longitudinale (suivant $(Ox)^+$) de $\vec{R}$ se propage, alors qu'en valeur instantanée $\vec{R}$ a aussi une composante transversale (suivant (Oz)). Ceci était prévisible puisqu'on a établi (question 3) que transversalement l'onde est stationnaire, et dans ce cas, l'énergie ne se propage pas. On pouvait aussi anticiper le fait que, E_y et B_x étant en quadrature, $\left\langle E_y\,B_x\right\rangle=0$ et qu'ainsi la contribution à $\left\langle\vec{R}\right\rangle$ de E_y et B_x est nulle. Ainsi, en moyenne, l'énergie ne se propage que suivant $(Ox)^+$. Elle reste confinée entre les plans conducteurs où elle est guidée dans une direction parallèle à leur surface.

⇨ *Méthode 11.5*

b) La puissance moyenne traversant un élément de surface $\mathrm{d}\vec{S}=\mathrm{d}y\,\mathrm{d}z\,\overrightarrow{e_x}$ (perpendiculaire à $\left\langle\vec{R}\right\rangle$) est : $\left\langle P_{dS}\right\rangle=\left\langle\vec{R}\right\rangle\cdot\mathrm{d}\vec{S}=\dfrac{k\,E_0^2}{2\,\mu_0\,\omega}\sin^2\left(\dfrac{n\,\pi}{a}z\right)\mathrm{d}y\,\mathrm{d}z$. Ainsi l'énergie moyenne traversant une section droite du guide de hauteur a et de largeur b, entre t et $t+\mathrm{d}t$ est

$\langle \delta W_S \rangle = \int_0^a \int_0^b \langle P_{dS} \rangle \, \mathrm{d}t = \dfrac{b\,k\,E_0^2}{2\,\mu_o\,\omega}\left(\int_0^a \sin^2\left(\dfrac{n\,\pi}{a}z\right)\mathrm{d}z\right)\mathrm{d}t$. Avec $\int_0^a \sin^2\left(\dfrac{n\,\pi}{a}z\right)\mathrm{d}z = \dfrac{a}{2}$, il vient $\langle \delta W_S \rangle = \dfrac{a\,b\,k\,E_0^2}{4\,\mu_0\,\omega}\mathrm{d}t$.

Finalement, avec $\dfrac{k}{\omega} = \dfrac{1}{V_\varphi} = \dfrac{V_g}{c^2}$ et $\dfrac{1}{\mu_0\,c^2} = \varepsilon_0$: $\boxed{\langle \delta W_S \rangle = a\,b\dfrac{V_g\,\varepsilon_0\,E_0^2}{4}\mathrm{d}t}$ (3).

⇨ *Méthode 11.6*

La densité volumique d'énergie $\langle u_{em} \rangle$ est donnée par $\langle u_{em} \rangle = \left\langle \dfrac{\varepsilon_0 E^2}{2} + \dfrac{B^2}{2\mu_0} \right\rangle$. Ainsi

$$\langle u_{em} \rangle = \frac{\varepsilon_0}{4}E_0^2 \sin^2\left(\frac{n\,\pi}{a}z\right) + \frac{E_0^2}{4\mu_0}\left(\left(\frac{n\,\pi\,E_0}{\omega\,a}\right)^2 \cos^2\left(\frac{n\,\pi}{a}z\right) + \left(\frac{k\,E_0}{\omega}\right)^2 \sin^2\left(\frac{n\,\pi}{a}z\right)\right) \text{ soit :}$$

$$\langle u_{em} \rangle = \sin^2\left(\frac{n\,\pi}{a}z\right)\left(\frac{\varepsilon_0\,E_0^2}{4} + \frac{E_0^2}{4\mu_0}\left(\left(\frac{k}{\omega}\right)^2 - \left(\frac{n\,\pi}{\omega\,a}\right)^2\right)\right) + \frac{E_0^2}{4\mu_0}\left(\frac{n\,\pi}{\omega\,a}\right)^2.$$

D'après la relation de dispersion (2), on sait que $\left(\dfrac{k}{\omega}\right)^2 = \dfrac{1}{c^2} - \left(\dfrac{n\,\pi}{\omega\,a}\right)^2$, de sorte que :

$$\langle u_{em} \rangle = \sin^2\left(\frac{n\,\pi}{a}z\right)\left(\frac{\varepsilon_0\,E_0^2}{2} - \frac{E_0^2}{2\mu_0}\left(\frac{n\,\pi}{\omega\,a}\right)^2\right) + \frac{E_0^2}{4\mu_0}\left(\frac{n\,\pi}{\omega\,a}\right)^2.$$

L'énergie moyenne $\langle \delta W_{dS} \rangle$ traversant l'élément de surface $\mathrm{d}\vec{S} = \mathrm{d}y\,\mathrm{d}z\,\vec{e_x}$ perpendiculaire à $\langle \vec{R} \rangle$ entre t et $t + \mathrm{d}t$ est contenue dans le cylindre droit de section $\mathrm{d}S$ et de génératrice $V_e\,\mathrm{d}t$. Le produit du volume de ce cylindre $\mathrm{d}S\,V_e\,\mathrm{d}t$ par la densité volumique d'énergie moyenne $\langle u_{em} \rangle$ est donc égal à : $\langle \delta W_{dS} \rangle = \langle u_{em} \rangle \mathrm{d}y\,\mathrm{d}z\,V_e\,\mathrm{d}t$. Ainsi, l'énergie moyenne traversant une section droite du guide de hauteur a et de largeur b entre t et $t+dt$ est : $\langle \delta W_S \rangle = \int_0^a \int_0^b \langle u_{em} \rangle \mathrm{d}y\,\mathrm{d}z\,V_e\,\mathrm{d}t$. Reportons-y l'expression de $\langle u_{em} \rangle$, il vient :

$$\langle \delta W_S \rangle = V_e\,\mathrm{d}t\,b\left(\frac{\varepsilon_0\,E_0^2}{2} - \frac{E_0^2}{2\mu_0}\left(\frac{n\,\pi}{\omega\,a}\right)^2\right)\left(\int_0^a \sin^2\left(\frac{n\,\pi}{a}z\right)\mathrm{d}z\right) + a\,b\,V_e\,\mathrm{d}t\frac{E_0^2}{4\mu_0}\left(\frac{n\,\pi}{\omega\,a}\right)^2.$$

Avec $\int_0^a \sin^2\left(\dfrac{n\,\pi}{a}z\right)\mathrm{d}z = \dfrac{a}{2}$, $\langle \delta W_S \rangle = V_e\,\mathrm{d}t\,a\,b\left(\dfrac{\varepsilon_0\,E_0^2}{4} - \dfrac{E_0^2}{4\,\mu_0}\left(\dfrac{n\,\pi}{\omega\,a}\right)^2\right) + a\,b\,V_e\,\mathrm{d}t\dfrac{E_0^2}{4\mu_0}\left(\dfrac{n\,\pi}{\omega\,a}\right)^2$, soit

$\boxed{\langle \delta W_S \rangle = V_e\,a\,b\dfrac{\varepsilon_0\,E_0^2}{4}\mathrm{d}t}$. Comparons à (3), il vient : $\boxed{V_e = V_g}$.

⇨ *Méthode 11.6*

La vitesse de propagation de l'énergie dans le guide est donc égale à la vitesse de groupe.

La puissance moyenne traversant une section droite du guide est donc $\boxed{P_m = a\,b\,\dfrac{V_g\,\varepsilon_0\,E_0^2}{4}}$.

Numériquement, pour $n=1$ et $\nu = 7$ GHz avec $V_g = 1{,}06\cdot 10^8\ \text{m}\cdot\text{s}^{-1}$, on trouve $\boxed{P_m = 54{,}7\ \text{mW}}$ (de l'ordre de la centaine de mW).

Exercice 11.3

1. a) Appliquons la loi des mailles à un élément de ligne compris entre x et $x+dx$ d'inductance $L\,dx$, il vient : $\boxed{\dfrac{\partial u}{\partial x} = -L\dfrac{\partial i}{\partial t}}$ (1). En appliquant la loi des nœuds en N on a : $\boxed{\dfrac{\partial i}{\partial x} = -C\dfrac{\partial u}{\partial t}}$ (2).

➪ *Méthode 11.2*

b) En dérivant la relation (1) par rapport à x et la relation (2) par rapport à t et en utilisant le théorème de Schwartz, on obtient : $\boxed{\dfrac{\partial^2 i}{\partial x^2} = -C\dfrac{\partial^2 u}{\partial x\partial t} = LC\dfrac{\partial^2 i}{\partial t^2}}$ (3) et de même $\boxed{\dfrac{\partial^2 u}{\partial x^2} = LC\dfrac{\partial^2 u}{\partial t^2}}$ (4).
On reconnaît là deux équations de propagation dites équations de d'Alembert. On sait, d'après le cours, que les solutions de ces équation sont la superposition d'une onde progressive suivant $(Ox)^+$ à la vitesse $V = \dfrac{1}{\sqrt{LC}} = c$, vitesse de la lumière dans le vide, de la forme $f(x - Vt)$, et d'une onde régressive suivant $(Ox)^-$ à la même vitesse, de la forme $g(x + Vt)$. Ainsi, l'onde de tension est de la forme $u(x,t) = f(x-ct) + g(x+ct)$, de même que l'onde de courant $i(x,t) = h(x-ct) + e(x+ct)$.

2. a) La fonction $\underline{u}(x,t) = \left(A\exp(-j\omega\,x/c) + B\exp(j\omega\,x/c)\right)\exp(j\omega\,t)$ correspond bien à la forme ci-dessus, avec f et g des fonctions harmoniques de pulsation ω imposée par le générateur. Le terme $\underline{u}^+(x,t) = A\exp\left(j\omega\,(t - x/c)\right)$ correspond à l'onde progressive imprimée par le générateur, le terme régressif en $\underline{u}^-(x,t) = B\exp\left(j\omega\,(t + x/c)\right)$ doit être attribué à une onde réfléchie générée en bout de ligne du fait de la différence d'impédance entre le dipôle D et la ligne coaxiale.
Les calculs menés ici ne sont valables que si les notions de capacité, d'inductance, de tension et de courant ont un sens, ce qui impose de considérer que l'ARQS est vérifiée pour un élément de ligne de longueur $\mathrm{d}x$. Dans ce cas, le fait de ne pousser les développements de Taylor qu'au premier ordre (approximation faite question 1.b) se trouve justifié, puisqu'alors $\mathrm{d}x \ll \lambda$ où λ est la longueur d'onde de l'onde de tension ou de courant. Ainsi, la condition de validité des calculs menés ici s'écrit $\boxed{\lambda = \dfrac{2\pi\,c}{\omega} = \dfrac{2\pi}{k} \gg \mathrm{d}x}$.

✎ *Poser $k = \omega/c$ revient à supposer que le milieu est non dispersif et sans atténuation ce qui est le cas pour la ligne sans perte.*

Corrigé

À partir de l'équation (2), on obtient :
$\frac{\partial \underline{i}}{\partial x} = -j C \omega \left(A \exp(-j\omega x/V) + B \exp(j\omega x/V) \right) \exp(j\omega t)$. Soit après intégration par rapport à x : $\underline{i}(x,t) = C V \left(A \exp(-j\omega x/V) - B \exp(j\omega x/V) \right) \exp(j\omega t) + cte$. La constante d'intégration correspond à un courant indépendant de x au cours du temps, que l'on pose égale à zéro puisqu'on ne considère que des grandeurs électriques se propageant et donc pour lesquelles les variations de x et de t sont liées (régime d'onde). Avec $LC = \frac{1}{c^2} = \frac{1}{V^2}$, il vient $C V = \frac{C}{\sqrt{LC}} = \frac{1}{\underline{Z}_C}$, et finalement $\boxed{\underline{i}(x,t) = \frac{1}{\underline{Z}_C} \left(A \exp(-j\omega x/V) - B \exp(j\omega x/V) \right) \exp(j\omega t)}$.

b) En $x = 0$, $\underline{u}(0,t) = u_0 \exp(j\omega t)$ et compte tenu de l'expression de $\underline{u}(x,t)$, il vient : $\boxed{A + B = u_0}$ (5). En $x = l$, l'impédance de bout de ligne est égale à celle du dipôle D : $\underline{Z}(l) = \underline{Z}_D$. Or, l'impédance de la ligne à l'abscisse x est, avec $k = \frac{\omega}{V} = \frac{\omega}{c}$:

$\underline{Z}(x) = \frac{\underline{u}}{\underline{i}} = \underline{Z}_C \frac{A \exp(-j k x) + B \exp(j k x)}{A \exp(-j k x) - B \exp(j k x)}$, ainsi $\underline{Z}(l) = \underline{Z}_C \frac{A \exp(-j k l) + B \exp(j k l)}{A \exp(-j k l) - B \exp(j k l)}$ et donc $\boxed{\underline{Z}_D = \underline{Z}_C \frac{A \exp(-j k l) + B \exp(j k l)}{A \exp(-j k l) - B \exp(j k l)}}$ (6). En combinant les équations (5) et (6), on trouve : $A = u_0 \frac{\exp(2 j k l)\left(\underline{Z}_D + \underline{Z}_C\right)}{\underline{Z}_D \left(\exp(2 j k l) + 1\right) + \underline{Z}_C \left(\exp(2 j k l) - 1\right)}$ soit :

$\boxed{A = u_0 \frac{\exp(j k l)\left(\underline{Z}_D + \underline{Z}_C\right)}{2 \underline{Z}_D \cos(k l) + 2 j \underline{Z}_C \sin(k l)}}$ (7) et $B = u_0 \frac{\left(\underline{Z}_D - \underline{Z}_C\right)}{\underline{Z}_D \left(\exp(2 j k l) + 1\right) + \underline{Z}_C \left(\exp(2 j k l) - 1\right)}$

d'où : $\boxed{B = u_0 \frac{\exp(-j k l)\left(\underline{Z}_D - \underline{Z}_C\right)}{2 \underline{Z}_D \cos(k l) + 2 j \underline{Z}_C \sin(k l)}}$ (8).

Remplaçons les expressions de A et B dans celles de $\underline{u}(x,t)$ et $\underline{i}(x,t)$ il vient :

$$\underline{u}(x,t) = \left(\frac{\exp\left(j k (l-x)\right)\left(\underline{Z}_D + \underline{Z}_C\right)}{2 \underline{Z}_D \cos(k l) + 2 j \underline{Z}_C \sin(k l)} + \frac{\exp\left(-j k (l-x)\right)\left(\underline{Z}_D - \underline{Z}_C\right)}{2 \underline{Z}_D \cos(k l) + 2 j \underline{Z}_C \sin(k l)} \right) u_0 \exp(j\omega t)\text{, où}$$

$u_0 \exp(j\omega t) = \underline{u}(x = 0, t)$, donc

$$\underline{u}(x,t) = \left(\frac{\underline{Z}_D \left(\exp\left(j k (l-x)\right) + \exp\left(-j k (l-x)\right)\right) + \underline{Z}_C \left(\exp\left(j k (l-x)\right) - \exp\left(-j k (l-x)\right)\right)}{2 \underline{Z}_D \cos(k l) + 2 j \underline{Z}_C \sin(k l)} \right) \underline{u}(0,t)$$

soit : $\boxed{\underline{u}(x,t) = \left(\frac{\underline{Z}_D \cos\left(k (l-x)\right) + j \underline{Z}_C \sin\left(k (l-x)\right)}{\underline{Z}_D \cos(k l) + j \underline{Z}_C \sin(k l)} \right) \underline{u}(0,t)}$.

Et de même, on obtient $\boxed{\underline{i}(x,t) = \left(\frac{\underline{Z}_C \cos\left(k (l-x)\right) + j \underline{Z}_D \sin\left(k (l-x)\right)}{\underline{Z}_D \cos(k l) + j \underline{Z}_C \sin(k l)} \right) \frac{\underline{u}(0,t)}{\underline{Z}_C}}$.

💣 *S'agissant d'expressions complexes, on ne peut, bien que les termes temporel et spatial semblent découplés, conclure à une structure d'onde stationnaire. En effet, en complexe on peut toujours écrire* $\exp\left(j(\omega t - k\,x)\right) = \exp\left(j\,\omega t\right)\exp\left(-j\,k\,x)\right)$ *!*

✏ *On peut montrer, par une étude plus complète, que ces ondes de tension et de courant ne sont purement stationnaires que si la réflexion en bout de ligne est totale. En effet, ce n'est que dans ce cas que l'onde régressive est de même amplitude que l'onde progressive. Dans le cas général, lorsque l'onde est partiellement transmise à la charge en bout de ligne (et donc partiellement réfléchie), l'onde de tension est la somme d'un terme progressif* $\underline{u}^{+}(x,t)$ *d'amplitude* A *et d'un terme régressif* $\underline{u}^{-}(x,t)$ *d'amplitude* B *(voir question 2.a). L'onde résultante est la superposition d'une onde stationnaire et d'une onde progressive. On peut alors quantifier la qualité de la transmission à la charge grâce le Taux d'Onde Stationnaire :*

$TOS = \dfrac{1+|\underline{r}(x=l)|}{1-|\underline{r}(x=l)|}$, *où* $\underline{r}(x=l) = \dfrac{\underline{u}^{-}(x=l,t)}{\underline{u}^{+}(x=l,t)} = \dfrac{B\exp(j\,k\,l)}{A\exp(-j\,k\,l)} = \dfrac{B}{A}\exp(2\,j\,k\,l)$ *est le coefficient de réflexion en amplitude en bout de ligne. Lorsque la réflexion est totale* $|\underline{r}(x=l)| = 1$ *et* $TOS \to +\infty$ *: l'onde dans la ligne est purement stationnaire. Au contraire lorsque* $|\underline{r}(x=l)| \to 0$ *l'onde est totalement transmise et* $TOS \to 1$ *: l'onde dans la ligne est purement progressive. Pour des valeurs intermédiaire on a la superposition de ces deux cas limites. Notons qu'avec* $|\underline{r}(x=l)| = \left|\dfrac{B}{A}\right| = \left|\dfrac{\underline{Z}_D - \underline{Z}_C}{\underline{Z}_D + \underline{Z}_C}\right|$, *la condition de transmission parfaite de la ligne vers la charge correspond à une adaptation d'impédance entre la ligne et la charge : en effet,* $|\underline{r}(x=l)| = 0$ *avec* $\underline{Z}_D = \underline{Z}_C$. *Finalement le TOS permet de quantifier la qualité de l'adaptation d'impédance entre la ligne coaxiale et la charge.*

c) L'impédance de ligne a pour expression, compte tenu des expressions (7) et (8) : $\boxed{\underline{Z}(x) = \underline{Z}_C \dfrac{\underline{Z}_D\cos\left(k\,(l-x)\right) + j\,\underline{Z}_C\sin\left(k\,(l-x)\right)}{\underline{Z}_C\cos\left(k\,(l-x)\right) + j\,\underline{Z}_D\sin\left(k\,(l-x)\right)}}$. En l'absence d'onde réfléchie, l'onde dans la ligne est uniquement progressive (son terme de phase est $\phi = \omega t - k\,x$) ce qui impose de poser $B = 0$ et donc (d'après la relation (8)) : $\underline{Z}_D = \underline{Z}_C$. En reportant cette égalité dans l'expression de $\underline{Z}(x)$, il vient finalement $\boxed{\underline{Z}(x) = \underline{Z}_D}$. L'impédance de ligne est alors constante et égale à celle du dipôle sur laquelle elle est fermée : l'adaptation d'impédance entre la ligne et le dipôle D est réalisée sur toute la longueur de la ligne. Lorsque $\underline{Z}_D = R$, on a adapté l'impédance pour $\underline{Z}_C = \sqrt{\dfrac{L}{C}} = R$ où $c = \dfrac{1}{\sqrt{LC}}$. On a donc $\dfrac{L}{c} = R^2$ et $LC = \dfrac{1}{c^2}$, soit : $C = \dfrac{1}{c\,R}$ et $L = \dfrac{R}{c}$. Avec $c \approx 3\cdot 10^8\ \mathrm{m\cdot s^{-1}}$ et $R = 600\ \Omega$, on trouve $\boxed{C = 5{,}56\ \mathrm{pF\cdot m^{-1}}}$ et $\boxed{L = 2\ \mu\mathrm{F\cdot m^{-1}}}$.

Exercice 11.4

1. La chute de tension modélisée par l'effet des éléments en série est donnée par la loi des mailles appliquée à un élément de ligne compris entre x et $x+\mathrm{d}x$: $u(x)-u(x+\mathrm{d}x)=L\,\mathrm{d}x\dfrac{\partial i(x,t)}{\partial t}+R\,i\,\mathrm{d}x$, et en se limitant aux termes d'ordre le plus bas dans le développement de Taylor, on obtient : $-\dfrac{\partial u}{\partial x}=L\dfrac{\partial i}{\partial t}+Ri$ (1).

La fuite de courant modélisée par l'effet des éléments en parallèle s'obtient en appliquant la loi des nœuds en N : $i(x)-i(x+\mathrm{d}x)=C\,\mathrm{d}x\dfrac{\partial u(x+\mathrm{d}x,t)}{\mathrm{d}t}+G\,\mathrm{d}x\,u(x+\mathrm{d}x,t)$. En remarquant que $\mathrm{d}x\dfrac{\partial u(x+\mathrm{d}x,t)}{\partial t}\approx\mathrm{d}x\left(\dfrac{\partial u(x,t)}{\partial t}+\mathrm{d}x\dfrac{\partial^2 u(x,t)}{\partial t\,\partial x}\right)$ et en se limitant aux termes d'ordre le plus bas, on obtient $\mathrm{d}x\dfrac{\partial u(x+\mathrm{d}x,t)}{\partial t}\approx\mathrm{d}x\left(\dfrac{\partial u(x,t)}{\partial t}\right)$, soit finalement : $-\dfrac{\partial i}{\partial x}=C\dfrac{\partial u}{\partial t}+Gu$ (2).

En dérivant le relation (1) par rapport à x et la relation (2) par rapport à t, on obtient : $\dfrac{\partial^2 u}{\partial x^2}=-L\dfrac{\partial^2 i}{\partial x\,\partial t}-R\dfrac{\partial i}{\partial x}$ (1') et $\dfrac{\partial^2 i}{\partial t\,\partial x}=-C\dfrac{\partial^2 u}{\partial t^2}-G\dfrac{\partial u}{\partial t}$. Or, d'après le théorème de Schwartz $\dfrac{\partial^2 i}{\partial t\,\partial x}=\dfrac{\partial^2 i}{\partial x\,\partial t}$, de sorte que $\dfrac{\partial^2 i}{\partial x\,\partial t}=-C\dfrac{\partial^2 u}{\partial t^2}-G\dfrac{\partial u}{\partial t}$ (2') et finalement en reportant (2') et (2) dans (1') il vient : $\boxed{\dfrac{\partial^2 u}{\partial x^2}=LC\dfrac{\partial^2 u}{\partial t^2}+(GL+RC)\dfrac{\partial u}{\partial t}+RG\,u}$ dite équation des télégraphistes.

2. a) Remplaçons $\underline{u}(t)$ par $u_0\exp(j(\omega t-kx))$ dans l'équation des télégraphistes en complexe :

$\dfrac{\partial^2 \underline{u}}{\partial x^2}=LC\dfrac{\partial^2 \underline{u}}{\partial t^2}+(GL+RC)\dfrac{\partial \underline{u}}{\partial t}+RG\,\underline{u}$. Il vient $\boxed{k^2=-RG+LC\omega^2-j\omega(RC+LG)}$.

b) De façon à effectuer le DL suggéré par l'énoncé, faisons apparaître les grandeurs $\dfrac{R}{L\omega}\ll 1$ et $\dfrac{G}{C\omega}\ll 1$ dans l'expression de k^2. Il vient : $k^2=LC\omega^2\left(1-\dfrac{RG}{LC\omega^2}-j\left(\dfrac{R}{L\omega}+\dfrac{G}{C\omega}\right)\right)$, soit

$k=\omega\sqrt{LC}\left(1-\dfrac{RG}{LC\omega^2}-j\left(\dfrac{R}{L\omega}+\dfrac{G}{C\omega}\right)\right)^{1/2}$ soit, par un DL au second ordre en $\dfrac{R}{L\omega}\ll 1$, $\dfrac{G}{C\omega}\ll 1$: $k\approx\omega\sqrt{LC}\left(1-\dfrac{RG}{2LC\omega^2}-\dfrac{j}{2}\left(\dfrac{R}{L\omega}+\dfrac{G}{C\omega}\right)+\dfrac{1}{8}\left(\dfrac{R}{L\omega}+\dfrac{G}{C\omega}\right)^2\right)$.

On notera que le terme d'ordre 2 en $\dfrac{RG}{LC\omega^2}$ est négligeable. De façon à identifier avec $k=\alpha-j\beta$, écrivons $k=\omega\sqrt{LC}\left(1+\dfrac{1}{8}\left(\dfrac{R}{L\omega}-\dfrac{G}{C\omega}\right)^2\right)-\dfrac{j}{2}\left(R\sqrt{\dfrac{C}{L}}+G\sqrt{\dfrac{L}{C}}\right)$. On obtient finalement : $\boxed{\beta=\dfrac{1}{2}\left(R\sqrt{\dfrac{C}{L}}+G\sqrt{\dfrac{L}{C}}\right)}$ et $\boxed{\alpha=\omega\sqrt{LC}\left(1+\dfrac{1}{8\omega^2}\left(\dfrac{R}{L}-\dfrac{G}{C}\right)^2\right)}$.

Ainsi la forme générale de $\underline{u}(x,t)$ est : $\underline{u}(x,t)=u_0\exp(-\beta x)\exp(j(\omega t-\alpha x)$, qui correspond à une onde progressive suivant $(Ox)^+$ s'atténuant le long de la ligne avec un coefficient d'atténuation $\beta>0$, partie imaginaire du vecteur d'onde. Le coefficient α, partie réelle du vecteur d'onde, rend compte de la propagation de la phase à la vitesse $V_\varphi=\dfrac{\omega}{\alpha}$, soit $\boxed{V_\varphi=\left[\sqrt{LC}\left(1+\dfrac{1}{8\omega^2}\left(\dfrac{R}{L}-\dfrac{G}{C}\right)^2\right)\right]^{-1}}$. La vitesse de phase dépend de la pulsation, la propagation le long de la ligne est donc dispersive.

⇨ *Méthode 11.7*

c) La propagation d'un signal le long de la ligne se fait sans déformation lorsque la vitesse de phase est indépendante de la pulsation (sans quoi, il y a étalement du paquet d'ondes). Cette condition impose que $\dfrac{R}{L}-\dfrac{G}{C}=0$, soit $\boxed{RC=LG}$ (condition de Heaviside) de sorte que $\boxed{V_\varphi=\dfrac{1}{\sqrt{LC}}}$. En l'absence de dispersion, chaque composante monochromatique du paquet d'ondes constituant le signal se propage à la même vitesse et son enveloppe se propage ainsi sans déformation.

d) Pour une ligne aérienne, on calcule $\boxed{RC=5{,}5\cdot10^{-14}\,\Omega\cdot\mathrm{F}\cdot\mathrm{m}^{-2}}$ et $\boxed{LG=4\cdot10^{3}\,\mathrm{H}\cdot\Omega^{-1}\cdot\mathrm{m}^{-2}}$: la condition de Heaviside n'est donc pas respectée.
À la fréquence $f_0=2000\,\mathrm{Hz}$, on a $\boxed{V_\varphi=2{,}96\cdot10^{8}\,\mathrm{m}\cdot\mathrm{s}^{-1}}$. La distance d au bout de laquelle l'amplitude du signal est divisée par $\sqrt{2}$ est telle que $u_0\exp(-\alpha d)=\dfrac{u_0}{\sqrt{2}}$, soit $d=\dfrac{\ln\sqrt{2}}{\alpha}$. Pour $\nu_0=2000\,\mathrm{Hz}$, on calcule $\alpha=8{,}89\cdot10^{-6}\,\mathrm{m}^{-1}$ et donc $\boxed{d=39\,\mathrm{km}}$. Un signal à $2000\,\mathrm{Hz}$ se propage le long de la ligne à une vitesse proche de la vitesse de la lumière mais y subit une atténuation importante, d'où l'utilisation de relais pour amplifier régulièrement de signal.

3. Négliger les pertes revient à poser $R=0$ et $G=0$, il vient ainsi $\beta=0$, $\alpha=\omega\sqrt{LC}$ et $V_\varphi=\dfrac{1}{\sqrt{LC}}=\dfrac{c}{\sqrt{\varepsilon_r}}$, de sorte que le module du vecteur d'onde s'écrit $k=\omega\sqrt{LC}=\dfrac{\omega}{V_\varphi}$. Ainsi,

Corrigé

dans la limite du modèle de la ligne parfaite, le signal se propage sans atténuation (puisque $\beta = 0$) et sans dispersion, puisque la vitesse de phase $V_\varphi = \dfrac{\omega}{k} = \dfrac{c}{\sqrt{\varepsilon_r}}$ est indépendante de la pulsation (la relation linéaire entre k et ω confirme cette analyse). Dans le cas où le diélectriques entre l'âme et la gaine est assimilé au vide, on pose naturellement $\varepsilon_r = 1$ de sorte que $\boxed{V_\varphi = c}$: le signal se propage à la vitesse de la lumière dans le vide, le long d'une ligne parfaite dont le diélectrique est assimilé au vide. On retrouve les résultats de l'exercice 11.3.

Chapitre 12

Rayonnement dipolaire et diffusion

UN SCIENTIFIQUE

John Strutt, baron de Rayleigh (1842-1919) effectue ses études à Cambridge. Il s'intéresse aux phénomènes vibratoires et à l'optique et c'est en voguant sur le Nil qu'il élabore sa théorie de propagation du son. Revenu en Angleterre, il étudie la composition des molécules et particulièrement les masses moléculaires. En étudiant la composition de l'air, il découvre un gaz rare, l'argon ce qui lui vaut le prix Nobel de physique en 1904 conjointement avec William Ramsay.

Un peu d'histoire

Dans l'Antiquité, déjà, Archimède s'intéressait au rayonnement thermique. Lors du siège de Syracuse par les Romains, il aurait mis au point, à l'aide de deux miroirs géants, un dispositif qui, en concentrant les rayons du soleil, permettait de mettre le feu aux voiles des navires romains.

Par ses travaux sur la diffusion de la lumière, Rayleigh, donne sa formule donnant le développement spectral du rayonnement thermique ; il explique la couleur bleue du ciel par réémission de la lumière par les électrons atomiques excités par le rayonnement solaire. La puissance diffusée étant proportionnelle à la puissance quatrième de la fréquence, le bleu est extrêmement prédominant.

La connaissance de la structure de l'atome et la naissance de la physique quantique ont permis de comprendre les processus de diffusion de la lumière et plus généralement des ondes électromagnétiques.

Objectifs

Ce qu'il faut connaître

- ▷ Savoir en quoi consiste l'approximation dipolaire
- ▷ Savoir définir la zone de rayonnement et identifier la gamme de longueur d'onde (ou de fréquence) correspondante
- ▷ Savoir que dans la zone de rayonnement l'onde électromagnétique engendrée par le dipôle est localement plane
- ▷ Connaître l'allure du diagramme de rayonnement
- ▷ Connaître le modèle de la charge élastiquement liée (MP)

Ce qu'il faut savoir faire

- ▷ Savoir utiliser les expressions des champs fournies pour montrer qu'ils caractérisent une onde localement plane à grande distance
- ▷ Savoir exprimer le vecteur de Poynting moyen et le lier à la puissance rayonnée
- ▷ Savoir tracer l'allure du diagramme de rayonnement et l'interpréter physiquement
- ▷ Savoir analyser la diffusion de type Rayleigh d'une onde électromagnétique par une molécule dans cadre du modèle de la charge élastiquement liée (MP)

Résumé de cours

Modèle du dipôle oscillant dans l'approximation dipolaire

Une distribution continue de charges $\mathcal{D}$ de volume ϑ, variable temporellement de façon harmonique à la pulsation ω et d'extension spatiale de l'ordre de a autour du point O engendre au point M, repéré par $r = \left\|\overrightarrow{OM}\right\|$, une onde électromagnétique de même pulsation ω et de longueur d'onde $\lambda = \dfrac{2\pi c}{\omega}$. On note $\vec{p} = \iiint_{\vartheta} \rho(A)\, \overrightarrow{OA}\, \mathrm{d}\tau$ **le moment dipolaire** associé à la distribution (indépendant du point O si la distribution globalement neutre).

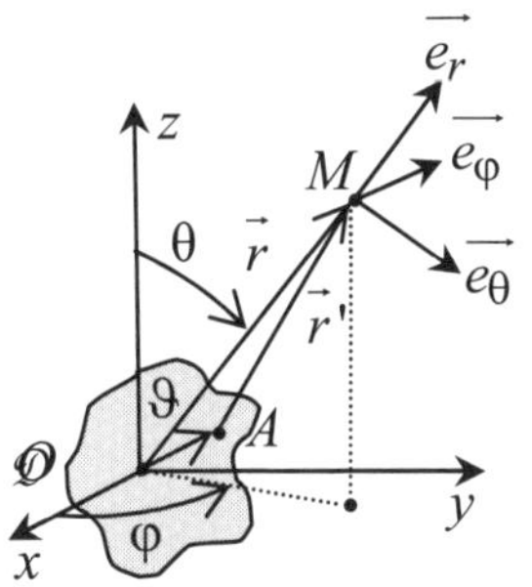

L'approximation dipolaire consiste à poser $\boxed{r >> a}$ et $\boxed{a << \lambda}$, cette dernière hypothèse revient à considérer que la vitesse V des charges en mouvement est faible devant la vitesse de la lumière : $\boxed{V << c}$.

⇨ **Méthode 12.1. Les niveaux d'approximation et leur sens physique**

Dans le cadre de l'approximation dipolaire on note $\vec{p} = p_0 \cos\big(\omega(t - r/c)\big)\, \vec{e_z}$.

Champs engendrés à grande distance dans le cadre de l'approximation dipolaire

En coordonnées sphériques de centre O, les expressions des champs dans la **zone de rayonnement**, dans le cadre de l'approximation $\boxed{a << \lambda << r}$, sont donnés par :

$$\boxed{\vec{E} \approx \frac{\sin\theta}{4\pi\varepsilon_o\, r\, c^2}\, \ddot{p}\, \vec{e_\theta} = \frac{\pi \sin\theta}{\varepsilon_0\, r\, \lambda^2}\, p_0 \cos\big(\omega(t - r/c)\big)\, \vec{e_\theta}}$$

et $$\boxed{\vec{B} \approx \frac{\mu_0 \sin\theta}{4\pi r c}\, \ddot{p}\, \vec{e_\varphi} = \frac{\mu_0\, \pi c \sin\theta}{r \lambda^2}\, p_0 \cos\big(\omega(t - r/c)\big)\, \vec{e_\varphi}}.$$

Ces champs $\left(\vec{E}, \vec{B}\right)$ ont localement une structure d'**onde plane**.

⇨ **Méthode 12.2. Champs rayonnés à grande distance par une charge accélérée**

■ Puissance rayonnée, indicatrice de rayonnement

Le vecteur de Poynting moyen rayonné est $\boxed{\langle \vec{R} \rangle = \left\langle \dfrac{\vec{E} \wedge \vec{B}}{\mu_0} \right\rangle = \dfrac{\pi^2 c\, p_0^{\,2} \sin^2\theta}{2\,\varepsilon_0\, r^2\, \lambda^4} \vec{e_r}}$, il est **radial** et, si p_0 est indépendant de ω, proportionnel à $\dfrac{1}{\lambda^4}$. À ω fixée, son amplitude est de la forme : $\boxed{cte \cdot \sin^2\theta}$, l'allure du diagramme de rayonnement est présentée ci-dessous.

⇨ **Méthode 12.3. Énergie rayonnée à grande distance par une charge accélérée**

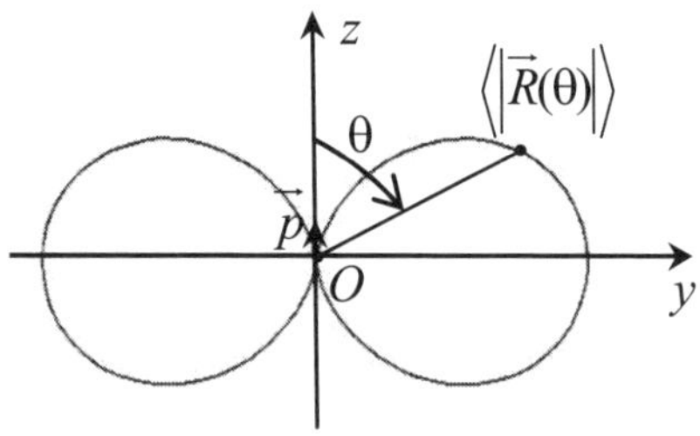

Le rayonnement dipolaire est **anisotrope** et **assez peu directif** : le dipôle ne rayonne pas suivant son axe et le rayonnement est maximal dans le plan équatorial perpendiculaire à cet axe.
On montre que la puissance moyenne rayonnée à travers la sphère de centre O et de rayon r est indépendante de r ce qui traduit l'absence de dissipation dans le vide.

■ Modèle de la charge élastiquement liée, section efficace de diffusion Rayleigh (MP)

Il s'agit de décrire l'émission dipolaire produite par un atome dont le nuage électronique est soumis à l'action d'un champ électromagnétique incident de la forme $\vec{\underline{E}}_i = E_0 \exp\big(i(\omega t - k\,z)\big)\,\vec{e_x}$. Le milieu est suffisamment dilué pour que l'on puisse considérer que la propagation des champs se fait comme dans le vide. Le champ est comme uniforme à l'échelle du nuage électronique de l'atome. Sous l'action de ce champ, le comportement collectif des électrons de valence de l'atome se modélise par une oscillation harmonique de leur barycentre G^- à la même pulsation ω que celle du champ incident. Le noyau, ainsi que le reste des électrons de cœur restent immobiles et forment une charge $+q$ globalement positive considérée comme ponctuelle et située au point O dans le référentiel barycentrique de l'atome (R) rapporté à $(O,\vec{e_x},\vec{e_y},\vec{e_z})$. On considère en outre que la vitesse V communiquée aux électrons reste faible devant la vitesse de la lumière dans le vide : $V \ll c$. Dans le cadre du modèle de la charge élastiquement liée, lors de son mouvement, G^- est soumis à :

– une force de rappel élastique de la part du noyau de la forme $\vec{f}_r = -m\,\omega_0^2\,\overrightarrow{OG^-}$, où m est la masse affectée à G^- et $\omega_0 = cte$ est la pulsation propre d'oscillation en régime libre ;

– une force de frottement visqueux de la forme $\vec{f}_v = -\alpha \vec{V}$, où $\alpha > 0$ est le coefficient d'amortissement visqueux.

Le moment dipolaire de l'atome se met, en notation complexe, sous la forme :

$\underline{\vec{p}} = \underline{p_0}(\omega) \exp(i\,\omega\,t)\,\vec{e_x}$ où $\boxed{\underline{p_0}(\omega) = \dfrac{q^2 E_0}{m\left[\left(\omega_0^2 - \omega^2\right) + i\dfrac{\omega}{\tau}\right]}}$ et $\tau = \dfrac{m}{\alpha}$ le temps de relaxation.

À la résonance, pour $\omega = \omega_0$, l'énergie empruntée par l'atome au champ électromagnétique incident est maximum.

Pour $\omega << \omega_0$, loin de la résonance, on est dans le domaine de Rayleigh et la puissance moyenne rayonnée est de la forme $\boxed{\langle P \rangle = cte \cdot \left(\dfrac{\omega}{\omega_0}\right)^4}$. On parle alors, avec une dépendance caractéristique en $\dfrac{1}{\lambda^4}$, de diffusion Rayleigh. Elle permet, en particulier d'expliquer la couleur du ciel.

⇨ **Méthode 12.4. Diffusion Rayleigh et couleur du ciel**

■■ Méthodes

■ Comment donner du sens à l'approximation dipolaire ?

❑ Méthode 12.1. Les niveaux d'approximation et leur sens physique

> Une source de champs électromagnétiques très fréquemment étudiée est constituée d'un ensemble continu de charges de volume ϑ, en mouvement harmonique, localisées autour de l'origine O du référentiel d'étude et dont l'extension spatiale maximum est a. Dans le cadre de **l'approximation dipolaire**, on s'intéresse aux effets engendrés par ces variations spatio-temporelles en un point M suffisamment éloigné de $\mathcal{D}$ pour que l'on puisse poser $r = OM >> a$. D'autre part, la longueur d'onde λ du rayonnement émis est très grande devant a : $\lambda >> a$ (ce qui implique que la vitesse des charges est faible devant la vitesse de la lumière : $V << c$).

⇨ Exercice 12.1

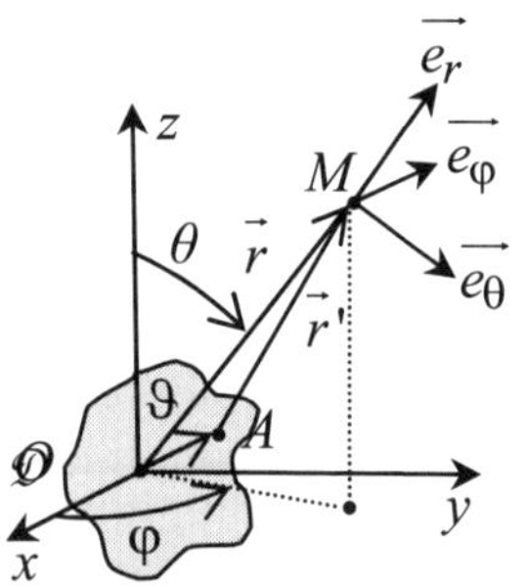

Considérons dans le référentiel d'étude (R) rapporté à $(O, \overrightarrow{e_x}, \overrightarrow{e_y}, \overrightarrow{e_z})$ une distribution continue de charges $\mathcal{D}$ de volume ϑ, variable temporellement de façon harmonique à la pulsation ω. On note a l'ordre de grandeur de son extension spatiale maximum. Ces sources engendrent au point M repéré par $r = \left\|\overrightarrow{OM}\right\|$ une onde électromagnétique de même pulsation et de longueur d'onde λ. Un point quelconque A de la distribution de charge est repéré par le vecteur $\overrightarrow{r_A} = \overrightarrow{OA}$ et on note $\overrightarrow{r}' = \overrightarrow{AM}$ et $\vec{n}$ le vecteur unitaire de $\overrightarrow{OM}$. Pour M suffisamment éloigné de $\mathcal{D}$, on peut écrire $r' = \left\|\vec{r} - \overrightarrow{r_A}\right\| \approx r - \overrightarrow{r_A} \cdot \vec{n}$. L'extension maximum de la distribution de charge étant égale à a, $\overrightarrow{r_A} \cdot \vec{n}$ est au maximum de l'ordre de a. Ainsi, pour M suffisamment éloigné de $\mathcal{D}$, on peut écrire $r' = \left\|\vec{r} - \overrightarrow{r_A}\right\| \approx r - \overrightarrow{r_A} \cdot \vec{n}$. L'extension maximum de la distribution de charge étant égale à a, $\overrightarrow{r_A} \cdot \vec{n}$ est au maximum de l'ordre de a. Ainsi, si M est suffisamment éloigné de $\mathcal{D}$ pour que l'on puisse poser $r >> a$, on a au premier ordre en $\frac{r}{a}$: $r' \approx r$. La densité volumique de courant en un point A de cette distribution est perçue en un point M à l'instant t dans l'état qui était le sien à l'instant $t' = t - AM / c$ où AM / c est le temps nécessaire à la propagation de l'information entre A et M à la vitesse c. Or $t - AM / c$ s'écrit encore $t - \frac{r}{c} + \frac{\overrightarrow{r_A} \cdot \vec{n}}{c}$. Il ne s'agit plus alors de comparer deux distances dont l'une est très grande devant l'autre mais de comparer les variations des sources durant les intervalles de temps $\frac{r}{c}$ et $\frac{\overrightarrow{r_A}\cdot\overrightarrow{n}}{c}$. On ne pourra négliger le terme $\frac{\overrightarrow{r_A}\cdot\overrightarrow{n}}{c}$ dans l'expression de t' que si les sources n'évoluent pas notablement durant ce temps qui est au maximum de l'ordre de $\frac{a}{c}$. Or, la distribution de charges variant harmoniquement à la pulsation ω, elle varie notablement sur une période d'oscillation $T=\frac{2\pi}{\omega}=\frac{\lambda}{c}$. Cela revient à dire qu'on ne pourra négliger le terme $\frac{\overrightarrow{r_A}\cdot\overrightarrow{n}}{c}$ dans la phase que si : $\frac{a}{c}<<T=\frac{\lambda}{c}$, soit finalement $\boxed{a<<\lambda}$. Voyons ce qu'implique cette hypothèse en terme de vitesse des charges : sur une période, les charges parcourent à la vitesse V une distance de l'ordre l'extension spatiale de la distribution, soit $T\approx\frac{a}{V}$. Ainsi, $\boxed{a<<\lambda \quad\Rightarrow\quad V<<c}$: la vitesse des charges est faible devant la vitesse de la lumière. Dans le cadre de cette approximation, on peut écrire $t'\approx t-r/c$, où r/c correspond au temps de parcours de l'information entre le point O et le point M. Tout se passe comme si, vue depuis M à grande distance de la distribution, celle-ci était ponctuelle et localisée en O.

❑ Méthode 12.2. Champs rayonnés à grande distance par une charge accélérée

Le rayonnement émis par une charge (ou une assemblée de charges) en mouvement accéléré trouve de nombreuses applications dans des domaines variés de la physique, tant fondamentale qu'expérimentale. Les calculs sont menés dans le cadre de l'approximation dipolaire. Le champ électromagnétique rayonné par cette charge étant donnés, les expressions approchées des champs dans la zone de rayonnement sont alors obtenues en ne conservant que les termes dominants dans l'approximation $\frac{r}{\lambda}>>1$.

Cette compétence est classiquement mobilisable en début de problème.

⇨ **Exercice 12.1**

Champ rayonné par une charge accélérée.

On considère une particule quasi ponctuelle non relativiste localisée dans un petit volume $\mathcal{V}$ autour du point P de charge q animée d'une vitesse $\vec{V}(t)$ (telle que $\|\vec{V}\|<<c$) variable au cours du temps par rapport au référentiel du laboratoire (R) rapporté à $(O,\overrightarrow{e_x},\overrightarrow{e_y},\overrightarrow{e_z})$. Supposons son mouvement périodique de pulsation ω et localisé au voisinage de l'origine O. On recherche l'expression du champ électromagnétique rayonné par cette charge en un point M dans la zone de rayonnement à grande distance de O dans laquelle on peut écrire que $r=OM>>OP$ et $r>>\lambda=\frac{2\pi c}{\omega}$.

Méthodes

Dans le cadre de ces approximations, on admet que le champ magnétique rayonné au point M a pour expression :

$\vec{B}=\frac{q\mu_0}{4\pi}\vec{\nabla}\wedge\left(\frac{1}{r}\vec{V}(t-r/c)\right)=\frac{q\mu_0}{4\pi}\vec{\nabla}\left(\frac{1}{r}\right)\wedge\vec{V}(t-r/c)+\frac{q\mu_0}{4\pi}\frac{1}{r}\left(\vec{\nabla}\wedge\vec{V}(t-r/c)\right)$. Les deux termes intervenant dans cette expression sont d'ordres très différents. En effet en coordonnées cartésiennes et en posant $u=t-r/c$, on a :

$$\vec{\nabla}\wedge\vec{V}(t-r/c)=\begin{vmatrix}\partial/\partial x\\ \partial/\partial y\\ \partial/\partial z\end{vmatrix}\wedge\begin{vmatrix}V_x(u)\\ V_y(u)\\ V_z(u)\end{vmatrix}=\begin{vmatrix}\partial V_z(u)/\partial y-\partial V_y(u)/\partial z\\ \partial V_x(u)/\partial z-\partial V_z(u)/\partial x\\ \partial V_y(u)/\partial x-\partial V_x(u)/\partial y\end{vmatrix}$$

. Or, si V_k désigne l'une des composantes cartésiennes où $k=x,y$ ou z de $\vec{V}$ et x_l l'une des coordonnées x, y ou z, on peut écrire : $\frac{\partial V_k(u)}{\partial x_l}=\frac{\mathrm{d}V_k(u)}{\mathrm{d}u}\frac{\partial u}{\partial x_l}=\dot{V}_k\left(-\frac{1}{c}\frac{\partial r}{\partial x_l}\right)$ où le point représente la dérivée par rapport à u. Comme, de plus, $r^2=x^2+y^2+z^2$, il vient en différentiant $r\,\mathrm{d}r=x\,\mathrm{d}x+y\,\mathrm{d}y+z\,\mathrm{d}z$ et donc $\frac{\partial r}{\partial x_l}=\frac{x_l}{r}$, de sorte que $\frac{\partial V_k(u)}{\partial x_l}=\dot{V}_k\left(-\frac{1}{c}\frac{x_l}{r}\right)$. Ainsi, en remplaçant dans l'expression de $\vec{\nabla}\wedge\vec{V}(t-r/c)$, il vient

$$\vec{\nabla}\wedge\vec{V}(t-r/c)=-\frac{1}{c}\begin{vmatrix}\frac{y}{r}\dot{V}_z-\frac{z}{r}\dot{V}_y\\ \frac{z}{r}\dot{V}_x-\frac{x}{r}\dot{V}_z\\ \frac{x}{r}\dot{V}_y-\frac{y}{r}\dot{V}_x\end{vmatrix}=\begin{vmatrix}x/r\\ y/r\\ z/r\end{vmatrix}\wedge\begin{vmatrix}\dot{V}_x\\ \dot{V}_y\\ \dot{V}_z\end{vmatrix}$$

et en notant $\vec{n}=\begin{vmatrix}x/r\\ y/r=\vec{r}/\|\vec{r}\|\\ z/r\end{vmatrix}$ le vecteur unitaire de $\overrightarrow{OM}$ et $\vec{a}(t-r/c)=\begin{vmatrix}\dot{V}_x(t-r/c)\\ \dot{V}_y(t-r/c)\\ \dot{V}_z(t-r/c)\end{vmatrix}$ l'accélération du point P à l'instant $t-r/c$, on obtient finalement $\boxed{\vec{\nabla}\wedge\vec{V}(t-r/c)=-\frac{1}{c}\vec{n}\wedge\vec{a}(t-r/c)}$. Le mouvement de la charge étant harmonique, on peut poser $V(t)\approx V_0\cos(\omega t)$ de sorte que $\left\|\vec{\nabla}\wedge\vec{V}(t-r/c)\right\|\approx\frac{\omega}{c}V_0$ et ainsi : $\left\|\frac{1}{r}\left(\vec{\nabla}\wedge\vec{V}(t-r/c)\right)\right\|\approx\frac{\omega V_0}{cr}=\frac{2\pi V_0}{\lambda r}$. Le second terme intervenant dans l'expression de $\vec{B}$ est quant à lui de l'ordre de $\left\|\vec{\nabla}\left(\frac{1}{r}\right)\wedge\vec{V}(t-r/c)\right\|\approx\frac{V_0}{r^2}$.

Ainsi, dans la zone de rayonnement, dans l'hypothèse $r\gg\lambda$:

$\left\|\frac{1}{r}\left(\vec{\nabla}\wedge\vec{V}(t-r/c)\right)\right\|\gg\left\|\vec{\nabla}\left(\frac{1}{r}\right)\wedge\vec{V}(t-r/c)\right\|$, de sorte qu'au point M :

$\boxed{\vec{B}\approx-\frac{q}{4\pi\varepsilon_0c^3r}\vec{n}\wedge\vec{a}(t-r/c)}$. L'équation de Maxwell-Faraday s'écrit : $\frac{\partial\vec{E}}{\partial t}=c^2\vec{\nabla}\wedge\vec{B}$.

En procédant comme précédemment, il vient en négligeant le terme $\vec{\nabla}\left(\frac{1}{r}\right)\wedge\vec{n}\wedge\vec{a}(u)$ devant $\frac{1}{r}\left(\vec{\nabla}\wedge\vec{n}\wedge\vec{a}(u)\right)$: $\vec{\nabla}\wedge\vec{B}=-\frac{q}{4\pi\varepsilon_0 c^3}\vec{\nabla}\wedge\left(\frac{1}{r}\vec{n}\wedge\vec{a}(u)\right)\approx-\frac{q}{4\pi\varepsilon_0 c^3}\frac{1}{r}\left(-\frac{\vec{n}}{c}\right)\wedge\frac{\mathrm{d}\left(\vec{n}\wedge\vec{a}(u)\right)}{\mathrm{d}u}$ et en intégrant par rapport au temps : $\boxed{\vec{E}\approx\frac{q}{4\pi\varepsilon_0 c^2 r}\vec{n}\wedge\left(\vec{n}\wedge\vec{a}(t-r/c)\right)}$.

Ces champs caractérisent une onde sphérique. Ainsi, en se plaçant en coordonnées sphériques et en choisissant l'axe (Oz) suivant l'accélération de la particule, on écrit avec $\vec{n}=\vec{e_r}$: $\vec{n}\wedge\vec{a}(t-r/c)=-a(t-r/c)\sin\theta\,\vec{e_\varphi}$ et $\vec{n}\wedge\left(\vec{n}\wedge\vec{a}(t-r/c)\right)=a(t-r/c)\sin\theta\,\vec{e_\theta}$ de sorte que

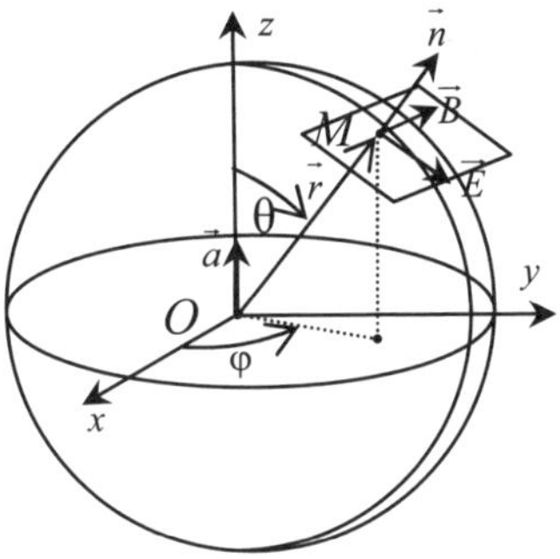

$\boxed{\vec{B}\approx\frac{q\,a(t-r/c)}{4\pi\varepsilon_0 c^3 r}\sin\theta\,\vec{e_\varphi}}$ et $\boxed{\vec{E}\approx\frac{q\,a(t-r/c)}{4\pi\varepsilon_0 c^2 r}\sin\theta\,\vec{e_\theta}}$.

On note ainsi que $\vec{E}$ et $\vec{B}$ sont transverses, formant avec la direction de propagation $\vec{n}=\vec{e_r}$ un trièdre direct. D'autre part, on note que $\|\vec{B}\|=\|\vec{E}\|/c$. Ainsi, l'onde, de nature sphérique, a localement la structure d'onde plane.

Méthodes

❑ Méthode 12.3. Énergie rayonnée à grande distance par une charge accélérée

Une compétence importante et classique est le tracé de l'indicatrice de rayonnement ou diagramme de rayonnement. Il est obtenu en traçant la norme du vecteur de Poynting moyen en fonction de l'angle polaire $\left\langle\left|\vec{R}(\theta)\right|\right\rangle=f(\theta)$.

⇨ **Exercices 12.1, 12.2 et 12.3**

Reprenons le cas du rayonnement émis par une charge accélérée traité précédemment. Le vecteur de Poynting moyen est alors donné par : $\left\langle\vec{R}\right\rangle=\left\langle\frac{\vec{E}\wedge\vec{B}}{\mu_o}\right\rangle=\frac{q^2\left\langle a^2(t-r/c)\right\rangle}{16\pi^2\varepsilon_0^2\mu_o c^5}\frac{\sin^2(\theta)}{r^2}\vec{e_r}$,

soit $\left\langle\vec{R}\right\rangle=\frac{q^2\left\langle a^2(t-r/c)\right\rangle}{16\pi^2\varepsilon_0 c^3}\frac{\sin^2(\theta)}{r^2}\vec{n}$: il est radial. Ainsi, $\left\langle\left|\vec{R}(\theta)\right|\right\rangle=cte\cdot\sin^2\theta$, d'où le diagramme de rayonnement ci-après.

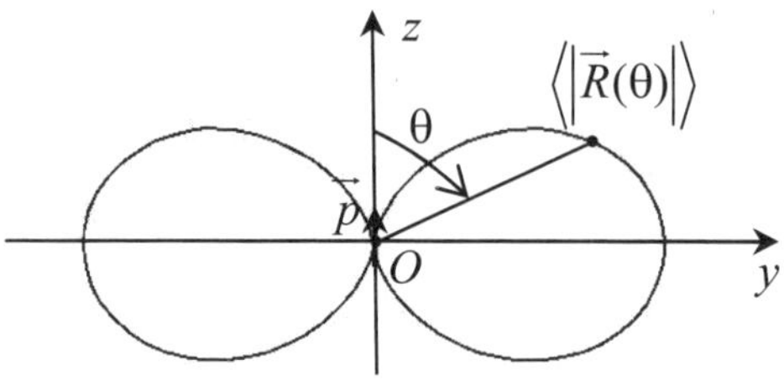

Diagramme de rayonnement

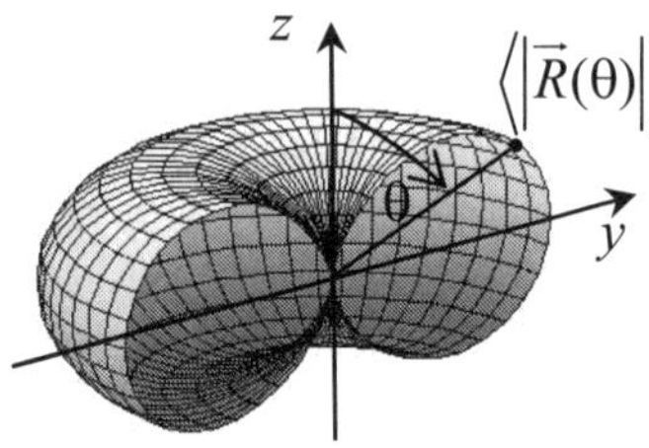

Vue en *3.D* coupée par un plan méridien

On constate que la charge accélérée ne rayonne pas suivant l'axe portant son accélération : pour une particule non relativiste, le rayonnement est maximal dans le plan équatorial perpendiculaire à l'accélération. Le rayonnement est anisotrope mais assez peu directif.

❑ Méthode 12.4. Diffusion Rayleigh et couleur du ciel (MP)

L'une des illustrations classiques de la diffusion d'une onde électromagnétique par un milieu est l'explication de la couleur du ciel par beau temps pendant la journée et celle du disque solaire au soleil couchant.

⇨ **Exercice 12.2**

On modélise l'atmosphère comme une assemblée d'atomes identiques localisés aux points A_i autour du point O, éclairée en lumière naturelle non polarisée représentée par un champ électrique incident comportant deux composantes $\vec{E}_{ix} = E_{0x}\exp\big(i(\omega t - k\,z + \varphi_x)\big)\vec{e_x}$ et $\vec{E}_{iy} = E_{0y}\exp\big(i(\omega t - k\,z + \varphi_y)\big)\vec{e_y}$ orthogonales, d'amplitude et de déphasage $\varphi = \varphi_y - \varphi_x$ variant de façon aléatoire au cours du temps.

Du fait des interférences entre les N ondes diffusées par les N atomes identiques, la puissance surfacique totale moyenne diffusée au point M s'écrit $\left\langle\left|\vec{R}(\theta)\right|\right\rangle_{tot} = S\left\langle\left|\vec{R}(\theta)\right|\right\rangle$ avec :

– $\left\langle\left|\vec{R}(\theta)\right|\right\rangle$ puissance surfacique moyenne rayonnée par un atome,

– S facteur de structure, donné par $S = \left\langle \sum_{i=1}^{N}\sum_{j=1}^{N}\cos\left(\left(k\,\vec{n} - k\,\vec{e_z}\right)(\vec{r}_i - \vec{r}_j)\right)\right\rangle_{\tau_d}$ où $\vec{r}_i = \overrightarrow{OA_i}$

repère la position d'un atome, où $\vec{n} = \overrightarrow{OM} / \left\|\overrightarrow{OM}\right\|$ et où $\langle\quad\rangle_{\tau_d}$ désigne la valeur moyenne sur le temps de détection τ_d.

Tout d'abord, on peut justifier qualitativement que, durant le temps de détection de l'œil $\tau_d \approx 0{,}06\ \text{s}$, les positions $\vec{r}_i$ et $\vec{r}_j$ des atomes *i* et *j* varient fortement et de façon aléatoire.

En effet, sachant que dans un gaz parfait, le libre parcours moyen (distance de parcours moyen d'un constituant entre deux chocs successifs) est de l'ordre du nanomètre, durant le temps de détection $\tau_d \approx 0{,}06\,\text{s}$, chaque atome parcourt une distance $d \approx V_{th}\,\tau_d \approx 30\,\text{m}$. Cette distance est très supérieure au libre parcours moyen dans le gaz, de sorte que durant le temps de détection, chaque atome subit une suite aléatoire de nombreux chocs, produisant une variation aléatoire de la quantité $\vec{r}_i - \vec{r}_j$ durant le temps de détection sur lequel est effectuée la moyenne

On peut alors exprimer la puissance surfacique moyenne totale : $S = \left\langle \sum_{i=1}^{N}\sum_{j=1}^{N} \cos\left(\left(k\,\vec{n} - k\,\vec{e_z}\right)(\vec{r}_i - \vec{r}_j)\right)\right\rangle_{\tau_d} = 0$, sauf pour $i = j$, donc la somme se réduit à N termes égaux à 1 : $S = N$. On a alors $\left\langle\left|\vec{R}(\theta)\right|\right\rangle_{tot} = N\left\langle\left|\vec{R}(\theta)\right|\right\rangle$ et par intégration surfacique : $\langle P_{tot}\rangle = N\langle P\rangle$. La puissance moyenne totale est la somme des puissances moyennes émises par chaque atome, soit $\boxed{\langle P_{tot}\rangle = N\,\sigma(\omega)\,\varepsilon_0\,c\,E_0^2/2}$. Il n'y a pas d'interférence entre les radiations émises par chaque atome : on parle de diffusion incohérente (en effet, des ondes incohérentes entre elles n'interfèrent pas).

Le terme $\sigma(\omega)$ est appelé section efficace de diffusion.

Voyons à présent le lien avec la couleur perçue. La puissance moyenne totale diffusée est d'autant plus importante que la valeur de $\sigma(\omega)$ est élevée. De plus, on peut montrer (voir l'exercice 12.2) que $\sigma(\omega) = \dfrac{q^4}{6\pi\,\varepsilon_0^2\,c^4\,m^2}\left(\dfrac{\omega}{\omega_0}\right)^4$. Ainsi, la diffusion est d'autant plus efficace que ω est élevée et donc que la longueur d'onde est courte. Or, aux limites du spectre visible, on a $7{,}5\cdot 10^{14}$ Hz pour le violet à $4\cdot 10^{14}$ Hz pour le rouge : la puissance diffusée dans le violet est environ 12 fois supérieure à celle diffusée dans le rouge. En vision diurne, l'œil ayant son maximum de sensibilité dans le jaune-vert, le maximum d'intensité lumineuse perçue est décalé dans le bleu, qui est ainsi la couleur de la lumière perçue par l'œil (la couleur perçue résulte d'un compromis entre la diffusion – maximale dans le violet – et la sensibilité de l'œil – maximale dans le jaune-vert, Le ciel paraîtrait violet si l'œil était plus sensible à haute fréquence).

Pour $\omega \ll \omega_0$ (loin du pic de résonance) ce processus de diffusion reste cependant d'une faible efficacité. Ainsi, le phénomène est d'autant plus marqué que l'épaisseur d'atmosphère traversée est importante : de l'ordre de la centaine de kilomètres au moins pour que l'effet soit observable. Au soleil couchant, les rayons rasants parvenant à la surface de la Terre traversent une plus grande épaisseur d'atmosphère. Ainsi, les hautes fréquences sont filtrées par diffusion Rayleigh et le rayonnement directement transmis dans l'axe Soleil-observateur est enrichi en basses fréquences donc dans le rouge. Le disque solaire prend alors une teinte rouge orangée. Durant la journée, où l'épaisseur de l'atmosphère traversée est moins importante, le filtrage est moins efficace et le rayonnement directement transmis reproduit quasiment le spectre de la lumière naturelle.

En présence de nuage dont les microgouttelettes d'eau ont un diamètre de l'ordre du micromètre, l'ordre de grandeur du centre diffusif est comparable à celui de la longueur d'onde du champ incident. Le champ ne peut être considéré comme uniforme à l'échelle de la microgouttelette et le modèle utilisé pour la diffusion Rayleigh n'est plus valable. On passe en régime de diffusion de Mie, on montre alors que la section efficace de diffusion est indépendante de la pulsation du champ incident. Ainsi, la puissance est également diffusée dans tout le spectre de la lumière incidente. Durant la journée, toutes les longueurs d'onde du spectre visible sont présentes et la lumière diffusée par les nuages est alors perçue blanche. Le soir, éclairés par la lumière à dominante rouge filtrée par l'atmosphère (diffusion Rayleigh), ils apparaissent de la même couleur rouge. La coloration rouge du ciel est de la même façon d'autant plus nette que le taux d'humidité dans l'air est important.

Vrai/Faux

		Vrai	Faux
1.	L'approximation dipolaire consiste à poser $r >> a$.	☐	☐
2.	L'approximation dipolaire n'est valable que si la vitesse V des charges en mouvement est faible devant la vitesse de la lumière : $V << c$.	☐	☐
3.	En un point M de la zone de rayonnement on est à grande distance du centre O du dipôle rayonnant.	☐	☐
4.	Un dipôle variable harmoniquement rayonne dans toutes les directions de l'espace.	☐	☐
5.	Une charge en mouvement rayonne toujours de l'énergie électromagnétique.	☐	☐
6.	Les abeilles dont les yeux sont sensibles à l'état de polarisation de la lumière peuvent s'orienter par rapport à l'axe du Soleil.	☐	☐
7.	L'onde rayonnée à grande distance d'un dipôle oscillant (dans le cadre de l'approximation dipolaire) est sphérique.	☐	☐
8.	L'onde rayonnée à grande distance d'un dipôle oscillant (dans le cadre de l'approximation dipolaire) est plane.	☐	☐

Énoncé des exercices

Exercice 12.1. Approximation dipolaire et dipôle de hertz

On considère dans le référentiel d'étude (R) rapporté à $(O,\overrightarrow{e_x},\overrightarrow{e_y},\overrightarrow{e_z})$ une distribution de charges $\mathcal{D}$ de volume ϑ, variable temporellement de façon harmonique à la pulsation ω, source d'une onde électromagnétique de même pulsation et de longueur d'onde $\lambda = \dfrac{2\pi c}{\omega}$. On note a l'ordre de grandeur de son extension spatiale maximum. On s'intéresse ici aux effets engendrés dans le vide à distance de cette distribution au point M repéré par $r = \left\|\overrightarrow{OM}\right\|$, $\theta = \left(\overrightarrow{e_z},\overrightarrow{OM}\right)$ et $\varphi = \left(\overrightarrow{e_x},\overrightarrow{OK}\right)$, où K est le projeté orthogonal de M sur le plan (O,x,y).

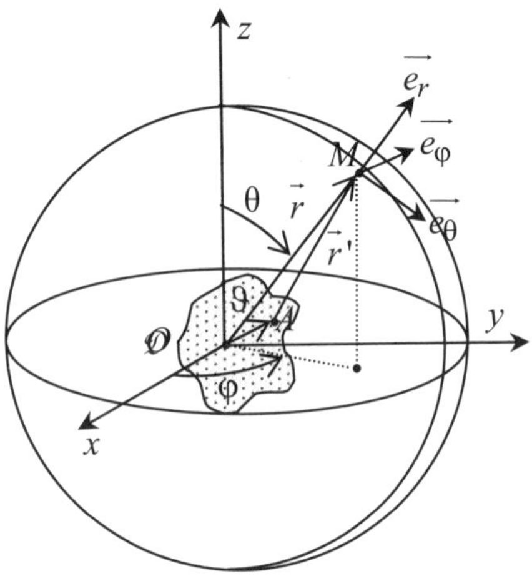

Un point quelconque A de la distribution de charges est repéré par le vecteur $\overrightarrow{r_A} = \overrightarrow{OA}$, on note $\vec{r}\,' = \overrightarrow{AM}$ et $\vec{n}$ le vecteur unitaire de $\overrightarrow{OM}$.

1. a) On considère pour l'instant la distribution comme un ensemble discret distribution de points A_i mobiles à la vitesse $\vec{V}_i$, de densité volumique n_i et de charge q_i. La distribution de charges étant globalement neutre, montrer que son moment dipolaire $\vec{p} = \sum_i q_i \overrightarrow{OA_i}$ est indépendant de l'origine choisie et qu'il peut être décomposé en une somme de moments dipolaires élémentaires identiques $\vec{p}_i = q_i\,\overrightarrow{B_iC_i}$ où la nature des points B_i et C_i sera précisée.

b) Dans le cas d'une distribution continue, donner l'expression générale de son moment dipolaire $\vec{p}$. À quelle condition sur sa densité volumique de charge $\rho(A)$ est-il indépendant de l'origine choisie ? On notera $\mathrm{d}q(A)$ la charge du volume élémentaire autour du point A.

2. On envisage à présent le cas particulier d'une distribution filiforme et rectiligne d'axe (Oz), de longueur a et centrée sur O. Cette portion de fil est le siège d'un courant harmonique de pulsation ω. L'élément de fil restant globalement neutre et étant le siège d'un courant variable d'intensité $i(t) = \dfrac{\mathrm{d}q(t)}{\mathrm{d}t}$, il apparaît, à l'instant t, aux extrémités du fil, les charges q et $-q$ (où $q(t) = \int i(t)$). On lui associe ainsi un unique dipôle oscillant de même pulsation

$\overrightarrow{p}(t) = q(t)\, a\, \overrightarrow{e_z}$ centré sur l'origine O, dit dipôle de Hertz. On pourra ainsi poser en complexe $\underline{p} = p_0 \exp(i\,\omega\, t)$.

Les champs $\overrightarrow{E}$ et $\overrightarrow{B}$ rayonnés sont donnés par :

$$\overrightarrow{B} = \frac{\mu_0 \sin\theta}{4\pi}\left(\frac{\dot{p}(t-r/c)}{r^2} + \frac{\ddot{p}(t-r/c)}{r\,c}\right)\overrightarrow{e_\varphi}\,,\ \overrightarrow{E} = E_r\,\overrightarrow{e_r} + E_\theta\,\overrightarrow{e_\theta}\ \ (E_\varphi = 0)\ \text{où :}$$

$$\text{et } E_\theta = \frac{\sin\theta}{4\pi\,\varepsilon_0}\left(\frac{p(t-r/c)}{r^3} + \frac{\dot{p}(t-r/c)}{r^2\,c} + \frac{\ddot{p}(t-r/c)}{r\,c^2}\right).$$

a) Quels résultats retrouve-t-on en régime stationnaire ?

b) La zone de champ proche se caractérise par $\dfrac{r}{\lambda} << 1$. Quel est le cadre de validité de cette approximation ? Donner en régime harmonique l'expression des champs $\overrightarrow{E}$ et $\overrightarrow{B}$ dans ce cas.

c) Pour $\dfrac{r}{\lambda} >> 1$, dans la zone de rayonnement, caractériser l'onde électromagnétique émise. Monter qu'elle a localement la structure d'onde d'une plane. Exprimer alors le vecteur de Poynting moyen. Tracer l'allure du diagramme de rayonnement obtenu en traçant son module en fonction de l'angle polaire θ. Le rayonnement est-il isotrope ? Évaluer la puissance totale moyenne $\langle P \rangle$ rayonnée par le dipôle à travers une sphère de centre O et de rayon r et l'exprimer en fonction de la dérivée seconde $\ddot{p}$ du moment dipolaire. Commenter sa dépendance avec r.
On définit, par analogie avec la puissance dissipée par effet joule, la résistance de rayonnement R_{ray} telle que $\langle P \rangle = \dfrac{R_{ray}\, I_0^2}{2}$, où I_0 est l'amplitude de $i(t)$. Donner son expression pour le dipôle de Hertz en fonction de λ et de a. Conclure sur le rayonnement d'un tel dipôle.

❑ Exercice 12.2. Modèle de la charge élastiquement liée, section efficace de diffusion Rayleigh (MP)

On se place dans le cadre du modèle de la charge élastiquement liée décrite dans la partie résumé de cours de ce chapitre.

1. Questions préliminaires

a) En se plaçant dans le domaine optique, justifier que le champ puisse être considéré comme uniforme à l'échelle de l'atome. Quel est alors le champ ressenti par le barycentre G^- du nuage électronique de l'atome centré sur O ?

b) Pour les atomes qui nous intéressent, la vitesse thermique est $V_{th} \approx 500\ \text{m}\cdot\text{s}^{-1}$. Justifier que l'atome est alors « vu » par l'onde incidente comme étant globalement immobile au point O. Justifier le choix du référentiel (R) comme référentiel d'étude : est-il galiléen ?

c) Exprimer le vecteur de Poynting moyen associé à l'onde incidente.

2. En tenant compte de la neutralité de l'atome, montrer que son moment dipolaire se met, en notation complexe, sous la forme : $\underline{\overrightarrow{p}} = \underline{p_0}(\omega)\exp(i\,\omega\, t)\,\overrightarrow{u}$, dont on précisera le vecteur unitaire $\vec{u}$ et où $\underline{p_0}(\omega)$ sera exprimé en fonction de la pulsation ω du champ incident, ainsi que des paramètres ω_0 , τ , E_0 , q et m .

3. On rappelle qu'à grande distance d'un tel dipôle, le vecteur de Poynting moyen est donné en coordonnées sphériques de centre O par $\langle \vec{R} \rangle = \dfrac{p_0^2\, c\, \pi^2 \sin^2\theta}{2\,\varepsilon_0\, r^2\, \lambda^4}\vec{e_r}$ où $r = OM$.

a) Les molécules majoritaires dans l'atmosphère (essentiellement N_2 et O_2) présentent un pic d'absorption dans l'UV lointain à une fréquence d'environ 10^{17} Hz . En déduire, par analogie avec l'étude de la résonance d'un oscillateur, l'ordre de grandeur de ω_0 . Montrer alors que dans le domaine du visible, le terme de frottement peut être négligé et qu'ainsi la puissance diffusée par l'atome peut se mettre sous la forme $\langle P \rangle = cte \cdot \left(\dfrac{\omega}{\omega_0}\right)^4$. On parle alors, avec une dépendance caractéristique en $\left(\dfrac{\omega}{\omega_0}\right)^4$, de diffusion Rayleigh. On rappelle que le domaine du spectre visible s'étant de environ $\lambda_{violet} \approx 400$ nm à $\lambda_{rouge} \approx 750$ nm .

b) Montrer que la puissance diffusée par l'atome peut s'écrire $\langle P \rangle = \sigma(\omega)\left|\langle \vec{R_i} \rangle\right|$ où $\sigma(\omega)$ est appelé section efficace de diffusion Rayleigh de rayonnement. Par une analyse dimensionnelle, justifier ce terme et proposez-en une interprétation physique.

❑ Exercice 12.3. Rayonnement d'une antenne demi-onde

Il est conseillé d'avoir préalablement traité l'exercice 12.1 avant d'aborder celui-ci. Une antenne demi-onde est constituée d'un fil rectiligne, de résistance négligeable, de longueur $L = \dfrac{\lambda}{2}$ d'axe (Oz) centré sur l'origine O du référentiel d'étude. λ est la longueur d'onde du courant harmonique qui la parcourt et qui a la forme d'une onde stationnaire : $i(z,\, t) = I_0 \cos(\pi\, z / L)\cos(\omega\, t)$. L'antenne est considérée comme un ensemble de dipôles élémentaires de Hertz $\mathrm{d}\vec{p} = q\,\mathrm{d}z\,\vec{e_z}$ au point N à la côte z. On posera $k = \dfrac{2\pi}{\lambda}$.

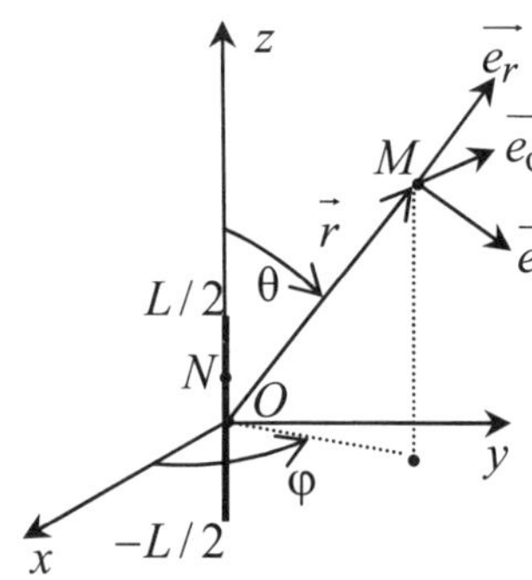

1. a) Justifier brièvement la présence d'un courant stationnaire dans l'antenne et décrire la forme de cette onde stationnaire.

b) Justifier que les champs produits par l'antenne au point M sont obtenus par superposition linéaire des champs créés par les différents dipôles élémentaires qui la composent. Donner, en vous rapportant aux résultats de l'exercice 12.1, l'expression du champ électrique élémentaire créé par le dipôle élémentaire centré sur le point O en fonction de $\mathrm{d}p$ et de ses dérivées première $\mathrm{d}\dot{p}$ et seconde $\mathrm{d}\ddot{p}$.

2. a) On se place au point M de la zone de rayonnement. Que devient le champ électrique élémentaire crée au point M par le dipôle élémentaire au point O ?

b) Montrer qu'il existe un déphasage non négligeable entre les champs électriques élémentaires crées au point M par les dipôles élémentaires en O et celui en N à la côte z, et l'exprimer en fonction de z et de θ. En déduire l'expression du champ électrique élémentaire crée au point M par le dipôle élémentaire au point N en fonction de l'intensité $i(z, t)$ du courant à la côte z, de $\mathrm{d}z$ et de θ.

c) Donner l'expression du champ électrique $\vec{E}(M,t)$ rayonné par l'antenne en M dans la direction (θ,φ) ainsi que du champ magnétique $\vec{B}(M,t)$ associé.

On donne $\displaystyle\int_{-\pi/2}^{+\pi/2} \cos x \, \exp(i\, a\, x)\, \mathrm{d}x = \frac{2\cos(a\pi/2)}{1-a^2}$.

3. Exprimer le vecteur de Poynting moyen $\langle \vec{R}_{\lambda/2} \rangle$ ainsi que la puissance moyenne $\langle P \rangle$ rayonnée par cette antenne. On pourra passer en complexe et utiliser $\displaystyle\int_0^{\pi} \frac{\cos^2((\pi/2)\cos\theta)}{\sin\theta}\,\mathrm{d}\theta = 1{,}22$.

4. La résistance de rayonnement R_{ray} d'une antenne demi-onde est définie par $\langle P \rangle = \dfrac{R_{ray} I_0^2}{2}$. Déterminer R_{ray} pour une antenne demi-onde et justifier la dénomination de résistance de rayonnement. Calculer numériquement R_{ray}.

Problème ouvert

5. On définit, pour quantifier la directivité de son rayonnement énergétique, le gain directionnel de l'antenne $G(\theta) = \dfrac{4\pi r^2 \langle |\vec{R}_{\lambda/2}| \rangle}{\langle P \rangle}$ et sa largeur angulaire à mi-puissance $\Delta\theta = \theta_2 - \theta_1$ telle que $G(\theta_2) = G(\theta_1) = \dfrac{G_{max}}{2}$.

On donne l'allure du diagramme de rayonnement en gain directionnel suivant :

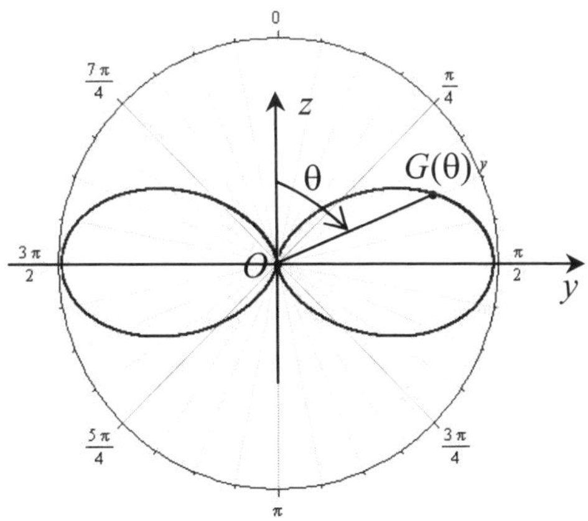

a) Établir l'expression de $G(\theta)$ pour une antenne demi-onde. Pour quelle angle θ a-t-on $G = G_{max}$ et $G = G_{\min}$, ceci est-il conforme au diagramme ci-dessus ? La puissance est-elle émise de façon isotrope ?

b) Dans quel intervalle d'angle θ est rayonné l'essentiel de la puissance ?
Reporter sur ce diagramme $G = G_{max}$ ainsi que la largeur angulaire à mi-puissance $\Delta\theta$ dont on proposera une estimation graphique. Le rayonnement énergétique de l'antenne 1/2 onde vous paraît-il directif ou au contraire peu directif ?

6. Une antenne dite onde de longueur $L = \lambda$ est le siège d'un courant de la forme $i(z,\ t) = I_0 \sin(2\pi\, z\,/\,L)\cos(\omega\, t)$. On montre que le champ électrique qu'elle rayonne à grande distance a pour expression $\vec{E}(M,t) = -\dfrac{I_0\left(\cos(\pi\cos\theta)+1\right)}{2\pi\varepsilon_o\, c\, r\sin\theta}\sin(\omega t - k\, r)\,\vec{e_\theta}$.

a) Donner alors l'expression de $\left\langle \vec{R_\lambda} \right\rangle$ de l'antenne onde dans la zone de rayonnement.

Le tracé de la valeur moyenne du module $\left\langle \left|\vec{R_\lambda}\right| \right\rangle$ en fonction de θ donne ce qu'on a coutume d'appeler le diagramme de rayonnement de l'antenne. On donne pour les antennes onde et 1/2 onde les diagrammes de rayonnement suivants :

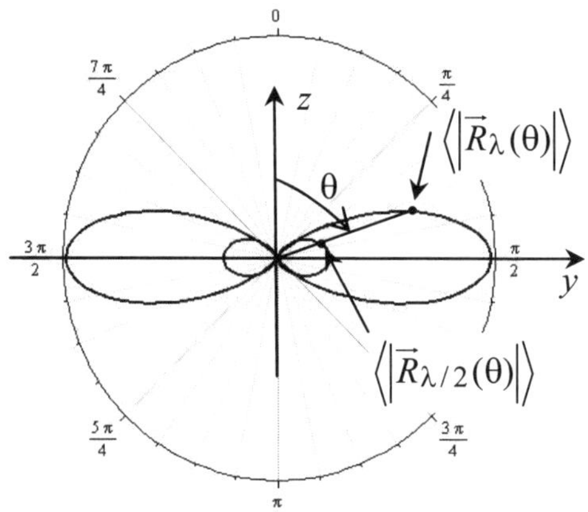

b) Exprimer $\left\langle \left|\vec{R_\lambda}\right| \right\rangle_{max}$ et $\left\langle \left|\vec{R}_{\lambda/2}\right| \right\rangle_{max}$. Pour une intensité d'amplitude I_0 donnée, que dire de l'énergie rayonnée par l'antenne onde par rapport à celle que rayonne l'antenne demi-onde. Ceci est-il en accord avec les diagrammes ci-dessus ?

c) En comparants ces diagrammes proposer une analyse comparative de la directivité pour ces deux types d'antenne.

Adapté d'après concours Centrale-Supélec

❑ Exercice 12.4. Validité du modèle classique de l'atome

On cherche à montrer que l'existence d'un rayonnement émis par une charge décrivant une orbite circulaire (d'accélération centripète) invalide le modèle classique de l'atome dans lequel un électron est en orbite circulaire stable autour du noyau, dans un état lié. On considère l'atome d'hydrogène dans lequel un électron non relativiste, de charge $-e = -1{,}6 \cdot 10^{-19}\,\text{C}$ et de

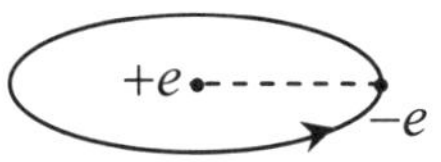

masse $m_e = 9{,}1\cdot 10^{-31}\,\text{kg}$, est en orbite circulaire de rayon initial $r_0 \approx 0{,}5\cdot 10^{-10}$ m autour d'un proton supposé fixe au centre O du référentiel d'étude. Il est soumis de la part du proton à la force $\vec{F} = -\dfrac{e^2}{4\pi\varepsilon_0 r^2}\,\vec{e_r}$, devant laquelle le poids est négligeable.

1. Montrer par un raisonnement qualitatif que le rayon de l'orbite de l'électron devrait se réduire jusqu'à effondrement de l'édifice.

2. Évaluer l'énergie mécanique en eV, et la période de révolution de l'électron autour du proton. On rappelle que $1\,\text{eV} \approx 1{,}6\cdot 10^{-19}$ J.

3. Évaluer le temps au bout duquel le rayon tend vers zéro et conclure sur la validité du modèle classique de l'atome.

❑ Exercice 12.5. Polarisation par diffusion dans l'atmosphère terrestre

La lumière émise par le Soleil est non polarisée et on la représente par un champ électrique incident comportant deux composantes $\vec{E}_{ix} = E_{0x}\exp\big(i(\omega t - k\,z + \varphi_x)\big)\vec{e_x}$ et $\vec{E}_{iy} = E_{0y}\exp\big(i(\omega t - k\,z + \varphi_y)\big)\vec{e_y}$ orthogonales, d'amplitude et de déphasage $\varphi = \varphi_y - \varphi_x$ variant de façon aléatoire au cours du temps. La lumière perçue sur Terre est elle aussi non polarisée. Elle est perçue par un observateur terrestre après diffusion par une tranche d'atmosphère par beau temps. Rappelons que pour un dipôle oscillant d'axe polaire (Ox), localisé autour du point O, la puissance surfacique moyenne (norme du vecteur de Poynting moyen) rayonnée est nulle suivant (Ox) et maximale dans la direction perpendiculaire (voir schéma ci-dessous). Au point M de l'axe (Oy) perpendiculaire au dipôle (en $r = OM$ à grande distance du dipôle), le champ électrique est celui d'une onde plane polarisée rectilignement : $\vec{E} = \dfrac{\pi \sin\theta}{\varepsilon_0\, r\,\lambda^2}\,p_0 \cos\big(\omega(t - r/c)\big)\,\vec{e_x}$.

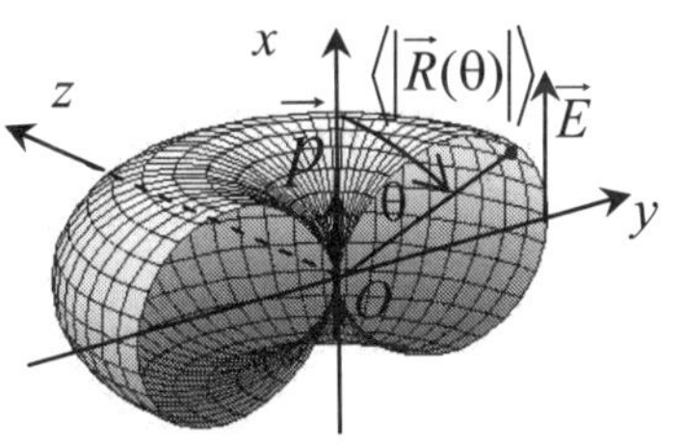

Diagramme de rayonnement d'un dipôle oscillant d'axe polaire(Ox)

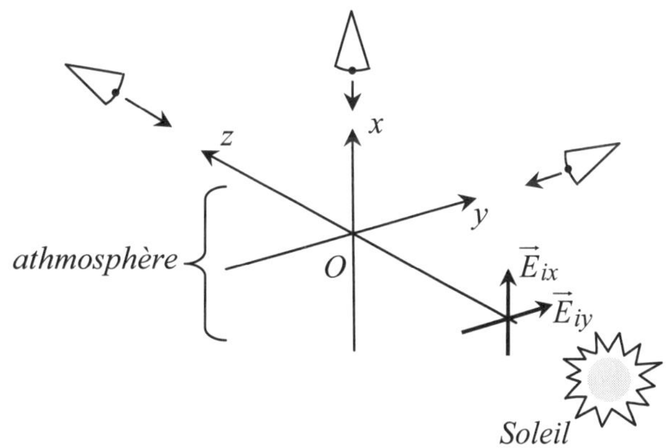

1. Étudier l'état de polarisation de la lumière parvenant à un observateur regardant venir l'onde diffusée dans l'axe du Soleil suivant (Oz), et dans les deux direction orthogonal (Ox) ou (Oy).

2. Quel est l'état de polarisation dans le plan (O,y,z) ?

Pour vous aider à démarrer

Exercice 12.1. À la question 1, introduire le point $O' \neq O$ dans l'expression du moment dipolaire et traduire la neutralité par $\sum_i q_i = 0$ pour montrer que $\vec{p}_{O'} = \sum_i q_i \overrightarrow{O'A_i} = \vec{p}_O$. Au b), la transposition à une distribution continue permet d'écrire $\vec{p} = \iiint_{\vartheta} \rho(A)\, \overrightarrow{OA}\, d\tau$. Pour la question 2, reportez-vous au à la méthode 1.

Exercice 12.2. À la question 1, en ce qui concerne l'uniformité, la dimension caractéristique d'un atome est $r_0 \approx 10^{-10}\ \text{m}$, et dans le domaine optique, la longueur d'onde moyenne est de l'ordre de $500\ \text{nm}$. Pour la question de l'immobilité, comparer c et V_{th}. Pour le choix du référentiel, il s'agit en fait de montrer que (R) est galiléen (utiliser pour cela le fait que $m_{noyau} \approx 2000 \times m_{electron}$). À la question 2, écrire le PFD en projection suivant (Ox) dans (R) galiléen en affectant la masse $m = N\, m_e$ au barycentre G^- du nuage électronique de charge $q = -N\, e$, soumis à l'action de la composante électrique de la force de Lorentz (la composante magnétique est négligeable pour des vitesses sous-relativistes $V << c$), de la force de rappel élastique et de la force de frottement visqueux, puis passer en complexe en posant $\underline{x}(t) = \underline{X} \exp(i\,\omega t)$ où $\underline{X} = x_0 \exp(i\,\varphi)$. L'expression de $\underline{x}(t)$ et donc de $\underline{\vec{p}} = -q\, \underline{x}(t)\, \vec{e_x}$ s'en déduit.

Exercice 12.3. À la question 2.a, dans la zone de rayonnement on est à grande distance du point O, de sorte que le terme dominant est celui en $\frac{1}{r}$. Au b), le point M étant très éloigné de l'antenne, il est vu depuis O et N sous le même angle θ. Ainsi, $OM \approx NM \approx r$, mais attention, le même niveau d'approximation ne s'applique pas à la phase… Reportez-vous à la méthode 1 sur ce point. Au c), une fois $\vec{E}(M,t)$ obtenu, noter que dans la zone de rayonnement, on a localement la structure d'une onde plane, ce qui permet d'utiliser la relation de structure pour déterminer $\vec{B}(M,t)$.

Corrigé des vrai/faux

1.	2.	3.	4.	5.	6.	7.	8.
faux	vrai	vrai	faux	faux	vrai	vrai	faux

1. L'approximation dipolaire consiste à poser d'une part $r >> a$ et d'autre part $a << \lambda$. Ces deux conditions doivent être reliées à un sens physique bien précis (voir méthode 12.1).

2. La condition $\lambda >> a$ repose en effet sur le fait que la vitesse des charges est faible devant la vitesse de la lumière : $V << c$ (voir méthode 12.1).

3. Dans la zone de rayonnement, on a $a << \lambda << r = OM$.

4. Le diagramme de rayonnement traduit le caractère anisotrope du rayonnement.

5. Seules les charges accélérées rayonnent. En effet, d'après la méthode 12.3, le vecteur de Poynting moyen est, en coordonnées sphériques : $\left\langle \vec{R} \right\rangle = \dfrac{q^2 \left\langle a^2 \right\rangle}{16\pi^2 \varepsilon_0 c^3} \dfrac{\sin^2(\theta)}{r^2} \vec{e_r}$. Ainsi, la puissance moyenne rayonnée par un dipôle à travers l'élément de surface en coordonnées sphériques est $\left\langle \mathrm{d}^2 P \right\rangle = \left\langle \vec{R} \right\rangle \cdot d\vec{S} = \left\langle \vec{R} \right\rangle \cdot r^2 \sin\theta \, \mathrm{d}\theta \, \mathrm{d}\varphi \, \vec{e_r}$, soit $\left\langle \mathrm{d}^2 P \right\rangle = \dfrac{q^2 \left\langle a^2 \right\rangle}{16\pi^2 \varepsilon_0 c^3} \sin^3\theta \, \mathrm{d}\theta \, \mathrm{d}\varphi$.

En sommant sur toute la sphère, avec $\displaystyle\int_0^{\pi} \sin^3\theta \, \mathrm{d}\theta = \frac{4}{3}$, il vient : $\boxed{\left\langle P \right\rangle = \dfrac{q^2 \left\langle a^2 \right\rangle}{6\pi \varepsilon_0 c^3}}$: ce résultat constitue la formule de Larmore.

6. La lumière diffusée par l'atmosphère est partiellement polarisée dans une direction quelconque par rapport à l'axe du Soleil, non polarisée suivant cet axe et totalement polarisée dans une direction orthogonale à cet axe (voir exercice 12.5).

7. Les champs rayonnés à grande distance d'un dipôle oscillant (dans le cadre de l'approximation dipolaire) sont de la forme $\vec{E} \approx \dfrac{\pi \sin\theta}{\varepsilon_0 \, r \, \lambda^2} p_0 \cos\left(\omega(t - r/c)\right) \vec{e_\theta}$ et $\vec{B} \approx \dfrac{\mu_0 \, \pi \, c \sin\theta}{r \, \lambda^2} p_0 \cos\left(\omega(t - r/c)\right) \vec{e_\varphi}$. Leur terme de phase en $\omega(t - r/c)$ et leur amplitude en $\dfrac{1}{r}$ caractérisent une onde sphérique.

8. Ce n'est que **localement**, $\vec{E}$ et $\vec{B}$ formant avec la direction de propagation $\vec{n} = \vec{e_r}$ un trièdre directe et vérifiant $\left\| \vec{B} \right\| = \left\| \vec{E} \right\| / c$, que la structure de l'onde est plane.

Corrigé

❑ Les erreurs classiques

→ L'approximation dipolaire consiste en deux inégalités $r >> a$ et $a << \lambda$ ne permettant pas de comparer λ à r. Par contre si on rajoute la condition de rayonnement en champ lointain (zone de rayonnement) on a $r >> \lambda$ et donc la double inégalité $a << \lambda << r$.

→ L'onde rayonnée par un dipôle est sphérique. Ce n'est que localement, dans la zone de rayonnement, qu'elle est considérée comme plane.

→ Attention à l'écriture : dans le cadre des hypothèses précédentes, les grandeurs rayonnées à l'instant t au point M sont liées à l'état de la distribution au temps $t - r/c$ dit temps retardé moyen. Il est conseillé de le faire figurer explicitement dans l'écriture du terme de phase, ou à défaut de noter $t_{ret} = t - r/c$ et d'utiliser cette notation. Ce n'est que dans le cadre de l'ARQS, pour $\frac{r}{\lambda} << 1$, le temps de propagation r/c étant négligeable devant la période de l'onde, que on peut écrire $t_{ret} \approx t$.

→ Par convention, le moment dipolaire est orienté de la charge − vers la charge +.

Corrigé des exercices

Exercice 12.1

1. a) La distribution de charges étant globalement neutre, on a $\sum_i q_i = 0$. Si O et $O' \neq O$ sont deux points fixes de (R), on a $\vec{p}_O = \sum_i q_i \overrightarrow{OA_i} = \sum_i q_i \left(\overrightarrow{OO'} + \overrightarrow{O'A_i}\right) = \overrightarrow{OO'} \sum_i q_i + \sum_i q_i \overrightarrow{O'A_i}$.

Ainsi, avec $\sum_i q_i = 0$, il vient : $\vec{p}_O = \sum_i q_i \overrightarrow{O'A_i} = \vec{P}_{O'}$: le moment dipolaire de la distribution est indépendant de l'origine choisie. Puisque $\sum_{i=1} q_i = 0$, nous pouvons décomposer la distribution en couples de charges $+q_i$ localisées aux points C_i et de charges de signe opposées $-q_i$ localisées aux points B_i, de sorte que : $\vec{p} = \sum_{couples} q_i \overrightarrow{OC_i} - q_i \overrightarrow{OB_i}$. Chaque couple (B_i, C_i) formant un dipôle $\vec{p}_i = q_i \, \overrightarrow{B_i C_i}$ variable, on peut finalement écrire $\vec{p} = \sum_{\mathcal{D}} q_i \vec{p}_i$

Par convention le moment dipolaire est orienté de la charge – vers la charge +.

b) Le passage d'une somme discrète à une somme continue entraîne $\vec{p} = \iiint_{\vartheta} \rho(A)\, \overrightarrow{OA}\, \mathrm{d}\tau$, qui est indépendant du point O à condition que $\iiint_{\vartheta} \rho(A)\, \mathrm{d}\tau = 0$ (condition équivalente à celle vue à la question 1.a pour une distribution discrète). En effet, on a dans ce cas :

$$\vec{p}_{O'} = \iiint_{\vartheta} \rho(A)\, \overrightarrow{O'A}\, \mathrm{d}\tau = \iiint_{\vartheta} \rho(A) \left(\overrightarrow{O'O} + \overrightarrow{OA}\right) \mathrm{d}\tau = \overrightarrow{O'O} \underbrace{\iiint_{\vartheta} \rho(A)\, \mathrm{d}\tau}_{=0} + \iiint_{\vartheta} \rho(A)\, \overrightarrow{OA}\, \mathrm{d}\tau$$

$= \vec{p}_{O'} = \vec{p}$.

2. a) En régime stationnaire avec $p = p_0$ indépendant de t et $\dot{p}(t) = 0$, on retrouve le champ crée par un dipôle électrostatique $\boxed{\vec{E} = \frac{p_0}{4\pi\,\varepsilon_0\, r^3}\left(2\cos\theta\, \vec{e_r} + \sin\theta\, \vec{e_\theta}\right)}$ et $\boxed{\vec{B} = \vec{0}}$.

Corrigé

b) En régime harmonique, on peut passer en complexe pour simplifier les calculs. Avec $\underline{p}(t-r/c) = p_0 \exp(i\,\omega(t-r/c))$, il vient $\underline{\dot{p}}(t-r/c) = i\,\omega\, p_0 \exp(i\,\omega(t-r/c))$ et $\underline{\ddot{p}}(t-r/c) = -\omega^2\, p_0 \exp(i\,\omega(t-r/c))$. Les champs complexes ont alors pour expression :

$\underline{\vec{B}} = \dfrac{\mu_0 \sin\theta}{4\pi} p_0 \exp(i\,\omega(t-r/c))\left(\dfrac{i\,\omega}{r^2} - \dfrac{\omega^2}{r\,c}\right)\vec{e_\varphi}$ et

$$\underline{\vec{E}} = p_0 \exp(i\,\omega(t-r/c))\left|\begin{array}{l} \dfrac{2\cos\theta}{4\pi\,\varepsilon_0}\left(\dfrac{1}{r^3} + \dfrac{i\,\omega}{r^2\,c}\right) \\ \dfrac{\sin\theta}{4\pi\,\varepsilon_0}\left(\dfrac{1}{r^3} + \dfrac{i\,\omega}{r^2\,c} - \dfrac{\omega^2}{r\,c^2}\right) \\ 0 \end{array}\right.$$

Faisons apparaître les puissances de $\dfrac{r}{\lambda}$ dans les différents termes intervenant dans les amplitudes de ces champs. Avec $\omega = \dfrac{2\,\pi\,c}{\lambda}$, on peut écrire $\dfrac{i\,\omega}{r^2} = \dfrac{i\,2\,\pi\,c}{r^3}\left(\dfrac{r}{\lambda}\right)$, $\dfrac{\omega^2}{r\,c} = \dfrac{4\,\pi^2\,c}{r^3}\left(\dfrac{r}{\lambda}\right)^2$, $\dfrac{i\,\omega}{r^2\,c} = \dfrac{i\,2\,\pi}{r^3}\left(\dfrac{r}{\lambda}\right)$, $\dfrac{\omega^2}{r\,c^2} = \dfrac{4\,\pi^2}{r^3}\left(\dfrac{r}{\lambda}\right)^2$, de sorte que : $\underline{E}_r = \dfrac{2\cos\theta}{4\pi\,\varepsilon_0\,r^3} p_0 \exp(i\,\omega(t-r/c))\left(1 + i\,2\,\pi\left(\dfrac{r}{\lambda}\right)\right)$,

$$\underline{E}_\theta = \frac{\sin\theta}{4\pi\,\varepsilon_0\,r^3} p_0 \exp(i\,\omega(t-r/c))\left(1 + i\,2\,\pi\left(\frac{r}{\lambda}\right) - 4\,\pi^2\left(\frac{r}{\lambda}\right)^2\right),$$

$$\underline{\vec{B}} = \frac{\mu_0\,c\sin\theta}{2\,r^3} p_0 \exp(i\,\omega(t-r/c))\left(i\left(\frac{r}{\lambda}\right) - 2\,\pi\left(\frac{r}{\lambda}\right)^2\right)\vec{e_\varphi}.$$

En régime harmonique, deux cas limites sont à prendre en compte auxquels correspondent deux des zones précitées : le cas $\dfrac{r}{\lambda} \ll 1$ et le cas $\dfrac{r}{\lambda} \gg 1$. Le cas où $r \sim \lambda$ correspond à une zone intermédiaire non étudiée compte tenu de sa complexité.

Pour $\boxed{\dfrac{r}{\lambda} \ll 1}$, (zone de champ proche), on est dans le cadre de l'ARQS ce qui permet de négliger le temps de propagation moyen r/c entre O et M. Dans ce cas, le champ électrique s'écrit : $\underline{E}_r = \dfrac{2\cos\theta}{4\pi\,\varepsilon_0\,r^3} p_0 \exp(i\,\omega\,t)$, $\underline{E}_\theta = \dfrac{\sin\theta}{4\pi\,\varepsilon_0\,r^3} p_0 \exp(i\,\omega\,t)$. En repassant en réel il vient :

$E_r = \dfrac{2\cos\theta}{4\pi\,\varepsilon_0\,r^3} p(t)$, $E_\theta = \dfrac{\sin\theta}{4\pi\,\varepsilon_0\,r^3} p(t)$ soit $\boxed{\vec{E}(t) = \dfrac{p(t)}{4\pi\,\varepsilon_0\,r^3}\left(2\cos\theta\,\vec{e_r} + \sin\theta\,\vec{e_\theta}\right)}$. $\vec{E}$ a la même forme qu'un champ dipolaire statique. Le champ magnétique s'écrit :

$\underline{\vec{B}} = \dfrac{\mu_0\, c \sin\theta}{2\, r^3}\, p_0 \exp(i\,\omega\, t)\left(\dfrac{i\, r}{\lambda}\right)\overrightarrow{e_\varphi}$, soit $\vec{B} = -\dfrac{\mu_0 \sin\theta}{2\, r^2}\left(\dfrac{c}{\lambda}\right) p_0 \sin(\omega(t - r/c))\,\overrightarrow{e_\varphi}$. Sachant que $\dot{p} = \omega\, p_0 \sin(\omega(t - r/c))$ et avec $\dfrac{c}{\lambda} = \dfrac{\omega}{2\pi}$, il vient $\boxed{\vec{B}(t) = \dfrac{\mu_0\, \dot{p}(t) \sin\theta}{4\,\pi\, r^2}\,\overrightarrow{e_\varphi}}$.

c) Pour $\boxed{\dfrac{r}{\lambda} \gg 1}$, (zone de rayonnement), le temps de propagation ne peut être négligé. Le terme dominant l'amplitude de $\underline{E}_r$ est celui en $\dfrac{r}{\lambda}$. Ainsi, $\underline{E}_r = \dfrac{i \cos\theta}{\varepsilon_0\, r^3}\left(\dfrac{r}{\lambda}\right) p_0 \exp(i\,\omega(t - r/c))$ varie comme $\dfrac{1}{r^2}$. Celui dominant l'amplitude de $\underline{E}_\theta$ est $\left(\dfrac{r}{\lambda}\right)^2$ de sorte que :

$\underline{E}_\theta = \dfrac{\pi \sin\theta}{\varepsilon_0\, r^3}\left(\dfrac{r}{\lambda}\right)^2 p_0 \exp(i\,\omega(t - r/c))$ qui varie lui comme $\dfrac{1}{r}$, et de même pour

$\underline{\vec{B}} = \dfrac{\mu_0\, \pi\, c \sin\theta}{r^3}\left(\dfrac{r}{\lambda}\right)^2 p_0 \exp(i\,\omega(t - r/c))\,\overrightarrow{e_\varphi}$. On constate que pour $\theta \neq 0$, $|\underline{E}_r| \ll |\underline{E}_\theta|$, ce qui permet finalement d'écrire :

$$\boxed{\vec{E} = \dfrac{\pi \sin\theta}{\varepsilon_0\, r\, \lambda^2}\, p_0 \cos(\omega(t - r/c))\,\overrightarrow{e_\theta}} \text{ et } \boxed{\vec{B} = \dfrac{\mu_0\, \pi\, c \sin\theta}{r\, \lambda^2}\, p_0 \cos(\omega(t - r/c))\,\overrightarrow{e_\varphi}} :$$

l'onde a localement la structure d'onde plane.

⇨ *Méthode 12.1*

Cette caractéristique n'est que locale.

Le vecteur de Poynting moyen est alors donné par $\langle\vec{R}\rangle = \left\langle \dfrac{\vec{E} \wedge \vec{B}}{\mu_0} \right\rangle = \dfrac{p_0^2\, c\, \pi^2 \sin^2\theta}{2\, \varepsilon_0\, r^2\, \lambda^4}\,\overrightarrow{e_r}$.

On peut aussi bien utiliser, en passant en complexe $\langle\vec{R}\rangle = \dfrac{1}{2}\left\langle \dfrac{\underline{\vec{E}} \wedge \underline{\vec{B}}^*}{\mu_0} \right\rangle$.

Comme on pouvait s'y attendre, il est radial. L'allure du diagramme de rayonnement est identique à celle représentée dans l'exemple de la méthode 15.3. La puissance moyenne rayonnée à travers la sphère de centre O et de rayon r est :

$$\boxed{\langle P\rangle = \dfrac{p_0^2\, \omega^4}{12\,\pi\, \varepsilon_0\, c^3} = \dfrac{\langle \ddot{p} \rangle}{6\,\pi\, \varepsilon_0\, c^3}}.$$

⇨ *Méthode 12.3*

Son indépendance vis-à-vis de r traduit l'absence de dissipation d'énergie dans le vide.

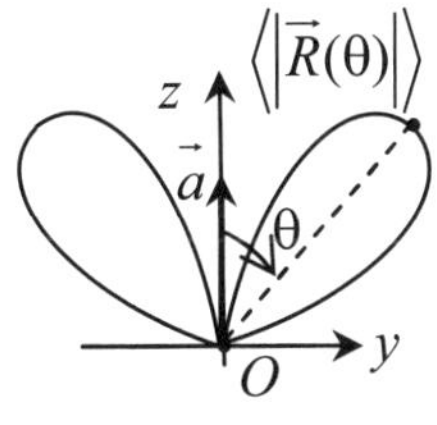

On montre que pour une particule relativiste (les calculs sont hors programme), le maximum d'énergie rayonnée se trouve sur un cône dont l'angle au sommet se referme à mesure que la vitesse augmente. Le diagramme ci-contre est relatif à une particule dont la vitesse est de l'ordre de 70 % de la vitesse de la lumière. C'est l'effet « head-light » observé dans un accélérateur de particules.

Avec $i = \dfrac{\mathrm{d}q}{\mathrm{d}t} = \dfrac{1}{a}\dot{p}$ et $\underline{p} = p_0 \exp(i\,\omega\,t)$, il vient $I_0^2 = \left(\dfrac{\omega}{a}\right)^2 p_0^2$. Ainsi $\langle P \rangle = \dfrac{a^2\,\omega^2}{12\,\pi\,\varepsilon_0\,c^3} I_0^2$ soit $\langle P \rangle = \dfrac{\pi}{3\,\varepsilon_0\,c}\left(\dfrac{a}{\lambda}\right)^2 I_0^2$. Avec cette expression de la puissance moyenne rayonnée, on trouve la résistance de rayonnement : $\boxed{R_{ray} = \dfrac{2\langle P \rangle}{I_0^2} = \dfrac{2\,\pi}{3\,\varepsilon_0\,c}\left(\dfrac{a}{\lambda}\right)^2}$. La puissance rayonnée, par analogie avec la puissance dissipée par effet joule dans une résistance ohmique, est d'autant plus importante que R_{ray} est élevée. Or, dans l'approximation dipolaire, $\dfrac{a}{\lambda} << 1$ donc la puissance rayonnée par le dipôle de Hertz est très faible.

Exercice 12.2

1. a) La dimension caractéristique d'un atome est $r_0 \approx 1\,\mathrm{A}^\circ = 10^{-10}\,\mathrm{m}$. Dans le domaine optique, la longueur d'onde moyenne est $\lambda \approx 500\,\mathrm{nm} = 5\cdot 10^{-7}\,\mathrm{m}$. Ainsi, la dimension caractéristique du nuage électronique est très inférieure à la distance caractéristique de variation spatiale notable du champ. Le champ peut donc être considéré comme uniforme à l'échelle de l'atome et l'ensemble du nuage électronique voit partout le même champ qu'en $z = 0$: $\underline{\vec{E}}_i = E_0 \exp(i\,\omega t)\,\vec{e_x}$ est donc le champ ressentit par G^-.

b) Comme $V_{th} << c$, sur une période T_{op} de l'onde incidente, l'atome se déplace d'une distance $d \approx V_{th}\,T_{op}$, négligeable à l'échelle des variations spatiales du champ qui sont de l'ordre de la longueur d'onde $\lambda_{op} = c T_{op}$. Ainsi, l'atome est « vu » par l'onde incidente comme étant globalement immobile au point *O*.

Sachant de plus que $m_{noyau} \approx 2000 \cdot m_{electron}$, on en déduit que le centre du référentiel barycentrique de l'atome est immobile et confondu avec le point *O*, ce qui confère à (R) un caractère galiléen.

c) Le champ magnétique associé à l'onde incidente est donné par la relation de structure de l'OPPM : $\underline{\vec{B}}_i = \dfrac{E_0}{c}\exp(i(\omega t - k\,z))\,\vec{e_y}$. Le vecteur de Poynting incident est alors :

$$\boxed{\vec{R}_i = \frac{\vec{E} \wedge \vec{B}}{\mu_0} = \frac{E_0^2}{\mu_0\,c}\cos^2(\omega t - kz)\,\vec{e_z}}.$$

Repasser en réel pour évaluer $\vec{R}_i$. En effet, la formule $\langle \vec{R}_i \rangle = \dfrac{1}{2}\left\langle \dfrac{\underline{\vec{E}}_i \wedge \underline{\vec{B}}_i^*}{\mu_0} \right\rangle$ n'est valable que pour calculer la valeur moyenne et pas la valeur instantanée.

2. Compte tenu de la neutralité de l'atome, la charge du nuage électronique est $-q = Ne$ (où $e = -1{,}6\cdot 10^{-19}\,\mathrm{C}$) et sa masse est $m = N\,m_e$. En affectant cette masse au barycentre G^- du nuage électronique soumis à l'action de la composante électrique de la force de Lorentz (la composante magnétique est négligeable pour des vitesses non relativistes $V << c$), de la force de rappel élastique et de la force de frottement visqueux, le PFD en projection suivant (Ox) dans (R) galiléen s'écrit : $m\dfrac{\mathrm{d}^2\underline{x}}{\mathrm{d}t^2}=-m\,\omega_0^2\,\underline{x}-\alpha\dfrac{\mathrm{d}\underline{x}}{\mathrm{d}t}-q\,E_0\exp(i\omega t)$. En régime forcé, G^- est animé d'un mouvement oscillant de même pulsation que le champ incident, ce qui conduit à poser $\underline{x}(t)=\underline{X}\exp(i\omega t)$ où $\underline{X}=x_0\exp(i\varphi)$. L'équation différentielle régissant le mouvement de G^- autour du noyau immobile en O s'écrit donc $\left(\omega_0^2-\omega^2\right)\underline{x}+i\dfrac{\alpha\omega}{m}\underline{x}(t)=-\dfrac{q\,E_0}{m}\exp(i\omega t)$

soit avec $\tau=\dfrac{m}{\alpha}$: $\underline{x}(t)=-\dfrac{q\,E_0\exp(i\omega t)}{m\left[\left(\omega_0^2-\omega^2\right)+i\dfrac{\omega}{\tau}\right]}$. L'atome est modélisable par un dipôle oscillant

centré sur O de moment dipolaire $\underline{\vec{p}}=-q\,\underline{x}(t)\,\vec{e_x}=\dfrac{q^2\,E_0\exp(i\omega t)}{m\left[\left(\omega_0^2-\omega^2\right)+i\dfrac{\omega}{\tau}\right]}\vec{e_x}=\underline{p_0}(\omega)\exp(i\,\omega\,t)\,\vec{u}$.

On a ainsi $\boxed{\vec{u}=\vec{e_x}}$ et $\boxed{\underline{p_0}(\omega)=\dfrac{q^2\,E_0}{m\left[\left(\omega_0^2-\omega^2\right)+i\dfrac{\omega}{\tau}\right]}}$.

3. a) D'après le traitement classique de l'oscillateur amorti en régime forcé, on sait qu'à la résonance, le transfert d'énergie de l'excitateur vers l'oscillateur est optimum, ce qui est réalisé lorsque la fréquence de l'excitation est accordée sur la fréquence propre de l'oscillateur. Ainsi, l'énergie empruntée par l'atome au champ électromagnétique incident est maximum lorsque la pulsation du champ incident est égale à la pulsation propre d'oscillation du nuage électronique : $\omega=\omega_0$. En effet, l'amplitude des oscillations du barycentre des électrons de valence est alors maximum et l'énergie nécessaire pour entretenir ces oscillations est empruntée au champ incident : on dit qu'il y a absorption. Le pic d'absorption étant dans l'*UV* lointain à une fréquence d'environ 10^{17} Hz, on en déduit la pulsation :

$\omega_0\approx 2\pi\times10^{17}\ \text{rad}\cdot\text{s}^{-1}\approx 6{,}3\cdot10^{17}\ \text{rad}\cdot\text{s}^{-1}$.

Le domaine du spectre visible s'étend d'environ $\lambda_{violet}\approx 400$ nm à $\lambda_{rouge}\approx 750$ nm, soit de $7{,}5\cdot10^{14}$ Hz pour le violet à $4\cdot10^{14}$ Hz pour le rouge. Ainsi, dans de le domaine optique, on a $\omega<<\omega_0$, ce qui nous place loin de la résonance. Loin de la résonance, l'énergie absorbée par le nuage électronique reste limitée (ainsi que l'amplitude des oscillations) ce qui permet de négliger le terme de frottement visqueux devant les deux autres termes.

On a vu dans l'exercice 1 qu'au vecteur de Poynting $\left\langle\vec{R}\right\rangle=\dfrac{p_0^2\,c\,\pi^2\sin^2\theta}{2\,\varepsilon_0\,r^2\,\lambda^4}\vec{e_r}$ correspond une puissance rayonnée à grande distance de la forme : $\left\langle P\right\rangle=\dfrac{p_0^2\,\omega^4}{12\,\pi\,\varepsilon_0\,c^3}$. Or, en négligeant le terme

Corrigé

de frottement visqueux, on a $\underline{p_0}(\omega) \approx \dfrac{q^2 E_0}{m\left(\omega_0^2-\omega^2\right)} \approx \dfrac{q^2 E_0}{m\omega_0^2}$ si $\omega << \omega_0$: indépendant de ω. On en déduit donc que $\boxed{\langle P\rangle \approx \dfrac{q^4 E_0^2}{12\,\pi\,\varepsilon_0\,c^3\,m^2}\left(\dfrac{\omega}{\omega_0}\right)^4}$.

b) Notons que la valeur moyenne de la norme du vecteur de Poynting s'écrit pour l'OPPM incidente : $\left\langle\left|\vec{R}_i\right|\right\rangle = \dfrac{E_0^2}{\mu_0 c}\left\langle\cos^2(\omega t-kx)\right\rangle = \dfrac{\varepsilon_0\,c\,E_0^2}{2}$. Ainsi, $\langle P\rangle \approx \dfrac{q^4}{6\pi{\varepsilon_0}^2 c^2 m^2}\left(\dfrac{\omega}{\omega_0}\right)^4\left\langle\left|\vec{R}_i\right|\right\rangle$ soit finalement en posant $\boxed{\sigma(\omega) = \dfrac{q^4}{6\pi{\varepsilon_0}^2 c^4 m^2}\left(\dfrac{\omega}{\omega_0}\right)^4}$: $\boxed{\langle P\rangle \approx \sigma(\omega)\left\langle\left|\vec{R}_i\right|\right\rangle}$.

La puissance rayonnée étant le flux du vecteur de Poynting, $\sigma(\omega)$ est donc homogène à une surface. Tout se passe comme si l'atome pouvait, du point de vue énergétique, être remplacé par une petite surface absorbante d'aire $\sigma(\omega)$, perpendiculaire à la direction de propagation du champ incident, et empruntant à l'onde incidente la puissance $\sigma(\omega)\left\langle\left|\vec{R}_i\right|\right\rangle$ avant de la réémettre sous forme de rayonnement diffusé.

Exercice 12.3

1. a) L'antenne étant limitée spatialement, les conditions aux limites à ces extrémités impliquent la présence d'une onde stationnaire de la même façon que dans une cavité électromagnétique ou, dans une analogie mécanique, dans une corde dont les extrémités sont fixes. Dans le cas présent on a un nœud à chaque extrémité et un ventre au milieu de l'antenne.

> ✎ *Cette structure d'onde stationnaire résulte de la superposition d'ondes de courant réfléchis aux extrémités et se propageant en sens opposés le long de l'antenne.*

b) D'après le théorème de superposition, les champs produits par l'antenne au point M sont obtenus par superposition linéaire des champs créés par les différents dipôles élémentaires qui la composent. Le champ électrique élémentaire crée par le dipôle élémentaire centré sur le point O a pour composantes $\mathrm{d}E_r = \dfrac{2\cos\theta}{4\pi\,\varepsilon_0}\left(\dfrac{\mathrm{d}p(t-r/c)}{r^3}+\dfrac{\mathrm{d}\dot{p}(t-r/c)}{r^2 c}\right)$ et

$$\mathrm{d}E_\theta = \frac{\sin\theta}{4\pi\,\varepsilon_0}\left(\frac{\mathrm{d}p(t-r/c)}{r^3}+\frac{\mathrm{d}\dot{p}(t-r/c)}{r^2\,c}+\frac{\mathrm{d}\ddot{p}(t-r/c)}{r\,c^2}\right).$$

⇨ *Exercice 12.1*

2. a) Dans la zone de rayonnement à grande distance du point O, il apparaît que pour $\theta \neq 0$ $\left|E_r\right| << \left|E_\theta\right|$ et que le terme dominant dans E_θ est celui en $\dfrac{1}{r}$. Ainsi,

$$\mathrm{d}\vec{E}(M,t) \approx \frac{\sin\theta}{4\pi\,\varepsilon_0\,r\,c^2}\mathrm{d}\ddot{p}(t-r/c)\vec{e_\theta}.$$

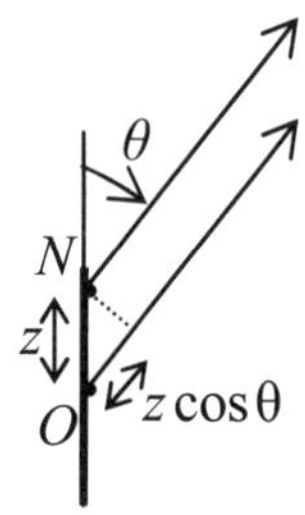

b) Le point M étant très éloigné de l'antenne, il est vu depuis O et N quasiment sous le même angle θ. Ainsi, si la distance parcourue par l'onde émise en O est $r = OM$, celle parcourue par l'onde émise en N est $NM = r - z\cos\theta$. À grande distance du dipôle, on a $OM \approx NM \approx r$. Par contre, le même niveau d'approximation ne s'applique pas à la phase !

➪ *Méthode 12.1*

En effet, la différence de parcours jusqu'à M entre les ondes issues de O et celles issues de N est égale $z\cos\theta$. L'excursion maximale du point N sur l'antenne étant L, cette différence de parcours est au maximum de l'ordre de L lorsque M est dans le plan équatorial. Or pour l'antenne demi-onde $L = \dfrac{\lambda}{2}$. Ainsi, la différence de parcours est du même ordre que la longueur d'onde : on ne peut donc négliger le déphasage qui lui est associé. La différence de temps parcours jusqu'à M entre les ondes issues de O et celles issues de N intervenant dans le terme de phase est égale $\dfrac{z\cos\theta}{c}$. Ainsi, le champ électrique élémentaire crée par le dipôle élémentaire en N étant en avance de phase sur celle issue de O, il a pour expression :

$$\mathrm{d}\vec{E}(M,t) \approx \frac{\sin\theta}{4\pi\,\varepsilon_0\,c^2\,r}\mathrm{d}\,\ddot{p}\left(t - r/c + z\cos\theta/c\right)\vec{e_\theta}\text{ . Or }\mathrm{d}\,\ddot{p} = \frac{\mathrm{d}^2(q\,\mathrm{d}z)}{\mathrm{d}t^2} = \frac{\mathrm{d}(i(z,t))}{\mathrm{d}t}\mathrm{d}z .$$

On obtient finalement $\boxed{\mathrm{d}\vec{E}(M,t) \approx \dfrac{\sin\theta}{4\pi\,\varepsilon_0\,c^2\,r}\dfrac{\mathrm{d}\left(i\left(t - r/c + z\cos\theta/c\right)\right)}{\mathrm{d}t}\mathrm{d}z\,\vec{e_\theta}}$.

c) Passons en complexe : la contribution au champ électrique total de l'élément de courant à la côte z a donc pour expression :

$$\mathrm{d}\underline{\vec{E}}(M,t) = \frac{i\,\omega\,I_0\,\sin\theta}{4\pi\,\varepsilon_0\,c^2\,r}\cos(\pi\,z/L)\exp(i\,(\omega t - kr + 2\pi\,z\cos\theta/\lambda))\,\mathrm{d}z\,\vec{e_\theta} .$$

Pour obtenir le champ total, intégrons sur z entre $L/2$ et $-L/2$ il vient :

$$\underline{\vec{E}} = \frac{i\,\omega\,I_0}{4\pi\varepsilon_0\,c^2\,r}\sin\theta\exp\left(i\,(\omega t - kr)\right)\int_{-L/2}^{L/2}\cos(\pi z/L)\exp\left(i\,2\pi\,z\cos\theta/\lambda\right)\mathrm{d}z\,\vec{e_\theta} .$$

Posons, pour retrouver la forme de l'intégrale que propose l'énoncé, $x = \pi\,z/L$ et $a = \dfrac{2L}{\lambda}\cos\theta$.

On obtient par ce changement de variables :

$$\underline{\vec{E}} = \frac{i\,\omega\,I_0}{4\pi^2\,\varepsilon_0\,c^2 r}L\sin\theta\exp\left(i\,(\omega t - kr)\right)\underbrace{\left(\int_{-\pi/2}^{+\pi/2}\cos(x)\,\exp(i\,a\,x)\,\mathrm{d}x\right)}_{=\frac{2\cos(a\pi/2)}{1-a^2}}\vec{e_\theta} .$$

Ainsi, $\underline{\vec{E}} = \dfrac{i\,\omega\,I_0\,L\cos(\pi\,L\cos\theta/\lambda)\sin\theta}{\pi^2\,\varepsilon_0\,c^2\,r\left(1 - \dfrac{4L^2\cos^2\theta}{\lambda^2}\right)}\exp\left(i\,(\omega t - kr)\right)\vec{e_\theta}$. Avec $L = \dfrac{\lambda}{2}$ et en repassant en réel on a : $\vec{E}(M,t) = -\dfrac{I_0\cos((\pi/2)\cos\theta)}{2\pi\varepsilon_0\,c\,r\sin\theta}\sin(\omega t - k\,r)\,\vec{e_\theta}$. Dans la zone de rayonnement, on a

Corrigé

localement la structure d'une onde plane. Ainsi, d'après la relation de structure, le champ magnétique a pour expression $\boxed{\vec{B}(M,t) = \frac{\vec{e_r} \wedge \vec{E}}{c} = -\frac{\mu_0\, I_0 \cos((\pi/2)\cos\theta)}{2\pi r \sin\theta} \sin(\omega t - kr)\, \vec{e_\varphi}}$.

3. Le vecteur de Poynting est $\vec{R}_{\lambda/2} = \frac{\vec{E} \wedge \vec{B}}{\mu_0} = \frac{I_0^2 \cos^2((\pi/2)\cos\theta)^2}{4\pi^2\, \varepsilon_0\, c\, r^2 \sin^2\theta} \sin^2(\omega t - k\, r)\, \vec{e_r}$, dont la valeur moyenne est $\left\langle \vec{R}_{\lambda/2} \right\rangle = \frac{I_0^2 \cos^2((\pi/2)\cos\theta)}{8\pi^2\, \varepsilon_0\, c\, r^2 \sin^2\theta} \vec{e_r}$. La puissance moyenne rayonnée par le dipôle à travers l'élément de surface en coordonnées sphériques est

$\left\langle d^2P \right\rangle = \left\langle \vec{R}_{\lambda/2} \right\rangle \cdot \mathrm{d}\vec{S} = \left\langle \vec{R}_{\lambda/2} \right\rangle \cdot r^2 \sin\theta\, \mathrm{d}\theta\, \mathrm{d}\varphi\, \vec{e_r}$, soit $\left\langle \mathrm{d}^2P \right\rangle = \frac{I_0^2 \cos^2((\pi/2)\cos\theta)}{8\pi^2\, \varepsilon_0\, c \sin\theta} \mathrm{d}\theta\, \mathrm{d}\varphi$.

En sommant sur θ entre 0 et π et sur φ entre 0 et 2π de façon à décrire toute la sphère on obtient : $\left\langle P \right\rangle = \frac{I_0^2}{8\pi^2\, \varepsilon_0\, c} \int_0^\pi \frac{\cos^2((\pi/2)\cos\theta)}{\sin\theta} \mathrm{d}\theta \int_0^{2\pi} \mathrm{d}\varphi$. L'énoncé donnant $\int_0^\pi \frac{\cos^2\left((\pi/2)\cos\theta\right)}{\sin\theta} \mathrm{d}\theta = 1{,}22$ il vient finalement $\boxed{\left\langle P \right\rangle = \frac{1{,}22\, I_0^2}{4\pi\varepsilon_0\, c} \approx 36{,}5\, I_0^2}$.

4. D'après l'énoncé, $R_{ray} = \frac{2\left\langle P \right\rangle}{I_0^2}$, soit numériquement $\boxed{R_{ray} \approx 73{,}1\,\Omega}$. La puissance rayonnée est d'autant plus importante que R_{ray} est élevée, de la même façon que la puissance thermique rayonnée par un fil chauffé par effet joule est d'autant plus importante que sa résistance ohmique est élevée à courant constant, ce qui justifie la terminologie employée.

5. a) Pour l'antenne demi-onde, le gain directionnel est :

$$\boxed{G(\theta) = \frac{4\pi\, r^2 \left\langle \left| \vec{R}_{\lambda/2} \right| \right\rangle}{\left\langle P \right\rangle} = \frac{4 \cos^2\left((\pi/2)\cos\theta\right)}{1{,}22 \sin^2\theta}}.$$

Sa valeur maximum est obtenue pour $\theta = \frac{\pi}{2}$ ce qui est conforme au diagramme. De même, on trouve une puissance émise nulle dans l'axe de l'antenne, c'est-à-dire pour $\theta = 0$ ce qui est conforme au diagramme : la distribution d'énergie dans l'espace est donc fortement anisotrope.

b) Dans la gamme d'angle compris dans le secteur angulaire d'ouverture $\Delta\theta$, la puissance surfacique $\left\langle \left| \vec{R}_{\lambda/2} \right| \right\rangle$ est supérieure à la moitié de sa valeur maximum. C'est donc dans cette zone qu'est rayonné l'essentiel de la puissance. Plus elle est étroite, plus l'antenne est directive.

La largeur angulaire à mi-puissance $\Delta\theta$ reportée sur le diagramme de la page suivante correspond aux deux valeurs de θ qui réalisent $G(\theta) = \frac{G_{max}}{2}$. On peut estimer $\Delta\theta$ graphiquement : $\boxed{\Delta\theta \approx \frac{3\,\pi}{8}}$. On constate graphiquement que les lobes de rayonnement de l'antenne 1/2 onde sont proportionnellement assez larges, ce qui caractérise une antenne peu directive.

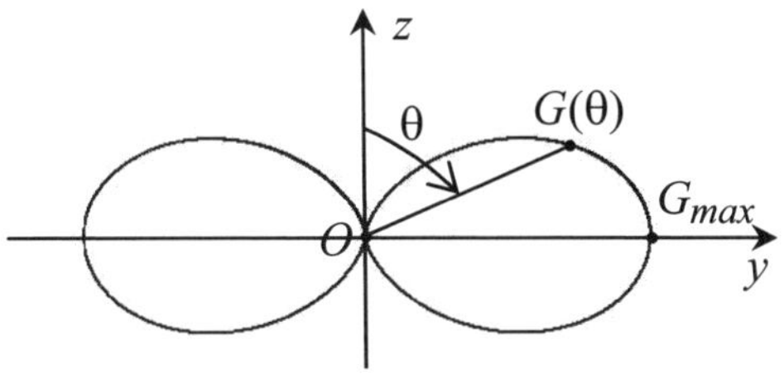

Diagramme de gain directionnel

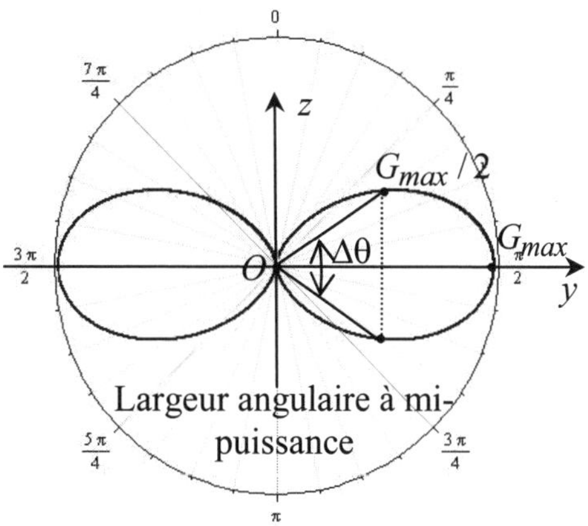

Largeur angulaire à mi-puissance

6. a) D'après l'énoncé, on a $\vec{E}(M,t) = -\dfrac{I_0\left(\cos(\pi\cos\theta)+1\right)}{2\pi\varepsilon_0\, c\, r\sin\theta}\sin(\omega t - kr)\,\vec{e_\theta}$. On en déduit, comme précédemment, l'expression de $\vec{B}(M,t) = \dfrac{E}{c}\vec{e_\varphi}$. Ainsi, le vecteur de Poynting moyen est, avec $\cos(\pi\cos\theta)+1 = 2\cos^2\left((\pi/2)\cos\theta\right)$: $\left\langle \vec{R}_\lambda \right\rangle = \dfrac{I_0^2\cos^4\left((\pi/2)\cos\theta\right)}{2\pi^2\,\varepsilon_0\, c\, r^2\sin^2\theta}\vec{e_r}$. Pour une antenne demi-onde, on avait obtenu $\boxed{\left\langle \vec{R}_{\lambda/2} \right\rangle = \dfrac{I_0^2\cos^2((\pi/2)\cos\theta)}{8\pi^2\,\varepsilon_0\, c\, r^2\sin^2\theta}\vec{e_r}}$.

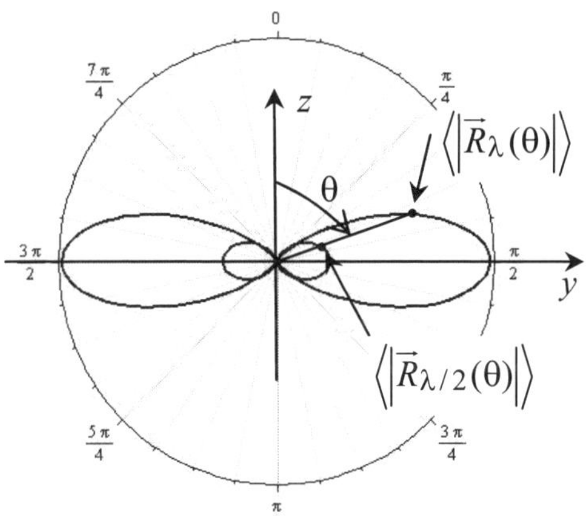

b) $\left\langle \left|\vec{R}\right| \right\rangle$ sont tous deux maximal pour $\theta = \dfrac{\pi}{2}$:

$$\left\langle \left|\vec{R}_\lambda\right| \right\rangle_{max} = \frac{I_0^2}{2\pi^2\,\varepsilon_0\, c\, r^2} \text{ et } \left\langle \left|\vec{R}_{\lambda/2}\right| \right\rangle_{max} = \frac{I_0^2}{8\pi^2\,\varepsilon_0\, c\, r^2} = \frac{1}{4}\left\langle \left|\vec{R}_\lambda\right| \right\rangle_{max}.$$

Ainsi, pour une intensité d'amplitude I_0^2 donnée, **l'antenne onde rayonne quatre fois plus** d'énergie que l'antenne demi-onde.

c) De plus, les lobes de rayonnement de l'antenne onde sont proportionnellement plus étroits que ceux de l'antenne demi-onde : il faut ici regarder le rapport entre $\Delta\theta$ et $\left\langle \left|\vec{R}\right| \right\rangle_{max}$ pour les deux lobes.
L'antenne onde est donc plus directive que l'antenne demi-onde.

Exercice 12.4

1. L'énergie rayonnée devrait être empruntée à l'énergie mécanique de l'électron. Or celle-ci est, dans le modèle classique, négative et proportionnelle à $1/r$, donc si elle diminue cela implique que r diminue aussi. Ainsi, le rayon de l'orbite de l'électron devrait se réduire jusqu'à effondrement de l'édifice.

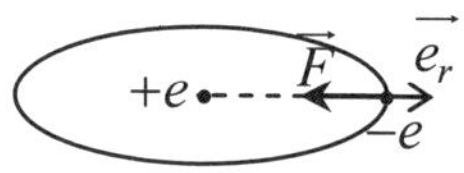

2. Le PFD en projection suivant un rayon s'écrit donc $m_e \dfrac{V^2}{r} = \dfrac{e^2}{4\pi\varepsilon_0 r^2}$, de sorte que l'accélération centripète a pour expression $a = \dfrac{V^2}{r} = \dfrac{e^2}{4\pi\varepsilon_0 m_e r^2}$ et est de l'ordre de $a \approx 9\cdot 10^{22}\ \mathrm{m\cdot s^{-2}}$. Son énergie cinétique s'écrit : $Ec = \dfrac{1}{2} m_e V^2 = \dfrac{e^2}{8\pi\varepsilon_0 r}$. Son énergie potentielle d'interaction avec le proton :

$Ep = -\dfrac{e^2}{4\pi\varepsilon_0 r}$, de sorte que son énergie mécanique a pour expression :

$Em = Ec + Ep = -\dfrac{e^2}{8\pi\varepsilon_0 r}$ et est de l'ordre de (avec $1\mathrm{eV} \approx 1{,}6\cdot 10^{-19}$ J) : $\boxed{Em \approx -13{,}6\ \mathrm{eV}}$.
La période de révolution de l'électron autour du proton est T telle que $VT = 2\pi r$, soit :

$$\boxed{T = \frac{2\pi r}{V} = \frac{2\pi}{e} r^{3/2} \sqrt{4\pi\varepsilon_0 m_e} \approx 10^{-16}\ \mathrm{s}}.$$

3. L'électron rayonne, d'après la formule de Larmor, la puissance moyenne $\langle P \rangle = \dfrac{e^2 a^2}{6\pi\varepsilon_0 c^3}$. Sur une période, l'énergie rayonnée fait diminuer l'énergie mécanique de la quantité $|\Delta Em| = \langle P \rangle T = \dfrac{e a^2}{3c^3} r^{3/2} \sqrt{\dfrac{4\pi m_e}{\varepsilon_0}}$. Avec $Em = -\dfrac{e^2}{8\pi\varepsilon_0 r}$, il vient :

$\left|\dfrac{\Delta Em}{Em}\right| = \dfrac{16\pi\, a^2}{6ec^3} r^{5/2} \sqrt{4\pi\varepsilon_0 m_e}$, associée à une diminution du rayon de la quantité $|\Delta r|$ telle que $\left|\dfrac{\Delta Em}{Em}\right| = \left|\dfrac{\Delta r}{r}\right|$. Avec les données, et comme $a \approx 9\cdot 10^{22}\ \mathrm{m\cdot s^{-2}}$, l'application numérique conduit à une variation relative sur une période de révolution de l'ordre de 10^{-7}, ce qui justifie l'hypothèse de $r \approx cte$ sur une révolution adoptée ici. Ainsi l'effondrement de l'édifice prévu par ce modèle ($|\Delta r|$ est de l'ordre de r_0 implique $r \to 0$) se produirait au bout d'un temps

$\boxed{\tau \approx 10^7 \times T \approx 10^{-9}\ \text{s}}$, ce qui devrait dans la pratique nous empêcher d'observer la structure atomique stable ! Le modèle planétaire de l'atome est donc invalidé. Cet échec de la physique classique de la fin du XIXe siècle, ainsi que la structure de raies observées par Balmer à cette époque, conduit à élaborer les bases de la théorie quantique, permettant d'expliquer l'existence de niveaux d'énergie stables pour l'électron atomique.

Exercice 12.5

1. La lumière en provenance du soleil et perçue par un observateur terrestre est diffusée par les dipôles des molécules formant l'atmosphère.

(MP) En atmosphère claire il n'y a pas de microparticules, pas de nuages, la diffusion est de type Rayleigh.

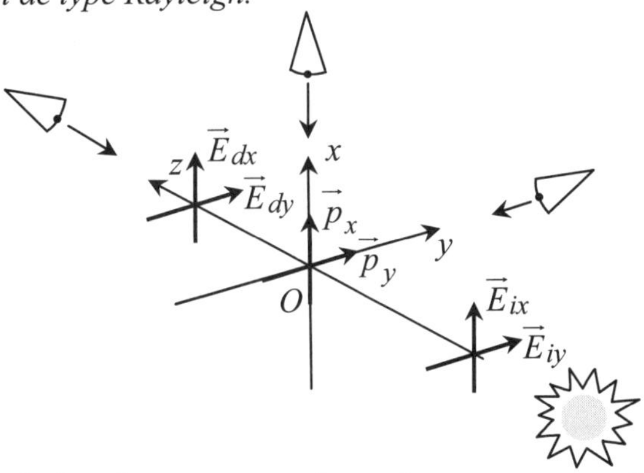

L'état de polarisation de la lumière parvenant à un observateur regardant venir l'onde diffusée suivant les axes (Oz), (Ox) ou (Oy) n'est pas identique. En effet, aux deux composantes du champ électrique incident :

$\vec{E}_{ix} = E_{0x} \exp\left(i(\omega t - k\,z + \varphi_x)\right)\vec{e_x}$ et $\vec{E}_{iy} = E_{0y} \exp\left(i(\omega t - k\,z + \varphi_y)\right)\vec{e_y}$, correspondent, pour chaque atome, deux dipôles oscillants $\vec{p_x} = p_x\,\vec{e_x}$ et $\vec{p_y} = p_y\,\vec{e_y}$.

– Cas 1 : l'observateur regarde dans l'axe du Soleil suivant l'axe (Oz).

Il s'agit d'après le diagramme de rayonnement de la direction du maximum d'intensité diffusée par ces deux dipôles, le champ électrique diffusé a alors deux composantes : l'une $\vec{E}_{dy}$ suivant $\vec{e_y}$ rayonné par $\vec{p_y}$ l'autre $\vec{E}_{dx}$ suivant $\vec{e_x}$ rayonné par $\vec{p_x}$. L'onde diffusée reproduit donc les variations temporelles de l'onde incidente et apparaît donc non polarisée à un observateur regardant suivant (Oz).

– Cas 2 : l'observateur regarde dans une direction orthogonale à la précédente, suivant l'axe (Ox) ou (Oy).

L'axe (Ox) correspond à la direction du maximum d'intensité diffusée par le dipôle $\vec{p_y}$ et à l'axe polaire du dipôle $\vec{p_x}$ qui ne rayonne pas dans cette direction. Ainsi, le champ perçu par l'observateur regardant suivant (Ox) est polarisé suivant $\vec{e_y}$.

De même, l'axe (Oy) correspond à la direction du maximum d'intensité diffusée par le dipôle $\overrightarrow{p}_x$ et à l'axe polaire du dipôle $\overrightarrow{p}_y$ qui ne rayonne pas dans cette direction. Ainsi, le champ perçu par l'observateur regardant suivant (Oy) est polarisé suivant $\overrightarrow{e_x}$.

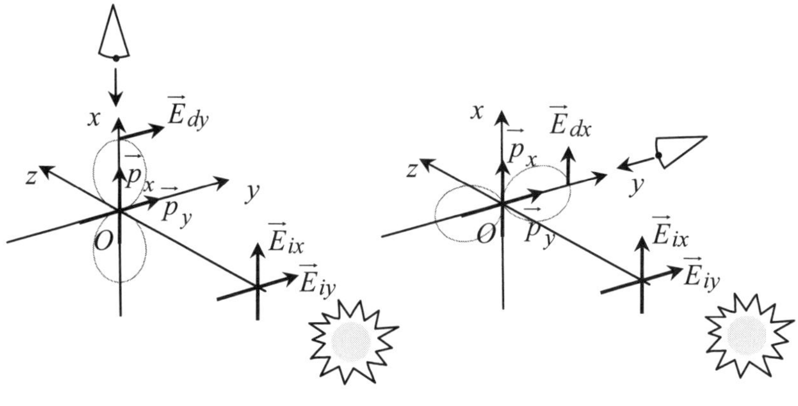

2. Dans le plan (O,y,z), la lumière diffusée est partiellement polarisée puisque la contribution au champ total du dipôle $\overrightarrow{p}_y$ varie de zéro suivant l'axe (Oy) à son maximum suivant l'axe (Ox).

Chapitre 13

Généralités sur les ondes et interférences lumineuses

UN SCIENTIFIQUE

Augustin Fresnel (1788-1827) entre en 1804 à l'École polytechnique puis poursuit ses études à celle des Ponts et Chaussées. Devenu ingénieur, il se passionne pour l'optique ; suite à des expériences méticuleuses de diffraction, il établit la nature ondulatoire de la lumière. Il se heurte alors au scepticisme de ses pairs, pour la plupart tenants de sa nature corpusculaire. Il s'éteint à 37 ans, frappé par la tuberculose alors que ses idées venaient juste d'être reconnues.

Un peu d'histoire

Peu soucieux de faire des expériences, c'est de manière déductive que René Descartes affirme que la lumière est de nature corpusculaire et qu'elle est instantanée. Galilée le premier met en doute ces affirmations mais c'est Christian Huygens qui eut véritablement l'intuition de sa nature ondulatoire comme il l'exprime en 1690 dans son *Traité de la lumière*. Peu après, Isaac Newton affirme au contraire sa nature corpusculaire dans son *Traité d'optique* publié en 1704. La notoriété du savant anglais explique que ce soit cette seconde hypothèse qui soit retenue par le monde scientifique. Il faut attendre le tout début du XIXe siècle pour que Thomas Young et Augustin Fresnel justifient, expériences à l'appui, la nature ondulatoire de la lumière. La découverte du photon au début du XXe siècle montrera la double nature, onde et corpuscule, de la lumière.

■■ Objectifs

■ Ce qu'il faut connaître

▷ La description ondulatoire de la lumière, les grandeurs qui caractérisent une onde lumineuse (amplitude de vibration scalaire, fréquence et longueur d'onde ou spectre, éclairement ou intensité)

▷ Les notions liées à sa propagation dans l'espace : chemin optique, déphasage lié à la propagation, surface d'onde, cas particulier des ondes planes et sphériques

▷ Les limites du modèle (limites de cohérence des sources réelles)

▷ La règle d'additivité des vibrations, mais en général pas des éclairements (savoir dans quels cas particuliers les éclairements s'ajoutent)

▷ L'expression de l'éclairement en fonction du déphasage pour deux ondes mutuellement cohérentes de même pulsation

▷ La définition et l'origine physique des interférences, l'ordre d'interférences, l'interfrange, le contraste ou facteur de visibilité

■ Ce qu'il faut savoir faire

▷ Calculer un chemin optique entre deux points le long d'un rayon, une différence de marche ou un déphasage entre deux ondes ; savoir en déduire l'expression de l'ordre d'interférences ; connaître et savoir appliquer le théorème de Malus

▷ Calculer un éclairement, en utilisant la notation réelle ou complexe

▷ Décrire la géométrie des franges d'interférences, dans le cas de la superposition de deux ondes planes ou de deux ondes sphériques cohérentes

▷ Décrire la géométrie des franges d'interférences, dans le cas de la superposition de N ondes cohérentes (MP)

Résumé de cours

Nature ondulatoire de la lumière

Structure de l'onde lumineuse

La lumière est une onde électromagnétique. Dans le domaine visible, à chaque valeur de fréquence ν, comprise entre 4 et 7×10^{14} Hz, correspond une sensation colorée pour l'œil (c'est pourquoi on parle d'onde monochromatique).

La lumière est dite polychromatique lorsqu'elle est composée d'une superposition d'ondes de fréquences différentes. Elle est alors caractérisée par son spectre, qui traduit la répartition de lumière dans les différentes composantes monochromatiques.

Une onde lumineuse se propage dans le vide à la vitesse $c = 3{,}00 \cdot 10^8\ \text{m} \cdot \text{s}^{-1}$. Dans un milieu linéaire transparent, sa vitesse de phase V_φ est plus faible. Elle est donnée par l'indice de réfraction du milieu $n = \dfrac{c}{V_\varphi}$ ($n \geq 1$). Par exemple : $n_{vide} = 1$, $n_{\text{air}} \approx 1$, $n_{\text{verre}} \approx 1{,}5$.

La longueur d'onde s'écrit $\boxed{\lambda_0 = \dfrac{c}{\nu}}$ dans le vide et $\boxed{\lambda = \dfrac{\lambda_0}{n}}$ dans un milieu d'indice n.

Le domaine visible correspond à la plage de longueur d'onde dans le vide (ou dans l'air) allant environ de 400 nm (limite de l'ultraviolet) à 750 nm (limite de l'infrarouge). Le maximum de sensibilité de l'œil est proche de 550 nm (vert).

⇨ **Méthode 13.1. Comment calculer une longueur d'onde ? Un écart de longueur d'onde ?**

Modélisation de l'onde lumineuse

Une onde lumineuse peut être décrite par la propagation du seul champ électrique, le champ magnétique pouvant être déduit de celui-ci. On considère ici le champ électrique comme un **champ scalaire**, dont on note $E(M, t)$ la valeur au point M à l'instant t.

Remarque

Le modèle scalaire ne permet pas de décrire les phénomènes liés à polarisation de la lumière.

Une vibration **monochromatique** s'écrit sous la forme $\boxed{E(M,t) = E_0(M)\cos(\varphi_M - \omega t)}$, où $E_0(M)$ est l'amplitude de la vibration au point M, φ_M la phase initiale de l'onde au point M et $\omega = 2\pi\nu$ la pulsation de l'onde. Pour simplifier les calculs, on utilise souvent la **notation complexe** $\boxed{\underline{E}(M,t) = E_0(M)\exp\left(i(\varphi_M - \omega t)\right)}$, le champ réel étant déduit par $E = \text{Re}\{\underline{E}\}$.

Éclairement ou intensité lumineuse

Les photorécepteurs sont sensibles à la **valeur moyenne temporelle de la puissance lumineuse** captée sur leur surface pendant leur temps de réponse (environ 40 ms pour l'œil, 1 µs pour une

photodiode courante et jusqu'à 10 ps pour un détecteur ultra-rapide), beaucoup plus long que la période de vibration de l'onde lumineuse ($\approx 10^{-15}\,\text{s}$). La grandeur accessible à l'expérience est donc l'**éclairement** $\boxed{\varepsilon(M) = K\left\langle E(M,t)^2\right\rangle}$ (proportionnel au carré du champ E : on parle donc de détecteur quadratique), où le symbole $\langle ... \rangle$ représente la valeur moyenne temporelle et K est une constante qu'on ne cherche pas à expliciter (seules les variations relatives de l'éclairement nous intéressent ici). Pour une vibration monochromatique, l'éclairement est relié à l'amplitude de vibration par $\varepsilon = \dfrac{K}{2}E_0^2$. En notation complexe, on doit écrire $\boxed{\varepsilon = \dfrac{K}{2}|\underline{E}|^2 = \dfrac{K}{2}\underline{E} \times \underline{E}^*}$.
Si l'observation se fait sur un écran, on considère que chaque point de l'écran se comporte comme une source lumineuse secondaire, renvoyant une intensité proportionnelle à l'éclairement reçu. On parle donc de façon équivalente d'éclairement $\varepsilon(M)$ en un point M de l'espace ou d'**intensité** $I(M)$ émise par un point M de l'écran (seule la constante K change).

■ Propagation de l'onde lumineuse

❑ Notion de chemin optique, d'épaisseur optique

L'onde lumineuse se propage le long du rayon lumineux. On définit le chemin optique entre deux points A et B d'un rayon par $(AB) = c\ t_{AB}$, où t_{AB} est le temps mis par la lumière pour aller de A à B. Alors $\boxed{(AB) = \int_A^B n\,\mathrm{d}s}$, s étant l'abscisse curviligne le long du rayon et n l'indice de réfraction, susceptible de varier le long du rayon. Le chemin optique, bien qu'homogène à une distance, représente donc en réalité une **durée**.
Si la lumière traverse un milieu homogène, le chemin optique est égal au produit de l'indice du milieu par l'épaisseur traversée. Un milieu homogène d'indice n et d'épaisseur e est caractérisé de ce point de vue par son **épaisseur optique** $n \times e$.

❑ Retard de phase associé

Lors de sa propagation de A à B, l'onde subit un retard de phase $\boxed{\varphi_{AB} = \dfrac{2\pi}{\lambda_0}(AB)}$. En particulier, si φ_S est la phase initiale de l'onde à la source S, la phase initiale en M est $\varphi_M = \varphi_S + \dfrac{2\pi}{\lambda_0}(SM)$.

❑ Différence de marche, déphasage

On appelle différence de marche entre deux points A et B la différence de chemin optique entre deux trajets possibles pour la lumière entre A et B : $\boxed{\delta = (AB)_2 - (AB)_1}$.

Le déphasage correspondant est $\boxed{\Delta\varphi = \dfrac{2\pi}{\lambda_0}\delta}$.

⇨ **Méthode 13.2. Calculer un chemin optique, un déphasage**

❑ Surface d'onde

La surface d'onde issue d'une source ponctuelle S est l'ensemble des points M tels que $\boxed{(SM) = \text{constante}}$ à t donné. Si l'onde est **monochromatique**, c'est une surface **équiphase**.

❑ Onde sphérique

L'onde sphérique est la modélisation de l'onde émise par une source ponctuelle S lorsque cette onde se propage dans un milieu homogène. Les rayons lumineux sont des demi-droites issues de S. Les surfaces d'ondes sont des sphères de centre S. L'amplitude de l'onde sphérique varie en $1/r$ où $r = SM$. Elle peut être considérée constante dans une zone limitée de l'espace. Une onde sphérique monochromatique s'écrit alors $\boxed{E(M,t) = E_0 \cos(k\,r - \omega t + \varphi_S)}$ où $\boxed{k = \dfrac{2\pi}{\lambda}}$ est la norme du vecteur d'onde, reliée à la pulsation de l'onde par la relation de dispersion $\omega = \dfrac{c}{n}k$.

Une telle onde sphérique est divergente ($k > 0$) car les surfaces d'onde s'éloignent du point source. En remplaçant k par $-k$ dans l'équation précédente, on forme une onde sphérique convergente, qui modélise un point image donné par un système optique.

❑ Onde plane

L'onde plane est la modélisation à grande distance d'une onde émise par une source ponctuelle dans un milieu homogène. Les rayons lumineux sont des droites parallèles entre elles. Les surfaces d'ondes sont des plans perpendiculaires aux rayons (appelés plans d'onde). On utilise ce modèle pour décrire la lumière émise par une source quasi ponctuelle très éloignée (étoile), un collimateur (source éclairant un petit trou placé au plan focal objet d'une lentille convergente), ou un laser.

Si le milieu est transparent, l'amplitude de l'onde reste constante le long de la propagation. Une onde plane monochromatique peut s'écrire $\boxed{E(M,t) = E_0 \cos(\vec{k} \cdot \vec{r} - \omega t + \varphi_0)}$ où $\vec{r}$ est la position du point M repérée par rapport à une origine O quelconque où la phase initiale vaut φ_0. Le sens et la direction de propagation sont donnés par le vecteur d'onde $\vec{k}$, de norme $k = 2\pi/\lambda$.

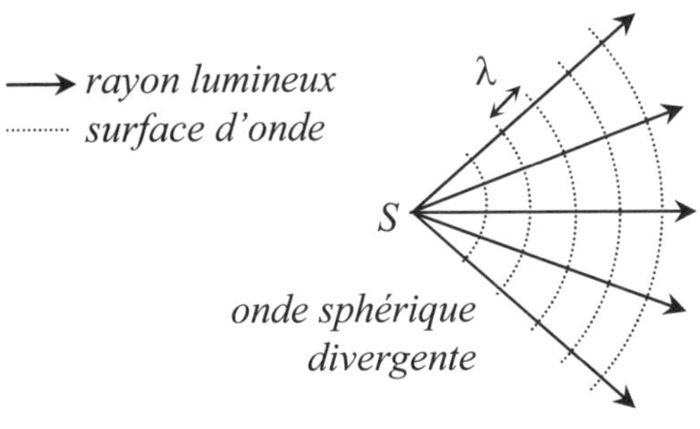

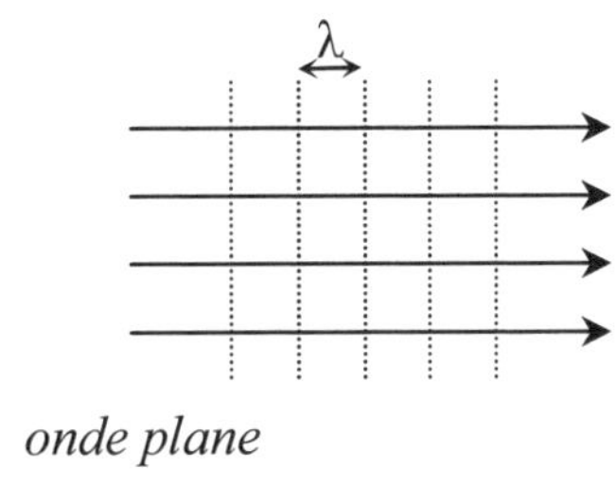

❑ Théorème de Malus

Les rayons lumineux sont perpendiculaires aux surfaces d'ondes, quelque soit le nombre de réflexions ou réfractions subies. En conséquence, le chemin optique est identique le long de tous les rayons lumineux entre deux surfaces d'ondes, et donc en particulier entre deux points conjugués par un système optique stigmatique.

■ Sources lumineuses réelles

❑ Cohérence temporelle : trains d'onde, source non monochromatique

Aucune source lumineuse ne peut émettre une onde de phase bien déterminée pendant un temps infini. Dans le **modèle des trains d'onde**, la vibration émise par une source de pulsation ω en S s'écrit $E(S,t) = E_0(S)\cos(\varphi_S - \omega t)$ où la phase à l'origine φ_S reste constante pendant une durée moyenne finie τ_c, appelée **durée de cohérence**, puis l'émission est stoppée et reprend avec une phase φ_S différente et aléatoire (perte de cohérence de phase). La **longueur de cohérence** $\boxed{L_c = c\,\tau_c}$ est la longueur moyenne des trains d'onde dans le vide.

On associe à un train d'onde de durée τ_c un **élargissement spectral** $\boxed{\Delta\nu \approx 1/\tau_c}$ (voir exercice 8.3) : un train d'onde infini correspond à une onde parfaitement monochromatique. Plus un train d'onde est court, plus le spectre associé est large.

On traite donc mathématiquement de la même manière les émissions de trains d'onde (raies des lampes spectrales) et les émissions polychromatiques (émission thermique comme celle des lampes à filament), bien qu'elles correspondent à des situations physiques différentes.

En optique, on travaille plus souvent avec la longueur d'onde λ qu'avec la fréquence ν. En utilisant $\lambda_0 = c/\nu$ on déduit la relation $\boxed{L_c \approx \lambda_0^2/\Delta\lambda}$.

⇨ **Méthode 13.1. Comment calculer un écart de longueur d'onde ?**

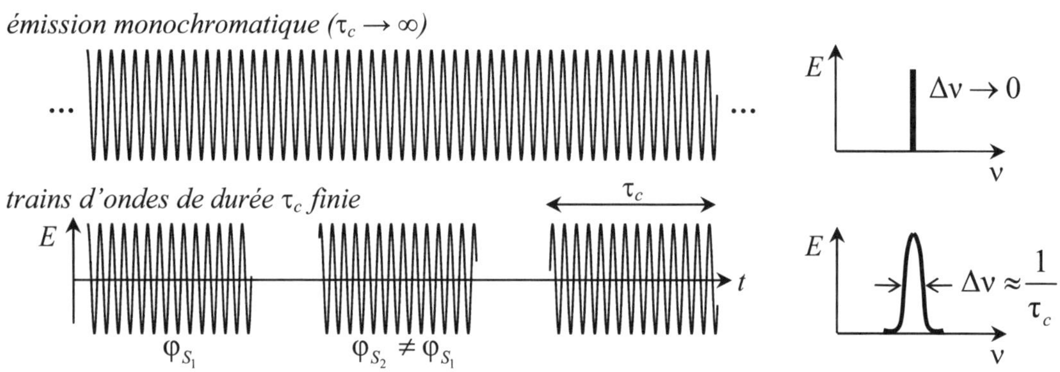

Vibration E(t) émise par la source — *Spectre E(ν) correspondant*

❑ Ordres de grandeurs typiques pour les sources lumineuses courantes

	laser HeNe		lampe spectrale		lampe à filament, soleil	
	monomode	multimode	basse pression	haute pression	filtre coloré	spectre visible
τ_c	1 µs	1 ns	0,1 ns	1 ps	0,1 ps	3 fs
L_c	300 m	30 cm	3 cm	0,3 mm	30 µm	1 µm
$\Delta\nu$	1 MHz	1 Ghz	10 GHz	1 THz	10 THz	300 THz
$\Delta\lambda$	0,001 pm	1 pm	0,01 nm	1 nm	10 nm	300 nm

❑ Cohérence spatiale, source étendue

Aucune source lumineuse n'est rigoureusement ponctuelle. On modélise une source étendue par l'association de plusieurs sources ponctuelles distribuées dans l'espace, émettant chacune des ondes **incohérentes** : la phase φ_S varie aléatoirement d'une source élémentaire à l'autre.

■ Superposition de deux ondes lumineuses

❑ Additivité des vibrations

Si plusieurs vibrations lumineuses $E_i(M,t)$ se superposent en un point M, la résultante s'écrit $\boxed{E(M,t) = \sum_i E_i(M,t)}$. Ce principe de superposition découle de la linéarité des équations de Maxwell. Le lieu de superposition s'appelle le **champ d'interférences**.

❑ Non-additivité des éclairements (cas général)

La superposition au point M de deux ondes $E_1(M,t)$ et $E_2(M,t)$ donne l'éclairement $\boxed{\varepsilon = \varepsilon_1 + \varepsilon_2 + \varepsilon_{12}}$, où ε_1 et ε_2 sont les éclairements que donneraient les deux ondes séparément, et $\varepsilon_{12}(M) = 2K\langle E_1(M,t) \times E_2(M,t)\rangle$ est le terme d'**interférence**. On dit qu'il y a interférences lorsque $\varepsilon_{12} \neq 0$: les éclairements ne s'ajoutent pas ($\varepsilon \neq \varepsilon_1 + \varepsilon_2$).

⇨ **Méthodes 13.3. et 13.4. Calcul d'éclairement en notation réelle et complexe**

❑ Additivité des éclairements si les pulsations sont différentes

Le terme d'interférences ε_{12} est nul pour des ondes monochromatiques de pulsations ω_1 et ω_2 différentes. Dans ce cas les éclairements s'ajoutent : $\boxed{\varepsilon = \varepsilon_1 + \varepsilon_2 \text{ si } \omega_1 \neq \omega_2}$ (pas d'interférences).

❑ Interférences entre deux ondes de même pulsation, cohérence

La superposition de deux ondes de même pulsation ω donne l'éclairement $\boxed{\varepsilon = \varepsilon_1 + \varepsilon_2 + 2\sqrt{\varepsilon_1 \varepsilon_2}\langle\cos\Delta\varphi_M\rangle}$ où $\Delta\varphi_M$ est le déphasage entre les deux ondes en M, lié à la propagation ou à l'émission depuis la source : $\Delta\varphi_M = k(r_2 - r_1) + (\varphi_{S_2} - \varphi_{S_1})$ pour deux ondes sphériques.

Si de plus le déphasage à la source $\varphi_{S_1} - \varphi_{S_2}$ est nul (ou constant), on dit que les deux ondes sont **mutuellement cohérentes**. Alors $\Delta\varphi_M$ est indépendant du temps, donc :

$\boxed{\varepsilon = \varepsilon_1 + \varepsilon_2 + 2\sqrt{\varepsilon_1 \varepsilon_2}\cos\Delta\varphi_M \text{ pour deux ondes de même pulsation et cohérentes}}$ (formule de Fresnel).

Si $\varphi_{S_1} - \varphi_{S_2}$ varie de façon aléatoire à l'échelle du temps de réponse du photorécepteur, le terme d'interférences est nul, les éclairements s'ajoutent : $\boxed{\varepsilon = \varepsilon_1 + \varepsilon_2 \text{ pour deux ondes incohérentes}}$.

On détaillera au chapitre suivant les conséquences pratiques de cette condition de cohérence.

❑ Interférences constructives et destructives

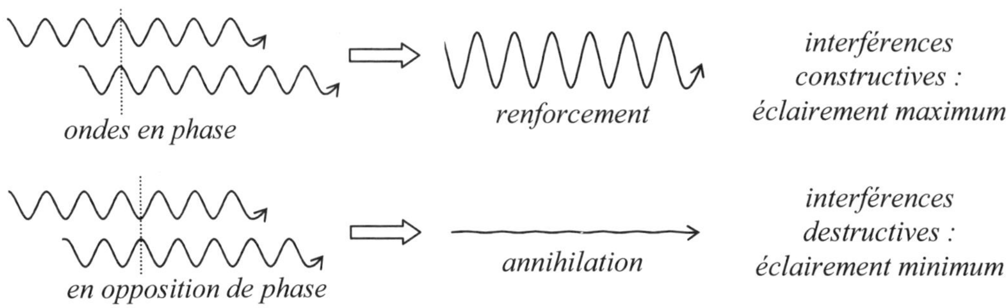

L'éclairement varie entre $\varepsilon_{max} = \varepsilon_1 + \varepsilon_2 + 2\sqrt{\varepsilon_1 \varepsilon_2}$ (interférences **constructives**, les ondes se superposent en phase donc « se renforcent ») et $\varepsilon_{min} = \varepsilon_1 + \varepsilon_2 - 2\sqrt{\varepsilon_1 \varepsilon_2}$ (interférences **destructives**, les ondes se superposent en opposition de phase donc « s'atténuent »). La valeur moyenne est $\varepsilon_1 + \varepsilon_2$, comme en l'absence d'interférence (conservation de l'énergie).

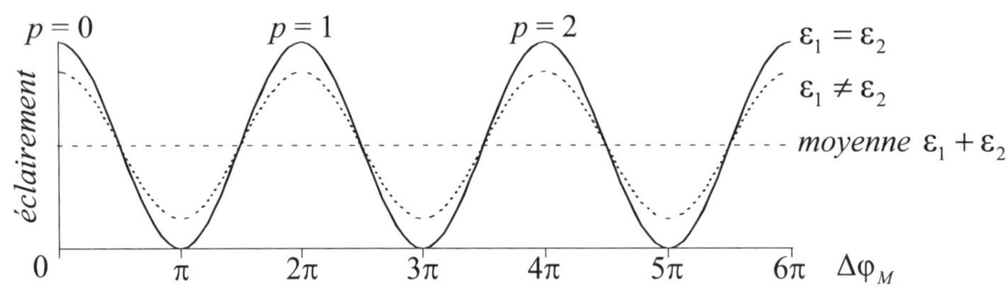

On appelle **ordre d'interférences** le rapport $\boxed{p = \dfrac{\Delta\varphi_M}{2\pi}}$, **entier pour une interférence constructive, demi-entier pour une interférence destructive**. On peut écrire aussi $\boxed{p = \dfrac{\delta}{\lambda_0}}$.

Remarque

L'état d'interférence est directement relié au déphasage entre les ondes et se mesure par l'éclairement produit. En conséquence, alors qu'un capteur optique n'est pas directement sensible à la phase d'une onde lumineuse, grâce au phénomène d'interférences, il devient sensible au déphasage entre deux ondes lumineuses.

❑ Franges d'interférences

Le déphasage $\Delta\varphi_M$ dépend en général de la position du point *M*. Si on observe l'éclairement sur un écran plan, la condition d'interférences constructives ($\Delta\varphi_M = 2\pi p$ où p est entier) est vérifiée le long de lignes appelées **franges d'interférences** brillantes, où l'éclairement est maximum (les franges sombres correspondent à une valeur de *p* demi-entière). Le long d'une frange d'interférence, l'ordre d'interférence ***p* est constant**. Les franges sont donc des lignes équiphase (le déphasage entre les ondes qui se superposent y est constant). La condition

d'interférence constructive, donc la position des franges, dépend de la longueur d'onde λ_0 (sauf pour l'ordre $p = 0$).
On appelle **interfrange** la distance entre deux franges successives de même nature (deux constructives ou deux destructives), correspondant à une variation de l'ordre d'interférences $\Delta p = 1$, ou de façon équivalente à une variation du déphasage $\Delta(\Delta\varphi_M) = 2\pi$, ou encore de la différence de marche $\Delta\delta = \lambda_0$.

⇨ **Méthodes 13.5. et 13.6. Calcul d'un profil d'interférences**

❑ Contraste (ou facteur de visibilité)

Le contraste d'une figure d'interférences est par définition $\boxed{\Gamma = \dfrac{\varepsilon_{max} - \varepsilon_{min}}{\varepsilon_{max} + \varepsilon_{min}}}$. Sans dimension, il varie entre $\Gamma = 0$ pour un éclairement constant (aucune visibilité des franges) et $\Gamma = 1$ si l'éclairement minimum est nul (visibilité maximale).
L'éclairement donné par la superposition de deux ondes **cohérentes de même pulsation** peut s'écrire $\boxed{\varepsilon = (\varepsilon_1 + \varepsilon_2)(1 + \Gamma\cos\Delta\varphi_M)}$ avec $\boxed{\Gamma = \dfrac{2\sqrt{\varepsilon_1\varepsilon_2}}{\varepsilon_1 + \varepsilon_2}}$.

❑ Cas particulier de deux ondes de même amplitude

Deux ondes donnant chacune le même éclairement $\varepsilon_1 = \varepsilon_2 = \varepsilon_0$ produisent par superposition l'éclairement $\boxed{\varepsilon = 2\varepsilon_0(1 + \cos\Delta\varphi_M)}$, qui varie entre $\varepsilon_{max} = 4\varepsilon_0$ et $\varepsilon_{min} = 0$. Le contraste est alors maximum ($\Gamma = 1$). En effet, pour que deux ondes s'éliminent complètement par interférences, il faut à la fois qu'elles soient en opposition de phase et qu'elles aient la même amplitude. Une bonne visibilité des interférences nécessite donc des sources d'intensités proches.

❑ Allure de l'éclairement

Image du haut : profil d'éclairement obtenu par superposition de deux ondes cohérentes de même amplitude ($\varepsilon_1 = \varepsilon_2$) et de même pulsation, dont le déphasage varie linéairement avec la distance dans la direction horizontale. Les franges, lignes de déphasage constant, sont verticales et équidistantes. Les franges sombres sont noires : le contraste est maximal ($\Gamma = 1$).
Au milieu, les amplitudes des deux ondes qui interfèrent sont différentes ($\varepsilon_1 \neq \varepsilon_2$), elles ne s'éliminent donc jamais complètement (les minima d'éclairement sont non nuls) : le contraste des franges est plus faible.
En bas, les ondes sont de pulsations différentes ou non cohérentes, elles n'interfèrent pas ($\varepsilon_{12} = 0$), l'éclairement est homogène ($\varepsilon = \varepsilon_1 + \varepsilon_2$), le contraste est nul.

⇨ **Méthode 13.7. Description des franges d'interférences**

■ Superposition de N ondes lumineuses (MP)

La superposition de N ondes monochromatiques, cohérentes et synchrones, de même amplitude et déphasées l'une par rapport à la suivante de la même quantité $\Delta\varphi_M$, donne également naissance à des interférences. La condition d'interférences constructive s'écrit encore $\boxed{p = \frac{\Delta\varphi_M}{2\pi},\ p \text{ entier}}$ (le déphasage se répète donc si deux ondes sont en phase, les N ondes le sont aussi) mais le profil d'éclairement n'est plus sinusoïdal comme pour des interférences à deux ondes. On peut le voir par un calcul numérique d'éclairement :

Superposition de N vibrations de même amplitude, déphasées de $\Delta\varphi_M$

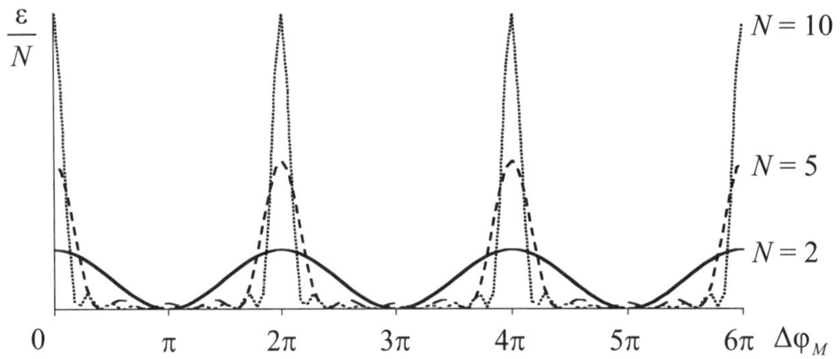

La condition d'interférences constructives est plus sélective : les franges brillantes sont d'autant plus fines que N est grand.

La mi-largeur des maxima d'éclairement est $\boxed{\Delta(\Delta\varphi_M)_{1/2} = \frac{2\pi}{N}}$. (se reporter à l'exercice 13.11)

Fréquence et longueur d'onde

❑ Méthode 13.1. Comment calculer une longueur d'onde ? Un écart de longueur d'onde ?

> La fréquence ν est caractéristique de l'onde (ou plutôt de la source qui l'émet). La longueur d'onde varie avec la vitesse de phase, donc avec l'indice du milieu.
> La couleur perçue est directement liée à la fréquence ν, même si on la relie souvent à la longueur d'onde dans le vide λ_0 (ce qui revient au même, ν et λ_0 étant reliés par une constante fondamentale : $\nu \times \lambda_0 = c$).
> Si la fréquence varie, la longueur d'onde varie aussi. Ces deux grandeurs étant inversement proportionnelles, on peut écrire $\dfrac{\Delta\lambda_0}{\lambda_0} = \dfrac{\Delta\nu}{\nu}$.

⇨ Exercice 13.1

Si une source lumineuse émet une onde de fréquence ν, sa période spatiale dans le vide est $\lambda_0 = \dfrac{c}{\nu}$ car la lumière s'y propage à vitesse c. En revanche, dans un milieu d'indice n la vitesse de phase est n fois plus faible, donc la longueur parcourue pendant une période de vibration est n fois plus courte : $\lambda = \dfrac{c/n}{\nu} = \dfrac{\lambda_0}{n}$. Quand on parle de longueur d'onde, il faut donc toujours préciser dans quel milieu on se trouve.

En optique, on utilise plus souvent la longueur d'onde dans le vide λ_0 que la fréquence ν. Pour passer de l'un à l'autre, on utilise la relation $\lambda_0 = \dfrac{c}{\nu}$ mais attention quand on s'intéresse aux écarts spectraux $\Delta\lambda_0$ et $\Delta\nu$: la différentiation de la formule précédente donne $\mathrm{d}\lambda_0 = c\,\mathrm{d}\left(\dfrac{1}{\nu}\right) = -c\dfrac{\mathrm{d}\nu}{\nu^2}$ donc $\Delta\lambda_0 = c\dfrac{\Delta\nu}{\nu^2} = \dfrac{\Delta\nu}{c}\lambda_0^2$ (on peut oublier ici le signe « – » pour l'écriture des écarts spectraux, toujours donnés en valeur absolue) ou encore $\dfrac{\Delta\lambda_0}{\lambda_0} = \dfrac{\Delta\nu}{\nu}$ (ce qu'on peut retrouver directement en remarquant que $\lambda_0 \propto 1/\nu$: leurs variations relatives sont donc égales).

Comment calculer une différence de marche, un déphasage ?

Méthode 13.2. Calculer un chemin optique, un déphasage

L'expression générale du chemin optique est $(AB) = \int_A^B n\,\mathrm{d}s$, expression qu'on doit utiliser dans les milieux où l'indice n n'est pas homogène. Toutefois, on a souvent à traiter le cas où la lumière se propage dans des milieux homogènes. Dans chaque milieu elle se propage alors de façon rectiligne, donc $(AB) = \sum_i n_i s_i$ où s_i est la distance parcourue dans le milieu d'indice n_i. Le déphasage à la propagation s'obtient alors en multipliant le chemin optique par $\frac{2\pi}{\lambda_0}$ (attention : λ_0 = longueur d'onde dans le vide !). À ce déphasage dû à la propagation peut s'ajouter un déphasage dû à une éventuelle réflexion sur un milieu transparent plus réfringent (on parle de réflexion vitreuse car c'est le cas pour une réflexion air/verre) : le coefficient de réflexion est alors négatif, l'onde subit un déphasage de π équivalent à un chemin optique de $\frac{\lambda_0}{2}$. Il n'y a pas de déphasage lors de la réflexion sur un milieu moins réfringent ou lors d'une transmission (si les milieux sont transparents).

⇨ **Exercices 13.2, 13.3 et 13.8**

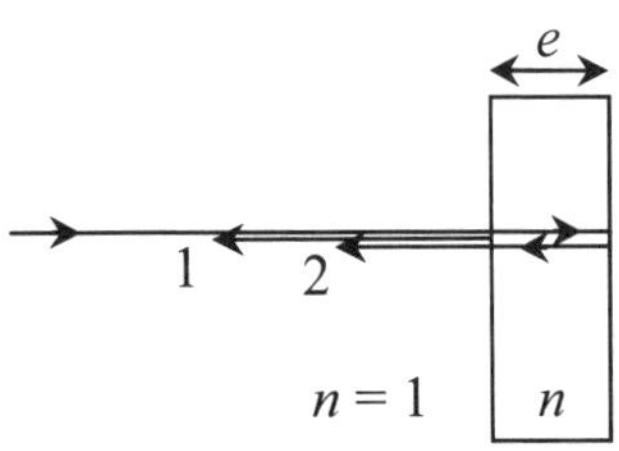

On s'intéresse à la réflexion d'une onde plane en incidence normale sur une lame de verre d'indice n et d'épaisseur e. On propose de calculer le déphasage entre les deux trajets suivants : (1) l'onde se réfléchit sur le premier dioptre, (2) l'onde traverse le premier dioptre et se réfléchit sur le second.

La différence de marche, due à un aller-retour dans la lame d'épaisseur optique $n \times e$, vaut $2ne$. Il lui correspond un déphasage $\frac{2\pi}{\lambda_0} \times 2ne$, auquel il faut ajouter un déphasage de π puisque l'onde 1 se réfléchit sur un milieu plus réfringent, ce qui n'est pas le cas pour l'onde 2. Donc au total le déphasage est $\Delta\varphi = \frac{2\pi}{\lambda_0} \times 2ne + \pi$. On peut écrire $\delta = \frac{\lambda_0}{2\pi}\Delta\varphi = 2ne + \frac{\lambda_0}{2}$ en traduisant le déphasage dû à la réflexion vitreuse par une différence de marche.

■ Comment calculer un éclairement ?

❑ Méthode 13.3. Calcul d'éclairement en notation réelle

Les vibrations $E(M,t)$ s'ajoutent, mais ce n'est pas le cas en général pour les éclairements. On doit calculer l'éclairement par $\varepsilon(M)=K\langle E(M,t)^2\rangle$ où $E(M,t)=\sum_i E_i(M,t)$: il faut développer le carré avant de calculer la valeur moyenne temporelle de chaque terme. Il est alors utile de retenir les propriétés mathématiques suivantes : $\langle\cos(\omega t)\rangle=0$ et $\langle\cos^2(\omega t)\rangle=\frac{1}{2}$ si la valeur moyenne est effectuée sur un temps très long devant la période $\frac{2\pi}{\omega}$.

⇨ Exercice 13.5

Dans le cas d'une superposition de deux ondes de pulsation ω_1 et ω_2 issues de deux sources cohérentes pour lesquelles on suppose $\varphi_{S_1}=\varphi_{S_2}$, on doit calculer :

$$\varepsilon(M)=K\left\langle\left[E_{01}\cos(\varphi_{M,1}-\omega_1 t)+E_{02}\cos(\varphi_{M,2}-\omega_2 t)\right]^2\right\rangle$$

où on a noté $\varphi_{M,1}$ et $\varphi_{M,2}$ les phases initiales des deux ondes au point M.

En développant le carré et en remarquant que $K E_{01}^2\left\langle\left[\cos(\varphi_{M,1}-\omega_1 t)\right]^2\right\rangle=\frac{K}{2}E_{01}^2=\varepsilon_1$, éclairement donné par la vibration E_1 seule (de même pour E_2), on obtient :

$$\varepsilon(M)=\varepsilon_1+\varepsilon_2+2K E_{01}E_{02}\left\langle\cos(\varphi_{M,1}-\omega_1 t)\times\cos(\varphi_{M,2}-\omega_2 t)\right\rangle.$$

Soit, en utilisant $2\cos a\cos b=\cos(a+b)+\cos(a-b)$:

$$\varepsilon(M)=\varepsilon_1+\varepsilon_2+K E_{01}E_{02}\left\langle\cos\left[(\varphi_{M,1}+\varphi_{M,2})-(\omega_1+\omega_2)t\right]+\cos\left[(\varphi_{M,1}-\varphi_{M,2})-(\omega_1-\omega_2)t\right]\right\rangle$$

La valeur moyenne du premier cosinus est nulle, ainsi que celle du second si $\omega_1\neq\omega_2$. On obtient alors $\varepsilon=\varepsilon_1+\varepsilon_2$: les éclairements s'ajoutent si les pulsations des deux ondes sont différentes.

Si les deux ondes ont même pulsation $\omega_1=\omega_2$, la valeur moyenne du second cosinus n'est pas nulle, on obtient alors $\varepsilon(M)=\varepsilon_1+\varepsilon_2+K E_{01}E_{02}\cos(\varphi_{M,1}-\varphi_{M,2})=\varepsilon_1+\varepsilon_2+2\sqrt{\varepsilon_1\varepsilon_2}\cos\Delta\varphi_M$ en notant $\Delta\varphi_M=\varphi_{M,1}-\varphi_{M,2}$: le terme d'interférences est non nul.

❑ Méthode 13.4. Calcul d'éclairement en notation complexe

Savoir travailler en notation complexe permet souvent de simplifier les calculs, en particulier en s'affranchissant de l'utilisation de formules trigonométriques. Les vibrations monochromatiques peuvent s'écrire en notation complexe sous la forme $\underline{E}(M,t)=E_0(M)\exp(i(\varphi_M-\omega t))$, la vibration réelle s'en déduisant par

Méthodes

$E = \mathrm{Re}\{\underline{E}\}$. On peut remplacer les champs réels par les champs complexes sans précaution particulière seulement si les équations sont **linéaires** :

$$\mathrm{Re}\{\underline{E}_1 + \underline{E}_2\} = \mathrm{Re}\{\underline{E}_1\} + \mathrm{Re}\{\underline{E}_2\} \text{ mais } \mathrm{Re}\{\underline{E}_1 \times \underline{E}_2\} \neq \mathrm{Re}\{\underline{E}_1\} \times \mathrm{Re}\{\underline{E}_2\} \text{ !}$$

En particulier, on ne doit pas calculer l'éclairement en remplaçant le champ réel par le champ complexe dans la relation $\varepsilon(M) = K\langle E(M,t)^2\rangle$. Il faut utiliser la relation $\varepsilon(M) = \frac{K}{2}|\underline{E}|^2$, ou plutôt $\varepsilon(M) = \frac{K}{2}\underline{E} \times \underline{E}^*$ (souvent plus facile à calculer). L'éclairement est une grandeur toujours **réelle**.

Reprenons le calcul précédent, dans le cas d'interférences de deux ondes cohérentes de même pulsation ω, cette fois-ci en notation complexe : $\varepsilon = \frac{K}{2}(\underline{E}_1 + \underline{E}_2) \times (\underline{E}_1^* + \underline{E}_2^*)$. En développant : $\varepsilon = \frac{K}{2}|\underline{E}_1|^2 + \frac{K}{2}|\underline{E}_2|^2 + \frac{K}{2}(\underline{E}_1\underline{E}_2^* + cc)$, où on a noté cc le complexe conjugué. En écrivant l'expression des champs complexes $\underline{E}_1$ et $\underline{E}_2$ et en faisant apparaître les éclairements ε_1 et ε_2 : $\varepsilon = \varepsilon_1 + \varepsilon_2 + \frac{K}{2}\left(E_{01}\exp(i(\varphi_{M,1} - \omega t))E_{02}\exp(-i(\varphi_{M,2} - \omega t)) + cc\right)$. La dépendance en $\exp(i\omega t)$ s'élimine : $\varepsilon = \varepsilon_1 + \varepsilon_2 + \sqrt{\varepsilon_1\varepsilon_2}\left(\exp(i(\varphi_{M,1} - \varphi_{M,2})) + cc\right)$.

En utilisant la relation $\cos\theta = \frac{\exp(i\theta) + \exp(-i\theta)}{2}$, on retrouve plus rapidement l'expression démontrée précédemment : $\varepsilon = \varepsilon_1 + \varepsilon_2 + 2\sqrt{\varepsilon_1\varepsilon_2}\cos(\varphi_{M,1} - \varphi_{M,2}) = \varepsilon_1 + \varepsilon_2 + 2\sqrt{\varepsilon_1\varepsilon_2}\cos\Delta\varphi_M$.

■ Comment déterminer un profil d'interférences

❑ Méthode 13.5. Superposition de deux ondes planes

Caractériser un profil d'interférences nécessite d'exprimer le déphasage $\Delta\varphi_M$ entre deux ondes qui interfèrent en chaque point M où elles se superposent. Pour deux ondes planes de même fréquence et cohérentes, ce déphasage est du type $\Delta\varphi_M = (\vec{k}_2 - \vec{k}_1)\cdot\vec{r}$. Le profil d'éclairement s'en déduit par la formule de Fresnel $\varepsilon(M) = \varepsilon_1 + \varepsilon_2 + 2\sqrt{\varepsilon_1\,\varepsilon_2}\cos\Delta\varphi_M$. Les positions des franges brillantes se déduisent de la condition $p = \Delta\varphi_M/2\pi$ = entier, l'interfrange en écrivant $\Delta p = 1$.

⇨ **Exercice 13.9**

On considère deux ondes planes cohérentes, de même amplitude (pour simplifier), de même pulsation (sinon il n'y a pas d'interférences), mais de directions de propagation différentes. Si on choisit l'origine des coordonnées $\vec{r}$ en un point où elles sont en phase, on peut écrire : $E_1(M,t) = E_0 \cos(\vec{k}_1 \cdot \vec{r} - \omega t + \varphi_0)$ et $E_2(M,t) = E_0 \cos(\vec{k}_2 \cdot \vec{r} - \omega t + \varphi_0)$. Les vecteurs d'onde $\vec{k}_1$ et $\vec{k}_2$ ont même norme $k_1 = k_2 = \dfrac{2\pi}{\lambda}$ mais font un angle α entre eux. L'éclairement en M s'écrit $\varepsilon(M) = 2\varepsilon_0(1 + \cos\Delta\varphi_M)$, où $\varepsilon_0 = \dfrac{K}{2}E_0^2$ est l'éclairement donné par une onde seule et $\Delta\varphi_M$ le déphasage entre les deux ondes au point M.

Le déphasage entre deux ondes planes s'écrit sous la forme : $\Delta\varphi_M = \varphi_{2M} - \varphi_{1M} = (\vec{k}_2 - \vec{k}_1)\cdot\vec{r}$.

Le vecteur $\vec{k}_2 - \vec{k}_1$ est parallèle à l'axe x (voir le schéma ci-après) et sa norme est $\left\|\vec{k}_2 - \vec{k}_1\right\| = 2k_1 \sin\dfrac{\alpha}{2}$. On en déduit le déphasage $\Delta\varphi_M = \left\|\vec{k}_2 - \vec{k}_1\right\| x = \dfrac{4\pi}{\lambda}\sin\dfrac{\alpha}{2}x$ et l'ordre d'interférences $p = \dfrac{\Delta\varphi_M}{2\pi} = \dfrac{2}{\lambda}\sin\dfrac{\alpha}{2}x$. Le déphasage $\Delta\varphi_M$ (ou l'ordre d'interférences p), donc aussi l'éclairement, ne dépend que x : les franges d'interférences sont donc des lignes $x =$ constante : rectilignes et parallèles à y. L'interfrange i est la période de la fonction $\varepsilon(x)$ (distance entre deux franges brillantes – ou deux franges sombres – consécutives). Il est donné par la variation de x telle que $\Delta\varphi_M$ varie de 2π, ou encore p varie de 1, c'est-à-dire ici $\boxed{i = \dfrac{\lambda}{2\sin(\alpha/2)}}$.

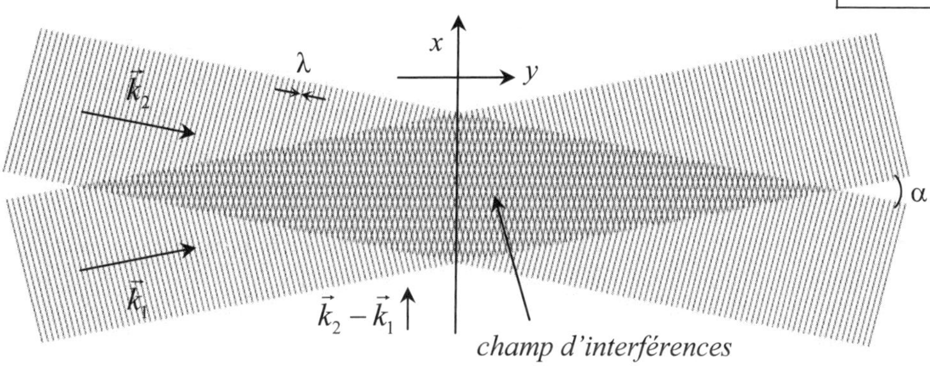

Les deux réseaux de traits parallèles représentent les surfaces d'onde des deux ondes planes figées à un instant donné. Elles avancent à la vitesse de la lumière donc en valeur moyenne l'éclairement est homogène, sauf dans la zone de superposition où on observe une modulation stationnaire, illustrée ici par un effet de moiré horizontal.

❑ Méthode 13.6. Superposition de deux ondes sphériques

On considère la superposition de deux ondes sphériques de même fréquence et cohérentes, émises en S_1 et S_2. Le problème à résoudre est sensiblement le même que précédemment, mais le déphasage $\Delta\varphi_M$ est calculé en utilisant la notion de différence de marche δ, égale à la différence de chemin optique subie par les deux ondes entre leur source et le point d'observation M : $\delta = (S_2M) - (S_1M)$. En effet,

Méthodes

si les deux sources sont cohérentes mutuellement et en prenant $\varphi_{S_1} = \varphi_{S_2}$, $\Delta\varphi_M$ et δ sont reliés par $\Delta\varphi_M = \dfrac{2\pi}{\lambda_0}\left[(S_2M) - (S_1M)\right] = \dfrac{2\pi}{\lambda_0}\delta$. L'éclairement est alors toujours calculé par $\varepsilon(M) = \varepsilon_1 + \varepsilon_2 + 2\sqrt{\varepsilon_1\varepsilon_2}\cos(\Delta\varphi_M)$. On tiendra éventuellement compte de la décroissance en $1/r$ de l'amplitude de l'onde sphérique avec la distance r de propagation depuis la source, mais cela joue sur le contraste des franges (car alors $\varepsilon_1 \neq \varepsilon_2$) et pas sur leur position (car cela ne modifie pas $\Delta\varphi_M$). La géométrie des franges est déduite de la condition δ = constante.

⇨ **Exercice 13.10**

Deux ondes sphériques cohérentes, issues des sources S_1 et S_2 de même pulsation ω, de même amplitude E_0 au point *M*, s'écrivent : $E_1(M,t) = E_0\cos(kr_1 - \omega t)$, $E_2(M,t) = E_0\cos(kr_2 - \omega t)$, où $k = \dfrac{2\pi}{\lambda}$, $r_1 = S_1M$ et $r_2 = S_2M$. Pour simplifier, on a supposé que ces deux ondes ont la même phase initiale à la source (choisie ici nulle) et qu'elles se propagent dans le même milieu (même vecteur d'onde *k*). Le déphasage entre ces deux ondes au point *M* est alors $\Delta\varphi_M = \dfrac{2\pi}{\lambda_0}\delta$, où la différence de marche $\delta = (S_2M) - (S_1M)$ doit être calculée en étudiant le trajet des deux ondes depuis leur source jusqu'au lieu d'observation. Le chemin optique est égal à la distance parcourue si l'indice du milieu de propagation est $n = 1$, sinon il faut la multiplier par l'indice *n*. Les franges sont données par la relation $\delta = (S_2M) - (S_1M)$ = constante : ce sont des **hyperboloïdes** de révolution autour de l'axe S_1S_2, de foyers S_1 et S_2.

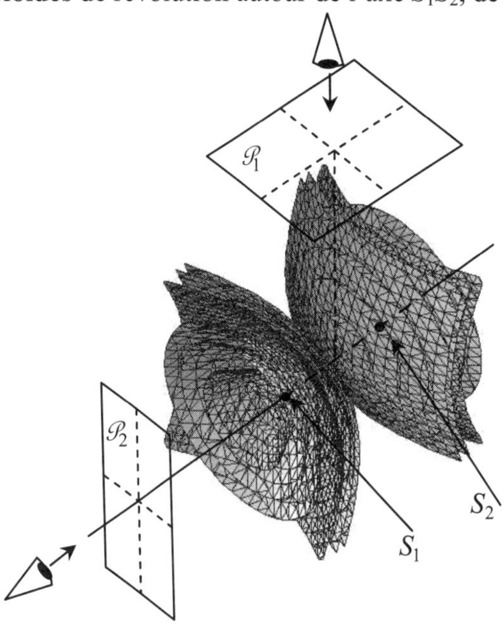

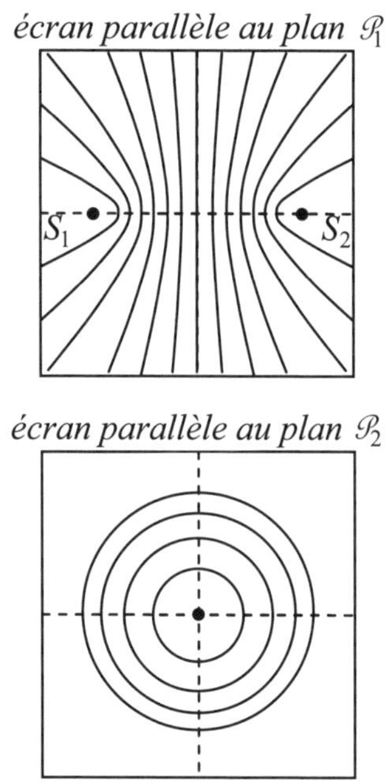

1er cas de figure : le plan d'observation (O, x, y) est parallèle à $\mathcal{P}_1$ (parallèle à la direction S_1S_2) :

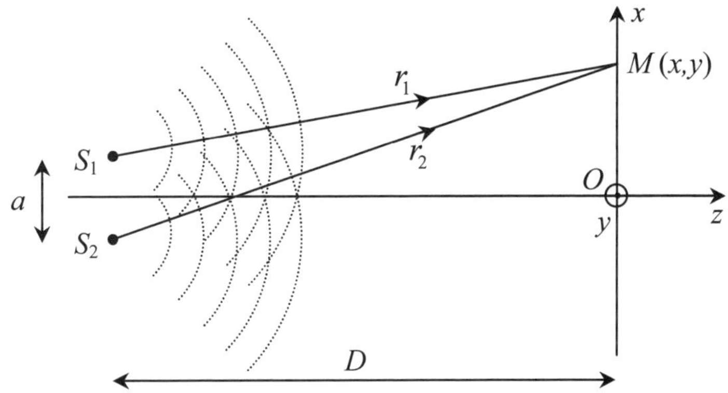

On a, en supposant $D >> x, y$ et a :

$$r_1 = D\sqrt{1+\left(\frac{x}{D}-\frac{a}{2D}\right)^2+\frac{y^2}{D^2}} \approx D\left[1+\frac{1}{2}\left[\left(\frac{x}{D}-\frac{a}{2D}\right)^2+\frac{y^2}{D^2}\right]\right]$$

$$r_2 = D\sqrt{1+\left(\frac{x}{D}+\frac{a}{2D}\right)^2+\frac{y^2}{D^2}} \approx D\left[1+\frac{1}{2}\left[\left(\frac{x}{D}+\frac{a}{2D}\right)^2+\frac{y^2}{D^2}\right]\right]$$

Dans la différence $r_2 - r_1$, tous les termes s'annulent sauf le terme en $a\,x$.

On en déduit $\boxed{\delta = \frac{a\,x}{D}}$ (au second ordre en $\frac{x}{D}$, $\frac{y}{D}$ et $\frac{a}{D}$) si l'indice du milieu est $n = 1$.

La différence de marche ne dépendant que de x (à cet ordre d'approximation), les franges d'interférences sont des lignes parallèles à l'axe y. En effet, lorsque r_1 est voisin de r_2, au centre de l'écran parallèle à la direction S_1S_2, les traces des hyperboloïdes se confondent quasiment avec des droites.

L'interfrange est donné par $i = \Delta x$ tel que $\Delta\delta = \lambda_0$ (ou encore $\Delta\varphi_M = 2\pi$, ou $\Delta p = 1$), soit $i = \frac{\lambda_0 D}{a}$.

Attention : dans un milieu homogène d'indice n, la différence de marche s'écrit $\delta = n\frac{a\,x}{D}$ mais l'interfrange s'obtient toujours en écrivant $\Delta\delta = \lambda_0$ (et non λ, ce que l'on retrouve en écrivant que le déphasage $\Delta\varphi_M = \frac{2\pi}{\lambda_0}\delta$ doit varier de 2π). On obtient ainsi $i = \frac{\lambda_0 D}{n\,a} = \frac{\lambda D}{a}$. On peut donc retenir l'expression toujours valable dans un milieu homogène : $\boxed{i = \frac{\lambda D}{a}}$ où $\lambda = \frac{\lambda_0}{n}$.

Le facteur D/a apparaît dans cette formule comme un facteur d'agrandissement permettant de voir à l'œil nu un reflet de la longueur d'onde λ (microscopique) : les franges sont bien visibles si les sources S_1 et S_2 sont proches l'une de l'autre et l'écran d'observation éloigné. Par exemple, avec $a = 1$ mm et $D = 1$ m, le rapport D/a est égal à 1000 ce qui donne $i = 0{,}5$ mm pour $\lambda_0 = 500$ nm et $n = 1$.

2e cas de figure : le plan d'observation (O, x, y) est parallèle à $\mathcal{P}_2$ (perpendiculaire à S_1S_2) :

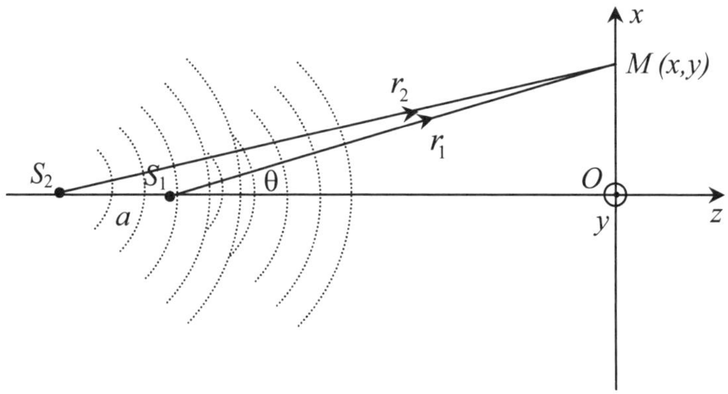

On a toujours : $\delta = S_2M - S_1M = r_2 - r_1$ (si $n = 1$). Par symétrie autour de l'axe (Oz), on devine que δ ne dépend que de la distance OM. Les franges d'interférence sont donc des anneaux de centre O : c'est la coupe des hyperboloïdes par un plan perpendiculaire à la direction S_1S_2.

❑ Méthode 13.7. Comment interpréter une figure d'interférences ?

La géométrie des franges d'interférences obtenues par superposition de deux ondes de même pulsation ($\omega_1 = \omega_2$) et mutuellement cohérentes ($\varphi_{S_1} = \varphi_{S_2}$) renseigne sur la variation dans l'espace du déphasage $\Delta\varphi_M = \dfrac{2\pi}{\lambda_0}\delta$ entre ces deux ondes : le long d'une frange, $\Delta\varphi_M$ est constant ; d'une frange à l'autre, $\Delta\varphi_M$ varie de 2π (ou encore δ varie de λ_0, l'ordre p varie de 1).
Le contraste renseigne sur le rapport $\varepsilon_1 / \varepsilon_2$ des éclairements des deux ondes prises séparément : $\Gamma = \dfrac{2\sqrt{\varepsilon_1\varepsilon_2}}{\varepsilon_1 + \varepsilon_2} = \dfrac{2\sqrt{\varepsilon_1 / \varepsilon_2}}{\varepsilon_1 / \varepsilon_2 + 1}$. Les franges sombres ne sont parfaitement noires ($\Gamma = 1$) que si les deux ondes sont cohérentes et ont la même amplitude ($\varepsilon_1 = \varepsilon_2$).

⇨ **Exercices 13.9 et 13.10**

On considère les profils d'éclairement ci-dessous (image du haut : profil d'éclairement en traits pleins ; image du bas : profil en pointillés). Voyons ce qu'on peut en déduire :

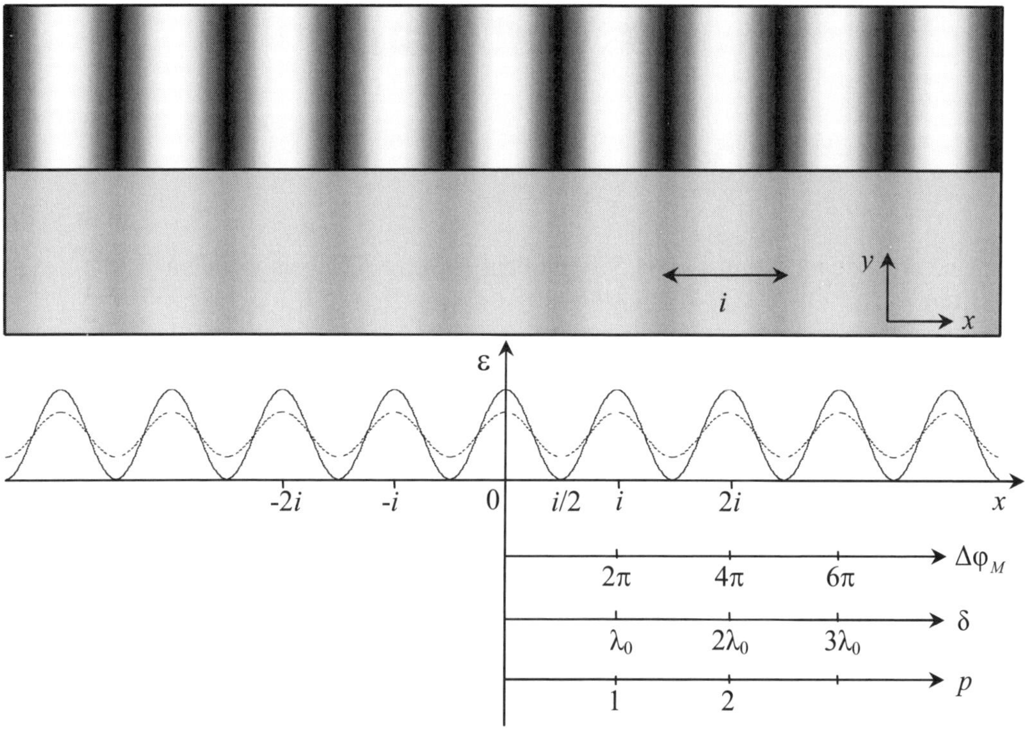

– *Interprétation de la géométrie est franges* : dans les deux cas, les franges sont verticales (parallèles à l'axe *y*), donc $\Delta\varphi_M$ ne dépend que de la coordonnée *x* suivant la direction horizontale. De plus, les franges sont équidistantes donc $\Delta\varphi_M$ varie linéairement avec la distance *x* : le déphasage varie de 2π d'une frange à la suivante, lorsque *x* varie de *i*, il s'écrit donc sous la forme $\Delta\varphi_M = 2\pi\dfrac{x}{i}$ (en supposant que l'origine des *x* correspond à l'endroit où les deux ondes se croisent en phase). À chaque position où l'éclairement est maximum, on peut dire que les deux ondes se croisent avec un déphasage multiple de 2π.

– *Interprétation du contraste des franges* : deux ondes cohérentes ne peuvent s'éliminer complètement par interférences que si elles ont la même amplitude. C'est le cas sur l'image du haut : les franges sombres sont noires ($\varepsilon_{min} = 0$), autrement dit le contraste est maximal (Γ = 1), donc $\varepsilon_1 = \varepsilon_2$. Sur l'image du bas, les zones où les interférences sont destructives ne sont pas noires ($\varepsilon_{min} \neq 0$), le contraste est nettement plus faible, on en déduit que les amplitudes des deux ondes sont très différentes.

■■ Vrai/Faux

		Vrai	Faux
1.	Une onde de longueur d'onde 550 nm dans le verre n'est pas visible à l'œil.	☐	☐
2.	Une photodiode ultra-rapide, dont le temps de réponse est 10 ps, est sensible à la valeur instantanée du champ électrique de l'onde lumineuse.	☐	☐
3.	En utilisant la notation complexe, l'éclairement peut s'écrire sous la forme $\varepsilon = K\,\underline{E}^2$.	☐	☐
4.	En superposant deux ondes lumineuses sous certaines conditions, on peut obtenir de l'obscurité : lumière + lumière = noir !	☐	☐
5.	Le chemin optique dépend de la distance parcourue par la lumière mais aussi de la nature du milieu dans lequel elle se propage.	☐	☐
6.	Lorsqu'une onde se propage dans l'air et se réfléchit sur une lame de verre, elle subit un déphasage de π, ce qu'on peut traduire par l'ajout de $\lambda_0/2$ à la différence de marche δ.	☐	☐
7.	Aucun photorécepteur n'est assez rapide pour mesurer directement un déphasage entre deux ondes lumineuses, mais grâce au phénomène d'interférences on peut accéder au déphasage par une mesure d'éclairement.	☐	☐
8.	La surface d'onde d'une onde monochromatique issue d'une source ponctuelle est toujours sphérique.	☐	☐
9.	L'onde plane n'est pas une description parfaite de la lumière émise par un laser, dont le faisceau a une extension transverse faible ainsi qu'une certaine divergence.	☐	☐
10.	Dans une lampe spectrale, deux atomes différents émettent simultanément deux ondes de même fréquence et en phase.	☐	☐
11.	Une source de largeur spectrale en fréquence $\Delta\nu$ a une largeur spectrale en longueur d'onde $\Delta\lambda = c/\Delta\nu$.	☐	☐
12.	Une figure d'interférences contrastée est toujours très lumineuse.	☐	☐
13.	D'une frange d'interférence à l'autre, le déphasage varie de λ_0.	☐	☐
14.	Si on superpose deux ondes lumineuses polarisées rectilignement dans deux directions différentes, le terme d'interférence est multiplié par le cosinus de l'angle entre les deux directions de polarisation.	☐	☐

Énoncé des exercices

❑ Exercice 13.1. Fréquence, longueur d'onde, couleur, largeur spectrale

Un laser HeNe rouge émet une onde lumineuse de longueur d'onde dans le vide 632,99 nm.

1. Calculer sa fréquence et sa longueur d'onde dans l'air puis dans l'eau. Quelle est la couleur correspondant à cette onde lumineuse ?

2. Ce faisceau laser traverse un composant optique (dit « non linéaire ») permettant de doubler sa fréquence. Mêmes questions que précédemment.

3. Ce laser a une largeur spectrale $\Delta\nu = 300$ MHz. En déduire sa largeur spectrale $\Delta\lambda_0$ en pm.

On donne $c = 2{,}998 \cdot 10^8\ \text{m} \cdot \text{s}^{-1}$, $n_{\text{air}} = 1{,}0003$, $n_{\text{eau}} = 1{,}33$.

❑ Exercice 13.2. Réfraction d'une onde plane sur un dioptre plan

Une onde plane arrive sous un angle d'incidence θ sur un dioptre plan séparant deux milieux d'indice n et n' (figure ci-contre). On suppose que l'onde transmise est plane également, mais se propage dans la direction θ'.

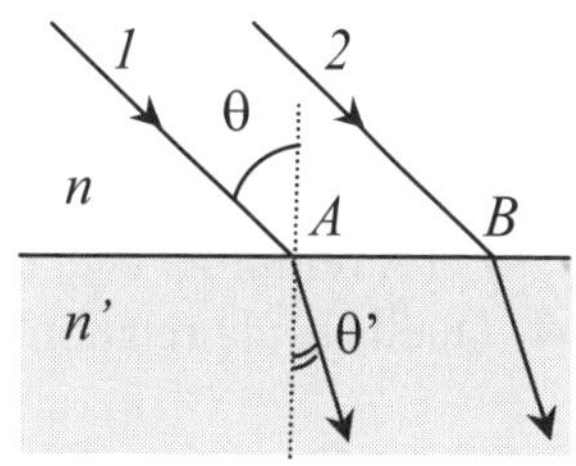

1. Représenter les plans d'ondes de ces deux ondes.

2. Montrer qu'on peut retrouver la loi de Snell-Descartes sur la réfraction en utilisant la notion de chemin optique.

❑ Exercice 13.3. Traversée d'une lame de verre en incidence oblique

Un rayon laser, modélisé par une onde monochromatique de longueur d'onde λ dans l'air (d'indice égal à 1), arrive en incidence oblique d'angle θ sur une lame de verre d'épaisseur constante e et d'indice n. On note A et B respectivement les points d'entrée et de sortie du rayon sur la lame. Construire sur le schéma ci-contre la position du point B puis donner l'expression du chemin optique (AB) en fonction de l'angle d'incidence θ et de l'épaisseur optique de la lame, après l'avoir définie.

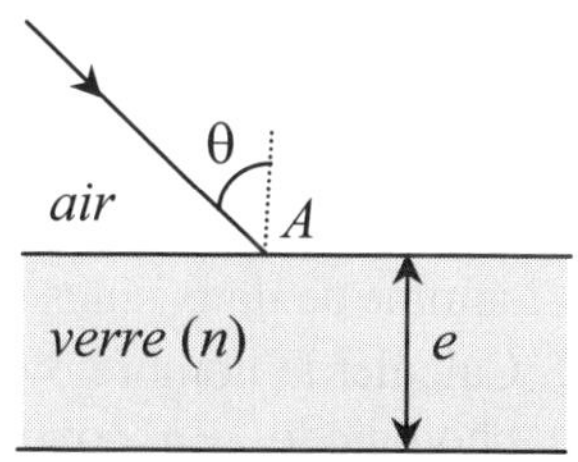

❑ Exercice 13.4. Transformation d'une surface d'onde : collimateur*

Une onde sphérique issue d'une source ponctuelle S est placée au foyer objet d'une lentille mince L plan-convexe, de rayon de courbure R, d'indice de réfraction n et de distance focale f. Le milieu ambiant est l'air ($n \approx 1$). En écrivant que l'action de cette lentille est de déformer la surface d'onde de l'onde sphérique de façon à la rendre plane, on cherche à retrouver l'expression de la distance focale f de la lentille, en fonction de son indice n et de son rayon de courbure R.

1. Exprimer l'épaisseur e de verre traversée, en fonction de la distance y à l'axe de la lentille, de son rayon de courbure R et de son épaisseur maximale e_0 (voir le schéma ci-après). On supposera $y << R$ (rayon paraxial, dans le cadre de l'approximation de Gauss).

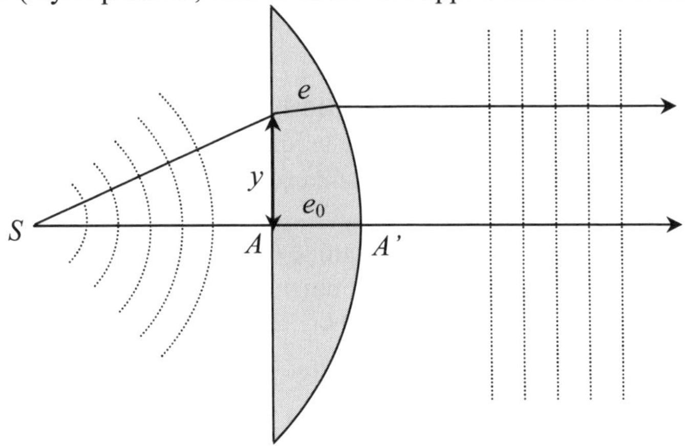

2. On considère les points A et A', intersections de la surface de la lentille et de l'axe optique. Tracer les surfaces d'ondes passant par ces deux points. Noter B et B' les points de ces deux surfaces d'onde appartenant au rayon coupant la lentille à distance y de son axe.

3. Exprimer indépendamment les deux chemins optiques (AA') et (BB'), en fonction de n, e_0, y, f et R (éliminer e en utilisant le résultat de la première question).

4. Quelle est la relation entre ces deux chemins optiques ? En déduire f en fonction de n et R.

❑ Exercice 13.5. Interférence et temps de réponse du photorécepteur

On utilise une photodiode rapide, dont le temps de réponse est $\tau = 10$ ns, pour mesurer l'éclairement en un point M de l'espace où se superposent deux ondes lumineuses de longueur d'onde dans le vide $\lambda_{01} = 589{,}00$ nm et $\lambda_{02} = 589{,}59$ nm (doublet jaune du Sodium). On notera ν_1 et ν_2 les fréquences correspondantes. On veut voir si, compte tenu du temps de réponse fini du photorécepteur, il est possible d'obtenir des interférences entre ces deux ondes de longueurs d'onde, et donc de fréquences, différentes.

1. Montrer que le produit des deux vibrations $E_1(M,t) \times E_2(M,t)$ peut s'écrire comme la somme de deux sinusoïdes, dont on calculera les fréquences ν et ν'.

2. Calculer le nombre d'oscillations de ces deux sinusoïdes pendant le temps de réponse τ de la photodiode. En conséquence, que pouvez-vous dire de la valeur moyenne du produit $E_1(M,t) \times E_2(M,t)$ pendant ce temps τ ?

3. En déduire que le signal capté par la photodiode est quasiment égal à la somme des signaux captés en présence de chaque onde séparément (absence d'interférences).

❑ Exercice 13.6. Éclairement et contraste d'une image

1. Donner la valeur du contraste d'une image :
- parfaitement blanche sur toute sa surface
- faite d'une alternance de traits blancs et noirs
- présentant une modulation d'intensité lumineuse allant de 9 à 10 (en unité arbitraire).

2. La notice d'un téléviseur LCD (Liquid Crystal Display, écran à cristaux liquides) indique une luminance (intensité lumineuse émise dans une direction donnée, par unité de surface) maximale de $300\ \text{Cd}\cdot\text{m}^{-2}$ et un rapport entre les zones les plus sombres et les plus claires de 1 pour 3000. Calculer le contraste de l'image et la luminance des zones sombres.

❑ Exercice 13.7. Contraste d'une figure d'interférences

On considère une figure d'interférences obtenue par la superposition de deux ondes cohérentes de même pulsation, qui chacune donne séparément un éclairement ε_1 et ε_2.

1. Quel doit être le rapport de leurs éclairements $\varepsilon_1/\varepsilon_2$ pour que le contraste soit égal à $0,5$?

2. Quel est alors le rapport $\varepsilon_{max}/\varepsilon_{min}$ entre les éclairements maximum et minimum de la figure d'interférences ? Commenter.

❑ Exercice 13.8. Teinte d'une flaque (MP)* - Problème ouvert

Dans une station service après un jour pluvieux, une goutte de gasoil est tombée sur une flaque d'eau. Elle s'étale en surface et forme une mince couche dont on supposera l'épaisseur e constante. Un observateur regarde un reflet du Soleil, en se plaçant quasiment à la verticale de cette flaque. Il observe une teinte magenta. En vous appuyant sur une modélisation dont la pertinence sera justifiée et sachant que le magenta est la teinte complémentaire du vert ($\lambda_0 \approx 550$ nm), estimer l'épaisseur e minimale de la couche de gasoil donnant cette teinte.

Données :

L'indice de réfraction du gasoil est $n = 1,5$, celui de l'eau est de 1,33.

La teinte interférentielle perçue par l'œil dans l'observation d'interférences en lumière blanche résulte des composantes spectrales éteintes par interférences destructives : le spectre est enrichi dans la longueur d'onde de la teinte complémentaire à celle qui est coupée.

❑ Exercice 13.9. Fabrication d'un réseau holographique*

Deux faisceaux lumineux, modélisés par des ondes planes monochromatiques de même pulsation, se propagent dans le vide selon des vecteurs d'onde $\vec{k}_1$ et $\vec{k}_2$. On note λ leur longueur d'onde et α l'angle entre $\vec{k}_1$ et $\vec{k}_2$. ε_1 et ε_2 sont les éclairements, à priori différents, donnés par chacune des deux ondes séparément.

On place un écran plan, perpendiculaire à $\vec{k}_1$, dans la zone où ces deux faisceaux se superposent. Un point M de cet écran est repéré par ses coordonnées (x, y), les axes (Ox) et (Oy) étant orientés comme le montre le schéma ci-contre. L'origine O est choisie de façon à ce que les deux ondes y soient en phase. L'axe (Oz) est dans la direction de $\vec{k}_1$.

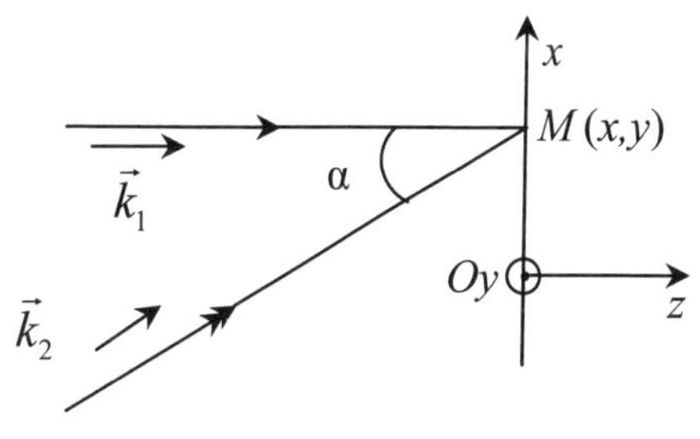

1. Exprimer le déphasage entre les deux ondes en un point M de l'écran, puis l'éclairement $\varepsilon(M)$ sur ce plan, en fonction des données du problème. Définir l'ordre d'interférences p et donner son expression en fonction des coordonnées du point M. En déduire l'allure de la figure d'interférences sur l'écran.

2. Donner l'expression de l'interfrange i et du contraste Γ. Calculer leur valeur dans le cas où $\lambda = 532$ nm, $\alpha = 10°$ et $\varepsilon_1 = 2\varepsilon_2$.

3. Simplifier l'expression de i lorsque α est très faible. Pour quelle valeur de α (donner l'ordre de grandeur, en degré) a-t-on un interfrange bien visible à l'œil nu (disons $i \approx 0{,}5\,\text{mm}$) ?

4. Pour quelle valeur de α l'interfrange est-il minimum ? Quelle est alors sa valeur ?

5. On remplace l'écran par une plaque photographique, permettant d'enregistrer les variations d'éclairement : la plaque, une fois le développement réalisé, a une transparence proportionnelle à l'éclairement reçu. Expliquer en quoi cette technique permet de réaliser des réseaux dits « holographiques », c'est-à-dire des structures périodiques dont la période, de l'ordre du micromètre, peut être facilement ajustée.

❑ Exercice 13.10. Superposition d'ondes acoustiques sphériques

En acoustique il est possible d'obtenir deux sources sphériques synchrones, donc de même fréquence et cohérentes, en alimentant deux haut-parleurs avec un même générateur alternatif. La superposition de deux ondes acoustiques peut donner lieu à des phénomènes interférentiels, comme pour les ondes lumineuses. On donne $V = 340\,\text{m}\cdot\text{s}^{-1}$, vitesse du son dans l'air.

1. Deux haut-parleurs synchrones distants de 3 m émettent un son pur correspondant au « La 440 Hz », dont la répartition dans l'espace (loin de la membrane) est proche de celle d'une onde sphérique. On suppose que l'expérience est réalisée dans une immense salle sourde, dont les murs et le sol sont parfaitement absorbants donc ne renvoient aucune onde réfléchie. Un observateur à 30 m des haut-parleurs se déplace dans la zone de superposition des deux ondes sonores, parallèlement à la direction définie par les deux haut-parleurs. Qu'entend-il ?

2. L'observateur est maintenant situé à égale distance des deux haut-parleurs. Que vaut la différence de trajet parcouru par les deux ondes sonores à cet endroit ? L'intensité sonore perçue est-elle maximale ou minimale ?

3. L'observateur se déplace jusqu'à une position où l'intensité sonore perçue est minimale. Précisez la valeur de la différence de trajet parcouru par les deux ondes à cet endroit, ainsi que leur déphasage. Est-il théoriquement possible que l'observateur se trouve dans une position où il n'entend strictement rien ?

❑ Exercice 13.11. Superposition de *N* ondes cohérentes (MP)

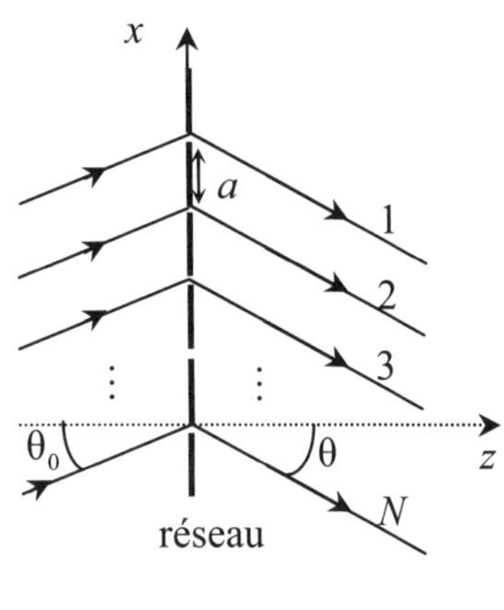

On s'intéresse à un réseau de fentes parallèles à y. On suppose des fentes infiniment étroites, de sorte que la diffraction à travers une fente est isotrope : chaque fente peut alors être considérée comme une source ponctuelle pour sa diffraction dans le plan (x, z). Chaque fente étant au contraire très longue dans la direction y, la diffraction dans le plan (y, z) est négligeable. On modélise ainsi le réseau, dans le plan (x, z), par une assemblée périodique de sources secondaires ponctuelles équidistantes assujetties à une même source primaire à l'infini. La distance entre deux sources secondaires successives est le pas a du réseau. On éclaire ce réseau par un faisceau parallèle de lumière monochromatique de longueur d'onde λ_0 dans l'air assimilé au vide, en incidence d'angle θ_0. L'éclairement en un point M à l'infini, dans la direction θ, résulte de la superposition de N ondes monochromatiques, cohérentes et synchrones, de même amplitude et déphasées l'une par rapport à la suivante de la même quantité $\Delta\varphi$. On note $\underline{E}_1 = E_0 \exp(i(\omega t - kr))$ le champ complexe attaché à l'onde issue de la première fente se propageant le long du rayon numéroté 1 (où $E_0 = cte$ car la diffraction est supposée homogène), $\underline{E}_2$ celui le long du rayon n°2, … $\underline{E}_N$ celui le long du rayon n°N.

1. Exprimer la différence de marche entre deux ondes successives interférant sur l'écran au point M. En déduire le déphasage $\Delta\varphi$, au point M à l'infini dans la direction θ, entre deux ondes successives, en fonction de θ_0, θ, a et λ_0.

2. a) Quelle est le déphasage entre le champ se propageant le long du rayon numéroté 2 par rapport à celui numéroté 1 ? Même question pour le champ numéroté 3, 4, … et N.

b) En écrivant les expressions des N champs au point M, donner l'expression du champ total au point M. On rappelle que la somme des termes consécutifs d'une série géométrique de raison q s'écrit 1er terme $\times\left(\dfrac{1-q^{\text{nombre de termes}}}{1-q}\right)$.

c) En déduire que l'expression de l'intensité au point M peut être mise sous la forme

$$I(M) = N^2 I_0 \left(\frac{\sin\left(\frac{N\Delta\varphi}{2}\right)}{N\sin\left(\frac{\Delta\varphi}{2}\right)}\right)^2.$$

Le profil d'éclairement en fonction de $\Delta\varphi$ est représenté ci-dessous pour différentes valeurs de N : 2, 5 et 10. Il présente des maxima principaux d'intensité (intensité maximale) séparés de maxima secondaires moins intenses.

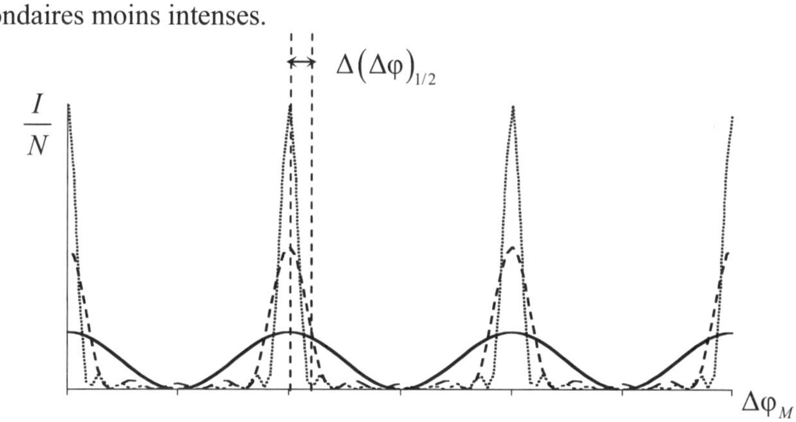

3. Justifier la forme du tracé obtenu, compléter les valeurs remarquables en abscisse et attribuer une valeur de N à chaque courbe. Discuter en particulier l'influence de N sur la demi-largeur $\Delta(\Delta\varphi)_{1/2}$ d'un maximum principal.

4. Montrer que la condition d'interférence constructive permet de retrouver la loi fondamentale des réseaux liant θ_0, θ, a et λ_0.

■ Pour vous aider à démarrer

Exercice 13.2. Tracer dans le milieu d'indice n la perpendiculaire au rayon 2 passant par A, et dans le milieu d'indice n' la perpendiculaire au rayon 1 passant par B.
Exercice 13.4. À la question 3, pour calculer le chemin optique dans l'air après B, on pourra utiliser la même méthode qu'à la question 1 en remarquant que les surfaces d'onde issues de S sont des sphères de rayon f. L'inclinaison dans le verre peut être négligée pour un rayon passant près de l'axe optique.
Exercice 13.8. La lumière du Soleil est composée d'une superposition d'ondes dont les longueurs d'onde couvrent tout le spectre visible. Étudier les interférences pour chacune séparément (elles n'interfèrent pas l'une avec l'autre). Ne pas oublier le déphasage de π à la réflexion sur un milieu plus réfringent.
Exercice 13.9. Écrire les coordonnées des vecteurs $\vec{k}_1$, $\vec{k}_2$ et $\vec{r}$ (pour un point M en $z = 0$) dans le repère (O, x, y, z), pour en déduire le déphasage entre les deux ondes planes, égal au produit scalaire $(\vec{k}_2 - \vec{k}_1)\cdot\vec{r}$. Utiliser alors la formule de Fresnel pour trouver l'éclairement.

■■ Corrigé des vrai/faux

1.	2.	3.	4.	5.	6.	7.	8.	9.	10.	11.	12.	13.	14.
vrai	faux	faux	vrai	vrai	vrai	vrai	faux	vrai	faux	faux	faux	faux	vrai

1. C'est la longueur d'onde dans le vide (en réalité la fréquence) qui impose la couleur. Si la longueur d'onde est $\lambda = 550$ nm dans le verre, dont l'indice est $n \approx 1{,}5$, la longueur d'onde dans le vide est $\lambda_0 = 550 \times 1{,}5 = 825$ nm : infrarouge.

2. La période de l'onde lumineuse est beaucoup plus courte ($\approx 10^{-15}$ s) que le temps de réponse de ce photorécepteur (10 ps = 10^{-12} s soit 1000 fois plus), pourtant très rapide. Même en réalisant des battements entre deux ondes de fréquence très proche (voir ex. 13.5), les variations temporelles de l'onde résultante sont en général beaucoup plus rapides que le photorécepteur, qui ne voit donc qu'une moyenne temporelle.

3. L'éclairement est une grandeur réelle, ce qui n'est pas le cas de la grandeur proposée. En notation complexe, il faut utiliser la formule $\varepsilon = \frac{K}{2}|\underline{E}|^2 = \frac{K}{2}\underline{E} \times \underline{E}^*$, dans laquelle le champ $\underline{E}$ est complexe mais son module est une grandeur réelle, comme l'éclairement.

4. Les interférences sont alors parfaitement destructives. Ce phénomène est impossible à expliquer dans le cadre de l'optique géométrique.

5. Le chemin optique, bien qu'homogène à une distance, représente le temps mis par la lumière pour se déplacer dans le milieu. Il dépend donc à la fois de la distance parcourue par l'onde lumineuse et de sa vitesse de propagation, variable suivant le milieu.

6. Lors d'une réflexion depuis un milieu d'indice n_1 sur un milieu d'indice n_2, le coefficient de réflexion en amplitude est négatif dans le cas $n_1 < n_2$, l'onde se déphase donc de π à la réflexion (car $\exp(i\pi) = -1$). Ce déphasage est le même que celui produit par un chemin optique $\lambda_0/2$ puisque $2\pi/\lambda_0 \times \lambda_0/2 = \pi$.

7. Le déphasage entre deux ondes ne pourrait être déterminé directement que par un photorécepteur permettant une mesure rapide à l'échelle de la période de l'onde lumineuse, ce qui n'existe pas dans le domaine optique (voir question 2). En revanche, un capteur peut mesurer l'éclairement dans une zone d'interférences, ce qui renseigne sur le déphasage entre deux ondes. C'est par exemple le principe de base de l'holographie, qui fournit une image tridimensionnelle d'un objet. En effet, pour conserver les informations sur le relief d'un objet, il faut enregistrer la phase de la lumière diffusée par cet objet, ce qui est possible en enregistrant le profil d'éclairement obtenu par interférence avec une onde de référence de phase bien déterminée. La photographie, sensible uniquement à l'intensité lumineuse diffusée par l'objet, ne le permet pas.

8. Ce n'est vrai que si le milieu de propagation est homogène (indice n constant dans l'espace).

9. L'onde plane, dont l'extension transverse est infinie, ne correspond à aucune source de lumière réelle, puisqu'elle transporterait une énergie infinie. Toutefois, elle permet de modéliser

localement certains faisceaux lumineux, comme ceux des lasers HeNe utilisés en TP (extension transverse $\approx$ 1 mm et divergence faible $\approx 10^{-3}$ rad).

10. Deux émetteurs différents ont des émissions non corrélées, donc déphasées de façon aléatoire, sauf dans un laser où un mécanisme d'émission bien particulier, appelé émission stimulée, permet d'obtenir une émission en phase.

11. On peut voir que cette proposition est forcément fausse puisque pour une source monochromatique ($\Delta\nu \to 0$) elle donnerait un élargissement en longueur d'onde infini ! En différentiant la relation $\lambda_0 = \frac{c}{\nu}$ (sachant que la dérivée de $\frac{1}{x}$ est $-\frac{1}{x^2}$) on trouve $\Delta\lambda_0 = c\frac{\Delta\nu}{\nu^2}$.

12. Le contraste est une grandeur sans dimension, qui ne renseigne pas sur l'éclairement moyen de l'image, mais sur la variation **relative** d'éclairement. Une figure peut être à la fois très contrastée et globalement assez peu lumineuse.

13. Forcément faux puisqu'inhomogène ! D'une frange d'interférence à l'autre, le déphasage $\Delta\varphi$ varie de 2π, la différence de marche δ varie de λ_0 (dans le vide et non λ dans le milieu !), l'ordre d'interférences p varie de 1.

14. Le terme d'interférences s'écrit $\varepsilon_{12}(M) = 2K\langle E_1(M,t) \times E_2(M,t)\rangle$ dans le modèle scalaire, qui suppose que les champs électriques qui interfèrent sont parallèles : $\vec{E}_1 \,//\, \vec{E}_2$.
Si ce n'est pas le cas, on doit écrire le produit scalaire entre ces champs :
$\varepsilon_{12}(M) = 2K\langle \vec{E}_1(M,t) \cdot \vec{E}_2(M,t)\rangle$. Si ces deux ondes sont polarisées rectilignement dans des directions faisant un angle θ entre elles, alors $\varepsilon_{12} = 2K\langle E_1(M,t) \times E_2(M,t)\rangle \cos\theta$: le terme d'interférences est donc bien multiplié par $\cos\theta$. En particulier, deux ondes polarisées perpendiculairement n'interfèrent pas : $\varepsilon_{12} = 0$ si $\theta = \frac{\pi}{2}$.

❑ Les erreurs classiques

→ Il ne faut pas confondre longueur d'onde dans le vide ($\lambda_0 = \dfrac{c}{\nu}$: ne dépend que de la fréquence de l'onde, c'est donc une caractéristique de la source lumineuse uniquement) et longueur d'onde dans le milieu ($\lambda = \dfrac{V_\varphi}{\nu} = \dfrac{\lambda_0}{n}$: dépend de la source mais aussi du milieu de propagation).

→ Il ne faut pas confondre phase initiale φ_M (phase de l'onde au point M à $t = 0$) et phase à l'origine φ_S (phase de l'onde à la source S à $t = 0$). La propagation de la lumière depuis la source S jusqu'au point M considéré produit un déphasage $\dfrac{2\pi}{\lambda_0}(SM)$, de sorte que $\varphi_M = \varphi_S + \dfrac{2\pi}{\lambda_0}(SM)$.

→ Il faut utiliser la bonne formule pour le calcul de l'éclairement, suivant qu'on travaille en notation réelle ($\varepsilon = K\left\langle E^2\right\rangle$) ou complexe ($\varepsilon = \dfrac{K}{2}|\underline{E}|^2 = \dfrac{K}{2}\underline{E} \times \underline{E}^*$). Ne pas oublier qu'une grandeur énergétique est toujours réelle.

→ Il ne faut pas confondre contraste et luminosité d'une image. Le contraste reflète la variation relative de luminosité. Par exemple, si les deux ondes qui interfèrent sont deux fois plus intenses, la luminosité de la figure d'interférences est globalement deux fois plus intense, mais le contraste (qui est un rapport de luminosité) ne change pas.

→ Ne pas confondre déphasage (homogène à un angle), chemin optique ou différence de marche (homogène à une longueur) et ordre d'interférences (sans dimension). Ces grandeurs sont reliées par $\Delta\varphi = \dfrac{2\pi}{\lambda_0}\delta$ et $\delta = p\lambda_0$ (attention : ici λ_0 dans le vide).

→ L'ordre d'interférences $p = \dfrac{\delta}{\lambda_0}$ n'est pas nécessairement entier. Sa valeur permet de déterminer l'état d'interférences : elles sont constructives ($\varepsilon = \varepsilon_{max}$) si p est entier, destructives ($\varepsilon = \varepsilon_{min}$) si p est demi-entier. Toute autre valeur de p correspond à un éclairement intermédiaire entre ε_{min} et ε_{max}.

→ Ne pas confondre interférence destructive ($\varepsilon = \varepsilon_{min}$ car les ondes sont en opposition de phase) et absence d'interférence ($\varepsilon = \varepsilon_1 + \varepsilon_2$ car $\varepsilon_{12} = 0$).

Corrigé

Corrigé des exercices

Exercice 13.1

1. $\lambda = \dfrac{\lambda_0}{n}$ donc la longueur d'onde est 1,0003 fois plus petite dans l'air que dans le vide : $\boxed{\lambda_{air} = 632{,}80 \text{ nm}}$ et 1,33 fois plus faible dans l'eau : $\boxed{\lambda_{eau} = 476 \text{ nm}}$.

La fréquence de l'onde est $\boxed{\nu = \dfrac{c}{\lambda_0} = 4{,}736 \cdot 10^{14}\,\text{Hz}}$, indépendante du milieu de propagation.

La couleur est liée à la fréquence de l'onde, ou à sa longueur d'onde dans le vide. λ_0 compris entre 600 et 800 nm correspond à du rouge.

⇨ *Méthode 13.1*

✐ *Veiller à donner les résultats numériques avec un nombre de chiffres significatifs cohérent avec celui des données de l'énoncé (autant de chiffres significatifs que la moins précise des données utilisée pour le calcul, voire un de plus pour éviter les erreurs d'arrondis successifs).*

2. La fréquence de l'onde est doublée par le milieu non linéaire, soit $\boxed{\nu = 9{,}472 \cdot 10^{14}\,\text{Hz}}$.

✐ *Dans un milieu linéaire, la fréquence ne change pas !*

Comme $\lambda \propto \dfrac{1}{\nu}$, la longueur d'onde est divisée par deux : dans le vide $\boxed{\lambda_0 = 316{,}495 \text{ nm}}$, dans l'air $\boxed{\lambda_{air} = 316{,}4 \text{ nm}}$ et dans l'eau $\boxed{\lambda_{eau} = 238 \text{ nm}}$.

λ_0 est inférieure à 400 nm, l'onde est donc dans le domaine de l'ultraviolet (invisible).

3. En différentiant $\lambda_0 = \dfrac{c}{\nu}$ il vient $\Delta\lambda_0 = \dfrac{c\Delta\nu}{\nu^2} = \dfrac{\Delta\nu}{c}\lambda_0^2$, soit $\boxed{\Delta\lambda_0 = 0{,}4 \text{ pm}}$ (1 MHz = 10^6 Hz et 1 pm = 10^{-12} m).

Exercice 13.2

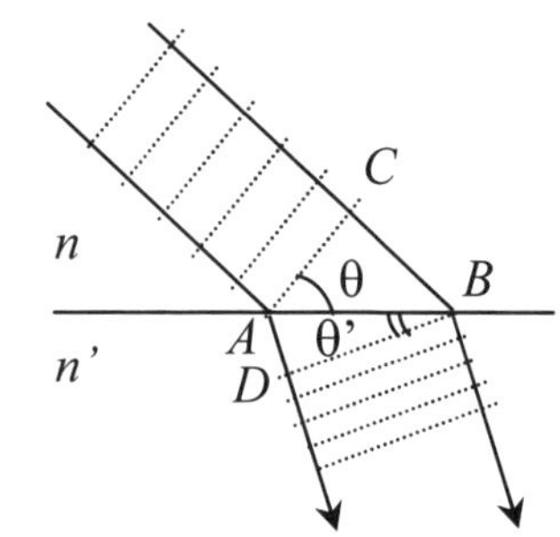

1. Les plans d'ondes sont perpendiculaires aux rayons. La distance entre deux plans d'onde successifs, correspondant à une différence de phase de 2π, est égale à la longueur d'onde λ dans le milieu, plus faible dans le milieu où l'onde est transmise (d'après le schéma $\theta' < \theta$, donc $n' > n$, donc $\lambda' < \lambda$).

2. Dans le milieu d'indice n, les deux ondes sont en phase en A et en C, car ces deux points appartiennent au même plan d'onde. De même dans le milieu d'indice n', elles sont en phase en D et B. Ceci n'est possible que si les déphasages à la propagation de C à B d'une part, et de A à D d'autre part, sont égaux, autrement dit s'il y a égalité des chemins optiques $(CB) = (AD)$. C'est ce que traduit le théorème de Malus : il y a égalité des chemins optiques le long de tout rayon entre deux surfaces d'onde.

Il faut donc que $n\,CB = n'\,AD$, où $CB = AB\sin\theta$ et $AD = AB\sin\theta'$, soit $\boxed{n\sin\theta = n'\sin\theta'}$: on retrouve bien la loi de Snell-Descartes sur la réfraction.

⇨ *Méthode 13.2*

Exercice 13.3

Le faisceau est réfracté en entrant dans le verre d'indice n : l'angle à l'intérieur de la lame est θ' tel que $\boxed{n\sin\theta' = \sin\theta}$. La position du point B s'en déduit (voir schéma ci-contre). Le chemin optique entre A et B est donc $(AB) = n\,AB$, où $AB = e/\cos\theta'$. On a donc $\boxed{(AB) = n\,e/\cos\theta'}$: rapport entre l'épaisseur optique $n\,e$ de la lame et le cosinus de l'angle de réfraction θ', défini ci-dessus.

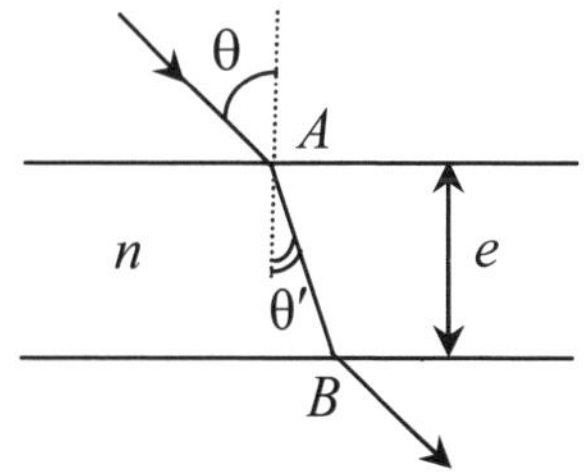

⇨ *Méthode 13.2*

Exercice 13.4

1. La construction géométrique ci-contre conduit, par application du théorème de Pythagore, à la relation $\left[R-(e_0-e)\right]^2 + y^2 = R^2$ qui se réécrit :

$R-(e_0-e) = \sqrt{R^2-y^2}$.

En divisant par R pour faire apparaître le rapport $\dfrac{y}{R} \ll 1$ (rayon paraxial) on obtient $1-\dfrac{e_0-e}{R} = \sqrt{1-\dfrac{y^2}{R^2}}$.

Par un développement limité du type $\sqrt{1+\varepsilon} \approx 1+\dfrac{\varepsilon}{2}$, on en déduit $1-\dfrac{e_0-e}{R} \approx 1-\dfrac{y^2}{2R^2}$ puis $e_0 - e = \dfrac{y^2}{2R}$ donc

$\boxed{e = e_0 - \dfrac{y^2}{2R}}$.

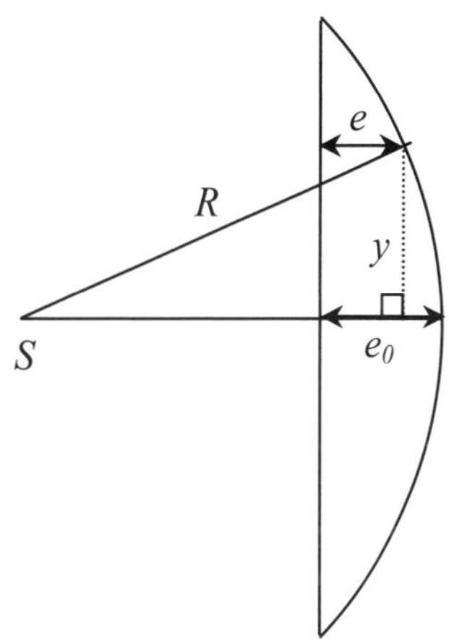

2. La surface d'onde passant par A est une sphère de centre S et de rayon f. Celle passant par A' est un plan perpendiculaire à l'axe optique. Les points B et B' sont placés à l'intersection de ces surfaces d'ondes et du rayon éloigné de l'axe optique de la distance y au niveau de la lentille, comme le montre le schéma ci-dessous.

3. Le chemin optique entre A et A' est égal au produit de l'épaisseur $AA' = e_0$ par l'indice n du verre : $\boxed{(AA') = n\,e_0}$. Le chemin optique entre B et B' se découpe en trois contributions :

Corrigé

– dans l'air avant la lentille, épaisseur x, qu'on exprime par un calcul similaire à celui fait à la question 1, le rayon de courbure étant ici f :

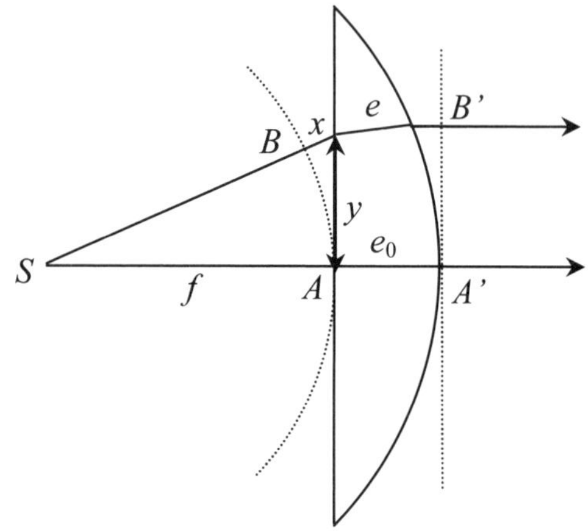

Théorème de Pythagore : $f^2 + y^2 = (f + x)^2$ qui se réécrit $f + x = \sqrt{f^2 + y^2}$. En divisant par f pour faire apparaître $\dfrac{y}{f} \ll 1$ et par un développement limité de la racine, on trouve $x = \dfrac{y^2}{2f}$

– dans la lentille : indice n, épaisseur e (le rayon étant paraxial, l'inclinaison dans le verre peut être négligée)

– dans l'air après la lentille : épaisseur $e_0 - e = \dfrac{y^2}{2R}$

D'où $(BB') = \dfrac{y^2}{2f} + ne + \dfrac{y^2}{2R}$. En utilisant $e = e_0 - \dfrac{y^2}{2R}$ il vient $\boxed{(BB') = ne_0 + \dfrac{y^2}{2}\left(\dfrac{1}{f} + \dfrac{1-n}{R}\right)}$.

⇨ *Méthode 13.2*

4. D'après le théorème de Malus, il y a égalité des chemins optiques le long de deux rayons différents entre ces deux surfaces d'onde, donc $(AA') = (BB')$. Ceci implique $y^2\left(\dfrac{1}{f} - \dfrac{n-1}{R}\right) = 0$ pour tout y, donc $\boxed{\dfrac{1}{f} = \dfrac{n-1}{R}}$: on retrouve l'expression de la distance focale d'une lentille mince plan-convexe.

Exercice 13.5

1. $E_1(M,t) \times E_2(M,t) = E_{01}\cos(\varphi_1 - \omega_1 t) \times E_{02}\cos(\varphi_2 - \omega_2 t)$

$= \dfrac{1}{2}E_{01}E_{02}\left(\cos\left[(\varphi_1 + \varphi_2) - (\omega_1 + \omega_2)t\right] + \cos\left[(\varphi_1 - \varphi_2) - (\omega_1 - \omega_2)t\right]\right)$ où on a utilisé $2\cos a \cos b = \cos(a+b) + \cos(a-b)$. On obtient donc bien la somme de deux sinusoïdes, de fréquence $\nu = \nu_1 + \nu_2$ et $\nu' = \nu_1 - \nu_2$, où ν_1 et ν_2 sont les fréquences des deux ondes ($\nu_1 = \dfrac{\omega_1}{2\pi} = \dfrac{c}{\lambda_{01}}$ et $\nu_2 = \dfrac{\omega_2}{2\pi} = \dfrac{c}{\lambda_{02}}$). On calcule $\boxed{\nu = 1{,}017 \cdot 10^{15}\,\text{Hz}}$ et $\boxed{\nu' = 5{,}094 \cdot 10^{11}\,\text{Hz}}$.

2. Pendant $\tau = 10$ ns, le nombre d'oscillations à la fréquence ν est $\nu \times \tau \approx 10^7$. Le nombre d'oscillations à la fréquence ν' est $\nu' \times \tau \approx 5100$. Dans les deux cas, ce nombre est très supérieur à 1. La valeur moyenne d'une sinusoïde n'est rigoureusement nulle que sur un nombre de périodes entier. Toutefois, si ce nombre est très grand, bien que non entier, la valeur moyenne est quasi nulle. On peut donc considérer ici que $\boxed{\langle E_1 \times E_2 \rangle \approx 0}$.

3. Le signal capté par la photodiode est proportionnel à la valeur moyenne pendant le temps τ de $(E_1 + E_2)^2 = E_1^2 + E_2^2 + 2E_1E_2$. La moyenne du terme $2E_1E_2$ étant quasiment nulle, l'éclairement mesuré est la somme de ce que donnerait chaque source prise séparément : $\boxed{\varepsilon \approx \varepsilon_1 + \varepsilon_2}$ (absence d'interférences).

➪ *Méthode 13.3*

Exercice 13.6

1. Le contraste est par définition $\Gamma = \dfrac{\varepsilon_{max} - \varepsilon_{min}}{\varepsilon_{max} + \varepsilon_{min}}$.

– Une image présentant une luminosité homogène sur toute sa surface (quelle que soit cette luminosité) est telle que $\varepsilon_{max} = \varepsilon_{min}$. Son contraste est donc nul : $\boxed{\Gamma = 0}$.

– Une image faite d'une alternance de traits blancs et noirs est telle que $\varepsilon_{min} = 0$ (noir). Son contraste vaut donc $\boxed{\Gamma = 1}$ (valeur maximale).

– Une image présentant une modulation telle que $\dfrac{\varepsilon_{max}}{\varepsilon_{min}} = \dfrac{10}{9}$ a un contraste $\boxed{\Gamma = \dfrac{10-9}{10+9} = \dfrac{1}{19} = 0{,}05}$: très faible.

2. Le rapport $\dfrac{\varepsilon_{min}}{\varepsilon_{max}} = \dfrac{1}{3000}$ donne accès au contraste $\boxed{\Gamma = \dfrac{3000-1}{3000+1} = 0{,}9993}$, très proche de 1.

La luminance des zones sombres est $\boxed{\varepsilon_{min} = \dfrac{\varepsilon_{max}}{3000} = 0{,}1\ \mathrm{Cd \cdot m^{-2}}}$.

✐ *En toute rigueur, on aurait dû noter ici I (intensité lumineuse émise par l'écran) et non ε (éclairement en un point de l'espace où se propage une onde lumineuse), mais comme ces deux grandeurs sont proportionnelles, cela revient au même puisque le contraste Γ est un rapport (d'éclairements ou d'intensités lumineuses).*

Exercice 13.7

1. La superposition de deux ondes cohérentes de même fréquence donne une figure d'interférences dont le contraste est $\Gamma = \dfrac{2\sqrt{\varepsilon_1\varepsilon_2}}{\varepsilon_1 + \varepsilon_2}$. En posant $x = \dfrac{\varepsilon_1}{\varepsilon_2}$, il vient $\Gamma = \dfrac{2\sqrt{x}}{x+1}$. On cherche x tel que $\Gamma = \dfrac{1}{2}$, soit $x - 4\sqrt{x} + 1 = 0$. En posant $X = \sqrt{x}$, on obtient une équation du second degré en X, dont les deux racines (positives toutes deux) sont :

$$X = \frac{4 \pm \sqrt{12}}{2} \text{ soit } \boxed{x = \left(\frac{4 \pm \sqrt{12}}{2}\right)^2 \approx 14 \text{ et } 0{,}072}.$$

✎ *Ces deux racines sont inverses l'une de l'autre, ce qui est attendu puisque le contraste doit être inchangé en échangeant le rôle de l'onde 1 et 2.*

2. Par définition $\Gamma = \frac{\varepsilon_{max} - \varepsilon_{min}}{\varepsilon_{max} + \varepsilon_{min}}$. En posant $y = \frac{\varepsilon_{max}}{\varepsilon_{min}}$: $\Gamma = \frac{y-1}{y+1}$, égal à $\frac{1}{2}$ pour $y = 3$, soit $\boxed{\varepsilon_{max} = 3\varepsilon_{min}}$. Cet exemple montre que deux ondes d'intensités assez différentes ($\frac{\varepsilon_1}{\varepsilon_2} = 14$) donnent tout de même une figure d'interférence de modulation assez forte ($\frac{\varepsilon_{max}}{\varepsilon_{min}} = 3$).

Exercice 13.8

Le modèle adopté : considérons uniquement les interférences entre une onde réfléchie sur l'interface air/gasoil et l'autre sur l'interface gasoil / eau (les réflexions multiples transportant trop peu d'énergie pour donner lieu à des interférences contrastées) et écrivons dans le cadre de ce modèle d'interférence à deux ondes la condition d'interférences *destructives*, en fonction de la longueur d'onde λ_0 de la lumière dans le vide (l'indice de l'air étant ici assimilé à celui du vide d'indice $n \approx 1$).

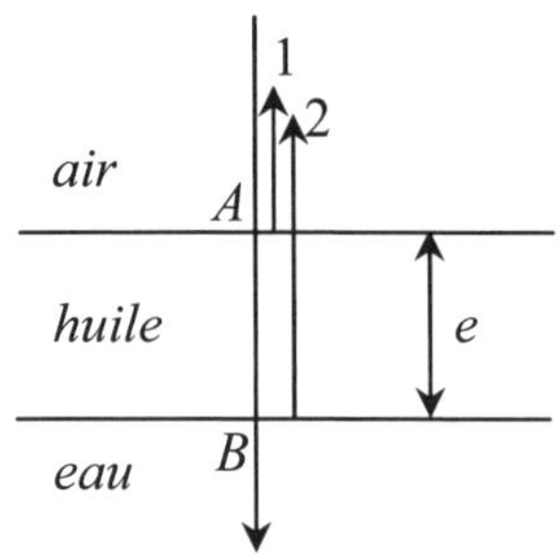

Au point A l'onde se sépare en une onde transmise dans le gasoil et une onde réfléchie (notée 1 sur le schéma ci-contre, où on a décalé un peu les rayons pour plus de visibilité). L'onde transmise dans le gasoil se sépare ensuite au point B en une onde transmise dans l'eau et une onde réfléchie (notée 2).

L'observateur perçoit donc les interférences entre les ondes 1 et 2, dont la différence de chemin optique est due à l'aller-retour dans la couche le gasoil : $2(AB) = 2ne$. Pour chaque composante monochromatique λ_0 de la lumière émise par le Soleil, cette différence de chemin optique correspond à un déphasage $\frac{2\pi}{\lambda_0} \times 2(AB)$, auquel il faut ajouter π car l'onde 1 se réfléchit sur un milieu plus réfringent (coefficient de réflexion négatif à l'interface air/gasoil), contrairement à l'onde 2 (l'indice du gasoil est supérieur à celui de l'eau). Le déphasage entre les ondes 1 et 2 est donc $\Delta\varphi = \frac{2\pi}{\lambda_0} \times 2ne + \pi$.

💣 *Ne pas oublier le déphasage de π dû à la réflexion sur un milieu plus réfringent (il transforme les interférences constructives en interférences destructives !)*

⇨ *Méthode 13.2*

Les interférences sont *destructives* si l'ordre d'interférences $p = \frac{\Delta\varphi}{2\pi}$ est *demi*-entier, soit $p = m + \frac{1}{2}$, où m est entier. On en déduit $\frac{2ne}{\lambda_0} = m$, c'est-à-dire une condition sur la longueur d'onde :

$$\boxed{\lambda_0 = \frac{2ne}{m} \text{ où } m = 1,\ 2,\ \ldots}.$$

La lumière du Soleil est initialement blanche, c'est-à-dire qu'elle contient toutes les longueurs d'onde du spectre visible (et au-delà). Après réflexion sur la couche de gasoil, les composantes spectrales vérifiant la relation écrite ci-dessus sont éteintes par interférences. Le spectre de la lumière réfléchie n'est donc plus complet, d'où la coloration du reflet (si cette relation est vérifiée dans la gamme du visible pour une ou quelques valeurs de m entier).
Pour relier la teinte perçue à l'épaisseur de la couche de gasoil, on doit chercher la (ou les) valeur(s) de m telle(s) que λ_0 est dans la gamme visible [400, 750 nm]. Ici, le reflet est magenta, complémentaire du vert, ce qui signifie que le vert est éliminé par interférence : la condition $\lambda_0 = \frac{2ne}{m}$ est vérifiée pour $\lambda_0 \approx 550$ nm.

On cherche la plus faible valeur de e compatible avec cette condition correspondant à une longueur d'onde dans le domaine du visible. Supposons qu'elle corresponde à $m = 1$. On en déduit alors une épaisseur $e = \frac{m\lambda_0}{2n} = \frac{1 \times 550 \text{ nm}}{2 \times 1{,}5} = 180 \text{ nm}$.

Vérifions notre hypothèse : les autres valeurs de m correspondent à des longueurs d'onde éteintes dans l'ultraviolet (par exemple $\lambda_0 = 275$ nm pour $m = 2$), $m = 1$ était bien la bonne valeur.
Si on avait supposé que $\lambda_0 = 550$ nm correspond à un ordre à $m > 1$ ($m = 2$ ou 3 …), on aurait trouvé une épaisseur m fois plus importante. La plus faible valeur de e compatible avec la teinte magenta est donc $\boxed{e = 180 \text{ nm}}$.

Exercice 13.9

1. Le déphasage s'écrit $\Delta\varphi_M = (\vec{k}_2 - \vec{k}_1) \cdot \vec{r}$. Les coordonnées cartésiennes de ces trois vecteurs sont : $\vec{k}_1 = k\overrightarrow{e_z}$, $\vec{k}_2 = k\sin\alpha\overrightarrow{e_x} + k\cos\alpha\overrightarrow{e_z}$ et $\vec{r} = x\overrightarrow{e_x} + y\overrightarrow{e_y}$, où on a noté $k = \frac{2\pi}{\lambda}$ (dans le vide, donc $\lambda = \lambda_0$). On trouve ainsi $\boxed{\Delta\varphi_M = \frac{2\pi}{\lambda} x \sin\alpha}$. La formule de Fresnel donne l'éclairement :

$$\boxed{\varepsilon(M) = \varepsilon_1 + \varepsilon_2 + 2\sqrt{\varepsilon_1\varepsilon_2}\cos\left(\frac{2\pi}{\lambda} x \sin\alpha\right)}.$$

L'ordre d'interférences p est défini par $p = \frac{\Delta\varphi_M}{2\pi}$ donc son expression ici est :

$$\boxed{p = \frac{x\sin\alpha}{\lambda}}.$$

Le lieu des points de déphasage $\Delta\varphi_M$ (ou d'ordre p) constant correspond donc à x = constante : ce sont des lignes perpendiculaires à l'axe (Ox).

⇨ *Méthode 13.5*

Corrigé

2. L'interfrange i correspond à la variation Δx donnant une variation du déphasage $\Delta\varphi_M$ de 2π, ou encore une variation de l'ordre p d'une unité. On trouve ainsi : $\boxed{i = \dfrac{\lambda}{\sin\alpha}}$.

➪ *Méthode 13.7*

Le contraste est donné par $\boxed{\Gamma = \dfrac{2\sqrt{\varepsilon_1\varepsilon_2}}{\varepsilon_1 + \varepsilon_2}}$ pour des interférences à deux ondes cohérentes.

Pour $\lambda = 532$ nm et $\alpha = 10°$ on trouve $\boxed{i = \dfrac{\lambda}{\sin\alpha} = 3{,}06\ \mu\text{m}}$: très petit.

Pour $\varepsilon_1 = 2\varepsilon_2$ on trouve $\boxed{\Gamma = \dfrac{2\sqrt{2}}{2+1} = 0{,}94}$: le contraste reste très proche de 1 si une onde a une amplitude deux fois plus importante que l'autre.

3. Lorsque α est très faible, on peut écrire $\sin\alpha \approx \alpha$ donc $\boxed{i \approx \dfrac{\lambda}{\alpha}}$.

> 💣 *Dans une formule l'angle sorti d'une fonction trigonométrique doit toujours être exprimé en radian !*

On a $i \approx 0{,}5$ mm pour $\lambda \approx 0{,}5\ \mu m$ et $\boxed{\alpha = 10^{-3}\,rad = 0{,}06°}$: il faut un angle très faible pour que les franges soient visibles à l'œil nu.

4. L'interfrange est minimum pour $\alpha = 90°$. On a alors $\boxed{i_{\min} = \lambda}$.

5. La plaque photographique a enregistré le profil d'éclairement donné par les interférences des deux ondes planes, soit un réseau de lignes périodiques, dont la période $i = \lambda / \sin\alpha$, de l'ordre du micromètre, peut être facilement réglée en changeant l'angle α, voire la longueur d'onde λ.

Exercice 13.10

1. La longueur d'onde acoustique est $\lambda = V/\nu = 340/440 = 0{,}77$ m. Les interférences créent une modulation de l'intensité acoustique, qu'entend l'observateur qui se déplace dans une direction parallèle à S_1S_2, dont la période à grande distance est $\boxed{i = \dfrac{\lambda D}{a} = \dfrac{0{,}77 \times 30}{3} = 7{,}7\ \text{m}}$.

➪ *Méthode 13.6*

2. Si l'observateur est situé à égale distance des deux sources, la différence de trajet parcouru (donc le déphasage entre les ondes) est nulle. Les ondes interfèrent constructivement : l'intensité sonore est maximale.

➪ *Méthode 13.7*

3. Si l'observateur se place un demi-interfrange plus loin, l'intensité sonore est minimale (interférences destructives). Le déphasage vaut π et la différence de trajet parcouru $\lambda/2$. En toute rigueur, pour que l'intensité résultant d'interférences soit nulle, il faut que les deux ondes qui se superposent soient en opposition de phase mais aussi qu'elles aient la même amplitude, ce qui n'est pas exactement le cas ici puisque l'observateur n'est pas situé exactement à égale distance des deux sources, qui émettent des ondes sphériques dont l'amplitude décroit avec la distance (en $1/r$). Toutefois, l'observateur ne s'est déplacé que de $i/2 = 3{,}35$ m alors que le plan des sources est situé à 30 m, donc les distances S_1M et S_2M sont assez proches et les intensités des deux ondes qui interfèrent quasiment égales. Or le contraste diminue assez lentement si les intensités des deux ondes ne sont pas égales (par exemple, si S_1M et S_2M diffèrent de 10 %, on a $\varepsilon_1/\varepsilon_2 = 1{,}1$ donc $\Gamma = \dfrac{2\sqrt{\varepsilon_1\varepsilon_2}}{\varepsilon_1+\varepsilon_2} = \dfrac{2\sqrt{\varepsilon_1/\varepsilon_2}}{\varepsilon_1/\varepsilon_2+1} \approx 0{,}999$: très proche de 1). Donc l'intensité sonore correspondant à la première interférence destructive est quasi nulle.

⇨ *Méthode 13.7*

Exercice 13.11

1. La différence de marche à l'infini dans la direction θ, entre une onde diffractée par la fente localisée en K et la suivante localisée en P s'écrit, dans le vide : $\delta = SKM - SPM$. En notant H_0 le projeté orthogonal de P sur le rayon incident passant par K et H celui sur l'émergent provenant de K, d'après le théorème de Malus : $SH_0 = SP$ et $PM = HM$. Ainsi, avec les notations et les orientations des angles définies sur la figure 1, la différence de marche à l'infini dans la direction θ, entre une onde diffractée par une fente et la suivante, s'écrit : $\delta = KH + H_0K$.

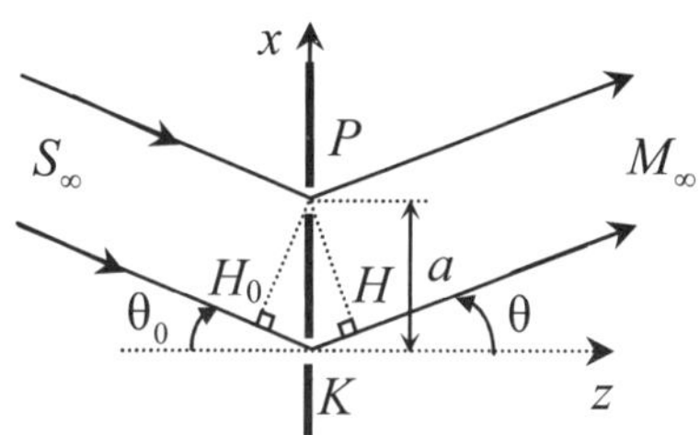

Figure 1

Sur ce schéma, $\theta > 0$ et $\theta_0 < 0$: les angles sont repérés par rapport à la normale au plan du réseau et sont ici positifs dans le sens trigonométrique, d'où : $\delta = KH + H_0K = a(\sin\theta - \sin\theta_0)$.

Notons qu'un choix différent d'incidence ne change heureusement pas le résultat. En effet, sur le schéma de la figure 2, $\delta = KH - H_0P = a\left(\sin\theta - \sin\theta_0\right)$.

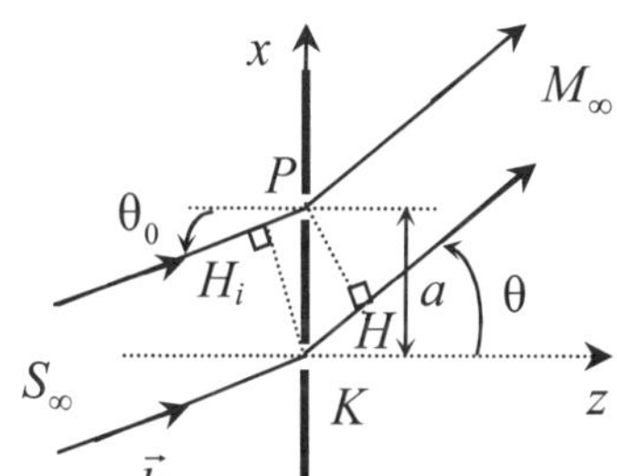

Figure 2

Le déphasage correspondant s'écrit donc :

$\Delta\varphi = \dfrac{2\pi a\left(\sin\theta - \sin\theta_0\right)}{\lambda_0}$, il est constant à direction d'observation, incidence et longueur d'onde fixées.

2. a) Le déphasage entre le champ se propageant le long du rayon n°2 par rapport au n°1 est de $\Delta\varphi_M$. Le champ n°3 est déphasé de la même valeur $\Delta\varphi$ par rapport au n°2 et de $2\Delta\varphi$ par rapport n°1. Le n° 4 est déphasé de $3\Delta\varphi$ par rapport au 1er, le n° N de $(N-1)\Delta\varphi$.

b) Ainsi les champs successifs ont pour expression :

$\underline{E}_1$, $\underline{E}_2 = \underline{E}_1 \exp(i\Delta\varphi)$, $\underline{E}_3 = \underline{E}_1 \exp(i2\Delta\varphi) = \underline{E}_1 \exp(i\Delta\varphi)^2$, …., $\underline{E}_N = \underline{E}_1 \exp(i\Delta\varphi)^{N-1}$.
Ainsi le champ total, d'après le théorème de superposition, s'écrit :

$\underline{E}_{tot} = \underline{E}_1\left(1+\exp(i\Delta\varphi)+\exp(i\Delta\varphi)^2+...+\exp(i\Delta\varphi)^{N-1}\right) = \underline{E}_1\sum_{k=0}^{N-1}\exp(i\Delta\varphi)^k$ où l'on reconnait la somme des N premiers termes d'une série géométrique de raison $\exp(i\Delta\varphi)$. Ainsi,

$$\underline{E}_{tot} = \underline{E}_1\left(\frac{1-\exp(iN\Delta\varphi)}{1-\exp(i\Delta\varphi)}\right) = \underline{E}_1\frac{\exp\left(i\frac{N\Delta\varphi}{2}\right)}{\exp\left(i\frac{\Delta\varphi}{2}\right)}\times\frac{\exp\left(-i\frac{N\Delta\varphi}{2}\right)-\exp\left(i\frac{N\Delta\varphi}{2}\right)}{\exp\left(-i\frac{\Delta\varphi}{2}\right)-\exp\left(i\frac{\Delta\varphi}{2}\right)},$$

soit en utilisant la formule d'Euler $\sin(\varphi) = \sin(-\varphi) = \dfrac{\exp(-i\varphi)-\exp(i\varphi)}{2i}$:

$$\boxed{\underline{E}_{tot} = \underline{E}_1\frac{\exp\left(i\frac{N\Delta\varphi}{2}\right)}{\exp\left(i\frac{\Delta\varphi}{2}\right)}\times\frac{\sin\left(\frac{N\Delta\varphi}{2}\right)}{\sin\left(\frac{\Delta\varphi}{2}\right)}}.$$

b) L'intensité au point M a pour expression :

$$I(M) = \left|\underline{E}_{tot}(M)\right|^2 = \left|\underline{E}_1\right|^2\left(\frac{\sin\left(\frac{N\Delta\varphi}{2}\right)}{\sin\left(\frac{\Delta\varphi}{2}\right)}\right)^2 = N^2E_0^{\,2}\left(\frac{\sin\left(\frac{N\Delta\varphi}{2}\right)}{N\sin\left(\frac{\Delta\varphi}{2}\right)}\right)^2 = N^2I_0\left(\frac{\sin\left(\frac{N\Delta\varphi}{2}\right)}{N\sin\left(\frac{\Delta\varphi}{2}\right)}\right)^2,$$

en posant , $I_0 = E_0^{\,2}$ l'intensité émise, il vient : $\boxed{I(M) = N^2I_0\left(\frac{\sin\left(\frac{N\Delta\varphi}{2}\right)}{N\sin\left(\frac{\Delta\varphi}{2}\right)}\right)^2}$.

3. La fonction de $\Delta\varphi_M$ est 2π périodique. Si on se limite à $[0, 2\pi]$, pour $\Delta\varphi_M \approx 0$, $\sin\left(\frac{\Delta\varphi_M}{2}\right) \approx \frac{\Delta\varphi_M}{2}$ et $\sin\left(\frac{N\Delta\varphi_M}{2}\right) \approx \frac{N\Delta\varphi_M}{2}$, ainsi $I(M) \approx N^2I_0$, l'éclairement est alors maximal, ce qui correspond à la situation où les N ondes cohérentes qui interfèrent au point M sont en phase. Cette condition correspond donc à un maxima principal d'intensité. L'intensité est donc maximale pour $\Delta\varphi = 2p\pi$ où p est un entier, ce qui donne la position sur l'axe des abscisses des maxima principaux d'intensité. On retrouve là la condition d'interférence constructive.

L'intensité s'annule pour $\sin\left(\frac{N\Delta\varphi}{2}\right) = 0$, soit pour $\frac{N\Delta\varphi}{2} = p\pi$ et donc pour $\Delta\varphi = \frac{2p\pi}{N}$, $p \neq 0$.

Évaluons la demi-largeur $\Delta(\Delta\varphi)_{1/2}$ des maxima principaux. Par exemple, le maxima principal d'ordre 0 est centré sur $\Delta\varphi = 0$, la première annulation d'intensité se produit pour $\Delta\varphi = \frac{2\pi}{N}$, ce qui donne $\boxed{\Delta(\Delta\varphi)_{1/2} = \frac{2\pi}{N}}$. Les maxima principaux sont d'autant plus étroits que le nombre d'onde interférant constructivement augmente, ce qui permet d'attribuer la valeur $N = 10$ à la courbe donnant les maxima principaux les plus « piqués », vient ensuite $N = 5$ et enfin $N = 2$. Notons que pour $N = 2$, on retrouve la figure classique des interférences à deux ondes mutuellement cohérentes, ce qui était prévisible puisque dans ce cas

$$I(M) = 2^2 E_0^{\,2} \left(\frac{\sin(\Delta\varphi)}{2\sin\left(\frac{\Delta\varphi}{2}\right)} \right)^2 \text{ or } \sin(\Delta\varphi) = 2\sin\left(\frac{\Delta\varphi}{2}\right)\cos\left(\frac{\Delta\varphi}{2}\right), \text{ ainsi } \frac{\sin(\Delta\varphi)}{2\sin\left(\frac{\Delta\varphi}{2}\right)} = \cos\left(\frac{\Delta\varphi}{2}\right)$$

et sachant que $\cos(\Delta\varphi) = 2\cos^2\left(\frac{\Delta\varphi}{2}\right) - 1$, il vient : $\boxed{I(M) = 4I_0 \cos^2\left(\frac{\Delta\varphi}{2}\right) = 2I_0\left(1 + \cos(\Delta\varphi)\right)}$ qui n'est autre que la formule de Fresnel pour les interférences à deux ondes mutuellement cohérentes.

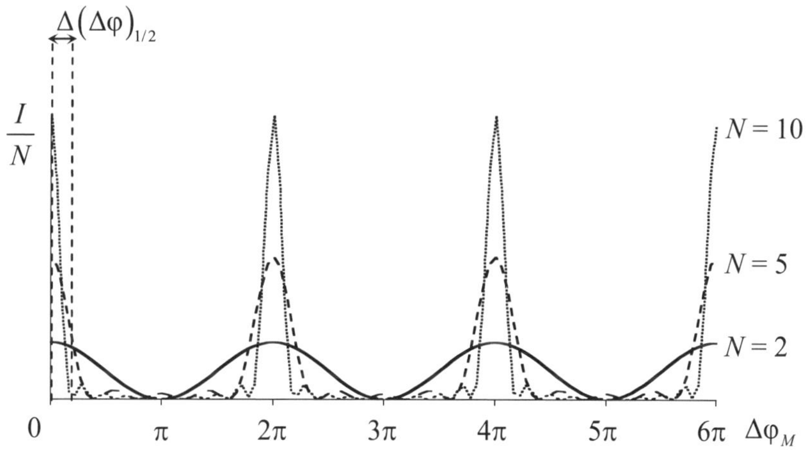

4. L'intensité est maximale pour $\Delta\varphi = 2p\pi$ où p est un entier. Ainsi, les maxima principaux d'intensité sont donnés par $\Delta\varphi = \frac{2\pi a(\sin\theta - \sin\theta_0)}{\lambda_0} = 2p\pi$, soit $\boxed{a(\sin\theta - \sin\theta_0) = p\lambda_0}$, on retrouve ainsi la loi fondamentale des réseaux, qui traduit donc la condition d'interférence constructive au point M.

Corrigé

Chapitre 14

Dispositifs interférentiels

UN SCIENTIFIQUE

Arrivé de Pologne à trois ans, **Albert Michelson** (1852-1931) effectue des études à San Francisco. Il se prend de passion pour le calcul de la vitesse de la lumière. Pour tester l'existence de l'éther il conçoit un interféromètre capable de la calculer avec une grande précision. Ses expériences montrent que la vitesse de la lumière est la même quel que soit le système de référence. Albert Einstein s'appuiera sur ces travaux pour concevoir la théorie de la relativité restreinte.

Un peu d'histoire

En observant la forme des franges dessinées sur des bulles de savons, Thomas Young déduit, en 1802, que la lumière se déplace plus rapidement dans l'air que dans l'eau ce qui confirmerait la nature ondulatoire de la lumière, théorie énoncée par Huygens en 1690.

Afin de consolider son intuition, Thomas Young effectue une expérience en laissant filtrer de la lumière par deux trous ; l'apparition de franges obscures montre que la superposition de deux faisceaux lumineux peut donner de l'obscurité ce qui confirme la théorie ondulatoire. Augustin Fresnel ne connaissait pas les découvertes du savant anglais lorsqu'il se lance dans diverses expérimentations sur la diffraction de la lumière. Il publie plusieurs mémoires entre 1816 et 1818 qui, non seulement confirment les travaux de Young, mais qui de plus étayent réellement la théorie de la diffraction.

■■ Objectifs

■ Ce qu'il faut connaître

▷ Les principaux dispositifs interférentiels au programme (trous et fentes d'Young, réseau (MP), interféromètre de Michelson)

▷ Les caractéristiques de leur figure d'interférence

▷ Les conséquences de la cohérence (temporelle et spatiale) limitée des sources lumineuses

▷ Les principales applications des interféromètres (spectrométrie, métrologie)

■ Ce qu'il faut savoir faire

▷ Tracer les rayons et calculer les différences de marches, exprimer l'ordre d'interférence

▷ En déduire l'allure des figures d'interférences (qualitativement et quantitativement)

▷ Déterminer les conditions expérimentales d'observation des interférences

▷ Les réglages classiques de l'interféromètre de Michelson en TP

■■ Résumé de cours

■ Les diviseurs d'onde

La superposition de deux ondes lumineuses ne donne lieu au phénomène d'interférence que si elles ont la **même pulsation** et sont **mutuellement cohérentes** (déphasage à la source constant). Ceci n'est pas possible en général avec deux sources lumineuses différentes. On utilise donc une source unique associée à un diviseur d'onde. La division peut être réalisée de deux façons :

❑ Division du front d'onde

Le front d'onde émis par la source primaire est divisé en deux parties, récoltées en deux endroits distincts (division géométrique). On fait ainsi interférer **deux rayons différents** issus d'une même source. La superposition fait naitre un champ d'interférence étendu : on parle d'**interférences non localisées**.

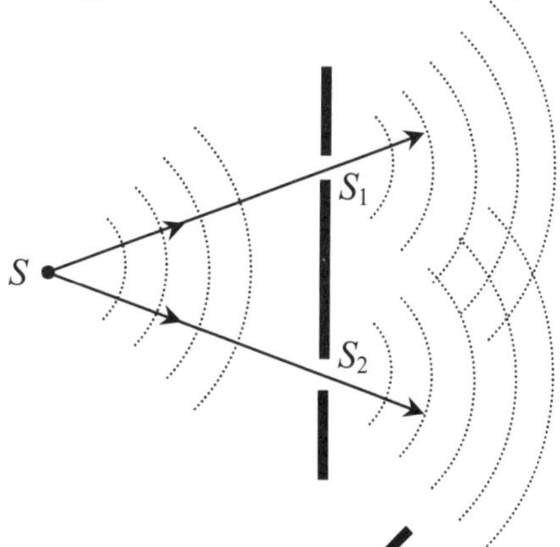

❑ Division d'amplitude

L'amplitude du faisceau primaire est divisée en deux parties par réflexion et transmission sur un dioptre (division énergétique). On fait ainsi interférer chaque rayon émis par la source **avec lui-même**. La superposition a lieu en un endroit particulier : on parle d'**interférences localisées**.

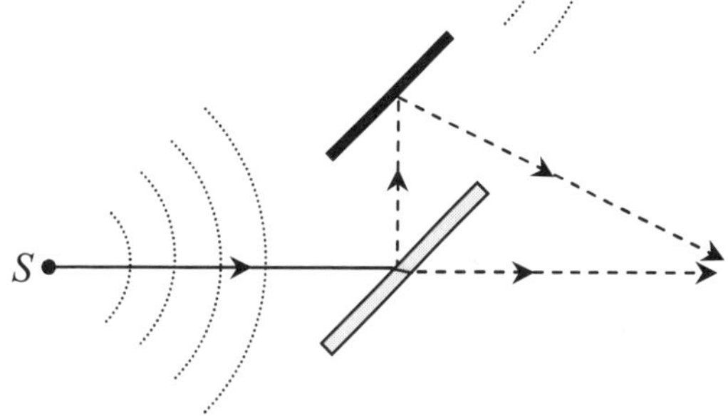

■ Un dispositif interférentiel à division du front d'onde : les trous d'Young

Un écran percé de deux trous S_1 et S_2 (schéma ci-dessus en haut) permet de prélever deux parties du front d'onde issu d'une source S, supposée pour l'instant ponctuelle et monochromatique, et de les superposer grâce à la diffraction dans une large zone de l'espace : le champ d'interférences se trouve ici au lieu de croisement des deux cônes de diffraction. En effet, si la taille des trous n'est pas trop grande par rapport à la longueur d'onde de la lumière, ils se comportent comme des sources secondaires émettant des ondes sphériques, dont l'amplitude, la fréquence et la phase à l'origine est la même que celle de l'onde incidente en S_1 et S_2. Après l'écran, tout se passe comme s'il y avait deux sources d'ondes sphériques identiques (donc en particulier de même pulsation et mutuellement cohérentes) en S_1 et S_2.

Les interférences se produisent dans toute la zone de superposition de ces deux ondes sphériques (elles sont non localisées). En un point M de l'écran d'observation (O,x,y) situé à grande distance D et parallèle au plan contenant les deux trous, la différence de marche $\delta = (S_2M) - (S_1M)$ s'écrit $\boxed{\delta = n\dfrac{a\,x}{D}}$, où n est l'indice du milieu ambiant, $a = S_1S_2$ la distance entre les trous et x la position du point M dans la direction (S_1S_2), dans l'hypothèse $D \gg a, x, y$.

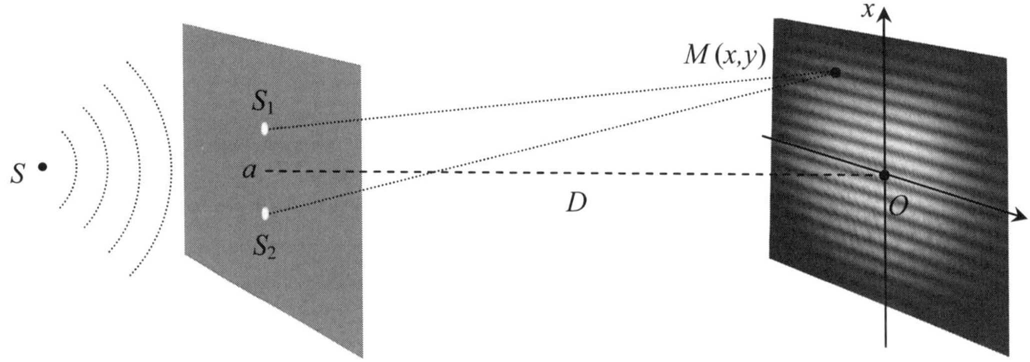

Les franges sont les lignes pour lesquelles δ = cte donc ici x = cte : elles sont rectilignes et perpendiculaires à l'axe des deux trous. D'une frange à l'autre δ varie de λ_0, l'**interfrange** est donc $\boxed{i = \dfrac{\lambda D}{a}}$ où $\lambda = \dfrac{\lambda_0}{n}$ est la longueur d'onde dans le milieu. L'éclairement sur l'écran s'écrit $\varepsilon = 2\varepsilon_0\left[1 + \cos\Delta\varphi_M\right]$ où ε_0 est l'éclairement que donnerait un seul des deux trous et $\Delta\varphi_M = \dfrac{2\pi}{\lambda_0}\delta$: il varie de façon sinusoïdale avec x.

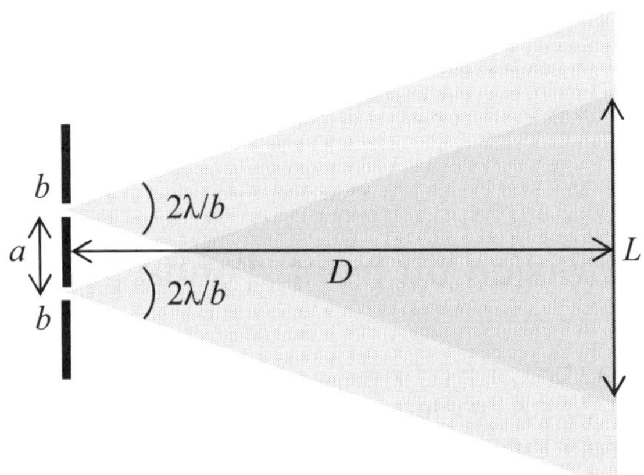

La largeur L du **champ d'interférence** est déterminée par le diamètre b des trous. Un trou de diamètre b diffracte principalement dans un demi-angle $\approx \dfrac{\lambda}{b}$, donc à grande distance D on a $L \approx 2 \times \dfrac{\lambda}{b} \times D$. Le nombre de franges visibles est le premier entier impair inférieur à $\dfrac{L}{i} \approx 2\dfrac{a}{b}$, limité par le rapport a/b, assez faible en général.

Pour a = 0,6 mm et b = 120 µm par exemple, on observe 9 franges, correspondant aux ordres d'interférence p = 0, ± 1, ± 2, ± 3, ± 4. Si l'observation se fait à l'infini dans la direction θ, la différence de marche s'écrit $\boxed{\delta = a\sin\theta}$ (pour n = 1). Si l'observation a lieu dans le plan focal image d'une lentille convergente de distance focale f, cela revient à remplacer D par f dans les expressions précédentes de δ et i.

⇨ **Méthode 14.1. Trous d'Young ou réseau : différence de marche à grande distance ; action d'une lentille**

■ Fentes d'Young

La différence de marche étant quasiment indépendante de y, on peut élargir les trous d'Young dans cette direction sans détériorer la visibilité des franges d'interférences. En pratique, pour améliorer la luminosité de la figure d'interférences, on remplace donc les trous S_1 et S_2 par deux fentes fines F_1 et F_2 parallèles aux franges d'interférences.

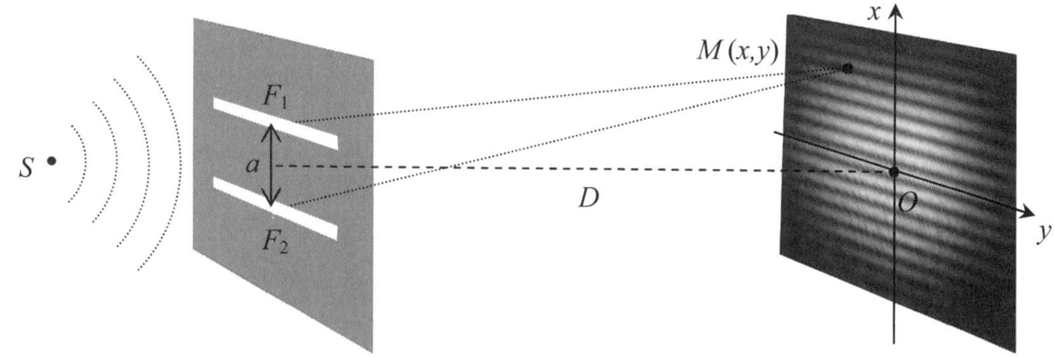

■ Cas de N trous alignés et équidistants : le réseau (MP)

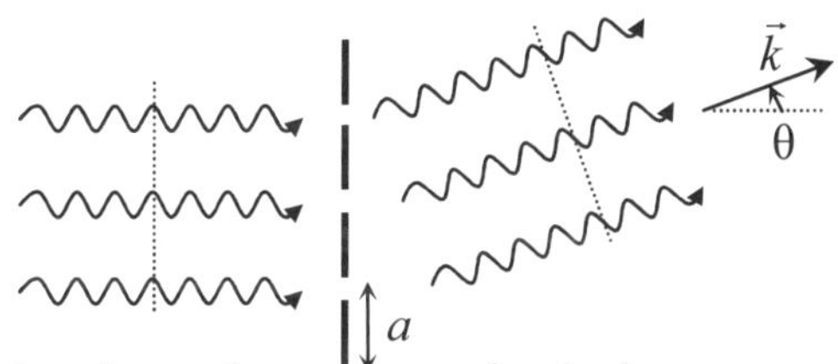

onde incidente plane en incidence normale

onde résultante dans la direction θ

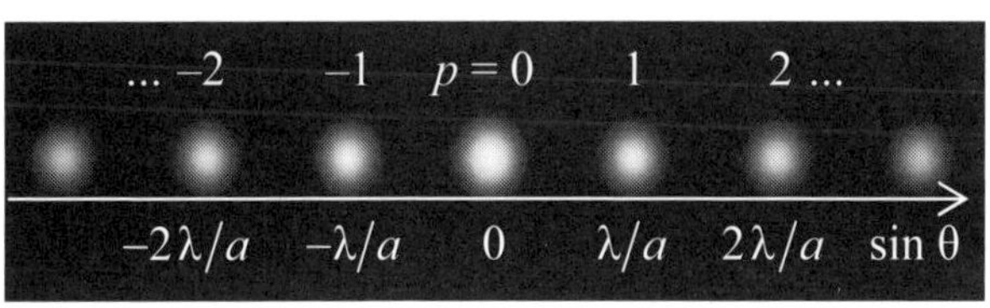

allure de l'éclairement dans la direction θ

Une assemblée de N trous (ou fentes) alignés et séparés d'une distance a constante produit des interférences à N ondes avec une différence de marche qui se répète d'une onde à la suivante.

La condition d'interférences constructive est la même que pour des interférences à deux ondes (trous d'Young) mais elle est plus sélective (franges brillantes plus fines). Pour une observation dans la direction θ, elle s'écrit :

$$\boxed{a \sin\theta = p\lambda,\ p \text{ entier}}$$

ce qui fait apparaître plusieurs directions (une pour chaque valeur entière de p) pour laquelle l'éclairement est fort (il est quasi nul ailleurs).

⇨ **Méthode 14.9. Application des interférences à N ondes : utilisation d'un réseau pour la spectrométrie (MP)**

■ L'interféromètre de Michelson comme diviseur d'amplitude

Cet appareil est constitué de deux miroirs plans M_1 et M_2 quasiment perpendiculaires l'un par rapport à l'autre et d'une lame séparatrice L inclinée à 45° par rapport aux miroirs (voir le schéma ci-après). Cette lame semi-réfléchissante permet de séparer le faisceau incident en un faisceau transmis et un faisceau réfléchi de même intensité. Ces deux faisceaux se réfléchissent chacun sur un miroir avant d'interférer à la sortie de l'appareil grâce à la séparatrice. La différence de marche δ entre les deux rayons interférant au point M peut être modifiée par translation ou rotation des miroirs.
Pour simplifier les constructions de rayon, on raisonne sur le **montage équivalent**, obtenu en remplaçant la séparatrice L et le miroir M_2 par un miroir virtuel M_2' symétrique de M_2 par rapport à L. On distingue alors 3 types de situations :

$M_2 \perp M_1$: réglage en ***lame d'air***

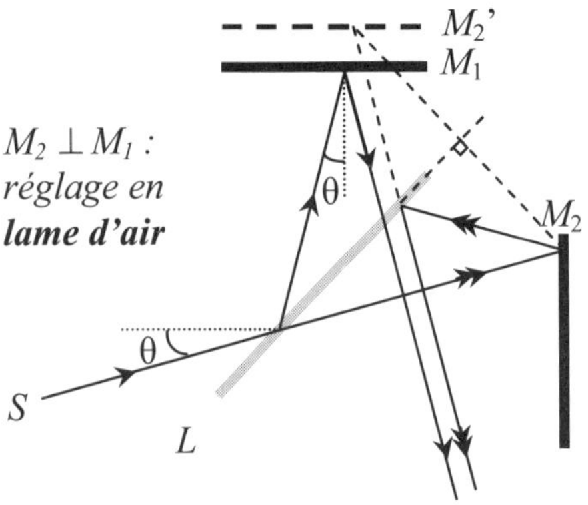

⟹ *lame d'air équivalente :*

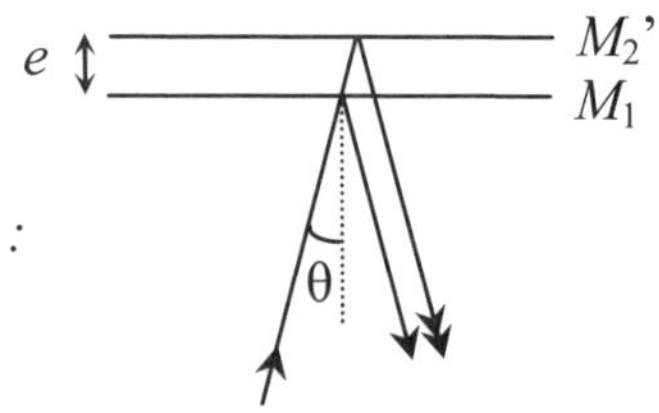

interférences localisées à l'infini :

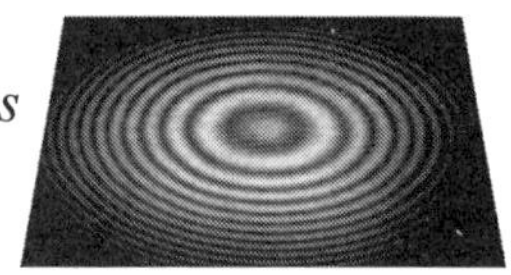

M_2 non $\perp$ à M_1 : réglage en ***coin d'air***

⟹ *coin d'air équivalent : (l'angle α a été très fortement exagéré pour la lisibilité de la figure)*

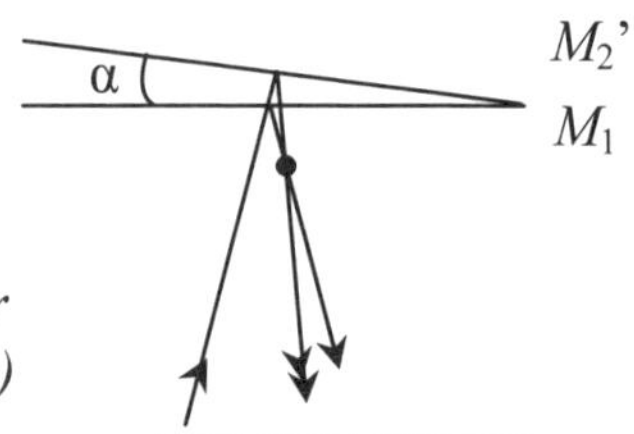

interférences localisées près des miroirs :

– **Contact optique** : M_1 et M_2' sont confondus (ou M_1 et M_2 symétriques par rapport à L) donc $\delta = 0$: les interférences sont toujours constructives, l'éclairement est uniforme (**teinte plate**).

– **Lame d'air :** M_1 // M_2' (c'est-à-dire $M_1 \perp M_2$), espacés de e (épaisseur de la lame d'air). Les deux rayons obtenus par division d'amplitude sont parallèles entre eux donc interfèrent à **l'infini**. La différence de marche $\boxed{\delta = 2e\cos\theta}$ (en ne tenant pas compte du déphasage à la réflexion sur la séparatrice) dépend de l'angle d'incidence θ. Si la source émet des rayons dans toutes les directions, les franges sont des anneaux concentriques. Chaque anneau correspond à une valeur de θ, on parle donc d'**anneaux d'égale inclinaison** (ou anneaux d'Haidinger). Observé dans le plan focal image d'une lentille convergente de focale f, le rayon du $N^{\text{ième}}$ anneau est $R_N = f\sqrt{N\frac{\lambda}{e}}$ si le centre est brillant.

⇨ **Méthodes 14.2. et 14.3. Calcul de différence de marche puis du rayon des anneaux**

– **Coin d'air :** M_1 et M_2' font un petit angle α entre eux. Les deux rayons obtenus par division d'amplitude interfèrent **tout près des miroirs**. Si l'angle d'incidence est faible ($\cos\theta \approx 1$), la différence de marche δ dépend essentiellement de l'épaisseur locale de la lame : $\boxed{\delta \approx 2e_{locale}}$.
Chaque frange correspond à une valeur de e. D'une frange à l'autre e varie de $\lambda_0/2$. On parle donc de **franges d'égale épaisseur** : elles renseignent directement sur la **variation d'épaisseur locale du coin**. Sur un coin d'air d'angle α entre deux miroirs rigoureusement plans, les franges sont rectilignes, parallèles à l'arête du coin et équidistantes, avec un interfrange $i = \frac{\lambda}{2\alpha}$.

⇨ **Méthode 14.4. Comment exploiter une figure de franges d'égale épaisseur ?**

Ces interférences obtenues par division d'amplitude sont **localisées**, leur observation nécessite donc la projection de l'image du plan de localisation (l'infini en lame d'air, les miroirs en coin d'air) sur l'écran d'observation.

⇨ **Méthode 14.8. Comment utiliser un interféromètre de Michelson en TP ?**

■ Cohérence temporelle, lumière non monochromatique

❑ Modèle des trains d'onde

Deux trains d'onde de durée τ_c, issus d'une même source et ayant même phase à l'origine, ne peuvent interférer que s'ils se rencontrent donc si $\boxed{\delta < L_c}$ où $\boxed{L_c = c\tau_c}$ est la longueur des trains d'onde. On l'appelle aussi longueur de cohérence temporelle de la source.

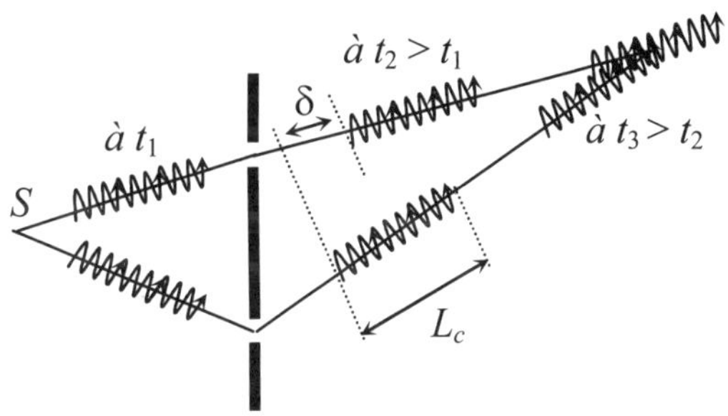

❑ Source non monochromatique

Une source non monochromatique, émettant un spectre de largeur $\Delta\lambda$ autour d'une valeur moyenne λ_m, donne des interférences dont le contraste diminue quand δ augmente. Elles sont bien visibles si d'un bout à l'autre du spectre l'ordre d'interférences p ne varie pas de plus d'une unité typiquement (donc $\Delta p < 1/2$ du centre à une extrémité du spectre), ce qui conduit à la condition $\delta < \frac{\lambda_m^2}{\Delta\lambda}$. Cette condition s'écrit comme précédemment $\delta < L_c$ si on pose $\boxed{L_c = \frac{\lambda_m^2}{\Delta\lambda}}$.

⇨ **Méthode 14.5. Condition de visibilité des interférences avec une source non monochromatique**

Remarque

L'équivalence des deux expressions précédentes de L_c s'explique par le fait qu'à un train d'onde de durée τ_c on associe (par transformée de Fourier) un spectre de largeur $\Delta\nu \approx \frac{1}{\tau_c}$ (voir chapitre précédent).

❑ Source de lumière blanche (MP)

Les interférences visibles dans la vie courante sont le plus souvent dues à une source de lumière blanche (Soleil, lampe à incandescence, …), émettant un spectre très large.
Lorsque la source est **non monochromatique**, l'éclairement s'obtient **en sommant les éclairements donnés par chaque composante monochromatique**, puisque deux ondes de fréquences différentes ne peuvent interférer l'une avec l'autre. On peut donc raisonner sur chaque composante spectrale indépendamment.

Pour une valeur de différence de marche δ donnée, l'ordre d'interférences $p = \frac{\delta}{\lambda_0}$ dépend de la composante spectrale λ_0 et varie donc d'un bout à l'autre du spectre. Suivant la valeur (entière ou demi-entière) de p, certaines longueurs d'onde sont renforcées, d'autres éteintes, ce qui modifie le spectre de la lumière et lui donne une teinte caractéristique de la valeur de δ, appelée **teinte de Newton**. Éclairé par une source de lumière blanche, un dispositif interférentiel donne donc des franges **irisées**, du moins si la différence de marche δ n'est pas trop élevée.
Le nombre de longueurs d'onde du domaine du visible éteintes par interférences (on parle de cannelure dans le spectre) augmente avec la différence de marche. Or, notre vision trichromique ne nous permet pas de percevoir de teinte franche si le spectre contient une part de rouge, de vert et de bleu relativement équilibrée. C'est le cas si δ est supérieure à quelques microns seulement : le nombre de cannelures est suffisant pour que les teintes interférentielles soient invisibles à l'œil nu. La teinte perçue est blanche (on parle de **blanc d'ordre supérieur**) bien que son spectre soit **cannelé**.

⇨ **Méthode 14.6. Teintes interférentielles et blanc d'ordre supérieur (MP)**

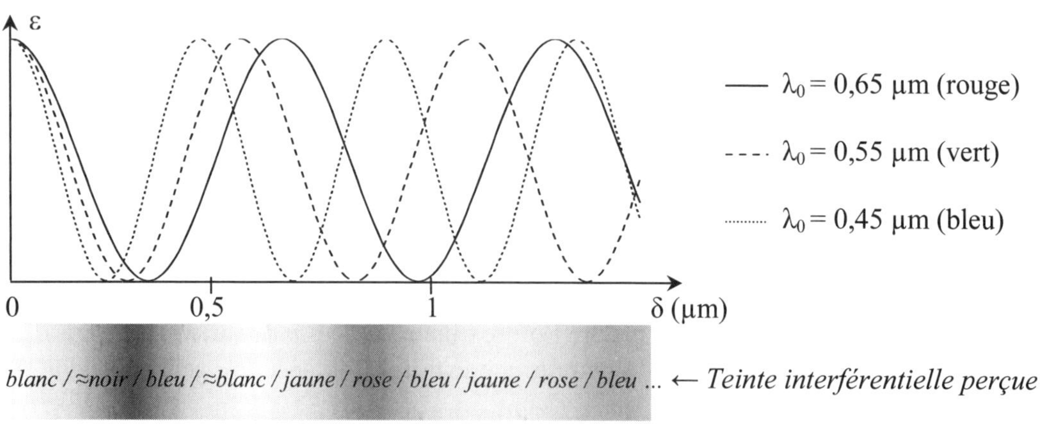

■ Source étendue, cohérence spatiale

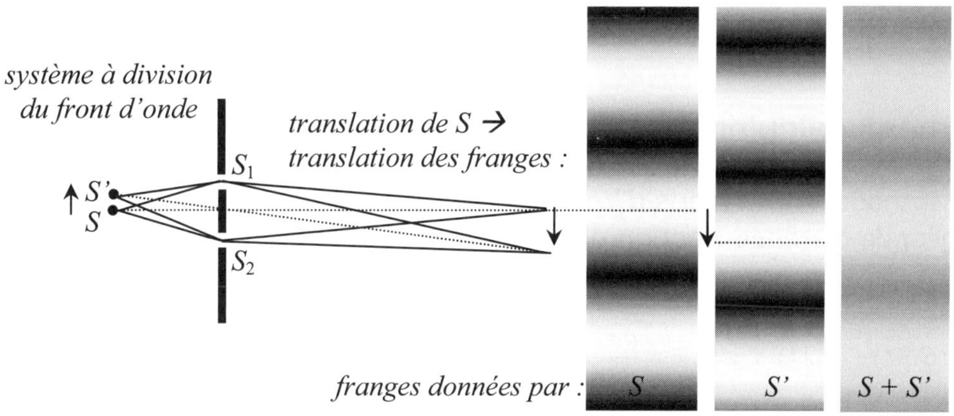

❑ Interférences non localisées (ex. trous d'Young) : brouillage des franges

Une source étendue peut être modélisée par une assemblée de sources ponctuelles **mutuellement incohérentes**, qui n'interfèrent donc pas l'une avec l'autre : l'éclairement est donné par la superposition des figures d'interférences données par chacune.
Si la différence de marche dépend de la position du point source, la position des franges d'interférences en dépend également. L'élargissement de la source provoque alors une baisse du contraste des interférences.
Les interférences non localisées nécessitent donc l'usage d'une source quasi ponctuelle, ce qui les rend en général difficiles à observer car peu lumineuses.
En pratique, on améliore la luminosité des interférences en remplaçant le trou source (permettant de rendre la source ponctuelle) par une **fente source** fine et orientée perpendiculairement à l'axe $S_1 S_2$ (il n'y a alors pas d'influence sur la différence de marche, donc pas de baisse de contraste des interférences).

⇨ **Méthode 14.7. Condition de brouillage des interférences due à l'étendue spatiale de la source**

❑ Interférences localisées (ex. Michelson) : pas de brouillage

Quand on fait interférer un rayon avec lui-même par division d'amplitude, la différence de marche est quasiment indépendante de la position de la source, donc les franges d'interférences données par les différents points d'une source étendue se superposent sans se brouiller : la figure d'interférence gagne en intensité sans perdre en contraste. C'est pourquoi les dispositifs à division d'amplitude permettent d'obtenir, avec des sources étendues, des interférences à la fois lumineuses et contrastées.

❑ Conclusion : lien entre cohérence spatiale et localisation

Une **source ponctuelle** permet d'obtenir par **division du front d'onde** des interférences **non localisées**, dont le contraste diminue par élargissement de la source.
Une **source étendue** donne des interférences contrastées uniquement par **division d'amplitude**, **localisées** au lieu de croisement de deux rayons **issus d'un même rayon incident**.

■■ Méthodes

■ Comment calculer une différence de marche ?

❑ Méthode 14.1. Trous d'Young ou réseau : différence de marche à grande distance ; action d'une lentille

– Si l'observation a lieu à grande distance D, la différence de marche $\delta = (S_2M) - (S_1M)$ s'écrit $\delta \approx \dfrac{a\,x}{D}$ comme démontré à la méthode 13.6.

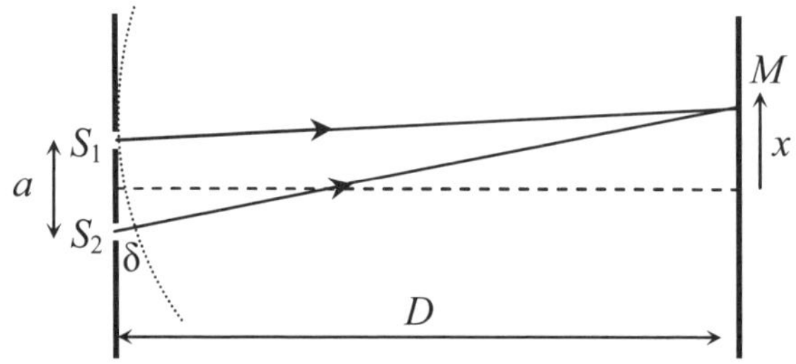

– Si l'observation se fait dans le plan focal image d'une lentille convergente de distance focale f, le théorème de Malus implique que la différence de marche $\delta = (S_2M) - (S_1M)$ s'identifie au chemin optique (S_2H), le point H étant défini sur le schéma ci-dessous. On a donc $\delta = a\sin\theta$.
L'angle θ est relié à la position x sur l'écran par $\tan\theta = x / f$. Comme $\theta \ll 1$ (hypothèse déjà faite implicitement en supposant la lentille stigmatique, c'est-à-dire utilisée dans les conditions de Gauss), on peut écrire $\sin\theta \approx \tan\theta$, on obtient alors $\delta \approx \dfrac{a\,x}{f}$: même formule que précédemment, la distance d'observation D étant remplacée par la distance focale f.

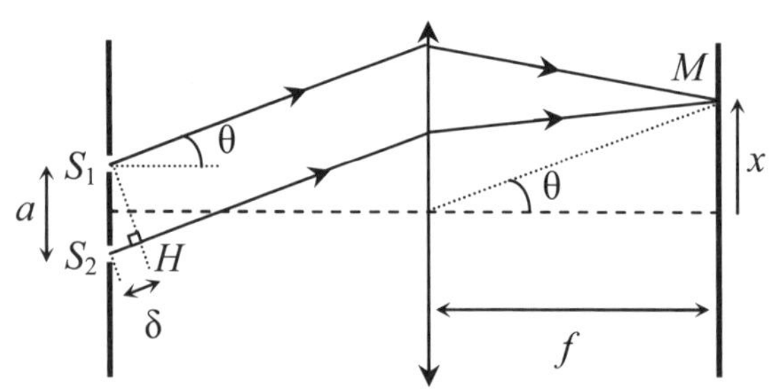

⇨ **Exercices 14.1, 14.2, 14.9 et 14.12**

Supposons le dispositif des trous d'Young éclairé par une onde plane en incidence normale ou par une onde sphérique issue d'une source ponctuelle placée à égale distance des deux trous. Dans les deux cas, la phase de l'onde incidente est identique en S_1 et S_2, qui font partie de la même surface d'onde. La différence de marche δ entre deux rayons issus de S_1 et S_2 interférant à l'infini est donc due à une différence de chemin optique après les trous. Si l'observation se fait à l'infini dans la direction θ, d'après la construction ci-dessus on a $\delta = S_2H$.

Que se passe-t-il lorsque la lumière traverse la lentille ? Prenons le problème à l'envers et imaginons qu'on place en M une source lumineuse ponctuelle. Les rayons issus de M se propagent vers la gauche, traversent la lentille, puis forment un faisceau parallèle d'inclinaison α par rapport à l'axe optique. D'après le théorème de Malus, tout plan perpendiculaire à ce faisceau est équiphase (car l'onde est plane). En particulier, la phase serait identique en S_1 et en H. On en déduit l'égalité des chemins optiques $(MS_1) = (MH)$. En vertu du principe de retour inverse de la lumière, ceci reste vrai pour le trajet effectué dans l'autre sens : $(S_1M) = (HM)$.

Autre façon de voir les choses : on suppose la lentille utilisée dans les conditions de Gauss, donc que la condition de stigmatisme est vérifiée. Les points S_1 et H appartiennent à une surface d'onde plane conjuguée par la lentille avec le point M, vers lequel converge une onde sphérique. On en déduit l'égalité des chemins optiques $(S_1M) = (HM)$.

En écrivant $(S_2M) = (S_2H) + (HM)$, on trouve alors $\delta = (S_2M) - (S_1M) = \left(S_2H\right) = S_2H$, comme à l'infini en l'absence de lentille. Comme $\theta \ll 1$, on a d'une part $S_2H \approx \theta a$, d'autre part $\theta \approx \dfrac{x}{f}$. On en déduit finalement $\boxed{\delta = \dfrac{a\,x}{f}}$.

❑ Méthode 14.2. Interféromètre de Michelson : différence de marche à l'infini introduite par une lame d'air d'épaisseur constante

> La division de l'amplitude d'un rayon sur une lame d'épaisseur constante donne deux rayons parallèles, qui interfèrent à l'infini (ou dans le plan focal image d'une lentille convergente). La différence de marche entre ces deux rayons s'obtient en calculant la différence de chemins optiques entre le point où s'effectue la division d'amplitude et un plan quelconque perpendiculaire aux deux rayons produits.

⇨ **Exercice 14.3**

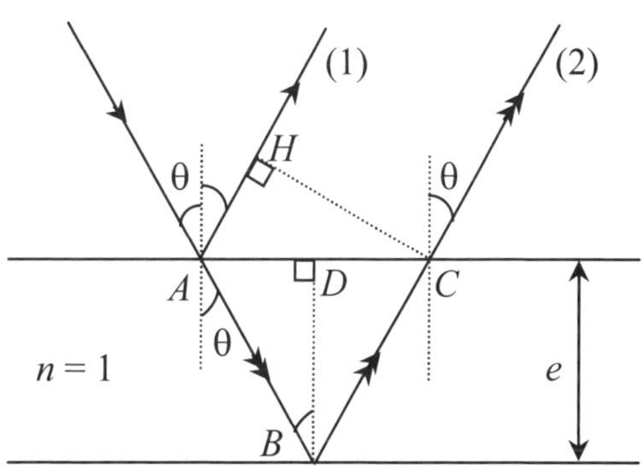

On s'intéresse à un rayon arrivant au point A sous incidence θ sur la face avant d'une lame d'air d'épaisseur e, entourée d'air. Ce rayon se sépare en un rayon réflechi (1) repartant sous l'angle θ en vertu de la loi de Snell-Descartes sur la réflexion, et un rayon transmis (non dévié puisqu'il n'y a pas de changement de milieu), qui se réfléchit à son tour en B sur la face arrière de la lame, avant de ressortir en C par sa face avant, toujours sous l'angle θ (2). La différence de marche à l'infini entre les rayons (1) et (2) est égale à la différence entre les chemins optiques suivis par ces deux rayons après leur séparation en A. En appliquant le même raisonnement que précédemment (méthode 14.1), on voit que le rayon (1) parcourt le chemin optique (AH) alors que le rayon (2) parcourt l'aller-retour dans la lame $(AB)+(BC)$. Attention : ne pas oublier de tenir compte du chemin optique (AH) parcouru par le rayon (1) ! On a donc $\delta=(AB)+(BC)-(AH)$. Ces différents trajets étant effectués dans l'air (n = 1), le chemin optique est identique au chemin parcouru. De plus, on a $AB = BC$. Ainsi $\delta = 2\,AB - AH$. Un peu de trigonométrie permet d'exprimer AB et AH en fonction de e et θ :

Exprimons AB à partir du triangle ABD : $\cos\theta=\dfrac{e}{AB}$ donc $AB=\dfrac{e}{\cos\theta}$.

Pour trouver AH à partir du triangle ACH, il faut d'abord trouver AC : $AC=2AD$, où AD est donné par le triangle ABD : $\tan\theta=\dfrac{AD}{e}$. On a donc $AC=2e\tan\theta$.

On en déduit AH par $\sin\theta=\dfrac{AH}{AC}$: $AH=AC\sin\theta=2e\tan\theta\times\sin\theta$.

D'où $\delta=2\,\dfrac{e}{\cos\theta}-2\,e\tan\theta\sin\theta=\dfrac{2e}{\cos\theta}\left(1-\sin^2\theta\right)$, en écrivant $\tan\theta=\dfrac{\sin\theta}{\cos\theta}$.

En remarquant que $1-\sin^2\theta=\cos^2\theta$, il vient finalement $\boxed{\delta=2e\cos\theta}$.

■ Comment prédire l'allure d'une figure d'interférences ?

❑ Méthode 14.3. Anneaux d'égale inclinaison

> Une fois la différence de marche δ exprimée en fonction des paramètres du dispositif, la position des franges d'interférences est trouvée en exprimant l'ordre d'interférences $p=\dfrac{\delta}{\lambda_0}$, entier pour les franges brillantes, demi-entier pour les franges sombres. Dans le cas de l'interféromètre de Michelson en lame d'air, la relation $\delta=2e\cos\theta$ conduit à des anneaux concentriques.

⇨ **Exercices 14.4, 14.10 et 14.12**

On s'intéresse aux franges d'interférences données par un interféromètre de Michelson réglé en lame d'air. La différence de marche à l'infini s'écrit $\delta=2e\cos\theta$, où e est l'épaisseur de la lame d'air et θ l'angle d'incidence du rayon considéré sur les miroirs. Les franges brillantes correspondent à $p=\dfrac{\delta}{\lambda_0}=\dfrac{2e\cos\theta}{\lambda_0}$ entier. On suppose que θ est assez faible pour qu'on puisse développer le cosinus à l'ordre 2 : $\cos\theta\approx1-\dfrac{\theta^2}{2}$ donc $p\approx\dfrac{2e}{\lambda_0}\left(1-\dfrac{\theta^2}{2}\right)$. Si on note p_0 l'ordre d'interférences (pas nécessairement entier) à $\theta = 0$, on a $p_0=\dfrac{2e}{\lambda_0}$. On en déduit $p_0-p=\dfrac{e\,\theta^2}{\lambda_0}$, soit $\theta = \sqrt{(p_0 - p)\lambda_0 / e}$ (la fonction cos θ étant décroissante entre 0 et π/2, l'ordre d'interférences est maximum pour $\theta = 0$, soit $p_0 > p$).

On va maintenant chercher à exprimer le rayon des anneaux : chaque rayon d'incidence θ sur les miroirs donne naissance à deux rayons parallèles, qui ressortent de l'appareil avec la même inclinaison θ. Si les interférences sont observées sur un écran placé dans le plan focal image d'une lentille convergente de distance focale f, ces rayons convergent en un point (foyer secondaire image dans la direction θ) situé à la distance $R = f \tan\theta \approx f\,\theta$ de l'axe optique.

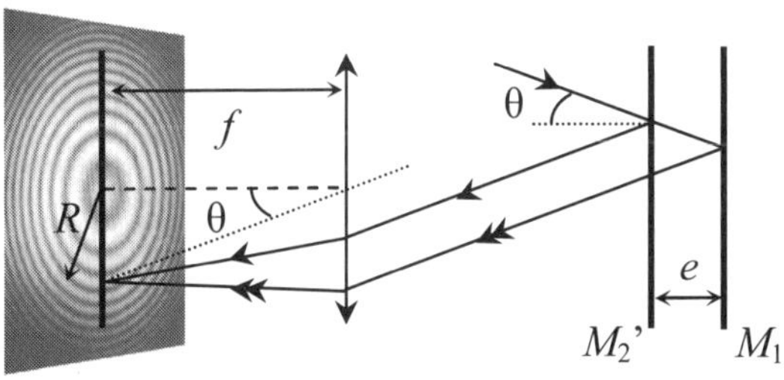

lame d'air équivalente

Si la source lumineuse émet un faisceau constitué de rayons d'angles θ variables (faisceau convergent ou divergent), on observe sur l'écran des anneaux concentriques, centrés sur l'axe optique de la lentille de projection, de rayons $R = f\sqrt{(p_0 - p)\lambda_0 / e}$. Chaque anneau brillant correspond à une valeur de p entière. D'un anneau à l'autre, p varie d'une unité (p diminue vers l'extérieur). Si le centre des anneaux est brillant ($p_0 = \dfrac{2e}{\lambda_0}$ entier), alors le rayon du N ième anneaux brillant, dont l'ordre d'interférences est $p = p_0 - N$, s'écrit $\boxed{R_N \approx f\sqrt{\dfrac{N\lambda_0}{e}}}$ (le centre des anneaux n'est pas nécessairement brillant, mais on peut toujours écrire $p_0 - p = N - \varepsilon$ où $0 \leq \varepsilon < 1$, donc $R_N \approx f\sqrt{(N-\varepsilon)\lambda_0 / e}$). R_N varie en $\sqrt{N}$: les anneaux sont de plus en plus resserrés loin du centre, la distance interfrange n'est pas constante. R_N varie en $\sqrt{N / e}$: plus l'épaisseur e de la lame d'air est grande, plus la variation de R_N avec N est faible, les anneaux sont donc plus serrés. Le nombre d'anneaux visibles dans le champ d'interférences est ainsi plus important quand on s'éloigne du contact optique. Si e tend vers 0 (contact optique), $R_N \to \infty$: l'éclairement est homogène.

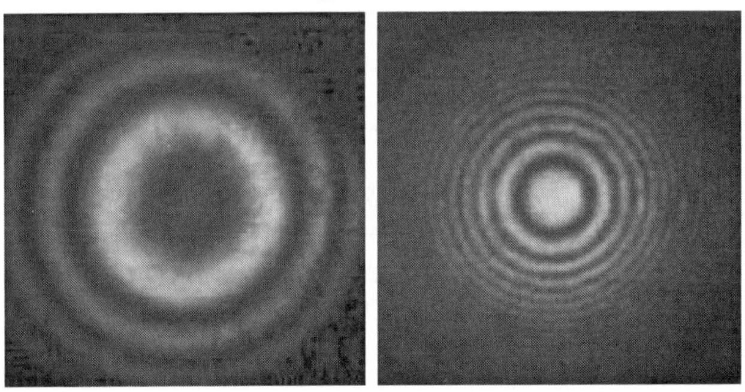

Anneaux obtenus pour deux valeurs différentes de l'épaisseur e (plus importante à droite)

Attention à ne pas confondre le numéro de l'anneau (N) et l'ordre d'interférence (p). L'ordre d'interférences peut être très grand et diminue en s'éloignant du centre des anneaux. Par exemple, pour une lame d'épaisseur e = 1 mm et λ_0 = 500 nm, on a au centre $p_0 = 2e / \lambda_0 = 4000$, alors que les premiers anneaux N = 1, 2, 3, … correspondent à p = 3999, 3998, 3997, …

La formule des rayons ci-dessus ne peut être utilisée que pour une valeur donnée de p_0 donc à épaisseur e fixée (car $p_0 = 2e/\lambda_0$). En conséquence, elle ne peut pas servir à étudier l'évolution de la figure d'interférences quand e varie. On doit pour cela revenir à la condition d'interférences constructives $2e\cos\theta = p\lambda_0$. Par exemple, si on s'éloigne du contact optique (e augmente), à p fixé (on fixe un anneau donné) on trouve que cos θ diminue, donc θ augmente : le rayon de chaque anneau ($R = f\,\theta$) augmente, contrairement à ce que pourrait laisser croire la formule des rayons ! Les anneaux défilent vers l'extérieur quand e augmente, ce qui n'empêche pas qu'il y en ait de plus en plus dans le champ, car ils sont plus resserrés !

❑ Méthode 14.4. Franges d'égale épaisseur

> Pour caractériser les franges d'égale épaisseur d'un coin d'air d'épaisseur locale e on doit écrire la condition $\delta \approx 2e = p\lambda_0$ (sans tenir compte du déphasage à la réflexion sur la séparatrice) où p est entier pour les franges brillantes, demi-entier pour les franges sombres.
> D'une frange à l'autre (de même éclairement : brillante-brillante, ou sombre-sombre), l'ordre p varie de 1 donc l'épaisseur e **varie** de $\lambda_0/2$: l'allure des franges renseigne donc sur la **variation d'épaisseur** locale du coin d'air.

⇨ **Exercice 14.5**

L'épaisseur e à la distance x de l'arête du coin est $e \approx \alpha x$ (si $\alpha << 1$). La condition d'**interférences constructives** $\delta = p\,\lambda_0$ (p entier) s'écrit donc, puisque $\delta = 2e$: $2\alpha x = p\lambda_0$.

L'interfrange i s'obtient en écrivant $i = \Delta x$ tel que $\Delta p = 1$, donc $\boxed{i = \dfrac{\lambda_0}{2\alpha}}$.

Le coin d'air étant obtenu par croisement de deux plans, son épaisseur locale e varie linéairement avec la distance x à l'arête du coin ($\dfrac{\mathrm{d}e}{\mathrm{d}x} = \alpha$ = constante), c'est pourquoi les franges sont équidistantes. De façon analogue, sur une carte géographique, une pente constante donne des lignes de niveau équidistantes. La distance i entre deux franges renseigne sur la valeur de la pente α (donc sur la **variation** d'épaisseur et non sur l'épaisseur absolue) : les lignes sont très rapprochées si la pente est forte ($i \propto 1/\alpha$, diminue si α augmente).

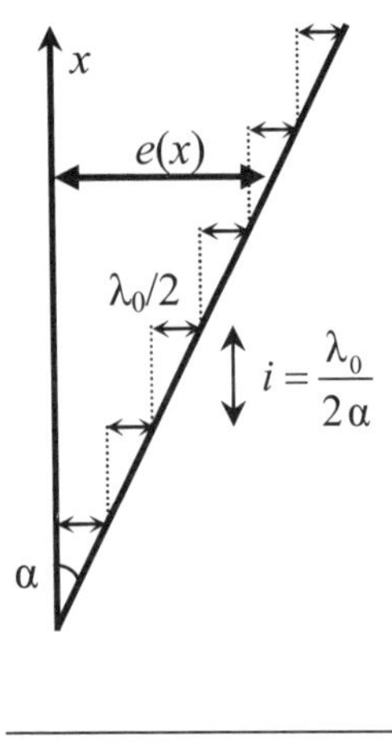

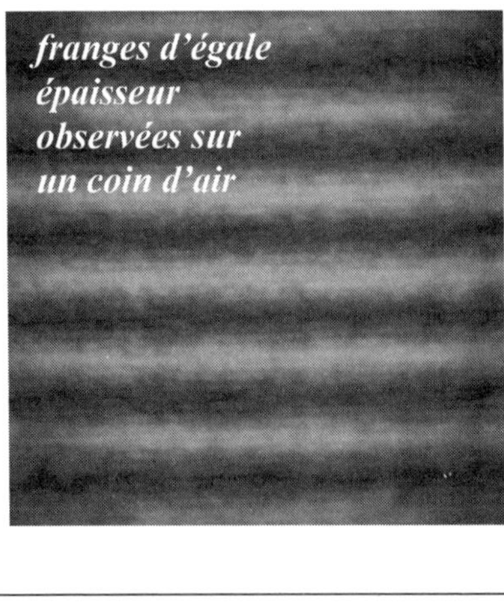

Par exemple, si on observe 6 franges sur un miroir de diamètre 2 cm avec une longueur d'onde $\lambda_0 = 600$ nm, on en déduit :

$$\alpha = \frac{\lambda_0}{2i} = \frac{600\cdot10^{-9}}{2\times\left(2\cdot10^{-2}/6\right)}$$

$$= 9\cdot10^{-5}\,\text{rad} = 0{,}005° = 0{,}3' :$$

très petit ! ($60' = 1° = \dfrac{\pi}{180}$ rad).

Si le coin présente une courbure ($\frac{de}{dx} \neq$ constante, ce qui est le cas si les miroirs ne sont pas plans), les franges ne sont pas équidistantes, puisque la variation de e correspondant à $\lambda_0/2$ dépend alors de la position x. Si la courbure est telle que la pente $\left|\frac{de}{dx}\right|$ augmente localement, les franges se resserrent.

Remarque

Si on observe des franges d'égale épaisseur en lumière monochromatique sans savoir où se trouve la zone d'épaisseur nulle, on ne peut pas déterminer la valeur absolue de l'épaisseur associée à chaque frange : on sait que l'ordre p varie d'une unité d'une frange à l'autre, mais on ne connaît pas la valeur de p associée à chaque frange, ni son sens de variation. C'est comme si, sur une carte géographique, on connaissait la variation d'altitude entre deux lignes de niveau sans connaître l'altitude associée à chaque ligne, ni le sens (montée ou descente) de la pente. Ce problème peut être résolu en éclairant le dispositif en lumière blanche : l'état d'interférences dépend de λ_0 pour toute valeur de $p \neq 0$, ce qui donne des franges irisées. Pour $p = 0$ l'état d'interférences est indépendant de λ_0, la frange correspondante est donc « achromatique » (blanche ou noire, suivant la valeur du déphasage à la réflexion sur la séparatrice, négligé ici), ce qui permet de l'identifier et ainsi d'affecter aux franges suivantes les valeurs $p = 1, 2, \dots$

■ Comment traiter le cas d'une source non monochromatique ?

❑ Méthode 14.5. Trouver la condition de visibilité des interférences si la source n'est pas monochromatique

Considérons un dispositif interférentiel éclairé par une source non monochromatique de largeur spectrale $\Delta\lambda$ et donnant en un point M une différence de marche δ. Pour chaque composante spectrale de longueur d'onde λ_0 émise par la source, l'état d'interférence est déterminé par la valeur du déphasage $\Delta\varphi = \frac{2\pi}{\lambda_0}\delta$, ou de l'ordre d'interférences $p = \frac{\delta}{\lambda_0}$: il est donc variable suivant la composante spectrale λ_0. On considère que la visibilité des interférences est assez bonne (critère semi-quantitatif) si lorsque la longueur d'onde varie du centre aux extrêmes du spectre, on passe au maximum d'une interférence constructive à destructive, c'est à dire si le déphasage varie au maximum de π, ou l'ordre de d'interférences au maximum de $\frac{1}{2}$. En différentiant l'expression $p = \frac{\delta}{\lambda_0}$, la condition $\Delta p < \frac{1}{2}$ conduit à une valeur maximale pour la différence de marche : $\delta < \frac{\lambda_m^2}{\Delta\lambda} = L_c$.

⇨ Exercices 14.6 et 14.10

Méthodes

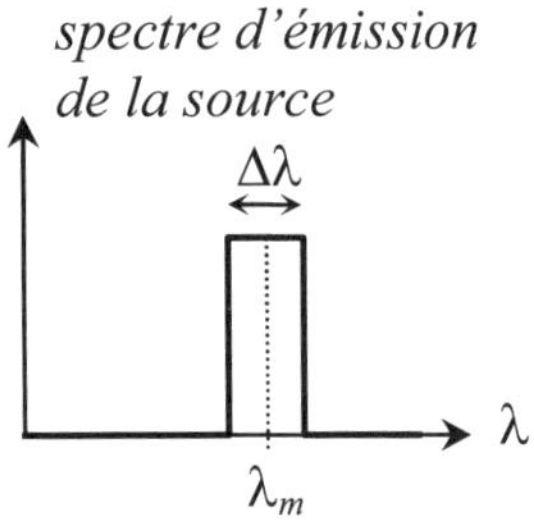

Considérons une source dont le spectre d'émission a une largeur $\Delta\lambda$ autour d'une valeur moyenne λ_m. À cette valeur moyenne correspond l'ordre d'interférences moyen $p_m = \dfrac{\delta}{\lambda_m}$.

Si le spectre n'est pas très étendu ($\Delta\lambda \ll \lambda_m$) on peut différentier l'expression précédente pour trouver la variation de p avec λ : $\mathrm{d}p = -\dfrac{\mathrm{d}\lambda}{\lambda_m^2}\delta$.

Si la longueur d'onde varie de $\pm\dfrac{\Delta\lambda}{2}$ autour de sa valeur moyenne λ_m, l'ordre p varie de $\Delta p = \pm\dfrac{\Delta\lambda}{2\lambda_m^2}\delta$ autour de la valeur moyenne p_m.

La condition de visibilité des interférences $\Delta p < \dfrac{1}{2}$ conduit donc à $\delta < \dfrac{\lambda_m^2}{\Delta\lambda}$: on retrouve ainsi l'expression de la longueur de cohérence temporelle L_c, associée ici à une source de largeur spectrale $\Delta\lambda$ et non à un train d'onde.

❑ Méthode 14.6. Interférences en lumière blanche : teintes interférentielles et blanc d'ordre supérieur (MP)

Si la source lumineuse est blanche et si les interférences sont observées à l'œil, on doit tenir compte de toutes les composantes spectrales émises dans l'intervalle visible (400 à 750 nm environ). Pour une valeur de δ donnée, suivant la valeur de l'ordre $p = \delta / \lambda_0$, les interférences sont constructives ou destructives. La (ou les) longueur(s) d'onde du domaine visible qui vérifie(nt) la condition d'interférences destructives $\lambda_0 = \dfrac{\delta}{p}$ avec p demi-entier est(sont) éliminée(s) du spectre de la lumière. Celle(s) qui correspond(ent) à p entier est(sont) au contraire renforcée(s).

⇨ **Exercice 14.8**

*Lame très mince : **teinte interférentielle***

Si on tient compte d'un déphasage de π à la réflexion sur sa première interface (qu'on peut traduire par une différence de marche de $\lambda_0/2$), une lame mince d'épaisseur optique ne donne comme condition d'interférences **destructives** $\delta = 2ne + \lambda_0/2 = p\lambda_0$ où p est demi-entier, donc $\lambda_0 = 2ne / p'$ où $p' = p - 1/2$ est entier (*cf* ex. 13.8). Par exemple, pour une lame d'épaisseur optique $ne = 450$ nm, on a $\lambda_0 = 900$ nm (infrarouge) pour $p' = 1$, on a $\lambda_0 = 450$ nm (bleu) pour $p' = 2$ et $\lambda_0 = 300$ nm (ultraviolet) pour $p' = 3$ (les valeurs suivantes de p' donnent aussi des valeurs de λ_0 dans l'ultraviolet). Donc ici une seule longueur d'onde est éteinte dans le domaine visible (les longueurs d'onde qui lui sont proches sont fortement atténuées). La teinte obtenue, complémentaire de celle correspondant à la longueur d'onde éteinte, est ici orange.

Lame plus épaisse : ***blanc d'ordre supérieur***

Pour une épaisseur optique plus importante, par exemple $ne = 2{,}25\ \mu\text{m} = 2250$ nm, on calcule (seules les valeurs de λ_0 dans le visible sont indiquées) :

p'	$\lambda_0 = 2ne/p'$	couleur éteinte	p'	$\lambda_0 = 2ne/p'$	couleur renforcée
6	750 nm	rouge profond	6,5	692 nm	rouge
7	643 nm	rouge	7,5	600 nm	orange
8	562 nm	jaune	8,5	529 nm	vert
9	500 nm	bleu-vert	9,5	474 nm	bleu
10	450 nm	bleu	10,5	429 nm	violet

Il y a alors dans le domaine visible cinq valeurs de p' correspondant à des extinctions, et cinq correspondant à des renforcements. Le spectre n'est pas blanc (on parle de **spectre cannelé**) mais, les principales couleurs de l'arc-en-ciel étant représentées, par synthèse additive l'œil perçoit une teinte blanche, qu'on appelle blanc d'ordre supérieur pour le différencier du « vrai » blanc correspondant à un spectre complet. Seul un spectromètre peut faire la différence. L'étude des spectres cannelés est une technique précise de détermination d'épaisseurs optiques.

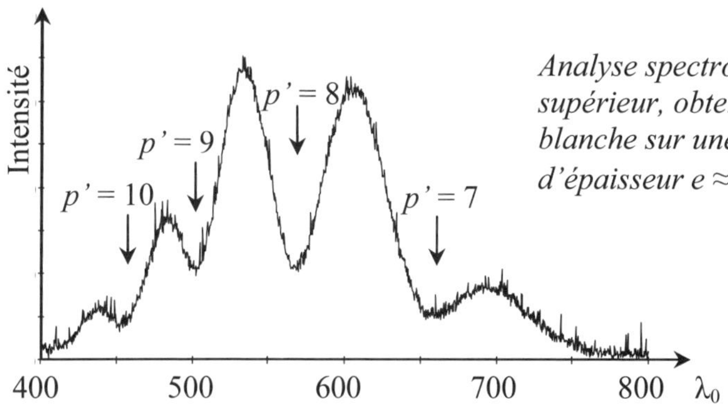

Analyse spectroscopique d'un blanc d'ordre supérieur, obtenu par réflexion d'une lumière blanche sur une lame de savon ($n \approx 1{,}4$) d'épaisseur $e \approx 1{,}6\ \mu m$ ($\delta = 2ne \approx 4{,}5\ \mu m$).

Méthodes

■ Comment traiter le cas d'une source non ponctuelle ?

❑ Méthode 14.7. Condition de brouillage des interférences due à l'étendue spatiale de la source

On commence en considérant la source S ponctuelle et on exprime la différence de marche δ puis l'ordre d'interférence $p = \delta/\lambda_0$ en fonction de la position de S. On exprime ensuite la variation de p lorsque S est déplacée du centre au bord de la source réelle étendue. On applique enfin le critère de visibilité semi-quantitatif $\Delta p < \frac{1}{2}$, pour en déduire une condition sur l'étendue de la source.

Dans le cas de la division d'amplitude (interférences localisées), δ est indépendante de la position de la source, ce qui conduit à $\Delta p = 0$: il n'y a pas de brouillage avec une source large.
En revanche, en division du front d'onde δ dépend en général de la position de la source, donc la condition de visibilité impose une dimension maximale à la source.

⇨ **Exercice 14.9 et 14.12**

Exemple des ***trous d'Young*** *:* considérons d'abord une source ponctuelle S placée à égale distance des deux trous S_1 et S_2. La différence de marche en M est $\delta = (S_2M) - (S_1M) = \frac{ax}{D}$ (dans l'air, d'indice $n = 1$).
Si on considère maintenant que cette source ponctuelle est déplacée en S' suivant l'axe x parallèle à la direction des deux trous, il faut ajouter la différence de marche supplémentaire $\delta' = (S'S_2) - (S'S_1)$:

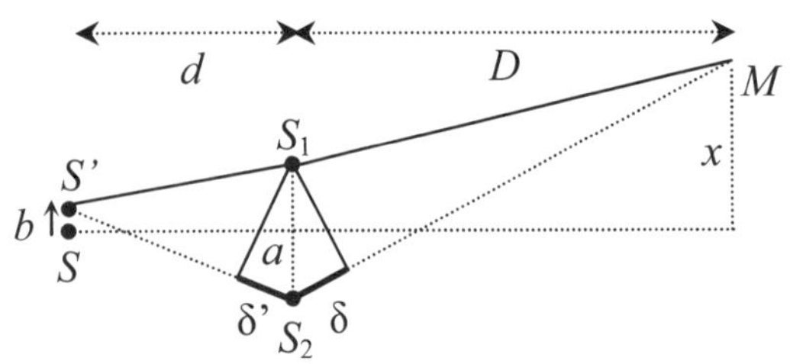

On voit sur le schéma ci-contre que le problème est symétrique du côté de la source (points S', S_1 et S_2) et du coté de l'écran (points M, S_1 et S_2) : δ' s'obtient donc par un calcul analogue à celui fait pour δ, en remplaçant x par $b = SS'$ et D par d. On obtient donc $\delta' = \frac{ab}{d}$.

L'ordre d'interférences s'écrit $p = \frac{\delta + \delta'}{\lambda_0}$. Sa variation avec la position b de la source S' est $\Delta p = \frac{\Delta\delta'}{\lambda_0} = \frac{a\,\Delta b}{d\,\lambda_0}$. On considère à présent une source réelle de largeur L, constituée d'une assemblée de sources ponctuelles incohérentes réparties dans l'intervalle $x \in \left[-\frac{L}{2};\frac{L}{2}\right]$. Le point source S' le plus éloigné du centre S correspond à un déplacement $\Delta b = \pm\frac{L}{2}$.

En appliquant le critère de visibilité $\Delta p < \frac{1}{2}$ quand on passe de S à S', on obtient $\frac{aL}{2d\,\lambda_0} < \frac{1}{2}$ donc $\boxed{L < \frac{\lambda_0 d}{a}}$. Par exemple pour $\lambda = 500$ nm, $d = 20$ cm et $a = 0{,}5$ mm, les interférences ne seront bien visibles que si $L < 200\ \mu$m : la source doit être de très petite dimension.
On a supposé ici que S' se déplace suivant x, parallèle à la direction des deux trous S_1S_2. Si on déplace S' suivant la direction y, perpendiculaire à l'axe des deux trous S_1S_2, la différence de marche ne change pas, car on a toujours $(S'S_2) = (S'S_1)$. Les figures d'interférences données par S et S' sont les mêmes, elles se superposent sans se brouiller. Ainsi on peut utiliser une fente source perpendiculaire à l'axe des deux trous, plutôt qu'un trou source : la luminosité est meilleure et le contraste des franges ne diminue pas.

■ Utiliser les interférences en TP

❑ Méthode 14.8. Utiliser un interféromètre de Michelson, réglages

En travaux pratiques, il faut savoir régler l'appareil dans ses trois configurations classiques : contact optique, lame d'air et coin d'air. Pour cela, il faut savoir déduire la configuration de l'appareil de l'allure des franges d'interférences, savoir sur quelle vis de réglage agir et dans quel sens pour modifier cette configuration.
Il faut aussi savoir comment éclairer l'appareil (source monochromatique ou spectre étendu ? faisceau parallèle ou convergent ?).
Enfin il faut savoir comment projeter les interférences (où sont-elles localisées ? à quel endroit et quelle lentille utiliser pour la projection sur écran ?).

⇨ **Exercices 14.5, 14.10 et 14.12**

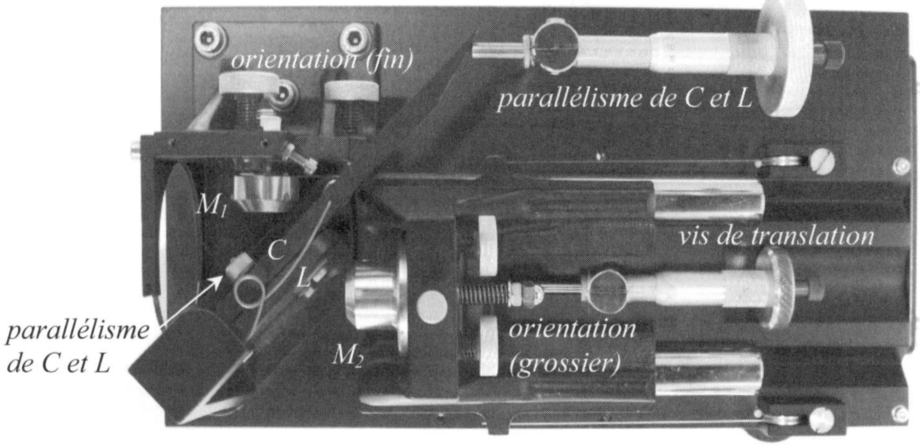

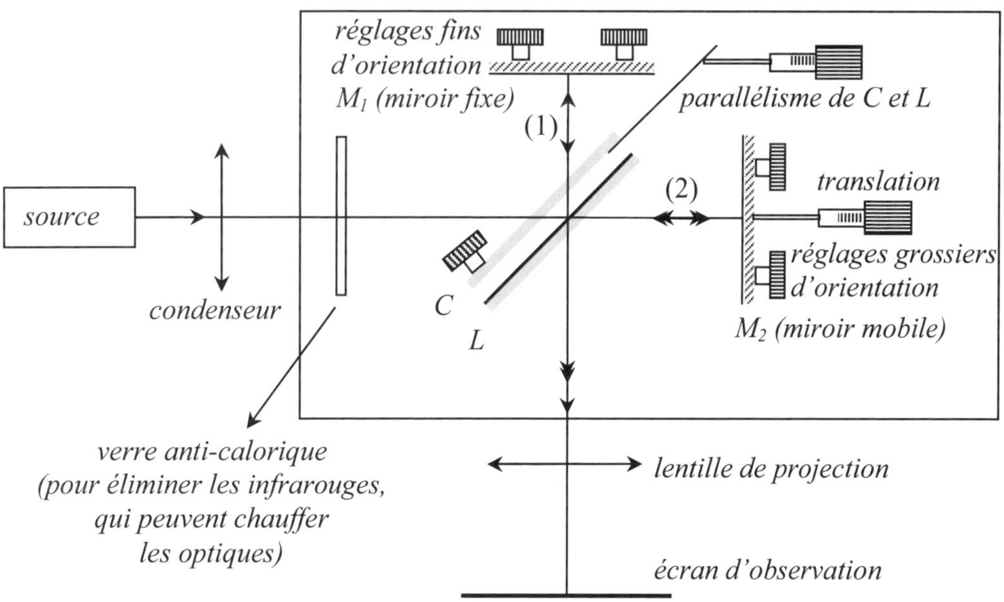

Compensatrice *(rôle et réglage) :* la lame séparatrice (*L*) est une lame de verre métallisée sur sa face avant. Son épaisseur induit une différence de marche supplémentaire entre les rayons (1) et (2), dépendant de l'angle d'incidence θ et de la longueur d'onde (à cause de la dispersion du verre dont elle est constituée), donc susceptible de modifier de façon complexe les interférences. Pour résoudre ce problème, on introduit dans le montage une lame dite compensatrice (*C*), identique à la lame séparatrice (même épaisseur, même indice) mais sans métallisation de surface, donc de coefficient de réflexion très faible (et négligé). On voit sur le schéma ci-après que le faisceau (1) traverse trois fois *C* et une fois *L*, alors que le faisceau (2) traverse une fois *C* et trois fois *L*. Ainsi, si *C* et *L* sont parallèles, la différence de marche induite par l'épaisseur de *L* est compensée par l'épaisseur de *C*.

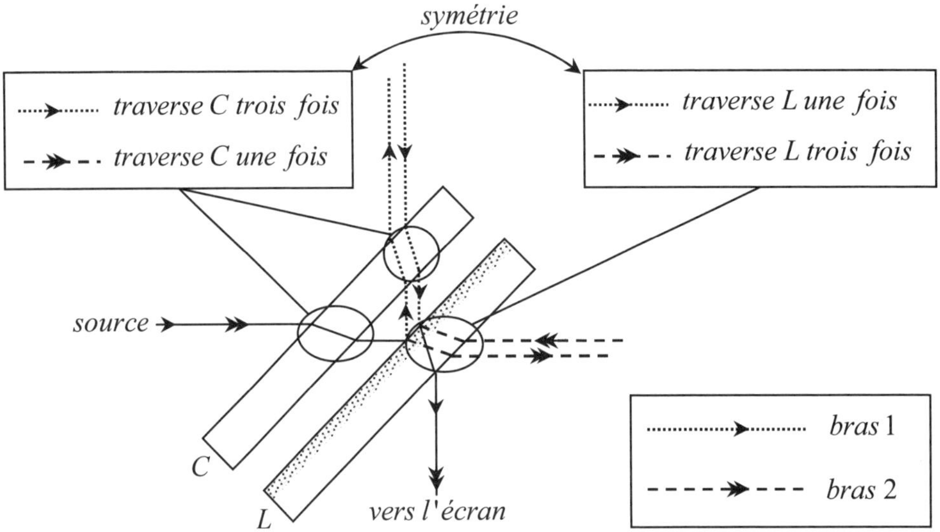

Remarque

En toute rigueur, la lame séparatrice introduit aussi un déphasage à la réflexion, puisque le faisceau (1) se réfléchit sur L depuis l'extérieur (air / surface métallisée), alors que le faisceau (2) se réfléchit sur L depuis l'intérieur (verre / surface métallisée) : la phase du coefficient de réflexion n'est pas la même dans les deux cas. Ce déphasage supplémentaire (proche de π), non pris en compte ici pour simplifier, peut faire qu'en lumière blanche la frange centrale n'est pas blanche (elle est souvent noire).

Pour régler le parallélisme de *C* et *L*, le plus simple est de les éclairer en incidence normale à l'aide d'un faisceau laser non élargi (sans éclairer les miroirs) et d'observer le faisceau transmis à grande distance. Si on voit deux taches (une très intense : le faisceau direct ; une beaucoup plus faible, due à la réflexion parasite entre *L* et *C*), cela montre que *L* et *C* ne sont pas tout à fait parallèles. Il faut alors agir sur les deux vis de *C* pour superposer ces taches. Si ce réglage n'est pas parfait, par la suite les anneaux observés en lame d'air sont un peu elliptiques (surtout près du contact optique), on peut alors retoucher aux deux vis de *C* pour les rendre circulaires.

Recherche du contact optique $\delta = 0$

Ce réglage est caractérisé par l'absence à la fois de lame d'air (épaisseur $e = 0$) et de coin d'air (angle $\alpha = 0$). Commencer avec la source la plus cohérente (laser, puis lampe spectrale, puis lumière blanche) car moins la source est cohérente, plus le réglage est délicat.

Réglage au laser

Intérêt de commencer au laser :

– le laser étant équivalent à une source ponctuelle, on admet qu'il produit des interférences non localisées : la lentille de projection est inutile, l'écran peut être placé à n'importe quelle distance

– sa cohérence temporelle est grande, donc les interférences sont visibles même très loin du contact optique (la condition $\delta < L_c$ est toujours vérifiée en pratique, car L_c est en général supérieure à ce que permet le déplacement du miroir mobile).

Réglages géométriques (grossiers) : placer le laser à l'entrée de l'interféromètre, en incidence normale sur les miroirs, puis régler grossièrement l'orthogonalité des miroirs en superposant les principales taches observées à la sortie de l'interféromètre.

Réglages interférentiels (fins) : ajouter un élargisseur de faisceau (objectif de très courte distance focale : $f \approx 1$ mm) devant le laser, de façon à obtenir des angles d'incidence θ variables et ainsi élargir le champ d'interférences. On doit observer des franges d'interférences sur l'écran. Pour s'approcher du contact optique, appliquer ces deux principes (démontrés méthodes 14.3 et 14.4) :

– **si on voit des anneaux** (ou du moins une courbure des franges, dont le centre n'est pas forcément visible dans le champ), **on translate le miroir mobile** M_2 dans le sens qui permet de les **faire défiler vers l'intérieur** (vers le centre de courbure)

– **si on voit des franges rectilignes**, on règle **l'orientation des miroirs** (réglage grossier sur M_2 pour commencer, fin sur M_1 ensuite) de façon à **augmenter l'interfrange** ceci jusqu'à obtenir un champ uniforme (plus de frange visible : l'interfrange est plus large que le champ d'interférences) appelé **teinte plate** : on est alors proche du contact optique.

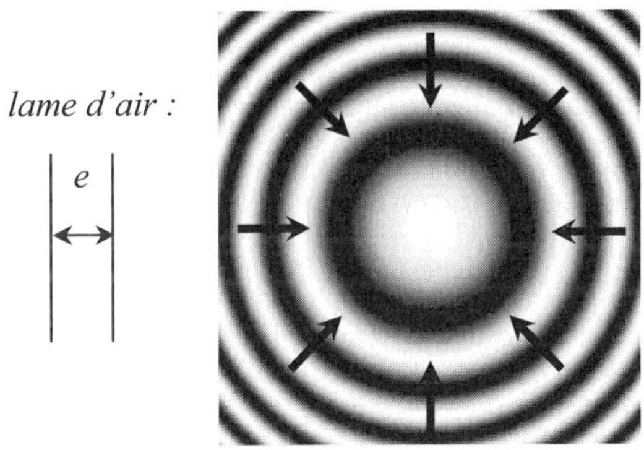

réglage de translation : rentrer les anneaux pour diminuer e

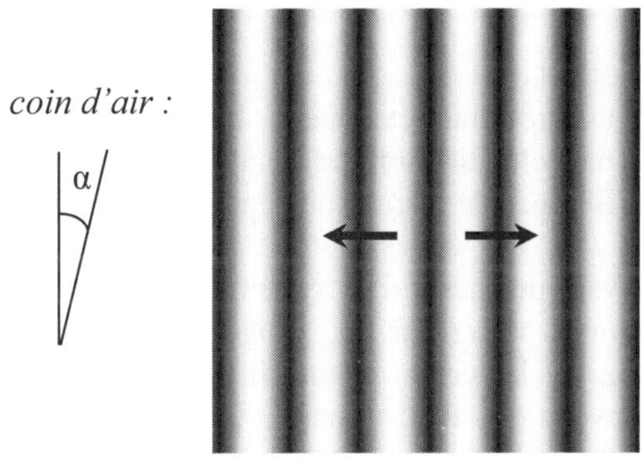

réglage d'orientation : augmenter l'interfrange pour diminuer α

Remarque

Si le centre des anneaux n'est pas au centre du champ, ne pas chercher à le centrer en agissant sur les vis d'orientation des miroirs, car ce défaut est souvent dû à un mauvais centrage de la source à l'entrée de l'appareil et non au réglage de l'appareil lui-même.

Réglage avec une source étendue (lampe spectrale puis lumière blanche)

Précautions particulières à ce type de source :

– la source est étendue donc les interférences ne peuvent être obtenues que par division d'amplitude : elles sont localisées. La lentille de projection devient nécessaire, sa focale et la position de l'écran doivent être choisis en fonction du réglage de l'interféromètre, car le lieu de localisation est différent en lame et en coin d'air

– la cohérence temporelle est limitée, donc les interférences ne sont visibles qu'assez près du contact optique (il faut $\delta < L_c \approx 1$ mm pour une lampe spectrale et quelques microns seulement pour une lampe blanche ! on commence donc par la lampe spectrale …)

Remplacer le laser et son élargisseur par une lampe suivie d'un condenseur (lentille convergente de grande ouverture et de courte focale, typiquement $f \approx 5$ cm, permettant de recueillir un maximum de puissance de la source).

Pour obtenir des anneaux d'égale inclinaison (en lame d'air : $M_1 \,//\, M_2$, $e \neq 0$) : placer le condenseur contre l'entrée de l'interféromètre et reculer la source jusqu'à **faire converger** la lumière sur les miroirs (pour obtenir beaucoup d'anneaux, il faut un faisceau d'angles θ variables et très ouvert, c'est-à-dire avec de grandes valeurs de θ). Projeter les anneaux (localisés à l'infini) **dans le plan focal image** d'une lentille de grande ouverture (calée contre la sortie de l'appareil, pour recueillir un maximum de lumière) et de grande focale ($f \approx 1$ m, pour obtenir de grands anneaux). Améliorer le contraste avec les vis de réglage fin d'orientation (s'il subsiste un petit coin d'air, le contraste des interférences est mauvais à l'infini).

Pour obtenir des franges d'égale épaisseur (en coin d'air : $\alpha \neq 0$) : rapprocher la source du condenseur jusqu'à éclairer les miroirs **en lumière quasi parallèle**, en incidence normale $\theta \approx 0$ (la source est alors centrée au point focal objet du condenseur, les miroirs sont éclairés de façon homogène). Projeter l'**image agrandie des miroirs** sur un écran éloigné, à l'aide d'une lentille d'assez courte focale ($f \approx 200$ mm), centrée dans le faisceau à la sortie de l'appareil (pour une meilleure qualité d'image, on peut régler la distance lampe-condenseur de façon à faire légèrement converger la lumière de la lampe vers le centre de la lentille de projection).

Remarque

La source étant étendue, l'obtention d'un faisceau parallèle nécessiterait en toute rigueur l'ajout d'un petit diaphragme pour la rendre quasi ponctuelle, mais c'est inutile en pratique, car la différence de marche ne dépend presque pas de l'angle d'incidence en coin d'air).

Avant de passer d'un système à l'autre, commencer toujours par revenir au contact optique. Ne jamais passer par une situation où les interférences sont invisibles. Si c'est le cas, inutile de tourner les vis au hasard, il y a trop de degrés de liberté pour pouvoir retrouver les franges « à l'aveugle ». Placer son œil à la sortie de l'appareil pour regarder directement les miroirs (sans lentille de projection), après avoir placé un dépoli contre la source pour ne pas être ébloui (ne pas le faire avec un laser ! attention aussi avec une lampe au Mercure, qui émet des UV). Si les franges sont visibles, appliquer les règles de réglage précédentes. Sinon, revenir à l'étape laser.

Remarque

En lumière blanche, on ne voit quasiment pas d'anneaux en lame d'air, car la condition de cohérence temporelle $\delta < L_c$ implique qu'on se trouve tellement près du contact optique (à moins de quelques microns) que le rayon des anneaux dépasse en général la dimension du champ d'interférences. On observe en revanche les teintes de Newton, puis le blanc d'ordre supérieur, qu'on peut analyser à l'aide d'un spectromètre.

❑ Méthode 14.9. Application des interférences à N ondes : utiliser un réseau pour la spectrométrie (MP)

> Lorsqu'une onde plane traverse sous incidence θ_i un réseau de période a, l'intensité transmise présente des pics intenses et fins autour des directions θ telles que $a(\sin\theta - \sin\theta_i) = p\lambda$ où p est entier. On en déduit pour une valeur de $p \neq 0$ (en général $p = 1$) une loi de dispersion $\theta(\lambda)$ qui permet de faire apparaître dans l'espace le spectre d'une source non monochromatique, et de déterminer une longueur d'onde par une mesure d'angle.

⇨ **Exercice 14.2**

Exemple : spectromètre à réseau, principe de l'appareil, étalonnage et mesures
La source lumineuse dont on veut étudier le spectre est placée à l'entrée du collimateur, constitué d'une fente fine verticale, centrée au point focal objet d'une lentille convergente. On réalise ainsi un faisceau de lumière parallèle dans la direction horizontale. Ce faisceau éclaire en incidence normale un réseau, dont les traits sont verticaux comme la fente source. Chaque composante monochromatique de la source est diffractée par le réseau dans un angle θ dépendant de λ. Une seconde lentille focalise dans son plan focal image chaque faisceau incliné d'un angle θ en un point d'abscisse $X = f'\theta$ (dans l'approximation des petits angles). À chaque composante λ de la source correspond une valeur de θ donc une position X : ainsi, le spectre de la source se forme dans le plan focal image de cette lentille. Ce spectre peut être observé sur un écran (les mesures se font alors à la règle) ou enregistré sur un capteur CCD (pour des mesures sur un ordinateur). Si la loi $X(\lambda)$ est connue, une mesure de la position X d'une raie d'émission de la source lumineuse permet de déduire sa longueur d'onde λ.

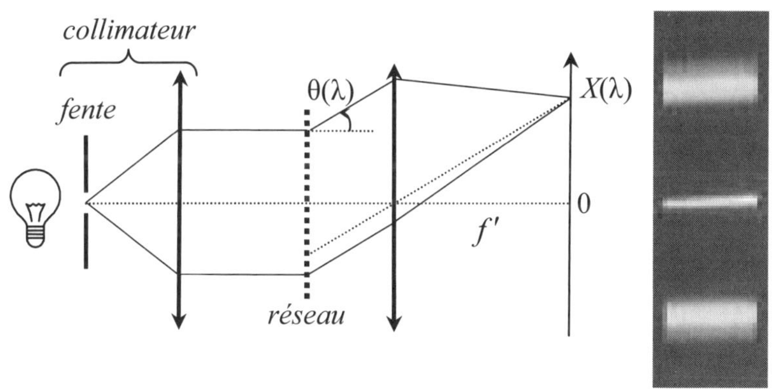

principe d'un spectromètre à réseau

Choix des paramètres : on utilise en spectrométrie des réseaux comportant typiquement 500 traits par mm, soit une période $a \approx 1$ mm / 500 = 2 µm. Plus la focale f' est longue, plus le spectre est étalé (car $X = f'\theta$ est plus grand) donc meilleure est la résolution (un appareil de grande focale est donc plus précis mais aussi plus encombrant !).

Choix de la largeur de la fente source : ce choix résulte d'un compromis entre luminosité et résolution spectrale : si la fente est large, la quantité de lumière est plus importante donc le spectre mieux visible, mais, l'image de la fente étant plus large, il lui correspond une largeur ΔX donc une incertitude $\Delta\lambda$ plus grande.

<u>Choix de l'angle d'incidence θ_i</u> : ici on propose, pour plus de simplicité, d'éclairer le réseau en incidence normale ($\theta_i = 0$). En pratique, dans les appareils commerciaux, on le règle au minimum de déviation, c'est-à-dire qu'on choisit la valeur de θ_i telle que la déviation $D = \theta - \theta_i$ de la lumière est minimale. L'avantage de ce réglage est qu'alors la déviation D est indépendante de θ_i, elle ne dépend que de λ (et de la période a du réseau, dans un ordre p donné). Ainsi, les mesures de λ sont plus précises et plus reproductibles.

<u>Choix de l'ordre p</u> : la résolution (précision de mesure de λ, capacité à séparer deux λ proches) est meilleure si la dispersion $\dfrac{d\theta}{d\lambda}$ est forte. Dans l'approximation des petits angles, la loi $\theta(\lambda)$ s'écrit $\theta \approx \theta_i + p\dfrac{\lambda}{a}$, donc la dispersion $\dfrac{d\theta}{d\lambda} \approx \dfrac{p}{a}$ est plus importante pour les ordres p élevés. Toutefois, pour réaliser un spectromètre travaillant dans l'ensemble du spectre visible, on préfère en général utiliser l'ordre $p = 1$, à cause du problème de recouvrement des ordres qui apparaît pour les ordres supérieurs :

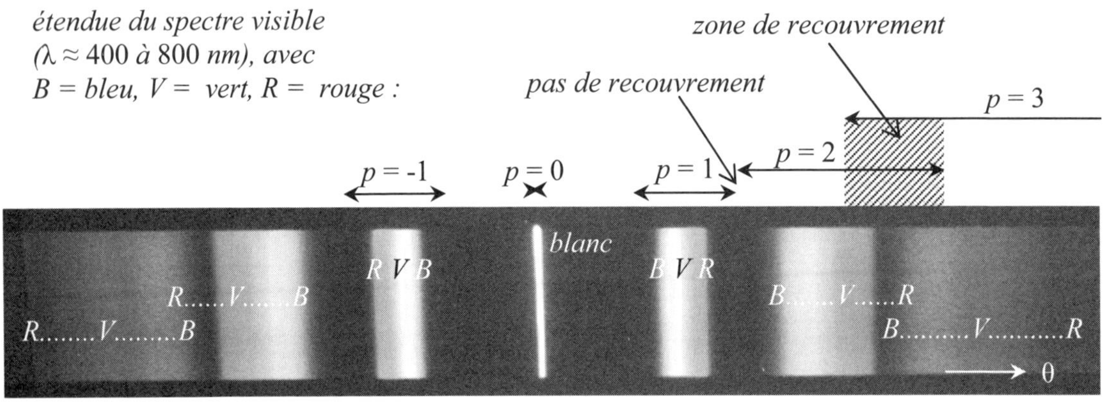

En effet, la loi $\theta(\lambda)$ autorise la présence de plusieurs valeurs de λ dans la même direction θ, avec des valeurs de p différentes. Par exemple, une onde de longueur d'onde $\lambda = 800$ nm dans l'ordre $p = 1$ se retrouve au même angle θ qu'une onde de longueur d'onde $\lambda = 400$ nm dans l'ordre $p = 2$ (d'après la loi $a(\sin\theta - \sin\theta_i) = p\lambda$, θ varie comme le produit $p\times\lambda$). Si on se restreint à la partie visible du spectre, seul l'ordre $p = 1$ ne présente aucun recouvrement avec les ordres voisins. Dans les autres ordres, il peut y avoir ambiguïté dans les zones extrêmes des spectres : une raie observée peut appartenir à un ordre ou à l'ordre voisin, ce qui pose problème pour sa mesure (à moins de pouvoir l'identifier par sa couleur).

> ✐ *Ceci constitue le principal inconvénient du réseau par rapport au prisme pour les applications à la spectrométrie. En effet le prisme, qui disperse la lumière par réfraction, tirant profit de la dispersion $n(\lambda)$ du verre, ne produit qu'un seul spectre et donc ne pose pas de problème de recouvrement d'ordre (il*

est aussi pour la même raison plus lumineux). En revanche, la forte non-linéarité de sa loi de dispersion (l'indice du verre suit la loi de Cauchy $n = A + \frac{B}{\lambda^2}$) rend son étalonnage plus délicat. On préfère donc utiliser les réseaux, d'autant plus qu'on sait aujourd'hui en réaliser avec des motifs qui permettent de concentrer un maximum de lumière dans un ordre donné (réseaux « blazés »).

Étalonnage : cette opération consiste à déterminer la loi $X(\lambda)$. On pourrait la déterminer de façon théorique, en utilisant la loi des réseaux et la valeur supposée connue de a, mais il est plus précis de le faire de façon expérimentale, en utilisant des lasers ou lampes spectrales (appelées lampes étalon) émettant des raies relativement monochromatiques et bien connues. On place une lampe étalon à l'entrée de l'appareil, on mesure les positions X correspondant aux différentes raies d'émission de la lampe. On répète l'opération pour plusieurs lampes étalon de façon à obtenir une courbe $X(\lambda)$ assez précise (cette courbe n'est linéaire que dans l'approximation des petits angles, voir l'exercice 14.2).

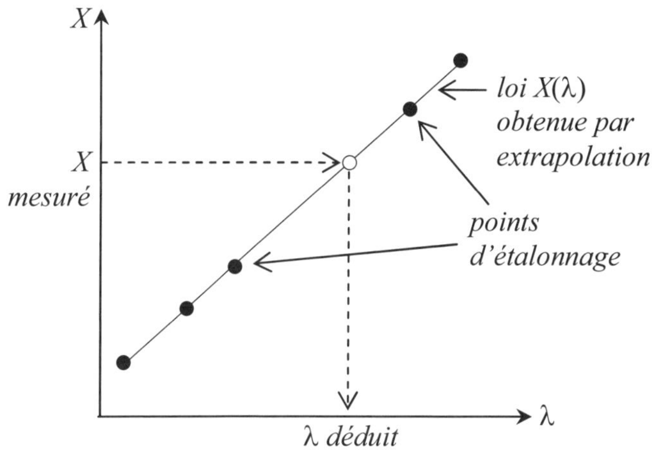

Mesures : une fois la loi de dispersion $X(\lambda)$ connue, si on place à l'entrée du spectromètre une lampe émettant une raie dont on veut déterminer la longueur d'onde, il suffit de mesurer la position X de cette raie et de la reporter sur la courbe d'étalonnage $X(\lambda)$ pour en déduire une mesure de λ.

✐ *Aujourd'hui on utilise souvent des dispositifs intégrés avec un capteur CCD, qui permet de numériser le spectre et de l'observer sur ordinateur, à l'aide d'un logiciel effectuant la conversion $X \to \lambda$.*

Résolution : en projetant l'ensemble du domaine visible (400-800 nm) sur un capteur CCD 1024 pixels, on peut atteindre une résolution $\Delta\lambda \approx \frac{800-400}{1024} \approx 0{,}4$ nm . La résolution peut aussi être détériorée par la taille limitée du réseau (comme vu au chapitre précédent, la largeur des pics d'interférences à N ondes est plus importante si N est faible donc si le réseau est moins large). La spectrométrie utilisant un interféromètre de Michelson permet d'obtenir des résolutions plus élevées (voir l'exercice 14.6) mais l'exploitation des mesures est plus complexe.

■■ Vrai/Faux

		Vrai	Faux
1.	Dans la limite de l'optique géométrique ($\lambda \to 0$), le dispositif des trous d'Young ne permet pas d'obtenir un champ d'interférences.	☐	☐
2.	Si les trous d'Young sont disposés dans la direction horizontale, les franges d'interférences produites sont verticales.	☐	☐
3.	Les anneaux d'égale inclinaison sont observés lorsque la lumière incidente a une inclinaison unique sur le dispositif interférentiel.	☐	☐
4.	Les franges d'égale épaisseur formées sur une lame d'épaisseur constante sont équidistantes.	☐	☐
5.	Lorsque je veux régler un interféromètre de Michelson au contact optique, si j'observe des franges rectilignes j'en déduis que je dois agir sur l'orientation des miroirs de façon à augmenter l'interfrange.	☐	☐
6.	Si les franges de coin d'air données par un interféromètre de Michelson sont courbées, cela signifie que l'un des miroirs n'est pas plan à l'échelle de la longueur d'onde de la lumière.	☐	☐
7.	Une figure d'interférences donnée par un dispositif à division du front d'onde peut manquer de contraste pour trois raisons : les ondes qui interfèrent n'ont pas la même intensité, ou elles ne sont pas monochromatiques, ou la source n'est pas ponctuelle.	☐	☐
8.	Si la différence de marche introduite par un dispositif interférentiel est supérieure à la longueur de cohérence temporelle de la source lumineuse, le contraste des interférences chute brutalement à 0.	☐	☐
9.	Si le contraste d'une figure d'interférences devient mauvais à grande différence de marche, j'en déduis que la source n'est pas ponctuelle.	☐	☐
10.	Si j'allume deux lampes dans une pièce et que j'observe un éclairement homogène, cela prouve qu'elles ne sont pas cohérentes.	☐	☐
11.	Pour déplacer de 10 µm le miroir d'un interféromètre de Michelson, je peux utiliser un laser de longueur d'onde 633 nm dans l'air et tourner la vis de translation du miroir jusqu'à voir défiler près de 32 franges.	☐	☐
12.	Les phénomènes d'interférences ne peuvent se produire que dans le domaine des ondes lumineuses.	☐	☐
13.	Un réseau, contrairement à un prisme, dévie plus fortement un rayon lumineux de couleur rouge que bleu (MP).	☐	☐

Énoncé des exercices

❑ Exercice 14.1. Mesure de l'épaisseur d'une lame à l'aide du dispositif des trous d'Young

On considère le dispositif des trous d'Young, éclairé en incidence normale par une source ponctuelle de lumière blanche suivie d'un filtre coloré permettant de sélectionner finement une composante spectrale de longueur d'onde $\lambda_0 = 500$ nm (qu'on supposera monochromatique). La distance entre les trous S_1 et S_2 est $a = 2{,}00$ mm et l'écran d'observation se trouve à distance $D = 3{,}00$ m du plan contenant les deux trous. L'ensemble du dispositif est placé dans l'air, dont on suppose l'indice égal à 1. Un point M de l'écran est repéré par ses coordonnées (x, y), l'axe (Ox) étant dans la direction des deux trous et le point O, origine des coordonnées, situé à égale distance des deux trous.

1. Quelle est l'expression de la différence de marche $\delta = (S_2M) - (S_1M)$ entre les ondes interférant en un point M de l'écran ? En déduire l'allure de la figure d'interférences observée sur l'écran. Calculer la valeur numérique de l'interfrange. Où se situe la frange d'ordre $p = 0$, correspondant à $\delta = 0$?
2. On rajoute devant le trou S_1 une lame d'indice $n = 1{,}4$ et d'épaisseur constante e. On considère que la lumière traverse cette lame en incidence normale et on néglige toute réflexion de la lumière sur ses faces. Exprimer la nouvelle différence de marche en M.
3. Où se situe maintenant la frange d'ordre $p = 0$? Exprimer son déplacement en unité d'interfrange. Vérifier que cela revient à exprimer la variation Δp de l'ordre d'interférences p due à l'introduction de la lame.
4. On retire à présent le filtre coloré pour éclairer en lumière blanche. On observe sur l'écran des franges irisées. Expliquer pourquoi. Justifier l'intérêt d'utiliser momentanément une source de lumière blanche dans cette expérience.
5. On estime le décalage de la frange d'ordre $p = 0$ égal à 6 interfranges, l'interfrange étant mesuré en présence du filtre coloré, donc en lumière monochromatique à $\lambda_0 = 500$ nm. En déduire une mesure de l'épaisseur e de la lame.

❑ Exercice 14.2. Mesure d'une longueur d'onde au réseau (MP)

Un réseau plan constitué de fentes fines parallèles et équidistantes, espacées de la distance a, est éclairé en incidence normale par un faisceau de lumière parallèle de longueur d'onde dans le vide λ. On observe l'éclairement sur un écran parallèle au plan du réseau, placé dans le plan focal image d'une lentille convergente de distance focale $f = 300$ mm. On suppose que le milieu ambiant est de l'air, d'indice $n = 1$.

1. Écrire la condition d'interférences constructives entre les N ondes issues des N fentes du réseau. En déduire dans quelles directions θ l'éclairement est maximum.
2. On note x la position du maximum d'éclairement observé sur l'écran dans l'ordre $p = 1$, repérée par rapport à celle du maximum d'ordre $p = 0$. Donner la relation entre la position x et l'angle θ. En déduire la relation entre x et λ, dans l'approximation des petits angles $\sin\theta \approx \tan\theta$. Commenter : dans quelle mesure ce système peut-il constituer un spectromètre ?

3. Le faisceau incident est issu d'un laser HeNe rouge de longueur d'onde λ_1 = 632,8 nm. On observe pour l'ordre 1 un maximum d'éclairement à x_1 = 19,0 mm. Calculer, en micron, la période a du réseau. En déduire le nombre N_L de traits par mm du réseau.

4. On remplace le laser HeNe par un laser YAG doublé (vert). Le maximum d'éclairement à l'ordre 1 est maintenant à x_2 = 16,0 mm. En déduire la nouvelle longueur d'onde λ_2 (en nm).

5. Calculer l'incertitude $\Delta\lambda$ en supposant qu'elle est limitée par la mesure de x, réalisée avec une précision $\Delta x = \pm$ 0,1 mm grâce à un enregistrement de l'éclairement avec un capteur CCD. En déduire une écriture du résultat de la mesure précédente sous la forme $\lambda_2 \pm \Delta\lambda$.

6. Reprendre l'exercice sans faire l'approximation des petits angles. Comparer au résultat précédent. Compte tenu de la précision de mesure, l'approximation des petits angles est-elle justifiée ici ?

7. Quel est l'intérêt pour cette mesure d'utiliser un réseau avec un grand nombre N de fentes ? Aurait-on pu utiliser un dispositif du type fentes d'Young ($N = 2$) ?

8. On veut évaluer l'influence du nombre N de fentes du réseau sur la précision de mesure. Le fait que N soit fini induit un élargissement des pics d'interférence correspondant à $\Delta\varphi_{1/2} = 2\pi/N$ (mi-largeur des pics d'éclairement), en notant φ le déphasage entre les ondes issues de deux fentes successives. En déduire l'élargissement relatif $\Delta x/x$ correspondant. Calculer sa valeur sachant que la largeur éclairée du réseau est 2 cm. Comparer à l'incertitude de mesure $\Delta x/x$ indiquée à la question 5.

❑ Exercice 14.3. Couleur des papillons et autres insectes

Problème ouvert

Certains papillons exotiques ont des couleurs iridescentes, c'est-à-dire changeant avec l'angle sous lequel on les éclaire. Ceci est souvent dû à un phénomène d'interférences se produisant sur une couche mince à la surface de leurs ailes. Ces interférences font que la réflexion de la lumière n'est importante que pour certaines longueurs d'onde particulières dans le spectre de la lumière visible. Ainsi, les ailes du *Papilio Ulysses*, papillon indonésien, passent du bleu-violet quand il est éclairé en incidence rasante à une couleur verte quand il est éclairé en incidence normale. Le but de cet exercice est de proposer une modélisation simple de ce phénomène.

1. Tracer le trajet d'un rayon lumineux arrivant au point A sous incidence θ sur une lame d'indice n et d'épaisseur constante e, entourée d'air, en tenant compte du phénomène de réfraction à l'intérieur de la lame. On notera θ_r l'angle de réfraction, qu'on reliera à l'angle d'incidence θ. Montrer qu'une division d'amplitude sur la face avant, suivie d'une réflexion sur la face arrière, produit deux rayons réfléchis par la lame, parallèles entre eux.

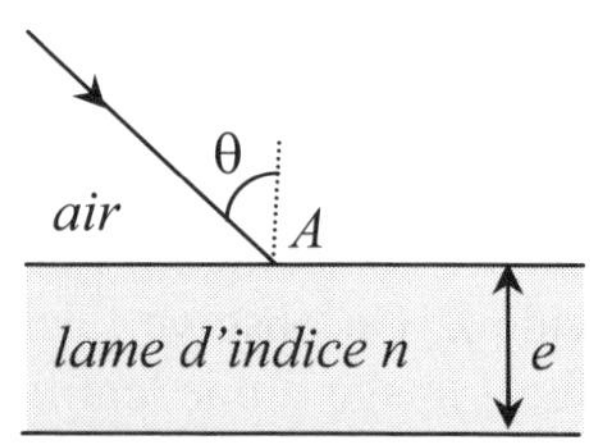

2. Démontrer que la différence de marche à l'infini entre ces deux rayons s'écrit $\delta = 2ne\cos\theta_r$ (sans tenir compte d'éventuels déphasages dus à la réflexion sur la surface de la lame).

3. **(MP)** Expliquer comment les interférences entre ces deux ondes peuvent donner une couleur iridescente. Vérifier qualitativement que ce modèle est compatible avec le changement de couleur observé pour le *Papilio Ulysses*.

4. (MP) Le *casside* est un coléoptère de couleur verte (éclairé en incidence normale) qui peut devenir rouge lorsqu'il est effrayé : un fluide pénètre à l'intérieur d'une couche mince à la surface de sa carapace et augmente son épaisseur optique. Vérifier qualitativement que ce changement de couleur peut aussi s'interpréter par le modèle de la lame mince.

❑ Exercice 14.4. Anneaux d'égale inclinaison

On considère un interféromètre de Michelson réglé en lame d'air, à une distance $e = 100$ µm du contact optique. La source lumineuse est monochromatique de longueur d'onde $\lambda_0 = 550$ nm et éclaire l'interféromètre avec un angle d'ouverture $\theta_{max} = 10°$. Exprimer le nombre N d'anneaux visibles à l'infini, en fonction de e, λ_0 et θ_{max}. Calculer la valeur numérique de N ainsi que la valeur des ordres d'interférences correspondant à chaque anneau visible.

❑ Exercice 14.5. Détection de défauts de planéité d'un miroir à l'aide d'un interféromètre de Michelson*

Un interféromètre de Michelson réglé en coin d'air est éclairé par un faisceau de lumière monochromatique de longueur d'onde λ_0 issue d'une source étendue. Ce faisceau est quasi parallèle et assez large pour couvrir la surface des miroirs, sur lesquels il arrive en incidence normale. À la sortie de l'appareil, la lumière est collectée par une lentille mince convergente de distance focale f, formant l'image des miroirs sur un écran placé à distance D de la lentille.

1. Préciser le rôle de la lentille. On veut obtenir sur l'écran situé à distance $D = 2$ m une image agrandie 10 fois. Quelle valeur de f doit-on prendre ?

2. On suppose ici que les deux miroirs sont parfaitement plans (ceux d'un interféromètre de TP le sont à $\lambda/20$ près, c'est-à-dire que la variation de relief sur toute leur surface est garantie à moins d'un vingtième de longueur d'onde, soit environ 25 nm !) et que l'interféromètre est réglé au contact optique. Définir cette expression et décrire l'éclairement sur l'écran.

3. Même question si l'angle du coin d'air est α non nul mais très petit, avec une arête verticale. Sur quel réglage de l'appareil faut-il agir (et comment) pour annuler l'angle α ?

4. Problème ouvert

On remplace l'un des deux miroirs par un miroir dont on veut contrôler la planéité. On règle son orientation de façon à obtenir le moins de franges possibles sur l'écran. L'image ci-contre montre le réseau de franges obtenu. Que peut-on dire (qualitativement et quantitativement) à propos du relief de ce miroir ? (la longueur d'onde est $\lambda_0 = 500$ nm). Quelle est la hauteur du plus petit relief détectable avec cette technique ?

❑ Exercice 14.6. Principe de la spectrométrie interférentielle*

Un interféromètre de Michelson est réglé en lame d'air. On place à la sortie de l'appareil une lentille mince convergente, suivie d'un photorécepteur de petite dimension placé au point focal image de la lentille. On suppose que ce photorécepteur est linéaire : il délivre un signal électrique I proportionnel à l'éclairement reçu. Un système d'acquisition permet de numériser le signal I au cours du temps t, pendant qu'un moteur translate l'un des deux miroirs à vitesse V constante. On obtient ainsi sur ordinateur une courbe I (t), appelée interférogramme, dont on veut déduire des informations qualitatives et quantitatives sur le spectre de la lumière envoyée dans l'interféromètre. L'expérience est réalisée dans l'air, dont on considère l'indice égal à 1.

1. On part du contact optique à $t = 0$. On appelle δ la différence de marche entre les ondes interférant au niveau du photorécepteur. Relier δ à t.

2. L'interféromètre est d'abord éclairé par laser HeNe, dont on supposera l'émission parfaitement monochromatique de longueur d'onde $\lambda_0 = 632{,}8$ nm (cette valeur est supposée connue : ce laser sert à étalonner l'appareil). Montrer que l'interférogramme est de la forme $I(t) = I_0\left[1+\cos\dfrac{4\pi Vt}{\lambda_0}\right]$ où I_0 est une constante qu'on ne cherche pas à exprimer (dépendant de la puissance du laser et de la sensibilité du photorécepteur). Tracer cette courbe. On enregistre 100 franges pendant une durée de 57,5 s. En déduire la valeur de la vitesse V du miroir mobile et son incertitude de mesure. Préciser les conditions sur les paramètres d'acquisition (fréquence d'échantillonnage, nombre de points) permettant d'acquérir cet interférogramme.

3. L'interféromètre est maintenant éclairé par une lampe à vapeur de Mercure basse pression, associée à un filtre permettant d'isoler sa raie verte ($\lambda_1 = 546{,}1$ nm). À cause de l'agitation thermique, les différents atomes de Mercure contenus dans l'ampoule n'ont pas tous la même vitesse. La lumière émise par l'ensemble de la vapeur atomique n'est donc pas parfaitement monochromatique. Son spectre présente un profil gaussien dû à l'effet Doppler, de largeur spectrale $\delta\lambda \approx 1$ pm ($= 10^{-12}$ m). Que pouvez-vous dire de la courbe $I(t)$ obtenue avec cette lampe, par rapport à celle donnée par le laser ? Définir puis calculer la valeur de la longueur de cohérence temporelle L_c associée à cet élargissement spectral. Commenter, sachant que les interféromètres courants utilisés en TP permettent d'obtenir des différences de marche maximales de quelques cm.

4. L'interféromètre est à présent éclairé par une lampe à vapeur de Sodium basse pression, dont l'émission est composée d'un « doublet » spectral, c'est-à-dire de deux raies supposées monochromatiques et de même intensité, de longueurs d'onde λ et λ' proches. On note $\Delta\lambda$ l'écart de longueur d'onde et λ_m la longueur d'onde moyenne. On suppose $\Delta\lambda \ll \lambda_m$.

a) Tracer sur un même graphique les deux fonctions $I(t)$ qu'on obtiendrait avec une source émettant λ ou λ' séparément. Justifier qualitativement à partir de ce graphique le fait qu'une source émettant un doublet spectral donne un profil interférentiel présentant une modulation périodique du contraste (on parle de battements). Lorsque le contraste s'annule, pourquoi parle-t-on d'anti-coïncidences ?

b) Justifier le fait que ces anti-coïncidences ont lieu lorsque la variation Δp de l'ordre d'interférences due à la variation $\Delta\lambda$ de la longueur d'onde d'une raie à l'autre du doublet prend les valeurs $\Delta p = \dfrac{1}{2}, \dfrac{3}{2}, \dfrac{5}{2}$, … En déduire que la variation de différence de marche $\Delta\delta$ correspondant à une période des anti-coïncidences s'écrit $\Delta\delta = \dfrac{\lambda_m^2}{\Delta\lambda}$.

c) Un logiciel permet de compter environ 1000 oscillations de $I(t)$ entre deux anti-coïncidences. En déduire l'écart $\Delta\lambda$ du doublet, sachant que $\lambda_m = 589$ nm (la lumière des lampes à Sodium, utilisées en éclairage urbain, est orange). Calculer le déplacement du miroir mobile correspondant à la première anti-coïncidence en partant du contact optique.

5. Ce dispositif constitue un spectromètre interférentiel, dont la résolution $\Delta\lambda_{min}$ (plus petit écart de longueur d'onde mesurable) est limitée par la course maximale e_{max} du miroir mobile. En supposant que la mesure d'un doublet nécessite de pouvoir observer au minimum la première annulation du contraste, calculer la résolution $\Delta\lambda_{min}$ d'un appareil limité à une course $e_{max} = 5$ cm (dans la gamme $\lambda \approx 500$ nm).

❑ Exercice 14.7. Quel interférogramme pour quel spectre ? Problème ouvert

On conseille de faire l'exercice précédent avant celui-ci. À l'aide d'un interféromètre de Michelson, on enregistre (voir exercice précédent) différents interférogrammes. L'image ci-dessous montre les enregistrements observés avec différentes sources lumineuses : (1) laser, (2) lampe Mercure haute pression associée à un filtre isolant la raie verte, (3) lampe Sodium basse pression, (4) lampe Mercure haute pression associée à un filtre isolant le doublet jaune. Associer, en le justifiant, chaque source (1, 2, 3, 4) à son interférogramme (a, b, c, d). Que pouvez-vous dire à propos de l'écart $\Delta\lambda$ du doublet jaune du Mercure, par rapport à celui du Sodium ?

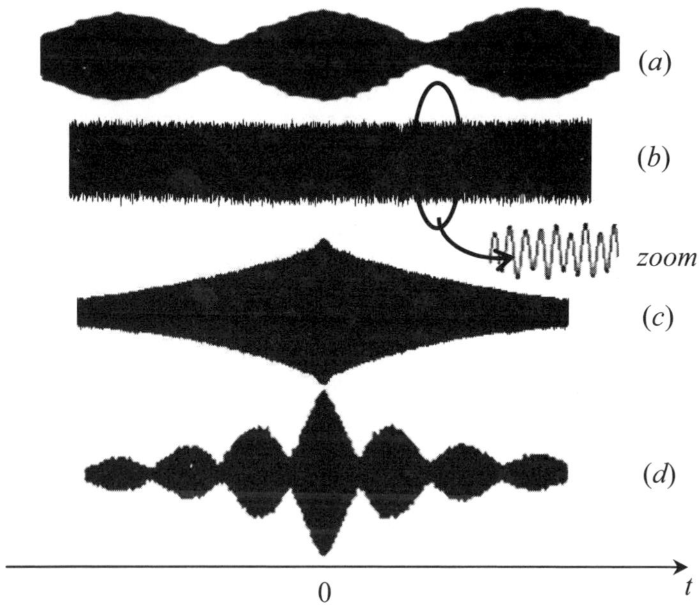

❑ Exercice 14.8. Couleurs interférentielles et longueur de cohérence temporelle associée au spectre visible (MP)*

La vision des couleurs par l'œil humain se fait grâce à la présence sur la rétine de trois types de photorécepteurs (les cônes) sensibles dans trois gammes spectrales différentes (la gamme du bleu, du vert et du rouge). On parle de vision trichromique. Toute teinte est interprétée par le cerveau en fonction de la quantité de lumière perçue par ces trois types de photorécepteurs. Par exemple, une lumière à $\lambda = 650$ nm n'excite quasiment que les cônes sensibles au rouge et est ainsi perçue rouge. Une lumière à $\lambda = 570$ nm excite essentiellement les cônes sensibles au vert et au rouge, ce qui est interprété comme une couleur jaune. Une lumière qui contient suffisamment de composantes de longueur d'onde différentes pour exciter les trois types de cône de façon équivalente est perçue blanche, que son spectre soit continu ou non.

Sensibilité de l'œil humain (pointillés) et des trois types de cônes

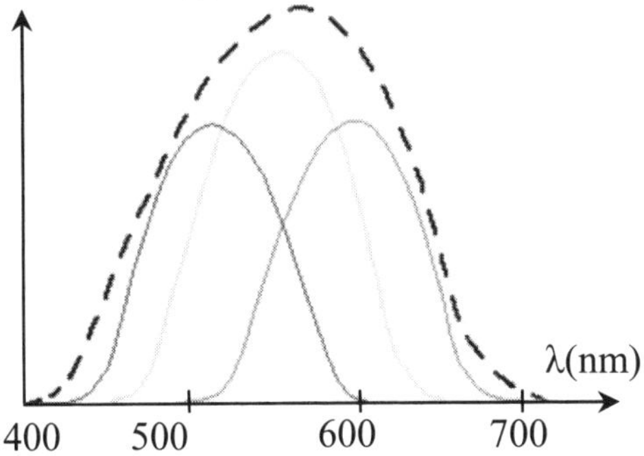

1. Rappeler la condition d'interférences *destructives* reliant la différence de marche δ à la longueur d'onde dans le vide λ_0.

2. Chercher les valeurs de λ_0 appartenant au domaine du visible et vérifiant cette relation avec une différence de marche $\delta = 3\ \mu\text{m}$.

3. En considérant que l'œil ne perçoit pas de teinte sensible (c'est-à-dire voit du blanc) dès que le spectre de la lumière contient plus de trois cannelures (longueurs d'onde éteintes par interférences) dans la gamme du visible, en déduire que la différence de marche maximale permettant d'obtenir une teinte interférentielle sensible à l'œil est proche de 3 µm. En identifiant cette différence de marche à la longueur de cohérence temporelle L_c de la lumière blanche, en déduire l'élargissement spectral Δλ correspondant. Pourquoi est-il plus faible que la largeur spectrale totale du spectre visible ?

4. Problème ouvert

En vous appuyant sur une démarche qui sera détaillée, donner l'ordre de grandeur de l'épaisseur *e* maximale d'une bulle de savon donnant un reflet coloré visible à sa surface (l'indice de l'eau savonneuse est un peu supérieur à celui de l'eau : on prend $n \approx 1{,}4$).

❑ Exercice 14.9. Principe de l'interférométrie stellaire

Lorsqu'on observe une étoile à travers un télescope, sa dimension angulaire est souvent trop petite pour être résolue par l'appareil : l'image apparaît sous la forme d'une tache, dont la dimension est liée aux défauts de l'instrument, qui peuvent être :

– les aberrations des optiques (non-stigmatisme : l'image d'un point n'est pas un point)

– les fluctuations atmosphériques (qui déforment le front d'onde et donc altèrent la qualité de l'image, comme quand on regarde au-dessus d'une nappe d'essence qui s'évapore)

– la diffraction par l'ouverture limitée de l'instrument (même avec un appareil de diamètre *d* très grand devant la longueur d'onde λ de la lumière, l'angle de diffraction, de l'ordre de λ/d, n'est pas toujours négligeable devant les angles intéressants en astronomie).

Le but de cet exercice est de montrer qu'on peut dépasser cette dernière limite, de façon à avoir des informations fines sans pour autant réaliser des appareils de diamètre gigantesque, en utilisant les interférences produites par deux appareils différents de taille raisonnable : on obtient alors la même résolution qu'avec un seul appareil dont le diamètre serait égal à la distance entre les deux appareils couplés.

1. Dans cet exercice, pour simplifier les constructions de rayons on supposera que l'observation se fait à travers une lunette astronomique. Quelle différence avec un télescope ?

2. On observe une étoile, considérée d'abord ponctuelle et à l'infini sur l'axe optique de la lunette, dont l'objectif a pour distance focale f. Où se forme l'image de l'étoile donnée par l'objectif ? Quelle est la distance entre l'objectif et le plan image ?

3. On place contre l'objectif un écran opaque percé de deux petits trous identiques, dont on peut faire varier la distance a. Les trous sont assez petits pour produire une diffraction forte et isotrope de la lumière. L'image de l'étoile n'est donc pas ponctuelle : on observe dans le plan image une tache de lumière comportant des anneaux concentriques dus à la diffraction par les trous, auxquels se superposent des franges rectilignes (voir l'image ci-dessous).

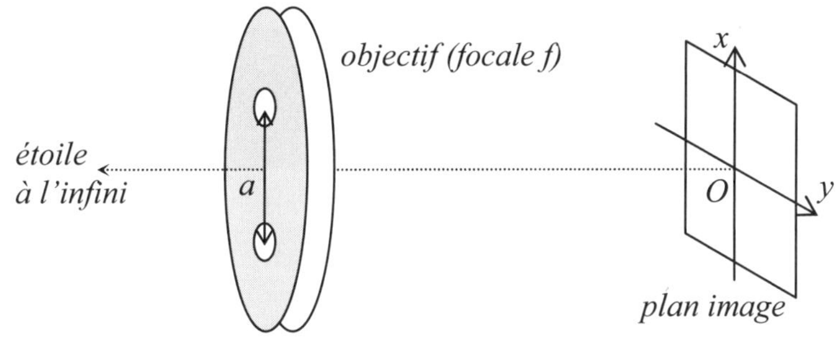

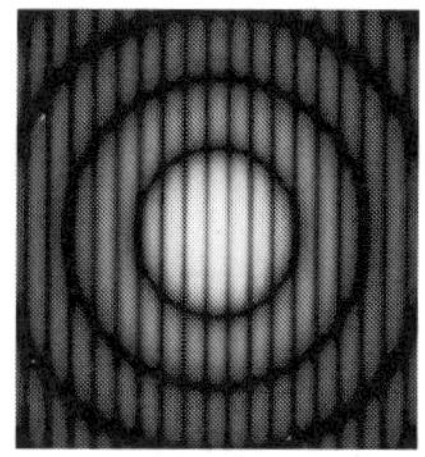

image observée
(orientation à déterminer)

Expliquer la présence de franges rectilignes. Quelle est leur orientation par rapport à la direction des trous ? Exprimer la variation d'éclairement correspondante $\varepsilon\,(x,y)$ dans le plan image (à un facteur ε_0 près qu'on ne cherchera pas à expliciter) en supposant la lumière monochromatique de longueur d'onde λ_0 (l'indice du milieu ambiant est $n = 1$). Tracer cette fonction. Donner l'expression de l'interfrange i. Que se passe-t-il si la distance a entre les trous augmente ?

4. Comment est modifié l'éclairement dans le plan image si l'étoile n'est pas sur l'axe optique de la lunette (on supposera que les rayons arrivent sous un angle θ) ?

5. Maintenant, on considère que l'étoile est double et on cherche à mesurer la distance angulaire α entre ses deux composantes, qu'on suppose émettre des ondes de même puissance et de même longueur d'onde mais mutuellement incohérentes. Préciser ce que cela signifie et justifier cette hypothèse. Dire quelle conséquence cela a sur le calcul de l'éclairement dû aux deux étoiles.

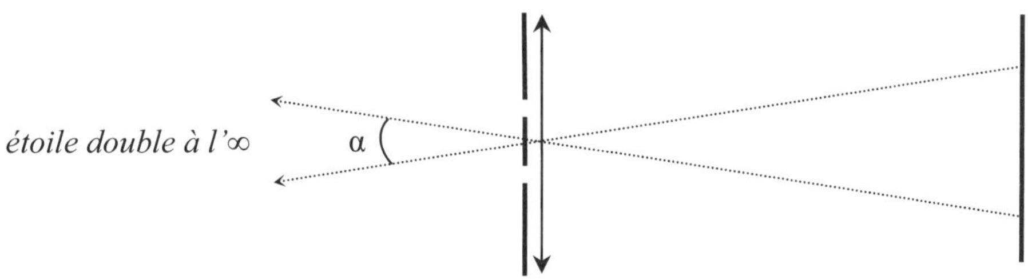

6. En utilisant le résultat de la question 4, tracer sur le même graphique la fonction d'éclairement due à chaque étoile, puis montrer qu'il est possible, pour certaines valeurs de la distance a entre les trous dont on précisera la plus faible, que les franges d'interférences disparaissent.

7. Montrer qu'on peut retrouver le résultat précédent en utilisant comme critère de visibilité des interférences la condition $\Delta p < \frac{1}{2}$, où Δp est la variation de l'ordre d'interférence en un point donné de l'image quand on passe d'une étoile ponctuelle à l'autre.

8. Dans la pratique, on observe une étoile double avec un système de deux télescopes identiques, placés sur un grand rail de façon à pouvoir faire varier la distance a les séparant. À cause de la diffraction, la résolution de chaque télescope individuel ne permet pas de différencier les deux composantes de l'étoile double, mais l'image obtenue en superposant les signaux captés par les deux télescopes montre une tache dans laquelle on distingue des franges rectilignes. L'étude du contraste de ces franges permet de remonter de façon indirecte aux caractéristiques géométriques de l'étoile. Le VLT (Very Large Telescope, au Chili) fonctionne sur ce principe et permet d'atteindre une résolution angulaire proche de $5\cdot10^{-9}$ rad (0,001 seconde d'arc) en travaillant à une longueur d'onde de 1 μm (proche infrarouge) :

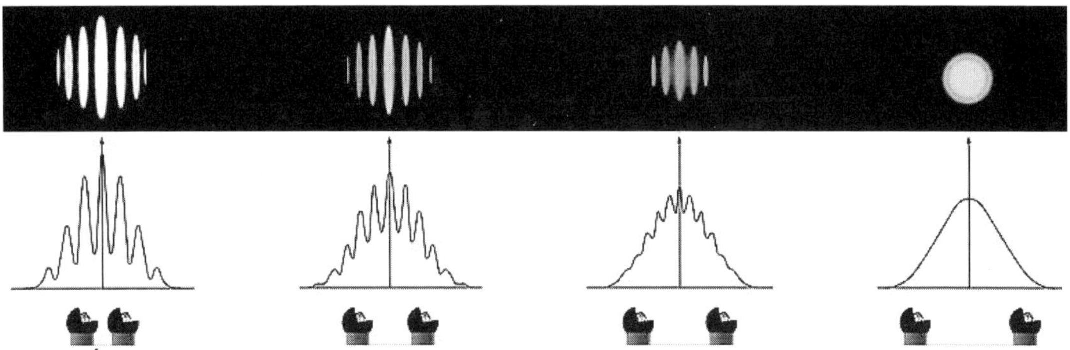

Évolution des franges d'interférences avec la distance entre deux télescopes observant une étoile (source VLT)

En déduire l'espacement maximal a entre les télescopes du VLT. Si on utilisait un télescope simple, quel devrait être le diamètre d de son miroir pour obtenir une résolution aussi bonne, en supposant qu'elle est limitée par la diffraction par l'ouverture de son objectif, ce qui conduit à la limite $\alpha \approx \lambda/d$?

❑ Exercice 14.10. Mesure de l'indice de réfraction de l'air à l'aide d'un interféromètre de Michelson

Dans cet exercice, on n'approximera pas l'indice de l'air à $n = 1$, on cherche justement à déterminer l'écart $n-1$ par une mesure interférentielle. Un interféromètre de Michelson réglé en lame d'air est éclairé par une lampe à vapeur de Mercure basse pression dont la lumière est concentrée sur les miroirs par un condenseur. Un filtre permet d'isoler la raie d'émission verte du Mercure, de longueur d'onde dans le vide $\lambda_0 = 546{,}1$ nm.

1. Décrire l'allure de la figure d'interférence observée sur un écran placé en sortie de l'appareil, dans le plan focal image d'une lentille convergente. À quoi sert la lentille ?

2. On veut maintenant régler l'appareil au contact optique. Décrire l'opération : faut-il tourner ou translater un miroir ? Comment savoir dans quel sens ? Quel est l'aspect de l'éclairement sur l'écran une fois ce réglage réalisé ?

3. On place contre l'un des deux miroirs une petite cuve cylindrique fermée (la base du cylindre étant contre le miroir), dont les parois en verre sont d'épaisseur constante $e_{verre} = 0{,}5$ mm (l'indice du verre est $n_{verre} \approx 1{,}5$). Cette cuve contient initialement de l'air à pression atmosphérique (comme à l'extérieur), sur une épaisseur e_0.

a) Que vaut la différence de marche δ ? Pourquoi observe-t-on des anneaux sur l'écran ?

b) Quelle doit être la propriété de cohérence temporelle de la source pour que les interférences restent visibles en présence de cette cuve ? Donner une valeur minimale de la longueur de cohérence temporelle L_c ainsi que la largeur spectrale $\Delta\lambda$ correspondante.

4. On translate le miroir devant lequel on a placé la cuve de façon à faire défiler les anneaux vers l'intérieur, jusqu'à obtenir un éclairement homogène sur l'écran. Que vaut alors la différence de marche δ ? De quelle distance x a-t-on translaté le miroir et dans quel sens ? (l'a-t-on rapproché ou éloigné de la séparatrice ?)

5. Problème ouvert

On dispose d'une petite pompe permettant de faire le vide dans le récipient. Un système d'acquisition remplaçant l'écran permet de suivre précisément l'évolution de la figure d'interférence lorsque la différence de marche entre les deux bras varie. En vous appuyant sur une démarche théorique qui sera soigneusement explicité, proposer un protocole expérimental permettant la mesure de la valeur de n. Évaluer les incertitudes sur cette valeur et commenter.

❑ Exercice 14.11. Interféromètre Fabry-Pérot : interférences à N ondes et application à la fabrication de filtres interférentiels (MP)*

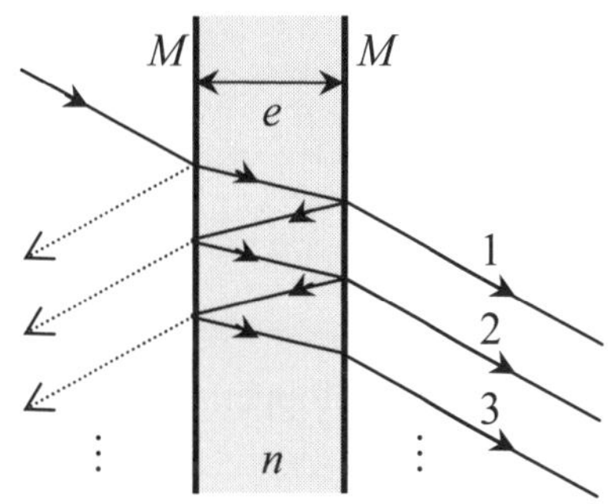

L'interféromètre de Fabry-Pérot est constitué de deux lames M d'épaisseur négligeable, planes et parallèles, argentées sur les faces en regard, de coefficient de réflexion en énergie $\mathcal{R}$ très proche de 1 (ce sont donc presque des miroirs) et distantes de e. Entre ces deux lames, l'indice de réfraction est n. À l'extérieur le milieu est de l'air (indice 1).

On éclaire cet interféromètre par un faisceau parallèle de lumière monochromatique de longueur d'onde λ_0 dans l'air, en incidence normale. L'éclairement donné sur un écran résulte d'interférences entre une infinité d'ondes transmises par le dispositif après un certain nombre de réflexions internes, comme le montre le schéma ci-dessus où le trajet des rayons a été représenté en incidence oblique pour plus de clarté. On ne s'intéresse pas aux ondes réfléchies de l'autre côté du dispositif. On néglige tout déphasage à la réflexion ou transmission sur les lames argentées M.

1. Exprimer la différence de marche entre les ondes (1) et (2). En déduire le déphasage $\Delta\varphi$ entre deux ondes successives transmises par le dispositif, en fonction de n, e et λ_0.

2. Les différentes ondes successives transmises par le dispositif sont toutes déphasées de la même quantité $\Delta\varphi$, l'une par rapport à la précédente, et leur amplitude diminue progressivement jusqu'à 0 en fonction des coefficients de réflexion et transmission à chaque interface M. Ces différentes ondes étant mutuellement cohérentes, l'onde totale transmise par le dispositif s'obtient en additionnant l'ensemble infini des vibrations (1), (2), (3), … transmises, en tenant compte des déphasages et de la baisse d'amplitude. On montre que l'éclairement correspondant peut s'écrire sous la forme $\varepsilon = \dfrac{\varepsilon_0}{1 + m_0 \sin^2\left(\dfrac{\Delta\varphi}{2}\right)}$ où ε_0 est l'éclairement incident et le paramètre $m_0 = \dfrac{4\Re}{(1-\Re)^2}$ ne dépend que du coefficient de réflexion $\Re$. La figure suivante montre le tracé de la fonction $\varepsilon(\Delta\varphi)$ pour différentes valeur de $\Re$ et donc du paramètre m_0. Volontairement, aucune indication n'a été mise sur les axes de ce graphique.

a) Par une étude rapide de la fonction $\varepsilon(\Delta\varphi)$, donner les positions et la valeur des maxima d'éclairement. Commenter en terme d'interférences constructives.

b) Calculer m_0 pour les trois valeurs de $\Re$ indiquées sur le graphique.

c) Donner les positions et la valeur des minima d'éclairement. Que trouve-t-on si $R \to 1$?

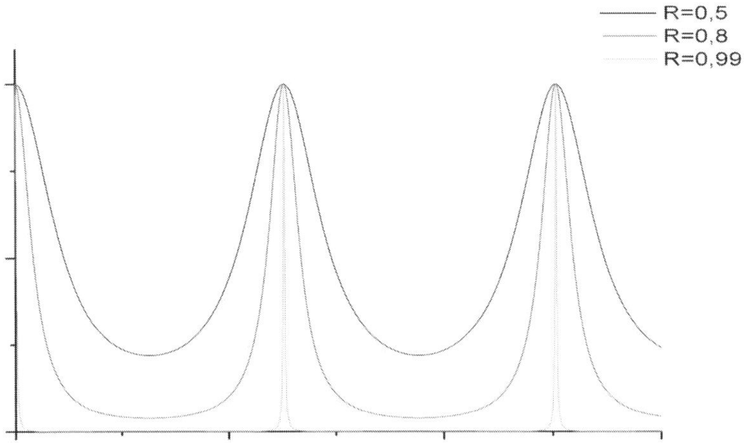

3. Par un développement limité au premier ordre au voisinage de $\Delta\varphi = 0$, exprimer la largeur à mi-hauteur $\Delta\varphi_{1/2}$ des pics d'éclairement, en fonction de $\Re$. On définit la finesse de l'appareil par le rapport $\mathfrak{F} = \dfrac{2\pi}{\Delta\varphi_{1/2}}$. Donner l'expression de $\mathfrak{F}$ en fonction de $\Re$ et calculer sa valeur pour $\Re$ = 0,99. Commenter ce résultat en lien avec le graphique ci-dessus. Quel est l'intérêt d'utiliser des lames *M* de fort pouvoir réfléchissant ? Qu'aurait-on obtenu en tenant compte seulement des interférences entre les deux premières ondes transmises ? (répondre de façon qualitative, sans calculer l'éclairement)

4. Montrer que ce dispositif est quasiment transparent à proximité de certaines valeurs de λ_0 qu'on explicitera en fonction de *n* et *e*. Si on l'éclaire avec une onde dont la longueur d'onde ne vérifie pas cette condition, que devient-elle ?

5. Ce dispositif peut servir à fabriquer un filtre interférentiel, permettant de sélectionner finement une gamme de longueur d'onde $\Delta\lambda$ autour d'une valeur moyenne λ_m. Comment choisir $\Re$ si on veut un filtre très sélectif ? Montrer que la bande passante $\Delta\lambda$ du filtre, définie comme la largeur spectrale pour laquelle sa transmission est supérieure à 50 %, est reliée à la finesse par $\frac{\Delta\lambda}{\lambda_m}=\frac{1}{\mathcal{F}p}$. Calculer $\Delta\lambda$ pour un filtre réalisé avec une lame de cryolite d'indice $n = 1{,}365$, d'épaisseur $e = 600$ nm, de coefficient de réflexion $\mathcal{R} = 0{,}9$ et transmettant à $\lambda_m = 546$ nm (raie verte du Mercure).

6. Expliquer pourquoi ce filtre est plus intéressant qu'un verre coloré classique, contenant un colorant absorbant, en particulier pour les applications avec des sources de forte puissance.

❑ Exercice 14.12. Interférences en Python

On considère deux sources ponctuelles S_1 et S_2 distantes de a, assujetties à une même source primaire monochromatique (de longueur d'onde λ_0) et ponctuelle. Elles sont alors isochrones, monochromatiques et mutuellement cohérentes. Le déphasage, en un point M fixé d'un écran, entre les deux ondes émises par S_1 et S_2 est $\Delta\varphi_M=\frac{2\pi}{\lambda_0}\delta$, où $\delta = L_{(S_2M)} - L_{(S_1M)}$ est la différence de marche au point M. Dans le vide, $n = 1$ et l'ensemble des points d'égale intensité est donné par la relation $\delta = S_2M - S_1M = r_2 - r_1 = cte$: ce sont des **hyperboloïdes** de révolution autour de l'axe S_1S_2, de foyers S_1 et S_2 (se reporter à la méthode 13.6).

Les franges d'interférence sont visualisées sur un écran qui réalise la coupe en deux dimensions des hyperboloïdes. Deux cas de figure se présentent.

1. **1er cas de figure** : le plan d'observation (O,x,y) est parallèle à la direction S_1S_2 :

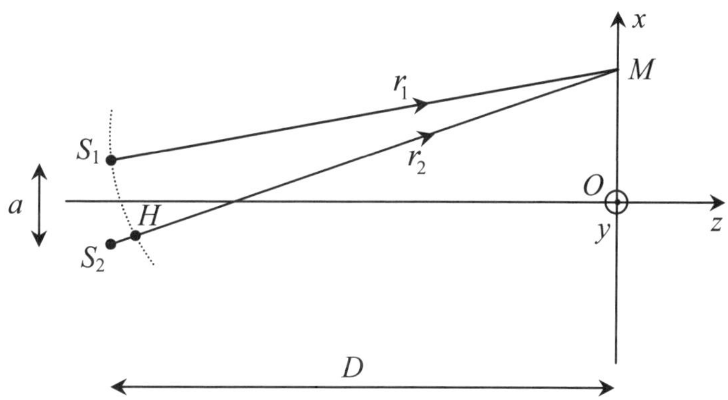

On considère que $D >> a$ et $D >> x_M$. On note que S_1 et H sont sur la même surface d'onde sphérique convergente en M. Lorsque r_1 est voisin de r_2, au centre de l'écran parallèle à la direction S_1S_2, $\delta = r_2 - r_1 = S_2H << 1 << D$, les traces des hyperboloïdes se confondent alors quasiment avec des droites parallèles à (Oy). On posera en unités arbitraires : l'intensité émise à la source $I_0 = 1/2$, $\frac{2\pi a}{\lambda_0} = 1$ et $D = 1$.

La fonction `meshgrid(x,y)` de `numpy` utilisée comme suit : `X,Y=np.meshgrid(x,y)`, permet de réaliser un maillage du plan `(X,Y)` en deux dimensions en partant de deux vecteurs `x` et `y` générés avec, par exemple, la fonction `arange(a,b,h)` créant un vecteur de `a` inclus à `b` exclu avec un pas de `h`. On « maille » ainsi le plan de l'écran par un réseau de pas h constant dans les deux directions de l'espace. On obtient un tableau de points de P lignes par N colonnes : x varie donc alors de façon discrète de 0 à $N-1$ et y de 0 à $P-1$. L'intensité en un point de coordonnées (x,y) est alors celle au nœud correspondant $I(x_j,y_i) \rightarrow I[i,j]$. On se reportera pour cela à la méthode 4.5.

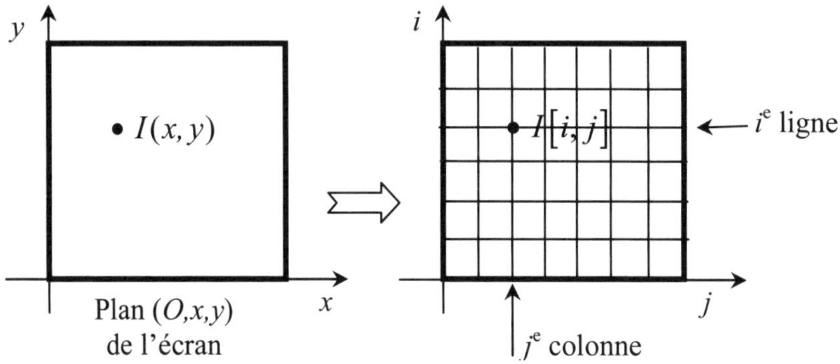

L'intensité sera ici une fonction de `X` uniquement. Pour la tracer on utilise la fonction `imshow` représentant les éléments de la matrice `I` à l'aide de l'instruction `plt.imshow(I,cmap=matplotlib.cm.binary)` **en noir et blanc** ou en **niveaux de gris** avec `cm.gray` comme argument.

a) En utilisant les bibliothèques `matplotlib` ainsi que `numpy`, tracer l'allure des franges d'interférence dans ce cas. On veut obtenir une figure d'interférence où le nombre de franges lumineuses est impair et centrée sur une frange lumineuse.

b) En augmentant la valeur de a à D fixé, comment va varier cette figure d'interférence ? Proposer un script permettant de doubler le nombre de franges visibles.

2. **2ᵉ cas de figure** : le plan d'observation (O,x,y) perpendiculaire à S_1S_2 :

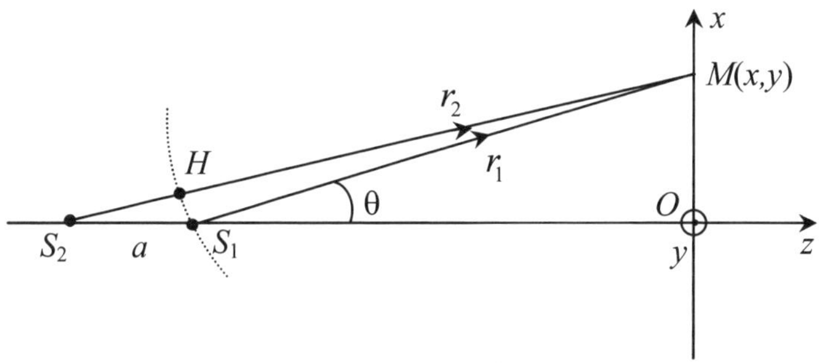

On a ici : $\delta = S_2M - S_1M = S_2H \approx a\cos(\theta) \approx a\left(1-\frac{\theta^2}{2}\right)$. Or, en notant $OM = r \quad \tan(\theta) \approx \theta \approx \frac{r}{D}$

et donc $\delta \approx a\left(1-\frac{r^2}{2D^2}\right)$. Par symétrie autour de l'axe (Oz), on voit que δ ne dépend que de la distance r. Les franges d'interférence sont donc des anneaux de centre O, trace des hyperboloïdes dans un plan de coupe perpendiculaire à la direction S_1S_2.

On retrouve une situation similaire d'un Michelson éclairé en source étendue et réglé en « lame d'air » d'épaisseur e, à la différence que les rayons interfèrent à l'infini. Considérons un rayon provenant d'un point S d'une source primaire étendue et large tombant sur la lame avec une incidence θ. Il est séparé par la lame en deux rayons parallèles semblant provenir des sources secondaires fictives S_1 et S_2 qui sont les symétriques de S par rapport aux plans formant la lame. Les anneaux sont localisés à l'infini et visualisés dans le plan focal image d'une lentille convergente. Le système équivalent est alors le suivant et $\delta = a\cos(\theta) = 2e\cos(\theta)$:

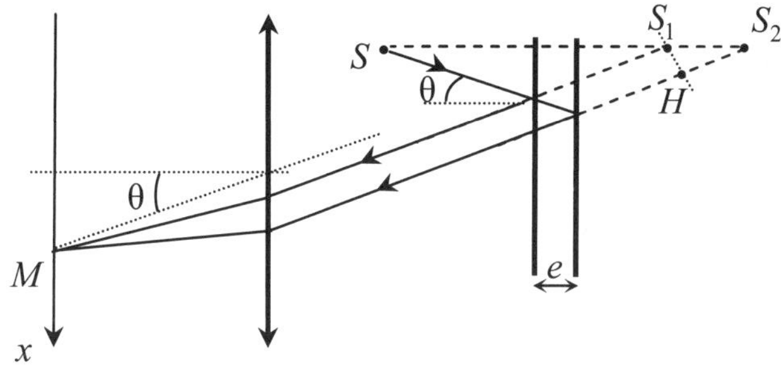

Notons qu'un rayon en provenance d'un point S' de la même source large tombant sur la lame avec la même incidence θ est séparé en deux rayons relatifs au même ordre d'interférence $p = \dfrac{\delta(\theta)}{\lambda_0}$ et qui interfèrent donc sur le même anneau.

a) Toujours en utilisant les mêmes fonctions graphiques, en passant en coordonnées cylindriques avec `X,Y= np.meshgrid(x,y)` et `r = np.sqrt(X**2+Y**2)`, tracer l'allure de la figure d'interférence dans ce cas. On notera que pour θ petit (justifié par le stigmatisme de la lentille utilisée pour visualiser les anneaux localisés à l'infini) on peut faire un DL au second ordre de $\cos(\theta)$.

b) Comment varie l'éclairement à l'écran lorsque l'épaisseur de la lame d'air équivalente diminue ? Le montrer avec Python.

■ Pour vous aider à démarrer

Exercice 14.4. Exprimer la différence de marche δ puis l'ordre d'interférence p, pour un rayon incident sous $\theta = 0$ puis sous θ_{max}. Penser que d'un anneau au suivant l'ordre d'interférence varie de 1. Ne pas oublier que l'anneau le plus grand correspond à l'ordre le plus faible (la fonction $\cos\theta$ est décroissante entre 0 et 90°). Exprimer alors l'ordre d'interférence du plus petit (p_{max}) et du plus grand (p_{min}) anneau brillant visible, en fonction de la partie entière de δ/λ_0 à $\theta = 0$ ou θ_{max}.

Exercice 14.5. Question 4 : vous pouvez vous aider de l'analogie avec les lignes de niveaux sur une carte géographique.

Exercice 14.10. Question 3 : calculer la différence de marche ajoutée par les épaisseurs de verre de la face d'entrée et de sortie de la cuve (à $\theta = 0$). Question 6 : le défilement d'une frange représente une variation de différence de marche δ égale à λ_0, ou une variation de l'ordre d'interférences p égale à 1.

Exercice 14.11. Question 5 : on cherchera à exprimer la variation relative de longueur d'onde $\frac{\Delta\lambda}{\lambda_m}$ associée à la bande passante du filtre, en remarquant qu'elle est égale à la variation relative $\frac{\Delta(\Delta\varphi)}{(\Delta\varphi)}$ du déphasage $\Delta\varphi$, puisque $\Delta\varphi \propto \frac{1}{\lambda}$. Reste alors à identifier la variation de déphasage $\Delta(\Delta\varphi)$ à la largeur $\Delta\varphi_{1/2} = 2\pi/\mathcal{F}$ d'un pic, et valeur moyenne du déphasage $\Delta\varphi$ à $2\pi p$ (maximum du pic).

■■ Corrigé des vrai/faux

1.	2.	3.	4.	5.	6.	7.	8.	9.	10.	11.	12.	13.
vrai	vrai	faux	faux	vrai	vrai	vrai	faux	faux	faux	vrai	faux	vrai

1. Dans le cadre de l'optique géométrique, les rayons traversant les deux trous ne sont pas déviés, donc ils ne se recouvrent pas. La diffraction, qui produit un éparpillement de la lumière, permet d'obtenir une zone de superposition.

2. Les franges d'interférences sont les lignes de différence de marche $(S_2M) - (S_1M)$ constante, or celle-ci ne varie (quasiment) pas dans la direction perpendiculaire à S_1S_2. Par exemple, si le point M est situé à égale distance des deux trous, la différence de marche est nulle et le reste si M se déplace verticalement.

3. « Anneaux d'égale inclinaison » signifie que l'inclinaison est la même pour tout rayon contribuant à un anneau donné. Avec une seule inclinaison, il n'y aurait donc qu'un seul anneau. Pour avoir beaucoup d'anneaux, il faut un faisceau fortement convergent (ou divergent) de façon à avoir des inclinaisons très variables.

4. Une lame d'épaisseur e (et d'indice n) constante correspond à un ordre d'interférence $p = 2ne/\lambda_0 =$ constante donc à un éclairement homogène. Des franges d'égale épaisseur équidistantes sont obtenues si l'épaisseur varie linéairement dans l'espace, donc en l'absence de courbure (c'est le cas pour un coin d'air, obtenu par croisement de deux plans).

5. Des franges rectilignes indiquent un coin d'air, donc il faut bien agir sur l'orientation des miroirs. On veut que l'angle du coin devienne nul, donc il faut tourner les miroirs dans le sens qui fait augmenter l'interfrange (i varie en $1/\alpha$).

6. Les franges de coin d'air données par un interféromètre de Michelson ne sont rectilignes que si l'épaisseur du coin varie uniquement dans une direction de l'espace, ce qui est le cas si les miroirs sont plans. Toute déformation des miroirs à l'échelle de la longueur d'onde cause une déformation des franges d'interférences. C'est pourquoi la planéité d'un miroir utilisé en optique interférentielle doit être contrôlée finement très (elle est souvent garantie à $\lambda/20$, ce qui correspond, pour $\lambda \approx 500$ nm, à un relief inférieur à 25 nm environ). Ce contrôle se fait d'ailleurs en visualisant la déformation des franges d'interférences ! Les interférences permettent de visualiser à notre échelle des phénomènes dont l'origine est microscopique.

7. Ce sont en effet les trois raisons pour lesquelles le contraste peut être réduit.

8. C'est ce que prédit un modèle simpliste de trains d'ondes tous identiques. En réalité, la longueur de cohérence est une moyenne sur un grand nombre de trains d'ondes de caractéristiques différentes. Le contraste devient donc progressivement mauvais lorsque la différence de marche est de l'ordre de la longueur de cohérence. De même, le critère semi-quantitatif $\Delta p > 1/2$ permet de prédire la condition à laquelle la visibilité des interférences devient nettement détériorée, cela ne veut pas dire que brusquement les franges deviennent invisibles à $\Delta p = 1/2$.

9. J'en déduis que la source n'est pas monochromatique, car le caractère non monochromatique de la source est la seule des trois raisons citées à la question précédente qui détériore le contraste d'autant plus que la différence de marche est grande.

10. Les émissions de deux lampes différentes ne sont pas cohérentes et donc ne peuvent interférer : l'éclairement est en effet homogène. Mais inversement le fait d'observer un éclairement homogène à l'œil nu ne prouve pas que les sources sont incohérentes : si elles étaient cohérentes, elles donneraient des franges trop fines pour être visibles à l'œil nu. Par exemple, deux lampes distances de $a = 20$ cm donnent à une distance $D = 2$ m un interfrange $i = \frac{\lambda D}{a} = 5$ µm pour $\lambda = 500$ nm. Les franges données par les trous d'Young sont visibles à l'œil nu d'une part parce que les ondes diffractées par les deux trous sont cohérentes, et d'autre part parce que les deux trous sont assez proches (moins d'1 mm) pour donner un interfrange visible.

11. Un défilement d'une frange correspond à une variation de différence de marche δ égale à une longueur d'onde, donc à un déplacement Δx du miroir mobile d'une demi-longueur d'onde. Pour N franges on a donc $\Delta x = N\frac{\lambda}{2}$. Avec $N = 32$ et $\lambda = 633$ nm, on en déduit $\Delta x = 10{,}1$ µm (il faudrait 31,6 franges pour un déplacement de 10 µm exactement). On voit qu'en se basant sur la valeur supposée connue de la longueur d'onde d'un laser, on peut mesurer de très faibles déplacements, avec une précision de l'ordre de la fraction de λ, donc 0,1 µm typiquement. On réalise ainsi des étalons de longueur.

12. On peut observer un phénomène d'interférences dans tout domaine ondulatoire : ondes électromagnétiques, ondes acoustiques, ondes à la surface de l'eau, …

13. La diffraction est plus forte aux grandes longueurs d'onde, donc pour le rouge.

❑ Les erreurs classiques

→ Il ne faut pas confondre interférences localisées (obtenues par division d'amplitude, ex. interféromètre de Michelson) et non localisées (obtenues par division du front d'onde, ex. trous d'Young). Le brouillage en source étendue spatialement n'intervient que pour les interférences non localisées. Les problèmes de largeur spectrale en revanche sont similaires dans les deux cas.

→ Ne pas confondre champ d'interférences (lieu de superposition des faisceaux qui interfèrent) et zone de localisation (lieu où les interférences restent contrastées si la source est étendue).

→ Ne pas confondre brouillage des interférences (contraste nul) et teinte plate (éclairement homogène car l'interfrange tend vers l'infini).

■■ Corrigé des exercices

Exercice 14.1

1. La différence de marche est $\boxed{\delta = \dfrac{a\,x}{D}}$ (l'indice vaut ici 1).

⇨ *Méthode 14.1*

Les franges d'interférences sont les lignes δ = constante donc ici x = constante : elles sont rectilignes et parallèles à l'axe (Oy).

L'interfrange correspond à la variation de x telle que δ varie de λ_0 donc $\boxed{i = \dfrac{\lambda_0 D}{a} = 0{,}750 \text{ mm}}$

(garder 3 chiffres significatifs, comme les données de l'exercice).
La frange d'ordre $p = 0$ correspond à $\delta = 0$, elle est donc en $x = 0$ (équidistante de S_1 et S_2).

2. L'ajout de la lame devant S_1 rallonge le chemin optique (S_1M) de $(n-1)e$, puisque sur son épaisseur e l'indice n'est plus 1 mais n (sans la lame, il y avait de l'air sur cette épaisseur e !). La différence de marche $\delta = (S_2M) - (S_1M)$ s'écrit donc maintenant $\boxed{\delta = \dfrac{a\,x}{D} - (n-1)e}$.

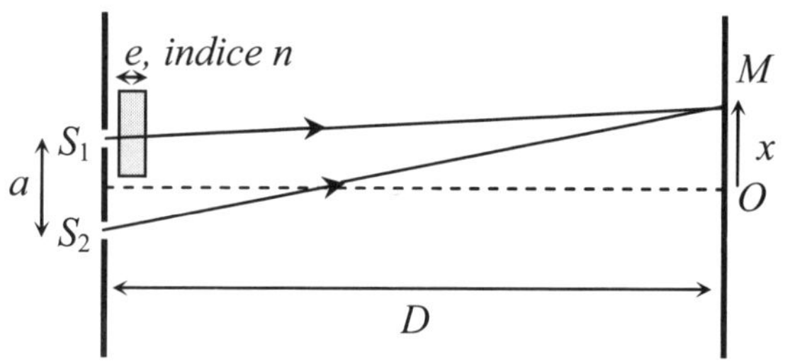

3. La frange d'ordre $p = 0$ (donc $\delta = 0$) se trouve maintenant en $x = (n-1)\dfrac{eD}{a}$ soit un décalage en unité d'interfrange $\boxed{\dfrac{x}{i} = (n-1)\dfrac{e}{\lambda_0}}$. On aurait pu aussi raisonner sur la variation de l'ordre d'interférences $p = \dfrac{\delta}{\lambda_0}$ due à l'introduction de la lame : si δ varie de $(n-1)e$, l'ordre p varie de $\Delta p = (n-1)\dfrac{e}{\lambda_0} = \dfrac{x}{i}$ (car $\Delta p = 1$ correspond à une frange donc $\Delta x = i$). Pour compenser l'augmentation du chemin optique due à la traversée de la lame, les franges se décalent dans la direction du trou devant lequel on a ajouté cette lame (S_1 est situé du côté des $x > 0$).

4. La position des franges brillantes sur l'écran s'écrit $x = p \times i = p\dfrac{\lambda_0 D}{a}$ où l'ordre d'interférences p est entier. Elle dépend de λ_0, sauf pour la frange $p = 0$. Si la source lumineuse est blanche, on observe sur l'écran une superposition de franges pour chaque composante spectrale monochromatique λ_0, donc des irisations puisque la position de ces franges dépend de λ_0 donc de la couleur. Pour $p = 0$, les interférences sont constructives pour toute composante spectrale, cette frange est donc blanche, ce qui permet de la reconnaître. En lumière monochromatique, il est impossible de repérer la frange $p = 0$ des autres franges brillantes, on ne peut donc déterminer le décalage des franges dû à l'introduction de la lame qu'à un nombre entier d'interfrange près. En lumière blanche c'est possible (en revanche il faut passer en lumière monochromatique pour mesurer l'interfrange i, qui dépend de λ_0).

5. On mesure $\Delta p = 6$, or on a montré que $\Delta p = (n-1)\dfrac{e}{\lambda_0}$, on en déduit donc $\boxed{e = 7{,}5\ \mu\text{m}}$.

Exercice 14.2

1. La différence de marche à l'infini dans la direction θ, entre deux ondes issues de deux fentes successives du réseau espacées de a, est $\delta = a \sin\theta$. Celle-ci se répète d'une fente à l'autre. La condition d'interférences constructives pour l'ensemble des N ondes s'écrit donc $\delta = p\,\lambda$ soit $\boxed{a\sin\theta = p\lambda \text{ où } p \text{ est entier}}$. L'éclairement est maximum dans les directions θ telles que $\sin\theta = 0, \pm\lambda/a, \pm 2\lambda/a, \pm 3\lambda/a,\ \ldots$

⇨ *Méthode 14.1*

2. On a $x = f\tan\theta$ où θ est donné par $\sin\theta = \lambda/a$ (pour le pic d'ordre $p = 1$) puisque dans l'ordre $p = 0$ on a $\theta = 0$. Dans l'approximation des petits angles, $\sin\theta \approx \tan\theta$ donc $\boxed{x = \dfrac{\lambda f}{a}}$. Ainsi x dépend de λ, ce qui permet de réaliser un spectromètre : une longueur d'onde λ inconnue peut être déterminée par la mesure de la position x de son pic de diffraction, si la loi $x(\lambda)$ est connue. Cette loi peut être déterminée à partir de la relation ci-dessus, si f et a sont connus, mais en pratique on réalise plus souvent un étalonnage à l'aide de sources dont la longueur d'onde d'émission est connue.

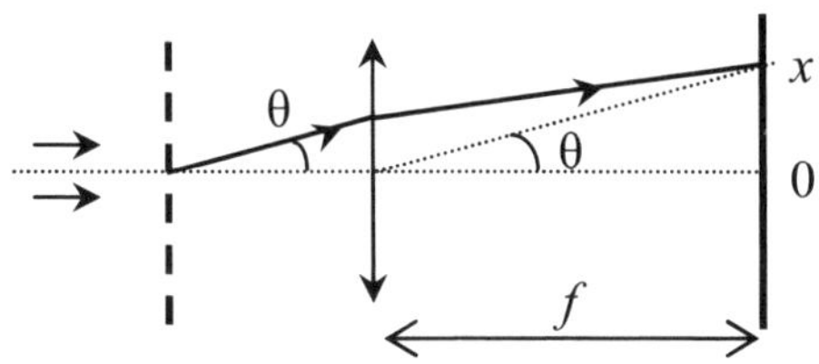

⇨ *Méthode 14.9*

3. On trouve $a \approx \lambda_1 f/x_1 \approx 10\ \mu\text{m}$ et $N_L = \dfrac{1\ \text{mm}}{a} \approx \dfrac{1\ \text{mm}}{0{,}01\ \text{mm}} \approx \boxed{100 \text{ traits / mm}}$.

4. En utilisant le fait que x est proportionnel à λ, on peut écrire (sans passer par a pour éviter les erreurs d'arrondis) : $\boxed{\lambda_2 = \lambda_1 \dfrac{x_2}{x_1} = 532{,}9\ \text{nm}}$.

Garder au moins 3 chiffres significatifs pour le calcul de λ.

5. x et λ étant proportionnels, leurs variations relatives sont égales : $\dfrac{\Delta\lambda}{\lambda} = \dfrac{\Delta x}{x}$. On calcule alors $\Delta\lambda = \lambda\dfrac{\Delta x}{x} = 632{,}8\ \text{nm}\dfrac{0{,}1\ \text{mm}}{19\ \text{mm}}$. On trouve $\boxed{\Delta\lambda \approx \pm 3{,}3\ \text{nm}}$. On peut donc écrire le résultat de la mesure précédente sous la forme $\boxed{\lambda_2 = 532{,}9 \pm 3{,}3\ \text{nm ou } 533 \pm 3\ \text{nm}}$.

Attention à arrondir correctement la valeur numérique de l'incertitude (1 voire 2 chiffres significatifs, pas plus) ainsi que celle de la grandeur mesurée (autant de chiffre après la virgule pour λ et pour Δλ).

✐ *Avec un goniomètre, on atteint une précision bien meilleure :* $\Delta\lambda \approx 0{,}1$ *nm*.

6. Sans faire l'approximation des petits angles on a $x = f\tan\theta$ et $\sin\theta = \lambda/a$. On peut relier x à $\sin\theta$ en utilisant $\tan\theta = \dfrac{\sin\theta}{\cos\theta} = \dfrac{\sin\theta}{\sqrt{1-\sin^2\theta}}$. On obtient $x = f\dfrac{\lambda/a}{\sqrt{1-(\lambda/a)^2}}$. On peut aussi utiliser sa calculatrice : la relation $x = f\tan\theta$ permet de calculer numériquement θ_1 = 3,624° (pour x_1= 19,0 mm) et θ_2 = 3,053° (pour x_2= 16,0 mm) puis d'en déduire (en utilisant la mémorisation de la calculatrice pour ne pas faire d'arrondi) le rapport $\dfrac{\lambda_2}{\lambda_1} = \dfrac{\sin\theta_2}{\sin\theta_1} = 0{,}8426$

donc $\boxed{\lambda_2 = 533{,}2\ \text{nm}}$ soit un écart de 0,3 nm par rapport au résultat précédent.

L'incertitude de mesure $\Delta\lambda$ est environ dix fois plus grande que l'erreur induite par l'approximation des petits angles pour déterminer λ : cette approximation est donc justifiée ici.

✐ *En physique expérimentale, la validité d'une approximation doit toujours être envisagée en lien avec les incertitudes de mesure (ou la précision qu'on souhaite obtenir). Dire par exemple « l'approximation des petits angles est valable pour θ < 10° » n'a pas de sens. Il faut estimer l'angle maximum pour lequel l'erreur induite par cette approximation est inférieure à l'incertitude expérimentale.*

7. La précision de mesure de λ est limitée par l'incertitude de mesure de x, plus faible avec un réseau de grand nombre N de périodes car la largeur des maxima d'éclairement varie en $1/N$. Avec $N = 2$ (fentes d'Young), le profil d'éclairement est sinusoïdal donc des franges brillantes, aussi larges que les franges sombres, sont difficiles à pointer précisément : la mesure serait bien moins précise qu'avec un réseau.

8. Dans l'approximation des petits angles, x et φ sont proportionnels donc leurs variations relatives sont égales : $\dfrac{\Delta x}{x} = \dfrac{\Delta\varphi}{\varphi}$. Pour $p = 1$ on a $\varphi = 2\pi$ donc $\dfrac{\Delta x}{x} = \dfrac{\Delta\varphi_{1/2}}{2\pi} = \dfrac{1}{N}$.

Le réseau a 100 traits/mm et est éclairé sur une largeur de 2 cm, donc N = 2 000 et $\dfrac{\Delta x}{x} = \dfrac{1}{2000} = 0{,}05\%$, dix fois plus faible que l'incertitude de mesure $\dfrac{\Delta x}{x} \approx \dfrac{0{,}1}{19} = 0{,}5\%$. Le nombre de fentes du réseau est donc assez grand pour ne plus limiter la précision de mesure.

Exercice 14.3

1. Le tracé est analogue à celui de la lame d'air, mais il faut ici tenir compte de la réfraction qui modifie l'angle à l'intérieur de la lame d'indice n : l'angle θ_r est relié à l'angle d'incidence θ par la loi de Snell-Descartes $\sin\theta = n\sin\theta_r$ ($n > 1$ donc $\theta_r < \theta$). Le rayon (1) se réfléchit avec un angle θ identique à l'angle d'incidence (loi de Snell-Descartes sur la réflexion). Le rayon (2) transmis dans la lame est réfracté en A selon l'angle θ_r, qu'il conserve par réflexion en B, puis reprend l'inclinaison θ en subissant une nouvelle réfraction

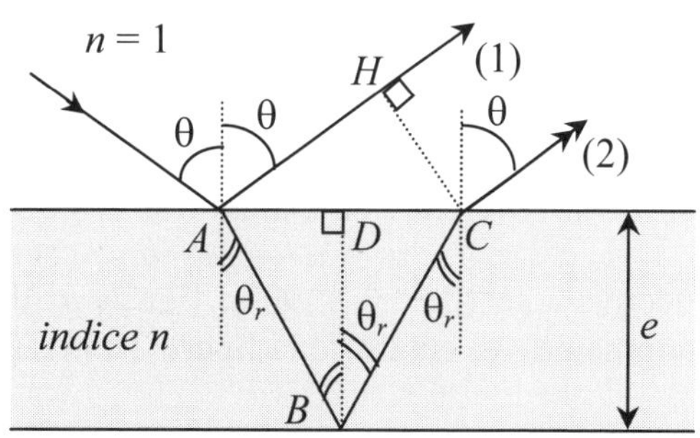

en sens inverse ($n\sin\theta_r = \sin\theta$) en C. Les rayons (1) et (2) ressortent donc avec la même inclinaison θ, comme pour une lame d'air.

2. La différence de marche à l'infini entre rayons (1) et (2) séparés au point A est égale à la différence entre les chemins optiques suivis par ces deux rayons après leur point de séparation A : le rayon (1) parcourt le chemin optique (AH) alors que le rayon (2) parcourt $(AB)+(BC)$. On a donc $\delta = (AB)+(BC)-(AH)$. En remarquant que $AB = BC$ et que ces deux distances sont parcourues dans un milieu d'indice n, alors que AH est parcourue dans l'air (indice pris égal à 1), on déduit $\delta = 2n\,AB - AH$.

Exprimons AB à partir du triangle ABD : $\cos\theta_r = \dfrac{e}{AB}$ donc $AB = \dfrac{e}{\cos\theta_r}$.

Pour trouver AH à partir du triangle ACH, il faut d'abord exprimer AC : $AC = 2AD$, où AD est donné par le triangle ABD : $\tan\theta_r = \dfrac{AD}{e}$. On a donc $AC = 2e\tan\theta_r$. On en déduit AH par $\sin\theta = \dfrac{AH}{AC}$: $AH = AC\sin\theta = 2e\tan\theta_r \times n\sin\theta_r$, en utilisant $n\sin\theta_r = \sin\theta$.

D'où $\delta = 2n\dfrac{e}{\cos\theta_r} - 2ne\tan\theta_r\sin\theta_r = \dfrac{2ne}{\cos\theta_r}\left(1-\sin^2\theta_r\right)$, en écrivant $\tan\theta_r = \dfrac{\sin\theta_r}{\cos\theta_r}$.

En remarquant que $1-\sin^2\theta_r = \cos^2\theta_r$, il vient finalement $\boxed{\delta = 2ne\cos\theta_r}$.

On retrouve alors bien $\delta = 2e\cos\theta$ pour une lame d'air $n = 1$ (dans ce cas $\theta = \theta_r$).

➪ *Méthode 14.2*

3. L'état d'interférences est gouverné par une condition du type $\delta = 2ne\cos\theta_r = p\lambda_0$. Suivant la valeur de l'ordre d'interférences p, les différentes composantes spectrales de longueur d'onde λ_0 sont renforcées ou atténuées par interférences, ce qui caractérise la teinte perçue. À p fixé, si l'angle d'incidence θ augmente, alors l'angle de réfraction θ_r augmente aussi (ils sont liés par la loi de Snell-Descartes $\sin\theta = n\sin\theta_r$), donc cos θ_r diminue (la fonction cosinus est décroissante entre 0 et 90°) et par conséquent λ_0 diminue. Ceci est cohérent avec un passage du vert en incidence normale ($\theta = 0$) au violet en incidence rasante ($\theta \approx 90°$), puisque $\lambda_{vert} > \lambda_{violet}$.

4. On sait qu'au repos, sous incidence θ faible, le vert est renforcé par interférences. Lorsque l'insecte est effrayé, l'épaisseur optique ne de la couche mince augmente, donc d'après la condition $\delta = 2ne\cos\theta_r = p\lambda_0$ la longueur d'onde renforcée par interférences augmente aussi, donc se décale vers le rouge ($\lambda_{vert} < \lambda_{rouge}$).

Exercice 14.4

À chaque anneau brillant correspond un ordre d'interférence $p = \dfrac{\delta}{\lambda_0}$ entier. À l'infini en lame d'air, la différence de marche est $\delta = 2e\cos\theta$, donc $p = \dfrac{2e\cos\theta}{\lambda_0}$. La fonction cos θ étant ici décroissante ($0 < \theta < 90°$), l'ordre p diminue quand θ (donc aussi le rayon des anneaux) augmente. Au centre de la figure d'interférences (correspondant à $\theta = 0$), l'ordre d'interférences est $p_0 = \frac{2e}{\lambda_0}$, pas nécessairement entier. Le premier anneau brillant correspond donc à $p_{max} = E\left(\frac{2e}{\lambda_0}\right)$, où $E(x)$ désigne la partie entière de x. L'anneau brillant le plus grand correspond à la valeur entière la plus faible possible de p : $p_{min} = E\left(\frac{2e\cos\theta_{max}}{\lambda_0}\right)+1$ (si par exemple θ_{max} correspond à l'ordre $p = 345{,}2$, cela signifie que le dernier anneau brillant correspond à $p = 346$, l'anneau $p = 345$ n'étant pas visible car il correspond à un angle supérieur à θ_{max}). Le nombre d'anneaux visibles est alors $\boxed{N = p_{max} - p_{min} + 1 = E\left(\frac{2e}{\lambda_0}\right) - E\left(\frac{2e\cos\theta_{max}}{\lambda_0}\right)}$.

On calcule ici $p_{max} = E(363{,}6) = 363$ et $p_{min} = E(358{,}1) + 1 = 559$ donc $\boxed{N = 5}$. On voit, en partant du centre vers l'extérieur, les anneaux d'ordre $\boxed{p = 363,\ 362,\ 361,\ 360 \text{ et } 359}$.

➪ *Méthode 14.3*

Exercice 14.5

1. La lentille sert à projeter sur l'écran l'image agrandie des miroirs, où sont localisées les franges d'égale épaisseur. La valeur de la distance focale f peut être déduite de la formule de Newton sur le grandissement : $|\gamma| = \frac{D-f}{f}$, d'où $\boxed{f = \frac{D}{|\gamma|+1} = 182 \text{ mm}}$.

2. Au contact optique, l'épaisseur de la lame d'air et l'angle du coin d'air sont nuls, la différence de marche est donc nulle pour tout rayon incident sur la surface des miroirs (s'ils sont parfaitement plans). L'éclairement sur l'écran est uniforme (pas de frange visible) : teinte plate.

➪ *Méthode 14.8*

3. Si l'angle du coin est non nul avec une arête verticale, cela signifie que l'épaisseur locale e du coin d'air, donc la différence de marche $\delta = 2e$, varie linéairement ($e \approx \alpha\, x$ si $\alpha << 1$) dans la direction horizontale (qu'on note Ox). Les franges, qui sont des lignes d'égale épaisseur, sont donc verticales (perpendiculaires à la direction de variation de l'épaisseur). D'une frange à l'autre, l'épaisseur du coin varie de $\Delta e = \alpha\, \Delta x = \lambda_0/2$, donc l'interfrange est constant (les franges sont équidistantes) et égal à $\Delta x = i = \frac{\lambda_0}{2\alpha}$ (agrandi 10 fois sur l'écran). Pour revenir à $\alpha = 0$, il faut tourner l'un des deux miroirs dans le sens qui permet d'augmenter l'interfrange ($i \propto 1/\alpha$), jusqu'à ce qu'on ne voit plus qu'un champ uniforme sur l'écran ($i \to \infty$).

➪ *Méthodes 14.4 et 14.8*

4. D'une frange à l'autre de même éclairement (brillante à brillante, ou noire à noire), l'épaisseur entre les deux miroirs varie de $\lambda_0/2$. Ici, les franges observées ne sont pas dues à un angle entre les miroirs introduit par le réglage de l'interféromètre, qu'on a réglé de façon à observer le moins de franges possibles (donc à se rapprocher du contact optique, $\alpha = 0$).
Le premier miroir étant supposé (idéalement) plan, les franges observées sont dues au relief du second miroir. On peut par exemple faire l'analogie avec les lignes de niveau d'une carte

géographique : on voit ainsi une zone en croix de hauteur constante, entourant quatre élévations ou creux (les franges d'interférences en lumière monochromatique ne renseignent pas sur le sens de la dénivellation), centrées près du milieu des arêtes du carré. L'image ci-dessous représente un type de relief compatible avec les franges observées. En partant du centre et en allant vers les bords du miroir, on croise au maximum 3 franges, qui correspondent à un relief de $3\times\lambda_0/2 = 750$ nm = 0,75 µm.

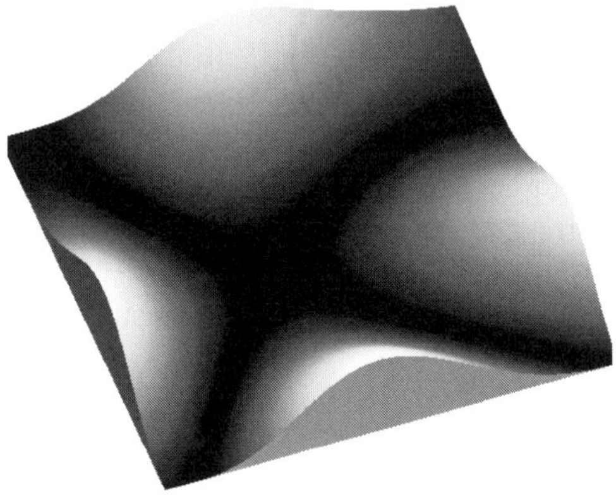

À l'œil, on différencie très facilement une frange brillante d'une frange sombre (variation d'ordre d'interférence $\Delta p = 1/2$, ou de différence de marche $\Delta\delta = \lambda_0/2$) donc une variation d'épaisseur entre les deux miroirs de $\lambda_0/4 = 125$ nm. Cette technique permet donc de détecter des défauts de planéité correspondant à des reliefs inférieurs à 100 nm typiquement !

Exercice 14.6

1. Le photorécepteur est situé dans le plan focal image de la lentille, donc enregistre les interférences « à l'infini » données par la lame d'air, pour lesquelles $\delta = 2e\cos\theta$. Plus précisément, il est situé au point focal image, donc sur l'axe optique de la lentille. Il reçoit ainsi les rayons traversant l'interféromètre sous incidence normale $\theta = 0$, donc $\delta = 2e$. L'épaisseur e de la lame d'air est reliée à t par $e = V\,t$ (à $t = 0$ on est au contact optique $e = 0$) donc $\boxed{\delta = 2V\,t}$.

2. En lumière monochromatique, le profil d'éclairement en fonction de δ s'écrit $\varepsilon = 2\varepsilon_0\left[1+\cos\dfrac{2\pi}{\lambda_0}\delta\right]$ avec ici $\delta = 2V\,t$.

Le photorécepteur reçoit un signal I proportionnel à l'éclairement reçu : $\boxed{I(t) = I_0\left[1+\cos\dfrac{4\pi Vt}{\lambda_0}\right]}$.

C'est une sinusoïde de fréquence $\boxed{f_0 = \dfrac{2V}{\lambda_0}}$.

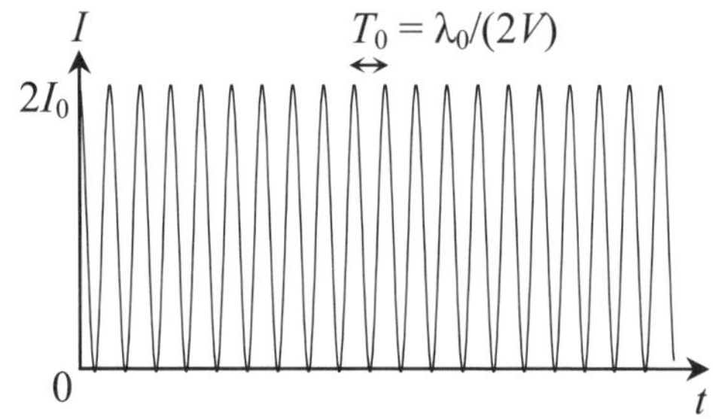

Ne pas confondre la fréquence f de défilement des franges sur le photorécepteur et la fréquence $\nu = c/\lambda$ de l'onde lumineuse.

La période de défilement des franges est $T_0 = 57{,}5\ \text{s}/100 = 0{,}575\ \text{s}$. On en déduit $V = \dfrac{\lambda_0}{2T_0} = 550{,}26\ \text{nm/s}$, avec une précision donnée par $\left(\dfrac{\Delta V}{V}\right)^2 = \left(\dfrac{\Delta\lambda_0}{\lambda_0}\right)^2 + \left(\dfrac{\Delta T_0}{T_0}\right)^2$. En considérant $\dfrac{\Delta T_0}{T_0} \approx \dfrac{1}{100}$ (on compte 100 franges à ± 1 près) et $\dfrac{\Delta\lambda_0}{\lambda_0} \approx \dfrac{0{,}1\ \text{nm}}{632{,}8\ \text{nm}} \approx 10^{-4}$

(précision de la donnée numérique de l'énoncé, bien meilleure que la précision de mesure de T_0), on a $\frac{\Delta V}{V} \approx \frac{\Delta T_0}{T_0}$ donc $\boxed{V = 550 \pm 5 \text{ nm/s}}$.

La fréquence d'échantillonnage f_e doit vérifier le critère de Shannon (au moins deux points de mesure par période T_0 du signal) : $f_e > 2f_0 = 2/T_0 = 2/0{,}575 \text{ s} = 3{,}5 \text{ Hz}$. Le nombre de points d'acquisition doit être supérieur à 200 (au moins 2 points par frange, pour 100 franges).

3. Le changement de longueur d'onde (λ_1 au lieu de λ_0) change la fréquence de défilement des franges : on a maintenant une fréquence $\boxed{f_1 = \frac{2V}{\lambda_1} = \frac{\lambda_0}{\lambda_1} f_0}$. Le fait que la source ne soit pas monochromatique fait en plus diminuer le contraste des interférences lorsque la différence de marche devient de l'ordre de la longueur de cohérence temporelle $\boxed{L_c = \frac{\lambda_1^{\,2}}{\delta\lambda} \approx 30 \text{ cm}}$, soit plus que ce que permettent d'atteindre les interféromètres courants en TP : cet élargissement par effet Doppler n'est donc pas sensible avec du matériel courant.

⇨ *Méthode 14.5*

4. a) Chaque composante monochromatique du doublet donne un profil $I(t)$ sinusoïdal, de fréquences légèrement différentes $f = \frac{2V}{\lambda}$ et $f' = \frac{2V}{\lambda'}$ respectivement. Ces deux fonctions, en phase à $t = 0$ (au contact optique), se décalent de plus en plus à chaque oscillation, puis se retrouvent à nouveau en phase de façon périodique, comme le montre le graphique ci-dessous.
Si on considère une source émettant un doublet spectral λ et λ', on doit considérer le signal $I(\lambda) + I(\lambda')$ puisque deux ondes de longueurs d'onde différentes n'interfèrent pas l'une avec l'autre (superposition incohérente : on somme les éclairements). Lorsque $I(\lambda)$ et $I(\lambda')$ oscillent en phase (on dit qu'elles sont en coïncidence), leur somme donne des oscillations bien contrastées. Lorsqu'elles sont en opposition de phase (l'interférence est constructive pour une longueur d'onde, destructive pour l'autre), le contraste s'annule (anti-coïncidence).

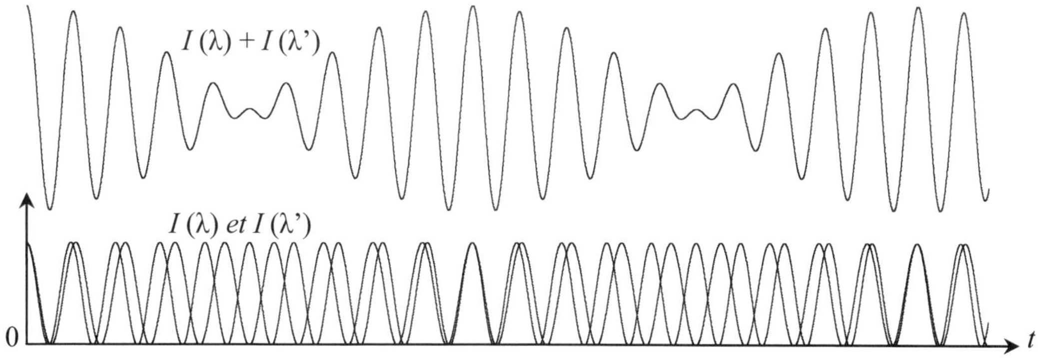

Lors d'une anti-coïncidence, c'est le contraste qui s'annule et non l'éclairement : il y a de la lumière sur l'écran, mais l'intensité I ne varie pas avec t.

b) Il y a anti-coïncidence si la différence de marche δ est telle que les interférences sont constructives pour une longueur d'onde (p entier) et destructives pour l'autre (p demi-entier), donc pour une différence $\Delta p = \frac{1}{2}, \frac{3}{2}, \frac{5}{2}$, … quand on passe de λ à λ'.

L'ordre d'interférences est défini par $p = \frac{\delta}{\lambda}$. Lorsque λ varie de dλ, p varie de $\mathrm{d}p = -\frac{\mathrm{d}\lambda}{\lambda^2}\delta$. Si $\Delta\lambda \ll \lambda_m$, on peut écrire $\Delta p = \frac{\Delta\lambda}{\lambda_m^2}\delta$ (on peut oublier le signe « - », qui indique que l'ordre p est plus important si la longueur d'onde est plus petite). Les anti-coïncidences ont donc lieu pour $\frac{\Delta\lambda}{\lambda_m^2}\delta = \frac{1}{2}, \frac{3}{2}, \frac{5}{2}$, … soit $\delta = \frac{\lambda_m^2}{2\Delta\lambda}, 3\frac{\lambda_m^2}{2\Delta\lambda}, 5\frac{\lambda_m^2}{2\Delta\lambda}, \ldots$ Entre deux anti-coïncidences, la différence de marche varie donc de $\boxed{\Delta\delta = \lambda_m^2/\Delta\lambda}$.

➪ *Méthode 14.5*

c) Le nombre N d'oscillations d'une anti-coïncidence à l'autre est égal au rapport de la période des anti-coïncidences $\Delta\delta = \frac{\lambda_m^2}{\Delta\lambda}$ à celle du défilement des franges $\Delta\delta = \lambda_m$ (quasiment identique pour les deux longueurs d'ondes λ et λ' ≈ λ_m). On a donc $\boxed{N = \lambda_m/\Delta\lambda}$. On en déduit $\boxed{\Delta\lambda = \frac{\lambda_m}{N} \approx \frac{589\text{ nm}}{1000} = 0{,}589\text{ nm}}$. La première anti-coïncidence a lieu pour $\Delta p = \frac{1}{2}$ donc $\delta = \frac{\lambda_m^2}{2\Delta\lambda}$, soit $e = \frac{\delta}{2} = \frac{\lambda_m^2}{4\Delta\lambda}$ ce qui donne $\boxed{e = \frac{N\lambda_m}{4} = 0{,}147\text{ mm}}$.

5. La première annulation du contraste a lieu pour $e = \frac{\lambda_\mathrm{m}^2}{4\Delta\lambda}$: la plus petite valeur de Δλ mesurable correspond donc à la plus grande valeur de e que l'appareil permet d'atteindre. Avec $e_{\max}$ = 5 cm (valeur typique pour un appareil de TP), on trouve une résolution $\boxed{\Delta\lambda_{\min} = \frac{\lambda_\mathrm{m}^2}{4e_{\max}} \approx 1\text{ pm} = 0{,}001\text{ nm}}$!

Exercice 14.7

La réponse est $b1 - c2 - a3 - d4$. L'interférogramme b est sinusoïdal donc correspond à une source quasi monochromatique : laser. L'interférogramme c montre une baisse de contraste loin du contact optique, donc correspond à une source émettant une raie simple mais avec une longueur de cohérence accessible : raie verte de la lampe Mercure haute pression (les collisions entre atomes dans l'ampoule réduisent la durée des trains d'ondes, donc L_c est plus courte pour une lampe haute pression). Les interférogrammes a et d montrent des battements, ils correspondent donc à une source émettant un doublet spectral. L'interférogramme a ne montre pas de baisse de contraste loin du contact optique (L_c non mesurable) donc il s'agit d'une lampe basse pression. L'interférogramme d correspond à une lampe haute pression.

La période des battements est inversement proportionnelle à l'écart spectral. Or, elle est environ trois fois plus faible sur l'interférogramme *d* (Mercure) que sur le *a* (Sodium). On en déduit que l'écart spectral du mercure est environ trois fois plus grand que celui du Sodium.

Exercice 14.8

1. La condition d'interférences destructive s'écrit $\boxed{p = \delta / \lambda_0 \text{ demi-entier}}$.

2. Avec $\delta = 3$ µm = 3000 nm, on trouve trois valeurs de p demi-entières (4,5 - 5,5 - 6,5) qui donnent une longueur d'onde appartenant au domaine visible : $\boxed{\lambda_0 = 667,\ 545 \text{ et } 462 \text{ nm}}$ (la suivante est 400 nm, en limite du visible).

➪ *Méthode 14.6*

3. Avec $\delta = 3$ µm, on a trouvé trois cannelures dans le visible. Avec une valeur plus importante de δ, on en trouverait plus de trois. La différence de marche maximale donnant trois cannelures au plus dans le visible (et donc une teinte sensible à l'œil) est donc $\boxed{L_c \approx 3\ \mu\text{m}}$. En écrivant $L_c = \lambda_m^2 / \Delta\lambda$ où $\lambda_m \approx 550$ nm (maximum de sensibilité de l'œil) on obtient $\Delta\lambda = 100$ nm. Cette valeur est plus faible que la largeur totale du spectre visible ($\Delta\lambda \approx 300$ nm donnerait $L_c \approx 1\ \mu\text{m}$) car elle tient compte de la sensibilité de l'œil aux couleurs, basée sur la vision trichromique c'est à dire utilisant trois types de détecteurs, les cônes, sensibles chacun dans une gamme spectrale (rouge, vert et bleu) plus réduite.

4. Considérons que les interférences sur une bulle de savon d'épaisseur e et d'indice n se font sous un angle d'incidence $\theta \approx 0$. Le liquide savonneux n'étant pas lui-même coloré, la coloration du reflet provient d'un phénomène d'interférences sur l'épaisseur e de la paroi de la bulle. La différence de marche est $\delta = 2ne + \lambda_0/2$ (en incidence normale et en tenant compte du déphasage de π à la réflexion sur l'interface air / eau savonneuse). Avec $\lambda_0 \approx 550$ nm (on prend une longueur d'onde au milieu du visible, car on cherche un ordre de grandeur ici), la condition $\delta < L_c$ donne $\boxed{e < 0{,}9\ \mu\text{m}}$: rien qu'en observant la présence de couleur dans le reflet d'une lame de savon, on peut dire qu'elle a une épaisseur submicronique !

Exercice 14.9

1. L'objectif d'une lunette astronomique est une lentille convergente, celui d'un télescope est un miroir sphérique (ce dernier a en particulier l'avantage de ne pas donner d'aberrations chromatiques). Dans les deux cas l'objectif permet d'obtenir, d'un objet situé à l'infini, une image réelle projetée dans son plan focal image (observée par un oculaire ou une caméra).

2. L'image d'un point à l'infini sur l'axe optique se forme au point focal image, situé à la distance focale f de l'objectif.

3. Il s'agit de franges d'interférences dues à la superposition des faisceaux lumineux issus des deux trous. Comme pour les trous d'Young, on obtient des franges rectilignes équidistantes, de direction perpendiculaire à l'axe (Ox) des deux trous, donc parallèles à (Oy). L'éclairement dans le plan image est $\varepsilon(x,y) = 2\varepsilon_0\left[1 + \cos(2\pi\delta/\lambda_0)\right]$, où ε_0 est l'intensité que donnerait un seul des deux trous et $\delta = a\,x / f$ la différence de marche.

➪ *Méthode 14.1*

Corrigé

Ceci se réécrit $\varepsilon(x,y)=2\varepsilon_0\left[1+\cos\left(\dfrac{2\pi}{\lambda_0}\dfrac{a\,x}{f}\right)\right]=2\varepsilon_0\left[1+\cos\left(2\pi\dfrac{x}{i}\right)\right]$ en faisant apparaître l'interfrange $\boxed{i=\lambda_0 f/a}$. Si la distance a entre les trous augmente, l'interfrange i diminue : les franges se resserrent.

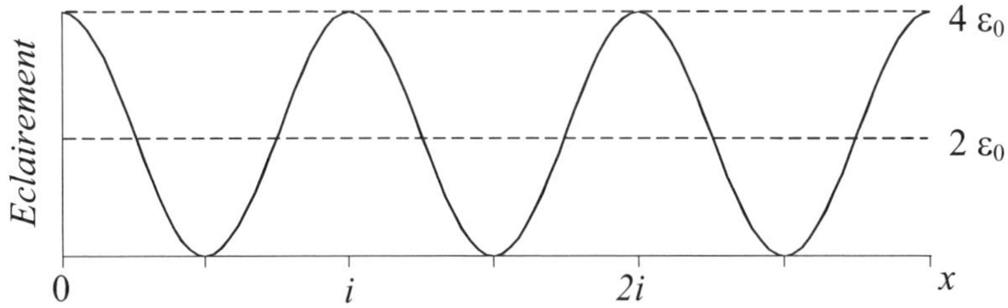

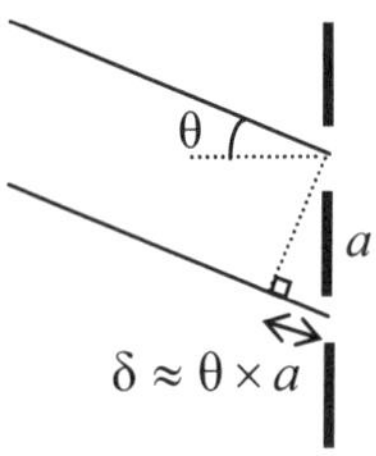

4. Si les rayons arrivent sous un angle θ, le plan des deux trous n'est pas un plan d'onde, il faut donc ajouter une différence de marche supplémentaire $\delta' = \theta\times a$ (voir schéma ci-contre). On a alors :

$\varepsilon=2\varepsilon_0\left[1+\cos\left(\dfrac{2\pi}{\lambda_0}(\delta+\delta')\right)\right]=2\varepsilon_0\left[1+\cos\left(\dfrac{2\pi}{\lambda_0}\left(\dfrac{a\,x}{f}+\theta a\right)\right)\right]$, ce qui se réécrit $\varepsilon=2\varepsilon_0\left[1+\cos\left(2\pi\dfrac{x+\theta f}{i}\right)\right]$: la figure d'interférences est la même qu'avant, translatée de $\Delta x=-\theta f$ comme l'image géométrique de l'étoile (comme le montre par homothétie le schéma ci-dessous).

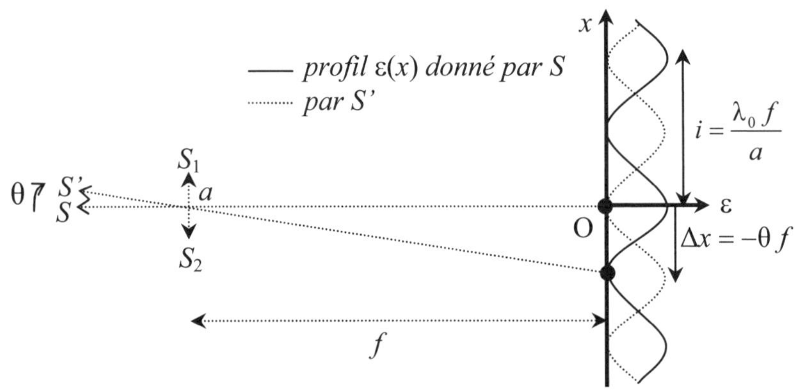

5. Les deux étoiles n'interagissent pas, donc les ondes qu'elles émettent ont un déphasage aléatoire entre elles. Les deux étoiles sont donc considérées comme deux sources incohérentes, elles ne peuvent pas interférer l'une avec l'autre : l'éclairement donné par ces deux étoiles est égal à la somme des éclairements donnés par chaque étoile prise individuellement.

6. L'éclairement dû aux deux étoiles, situées dans la direction $\theta=\pm\dfrac{\alpha}{2}$ par rapport à l'axe optique de l'objectif, est la somme de deux sinusoïdes identiques (*cf* courbe tracée question 3) translatées de $\pm\frac{\alpha}{2}f$ donc décalées l'une par rapport à l'autre de $\Delta x = \alpha f$. Ce décalage a pour effet de diminuer la visibilité des franges d'interférences (il n'y a plus d'annulation totale de l'éclairement : les franges sombres ne sont plus noires). La visibilité des franges devient nulle si les deux sinusoïdes sont en opposition de phase (franges brillantes d'une étoile superposées aux franges sombres de l'autre), c'est-à-dire si ce décalage est égal à un nombre impair de demi période $\frac{i}{2}$ (*cf* courbes tracées question 4). La valeur la plus faible $\Delta x = \frac{i}{2}$ conduit à $\boxed{a = \frac{\lambda_0}{2\alpha}}$.

7. La variation de différence de marche d'une étoile ponctuelle à l'autre, espacées d'un angle α, est $\Delta\delta = \alpha a$, ce qui conduit à la variation d'ordre d'interférences $\Delta p = \frac{\Delta\delta}{\lambda_0} = \frac{\alpha a}{\lambda_0}$. Le critère de visibilité des interférences $\Delta p < \frac{1}{2}$ conduit donc à $\boxed{a < \frac{\lambda_0}{2\alpha}}$: on retrouve le résultat précédent.

➪ *Méthode 14.7*

Notons que la condition $\Delta p = \frac{1}{2}$ correspond à un décalage $\Delta x = \frac{i}{2}$ des deux figures d'interférences : ces deux critères sont équivalents, mais la formulation utilisant l'ordre d'interférences permet d'aboutir plus rapidement au résultat puisqu'elle évite d'avoir à exprimer l'éclairement.

8. Pour pouvoir mesurer $\alpha = 5\times10^{-9}$ rad, il faut pouvoir mettre les télescopes à la distance $a = \frac{\lambda_0}{2\alpha} = \frac{10^{-6}}{10^{-8}} = 100$ m ! Pour obtenir la même résolution avec un télescope simple, il faudrait un diamètre d tel que $\frac{\lambda_0}{d} \approx 5\times10^{-9}$ donc $d \approx 200$ m …

✎ *Cet exercice s'intéresse au cas d'une étoile double, modélisée par deux sources ponctuelles, ce qui conduit à un contraste des franges qui s'annule et réapparaît périodiquement à chaque fois que le décalage Δx varie d'un interfrange. Pour traiter le cas d'une source étendue, il faut considérer une assemblée continue de sources ponctuelles incohérentes distribuées sur toute la largeur angulaire α de l'étoile, et non juste deux points aux extrémités. Ceci conduit à intégrer l'éclairement calculé pour une source ponctuelle vue sous l'angle θ en variant θ de -α/2 à α/2, donc à calculer* $\varepsilon_0 \int_{-\alpha/2}^{\alpha/2} d\theta \left(1 + \cos\frac{2\pi}{\lambda_0}\left(\frac{ax}{f} + a\theta\right)\right)$. *On trouve alors des franges d'interférences toujours de même interfrange* $i = \lambda_0 f / a$ *(ne dépend que de la distance a entre les trous, pas de la dimension α de la source) dont le contraste s'annule pour* $a = \lambda_0/\alpha$ *(résultat identique à celui du doublet d'étoiles ponctuelles, au facteur 2 près), avec d'autres annulations périodiques mais un contraste qui diminue globalement quand la source devient grande.*

Exercice 14.10

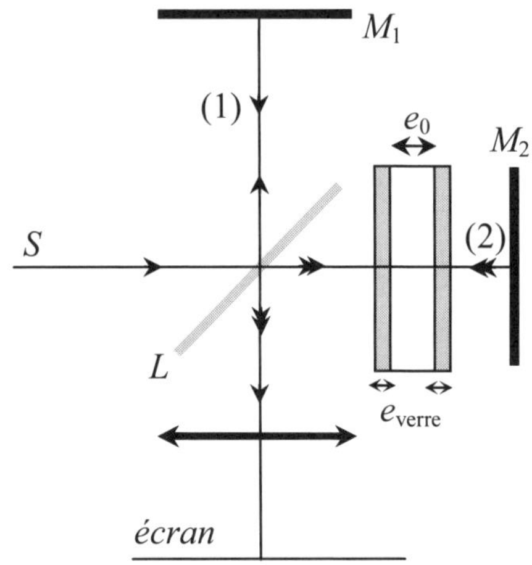

1. Les interférences sont obtenues ici par division d'amplitude sur une lame d'air. Ce sont donc ces anneaux d'égale inclinaison localisés à l'infini, c'est pourquoi on les observe dans le plan focal image d'une lentille convergente.

➪ *Méthode 14.3*

2. Au contact optique $\delta = 0$, donc $\alpha = 0$ et $e = 0$. Ici on est en lame d'air donc $\alpha = 0$ mais $e \neq 0$. Il faut donc ramener e à 0 en translatant un miroir. Pour savoir dans quel sens effectuer cette translation, il faut regarder dans quel sens les anneaux défilent : on sait que les anneaux défilent vers l'intérieur (θ diminue) quand e diminue (on le retrouve en écrivant la condition $\delta = 2e\cos\theta = p\lambda_0 =$ constante en lumière monochromatique si on considère un anneau d'ordre p donné : si θ diminue, cos θ augmente, donc e diminue). Une fois ce réglage réalisé, on a $\delta = 0$, donc l'état d'interférences est indépendant de θ et λ_0 : l'éclairement sur l'écran est homogène (teinte plate).

➪ *Méthodes 14.3 et 14.8*

3. a) La différence de marche est la différence de chemin optique entre le trajet (2) vers le miroir M_2 (devant lequel se trouve la cuve) et le trajet (1) devant le miroir M_1. Alors que le rayon (2) traverse quatre fois l'épaisseur de verre e_{verre} (la lumière fait un aller-retour à la fois dans la lame d'entrée et de sortie de la cuve), le rayon (1) traverse une épaisseur équivalente d'air. L'intérieur de la cuve, d'épaisseur e_0, ne modifie pas δ car contient pour l'instant de l'air à pression atmosphérique, comme pour le trajet (1). La différence de marche introduite par la cuve est donc $\boxed{\delta_{cuve} = 4(n_{\text{verre}} - n)e_{\text{verre}}}$. Elle est constante et égale à :

$\delta = 4\times(1{,}5\text{-}1)\times0{,}5$ mm = 1 mm (on peut écrire ici $n \approx 1$ car on cherche une valeur approchée). Tout se passe comme si on avait à nouveau une lame d'air, on retrouve donc des anneaux.

b) Pour que les interférences soient visibles, il faut que la longueur de cohérence temporelle de la source soit supérieure à la différence de marche introduite par la cuve, soit $\boxed{L_c > 1\text{ mm}}$, donc

$$\Delta\lambda = \frac{\lambda_0^{\,2}}{L_c} < \frac{\left(546{,}1\cdot10^{-9}\right)^2}{10^{-3}} \;:\; \boxed{\Delta\lambda < 0{,}3\text{ nm}}$$ (c'est le cas pour une lampe basse pression).

➪ *Méthode 14.5*

4. Cette translation d'un miroir permet de revenir au contact optique, en compensant la différence de marche introduite par les parois en verre de la cuve. On a alors à nouveau un éclairement homogène car $\boxed{\delta = 0}$ (teinte plate en présence de la cuve).

La lumière faisant un aller-retour devant le miroir, une translation de x fait varier la différence de marche de $\delta = 2\,x$. Il a donc fallu translater le miroir de la moitié de la différence de marche à compenser, soit $\boxed{x = \dfrac{\delta_{cuve}}{2} = 2(n_{verre} - n)e_{verre}}$.

La cuve augmente le chemin optique devant le miroir devant lequel elle est placée ($n_{verre} > n$), donc pour compenser ce chemin optique supplémentaire il faut diminuer la distance de propagation dans l'air jusqu'à ce miroir, donc rapprocher ce miroir de la séparatrice.

5. L'idée est de faire progressivement le vide dans la cuve à l'aide de la pompe pour faire défiler les anneaux, puis en comptant le nombre d'anneaux qui défient remonter à la valeur de la variation de différence de marche associé à cette opération qui elle-même sera reliée à la valeur de n. Lorsqu'on fait progressivement le vide dans la cuve l'indice n de l'air varie, donc la différence de marche aussi. On n'a plus $\delta = 0$ mais à nouveau une lame d'air, dont l'épaisseur optique augmente progressivement, ce qui fait défiler des anneaux.

Au départ on a $\delta = 0$, donc $p = 0$. Après le défilement de N anneaux (décompté précisément grâce au système d'acquisition), l'ordre d'interférences au centre des anneaux ($\theta = 0$) vaut $p = N$, donc $\boxed{\delta = N\lambda_0}$ (1 frange $\Leftrightarrow \Delta p = 1$).

D'autre part : en faisant le vide, l'indice de l'air à l'intérieur de la cuve varie de n à 1, donc l'épaisseur optique de la cuve varie de $n \times e_0$ à $1 \times e_0$, soit une variation de $(n-1)e_0$. La différence de marche vaut donc maintenant $\boxed{\delta = 2(n-1)e_0}$ (au centre des anneaux, donc pour $\theta = 0$).

> *Dans un interféromètre de Michelson, la lumière fait des allers-retours devant chaque miroir, donc ne pas oublier le facteur 2 dans l'expression de δ !*

En égalant ces deux expressions de δ, on obtient $N\lambda_0 = 2(n-1)e_0$ soit $\boxed{n-1 = \dfrac{N\lambda_0}{2e_0}}$.

On calcule $n-1 = \dfrac{27 \times 546{,}1 \cdot 10^{-9}}{2 \times 25 \cdot 10^{-3}} = 2{,}94894... \cdot 10^{-4}$.

L'écart $n - 1$ étant proportionnel, ou inversement proportionnel, aux paramètres N, λ_0 et e_0, la précision de ce résultat s'obtient en sommant les carrés des incertitudes relatives :

$$\left(\frac{\Delta(n-1)}{(n-1)}\right)^2 = \left(\frac{\Delta N}{N}\right)^2 + \left(\frac{\Delta\lambda_0}{\lambda_0}\right)^2 + \left(\frac{\Delta e_0}{e_0}\right)^2 = \left(\frac{0{,}5}{27}\right)^2 + \left(\frac{0{,}1}{546{,}1}\right)^2 + \left(\frac{0{,}1}{25}\right)^2 \text{ donc } \frac{\Delta(n-1)}{(n-1)} \approx 0{,}019$$

(c'est l'incertitude sur N qui domine) d'où $\Delta(n-1) \approx 5{,}6 \cdot 10^{-6}$.

On peut donc écrire le résultat sous la forme $\boxed{n = 1{,}000295 \pm 0{,}000006}$!

L'indice de l'air à pression atmosphérique est très proche de 1 (écart $n-1 \approx 10^{-4}$).

La mesure interférentielle est très précise (incertitude $\Delta n \approx 10^{-6}$).

Exercice 14.11

1. Si on considère que l'angle d'incidence sur l'appareil (et donc aussi celui entre les deux lames M) est nul, la différence de marche entre les ondes (1) et (2) est égale au chemin optique correspondant à un aller-retour dans l'épaisseur e avec l'indice n, soit $\boxed{\delta = 2ne}$ (en négligeant tout déphasage à la réflexion ou transmission sur les surfaces métallisées). Cette différence de marche entre les ondes (1) et (2) se répète entre les ondes (2) et (3), (3) et (4), …

Le déphasage est alors $\boxed{\Delta\varphi = \varphi_2 - \varphi_1 = \varphi_3 - \varphi_2 = \ldots \frac{2\pi}{\lambda_0}\delta = \frac{4\pi n e}{\lambda_0}}$ pour deux ondes successives quelconques à la sortie du dispositif.

2. L'énoncé donne $\varepsilon = \dfrac{\varepsilon_0}{1 + m_0 \sin^2\left(\dfrac{\Delta\varphi}{2}\right)}$ où $m_0 = \dfrac{4\mathfrak{R}}{(1-\mathfrak{R})^2}$

À titre documentaire voici la démonstration de cette expression :

On note t le coefficient de transmission en amplitude sur la face d'entrée, t' sur la face de sortie et r le coefficient de réflexion en amplitude sur la face interne du dispositif. Ces coefficients sont reliés aux coefficient de réflexion et de transmission en énergie par $\mathfrak{R} = r^2$ et $\mathfrak{T} = t\,t'$. On suppose de plus $\mathfrak{R} + \mathfrak{T} = 1$ (pas d'absorption). L'onde (1) subit deux transmissions, une à l'entrée et une à la sortie, son amplitude est donc $E_1 = E_0\, t t'$. L'onde (2) subit en plus deux réflexions internes donc son amplitude est $E_2 = E_0\, t r^2 t'$. L'amplitude de la $N^{\text{ième}}$ onde transmise est donc $E_N = E_0\, t r^{2(N-1)} t' = E_0 \mathfrak{T}\mathfrak{R}^{N-1} = E_0(1-\mathfrak{R})\mathfrak{R}^{N-1}$. À chaque aller-retour, l'onde se déphase de $\Delta\varphi$, la vibration (N) s'écrit donc $\underline{E}_N(M,t) = E_0(1-\mathfrak{R})\mathfrak{R}^{N-1}\exp\left[i\left((N-1)\Delta\varphi - \omega t\right)\right]$.

L'onde résultant de la superposition de toutes les ondes transmises s'écrit donc :

$$\underline{E}(M,t) = \sum_{N=1}^{\infty} \underline{E}_N(M,t) = E_0(1-\mathfrak{R})\exp(-i\omega t)\sum_{N'=0}^{\infty} \mathfrak{R}^{N'}\exp(iN'\Delta\varphi)\text{, où on a posé } N' = N-1$$

La série géométrique de raison $q = \mathfrak{R}\exp(i\Delta\varphi)$ a pour somme $\dfrac{1 - \lim\limits_{N'\to\infty} q^{N'}}{1-q} = \dfrac{1}{1-q}$ car $|q| = \mathfrak{R} < 1$. On a donc $\underline{E}(M,t) = E_0(1-\mathfrak{R})\exp(-i\omega t)\dfrac{1}{1-\mathfrak{R}\exp(i\Delta\varphi)}$. L'éclairement s'obtient à partir de l'amplitude complexe par $\varepsilon = \dfrac{K}{2}|\underline{E}|^2 = \dfrac{K}{2}\underline{E}\times\underline{E}^*$, soit :

$$\varepsilon = \frac{K}{2}E_0^2(1-\mathfrak{R})^2\frac{1}{1-\mathfrak{R}\exp(i\Delta\varphi)}\times\frac{1}{1-\mathfrak{R}\exp(-i\Delta\varphi)} = \frac{K}{2}E_0^2(1-\mathfrak{R})^2\frac{1}{1-2\mathfrak{R}\cos\Delta\varphi + \mathfrak{R}^2}$$

En remarquant que $\dfrac{K}{2}E_0^2$ est l'éclairement ε_0 donné par l'onde incidente et en faisant apparaître $1-\cos\Delta\varphi = 2\sin^2\dfrac{\Delta\varphi}{2}$, on obtient $\varepsilon = \varepsilon_0(1-\mathfrak{R})^2\dfrac{1}{(1-\mathfrak{R})^2 + 2\mathfrak{R}(1-\cos\Delta\varphi)}$, soit finalement la relation donnée $\varepsilon = \dfrac{\varepsilon_0}{1+\dfrac{4\mathfrak{R}}{(1-\mathfrak{R})^2}\sin^2\dfrac{\Delta\varphi}{2}}$ (démonstration non demandée dans l'exercice).

a) La fonction $\varepsilon(\Delta\varphi)$ est maximale lorsque $\sin^2\dfrac{\Delta\varphi}{2} = 0$, donc $\dfrac{\Delta\varphi}{2} = p\pi$ où p est entier, soit $\boxed{\Delta\varphi = 2\pi p,\ p \text{ entier}}$: on retrouve la condition habituelle d'interférences constructives, ce qui est attendu puisque ce déphasage se répète à l'identique entre chaque onde successive transmise : si les ondes (1) et (2) sont en phase, il en va de même pour toutes les autres. L'éclairement est alors $\varepsilon_{max} = \varepsilon_0$: le dispositif est entièrement transparent.

b) On calcule $m_0 = \dfrac{4\mathcal{R}}{(1-\mathcal{R})^2}$ = 8 – 80 – 40 000 pour $\mathcal{R}$ = 0,5 – 0,8 – 0,99 respectivement : le facteur m_0 devient très grand lorsque $\mathcal{R}$ s'approche de 1.

c) La fonction $\varepsilon(\Delta\varphi)$ est minimale lorsque $\sin^2\dfrac{\Delta\varphi}{2} = 1$, donc lorsque l'ordre $p = \dfrac{\Delta\varphi}{2\pi}$ est demi-entier (ou $\Delta\varphi = \pi, 3\pi, \ldots$). L'éclairement est alors $\varepsilon_{min} = \dfrac{\varepsilon_0}{1+m_0}$, très faible si $m_0 \gg 1$ donc si $\mathcal{R}$ s'approche de 1.

3. Au voisinage de $\Delta\varphi = 0$, on a :

$\sin^2\dfrac{\Delta\varphi}{2} \approx \left(\dfrac{\Delta\varphi}{2}\right)^2$ donc :

$$\varepsilon(\Delta\varphi) \approx \frac{\varepsilon_0}{1+\dfrac{4\mathcal{R}}{(1-\mathcal{R})^2}\left(\dfrac{\Delta\varphi}{2}\right)^2} = \frac{\varepsilon_0}{1+\dfrac{\mathcal{R}\Delta\varphi^2}{(1-\mathcal{R})^2}}.$$

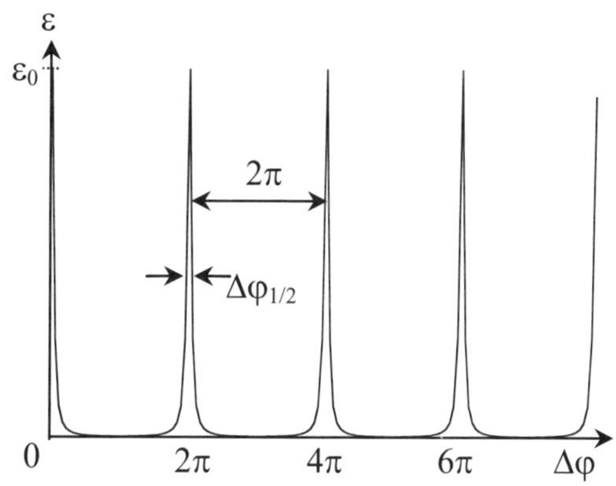

On a $\varepsilon = \dfrac{\varepsilon_0}{2}$ (soit 50 % de transmission) pour $\dfrac{\mathcal{R}\Delta\varphi^2}{(1-\mathcal{R})^2} = 1$ soit $\Delta\varphi = \pm\dfrac{1-\mathcal{R}}{\sqrt{\mathcal{R}}}$. La largeur totale à mi-hauteur d'un pic est donc $\boxed{\Delta\varphi_{1/2} = 2\dfrac{1-\mathcal{R}}{\sqrt{\mathcal{R}}}}$.

On en déduit la finesse : $\boxed{\mathcal{F} = \dfrac{2\pi}{\Delta\varphi_{1/2}} = \dfrac{\pi\sqrt{\mathcal{R}}}{1-\mathcal{R}} \approx 300 \text{ pour } \mathcal{R} = 0{,}99}$. La finesse est le rapport entre l'écart séparant deux pics successifs et la largeur à mi-hauteur d'un pic : pour $\mathcal{R}$ =0,99 la largeur des pics est 300 fois plus faible que la distance entre deux pics.

Si on n'avait tenu compte que des deux premières ondes transmises, on aurait trouvé une fonction sinusoïdale du type $\varepsilon(\Delta\varphi) = \varepsilon_0\left[1+\Gamma\cos(\Delta\varphi)\right]$ caractéristique des interférences à deux ondes, de même période, de contraste $\Gamma < 1$ car les deux ondes (1) et (2) n'ont pas la même intensité. La variation $\varepsilon(\Delta\varphi)$ étant sinusoïdale, la finesse est moins grande (pour $\Gamma = 1$, on trouve $\mathcal{F} = 2$: les franges brillantes sont aussi larges que les franges sombres).

Les interférences à N ondes donnent des pics plus fins que les interférences à 2 ondes : la condition d'interférences constructives est plus sévère, la résonance plus pointue.

✎ *C'est l'intérêt de l'interféromètre de Fabry-Pérot par rapport à celui de Michelson : utilisé comme filtre il est plus sélectif, comme spectromètre il a un* *meilleur pouvoir de résolution (surtout si $\mathcal{R}$ est très proche de 1). Il est aussi utilisé comme cavité résonnante dans les lasers.*

4. Le déphasage est directement relié à la longueur d'onde par $\Delta\varphi = \dfrac{4\pi n e}{\lambda_0}$. Le dispositif est quasi transparent ($\varepsilon \approx \varepsilon_0$) si $\Delta\varphi$ est proche de $2\pi p$, où p est entier, donc dans une gamme de longueur d'onde très proche de toutes les valeurs $\boxed{\lambda_p = \dfrac{2ne}{p},\ p \text{ entier}}$.

Si cette condition n'est pas vérifiée, la lumière n'est pas transmise, ou très peu. Puisque nous avons négligé toute absorption par le dispositif, la lumière ne peut être que réfléchie. Un calcul identique portant sur les interférences entre les N ondes réfléchies par le dispositif (sans oublier le déphasage de π à la réflexion sur un milieu plus réfringent), donnerait une courbe d'éclairement complémentaire : les interférences ne font pas « disparaître » l'énergie mais la répartissent entre une partie réfléchie et une partie transmise (si les interférences sont constructives d'un côté, elles sont destructives de l'autre).

5. Si on éclaire ce dispositif par une lumière blanche, la lumière transmise ne l'est plus puisque seules les ondes dont la longueur d'onde est proche de $\lambda_0 = \dfrac{2ne}{p}$ (p entier) sont transmises. Pour avoir une sélection fine de λ_0, il faut que les pics soient très fins : $\mathcal{F} \gg 1$ donc $\mathcal{R} \approx 1$.

Le déphasage s'écrit $\Delta\varphi = \dfrac{4\pi n e}{\lambda_0}$: il est inversement proportionnel à λ_0. Les variations relatives de $\Delta\varphi$ et de λ_0 sont donc identiques : $\dfrac{\Delta\lambda}{\lambda_m} = \dfrac{\Delta(\Delta\varphi)}{(\Delta\varphi)}$. Or, les pics ont lieu pour $\Delta\varphi = 2\pi p$ et ont pour largeur à mi-hauteur $\Delta\varphi_{1/2} = 2\pi / \mathcal{F}$, qu'on peut identifier à la variation de déphasage $\Delta(\Delta\varphi)$. On peut donc écrire $\dfrac{\Delta\lambda}{\lambda_m} = \dfrac{\Delta\varphi_{1/2}}{2\pi p} = \dfrac{2\pi / \mathcal{F}}{2\pi p}$ et donc $\boxed{\dfrac{\Delta\lambda}{\lambda_m} = \dfrac{1}{\mathcal{F} p}}$.

Un filtre réalisé avec une lame de cryolite d'indice $n = 1{,}365$ et d'épaisseur $e = 600$ nm transmet à $\lambda_m = \dfrac{2ne}{p} = 546$ nm dans l'ordre $p = 3$. Son coefficient de réflexion étant $\mathcal{R} = 0{,}9$, sa finesse est $\mathcal{F} = 30$. Sa bande passante est donc $\Delta\lambda = \dfrac{\lambda_m}{\mathcal{F} p} = \dfrac{546 \text{ nm}}{30 \times 3}$, soit $\boxed{\Delta\lambda \approx 6 \text{ nm}}$.

6. Contrairement aux verres colorés, qui fonctionnent par absorption sélective (ils contiennent un colorant qui absorbe certaines gammes spectrales), la lumière non transmise par un filtre interférentiel n'est quasiment pas absorbée, elle est essentiellement réfléchie. C'est intéressant si on utilise des sources puissantes, car l'absorption peut faire fondre le filtre ! Également, les filtres interférentiels ont une bande passante beaucoup plus fine que les filtres colorés. Leur inconvénient est qu'ils transmettent en général plusieurs pics spectraux associés à différentes longueurs d'onde (car l'ordre p peut prendre plusieurs valeurs entières). On peut résoudre ce problème par exemple en associant un filtre interférentiel à un verre coloré : le premier sélectionne plusieurs pics spectraux très fins, le second élimine ceux qui ne doivent pas être transmis.

Exercice 14.12

1. a) L'intensité donnée par la formule de Fresnel, dans le cadre des interférences à deux ondes mutuellement cohérentes, en notant x_M la coordonnée du point *M* à l'écran, est :

$I(x_M) = 2I_0\left(1+\cos\left(\dfrac{2\pi a x_M}{\lambda_0 D}\right)\right)$. Compte tenu des directives de l'énoncé, $I(x_M) = 1+\cos\left(x_M\right)$.

Un script en Python est le suivant :

```
import matplotlib.pyplot as plt
import matplotlib.cm
import numpy as np
xmin=-15 #définition des limites du domaine
xmax=15
ymin=-10
ymax=10
h=.05  #définition du pas
x=np.arange(xmin,xmax,h) #création des listes x et y
y=np.arange(ymin,ymax,h)
X,Y=np.meshgrid(x,y) #passage en quadrillage 2D
I=np.cos(X)   #définition de la fonction intensité avec un max au centre,
#nombre de franges impaire
plt.imshow(I,cmap=matplotlib.cm.gray) #représentation
#en niveaux de gris
plt.axis('off') #options de tracé pour ne pas
#tracer les axes
plt.axis('equal')#permet d'obtenir une échelle
#isométrique
plt.show()
```

On obtient la figure ci-contre.

b) L'interfrange est donc déterminée par la période de $\cos\left(\dfrac{2\pi a x_p}{\lambda_0 D}\right)$, ainsi : $i = \dfrac{\lambda_0 D}{a}$. En augmentant la valeur de *a* à *D* fixé, l'interfrange $i = \dfrac{\lambda_0 D}{a}$ diminue et le nombre de franges visibles dans le champ d'interférence à l'écran augmente. On peut écrire $I(x_M)$ sous la forme suivante, en posant $I(x_p = 0) = I(0)$, on a $I(0) = 4I_0$: $I(x_p) = \dfrac{I(0)}{2}\left(1+\cos\left(\dfrac{2\pi x_p}{i}\right)\right)$.

Le cosinus est bien de période spatiale $\dfrac{2\pi}{2\pi / i} = i$. Ainsi, une solution simple consiste à multiplier par deux la phase du cosinus pour obtenir une période spatiale moitié et donc de passer de 5 à 9 franges visibles à l'écran.

Par rapport au code précédent, seule la ligne suivante change :

```
I=np.cos(2*X)  #période spatiale moitié par rapport au cas précédent
```

On obtient le tracé suivant :

2. a) Cette fois l'intensité s'écrit $I(r)=2I_0\left(1+\cos\left(\frac{2\pi a}{\lambda_0}\left(1-\frac{r^2}{2D^2}\right)\right)\right)$, et avec les directives de l'énoncé : $I(r)=1+\cos\left(1-\frac{r^2}{2}\right)$. Il faut donc commencer par générer la coordonnée polaire $r=\sqrt{X^2+Y^2}$ à partir des abscisses X et des ordonnées Y des nœuds du maillage 2D cartésien. Puis générer la matrice intensité pour tout r inférieur à une valeur maximale limitant le rayon de la figure d'interférence. Un script en Python est le suivant :

```
import matplotlib.pyplot as plt
import matplotlib.cm
import numpy as np
xmin=-10 #définition des limites du domaine
xmax=10
ymin=-10
ymax=10
rmax=9
h=.1  #définition du pas
x=np.arange(xmin,xmax,h) #création des listes x et y
y=np.arange(ymin,ymax,h)
X,Y=np.meshgrid(x,y)   #passage en quadrillage 2D
r=np.sqrt(X**2+Y**2) #passage en coordonnées cylindriques
I=1+np.cos(1-(r**2)/2)*(r<rmax) #définition de
#l'intensité dans le domaine r inférieur à rmax.
#On utilise ici une écriture vectorialisée dans
#laquelle le test de comparaison de r à rmax
#renvoie 1 si r < rmax et 0 sinon.
plt.imshow(I,cmap=matplotlib.cm.gray)
plt.axis('off') #on évite de tracer les axes
plt.axis('equal') #obtention d'une échelle
#isométrique
plt.show()
```

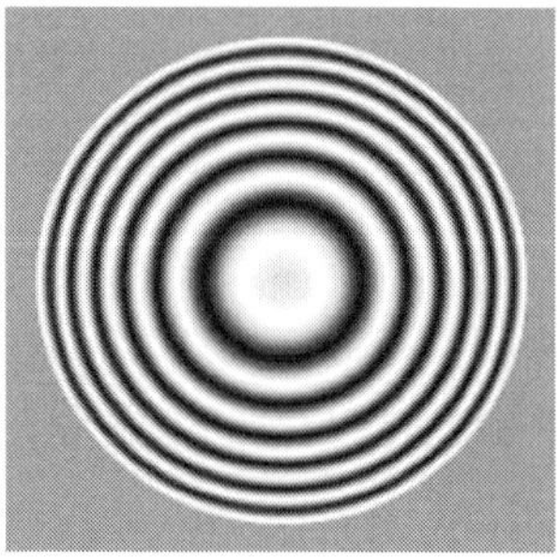

On obtient la figure ci-contre.

b) Lorsque l'épaisseur e de la lame d'air diminue, les sources secondaires se rapprochent (on tend vers le contact optique pour lequel e = 0). C'est donc le paramètre a qui diminue dans le terme $\frac{2\pi a}{\lambda_0}$ dans l'intensité. Il était précédemment fixé arbitrairement à 1. On peut simuler l'évolution de la figure d'interférence en traçant, dans une boucle, l'intensité $1+\cos\left(\mathrm{i}\left(1-\frac{r^2}{2}\right)\right)$

où i est l'indice de boucle prenant ses valeurs dans une liste `val=[.9, .6, .3, .05]` de valeurs décroissantes et inférieures à 1. On prendra soin d'ouvrir, dans la boucle, une nouvelle figure et de la sauvegarder pour éviter qu'elle ne soit écrasée au tour de boucle suivant. On visualise ainsi un nombre d'anneaux diminuant à mesure qu'on se rapproche du contact optique au voisinage duquel l'intensité est uniforme. La fin du code précédent est alors remplacé par :

```
val=[.9, .6, .3, .05] #valeurs décroissantes de l'épaisseur e de la lame
for i in val:
    I=1+np.cos(i*(1-(r**2)/2))*(r<rmax) #définition de la fonction
     #intensité relative à une valeur de e
    plt.figure()  #on ouvre une nouvelle figure
    plt.imshow(I,cmap=matplotlib.cm.gray)
    plt.axis('off')
    plt.axis('equal')
    plt.savefig(''+str(i)+'.png')  #permet de sauvegarder la figure tracée
plt.show() #affiche successivement l'ensemble des figures pour les valeur
#décroissantes de e
```

On obtient la succession de figures suivante :

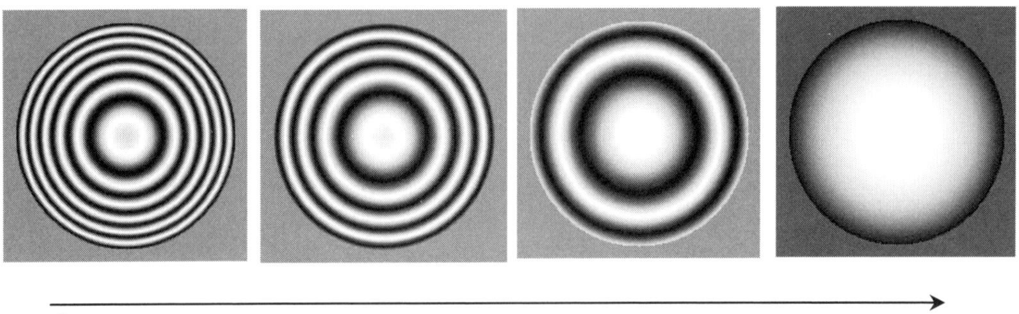

Évolution de la figure d'interférence lorsque l'épaisseur de la lame diminue.

Chapitre 15

Thermodynamique des systèmes ouverts (MP)

UN SCIENTIFIQUE

Émile Clapeyron (1799-1864) intègre l'École polytechnique en 1815 puis celle des Mines. Il se rend alors en Russie, en tant qu'ingénieur, pour y construire des routes et des ponts. De retour en France, il travaille dans une société chargée de mettre en place la première ligne de chemin de fer française. Ceci l'amène à étudier le fonctionnement des machines à vapeur ; il améliore la conception des locomotives. On lui doit plusieurs relations concernant la thermodynamique.

Un peu d'histoire

Sadi Carnot étudie la création d'énergie mécanique à l'aide de la chaleur et émet une hypothèse nouvelle connue de nos jours sous le nom de *théorème de Carnot*. Il publie ses conclusions en 1824 dans un mémoire appelé *Réflexions sur la puissance motrice du feu et sur les machines propres à développer cette puissance*. Sa mort prématurée ne lui permet pas de poursuivre ses recherches et son texte passe totalement inaperçu jusqu'à ce qu'Émile Clapeyron le sorte de l'oubli et le transcrive en termes concrets. C'est seulement vers 1850 que William Thomson, *alias* Lord Kelvin, met en avant la notion de travail et établit l'équivalence entre la chaleur et l'énergie. Le physicien allemand Rudolf Clausius parvient indépendamment aux mêmes conclusions, qui sont la base du second principe de la thermodynamique, et introduit la notion d'entropie.

Objectifs

Ce qu'il faut connaître

- ▷ Le « découpage » d'une transformation finie en une suite de transformations élémentaires
- ▷ Le premier et le second principe de la thermodynamique pour une transformation élémentaire dans son expression la plus générale
- ▷ La forme des diagrammes (P,v), de Mollier des frigoristes $(\ln P,h)$
- ▷ Savoir que la représentation d'une évolution du fluide sur un diagramme n'est qu'une modélisation entre l'entrée et la sortie de la machine
- ▷ Connaître les différentes expressions du premier et du second principe pour un système ouvert en régime permanent.
- ▷ Les causes de création d'entropie dans un fluide en écoulement

Ce qu'il faut savoir faire

- ▷ Choisir une surface de contrôle adaptée
- ▷ Savoir redémontrer les deux principes pour un système ouvert en régime permanent
- ▷ Savoir mettre en œuvre les deux principes pour déterminer les expressions et valeurs de grandeurs d'intérêt relatives au fluide en écoulement
- ▷ Savoir mettre en œuvre les différentes identités thermodynamiques en fonction du contexte
- ▷ Savoir déterminer le terme d'entropie créée
- ▷ Savoir faire un bilan enthalpique
- ▷ Savoir tracer la forme des évolutions classiques d'un fluide en diagramme (P,v), ou des frigoristes $(\ln P,h)$
- ▷ Savoir exploiter les diagrammes (P,v) et de Mollier des frigoristes $(\ln P,h)$ pour en déduire les expressions et valeurs de grandeurs d'intérêt relatives à l'écoulement
- ▷ Savoir faire le lien entre les valeurs calculées en utilisant les deux principes et les grandeurs lues sur les diagrammes

Résumé de cours

Premier et second principe

Premier principe

L'énergie totale d'un système fermé est la somme de son énergie mécanique (cinétique et potentielle macroscopique) $E_m = E_c + E_p$ et de son énergie interne U fonction d'état extensive (cinétique et potentielle microscopique). Une transformation finie peut être « découpée » en une suite continue d'évolution infinitésimale. Pour une évolution infinitésimale d'un système ferme, le premier principe s'écrit : $\boxed{\mathrm{d}(E_m + U) = \delta W + \delta Q}$ où δW et δQ désignent respectivement le travail élémentaire des forces non conservatives et la quantité de chaleur élémentaire reçus par le système au cours d'une transformation infinitésimale.

Pour un transformation finie on écrit : $\boxed{\Delta(E_m + U) = W + Q}$.

Remarque

On veillera, dans cette expression du premier principe, à ne pas comptabiliser deux fois les travaux des forces conservatives déjà pris en compte par la variation d'énergie potentiel $\mathrm{d}E_p$ dans le membre de gauche de l'égalité. D'autre part, W et Q sont des grandeurs algébriques, positives lorsqu'elles sont reçues par le système et négatives dans le cas contraire.

Second principe

Pour une évolution infinitésimale monotherme d'un système fermé, il existe une fonction d'état extensive S nommée entropie telle que $\boxed{\mathrm{d}S = \delta S_{éch} + \delta S_{créée}}$,

$\delta S_{éch} = \dfrac{\delta Q}{T_{ext}}$ est le terme d'entropie d'échange. T_{ext} désigne la température thermodynamique commune entre la frontière du système et le milieu extérieur, et $\delta S_{créée} \geq 0$ est un terme d'entropie créée.

Lorsque la transformation est irréversible $\delta S_{créée} > 0$ et $\delta S_{créée} = 0$ lorsqu'elle est réversible.

Dans ce dernier cas on écrit $\boxed{\mathrm{d}S = \dfrac{\delta Q_{rev}}{T_{syst}}}$ où T_{syst} est la température du système et où l'indice *rev* rappel que l'évolution est ici réversible.

Pour une transformation finie on écrit $\boxed{\Delta S = S_{éch} + S_{créée}}$.

Lorsque la frontière du système est toute entière en contact avec l'extérieur à température constante $T_{ext} = T_0$, on écrit : $S_{éch} = \dfrac{Q}{T_0}$. Dans le cas où cette température est variable en surface, on écrit $S_{éch} = \int \frac{\delta Q}{T_{ext}}$, soit encore, en paramétrant par i les sources de températures respectives $T_{i\,ext}$ en contact avec la frontière du système : $S_{éch} = \sum_i \frac{Q_i}{T_{i\,ext}}$.

Avec cette notation, l'énonce de Clausius-Carnot du second principe s'écrit $\boxed{\Delta S \geq \sum_i \frac{Q_i}{T_{i\,ext}}}$.

❑ Identités thermodynamique, pression et température thermodynamiques

Les identités thermodynamiques sont données par les relations suivantes :

$$\boxed{\mathrm{d}U = T\,\mathrm{d}S - P\,\mathrm{d}V} \text{ et } \boxed{\mathrm{d}H = T\,\mathrm{d}S + V\,\mathrm{d}P}.$$

Remarque

Ces relations sont indépendantes de la nature de la transformation suivie par le système.

On défini la température et la pression thermodynamiques par :

$$\boxed{T = \left(\frac{\partial U}{\partial S}\right)_V} \quad \text{et} \quad \boxed{P = -\left(\frac{\partial U}{\partial V}\right)_S}.$$

On admet l'équivalence de ces deux grandeurs avec la température et la pression cinétiques.

❑ Expressions de la variation d'entropie pour quelques cas classiques

Pour une phase condensée $\boxed{C_P \approx C_V \approx C}$ et $\mathrm{d}S = C\frac{\mathrm{d}T}{T}$ d'où sur un chemin fini entre A et B : $\Delta S = C \ln\frac{T_B}{T_A}$.

Pour un gaz parfait avec $\gamma = \text{cte}$.

$$\mathrm{d}S = \frac{nR}{\gamma-1}\frac{\mathrm{d}T}{T} + nR\frac{\mathrm{d}V}{V} = \frac{nR\gamma}{\gamma-1}\frac{\mathrm{d}T}{T} - nR\frac{\mathrm{d}P}{P} = \frac{nR}{\gamma-1}\frac{\mathrm{d}P}{P} - \frac{nR\gamma}{\gamma-1}\frac{\mathrm{d}V}{V}$$

où sur un chemin fini entre A et B :

$$\Delta S = \frac{nR}{\gamma-1}\ln\frac{T_B}{T_A} + nR\ln\frac{V_B}{V_A} = \frac{nR\gamma}{\gamma-1}\ln\frac{T_B}{T_A} - nR\ln\frac{P_B}{P_A} = \frac{nR}{\gamma-1}\ln\frac{P_B}{P_A} - \frac{nR\gamma}{\gamma-1}\ln\frac{V_B}{V_A}$$

■ Définitions et cadre général de l'étude

❑ Système ouvert et système fermé associé

→ On appelle **système ouvert** un système pouvant échanger avec l'extérieur non seulement de l'énergie (sous forme de travail et de transfert thermique) mais aussi **de la matière**. Dans le cas d'un fluide en

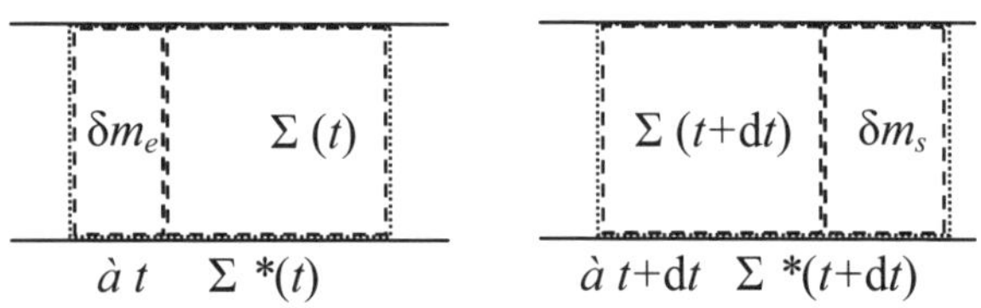

écoulement, un tel système est circonscrit par une **surface de contrôle Σ fixe par rapport au référentiel du laboratoire**.

→ On construit un **système fermé** délimité par une surface Σ^* constitué :

– à l'instant t : du contenu matériel de $\Sigma(t)$ et de la masse entrante dans la surface de contrôle pendant $\mathrm{d}t$ notée δm_e ;

– à l'instant $t + \mathrm{d}t$: du contenu matériel de $\Sigma(t+\mathrm{d}t)$ et de la masse sortante la surface de contrôle pendant $\mathrm{d}t$ notée δm_s.

❑ Notation d'usage

On note $\boxed{\Delta(\xi)=\xi_s-\xi_e}$ la variation de la grandeur ξ relative au fluide entre la section d'entrée du système ouvert, repérée par l'indice « e » et celle de sortie, repérée par l'indice « s ».

❑ Bilan de masse

En régime permanent, on a $\boxed{\delta m_s=\delta m_e=\delta m}$: la masse du système ouvert est conservée en régime permanent.

⇨ **Méthode 15.1. Comment effectuer un bilan de masse ?**

❑ Modèle de l'écoulement unidimensionnel

Les variables caractérisant le fluide (température, pression, vitesse, masse volumique…) sont considérées comme étant uniformes sur une section droite de l'écoulement et ne dépendent ainsi que d'une unique coordonnée curviligne le long de l'écoulement. On dit que **l'écoulement est unidimensionnel**.

■ Principes de la thermodynamique pour un système ouvert

❑ Premier principe pour un système ouvert en régime permanent

En régime permanent, le premier principe devient un bilan enthalpique, on écrit :

$$\boxed{D_m\,\Delta\left(e_c+e_p+h\right)=\mathcal{P}_{th}+\mathcal{P}_i} \text{ ou, de façon équivalente, } \boxed{\Delta\left(e_c+e_p+h\right)=q+w_i},$$

avec :

– e_p l'énergie potentielle macroscopique massique du fluide,

– e_c l'cinétique macroscopique massique du fluide,

– h l'enthalpie massique du fluide,

– $\mathcal{P}_{th}=\dfrac{\delta Q}{\mathrm{d}t}=D_m\,q$ la puissance thermique reçue par le fluide à travers la frontière du système,

– $\mathcal{P}_i=\dfrac{\delta W_i}{\mathrm{d}t}=D_m\,w_i$ la puissance indiquée reçue par le fluide.

Dans ces expressions, δQ et δW_i sont respectivement la quantité de chaleur reçue et le travail indiqué (qui est le travail élémentaire reçu par le fluide de la part des parties mobiles de la machine), $q = \dfrac{\delta Q}{\delta m}$ et $w_i = \dfrac{\delta W_i}{\delta m}$ sont les grandeurs massiques correspondantes.

Remarque

Le travail indiqué massique apparaît comme la somme des travaux massiques autres que ceux des forces de pression d'admission et de refoulement.

⇨ **Méthode 15.2. Comment écrire le premier principe pour un système ouvert ?**

Dans le cas où les ouvertures d'entrée et de sortie sont sensiblement à la même côte z, on peut négliger la variation d'énergie potentielle macroscopique, qui, dans la pratique, se réduit au terme de pesanteur : $\Delta e_p = g(z_s - z_e)$ (en prenant l'axe (Oz) ascendant), négligeable devant la variation d'enthalpie Δh.

→ Dans de nombreux cas (**sauf pour les turbines**), les vitesses d'entrée et de sortie sont comparables, ainsi la variation d'énergie cinétique macroscopique est négligeable devant Δh, on a alors : $\boxed{D_m \Delta h = \mathcal{P}_{th} + \mathcal{P}_i}$ ou : $\boxed{\Delta h = q + w_i}$.

Remarque

Le premier principe peut être écrit sur un chemin infinitésimal (modélisation entre l'entrée et la sortie), sous la forme : $\boxed{\mathrm{d}h = \delta q + \delta w_i}$.

❑ Second principe pour un système ouvert en régime permanent

En régime permanent, le second principe pour un système ouvert s'écrit : $\boxed{D_m \Delta s = \dot{S}_{éch} + \dot{S}_{créée}}$

où $\dot{S}_{éch} = \dfrac{\delta S_{éch}}{\mathrm{d}t}$ est le taux d'entropie échangée (entropie échangée par unité de temps) et $\dot{S}_{créée} = \dfrac{\delta S_{créée}}{\mathrm{d}t}$ est le taux de création d'entropie.

On écrit de façon équivalente : $\boxed{\Delta s = s_{éch} + s_{créée}}$.

Dans cette expression, $s_{éch} = \dfrac{\delta S_{éch}}{\delta m}$ est l'entropie massique échangée et $s_{créée} = \dfrac{\delta S_{créée}}{\delta m}$ est l'entropie massique créée.

D'après le second principe, pour une transformation quelconque $\boxed{s_{créée} \geq 0}$. L'égalité $\boxed{s_{créée} = 0}$ correspond à une transformation **réversible**.

→ Lorsque la frontière du système est entièrement en contact avec l'extérieur à température constante $T_{ext} = T_0$, on écrit : $s_{éch} = \dfrac{q}{T_0}$. Dans le cas où cette température est variable en surface, on a $s_{éch} = \displaystyle\int \frac{\delta q}{T_{ext}}$. Dans cette expression, T_{ext} désigne la température thermodynamique commune entre la frontière du système et le milieu extérieur.

→ Lorsque la frontière du système est adiabate (transfert thermique nul) $s_{éch} = 0$ et $\boxed{\Delta s = s_{créée}}$. Si, de plus, la transformation est réversible $\boxed{s_{créée} = 0}$ et $\boxed{\Delta s = 0}$: la transformation est adiabatique réversible donc **isentropique** $\boxed{s = cte}$.

Remarque

Lorsque la transformation est supposée quasi statique, le second principe peut être écrit sur un chemin infinitésimal (modélisation entre l'entrée et la sortie de la machine) sous la forme :

$$\boxed{\mathrm{d}s = \delta s_{éch} + \delta s_{créée}} \text{ avec } \delta s_{éch} = \frac{\delta q}{T_{ext}}.$$

⇨ **Méthode 15.3. Comment écrire le second principe pour un système ouvert ?**

❑ Création d'entropie et irréversibilité

Les sources de création d'entropie (et donc d'irréversibilité) ont des origines diverses :

→ Les gradients de masse volumique ou de composition (et plus généralement des grandeurs intensives) au sein du système engendrent des **phénomènes de diffusion** par nature irréversibles

→ Les frottements internes au fluide (qui dans la pratique est généralement visqueux).

→ Les gradients thermiques à la frontière du système ou en son sein. Ils engendrent en effet des phénomènes de diffusion **thermique irréversibles**.

→ Les transformations brutales comme une compression ou une détente violente qui engendre des inhomogénéités de pression, sont **mécaniquement irréversibles**.

→ Le mélange de deux fluides différents, ou de même nature mais à des températures différentes, engendre des inhomogénéités de composition et/ou thermiques.

→ D'autres phénomènes, tels les réactions chimiques au sein du système, l'absorption de rayonnement, le transport de charges…

→ Une transformation sera dite **mécaniquement réversible** en l'absence de source mécanique de création d'entropie. Elle sera dite **thermiquement réversible** en l'absence de gradient de température.

■ Système ouvert à plusieurs entrées ou sorties

Pour un système ouvert, **en régime permanent**, comportant j entrées et k sorties, le bilan de masse se généralise de la façon suivante : $\boxed{\sum_{j\ entrées} D_m^j = \sum_{k\ sorties} D_m^k}$ où D_m^j est le débit massique à l'entrée N° j et D_m^k celui à la sortie N° k.

Le bilan enthalpique s'écrit, dans les mêmes conditions et avec les mêmes notations :

$$\boxed{\sum_{k\ sorties} D_m^k\left(h_k + e_c^k + e_p^k\right) - \sum_{j\ entrées} D_m^j\left(h_j + e_c^j + e_p^j\right) = \mathcal{P}_{th} + \mathcal{P}_i}.$$

Dans de nombreuses applications, les systèmes comportant plusieurs entrées et sorties sont supposés tels que le second membre de cette égalité est nul et nous retiendrons qu'alors :

$$\boxed{\sum_{k\ sorties} D_m^k\left(h_k + e_c^k + e_p^k\right) = \sum_{j\ entrées} D_m^j\left(h_j + e_c^j + e_p^j\right)}.$$

Le bilan entropique d'un système ouvert **en régime permanent**, en contact thermique avec l sources de température respective T_{ext}^l (température commune de la frontière du système avec cette source sur la zone de contact) recevant respectivement un transfert thermique Q_l de la source l, s'écrit en utilisant le taux de création d'entropie $\dot{S}_{créée}$ et le taux d'entropie échangée $\dot{S}_{éch}$: $\boxed{\sum_{k\ sorties} D_m^k\, s_k - \sum_{j\ entrées} D_m^j\, s_j = \underbrace{\sum_l \frac{\dot{Q}_l}{T_{ext}^l}}_{\dot{S}_{éch}} + \dot{S}_{créée}}$, où $\dot{Q}_l$ est un transfert thermique par unité de temps avec la source l (puissance thermique reçue de la source l) à la température T_{ext}^l.

■ Coefficient de performance d'une installation

Le coefficient de performance d'une installation est le rapport de la puissance utile sur la puissance coûteuse : $\boxed{COP = \frac{P_{utile}}{P_{coûteurse}}}$.

On trouve aussi dans les énoncés les termes de **rendement** (noté η et toujours inférieur à l'unité) ou d'**efficacité** (noté e et pouvant être supérieure à l'unité).
On fait souvent la comparaison au *COP* théorique relatif au cycle idéal de Carnot.

Méthodes

❑ Méthode 15.1. Comment effectuer un bilan de masse ?

Dans de nombreux problèmes, on étudie un système ouvert défini par le fluide contenu dans une surface Σ, dite surface de contrôle. Il s'agit, par exemple, du volume intérieur d'une machine à travers laquelle transite un fluide ou d'une partie d'une conduite.

$\rightarrow$ Les bilans ne peuvent être appliqués qu'à **un système fermé**. On se ramène donc à un système fermé Σ^*, qui n'échange pas de matière avec l'extérieur. Ce système est, à l'instant *t,* constitué du fluide contenu dans Σ et de l'élément de fluide δm_e qui va rentrer dans Σ pendant l'intervalle d*t*, et à l'instant $t+\mathrm{d}t$ du fluide contenu dans Σ et de l'élément de fluide δm_s qui est sorti de Σ pendant l'intervalle d*t*.

Considérons, dans le référentiel du laboratoire, un système ouvert défini par le fluide contenu dans une surface Σ, dite **surface de contrôle** représentée en pointillés sur la figure. On admet que les échanges de matière ne se font que par deux ouvertures : l'une est l'ouverture d'entrée de section droite Σ_e, l'autre est l'ouverture de sortie de section droite Σ_s. On note alors :

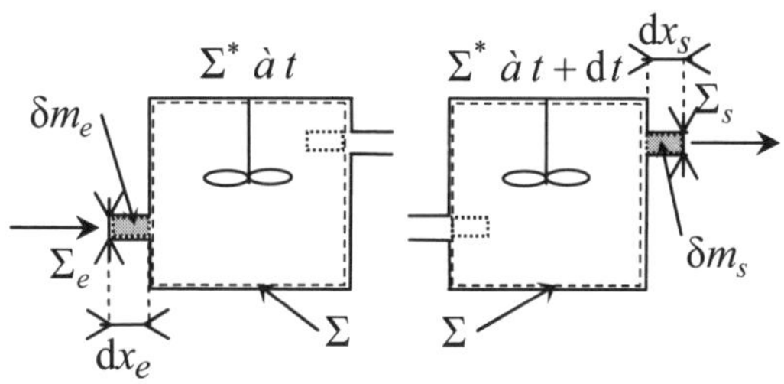

$\rightarrow$ $M(t)$ et $M(t+\mathrm{d}t)$ la masse contenue dans Σ respectivement aux instants *t* et $t+\mathrm{d}t$,

$\rightarrow$ δm_e l'élément de masse de fluide entrant dans Σ par l'ouverture Σ_e entre les instants *t* et $t+\mathrm{d}t$ et δm_s l'élément de masse de fluide sortant de Σ par l'ouverture Σ_s entre ces deux instants.

Raisonnons sur le système fermé Σ^* défini plus haut dans l'encadré : à l'instant *t*, la masse de Σ^* est $M(t)+\delta m_e$ et à $t+\mathrm{d}t$, $M(t+\mathrm{d}t)+\delta m_s$. Σ^* étant fermé il est de masse constante et donc : $M(t+\mathrm{d}t)+\delta m_s = M(t)+\delta m_e$.

$\rightarrow$ En **régime non permanent**, la variation de masse du système ouvert délimité par la surface de contrôle Σ est donnée par $\mathrm{d}M = M(t+\mathrm{d}t) - M(t) = \delta m_e - \delta m_s$.

$\rightarrow$ En **régime permanent**, la masse contenu dans Σ est indépendante du temps, d'où $M(t+\mathrm{d}t) = M(t)$ et donc $\boxed{\delta m_s = \delta m_e = \delta m}$. Ce qui entre dans le système ouvert est égal à ce qui en sort au cours du temps.

On définit respectivement les débits massiques de fluide à l'entrée et à la sortie du système ouvert par $D_{m_e} = \dfrac{\delta m_e}{\mathrm{d}t}$ et $D_{m_s} = \dfrac{\delta m_s}{\mathrm{d}t}$ de sorte qu'en **régime permanent** on a $D_{m_e} = D_{m_s} = D_m = \dfrac{\delta m}{\mathrm{d}t} = cte$. Il y a donc conservation du débit massique en régime permanent.

→ Si, de plus, **le fluide est incompressible**, sa masse volumique ρ est constante dans tout l'écoulement et le débit volumique D_v est conservé, en effet :

$\dfrac{\delta(\rho V)}{\mathrm{d}t} = \rho\dfrac{\delta V}{\mathrm{d}t} = cte \Rightarrow D_v = \dfrac{\delta V}{\mathrm{d}t} = cte$. En considérant une section d'entrée S_1 où la vitesse du fluide est v_1 et une section de sortie S_2 où la vitesse du fluide est v_2, la conservation du débit volumique se traduit par la relation $S_1 v_1 = S v_2$.

❑ Méthode 15.2. Comment écrire le premier principe pour un système ouvert ?

On note E l'énergie totale du système ouvert contenu matériel de Σ, somme de l'énergie interne U et des énergies macroscopiques cinétique E_c et potentielle E_p : $E = U + E_c + E_p$. On note, avec des minuscules, les grandeurs massiques correspondantes telles que $\varepsilon = u + e_c + e_p$. On désigne alors par ε_e et ε_s les énergies massiques à l'entrée et à la sortie de Σ. Le bilan d'énergie se fait sur le système fermé Σ^* (seul type de système sur lequel on sache appliquer le premier principe). On note pour cela E^* son énergie de sorte qu'à l'instant t : $E^*(t) = E(t) + \delta m_e\, \varepsilon_e$ et à l'instant $t + \mathrm{d}t$: $E^*(t+\mathrm{d}t) = E(t+\mathrm{d}t) + \delta m_s\, \varepsilon_s$. On exploite alors le fait qu'en régime permanent d'écoulement, l'énergie (fonction d'état) est indépendante du temps : $E(t+\mathrm{d}t) = E(t)$ et que la masse du contenu matériel de Σ est indépendante du temps : $\delta m_s = \delta m_e = \delta m$.

⇨ **Exercices 15.1, 15.2, 15.4 et 15.5**

On se replace dans le cadre de la méthode précédente.

Le premier principe appliqué à Σ^* fermé conduit alors à : $\mathrm{d}E^* = \delta Q + \delta W$ où δQ et δW sont respectivement la quantité de chaleur reçue à travers la frontière du système et le travail des forces non conservatives reçu par le fluide pendant dt.

Remarque

On veillera, dans cette expression du premier principe, à ne pas comptabiliser deux fois les travaux des forces conservatives déjà pris en compte par la variation d'énergie potentiel dans le membre de gauche de l'égalité. De plus, δQ et δW sont des grandeurs sont algébriques : elles sont positives si elles sont effectivement reçues par le système et négatives si elles sont au contraires cédées par le système à l'extérieur. D'autre part, le transfert thermique avec l'atmosphère se fait via la carcasse qui, elle, est thermiquement couplée au fluide.

Comme $\mathrm{d}E^* = E^*(t+\mathrm{d}t) - E^*(t)$ on obtient :
$\left(E(t+\mathrm{d}t) + \delta m_s\,\varepsilon_s\right) - \left(E(t) + \delta m_e\,\varepsilon_e\right) = \delta Q + \delta W$, soit
$\left(E(t+\mathrm{d}t) - E(t)\right) + \left(\delta m_s\,\varepsilon_s - \delta m_e\,\varepsilon_e\right) = \delta Q + \delta W$. Or en régime permanent, $E(t+\mathrm{d}t) = E(t)$ et $\delta m_s = \delta m_e = \delta m$, ainsi : $\delta m\left(\varepsilon_s - \varepsilon_e\right) = \delta Q + \delta W$.

Dans cette expression, il faut à présent préciser la nature du terme δW : il se décompose en une somme de trois termes :
→ Le **travail indiqué** δW_i ,qui est le travail élémentaire reçu par le fluide de la part des parties mobiles de la machine pendant d*t*.
→ Le **travail des forces de pressions** qui lui-même se décompose en :
– un travail des forces de pression d'admission, exercées par le fluide en amont sur l'élément de masse entrant dans la machine $\mathrm{d}W_e = P_e\,\Sigma_e\,\mathrm{d}x_e = P_e\,\mathrm{d}V_e$ qui, en introduisant le volume massique v_e, s'écrit $\mathrm{d}W_e = P_e\,\delta m_e\,v_e = P_e\,\delta m\,v_e$,
– un travail des forces de pression de refoulement, exercées par le fluide en aval sur l'élément de masse sortant de la machine $\mathrm{d}W_s = -P_s\,\Sigma_s\,\mathrm{d}x_s = -P_s\,\mathrm{d}V_s$ qui, en introduisant le volume massique v_s, s'écrit $\mathrm{d}W_s = -P_s\,\delta m_s\,v_s = -P_s\,\delta m\,v_s$.
Le premier principe, en régime permanent, appliqué à Σ^* fermé s'écrit alors :
$\delta m\left(\varepsilon_s - \varepsilon_e\right) = \delta Q + \delta W_i + \delta m\left(P_e\,v_e - P_s\,v_s\right)$, soit encore, compte tenu des notations d'usage entre entrée et sortie : $\delta m\,\Delta\left(\varepsilon\right) = \delta Q + \delta W_i - \delta m\,\Delta\left(Pv\right)$. Notons $q = \dfrac{\delta Q}{\mathrm{d}m}$ et $w_i = \dfrac{\delta W_i}{\mathrm{d}m}$ respectivement la quantité de chaleur massique et le travail massique indiqué reçus par le fluide, il vient : $\delta m\,\Delta\left(\varepsilon + Pv\right) = \delta m\left(q + w_i\right)$, soit $\delta m\,\Delta\left(u + e_c + e_p + Pv\right) = \delta m\left(q + w_i\right)$. Dans cette expression, on reconnaît l'enthalpie massique $h = u + Pv$, de sorte qu'en simplifiant par δm, on obtient : $\boxed{\Delta\left(e_c + e_p + h\right) = q + w_i}$, qui constitue le premier principe pour le système ouvert en régime permanant. En régime permanent, le premier principe devient un **bilan enthalpique**.

On note que d'après ce qui précède le travail indiqué massique apparaît comme la somme des travaux massiques autres que ceux des forces de pression d'admission et de refoulement.

On peut, de façon equivalente, l'exprimer en terme de puissance en multipliant cette égalité par le débit massique $D_m = \dfrac{\delta m}{\mathrm{d}t} = cte$, on obtient : $\boxed{D_m\,\Delta\left(e_c + e_p + h\right) = \mathscr{P}_{th} + \mathscr{P}_i}$, où $\mathscr{P}_{th} = \dfrac{\delta Q}{\mathrm{d}t} = \dfrac{q\,\mathrm{d}m}{\mathrm{d}t}$ est la puissance thermique reçue par le fluide et $\mathscr{P}_i = \dfrac{\delta W_i}{\mathrm{d}t} = \dfrac{w_i\,\mathrm{d}m}{\mathrm{d}t}$ la puissance indiquée reçue par le fluide.
En négligeant (comme c'est fréquent) les variations d'énergie potentielle et cinétique entre l'entrée et la sortie de la machine, on a : $\boxed{\Delta h = q + w_i}$, soit en termes de puissances :

Méthodes

$\boxed{D_m\,\Delta(h)=\mathcal{P}_{th}+\mathcal{P}_i}$, où Δh est soit obtenu d'après la seconde loi de Joule : $\Delta h = c_P\,\Delta T$, soit relevé directement sur un diagramme.

❑ Méthode 15.3. Comment écrire le second principe pour un système ouvert ?

On considère dans de nombreux cas que l'enveloppe physique du fluide dans Σ (carcasse de la machine, tuyau…) est à la température T_{ext} uniforme et joue ainsi, vis-à-vis du fluide, le rôle de source de chaleur et échange avec ce dernier la quantité de chaleur Q. On désigne par s_e et s_s les l'entropies massiques à l'entrée et à la sortie de Σ . On effectue encore une fois un bilan d'entropie sur le système fermé Σ^* (seul type de système sur lequel on sache appliquer le second principe). On note pour cela S^* son entropie de sorte, qu'à l'instant t : $S^*(t)=S(t)+\delta m_e\,s_e$ et à l'instant $t+\mathrm{d}t$: $S^*(t+\mathrm{d}t)=S(t+\mathrm{d}t)+\delta m_s\,s_s$. On exploite comme précédemment l'hypothèse de régime permanent, S étant une fonction d'état, elle est indépendante du temps : $S(t+\mathrm{d}t)=S(t)$.

⇨ **Exercices 15.1 et 15.3**

Avec les notations d'usage données dans l'encadré ci-dessus, le second principe appliqué à Σ^* fermé conduit à : $\mathrm{d}S^* = \delta S_{éch} + \delta S_{créée}$ où $\delta S_{éch} = \dfrac{\delta Q}{T_{ext}}$, avec $\mathrm{d}S^* = S^*(t+\mathrm{d}t) - S^*(t)$ on obtient : $\left(S(t+\mathrm{d}t)+\delta m_s\,s_s\right)-\left(S(t)+\delta m_e\,s_e\right)=\delta S_{éch}+\delta S_{créée}$. Or en régime permanent, $S(t+\mathrm{d}t)=S(t)$ et $\delta m_s=\delta m_e=\delta m$, ainsi, avec les notation d'usage entre entrée et sortie : $\delta m\,\Delta s=\delta S_{éch}+\delta S_{créée}$. En notant alors $s_{éch}=\dfrac{\delta S_{éch}}{\delta m}$ l'entropie échangée massique et $s_{crée}=\dfrac{\delta S_{créée}}{\delta m}$ est l'entropie créée massique, il vient : $\boxed{\Delta s = s_{éch}+s_{créée}}$, qui constitue **le second principe pour le système ouvert en régime permanent**.

D'après le second principe, $s_{créée}>0$ si l'évolution est irréversible et $s_{créée}=0$ si elle est réversible.
On peut exprimer le second principe pour un système ouvert en régime permanent en terme de taux d'entropie. Il suffit de multiplier $\Delta s = s_{éch}+s_{créée}$ par le débit massique $D_m=\dfrac{\delta m}{\mathrm{d}t}=cte$, on obtient encore : $\boxed{D_m\,\Delta s=\dot{S}_{éch}+\dot{S}_{créée}}$, où $\dot{S}_{éch}=\dfrac{\delta S_{éch}}{\mathrm{d}t}$ est le taux d'entropie échangée (entropie échangée par unité de temps) et $\dot{S}_{créée}=\dfrac{\delta S_{créée}}{\mathrm{d}t}$ est le taux de création d'entropie.

■■ Vrai/Faux

	Vrai	Faux
1. La représentation de l'évolution du fluide à travers une machine en diagrammes (P,v) ou (lnP,h) n'est pas toujours possible et n'est que la modélisation d'une réalité expérimentale complexe.	☐	☐
2. En fonction du temps caractéristique de l'évolution d'un système en contact thermique avec une source, la transformation peut être considérée comme adiabatique ou au contraire isotherme.	☐	☐
3. Dans une turbine on exploite l'enthalpie élevée du fluide en entrée pour en convertir une fraction en énergie de rotation de l'arbre.	☐	☐
4. Dans l'écriture du bilan enthalpique sous sa forme infinitésimale $\mathrm{d}h = \delta q + \delta w_i$ les notations « d » ou « δ » ne sont que des intermédiaires mathématiques sans sens physique particulier.	☐	☐
5. Écrire que le coefficient isentropique d'un gaz partait $\gamma = c_P / c_V$ est constant n'est qu'une approximation.	☐	☐
6. Une partie du travail indiqué massique algébriquement fourni au fluide est « perdu » du fait des irréversibilités.	☐	☐
7. Dans un échangeur thermique à contre courant, isobare et parfaitement calorifugé, comme il n'y a pas de contact thermique avec l'extérieur, il n'y pas de dissipation par création d'entropie.	☐	☐
8. Dans un compresseur, si le travail indiqué est intégralement transmis au fluide pour assurer son évolution thermodynamique, c'est que la machine fonctionne réversiblement.	☐	☐
9. En pratique, dans un réfrigérateur, le cycle réel est un cycle de Carnot.	☐	☐
10. Dans le cadre du modèle de l'écoulement unidimensionnel, la vitesse est constante sur toute section droite de l'écoulement.	☐	☐

Énoncé des exercices

Exercice 15.1. Pertes dans un compresseur

Un écoulement d'air (considéré comme un gaz parfait) de débit massique $D_m = 16\ \text{kg}\cdot\text{s}^{-1}$, est comprimé de façon adiabatique dans un compresseur non idéal dont on cherche à établir le rendement isentropique. La pression d'entrée est $P_1 = 100\ \text{kPa}$ pour une température $T_1 = 298\ \text{K}$, la pression de sortie est $P_2 = 700\ \text{kPa}$ pour une température $T_2^{irr} = 523\ \text{K}$. On note avec l'exposant « *irr* » les grandeurs relatives à la transformation réelle irréversible, et avec l'exposant « *rev* » celles relatives à une hypothétique transformation réversible menant du même état initial à la même pression finale mais à une température $T_2^{rev} \neq T_2^{irr}$.

Hypothèses : le régime est permanent et on néglige les variations d'énergie cinétique et potentielle de l'air entre l'entrée et la sortie du compresseur. Le coefficient isentropique $\gamma = \dfrac{c_P}{c_v}$ est considéré comme constant et pris égal à 1,4. On donne $c_p = 1\ \text{kJ}\cdot\text{kg}^{-1}\cdot\text{K}^{-1}$.

1. Exprimer les puissances indiquées $\mathcal{P}_i^{irr}$ et $\mathcal{P}_i^{rev}$ en fonction de D_m, c_P et des températures d'entrée et de sortie. Exprimer et évaluer la puissance supplémentaire à fournir au compresseur réel par rapport à un comportement idéal. Quelle en est l'origine physique ?

2. On définit le rendement isentropique η_{is} du compresseur par $\eta_{is} = \dfrac{\mathcal{P}_i^{irr}}{\mathcal{P}_i^{rev}}$. Exprimer η_{is} en fonction de T_1, P_1, T_2^{irr}, P_2, et de $\gamma = \dfrac{c_P}{c_v}$. Donner sa valeur numérique.

3. Calculer l'entropie massique créée lors de la compression réelle du gaz.

Exercice 15.2. Écoulement dans une tuyère

Considérons, dans un système de propulsion par jet (turboréacteur), une portion de tuyère sans pièces mobiles, possédant la symétrie de révolution autour de son axe (*Oz*) mais dont la géométrie exacte n'est pour l'instant pas précisée. Elle transforme une partie de l'énergie thermique des gaz, considérés comme parfaits, qui s'échappent de la turbine en énergie cinétique. On note V la norme de la vitesse du fluide (à ne pas confondre avec le volume massique v), et Σ une section de la tuyère.

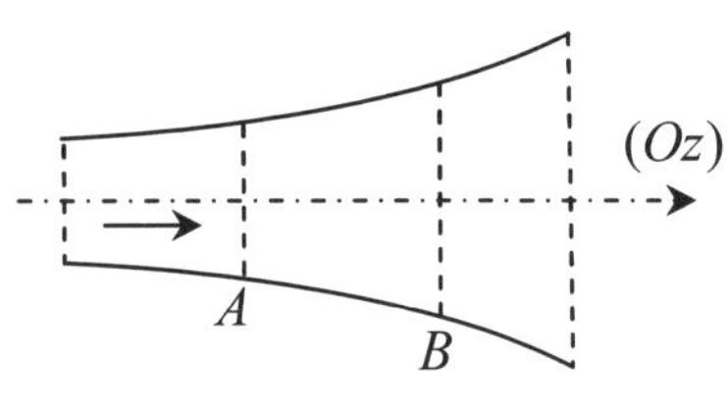

Hypothèses : on suppose que le régime est permanent, que l'énergie potentielle de pesanteur ne varie pas et que le gaz transite assez rapidement dans la tuyère pour qu'on puisse négliger les transferts thermiques (tuyère adiabate). L'écoulement est unidimensionnel. On néglige la viscosité du fluide. Le coefficient isentropique de l'air $\gamma = \dfrac{c_P}{c_v}$ est considéré comme constant et pris égal à 1,4. On rappelle que la capacité calorifique massique du gaz à pression constante est $c_P = \dfrac{\gamma r}{\gamma - 1}$ où $r = \dfrac{R}{M}$ (R est la constante des gaz parfaits et M la masse molaire du gaz). On prendra numériquement $c_P = 1000\ \mathrm{J \cdot kg^{-1} \cdot K^{-1}}$.

1. En appliquant à ce système le premier principe généralisé, montrer, qu'entre deux sections A et B, vitesses et températures sont liées par : $\dfrac{1}{2}\left(V_B^2 - V_A^2\right) = c_P\left(T_A - T_B\right)$. En déduire une relation entre $\mathrm{d}T$, R, M, $\gamma = \dfrac{c_P}{c_v}$ et $\mathrm{d}V$ dans la tuyère.

2. En exploitant les hypothèses, et sachant que le gaz est introduit dans la tuyère à une vitesse négligeable, en déduire que, pour accélérer le gaz, la tuyère doit être d'abord convergente puis divergente. On admettra que la vitesse du son dans un gaz est donnée par $c_{son} = \sqrt{\dfrac{\gamma RT}{M}}$.

3. Le profil de la tuyère est tel que la pression à sa sortie est $P_s = 1\ \text{bar}$ (pression atmosphérique). À l'entrée la pression vaut $P_e = 2{,}5\ \text{bar}$ pour une température de $T_e = 1000\ \text{K}$ et la vitesse est supposée nulle. Calculer la température en sortie de tuyère T_s ainsi que la vitesse V_s des gaz éjectés. Commenter. En déduire la dimension de la section Σ_s de sortie de la tuyère si l'on veut obtenir une poussée de $F = 5 \cdot 10^4\ \text{N}$.

D'après ENSIETA et ESIGETEL

❑ Exercice 15.3. Entropie créée dans un mélangeur

Un écoulement d'eau à la température $T_1 = 10°\text{C}$ pénètre par l'entrée (1) d'un mélangeur calorifugé et isobare dans lequel règne une pression de 1 bar. Il s'y mélange avec un écoulement de vapeur d'eau à la température $T_2 = 150°\text{C}$ entrant par l'entrée (2). L'écoulement résultant du mélange isobare des deux fluides émerge de la chambre à la température de $T_3 = 50°\text{C}$. On note $T_0 = 25°\text{C}$ la température du milieu extérieur autour du mélangeur, dans son environnement immédiat (elle est supposée uniforme et constante).

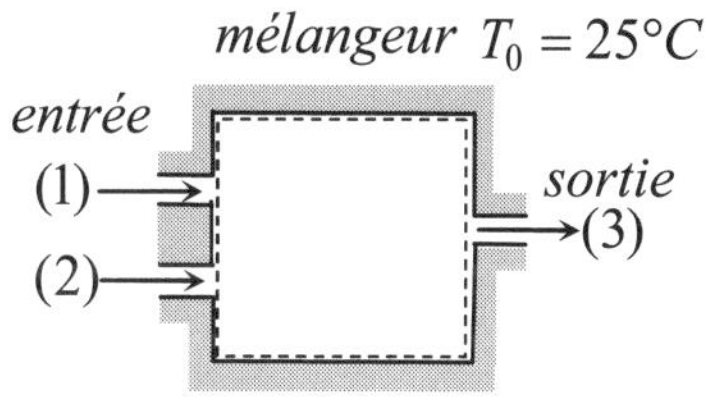

Hypothèses : l'écoulement est unidimensionnel et en régime permanent. Les variations d'énergies cinétique et potentielle du fluide sont négligées.

On donne les débits massiques des écoulements entrants : $D_m^1 = 0{,}938\ \mathrm{kg \cdot s^{-1}}$, $D_m^2 = 0{,}062\ \mathrm{kg \cdot s^{-1}}$, ainsi que les valeurs thermodynamiques regroupées dans le tableau suivant :

état	h (kJ.kg^{-1})	s (kJ.kg^{-1}.K^{-1})
1	42	0,151
2	2746	6,838
3	209,6	0,703

1. Montrer que l'hypothèse de mélangeur calorifugé est bien légitime.

2. Établir l'expression littérale et la valeur numérique du taux de création d'entropie $\dot{S}_{crée}$ dans le mélangeur. Commenter. On précisera clairement le système étudié.

❑ Exercice 15.4. Étude simplifiée d'un turboréacteur

On se propose d'étudier, de façon simplifiée, le fonctionnement du turboréacteur mono-flux et mono-corps à postcombustion qui équipe les avions de chasse.

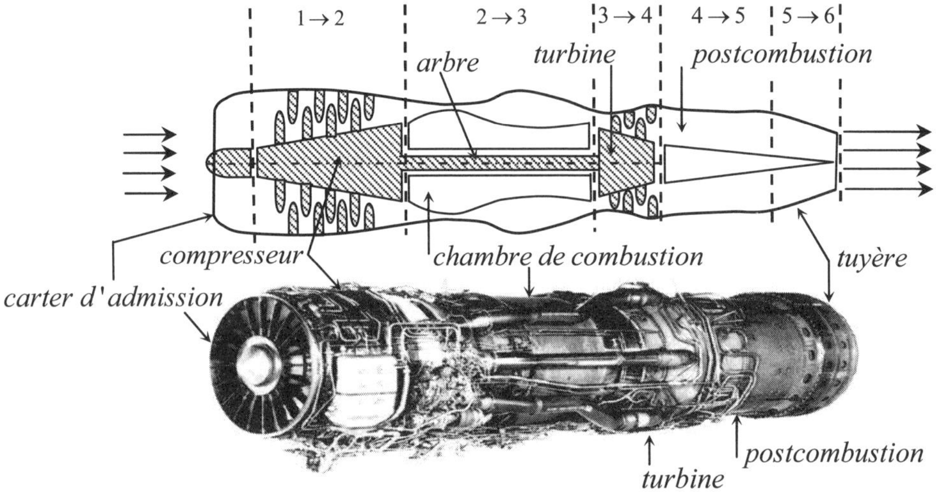

Le schéma de principe simplifié du turboréacteur est présenté ci-dessous. En fonctionnement économique, l'air entrant dans le réacteur est comprimé puis mélangé à du carburant et brûlé. Le mélange brûlé est accéléré dans une tuyère, et éjecté à grande vitesse. Ainsi l'énergie thermique générée par la combustion est convertie en énergie cinétique de façon à générer une poussée sur l'avion dont est solidaire le turboréacteur. Pour obtenir une poussée plus importante, le pilote peut enclencher la postcombustion : le mélange subit alors une seconde combustion entre la sortie de la turbine et l'entrée de la tuyère.

Fonctionnement *:* le compresseur axial aspire l'air ambiant via le carter d'admission à la température $T_1 = 288\ \text{K}$ et à la pression $P_1 = 1\ \text{bar}$.

Étape (1) $\rightarrow$ (2) : après compression de P_1 à $P_2 = 6{,}15\ \text{bars}$, l'air est admis dans la première chambre de combustion où le carburant est injecté.

Étape (2) $\rightarrow$ (3) : le mélange air-carburant est chauffé par combustion à la température $T_3 = 1250\ \text{K}$.

Étape (3) $\rightarrow$ (4) : détente partielle dans la turbine axiale.

Étape (4) $\rightarrow$ (5) : postcombustion enclenchée. Après passage dans la turbine, les gaz comburés sont admis dans la seconde chambre de postcombustion où ils subissent une seconde combustion les menant à la température de $T_5 = 1930\ \text{K}$.

Étape (5) $\rightarrow$ (6) : les gaz sont ensuite admis dans la tuyère à la pression P_5 et à vitesse supposée nulle et s'y détendent jusqu'à la pression ambiante $P_6 = 1\ \text{bar}$.

Hypothèses : on suppose que le régime est permanent, que l'énergie potentielle de pesanteur ne varie pas dans tout le problème et que l'énergie cinétique ne varie que dans la tuyère. L'écou-

lement est unidimensionnel. Le coefficient isentropique de l'air $\gamma = \frac{c_P}{c_v}$ est considéré comme constant et pris égal à 1,4. On rappelle que la capacité calorifique massique du gaz à pression constante est $c_P = \frac{\gamma r}{\gamma - 1}$ où $r = \frac{R}{M}$ (R est la constante des gaz parfaits et M la masse molaire du gaz). Pour les applications numériques on prendra $c_P = 1000\ \mathrm{J \cdot kg^{-1} \cdot K^{-1}}$. Les caractéristiques de l'air ne sont pas modifiées par la combustion. Le débit massique est pris égal à $D_m = 1\ \mathrm{kg \cdot s^{-1}}$ dans tout le système. Les évolutions dans la tuyère, la turbine et le compresseur sont supposées adiabatiques et réversibles. Le système ne comporte aucune pièce mobile en dehors de la turbine et du compresseur. Les pertes de charge sont négligées dans les deux chambres de combustion qui sont donc isobares. Le compresseur et la turbine ont un arbre commun. On néglige les pertes mécaniques par frottement dans le compresseur, la turbine est au niveau des paliers de l'arbre qui les relie. Ainsi, la puissance mécanique fournie par l'écoulement dans la turbine est intégralement transmise au compresseur.
Pour une ascension rapide en interception, ou au décollage, le pilote du mirage a recours à la postcombustion.

1. Donner les expressions littérales et les valeurs numériques de la température et du travail massique indiqué w_i^{12} en fin de compression à l'état (2).
2. Donner les expressions littérales et les valeurs numériques de la température T_4 et de la pression P_4 en sortie de turbine dans l'état (4).
3. Donner les expressions littérales et les valeurs numériques de la température T_6 et de la vitesse des gaz éjectés V_6 en sortie de tuyère dans l'état (6).
4. Donner les expressions littérales et les valeurs numériques de la quantité de chaleur massique totale q_{comb} fournie au gaz lors des combustions et de l'énergie cinétique massique e_c en sortie de tuyère. En déduire le rendement thermique du turboréacteur η_{th} défini par le rapport entre l'énergie cinétique massique de l'air en sortie de tuyère et la somme des quantités de chaleur fournies à l'air lors des combustions.
5. Une fois en altitude le vol de croisière s'effectue sans recours à la postcombustion. En reprenant la démarche suivie précédemment mais en supprimant l'étape (4) $\rightarrow$ (5), évaluer le rendement thermique du turboréacteur η_{th} en régime de croisière. Conclure.

D'après banque PT

❑ Exercice 15.5. Fonctionnement d'une climatisation

On s'intéresse au fonctionnement d'un appareil de climatisation domestique à fluide caloporteur R134-a, dont le but est de maintenir une température moyenne constante dans une pièce en été.
Hypothèses : dans toute l'étude, on suppose l'écoulement du fluide permanent et unidimensionnel, on néglige toute variation d'énergie cinétique massique et d'énergie potentielle massique. Le compresseur W aspire le fluide sous une basse pression, le comprime en lui fournissant un travail et le refoule à haute pression. Pour simplifier, on considère que la compression est adiabatique et réversible. Le détendeur D, calorifugé et sans pièce mécanique mobile, est muni d'un pointeau qui permet de réguler le débit du fluide. La chute de pression est due aux variations de section dans cet élément.

Les échangeurs thermiques E_1 et E_2 sont isobares (il s'agit d'un évaporateur ou d'un condenseur et leur nature devra être précisée), dépourvus de pièce mécanique mobile. Ils ressemblent à des radiateurs, offrant ainsi une grande surface de contact thermique avec l'air du local à climatiser (pour l'un) et l'air extérieur (pour l'autre). L'un fonctionne à haute pression l'autre à basse pression. La haute pression est fixée à 10 bar et la basse pression vaut 2 bar.

Question préliminaire. Préciser et justifier la nature des transformations du fluide (isobare, isotherme, isenthalpique ou isentropique) au cours du cycle.

1. Fonctionnement du climatiseur - Problème ouvert

On désire refroidir la pièce en contact avec l'échangeur E_2. Proposer un cycle en quatre étapes numérotées de 1 à 4 et utilisant les quatre organes W, D, E_1 et E_2 permettant de réaliser cette opération. L'état du fluide en 1 sera pris à l'aspiration du compresseur W. La démarche sera clairement justifiée et l'état physique du fluide caloporteur sera précisé à chaque étape du cycle.

Données : dans l'échangeur E_1 le fluide décrit totalement le palier de changement d'état liquide-vapeur dans un sens qu'il conviendra de préciser. En sortie de l'échangeur E_2 le fluide est à l'état de vapeur sèche saturante.

2. On dispose du diagramme de Mollier des frigoristes $(\ln(P),h)$ du fluide R134-a (la pression y figure en ordonnée sur une échelle logarithmique). Évaluer graphiquement la chaleur latente de vaporisation de fluide R134-a pour une pression de 2 bar, quel intérêt présente, de ce point de vue, l'utilisation de ce fluide ?

Tracer, en précisant votre raisonnement, le cycle d'évolution du fluide en diagramme de Mollier des frigoristes. Reporter dans un tableau les valeurs relevées sur ce diagramme de la pression, température, enthalpie massique et titre en vapeur aux différents points remarquables du cycle (correspondant aux différents états du fluide de 1 à 4).

3. Déterminer les expressions littérales et numériques des transferts énergétiques massiques w_i et q_i en fonction des enthalpies massiques aux points remarquables du cycle. Appliquer le premier principe au système fermé constitué d'une unité de masse de fluide décrivant le cycle complet. Commenter.

4. Définir et calculer le coefficient de performance (noté COP) du climatiseur. Quel serait ce coefficient (noté COP_{carnot}) si le fluide décrivait un cycle de Carnot en effectuant les échanges thermiques avec les mêmes sources de chaleur ? En quoi le cycle étudié diffère-t-il d'un cycle de Carnot ? Évaluer le rendement du cycle par rapport au cycle de Carnot : $\eta = \dfrac{COP}{COP_{carnot}}$.

Optimisation du coefficient de performance de l'installation

5. À la sortie de l'évaporateur, les vapeurs sont surchauffées de façon isobare à la température T_1', avant d'être aspirées par le compresseur. On définit la « surchauffe à l'aspiration» par la valeur de la différence $T_1' - T_1$ qui est ici fixée à 5°C. En quoi cette surchauffe est-elle souhaitable ?

6. Reporter le point qui représente l'état correspondant, numéroté (1'), du fluide sur le diagramme de Mollier des frigoristes à l'entrée du compresseur, et en déduire la position du point (2') représentatif de l'état du fluide à la sortie du compresseur. Donner les valeurs numériques h_1', h_2' et T_2' correspondantes.

7. À la sortie du compresseur, le fluide circule dans le tuyau de refoulement qui mène au condenseur. Ce tuyau n'étant pas calorifugé, le fluide s'y refroidit en subissant une « désurchauffe » de 6°C. Quelle est la température à l'entrée du condenseur (après la désurchauffe de 6°C) ? Sous quel état se trouve alors le fluide ? Reporter le point (2") correspondant sur le diagramme et donner la valeur numérique de la température correspondante T_2''.

8. À la sortie du condenseur le fluide est sous-refroidi jusqu'à la température T_3'. Quel est l'intérêt de ce sous-refroidissement ? Quelle valeur faut-il lui donner pour améliorer encore la puissance frigorifique de 5% par rapport à la situation étudiée à la question 6, à débit massique fixé? En déduire la valeur de h_3', reporter le point qui représente l'état correspondant, numéroté (3'), sur le diagramme. Montrer que les isothermes sont verticales dans le domaine du liquide et en déduire la température T_3'.

9. Qualitativement, comment faut-il régler le débit pour s'assurer que tout le liquide se vaporise bien dans l'évaporateur ? Quelle doit être la valeur du débit massique D_m de fluide pour obtenir une puissance frigorifique $\mathscr{P}_{frig}$ de 3 kW ? Quelle est alors la puissance $\mathscr{P}_{comp}$ consommée par le compresseur ?

10. Calculer le coefficient de performance COP' de l'installation optimisée. Commenter.

11. Pour assurer une température moyenne de 20°C, l'air chaud intérieur à 23°C est envoyé, à l'aide d'un ventilateur, au contact de l'évaporateur où il est refroidi à 17°C. Pour optimiser les transferts thermiques, une différence de température de 10°C doit être maintenue entre le fluide dans l'évaporateur et l'air de la pièce. À quelle température maximale doit s'effectuer le changement d'état dans l'évaporateur pour que le refroidissement soit optimal ? Cette condition est-elle remplie dans le cas étudié ? Commenter, de ce point de vue, le choix de la température T_1' dans l'évaporateur ainsi que l'intérêt de l'utilisation du fluide R134-a.

12. En supposant que l'intégralité de la puissance thermique cédée par l'air à l'évaporateur est transmise au fluide, quelle doit être la valeur du débit volumique D_v^{air} (que l'on exprimera en $\text{m}^3 \cdot \text{heure}^{-1}$) du ventilateur pour assurer le refroidissement souhaité ? On assimilera l'air à un gaz parfait diatomique pour lequel le rapport des capacités thermiques est $\gamma = \dfrac{7}{5}$, dont la masse volumique est $\rho_a = 1{,}3\ \text{kg} \cdot \text{m}^{-3}$ et la masse molaire $M = 29\ \text{g} \cdot \text{mol}^{-1}$.

Diagramme de Mollier des frigoristes ($\ln(P),h$) du fluide R134-a

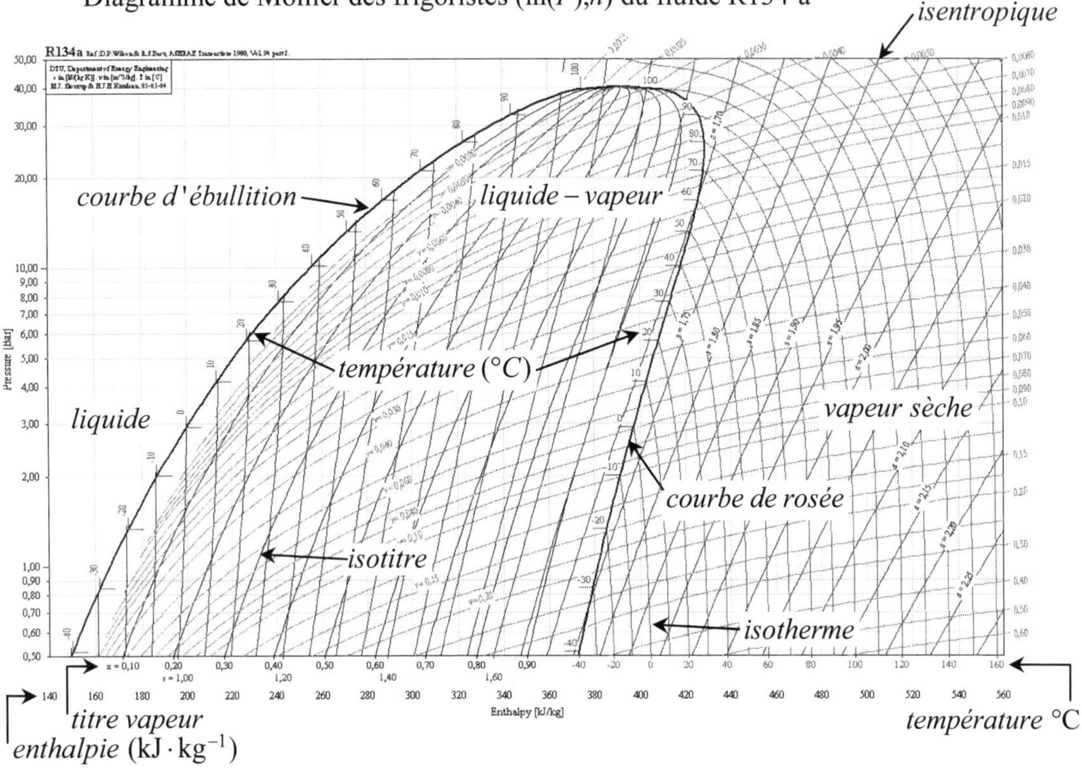

D'après banque PT

■ Pour vous aider à démarrer

Exercice 15.1. Question 1, comparer la compression isentropique idéale $(1)\to(2^{rev})$, à la compression réelle $(1)\to(2^{irr})$ qui se fait avec création d'entropie : $\delta S_{créée} > 0$.

Exercice 15.2. Question 1, montrer que $\frac{1}{2}V^2 + c_P T = cte$ le long de l'écoulement. À la question 2, commencer par utiliser la loi de Laplace (après justification) et en effectuer la dérivée logarithmique. Utiliser ensuite la conservation du débit massique en régime permanent.

Exercice 15.3. Question 1, la conservation du débit massique en régime permanent s'écrit : $D_m^3 = D_m^1 + D_m^2$, il faut ensuite vérifier que la puissance thermique est négligeable au second membre du bilan enthalpique. Question 2, le bilan entropique d'un système ouvert en régime permanent s'écrit, (le mélangeur étant calorifugé, le terme de taux d'entropie d'échange est nul) :

$D_m^3 s_3 - D_m^2 s_2 - D_m^1 s_1 = \dot{S}_{créée}$.

Exercice 15.4. La transformation dans le compresseur est adiabatique, réversible, et donc isentropique. On peut lui appliquer la loi de Laplace. Se reporter ensuite à la méthode 1 pour appliquer le bilan enthalpique.

Exercice 15.5. Question 1 : le long du palier de vaporisation, puisque $l_{vap} > 0$, l'unité de masse de fluide prélève une quantité de chaleur à la source froide qui de se fait se refroidit. Question 2 : le point (1) se trouve à l'intersection de l'isobare $P = 2$ bar et de la courbe de rosée, le point (2) est obtenu en menant l'isentropique depuis (1) jusqu'à l'intersection avec l'isobare $P = 10$ bar, le point (3) est à l'intersection de l'isobare $P = 10$ bar et de la courbe de d'ébullition, le point (4) est déterminé par l'isenthalpique verticale descendante menée depuis (3) jusqu'à l'intersection avec l'isobare $P = 2$ bar. Le titre en vapeur au point (4) peut être obtenu par lecture directe, ou par la règle des moments en relevant l'enthalpie massique du point (5) sur le palier de changement d'état à 2 bar.

■■ Corrigé des vrai/faux

1.	2.	3.	4.	5.	6.	7.	8.	9.	10.
vrai	vrai	vrai	faux	vrai	vrai	faux	vrai	vrai	faux

1. Les diagrammes (P,v) ou de Mollier des frigoristes rendent compte d'évolutions modèles des grandeurs d'état relatives à une masse unitaire de fluide (système fermé) à l'équilibre thermodynamique local, pour pouvoir en particulier définir T et P. En fait, le chemin effectivement suivi par le système lors d'une compression réelle ne nous est pas accessible du fait de l'évolution hors équilibre local du fluide et n'est, en toute rigueur, pas représentable. Finalement, ces diagrammes sont utiles pour évaluer des variations globales des grandeurs d'états d'une masse unitaire de fluide. Seuls les états relatifs à l'entrée et à la sortie de la machine sont en assez bon rapport avec la réalité expérimentale, les états intermédiaires peuvent en être assez éloignés mais ne rentrent pas en compte dans les bilans.

2. Entre t et $t+\mathrm{d}t$ une masse élémentaire de fluide $\mathrm{d}m$ transitant à travers une section droite de l'écoulement entraîne avec elle une quantité $\mathrm{d}\Omega$ de la grandeur extensive. Si ω est la grandeur massique associée à Ω et que *l'écoulement est unidimensionnel* on a $\omega = cte$ et $\mathrm{d}\Omega = \omega\,\mathrm{d}m$. Comme en régime permanent il transite à travers une section fixe de l'écoulement une masse $\mathrm{d}m$ constante, on en déduit qu'en régime permanent et unidimensionnel d'écoulement, une quantité $\mathrm{d}\Omega$ constante, transitent à travers cette même section.

3. Si l'évolution du système en contact avec la source de chaleur se fait sur un temps faible devant le temps caractéristique de transfert thermique (qui lui-même est conditionné par le temps caractéristique d'établissement de l'équilibre thermique entre la source et la frontière du système), le système « n'a pas le temps » d'échanger une quantité de chaleur appréciable avec la source : la transformation est adiabatique. Si au contraire la transformation est infiniment lente l'équilibre thermique à le temps d'être réalisé à chaque instant de sorte que $T_{syst} = T_{ext} = T$.

4. On réserve l'usage de la notation dh (différentielle totale exacte correspondant à une variation infinitésimale de h) pour une grandeur d'état telle que h, u, s ... dont la variation est indépendante du chemin suivi. En effet, $\Delta h = \int_e^s \mathrm{d}h = h_s - h_e$ ne dépend que des états initial et final. Au contraire δq comme δw_i sont des formes différentielles et il n'existe pas de fonctions dont δq et δw_i soient les différentielles et les quantités de chaleur massique q ou les travaux massiques w dépendent du chemin suivi : $q = \int_e^s \delta q \neq q_s - q_e$ et $w = \int_e^s \delta w \neq w_s - w_e$.

5. Les capacités thermiques des molécules constituant les gaz sont, dans le cas général, des fonctions de la température (les degrés de liberté en vibration, rotation et translation sont excités dans diverses gammes de température). À noter que cette restriction ne concerne pas les gaz parfaits monoatomiques pour lesquels $\gamma = \frac{5}{3}$ pour toute température.

7. En l'absence de baisse de pression entre l'entrée et la sortie (on parle de perte de charge), l'irréversibilité mécanique liée à la viscosité de fluide est nulle, cependant du fait de l'échange thermique entre les deux fluides à l'intérieur de l'échangeur les gradients thermiques sont créateur d'irréversibilité thermique.

8. Dans le cas d'une machine fonctionnant réversiblement il n'y a d'irréversibilité d'aucune sorte et $s_{créée}$ est nulle.

9. Dans un cycle de Carnot, la détente adiabatique devrait, en théorie, se faire dans une turbine de détente. Cependant, ces turbines ont un rendement médiocre dans le domaine diphasique et sont bien trop couteuses. Dans la pratique, on les remplace par un simple tube capillaire pour la détente est créatrice d'entropie.

10. En cas de resserrement, si le fluide est incompressible, la conservation du débit volumique (et massique) implique une augmentation de vitesse (effet Venturi). La vitesse est constante sur une section donnée mais varie d'une section à l'autre.

❑ Les erreurs classiques

→ On veillera à ne pas confondre l'intégration spatiale entre deux sections d'un système ouvert avec l'intégration temporelle des grandeurs relatives à l'unité de masse de fluide (système fermé) que l'on suit le long de l'écoulement au cours du temps.

→ Bien définir le système, sa frontière et l'extérieur avec lequel elle est en contact.

→ La loi de Laplace s'utilise pour une transformation adiabatique réversible, et donc isentropique, (la réversibilité mécanique étant suffisante en l'absence de transferts thermiques) d'une vapeur considérée comme un gaz parfait de coefficient isentropique $\gamma = \frac{c_P}{c_V} = cte$. Pour éviter de fréquentes confusion dans les divers expressions de la loi de Laplace, le mieux est de connaître la relation $Pv^{\gamma} = cte$ et de savoir redémontrer rapidement (à l'aide de l'équation d'état $\boxed{Pv = rT}$ avec $r = R/M$) les autres relations, qui entre l'entrée et la sortie de la machine, s'écrivent : $\boxed{P_s v_s^{\gamma} = P_e v_e^{\gamma}}$, $\boxed{T_s P_s^{(1-\gamma)/\gamma} = T_e P_e^{(1-\gamma)/\gamma}}$ ou $\boxed{T_s v_s^{\gamma-1} = T_e P_e^{\gamma-1}}$.

→ On veillera à ne pas confondre les irréversibilités thermiques liées aux gradients de température avec les irréversibilités liées aux frottements visqueux dans le fluide.

→ Ne pas confondre l'écriture du bilan enthalpique en régime permanent en termes de puissances $D_m \Delta\left(e_c + e_p + h\right) = \mathcal{P}_{th} + \mathcal{P}_i$ (qui nécessite la connaissance du débit massique D_m) avec son écriture en termes d'énergies (en divisant par D_m) $\Delta\left(e_c + e_p + h\right) = q + w_i$.

Corrigé

Corrigé des exercices

Exercice 15.1

1. En régime permanent et en négligeant les variations d'énergie cinétique et potentielle, le bilan enthalpique s'écrit $D_m \Delta h = \mathcal{P}_{th} + \mathcal{P}_i$. La compression étant adiabatique $\mathcal{P}_{th} = 0$ et d'après la seconde loi de Joule $\Delta h = c_P \Delta T$. Ainsi, les puissances indiquées fournies au fluide par le compresseur lors des transformations réelles et idéalement réversibles sont respectivement données par : $\mathcal{P}_i^{irr} = D_m c_p \left(T_2^{irr} - T_1\right)$ et $\mathcal{P}_i^{rev} = D_m c_p \left(T_2^{rev} - T_1\right)$. Comme $T_2^{irr} > T_2^{rev}$, on a $\boxed{\mathcal{P}_i^{irr} > \mathcal{P}_i^{rev}}$.

⇨ *Méthode 15.2*

Dans la compression réelle, les mécanismes internes de création d'entropie d'origine mécanique (frottement, viscosité) ont dissipé sous forme de chaleur une partie du travail fourni au fluide par les parties mobiles du compresseur.

2. Le rendement isentropique a pour expression : $\eta_{is} = \dfrac{T_2^{rev} - T_1}{T_2^{irr} - T_1}$, soit, compte tenu de l'expression de T_2^{rev} obtenue question à la question 1 : $\boxed{\eta_{is} = \dfrac{T_1}{T_2^{irr} - T_1}\left(\left(\dfrac{P_1}{P_2}\right)^{(1-\gamma)/\gamma} - 1\right)}$.

Numériquement, on trouve $\boxed{\eta_{is} = 98{,}5\ \%}$.

3. Compte tenu de l'expression du coefficient isentropique $\gamma = \dfrac{c_P}{c_V}$ et d'après la relation de Mayer $c_P - c_V = r$ avec $r = \dfrac{R}{M}$, on en déduit : $r = c_P\left(\dfrac{\gamma - 1}{\gamma}\right) = 0{,}286\ \text{J.K}^{-1} \cdot \text{kg}^{-1}$. La variation d'entropie, qui pour une adiabatique s'identifie au terme d'entropie créée, a pour expression :

$\Delta s = s_{créée} = s(2^{irr}) - s(1) = c_p \ln\left(\dfrac{T_2^{irr}}{T_1}\right) - r \ln\left(\dfrac{P_2}{P_1}\right)$, soit $\boxed{s_{créée} = 6\ \text{J} \cdot \text{K}^{-1} \cdot \text{kg}^{-1}}$.

⇨ *Méthode 15.4*

Exercice 15.2

1. Le premier principe des systèmes ouverts appliqué à la tuyère s'écrit, en négligeant la variation d'énergie potentielle $\Delta\left(e_c + h\right) = q + w_i$. En l'absence de pièces mobiles, le travail indiqué est nul $w_i = 0$ et le caractère adiabatique de la transformation implique $q = 0$. L'énergie cinétique massique du gaz a pour expression $e_c = \dfrac{1}{2}V^2$. D'autre part, la seconde loi de Joule appliquée au gaz parfait conduit à $\Delta h = c_P \Delta T$. Ainsi, le premier principe s'écrit : $\frac{1}{2}\left(V_B^2 - V_A^2\right) + \left(h_B - h_A\right) = 0$, soit $\boxed{\frac{1}{2}\left(V_B^2 - V_A^2\right) = c_P\left(T_A - T_B\right)}$.

➪ *Méthode 15.2*

D'après ce qui précède, $\frac{1}{2}V^2 + c_P T = cte$ le long de l'écoulement, ainsi la relation recherchée s'écrit : $\frac{1}{2}\mathrm{d}V^2 + \left(\frac{\gamma r}{\gamma - 1}\right)\mathrm{d}T = 0$ soit $\boxed{V\,\mathrm{d}V + \left(\frac{\gamma r}{\gamma - 1}\right)\mathrm{d}T = 0}$ (1).

2. La transformation dans la turbine étant adiabatique et toute source d'irréversibilité mécanique étant négligée elle est donc réversible et par conséquent isentropique. On peut donc lui appliquer la loi de Laplace sous la forme $T^{\gamma} P^{(1-\gamma)} = cte$.

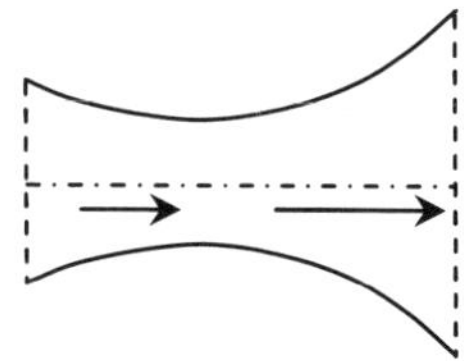

Effectuons la dérivée logarithmique de cette expression, il vient : $\gamma \ln T + (1-\gamma)\ln P = cte'$ qui en différentiant par rapport à T et P conduit à : $\boxed{\gamma\frac{\mathrm{d}T}{T} + (1-\gamma)\frac{\mathrm{d}P}{P} = 0}$ (2). La conservation du débit massique en régime permanent s'écrit $D_m = \rho V \Sigma = cte$ où Σ est une section droite de la tuyère. Ainsi en prenant comme précédemment la différentielle logarithmique de cette expression il vient $\boxed{\frac{\mathrm{d}\rho}{\rho} + \frac{\mathrm{d}V}{V} + \frac{\mathrm{d}\Sigma}{\Sigma} = 0}$ (3). D'autre part, la loi des gaz parfaits s'écrit pour les grandeurs massiques $Pv = rT$. Comme, de plus, le volume massique est lié à la masse volumique ρ par $v = \frac{1}{\rho}$, on écrit $P = \frac{rT}{v} = \rho r T$, de sorte que par dérivée logarithmique il vient $\boxed{\frac{\mathrm{d}P}{P} = \frac{\mathrm{d}T}{T} + \frac{\mathrm{d}\rho}{\rho}}$ (4). Sachant que la vitesse du son dans l'air est $c_{son} = \sqrt{\gamma r T}$ la relation (1) se réécrit $\frac{1}{2}\mathrm{d}V^2 + \left(\frac{c_{son}^2}{\gamma - 1}\right)\frac{\mathrm{d}T}{T} = 0$, soit encore $V\,\mathrm{d}V + \left(\frac{c_{son}^2}{\gamma - 1}\right)\frac{\mathrm{d}T}{T} = 0$ (5). D'autre part les relations (2) et (4) impliquent que : $\left(\gamma - 1\right)\frac{\mathrm{d}\rho}{\rho} = \frac{\mathrm{d}T}{T}$ (6). Ainsi en combinant (5) et (6), il vient : $\frac{\mathrm{d}\rho}{\rho} = -\left(\frac{V}{c_{son}}\right)^2 \frac{\mathrm{d}V}{V}$. En reportant dans (3) on obtient alors $\boxed{\frac{\mathrm{d}\Sigma}{\Sigma} = \frac{\mathrm{d}V}{V}\left[\left(\frac{V}{c_{son}}\right)^2 - 1\right]}$. À l'entrée de la tuyère $\boxed{V < c_{son}}$, de sorte qu'une diminution de section (ce qui implique que $\frac{\mathrm{d}\Sigma}{\Sigma} < 0$) entraîne $\frac{\mathrm{d}c}{c} > 0$ et donc une accélération du fluide. La vitesse augmente le long de l'écoulement jusqu'à ce que $\boxed{V \geq c_s}$. À ce stade pour continuer à accélérer le fluide il faut que la tuyère devienne divergente puisqu'alors une augmentation de section entraîne $\frac{\mathrm{d}V}{V} > 0$. On utilise une tuyère convergente-divergente dont l'allure est représentée ci-contre.

3. L'évolution dans la tuyère étant isentropique, la loi de Laplace conduit à $T_s = T_e\left(\frac{P_e}{P_s}\right)^{(1-\gamma)/\gamma}$, soit $\boxed{T_s = 769{,}7\ \text{K}}$. D'après la question 1, entre l'entrée et la sortie, on a $\frac{1}{2}\left(V_s^2 - V_e^2\right) = c_P\left(T_e - T_s\right)$. Ainsi avec $V_e = 0$, on obtient $\boxed{V_s = \sqrt{2c_P\left(T_e - T_s\right)}}$, soit $\boxed{V_s = 679\ \text{m}\cdot\text{s}^{-1}}$. La vitesse est supersonique en sortie de tuyère. De plus, le gaz voit sa température diminuer ce qui est le résultat de la conversion d'énergie interne en énergie cinétique. Pour obtenir une poussée de $F = 5\cdot 10^4$ N la section de sortie doit être égale à : $\boxed{\Sigma_s = \frac{F}{P_s} = \frac{5\cdot 10^4\ (N)}{10^5\ (Pa)} = 0{,}5\ \text{m}^2}$.

Exercice 15.3

1. La conservation du débit massique en régime permanent s'écrit :
$\boxed{D_m^3 = D_m^1 + D_m^2 = 1\ \text{kg}\cdot\text{s}^{-1}}$.
Le bilan enthalpique s'écrit ici, en négligeant les variations d'énergie potentielle et cinétique des deux fluides dans le mélangeur sans pièces mobiles, entre les deux entrées et la sortie, et en tenant compte des pertes thermiques : $D_m^3\, h_3 - D_m^2\, h_2 - D_m^1\, h_1 = \mathcal{P}_{th}$. Compte tenu des données, $\boxed{\mathcal{P}_{th} = 0}$: l'hypothèse de mélangeur calorifugé est bien légitime.

2. Le bilan entropique d'un système ouvert en régime permanent, en contact thermique avec l sources de température respectives T_{ext}^l (température commune de la frontière de système avec cette source sur la zone de contact) recevant respectivement un transfert thermique $\dot{Q}_l$ par unité de temps s'écrit : $\sum_{k\ sorties} D_m^k\, s_k - \sum_{j\ entrées} D_m^j\, s_j = \underbrace{\sum_l \frac{\dot{Q}_l}{T_{ext}^l}}_{\dot{S}_{éch}} + \dot{S}_{créée}$. Dans le cas présent, le mélangeur étant considéré comme étant calorifugé, le terme de taux d'entropie d'échange est nul : $\sum_l \frac{\dot{Q}_l}{T_{ext}^l} = 0$. Ainsi, $D_m^3\, s_3 - D_m^2\, s_2 - D_m^1\, s_1 = \dot{S}_{crée}$. D'après le tableau de valeur fourni par l'énoncé, on obtient : $\boxed{\dot{S}_{créée} = 0{,}137\ \text{kJ}\cdot\text{s}^{-1}\cdot\text{K}^{-1} > 0}$. Le phénomène de mélange est donc irréversible.

⇨ *Méthode 15.3*

Exercice 15.4

1. La transformation dans le compresseur étant adiabatique réversible, elle est donc isentropique. On lui applique la loi de Laplace sous la forme $\boxed{T^{\gamma} P^{1-\gamma} = cte}$.

Ainsi : $\boxed{T_2 = T_1 \left(\frac{P_2}{P_1}\right)^{(\gamma-1)/\gamma} = 484 \text{ K}}$. Le bilan enthalpique appliqué au compresseur s'écrit, en négligeant les variations d'énergie potentielle et cinétique : $\Delta h = q^{12} + w_i^{12}$. Le caractère adiabatique de la transformation implique que $q^{12} = 0$, de sorte que $\Delta h = w_i^{12}$. D'après la seconde loi de Joule $\Delta h = c_P \, \Delta T$ et finbalement $\boxed{w_i^{12} = c_P \left(T_2 - T_1\right) = 196 \text{ kJ} \cdot \text{kg}^{-1}}$. ⇨ *Méthode 15.2*

2. Le bilan enthalpique appliqué à la turbine s'écrit, en négligeant la variation d'énergie potentielle et cinétique : $\Delta h = q^{34} + w_i^{34}$. Le caractère adiabatique de la transformation implique que $q^{34} = 0$, de sorte que $\Delta h = w_i^{34}$, et d'après la seconde loi de Joule $w_i^{34} = c_P \left(T_4 - T_3\right)$. Or, par hypothèse, la puissance mécanique fournie par l'écoulement à la turbine est intégralement transmise au compresseur, de sorte que $w_i^{34} = -w_i^{12}$ (le travail mécanique reçu par le compresseur est cédé par la turbine), ainsi : $w_i^{34} = c_P \left(T_4 - T_3\right) = -w_i^{12} = c_P \left(T_1 - T_2\right)$, d'où : $\boxed{T_4 = T_1 - T_2 + T_3 = 1054 \text{ K}}$. D'autre part, l'évolution dans la turbine est adiabatique réversible, et donc isentropique. On lui applique la loi de Laplace sous la forme $T^{\gamma} P^{(1-\gamma)} = cte$ de sorte que $P_4 = P_3 \left(\frac{T_4}{T_3}\right)^{\gamma/(\gamma-1)}$. L'évolution dans la chambre de combustion est isobare, ainsi $P_2 = P_3$ et

donc : $\boxed{P_4 = P_2 \left(\frac{T_4}{T_3}\right)^{\gamma/(\gamma-1)} = 3{,}39 \text{ bar}}$.

3. La transformation dans la tuyère est adiabatique réversible, et donc isentropique. On lui applique la loi de Laplace de sorte qu'avec $P_6 = P_1$ et $P_5 = P_4$ (la chambre de post-combustion étant isobare) : $\boxed{T_6 = T_5 \left(\frac{P_6}{P_5}\right)^{(\gamma-1)/\gamma} = 1362 \text{ K}}$. Le premier principe des systèmes ouverts appliqué à la tuyère s'écrit, en négligeant la variation d'énergie potentielle : $\Delta\left(e_c + h\right) = q^{56} + w_i^{56}$. En l'absence de pièces mobiles le travail indiqué est nul $w_i^{56} = 0$ et le caractère adiabatique de la transformation implique $q^{56} = 0$. L'énergie cinétique massique du gaz a pour expression $e_c = \frac{1}{2} V^2$. D'autre part, la seconde loi de Joule appliquée au gaz parfait conduit à $\Delta h = c_P \, \Delta T$. Ainsi, le premier principe s'écrit avec une vitesse nulle en entrée de la tuyère $\frac{1}{2}\left(V_6^2 - \underbrace{V_5^2}_{=0}\right) + \left(h_6 - h_5\right) = 0$, soit $\boxed{V_6 = \sqrt{2 c_P \left(T_5 - T_6\right)}}$ et numériquement : $\boxed{V_6 = 1066 \text{ m} \cdot \text{s}^{-1}}$.

💣 *Attention aux unités :* $c_P = 1000 \text{ J} \cdot \text{kg}^{-1} \cdot \text{K}^{-1}$, *soit* $1 \text{ kJ} \cdot \text{kg}^{-1} \cdot \text{K}^{-1}$.

Corrigé

4. Le bilan enthalpique appliqué aux deux chambres de combustion s'écrit, en négligeant la variation d'énergie potentielle et cinétique : $\Delta h = q^{23} + w_i^{23}$ et $\Delta h = q^{45} + w_i^{45}$. En l'absence de pièces mobiles dans ces chambres, $w_i^{23} = w_i^{45} = 0$, et d'après la seconde loi de Joule $\Delta h = c_P\,\Delta T$, il vient ainsi : $q^{23} = c_P\left(T_3 - T_2\right)$ et $q^{45} = c_P\left(T_5 - T_4\right)$.

Ainsi $\boxed{q_{comb} = c_P\left(T_3 - T_2\right) + c_P\left(T_5 - T_4\right) = 1642\ \text{kJ}\cdot\text{kg}^{-1}}$.

L'énergie cinétique massique en sortie de tuyère s'écrit $\boxed{e_c = \dfrac{V_6^2}{2} = c_P\left(T_5 - T_6\right) = 568\ \text{kJ}\cdot\text{kg}^{-1}}$.

Le rendement thermique du turboréacteur est alors donné par : $\boxed{\eta_{th} = \dfrac{e_c}{q_{comb}} = 34{,}6\ \%}$.

5. En l'absence de postcombustion, la température et la pression en sortie de turbine sont directement reportées en entrée de la tuyère. Seules la température et la vitesse en sortie de tuyère changent. D'après la question précédente, on a directement : $T_6 = T_4\left(\dfrac{P_6}{P_4}\right)^{(\gamma-1)/\gamma} = 744\ \text{K}$,

$V_6 = \sqrt{2c_P\left(T_4 - T_6\right)} = 787\ \text{m}\cdot\text{s}^{-1}$, $e_c = \dfrac{V_6^2}{2} = c_P\left(T_4 - T_6\right) = 310\ \text{kJ}\cdot\text{kg}^{-1}$,

$q_{comb} = c_P\left(T_3 - T_2\right) = 766\ \text{kJ}\cdot\text{kg}^{-1}$ et donc $\boxed{\eta_{th} = \dfrac{e_c}{q_{comb}} = 40{,}5\ \%}$. Le rendement est plus élevé mais la vitesse en sortie de tuyère moins élevée et donc la poussée moindre.

Exercice 15.5

Question préliminaire : d'après le second principe de la thermodynamique pour le système ouvert en régime permanent constitué du gaz dans le compresseur, on a $\mathrm{d}s = \dfrac{\delta q}{T} + \delta s_{créée}$. La compression est une adiabatique ($\delta q = 0$) réversible ($\delta s_{créée} = 0$), donc $\mathrm{d}s = 0$, soit $s = cte$: la compression est une isentropique.

Les échangeurs peuvent être considérés comme isobares sous les hypothèses suivantes : l'écoulement est unidimensionnel, le fluide est non visqueux et on néglige les éventuelles sources de création d'entropie thermique. On néglige de plus les variations d'énergie potentielle et cinétique macroscopique. En cas de changement d'état du fluide dans l'un des échangeurs, sous la courbe de saturation les isobares étant confondues avec les isothermes en diagramme (T,s), l'évolution est de plus isotherme.

Appliquons le premier principe des systèmes ouverts en régime permanent au fluide dans le détenteur : $\mathrm{d}h = \delta q + \delta w_i$. Comme l'organe est calorifugé : $\delta q = 0$ et comme il ne comporte pas de pièce mobile le travail fourni au fluide y est nul : $\delta w_i = 0$. Ainsi, $\mathrm{d}h = 0$: l'évolution dans le détenteur est isenthalpique.

1. Une première étude utile est de déterminer la nature des échangeurs, cela permettra d'en déduire l'état du fluide en entrée et sortie de ces deux organes et donc de prévoir l'agencement du cycle permettant d'obtenir ces états. Pour refroidir la pièce en contact avec l'échangeur E_2, ce dernier doit être un évaporateur de sorte que le fluide s'y vaporise totalement (d'après les données) en prélevant un transfert thermique à la source froide (la pièce). Ce transfert thermique en contact avec la source froide doit se faire à la basse pression. L'échangeur E_l doit donc être un condenseur de façon à ce que le fluide cède un transfert thermique à la source chaude en décrivant totalement le palier de liquéfaction (de la vapeur sèche saturante vers le liquide saturan). Ce transfert thermique en contact avec la source chaude doit se faire à la haute pression comme on le voit en diagramme (P,v) par exemple ou bien sur le diagramme de Mollier des frigoristes fourni dans l'énoncé (le tracé détaillé en question 2 montre la relation entre température et pression).

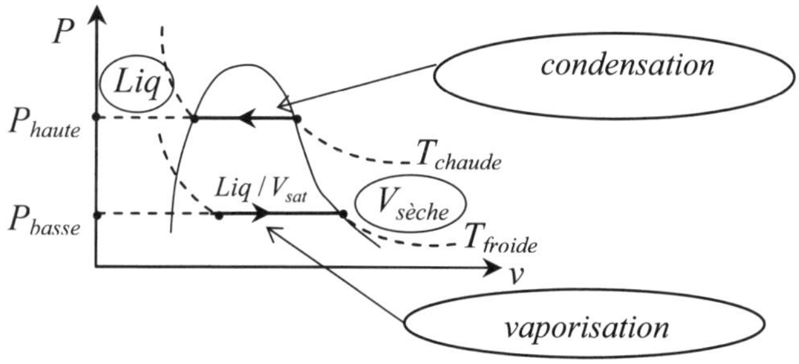

Ainsi entre la sortie haute pression de l'évaporateur E_1 et l'entrée basse pression du condenseur E_2, il faudra placer le détendeur pour amener le fluide de la haute à la basse pression. Au contraire le compresseur sera placé entre la sortie basse pression de E_2 et l'entrée haute pression de E_1.

On en déduit donc le cycle suivant :

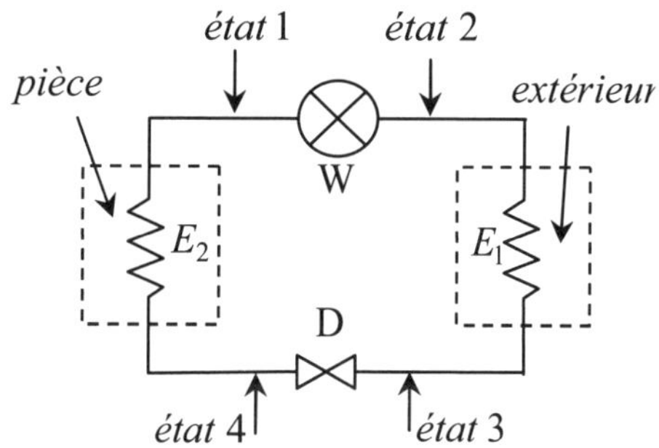

La vapeur est comprimée de façon isentropique dans le compresseur de (1) à (2).

L'échangeur E_l est un condenseur : le fluide y entre en (2) sous forme de vapeur sèche, il en ressort sous forme de liquide saturant en (3), à la température T_3. Ce changement d'état se fait d'abord à pression constante, tant que la vapeur est sèche, puis à pression et température constante sous la courbe de saturation lorsque la première goute de liquide est apparue. Le long du palier de condensation l'unité de masse de fluide cède à la source chaude (le radiateur en contact avec l'air extérieur) une quantité de chaleur correspondant à la chaleur latente de condensation (puisque $l_{cond} < 0$).

De (3) à (4), en passant dans le détendeur, la pression chute, de même que la température. En (4) le fluide est admis dans l'évaporateur E_2 : le mélange liquide vapeur qui entre en (4) se vaporise totalement pour ressortir sous forme de vapeur saturante en (1) à la température T_1 et le cycle recommence. Cette vaporisation est isobare et isotherme. Le long du palier de vaporisation, l'unité de masse de fluide prélève une quantité de chaleur à la source froide (le radiateur en contact avec l'air de la pièce qui de ce fait est refroidi) correspondant à une fraction de la chaleur latente de vaporisation (puisque $l_{vap} > 0$ et que le palier n'est parcouru que partiellement).

2. Sur le diagramme $(\ln(P), h)$ on obtient le cycle suivant :

Le point (1) se trouve à l'intersection de l'isobare $P = 2$ bar et de la courbe de rosée, le point (2) est obtenu en menant l'isentropique (compression adiabatique réversible) depuis (1) jusqu'à l'intersection avec l'isobare $P = 10$ bar, le point (3) est à l'intersection de l'isobare $P = 10$ bar et de la courbe d'ébullition (le fluide est à l'état de liquide saturant, le palier de liquéfaction étant totalement décrit), le point (4) est déterminé par l'isenthalpique verticale descendante menée depuis (3) jusqu'à l'intersection avec l'isobare $P = 2$ bar.

En examinant le diagramme de Mollier des frigoristes, on évalue sur le palier de vaporisation à 2 bar : $h_{liq} = 185\ \text{kJ} \cdot \text{kg}^{-1}$ et $h_{vap} = 391\ \text{kJ} \cdot \text{kg}^{-1}$, de sorte que $l_{vap} = h_{vap} - h_{liq} = 206\ \text{kJ} \cdot \text{kg}^{-1}$.

L'intérêt de ce fluide est qu'il se caractérise par une chaleur latente de vaporisation relativement élevée à une pression supérieure à la pression atmosphérique, ce qui permet à la fois de prélever une quantité de chaleur à la pièce à climatiser tout en évitant une entrée d'air dans le système (ce qui le dégraderait fortement).

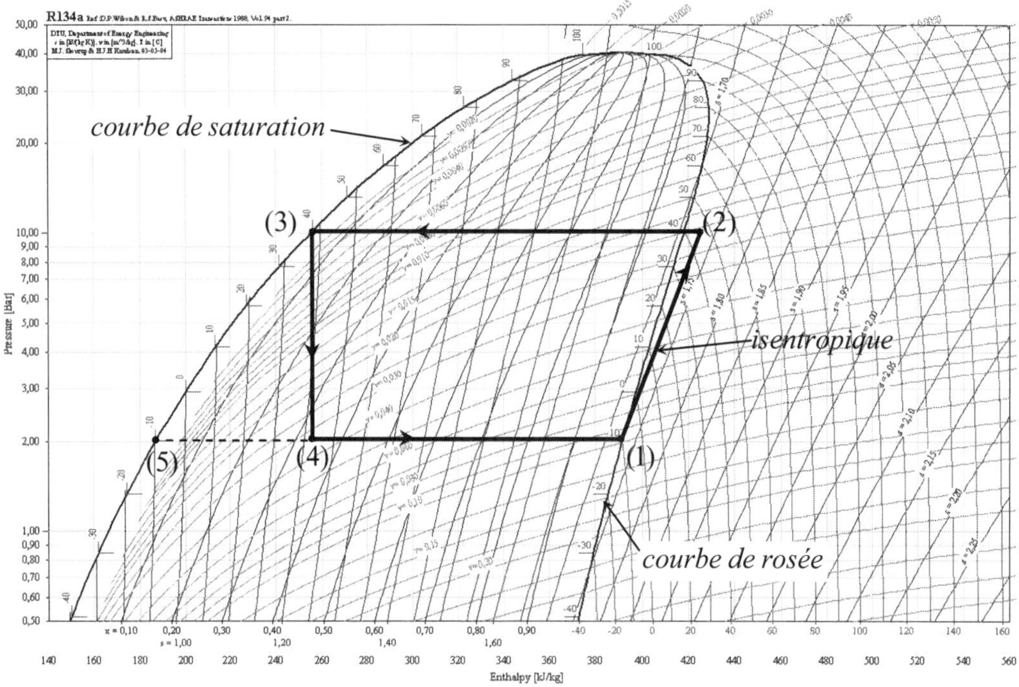

Diagramme de Mollier des frigoristes $(\ln(P),h)$ *du fluide* R134-a

Reportons dans un tableau les valeurs de la pression, température, enthalpie massique et titre en vapeur aux différents points remarquables du cycle.

État du fluide	1	2	3	4
P (bar)	2	10	10	2
T (°C)	–10	46	39	–10
h (kJ.kg^{-1})	391	426	255	255
x	1	*vapeur sèche*	0	0,34

Le titre en vapeur au point (4) peut être obtenu par lecture directe ou par la règle des moments en relevant l'enthalpie massique du point (5) sur le palier de changement d'état à 2 bar : si M est un point du palier, l'enthalpie étant une grandeur extensive, on a $H(M)=m_{vap}\,h_{vap}+m_{liq}\,h_{liq}$ et en divisant par la masse totale de fluide $m=m_{vap}+m_{liq}$ il vient : $h(M)=x_{vap}\,h_{vap}+\left(1-x_{vap}\right)h_{liq}$ où $x_{vap}=\dfrac{m_{vap}}{m}$ et $x_{liq}=1-x_{vap}$. Avec $h_5=h_{liq}=185\text{ kJ}\cdot\text{kg}^{-1}$ et $h_1=h_{vap}=391\text{ kJ}\cdot\text{kg}^{-1}$, on obtient $\boxed{x_4=\dfrac{h_4-h_5}{h_1-h_5}=0,34}$.

3. La compression $(1)\to(2)$ est une adiabatique donc $\boxed{q_{12}=0}$. Le bilan enthalpique entre l'entrée et la sortie du compresseur conduit alors (compte tenu des hypothèse de variation d'énergie cinétique massique et d'énergie potentielle massique négligeable) à $\boxed{\Delta h=h_2-h_1=w_{12}}$.
Soit numériquement : $\boxed{w_{12}=35\text{ kJ}\cdot\text{kg}^{-1}}$.

⇨ *Méthode 15.2*

L'évolution $(2)\to(3)$ se fait dans le condenseur sans pièce mobile de sorte que $\boxed{w_{23}=0}$, le bilan enthalpique entre l'entrée et la sortie du condenseur conduit alors à :
$\boxed{\Delta h=h_3-h_2=q_{23}}$. Soit numériquement : $\boxed{q_{23}=-171\text{ kJ}\cdot\text{kg}^{-1}}$.
L'évolution $(3)\to(4)$ se fait dans le détendeur sans pièce mobile de sorte que $\boxed{w_{34}=0}$, comme il est de plus calorifugé $\boxed{q_{34}=0}$.
Enfin, l'évolution $(4)\to(1)$ se fait dans l'évaporateur sans pièce mobile de sorte que $\boxed{w_{41}=0}$, le bilan enthalpique entre son entrée et sa sortie conduit alors à $\boxed{\Delta h=h_1-h_4=q_{41}}$. Soit numériquement : $\boxed{q_{41}=136\text{ kJ}\cdot\text{kg}^{-1}}$.
On vérifie que le premier principe, appliqué au système fermé constitué d'une unité de masse de fluide décrivant le cycle dans son intégralité, s'écrit bien : $\boxed{\Delta u_{cycle}=q_{23}+q_{41}+w_{12}=0}$.

4. Le COP de l'installation est donné par :
$COP=\dfrac{\text{quantité de chaleur prélevée à la pièce}}{\text{travail fourni}}=\dfrac{q_{41}}{w_{12}}$, soit $\boxed{COP=\dfrac{h_1-h_4}{h_2-h_1}}$. Numériquement, on trouve $\boxed{COP=3,9}$.

Envisageons le cas où le fluide effectue un cycle de Carnot. Notons T_f la température de la source froide et T_c celle de la source chaude, le fluide reçoit de ces sources les quantités de chaleurs algébriques q_f et q_c. Appliquons le premier et le second principe au système fermé constitué d'une unité de masse de fluide décrivant le cycle réversible (cycle de Carnot idéal) sous la forme : $w+q_c+q_f=0$ et $\dfrac{q_c}{T_c}+\dfrac{q_f}{T_f}=0$. Avec $COP_{carnot}=\dfrac{q_f}{w}$, il vient $\boxed{COP_{carnot}=\dfrac{T_f}{T_c-T_f}}$.

Dans le cas présent avec $T_f=-10\,°\text{C}=263\text{ K}$ et $T_c=39\,°\text{C}=312\text{ K}$.
On obtient : $\boxed{COP_{carnot}=5,4}$.

🖋 *Les températures doivent être exprimées en Kelvin.*

Le cycle étudié diffère du cycle de Carnot par le caractère irréversible de la détente isenthalique. Ainsi le rapport entre le rendement du cycle étudié et celui du cycle de Carnot est $\boxed{\eta = \dfrac{COP}{COP_{carnot}} = 0,7}$.

✎ *En réalité, les irréversibilités mécaniques (se traduisant par des pertes de charges par frottement visqueux) ainsi que les irréversibilités thermiques (liées aux gradients de température moteurs des transferts thermiques) dégradent ce rendement.*

Optimisation du coefficient de performance de l'installation

5. La surchauffe permet de s'assurer que le fluide est à l'état de vapeur sèche avant d'enter dans le compresseur de façon à éviter un coup de liquide. En effet, si en fin de compression une goutte de liquide (quasi incompressible) subsiste dans la vapeur, la surpression engendrée peut conduire à l'endommagement du compresseur.

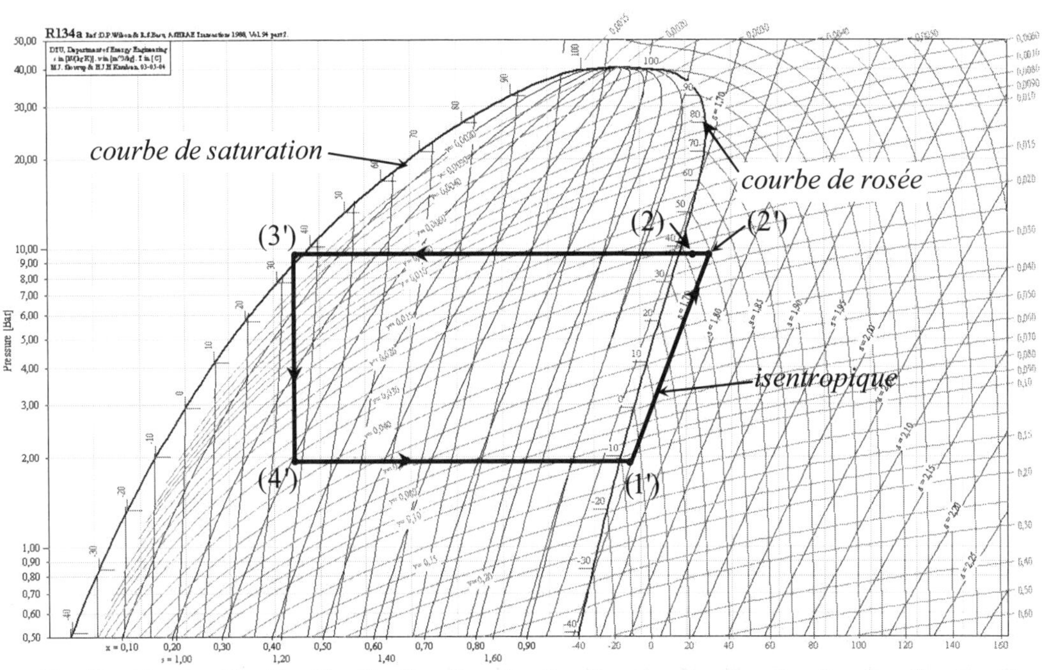

Diagramme de Mollier des frigoristes (ln(*P*),*h*) *du fluide* R134-a

6. Le point (1') se trouve à l'intersection de l'isobare $P = 2\,\text{bar}$ et de l'isotherme $T_1^{'} = T_1 + 5°\text{C} = -5°\text{C}$.

Le point (2') est déterminé en menant l'isentropique partant de (1') jusqu'à l'intersection avec l'isobare $P=10$ bar. On lit alors les valeurs suivantes : $\boxed{h_1'=395\ \text{kJ}\cdot\text{kg}^{-1}}$, $\boxed{h_2'=430\ \text{kJ}\cdot\text{kg}^{-1}}$ et $\boxed{T_2'=50°\text{C}}$.

7. Après la désurchauffe de 6°C, la température est $T_2''=T_2'-6°\text{C}=44°\text{C}$. Ainsi, le point (2'') est à l'intersection de l'isobare $P=10$ bar et de l'isotherme $T_2''=44°\text{C}$. On constate qu'il se trouve à droite de la courbe de rosée, dans le domaine de la vapeur sèche.

8. Le *COP* de l'installation a pour expression $\dfrac{h_1-h_4}{h_2-h_1}=\dfrac{h_1-h_3}{h_2-h_1}$ (en effet, le détendeur étant isenthaplique on a $h_4=h_3$). Or, le sous-refroidissement de (3) à (3') conduit à $h_3'<h_3$ et donc à une augmentation du *COP*. Évaluons h_3' : on a $h_1'-h_3=140\ \text{kJ}\cdot\text{kg}^{-1}$, or h_3' est tel que la puissance frigorifique est augmentée de 5%, soit : $h_1'-h_3'=1{,}05\left(h_1'-h_3\right)=147\ \text{kJ}\cdot\text{kg}^{-1}$, d'où $h_3'=248\ \text{kJ}\cdot\text{kg}^{-1}$. Ainsi, le point (3') est à l'intersection de l'isobare $P=10$ bar et de l'isenthalpique $h_3'=248\ \text{kJ}\cdot\text{kg}^{-1}$. Les isothermes sont verticales dans le domaine du liquide, en effet : le liquide étant incompressible, on a $\text{d}h=c\,\text{d}T$. Ainsi, les isenthalpiques et les isothermes sont confondues dans le domaine du liquide. En diagramme de Mollier des frigoristes il s'agit de droites verticales. On relève ainsi, à l'intersection de la verticale passant par (3') et de l'échelle de température figurant sur la courbe d'ébullition, la température $\boxed{T_3'=34°\text{C}}$.

9. Il convient de diminuer le débit massique dans l'évaporateur de manière à s'assurer que le fluide a le temps de recevoir, de la source froide, la quantité de chaleur nécessaire à sa vaporisation totale.

Le débit massique est lié à la puissance frigorifique par $\mathcal{P}_{frig}=D_m\left(h_1'-h_3'\right)$, de sorte que $D_m=\dfrac{\mathcal{P}_{frig}}{h_1'-h_3'}$. Numériquement, on obtient : $\boxed{D_m=\dfrac{\mathcal{P}_{frig}}{h_1'-h_3'}=0{,}02\ \text{kg}\cdot\text{s}^{-1}}$.

La puissance consommée par le compresseur est $\mathcal{P}_{comp}=D_m\,w_{1'2'}=D_m\left(h_2'-h_1'\right)$, soit $\boxed{\mathcal{P}_{comp}=0{,}7\ \text{kW}}$.

10. Le coefficient de performance de l'installation optimisée est :

$COP'=\dfrac{puissance\ valorisable}{puissance\ couteuse}=\dfrac{\mathcal{P}_{frig}}{\mathcal{P}_{comp}}$, soit numériquement $\boxed{COP'=\dfrac{3}{0{,}7}=4{,}3}$, ce qui est bien supérieur au *COP* de l'installation simple mais, bien entendu, inférieur au COP_{carnot}.

11. Pour refroidir l'air de la pièce à 17°C et assurer un transfert thermique optimal, la température du fluide ne doit pas dépasser 7°C. Dans le cas présent, avec $T_1'=-5°\text{C}$, cette condition est largement remplie et assure ainsi un excellent transfert thermique entre l'évaporateur et l'air de la pièce. L'intérêt du fluide R134-a est que la température de son point de solidification est suffisamment basse pour qu'elle ne soit pas atteinte dans ce domaine d'utilisation.

12. En supposant que l'intégralité de la puissance thermique cédée par l'air à l'évaporateur est transmise au fluide (et donc en négligeant la résistance thermique de la paroi de l'évaporateur), toute la puissance cédée par l'air à l'évaporateur est reçue par le fluide, de sorte que : $\mathcal{P}_{frig} = -D_m^{air}\, c_P\, \Delta T_{air}$. D'autre part, pour un gaz parfait diatomique $c_P = \dfrac{\gamma r}{\gamma - 1}$ où $r = \dfrac{R}{M}$. Avec $\gamma = \dfrac{7}{5}$ on a $c_P = \dfrac{7}{2} r$, on obtient un débit massique de $D_m = -\dfrac{2\mathcal{P}_{frig}}{7 r \Delta T_{air}}$. Comme débits massique et volumique sont liés par $D_v^{air} = v_{air}\, D_m^{air} = \dfrac{D_m^{air}}{\rho_a}$, le débit volumique du ventilateur assurant un refroidissement de ΔT_{air} a pour expression : $D_v = \dfrac{D_m}{\rho_a} = -\dfrac{2\mathcal{P}_{frig}}{7\rho_a r \Delta T_{air}}$. Avec $\Delta T_{air} = -6\ \text{K}$ et $r = \dfrac{R}{M} = 0,286$, on obtient $D_v = 0,384\ \text{m}^3 \cdot \text{s}^{-1}$, soit $\boxed{D_v = 1383\ \text{m}^3 \cdot \text{heure}^{-1}}$.

Chapitre 16
Transferts thermiques

UN SCIENTIFIQUE

Les travaux du physicien allemand **Wilhelm Wien** (1864-1928) concernent avant tout l'étude du rayonnement thermique. Il établit dans le domaine deux résultats importants qui portent désormais son nom : la loi du déplacement en 1894 et celle du rayonnement en 1896. Ces travaux ouvrent la voie à Max Planck pour énoncer la loi éponyme sur le rayonnement des corps noirs et valent à Wilhelm Wien le prix Nobel de physique en 1911.

Un peu d'histoire

Jusqu'au XVIIIe siècle on pensait que la chaleur était constituée d'un fluide, le phlogistique. Lavoisier réfute cette hypothèse en observant que le feu nécessite la présence d'oxygène et le chimiste écossais Joseph Blake postule l'existence d'un fluide invisible qu'il appelle le calorique.

Sans se préoccuper de la nature de la chaleur, Joseph Fourier s'intéresse à sa propagation dans un corps solide. Il en déduit une équation différentielle aux dérivées partielles qu'il s'efforce de résoudre. C'est dans ce but qu'il introduit les décompositions de fonctions en séries trigonométriques.

À la fin du XIXe siècle, plusieurs savants font avancer la connaissance du rayonnement thermique : Josef Stefan établit la loi qui porte son nom en 1879 et Wilhelm Wien définit au milieu des années 1890 le rayonnement des corps noirs.

■■ Objectifs

■ Ce qu'il faut connaître

- ▷ Les trois modes de transfert thermique
- ▷ La puissance thermique ou flux thermique
- ▷ La loi de Fourier
- ▷ La dimension et l'ordre de grandeur de la conductivité thermique
- ▷ La forme d'une équation de diffusion sans et avec terme de production
- ▷ La notion de résistance thermique
- ▷ Le rayonnement thermique du corps noir (MPI)
- ▷ L'effet de serre (MPI)

■ Ce qu'il faut savoir faire

- ▷ Un bilan thermique
- ▷ Simplifier une équation de diffusion dans le cas d'une situation stationnaire
- ▷ Utiliser les nombres complexes en régime sinusoïdal
- ▷ L'analogie avec l'électrocinétique
- ▷ Exploiter les expressions des lois de Wien et de Stefan (MPI)
- ▷ Analyser quantitativement l'effet de serre dans un modèle à une couche (MPI)
- ▷ Utilisée la loi de Newton (fournie) à l'interface solide-fluide
- ▷ Résoudre en Python l'équation de diffusion à une dimension par une méthode aux différences finies

■■ Résumé de cours

■ Différents modes de transfert thermique

Il existe trois modes de transfert thermique :
– diffusion (ou conduction) : l'énergie thermique se propage de proche en proche dans la matière macroscopiquement immobile ;
– convection : l'énergie thermique est transportée par un fluide en mouvement, la convection peut être naturelle ou forcée (flux d'air forcé par un ventilateur par exemple) ;
– rayonnement : l'énergie est rayonnée par la matière et transportée par l'onde électromagnétique. À la différence des deux autres modes de transfert thermique, le rayonnement thermique n'a pas besoin de milieu matériel pour se propager.

■ Diffusion thermique

❑ Définitions

Par analogie avec l'électrocinétique, on définit un vecteur densité volumique de courant d'énergie thermique $\vec{j}_Q(M,t)$ en $\text{W}\cdot\text{m}^{-2}$ dont le flux à travers une surface S orientée est noté :

$$\boxed{\Phi_Q(M,t) = \iint_S \vec{j}_Q(M,t)\cdot\overrightarrow{\text{d}S} = P_{th}}, \text{ en watt (W)}.$$

$\Phi_Q(M,t)$ est appelé indifféremment le *flux thermique*, ou *puissance thermique* notée alors P_{th}.
Le transfert thermique élémentaire à travers S pendant une durée élémentaire $\text{d}t$ est :

$$\boxed{\delta Q = \Phi_Q(M,t)\text{d}t = P_{th}(M,t)\text{d}t}, \text{ en joule (J)}.$$

⇨ **Méthode 16.1. Utilisation du premier principe de la thermodynamique pour un solide**

Remarque

Le vecteur densité de courant d'énergie thermique est parfois nommé vecteur densité de courant d'énergie thermique et noté indifféremment $\vec{j}_Q$, $\vec{j}_{th}$.

❑ Bilan thermique

En l'absence de source ou de puits d'énergie, le premier principe de la thermodynamique, appliqué à un volume élémentaire de masse volumique ρ et de capacité thermique massique à volume constant c_v, s'écrit à une dimension suivant (Ox) :

$$\boxed{\rho c_v \frac{\partial T(M,t)}{\partial t} + \frac{\partial j_Q(M,t)}{\partial x} = 0}.$$

$\dfrac{\partial j_Q(M,t)}{\partial x}$ étant la restriction à une dimension suivant (*Ox*) de $\mathrm{div}\vec{j}_Q(M,t)$, le bilan local se généralise à trois dimensions :

$$\boxed{\rho c_v \frac{\partial T(M,t)}{\partial t} + \mathrm{div}\vec{j}_Q(M,t) = 0 \text{ ou } \rho c_v \frac{\partial T(M,t)}{\partial t} + \vec{\nabla}\cdot\vec{j}_Q(M,t) = 0}.$$

Lorsque le volume considéré est siège de production algébrique d'énergie (effet Joule, réaction chimique exo ou endothermique, réaction nucléaire…) caractérisé par une puissance volumique algébriquement produite $p_v(M,t)$ en $\mathrm{W}\cdot\mathrm{m}^{-3}$, la relation précédente devient :

$\rho c_v \dfrac{\partial T(M,t)}{\partial t} + \dfrac{\partial j_Q(M,t)}{\partial x} = p_v(M,t)$ qui se généralise en trois dimensions :

$$\boxed{\rho c_v \frac{\partial T(M,t)}{\partial t} + \mathrm{div}\vec{j}_Q(M,t) = p_v(M,t) \text{ ou } \rho c_v \frac{\partial T(M,t)}{\partial t} + \vec{\nabla}\cdot\vec{j}_Q(M,t) = p_v(M,t)}.$$

La puissance volumique algébriquement produite est comptée positive si elle est absorbée (reçue par le système), négative dans le cas contraire. Lorsque $p_v(M,t) > 0$ on parle de terme source et au contraire de terme puits lorsque $p_v(M,t) < 0$.

⇨ **Méthode 16.1. Utilisation du premier principe de la thermodynamique pour un solide**

Remarque

En pratique, la diffusion thermique n'a d'effet que dans les solides car dans les fluides, la convection est plus efficace. Dans ce cas, et puisqu'on évolue quasiment toujours à pression constante, c'est plutôt l'enthalpie qu'on utilise et c_p la capacité thermique massique à pression constante (pour les solides, la différence entre c_v et c_p est faible).

❑ Loi de Fourier

Elle relie le vecteur densité de courant d'énergie thermique au gradient local de température, lequel est le moteur de la diffusion thermique, avec λ la conductivité thermique en $\mathrm{W}\cdot\mathrm{m}^{-1}\cdot\mathrm{K}^{-1}$, à une dimension suivant (*Ox*), on a :

$\boxed{\vec{j}_Q(M,t) = -\lambda \dfrac{\partial T(M,t)}{\partial x}\vec{e_x}}$, qui se généralise à trois dimensions :

$\boxed{\vec{j}_Q(M,t) = -\lambda\, \overrightarrow{\mathrm{grad}}\, T(M,t)}$ soit encore $\boxed{\vec{j}_Q(M,t) = -\lambda \vec{\nabla} T(M,t)}$.

Remarque

C'est une loi phénoménologique valable pour certains matériaux mais pas universelle. Le signe « – » de la loi de Fourier traduit le fait que le transfert thermique s'effectue des zones chaudes vers les zones froides, dans le sens opposé au gradient local de température.

Différents ordres de grandeur de λ à 20°C :

– cuivre	$400\,\mathrm{W \cdot m^{-1} \cdot K^{-1}}$
– acier	$80\,\mathrm{W \cdot m^{-1} \cdot K^{-1}}$
– béton	$0{,}24\,\mathrm{W \cdot m^{-1} \cdot K^{-1}}$
– brique	$0{,}84\,\mathrm{W \cdot m^{-1} \cdot K^{-1}}$
– eau	$0{,}60\,\mathrm{W \cdot m^{-1} \cdot K^{-1}}$
– plâtre	$0{,}50\,\mathrm{W \cdot m^{-1} \cdot K^{-1}}$
– laine de verre	$0{,}04\,\mathrm{W \cdot m^{-1} \cdot K^{-1}}$

❑ Équation de la diffusion thermique

En l'absence de source ou de puits d'énergie, le bilan thermique et la loi de Fourier conduisent à l'équation de diffusion thermique (ou équation de la chaleur) à une dimension suivant (Ox) :

$$\boxed{\frac{\lambda}{\rho c_v}\frac{\partial^2 T}{\partial x^2} - \frac{\partial T}{\partial t} = 0}.$$

Elle se généralise à trois dimensions : $\boxed{\rho c_v \frac{\partial T}{\partial t} = \lambda \Delta T}$ soit $\boxed{\frac{\partial T}{\partial t} = a \Delta T}$,

avec $a = \dfrac{\lambda}{\rho c_v}$ diffusivité thermique ($\mathrm{m^2 \cdot s^{-1}}$), appelée aussi coefficient de diffusion thermique.

En présence d'un terme de puissance volumique algébriquement produite $p_v(M,t)$ en $\mathrm{W \cdot m^{-3}}$, la relation précédente devient :

$\boxed{\rho c_v \frac{\partial T}{\partial t} = \lambda \frac{\partial^2 T}{\partial x^2} + p_v}$. Elle se généralise à trois dimensions : $\boxed{\rho c_v \frac{\partial T}{\partial t} = \lambda \Delta T + p_v}$.

Remarques

La diffusion thermique est un phénomène irréversible. En effet, l'équation de diffusion thermique n'est pas invariante par renversement du temps (si l'on remplace t par $-t$ dans l'équation) contrairement à l'équation de d'Alembert.

⇨ **Méthode 16.2. Loi de Fourier et bilan d'énergie, Méthode 16.3. En régime stationnaire et Méthode 16.11. Discrétisation de l'équation de diffusion**

Différents ordres de grandeur de a :

– cuivre	$117 \cdot 10^{-6}\,\mathrm{m^2 \cdot s^{-1}}$
– eau	$0{,}14 \cdot 10^{-6}\,\mathrm{m^2 \cdot s^{-1}}$
– laine de verre	$1{,}42 \cdot 10^{-6}\,\mathrm{m^2 \cdot s^{-1}}$

❑ Résistance thermique

Par analogie avec l'électrocinétique on définit une résistance thermique R_{th} en régime stationnaire :

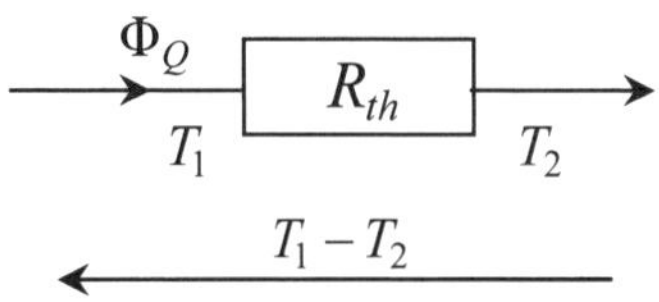

$$\boxed{R_{th} = \frac{T_1 - T_2}{\Phi_Q}} \text{ en } \mathrm{K \cdot W^{-1}}.$$

⇨ **Méthode 16.5. Analogie avec l'électrocinétique et Méthode 16.7. Association des résistances thermiques en série**

On définit également une conductance thermique $G_{th} = \dfrac{1}{R_{th}}$ en $\mathrm{K^{-1} \cdot W}$. Comme les résistances électriques, les résistances thermiques s'ajoutent si elles sont en série, c'est-à-dire traversées par le même flux thermique. Elles sont en parallèle si elles ont la même différence de température à leurs « bornes ».

❑ Temps et longueur caractéristiques

Avec τ et L respectivement la durée et la longueur caractéristiques, l'équation de diffusion fournit la relation suivante relative à ces ordres de grandeurs : $\boxed{L = \sqrt{a\tau}}$.

⇨ **Méthode 16.6. Utilisation des grandeurs caractéristiques**

❑ Conditions aux limites

À la limite entre deux milieux, lorsque le contact thermique est parfait la température est continue. D'autre part, il ne peut y avoir accumulation d'énergie thermique à l'interface, ce qui se traduit par la continuité du flux thermique.

⇨ **Méthode 16.4. Comment traduire les conditions aux limites ?**

❑ Transfert thermique de surface

Lorsqu'un fluide est en contact avec la surface d'un solide il apparaît un phénomène de conducto-convection (concomitance de conduction et de convection) qui entraîne des échanges thermiques au voisinage du solide. La **loi de Newton** quantifie de façon empirique le flux thermique algébriquement reçu par le fluide : $\boxed{\Phi_{cc} = hS\left(T_S - T_F\right)}$ avec T_F la température du fluide suffisamment éloigné de la paroi, c'est-à-dire là où la convection n'est plus active, T_S la température de la surface du solide, S l'aire de la surface de la paroi considérée et h le coefficient de transfert thermique surfacique.

Le coefficient h dépend de la nature du solide et du fluide mais aussi de l'état de la surface, il s'exprime en $\mathrm{W \cdot m^{-2} \cdot K^{-1}}$.

Remarque

On note que lorsque $T_S > T_F$ le transfert thermique effectif va du solide vers le fluide ce qui est cohérent avec $\Phi_{cc} = hS(T_S - T_F) > 0$ effectivement reçu par le fluide et donc cédé par le solide. La bonne prise en compte du caractère algébrique de ce transfert est essentielle.
Pour l'air en contact avec un solide h est de l'ordre de 5 à 30 $\mathrm{W \cdot m^{-2} \cdot K^{-1}}$. Dans le cas d'une convection forcée les valeurs peuvent être multipliées par 10.

⇨ **Méthode 16.7. Association des résistances thermiques en série**

■ Rayonnement du corps noir (MPI)

❑ Loi de Planck

La densité d'énergie du rayonnement dépend de sa fréquence (ou de sa longueur d'onde), on définit une densité spectrale d'énergie en fréquence $u_\nu = \dfrac{du}{d\nu}$ (ou une densité spectrale d'énergie en longueur d'onde $u_\lambda = \dfrac{du}{d\lambda}$). La loi de Planck donne ces deux densités spectrales pour un corps noir à l'équilibre thermique :

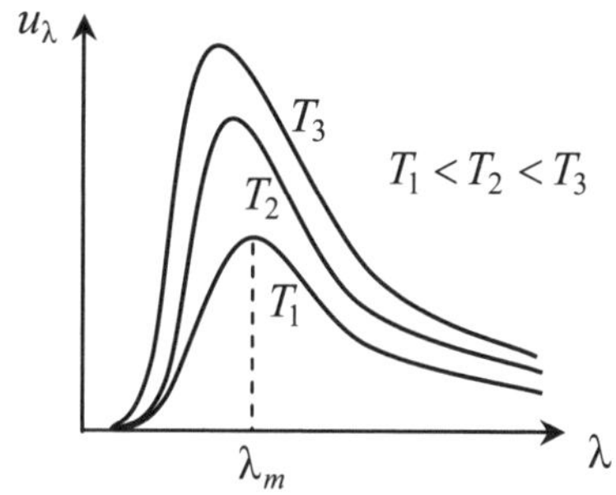

$$\boxed{u_\nu = \frac{8\pi h\nu^3}{c^3}\frac{1}{\exp\left(\dfrac{h\nu}{k_B T}\right) - 1}} \text{ et } \boxed{u_\lambda = \frac{8\pi hc}{\lambda^5}\frac{1}{\exp\left(\dfrac{hc}{\lambda k_B T}\right) - 1}},$$

avec les constantes fondamentales suivantes :

- la constante de Planck $h = 6,626 \cdot 10^{-38}\ \mathrm{J \cdot s}$,
- la célérité de la lumière dans le vide $c = 299\,792\,458\ \mathrm{m \cdot s^{-1}} \simeq 3,00 \cdot 10^{8}\ \mathrm{m \cdot s^{-1}}$,
- la constante de Boltzmann $k_B = 1,381 \cdot 10^{-23}\ \mathrm{J \cdot K^{-1}}$.

❑ Loi de Wien

La courbe précédente montre que pour une température donnée il existe une longueur d'onde λ_m qui correspond à un maximum de la densité d'énergie, la loi de Wien précise la relation entre cette longueur d'onde et la température associée par la relation :

$$\boxed{\lambda_m \times T = 2898\,\mu\mathrm{m \cdot K} \simeq 3 \cdot 10^{-6}\ \mathrm{m \cdot K}}$$

⇨ **Méthode 16.9. Utiliser la loi de Wien**

❑ Loi de Stefan

La puissance émise par une unité de surface (ou flux surfacique) d'un corps noir est proportionnelle à la température à la puissance 4 : $\boxed{\varphi(T) = \sigma T^4}$, où $\boxed{\sigma = 5,67 \cdot 10^{-8}\ \mathrm{W \cdot m^{-2} \cdot K^{-4}}}$ est la constante de Stefan.

Remarque

Cette loi ainsi que la constante σ est souvent également nommée Stefan-Boltzmann. $\varphi(T)$ s'appelle aussi l'exitance $(\mathrm{W\cdot m^{-2}})$.

⇨ **Méthodes 16.8, Faire l'inventaire des différents flux et 16.10. Utilisation de la loi de Stefan et de la symétrie sphérique**

Pour un corps autre qu'un corps noir (corps gris) on définit l'émissivité $\varepsilon(\lambda,T)$ comme étant le rapport de la puissance qu'il émet sur la puissance rayonnée par un corps noir à la même température si bien que : $\boxed{\varphi(T)=\varepsilon\sigma T^4}$

Exemple de valeur d'émissivité : aluminium poli 0,04 – noir de fumé 0,96.

❑ Effet de serre (MPI)

On considère que le Soleil se comporte comme un corps noir à la température $T_S \approx 5800\,\mathrm{K}$ et que la Terre se comporte comme un corps noir dont la température de surface serait, en négligeant l'effet de l'atmosphère, $T_T = 252\,\mathrm{K}$. Le Soleil émet une puissance P_S donnée par la loi de Stefan, la puissance surfacique reçue par la Terre à la distance D_{ST} est $\dfrac{P_S}{4\pi D_{ST}^2}$, avec $D_{ST} \approx 1{,}5\cdot 10^8\,\mathrm{km}$. On modélise l'atmosphère par une couche d'épaisseur $e << R_T$ de température uniforme, elle absorbe la fraction $\alpha \approx 0{,}35$ du rayonnement solaire et la totalité du rayonnement émis par la surface de la Terre (elle émet vers la Terre et vers l'Espace).

La Terre absorbe le reste du rayonnement solaire ainsi que le rayonnement de l'atmosphère vers la Terre. Cependant, le système Terre-atmosphère réfléchit une partie de l'énergie qu'il reçoit de la part du Soleil et absorbe le reste. La fraction réfléchie est l'albédo noté $A \approx 0{,}34$. Les échanges sont symbolisés dans le schéma ci-dessous, où les flèches représentent les rayonnements. La température de surface de la Terre en tenant compte de l'influence de l'atmosphère est notée T_T'.

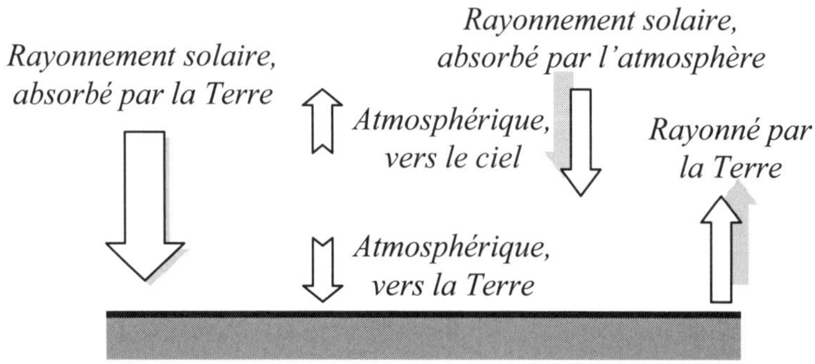

Le bilans thermique s'écrit :

pour le sol : $P_{\substack{\text{émise}\\ \text{par le sol}}} = P_{\substack{\text{émise par l'atmosphère}\\ \text{et absorbée par le sol}}} + P_{\substack{\text{émise par le Soleil et absorbée par}\\ \text{le sol après avoir traversé l'atmosphère}}}$

et pour l'atmosphère : $P_{\substack{\text{totale émise par}\\ \text{l'atmosphère}}} = P_{\substack{\text{émise par le sol et absorbée}\\ \text{par l'atmosphère}}} + P_{\substack{\text{émise par le Soleil et absorbée}\\ \text{par l'atmosphère}}}$

Ce qui conduit à : $\boxed{T_T' = (2-\alpha)^{1/4}\, T_T}$.

Numériquement on trouve dans le cadre de cette modélisation $\boxed{T_T' = 286\,\text{K} > T_T}$, c'est l'effet de serre.

■■ Méthodes

■ Comment faire un bilan thermique ?

❑ Méthode 16.1. Utilisation du premier principe de la thermodynamique pour un solide

> On exprime la variation d'enthalpie dans un volume élémentaire pendant un temps élémentaire que l'on relie, avec le premier principe au transfert thermique grâce au vecteur densité de courant d'énergie thermique.

➪ **Exercices 16.3, 16.6 et 16.8**

Bilan thermique dans un barreau cylindrique. Le problème est unidimensionnel c'est-à-dire : $\vec{j}_Q(M,t) = j_Q(x,t)\vec{e}_x$. On applique le premier principe à une tranche entre x et $x+\mathrm{d}x$. La variation élémentaire d'enthalpie de ce volume élémentaire pendant $\mathrm{d}t$ s'écrit (avec $c_p \approx c_v$) :

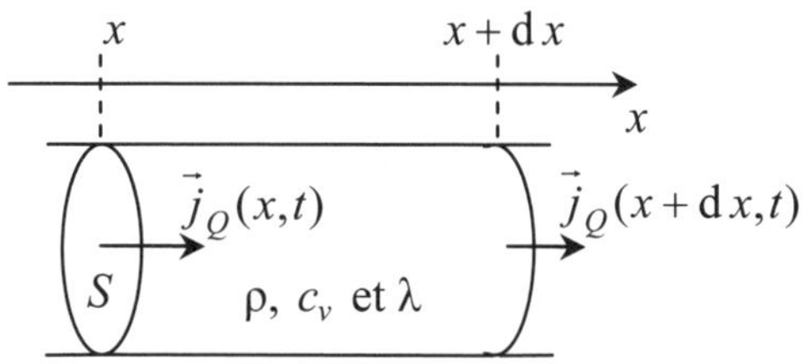

$\mathrm{d}^2 H = c_p\,\mathrm{d}m\,\mathrm{d}T = \rho c_p\, S\,\mathrm{d}x\left[T(x,t+\mathrm{d}t) - T(x,t)\right]$

soit, au premier ordre : $\mathrm{d}^2 H = \rho c_p\, S\,\mathrm{d}x\dfrac{\partial T}{\partial t}\mathrm{d}t$.

Pour une phase condensée (solide ou liquide) la capacité thermique massique à volume constant c_v est égale à celle à pression constante c_p. D'après le premier principe de la thermodynamique la variation d'enthalpie est égale au transfert thermique algébriquement reçu par le système. Le transfert thermique algébriquement reçu s'écrit :

$\delta^2 Q = \underbrace{\Phi(x,t)\mathrm{d}t}_{\text{énergie thermique entrante}} - \underbrace{\Phi(x+\mathrm{d}x,t)\mathrm{d}t}_{\text{énergie thermique sortante}} = \left[j_Q(x,t)S - j_Q(x+\mathrm{d}x,t)S\right]\mathrm{d}t$ qui devient au premier ordre : $\delta^2 Q = -S\dfrac{\partial j_Q(x,t)}{\partial x}\mathrm{d}x\mathrm{d}t$. En égalant $\mathrm{d}^2 H$ à $\delta^2 Q$ on obtient l'équation recherchée :

$\rho c_v\, S\,\mathrm{d}x\dfrac{\partial T(x,t)}{\partial t}\mathrm{d}t = -S\dfrac{\partial j_Q(x,t)}{\partial x}\mathrm{d}x\mathrm{d}t$ soit $\boxed{\rho c_v \dfrac{\partial T(x,t)}{\partial t} + \dfrac{\partial j_Q(x,t)}{\partial x} = 0}$, équation à une dimension. $\dfrac{\partial j_Q(x,t)}{\partial x}$ étant la restriction à une dimension suivant (Ox) de $\mathrm{div}\,\vec{j}_Q(M,t)$, le bilan local se généralise à trois dimensions : $\boxed{\rho c_v \dfrac{\partial T(M,t)}{\partial t} + \vec{\nabla}\cdot\vec{j}_Q(M,t) = 0}$.

Notons que dans le cas d'une énergie algébriquement produite dans le barreau et caractérisée par la puissance volumique p_v, l'énergie produite dans le volume élémentaire durant dt est $p_v S \,\mathrm{d}x\,\mathrm{d}t$. On rajoute ce terme au second membre du premier principe :

$\rho c_v S\,\mathrm{d}x \frac{\partial T}{\partial t}\mathrm{d}t = -S\frac{\partial j_Q}{\partial x}\mathrm{d}x\,\mathrm{d}t + p_v S\,\mathrm{d}x\,\mathrm{d}t$, ce qui conduit à trois dimensions à :

$$\boxed{\rho c_v \frac{\partial T(M,t)}{\partial t} + \vec{\nabla}\cdot\vec{j}_Q(M,t) = p_v(M,t)}.$$

Comment retrouver l'équation de la diffusion thermique ?

Méthode 16.2. Loi de Fourier et bilan d'énergie

La loi de Fourier relie le vecteur densité de courant d'énergie thermique qui intervient dans le bilan d'énergie au gradient de température. L'élimination de ce vecteur dans le bilan précédent fournit l'équation de la diffusion thermique portant sur les variations spatio-temporelles de la température.

⇨ **Exercices 16.3, 16.6, 16.7 et 16.8**

Sans terme source ni puits, le bilan précédent à une dimension suivant (Ox) avait fourni :

$\rho c_v \frac{\partial T(x,t)}{\partial t} + \frac{\partial j_Q(x,t)}{\partial x} = 0$ et d'après la loi de Fourier $j_Q(x,t) = -\lambda\frac{\partial T(x,t)}{\partial x}$, ainsi en remplaçant dans l'égalité précédente, il vient : $\frac{\lambda}{\rho c_v}\frac{\partial^2 T(x,t)}{\partial x^2} - \frac{\partial T(x,t)}{\partial t} = 0$.

On généralise à trois dimensions en remarquant que $\frac{\partial^2 T(x,t)}{\partial x^2}$ est la restriction à une dimension suivant (Ox) de $\Delta T(M,t)$: $\frac{\lambda}{\rho c_v}\Delta T(M,t) - \frac{\partial T(M,t)}{\partial t} = 0$.

En présence d'un terme de puissance volumique algébriquement produite $p_v(M,t)$ en $\mathrm{W\cdot m^{-3}}$, la relation précédente devient : $\rho c_v \frac{\partial T(M,t)}{\partial t} = \lambda\frac{\partial^2 T(M,t)}{\partial x^2} + p_v$.

Elle se généralise à trois dimensions : $\rho c_v \frac{\partial T(M,t)}{\partial t} = \lambda \Delta T(M,t) + p_v$.

■ Comment résoudre l'équation de la diffusion thermique ?

❑ Méthode 16.3. En régime stationnaire

En régime stationnaire, l'équation de la diffusion devient une équation différentielle du second ordre, la connaissance de deux conditions aux limites est suffisante pour déterminer les deux constantes d'intégration.

⇨ **Exercices 16.1, 16.3, 16.4 et 16.6**

Système à une dimension sans terme de production. L'équation de la diffusion thermique peut s'écrire $\dfrac{d^2T}{dx^2}=0$, soit $T = Ax + B$ avec A et B des constantes. Si en $x=0$, $T=T_1$ et en $x=L$, $T=T_2$ on obtient le système d'équations : $\begin{cases} T_1 = B \\ T_2 = AL + B \end{cases}$ soit $A=\dfrac{T_2-T_1}{L}$, d'où la solution complète $\boxed{T=\left(\dfrac{T_2-T_1}{L}\right)x+T_1}$.

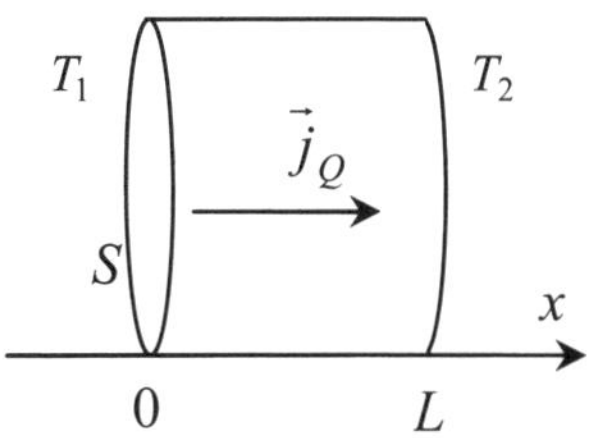

❑ Méthode 16.4. Comment traduire les conditions aux limites ?

Pour résoudre l'équation de diffusion, il faut tenir compte des conditions aux limites du domaine envisagé. La solution de l'équation de diffusion dans le domaine doit vérifier la continuité de température sur la surface limitant un domaine (si le contact est parfait, ce qui est souvent le cas) ainsi que la continuité du flux thermique puisque qu'il n'y a pas d'accumulation d'énergie à l'interface entre deux milieux. Pour un problème à une dimension suivant (Ox), si on note $\Phi_{\lim}(t) = j_{th\ \lim}\, S = -\lambda S\left(\dfrac{\partial T}{\partial x}\right)_{(x_{\lim},t)}$ le flux thermique sur cette interface, on a en particulier les trois cas classiques suivants :

– dans le cas où l'extrémité en $x_{\lim}$ est isolée on écrit $\left(\dfrac{\partial T}{\partial x}\right)_{(x_{\lim},t)}=0$, $\forall t$;

– à la surface de contact commune entre deux solides de conductivité respectives λ_1 et λ_2, on a : $\forall t$, $\lambda_1\left(\dfrac{\partial T_1}{\partial x}\right)_{(x_{\lim},t)}=\lambda_2\left(\dfrac{\partial T_2}{\partial x}\right)_{(x_{\lim},t)}$. Ainsi plus la conductivité thermique est élevée, plus $\dfrac{\partial T}{\partial x}$ est faible : le solide de plus grande conductivité thermique à le profil de température le plus uniforme ce qui est logique puisqu'il véhicule mieux le flux thermique ;

– dans le cas d'un solide en contact avec un fluide de température T_0 loin de la surface de contact, l'échange est régie par la loi de Newton.

⇨ **Exercices 16.5 et 16.6**

Envisageons le cas d'un solide siège d'un flux thermique unidimensionnel suivant (Ox) et en contact en $x = x_{\lim}$ avec un fluide de température T_0 loin de la surface de contact. L'échange est régi par la loi de Newton : si on note Σ la surface de contact le transfert thermique algébriquement reçu par le fluide pendant la durée dt est $\delta Q = h\Sigma\big(T(x_{\lim},t) - T_0\big)dt$, où h est le coefficient de transfert conducto-convectif en $W \cdot m^{-2} \cdot K^{-1}$.

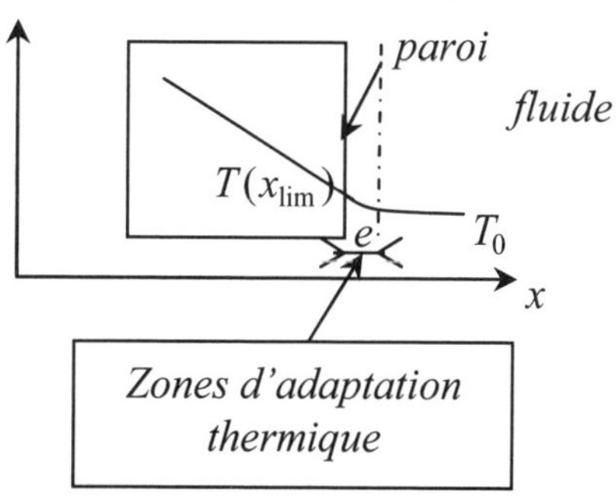

Dans le fluide, la température passe de la valeur $T(x_{\lim})$ imposée par la surface du solide à T_0 sur une zone d'adaptation thermique de faible épaisseur e. C'est dans cette zone, dite couche limite thermique, que se localise le gradient thermique dans le fluide. Dans la limite où e tend vers zéro, montrons que tout se passe comme si le solide était en contact avec un fluide de conductivité thermique $\lambda_{fluide} = eh$.

La continuité du flux thermique à l'interface s'écrit :

$-\lambda_{solide}\left(\dfrac{\partial T}{\partial x}\right)_{(x_{\lim},t)} dt = \delta Q = h\big(T(x_{\lim},t) - T_0\big)dt \approx he\left(\dfrac{T(x_{\lim},t) - T(x_{\lim}+e,t)}{e}\right)dt$, et dans la limite $e \to 0$ $-\lambda_{solide}\left(\dfrac{\partial T}{\partial x}\right)_{(x_{\lim},t)} dt \approx -he\left(\dfrac{\partial T}{\partial x}\right)_{(x_{\lim},t)} dt$, ce qui conduit à poser $h = \dfrac{\lambda_{fluide}}{e}$ pour traduire la continuité de flux thermique sous la forme : $\lambda_{solide}\left(\dfrac{\partial T}{\partial x}\right)_{(x_{\lim},t)} = \lambda_{fluide}\left(\dfrac{\partial T}{\partial x}\right)_{(x_{\lim},t)}$.

■ Comment déterminer une résistance thermique ?

❑ Méthode 16.5. Analogie avec l'électrocinétique

L'analogue du courant électrique est le flux thermique (puissance thermique), celui du potentiel est la température donc la tension (différence de potentiels) correspond à une différence de températures. La loi d'Ohm $U = V_1 - V_2 = RI$ devient $T_1 - T_2 = R_{th}\Phi_Q$ et permet le calcul de la résistance thermique.

⇨ **Exercices 16.1 à 16.5**

En reprenant l'exemple de la méthode 16.3, on calcule le flux thermique $\Phi_Q = \iint_S \vec{j}_Q \overrightarrow{dS} = j_Q S$

avec $j_Q = -\lambda \frac{dT}{dx} = -\lambda \frac{T_2 - T_1}{L}$ soit $\Phi_Q = \lambda S \frac{T_1 - T_2}{L}$.

La résistance thermique $R_{th} = \frac{T_1 - T_2}{\Phi_Q} \Rightarrow \boxed{R_{th} = \frac{L}{\lambda S}}$, relation comparable avec la résistance d'un conducteur ohmique en électrocinétique $R = \frac{L}{\gamma S}$ où γ est la conductivité électrique.

Voyons les **analogies électrocinétique-diffusion thermique** :

Électrocinétique	Diffusion thermique
Différence de potentiel $V_2 - V_1$	Différence de température $T_2 - T_1$
Vecteur densité de courant de charge $\vec{j}$ tel que $\vec{j} = -\gamma\, \overrightarrow{\text{grad}} V$ (loi d'Ohm locale). Intensité du courant $I = \iint_S \vec{j} \cdot \overrightarrow{dS}$	Vecteur densité de courant d'énergie thermique $\vec{j}_Q$ tel que $\vec{j}_Q = -\lambda\, \overrightarrow{\text{grad}} T$. Flux thermique (ou puissance thermique) $P_{th} = \Phi_Q = \iint_S \vec{j}_Q \cdot \overrightarrow{dS}$
Conductivité γ	Conductivité thermique λ
Équation de Laplace $\Delta(V) = 0$	$\Delta(T) = 0$ en régime permanent
Résistance $R = \frac{L}{\gamma S}$ telle que : $V_2 - V_1 = RI$	Résistance thermique $R_{th} = \frac{T_1 - T_2}{\Phi_Q}$ telle que : $T_2 - T_1 = R_{th}\, \Phi_Q$

■ Comment déterminer les ordres de grandeur d'un phénomène de diffusion thermique ?

❑ Méthode 16.6. Utilisation des grandeurs caractéristiques

Pour obtenir une relation liant les ordres de grandeur du temps caractéristique de diffusion τ à la distance caractéristique L, on procède à une analyse dimensionnelle de l'équation de diffusion.

⇨ **Exercice 16.14**

Connaissant la diffusivité thermique d'un sol argileux $a = 10^{-6}\,m^2 \cdot s^{-1}$, pour déterminer le temps caractéristique τ de diffusion thermique sur une distance $L = 2$ m on analyse l'équation de diffusion $\frac{\partial T}{\partial t} = a\Delta T$ soit $\frac{[T]}{[t]} = [a]\frac{[T]}{[L]^2} \Rightarrow \frac{1}{\tau} = \frac{a}{L^2} \Rightarrow \tau = \frac{L^2}{a}$.

A.N. : $\tau = \frac{2^2}{10^{-6}} = 4 \cdot 10^6\,s \approx 1{,}5$ mois, ce qui signifie que les variations de température au niveau de la surface du sol sont ressenties avec 1,5 mois de retard à 2,4 m de profondeur (1/2 saison). De plus la variation est très fortement atténuée mais l'analyse dimensionnelle ne peut pas le montrer.

■ Comment prendre en compte la convection dans la résistance thermique d'une paroi ?

❑ Méthode 16.7. Association des résistances thermiques en série

La loi de Newton permet de relier le flux thermique à la différence de température entre le fluide et le solide, c'est-à-dire qu'en régime stationnaire nous pouvons lui associer une résistance thermique. Cette résistance se trouve en série avec celle de la paroi (traversée par le même flux). Il suffit d'en faire la somme pour avoir la résistance équivalente.

⇨ **Exercices 16.1, 16.2**

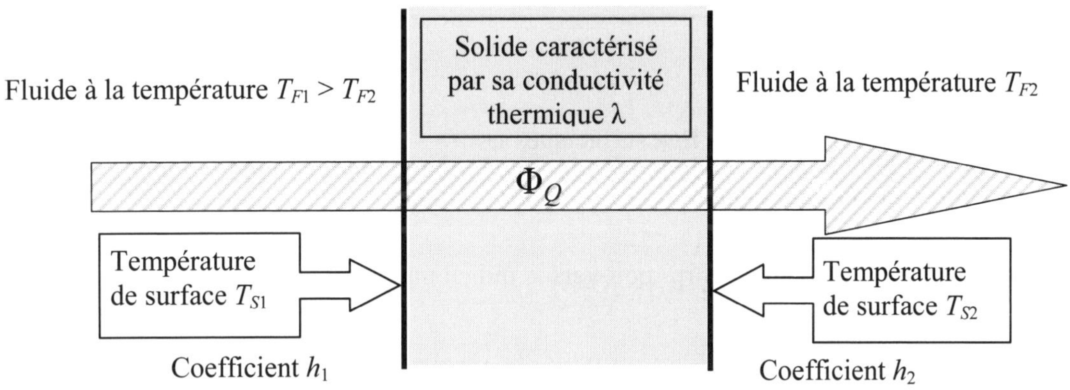

Les flux thermiques algébriques au niveau des deux surfaces de contact sont précisés par la loi de Newton $\Phi_Q = hS(T_F - T_S)$, ce qui permet, avec $T_F - T_S > 0$, de définir une résistance thermique « de convection » $R_{th,c} = \frac{T_F - T_S}{\Phi_Q} = \frac{1}{hS}$.

À gauche $T_{F1} > T_{S1}$ et $R_{th,c1} = \dfrac{T_{F1} - T_{S1}}{\Phi_Q} = \dfrac{1}{h_1 S}$, à droite $T_{S2} > T_{F2}$ et $R_{th,c2} = \dfrac{T_{S2} - T_{F2}}{\Phi_Q} = \dfrac{1}{h_2 S}$.

L'ensemble qui est traversé par le flux Φ_Q, présente donc une résistance thermique globale $R_{th,paroi} = \dfrac{1}{h_1 S} + \dfrac{L}{\lambda S} + \dfrac{1}{h_2 S} = \dfrac{1}{S}\left(\dfrac{1}{h_1} + \dfrac{L}{\lambda} + \dfrac{1}{h_2}\right)$.

■ Comment exploiter le cours sur le corps noir ?

❑ Méthode 16.8. Faire l'inventaire des différents flux

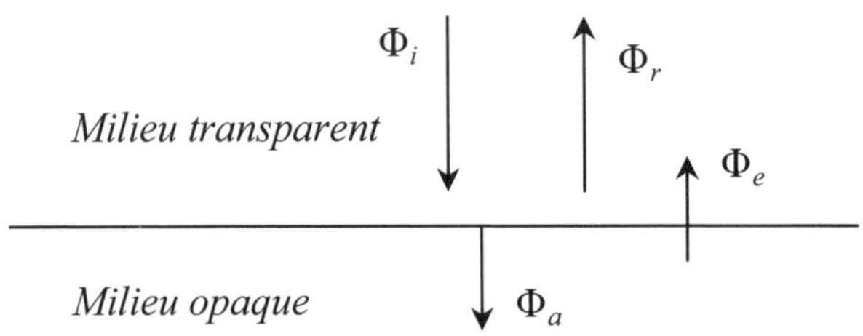

Le flux incident Φ_i frappe le corps noir, Φ_r le flux réfléchi par la surface, Φ_a le flux absorbé par le corps noir et le flux Φ_e émis par la surface vers le milieu transparent. On en déduit le flux radiatif $\Phi_{radiatif}$ qui, à l'équilibre thermique, est nul.

⇨ **Exercices 16.11 et 16.12**

Il est plus commode d'utiliser les flux surfaciques $\varphi = \dfrac{\mathrm{d}\Phi}{\mathrm{d}S}$ en $\mathrm{W \cdot m^{-2}}$. Les différentes relations entre ces différents flux surfaciques sont :

- $\varphi_i = \varphi_r + \varphi_a$
- le flux surfacique partant du corps noir vers le milieu transparent $\varphi_p = \varphi_r + \varphi_e$
- $\varphi_{radiatif} = \varphi_p - \varphi_i = \varphi_e - \varphi_a$.

Donc à l'équilibre thermique où $\varphi_{radiatif} = 0$ on obtient $\varphi_e = \varphi_a = \sigma T^4$ (loi de Stefan).

❑ Méthode 16.9. Utiliser la loi de Wien

L'application de la loi de Wien $\lambda_m \times T = 2898 \mu\mathrm{m \cdot K}$ est directe mais ne pas oublier qu'il s'agit de la longueur d'onde principale (émission maximale).

⇨ **Exercices 16.10 et 16.13**

Calculons la longueur d'onde principale émise par un corps porté à la température ambiante de 27°C.

La température doit être exprimée en kelvins soit $\lambda_m \simeq \dfrac{3\cdot 10^{-3}}{300} = 10^{-5}\,\text{m} = 10\,\mu\text{m}$, située dans le domaine de l'infrarouge, c'est-à-dire hors du domaine visible d'où la dénomination de « corps noir ».

❑ Méthode 16.10. Utilisation de la loi de Stefan et de la symétrie sphérique

> Pour obtenir le flux total émis par la source de rayon R on applique la loi de Stefan multipliée par la surface du corps $\phi_{émis} = \sigma T^4 \times 4\pi R^2$. Le rayonnement est uniforme et isotrope, donc le flux à une distance D est répartie sur une sphère de rayon D, si bien que le flux surfacique à cet endroit est $\varphi = \dfrac{\Phi_{émis}}{4\pi D^2} = \sigma T^4 \left(\dfrac{R}{D}\right)^2$.

⇨ **Exercices 16.9 à 16.13**

Calcul de la puissance thermique reçue par un corps sur la plage et exposé au Soleil au zénith, en supposant l'atmosphère totalement transparente.
Données : rayon du Soleil $R \approx 7\cdot 10^5\,\text{km}$, température de la surface du Soleil $T \approx 5900\,\text{K}$, distance Soleil-Terre $D \approx 1{,}5\cdot 10^8\,\text{km}$, surface exposée $S \approx 8000\,\text{cm}^2$.

Le flux surfacique au niveau du sol $\varphi = \sigma T^4 \left(\dfrac{R}{D}\right)^2$ soit une puissance (ou flux) thermique reçu

$$\Phi = \sigma T^4 \left(\frac{R}{D}\right)^2 \times S = 5{,}7\cdot 10^{-8} \times 5900^4 \times \left(\frac{7\cdot 10^5}{1{,}5\cdot 10^8}\right)^2 \times 0{,}8 = 1200\,\text{W}.$$

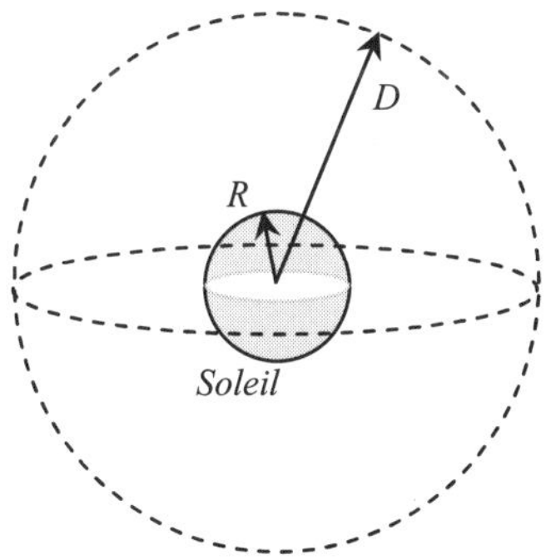

■ Comment résoudre l'équation de diffusion en Python

❑ Méthode 16.11. Discrétisation de l'équation de diffusion

Principe de la modélisation : on se place dans un barreau indéformable de longueur L de masse volumique ρ, de capacité thermique massique c et de conductivité thermique λ dans le cadre d'un problème est unidirectionnel suivant (Ox) c'est-à-dire que le vecteur densité volumique de courant d'énergie thermique est de la forme : $\vec{j}_Q = j_Q \vec{e}_x$. On néglige donc les pertes radiales par les surfaces latérales, il n'y a pas d'autre source de variation de température que le flux thermique. L'équation de diffusion thermique s'écrit, à un 1D suivant (Ox) : $\rho c \dfrac{\partial T}{\partial t} = \lambda \dfrac{\partial^2 T}{\partial x^2}$.

En introduisant $a = \dfrac{\lambda}{\rho c}$ la diffusivité thermique (ou coefficient de diffusion thermique) en $m^2 \cdot s^{-1}$ on obtient : $a \dfrac{\partial^2 T}{\partial x^2} - \dfrac{\partial T}{\partial t} = 0$.

Méthode de discrétisation explicite aux différences finies

Le temps est discrétisé en Nt valeurs avec un pas temporel de Te, et l'espace réduit à une dimension suivant (Ox) en Nx valeurs allant de 0 à L avec un pas spatiale de h. On définit la température comme une matrice de Nt lignes et Nx colonnes, l'élément de la i^e ligne et j^e colonne correspondant donc à la température à l'instant $t = i \times Te$ à l'abscisse $x = j \times h$ sera noté $T[i][j]$.

On discrétise l'équation différentielle, en exprimant $\dfrac{\partial T}{\partial t}$ et $\dfrac{\partial T}{\partial x}$ comme suit :

À x donc à j fixé : $\dfrac{\partial T}{\partial t} = \dfrac{T[i+1][j] - T[i][j]}{Te}$ et à t donc à i fixé et $\dfrac{\partial T}{\partial x} = \dfrac{T[i][j+1] - T[i][j]}{h}$. La dérivée seconde $\dfrac{\partial^2 T}{\partial x^2}$ est exprimée comme la dérivée de la dérivée première :

$$\frac{\partial^2 T}{\partial x^2} = \frac{\left(\dfrac{\partial T}{\partial x}\right)_x - \left(\dfrac{\partial T}{\partial x}\right)_{x-\mathrm{d}x}}{\mathrm{d}x} = \frac{\dfrac{T[i][j+1] - T[i][j]}{h} - \dfrac{T[i][j] - T[i][j-1]}{h}}{h}$$

$$= \frac{T[i][j+1] + T[i][j-1] - 2T[i][j]}{h^2}$$

Avec cette discrétisation spatiale et temporelle, l'équation de diffusion se réécrit :

$$T[i+1][j] = T[i][j] + \frac{a Te}{h^2}\left(T[i][j+1] - 2T[i][j] + T[i][j-1]\right)$$

Le cœur du code consiste en l'obtention de la température pour tout temps t et en tout x.

Cela sera effectué par une double boucle for imbriquée permettant d'obtenir $T[i][j]$ par itération successive.
Le schéma est d'ordre 2 en espace et 1 en temps. On peut montrer que l'amplification de l'erreur numérique d'une itération à la suivante conduit au critère de stabilité suivant : $\frac{aTe}{h^2} \leq \frac{1}{2}$.

⇨ Exercices 23.8

Considérons le problème suivant : on met en contact thermique parfait, à $t_0 = 0$ s, deux barreaux d'aluminium de 50 cm chacun, le premier porté à la température de 0 °C et le second de 40 °C (en général T est en kelvin mais comme ici T est obtenue par une différence on peut exprimer T en °C). On désire obtenir l'évolution de la température en fonction de l'abscisse x dans le barreau de longueur L =1 m formé par ces deux barreaux pour différents temps. Dans la limite de l'ARQS thermique (pour des temps longs devant le temps caractéristique de diffusion) la température tend vers une fonction affine de x satisfaisant à l'équation de Laplace et aux conditions aux limites aux extrémités du barreau. Pour l'aluminium, la diffusivité est de $a = 98{,}8.10^{-6}\,\mathrm{m}^2\cdot\mathrm{s}^{-1}$, soit de l'ordre de $10^{-4}\,\mathrm{m}^2\cdot\mathrm{s}^{-1}$. Pour une distance caractéristique de 1 m le temps caractéristique est de l'ordre de $\frac{L^2}{a} \approx 10^4\,\mathrm{s}$. Pour des temps plus courts on attend donc un écart notable à cette variation affine.
On commence par importer les bibliothèques d'intérêt :

```
import matplotlib.pyplot as plt
import numpy as np

#définition de la diffusivité et du pas de discrétisation temporel
a=10**-4   #ou 1e-4
Te=0.01

#définition de la longueur totale du barreau : 1m échantillonnée en Nx
#segments de longueur h
L=1.
Nx=100
h=L/Nx
#définition de la durée de l'étude
Nt=100000
#initialisation de la matrice de température de Nt lignes et Nx colonnes
T=np.zeros((Nt,Nx),float)
#Condition initiale portant à t0=0 sur la première ligne de la matrice :
#le premier demi-barreau à 0 °C et le second à 40°C
for j in range(int(Nx/2.)):  #de zéro à la partie entière de Nx/2 exclue
    T[0][j]=0
for j in range(int(Nx/2.),Nx):  #de partie entière de Nx/2 incluse à Nx
   T[0][j]=40                    #exclue
```

Notons qu'il est possible d'utiliser la vectorialisation pour remplacer les deux boucles précédentes comme suit :

```
T[0,:int(Nx/2.)]=0
T[0,int(Nx/2.):]=40

#On impose des conditions aux limites fixes en 0 et Nx-1 soit T=0°C en x=0
#et T=40°C en x=L, ces températures sont maintenues pour tout t
for i in range(0,Nt):
    T[i][Nx-1]=40
    T[i][0]=0
```

Cette dernière boucle peut être vectorialisée de la façon suivante :

```
T[:,-1]=40
T[:,0]=0

#Équation différentielle discrétisée dans la double boucle temporelle et
#spatiale
for i in range (Nt-1):
    for j in range(1,Nx-1):
        T[i+1][j]=T[i][j]+a*Te*(T[i][j+1]-2*T[i][j]+T[i][j-1])/(h*h)
```

À présent, nous pouvons définir de la liste des abscisses pour tracer `T` à un instant donné correspondant à une ligne de la matrice `T` en fonction de `x` correspondant à la liste des abscisses :

```
Listex=[]
for j in range(Nx):
    Listex.append(j*h)
```

Il est aussi possible d'utiliser une boucle en compréhension :

```
Listex=[jx*h for jx #in range(Nx)]

#Représentation graphique de la solution à différents instants

plt.plot(Listex,T[0],'k') #on commence par l'état initial avant le début
#de la diffusion, à la mise en contact des deux demi-barreaux, on trace
#donc en trait plein la première ligne de la matrice en fonction de la
#liste des abscisses Listex

plt.plot(Listex,T[int(Nt/10.)],'k--') #trace la ligne de la matrice
#correspondant à tfinal /10 en fonction de Listex en pointillés

plt.plot(Listex,T[int(Nt/4.)],'k-.',linewidth=2) #trace la ligne de la
#matrice correspondant à tfinal /4 en fonction de Listex dans le style de
#trait -.-

plt.plot(Listex,T[Nt-1],'k:') #trace la ligne de la matrice correspondant
#à tfinal en fonction de Listex dans le style de trait …

#Nom et unités des axes
plt.xlabel('longueur (m)',fontsize=11)
plt.ylabel(u'température (°C)',fontsize=11)

#On attribue une légende à chaque tracé du premier au dernier
```

```
plt.legend(('t0','t0/10','t0/4','tfinal', ))
plt.show()
```

On obtient les tracés suivants, conformes à l'évolution vers le régime permanent :

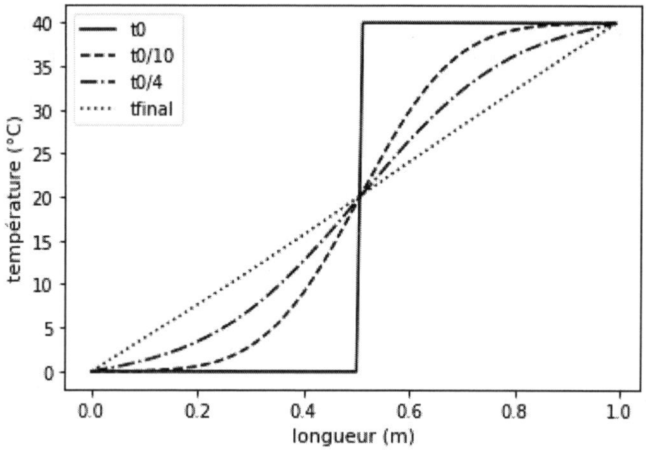

■■ Vrai/Faux

		Vrai	Faux
1.	Le phénomène de diffusion thermique est réversible.	☐	☐
2.	Un bon conducteur de l'électricité est aussi un bon conducteur thermique.	☐	☐
3.	La puissance thermique est l'analogue de la puissance électrique.	☐	☐
4.	La température joue le rôle du potentiel en électrocinétique.	☐	☐
5.	Pour une même surface, une épaisseur de 10 cm de laine de verre ($\lambda_{\text{ldv}} = 0{,}038\,\text{W}\cdot\text{m}^{-1}\cdot\text{K}^{-1}$) est plus isolant que 5 cm de polystyrène expansé ($\lambda_{\text{pe}} = 0{,}027\,\text{W}\cdot\text{m}^{-1}\cdot\text{K}^{-1}$).	☐	☐
6.	Dans un cylindre conducteur d'axe (Ox), si la température est uniforme sur toute section droite c'est que $\vec{j}_Q(M,t) = j_Q(x,t)\vec{e}_x$.	☐	☐
7.	La diffusion thermique est le seul mode de transport thermique.	☐	☐
8.	La connaissance de deux conditions aux limites est suffisante pour résoudre complètement l'équation de la diffusion thermique.	☐	☐
9.	La loi de Wien permet d'accéder à la seule longueur d'onde émise par le corps à une température donnée.	☐	☐
10.	La constante caractéristique de la loi de Wien est un nombre sans dimension.	☐	☐
11.	Le corps humain rayonne dans l'infrarouge.	☐	☐

■■ Énoncé des exercices

❑ Exercice 16.1. Résistance thermique d'un assemblage

On considère un système constitué de deux cylindres pleins d'axe (Oz), de mêmes dimensions, posés l'un sur l'autre. On note respectivement D le diamètre et e la hauteur de chacun des cylindres. On isole thermiquement les parois latérales des cylindres et l'on suppose que la température n'est fonction que de z. On considère qu'en régime stationnaire, la face supérieure est maintenue à la température T_s et la face inférieure à $T_i < T_s$. On suppose que le contact thermique entre les deux cylindres est parfait. On notera T la température de contact. On note respectivement λ_s et λ_i les conductivités thermiques uniformes du cylindre supérieur et inférieur. Donner, par deux méthodes, l'expression de la résistance thermique R_{th} de cet empilement.

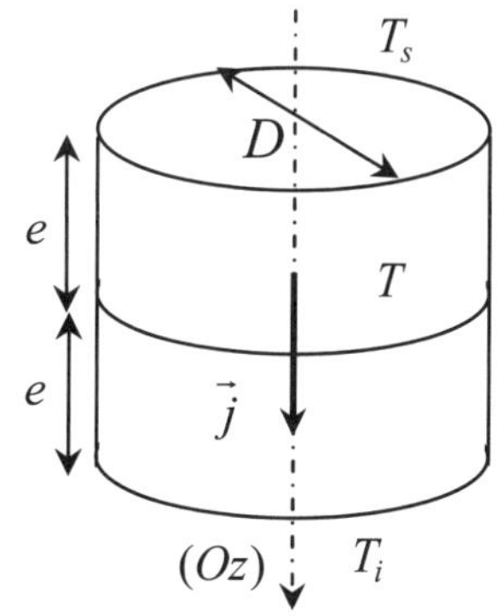

D'après ICNA

❑ Exercice 16.2. Isolation thermique d'une pièce de vie

On considère la paroi, supposée homogène, d'un bâtiment d'habitation. La température intérieure d'une pièce de vie est de $21\,°C$, elle est supposée égale à celle de la surface intérieure de la paroi. En zone tempérée, sa température moyenne de surface extérieure est de $19\,°C$. Son épaisseur est de $10\,cm$.

1. Calculer le flux thermique qui traverse perpendiculairement un mètre carré de cette paroi en régime stationnaire si elle est uniquement constituée de béton.

2. On réalise une paroi multicouche constituée de 10 cm d'épaisseur de béton, 10 cm de laine de verre et 2 cm de plâtre. Calculer le flux thermique qui traverse perpendiculairement un mètre carré de cette paroi en régime stationnaire.

3. On envisage à présent qu'une dalle de la pièce intérieure débouche sur l'extérieur. Montrer, par une analogie électrique, qu'il est inutile d'augmenter la couche d'isolant dans le mur et qu'il sera plus efficace de procéder à une isolation par l'extérieur.

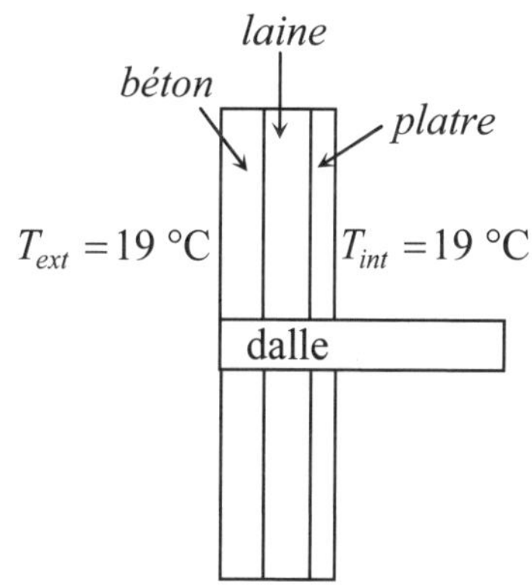

Données :

- conductivité thermique du béton $\lambda_b = 1{,}75\,W \cdot m^{-1} \cdot K^{-1}$,
- conductivité thermique du plâtre $\lambda_p = 0{,}50\,W \cdot m^{-1} \cdot K^{-1}$,
- conductivité thermique de la laine de verre $\lambda_l = 0{,}04\,W \cdot m^{-1} \cdot K^{-1}$.

D'après oral Mines-Ponts

❑ Exercice 16.3. Les secrets du noyau terrestre

On modélise le noyau terrestre par une masse sphérique d'un alliage de fer-nickel solide (noyau interne encore appelé la graine) au centre d'une sphère de fer liquide allié à des éléments légers (noyau externe). Dans toute la suite le fer sera supposé pur. On posera $T(r = R_1) = T_1$ la température à la surface de la graine solide et $T(r = R_2) = T_2 < T_1$ la température à la surface extérieure du noyau externe. Les deux milieux sont supposés homogènes.

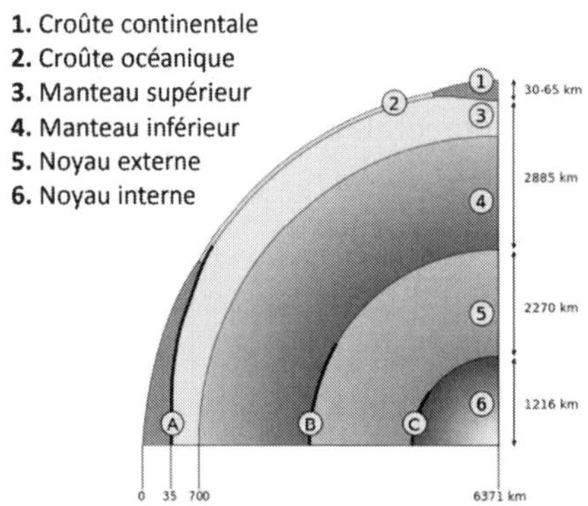

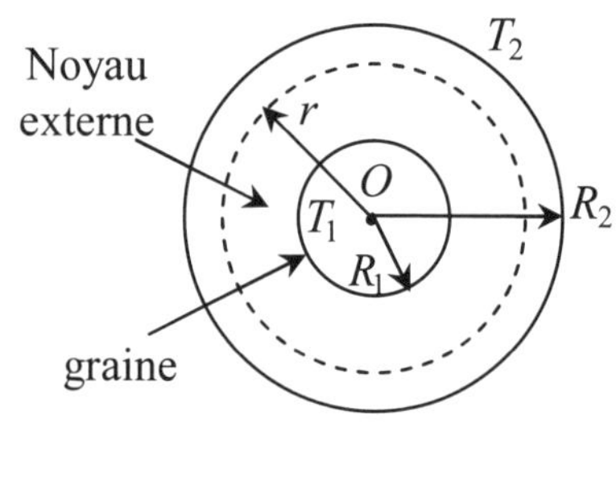

Données : on estime que le flux géothermique moyen Φ_Q est d'environ $3 \cdot 10^{13}$ W dont 2/3 proviennent des désintégrations radioactives dans le manteau et les couches externes. On considère que les désintégrations radioactives au sein du noyau ne contribuent que pour 0,06% à ce flux (la teneur en éléments radioactifs y étant très faible). On notera p_v le terme de production volumique d'énergie par désintégration radioactive. Les autres sources principales de production d'énergie, contribuant pour les 1/3 restants, seront qualifiées de flux thermique profond noté $\Phi_{Q,pr}$. On le décompose en deux contributions :

– le flux thermique initial $\Phi_{th,i}$: il correspond au refroidissement progressif du noyau profond qui libère sous forme thermique l'énergie (gravitationnelle et cinétique) accumulée pendant la phase d'accrétion initiale de la terre (on estime qu'il contribue pour $9 \cdot 10^{12}$ W au flux total) ;
– le flux thermique de différenciation, noté $\Phi_{th,d}$, qui est l'énergie libérée par la cristallisation du noyau externe liquide à l'interface avec la graine solide (on estime qu'il contribue pour 10^{12} W au flux total).

On prendra :
– pour la graine $R_1 = 1200$ km, $T_1 = 5000$ °C, la pression de 350 GPa (3,5 millions de bar), pression qui est responsable de l'état solide à cette température ;
– pour le noyau externe $R_2 = 2200$ km, $T_2 = 3800$ °C.

1. La température dans le fer liquide du noyau externe est supposée, compte tenu de la symétrie sphérique, ne dépendre que de *r*. On suppose que le noyau externe est de conductivité thermique λ et que la loi de Fourier y est applicable. La capacité thermique massique du fer sera ici considérée constante et notée *c*.

Le gradient et le laplacien scalaire en coordonnées sphériques sont respectivement donnés par :

$$\overrightarrow{\text{grad}}(\xi) = \vec{\nabla}(f) = \frac{\partial \xi}{\partial r}\vec{e_r} + \frac{1}{r}\frac{\partial \xi}{\partial \theta}\vec{e_\theta} + \frac{1}{r\sin\theta}\frac{\partial \xi}{\partial \varphi}\vec{e_\varphi} \; ;$$

$$\Delta(\xi)=\nabla^2(\xi)=\frac{1}{r^2}\frac{\partial}{\partial r}\left(r^2\frac{\partial \xi}{\partial r}\right)+\frac{1}{r^2\sin(\theta)}\frac{\partial}{\partial \theta}\left(\sin\theta\frac{\partial \xi}{\partial \theta}\right)+\frac{1}{r^2\sin^2(\theta)}\frac{\partial^2 \xi}{\partial \varphi^2}.$$

a) En négligeant le terme source volumique p_v, donner l'expression de la densité volumique de courant d'énergie thermique profonde $\vec{j}_{Q,pr}$ dans le noyau externe en fonction de la température. Commenter.

b) Montrer, par deux méthodes, que l'équation aux dérivées partielles vérifiée par la température dans le noyau externe est :

$$\frac{\partial T(r,t)}{\partial t}=a\frac{1}{r^2}\frac{\partial}{\partial r}\left(r^2\frac{\partial T(r,t)}{\partial r}\right) \text{ où } a=\frac{\lambda}{\rho c} \text{ est la diffusivité thermique en } \mathrm{m^2\cdot s^{-1}}.$$

c) Comment serait modifiée cette équation si on tenait compte du terme p_v de production volumique d'énergie par désintégration radioactive ? L'hypothèse consistant à négliger ce terme de production vous parait-il justifié ? Cette hypothèse prévaut dans toute la suite.

2. a) On se place en régime stationnaire. Exprimer la température en tout point du noyau externe. En déduire l'expression du flux thermique profond. Commenter.

b) Exprimer sa résistance thermique. Compte tenu des données, estimer cette résistance ainsi que la conductivité thermique du noyau externe. Comparer à l'ordre de grandeur de la conductivité thermique du fer à pression et température ambiante (proche de celle de l'acier), commenter.

Le noyau se refroidissant, la graine voit son rayon croître très lentement par cristallisation du fer liquide à sa surface. On considère, dans le noyau externe, une pellicule sphérique d'épaisseur $\mathrm{d}r$ composée de fer liquide à la température uniforme d'équilibre avec le fer solide de la graine avec laquelle elle est en contact. Sa pression est supposée uniforme et constante de même que sa masse volumique qui sera prise égale à $\rho_0=10^4\,\mathrm{kg\cdot m^{-3}}$.

On néglige tout mouvement convectif et le transfert thermique est toujours supposé régi par la loi de Fourier. À l'instant t, l'interface entre la graine et le noyau externe est repérée par $r(t)=R_1$. On suppose qu'entre t et $t+\mathrm{d}t$, cette pellicule se cristallise, l'interface progressant ainsi, de façon homogène et isotrope, de r à $r+\mathrm{d}r$. Le régime est supposé quasi-stationnaire. On estime actuellement que le taux de croissance du rayon de la graine est $\sigma=\dfrac{\mathrm{d}r}{\mathrm{d}t}\approx 0{,}3$ mm/année.

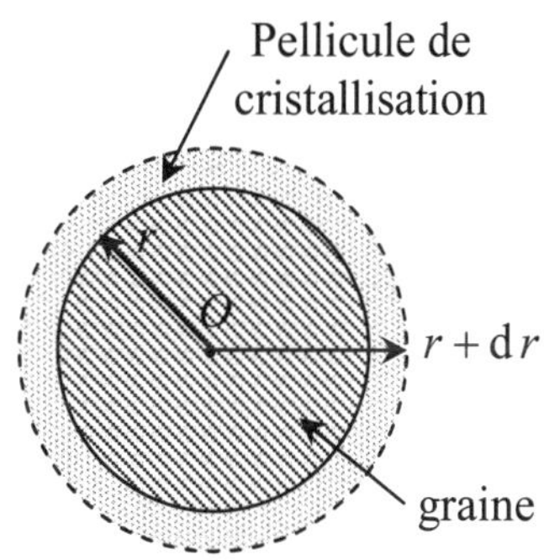

3. a) Établir l'expression du taux de croissance de la graine en fonction du flux thermique de différentiation $\Phi_{th,d}$.

b) Exprimer puis estimer numériquement la chaleur latente de solidification du fer dans les conditions de température et de pression qui règnent à l'interface. Comparer à celle du fer à température et pression ambiante $L_{sol}=-270\,\mathrm{kJ\cdot kg^{-1}}$ et commenter.

c) Les modèles actuels visant à déterminer l'âge de la graine s'accordent tous sur le fait que celle-ci est d'autant plus jeune que la conductivité thermique est élevée. Ceci vous parait-il justifié ?

❑ Exercice 16.4. Effet Joule dans un fil de cuivre

Un fil de cuivre est modélisé par cylindre conducteur d'axe (Ox), de longueur L, de rayon a et de section droite constante S. On note ρ_0 sa résistivité électrique et λ sa conductivité thermique (toutes deux uniformes). Il est parcouru par un courant électrique permanent d'intensité I. La puissance thermique produite par effet Joule s'évacue par conduction le long du fil de sorte que la densité volumique de courant d'énergie thermique dans le fil est pris de la forme $\vec{j}_Q = j_Q \vec{e}_x$.

On suppose pour l'instant que sa surface latérale est parfaitement calorifugée et on se place en régime stationnaire. La température est imposée aux extrémités du fil, on prendra $T(x=0)=T(x=L)=T_0$.

1. a) En effectuant un bilan d'énergie, établir l'équation différentielle vérifiée par $T(x)$.

b) En déduire le profil de température en fonction de x.

c) En quel point la température est-elle la plus élevée ? On augmente l'intensité qu'à la fusion du fil en ce point. Exprimer l'intensité I_{fus} parcourant le fusible lors de sa fusion en fonction de T_{fus} sa température de fusion et des données du problème.

À présent, la surface latérale du cylindre est siège d'échanges conducto-convectifs avec l'air. Ils sont modélisés par la loi de Newton donnant le flux thermique algébriquement reçu par l'air : $\Phi_{cc} = hS(T_S - T_{air})$ avec T_{air} la température de l'air suffisamment éloigné de la surface d'échange, T_S la température de la surface d'échange, S l'aire de la surface d'échange et h le coefficient de transfert thermique surfacique en $\text{W}\cdot\text{m}^{-2}\cdot\text{K}^{-1}$. Ses extrémités sont toujours supposées maintenues à la même température T_0 et les pertes n'affectent pas la direction de $\vec{j}_Q$ dans le fil. Sa résistivité est en fait une fonction de la température : $\rho(x) = \rho_0\left(1+\alpha(T(x)-T_0)\right)$, où α est une constante positive.

2. Montrer que, sous une condition portant sur I qui sera explicitée, la température maximale a la même expression que celle établie à la question 1. Commenter.

❑ Exercice 16.5. Tube de matériaux fissiles

Nous allons étudier le transfert thermique dans un matériau fissile, utilisé comme combustible dans les centrales nucléaires. Il est modélisé par un tube plein de rayon intérieur r_1 et de rayon extérieur r_2, de longueur L, d'axe (Oz) et de conductivité thermique λ. Il baigne dans de l'eau liquide supposée immobile de température T_e uniforme. L'intérieur du tube est supposé composé d'une barre solide de température uniforme T_{int}. Pour l'instant, on ne tient pas compte de la fission au sein du tube. On suppose, pour simplifier, que les conditions thermiques sont telles que $T = T_e$ en $r = r_2$ et $T = T_{\text{int}} > T_e$ en $r = r_1$. On suppose que le régime est stationnaire et que la matière dans le tube est siège d'une densité de courant d'énergie thermique $\vec{j} = j(r)\vec{e_r}$ radiale.

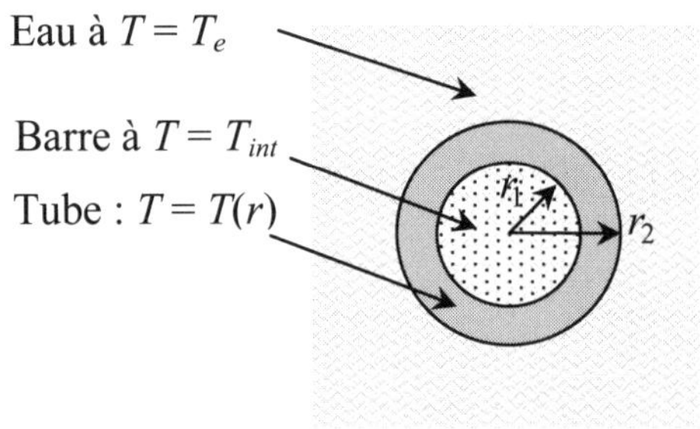

1. a) Établir, par deux méthodes, l'équation de diffusion thermique à laquelle obéit le champ de température à l'intérieur du tube.

Le gradient et le laplacien scalaire en coordonnées cylindriques sont respectivement donnés par : $\vec{\nabla}\big(f(r)\big) = \dfrac{\mathrm{d}f(r)}{\mathrm{d}r}\vec{e_r}$ et $\Delta f(r) = \dfrac{1}{r}\dfrac{\mathrm{d}f(r)}{\mathrm{d}r} + \dfrac{\mathrm{d}^2 f(r)}{\mathrm{d}r^2}$.

b) Déterminer l'expression de la température en fonction de r, T_{int}, T_e, L, et de λ.

c) Déterminer l'expression du flux thermique Φ dans le tube. Que peut-on en dire ?

2. Donner l'expression de la résistance thermique R_{th} d'une longueur L de tube et préciser son unité. Donner une représentation schématique de cette relation, sous la forme d'un circuit électrique en précisant clairement les grandeurs analogues.

3. À présent, on tient compte de la fission dans le tube en la modélisant par une densité de puissance p_{fiss} produite dans le matériau formant le tube (en $\mathrm{W \cdot m^{-3}}$).

a) Établir l'équation de la diffusion thermique dans le matériau fissile en tenant compte du terme de production.

b) Comment est modifiée la dépendance spatiale de la température dans le matériau du tube si on suppose que les conditions aux limites sont inchangées ?

c) Comment est modifiée l'expression du flux thermique Φ dans le tube ? La résistance thermique du tube de matériau fissile peut-elle encore être définie ?

En fait, à l'interface entre la surface latérale du tube et l'eau, les échanges thermiques obéissent à la loi de Newton : $\vec{j}_{cc} = h_c\left(T_p - T_f\right)\vec{n}$, $\vec{j}_c$ est le vecteur densité surfacique de flux d'énergie thermique échangé entre la paroi à la température T_p et l'eau dont la température loin de la paroi est T_e. $\vec{n}$ est la normale à la paroi orientée vers le fluide. h est le coefficient d'échange conducto-convectif.

4. Montrer que si le coefficient d'échange h tend vers l'infini, la température de la paroi tend vers T_e. Commenter.

D'après CCP

❑ Exercice 16.6. Ailette de refroidissement

On modélise l'une des ailettes de refroidissement d'un carter de moteur par un pavé constituée d'un matériau homogène de masse volumique ρ, de capacité thermique massique c et de conductivité thermique λ, grandeurs toutes supposées uniformes.

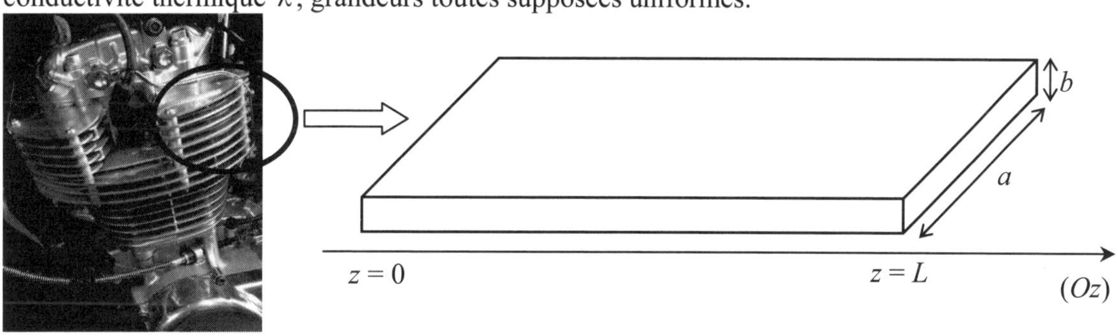

Il est de section S rectangulaire constante d'épaisseur $b = 2,0$ mm, de largueur $a = 10$ cm et de longueur $L = 20$ cm. L'intérêt des ailettes est d'évacuer la puissance thermique reçue par le carter en fonctionnement du moteur.
On suppose qu'en $z = 0$ le contact avec le carter impose une température $T_1 = 60°$ C. À l'autre extrémité, en $z = L$, on suppose que la température est fixée à $T_2 = 20°$ C, sans chercher à détailler pour l'instant la nature du contact thermique. Les surfaces latérales sont pour l'instant supposées calorifugées. On admettra que le vecteur densité volumique de courant thermique dans le matériau est de la forme $\vec{J_Q} = J_Q(z,t)\vec{e_z}$.

1. a) Établir l'équation différentielle à laquelle obéit la température $T(z,t)$ dans le matériau.

b) En régime stationnaire, établir l'expression de la résistance thermique du pavé. Évaluer numériquement cette résistance pour une conductivité thermique de $16\,\mathrm{W\cdot K^{-1}\cdot m^{-1}}$.

2) Toujours en régime stationnaire, exprimer l'entropie créée par seconde $\dfrac{\mathrm{d}S_c}{\mathrm{d}t}$ dans le pavé.

Montrer qu'on peut l'exprimer en fonction de T_1, T_2 et de sa résistance thermique R_{th}. Évaluer numériquement $\dfrac{\mathrm{d}S_c}{\mathrm{d}t}$ et commenter.

À présent, seule l'extrémité en $z = 0$ est maintenue à la température T_1 fixée par le contact avec le carter. L'autre extrémité ainsi que les surfaces latérales, qui ne sont plus calorifugées, échangent thermiquement avec un fluide. Le transfert thermique élémentaire δQ_{perte} cédé à travers un élément de surface d'échange $\mathrm{d}S$ pendant l'intervalle de temps $\mathrm{d}t$ est donné par la loi de Newton : $\delta Q_{perte} = \alpha\,\mathrm{d}S\left(T - T_a\right)\mathrm{d}t$, avec T la température locale de la surface, $T_a = 20$ °C celle du fluide loin de la surface (en dehors de la couche limite thermique), et $\alpha = 150\ \mathrm{W\cdot m^{-2}\cdot K^{-1}}$ le coefficient de transfert conducto-convectif.

3. a) Écrire, en régime stationnaire, la nouvelle équation différentielle à laquelle obéit la température $T(z,t)$. On posera $m^2 = \dfrac{2\alpha}{b\lambda}$.

b) On pose $\delta = 1/m$. Que pensez-vous de l'hypothèse consistant à poser $\delta >> L$? Quelle est alors la forme générale de la solution générale de l'équation différentielle ? Commenter.

c) Exprimer et évaluer numériquement la puissance thermique totale cédée au fluide par le pavé.

d) Exprimer et évaluer numériquement la puissance thermique reçue en $z = 0$. Commenter en discutant la modélisation adoptée.

D'après oral Centrale-Supélec

❑ Exercice 16.7. Diffusion thermique dans une barre cylindrique

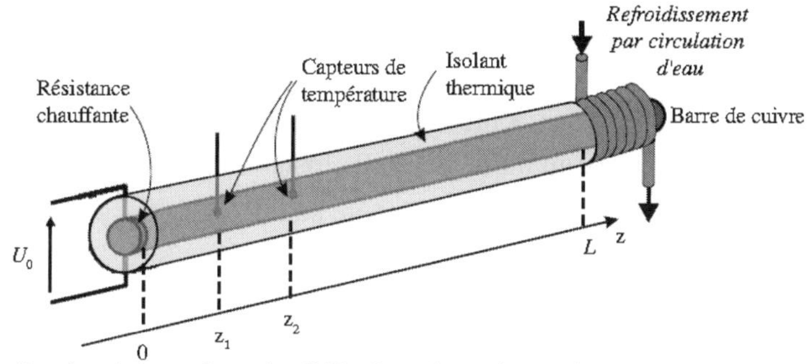

On cherche à étudier le phénomène de diffusion thermique dans une barre cylindrique de cuivre de diamètre $d = 15\,\text{mm}$ et de conductivité thermique λ. À cet effet on creuse une cavité à l'extrémité de la barre pour y placer une résistance chauffante $R_{ch} = 8{,}00\,\Omega$. Cette résistance est alimentée par un générateur délivrant une tension continue $U_0 = 6{,}00\,\text{V}$. Afin de rendre les pertes thermiques par la face latérale négligeables, le barreau de cuivre est isolé latéralement par une matière plastique de conductivité thermique suffisamment faible par rapport à celle du cuivre. La mesure de température se fait par l'intermédiaire de petits capteurs logés dans des puits creusés latéralement en divers points du cylindre conducteur. Un dispositif de refroidissement par circulation d'eau est placé à l'autre extrémité de la barre de telle sorte que la température du cuivre y soit égale à $20{,}0\,°\text{C}$.

On se place en régime stationnaire et on suppose que la température, considérée uniforme dans une section droite de la barre, ne dépend que de la position z.

1. Quel est à priori la direction et le sens du vecteur $\overrightarrow{\text{grad}}\,T$? Rappeler la loi de Fourier donnant l'expression du vecteur densité de courant d'énergie thermique $\vec{j}_Q$. Préciser la signification des différents termes ainsi que leur unité respective.

2. Exprimer la puissance fournie par l'alimentation continue à la résistance chauffante. En supposant que cette puissance est intégralement transférée à la barre située dans la partie $z > 0$, exprimer $\vec{j}_Q(z=0)$ en fonction de R_{ch}, U_0 et d.

3. Montrer que $\vec{j}_Q$ est uniforme dans la barre. En déduire l'équation différentielle vérifiée par la température $T(z)$.

4. Exprimer littéralement $T(z)$ en fonction des données ci-dessus et de $T(L)$. Les deux capteurs de température placés en $z_1 = 8\,\text{cm}$ et $z_2 = 16\,\text{cm}$ indiquent $T_{p1} = 46{,}4\,°\text{C}$ et $T_{p2} = 41{,}4\,°\text{C}$. Donner l'expression de la conductivité thermique du cuivre λ et calculer sa valeur numérique.

D'après Centrale-Supélec

❑ Exercice 16.8. Estimation de l'âge de la Terre par Lord Kelvin

On admet que la température ne dépend que de la profondeur z comptée positivement, origine à la surface. La température vérifie donc l'équation de la chaleur : $\rho c_p \dfrac{\partial T}{\partial t} = \lambda \dfrac{\partial^2 T}{\partial z^2}$.

1. Écrire l'équation différentielle vérifiée par la densité de courant d'énergie thermique j. On notera la diffusivité thermique $D = \dfrac{\lambda}{\rho c_p}$.

Au milieu du XIXe siècle, Lord Kelvin a imaginé que la Terre a été formée à une température élevée uniforme T_0 au moment $t = 0$. Instantanément, sa surface a été soumise à une température T_S. Depuis ce temps là, la planète se refroidirait. Lord Kelvin a modélisé ce refroidissement pour en déduire l'âge de formation de la Terre.

2. La densité de courant d'énergie thermique est donc une fonction de la profondeur et du temps, $j(z,t)$. Dans l'hypothèse de Lord Kelvin, quelle doit être la valeur de la densité de courant d'énergie thermique en $z = 0$ lorsque t tend vers zéro, et lorsqu'il tend vers $+\infty$? Quelle doit être la valeur de la densité de courant d'énergie thermique à une profondeur z non nulle lorsque t tend vers zéro, et lorsqu'il tend vers $+\infty$?

3. Vérifier que la solution proposée par Lord Kelvin : $j(z,t) = -\dfrac{A}{\sqrt{Dt}}\exp\left(-\dfrac{z^2}{4Dt}\right)$ où t est le temps écoulé depuis la formation de la Terre est bien la bonne. Dessiner schématiquement la valeur absolue de la densité de courant d'énergie thermique, en fonction de la profondeur pour deux époques différentes.

4. Les paramètres du problème sont $(T_0 - T_S)$, λ, ρ et c_p. On suppose que $A = a(T_0 - T_S)^\alpha \lambda^\beta \rho^\gamma c_p^\delta$ où a, α, β, γ et δ sont des constantes sans dimensions. Calculer α, β, γ et δ par analyse de l'homogénéité de la formule de Lord Kelvin.

5. Par un raisonnement que l'on ne cherchera pas à reproduire, on peut montrer que $a = \dfrac{1}{\sqrt{\pi}}$.

Exprimer $\dfrac{\partial T}{\partial z}$, le gradient thermique en surface de la Terre. Lord Kelvin a admis que $(T_0 - T_S)$ était de l'ordre de 1000 à 2000 K et que D est proche de $10^{-6}\ \mathrm{m^2 \cdot s^{-1}}$, l'augmentation de température avec la profondeur mesurée dans les mines indiquait un gradient thermique proche de $30\ \mathrm{K \cdot km^{-1}}$. Quel âge de la Terre Lord Kelvin a-t-il déduit de son modèle ?

6. Que pensez-vous de l'estimation précédente de l'âge de la Terre ? Quel est le ou les ingrédients physiques que Lord Kelvin n'aurait pas dû négliger ? Pourquoi l'a-t-il ou les a-t-il négligé ?

D'après ENS

❑ Exercice 16.9. Rayonnement du Soleil (MPI)

On note R le rayon du Soleil et R' la distance moyenne Terre-Soleil en considérant que la Terre a un mouvement approximativement circulaire autour du Soleil. Le rapport des deux rayons vaut environ 215. En considérant que la loi de Stefan est vérifiée et en supposant que la température de surface du Soleil est $T = 6000\,\mathrm{K}$, exprimez puis calculez la puissance reçue au niveau du sol par unité de surface.

On donne la constante de Stefan-Boltzmann $\sigma = 5{,}7 \cdot 10^{-8}\ \mathrm{W \cdot m^{-2} \cdot K^{-4}}$.

❑ Exercice 16.10. Rayonnement du corps humain (MPI)

On assimile le soleil et le corps humain à des corps noirs.

1. Le maximum du rayonnement du soleil correspond à une longueur d'onde $\lambda = 550$ nm et sa température de surface vaut $T = 6000$ K. Calculer la longueur d'onde du maximum du rayonnement émis par le corps humain ($T = 300$ K) en citant la loi utilisée. Dans quel domaine est-il situé : visible ? infrarouge ? ultraviolet ?

2. Le soleil, dont la température de surface vaut $T = 6000$ K, rayonne au sommet de l'atmosphère terrestre une puissance par unité de surface $\frac{\mathrm{d}P}{\mathrm{d}S} = 1{,}6\,\mathrm{kW \cdot m^{-2}}$. Quelle puissance surfacique rayonnerait-il si on avait $T = 3000$ K ? On citera la loi utilisée.

❑ Exercice 16.11. Utilisation de Python pour déterminer la température d'un avion (MPI) - Résolution de problème

Un avion garé au sol est assimilé, pour l'étude de la seule cellule de transport des passagers, à un long cylindre métallique de longueur L et de rayon r, pour lequel on négligera tout effet de bord. On étudie son comportement thermique par une journée d'été, la température de l'atmosphère ambiante étant prise égale à $T_{aa} = 303\,\mathrm{K}$.

Du fait de l'absorption du rayonnement solaire d'une part, et de celui envoyé par l'atmosphère toute entière d'autre part, l'avion adopte, en régime permanent, une température T supérieure à celle T_{aa} de l'air ambiant. Le rayonnement solaire direct correspond au niveau du sol à une puissance thermique par unité de surface ensoleillée égale à $\varphi_s = 700\,\mathrm{W \cdot m^{-2}}$; la puissance absorbée par l'avion (qui n'est certainement pas un corps noir) est égale à $\varepsilon S_d \varphi_s$, où S_d est la surface de la partie de l'avion exposée au rayonnement solaire direct (on convient que ce sera la moitié de la surface totale) et ε un coefficient qui varie, selon la couleur de la peinture de l'avion, entre 0,25 (avion blanc) et 0,9 (avion sombre). L'avion reçoit aussi, sur toute sa surface latérale S, le rayonnement thermique de l'ensemble de l'atmosphère (Soleil exclu), assimilé à celui d'un corps noir de température égale à la température moyenne de l'atmosphère, notée T_{ma} ; on posera $\varphi_a = \sigma T_{ma}^4$ et la puissance absorbée par la surface S de l'avion sera notée $S\varphi_a$.

Pour les applications numériques, on prendra $T_{ma} = 290\,\mathrm{K}$.

On néglige les échanges thermiques de l'avion avec le sol ; l'avion ne se refroidit donc que par l'effet de la convection de l'air ambiant, à travers toute sa surface S. Le flux thermique correspondant est décrit par le coefficient de transfert thermique de surface h_c, de sorte que la puissance échangée avec l'air par l'avion s'écrit, au signe près, $Sh_c\left(T - T_{aa}\right)$. En l'absence de toute convection forcée, la convection naturelle est bien décrite par la relation empirique : $h_c = g\left(T - T_{aa}\right)^{2,25}$ avec la valeur $g = 2{,}4$ dans le système international d'unités.

Établir l'équation vérifiée par la température T de l'avion en régime permanent, en fonction de S, S_d, ε, φ_s, φ_a, σ, T_{aa} et h, puis en fonction seulement de ε, g, σ, T_{aa}, T_{ma} et φ_s.

Proposer un scripte en Python permettant d'estimer cette température pour un avion blanc puis pour un avion sombre et conclure. On prendra $\sigma = 5{,}67 \cdot 10^{-8}\,\mathrm{W \cdot m^{-2} \cdot K^{-4}}$.

D'après Mines-Ponts

❑ Exercice 16.12. Effet de serre (MPI)

Dans tout le problème, étoiles et planètes seront considérées comme des sphères en équilibre thermique, et qui se comportent comme des corps noirs.

Données : rayon du soleil $R_S \approx 7 \cdot 10^5\,\text{km}$, température de surface du Soleil $T_S \approx 5800\,\text{K}$, rayon terrestre $R_T \approx 6{,}38 \cdot 10^3\,\text{km}$, distance Terre-Soleil $D_{ST} \approx 1{,}5 \cdot 10^8\,\text{km}$, constante de Stefan-Boltzmann $\sigma = 5{,}7 \cdot 10^{-8}\,\text{W} \cdot \text{m}^{-2} \cdot \text{K}^{-4}$.

1. Température terrestre.

a) On modélise la surface de la Terre par une coquille sphérique de température uniforme, en équilibre thermodynamique : puissance absorbée et puissance émise sont égales. Soit P_S la puissance totale émise par le Soleil. Exprimer P_S en fonction du rayon solaire R_S et de la température solaire T_S. Exprimer, en fonction de P_S, la puissance P_0 reçue par la Terre, à la distance D_{ST} du Soleil, supposé ponctuel. Exprimer alors la température de surface de la Terre, T_T.

b) En réalité la puissance absorbée par la surface de la Terre n'est qu'une fraction du rayonnement solaire incident : la surface terrestre réfléchit la fraction A_T, nommée *albédo*, de ce rayonnement. L'albédo moyen de la Terre est égal à $0{,}35$, ce qui signifie que 65% du rayonnement solaire incident est absorbé. Établir l'expression suivante de la température de surface de la Terre : $T_T^4 = \left(\dfrac{R_S}{2D_{ST}}\right)^2 (1 - A_T) T_S^4$.

c) Calculer alors la valeur numérique de T_T ; ne pas s'étonner de la valeur trouvée à partir de ce premier modèle. L'atmosphère joue un rôle essentiel dans le bilan thermique terrestre.

Désormais, on entendra par « Terre » la planète proprement dite, de rayon R_T, entourée d'une pellicule sphérique de gaz, qui constitue l'atmosphère. L'atmosphère est modélisée par une couche d'épaisseur $e \ll R_T$ et de température uniforme T_a rayonnant comme un corps noir ; elle absorbe la fraction α du rayonnement solaire et la totalité du rayonnement du corps noir émis par la surface de la Terre. La Terre absorbe la totalité du rayonnement émis par l'atmosphère vers celle-ci.

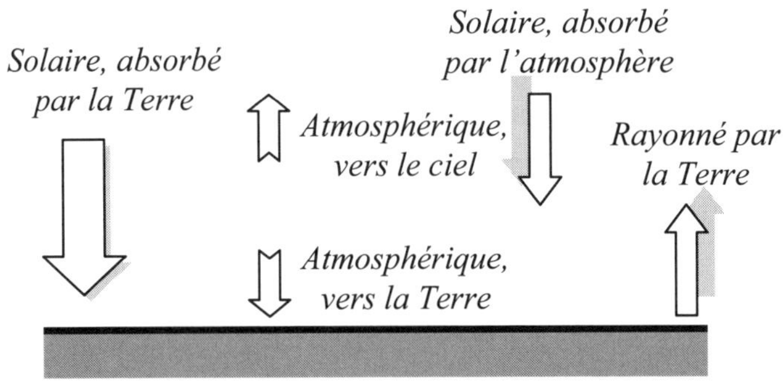

d) À quoi pourrait être due la différence d'absorption de l'atmosphère pour les rayonnements solaire et terrestre ?

e) Soit T_T' la température superficielle moyenne de la Terre calculée en tenant compte de l'influence de l'atmosphère. Exprimer P_1 la puissance solaire absorbée par la surface terrestre ; exprimer P_2, puissance rayonnée par l'atmosphère vers la Terre. Effectuer un bilan thermique pour l'atmosphère. En déduire la relation $T_T'^4 = (2-\alpha)T_T^4$.

f) A.N. : calculer T_T' pour $\alpha = 0{,}35$ (l'égalité $\alpha = A_T$ est fortuite).

g) Montrer que la température de l'atmosphère, T_a, est égale à T_T.

D'après Mines-Ponts

❑ Exercice 16.13. Température de la Lune (MPI)

Cet exercice fait suite à l'exercice précédent. Données : rayon lunaire $R_L \approx 1{,}74 \cdot 10^3\,\text{km}$, distance Terre-Lune $D_{LT} \approx 3{,}84 \cdot 10^5\,\text{km}$,

1. Température lunaire (surface ensoleillée). L'albédo moyen de la lune, A_L, est égale à 0,073 : 92,7% du flux solaire est absorbé par le sol. On suppose l'albédo uniforme sur toute la surface éclairée.

a) Exprimer et calculer la valeur numérique de la température de surface de la Lune, $T_{L,Soleil}$, en ne tenant compte que du rayonnement solaire.

b) L'hypothèse d'une température uniforme pour la Lune n'est pas conforme à la réalité : la surface lunaire présente de gros écarts de température. Représenter sur un schéma la position, par rapport au Soleil, de la zone de températures les plus élevées.

c) Effectuer un bilan thermique pour une surface élémentaire de cette zone et en déduire $T_{L,\max}$, la température maximale à la surface de la Lune. La valeur expérimentale est de l'ordre de 120°C.

2. Température lunaire (« clair de Terre »). Lorsque l'axe Soleil-Lune est perpendiculaire à l'axe Lune-Terre, on cherche à déterminer la température superficielle de la Lune en un point M éclairé uniquement par la Terre. Ce point reçoit le rayonnement de deux corps noirs de nature différente, celui du Soleil, réfléchi par la Terre, et celui de l'atmosphère terrestre.

a) Évaluer la puissance surfacique de chacun de ces rayonnements.

b) Déterminer la température maximale à la surface de la Lune uniquement éclairée par la Terre : $T_{L,Terre}'$.

c) Comment serait modifiée la température d'un point M' situé dans la zone éclairée par le Soleil si l'on tenait compte également du rayonnement terrestre ?

d) Un instrument situé à la surface de la Lune détecte un rayonnement visible et un rayonnement infrarouge. Indiquer le domaine de longueurs d'onde caractéristique de chacun de ces rayonnements. Le résultat sera donné en micromètres.

e) À quel domaine de longueurs d'onde appartient le rayonnement thermique émis par la Lune ? Quelle est l'origine du rayonnement visible provenant de la Lune ?

D'après Mines-Ponts

❑ Exercice 16.14. Diffusion de particules

La diffusion de molécules est un phénomène de transport dû à la non-homogénéité du milieu, à l'échelle microscopique, les déplacements des molécules, chaotiques du fait des chocs entre molécules, font qu'à l'échelle mésoscopique on tend vers une situation, en moyenne, homogène. Par analogie avec la diffusion thermique, en notant la densité particulaire $n^*(M,t)$ (nombre de particules par unité de volume en m^{-3}), la loi de Fick donne le vecteur densité volumique de courant de particules $\vec{j}(M,t)$ en $\mathrm{m}^{-2}\cdot\mathrm{s}^{-1}$: $\vec{j}_N(M,t) = -D\overrightarrow{\mathrm{grad}}\, n^*(M,t)$, où D est le coefficient de diffusion (en $\mathrm{m}^2\cdot\mathrm{s}^{-1}$) lié à la nature des particules et du milieu dans lequel elles diffusent (c'est l'analogue de la loi de Fourier en thermique). L'évolution spatio-temporelle locale de la densité particulaire se traduit par l'équation de diffusion (sans terme de production ni de disparition de particules) :

$$\frac{\partial n^*(M,t)}{\partial t} = D\Delta n^*(M,t).$$

1. Quel est, d'après la loi de Fick, le « moteur » de la diffusion ? Que traduit le signe « – » ?

2. En notant τ et L respectivement la durée et la longueur caractéristiques de diffusion montrer que $L \approx \sqrt{D\tau}$.

La simulation en Python du mouvement aléatoire de molécules est fondée sur le calcul de leur position par l'accumulation de sauts aléatoires d'un point à un autre grâce à un générateur de nombre aléatoire. Les molécules sont toutes à l'origine à l'instant initial et on suppose qu'il peut y en avoir un nombre quelconque en un point de l'espace. À partir de cette situation initiale, chaque molécule se déplace vers la gauche ou la droite, vers le haut ou le bas, au hasard. Á chaque évolution, elle se déplace soit d'une unité de position vers la droite (x augmente de 1) ou bien vers la gauche (x décroît de 1) et se déplace d'une unité de position vers le haut (y augmente de 1) ou bien vers le bas (y décroît de 1). Pour cela, on utilise l'instruction **`rd.randint(a,b)`** qui génère aléatoirement un entier compris entre **`a`** et **`b`** inclus. `rd.randint(0,1)` génère une valeur égale à 0 ou 1, sa multiplication par 2 puis la soustraction de 1 permet d'engendrer un nombre égal à -1 ou $+1$.

3. Le script suivant qui définit les paramètres et initialise les listes utiles est incomplet. Compléter les zones dédiées ????????? et commenter le code dans les zones dédiées *# ???????????*.

On commence par charger les bibliothèques nécessaires :

```
import numpy as np #commandes de calculs numériques
import random as rd #commandes de générateurs de nombres aléatoires
import matplotlib.pyplot as plt #commandes de tracés

Duree=200 #durée totale de l'évolution, l'unité de temps est 1
temps= ??????????????? # liste des instants [0,1,2,...,Duree-1]
NbreParticules=1000 #nombre de particules
Particule_x= ??????????????????? #initialisation à 0 de la liste des
#abscisses des particules
Particule_y= ???????????????????  #initialisation à 0 de la liste des
#ordonnées des particules
ListeDcarreMoyenne=[] #??????????????????????????
```

4. Écrire la boucle qui assure l'évolution des positions de chaque molécule et visualiser à l'aide d'un plot l'étalement de l'ensemble des molécules dans le plan (x,y).

Cet étalement est caractérisé par la moyenne, sur toutes les molécules, des carrés des distances des molécules au point initial.

5. a) Tracer la courbe de cette moyenne en fonction du temps.

b) Réaliser, à l'aide de l'instruction `np.polyfit(temps, liste des carrés des distances moyennes,1)` une interpolation linéaire (**1**) des carrés des distances moyennes en fonction du temps et donner les valeurs de l'ordonnée à l'origine et de la pente de la fonction affine obtenue. Conclure.

Pour vous aider à démarrer

Exercice 16.1. Il faut écrire que le flux thermique est le même à travers chaque cylindre, les résistances thermiques sont alors en série, comme deux résistance en série traversée par la même intensité en électrocinétique.

Exercice 16.2. Question 3. Les deux résistances ont même différence de température « entre leurs bornes », elles sont donc en parallèle.

Exercice 16.3. La symétrie sphérique du problème impose l'utilisation des coordonnées sphériques, faire un bilan d'énergie pendant une durée $\mathrm{d}t$ dans un volume élémentaire compris entre deux sphères de rayon r et $r + \mathrm{d}r$.

Exercice 16.4. La résistance élémentaire d'une tranche de cylindre de longueur $\mathrm{d}x$ et de section S s'écrit $\mathrm{d}R = \dfrac{\rho_0 \, \mathrm{d}x}{S}$.

Exercice 16.5. Faire un bilan d'énergie pendant une durée $\mathrm{d}t$ élémentaire dans un volume élémentaire $\mathrm{d}\tau$ limité par les surfaces de deux cylindres coaxiaux de longueur L et de rayons r et $r + \mathrm{d}r$.

Exercice 16.6. Question 2. En régime stationnaire, l'entropie de la barre est constante et dont

$\delta S_{créée} = -\delta S_{échangée} = -\dfrac{\delta Q_1}{T_1} - \dfrac{\delta Q_2}{T_2}$. Question 3.a) Ne pas confondre la surface latérale d'échange d'une tranche $2(a+b)\mathrm{d}z$ avec la section droite ab.

Exercice 16.11. Faire un bilan thermique en prenant en compte ce qui est reçu de la part du Soleil et de la part de l'atmosphère puis ce qui est émis par rayonnement et cédé par convection.

Exercice 16.12. et 16.13. Faire un schéma pour « visualiser » les différents flux (émis par le Soleil, reçu et émis par la Terre, reçu par la Lune).

Corrigé des vrai/faux

1.	2.	3.	4.	5.	6.	7.	8.	9.	10.	11.
faux	vrai	faux	vrai	vrai	vrai	faux	faux	faux	faux	vrai

3. La puissance thermique est l'analogue de l'intensité du courant électrique.

5. La résistance thermique $R_{th} = \dfrac{L}{\lambda S}$ vaut pour 1 m^2 : 2,63 $K \cdot W^{-1}$ pour la laine de verre (10 cm) et 1,85 $K \cdot W^{-1}$ pour le polystyrène (5 cm). Plus la résistance thermique est grande meilleur est l'isolant.

6. D'après la loi de Fourier, $\vec{j}_Q(M,t) = -\lambda\,\overrightarrow{\text{grad}}\,T(M,t)$. Or d'après la définition intrinsèque du gradient, $dT(M,t) = \overrightarrow{\text{grad}}\,T(M,t)\cdot d\vec{r}$. Pour un point M appartenant à une isotherme, considérons la variation élémentaire dT autour de M associé au déplacement élémentaire $d\vec{r}(M)$ sur la surface isotherme, on a alors puisque T reste constant sur l'isotherme $dT=0$ et $\overrightarrow{\text{grad}}\,T(M,t)\cdot d\vec{r} = 0$ soit $\vec{j}\cdot d\vec{r} = 0$, ainsi $\vec{j}(M,t)$ est donc localement orthogonal aux surfaces isothermes. Ici les isothermes sont les surfaces à x = cte de normale $\vec{n} = \overrightarrow{e_x}$, dont $\vec{j}(M,t)$ est porté par (Ox). Le gradient en coordonnées cartésiennes se réduit alors à $\dfrac{\partial T(M,t)}{\partial x}\vec{e}_x$ de sorte que $\dfrac{\partial T(M,t)}{\partial y} = \dfrac{\partial T(M,t)}{\partial z} = 0$, ce qui prouve que T ne dépend ni de y ni de z, donc $T(M,t) = T(x,t)$ et d'après Fourier $j_Q(M,t) = j_Q(x,t)$. Finalement $\vec{j}_Q(M,t) = j_Q(x,t)\vec{e}_x$.

7. Il y a aussi la convection et la propagation par rayonnement.

8. Il faut également connaître une condition temporelle (initiale par exemple), sauf si le problème est stationnaire.

9. Non, seulement à la longueur d'onde « majoritaire ».

10. C'est le produit d'une longueur d'onde par une température soit la dimension $L \cdot \Theta$.

11. En appliquant la loi de Wien avec une température de 37°C (310 K) on obtient $\lambda = 9{,}7\ \mu m$ ce qui est bien dans le domaine des infrarouges.

❑ Les erreurs classiques

→ Chercher à déterminer une résistance thermique en régime non permanent car elle n'est définie qu'en régime stationnaire.

→ Il faut être vigilant sur la terminologie pour ne pas confondre le vecteur densité volumique de courant d'énergie thermique $\vec{j}_Q(M,t)$ en watt par mètres carré avec le flux thermique $\Phi_Q(M,t)$ en watt.

→ Faire l'analogie entre le flux thermique et la puissance électrique, en effet l'unité est le watt pour chacune des grandeurs mais l'analogue du flux thermique est le courant électrique. Pour s'en convaincre il faut comparer les expressions de la loi de Fourier $\vec{j}_Q = -\lambda\,\overrightarrow{\text{grad}}\,T$, et la loi d'Ohm locale $\vec{j} = \sigma\vec{E} = -\sigma\,\overrightarrow{\text{grad}}\,V$. Le flux de $\vec{j}_Q$ est en watt alors que celui de $\vec{j}$ est en ampère.

→ Considérer que la longueur d'onde obtenue à l'aide de la loi de Wien est unique, c'est-à-dire que l'émission est monochromatique, 95% de l'énergie émise par rayonnement correspond à l'intervalle : $\frac{1}{2}\lambda_m \leq \lambda \leq 8\lambda_m$.

Corrigé

Corrigé des exercices

Exercice 16.1

Première méthode (sans utiliser les résistances thermiques en série) : on se place en régime stationnaire, si bien qu'à une dimension suivant (Oz) (comme représenté ci-contre avec origine sur le cylindre du haut) l'équation de diffusion s'écrit : $\frac{\mathrm{d}^2 T}{\mathrm{d}z^2}=0$, d'où $\frac{\mathrm{d}T}{\mathrm{d}z}=cte$.

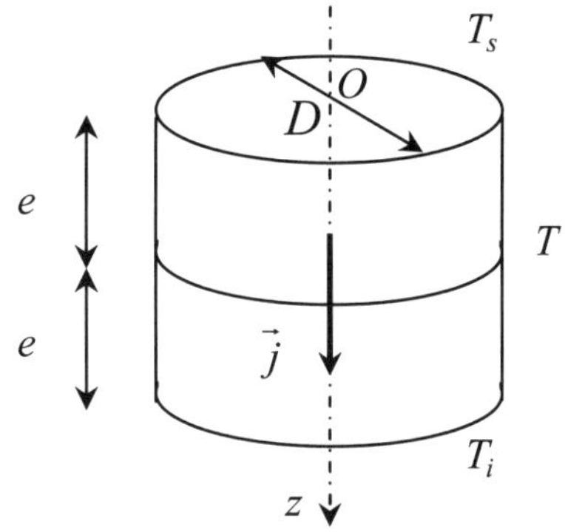

D'autre part, $\vec{j}(z,t)=j(z)\vec{e_z}$ (suivant les z croissants puisque $T_i<T_s$) et la loi de Fourier s'écrit alors indifféremment dans les deux cylindres : $\vec{j}=-\lambda\overrightarrow{\text{grad}}\,T=-\lambda\frac{\mathrm{d}T}{\mathrm{d}z}\vec{e_z}=\overrightarrow{cte}$. Les deux cylindres sont donc traversés par un même flux Φ constant.

Ainsi, en projection suivant (Oz) dans le cylindre du haut : $j\,\mathrm{d}z=-\lambda_s\,\mathrm{d}T$ et donc $\int_0^e j\,\mathrm{d}z=-\int_{T_s}^{T}\lambda_s\,\mathrm{d}T$.

$j\,e=\lambda_s\left(T_s-T\right)$. En procédant de même avec le cylindre inférieur, il vient : $je=\lambda_i\left(T-T_i\right)$. En additionnant ces deux dernières relations, on obtient : $\left(T_s-T_i\right)=je\left(\frac{1}{\lambda_s}+\frac{1}{\lambda_i}\right)=je\left(\frac{\lambda_i+\lambda_s}{\lambda_s\,\lambda_i}\right)$,

et ainsi $j=\frac{\left(T_s-T_i\right)}{e\left(\frac{\lambda_i+\lambda_s}{\lambda_s\,\lambda_i}\right)}$, d'où le flux dans la structure $\Phi=j\frac{\pi D^2}{4}=\frac{\pi D^2\left(T_s-T_i\right)}{4e\left(\frac{\lambda_i+\lambda_s}{\lambda_s\,\lambda_i}\right)}$.

Par définition de la résistance thermique : $R_{th}=\frac{T_s-T_i}{\Phi}$, soit : $\boxed{R_{th}=\frac{4e}{\pi D^2}\left(\frac{\lambda_s+\lambda_i}{\lambda_s\lambda_i}\right)}$.

Seconde méthode (en utilisant les résistances thermiques en série) : les deux cylindres étant traversés par un même flux thermique, leurs résistances sont en série. Celle du cylindre du haut s'écrit $R_{th\,s}=\frac{4e}{\pi D^2\,\lambda_s}$, celle du cylindre du bas $R_{th\,i}=\frac{4e}{\pi D^2\,\lambda_i}$. Ainsi la résistance thermique de l'empilement est $\boxed{R_{th}=R_{th\,s}+R_{th\,i}=\frac{4e}{\pi D^2}\left(\frac{\lambda_s+\lambda_i}{\lambda_s\lambda_i}\right)}$.

⇨ *Méthodes 16.5 et 16.7*

Exercice 16.2

1. On utilise la notion de résistance thermique $R_{th} = \dfrac{e}{\lambda S}$ qui devient ici, pour un mètre carré, $R_{th} = \dfrac{e}{\lambda}$ avec e l'épaisseur de la paroi. Le flux est : $\Phi = \dfrac{T_{int} - T_{ext}}{R_{th}}$, soit :

pour le béton, $\Phi_b = \dfrac{2}{\dfrac{0,1}{1,75}} = 35\,\text{W}\cdot\text{m}^{-2}$.

⇨ *Méthode 16.5*

2. Le même flux thermique traverse perpendiculairement les trois éléments de la paroi en régime stationnaire, la résistance thermique équivalente à la paroi multicouche est la somme des résistances thermiques (car elles sont alors en série) :

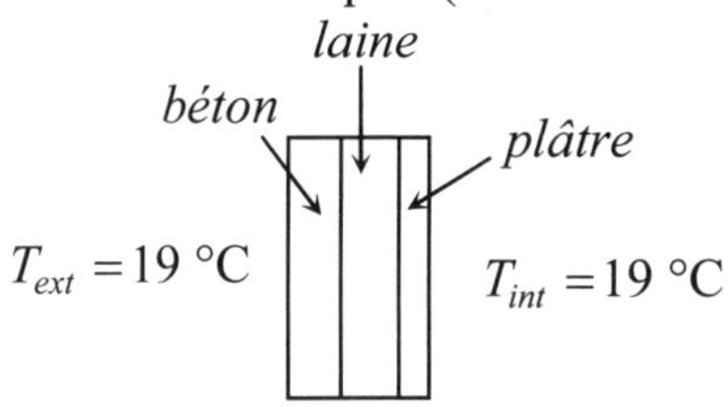

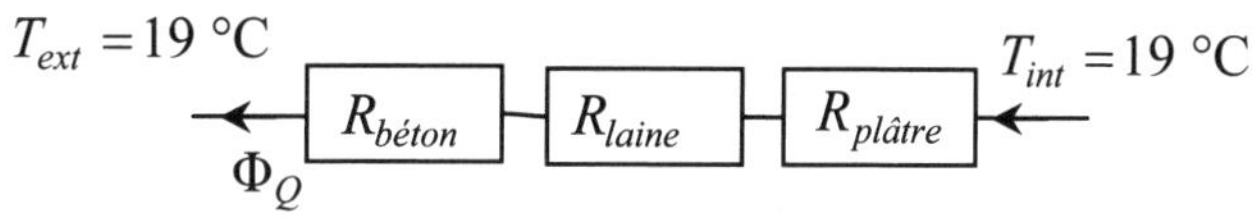

$R_{th.éq} = \dfrac{e_b}{\lambda_b} + \dfrac{e_l}{\lambda_l} + \dfrac{e_p}{\lambda_p} = \dfrac{0,1}{1,75} + \dfrac{0,1}{0,04} + \dfrac{0,02}{0,5} = 2,60\,\text{K}\cdot\text{W}^{-1}$, donc $\Phi_{paroi} = \dfrac{T_{\text{int}} - T_{ext}}{R_{th.éq}} = \dfrac{2}{2,6}$, soit : $\Phi_{paroi} = 0,8\ \text{W}\cdot\text{m}^{-2}$, on voit clairement l'intérêt d'isoler la paroi.

3. Dans le cas où la dalle non isolée perce le mur pour déboucher sur l'extérieur, en lui associant une faible résistance thermique $R_{dalle} << R_{paroi}$, les deux résistances ont même différence de température « entre leurs bornes », elles sont donc en parallèle. Le flux thermique emprunte alors le trajet de plus faible résistance thermique et passe essentiellement par le défaut d'isolation : $\Phi_{Q\,dalle} >> \Phi_{Q\,paroi}$: on parle dans ce cas de pont thermique.

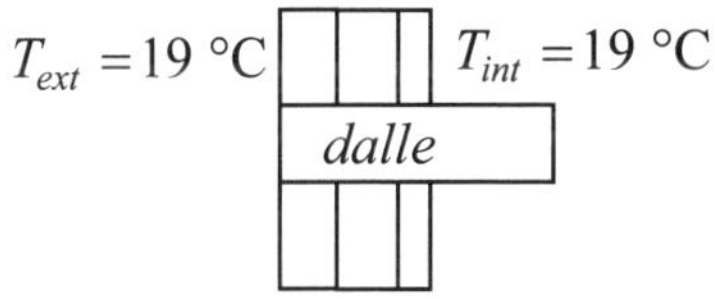

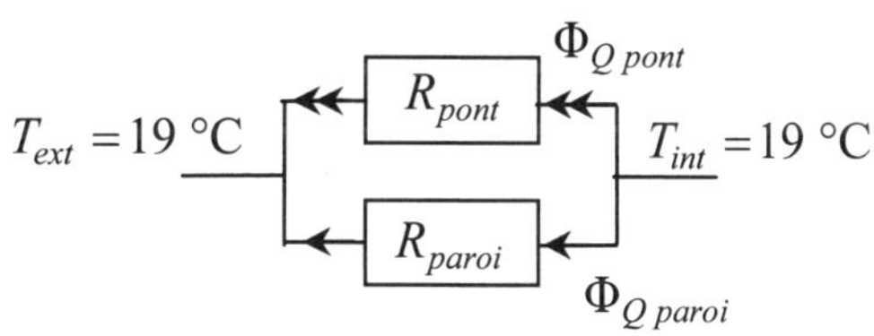

L'isolation par l'extérieur, en évitant que la dalle ne débouche sur l'extérieur, permet de régler le problème.

⇨ *Méthode 16.7*

Exercice 16.3

1. a) En l'absence de production d'énergie par désintégration radioactive, le noyau n'est le siège que du flux profond. Avec $T(M,t) = T(r,t)$, la loi de Fourier donne la densité volumique de courant d'énergie thermique profond : $\vec{j}_{Q,pr}(M,t) = -\lambda\,\overrightarrow{\text{grad}}\,T(M,t) = -\lambda\dfrac{\partial T(r,t)}{\partial r}\vec{e}_r$.

Partant de l'interface avec la graine, la température diminue lorsque r augmente, ainsi $\dfrac{\partial T}{\partial r} < 0$ et $\vec{j}_{Q,pr}$ est donc dirigé suivant les r croissants, ce qui est conforme à la réalité du flux géothermique.

b) Le choix des coordonnées sphériques est dicté par les symétries du problème. Effectuons un bilan d'énergie pendant une durée $\mathrm{d}t$ élémentaire dans un volume élémentaire $\mathrm{d}\tau$ compris entre deux sphères concentriques de surface $S(r) = 4\pi r^2$ et $S(r+\mathrm{d}r) = 4\pi(r+\mathrm{d}r)^2$ soit : $\mathrm{d}\tau = 4\pi r^2\,\mathrm{d}r$.

La variation d'énergie interne dans ce volume et pendant cette durée s'écrit au premier ordre : $\mathrm{d}U = \rho c\,\mathrm{d}\tau\,\mathrm{d}T = 4\pi\rho c r^2\dfrac{\partial T(r,t)}{\partial t}\mathrm{d}r\,\mathrm{d}t$ avec $\dfrac{\partial T(r,t)}{\partial t}$ la variation temporelle de température liée au transfert thermique δQ algébriquement reçu (il n'y a pas de terme source).

$\delta Q = \left[j_{Q,pr}(r,t)S(r) - j_{Q,pr}(r+\mathrm{d}r,t)S(r+\mathrm{d}r)\right]\mathrm{d}t$, soit au premier ordre :

$\delta Q = -\dfrac{\partial\left(j_{Q,pr}(r,t)S(r)\right)}{\partial r}\mathrm{d}r\,\mathrm{d}t$. D'après la loi de Fourier $j_{Q,pr}(r,t) = -\lambda\dfrac{\partial T(r,t)}{\partial r}$,

$\delta Q = 4\pi\lambda\dfrac{\partial}{\partial r}\left(r^2\dfrac{\partial T(r,t)}{\partial r}\right)\mathrm{d}r\,\mathrm{d}t$. Le premier principe permet, en égalant ces deux expressions, d'obtenir l'équation aux dérivées partielles demandée :

$$\boxed{\frac{\partial T(r,t)}{\partial t} = \frac{\lambda}{\rho c}\frac{1}{r^2}\frac{\partial}{\partial r}\left(r^2\frac{\partial T(r,t)}{\partial r}\right)}.$$

⇨ *Méthodes 16.1 et 16.2*

✐ *La seconde méthode consiste à partir de l'équation de la diffusion thermique à trois dimensions* $\dfrac{\partial T}{\partial t} = \dfrac{\lambda}{\rho c}\Delta T$ *avec l'opérateur laplacien en coordonnées sphériques où T ne dépend que de r, ce qui conduit de façon immédiate au résultat demandé.*

c) En tenant compte d'une énergie algébriquement produite dans le barreau caractérisée par la puissance volumique p_v, l'énergie produite dans le volume élémentaire durant dt est $p_v S\,\mathrm{d}x\,\mathrm{d}t$. On ajoute ce terme au second membre du premier principe : $\rho c S\,\mathrm{d}x\dfrac{\partial T}{\partial t}\mathrm{d}t = -S\dfrac{\partial j_{Q,pr}}{\partial x}\mathrm{d}x\,\mathrm{d}t + p_v S\,\mathrm{d}x\,\mathrm{d}t$, ce qui conduit à :

$$\boxed{\frac{\partial T(M,t)}{\partial t} = \frac{\lambda}{\rho c}\frac{1}{r^2}\frac{\partial}{\partial r}\left(r^2\frac{\partial T(r,t)}{\partial r}\right) + \frac{p_v}{\rho c}}.$$

p_v correspond à la production d'énergie volumique par les désintégrations radioactives qui ne représente que 0,06 % du flux total. Dans le bilan d'énergie, sa contribution est donc négligeable devant le flux thermique profond qui règne dans le noyau externe.

2. a) En régime stationnaire $\dfrac{\partial T(r,t)}{\partial t}=0$, et T ne dépend plus que de r, ainsi :

$\dfrac{\lambda}{\rho c}\dfrac{1}{r^2}\dfrac{\mathrm{d}}{\mathrm{d}r}\left(r^2\dfrac{\mathrm{d}T(r)}{\mathrm{d}r}\right)=0$ et par suite $r^2\dfrac{\mathrm{d}T}{\mathrm{d}r}=A$, puis $\dfrac{\mathrm{d}T}{\mathrm{d}r}=\dfrac{A}{r^2}$ et donc $T=-\dfrac{A}{r}+B$, avec A et B deux constantes d'intégrations que l'on obtient avec les conditions aux limites :

$$\left.\begin{array}{l} r=R_1\Rightarrow T=T_1=-\dfrac{A}{R_1}+B \\ r=R_2\Rightarrow T=T_2=-\dfrac{A}{R_2}+B \end{array}\right\}\Rightarrow T_1-T_2=-A\left(\frac{1}{R_1}-\frac{1}{R_2}\right)=\frac{R_1-R_2}{R_1R_2}A\Rightarrow A=\frac{R_1R_2}{R_1-R_2}(T_1-T_2)\text{ et}$$

$B=T_1+\dfrac{A}{R_1}$ soit $B=T_1+\dfrac{R_2}{R_1-R_2}(T_1-T_2)=\dfrac{R_1T_1-R_2T_2}{R_1-R_2}$. La température dans le noyau externe est donc donnée par :

$$\boxed{T(r)=\frac{1}{r}\frac{R_1R_2}{R_2-R_1}(T_1-T_2)+\frac{R_1T_1-R_2T_2}{R_1-R_2}}.$$

Le flux thermique profond (ou puissance thermique) est le flux de $\vec{j}_{Q,pr}(r)$ à travers la sphère de rayon r. Ainsi, sur la surface de cette sphère à r constant, il vient :

$\Phi_{Q,pr}=j_{Q,pr}(r)S(r)=-4\pi\lambda r^2\dfrac{\mathrm{d}T}{\mathrm{d}r}$ soit $\boxed{\Phi_{Q,pr}=4\pi\lambda\dfrac{R_1R_2}{R_2-R_1}(T_1-T_2)}$. Ce flux est uniforme (il ne dépend pas de r), ce qui était prévisible en régime stationnaire en l'absence de terme source.

b) La résistance thermique est définie par $T_1-T_2=R_{th}\,\Phi_{Q,pr}$ soit : $\boxed{R_{th}=\dfrac{R_2-R_1}{4\pi\lambda R_1R_2}}$.

⇨ *Méthode 16.5*

Le flux thermique dans le noyau externe étant uniforme, il est égal à la somme des flux initial et de différentiation (en négligeant la production par radioactivité).

Ainsi : $\Phi_{Q,pr}\approx 10\text{ TW}=10^{13}\text{ W}$.

La résistance thermique du noyau externe a donc pour valeur :

$$\boxed{R_{th}=\frac{T_1-T_2}{\Phi_Q}\approx 1273\cdot 10^{-13}\text{ K}\cdot\text{W}^{-1}}.$$

Par suite, la conductivité du noyau externe s'en déduit : $\boxed{\lambda=\dfrac{1}{R_{th}}\left(\dfrac{R_2-R_1}{4\pi R_1R_2}\right)\approx 240\text{ W}\cdot\text{m}^{-1}\cdot\text{K}^{-1}}$, ce qui est 3 fois plus que pour le fer à température et pression ambiante ! Compte tenu des conditions de températures et de pression extrêmes, cela n'a rien de surprenant.

✎ *Notons que les mesures récentes sur le fer liquide et de ses alliages à haute pression fournissent des valeur de l'ordre de* $250\text{ W}\cdot\text{m}^{-1}\cdot\text{K}^{-1}$.

Corrigé

3. a) Isolons le système constitué de la pellicule de cristallisation entre r et $r+\mathrm{d}r$. Pour l'unité de masse de fer, la chaleur latente de solidification (l'opposée de celle de fusion), à la température T_{sol} du changement d'état, sous la pression constante correspondant à la pression d'équilibre entre les deux phases à la température T envisagée, est la variation d'enthalpie massique lors du changement d'état : $\Delta H_m = Q_{m,P} = L_{sol}$.

Considérons un changement d'état réversible, le second principe conduit alors à la variation d'entropie massique : $\Delta S_m = \dfrac{Q_{mP}}{T_{sol}} = \dfrac{L_{sol}}{T_{sol}}$, soit $T_{sol}\,\Delta S = L_{sol}$. Or ici, la cristallisation se faisant d'une phase liquide moins organisée vers une phase solide plus organisée, $\Delta S_{sol} < 0$ et par suite $L_{sol} < 0$. Ainsi, à la surface de la graine, lorsque le fer se solidifie, il reçoit un transfert thermique algébrique $\delta Q_{sol} < 0$ qui est donc effectivement cédé au milieu extérieur. Ce transfert thermique diffuse ensuite par conduction à travers la surface sphérique de rayon $r+\mathrm{d}r$ vers le haut du noyau externe plus froid que l'interface avec la graine (dans le sens des r croissants) : il s'agit donc ici du seul flux de différentiation à l'interface $\Phi_{th,d}$ estimé à 10^{12} W.

Ce flux thermique à travers la surface supérieure de la pellicule de cristallisation s'écrit :

$\Phi_{th,d} = \displaystyle\iint -\lambda\left(\frac{\mathrm{d}T}{\mathrm{d}r}\right)_{r+\mathrm{d}r} \mathrm{d}S = -\lambda 4\pi (r+\mathrm{d}r)^2 \left(\frac{\mathrm{d}T}{\mathrm{d}r}\right)_{r+\mathrm{d}r}$. Or on a montré que $\dfrac{\mathrm{d}T}{\mathrm{d}r} = \dfrac{A}{r^2}$ où

$A = \dfrac{R_1 R_2}{R_1 - R_2}(T_1 - T_2)$, ainsi $\left(\dfrac{\mathrm{d}T}{\mathrm{d}r}\right)_{r+\mathrm{d}r} = \dfrac{1}{(r+\mathrm{d}r)^2}\dfrac{R_1 R_2}{R_1 - R_2}(T_1 - T_2)$ et par suite :

$$\Phi_{th,d} = \frac{\lambda 4\pi R_1 R_2}{R_2 - R_1}(T_1 - T_2).$$

> *Notons qu'on retrouve l'expression du flux uniforme précédemment établie, mais ici il ne s'agit que du flux de différentiation, il ne faudra pas l'oublier dans l'A.N. qui suit.*

Un bilan d'enthalpie en régime stationnaire et à pression constante, appliqué à la pellicule de cristallisation de masse $\mathrm{d}m = \rho_0 4\pi r^2 \mathrm{d}r$, relie la variation d'enthalpie entre t et $t+\mathrm{d}t$ au flux de différentiation :

$\mathrm{d}H = 0 = \Phi_{th,d}\,\mathrm{d}t + \delta Q_{sol} = \Phi_{th,d}\,\mathrm{d}t + \mathrm{d}m\,L_{sol}$. Ainsi, $\rho_0 4\pi r^2 \mathrm{d}r\,L_{sol} = -\Phi_{th,d}\,\mathrm{d}t$ et puisque le flux est uniforme : $\boxed{\dfrac{\mathrm{d}r}{\mathrm{d}t} = -\dfrac{\Phi_{th,d}}{\rho_0 4\pi r^2 L_{sol}} = -\dfrac{K}{r^2}}$, où $K = \dfrac{\Phi_{th,d}}{\rho_0 4\pi L_{fus}}$ est une constante négative (puisque $L_{fus} < 0$).

> *Il est aussi possible d'écrire qu'en régime stationnaire la puissance produite par cristallisation est l'opposée de celle cédée au milieu extérieur qui est intégralement diffusée à travers la surface supérieure de la pellicule de cristallisation, s'identifiant ainsi à $\Phi_{th,d}$.*

b) Le taux de croissance $\sigma = \frac{\mathrm{d}r}{\mathrm{d}t}$ est supposé constant à 0,3 mm par an, soit $\sigma \approx 10^{-11}\ \mathrm{m \cdot s^{-1}}$. La chaleur latente de solidification s'en déduit, en prenant pour r la valeur actuelle du rayon de la graine : $\boxed{L_{sol} = -\frac{\Phi_{th,d}}{\rho_0 4\pi R_1^2 \sigma}}$.

Numériquement avec un flux de différentiation de 10^{12} W , il vient : $\boxed{L_{sol} \approx -550\ \mathrm{kJ \cdot kg^{-1}}}$.

On constate que la valeur est près de deux fois plus élevée que dans les conditions de température et de pressions ambiantes.

c) Le flux étant uniforme dans le noyau externe, en le remplaçant dans le taux de croissance par son expression $\Phi_{th,d} = 4\pi\lambda \frac{R_1 R_2}{R_2 - R_1}(T_1 - T_2)$ (faisant intervenir la conductivité), on obtient :

$$\boxed{\frac{\mathrm{d}r}{\mathrm{d}t} = \frac{\lambda R_1 R_2 (T_1 - T_2)}{\rho_0\, r^2 L_{sol} (R_1 - R_2)} > 0}.$$

En supposant que cette expression est valable depuis le temps initial de croissance de la graine sur un germe initial de rayon R_0 inconnu jusqu'au rayon R_1 actuel, le temps de croissance, qui serait donc l'âge de la graine, noté τ , serait donné par :

$\int_{t=0}^{\tau} \mathrm{d}t = -\frac{\rho_0 L_{sol}(R_2 - R_1)}{\lambda R_1 R_2 (T_1 - T_2)} \int_{R_0}^{R_1} r^2\, \mathrm{d}r$, soit : $\boxed{\tau = \frac{\rho_0 L_{sol}(R_1 - R_2)(R_1^3 - R_0^3)}{3\lambda R_1 R_2 (T_1 - T_2)}}$. On constate qu'il est inversement proportionnel à la conductivité thermique du noyau externe. La graine est donc d'autant plus jeune que, toutes choses égales par ailleurs, λ est élevée. Ceci est cohérent avec le fait qu'une forte conductivité thermique favorise l'évacuation de la quantité de chaleur initiale (produite à l'accrétion). Ainsi, le refroidissement du noyau est plus efficace, il cristallise alors plus rapidement et atteint sa taille actuelle en un temps d'autant plus court que la conductivité est élevée.

✐ *Notons que les modèles datant des années 2000 basés sur une conductivité de l'ordre de* $80\ \mathrm{W \cdot m^{-1} \cdot K^{-1}}$ *mènent à une estimation de l'âge de la graine au triple de la valeur actuellement retenue.*

✐ *Au fur et à mesure du refroidissement de la Terre, la graine va ainsi occuper un espace de plus en plus grand du noyau liquide, réduisant ainsi le volume accessible aux mouvements convectifs en son sein qui sont la source du champ magnétique terrestre par effet géo-dynamo (mouvements convectifs du fer conducteur dans le champ magnétique qui l'auto-entretient, non pris en compte dans notre modélisation).*

Exercice 16.4

1. a) Tout d'abord exprimons la puissance produite par effet Joule : la résistance élémentaire d'une tranche de cylindre de longueur dx et de section S s'écrit $\mathrm{d}R = \frac{\rho_0\, \mathrm{d}x}{S}$, la puissance Joule

Corrigé

élémentaire s'écrit alors $\mathrm{d}P_{Joule} = \mathrm{d}RI^2 = \frac{\rho_0\,\mathrm{d}x}{S}I^2$. Appliquons, en régime stationnaire, le premier principe à une tranche élémentaire de cylindre de section S et de longueur dx :

$$0 = \underbrace{\Phi(x)\mathrm{d}t}_{\text{énergie thermique entrante}} - \underbrace{\Phi(x+\mathrm{d}x)\mathrm{d}t}_{\text{énergie thermique sortante}} + \underbrace{\mathrm{d}P_{Joule}\,\mathrm{d}t}_{\text{énergie thermique recue par effet Joule}} = \underbrace{\left[j_Q(x)S - j_Q(x+\mathrm{d}x)S\right]}_{=-\frac{\mathrm{d}j_Q}{\mathrm{d}x}S\,\mathrm{d}x}\mathrm{d}t + \frac{\rho_0\,\mathrm{d}x}{S}I^2\,\mathrm{d}t\ .$$

En utilisant la loi de Fourier $j_Q(x) = -\lambda\frac{\mathrm{d}T}{\mathrm{d}x}$, on obtient :

$$\boxed{\frac{\mathrm{d}^2T}{\mathrm{d}x^2} + \frac{\rho_0 I^2}{\lambda S^2} = 0}.$$

➩ *Méthode 16.1 et 16.2*

b) L'intégration de l'équation précédente donne en posant $A = -\frac{\rho_0 I^2}{\lambda S^2}$ $T(x) = \frac{Ax^2}{2} + Bx + C$, en tenant compte des conditions aux limites $T(x=0) = C = T_0$ et $T(x=L) = \frac{AL^2}{2} + BL + T_0 = T_0$, il vient : $\boxed{T(x) = T_0 + \frac{\rho_0 I^2}{2\lambda S^2}x(L-x)}$. Le profil de température est le suivant :

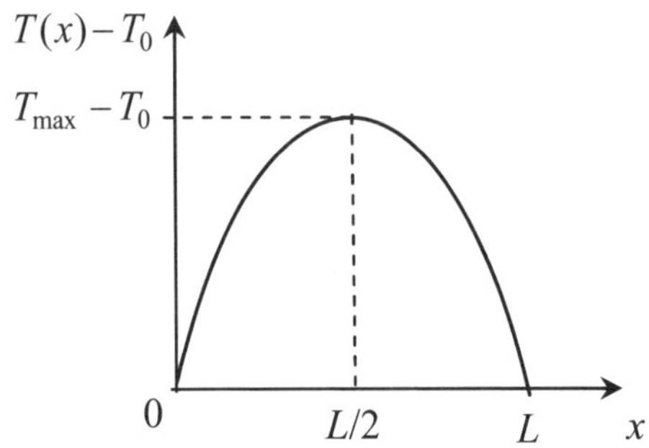

c) La température au sein du fil est maximale en $x = L/2$, c'est donc en ce point que la fusion se produit. La valeur maximale de la température au point de fusion du fusible est :

$$\boxed{T_{\max} = T(x = L/2) = T_0 + \frac{\rho_0 L^2 I^2}{8\lambda S^2}}.$$

À la fusion $T_{\max} = T_{\text{fus}}$, donc la fusion se produit pour une intensité $\boxed{I_{fus} = \frac{2S}{L}\sqrt{\frac{2\lambda}{\rho_0}\left(T_{\text{fus}} - T_0\right)}}$.

2. En présence de pertes conducto-convectives sur la surface latérale d'échange $2\pi a\mathrm{d}x$ de la tranche de cylindre de longueur dx (à ne pas confondre avec la section $S = \pi a^2$ du fil), le bilan de la question 1. devient :

$$0 = \underbrace{\Phi(x)\mathrm{d}t}_{\text{énergie thermique entrante}} \underbrace{-\Phi(x+\mathrm{d}x)\mathrm{d}t}_{\text{énergie thermique sortante}} + \underbrace{\mathrm{d}P_{Joule}\mathrm{d}t}_{\text{énergie thermique recue par effet Joule}} \underbrace{-h2\pi a\mathrm{d}x\left(T(x)-T_0\right)\mathrm{d}t}_{\text{énergie thermique cédée à l'air}}\text{, soit}$$

$\underbrace{\left[j_Q(x)S - j_Q(x+\mathrm{d}x)S\right]}_{=-\frac{\mathrm{d}j_Q}{\mathrm{d}x}S\mathrm{d}x} + \frac{\rho(x)\mathrm{d}x}{S}I^2 - h2\pi a\mathrm{d}x\left(T(x)-T_0\right)$, ce qui, en utilisant la loi de Fourier, donne : $\dfrac{\mathrm{d}^2T}{\mathrm{d}x^2} + \dfrac{1}{\lambda S}\left(\dfrac{\alpha\rho_0 I^2}{S} - h2\pi a\right)\left(T(x)-T_0\right) = -\dfrac{\rho(x)I^2}{\lambda S^2}$.

Lorsque $\dfrac{\alpha\rho_0 I^2}{S} = h2\pi a$, c'est-à-dire pour $I^2 = \dfrac{h2\pi aS}{\alpha\rho_0} = \dfrac{h2\pi^2 a^3}{\alpha\rho_0}$, on peut écrire, en posant $\theta(x) = T(x) - T_0$, l'équation différentielle suivante : $\dfrac{\mathrm{d}^2\theta}{\mathrm{d}x^2} + \dfrac{\rho_0 I^2}{\lambda S^2} = 0$, qui est pour θ la même équation que celle portant sur T établie précédemment. La valeur maximale de θ est donc atteinte en $L/2$: $\theta_{max} = T_{max} - T_0 = \dfrac{\rho_0 L^2 I^2}{8\lambda S^2}$, soit $\boxed{T_{max} = T_0 + \dfrac{\rho_0 L^2 I^2}{8\lambda S^2}}$. On retrouve bien l'expression de la température maximum précédente.

Exercice 16.5

1. a) *Première méthode* : effectuons un bilan d'énergie pendant une durée $\mathrm{d}t$ élémentaire dans un volume élémentaire $\mathrm{d}\tau$ limité par les surfaces $S(r) = 2\pi rL$ et $S(r+\mathrm{d}r) = 2\pi(r+\mathrm{d}r)L$ de deux cylindres coaxiaux de longueur L et de rayons r et $r+\mathrm{d}r$. La variation d'énergie interne dans ce volume et pendant cette durée s'écrit $\mathrm{d}U = \rho c\mathrm{d}\tau\mathrm{d}T = \rho c\mathrm{d}\tau\dfrac{\partial T}{\partial t}\mathrm{d}t = 0$ en régime stationnaire. Ce qui permet d'écrire $\mathrm{d}U = \left[j(r)S(r) - j(r+\mathrm{d}r)S(r+\mathrm{d}r)\right]\mathrm{d}t = 0$ soit :

$2\pi L\left[r\,j(r) - (r+\mathrm{d}r)j(r+\mathrm{d}r)\right] = -2\pi L\dfrac{\mathrm{d}\left(r\,j(r)\right)}{\mathrm{d}r}\mathrm{d}r = 0$. La loi de Fourier s'écrit ici :

$\vec{j} = -\lambda\overrightarrow{\mathrm{grad}}T = -\lambda\dfrac{\mathrm{d}T(r)}{\mathrm{d}r}\vec{e_r}$, il vient ainsi : $\dfrac{\mathrm{d}}{\mathrm{d}r}\left(r\dfrac{\mathrm{d}T(r)}{\mathrm{d}r}\right) = 0$ soit encore : $\boxed{\dfrac{1}{r}\dfrac{\mathrm{d}T}{\mathrm{d}r} + \dfrac{\mathrm{d}^2T}{\mathrm{d}r^2} = 0}$.

Deuxième méthode : en régime stationnaire, l'équation de diffusion à trois dimensions se ramène à l'équation de Laplace $\Delta T = 0$. Le laplacien scalaire en coordonnées cylindriques étant fourni dans l'énoncé, il vient alors : $\boxed{\dfrac{1}{r}\dfrac{\mathrm{d}T}{\mathrm{d}r} + \dfrac{\mathrm{d}^2T}{\mathrm{d}r^2} = 0}$.

⇨ *Méthodes 16.1 et 16.2*

Corrigé

b) Repartons de l'équation sous la forme $\dfrac{\mathrm{d}}{\mathrm{d}r}\left(r\dfrac{\mathrm{d}T}{\mathrm{d}r}\right)=0$ qui donne $r\dfrac{\mathrm{d}T}{\mathrm{d}r}=K$ avec K une constante. En séparant les variables, il vient, $\mathrm{d}T=\dfrac{K}{r}\mathrm{d}r$, qui devient $T=K\ln(r)+K'$, pour déterminer les deux constantes, on utilise les conditions aux limites $T_{\text{int}}=K\ln(r_1)+K'$ et $T_e=K\ln(r_2)+K'$. On forme ensuite la différence : $T_e-T_{\text{int}}=K\ln\left(\dfrac{r_2}{r_1}\right)$, d'où $K=\dfrac{T_e-T_{\text{int}}}{\ln\left(\dfrac{r_2}{r_1}\right)}$ et

par suite $K'=T_{\text{int}}-\dfrac{T_e-T_{\text{int}}}{\ln\left(\dfrac{r_2}{r_1}\right)}\ln r_1$, d'où $\boxed{T(r)=\dfrac{T_e-T_{\text{int}}}{\ln\left(\dfrac{r_2}{r_1}\right)}\ln\left(\dfrac{r}{r_1}\right)+T_{\text{int}}}$.

✐ *Notons que la détermination de la constante K', qui s'élimine par dérivation lors du passage au flux, n'est pas indispensable à la suite. Il est alors suffisant d'écrire la température sous la forme $T=K\ln\left(\dfrac{r}{r_0}\right)$ de façon à adimentionner l'argument du ln.*

c) La loi de Fourier s'écrit ici : $\vec{j}=-\lambda\dfrac{\mathrm{d}T}{\mathrm{d}r}\vec{e_r}=\dfrac{\lambda(T_{\text{int}}-T_e)}{r\ln\left(\dfrac{r_2}{r_1}\right)}\vec{e_r}$. Le flux à travers la surface latérale du cylindre de rayon r, d'axe (Oz) et de longueur L s'écrit : $\Phi=\iint j(r)\vec{e_r}\cdot\mathrm{d}S\vec{e_r}$, r étant constant sur toute la surface d'intégration, il vient $\Phi=j(r)\iint\mathrm{d}S=2\pi rL\,j(r)$ soit : $\boxed{\Phi=\dfrac{2\pi\lambda L\,(T_{\text{int}}-T_e)}{\ln(r_2/r_1)}}$. Ce flux est uniforme (indépendant de r) ce qui était prévisible en régime stationnaire.

2. La relation précédente donne $\boxed{R_{th}=\dfrac{T_{\text{int}}-T_e}{\Phi}=\dfrac{\ln(r_2/r_1)}{2\pi\lambda L}}$ en $\mathrm{K\cdot W^{-1}}$.

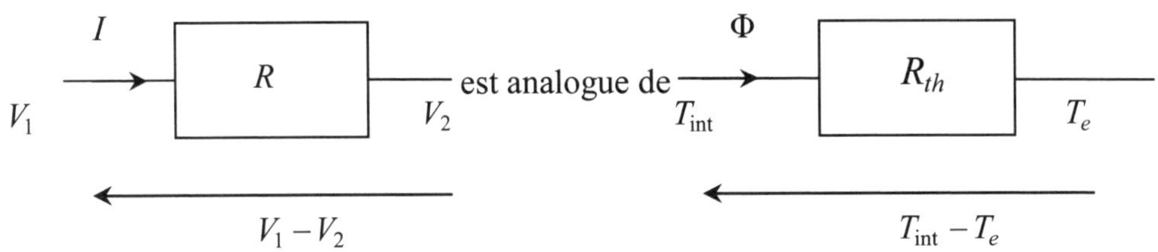

⇨ *Méthode 16.5*

3. a) Reprenons, toujours en régime stationnaire, le bilan d'énergie de la question 1.a) en tenant compte du terme de production dans le volume élémentaire $d\tau = 2\pi r L \times dr$ de matériau fissile limité par les surfaces $S(r) = 2\pi r L$ et $S(r+dr) = 2\pi(r+dr)L$ de deux cylindres coaxiaux et de longueur L : $dU = [j(r)S(r) - j(r+dr)S(r+dr)]dt + p_{fiss}(2\pi r L dr)dt = 0$ soit :

$$2\pi L[r\,j(r) - (r+dr)j(r+dr)] + p_{fiss}(2\pi r L dr) = 0 \text{ qui conduit à : } \frac{d(r\,j(r))}{dr} = r\,p_{fiss}\,.$$

En remplaçant l'expression de $j(r)$ par $-\lambda\dfrac{dT(r)}{dr}$ donné par la loi de Fourier, on obtient l'équation de la diffusion en régime stationnaire avec terme de production :
$-\lambda\dfrac{d}{dr}\left(r\dfrac{dT(r)}{dr}\right) = r\,p_{fiss}$, $\dfrac{dT}{dr} + r\dfrac{d^2T}{dr^2} + r\dfrac{p_{fiss}}{\lambda} = 0$ où encore : $\boxed{\dfrac{1}{r}\dfrac{dT}{dr} + \dfrac{d^2T}{dr^2} + \dfrac{p_{fiss}}{\lambda} = 0}$.

✎ *Notons que le résultat est immédiat en partant de l'équation à trois dimensions* $\lambda\Delta T + p_{th} = 0$.

b) L'équation de diffusion précédente qui s'écrit encore $\dfrac{1}{r}\dfrac{d}{dr}\left(r\dfrac{dT}{dr}\right) = -\dfrac{p_{fiss}}{\lambda}$, s'intègre en $\dfrac{dT}{dr} = -\dfrac{p_{fiss}}{\lambda}\dfrac{r}{2} + \dfrac{A}{r}$, où A est une constante et finalement : $T(r) = -\dfrac{p_{fiss}}{4\lambda}r^2 + A\ln\dfrac{r}{r_0}$ où r_0 est une autre constante, que l'on peut encore écrire $T(r) = -\dfrac{p_{fiss}}{4\lambda}r^2 + A\ln(r) + A'$ en introduisant la constante $A' = -A\ln(r_0)$. On constate l'apparition d'un terme supplémentaire quadratique.
On peut déterminer les deux constantes d'intégration avec les conditions aux limites $T(r = r_1) = T_{int}$ et $T(r = r_2) = T_e$ ce qui donne : $A = \dfrac{T_e - T_{int} + \dfrac{p_{fiss}}{4\lambda}(r_2^2 - r_1^2)}{\ln\left(\dfrac{r_2}{r_1}\right)}$ et $A' = T_{int} + \dfrac{p_{fiss}r_1^2}{4\lambda} - A\ln(r_1)$, soit finalement :

$$\boxed{T(r) = \frac{p_{fiss}}{4\lambda}(r_1^2 - r^2) + \left[\frac{p_{fiss}}{4\lambda}(r_2^2 - r_1^2) + T_e - T_{int}\right]\frac{\ln\left(\dfrac{r}{r_1}\right)}{\ln\left(\dfrac{r_2}{r_1}\right)} + T_{int}}.$$

c) La résistance thermique n'est définie que si la différence de températures $T_e - T_{int}$ est proportionnelle au flux thermique Φ . En appliquant une méthode analogue à celle menée à la question 1.b) on obtient l'expression du flux :

Corrigé

$$\Phi=-\lambda\frac{\mathrm{d}T}{\mathrm{d}r}2\pi r\,L=\pi r^2 L\,p_{fiss}-\left[\frac{p_{fiss}}{4}\left(r_2^2-r_1^2\right)+\lambda\left(T_e-T_{\text{int}}\right)\right]\frac{2\pi L}{\ln(r_2/r_1)},$$ qui n'est pas proportionnel à la différence de température, la notion de résistance thermique n'est donc plus valable ici.

4. La loi d'Ohm thermique s'écrit ici dans la couche limite thermique du fluide : $R_c\,\Phi_{cc}=T_p-T_e$ avec le flux conducto-convectif $\Phi_{cc}=\iint j_{cc}\,\overrightarrow{e_r}\cdot\overrightarrow{e_r}\,\mathrm{d}S=h_{cc}\left(T_p-T_f\right)2\pi r_2\,L$.

⇨ Méthode 16.4

Il vient ainsi : $R_{cc}\,h_{cc}\left(T_p-T_f\right)2\pi r_2\,L=T_p-T_e$, soit $\boxed{R_{cc}=\dfrac{1}{h_{cc}\,2\pi r_2\,L}}$. Si $h_{cc}\to\infty$ la résistance R_{cc} devient nulle, ce qui impose $T_p=T_e$: on retrouve la condition de surface du 1. correspondant à un contact thermique parfait.

Exercice 16.6

1. a) En appliquant le premier principe à une tranche élémentaire de longueur dz pendant dt (sans travaux) et en posant $a=\dfrac{\lambda}{\rho c}$ la diffusivité en $\mathrm{m^2\cdot s^{-1}}$ on obtient l'équation de diffusion à une dimension suivant (Oz) : $\boxed{a\dfrac{\partial^2 T}{\partial z^2}-\dfrac{\partial T}{\partial t}=0}$.

⇨ Méthodes 16.1 et 16.2

b) En régime stationnaire $\dfrac{\partial T}{\partial t}=0$ soit $\dfrac{\mathrm{d}^2T}{\mathrm{d}z^2}=0$, puis $T=A\,z+B$ soit avec les conditions aux limites : $T=T_1+z(T_2-T_1)/L$.

On calcule le flux thermique $\Phi_Q=\iint_S\vec{j}_Q\cdot\overrightarrow{\mathrm{d}S}=j_Q\,S$ avec $j_Q=-\lambda\dfrac{\mathrm{d}T}{\mathrm{d}z}=-\lambda\dfrac{T_2-T_1}{L}$ soit $\Phi_Q=\lambda S\dfrac{T_1-T_2}{L}$, soit : $T_1-T_2=\dfrac{L}{\lambda S}\Phi_Q$.

En régime stationnaire, on pose $\boxed{R_{th}=\dfrac{L}{\lambda S}=\dfrac{L}{\lambda\,ab}}$ en $\mathrm{K\cdot W^{-1}}$ la résistance thermique.

⇨ Méthode 16.5

Numériquement : $\boxed{R_{th}=62{,}5\ \mathrm{K\cdot W^{-1}}}$.

2. L'entropie étant une fonction d'état, en régime stationnaire, l'entropie de la barre est constante. Or le deuxième principe appliqué au pavé avec deux échanges thermiques avec deux sources à T_1 et T_2 à ses extrémités s'écrit :

$$\mathrm{d}S=\sum_{i=1,2}\frac{\delta Q_i}{T_i}+\delta S_{créée}=0,\ \text{soit : }\delta S_{créée}=-\delta S_{échangée}=-\frac{\delta Q_1}{T_1}-\frac{\delta Q_2}{T_2}.$$

Or les transferts thermiques élémentaires algébriquement reçus par le pavé à ses extrémités s'écrivent :

$$\delta Q_1 = -\delta Q_2 = \Phi(z=0)\,\mathrm{d}t = -\lambda\left(\frac{\partial T}{\partial z}\right)_{z=0} S\,\mathrm{d}t = \frac{\lambda S(T_1 - T_2)}{L}\mathrm{d}t .$$

Donc : $\dfrac{\delta S_{créée}}{\mathrm{d}t} = \dfrac{\lambda S(T_1 - T_2)}{L}\left(\dfrac{1}{T_2} - \dfrac{1}{T_1}\right) = \dfrac{\lambda S(T_1 - T_2)^2}{L T_1 T_2} = \dfrac{(T_1 - T_2)^2}{R_{th} T_1 T_2}$.

Numériquement : $\boxed{\dfrac{\delta S_{créée}}{\mathrm{d}t} = 2{,}6\cdot 10^{-4}\ \mathrm{J\cdot K^{-1}\cdot s^{-1}}}$. Ce taux de création positif rend compte de la création d'entropie par diffusion thermique qui est donc intrinsèquement irréversible : le gradient de température, moteur de la diffusion, est créateur d'entropie.

3. a) En régime stationnaire, l'énergie interne sans travaux ne dépend pas du temps de sorte que le transfert thermique entrant dans une tranche de longueur dz, durant dt, est égale à la somme de celui qui sort plus le terme de perte lié au transfert surfacique à travers la surface latérale de la tranche : $0 = J_Q(z)\,ab\,\mathrm{d}t - J_Q(z+dz)\,ab\,\mathrm{d}t - \alpha\, 2(a+b)\mathrm{d}z\,(T(z) - T_a)\,\mathrm{d}t$, soit encore, avec $a >> b$:

$\left(\dfrac{\partial J_Q}{\partial z}ab + 2\alpha a(T - T_a)\right)\mathrm{d}z\,\mathrm{d}t = 0$. Compte tenu de la loi de Fourier on écrit finalement :

$\boxed{\dfrac{\partial^2 T}{\partial z^2} - m^2(T - T_a) = 0}$ avec $m^2 = \dfrac{2\alpha}{b\lambda}$ en $\mathrm{m^{-2}}$.

⇨ *Méthode 16.4*

b) On obtient numériquement $\boxed{\delta = 1/m = \sqrt{\dfrac{b\lambda}{2\alpha}} \approx 1\ \mathrm{cm}}$ c'est-à-dire 5% de la longueur L. L'approximation $L >> \delta$ semble légitime.

Pour résoudre $\dfrac{\partial^2 T}{\partial z^2} - m^2 T = m^2 T_a$, une solution particulière est $T = T_a$. La solution de l'équation sans second membre est $T(z) = A\exp(z/\delta) + B\exp(-z/\delta)$. La solution générale est donc de la forme : $T(z) = T_a + A\exp(z/\delta) + B\exp(-z/\delta)$.

En $z = L$, comme $L >> \delta$ et que la température ne peut diverger, on est conduit à poser $A = 0$. Ainsi :

$T(z) = T_a + B\exp(-z/\delta)$. Sachant qu'en $z = 0$, $T(z=0) = T_0$, il vient finalement : $T(z) = T_a + (T_0 - T_a)\exp(-z/\delta)$.

On obtient en $z = L$: $T(z=L) = T_a + (T_0 - T_a)\underbrace{\exp(-L/\delta)}_{\to 0} \approx T_a$.

On peut vérifier que ce résultat est conforme à la continuité du flux thermique en $z = L$:

$$-\lambda ab\left(\frac{\partial T}{\partial z}\right)_{z=L} = \alpha ab(T(z=L) - T_a).$$

Or d'après ce qui précède : $\left(\dfrac{\partial T}{\partial z}\right)_{z=L} = \left(\dfrac{T_a - T_0}{\delta}\right)\underbrace{\exp(-L/\delta)}_{\to 0} \approx 0$.

Ainsi $\alpha ab(T(z=L)-T_a)\approx 0$ et donc $T(z=L)\approx T_a$, ce qui est bien conforme.

⇨ *Méthode 16.4*

c) Compte tenu de la géométrie, l'essentiel du flux est cédé au fluide environnant par la surface latérale du pavé. Pour une surface élémentaire $2(a+b)\mathrm{d}z$, la puissance élémentaire évacuée est $\mathrm{d}P_{cédée}=2\alpha(a+b)\mathrm{d}z\,(T(z)-T_a)$, en intégrant entre $z=0$ et L il vient :

$$P_{cédée}\approx\int_0^L 2\alpha a\;(T(z)-T_a)\mathrm{d}z=\int_0^L 2\alpha a\;\left(T_0-T_a\right)\exp(-z/\delta)\mathrm{d}z$$

$$=2\alpha a\;\left(T_0-T_a\right)\delta\left(1-\underbrace{\exp(-L/\delta)}_{\to 0}\right)\approx 2\alpha a\;\left(T_0-T_a\right)\delta$$

Numériquement : $\boxed{P_{cédée}=12{,}8\,\mathrm{W}}$

d) Le flux thermique reçu en $z=0$ est $\boxed{P_{reçue}=-\lambda ab\left(\dfrac{\partial T}{\partial z}\right)_{z=0}=\dfrac{\lambda ab\;\left(T_0-T_a\right)}{\delta}=P_{cédée}}$.

Exercice 16.7

1. $\overrightarrow{\mathrm{grad}}T$ est dirigé dans le sens des températures croissantes donc, ici, dans le sens opposé à celui de l'axe (Oz). $\vec{j}_Q$ est le vecteur densité de courant d'énergie thermique en $\mathrm{W\cdot m^{-2}}$, λ la conductivité thermique en $\mathrm{W\cdot m^{-1}\cdot K^{-1}}$ et T la température en K.

2. La puissance électrique instantanée fournie est $p=U_0 I$ avec $U_0=R_h I$ soit $\boxed{p=\dfrac{U_0^2}{R_{ch}}}$. Cette puissance diffuse avec un flux thermique $\vec{j}_Q$ à travers une section droite du cylindre tel que :

$$p=\iint \vec{j}_Q\,\mathrm{d}\vec{S}=j_Q\frac{\pi d^2}{4}\text{, soit : }\boxed{j_Q=\frac{4U_0^2}{\pi d^2 R_{ch}}}.$$

⇨ *Méthode 16.4*

3. La puissance apportée à la barre par le générateur électrique est constante ainsi que le refroidissement à l'autre extrémité ; de plus il n'y a pas de pertes thermiques latérales ni de sources thermiques à l'intérieur du cylindre donc $\vec{j}_Q$ est uniforme. L'équation différentielle vérifiée par $T(z)$ est $\boxed{\dfrac{\mathrm{d}T}{\mathrm{d}z}=-\dfrac{4U_0^2}{\pi d^2 R_{ch}\lambda}}$.

4. L'intégration de l'équation précédente donne $T(z)=-\dfrac{4U_0^2}{\pi d^2 R_{ch}\lambda}z+C^{te}$.

Avec $T(L)=-\dfrac{4U_0^2}{\pi d^2 R_{ch}\lambda}L+C^{te}$, on obtient la constante d'intégration $C^{te}=T(L)+\dfrac{4U_0^2}{\pi d^2 R_{ch}\lambda}L$.

Finalement :

$$\boxed{T(z)=T(L)+\frac{4U_0^2}{\pi d^2 R_{ch}\lambda}(L-z)}.$$

Avec $T_{p1}=T(L)+\dfrac{4U_0^2}{\pi d^2 R_{ch}\lambda}(L-z_1)$ et $T_{p2}=T(L)+\dfrac{4U_0^2}{\pi d^2 R_{ch}\lambda}(L-z_2)$ puis en calculant la différence on obtient $T_{p1}-T_{p2}=\dfrac{4U_0^2}{\pi d^2 R_{ch}\lambda}(z_2-z_1)$, soit $\boxed{\lambda=\dfrac{4U_0^2}{\pi d^2 R_{ch}}\dfrac{(z_2-z_1)}{(T_{p1}-T_{p2})}}$.

A.N. : $\lambda=\dfrac{4\times 6^2\times(16-8)\cdot 10^{-2}}{\pi\times(15\cdot 10^{-3})^2\times 8\times(46{,}4-41{,}4)}\Rightarrow\boxed{\lambda=407\ \mathrm{W\cdot m^{-1}\cdot K^{-1}}}$.

Exercice 16.8

1. L'équation de la chaleur proposée s'écrit avec le coefficient de diffusion : $\dfrac{\partial T}{\partial t}=D\dfrac{\partial^2 T}{\partial z^2}$.

⇨ *Méthode 16.1 et 16.2*

En dérivant cette relation par rapport à z, $\dfrac{\partial\left(\dfrac{\partial T}{\partial t}\right)}{\partial z}=D\dfrac{\partial^3 T}{\partial z^3}$ qui devient $\dfrac{\partial\left(\dfrac{\partial T}{\partial z}\right)}{\partial t}=D\dfrac{\partial^3 T}{\partial z^3}$ (avec le théorème de Schwartz). La loi de Fourier donne, ici, $j=-\lambda\dfrac{\partial T}{\partial z}$ soit, finalement $\boxed{\dfrac{\partial j}{\partial t}=D\dfrac{\partial^2 j}{\partial z^2}}$.

2. À $t=0$ la température de la Terre est uniforme et vaut T_0 sauf à sa surface où elle vaut $T_S<T_0$, elle subit une discontinuité, si l'axe (Oz) est vertical descendant alors $\left(\dfrac{\partial T}{\partial z}\right)_{z=0}\to+\infty$ car $T(z=0^+,t=0)=T_0>T_S=T(z=0,t=0)$. Donc $j(z,t)=-\lambda\dfrac{\partial T}{\partial z}$ donne $\boxed{j(0,0)\to-\infty}$.

Lorsque $t\to+\infty$ la température de la planète vaut uniformément T_S, la dérivée $\left(\dfrac{\partial T}{\partial z}\right)$ est donc nulle soit $j(z,t\to+\infty)=0$.

3. Pour vérifier si la fonction proposée est bien solution de l'équation différentielle on calcule les dérivées :

$$\frac{\partial j}{\partial t}=\frac{1}{2}\frac{A}{\sqrt{Dt^3}}\exp\left(-\frac{z^2}{4Dt}\right)-\frac{A}{\sqrt{Dt}}\left(\frac{z^2}{4Dt^2}\right)\exp\left(-\frac{z^2}{4Dt}\right)=\frac{1}{2}\frac{A}{\sqrt{Dt^3}}\left(1-\frac{z^2}{2Dt}\right)\exp\left(-\frac{z^2}{4Dt}\right)$$

$\dfrac{\partial j}{\partial z}=\dfrac{A}{\sqrt{Dt}}\dfrac{z}{2Dt}\exp\left(-\dfrac{z^2}{4Dt}\right)$ puis

$$\frac{\partial^2 j}{\partial z^2}=\frac{A}{\sqrt{Dt}}\left(\frac{1}{2Dt}-\frac{z^2}{4D^2t^2}\right)\exp\left(-\frac{z^2}{4Dt}\right)=\frac{A}{2D\sqrt{Dt^3}}\left(1-\frac{z^2}{2Dt}\right)\exp\left(-\frac{z^2}{4Dt}\right)$$ ce qui vérifie bien $\boxed{\frac{\partial j}{\partial t}=D\frac{\partial^2 j}{\partial z^2}}$.

On retrouve les conditions aux limites de la question précédente $\lim_{t\to+\infty}\left(-\frac{A}{\sqrt{Dt}}\exp\left(-\frac{z^2}{4Dt}\right)\right)=0\ \forall z$, $\lim_{t\to 0}\left(-\frac{A}{\sqrt{Dt}}\exp\left(-\frac{z^2}{4Dt}\right)\right)=0$ *si* $z\neq 0$ *et* $\lim_{t\to 0}\left(-\frac{A}{\sqrt{Dt}}\exp\left(-\frac{z^2}{4Dt}\right)\right)=-\infty$ *si* $z=0$.

L'allure des courbes donnant la valeur absolue de la densité de courant d'énergiethermique, en fonction de la profondeur pour deux époques différentes peut être obtenue en Python :

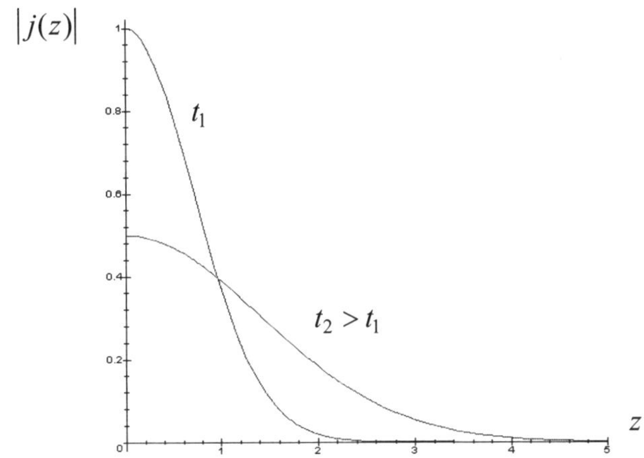

⇨ *Méthode 16.11*

4. λ s'exprime en $W\cdot m^{-1}\cdot K^{-1}$, ρ en $kg\cdot m^{-3}$ et c_p en $J\cdot kg^{-1}\cdot K^{-1}$ soit en dimension $[\lambda]=M\cdot L\cdot T^{-3}\cdot\Theta^{-1}$, $[\rho]=M\cdot L^{-3}$ et $[c_p]=L^2\cdot T^{-2}\cdot\Theta^{-1}$ d'où $[D]=L^2\cdot T^{-1}$. Avec $[j]=M\cdot T^{-3}$ on obtient $[A]=[j]\cdot[D]^{1/2}\cdot[t]^{1/2}=M\cdot L\cdot T^{-3}$ à comparer avec $[A]=\Theta^{\alpha}\cdot M^{\beta}\cdot L^{\beta}\cdot T^{-3\beta}\cdot\Theta^{-\beta}\cdot M^{\gamma}\cdot L^{-3\gamma}\cdot L^{2\delta}\cdot T^{-2\delta}\cdot\Theta^{-\delta}$ ce qui nous donne le système suivant : $\begin{cases}\alpha-\beta-\delta=0\\ \beta+\gamma=1\\ \beta-3\gamma+2\delta=1\\ 3\beta+2\delta=3\end{cases}$ qui admet comme solution $\begin{cases}\alpha=1\\ \beta=1\\ \delta=0\\ \gamma=0\end{cases}$ soit $\boxed{A=a\lambda(T_0-T_S)}$.

5. La densité de courant d'énergie thermique $j(z,t) = -\frac{a\lambda(T_0 - T_S)}{\sqrt{Dt}}\exp\left(-\frac{z^2}{4Dt}\right) = -\lambda\frac{\partial T}{\partial z}$ d'où le gradient demandé (en $z = 0$) $\boxed{\left(\frac{\partial T}{\partial z}\right)_{z=0} = \frac{a(T_0 - T_S)}{\sqrt{Dt}} = \frac{T_0 - T_S}{\sqrt{\pi D t}}}$. L'âge de la Terre $t = \frac{(T_0 - T_S)^2}{\pi D\left(\frac{\partial T}{\partial z}\right)^2_{z=0}}$ est estimé selon les valeurs proposées $3,5 \cdot 10^{14}\,\text{s} < t < 14,2 \cdot 10^{14}\,\text{s}$ soit :

$11 \cdot 10^6$ années $< t < 45 \cdot 10^6$ années.

L'ordre de grandeur de Lord Kelvin est donc de 28 millions d'années.

6. L'âge de la Terre est environ 100 fois plus important que l'estimation de Lord Kelvin. Il aura fallu attendre le début du XXe siècle, et la découverte de la radioactivité par Henri Becquerel, pour comprendre que le transfert thermique qui s'échappe de la Terre est dû à la désintégration radioactive de certains éléments et non au refroidissement de la Terre. De plus, cette découverte est venue fournir l'outil qui a permis de dater la formation de la Terre à 4,55 milliards d'années.

Exercice 16.9

La puissance produite par rayonnement par le Soleil est donnée par la loi de Stefan et vaut $\sigma T^4 4\pi R^2$, ce rayonnement solaire est isotrope, si bien que la puissance au niveau par unité de surface s'écrit : $p_s = \frac{\sigma T^4 4\pi R^2}{4\pi R'^2} \Rightarrow \boxed{p_s = \sigma T^4\left(\frac{R}{R'}\right)^2}$.

A.N. : $p_s = 5,7 \cdot 10^{-8} \times 6000^4 \times \frac{1}{215^2} = 1600\,\text{W} \cdot \text{m}^{-2}$.

➪ *Méthode 16.10*

Exercice 16.10

1. La loi de Wien stipule que $\lambda_{\max} T = Cte$, soit :

$$\lambda_{\max,Corps} T_{Corps} = \lambda_{\max,Soleil} T_{Soleil} \Rightarrow \lambda_{\max,Corps} = \frac{T_{Soleil}}{T_{Corps}}\lambda_{\max,Soleil} = \frac{6000}{300} \times 650 = 11000\,\text{nm} = 11\,\mu\text{m}.$$

➪ *Méthode 16.9*

C'est le domaine des infrarouges.

2. La loi de Stefan donne $\frac{\mathrm{d}P}{\mathrm{d}S} = \sigma T^4$, donc $\left(\frac{\mathrm{d}P}{\mathrm{d}S}\right)_{6000\text{K}} = \sigma \times 6000^4$ et $\left(\frac{\mathrm{d}P}{\mathrm{d}S}\right)_{3000\text{K}} = \sigma \times 3000^4$ soit $\left(\frac{\mathrm{d}P}{\mathrm{d}S}\right)_{3000\text{K}} = \left(\frac{\mathrm{d}P}{\mathrm{d}S}\right)_{6000\text{K}} \times \left(\frac{3000}{6000}\right)^4 = 100\,\text{W} \cdot \text{m}^{-2}$.

➪ *Méthode 16.10*

Exercice 16.11

Effectuons un bilan thermique :

$\varepsilon S_d \varphi_s = \dfrac{\varepsilon S \varphi_s}{2}$ est la puissance reçue de la part du Soleil par la moitié de la surface totale,

$S\varphi_a = S\sigma T_{ma}^4$ puissance reçue de la part de l'atmosphère par la surface totale,

$S\sigma T^4$ puissance cédée par rayonnement de la surface totale,

$Sh_c(T - T_{aa}) = Sg(T - T_{aa})^{2,25}$ puissance cédée par convection à la surface totale.

À l'équilibre $\varepsilon S_d \varphi_s + S\varphi_a = S\sigma T_{eq}{}^4 + Sh_c(T_{eq} - T_{aa})$ soit $\boxed{\dfrac{\varepsilon\varphi_s}{2} + \sigma T_{eq\,ma}^4 = \sigma T_{eq}^4 + g(T_{eq} - T_{aa})^{2,25}}$.

⇨ *Méthodes 16.8 et 16.10*

On trace en Python la courbe de $f(T) = \sigma(T^4 - T_{ma}^4) + g(T - T_{aa})^{2,25} - \dfrac{\varepsilon\varphi_s}{2}$ et on estime la valeur de T_{eq} à l'intersection avec l'axe des abscisses. Une façon de procéder est la suivante :

```
import numpy as np #commandes de calculs numériques
import matplotlib.pyplot as plt #commandes de tracés

#Paramètres
Tma=290 #températurure moyenne en K
Taa=303 #température ambiante en K
g=2.4 #en unité SI
e=0.9 #epsilon pour l'avion sombre, l'autre valeur sera de 0.25 pour
#l'avion blanc
sygma=5.67*10**(-8)
phyS=700 #flux surfacique en W par m**2

#Listes des valeurs de température et création de f(T)
T = np.linspace(290,315,100)
fT = []

#évaluation des valeurs de f(T) pour tout T
for i in range (len(T)):
    fT.append((sygma*(T[i]**4-Tma**4))+(g*((T[i]-Taa)**(2.25)))\
    (e*phyS/2))

#Tracés
plt.grid() #trace le quadrillage pour une bonne estimation de la
#température d'équilibre

plt.plot(T,fT,'k-') #tracé de f(T) en fonction de T

plt.xlim(309.5,310.5) #limite des axes pour l'avion sombre (303.5 à 304.5
#pour l'avion blanc)

plt.ylim(-20,20)
plt.title('Teq en K') #titre
plt.xlabel('Temp (K)') #légende des abscisses
plt.ylabel('f(T)') #légende des ordonnées
plt.show() #affichage
```

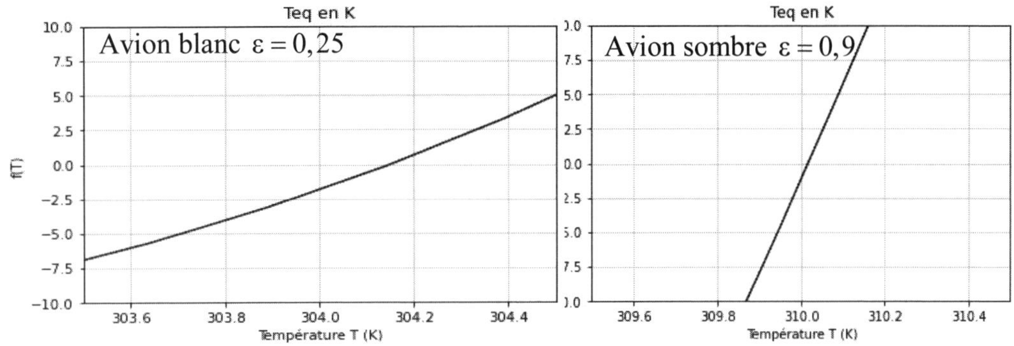

On estime graphiquement : pour $\varepsilon = 0,25$ $\boxed{T_{eq} \approx 304\,\text{K}}$ et avec $\varepsilon = 0,9$ $\boxed{T_{eq} \approx 310\,\text{K}}$.

La température d'équilibre est plus faible pour l'avion blanc que pour le sombre, comme cela était prévisible.

Exercice 16.12

1. a) La puissance émise par le Soleil est donnée par la loi de Stefan $\boxed{P_S = 4\pi R_S^2 \sigma T_S^4}$, la puissance surfacique, reçue par la Terre, à la distance D_{ST} est $\dfrac{P_S}{4\pi D_{ST}^2}$ d'où la puissance reçue par la Terre $\boxed{P_0 = \dfrac{P_S}{4\pi D_{ST}^2}\pi R_T^2 = \dfrac{\pi R_S^2 R_T^2 \sigma T_S^4}{D_{ST}^2}}$ (πR_T^2 surface de la Terre perpendiculaire au rayonnement solaire). La puissance émise par la Terre $4\pi R_T^2 \sigma T_T^4$ à l'équilibre thermique, est P_0 soit $\dfrac{\pi R_S^2 R_T^2 \sigma T_S^4}{D_{ST}^2} = 4\pi R_T^2 \sigma T_T^4$ soit $T_T^4 = \dfrac{R_S^2 T_S^4}{4D_{ST}^2}$ d'où $\boxed{T_T = \sqrt{\dfrac{R_S}{2D_{ST}}}\cdot T_S}$.

⇨ *Méthode 16.10*

b) D'après la définition de l'albédo $4\pi R_T^2 \sigma T_T^4 = (1 - A_T) P_0$ soit :

$4\pi R_T^2 \sigma T_T^4 = (1 - A_T)\dfrac{\pi R_S^2 R_T^2 \sigma T_S^4}{D_{ST}^2}$ soit $T_T^4 = (1 - A_T)\dfrac{R_S^2 T_S^4}{4D_{ST}^2}$ ce qui correspond à la relation demandée $T_T^4 = \left(\dfrac{R_S}{2D_{ST}}\right)^2 (1 - A_T) T_S^4$.

c) A.N. : $T_T = \left(\dfrac{7\cdot 10^8}{2\times 1,5\cdot 10^{11}}\right)^{1/2} (1 - 0,35)^{1/4} \times 5800 = 252\,\text{K}$.

d) Les rayonnements émis par le Soleil et la Terre ne sont pas dans le même domaine de longueur d'onde, en effet, avec la loi de Wien $\lambda_m T \approx 2,9\cdot 10^{-3}$, $\lambda_m(Terre) \approx \dfrac{2,9\cdot 10^{-3}}{290} = 10\,\mu\text{m}$ (infrarouge) et $\lambda_m(Soleil) \approx \dfrac{2,9\cdot 10^{-3}}{5800} = 500\,\text{nm}$ (visible).

e) La puissance reçue par l'ensemble $\{\text{Terre, atmosphère}\}$ de la part du Soleil est $(1-A_T)P_0 = 4\pi R_T^2\sigma T_T^4$, l'atmosphère en absorbe $\alpha(1-A_T)P_0 = 4\alpha\pi R_T^2\sigma T_T^4$, il reste donc pour la surface de la Terre $P_1 = 4\pi R_T^2\sigma T_T^4 - 4\alpha\pi R_T^2\sigma T_T^4 \Rightarrow \boxed{P_1 = 4\pi(1-\alpha)R_T^2\sigma T_T^4}$.

La surface de l'atmosphère est, avec $e << R_T$, $8\pi R_T^2$ soit une puissance rayonnée par l'atmosphère $8\pi R_T^2\sigma T_a^4$ mais seulement la moitié est dirigée vers la Terre (et entièrement absorbée par celle-ci) : $\boxed{P_2 = 4\pi R_T^2\sigma T_a^4}$. Le bilan thermique pour l'atmosphère est donc

$$\boxed{\underbrace{8\pi R_T^2\sigma T_a^4}_{\text{puissance émise}} = \underbrace{4\alpha\pi R_T^2\sigma T_T^4}_{\text{puissance solaire reçue}} + \underbrace{4\pi R_T^2\sigma T_T'^4}_{\text{puissance terrestre reçue}}}$$

soit $T_a^4 = \dfrac{\alpha T_T^4 + T_T'^4}{2}$. Pour la Terre, le bilan thermique donne :

$$4\pi R_T^2\sigma T_T'^4 = P_1 + P_2 \Rightarrow T_T'^4 = (1-\alpha)T_T^4 + T_a^4$$ puis avec l'expression de T_a,

$$T_T'^4 = (1-\alpha)T_T^4 + \frac{\alpha T_T^4 + T_T'^4}{2} \Rightarrow \boxed{T_T'^4 = (2-\alpha)T_T^4}.$$

➪ *Méthode 16.8*

f) A.N. : $T_T' = (2-0{,}35)^{1/4} \times 252 = 286\,\text{K}$

g) $T_a^4 = \dfrac{\alpha T_T^4 + T_T'^4}{2} = \dfrac{\alpha T_T^4 + (2-\alpha)T_T^4}{2} = T_T^4 \Rightarrow \boxed{T_a = T_T}$

Exercice 16.13

1. a) Le raisonnement est le même que celui de la question 1.b) en prenant la distance Soleil-Lune à la place de la distance Soleil-Terre, et avec le bon albédo :

$$\boxed{T_{L,Soleil}^4 = \left(\frac{R_S}{2D_{SL}}\right)^2 (1-A_L)T_S^4}.$$

La distance Soleil-Lune n'est pas donnée mais comme la distance Lune-Terre est très inférieure à celle Soleil-Lune on peut considérer $D_{SL} \approx D_{ST}$, ainsi :

$$\text{A.N. : } T_{L,Soleil} = \left(\frac{7\cdot10^8}{2\times1{,}5\cdot10^{11}}\right)^{1/2}(1-0{,}073)^{1/4}\times5800 = 275\,\text{K}.$$

b)

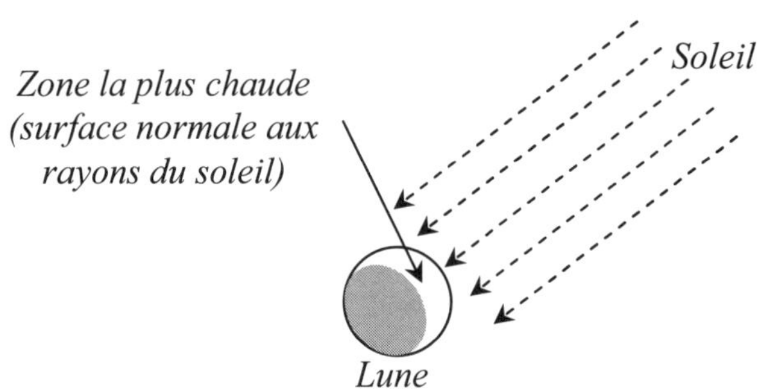

c) Avec un raisonnement similaire à celui des questions 1.a) et 1.b) et en écrivant l'équilibre thermique pour la surface s où la température est maximale on obtient :

$$s\sigma T_{L,\max}^4 = (1-A_L)\frac{sR_S^2\sigma T_S^4}{D_{SL}^2} \Rightarrow T_{L,\max}^4 = (1-A_L)\frac{R_S^2 T_S^4}{D_{SL}^2} = 4T_{L,Soleil}^4 \Rightarrow T_{L,\max} = \sqrt{2}\cdot T_{L,Soleil}\,.$$

A.N. : $T_{L,\max} = \sqrt{2}\times 275 = 389\,\text{K}$.

2.

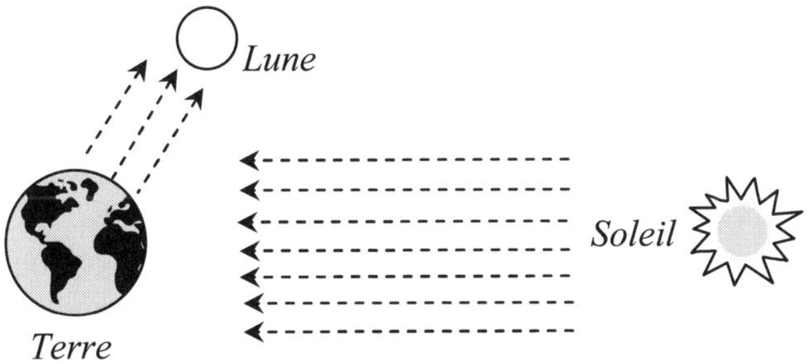

a) La puissance réfléchie par la Terre est $A_T P_0$ elle est renvoyée dans le demi-espace, si bien que la puissance surfacique associée à cette réflexion devient au niveau de la Lune $\dfrac{A_T P_0}{2\pi D_{LT}^2}$ et compte tenu de l'albédo de la Lune, cette puissance réfléchie s'écrit :

$$p_{s,réf} = (1-A_L)\frac{A_T P_0}{2\pi D_{LT}^2}\text{, ainsi : } p_{s,réf} = (1-A_L)\,A_T\,\frac{R_T^2\,R_S^2}{2\,D_{LT}^2 D_{ST}^2}\sigma T_S^4\,.$$

L'atmosphère terrestre émet une puissance surfacique au niveau de la Lune $\sigma T_a^4\dfrac{4\pi R_T^2}{4\pi D_{LT}^2}$ et avec l'albédo l'absorption par la Lune est : $\boxed{p_{s,atm} = (1-A_L)\dfrac{R_T^2}{D_{LT}^2}\sigma T_a^4}$.

A.N. :

$$p_{s,réf} = (1-0{,}073)\times 0{,}35\times\frac{(6{,}38\cdot 10^6\times 7\cdot 10^8)^2}{2\times(3{,}84\cdot 10^8\times 1{,}5\cdot 10^{11})^2}\times 5{,}7\cdot 10^{-8}\times 5800^4 = 62{,}9\cdot 10^{-3}\ \text{W}\cdot\text{m}^{-2}$$

$$p_{s,atm} = (1-0{,}073)\times\frac{(6{,}38\cdot 10^6)^2}{(3{,}84\cdot 10^8)^2}\times 5{,}7\cdot 10^{-8}\times 252^4 = 58{,}8\cdot 10^{-3}\ \text{W}\cdot\text{m}^{-2}\,.$$

b) $\sigma T_{L,\max}^{'4} = p_{s,réf} + p_{s,atm}$ soit $T'_{L,\max} = \left(\dfrac{p_{s,réf} + p_{s,atm}}{\sigma}\right)^{1/4} = 38\,\text{K}$.

c) La puissance surfacique du rayonnement solaire (direct) sur la Lune est :

$$p_{s,atm} = (1-A_L)\frac{R_S^2}{D_{ST}^2}\sigma T_S^4 = (1-0{,}073)\times\left(\frac{7\cdot 10^8}{1{,}5\cdot 10^{11}}\right)^2\times 5{,}7\cdot 10^{-8}\times 5800^4 = 1300\ \text{W}\cdot\text{m}^{-2}$$

Donc la puissance surfacique due au rayonnement terrestre est négligeable par rapport à celui due au Soleil dans la zone éclairée, pas de modification de température notable !

d) Rayonnement visible : $0{,}4\,\mu\text{m} < \lambda_{visible} < 0{,}8\,\mu\text{m}$ et rayonnement infrarouge $0{,}8\,\mu\text{m} < \lambda_{visible} < 100\,\mu\text{m}$.

e) La loi de Wien $\lambda_m T_{L,Soleil} = 3\cdot 10^{-3}\,\text{K}\cdot\text{m}$ donne $\lambda_m = \dfrac{3\cdot 10^{-3}}{275} = 11\,\mu\cdot\text{m}$ donc il s'agit d'un rayonnement infrarouge, si bien qu'il n'est pas responsable du rayonnement visible lequel à donc pour origine la réflexion de la lumière du Soleil.

⇨ *Méthodes 16.9, 16.10*

Exercice 16.14

1. Le « moteur » de la diffusion est le gradient de densité particulaire $\overrightarrow{\text{grad}}\, n^*$. Le déplacement des particules se fait vers les zones de concentrations les plus faibles. Le signe « – » traduit le fait que le courant de particules est orienté des zones de fortes concentration vers les zones de faible concentration.

2. La dimension de n^* est $\left[n^*\right] = L^{-3}$, son laplacien a pour dimension $\left[\Delta n^*\right] = L^{-3} / L^2$ (dérivée seconde par rapport à l'espace) et celle de sa dérivée temporelle est : $\left[\dfrac{\partial n^*(M,t)}{\partial t}\right] = L^{-3} / T$. Ainsi, l'équation de diffusion $\dfrac{\partial n^*(M,t)}{\partial t} = -D\Delta n^*(M,t)$ se traduit, en ordres de grandeurs, par : $\dfrac{L^{-3}}{\tau} \approx D\dfrac{L^{-3}}{L^2}$ avec L et τ respectivement la longueur et le temps caractéristiques du phénomène, soit $\boxed{L = \sqrt{D\tau}}$.

⇨ *Méthode 16.6*

3. Le script complété et commenté est le suivant

```
Duree=200 #durée totale de l'évolution, l'unité de temps est 1
temps=list(range(Duree)) #liste des instants [0,1,2,...,Duree-1]
NbreParticules=1000 #nombre de particules
Particule_x=[0 for i in range(NbreParticules)] #initialisation à 0 de la
#liste des abscisses des particules, toutes les valeurs sont nulles.
```

Notons qu'il est aussi possible d'utiliser `np.zeros(NbreParticules)`

```
Particule_y=[0 for i in range(NbreParticules)] #initialisation à 0 de la
#liste des ordonnées des particules, toutes les valeurs sont nulles
ListeDcarreMoyenne=[] #déclaration de la liste des carrés des distances
#moyennes par rapport à l'origine
```

4. La boucle qui assure l'évolution des positions de chaque particule peut être codée comme suit :

```
for t in temps: #boucle d'évolution des particules
    for j in range(NbreParticules): #boucle sur l'ensemble des particules
        Particule_x[j]+=rd.randint(0,1)*2-1 #on ajoute à l'abscisse de la
                                             #particule j +1 ou -1 aléatoirement

        Particule_y[j]+=rd.randint(0,1)*2-1 #on ajoute à l'ordonnée de la
                                             #particule j +1 ou -1 aléatoirement
```

On affiche le plan des positions des particules comme suit :

```
plt.figure() #nouvelle fenêtre de tracé
plt.plot(Particule_x,Particule_y,"o") #affichage des positions des
#particules avec un marqueur 'o'
plt.show() #provoque l'affichage
```

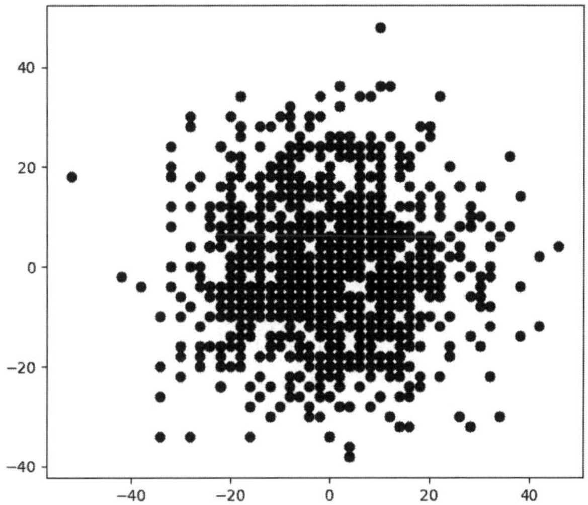

5. a) Formons les listes de x et y carré puis celle de leur somme pour enfin générer la liste de la moyenne des distances au carré :

```
xCarre=[X**2 for X in Particule_x] #on forme la liste des carrés des
#abscisses grâce à une liste en compréhension
yCarre=[Y**2 for Y in Particule_y] #on forme la liste des carrés des
#ordonnées
Dcarre=sum(xCarre)+sum(yCarre) #carrés des distances au centre de toutes
#les molécules
DcarreMoyenne=Dcarre/NbreParticules #moyenne sur l'ensemble des #molécules
ListeDcarreMoyenne.append(DcarreMoyenne) #on génère la liste des moyennes
```

Puis on trace cette moyenne en fonction du temps comme suit :

```
plt.figure() #nouvelle fenêtre de tracé
plt.plot(temps,ListeDcarreMoyenne) #courbe des distances carrées moyennes
#en fonction du temps
plt.show()
```

Corrigé

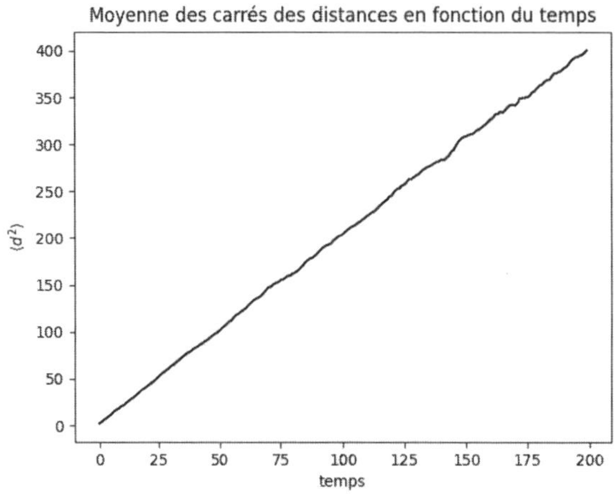

b) Un script en Python est le suivant :

```
a,b=np.polyfit(temps,ListeDcarreMoyenne,1) # modélisation des carrés des
#distances moyennes (dcarre) en fonction du temps (t) par une droite
#dcarre = a t + b

#Affichage des paramètres de la droite de régression, pente a et ordonnée
#à l'origine b
print('La pente est a = ',a,' et l\'ordonnée à l\'origine b = ',b)
```

On obtient dans l'interpréteur :

```
La pente est a = 2.0104695057376434 et l'ordonnée à l'origine
b = 2.8517241791045076.
```

Cette courbe est compatible avec la relation $L^2 = 2t$. De plus, la valeur non nulle de b est ici très vite négligeable devant $2t$ pour $t > 20$. Or, l'équation de diffusion fait apparaître que D le coefficient de diffusion est de l'ordre de $D \approx \frac{(\Delta x)^2}{\Delta t}$, rapport du carré du pas spatial Δx et du pas temporel Δt. Dans la simulation réalisée ici, le pas spatial vaut 1 (à chaque évolution, la coordonnée augmente ou diminue d'une unité) et le pas temporel vaut 1 aussi (les instants sont séparés d'une unité) d'où $D=1$. Ainsi, l'éloignement depuis l'origine est bien de la forme $L \approx \sqrt{D\tau}$, caractéristique d'un phénomène de diffusion.

> ✐ *La résolution formelle de l'équation de diffusion montre que la distance moyenne parcourue par les particules évolue en fonction du temps selon* $L = \sqrt{2Dt}$. *La simulation permet, avec* $D=1$, *de retrouver quantitativement ce résultat.*

Chapitre 17

Mécanique quantique ondulatoire

UN SCIENTIFIQUE

Werner Heisenberg (1901-1976) se passionne d'abord pour les mathématiques mais se tourne rapidement vers la physique théorique. On lui doit la première formalisation de la mécanique quantique en 1925, parallèlement à Erwin Schrödinger. Cependant, c'est certainement le principe d'incertitude qu'il énonce en 1927 qui le rend célèbre.

On lui reproche sa participation au programme d'armement allemand chargé d'élaborer une bombe atomique mais il prétend avoir agi pour le ralentir.

Un peu d'histoire

En 1905, Max Planck et Albert Einstein donnent une explication du phénomène de l'effet photoélectrique et posent les bases de la mécanique quantique ; Albert Einstein introduit la théorie de la relativité restreinte en 1905 puis générale en 1916. Parallèlement Rutherford, dans les années 1910, découvre la structure de l'atome. Une remise en place des morceaux du puzzle devenait indispensable. Niels Bohr propose un modèle planétaire de l'atome en 1913 mais on se rend compte que notre intuition du visible n'est pas transposable à l'infiniment petit.

En 1923, conscient de ces difficultés, le jeune physicien français Louis de Broglie va plus loin et révolutionne la compréhension de la physique quantique en affirmant qu'on peut attacher à chaque particule une fonction d'onde : c'est la naissance de la mécanique quantique ondulatoire.

Objectifs

Ce qu'il faut connaître

▷ La notion de fonction d'onde (amplitudes de probabilité) associée à une particule libre.

▷ L'expression de la densité linéique de probabilité associée

▷ L'expression de la densité de courant de probabilité et son lien avec la vitesse de la particule (MP)

▷ La forme de l'équation de Schrödinger à une dimension et les conséquences de sa linéarité

▷ Les solutions stationnaires de l'équation de Schrödinger

▷ Savoir que le principe de superposition s'applique aux amplitudes de probabilité

▷ La notion de paquet d'ondes pour normaliser les états stationnaires associés à une particule libre (ou asymptotiquement libre)

▷ La dépendance temporelle de la superposition d'états stationnaires d'énergies différentes

Ce qu'il faut savoir faire

▷ Normaliser une fonction d'onde

▷ Mener une séparation des variables spatio-temporelles pour une solution stationnaire de l'équation de Schrödinger

▷ Savoir relier l'énergie d'une particule à l'évolution temporelle de sa fonction d'onde

▷ Utiliser le principe de superposition pour faire apparaître un terme d'interférence dans la densité de probabilité de présence d'une particule

▷ Identifier un état lié ou un état de diffusion

▷ Savoir utiliser les propriétés de la transformée de Fourier dans un contexte de paquet d'ondes. Savoir aussi dans ce contexte donner du sens aux notions de vitesse de phase et de groupe

▷ Savoir faire le lien entre la notion de paquet d'onde et l'inégalité d'Heisenberg

▷ Exprimer la période des oscillations quantiques d'une superposition d'états stationnaires

■■ Résumé de cours

■ Rappels sur la dualité onde-corpuscule

Une **particule libre** est caractérisée par son énergie E et son impulsion $\vec{p}$. La correspondance entre les descriptions corpusculaires et ondulatoires repose sur les relations suivantes :

→ La relation de Planck-Einstein : $\boxed{E = h\nu = \hbar\omega}$, où ν et $\omega = 2\pi\nu$ sont respectivement la fréquence et la pulsation de l'onde associée à la particule.

→ La relation de De Broglie : $\boxed{\vec{p} = \hbar\vec{k}}$, la longueur d'onde de De Broglie : $\boxed{\lambda = \dfrac{h}{p}}$.

Ces relations sont valables pour toute particule (ou système quantique) : photon, électron, atome… La relation entre la quantité de mouvement p et l'énergie E étant adaptée au contexte comme suit :

→ Pour les particules sans masse comme le photon : $E = cp$ où c est la vitesse de la lumière dans le vide.

→ Pour les particules massives comme un électron (et pour de faibles vitesses devant c) : $\boxed{E = E_c = \dfrac{p^2}{2m}}$, où E_c est l'énergie cinétique (égale ici à E puisque, la particule étant libre, l'énergie potentielle est nulle).

Remarque

La particule est le système quantique le plus simple. On peut plus généralement parler de système quantique.

■ Fonction d'onde associée à une particule

La description de l'état dynamique d'une particule à l'échelle de sa longueur d'onde de De Broglie se fait par l'intermédiaire d'une **fonction d'onde**, notée $\Psi(\vec{r},t)$, *a priori* complexe et compatible avec les **relations d'incertitudes d'Heisenberg** ($\Delta p_x \Delta x \geq \hbar/2$, $\Delta p_y \Delta y \geq \hbar/2$, $\Delta p_z \Delta z \geq \hbar/2$).

Pour un problème **à une dimension** suivant un axe (Ox) on notera la fonction d'onde : $\Psi(x,t)$.

❑ Fonction d'onde d'une particule libre

Pour une particule libre de masse m, d'énergie E et de quantité de mouvement p, la fonction d'onde associée a la forme d'une onde plane monochromatique d'amplitude Ψ_0 constante (éventuellement complexe), de vecteur d'onde de norme k et de pulsation ω :

$$\Psi\left(\vec{r},t\right)=\Psi_0 \exp\left(i(\vec{k}\cdot\vec{r}-\omega t)\right).$$

Pour un problème **à une dimension** suivant un axe (Ox) : $\Psi\left(x,t\right)=\Psi_0 \exp\left(k x-\omega t\right)$, ou encore : $\boxed{\Psi\left(x,t\right)=\Psi_0 \exp\left(i\dfrac{p x-E t}{\hbar}\right)}$.

❑ Interprétation probabiliste de la fonction d'onde

La **probabilité** de trouver la particule à l'instant t entre x et x + dx est donnée par :

$$\boxed{\mathrm{d}P(x)=\left|\Psi\left(x,t\right)\right|^2 \mathrm{d}x}.$$

On note $\boxed{\rho(x,t)=\dfrac{\mathrm{d}P(x)}{\mathrm{d}x}=\left|\Psi\left(x,t\right)\right|^2}$ la densité linéique de probabilité.

Remarque

La fonction d'onde $\Psi\left(x,t\right)$ est aussi appelée **amplitude de densité linéique de probabilité**. L'amplitude de densité de probabilité Ψ est généralement complexe alors que la densité de probabilité $|\Psi|^2$ est bien entendu réelle.

❑ Condition de normalisation

La probabilité de trouver la particule à l'instant t entre $x = a$ et $x = b$ s'écrit : $\int_a^b \rho(x,t)\,\mathrm{d}x=\int_a^b \left|\Psi\left(x,t\right)\right|^2 \mathrm{d}x$. Si on note D le domaine spatial accessible à la particule, la probabilité totale de trouver la particule en un point quelconque de D doit être égale à 1 (on est certain de la trouver quelque part dans ce domaine) : $\int_D \left|\Psi\left(x,t\right)\right|^2 \mathrm{d}x=1$. Lorsque tout l'axe (Ox) est accessible à la particule, la relation de normalisation s'écrit : $\boxed{\int_{-\infty}^{+\infty} \left|\Psi\left(x,t\right)\right|^2 \mathrm{d}x=1}$.

Remarques

→ Les fonctions d'onde $\Psi\left(x,t\right)$ et $\exp(i\alpha)\Psi\left(x,t\right)$, où α est un terme de phase constant, décrivent le même état dynamique de la particule.

→ Pour être physiquement acceptable, une fonction d'onde doit être normalisable, en particulier lorsque son domaine accessible s'étend à l'infini, l'intégrale ne doit pas diverger lorsque $x\to\pm\infty$, ce qui implique que $\Psi\left(x,t\right)$ doit tendre vers zéro à l'infini.

→ Compte tenu de la précédente remarque, il apparaît que la fonction d'onde $\Psi\left(x,t\right)=\Psi_0 \exp\left(i(k x-\omega t)\right)$ associée à une particule libre n'est pas normalisable ! Cette difficulté est levée en considérant que $\Psi_0 \exp\left(i(k x-\omega t)\right)$ n'est qu'une composante monochromatique d'un paquet d'ondes qui lui est normalisable.

❑ Densité de courant de probabilité (MP)

Pour une particule libre dont la fonction d'onde a la forme d'une onde plane, la densité de courant de probabilité est définie par :

$$\boxed{\vec{J}(x,t) = |\Psi_0|^2 \frac{\hbar \vec{k}}{m} = \rho(x)\vec{V}_g = \rho(x)\vec{V}},$$

où $\vec{V}_g$ est la vitesse de groupe du paquet d'onde associé à la particule et $\vec{V}$ la vitesse de la particule.

■ Équation de Schrödinger à une dimension

Pour une particule soumise à un potentiel $V(x,t)$, l'évolution spatio-temporelle de la fonction d'onde se traduit par l'équation de Schrödinger à une dimension suivant l'axe (Ox) :

$$\boxed{i\hbar \frac{\partial}{\partial t}\Psi(x,t) = -\frac{\hbar^2}{2m}\frac{\partial^2}{\partial x^2}\Psi(x,t) + V(x,t)\Psi(x,t)}.$$

Remarque

C'est une équation aux dérivées partielles du premier ordre dans le temps. Le comportement de la fonction d'onde $\Psi(x,t)$ est connu à tout instant dès lors que l'on connaît celle-ci à l'instant initial.

❑ Principe de superposition

Il s'agit d'une conséquence de la linéarité de l'équation de Schrödinger. Si $\Psi_1(x,t)$ et $\Psi_2(x,t)$ décrivent des états possibles du système, alors toute combinaison linéaire $\boxed{\Psi(x,t) = a\Psi_1(x,t) + b\Psi_2(x,t)}$, où a et b sont des nombres complexes arbitraires, décrit aussi un état possible.

❑ Interférences quantiques

L'existence de phénomènes d'interférences avec des particules quantiques repose sur le fait que le *principe de superposition* s'applique aux amplitudes de probabilité (et non aux probabilités). Le terme d'interférence apparaît dans la densité de probabilité en un point de l'écran.

⇨ **Méthode 17.4. Comment interpréter les interférences entre particules ?**

❑ Cas d'une particule libre

Pour une particule libre $V = 0$. L'équation de Schrödinger s'écrit :

$$\boxed{i\hbar \frac{\partial}{\partial t}\Psi(x,t) = -\frac{\hbar^2}{2m}\frac{\partial^2}{\partial x^2}\Psi(x,t)}.$$

Relation de dispersion (quantique) : $\boxed{E = \hbar\omega = \frac{\hbar^2 k^2}{2m} = \frac{p^2}{2m}}$.

❑ États stationnaires de l'équation de Schrödinger

Lorsque l'énergie potentielle est indépendante du temps, l'équation de Schrödinger indépendante du temps (dite stationnaire) s'écrit :

$$\boxed{\frac{\mathrm{d}^2}{\mathrm{d}x^2}\varphi(x) = \frac{2m}{\hbar^2}\left[V(x) - E\right]\varphi(x)}$$, où $\varphi(x)$ est une fonction d'onde dite stationnaire.

L'évolution dans le temps d'un état stationnaire d'énergie E est donné par :

$$\boxed{\Psi(x,t) = \exp\left(-\frac{iEt}{\hbar}\right)\varphi(x)}, \text{ avec } E = \hbar\omega.$$

⇨ **Méthode 17.1. Comment faire une séparation des variables ?**

Remarque

Dans le cas de la particule libre, cette expression est conforme à la forme de la fonction d'onde $\Psi(x,t) = \Psi_0 \exp(i(kx - \omega t))$. $\Psi(x,t=0) = \varphi(x)$ est associé à l'état stationnaire à l'instant initial.

Les conditions aux limites que doivent vérifier les fonctions $\varphi(x)$ sont différentes suivant qu'elles correspondent à un état lié ou à un état de diffusion :

États liés : dans le cas d'un potentiel qui tend vers zéro à l'infini et admet un minimum $V_{min} < 0$, les états liés sont les situations telles que $\boxed{V_{min} < E < 0}$.

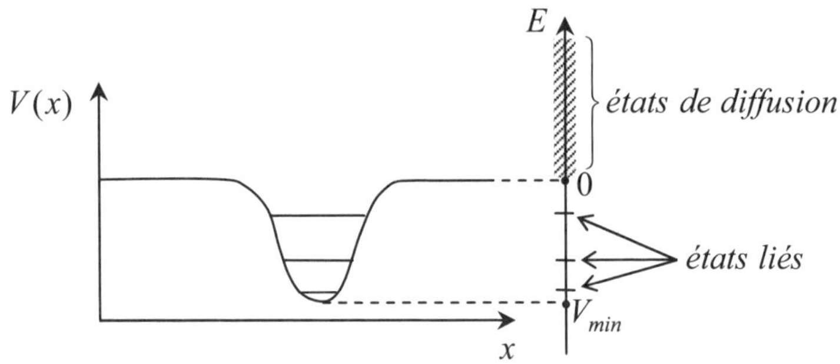

L'équation de Schrödinger stationnaire n'a de solutions normalisables que pour un ensemble discret de valeurs de l'énergie $\{E_n\}$ qui constituent les niveaux d'énergie du système : c'est la **quantification de l'énergie**.

États de diffusion : l'équation de Schrödinger stationnaire possède des solutions pour un ensemble continu de valeurs d'énergie $E > 0$. De telles solutions sont des ondes planes à l'infini puisque le potentiel y est nul. Elles correspondent aux états de diffusion de particules libres à l'infini puisque le potentiel y est nul (on dit qu'il s'agit de particules asymptotiquement libres).

Remarque

Ces solutions ne sont pas normalisables et ne sont donc pas physiquement acceptables, mais servent de base pour construire des paquets d'ondes qui sont les états physiques de la particule.

■ Combinaison linéaire de deux états stationnaires

La superposition d'états stationnaires d'énergies différentes conduit à un état évoluant dans le temps (*état non stationnaire*).

⇨ **Méthode 17.5. Comment analyser la superposition d'états stationnaires ?**

■ Paquet d'onde libre

Pour décrire de façon ondulatoire une particule localisée dans l'espace, il faut lui associer une fonction onde d'extension spatiale finie et qui soit normalisable. Par superposition linéaire d'ondes planes de vecteurs d'onde voisins on forme un paquet d'onde solution de l'équation de Schrödinger pour une *particule libre* :

$\boxed{\Psi(x,t)=\dfrac{1}{\sqrt{2\pi}}\displaystyle\int_{-\infty}^{+\infty} g(k)\exp\big(i(k\,x-\omega(k)t)\big)\,\mathrm{d}k}$, où $g(k)$ est à priori complexe et représente le poids de l'onde de vecteur d'onde k.

On peut écrire de façon équivalente : $\boxed{\Psi(x,t)=\dfrac{1}{\sqrt{2\pi\hbar}}\displaystyle\int_{-\infty}^{+\infty} g(p)\exp\left(i\frac{p\,x-E\,t}{\hbar}\right)\mathrm{d}p}$, $g(p)$ représente alors le poids de l'onde d'impulsion p.

À l'instant initial : $\boxed{\Psi(x,0)=\dfrac{1}{\sqrt{2\pi}}\displaystyle\int_{-\infty}^{+\infty} g(k)\exp(i\,k\,x)\,\mathrm{d}k}$, ou suivant la représentation en impulsion : $\boxed{\Psi(x,0)=\dfrac{1}{\sqrt{2\pi\hbar}}\displaystyle\int_{-\infty}^{+\infty} g(p)\exp\left(i\frac{p\,x}{\hbar}\right)\mathrm{d}p}$.

Cette égalité traduit le lien de transformée de Fourier entre $\Psi(x,0)$ et $g(p)$ ou $g(k)$.

⇨ **Méthode 17.2. Comment exploiter les propriétés de la transformée de Fourier ?**

Remarque

Les facteurs $\dfrac{1}{\sqrt{2\pi}}$ ou $\dfrac{1}{\sqrt{2\pi\hbar}}$ correspondent au respect de la condition de normalisation.

Vitesse de phase : chaque composante monochromatique du paquet d'onde a une phase de la forme $k\,x-\omega t$ ou $\dfrac{p\,x-E\,t}{\hbar}$, à laquelle on associe la vitesse de phase : $\boxed{V_\varphi=\dfrac{\omega}{k}=\dfrac{E}{p}=\dfrac{\hbar k}{2m}}$.

Vitesse de groupe : c'est la vitesse de déplacement du maximum de l'enveloppe du paquet d'onde. Elle est donnée par : $\boxed{\vec{V_g}=\dfrac{\hbar\vec{k}}{m}=2\vec{V}_\varphi}$.

⇨ **Méthode 17.3. Comment évaluer la vitesse de phase ou de groupe ?**

Étalement du paquet d'onde

Comme pour une onde électromagnétique dans un milieu dispersif (plasma ou conducteur) la vitesse de phase d'une des composantes monochromatiques du paquet d'onde $V_\varphi=\dfrac{\hbar k}{2m}$ dépend de k. Le paquet d'onde s'étale en se propageant. On montre que la hauteur du paquet d'onde diminue à mesure que sa largeur augmente.

Méthodes

❑ Méthode 17.1. Comment faire une séparation des variables ?

On considère le cas où l'énergie potentielle est indépendante du temps (ce qui est le plus souvent le cas pour les applications de ce chapitre). On recherche la solution de l'équation de Schrödinger sous la forme $\Psi(x,t)=\chi(t)\varphi(x)$. Chacune de ses solutions correspond à une énergie bien définie, constante au cours du temps, donc à un état stationnaire, caractérisé par une densité de probabilité et une densité de courant de probabilité indépendantes du temps t.

⇨ **Exercices 17.1, 17.4 et 17.7**

En remplaçant $\Psi(x,t)$ par $\chi(t)\varphi(x)$ dans l'équation de Schrödinger puis en divisant membre à membre par $\chi(t)\varphi(x)$, il vient :

$$\underbrace{i\hbar\frac{1}{\chi(t)}\frac{\mathrm{d}}{\mathrm{d}t}\chi(t)}_{\textit{ne dépend que de } t}=\underbrace{\frac{1}{\varphi(x)}\left[-\frac{\hbar^2}{2m}\frac{\mathrm{d}^2}{\mathrm{d}x^2}\varphi(x)+V(x)\varphi(x)\right]}_{\textit{ne dépend que de } x}\quad(1)$$

Le premier membre de cette égalité ne dépendant que de t alors que le second ne dépend que de x, nécessairement ces deux membres sont égaux à une même constante que l'on pose égale à l'énergie de la particule E (on parle ici de paramètre de séparation).
On obtient ainsi :

$$\begin{cases} i\hbar\dfrac{1}{\chi(t)}\dfrac{\mathrm{d}}{\mathrm{d}t}\chi(t)=E \\ \dfrac{1}{\varphi(x)}\left[-\dfrac{\hbar^2}{2m}\dfrac{\mathrm{d}^2}{\mathrm{d}x^2}\varphi(x)+V(x)\varphi(x)\right]=E \end{cases}\quad\text{soit}\quad\begin{cases} \chi(t)=A\exp\left(-\dfrac{iEt}{\hbar}\right) & (2) \\ \left[-\dfrac{\hbar^2}{2m}\dfrac{\mathrm{d}^2}{\mathrm{d}x^2}+V(x)\right]\varphi(x)=E\,\varphi(x) & (3) \end{cases}$$

Ainsi l'équation de Schrödinger indépendante du temps (ou stationnaire) s'écrit :

$$\frac{\mathrm{d}^2}{\mathrm{d}x^2}\varphi(x)=\frac{2m}{\hbar^2}\left[V(x)-E\right]\varphi(x)\qquad(4)$$

Cette équation relie la dépendance spatiale $\varphi(x)$ de la fonction d'onde au profil de potentiel $V(x)$. La dépendance temporelle est elle résolue par l'équation (2). L'évolution dans le temps d'un état stationnaire d'énergie E s'écrit avec $E=\hbar\omega$:

$$\Psi(x,t)=A\exp\left(-\frac{iEt}{\hbar}\right)\varphi(x)=A\exp(-i\omega t)\varphi(x)\qquad(5).$$

On note que la densité de probabilité s'écrit alors $|\Psi(x,t)|^2=|\varphi(x)|^2$: elle est bien indépendante du temps.

❑ Méthode 17.2. Comment exploiter la transformée de Fourier ?

À l'instant initial, suivant l'écriture choisie pour le terme de phase d'un paquet d'onde (en k ou $p = \hbar k$), on peut écrire :

$$\Psi(x,0) = \frac{1}{\sqrt{2\pi}} \int_{-\infty}^{+\infty} g(k) \exp(ikx) \mathrm{d}k = \frac{1}{\sqrt{2\pi\hbar}} \int_{-\infty}^{+\infty} g(p) \exp\left(i\frac{px}{\hbar}\right) \mathrm{d}p .$$

$\Psi(x,0)$ est la transformée de Fourier (voir annexes 2) de $g(k)$ ou de $g(p)$. Réciproquement $g(k)$ (ou $g(p)$) est la transformée de Fourier de $\Psi(x,0)$. Il est alors particulièrement fructueux d'exploiter des propriétés de la transformée de Fourier.

⇨ **Exercices 17.3 et 17.4**

– L'égalité de Parseval permet d'écrire : $\int_{-\infty}^{+\infty} |\Psi(x,0)|^2 \mathrm{d}x = \int_{-\infty}^{+\infty} |g(k)|^2 \mathrm{d}k = \int_{-\infty}^{+\infty} |g(p)|^2 \mathrm{d}p$,

de sorte que $\Psi(x,t)$ est normalisable si $\int |g|^2 = 1$.

$|g(k)|^2 \mathrm{d}k$ représente la probabilité de trouver la norme du vecteur d'onde de la particule à l'instant t = 0 entre k et k + dk. De même $|g(p)|^2 \mathrm{d}p$ représente la probabilité de trouver la norme de l'impulsion de la particule à l'instant t = 0 entre p et p + dp.
– La fonction d'onde $\Psi(x,0)$ est d'autant plus étalée spatialement que g est très piquée autour d'une valeur de p_0 (ou de k_0) donnée : une onde étalée dans une très grande région de l'espace est donc une onde quasi monochromatique (représentant des atomes monocinétiques comme dans l'expérience des fentes d'Young).
– Inversement, la fonction d'onde $\Psi(x,0)$ est d'autant plus centrée sur une valeur x_0 donnée (elle représente alors une particule bien localisée) que g est très étalée dans l'espace des impulsions p (ou des vecteurs d'onde k).
Ceci est bien conforme à la relation *d'inégalité d'Heisenberg* : $\Delta p \Delta x \geq \hbar / 2$. Δx est d'autant plus faible (particule spatialement localisée) que Δp est grand (ou inversement). On retrouve le fait qu'on ne peut simultanément connaître la position et l'impulsion d'une particule avec une précision arbitraire.
Bien entendu, le calcul direct de Δx et Δp à partir de la forme du paquet d'onde conduit à la même conclusion comme l'illustre l'exemple de la méthode suivante.

❑ Méthode 17.3. Comment évaluer la vitesse de phase ou de groupe ?

Dans un contexte de superpositions d'OPPM électromagnétiques, lorsqu'on résout les équations de Maxwell (qui sont linéaires) dans le vide on trouve des ondes électromagnétiques planes dont l'énergie totale est infinie, ce qui n'est pas physiquement acceptable. On est amené à considérer des superpositions d'ondes planes pour former un paquet d'ondes qui est la solution physique du problème envisagé. Toutes les composantes monochromatiques du paquet d'ondes se propagent avec des vitesses de phase $V_\varphi = \dfrac{\omega}{k}$ différentes, en restant confinées dans une enveloppe dont le maximum se propage à la vitesse de groupe $V_g = \dfrac{\mathrm{d}\omega}{\mathrm{d}k}$.

En mécanique quantique ondulatoire, la linéarité de l'équation de Schrödinger suggère d'utiliser une description analogue, en remplaçant (voir l'analyse de l'expérience d'interférence dans la méthode suivante) l'amplitude du champ électrique par l'amplitude de densité de probabilité d'une part, et l'intensité lumineuse par la densité de probabilité d'autre part.

⇨ **Exercices 17.2 et 17.5**

Déplacement du paquet d'onde

On considère une particule libre non relativiste se déplaçant suivant l'axe (Ox) à la vitesse $V = \dfrac{p}{m}$. Sa fonction d'onde normalisable s'écrit $\Psi(x,t) = \dfrac{1}{\sqrt{2\pi}} \displaystyle\int_{-\infty}^{+\infty} g(k) \exp\big(i\,(k\,x - \omega\,t)\big)\,\mathrm{d}k$. Dans une approche simplificatrice, on considère une fonction $g(k)$ réelle qui a la forme d'une « fonction porte » de largeur spectrale Δk centrée sur k_0. (Une forme plus réaliste de $g(k)$ est abordée dans l'exercice 17.3 sur les paquets d'onde gaussiens).

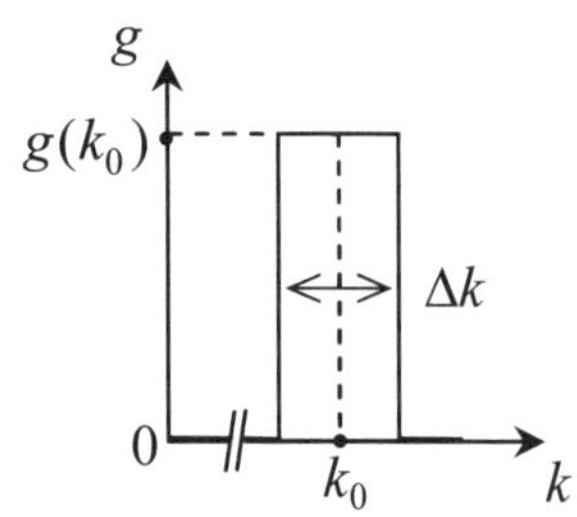

En supposant que $\Delta k << k_0$, effectuons le développement limité au premier ordre de $\omega(k)$ autour de k_0 :

$\omega(k) \approx \omega(k_0) + (k - k_0)\left(\dfrac{\mathrm{d}\omega}{\mathrm{d}k}\right)_{k=k_0}$. En notant $\omega_0 = \omega(k_0)$, il vient :

$\Psi(x,t) = \dfrac{1}{\sqrt{2\pi}} \displaystyle\int_{-\infty}^{+\infty} g(k) \exp\left(i\left(k\,x - (k - k_0)\,t\left(\dfrac{\mathrm{d}\omega}{\mathrm{d}k}\right)_{k=k_0} - \omega_0\,t\right)\right)\mathrm{d}k$. En sortant de l'intégrale tous les termes indépendants de k dans l'argument de l'exponentielle complexe, il vient alors :

$$\Psi(x,t) = \frac{1}{\sqrt{2\pi}} \exp\left(i\left(k_0\,t\left(\frac{\mathrm{d}\omega}{\mathrm{d}k}\right)_{k=k_0} - \omega_0\,t\right)\right)\int_{-\infty}^{+\infty} g(k) \exp\left(i\,k\left(x - t\left(\frac{\mathrm{d}\omega}{\mathrm{d}k}\right)_{k=k_0}\right)\right)\mathrm{d}k.$$

La vitesse de groupe est $V_g = \left(\dfrac{\mathrm{d}\omega}{\mathrm{d}k}\right)_{k=k_0}$. On peut donc écrire :

$$\Psi(x,t) = \frac{1}{\sqrt{2\pi}} \exp\big(i\,(k_0\,V_g\,t - \omega_0\,t)\big)\int_{-\infty}^{+\infty} g(k) \exp\big(i\,k\,(x - V_g\,t)\big)\,\mathrm{d}k.$$

Posons $x' = x - V_g t$, on reconnaît dans le terme $\frac{1}{\sqrt{2\pi}} \int_{-\infty}^{+\infty} g(k) \exp(i\, k\, x')\, \mathrm{d}k$ la fonction d'onde $\Psi(x', t=0)$, translaté de la distance $V_g t$. Précisons que le terme $\exp\left(i\left(k_0 V_g t - \omega_0 t\right)\right)$ étant un déphasage dans l'amplitude il n'intervient pas dans $|\Psi|^2$ et on a $|\Psi(x,t)|^2 = |\Psi(x', t=0)|^2$. Ainsi, la densité de probabilité $|\Psi|^2$ s'est propagée entre $t = 0$ et *t*, suivant $(Ox)^+$ à la vitesse V_g. Le maximum de l'enveloppe du paquet d'ondes correspondant au maximum de $|\Psi|^2$ et donc à la probabilité maximum de trouver la particule, on doit retrouver le fait que la vitesse de ce maximum s'identifie avec celle de la particule. C'est en effet le cas, puisque compte tenu de la relation de dispersion $\omega = \frac{E}{\hbar} = \frac{\hbar k^2}{2m}$, on obtient $V_g = \frac{\mathrm{d}\omega}{\mathrm{d}k} = \frac{\hbar k}{m} = \frac{p}{m}$: la vitesse de groupe s'identifie bien à celle de la particule non relativiste.

On note que la vitesse de groupe diffère bien de la vitesse de phase puisque $V_\varphi = \frac{\omega}{k} = \frac{\hbar k}{2m} = \frac{V_g}{2}$.

On retrouve l'idée de propagation de la densité linéique de probabilité $\rho(x,t) = \left|\Psi(x,t)\right|^2$, dans la notion de densité linéique de courant de probabilité : $\vec{J}(x,t) = \rho(x,t)\overrightarrow{V_g}$.

Lien avec la relation d'incertitude d'Heisenberg

Compte tenu de la forme de $g(k)$, choisie ici rectangle, on obtient :

$\Psi(x', t=0) = \frac{g(k_0)}{\sqrt{2\pi}} \int_{k_0 - \Delta k/2}^{k_0 + \Delta k/2} \exp(i\, k\, x')\, \mathrm{d}k$. Posons $k' = k - k_0$, il vient :

$$\Psi(x', t=0) = \frac{g(k_0)}{\sqrt{2\pi}} \int_{-\Delta k/2}^{\Delta k/2} \exp(i\, k' x')\, \mathrm{d}k' = \frac{g(k_0)}{i\, x' \sqrt{2\pi}} \left[\exp\left(i \frac{\Delta k\, x'}{2}\right) - \exp\left(-i \frac{\Delta k\, x'}{2}\right)\right]$$

$$= \frac{g(k_0)\Delta k}{\sqrt{2\pi}} \operatorname{sinc}\left(\frac{\Delta k\, x'}{2}\right)$$

Ainsi à $t = 0$, $\rho(x') = \left|\Psi(x', t=0)\right|^2 \propto \operatorname{sinc}^2\left(\frac{\Delta k\, x'}{2}\right)$, dont la forme est donnée ci-dessous :

On constate que l'essentiel de la densité de probabilité correspond au lobe central de la fonction sinc^2 limité spatialement par les premiers zéros symétriques par rapport à $x' = 0$ tels que $\frac{\Delta k\, x'}{2} = \pm\pi$, soit une extension spatiale de $\Delta x' = \frac{4\pi}{\Delta k}$.

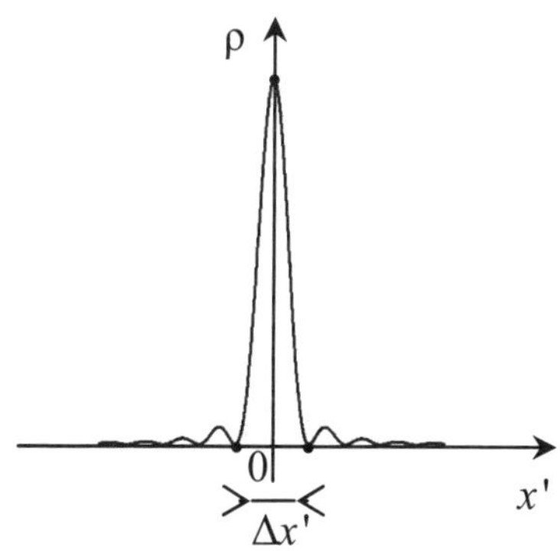

En revenant à la variable x et à t donné on a donc : $\Delta x \Delta k = 4\pi$. Or, d'après la relation de De Broglie, $\Delta p = \hbar \Delta k$. On en déduit : $\Delta x \Delta p \approx h$, ce qui est conforme à la relation d'incertitude d'Heisenberg.

Étalement du paquet d'onde

À t donné l'étalement du paquet d'onde (largeur de son pic central) s'écrit $\Delta x = \dfrac{4\pi}{\Delta k} + V_g t$: pour Δk fixé Δx augmente avec t. Ainsi, l'évolution du paquet d'onde ne se résume pas au déplacement du maximum de son enveloppe à la vitesse V_g, sa largeur augmente avec le temps (le paquet d'onde s'étale).

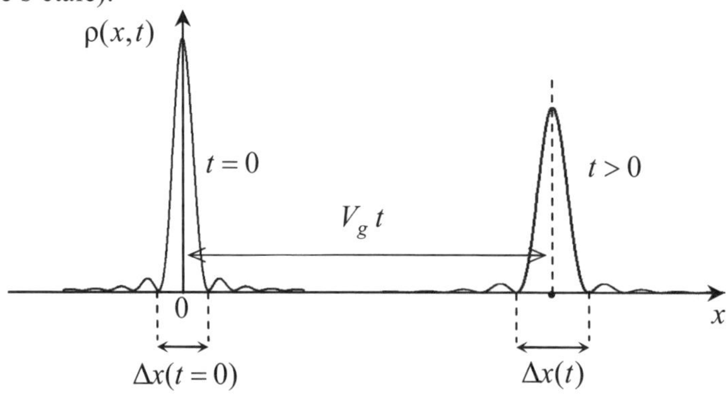

❑ Méthode 17.4. Comment interpréter les phénomènes d'interférences entre particules ?

> L'analyse des phénomènes d'interférences obtenues avec des particules incidentes sur des fentes d'Young permet d'illustrer la notion de dualité onde-corpuscule et de mettre l'accent sur le rôle central de la linéarité par rapport à Ψ en mécanique quantique. En effet, les analyses corpusculaire d'une part et ondulatoire d'autre part conduisent à un paradoxe apparent qui ne peut être levé qu'en considérant que le *principe de superposition* s'applique aux amplitudes de probabilité. Pour nous en convaincre nous allons examiner une expérience célèbre d'interférences réalisée en 1992 à l'université de Tokyo à l'aide d'atomes de Néon ultra froids.

⇨ **Exercice 17.6**

Dans l'expérience d'interférences suivante (réalisée en 1992 à l'université de Tokyo), un nuage d'atomes de Néon ultra froids est confiné dans un piège laser (constitué d'une onde stationnaire obtenue à partir d'un laser) à 3,5 cm du plan des fentes (de largeur 2 microns avec une distance inter-fente de 6 microns). Le refroidissement au milli-kelvin permet d'atteindre des vitesses de l'ordre du $\mathrm{m \cdot s^{-1}}$. En effet, dans un gaz à l'équilibre la vitesse d'agitation thermique a pour expression $V_{th} = \sqrt{3k_B T / m}$ où T est la température en kelvin, $k_B \approx 1{,}38 \cdot 0^{-23}\,\mathrm{J \cdot K^{-1}}$ la constante de Boltzmann et $m = 32 \cdot 10^{-27}\,\mathrm{kg}$ est la masse des atomes de Néon, de sorte que

$V_{th} \approx 1\,\text{m} \cdot \text{s}^{-1}$. La longueur d'onde de De Broglie associée aux atomes de Néon est donc $\lambda = \dfrac{h}{p} = \dfrac{h}{mV_{th}} \approx 0{,}02\ \mu\text{m}$. Lorsqu'on relâche le piège, les atomes chutent sur les fentes et sont détectés sur « l'écran », plaque sensible aux impacts située 85 cm derrière le plan des fentes : l'impact de chaque atome est représenté par une tache quasi ponctuelle : ici c'est l'aspect corpusculaire qui s'exprime. La même expérience a été menée avec des électrons et plus récemment avec des molécules comportant jusqu'à soixante atomes de carbone et a donné des résultats similaires.

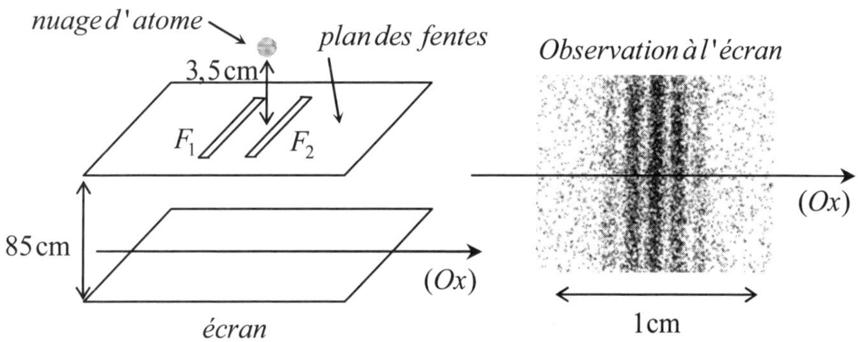

Observations expérimentales

En nous inspirant du phénomène d'interférence lumineuse obtenues avec des fentes d'Young, plaçons nous dans une approche unidimensionnelle en repérant par x la coordonnée le long de l'axe perpendiculaire à la direction des fentes. On observe une distribution des impacts sur l'écran comparable à celle qui serait obtenue en lumière monochromatique avec des fentes d'Young. Ici les zones sombres correspondant à une forte densité d'impacts, alternent avec des zones claires (peu ou pas d'impacts) perpendiculaires à (Ox) : c'est l'aspect ondulatoire qui s'exprime. La comparaison à une lumière monochromatique est à relier au caractère monocinétique des atomes (même vitesse thermique et donc même longueur d'onde de De Broglie associée).

Remarque 1

En toute rigueur, il faudrait tenir compte, dans le calcul de la longueur d'onde, de l'accélération uniforme des atomes qui tombent en chute libre entre le piège et l'écran sous l'effet de leur propre poids.

Remarque 2

Entre leur émission et l'impact à l'écran, en passant par les fentes, la particule est libre.

Que se passe-t-il si on obstrue une des fentes ?

Si on obstrue la fente F_2, tous les atomes passent par F_1 avant d'atteindre l'écran on obtient alors une distribution d'impacts dont la densité (tache de diffraction) est centrée sur « l'image géométrique » de la fente F_1 à l'écran. De même si on obstrue la fente F_1, on obtient la tache de diffraction relative à F_2.

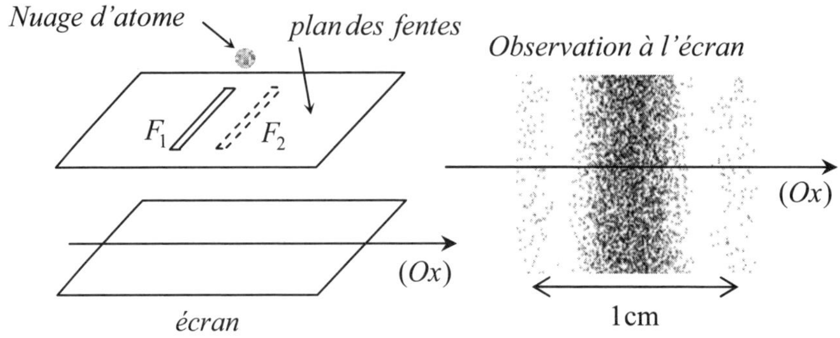

Interprétation purement corpusculaire

Une première idée serait de considérer les particules comme des « projectiles » classiques, pour analyser les résultats d'un point de vue corpusculaire. Si on note $n(x)$ le nombre de particules par unité de temps qui touchent l'écran au point M d'abscisse x et n_{tot} le nombre total de particules touchant l'écran par unité de temps, la probabilité qu'une particule touche l'écran au point M d'abscisse x s'écrit $P(x)=\dfrac{n(x)}{n_{tot}}$. On notera ainsi $P_1(x)$ et $P_2(x)$ les probabilités relatives aux particules passant par l'une des fentes, l'autre étant obstruée ($P_1(x)$ lorsque F_2 est obstruée). Leur allure est directement donnée par la densité d'impact sur l'écran :

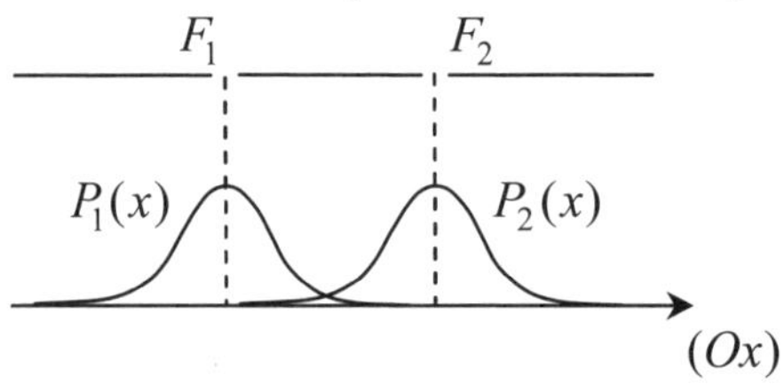

Lorsque les deux fentes sont ouvertes, on s'attend, dans cette approche corpusculaire, à une probabilité totale qui soit la somme des probabilités : $P_{1,2}(x)=P_1(x)+P_2(x)$.

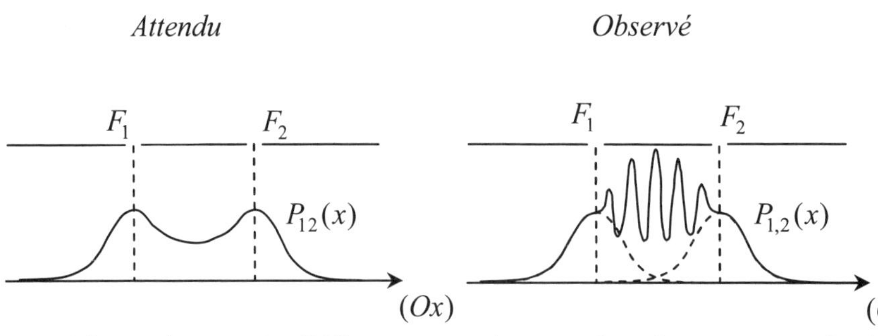

La réalité expérimentale est très différente : on observe, dans la zone centrale de l'écran, des franges d'interférence incompatibles avec l'hypothèse $P_{1,2}(x)=P_1(x)+P_2(x)$: en effet aucun terme d'interférence n'apparaît dans la somme des probabilités. Ce ne sont donc pas les probabilités au sens « classiques » qui s'ajoutent.

Interprétation purement ondulatoire

On peut alors se poser la question de savoir si une particule individuelle se comporte comme une onde. Pour répondre à cette question il faut de nouveau s'appuyer sur l'expérience :

Que se passe-t-il si on réduit le flux de particules de façon qu'elles arrivent une par une ?

Dans une approche ondulatoire, en diminuant le flux incident, par analogie avec l'optique à faible intensité, on devrait observer une figure d'interférence moins intense. On observe au contraire que chaque particule donne lieu à un impact quasi ponctuel et non à une figure d'interférence. L'approche purement ondulatoire semble donc à proscrire.

Cependant, ces impacts ponctuels successifs reconstituent, pour un temps d'exposition suffisamment long (et donc un nombre d'impacts successifs), la figure d'interférence à mesure de leur arrivée à l'écran. La figure ci-dessous représente l'écran pour différents temps d'exposition croissants. On retrouve les franges d'interférence typiques du comportement ondulatoire.

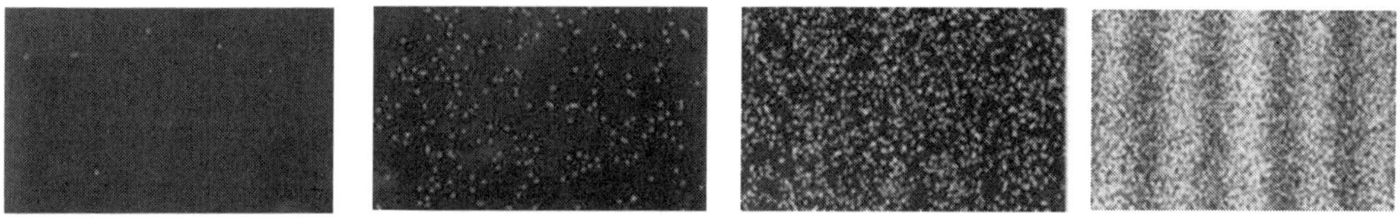

En conclusion

Il apparaît d'après l'analyse des expériences que :

→ Les particules quantiques ne se comportent ni totalement comme des corpuscules, ni totalement comme des ondes.

→ Les probabilités classiques ne s'ajoutent pas.

La solution de ce paradoxe apparent réside dans la définition de la probabilité quantique.

En suivant l'analogie optique, on remplace le champ électrique par l'amplitude de probabilité (fonction d'onde associée à la particule) d'un atome détecté en un point M de l'écran repéré par x. On note ainsi $\Psi_1(M,t)=\Psi_0\exp\left(i(kr_1-\omega t)\right)$ et $\Psi_2(M,t)=\Psi_0\exp\left(i(kr_2-\omega t)\right)$ les fonctions d'onde (de même amplitude car le nuage est initialement à égale distance des deux fentes) associées à la particule au point M de l'écran à l'instant t et passant respectivement par la fente F_1 ou F_2 l'autre étant bouchée, avec $r_1=F_1M$ et $r_2=F_2M$.

Le fait central est ici que le *principe de superposition* s'applique aux *amplitudes de probabilité*.

Ainsi, lorsque les deux fentes sont ouvertes, l'amplitude de probabilité totale au point M à l'instant t est la somme des deux précédentes :

$$\Psi_{1,2}(M,t)=\Psi_0\left[\exp\left(i(kr_1-\omega t)\right)+\exp\left(i(kr_2-\omega t)\right)\right].$$

La probabilité pour que la particule touche l'écran entre x et $x+\mathrm{d}x$ est la densité linéique de probabilité (qui remplace l'intensité dans l'analogie optique). Par un calcul classique en optique (voir chapitre 13) on obtient : $\rho(x,t)=\left|\Psi(x,t)\right|^2\propto\cos^2\left(\dfrac{\pi}{\lambda}(r_2-r_1)\right)\propto 1+\cos\left(\dfrac{2\pi}{\lambda}(r_2-r_1)\right)$ qui est traduit bien les interférences observées.

❑ Méthode 17.5. Comment analyser la superposition d'états stationnaires ?

> Lorsqu'on envisage la superposition linéaire de deux états stationnaires d'énergies différentes, la densité de probabilité associée est une fonction du temps et caractérise donc un état non stationnaire. On observe alors un phénomène d'oscillations purement quantique.

⇨ Exercice 17.7

Considérons les deux fonctions d'onde :

$\Psi_1(x,t) = \exp\left(-\dfrac{iE_1 t}{\hbar}\right)\varphi_1(x)$ et $\Psi_2(x,t) = \exp\left(-\dfrac{iE_2 t}{\hbar}\right)\varphi_2(x)$, correspondant à deux états stationnaires (1) et (2) d'énergies respectives E_1 et E_2. La superposition linéaire s'écrit :

$\Psi(x,t) = a\exp\left(-\dfrac{iE_1 t}{\hbar}\right)\varphi_1(x) + b\exp\left(-\dfrac{iE_2 t}{\hbar}\right)\varphi_2(x)$ où a et b sont des constantes éventuellement complexes. La densité linéique de probabilité est alors :

$$\begin{aligned}\rho(x,t) &= \left|\Psi(x,t)\right|^2 \\ &= \left[a e^{(-iE_1 t/\hbar)}\varphi_1(x) + b e^{(-iE_2 t/\hbar)}\varphi_2(x)\right]\left[a^* e^{(iE_1 t/\hbar)}\varphi_1^*(x) + b^* e^{(iE_2 t/\hbar)}\varphi_2^*(x)\right]\end{aligned}$$

où a^* désigne le complexe conjugué de a. En développant on trouve :

$$\begin{aligned}\rho(x,t) &= \left[a e^{(-iE_1 t/\hbar)}\varphi_1(x) + b e^{(-iE_2 t/\hbar)}\varphi_2(x)\right]\left[a^* e^{(iE_1 t/\hbar)}\varphi_1^*(x) + b^* e^{(iE_2 t/\hbar)}\varphi_2^*(x)\right] \\ &= |a|^2 \underbrace{|\varphi_1(x)|^2}_{=\rho_1(x)} + |b|^2 \underbrace{|\varphi_2(x)|^2}_{=\rho_2(x)} + ab^*\varphi_1(x)\varphi_2^*(x)e^{(i(E_2-E_1)t/\hbar)} + ba^*\varphi_2(x)\varphi_1^*(x)e^{(-i(E_2-E_1)t/\hbar)} \\ &= |a|^2\rho_1(x) + |b|^2\rho_2(x) + \underbrace{2\,\mathrm{Re}\left\{ab^*\varphi_1(x)\varphi_2^*(x)e^{(i(E_2-E_1)t/\hbar)}\right\}}_{\textit{terme dépendant du temps}}.\end{aligned}$$

Posons $ab^*\varphi_1(x)\varphi_2^*(x) = Ae^{i\varphi}$, il vient :

$2\,\mathrm{Re}\left\{ab^*\varphi_1(x)\varphi_2^*(x)e^{(i(E_2-E_1)t/\hbar)}\right\} = 2\,\mathrm{Re}\left\{A\exp\left[i\left((E_2-E_1)t/\hbar+\varphi\right)\right]\right\} = 2A\cos(\omega t+\varphi)$, avec $\omega = (E_2-E_1)/\hbar$. Il apparaît ainsi que $\rho(x,t)$ dépend périodiquement du temps par le terme croisé : les oscillations quantiques sont dues au terme croisé. La fréquence des oscillations est ainsi fonction de la différence d'énergie entre les deux états.

■■ Vrai/Faux

		Vrai	Faux
1.	La relation de dispersion quantique d'une particule libre s'obtient à partir de l'équation de Schrödinger et conduit à l'énergie cinétique.	☐	☐
2.	Pour une particule libre, la densité linéique de probabilité est constante : la particule libre est dite non localisée.	☐	☐
3.	Pour une particule libre, la vitesse de groupe s'identifie à la vitesse de la particule.	☐	☐
4.	En mécanique quantique l'énergie est toujours quantifiée.	☐	☐
5.	L'état d'une particule libre constitue un état de diffusion.	☐	☐
6.	L'onde plane, comme composante d'un paquet d'onde est normalisable au même titre que le paquet d'ondes lui-même.	☐	☐
7.	La définition du paquet d'ondes associé à une particule localisée spatialement est compatible avec *l'inégalité d'Heisenberg*.	☐	☐
8.	Pour expliquer une figure d'interférence obtenue avec des particules sur les fentes d'Young, il suffit d'ajouter les probabilités pour qu'une particule donnée passe par une des fentes, l'autre étant fermée.	☐	☐
9.	Les interférences entre particules sont toujours liées à une différence de trajet parcouru par les ondes de De Broglie associées.	☐	☐

Énoncé des exercices

Exercice 17.1. Fonction d'onde stationnaire

1. On considère la fonction d'onde stationnaire $\varphi(x) = B\sin\left(\dfrac{\pi x}{a}\right)$ d'une particule confinée dans la région de l'espace $x \in [0, a]$. Exprimer la constante B. Tracer l'allure de $\varphi(x)$ dans l'intervalle $[0, a]$. Cette fonction d'onde décrit-elle un état lié ou un état de diffusion ?

2. On peut faire le parallèle avec le comportement d'une corde de longueur a fixée à ses extrémités. Dans son mode de vibration fondamental et à t fixé, l'amplitude de l'élongation verticale de la corde a pour expression $z(x) = A\sin\left(\dfrac{\pi x}{a}\right)$. Combien de nœuds et de ventres de vibration comporte ce mode vibratoire ?

3. Analyser les conditions aux limites du problème dans les deux situations et proposer une analogie.

Exercice 17.2. Conservation locale de la densité de probabilité (MP)

En électromagnétisme, on a vu que l'équation locale de conservation de la charge totale contenue dans un volume donné d'un conducteur s'écrit $\dfrac{\partial \rho(M,t)}{\partial t} + \operatorname{div}(\vec{j}) = 0$ où $\rho(M,t)$ est la densité volumique de charge au point M à l'instant t et $\vec{j}$ le vecteur densité volumique de courant. Ce qui donne, pour un problème à une dimension suivant l'axe (Ox), avec $\vec{j} = j\,\overrightarrow{e_x}$: $\dfrac{\partial}{\partial t}\rho(x,t) + \dfrac{\partial}{\partial x} j = 0$. En mécanique quantique, la probabilité totale de trouver la particule dans un volume donné doit être aussi conservée. On va voir dans cet exercice que cela conduit à une relation analogue à celle trouvée en électromagnétisme pour la conservation de la charge, ce qui permet d'obtenir l'expression de $\vec{J}$.

1. En combinant l'équation de Schrödinger à une dimension et son expression complexe conjuguée, retrouver l'équation locale de conservation de la probabilité, reliant la densité de probabilité ρ à la densité de courant de probabilité $\vec{J}$ dont on donnera l'expression.

2. En utilisant la relation de dispersion de l'onde plane $\hbar\omega = \dfrac{\hbar^2 k^2}{2m}$, exprimer le vecteur densité de courant de probabilité $\vec{J}(x,t)$ en fonction de $\vec{k}$ (retrouver le résultat du cours) puis en fonction de la vitesse de groupe $\overrightarrow{V_g} = \dfrac{\mathrm{d}\omega}{\mathrm{d}k}$ associée au paquet d'ondes décrivant la particule.

3. Proposer une analogie entre mécanique quantique et électromagnétisme dans ce contexte.

❑ Exercice 17.3. Paquet d'onde Gaussien

On considère une particule libre non relativiste se déplaçant suivant l'axe (Ox) à la vitesse $V_0 = \dfrac{p_0}{m}$. Sa fonction d'onde normalisée s'écrit :

$\Psi(x,t) = \dfrac{1}{\sqrt{2\pi}} \displaystyle\int_{-\infty}^{+\infty} g(k)\exp\big(i\,(k\,x - \omega(k)\,t)\big)\,\mathrm{d}k$, où $g(k) = \left(\dfrac{2\sigma^2}{\pi}\right)^{1/4} \exp\big(-\sigma^2(k-k_0)^2\big)$ à la forme d'une fonction gaussienne centrée sur $k = k_0$ dont la mi-largeur à hauteur sur $\sqrt{e}$ est prise égale à $\Delta k = \dfrac{1}{\sigma\sqrt{2}}$, de sorte que lorsque x varie de k_0 à $\pm\Delta x = 1/\sigma$ sa valeur maximale $g(k_0)$ est réduit d'un facteur $\sqrt{e}$.

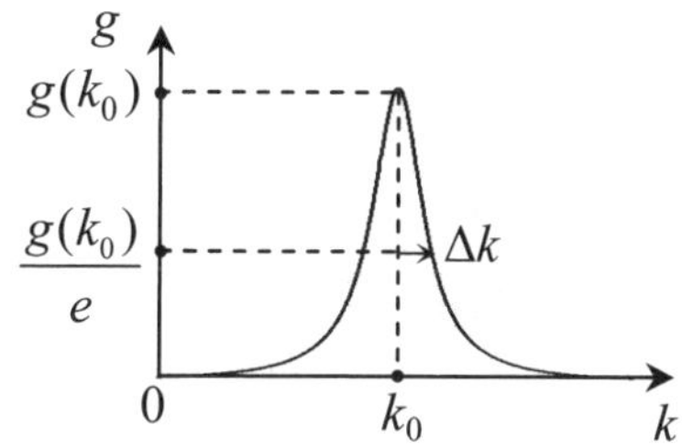

On donne les intégrales suivantes :

$\displaystyle\int_{-\infty}^{+\infty} \exp\left(-\sigma^2(\alpha+\beta)^2\right)\mathrm{d}\alpha = \frac{\sqrt{\pi}}{\sigma}$ et $\displaystyle\int_{-\infty}^{+\infty} \alpha^2 \exp\left(-b\alpha^2\right)\mathrm{d}\alpha = \frac{1}{2b}\sqrt{\frac{\pi}{b}}$.

1. Donner l'expression de la densité linéique de probabilité $\rho(x,0)$ à l'instant initial $t = 0$. Tracer son allure et discuter physiquement ce résultat. Donner en particulier la position du centre du paquet d'ondes ainsi que sa largeur Δx. À quoi correspond physiquement cette largeur ? Comment évolue la localisation de la particule avec Δx ?

2. On définit l'écart quadratique moyen de la position x de la particule par $\Delta x = \sqrt{\left\langle \left(x - \langle x\rangle\right)^2 \right\rangle}$,

où $\langle f(x)\rangle = \displaystyle\int_{-\infty}^{+\infty} f(x)\rho(x,0)\,\mathrm{d}x$ désigne la valeur moyenne spatiale de d'une fonction f de x à $t = 0$. En s'appuyant sur les connaissances liées à la mesure d'une grandeur physique en TP, donner une interprétation de Δx. Donner l'expression de Δx. Quel est alors l'intérêt de définir la largeur de la gaussienne de la façon proposée dans l'énoncé ?

3. Exprimer $|g(k)|^2$ et discuter le sens physique de cette grandeur. En procédant comme au a), donner l'expression de sa largeur Δk et discuter physiquement le résultat.

4. À l'aide de la relation de De Broglie liant k à l'impulsion p, exprimer le produit $(\Delta x)\times(\Delta p)$. Commenter.

❑ Exercice 17.4. Normalisation d'un paquet d'onde Gaussien

On reprend la fonction gaussienne $g(k)$ étudiée dans l'exercice précédent et l'expression de la densité linéique de probabilité trouvée à la question 1) : $\rho(x,0) = \left(\dfrac{1}{\sqrt{2\pi}\,\sigma}\right)\exp\left(-\dfrac{x^2}{2\sigma^2}\right)$.

1. Vérifier qu'à l'instant initial $t = 0$ la fonction d'onde associée est normalisée.

2. Était-il possible de vérifier cette condition sans passer par le calcul préalable de $\rho(x,0)$?

3. Qu'en est-il à l'instant t ?

❑ Exercice 17.5. Évolution d'un paquet d'onde gaussien

On reprend l'étude du paquet d'onde gaussien, étudié à l'instant initial dans l'exercice 17.3. On s'intéresse à présent à son évolution spatio-temporelle. On rappelle que la particule libre non relativiste associée se déplace suivant l'axe (Ox) à la vitesse $V_0 = \dfrac{p_0}{m} = \dfrac{\hbar k_0}{m}$.

1. D'après les données de l'exercice 17.3, donner l'expression de la fonction d'onde $\Psi(x,t)$ en x et à t (on ne cherchera pas à calculer l'intégrale qu'elle fait intervenir).

2. En tenant compte de la relation de dispersion $\omega(k) = \dfrac{\hbar k^2}{2m}$, le calcul complet (non demandé ici) conduit à une densité de probabilité de forme gaussienne donnée par :

$$\rho(x,t) = |\Psi(x,t)|^2 = \sqrt{\frac{2}{\pi}}\,\sigma \frac{1}{\left(1+\dfrac{\hbar^2 t^2}{4m^2\sigma^4}\right)} \exp\left(-\frac{\left(x-\dfrac{\hbar k_0 t}{m}\right)^2}{2\sigma^2\left(1+\dfrac{\hbar^2 t^2}{4\sigma^4 m^2}\right)}\right).$$

Quelle est la position x_C du centre de cette gaussienne ? Ce résultat était-il prévisible ?

3. On note $\Delta x_0 = \sigma$ la largeur de la fonction gaussienne $\rho(x,0) = \left(\dfrac{1}{\sqrt{2\pi}\,\sigma}\right)\exp\left(-\dfrac{x^2}{2\sigma^2}\right)$ évaluée à l'exercice 17.3 question 1). Exprimer la largeur $\Delta x(t)$ de $\rho(x,t)$ à l'instant t en fonction de celle Δx_0 à $t = 0$. Conclure sur l'évolution du paquet d'onde entre $t = 0$ et t.

❑ Exercice 17.6. Interférence entre neutrons

Un faisceau de neutrons thermiques monocinétiques arrivant au point A sur un monocristal de silicium sous un angle d'incidence particulier (angle de Bragg) est séparé en deux. En associant au faisceau incident une fonction d'onde de la forme $\Psi_i(\vec{r},t) = \Psi_i \exp\left(i\dfrac{\vec{p}\cdot\vec{r} - Et}{\hbar}\right)$, le monocristal joue le même rôle pour Ψ que la lame séparatrice d'un interféromètre de Michelson dans le domaine optique. Les deux ondes émergeantes de A, notées $\Psi_1(\vec{r},t)$ et $\Psi_2(\vec{r},t)$ suivent ensuite chacune un chemin différent jusqu'au point D où se trouve un compteur de neutrons : le chemin (1) mène de A à D après réflexion en B, le chemin (2) mène de A à D après réflexion en C. Initialement $ABDC$ forme un losange de côté L contenu dans le plan horizontal (xOy) de sorte que $[AC]$ est suivant l'axe (Ox). On fait ensuite pivoter le losange $(ABDC)$ autour de $[AC]$ d'un angle α de sorte que $[BD]$ se retrouve surélevé d'une hauteur H par rapport à $[AC]$, ces deux brins restant horizontaux, comme le montre la figure ci-dessous.

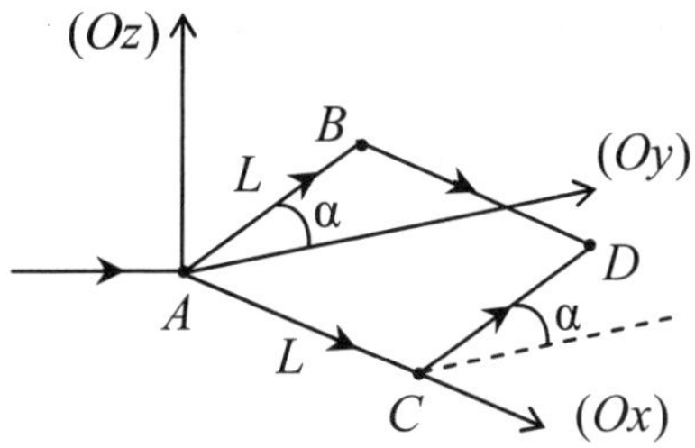

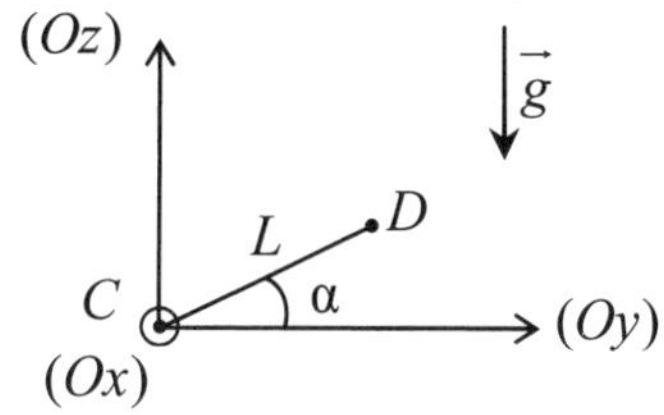

On suppose pour simplifier que l'amplitude de l'onde est égale à Ψ_0 le long des deux chemins. On note V l'énergie potentielle de pesanteur. La référence de potentiel est prise dans le plan horizontal (xOy) où l'on posera $V=0$. Dans tout le problème, l'énergie E des neutrons de masse M_n est constante.

A.N. on prendra $E \approx 0{,}04$ eV (on rappelle que 1 eV $\approx 1{,}6 \cdot 10^{-19}\ J$)

$M_n = 1{,}67 \cdot 10^{-27}$ kg et $L = 3{,}1\,\text{cm}$. La longueur d'onde de De Broglie associée au neutrons est $\lambda = 1{,}44 \cdot 10^{-10}$ m. La constante de Planck est prise égale à $h = 6{,}62 \cdot 10^{-34}\ J \cdot \text{s}^{-1}$.

1. Exprimer l'énergie potentielle de pesanteur V_{BD} à l'altitude du brin BD pour une valeur fixée de l'angle α. Donner une estimation de sa valeur en eV.

2. a) Montrer que lorsque ($ABDC$) est tourné d'un angle α autour de $[AC]$, une dissymétrie entre les brins AC et BD est responsable d'une différence d'impulsion entre les deux ondes sur les deux chemins correspondants. Exprimer la différence $p_{AC}^2 - p_{BD}^2$ en fonction de M_n, g, L et α.

b) En exploitant la comparaison numérique entre E et V_{BD}, montrer que $\Delta p = p_{AC} - p_{BD} \ll p_{AC}$. Donner, dans le cadre de cette approximation l'expression de Δp en fonction de M_n, g, L, α, de la constante de Planck h et de λ.

3. Montrer que, bien que les chemins ABD et ACD soient équivalents en termes de longueur, il apparaît pour $\alpha \neq 0$ un déphasage $\Delta\Phi$ entre l'onde arrivant en D par le chemin ABD et celle empruntant le chemin ACD. Donner son expression en fonction des données du problème.

4. La figure ci-contre montre les résultats obtenus par le compteur de neutrons en D pour des valeurs de α variant entre $\alpha_1 = -30°$ et $\alpha_2 = 30°$. En abscisse est reporté l'angle α en degrés, en ordonnée le nombre N de neutrons détectés.
Déduire de ces résultats expérimentaux une expression littérale puis une valeur numérique approchée de l'accélération de la pesanteur. Conclure.

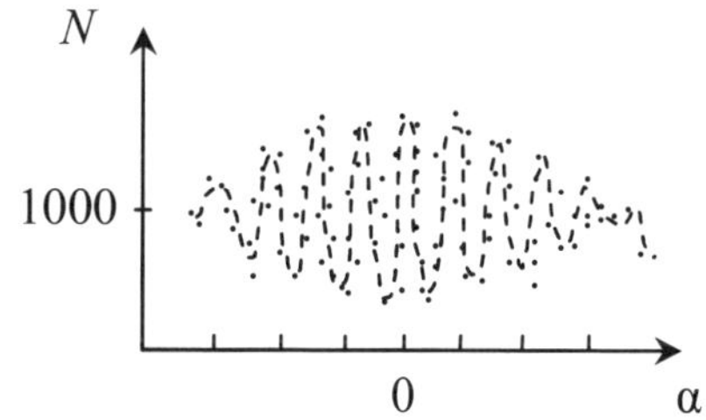

❑ Exercice 17.7. Oscillations quantiques de la molécule d'ammoniac*

Nous verrons au chapitre suivant (exercice 18.7) que dans la molécule d'ammoniac NH_3, le plan des trois hydrogènes peut se trouver au-dessus ou au-dessous de l'atome d'azote, la molécule se retournant « comme un parapluie » pour se trouver dans l'un de ces deux états stables.

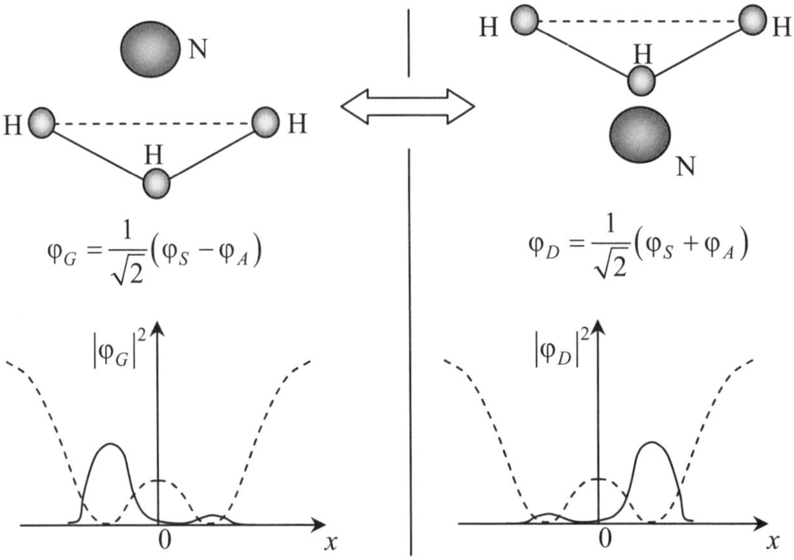

Le problème se ramène à l'étude d'une particule fictive (associée aux trois hydrogènes) dans un double puits de potentiel (en pointillés sur la figure), pouvant passer d'un puits à l'autre par *effet tunnel*. Dans l'état fondamental, cela se traduit par les deux fonctions d'onde (supposées réelles), solution de l'équation de Schrödinger stationnaire : l'une φ_S symétrique par rapport à l'axe de la molécule et l'autre φ_A antisymétrique, dont les énergies respectives sont E_S et E_A.

Pour représenter l'état de la molécule dans l'une ou l'autre de ses configurations stables, on construit les combinaisons linéaires normalisées de φ_S et φ_A : $\varphi_G(x) = \frac{1}{\sqrt{2}}\left(\varphi_S(x) - \varphi_A(x)\right)$ et $\varphi_D(x) = \frac{1}{\sqrt{2}}\left(\varphi_S(x) + \varphi_A(x)\right)$. Ces fonctions d'ondes, droite φ_D et gauche φ_G, décrivent à l'instant initial les états où pratiquement toute la probabilité de présence donnée par $\left|\varphi_{G,D}\right|^2$ de la particule fictive se trouve d'un côté ou de l'autre de l'atome d'azote, c'est-à-dire respectivement dans le puits de gauche ou celui de droite, comme l'illustre la figure ci-dessus.

1. On se place dans le cas où à l'instant initial la molécule a été préparée dans son état décrit par la fonction d'onde φ_D, donc la particule fictive est localisée dans le puits de droite. Donner l'expression de la fonction d'onde $\varphi(x,t)$ représentant cet état à un instant *t*.

2. On pose $\omega = \frac{E_A - E_S}{\hbar}$. Exprimer $\varphi(x,t)$ en fonction de ω. Montrer en explicitant $\left|\varphi(x,t)\right|^2$ qu'au bout d'un temps *T* que l'on exprimera en fonction de ω, la particule fictive est dans le puits de gauche.

3. En exprimant judicieusement la densité de probabilité $\left|\varphi(x,t)\right|^2$, montrer que la molécule se retourne périodiquement. Évaluer la fréquence de retournement, compte tenu de la valeur numérique $E_A - E_S = 1{,}0 \cdot 10^{-4}\,\text{eV}$. On rappelle que $1\,\text{eV} \approx 1{,}6 \cdot 10^{-19}\,\text{J}$.

❑ Exercice 17.8. Simulation de la propagation d'un paquet d'ondes gaussien

Le script suivant modélise la propagation d'un paquet d'onde formé d'une superposition de différentes composantes harmoniques se propageant à la vitesse de phase $v_\varphi(\omega)$. Le principe du script repose sur le déphasage des composantes harmoniques de l'onde, écrites sous forme complexe. On utilise ici un spectre gaussien, centré sur un vecteur d'onde $k = 10$. La pulsation est une fonction non linéaire de k dans un milieu dispersif, la fonction choisie est ici $\omega = k\left(1+k^2\right)$, en « unités arbitraires ». Le calcul de l'amplitude de l'onde associée, à un instant quelconque, à ce spectre se fait par une opération dite de synthèse de Fourier et est réalisée en appliquant l'opération de *transformée de Fourier inverse*. Le calcul naïf de la synthèse de Fourier a une complexité $O\left(N^2\right)$ où N est le nombre de composantes. Pour un calcul plus efficace, on choisit d'utiliser la fonction **`ifft`** de la bibliothèque **`numpy.fft`**, qui réalise une synthèse de Fourier de complexité $O(N\log N)$ plus rapide.

Les bibliothèques utiles sont les suivantes :

```
import numpy as np    #bibliothèque de calculs numériques
import matplotlib.pyplot as plt     #la bibliothèque de tracés
from numpy.fft import ifft #la bibliothèque pour le calcul de la
#transformée de Fourier inverse
```

On définit le nombre d'échantillons dans l'intervalle de représentation, qui doit être une puissance de 2 pour les calculs de transformée de Fourier

```
N=2**12 #soit 4096 échantillons
#Intervalle de représentation spatiale [xmin, xmax]
xmin=0
xmax=100
L=xmax-xmin #définition de la longueur de l'intervalle
```

1. Que réalisent les deux lignes de code suivantes ?

```
X=np.linspace(xmin,xmax,N)
K=np.linspace(0,2*np.pi*N/L,N)
```

2. En utilisant une liste en compréhension, écrire la liste `FY` des N amplitudes gaussiennes du spectre, centrées sur $k = 10$, pour chaque valeur de nombre d'onde. On prendra une fonction gaussienne centrée sur k_0 de la forme $\exp\left(-\alpha(k-k_0)^2 - jk\,x_0\right)$ où α est une constante. On a ici introduit un facteur de phase $-k\,x_0$ pour translater l'onde de la valeur x_0 sur l'axe des x. En effet, si une composante monochromatique de vecteur d'onde k à pour phase $\varphi(x,t) = \omega t - k\,x$, la translation suivant les x croissants d'une valeur x_0 conduit à la phase $\omega t - k(x+x_0) = \varphi(x,t) - k\,x_0$. On notera que le nombre complexe $(0 + p\times j)$ s'écrit en Python `pj` où `p` est un entier. Par exemple, `2j` représente l'imaginaire $2\sqrt{-1}$ et l'opération `2j**2` renvoie $-4 + 0\times j$, soit le réel -4. Une liste en compréhension permet l'écriture d'une boucle de façon rapide et compacte. La syntaxe utile ici est la suivante :

```
maliste = [expression(i) for i in listeN]
```

`i` est la variable de contrôle de la boucle interne à la liste en compréhension.
`maliste` sera alors formée de l'ensemble des `[expression(i)]`, `i` prenant `N` valeurs dans `listeN`.

3. Proposer un script permettant de tracer le spectre d'amplitude du paquet d'onde en fonction de `k`.

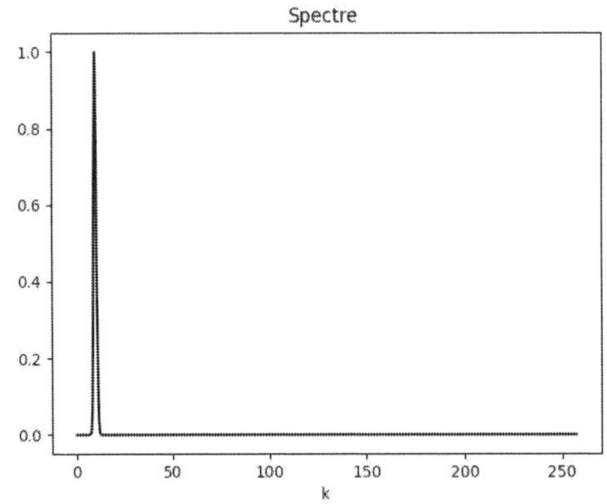

4. Écrire la fonction `Onde(t)` permettant d'effectuer le calcul de l'évolution temporelle de l'amplitude.

5. Le script ci-dessous permet de visualiser l'évolution du paquet d'onde de l'instant initial au temps 0,2 s par pas de 0,05 s. Compléter les instructions manquantes.

```
#Tracé de l'onde
T=[0,.05,.1,.15,.2]     #instants de visualisation
for t in T :
   IFY= ????????????? #transformée de Fourier inverse : permet de faire
   #la synthèse de l'onde après l'évolution, en fonction de la liste des
   #amplitudes retournées par la fonction Onde(t)
   plt.plot(X,np.real(IFY),color='black') #les amplitudes issues de ifft
   #sont a priori complexes, on en prend la partie réelle grâce à
   #l'instruction np.real et on trace en trait plein de couleur noire

   plt.title('Amplitude(x,t = '+str(t)+')')
   plt.xlabel('x')

plt.show()    #affichage de l'ensemble des tracés après le calcul, pour
#l'ensemble des instants.
```

On obtient les tracés suivants sur lesquels on observe l'étalement du paquet d'onde au fur et à mesure de sa propagation.

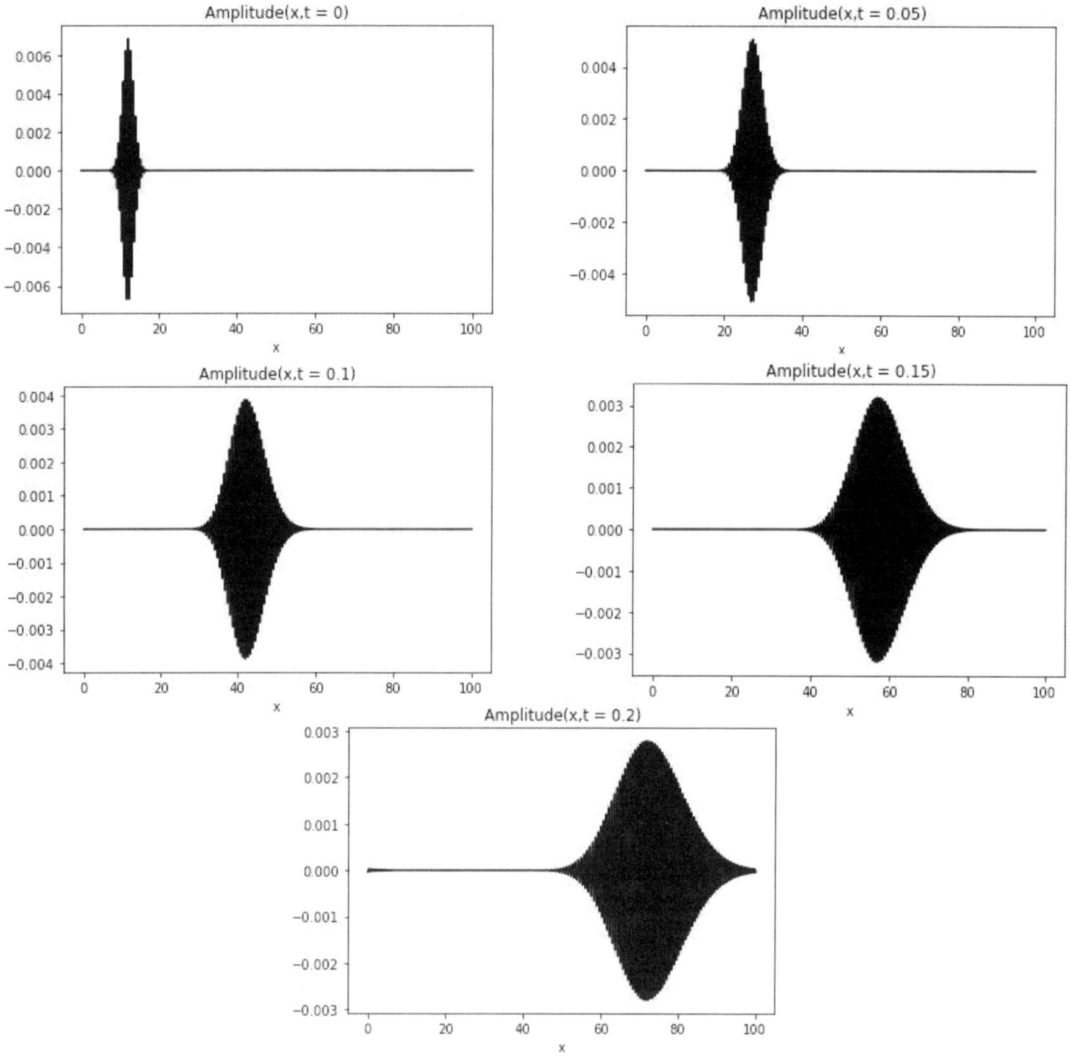
Amplitude(x,t = 0)
Amplitude(x,t = 0.05)
Amplitude(x,t = 0.1)
Amplitude(x,t = 0.15)
Amplitude(x,t = 0.2)
x

■ Pour vous aider à démarrer

Exercice 17.1. Question 1) Utiliser la condition de normalisation.

Exercice 17.2. Question 1) Sommer membre à membre l'équation de Schrödinger et son expression complexe conjuguée et faire apparaître la densité de courant de probabilité $\vec{J}(x,t)=\dfrac{\hbar}{2mi}\left(\Psi^*(x,t)\dfrac{\partial}{\partial x}\Psi(x,t)-\Psi(x,t)\dfrac{\partial}{\partial x}\Psi^*(x,t)\right)\vec{e_x}$.

Exercice 17.3. Question 1) Regrouper, dans l'argument de l'exponentiel les termes dépendant de k dans un carré parfait sous la forme :

$$-\sigma^2(k-k_0)^2+ikx=-\sigma^2\left[k-k_0-\frac{ix}{2\sigma^2}\right]^2+ik_0x-\frac{x^2}{4\sigma^2}.$$

Exercice 17.4. Poser et utiliser $\displaystyle\int_{-\infty}^{+\infty}\exp\left(-\alpha^2\right)\mathrm{d}\alpha=\sqrt{\pi}$, qui se déduit de l'intégrale donnée dans l'exercice précédent.

Exercice 17.5. Question 2) Se souvenir que la vitesse de groupe s'écrit $V_g=\dfrac{\hbar k_0}{m}$.

Exercice 17.6. Question 2.a) L'impulsion p est liée à l'énergie totale E des neutrons non relativistes et à l'énergie potentielle gravitationnelle V par $E=\dfrac{p^2}{2M_n}+V$.

Exercice 17.7. L'évolution temporelle des deux fonctions d'onde symétrique et antisymétrique est respectivement $\varphi_S\, e^{-iE_S t/\hbar}$ et $\varphi_A(x)e^{-iE_A t/\hbar}$. Reportez-vous ensuite à la méthode 17.5.

Corrigé des vrai/faux

1.	2.	3.	4.	5.	6.	7.	8.	9.
vrai	vrai	vrai	faux	vrai	faux	vrai	faux	faux

1. La fonction d'onde $\Psi(x,t)=\Psi_0\exp(i(kx-\omega t))$ associée à la particule libre est solution de l'équation de Schrödinger à condition que $\omega=\dfrac{\hbar k^2}{2m}$. Cette équation, qui relie k à ω, est bien la relation de dispersion. Il s'agit là de la relation de dispersion quantique obtenue comme en EM en introduisant la forme de la solution dans l'équation aux dérivées partielles (ici l'équation de Schrödinger) qui régit ses variations spatio-temporelles. D'autre part, l'énergie de la particule libre $E=\hbar\omega=\dfrac{\hbar^2 k^2}{2m}$ est, d'après la relation de Planck-Einstein, l'énergie cinétique de la particule $E=\dfrac{p^2}{2m}$.

2. Pour une particule libre, on a $\Psi(x,t)=\Psi_0\exp(i(kx-\omega t))$, ce qui conduit à : $\mathrm{d}P(x)=|\Psi_0|^2\,\mathrm{d}x$ et $\rho(x,t)=|\Psi_0|^2=cte$. Ceci semble impliquer que la probabilité de trouver la particule en un point quelconque de l'axe (Ox) entre $-\infty$ et $+\infty$ est identique : la position de la particule est alors totalement indéterminée (on parle de particule libre non localisée), ce qui est bien conforme au principe d'incertitude d'Heisenberg, puisque sa quantité de mouvement est ici parfaitement déterminée par $p=\hbar k$. On peut faire le parallèle avec le train d'onde infini associé à une onde rigoureusement monochromatique. Cependant, une telle situation n'est pas physiquement réalisable avec une seule particule : une probabilité de présence uniforme dans tout l'espace correspond en pratique à un flux aléatoire de particules de la même quantité de mouvement.

3. La relation de dispersion de l'onde plane étant $\omega=\dfrac{\hbar k^2}{2m}$, par $V_g=\dfrac{\mathrm{d}\omega}{\mathrm{d}k}$ on obtient $\vec{V_g}=\dfrac{\hbar\vec{k}}{m}$.

D'autre part $E_c=\dfrac{\hbar^2 k^2}{2m}=\dfrac{1}{2}mV^2$, d'où $\vec{V}=\dfrac{\hbar\vec{k}}{m}$, on retrouve le fait que la vitesse de groupe s'identifie, pour une particule libre, à la vitesse de l'énergie, et donc à la vitesse de la particule.

4. Dans un état de diffusion, par exemple pour une particule diffusée par un potentiel nul (ou constant) à l'infini, les énergies possibles vérifiant l'équation de Schrödinger stationnaire décrivent un continuum. Les états liés conduisent quant à eux à une quantification de l'énergie.

5. C'est l'exemple le plus simple d'état de diffusion. Les solutions de l'équation de Schrödinger avec $V=0$ sont les ondes planes de la forme $\Psi(x,t)=\Psi_0\exp(i(kx-\omega t))$, d'énergie $E = \hbar\omega = \dfrac{\hbar^2 k^2}{2m}$ (relation de dispersion). Comme la norme du vecteur d'onde est un paramètre continu $(k \in \mathbb{R})$, le spectre d'énergie est un spectre continu : $\left(E \in \mathbb{R}^+\right)$.

6. L'onde plane associée à une particule libre n'est pas normalisable et ne peut représenter un état physique. Pour décrire de façon ondulatoire une particule localisée dans l'espace il faut lui associer une fonction onde d'extension spatiale finie et qui soit normalisable. C'est ce que l'on fait en superposant des ondes planes de vecteurs d'onde voisins, (la superposition est rendue possible par la linéarité de l'équation de Schrödinger par rapport à Ψ) pour former un paquet d'ondes.

7. On peut s'en convaincre en ayant recours aux propriétés de la transformée de Fourier, ou en examinant la forme du paquet d'ondes proposé dans l'exemple de la méthode 17.3.

8. Pour expliquer correctement la figure d'interférence, il faut ajouter les amplitudes de probabilités (fonctions d'onde) et non les probabilités. Voir la méthode 17.4 sur ce point. L'aspect corpusculaire est indissociable de l'aspect ondulatoire, et la description ondulatoire permet d'exprimer la probabilité de manifestation du corpuscule en un point.

9. Il s'agit d'une différence de phase mais elle peut être due à d'autres causes qu'une différence de trajet (contrairement à l'optique classique). Dans l'exercice 17.6, on aborde le phénomène d'interférence entre neutrons avec un déphasage le long de deux chemins liés à une dissymétrie de potentiel entre eux.

❑ Les erreurs classiques

→ Dans un problème d'état stationnaire où l'on n'écrit que les parties spatiales des fonctions d'onde, on écrit $\varphi(x) = \varphi_0 \exp\left(i\dfrac{p\,x}{\hbar}\right) = \varphi_0 \exp(i\,k\,x)$ (avec un signe + dans le terme de phase) pour une OPPM associée à une particule provenant de $-\infty$ et se dirigeant suivant les x croissants.

→ Attention à ne pas confondre la probabilité élémentaire $\mathrm{d}P(x)$ avec la *densité de probabilité linéique* $\dfrac{\mathrm{d}P(x)}{\mathrm{d}x} = \left|\Psi(x,t)\right|^2$.

→ Attention encore, former l'objet $\left|\Psi(x,t)\right|^2 \mathrm{d}t$ n'a aucun sens physique : l'inégale traduisant la normalisation de la fonction d'onde porte sur la coordonnée spatiale uniquement !

→ Ne pas appliquer de superposition aux densités de probabilités mais aux amplitudes de probabilité (c'est-à-dire aux fonctions d'onde) : l'équation de Schrödinger par rapport à Ψ et non par rapport $|\Psi|^2$.

Corrigé des exercices

Exercice 17.1

1. Il s'agit de normaliser cette fonction d'onde en déterminant B tel que :

$\int_0^a |\varphi(x)|^2 \, \mathrm{d}x = 1$. Or, en utilisant la formule $\sin\theta^2 = \dfrac{1-\cos\theta^2}{2}$, il vient

$\int_0^a \sin\left(\dfrac{\pi x}{a}\right)^2 \mathrm{d}x = a/2$, de sorte que $B = \sqrt{\dfrac{2}{a}}$.

La fonction d'onde normalisée a donc pour expression : $\boxed{\varphi(x) = \sqrt{\dfrac{2}{a}} \sin\left(\dfrac{\pi x}{a}\right)}$.

La figure ci-dessous représente son allure dans l'intervalle considéré.

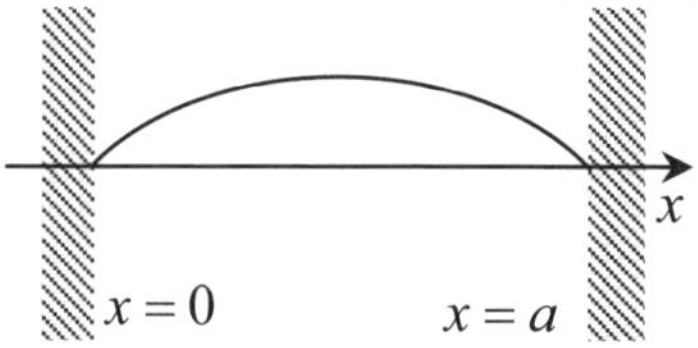

La particule étant confinée dans l'intervalle $x \in [0, a]$, elle ne peut « partir » à l'infini, il s'agit d'un état lié.

2. Le fondamental de la corde $z(x) = A \sin\left(\dfrac{\pi x}{a}\right)$, qui a la même allure que celle représentée sur la figure ci-dessus, comporte un unique ventre de vibration en $x = \dfrac{a}{2}$, et deux nœuds en $x = 0$ et $x = a$.

3. Pour la corde on a une amplitude maximum en $x = \dfrac{a}{2}$. Pour la particule confinée, c'est la fonction d'onde stationnaire ainsi que la densité de probabilité qui est maximum en ce point à tout instant.

⇨ *Méthode 17.1*

Pour la corde, l'amplitude de vibration est nulle en $x = 0$ et $x = a$. Pour la particule, la fonction d'onde s'annule en ces deux points.

Exercice 17.2

1. On se place à une dimension suivant l'axe (Ox). Par analogie avec l'électromagnétisme, on cherche une équation locale de conservation du type $\dfrac{\partial}{\partial t}\rho(x,t) + \dfrac{\partial}{\partial x}J(x,t) = 0$. On ne connaît pas l'expression de $J(x,t)$ mais on connaît celle de $\rho(x,t)$: la probabilité de trouver la particule à l'instant t entre x et $x + dx$ est donnée par : $\rho(x,t)=\left|\Psi(x,t)\right|^2=\Psi(x,t)\Psi^*(x,t)$, où $\Psi^*(x,t)$ désigne le complexe conjugué de $\Psi(x,t)$.

Ainsi $\frac{\partial}{\partial t}\rho(x,t)=\frac{\partial}{\partial t}\left[\Psi(x,t)\Psi^*(x,t)\right]=\Psi^*(x,t)\frac{\partial}{\partial t}\Psi(x,t)+\Psi(x,t)\frac{\partial}{\partial t}\Psi^*(x,t)$.

$\frac{\partial}{\partial t}\Psi(x,t)$ est donné par l'équation de Schrödinger à une dimension :

$\frac{\partial}{\partial t}\Psi(x,t)=-\frac{\hbar}{2mi}\frac{\partial^2}{\partial x^2}\Psi(x,t)+\frac{1}{i\hbar}V(x)\Psi(x,t)$, notée équation (1). En la multipliant membre à membre par $\Psi^*(x,t)$ on obtient :

$$\Psi(x,t)\frac{\partial}{\partial t}\Psi^*(x,t)=\frac{\hbar}{2mi}\Psi(x,t)\frac{\partial^2}{\partial x^2}\Psi^*(x,t)-\frac{1}{i\hbar}V(x)\Psi(x,t)\Psi^*(x,t) \qquad (1).$$

En en prenant le complexe conjugué on obtient :

$$\Psi^*(x,t)\frac{\partial}{\partial t}\Psi(x,t)=-\frac{\hbar}{2mi}\Psi^*(x,t)\frac{\partial^2}{\partial x^2}\Psi(x,t)+\frac{1}{i\hbar}V(x)\Psi^*(x,t)\Psi(x,t) \qquad (2)$$

En sommant les équations (1) et (2) on élimine le terme en $V(x)$:

$$\Psi^*(x,t)\frac{\partial}{\partial t}\Psi(x,t)+\Psi(x,t)\frac{\partial}{\partial t}\Psi^*(x,t)=-\frac{\hbar}{2mi}\left[\Psi^*(x,t)\frac{\partial^2}{\partial x^2}\Psi(x,t)-\Psi(x,t)\frac{\partial^2}{\partial x^2}\Psi^*(x,t)\right].$$

Or $\Psi^*(x,t)\frac{\partial}{\partial t}\Psi(x,t)+\Psi(x,t)\frac{\partial}{\partial t}\Psi^*(x,t)=\frac{\partial}{\partial t}\rho(x,t)$, et en remarquant que

$$\frac{\partial}{\partial x}\left[\Psi^*\frac{\partial}{\partial x}\Psi-\Psi\frac{\partial}{\partial x}\Psi^*\right]=\frac{\partial}{\partial x}\Psi^*\frac{\partial}{\partial x}\Psi+\Psi^*\frac{\partial^2}{\partial x^2}\Psi-\frac{\partial}{\partial x}\Psi\frac{\partial}{\partial x}\Psi^*-\Psi\frac{\partial^2}{\partial x^2}\Psi^*$$

$$=\Psi^*\frac{\partial^2}{\partial x^2}\Psi-\Psi\frac{\partial^2}{\partial x^2}\Psi^*\text{, il vient :}$$

$\frac{\partial}{\partial t}\rho(x,t)=-\frac{\hbar}{2mi}\frac{\partial}{\partial x}\left[\Psi^*(x,t)\frac{\partial}{\partial x}\Psi(x,t)-\Psi(x,t)\frac{\partial}{\partial x}\Psi^*(x,t)\right]$, soit encore :

$$\frac{\partial}{\partial t}\rho(x,t)+\frac{\partial}{\partial x}\left[\frac{\hbar}{2mi}\left(\Psi^*(x,t)\frac{\partial}{\partial x}\Psi(x,t)-\Psi(x,t)\frac{\partial}{\partial x}\Psi^*(x,t)\right)\right]=0 \qquad (3).$$

En posant $\boxed{\vec{J}(x,t)=\frac{\hbar}{2mi}\left(\Psi^*(x,t)\frac{\partial}{\partial x}\Psi(x,t)-\Psi(x,t)\frac{\partial}{\partial x}\Psi^*(x,t)\right)\overrightarrow{e_x}}$ la densité linéique de courant de probabilité, on obtient bien : $\boxed{\frac{\partial}{\partial t}\rho(x,t)+\frac{\partial}{\partial x}J(x,t)=0}$ qui est l'équation locale de conservation de la probabilité recherchée.

2. Dans le cas particulier d'une particule libre où la fonction d'onde a la forme d'une onde plane, on a : $\Psi(x,t)=\Psi_0\exp(i(kx-\omega t))$ et $\Psi^*(x,t)=\Psi_0^*\exp(-i(kx-\omega t))$, il vient :

$\Psi^*(x,t)\dfrac{\partial}{\partial x}\Psi(x,t)-\Psi(x,t)\dfrac{\partial}{\partial x}\Psi^*(x,t)=2ik|\Psi_0|^2$, de sorte qu'avec $\vec{k}=k\overrightarrow{e_x}$ le vecteur d'onde associé, il vient : $\vec{J}(x,t)=|\Psi_0|^2\dfrac{\hbar\vec{k}}{m}$.

D'autre part la vitesse de groupe associée au paquet d'onde décrivant la particule est $V_g=\dfrac{\mathrm{d}\omega}{\mathrm{d}k}$.

La relation de dispersion de l'onde plane étant $\hbar\omega=\dfrac{\hbar^2k^2}{2m}$, on obtient $\boxed{\overrightarrow{V_g}=\dfrac{\hbar\vec{k}}{m}}$, de sorte que :

$$\boxed{\vec{J}(x,t)=\rho(x,t)\overrightarrow{V_g}}.$$

3. On peut faire l'analogie formelle avec la relation $\boxed{\vec{j}=\rho\vec{V}}$ dans un conducteur, où ρ est la densité volumique de charge et $\vec{V}$ la vitesse d'ensemble des porteurs de charge dans le conducteur.

Exercice 17.3

1. À l'instant initial, le paquet d'ondes de la particule libre s'écrit :

$$\Psi(x,0)=\frac{1}{\sqrt{2\pi}}\int_{-\infty}^{+\infty}\left(\frac{2\sigma^2}{\pi}\right)^{1/4}\exp\left(-\sigma^2(k-k_0)^2+ikx\right)\mathrm{d}k.$$

Attention à ne pas confondre la variable d'intégration k avec la coordonnée x ! L'intégrale porte sur k et non sur x.

Pour utiliser la formule donnée dans l'énoncé, l'astuce consiste à regrouper, dans l'argument de l'exponentielle les termes dépendant de k dans un carré parfait sous la forme :

$$-\sigma^2(k-k_0)^2+ikx=-\sigma^2\left[(k-k_0)-\frac{ix}{2\sigma^2}\right]^2+ik_0x-\frac{x^2}{4\sigma^2}.$$

$$\Psi(x,0)=\frac{1}{\sqrt{2\pi}}\left(\frac{2\sigma^2}{\pi}\right)^{1/4}\exp(ik_0x)\exp\left(-\frac{x^2}{4\sigma^2}\right)\int_{-\infty}^{+\infty}\exp\left(-\sigma^2\left[(k-k_0)-\frac{ix}{2\sigma^2}\right]^2\right)\mathrm{d}k.$$

En utilisant $\displaystyle\int_{-\infty}^{+\infty}\exp\left(-\sigma^2(\alpha+\beta)^2\right)\mathrm{d}\alpha=\frac{\sqrt{\pi}}{\sigma}$, il vient :

$$\Psi(x,0)=\left(\frac{1}{\sqrt{2\pi}\,\sigma}\right)^{1/2}\exp(ik_0x)\exp\left(-\frac{x^2}{4\sigma^2}\right).$$

Ainsi, la densité linéique de probabilité a pour expression à $t=0$:

$$\boxed{\rho(x,0)=|\Psi(x,0)|^2=\left(\frac{1}{\sqrt{2\pi}\,\sigma}\right)\exp\left(-\frac{x^2}{2\sigma^2}\right)}.$$

Son allure est donnée ci-dessous :

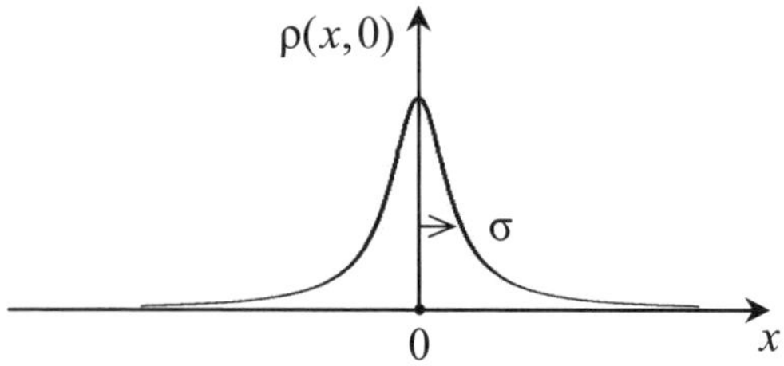

Il s'agit d'une courbe gaussienne centrée en $x = 0$. Le maximum du paquet d'ondes $\Psi(x,0)$ étant à $t=0$ en $x=0$, c'est en ce point que la probabilité de trouver la particule est maximum. De plus $\rho(x,0)$ varie en $\exp\left(-\dfrac{x^2}{2\sigma^2}\right)$: c'est une gaussienne de mi-largeur à $\sqrt{e}$ égale à $\Delta x=\sigma$. Cette valeur donne un ordre de grandeur de la dispersion en position de la particule. Cette dernière est d'autant mieux localisée autour de $x=0$ que Δx est faible et donc que la gaussienne $\rho(x,0)$ est « piquée ».

⇨ *Méthode 17.2*

2. L'écart quadratique moyen Δx rend compte de la dispersion des mesures de la variable x autour de sa valeur moyenne $\langle x\rangle$. En effet, une approche intuitive pour quantifier cette dispersion serait de prendre pour chaque mesure de la différence entre la valeur mesurée x et la valeur moyenne $\langle x\rangle$ pour obtenir un écart $x-\langle x\rangle$, puis d'en faire la somme rapportée au nombre de mesures pour obtenir la moyenne des écarts : $\langle x-\langle x\rangle\rangle$. Cependant, les écarts négatifs compensant en moyenne les écarts positifs, on obtiendrait :
$\langle x-\langle x\rangle\rangle=0$ ce qui ne nous avancerait pas beaucoup…

Pour éviter cette compensation, on prend la moyenne des carrés des écarts $\left\langle\left(x-\langle x\rangle\right)^2\right\rangle$, qui n'est autre que la variance, ce qui définit l'écart quadratique moyen : $\Delta x=\sqrt{\left\langle\left(x-\langle x\rangle\right)^2\right\rangle}$.

La variance peut aussi s'écrire :
$\left\langle\left(x-\langle x\rangle\right)^2\right\rangle=\langle x^2\rangle+\langle x\rangle^2-2\langle x\langle x\rangle\rangle=\langle x^2\rangle+\langle x\rangle^2-2\langle x\rangle^2=\langle x^2\rangle-\langle x\rangle^2$. Il nous reste à évaluer $\langle x\rangle$ et $\langle x^2\rangle$:

$\langle x\rangle=\displaystyle\int_{-\infty}^{+\infty}x\rho(x,0)\,\mathrm{d}x=\frac{1}{\sqrt{2\pi}\,\sigma}\int_{-\infty}^{+\infty}x\exp\left(-\frac{x^2}{2\sigma^2}\right)\mathrm{d}x=0$ puisque l'on intègre sur $]-\infty,+\infty[$ une fonction impaire.

D'autre part, $\langle x^2\rangle=\displaystyle\int_{-\infty}^{+\infty}x^2\left|\Psi(x,0)\right|^2\mathrm{d}x=\frac{1}{\sqrt{2\pi}\,\sigma}\int_{-\infty}^{+\infty}x^2\exp\left(-\frac{x^2}{2\sigma^2}\right)\mathrm{d}x$.

En utilisant le formulaire et en posant $1/b=2\sigma^2$, il vient : $\langle x^2\rangle=\sigma^2$.

Finalement l'écart type s'écrit : $\boxed{\Delta x = \sqrt{\langle x^2 \rangle - \langle x \rangle^2} = \sigma}$.

L'intérêt de définir la largeur de la gaussienne $g(k)$ de la façon proposée dans l'énoncé est donc de la faire coïncider avec l'écart type.

3. Formons $|g(k)|^2 = \left(\dfrac{2\sigma^2}{\pi}\right)^{1/2} \exp\left(-2\sigma^2(k-k_0)^2\right)$. $|g(k)|^2 \, dk$ représente la probabilité de trouver la norme du vecteur d'onde de la particule à l'instant $t = 0$ entre k et $k + dk$. Posons $k' = k - k_0$, de sorte que $|g(k')|^2 \propto \exp\left(-2\sigma^2 k'\right)$ est une gaussienne centrée en $k' = 0$. Comme au 1) on peut évaluer sa mi-largeur à hauteur sur $\sqrt{e}$: au terme $\exp\left(-2\sigma^2 k'\right)$ correspond une largeur $\Delta k' = \Delta k = \dfrac{1}{2\sigma}$. Cette valeur donne un ordre de grandeur de la dispersion de la norme du vecteur d'onde autour de la valeur centrale $k = k_0$. On constate que Δk est inversement propositionnel à Δx, résultat conforme aux propriétés de la transformée de Fourier, ($\Psi(x,0)$ est la transformée de Fourier de $g(k)$).

⇨ *Méthode 17.2*

Ainsi, $\rho(x,0)$, est d'autant plus étalé spatialement que g est piquée autour de k_0 et réciproquement.

4. D'après ce qui précède, en utilisant $p = \hbar k$, il vient : $\Delta x \Delta p = \dfrac{\hbar}{2}$. On retrouve ainsi l'inégalité d'Heisenberg $\Delta p_x \, \Delta x \geq \hbar / 2$ dans le cas particulier où cette dernière est « saturée », l'inégalité devenant alors une stricte égalité.

✎ *Cette propriété de saturation de l'inégalité d'Heisenberg est toujours vérifiée pour un paquet d'onde gaussien.*

Exercice 17.4

1. D'après l'expression de $\rho(x,0)$ trouvée dans la question 1) de l'exercice précédent, la relation de normalisation s'écrit à $t = 0$: $\displaystyle\int_{-\infty}^{+\infty} |\Psi(x,0)|^2 \, dx = \left(\frac{1}{\sqrt{2\pi}\,\sigma}\right) \int_{-\infty}^{+\infty} \exp\left(-\frac{x^2}{2\sigma^2}\right) dx$. En posant $\alpha = \dfrac{x}{\sqrt{2}\,\sigma}$, il vient : $\displaystyle\int_{-\infty}^{+\infty} |\Psi(x,0)|^2 \, dx = \left(\frac{1}{\sqrt{2\pi}\,\sigma}\right) \sqrt{2}\,\sigma \int_{-\infty}^{+\infty} \exp\left(-\alpha^2\right) d\alpha$. En utilisant $\displaystyle\int_{-\infty}^{+\infty} \exp\left(-\alpha^2\right) d\alpha = \sqrt{\pi}$, on obtient finalement : $\boxed{\displaystyle\int_{-\infty}^{+\infty} |\Psi(x,0)|^2 \, dx = 1}$. La relation de normalisation à l'instant $t = 0$ est donc bien vérifiée.

2. En utilisant le fait que $\Psi(x,0)$ est la transformée de Fourier de $g(k)$, l'égalité de Parseval permet d'écrire : $\displaystyle\int_{-\infty}^{+\infty} |\Psi(x,0)|^2 \, dx = \int_{-\infty}^{+\infty} |g(k)|^2 \, dk$, de sorte qu'il suffit de vérifier que

Corrigé

$\int_{-\infty}^{+\infty} |g(k)|^2 \, \mathrm{d}k = 1$. Or $|g(k)|^2 = \left(\frac{2\sigma^2}{\pi}\right)^{1/2} \exp\left(-2\sigma^2 (k-k_0)^2\right)$, en posant $\alpha = \sqrt{2}\,\sigma(k-k_0)$ et donc $\mathrm{d}\alpha = \sqrt{2}\,\sigma \,\mathrm{d}k$ puis en utilisant encore $\int_{-\infty}^{+\infty} \exp\left(-\alpha^2\right) \mathrm{d}\alpha = \sqrt{\pi}$, il vient :

$$\int_{-\infty}^{+\infty} |g(k)|^2 \, \mathrm{d}k = \left(\sigma\sqrt{\frac{2}{\pi}}\right)\left(\frac{1}{\sqrt{2}\,\sigma}\right) \underbrace{\int_{-\infty}^{+\infty} \exp\left(-\alpha^2\right) \mathrm{d}\alpha}_{=\sqrt{\pi}} = 1,$$

ce qui suffit à montrer que $\Psi(x,0)$ est normalisable.

➪ *Méthode 17.2*

3. À l'instant *t*, les mêmes calculs s'appliquent puisque seul intervient dans l'intégrale définissant $\Psi(x,t)$ un terme $\exp(-i\omega(k)\,t))$ de module unitaire. Ainsi $\Psi(x,t)$ est normalisable comme $\Psi(x,0)$.

➪ *Méthodes 17.1 et 17.2*

Exercice 17.5

1. La fonction d'onde en *x* et à *t* s'écrit $\Psi(x,t) = \frac{1}{\sqrt{2\pi}} \int_{-\infty}^{+\infty} g(k) \exp\left(k\,x - \omega(k)\,t\right) \mathrm{d}k$, soit en remplaçant $g(k)$ par son expression :

$$\Psi(x,t) = \left(\frac{2\sigma^2}{\pi}\right)^{1/2} \frac{1}{\sqrt{2\pi}} \int_{-\infty}^{+\infty} \exp\left(-\sigma^2 (k-k_0)^2\right) \exp\left(k\,x - \omega(k)\,t\right) \mathrm{d}k.$$

2. Le terme $\exp\left(-\frac{\left(x - \frac{\hbar k_0 t}{m}\right)^2}{2\sigma^2\left(1 + \frac{\hbar^2 t^2}{4\sigma^4 m^2}\right)}\right)$ caractérise une fonction gaussienne du type $\exp\left(-\frac{\left(x - x_C(t)\right)^2}{2\sigma^2(t)}\right)$ centrée sur $x_C = \frac{\hbar k_0}{m} t$.

✎ x_C est tel que l'exponentielle soit égal à l'unité, soit $x_C - \frac{\hbar k_0}{m} t = 0$.

Il apparaît donc que $\frac{\hbar k_0}{m}$ est homogène à une vitesse que nous notons pour l'instant V_C. La gaussienne est donc centrée sur $x_C = V_C\, t$. Ce résultat était prévisible puisqu'on reconnaît en V_C la vitesse de groupe $V_g = \frac{\hbar k_0}{m} = \frac{p_0}{m}$. Ainsi, la densité de probabilité s'est propagée entre $t = 0$ et *t*, suivant les *x* croissants à la vitesse $V_C = V_g$ qui n'est autre que la vitesse de la particule.

3. En identifiant la forme de $\rho(x,t)$ donnée dans l'énoncé à celle d'une fonction gaussienne sous sa forme conventionnelle $\exp\left(-\frac{(x-x_C(t))^2}{2\sigma^2(t)}\right)$, on obtient : $\boxed{\Delta x(t)=\Delta x_0\left(1+\frac{\hbar^2 t^2}{4m^2\,\Delta x_0^4}\right)^{1/2}}$.

Ainsi, en plus d'un déplacement du maximum de son enveloppe à la vitesse V_g, le paquet d'onde voit sa largeur augmenter avec le temps : on dit qu'il y a étalement du paquet d'ondes.

De plus, de façon à ce que $\int_{-\infty}^{+\infty}|\Psi(x,t)|^2\,\mathrm{d}x$ reste égale à $\int_{-\infty}^{+\infty}|\Psi(x,0)|^2\,\mathrm{d}x=1$ (la condition de normalisation doit rester vraie pour tout t), la hauteur du paquet d'ondes diminue à mesure que sa largeur augmente (l'aire sous la courbe doit être conservée).

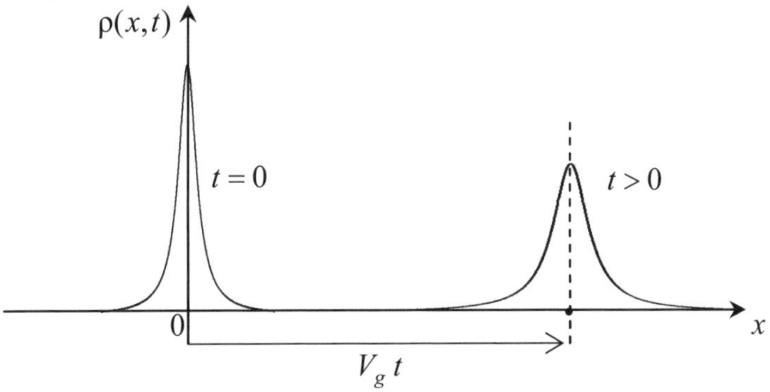

⇨ *Méthode 17.3*

Exercice 17.6

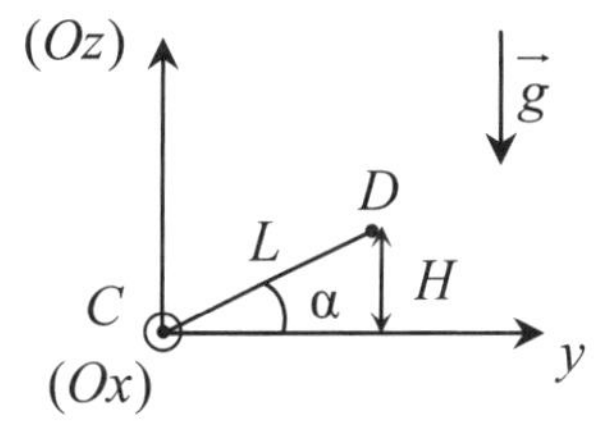

1. En tout point du brin *BD*, on se trouve à la hauteur $H=L\sin\alpha$ par rapport au plan (xOy) sur lequel est pris la référence de potentielle.

Ainsi sur *BD* on a $\boxed{V_{BD}=M_n\,g\,H=M_n\,g\,L\sin\alpha}$.

Avec les données numériques fournies dans l'énoncé on a : $\boxed{V_{BD}\approx 10^{-8}\text{ eV}}$.

2. a) L'impulsion p est liée à l'énergie totale E des neutrons non relativistes (neutrons lents à vitesse thermique) et à l'énergie potentielle de pesanteur V par $E=\frac{p^2}{2M_n}+V$. Ainsi $p^2=2M_n(E-V)$.

Sur les brins *AB* et *CD* l'énergie potentielle de pesanteur augmente symétriquement, de sorte qu'en tout point de *AB* et *CD* l'impulsion est égale de part et d'autre à la même altitude : par symétrie, la variation d'impulsion entre *A* et *B* est égale à celle entre *C* et *D*.

Par contre on constate une dissymétrie entre les brins *AC* et *BD*. En effet, sur le brin *AC* (contenu dans le plan horizontal à l'altitude $z=0$) on a $V=0$ de sorte que $p_{AC}^2=2M_n\,E$. Au contraire, sur le brin *BD* d'altitude $z=H$, l'énergie potentielle est non nulle, de sorte que

$p_{BD}^2 = 2\,M_n\left(E - V_{BD}\right) \neq p_{AC}^2$. Il existe donc entre les brins AC et BD une différence d'impulsion et on peut écrire $p_{AC}^2 - p_{BD}^2 = 2\,M_n\,E - 2\,M_n\left(E - V_{BD}\right) = 2\,M_n\,V_{BD}$, soit :

$$\boxed{p_{AC}^2 - p_{BD}^2 = 2\,M_n^2\,g\,L\sin\alpha}.$$

b) Avec $V_{BD} \approx 10^{-8}$ eV et $E \approx 0{,}04$ eV, il apparaît d'après la question précédente que l'écart relatif entre p_{BD}^2 et p_{AC}^2 n'est que de l'ordre de 10^{-7}, de sorte que $\dfrac{\Delta p}{p_{AC}} \ll 1$.

On peut ainsi écrire : $p_{BD}^2 - p_{AC}^2 = \underbrace{\left(p_{BD} + p_{AC}\right)}_{\approx 2\,p_{AC}}\underbrace{\left(p_{BD} - p_{AC}\right)}_{= \Delta p} \approx 2\,p_{AC}\,\Delta p$.

D'après la question précédente, $p_{AC}^2 - p_{BD}^2 = 2\,M_n^2\,g\,L\sin\alpha$, d'où $2\,p_{AC}\,\Delta p = 2\,M_n^2\,g\,L\sin\alpha$, soit : $\Delta p = \dfrac{1}{p_{AC}}M_n^2\,g\,L\sin\alpha$. Or d'après la relation de De Broglie $p_{AC} = \dfrac{h}{\lambda}$, donc finalement :

$$\boxed{\Delta p = \frac{\lambda}{h}M_n^2\,g\,L\sin\alpha}.$$

3. Les brins AC et BD étant horizontaux, le terme de phase de la fonction d'onde associée au faisceau de neutrons sur ces deux brins est de la forme $\dfrac{p\,x - E\,t}{\hbar}$.

D'après la question 2, sur les brins AB et CD les variations de phase se compensent et la différence de phase entre ces deux brins est nulle.

Par contre, après avoir parcouru la même distance L dans le même intervalle de temps Δt, sur les brins AC et BD où l'impulsion diffère, la différence de phase s'écrit : $\Delta\Phi = \dfrac{L\left(p_{AC} - p_{BD}\right)}{\hbar}$.

Ainsi, la différence de phase entre les ondes arrivant en D par le chemin ABD et celle empruntant le chemin ACD s'écrit : $\Delta\Phi = \dfrac{L\,\Delta p}{\hbar}$, soit finalement :

$$\boxed{\Delta\Phi = \frac{2\pi\lambda\,M_n^2\,g\,L^2\sin\alpha}{h^2}}.$$

4. On sait que la densité de probabilité de présence d'un neutron en D est obtenu en prenant le module carré de la fonction d'onde en D qui elle-même est la superposition des fonctions d'onde $\Psi_1\left(D,t\right)$ et $\Psi_2\left(D,t\right)$ correspondant respectivement au chemin ACD et ABD : $\Psi_{totale}\left(D,t\right) = \dfrac{1}{\sqrt{2}}\left(\Psi_1\left(D,t\right) + \Psi_2\left(D,t\right)\right)$. Ainsi, la densité de probabilité en D à t est proportionnelle à $\cos^2\left(\Delta\Phi/2\right)$ et donc proportionnel à $1 + \cos\left(\Delta\Phi\right)$.

➪ *Méthode 17.4*

Chaque maxima de N correspond au cas où les ondes Ψ_1 et Ψ_2 arrivent en phase sur le détecteur, et correspond donc à $\Delta\Phi = 2\,n\,\pi$, avec $n \in \mathbb{N}$.

Or sur la figure présentée dans l'énoncé, pour α variant de $\alpha_1 = 30°$ a $\alpha_2 = 30°$, on compte 9 oscillations, ainsi on peut écrire, compte tenu de la question précédente :

$\Delta\Phi_{\alpha_2} - \Delta\Phi_{\alpha_1} = \dfrac{2\pi\lambda M_n^2\, g L^2 (\sin\alpha_2 - \sin\alpha_1)}{h^2} = n_{osc} \times 2\pi$, où n_{osc} est le nombre d'oscillations entre α_1 et α_2, d'où l'expression de l'accélération de la pesanteur :

$$\boxed{g = \frac{n_{osc}\, h^2}{\lambda M_n^2 L^2 (\sin\alpha_2 - \sin\alpha_1)}}.$$

Numériquement, avec en comptant $n_{osc} = 9$ oscillations sur la figure donnée dans l'énoncé, on obtient : $\boxed{g = 9{,}8\,\mathrm{m \cdot s^{-2}}}$. Le modèle utilisé est bien en accord avec l'expérience.

Exercice 17.7

1. À l'instant t, l'évolution temporelle des deux fonctions d'onde symétrique φ_S et antisymétrique φ_A à partir desquelles sont construites φ_D sont respectivement $\varphi_S\, e^{-iE_S t/\hbar}$ et $\varphi_A(x) e^{-iE_A t/\hbar}$. Ainsi, $\boxed{\varphi(x,t) = \frac{1}{\sqrt{2}}\left(\varphi_S(x) e^{-iE_S t/\hbar} + \varphi_A(x) e^{-iE_A t/\hbar}\right)}$.

⇨ *Méthodes 17.1 et 17.5*

2. En introduisant $\omega = \dfrac{E_A - E_S}{\hbar}$, il vient : $\varphi(x,t) = \dfrac{e^{-i(E_S t/\hbar)}}{\sqrt{2}}\left(\varphi_S(x) + \varphi_A(x) e^{-i\omega t}\right)$.

La particule passera dans le puits de droite si sa fonction d'onde devient $\varphi(x,t) = \dfrac{1}{\sqrt{2}}\left(\varphi_S(x) - \varphi_A(x)\right)$ à un facteur de phase prés qui n'interviendra pas dans $|\varphi(x,t)|^2$, donc si $e^{-i\omega t} = -1$. Cela sera le cas au bout d'un temps $\boxed{T = \frac{\pi}{\omega}}$, la fonction d'onde a pour expression : $\varphi(x,T) = \dfrac{e^{-i(E_S T/\hbar)}}{\sqrt{2}}\left(\varphi_S(x) - \varphi_A(x)\right) = e^{-i(E_S T/\hbar)}\varphi_G$ qui s'identifie, au facteur de phase $e^{-i(E_S T/\hbar)}$ près, à φ_G. En évaluant sa densité de probabilité il vient :

$$\boxed{|\varphi(x,t)|^2 = \left|e^{-i(E_S T/\hbar)}\varphi_G\right|^2 = |\varphi_G|^2}.$$

La particule se trouve donc pour l'essentiel localisée dans le puits de gauche.

3. Écrivons $\varphi(x,t)$ sous la forme $\varphi(x,t) = \dfrac{e^{-i\left(\frac{E_S + E_A}{2\hbar}t\right)}}{\sqrt{2}}\left(\varphi_S(x) e^{i\omega t/2} + \varphi_A(x) e^{-i\omega t/2}\right)$. La densité de probabilité a donc pour expression (les fonctions d'onde étant réelles) :

$$|\varphi(x,t)|^2 = \frac{1}{2}|\varphi_S(x)|^2 + \frac{1}{2}|\varphi_A(x)|^2 + \varphi_S(x)\varphi_A(x)\cos(\omega t).$$

⇨ *Méthode 17.5*

La particule fictive oscille donc du puits de droite à celui de gauche (ce qui est rendu possible par effet tunnel) avec la pulsation $\omega = \dfrac{E_A - E_S}{\hbar}$, ce qui se traduit par un retournement périodique de la molécule. Numériquement la fréquence de retournement est $\nu \approx 24\,\mathrm{GHz}$.

Exercice 17.8

1. `X=np.linspace(xmin,xmax,N)` renvoie la liste `X` des `N` valeurs des abscisses entre `xmin` et `xmax`

De plus, l'intervalle des abscisses étant choisi de longueur L, si on divise cette longueur en L/N intervalles, cela impose un nombre d'onde (fréquence spatiale) d'échantillonnage de $\sigma = \frac{N}{L}$ et donc un vecteur d'onde d'échantillonnage $k_e = 2\pi\frac{N}{L}$. L'intervalle $\left[0{,}2\pi\frac{N}{L}\right]$ est alors divisé en N valeurs équiréparties, qui forme la liste des vecteurs d'onde :

`K=np.linspace(0,2*np.pi*N/L,N)` renvoie donc la liste `K` des `N` vecteurs d'onde, de pas `1/L`

2. Compte tenu des informations données dans l'énoncé, on tient compte d'un facteur de phase pour translater l'onde de la valeur x_0 sur l'axe (Ox) on peut écrire la boucle en compréhension suivante :

```
x0=12
FY=[np.exp(-(K[i]-10)**2-1j*K[i]*x0) for i in range(N)]
```

3. On peut proposer le script suivant :

```
plt.figure() #on ouvre une fenêtre de tracé
plt.plot(K,np.abs(FY),color='black') #tracé en trait noir du spectre
plt.title('Spectre') #titre du graphe
plt.xlabel('k') #légende des abscisses
plt.show() #affichage
```

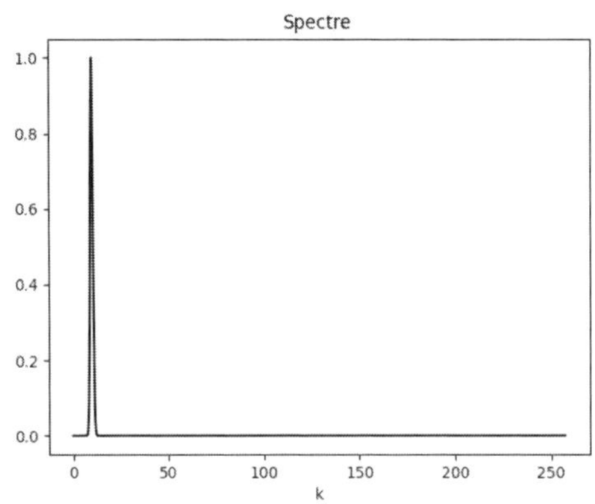

4. La relation de dispersion est de la forme $\omega = k\left(1+k^2\right)$, que l'on écrira donc `omega=K[i]*(1+K[i]**2)`. On forme alors l'amplitude en multipliant chaque `FY` par $\exp(-i\omega t)$ et en l'ajoutant avec **append** à la liste des amplitudes dans une boucle. On peut alors écrire le script Python suivant :

```
def Onde(t):
    Amp=[] #initialisation de la liste des amplitudes
    for i in range(N):
        omega=K[i]*(1+K[i]**2) #pulsation selon la relation de dispersion
        amp=FY[i]*np.exp(-1j*omega*t) #amplitude (1j est l'imaginaire j)
        Amp.append(amp) #on ajoute l'amplitude à la liste
    return Amp #on renvoie la liste des amplitudes
```

5. Les instructions manquantes peuvent être complétées comme suit :

```
#Tracé de l'onde
T=[0,.05,.1,.15,.2] #instants de visualisation
for t in T :
    IFY=ifft(Onde(t)) #transformée de Fourier inverse : permet de faire la
    #synthèse de l'onde après l'évolution, en fonction de la liste des
    #amplitudes retournées par la fonction Onde(t)

    plt.plot(X,np.real(IFY),color='black') #les amplitudes issues de ifft
    #sont a priori complexe, on en prend la partie réelle grâce à
    #l'instruction np.real et on trace en trait plein de couleur noire
```

Corrigé

Chapitre 18

Particule dans un potentiel constant

UN SCIENTIFIQUE

Erwin Schrödinger (1887-1961) effectue ses études à Vienne, sa ville natale. Il obtient en 1920 une chaire de physique théorique à Zurich. Très intéressé par les travaux de Louis de Broglie sur la mécanique ondulatoire, il publie quatre articles, entre 1925 et 1926, qui en sont une synthèse remarquable. Fuyant le nazisme, il s'installe en Angleterre en 1933, puis en Irlande. Tout en poursuivant ses travaux scientifiques, il mène une réflexion philosophique, inspirée par l'hindouisme.

Un peu d'histoire

Chargé de faire un exposé sur la dualité onde-particule introduite par Louis de Broglie, Erwin Schrödinger se passionne sur le sujet. Il publie en 1926 des articles qui plantent les fondements de la mécanique ondulatoire ; on trouve dans le premier la célèbre équation qui porte son nom et dans le dernier, il montre l'identité du formalisme d'Heisenberg basé sur les matrices et le sien, unifiant ainsi la compréhension de la mécanique quantique. Il partage en 1933 le prix Nobel de physique avec Paul Dirac.

Ses échanges avec Einstein sur les fondements de la mécanique quantique restent mémorables ; l'avis des deux hommes diffère sur de nombreux points. C'est dans ce cadre-là que Schrödinger imagine le chat qui le rendra célèbre conçu pour illustrer l'influence de la mesure sur la nature du système quantique étudié.

Objectifs

Ce qu'il faut connaître

- ▷ La forme des solutions stationnaires de l'équation de Schrödinger à une dimension dans une zone de l'espace où le potentiel est constant
- ▷ La quantification de l'énergie pour un état lié
- ▷ Pour un état de diffusion, l'existence de coefficients de réflexion et de transmission dans la zone d'action du potentiel
- ▷ Le modèle du puits infiniment profond et ses conséquences. Connaître des exemples de systèmes quantiques réels se rapprochant de ce modèle
- ▷ Le modèle de la marche de potentiel. Connaître des exemples de systèmes quantiques réels se rapprochant de ce modèle
- ▷ Le modèle de la barrière rectangulaire de potentiel. La forme du coefficient de transmission et son lien avec l'effet tunnel
- ▷ Connaître les applications classiques de l'effet tunnel

Ce qu'il faut savoir faire

- ▷ Exprimer les solutions mathématiques de l'équation de Schrödinger stationnaire dans chaque zone de potentiel constant
- ▷ Utiliser les conditions de normalisation et les conditions aux limites pour exprimer les solutions physiques
- ▷ Utiliser les conditions de raccordement
- ▷ Savoir obtenir l'équation de quantification
- ▷ Savoir mener une analyse graphique pour résoudre une équation transcendante permettant d'obtenir les niveaux d'énergie d'une particule dans un état lié
- ▷ Savoir le cas échéant exploiter la symétrie du potentiel
- ▷ Savoir utiliser les densités de courant de probabilité pour exprimer des coefficients de réflexion et de transmission et savoir les exploiter (MP)
- ▷ Savoir exploiter des coefficients de réflexion et de transmission fournis (MPI)
- ▷ Savoir analyser, dans le contexte d'effet tunnel, l'influence des caractéristiques de la barrière de potentiel en s'appuyant sur l'expression approchée du coefficient de transmission

■■ Résumé de cours

■ Équation de Schrödinger dans un potentiel constant

❑ Nature des solutions

Pour une particule d'énergie E et de fonction d'onde stationnaire $\varphi(x)$ soumise à une énergie potentielle V constante dans un domaine de l'axe (Ox), l'équation de Schrödinger stationnaire à une dimension suivant (Ox) s'écrit :

$$\boxed{\frac{\mathrm{d}^2}{\mathrm{d}x^2}\varphi(x)+\frac{2m}{\hbar^2}[E-V]\varphi(x)=0}.$$

La nature des solutions dépend du signe de $E-V$:
Si $E>V$: les solutions sont de la forme sinusoïdale.
Si $E<V$: les solutions sont de la forme exponentielle.

⇨ **Méthode 18.1. Quelle est la forme des solutions ?**

❑ Traitement d'un problème d'état lié ou d'état de diffusion

Suivant qu'on traite d'un **état lié** ou de **diffusion** (voir le chapitre précédente), les conditions aux limites portant sur les fonctions d'onde solutions de l'équation de Schrödinger stationnaire à une dimension dans les différentes régions de potentiel constant, sont différentes.
Dans le cas d'un **état lié**, elles vont aboutir à la **quantification de l'énergie**. On cherche donc à déterminer le **spectre discret d'énergie**.

⇨ **Méthode 18.2. Comment traiter un problème d'état lié ?**

Remarque

Lorsque le potentiel présente une *symétrie* suffisante, on l'exploite pour simplifier le problème.

Dans le cas d'un **état de diffusion**, l'énergie n'est pas quantifiée. On cherche alors à déterminer les probabilités de réflexion et de transmission de la particule dans la zone d'action du potentiel, données par les coefficients de réflexion R et de transmission T. Pour cela on utilise les densités de courants de probabilité.

⇨ **Méthode 18.3. Comment traiter un problème d'état de diffusion ?**

■ Formes de potentiels classiques

❑ Le puits plat infiniment profond

La particule est confinée (état lié) dans le potentiel $V(x)$, nul pour $x\in[0,a]$ et infini partout ailleurs. Les régions $x<0$ et $x>a$ sont interdites à la particule, la fonction d'onde stationnaire y est nulle : $\boxed{\varphi(x<0)=\varphi(x>a)=0}$.

Les « parois » en $x=0$ et $x=a$ étant parfaitement réfléchissantes. Les conditions aux limites de la fonction s'écrivent : $\boxed{\varphi(x=0)=\varphi(x=a)=0}$.

Pour $x\in[0,a]$ la fonction d'onde stationnaire normalisée a pour expression : $\boxed{\varphi_n(x)=\sqrt{\dfrac{2}{a}}\sin(k_n x)}$, avec $\boxed{k_n=\dfrac{n\pi}{a}}$ vecteur d'onde quantifié prenant des valeurs discrètes indexées par n un entier strictement positif.

L'énergie est aussi quantifiée, avec pour la fonction d'onde d'ordre n : $\boxed{E_n=\dfrac{\hbar^2 k_n^2}{2m}=\dfrac{n^2\pi^2\hbar^2}{2ma^2}}$.

On peut faire le parallèle avec les modes propres d'une cavité électromagnétique (voir méthode 10.5) ou encore ceux d'une corde vibrante fixée à ses extrémités.
Les deux premiers niveaux d'énergie et les fonctions d'onde correspondantes sont de la forme :

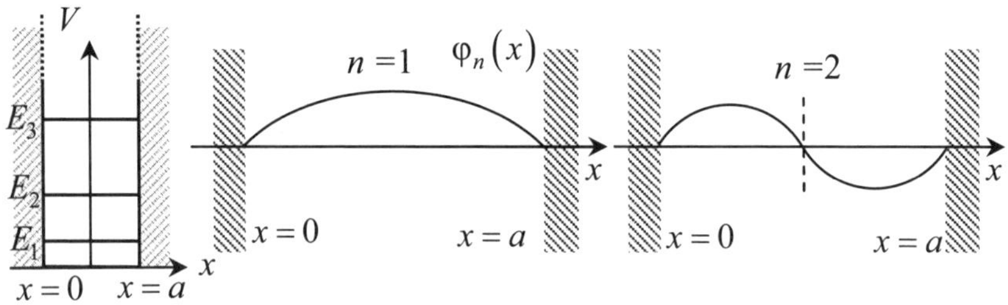

❑ Le modèle de la marche de potentiel

Lorsqu'une particule de masse m et d'énergie E provenant de $x\to-\infty$ interagit avec une « marche de potentiel » de hauteur V_0, deux cas sont à distinguer suivant la valeur de E par rapport à celle de V_0.

→ Dans le cas où $E>V_0$ la particule à une certaine probabilité de rebrousser chemin (réflexion sur la marche dans le milieu (1)) ou de franchir la marche (transmission dans le milieu (2)). Ces probabilités sont respectivement données par le coefficient de réflexion $\boxed{\mathrm{R}=1-\dfrac{4k_1}{(k_1+k_2)^2}}$ et de transmission $\boxed{\mathrm{T}=\dfrac{4k_1k_2}{(k_1+k_2)^2}}$ de la marche, avec $k_1=\dfrac{\sqrt{2mE}}{\hbar}$ et $k_2=\dfrac{\sqrt{2m(E-V_0)}}{\hbar}$.

En mécanique quantique, contrairement au cas classique, une particule incidente sur une marche de potentiel est partiellement réfléchie sans déphasage. On vérifie que $\mathrm{R}+\mathrm{T}=1$ ce qui traduit le fait certain que la particule est soit réfléchie soit transmise.

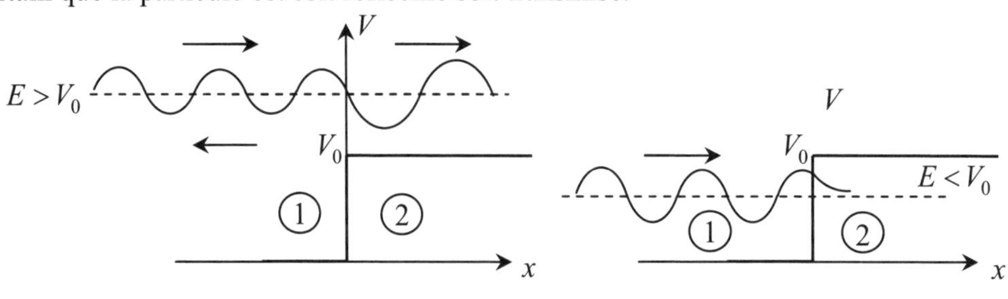

→ Dans le cas où $0 < E < V_0$, dans le cadre classique la zone (2) est interdite à la particule. En mécanique quantique, la particule pénètre dans la zone interdite sous forme d'une onde évanescente $\varphi_2(x) = A_2 e^{-q_2 x}$, avec $q_2 = \frac{i\sqrt{2m(V_0 - E)}}{\hbar}$, dont la portée dans le milieu (2) est de l'ordre de la distance $d = \frac{1}{q_2} = \frac{\hbar}{\sqrt{2m(V_0 - E)}}$.

⇨ **Méthode 18.3. Comment traiter un problème d'état de diffusion ?**

■ Effet tunnel et conséquences

❑ Barrière de potentiel, effet tunnel

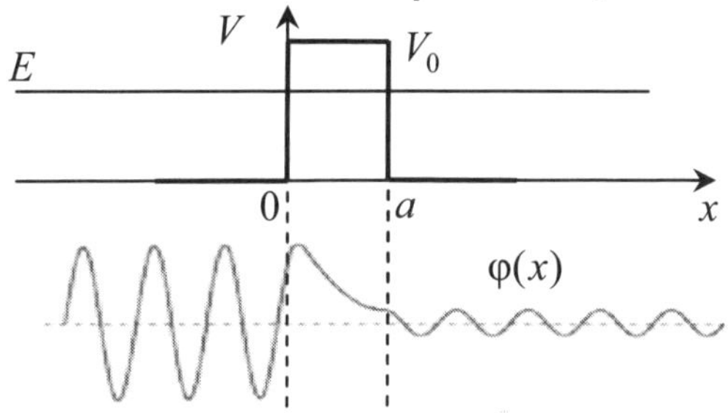

Une particule d'énergie E, incidente depuis $x \to -\infty$ sur une barrière de potentiel de largeur a et de hauteur $V_0 > E$ a une probabilité de passer derrière l'obstacle, dans la zone qui lui est classiquement interdite.
Dans la barrière, l'onde est évanescente avec une profondeur de pénétration notée d.
Lorsque l'épaisseur a de la barrière est très grande devant d, le coefficient de transmission de la barrière est très faible devant l'unité et son expression approchée est : $\boxed{T \approx e^{-2a/d}}$.

❑ Application à l'émission d'une particule Alpha

Une particule α (noyau d'Hélium) est composée de deux protons et de deux neutrons, elle est confinée dans un noyau lourd. L'émission α correspond au franchissement de la barrière de potentiel nucléaire d'une particule α par effet tunnel.

⇨ **Méthode 18.4. La radioactivité alpha**

❑ Application au microscope à effet tunnel

Dans un microscope à effet tunnel, l'espace vide entre la pointe du palpeur et la surface du conducteur à sonder est assimilée à une barrière de potentiel de largeur a. Les électrons à la surface la franchissent par effet tunnel, ce qui fait apparaître un courant tunnel I_{tunnel} dont la mesure permet de cartographier la surface du conducteur.

⇨ **Méthode 18.5. Le microscope à effet tunnel**

Méthodes

❑ Méthode 18.1. Quelle est la forme des solutions ?

Lorsqu'une particule est soumise à une énergie potentielle constante dans un domaine $[a,b]$ de l'axe (Ox), *l'équation de Schrödinger stationnaire* à une dimension suivant (Ox) s'écrit : $\dfrac{d^2}{dx^2}\varphi(x)+\dfrac{2m}{\hbar^2}[E-V]\varphi(x)=0$.

Deux cas sont alors à distinguer :

→ Cas où $E>V$: ce cas correspond classiquement à une énergie cinétique $E_c=E-V>0$ donc à une particule autorisée à se mouvoir dans l'intervalle $[a,b]$.

On pose $k^2=\dfrac{2m}{\hbar^2}(E-V)$, de sorte que l'équation de Schrödinger s'écrit $\dfrac{d^2}{dx^2}\varphi(x)+k^2\varphi(x)=0$ dont la solution est : $\varphi(x)=Ae^{ikx}+Be^{-ikx}$, où A et B sont des constantes à priori complexes.

Remarque : il est souvent plus rapide d'écrire dans ce cas :
$\varphi(x)=A\cos(kx)+B\sin(kx)$, où A et B sont des constantes réelles.

→ Cas où $E<V$: ce cas correspond classiquement à l'intervalle $[a,b]$ interdit puisque l'énergie cinétique $E_c=E-V$ est négative.

On pose alors $q^2=\dfrac{2m}{\hbar^2}(V-E)>0$, on a ainsi $\dfrac{d^2}{dx^2}\varphi(x)-q^2\varphi(x)=0$ dont la solution est de la forme exponentielle :
$\varphi(x)=A'e^{qx}+B'e^{-qx}$, où A' et B' sont des constantes à priori complexes.

⇨ **Exercices 18.1, 18.2, 18.3, 18.5, 18.8**

On considère le potentiel semi-infini donné par :

$$V(r)=\begin{cases}0 \quad pour \quad x>a\\ -V_0 \quad pour \quad 0<x<a\\ \infty \quad pour \quad x<0\end{cases}.$$

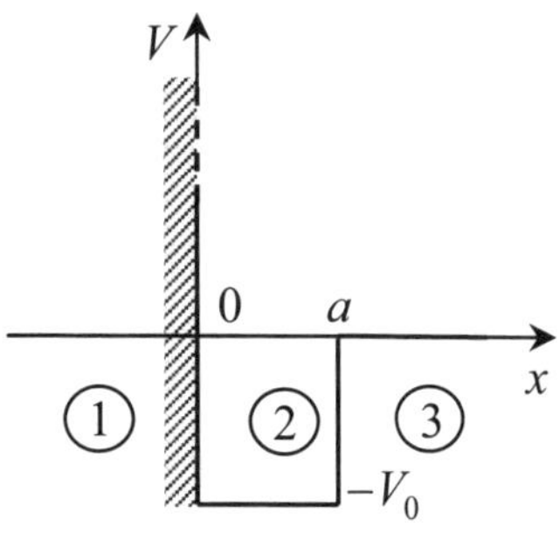

On considère le cas où $-V_0<E<0$. La paroi en $x=0$ étant parfaitement réfléchissante, la particule ne peut accéder à la région (1) et sa fonction d'onde y est nulle : $\varphi_1(x)=0$.

Dans la région (2) : $E>V(x)=-V_0$, on définit donc $k=\sqrt{2m(E+V_0)}/\hbar$ et la fonction d'onde s'écrit alors : $\varphi_2(x)=A_2e^{ikx}+B_2e^{-ikx}$.

Dans la région (3) : $E < V(x) = 0$, on définit donc $q = \sqrt{-2mE}/\hbar$ et la fonction d'onde s'écrit alors : $\varphi_3(x) = A_3 e^{qx} + B_3 e^{-qx}$.

❑ Méthode 18.2. Comment traiter un problème d'état lié ?

> Pour un problème d'état lié dans un potentiel constant par morceaux, on procède comme suit :
> 1) On vérifie pour commencer qu'on a bien affaire à un état lié.
> 2.a) On écrit (conformément à la méthode 18.1 ci-dessus) l'équation différentielle dans chaque domaine de potentiel constant identifié. On la résout pour obtenir la fonction d'onde stationnaire $\varphi(x)$ dans chaque domaine considéré.
> 2.b) On élimine immédiatement les termes qui divergent à l'infini de façon à assurer la *normalisabilité* de la fonction d'onde.
> 2.c) Lorsque le potentiel présente une *symétrie* suffisante, on exploite cette symétrie pour simplifier le problème en introduisant des *fonctions d'onde paires* et *impaires* dans les différents domaines identifiés.
> 3) On écrit les *conditions de raccordement* entre les différents domaines, c'est-à-dire la continuité de la fonction d'onde à la limite entre deux domaines de potentiels constants différents. On distingue deux cas :
> → Discontinuité finie : dans le cas où le potentiel admet une *discontinuité finie* en $x = x_{lim}$ on écrit la continuité de la fonction d'onde et de sa dérivée première : $\varphi_1(x_{lim}) = \varphi_2(x_{lim})$ et $\varphi'_1(x_{lim}) = \varphi'_2(x_{lim})$.
> → Dans le cas où le potentiel tend vers l'infini en $x = x_{lim}$ (« Paroi » parfaitement réfléchissante) φ est continu en x_{lim} et s'annule en $x = x_{lim}$: $\varphi(x_{lim}) = 0$. Par contre sa dérivée première est discontinue.
> 4) Dans le cas d'un *état lié*, de la condition de *normalisabilité* (point 2.b) combinée avec les conditions de raccordement (point 3) découle la *quantification de l'énergie* donc l'obtention d'un *spectre discret d'énergie*.
> 5) On termine en assurant la *normalisation* de la fonction d'onde des *états liés*.

⇨ **Exercices 18.1, 18.2, 18.7, 18.8 et 18.9**

On poursuit l'exemple débuté à la méthode précédente, en appliquant la méthode ci-dessus point par point :
Point 1) On note bien que le cas où $-V_0 < E < 0$ correspond à un état lié (la particule est classiquement contrainte à se déplacer dans l'intervalle $[0,a]$, nous examinerons ce qu'il en est dans le domaine quantique).
Point 2.a) D'après la méthode précédente, on obtient dans chaque zone :

$$\begin{cases} \varphi_1(x) = 0 \\ \varphi_2(x) = A_2 e^{ikx} + B_2 e^{-ikx} \\ \varphi_3(x) = A_3 e^{qx} + B_3 e^{-qx} = B_3 e^{-qx} \end{cases}, \text{ où l'on a posé : } q = \frac{\sqrt{-2mE}}{\hbar} \text{ et } k = \frac{\sqrt{2m(E+V_0)}}{\hbar}.$$

On a donc quatre constantes à déterminer, il nous faut donc quatre équations indépendantes : une provient de la normalisabilité, une de la continuité de φ en $x=0$ et deux de la continuité de φ et φ' en $x=a$.

Point 2.b) Pour assurer la normalisabilité on est conduit à prendre $A_3=0$ (pour annuler le terme divergeant lorsque $x\to+\infty$).

Point 3) On écrit les conditions de raccordement :

$\to$ En $x=0$ le potentiel admettant ici une discontinuité infinie, on ne peut imploser que la continuité de $\varphi : A_2+B_2=0$, d'où la condition $A_2=-B_2$ qui se traduit par $\varphi_2(x)=A_2\left(e^{ikx}-e^{-ikx}\right)$.

$\to$ En $x=a$ le potentiel n'admet qu'une discontinuité finie, φ et φ' sont alors continues en $x=a$, ce qui s'écrit : $\varphi_2(x=a)=\varphi_3(x=a)$ et $\dfrac{\mathrm{d}\varphi_2}{\mathrm{d}x}(x=a)=\dfrac{\mathrm{d}\varphi_3}{\mathrm{d}x}(x=a)$, d'où :

$$\begin{cases} A_2\left(e^{ika}-e^{-ika}\right)=B_3e^{-qa} \\ ikA_2\left(e^{ika}+e^{-ika}\right)=-qB_3e^{-qa} \end{cases}$$, soit en utilisant les formules d'Euler :

$$\begin{cases} 2iA_2\sin(ka)=B_3e^{-qa} \\ 2ikA_2\cos(ka)=-qB_3e^{-qa} \end{cases}$$. En formant le rapport de ces deux égalités membre à membre pour éliminer A_2 et B_3 on obtient l'équation liant *k* et *q* : $k\,\mathrm{cotan}(ka)=-q$ (1).

Comme *k* et *q* dépendent tous les deux de l'énergie *E*, cette équation ne peut être satisfaite que pour certaines valeurs particulières de E : *l'énergie est quantifiée.* L'équation (1) appelée équation de quantification est transcendante et ne peut donc se résoudre que numériquement ou graphiquement mais n'a pas de solutions analytiques. Nous allons mener une résolution graphique. Voyons comment procéder.

On élève au carré l'équation (1) : $k^2\mathrm{cotan}^2(ka)=q^2$, d'où compte tenu des expressions de *k* et *q* il vient : $2m(E+V_0)\dfrac{1-\sin^2(ka)}{\sin^2(ka)}=-2mE$, ce qui avec $E=\dfrac{\hbar^2k^2}{2m}-V_0$ se réécrit $\sin^2(ka)=\dfrac{\hbar^2k^2}{2mV_0}$. L'équation (1) est donc équivalente au système suivant : $\begin{cases} \left|\sin(ka)\right|=\dfrac{k}{k_0} \\ \tan(ka)<0 \end{cases}$, avec $k_0=\dfrac{\sqrt{2mV_0}}{\hbar}$. Le signe négatif de $\tan(ka)$ s'explique par le fait qu'ayant élevé au carré l'équation (1) nous avons perdu l'information sur le signe de $\mathrm{cotan}(ka)$ qui se retrouve ici.

Pour résoudre ce système d'équation, on trace la fonction $y = |\sin(ka)|$ et la droite $y = k / k_0$. Dans le diagramme (y, k) ci-dessous, les niveaux d'énergie sont déterminés par l'intersection entre la droite passant par l'origine et le point de coordonnées $(k_0, 1)$ (d'équation $y = k / k_0$ et pente $1 / k_0$) avec la partie décroissante des arcs de sinusoïde $y = |\sin(ka)|$ en trait plein. Les points notés P figurent les solutions. On montre ci-dessous le résultat pour deux valeurs différentes de k_0 :

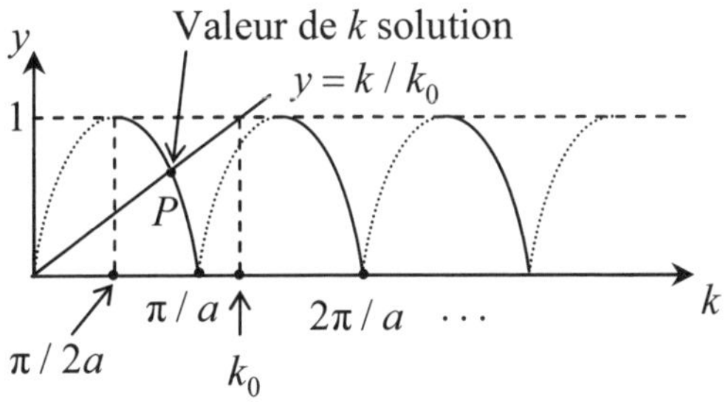

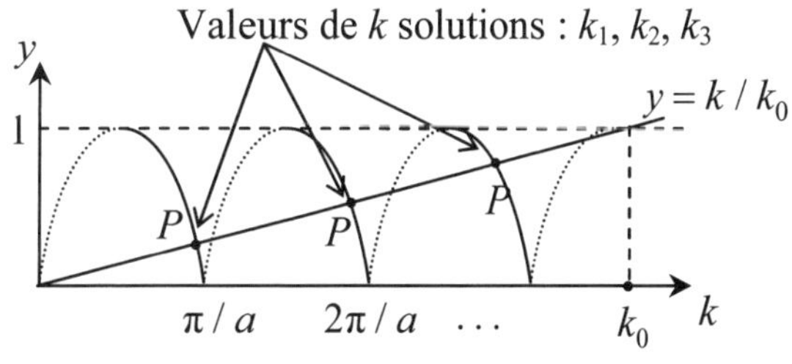

k prend donc des valeurs discrètes k_n où n est un entier strictement positif. Ainsi l'énergie est quantifiée : elle prend des valeurs discrètes dans un spectre indexé par n : $E_n = \dfrac{\hbar^2 k_n^2}{2m} - V_0$.

On constate graphiquement que si $k_0 < \dfrac{\pi}{2a}$ soit $V_0 < \dfrac{\hbar^2 \pi^2}{8ma^2}$, l'équation de quantification n'admet pas de solution : ceci correspond au cas où le puits n'est pas assez profond pour qu'il y existe un état lié. Le premier état lié apparaît lorsque k_0 dépasse la valeur $\pi / 2a$, c'est-à-dire lorsque $V_0 > \dfrac{\hbar^2 \pi^2}{8ma^2}$.

On constate, toujours graphiquement, qu'il apparaît d'autant plus de solutions que la pente de la droite $y = k / k_0$ est faible donc que k_0, c'est-à-dire V_0 est grand. On a donc d'autant plus de niveaux d'énergie différents que le puits est profond pour a fixé ou que le puits est large (a augmente) pour V_0 fixé.

On remarque, encore graphiquement, que pour $k_0 \to +\infty$, c'est-à-dire pour $V_0 \to +\infty$, on doit retrouver le puits infiniment profond. En effet, la droite $y = k / k_0$ est alors horizontale et on a alors $k_n \approx \dfrac{n\pi}{a}$ comme dans un puits infini de même largeur a, et en rapportant l'origine des niveaux d'énergie au fond du puits (c'est-à-dire en posant $E'_n = E_n + V_0$), on retrouve l'expression des niveaux du puits infiniment profond : $E'_n \approx \dfrac{n^2 \pi^2 \hbar^2}{2ma^2}$.

On a représenté ci-dessous l'allure des trois premiers états liés du demi-puits infini :

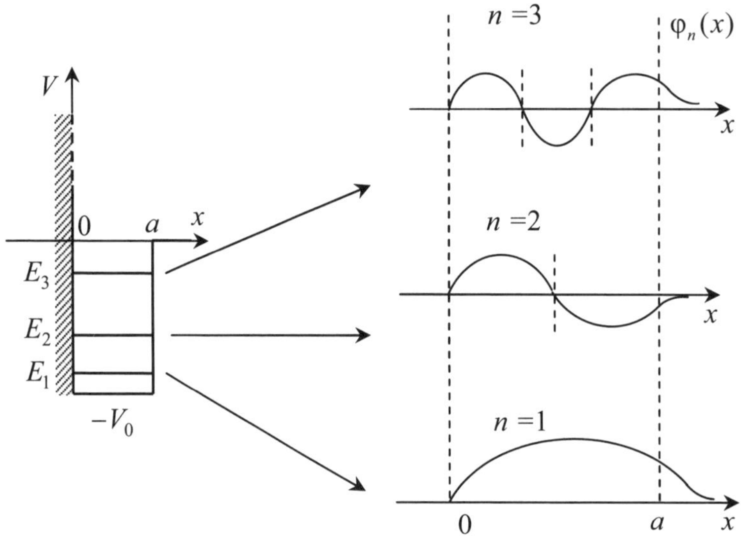

On peut dire que, par rapport au puits infini, le puits semi-infini a une largeur effective plus importante, puisque la particule explore une petite distance dans la zone interdite $x > a$ sous la forme d'une onde évanescente (fonction d'onde réelle décroissant exponentiellement avec la distance).

❑ Méthode 18.3. Comment traiter un problème d'état de diffusion ?

Dans un problème d'état de diffusion dans un potentiel constant par morceaux, on procède comme suit :

1) On vérifie pour commencer si on a bien affaire à un état de diffusion.

2.a) On écrit (conformément à la méthode 18.1) l'équation différentielle dans chaque domaine de potentiel constant identifié. On la résout pour obtenir $\varphi(x)$ dans chaque domaine considéré.

b) On élimine les termes non conformes à *l'analyse physique du problème*.

3) On écrit les *conditions de raccordement* entre les différents domaines. Même conditions que dans la méthode précédente.

4) Dans le cas d'un *état de diffusion* le spectre d'énergie forme un *continuum*. La problématique ne consiste donc pas à chercher des énergies quantifiées mais à déterminer les probabilités de réflexion et de transmission de la particule dans la zone d'action du potentiel. Elles sont données par les coefficients de réflexion R et de transmission T, obtenues en formant les rapports des densités de courants de probabilité correspondant aux ondes incidentes, réfléchies et transmises.

5) Pour les *états de diffusion* les fonctions d'onde ne sont *pas normalisables*. La solution physique est constituée par un *paquet d'ondes* qui est lui *normalisable*.

⇨ **Exercices 18.3, 18.4, 18.5**

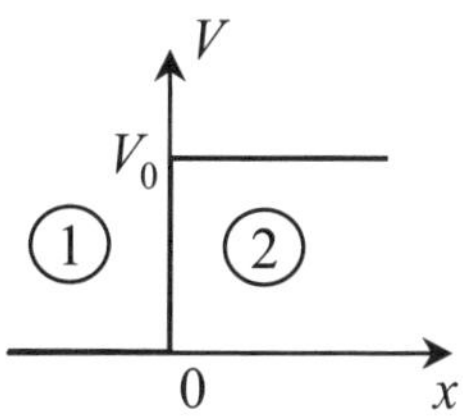

On considère une particule provenant de $-\infty$ suivant l'axe (Ox) et interagissant avec une « marche de potentiel » de la forme suivante : $\begin{cases} V(x)=V_0 & \text{pour } x>0 \\ V(x)=0 & \text{pour } x<0 \end{cases}$. On considère le cas où $E>V_0$.

Étape 1 : on reconnaît dans ce cas un état de diffusion, la particule pouvant « partir » à l'infini.

Étape 2.a) : on obtient pour les deux régions concernées :

$\begin{cases} \varphi_1(x)=A_1\,e^{i k_1 x}+B_1\,e^{-i k_1 x} \\ \varphi_2(x)=A_2\,e^{i k_2 x}+B_2\,e^{-i k_2 x} \end{cases}$ où l'on a posé : $k_1=\dfrac{\sqrt{2mE}}{\hbar}$ et $k_2=\dfrac{\sqrt{2m(E-V_0)}}{\hbar}$ avec des constantes à priori complexes.

Étape 2.b) : analysons la physique du problème et la compatibilité des solutions avec le problème posé : le terme $A_1\,e^{i k_1 x}$ correspond à une onde plane associée à la particule provenant de $x\to-\infty$ et se dirigeant suivant les x croissants dans la région (1) : c'est donc l'onde incidente annoncée dans l'énoncé. Le terme $B_1\,e^{-i k_1 x}$ correspond à une onde se propageant en sens inverse, donc à la réflexion sur la marche de potentiel. Le terme $A_2\,e^{i k_2 x}$ correspond à l'onde plane associée à la particule qui a franchi l'obstacle en $x=0$ et se dirige suivant les x croissants (ce qui est possible puisque son énergie E est supérieure à V_0) : c'est donc l'onde transmise. Le terme $B_2\,e^{-i k_2 x}$ correspondrait à une onde plane se dirigeant suivant les x décroissants dans la région (2) et provenant donc soit d'une seconde réflexion soit d'une autre source en $+\infty$! Ni l'un ni l'autre ne correspond à la situation physique décrite dans l'énoncé, on élimine donc ce terme en posant $B_2=0$.

On notera que le terme $\exp(i k x)$ (avec un signe + dans le terme de phase) correspond à une OPPM associée à une particule provenant de $-\infty$ et se dirigeant suivant les x croissants.

Étape 3 : on écrit les conditions de raccordement en $x=0$. Le potentiel n'admettant ici qu'une discontinuité finie, φ et φ' sont continues en $x=0$, ce qui s'écrit explicitement : $\varphi_1(x=0)=\varphi_2(x=0)$ et $\dfrac{d\varphi_1}{dx}(x=0)=\dfrac{d\varphi_2}{dx}(x=0)$, relations qui conduisent à

$\begin{cases} A_1+B_1=A_2 \\ i k_1 A_1 - i k_1 B_1 = i k_2 A_2 \end{cases}$, soit $\begin{cases} r=\dfrac{B_1}{A_1}=\dfrac{k_1-k_2}{k_1+k_2} \\ t=\dfrac{A_2}{A_1}=\dfrac{2k_1}{k_1+k_2} \end{cases}$, où r et t ne sont autre que les *coefficients de réflexion et de transmission pour la fonction d'onde.*

On remarquera que, ces deux rapports étant réels et positifs (en effet $k_1>k_2$), il n'y a pas de déphasage à la réflexion ou à la transmission.

Remarque importante : On a ici trois constantes d'intégration pour seulement deux conditions de raccordement, on peut donc exprimer deux des constantes en fonction d'une troisième et ceci

pour toute valeur de l'énergie : l'énergie n'est donc pas quantifiée, le spectre d'énergie forme un continuum.

Étape 4 (MP) : recherchons les coefficients de réflexion R et de transmission T pour la densité de probabilité (ou de courant de probabilité ce qui est équivalent). Ces coefficients traduisent respectivement la probabilité pour qu'une particule provenant de $-\infty$ retourne en arrière ou franchisse la marche. Ils sont formés à partir des densités de courant de probabilité associée à l'onde plane $\vec{J}=|\varphi(x)|^2\dfrac{\hbar\vec{k}}{m}$ de la façon suivante :

$\mathrm{R}=\dfrac{J_r}{J_i}$ où $J_i=|A_1|^2\dfrac{\hbar k_1}{m}$ est la densité linéique de courant de probabilité associée à l'onde plane incidente $A_1 e^{ik_1x}$ dans la zone (1), $J_r=|B_1|^2\dfrac{\hbar k_1}{m}$ est la densité linéique de courant de probabilité associée à l'onde plane réfléchie $B_1 e^{-ik_1x}$ dans la zone (1).

$\mathrm{T}=\dfrac{J_t}{J_i}$ où $J_t=|A_2|^2\dfrac{\hbar k_2}{m}$ est la densité linéique de courant de probabilité associée à l'onde plane transmise $A_2 e^{ik_2x}$ dans la zone (2). Ainsi : $\begin{cases}\mathrm{R}=\left|\dfrac{B_1}{A_1}\right|^2=\dfrac{(k_1-k_2)^2}{(k_1+k_2)^2}=1-\dfrac{4k_1}{(k_1+k_2)^2}\\ \mathrm{T}=\left|\dfrac{A_2}{A_1}\right|^2\dfrac{k_2}{k_1}=\dfrac{4k_1k_2}{(k_1+k_2)^2}\end{cases}$.

Ces expressions sont admises en MPI.
On vérifie que $\mathrm{R}+\mathrm{T}=1$ ce qui traduit le fait certain que la particule est soit réfléchie soit transmise. Ainsi, en mécanique quantique, contrairement au cas classique, une particule incidente sur une marche de potentiel est partiellement réfléchie sans déphasage.
On considère à présent le cas où $0<E<V_0$. On peut alors remplacer k_2 par iq_2 avec $q_2=\dfrac{i\sqrt{2m(V_0-E)}}{\hbar}$ car $k_2=\dfrac{\sqrt{2m\overbrace{(E-V_0)}^{<0}}}{\hbar}=\dfrac{i\sqrt{2m(V_0-E)}}{\hbar}$. Le rapport des amplitudes incidente et réfléchie $\dfrac{B_1}{A_1}=\dfrac{k_1-iq_2}{k_1+iq_2}$ est maintenant complexe, il y a un déphasage à la réflexion lié au retard que prend la particule en pénétrant dans la zone interdite sous forme d'onde évanescente : $\varphi_2(x)=A_2 e^{ik_2x}=A_2 e^{-q_2x}$ dont la portée dans le milieu (2) est de l'ordre de la distance $d=\dfrac{1}{q_2}=\dfrac{\hbar}{\sqrt{2m(V_0-E)}}$.

Dans le cas limite où $V_0\to+\infty$, on a $q_2\to+\infty$ et par suite $r=\dfrac{B_1}{A_1}\to-1$: il apparaît donc un déphasage de π à la réflexion sur une paroi parfaitement réfléchissante. De plus, dans ce cas, la portée de l'onde évanescente dans le milieu (2) tend vers zéro, ce qui avec la condition

$A_1 + B_1 \to 0$ entraîne la nullité de la fonction d'onde en $x = 0$ et sa continuité en ce point. Par contre sa dérivée, qui passe brutalement de la valeur $i k_1 A_1 - i k_1 B_1 = 2 i k_1 A_1$ à zéro, est discontinue.

❑ Méthode 18.4. La radioactivité alpha

Citer des applications de l'effet tunnel est une compétence au programme. L'explication de la radioactivité alpha est une des applications les plus classiques de l'effet tunnel. Historiquement, c'est le physicien russe G. Gamov qui en 1928 prouvé l'excellent accord entre les expériences menées sur des noyaux lourds radioactifs et ce que prévoyait la mécanique quantique. Il s'agira donc d'expliquer l'émission de particules α, à savoir un noyau d'hélium ${}_2^4He$, par un noyau lourd ${}_Z^AX$ suivant la réaction : ${}_Z^AX \to {}_{Z-2}^{A-4}Y + {}_2^4He$, en appliquant l'effet tunnel à des particules α passant la barrière de potentiel nucléaire. On peut s'appuyer sur l'expression du coefficient de transmission d'une barrière de potentiel épaisse $\mathrm{T}(x) \approx \exp\left[-\frac{2}{\hbar}\int_{x_1}^{x_2}\sqrt{2m\big(V(x)-E\big)}\,\mathrm{d}x\right]$ qu'il s'agira de savoir exploiter. Ci-après nous proposons une façon de procéder.

⇨ **Exercices 18.5 et 18.6**

Tout d'abord il faut savoir de quoi est constituée une particule α : elle est composée de deux protons et de deux neutrons, elle a une masse m = 6,4 10^{-27} kg et une charge $2e$.
La particule α est supposée préexistante dans le noyau de rayon R où elle est confinée par interaction forte bien plus attractive que l'interaction coulombienne répulsive due aux autres protons du noyau. Les particules α sont émises avec des énergies comprises entre environ 4 et 9 meV (se souvenir à ce propos qu'un eV est environ égal à $1{,}6\cdot 10^{-19}$ J, c'est l'énergie acquise par un électron dans une ddp de un Volt). Les longueurs d'onde de De Broglie $\lambda = \frac{h}{\sqrt{2mE}}$ sont de l'ordre de 10^{-15} m, c'est-à-dire un fermi, qui est l'ordre de grandeur du noyau émetteur. De ce point de vue, la particule fait des allers-retours dans le noyau, assimilé à un demi-puits de potentiel de hauteur V_0 de l'ordre de quelques dizaines de meV. Pour $r > R$ la particule est soumise à un potentiel répulsif lié à la force coulombienne répulsive entre la charge $2e$ de la particule α et celle (Z–2)e du reste du noyau : $V(r) = \frac{2(Z-2)e^2}{4\pi\varepsilon_0 r}$. La figure 1 ci-dessous présente l'allure de la barrière de potentiel dans ce modèle. Compte tenu de la symétrie de révolution du problème, l'unique paramètre est r.

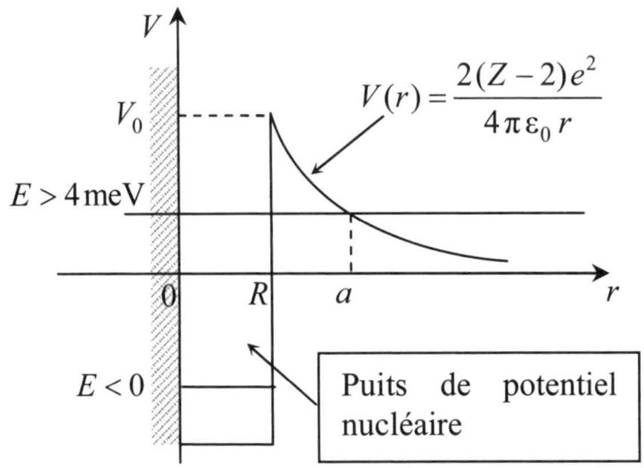

Figure 1

Lien entre les données numériques concernant l'énergie des particules émises et la forme du potentiel ci-dessus : pour $E < 4\,\text{meV}$, la barrière est tellement épaisse que la particule a très peu de chance de la franchir par effet tunnel (le coefficient de transmission étant trop faible). C'est pourquoi aucune particule alpha d'énergie inferieure à $4\,\text{meV}$ n'est émise par un radionucléide.

Exploitation de l'expression de $\mathrm{T} \approx \exp\left[-\dfrac{2}{\hbar}\displaystyle\int_R^a \sqrt{2m\big(V(r)-E\big)}\,\mathrm{d}r\right]$ fournie : on détermine l'épaisseur de la barrière comme suit : pour $E < 0$, la particule alpha est confinée dans le puits de potentiel nucléaire attractif et ne peut quitter le noyau. Pour $E > 4\,\text{meV}$, la particule « voit » une barrière de potentiel épaisse. Elle a une probabilité (donnée par T) de franchir cette barrière par effet tunnel. L'épaisseur de la barrière est $a - R$ où a est donné par $E = V(a) = \dfrac{2(Z-2)e^2}{4\pi\varepsilon_0 a}$,

ce qui conduit à $a = \dfrac{2(Z-2)e^2}{4\pi\varepsilon_0 E}$. La forme de cette barrière est une hyperbole, ce qui permet d'expliciter T dans ce contexte :

$\mathrm{T} \approx \exp\left[-\dfrac{2}{\hbar}\displaystyle\int_R^a \sqrt{2m\big(V(r)-E\big)}\,\mathrm{d}r\right]$, s'écrit en posant $\chi = \dfrac{1}{\hbar}\sqrt{\dfrac{4m(Z-2)ae^2}{4\pi\varepsilon_0}}$:

$\mathrm{T} \approx \exp\left[-\dfrac{2\chi}{\sqrt{a}}\displaystyle\int_R^a \sqrt{\dfrac{1}{r}-\dfrac{1}{a}}\,\mathrm{d}r\right]$.

Le calcul de cette intégrale se fait en posant le changement de variable $\cos^2 x = \dfrac{r}{a}$ et $\cos^2 x_0 = \dfrac{R}{a}$, pour se ramener à $2\sqrt{a}\displaystyle\int_0^{x_0} \sin^2 x\,\mathrm{d}x = \dfrac{\sqrt{a}}{2}\big(2x_0 - \sin 2x_0\big)$, avec $R \ll a$, on obtient : $\sqrt{a}\left(\pi/2 - 2\sqrt{R/a}\right)$.

Ainsi on obtient $\mathrm{T} \approx \exp\left[-\chi\left(\pi - 4\sqrt{R/a}\right)\right]$.

Pour juger de l'adéquation entre ce modèle et les résultats expérimentaux, vérifions la cohérence entre les ordres de grandeur de T donnés par ce modèle et la période radioactive du radionucléide considéré.

Par exemple pour l'Uranium 238 : ${}^{238}_{92}U$, on a : $\chi \approx 55$, $\sqrt{R/a} \approx 0{,}38$ et on trouve $T \approx 2 \cdot 10^{-39}$.

Pour faire le lien entre T et la constante radiaoactive λ, liée à la période radioactive θ par $\theta = \ln 2/\lambda$, on procède comme suit : la vitesse de la particule dans le puits est de l'ordre de $10^7\ \mathrm{m \cdot s^{-1}}$, elle effectue donc chaque seconde de l'ordre de 10^{21} allers-retours dans le noyau dont le rayon R est de l'ordre de $10^{-14}\ \mathrm{m}$. À chaque choc sur la paroi du puits, la probabilité d'émission de la particule α correspond à la probabilité de passage de la barrière. Elle est donnée par T. Ainsi la probabilité de passer la barrière par unité de temps qui n'est autre que λ est donnée par $\lambda \approx 10^{21} \times T \approx 2 \cdot 10^{-18}\ \mathrm{s^{-1}}$.

Expérimentalement la loi de désintégration radioactive $N(t) = N_0 e^{-\lambda t}$, où $N(t)$ est le nombre d'atomes restant à t sur un nombre initial de N_0, fournit $\lambda \approx 5 \cdot 10^{-18}\ \mathrm{s^{-1}}$. Le modèle donne donc le bon ordre de grandeur.

❑ Méthode 18.5. Le microscope à effet tunnel

> Dans les applications classiques de l'effet tunnel, convient de connaître les rudiments du fonctionnement d'un microscope à effet tunnel. Sa mise au point par Binnig et Rohrer date de 1985, ils obtiennent le prix Nobel de Physique 1986. On déplace une pointe atomique (très fine) au voisinage de la surface d'un échantillon conducteur. L'espace vide a, de quelques angströms, entre la pointe et la surface à sonder joue le rôle de barrière de potentiel pour les électrons. En appliquant une ddp entre la pointe et l'échantillon, les électrons peuvent passer par effet tunnel, des niveaux occupés de la pointe aux niveaux vacants de l'échantillon, ce qui produit un courant macroscopique dit courant tunnel I_{tunnel}, qui dépend très fortement de a. En déplaçant la pointe à la surface de l'échantillon tout en mesurant I_{tunnel} on obtient une cartographie de la surface avec une résolution atomique !

⇨ **Exercices 18.5 et 18.6**

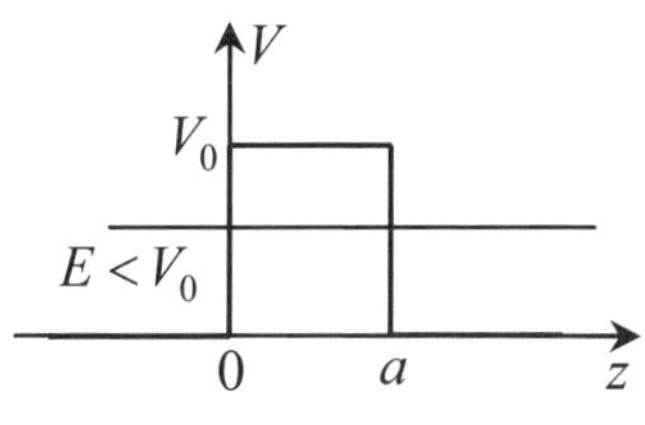

L'intensité du courant tunnel est proportionnelle au coefficient de transmission T de la barrière, donc $I_{tunnel} \propto e^{-2qa}$ où $q = \dfrac{\sqrt{2m(V_0 - E)}}{\hbar}$ avec V_0 la hauteur de la barrière et E l'énergie des électrons la franchissant. Le fait que I_{tunnel} soit proportionnel à e^{-2qa} est explicable simplement en se souvenant que T donne la probabilité qu'a un électron de franchir la barrière et que le courant est directement lié au flux d'électron.

Vérifions que l'on se trouve bien en présence d'une barrière « épaisse » ce qui permettra d'écrire la dépendance en e^{-2qa} du courant tunnel. Rappelons à ce sujet (voir exercice 18.5) que le coefficient de transmission d'une barrière de largeur a s'écrit : $\mathrm{T}=\dfrac{1}{1+\dfrac{1}{4}\left(\dfrac{q}{k}+\dfrac{k}{q}\right)^2 \mathrm{sh}^2(qa)}$, où $k=\dfrac{\sqrt{2mE}}{\hbar}$.

Dans le cas où $qa \gg 1$ et $q \gg k$, condition qui correspond à une barrière dont l'épaisseur a est très grande devant $1/q$, qui est la portée de l'électron dans la zone classiquement interdite sous la barrière, l'expression approchée de T devient : $\mathrm{T}\approx\dfrac{16}{(q/k)^2}e^{-2qa} \propto e^{-2qa}$.

Analysons à présent la validité du modèle de la barrière de profil rectangulaire par une analyse des ordres de grandeur. On ne peut pas toujours modéliser une barrière de potentiel dont l'allure est donnée en figure (a) par une barrière rectangulaire dont l'allure est celle donnée en figure (b).

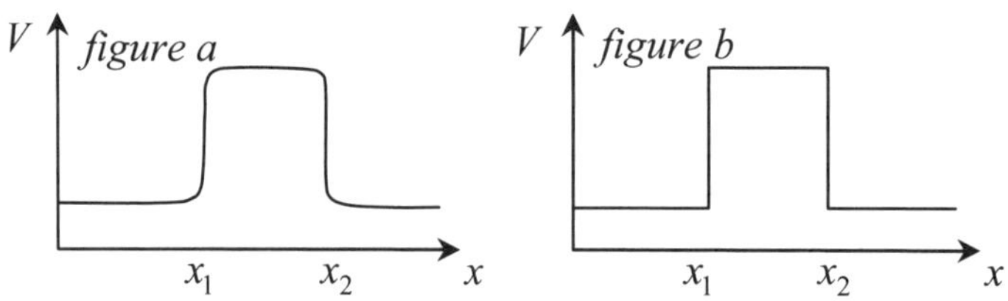

En réalité le potentiel varie continument, mais très fortement au voisinage de $x=x_1$ (forte augmentation) et de $x=x_2$ (forte diminution). Lorsque ces variations se font sur des échelles spatiales très faibles devant la longueur d'onde λ de De Broglie associée à la particule soumise à ce potentiel, on peut modéliser le potentiel en figure (a) par celui en figure (b). Cependant pour une particule très énergétique, donc de longueur d'onde de De Broglie très courte, cette approximation n'est plus valable.

Evaluation numérique de T en (on se reportera à la question 3.c de l'exercice 18.5). Ce point est essentiel puisque la résolution de l'appareil est précisément liée à la l'extrême sensibilité de l'exponentielle en fonction de la distance a entre l'échantillon et la pointe.

En pratique, pour obtenir la topographie d'une surface, un asservissement utilisant des cristaux piézoélectriques permet de déplacer la pointe au dessus de l'échantillon avec une précision de l'ordre de l'angström. Ceci autorise un ajustement de la distance a pour que le courant tunnel soit constant lorsque la pointe balaye la surface de l'échantillon. En enregistrant le déplacement de la pointe on recompose la géométrie de la surface de l'échantillon. La grande sensibilité à la distance a de la fonction exponentielle dans le courant tunnel permet d'obtenir une résolution maximale de l'ordre de 0,01 nm.

On obtient ainsi des informations sur les fonctions d'onde des atomes d'une surface, en fait sur la distribution spatiale de la densité électronique liée au réseau d'atomes. L'image ci-dessous, montre des impuretés de zinc sous une surface d'arséniure de gallium.

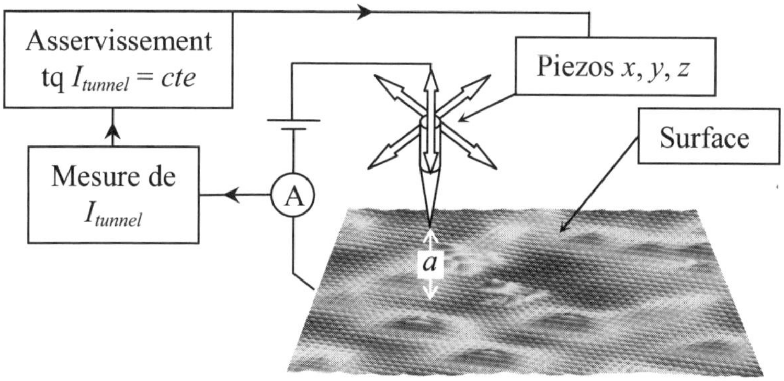

(Image d'après photothèque CNRS/ENIM)

Analysons l'importance de la ddp appliquée entre la surface de l'échantillon et la pointe : on considère de façon très simplifiée que les électrons à la surface de l'échantillon voient une barrière de potentiel de profil rectangulaire de hauteur V_0. L'application d'une ddp entre la surface de l'échantillon et la pointe permet de réduire la largeur effective de la barrière de potentiel que doivent franchir les électrons pour s'extraire de la surface du métal. En effet, l'application d'une ddp U entre la surface et la pointe entraîne l'apparition d'un champ électrostatique $\vec{E}$. L'énergie potentielle électrostatique correspondant a pour expression : $W_e = qU = -eU = -eEz$. Ainsi, en présence de cette ddp, l'électron à la surface du métal de l'échantillon voit une barrière de potentiel trapézoïdale dissymétrique. Seuls les électrons d'énergie E telle que $V_0 - eU < E < V_0$ sont susceptibles de franchir la barrière.

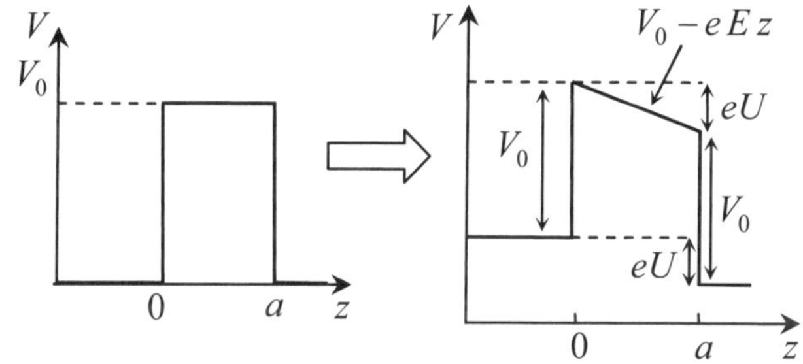

Comme le montre le schéma ci-dessus, l'augmentation de l'intensité du champ électrique, en agissant sur la pente du potentiel de barrière, a pour effet de diminuer l'épaisseur effective de la barrière, ce qui augmente le coefficient de transmission T. Cette technique permet, outre la visualisation de la surface à l'échelle atomique, de manipuler des atomes en les « arrachant » à l'aide de la pointe pour les déposer très précisément sur la surface d'un cristal, ce qui a des applications en nanoélectronique. Des chercheurs de IBM Almaden ont ainsi manipulé un à un des atomes de fer pour les déposer sur une surface de cuivre de cette façon pour former des structures dites corral quantique.

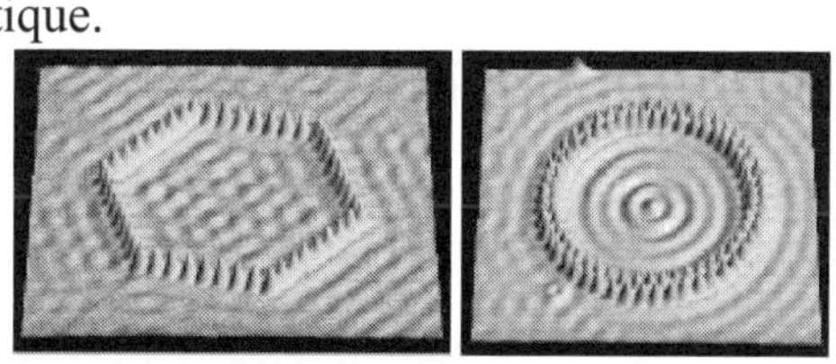

(Image d'après almaden.ibm.com)

Vrai/Faux

	Vrai	Faux
1. Dans l'expression $E_n = \dfrac{n^2 \pi^2 \hbar^2}{2ma^2}$ de l'énergie d'une particule confinée dans un puits plat infini, la valeur $n = 0$ est conforme à l'inégalité d'Heisenberg.	☐	☐
2. L'existence d'une énergie de point zéro caractéristique d'une particule confinée dans un puits infini de largeur a se retrouve en écrivant l'inégalité d'Heisenberg sous la forme $\Delta x \, \Delta p \geq h$.	☐	☐
3. Dans un puits plat infiniment profond, entre deux zéros de la fonction d'onde du niveau d'ordre n, il existe un zéro du niveau d'ordre $n+1$.	☐	☐
4. La quantification des états d'une particule confinée dans un puits infiniment profond est d'autant moins marquée que le puits est large.	☐	☐
5. Une marche de potentiel de hauteur V_0 modélise une interaction répulsive.	☐	☐
6. Une particule d'énergie E provenant de $x \to -\infty$ sur une marche de potentiel de hauteur V_0 située en $x = 0$ est toujours transmise dans la région des $x > 0$ où sa fonction d'onde est alors progressive.	☐	☐
7. En posant un œuf dans la porte de votre frigo, il est possible qu'il la traverse par effet tunnel et se brise au sol.	☐	☐
8. La particule transmise par effet tunnel derrière une barrière de potentiel a une probabilité de présence réduite par rapport à celle de la particule incidente, de même qu'une énergie moins importante.	☐	☐
9. Le principe de fonctionnement du microscope à effet tunnel repose sur la dépendance exponentielle du courant tunnel en fonction de la distance entre la pointe du palpeur et la surface à imager.	☐	☐
10. Le courant tunnel est directement mesurable avec un ampèremètre.	☐	☐
11. Dans l'émission d'une particule alpha, un noyau d'Hélium supposé préexistant franchi la barrière de potentiel nucléaire par effet tunnel.	☐	☐

Énoncé des exercices

❑ Exercice 18.1. Le puits plat infiniment profond

On considère le puits de potentiel donné par $V(x)=0$ pour $x \in [0,a]$ et infini partout ailleurs. Une particule d'énergie E est confinée dans ce puits. On pose $k^2 = \dfrac{2mE}{\hbar^2}$.

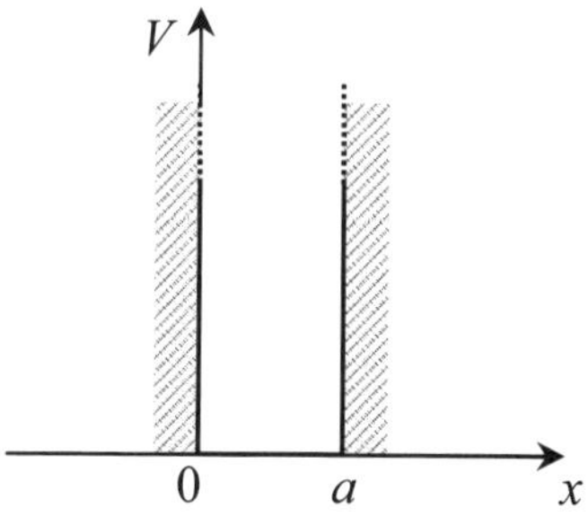

1. Montrer que, dans le puits, tout se passe comme si la particule était libre en dehors des zones d'interaction avec les parois en $x=0$ et $x=a$. Que valent sa densité de probabilité et sa fonction d'onde en dehors du puits ?

2. Exprimer les fonctions d'ondes stationnaires associées à la particule pour $x \in [0,a]$ en fonction de k et de deux constantes qu'on notera A et B, puis montrer que $k = \dfrac{n\pi}{a}$, où n est un entier strictement positif. Quel est le sens physique de cette égalité ?

3. Déduire de ce qui précède le spectre d'énergie de la particule indexé par n ainsi que ses fonctions d'ondes stationnaires sous leur forme normalisées.
Commenter physiquement le cas $n = 1$. Tracer l'allure des trois premiers niveaux d'énergie et des fonctions d'ondes stationnaires correspondantes.

❑ Exercice 18.2. Le Deutéron

Le deutéron est le noyau de l'atome d'Hydrogène constitué d'un neutron de masse m_n et d'un proton de masse m_p. On traite ce problème à deux corps en considérant une particule fictive de masse réduite $m = \dfrac{m_n m_p}{m_n + m_p}$ soumise au potentiel de Yukawa, qui modélise l'interaction nucléaire et dont l'allure est donnée ci-contre. On observe expérimentalement que le deutéron est le seul état lié stable du système proton-neutron, et que son énergie de liaison vaut $E_l = -2{,}2\,\text{MeV}$. L'ordre de grandeur de la portée de l'interaction nucléaire est $a \approx 1$ fm qui est donc le rayon du noyau.

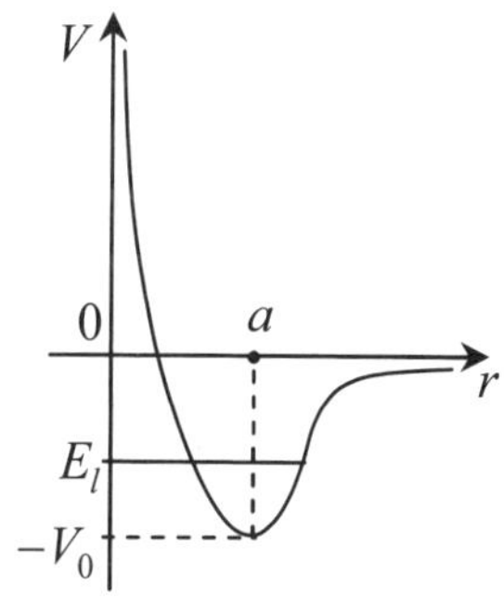

1. Commenter physiquement la forme de ce potentiel et proposer, en se plaçant à une dimension radiale, une modélisation simplifiée utilisant un potentiel constant par morceaux dans trois régions distinctes que l'on précisera.

2. Donner la forme des fonctions d'onde de l'état stationnaire du système dans les trois régions considérées. En déduire une équation de quantification de la forme :

$$\begin{cases} |g(ka)| = \dfrac{k}{k_0} \\ h(ka) < 0 \end{cases}, \text{ avec } k_0 = \frac{\sqrt{2mV_0}}{\hbar}$$, où les fonctions g et h seront précisées.

3. Vérifier que les solutions de l'équation de quantification peuvent être obtenues graphiquement à l'aide du diagramme (y,k) ci-dessous. Les niveaux d'énergie y sont déterminés par l'intersection entre la droite d'équation $y = k / k_0$ et la partie décroissante des arcs de sinusoïde $y = |\sin(ka)|$ en trait plein.

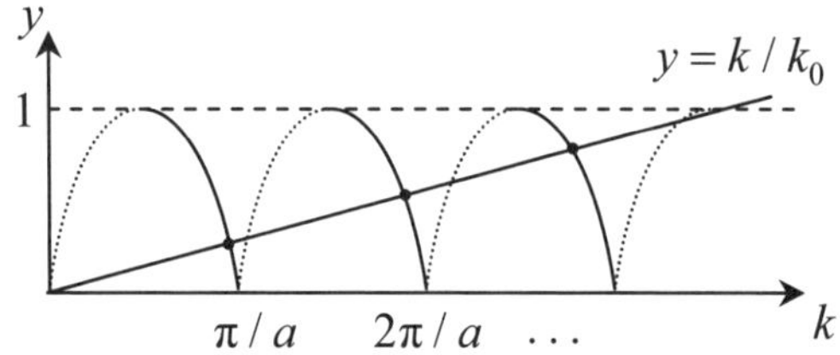

Montrer graphiquement que la condition $V_0 \gg |E_l|$ doit être vérifiée pour qu'il n'existe qu'un seul état lié. Déduire, dans le cadre de cette condition, une expression littérale approchée ainsi qu'un ordre de grandeur de V_0 (on vérifiera a posteriori l'hypothèse $V_0 \gg |E_l|$). Quelle est la signification physique de cette condition ? Pourquoi le Deutéron est-il utilisé dans les accélérateurs du type synchrotron pour produire des neutrons de haute énergie ?
Données :
$m_n \approx m_p \approx 1{,}67 \cdot 10^{-27}$ kg, $h \approx 6{,}62 \cdot 10^{-34}$ J·s^{-1}, on rappelle que $1\text{eV} \approx 1{,}6 \cdot 10^{-19}$ J.

❑ Exercice 18.3. Diffusion par un potentiel attractif, effet Ramsauer

On considère un flux de particules monénergétiques d'énergie E, incidente depuis $x \to -\infty$, se propageant suivant les x croissants, arrivant dans la zone d'action d'un potentiel donné par $V(x) = -V_0 = cte$ (où $V_0 > 0$) pour $x \in [-a/2, a/2]$ (dans la zone (2)) et $V(x) = 0$ partout ailleurs (zones (1) et (3)). On considère le cas où $E > 0$.

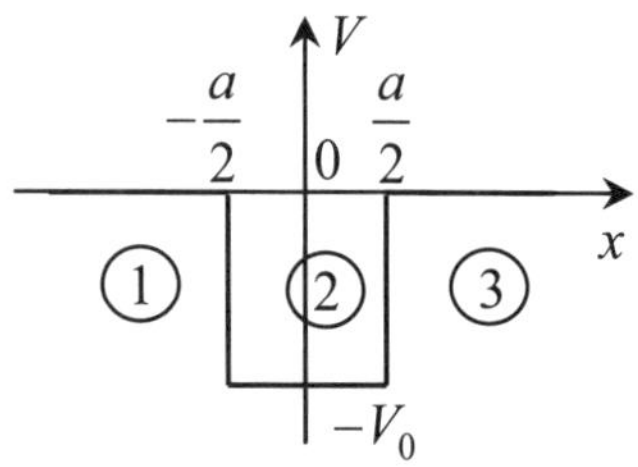

1. Proposer une situation physique associée au modèle décrit ci-dessus.
2. Donner la forme des fonctions d'onde dans les trois domaines considérés.
3. En écrivant les conditions de raccordement, écrire les quatre relations liant les constantes d'intégration intervenant dans l'écriture des fonctions d'onde.
4. **(MP)** Donner, en utilisant des densités de courant de probabilité dont on précisera l'expression, l'expression des coefficients de réflexion R et de transmission T.

5. On obtient, par un calcul qui n'est pas demandé :

$$\mathrm{R}=\frac{\left(\frac{k_0^2}{2kK}\right)^2\sin^2(ka)}{1+\left(\frac{k_0^2}{2kK}\right)^2\sin^2(ka)} \quad \text{et} \quad \mathrm{T}=\frac{1}{1+\left(\frac{k_0^2}{2kK}\right)^2\sin^2(ka)} \quad \text{où on a posé} \quad k_0^2=2mV_0/\hbar^2.$$

L'allure du coefficient R en fonction de l'énergie E est la suivante :

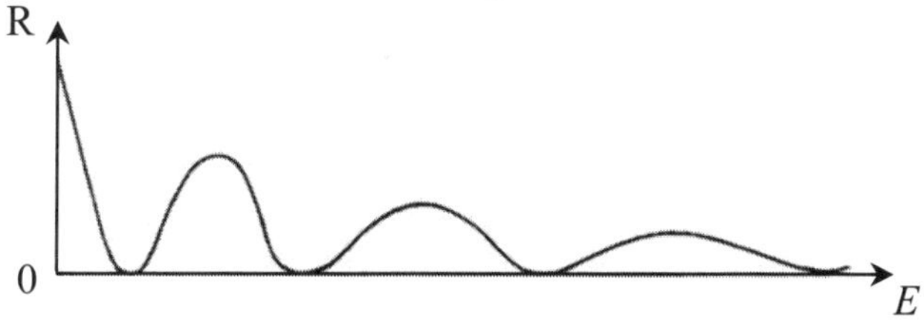

Ramsauer (1921) a montré expérimentalement que pour certaines valeurs de l'énergie E d'un faisceau monoénergétique d'électrons de basse énergie, certains gaz rares (Hélium, Néon ou Argon) sont parfaitement transparents.

a) Proposer une justification de l'idée de modéliser un atome de gaz rare par un centre diffusif en forme de puits plat fini.

b) Identifier sur le graphique ci-dessus les zones de transparence et écrire les conditions correspondantes liant k à a. Proposer ainsi une interprétation de l'effet Ramsauer en termes d'interférence entre les ondes de De Broglie associées aux électrons. On pourra s'appuyer sur une analogie optique avec les réflexions multiples dans une lame.

❑ Exercice 18.4. Particule dans une marche de potentiel

On considère une particule provenant de $-\infty$ suivant l'axe (Ox) et interagissant avec une « marche de potentiel » de la forme suivante : $\begin{cases} V(x)=V_0 & \text{pour } x>0 \\ V(x)=0 & \text{pour } x<0 \end{cases}$. Cette discontinuité finie traduit une variation finie du potentiel sur une courte distance autour de $x=0$ (figurée en pointillés).

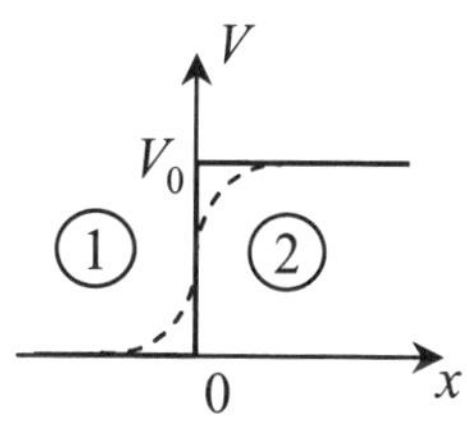

1. Proposer une situation physique associée au modèle décrit ci-dessus.

2. a) On considère pour l'instant le cas où $E>V_0$. S'agit-il d'un état lié ou de diffusion ?

b) Dans l'exemple de la méthode 18.3, on a établi les expressions des coefficients de réflexion R et de transmission T (admises en MPI) :

$$\mathrm{R}=1-\frac{4k_1}{(k_1+k_2)^2} \quad \text{et} \quad \mathrm{T}=\frac{4k_1k_2}{(k_1+k_2)^2} \quad \text{où} \quad k_1=\frac{\sqrt{2mE}}{\hbar} \quad \text{et} \quad k_2=\frac{\sqrt{2m(E-V_0)}}{\hbar}.$$

Que retrouve-t-on dans le cas où $E \gg V_0$?

c) Comparer les amplitudes des ondes réfléchies et transmises à celle de l'onde incidente. Que dire aussi de la longueur d'onde de l'onde transmise par rapport à celle de l'onde incidente ?

3. On se place à présent dans le cas $E<V_0$. En mécanique classique pourquoi la particule ne peut pas pénétrer dans la zone (2) des $x>0$? Qu'en est-il en mécanique quantique ? On pourra, en MP, pour répondre à cette question reprendre la démarche de la méthode 18.3 pour calculer les coefficients R et T. En MPI on pourra admettre les résultats suivants et les discuter : $R=\left|\frac{k_1-iq_2}{k_1+iq_2}\right|^2$ et $T=R-1$, avec $q_2=\frac{\sqrt{2m(V_0-E)}}{\hbar}$.

❑ Exercice 18.5. Barrière de potentiel, effet tunnel

On considère un flux de particules monénergétiques d'énergie E, incidente depuis $x\to-\infty$, se propageant suivant les x croissants, arrivant dans la zone d'action d'un potentiel donné par $V(x)=V_0>0$ pour $x\in[0,a]$ (dans la zone (2)) et $V(x)=0$ partout ailleurs (zones (1) et (3)).

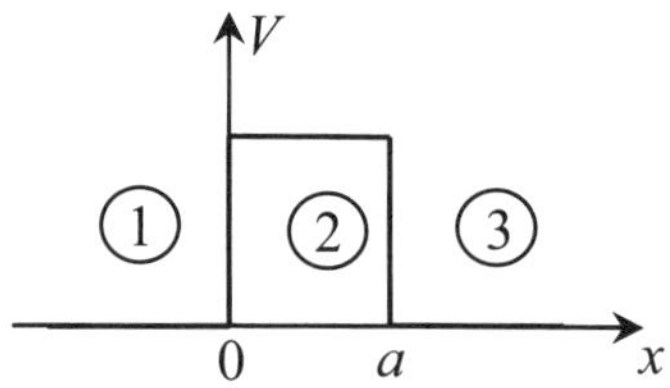

1. On considère le cas $E<V_0$. Donner la forme des fonctions d'onde dans les trois domaines considérés. On posera $k=\frac{\sqrt{2mE}}{\hbar}$ et $q=\frac{\sqrt{2m(V_0-E)}}{\hbar}$.

2. En écrivant les conditions de raccordement, montrer que :

$$A_1=A_3\,e^{ika}\left[\mathrm{ch}(qa)+\frac{i}{2}\left(\frac{q}{k}-\frac{k}{q}\right)\mathrm{sh}(qa)\right].$$

On rappelle que $\mathrm{ch}(x)=\frac{e^x+e^{-x}}{2}$ et $\mathrm{sh}(x)=\frac{e^x-e^{-x}}{2}$.

3. a) (MP) En utilisant des densités de courant de probabilité dont on précisera l'expression et le sens physique, montrer que l'expression du coefficient de transmission de la barrière noté T se met sous la forme $T=\frac{1}{1+\frac{1}{4}\left(\frac{q}{k}+\frac{k}{q}\right)^2\mathrm{sh}^2(qa)}$ **(MPI admis)**. Il sera plus aisé d'exprimer d'abord 1/T puis, en utilisant la relation $\mathrm{ch}^2(x)-\mathrm{sh}^2(x)=1$, d'en déduire T.

b) Dans le cas où $qa\gg1$ et $\lambda\gg a$, donner l'expression approchée de T. À quelle situation physique correspond cette approximation ? Discuter alors la nature de l'onde dans la barrière de potentiel (zone (2)). Pourquoi parle-t-on d'effet tunnel pour décrire cet effet purement quantique ? Quelle est l'ordre de grandeur de la portée de l'onde de matière dans la zone (2) ?

c) Évaluer numériquement l'ordre de grandeur de la portée de l'onde dans la zone (2), pour un électron d'énergie $E=1\,\mathrm{eV}$, avec $V_0=2\,\mathrm{eV}$ et $a=10^{-10}\,\mathrm{m}$. On revient à l'expression de T donnée au 3.a) mais l'approximation $qa\gg1$ n'est plus valable. Évaluer T pour cet électron, discuter dans ce cas la probabilité de présence de la particule derrière la barrière. Reprendre le calcul pour un proton dont la masse est environ 1840 fois celle de l'électron, commenter.

4. Dans le cas d'une barrière épaisse de forme quelconque, on décompose cette barrière en une succession de barrières rectangulaires d'épaisseur infinitésimale $\mathrm{d}x$, pour lesquelles on pose $q(x)=\dfrac{\sqrt{2m\left(V(x)-E\right)}}{\hbar}$.

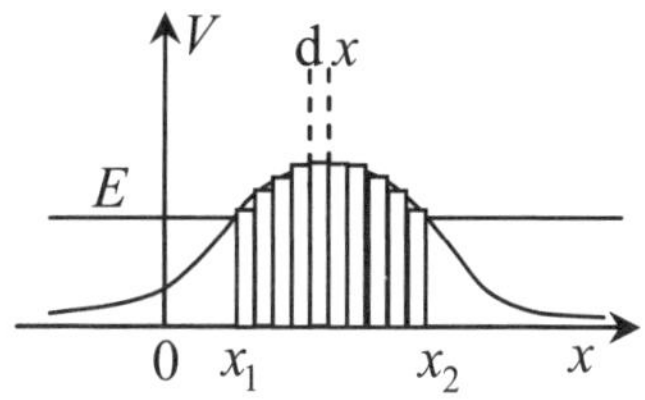

Dans l'hypothèse où la barrière entre x et $x+\mathrm{d}x$ a un simple effet d'atténuation de la probabilité P de présence de la particule, exprimer la probabilité de présence $P(x+\mathrm{d}x)$ de la particule en $x+\mathrm{d}x$, en fonction de celle $P(x)$ en x, de $q(x)$ et $\mathrm{d}x$. En écrivant le coefficient de transmission comme rapport de probabilité $P(x_2)/P(x_1)$, donner une expression approchée du coefficient de transmission T de la barrière, sous forme d'une intégrale dépendant de son profil $V(x)$.

❑ Exercice 18.6. Barrière épaisse dans l'approximation WKB*

La méthode WKB (du nom des physiciens Wentzel, Kramer et Brillouin) est une méthode de résolution approchée de l'équation de Schrödinger stationnaire à une dimension suivant (Ox) :

$$\frac{\mathrm{d}^2}{\mathrm{d}x^2}\varphi(x)+\frac{2m}{\hbar^2}\left[E-V(x)\right]\varphi(x)=0 .$$

1. Dans le cas où une particule a une énergie $E>V(x)$, on recherche une solution de la forme $\varphi(x)=f(x)e^{i\theta(x)}$. L'approximation WKB consiste à considérer que f varie assez lentement pour que sa dérivée seconde par rapport à x notée f'' soit négligeable devant les autres termes dans l'équation de Schrödinger (ce qui implique que le potentiel doit varier sur des échelles de longueur grandes devant celles caractérisant les variations de la fonction d'onde).

a) Montrer que l'équation de Schrödinger stationnaire conduit aux deux conditions suivantes : $f\theta''+2f'\theta'=0$ et $\theta'=\dfrac{p(x)}{\hbar}$. On utilisera la relation liant l'impulsion, l'énergie et le potentiel $E=\dfrac{p^2(x)}{2m}+V(x)$.

b) En déduire que, dans l'approximation WKB, $\varphi(x)$ s'écrit :

$$\varphi_{WKB}(x)=cte\left(E-V(x)\right)^{-1/4}\exp\left[\frac{i}{\hbar}\int_0^x p(u)\,\mathrm{d}u\right].$$

2. Dans le cas où la particule franchit la première marche de potentiel et se trouve sous la barrière de potentiel donc $E<V(x)$, on recherche de même une solution de la forme $\varphi(x)=f(x)e^{-\theta(x)}$.

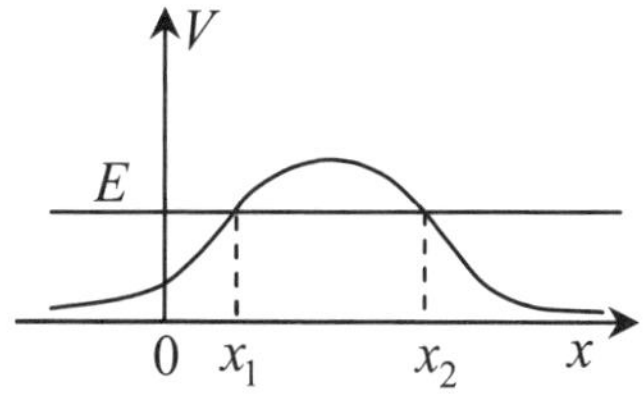

a) En supposant que la relation $2f'\theta'+f\theta''=0$ est encore valable, quelle est alors la forme de la fonction d'onde dans l'approximation WKB ?

b) En utilisant l'expression du coefficient de transmission de la barrière $\mathrm{T} = \left|\dfrac{\varphi(x_2)}{\varphi(x_1)}\right|^2$, montrer que, dans l'approximation WKB, on peut écrire $\mathrm{T}_{WKB}(x) \approx \exp\left[-\dfrac{2}{\hbar}\displaystyle\int_{x_1}^{x_2} \sqrt{2m\left(V(x)-E\right)}\,\mathrm{d}x\right]$.

❑ Exercice 18.7. La molécule d'ammoniac*

Dans ses états d'énergie les plus bas, la molécule d'ammoniac NH_3 a la forme d'une pyramide dont l'atome d'azote forme le sommet et les trois atomes d'hydrogène coplanaires forment, à la base de cette pyramide, un triangle équilatéral. On suppose pour simplifier que l'atome d'azote, beaucoup plus lourd que l'hydrogène, reste fixe. On note x la distance algébrique entre l'azote et le plan des trois hydrogènes. On associe une particule fictive de masse m aux trois hydrogènes, l'origine de l'axe étant prise au centre de l'atome d'azote. Cette particule fictive peut se déplacer suivant l'axe (Ox) de sorte que l'énergie potentielle de la molécule n'est fonction que de x. Son allure est représentée en trait plein sur la figure ci-dessous. On la modélise par le potentiel en double puits représenté en pointillés.

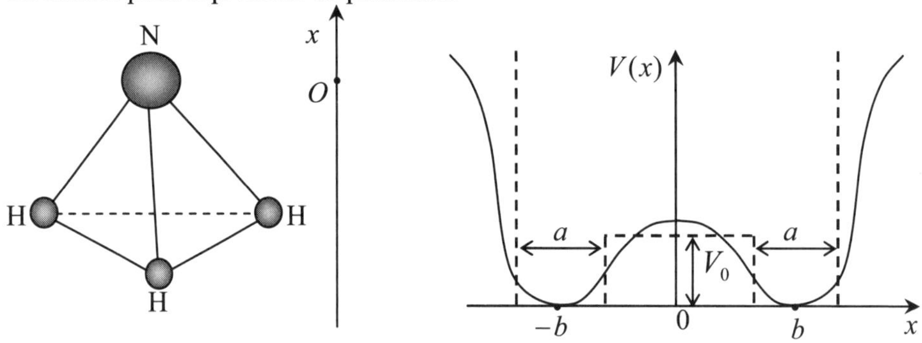

1. On se place dans le cas $E < V_0$. À quoi correspond cette hypothèse ? Discuter la forme du puits de potentiel en trait plein sachant qu'il existe deux configurations stables de la molécule. Décrire qualitativement ces deux états. Comment le passage d'une configuration stable à l'autre est-il possible ?

2. On considère à présent le potentiel approché, dessiné en pointillés. On pose pour toute la suite $k = \dfrac{\sqrt{2mE}}{\hbar}$ et $K = \dfrac{\sqrt{2m\left(V_0 - E\right)}}{\hbar}$. On désigne par zone (1) le puits de gauche, donc $x \in \left[-\dfrac{a}{2} - b, -b + \dfrac{a}{2}\right]$, par zone (2) la zone sous la barrière de potentiel, donc $x \in \left[-b + \dfrac{a}{2}, b - \dfrac{a}{2}\right]$ et par zone (3) le puits de droite, donc $x \in \left[b - \dfrac{a}{2}, b + \dfrac{a}{2}\right]$.

a) Justifier que l'on recherche les solutions de l'équation de Schrödinger stationnaire sous la forme de fonctions d'onde paires, symétriques par rapport à l'axe de la molécule donc notées $\varphi_S(x)$, et de fonctions d'onde impaires, antisymétriques donc notées $\varphi_A(x)$.

b) On admet que les fonctions d'onde dans les régions (1) et (3) sont de la forme suivante :

$\varphi_1(x) = \pm A\sin(kX_1)$ et $\varphi_3(x) = \pm A\sin(kX_3)$ où le signe + se rapporte à la forme symétrique et le signe – à la forme antisymétrique. Exprimer les variable $X_{1,3}$ en fonction des données du problème.

c) Justifier que dans la région (2), la fonction d'onde est de la forme $\varphi_2(x) = B\cosh(Kx)$ ou $B\sinh(Kx)$. On rappelle que le cosinus et le sinus hyperboliques sont donnés par $\cosh(Kx) = \dfrac{e^{Kx} + e^{-Kx}}{2}$ et que $\sinh(Kx) = \dfrac{e^{Kx} - e^{-Kx}}{2}$.

d) Écrire la forme générale de la fonction d'onde symétrique dans les trois domaines, de même pour la fonction d'onde antisymétrique.

3. a) En utilisant les conditions de raccordement aux limites de la barrière de potentiel centrale, montrer qu'on obtient deux équations transcendantes de la forme $\tan(ka) = f(K)$ et $\tan(ka) = g(K)$ où l'on précisera les expressions de f et g, qui sont relatives aux fonctions d'ondes respectivement symétrique φ_S et antisymétrique φ_A. Montrer qualitativement que la résolution permet d'obtenir (numériquement ou graphiquement) les énergies quantifiées E_n^S et E_n^A (relatives aux fonctions d'onde stationnaires respectivement symétriques et antisymétriques). Justifier que ces énergies sont différentes.

b) On se place à présent dans le cas où la hauteur de la barrière de potentiel est considérée très grande devant l'énergie de la particule fictive. Montrer que si $\lambda \ll b - a/2$ les valeurs discrètes de k sont solutions de : $\tan(ka) = -\dfrac{k}{K}\left(1 \pm 2e^{-K(2b-a)}\right)$, où l'on précisera si le signe + ou – doit être relatif à φ_S ou à φ_A. Pour obtenir les valeurs quantifiées de k_n^S et k_n^A on procèdera graphiquement en précisant l'expression des équations des droites y_A et y_S figurées ci-contre. Montrer ainsi que l'énergie fondamentale vérifie : $E_0^S < E_0^A$. Dans le cadre de cette approximation on donne $E_0^A - E_0^S \approx \dfrac{4\hbar^2\pi^2}{Kma^3}e^{-K(2b-a)}$.

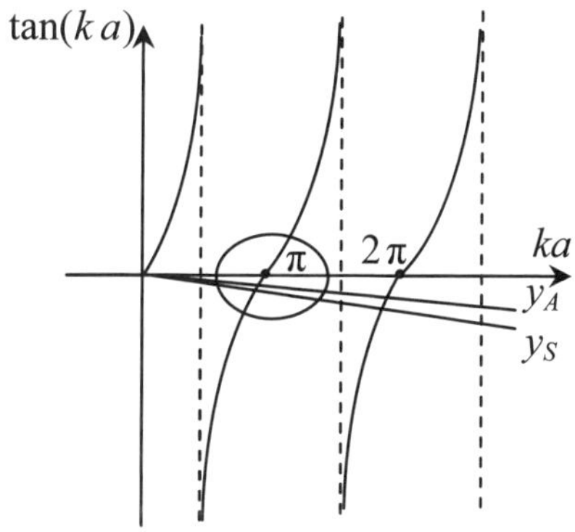

Comment évolue cette différence d'énergie lorsque la largeur ou la hauteur V_0 de la barrière de potentiel augmente ? Discuter qualitativement l'effet du couplage par effet tunnel entre les deux puits.

❑ Exercice 18.8. Puits plat fini

On considère une particule de masse m dans un puits de potentiel plat de profondeur finie donné par $V(x) = -V_0 = cte$ (où $V_0 > 0$) pour $-a/2 < x < a/2$ et $V(x) = 0$ partout ailleurs, comme représenté ci-contre. On ne considère pour l'instant que le cas où $-V_0 < E < 0$.

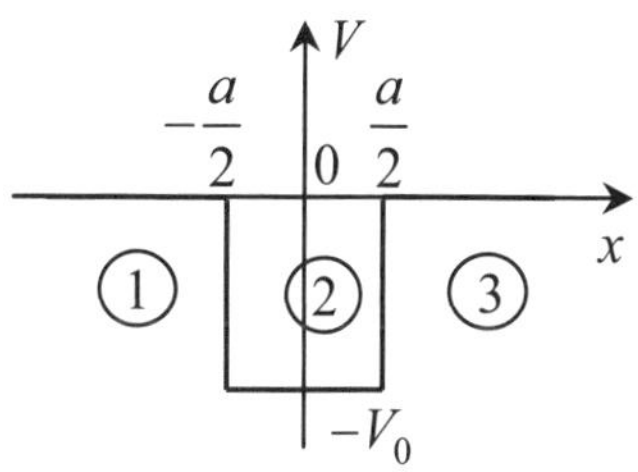

1. S'agit-il d'un état lié ou de diffusion ? Montrer que l'expression de la fonction d'onde dans les régions (1) , (2) et (3) peut se mettre sous la forme $\begin{cases} \varphi_1(x) = A_1\, f(q\,x) + B_1\, f(-\,x) \\ \varphi_2(x) = A_2\, g(k\,x) + B_2\, h(k\,x) \\ \varphi_3(x) = A_3\, f(q\,x) + B_3\, f(-q\,x) \end{cases}$ où l'on posera $q = \sqrt{-2mE}\,/\,\hbar$ et $k = \sqrt{2m(E+V_0)}\,/\,\hbar$ et où la nature des fonction f, g et h seront précisées.

2. On va à présent chercher à simplifier les expressions de la fonction d'onde dans ces différents domaines.

a) En utilisant la condition de normalisabilité que peut-on dire des constantes B_1 et A_3.

b) On remarque que le potentiel est symétrique par rapport à $x = 0$: la physique des phénomènes doit alors être invariantes par l'opération qui change x en $-x$. En déduire que les fonctions d'ondes solutions du problème peuvent être classées en une famille de fonctions d'onde paires et une de fonction impaires. Montrer que ces fonctions paires et impaires peuvent respectivement être mises sous la forme :

$$\begin{cases} \varphi_1(x) = A_1\, f(q\,x) \\ \varphi_2(x) = A_2\, g(k\,x) \\ \varphi_3(x) = A_1\, f(-q\,x) \end{cases} \quad \text{et} \quad \begin{cases} \varphi_1(x) = -\,A_1\, f(q\,x) \\ \varphi_2(x) = A_2\, h(k\,x) \\ \varphi_3(x) = A_1\, f(-q\,x) \end{cases} .$$

c) En écrivant les conditions de raccordement en $x = a\,/\,2$ (la continuité en $x = -a\,/\,2$ est alors automatiquement assurée par symétrie), montrer que les deux équations de quantification sont de la forme : $\begin{cases} k\,\xi_{paire}\left(\dfrac{k\,a}{2}\right) = q \quad \text{pour les fonctions paires} \\ k\,\xi_{impaire}\left(\dfrac{k\,a}{2}\right) = -q \quad \text{pour les fonctions impaires} \end{cases}$, où la nature des fonction ξ_{paire} et $\xi_{impaire}$ seront précisées. Que peut-on en déduire sur l'énergie E de la particule ? Commenter.

3. Compte tenu des expressions de k et q , montrer que, pour les fonctions d'onde paires, l'équation de quantification prend la forme :

$$\begin{cases} \left|g\left(\dfrac{k\,a}{2}\right)\right| = \dfrac{k}{k_0} \\ w\left(\dfrac{k\,a}{2}\right) > 0 \end{cases}, \text{ avec } k_0 = \frac{\sqrt{2mV_0}}{\hbar} \text{ et pour les fonctions d'onde impaires : } \begin{cases} \left|h\left(\dfrac{k\,a}{2}\right)\right| = \dfrac{k}{k_0} \\ w\left(\dfrac{k\,a}{2}\right) < 0 \end{cases}.$$

Préciser les fonctions g et h et w.

4. a) Montrer graphiquement que l'énergie est quantifiée et prend des valeurs discrètes dans l'ensemble $\{E_n\}$ indexé par n (entier strictement positif). Donner l'expression de E_n en fonction de du vecteur d'onde quantifié k_n , de V_0 et des données du problèmes.

b) Montrer graphiquement qu'il y a d'autant plus de niveaux d'énergie différents que le puits est profond.

c) Montrer graphiquement, que même pour des valeurs très faibles de V_0, il existe toujours au moins un état lié correspondant à une fonction d'onde dont on précisera la parité. Plus précisément, montrer que si V_0 est inférieur ou égal à un potentiel limite $V_{\lim}$, il n'existe qu'un état lié correspondant à une fonction d'onde dont on précisera la parité. Donner l'expression littérale de $V_{\lim}$.

d) Analyser graphiquement le cas limite $k_0 \to +\infty$. Commenter physiquement en menant une analogie entre la présente situation et le puits infiniment profond.

e) Dans le cas où k_0 est fini (puits plat fini) montrer que le puits à une largeur effective plus grande que sa largeur réelle a.

❑ Exercice 18.9. Particule dans une boîte

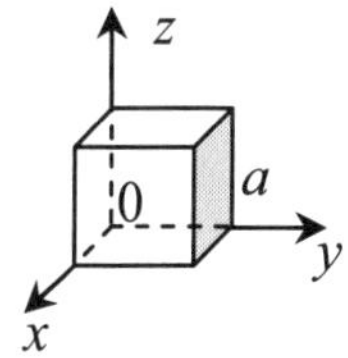

Montrer que l'énergie d'une particule de masse m confinée dans la boîte de côté a représentée ci-contre (le potentiel à l'extérieur est infini) est donnée par : $E_n = \dfrac{\pi^2\hbar^2}{2ma^2}(n_1^2 + n_2^2 + n_3^2)$ où les n_i sont trois nombres quantiques entiers positifs. On appliquera la méthode de séparation des variables en posant : $\varphi(x,y,z) = X(x)\, Y(y)\, Z(z)$, avec : $E = E_x + E_y + E_z$.

Pour vous aider à démarrer

Exercice 18.1. Question 1) Dans le puits, le potentiel est nul. Question 2) se reporter aux méthodes 18.1 et 18.2.
Exercice 18.2. Question 1) On doit d'une part traduire l'impossibilité d'interpénétration des nucléons à très courte distance et l'absence d'interaction à grande distance.
Exercice 18.3. Les particules diffusées repartent en partie vers $-\infty$ et en partie vers $+\infty$. Se reporter ensuite aux méthodes 18.1 et 18.3.
Exercice 18.4. La force exercée sur la particule est $\vec{F}(x) = -\left(\partial V(x) / \partial x\right)\vec{e_x}$, dont la direction dépend du signe de $E - V_0$.
Exercice 18.6. Question 1) Injecter $\varphi(x) = f(x)e^{-\theta(x)}$ dans l'équation de Schrödinger stationnaire après avoir évalué φ' et φ'' pour obtenir une équation différentielle complexe du second ordre en f et en θ à second membre nul. Égaler alors à zéro parties réelles et imaginaires du premier membre de cette équation en négligeant f'' devant les autres termes.
Exercice 18.7. Deux configurations stables : une pour $x = b$, lorsque la particule est dans le puits de droite et une pour $x = -b$ dans le puits de gauche.
Exercice 18.9. On utilise la séparation des variables en posant $\varphi(x,y,z) = X(x)\ Y(y)\ Z(z)$ où $X(x)\ Y(y)\ Z(z)$ vérifient trois équations de Schrödinger à une dimension indépendantes.

Corrigé des vrai/faux

1.	2.	3.	4.	5.	6.	7.	8.	9.	10.	11.
faux	vrai	vrai	vrai	vrai	faux	faux	faux	vrai	faux	vrai

1. Si $n = 0$ était une valeur autorisée, elle annulerait l'énergie de la particule ce qui annulerait donc son énergie cinétique (puisque $V = 0$) et par suite son impulsion p. L'impulsion serait alors parfaitement déterminée et on aurait $\Delta p = 0$, ce qui compte tenu de l'inégalité d'Heisenberg conduirait à une indétermination sur la position Δx infinie, ce qui est incompatible avec le confinement dans le puits, auquel correspond nécessairement $\Delta x \approx a$.

2. La particule étant confinée dans un segment de longueur a de l'axe (Ox), on a $\Delta x = a$, de plus, la particule effectuant des « allers-retours » dans le puits $\Delta p \approx 2p$. En écrivant l'inégalité d'Heisenberg sous la forme $\Delta x \Delta p \geq h$, il vient $2pa \geq h$, soit $p \geq \dfrac{h}{2a}$. La particule n'étant soumise à aucun potentiel à l'intérieur du puits, $V = 0$ et $E = E_c = \dfrac{p^2}{2m}$, donc finalement : $E \geq \dfrac{h^2}{8ma^2} = E_1$: on retrouve ainsi l'énergie minimale dite de point zéro.

3. Pour s'en convaincre on peut examiner les modes correspondants aux niveaux $n = 1, 2$ et 3 dans l'exercice 18.1. Ce résultat se généralise à n quelconque mais la démonstration sort du cadre de ce chapitre.

4. Les niveaux d'énergie des états stationnaires d'un puits infini de largeur a sont donnés par $E_n = \dfrac{n^2 \pi^2 \hbar^2}{2ma^2}$. Ainsi, lorsque a augmente, l'écart entre deux niveaux successifs diminue. À la limite $a \to +\infty$, on retrouve un continuum d'énergie correspondant au fait que la particule est libre.

6. Dans le cas où $E < V_0$ l'onde associée à la particule est évanescente.

7. On a vu (exercice 18.5) que le coefficient de transmission d'une barrière de potentielle est d'autant plus faible que la particule est massive. Pour un proton d'énergie $E = 1\,\text{eV}$ avec une barrière de potentiel de hauteur $V_0 = 2\,\text{eV}$ et seulement épaisse de $a = 10^{-10}\,\text{m}$, $\text{T} \approx 10^{-19}$, ce qui correspond à une probabilité de franchissement de la barrière extrêmement faible. Pour un objet macroscopique tel un œuf, la probabilité est si faible qu'elle peut être considérée comme nulle.

8. La probabilité de présence est bien réduite par rapport à celle de la particule incidente, mais l'énergie reste identique.

9. Voir méthode 18.5.

Corrigé

10. Le courant tunnel est typiquement de l'ordre du nA, il est donc nécessaire d'utiliser un amplificateur de courant pour qu'il soit mesurable.

11. Voir la méthode 18.4 sur ce point.

❑ Les erreurs classiques

→ Penser à identifier le type de discontinuité du potentiel en un point pour y appliquer les conditions de raccordement. La dérivée de la fonction d'onde n'est continue qu'en cas de discontinuité finie.

→ Dans une résolution graphique d'une équation de quantification, attention de bien tenir compte de toutes les contraintes auxquelles doivent satisfaire les solutions, sous peine d'en comptabiliser en trop.

→ Pour une particule libre dont la fonction d'onde stationnaire serait du type $\varphi(x) = Ae^{ikx} + Be^{-ikx}$, en l'absence d'onde réfléchie ou de sources en $x \to +\infty$ ne pas oublier de poser $B = 0$.

→ Les coefficients de réflexion R ou de transmission T d'une marche (ou d'une barrière) de potentiel font apparaître des modules carré de rapports d'amplitudes des ondes incidentes, réfléchies ou transmises (se reporter à ce sujet à la méthode 18.3).

Corrigé des exercices

Exercice 18.1

1. La particule dans le puits « voit » un potentiel nul. Les « parois » en $x=0$ et $x=a$ étant parfaitement réfléchissantes, elle est confinée dans le puits, par conséquent sa densité de probabilité et donc sa fonction d'onde sont nulles en dehors du puits.

2. L'équation de Schrödinger dans le puits s'écrit alors $\frac{\mathrm{d}^2}{\mathrm{d}x^2}\varphi(x)+k^2\varphi(x)=0$, dont la solution est : $\varphi(x)=A\cos(kx)+B\sin(kx)$, où A et B sont des constantes réelles.

⇨ *Méthode 18.1*

Les conditions de raccordement s'écrivent (nullité de la fonction d'onde sur une paroi parfaitement réfléchissante) : $\varphi(x=0)=\varphi(x=a)=0$, ce qui impose d'une part $A=0$ et $\sin(ka)=0$ d'autre part, de sorte que $k=\frac{n\pi}{a}$, où n est un entier strictement positif.

La dérivée de la fonction d'onde n'est pas continue ici car la discontinuité du potentiel est infinie.

Le vecteur d'onde est donc quantifié (il appartient à un spectre discret) indexé par *n*.

⇨ *Méthode 18.2*

Autre solution :

Si on fait le choix d'écrire la fonction d'onde sous la forme $\varphi(x)=Ae^{ikx}+Be^{-ikx}$, où A et B sont des constantes complexes, les conditions de raccordement imposent $A+B=0$. En posant alors $A=-B=\frac{C}{2i}$, il vient $\varphi_n(x)=C\sin(kx)$, la suite de la méthode étant alors identique.

n est un entier strictement positif, en effet, la valeur $n = 0$ en annulant k annule aussi la fonction d'onde associée, ce qui conduirait à une fonction d'onde nulle partout, ce qui est dénué de sens physique. De plus, les entiers négatifs ne changent que le signe de la fonction d'onde, c'est-à-dire n'introduisent qu'un déphasage $e^{i\pi}$ qui ne change en rien la densité de probabilité et donc rien au contenu physique de la fonction d'onde.

3. D'après ce qui précède, pour $x\in[0,a]$ on obtient les fonctions d'ondes stationnaires $\varphi_n(x)=B\sin\left(\frac{n\pi x}{a}\right)$ d'énergie $E_n=\frac{n^2\pi^2\hbar^2}{2ma^2}$.

La quantification de l'énergie (comme du vecteur d'onde) est une conséquence directe du confinement de la particule.

À chaque valeur de *n* correspond un état stationnaire du puits.

✎ *On peut faire le parallèle avec les modes d'une cavité électromagnétique (voir chapitre 10) ou encore avec ceux d'une corde fixée à ses extrémités.*

Le niveau fondamental, de plus basse énergie est obtenu pour $n = 1$, il a une énergie $E_1 = \frac{\pi^2\hbar^2}{2ma^2} = \frac{h^2}{8ma^2} \neq 0$: on l'appelle « l'énergie de point zéro ». On voit apparaître ici une différence fondamentale avec le cas d'une particule classique, qui aurait dans ce même potentiel une énergie nulle dans son état fondamental.
Finalement la fonction d'onde normalisée a pour expression (voir exercice 18.1) :

$$\varphi_n(x) = \sqrt{\frac{2}{a}} \sin\left(\frac{n\pi x}{a}\right).$$

La figure ci-dessous représente les trois premiers niveaux d'énergie et les fonctions d'onde correspondantes.

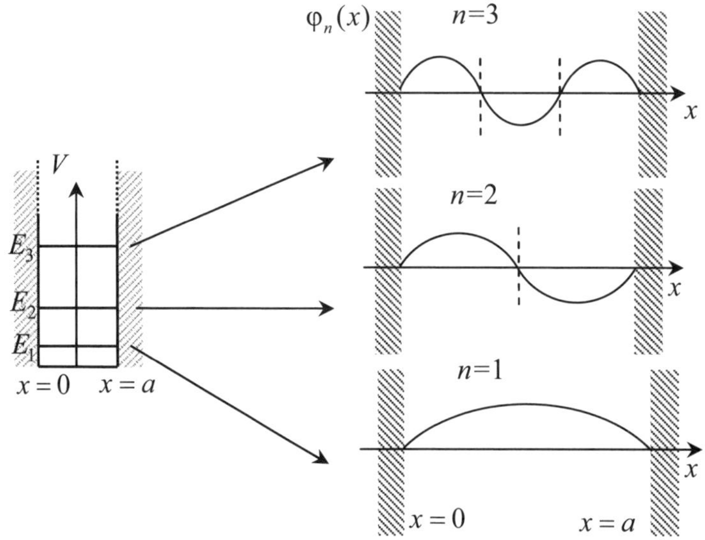

✎ *La fonction d'onde d'ordre n possède n −1 zéros dans l'intervalle ouvert* $]0,a[$ *en plus des deux zéros aux bords du puits (en* $x=0$ *et* $x=a$*) qui sont particuliers au puits infini (nullité de la fonction d'onde sur une paroi parfaitement réfléchissante). Ces n −1 zéros dans le puits sont une caractéristique tout à fait générale de la fonction d'onde d'ordre n. On les retrouve dans un puits plat fini (voir exercice 18.8 figure de la question 4.d). La différence avec le puits plat infini est que dans le cas du puits fini, la fonction d'onde est non nulle dans la zone interdite (elle a la forme d'une onde évanescente) alors que dans le puits infiniment profond elle s'annule sur les parois.*

Exercice 18.2

1. Pour r voisin de a, la particule fictive est dans un puits de potentiel attractif associé à une interaction nucléaire attractive.

Pour $r \ll a$ l'interaction devient répulsive ce qui traduit l'impossibilité d'interpénétration des nucléons.

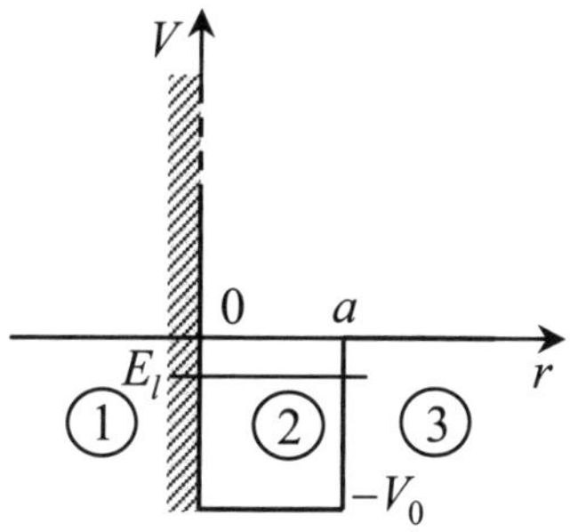

On parle alors de modèle de « cœur dur » qui explique la densité constante de noyaux.

À grande distance, pour $r \gg a$, le potentiel s'annule ce qui traduit l'absence d'interaction, les nucléons n'étant alors plus liés. On peut modéliser ce potentiel par un demi-puits infini de la forme suivante : $V(r) = \begin{cases} 0 \quad pour \quad r > a \\ -V_0 \quad pour \quad 0 < r < a \\ \infty \quad pour \quad r < 0 \end{cases}$.

2. Dans la région (1) $\varphi_1(x) = 0$ et dans les régions (2) et (3) :

$$\begin{cases} \varphi_2(x) = A_2\, e^{ikr} + B_2\, e^{-ikr} \\ \varphi_3(x) = A_3\, e^{qr} + B_3\, e^{-qr} \end{cases}, \text{ avec : } q = \sqrt{-2mE} / \hbar \text{ et } k = \sqrt{2m(E + V_0)} / \hbar .$$

⇨ *Méthode 18.1*

À l'aide des conditions de raccordement on obtient l'équation de quantification :

$$k\,\text{cotan}(ka) = -q \quad \text{qui s'écrit encore} \begin{cases} \left|\sin(ka)\right| = \dfrac{k}{k_0} \\ \tan(ka) < 0 \end{cases}, \text{ avec } k_0 = \frac{\sqrt{2mV_0}}{\hbar}.$$

⇨ *Méthode 18.2*

Ainsi g est la fonction sin et h la fonction tan.

Ne pas oublier la condition $\tan(ka) < 0$ *pour ne pas comptabiliser de solutions parasites.*

3. On constate graphiquement que, pour qu'il n'existe qu'un seul état lié d'énergie E_l, $\dfrac{k}{k_0}$ doit être voisin de l'unité, ce qui, graphiquement, conduit à $k \approx k_0 \approx \dfrac{\pi}{2a}$.

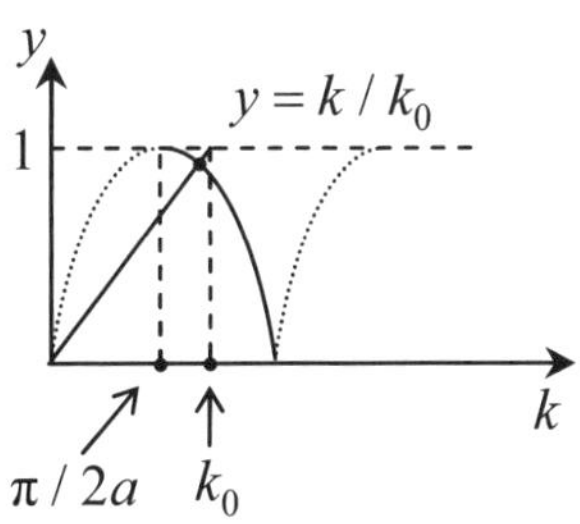

D'autre part d'après les expressions de k et k_0, on a $k / k_0 = \sqrt{\dfrac{V_0 + E_l}{V_0}} \approx 1$, condition qui n'est vérifiée que si $V_0 \gg |E_l|$,

ce qui entraîne $k = \dfrac{\sqrt{2m(E + V_0)}}{\hbar} \approx \dfrac{\sqrt{2mV_0}}{\hbar} \approx \dfrac{\pi}{2a}$, soit $\boxed{V_0 \approx \dfrac{\hbar^2 \pi^2}{8ma^2}}$.

Numériquement on obtient : $\boxed{V_0 \approx 100\,\text{Mev}}$ ce qui est effectivement très supérieur à $|E_l| = 2{,}2\,\text{MeV}$.

✎ *Un modèle plus précis conduirait à une valeur plus réaliste de l'ordre de* $35{,}5\,\text{Mev}$.

Avec $V_0 \gg |E_l|$, le Deutéron est un système « à peine lié », il sera alors aisé d'extraire le neutron du noyau dans un accélérateur.

Exercice 18.3

1. Situation physique associée : Une particule provenant de $x \to -\infty$ subit au voisinage du puits, l'effet d'un potentiel attractif $-V_0$ de portée *a*. Cela modélise la diffusion d'une particule par un centre diffusif. Les particules diffusées repartent à l'infini en partie vers $-\infty$ et en partie vers $+\infty$: il s'agit d'un état de diffusion.

2. On est dans le cas où $E > V$. On pose dans les régions (1) et (3) $K = \dfrac{\sqrt{2mE}}{\hbar}$ et $k = \dfrac{\sqrt{2m(E+V_0)}}{\hbar}$ dans la région (2).

La résolution de l'équation de Schrödinger conduit alors à la forme de la fonction d'onde dans les trois domaines, dans les régions (1), (2) et (3) on écrit respectivement :

$$\begin{cases} \varphi_1(x) = A_1\, e^{iKx} + B_2\, e^{-iKx} \\ \varphi_2(x) = A_2\, e^{ikx} + B_2\, e^{-ikx} \\ \varphi_3(x) = A_3\, e^{iKx} + B_3\, e^{-iKx} = A_3\, e^{iKx} \end{cases}$$

⇨ *Méthode 18.1*

Pour tenir compte de l'absence de source en $+\infty$ on a posé $B_3 = 0$.

⇨ *Méthode 18.3*

3. Les conditions de raccordement, qui ici impliquent la continuité de la fonction d'onde et de sa dérivée, s'écrivent en $x = -a/2$: $\begin{cases} A_1\, e^{-iKa/2} + B_1\, e^{iKa/2} = A_2\, e^{-ika/2} + B_2\, e^{ika/2} \\ K\, A_1\, e^{-iKa/2} - K\, B_1\, e^{iKa/2} = k\, A_2\, e^{-ika/2} - k\, B_2\, e^{ika/2} \end{cases}$,

et en $x = a/2$: $\begin{cases} A_3\, e^{iKa/2} = A_2\, e^{ika/2} + B_2\, e^{-ika/2} \\ K\, A_3\, e^{iKa/2} = k\, B_1\, e^{ika/2} - k\, B_2\, e^{-ika/2} \end{cases}$.

⇨ *Méthode 18.3*

4. Les coefficients de réflexion R et de transmission T sont donnés par :

→ $\text{R} = \dfrac{J_r}{J_i}$ où $J_i = |A_1|^2 \dfrac{\hbar K}{m}$ est la densité de courant de probabilité associée à l'onde plane incidente $A_1\, e^{iKx}$ dans la zone (1), $J_r = |B_1|^2 \dfrac{\hbar K}{m}$ est la densité de courant de probabilité associée à l'onde plane réfléchie $B_1\, e^{-iKx}$ dans la zone (1).

$\rightarrow\ \mathrm{T}=\dfrac{J_t}{J_i}$ où $J_t=|A_3|^2\dfrac{\hbar K}{m}$ est la densité de courant de probabilité associée à l'onde plane transmise $A_3\,e^{iKx}$ dans la zone (3).

⇨ *Méthode 18.3*

5. a) La structure électronique des gaz rares, dont la couche de valence est complète, se traduit par un potentiel d'interaction à faible portée, limitée à une zone centrée sur l'atome (faible affinité pour les électrons puisque la couche externe est complète) et chutant très rapidement vers zéro en dehors de cette zone, ce qui correspond assez bien à notre modèle de puits plat fini.

b) On vérifie tout d'abord que $\mathrm{R}+\mathrm{T}=1$. Le coefficient de réflexion R s'annule pour $k=\dfrac{n\pi}{a}$ où n est un entier, on a alors $\mathrm{T}=1$. Les valeurs correspondantes de l'énergie correspondent ainsi au cas où toutes les particules passent à travers la zone d'interaction comme si elle était « transparente ».

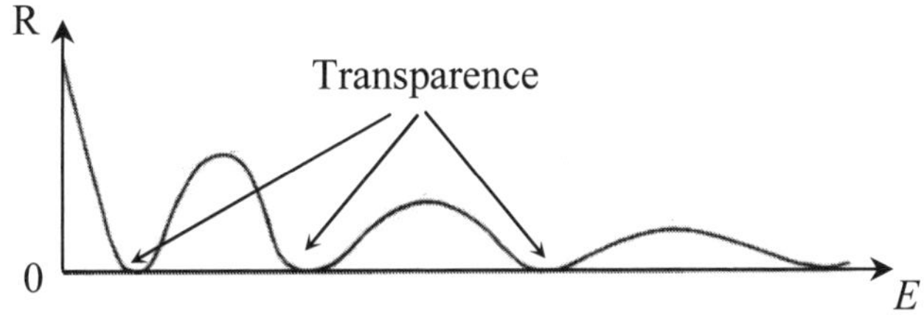

La condition $k=\dfrac{n\pi}{a}$ où $k=\dfrac{2\pi}{\lambda}$ correspond au cas où la largeur a du puits est un multiple entier de $\lambda/2$, où λ est la longueur d'onde de De Broglie de l'électron dans le puits. Ainsi, lorsque l'onde réfléchie en $x=-a/2$ vers $x\rightarrow-\infty$ est en interférence destructive avec toutes des ondes subissant des réflexions multiples dans le puits, ce dernier devient transparent à l'onde incidente.

Exercice 18.4

1. Ce potentiel représente la situation suivante : la particule est libre, sauf lorsqu'elle approche la marche de potentiel, où elle est soumise à une force dirigée vers les x décroissants. En effet, la force exercée sur la particule est donnée par $\vec{F}(x)=-\underbrace{\dfrac{\partial V(x)}{\partial x}}_{>0}\vec{e_x}$. Suivant la valeur de son énergie E par rapport à V_0, le comportement de la particule diffère.

2. a) On reconnaît dans ce cas un état de diffusion.

b) Dans le cas où $E\gg V_0$, c'est-à-dire lorsque la hauteur de la marche de potentiel est négligeable devant l'énergie, on retrouve le cas classique avec $\mathrm{R}\approx 0$ et $\mathrm{T}\approx 1$ (car $k_1\rightarrow k_2$) : la particule « passe au-dessus » de la marche de potentiel « sans la voir ».

c) Le rapport $|r|=\left|\dfrac{k_1-k_2}{k_1+k_2}\right|$ est inférieur à 1, ainsi l'amplitude de l'onde réfléchie est plus petite que celle de l'onde incidente. Par contre, l'amplitude de l'onde transmise est supérieure à celle

Corrigé

de l'onde incidente car ici $k_2 < k_1$, ce qui implique que le rapport $t = \frac{A_2}{A_1} = \frac{2k_1}{k_1 + k_2}$ est supérieur à 1.

✐ r et t sont les coefficients de réflexion et de transmission pour la fonction d'onde, à ne pas confondre avec R et T qui concernent la densité de probabilité.

D'autre part, comme $k_2 < k_1$ et sachant que le vecteur d'onde est reliée à la longueur d'onde par $k = \frac{2\pi}{\lambda}$, on a $\lambda_2 > \lambda_1$: en plus de l'augmentation d'amplitude de l'onde transmise, la longueur d'onde de l'onde transmise est supérieure à celle de l'onde incidente.

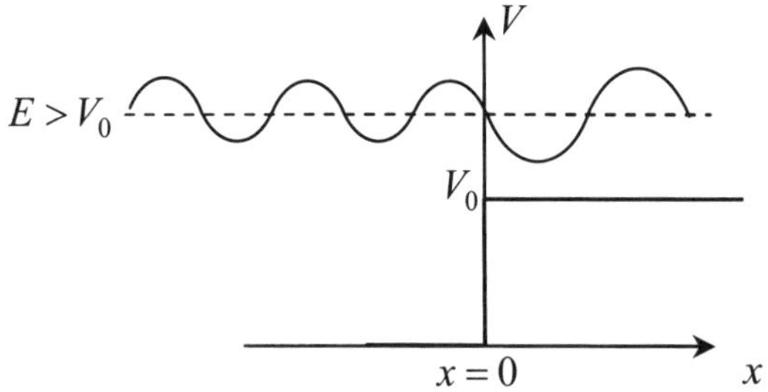

3. En mécanique classique, la particule ne peut pas pénétrer dans la zone (2) car elle est totalement réfléchie et rebrousse chemin sous l'action de la force $\vec{F}(x)$ envisagée à la question 1).

Reprenons les étapes de la méthode 18.3 : la solution de l'équation de Schrödinger dans la zone (1) reste inchangée, par contre dans la zone (2), comme le signe de $E - V_0$ change, on pose $q_2 = \frac{\sqrt{2m(V_0 - E)}}{\hbar}$. On obtient ainsi : $\begin{cases} \varphi_1(x) = A_1 e^{ik_1 x} + B_1 e^{-ik_1 x} \\ \varphi_2(x) = A_2 e^{q_2 x} + B_2 e^{-q_2 x} \end{cases}$ où les constantes sont complexes.

L'étape suivante consiste à poser $A_2 = 0$ de sorte que φ_2 ne diverge pas à l'infini.

Puis on écrit les conditions de raccordement en $x = 0$. Le potentiel n'admettant toujours que des discontinuités finies, φ et φ' sont continues en $x = 0$, ce qui conduit à :

$$\begin{cases} A_1 + B_1 = B_2 \\ ik_1 A_1 - ik_1 B_1 = -q_2 B_2 \end{cases}, \text{ soit } \begin{cases} \frac{B_1}{A_1} = \frac{k_1 - iq_2}{k_1 + iq_2} \\ \frac{B_2}{A_1} = \frac{2k_1}{k_1 + iq_2} \end{cases}.$$

⇨ *Méthode 18.3*

Ainsi, $\mathrm{R} = \left|\frac{B_1}{A_1}\right|^2 = \left|\frac{k_1 - iq_2}{k_1 + iq_2}\right|^2 = 1$ et $\mathrm{T} = \mathrm{R} - 1 = 0$: il y a donc réflexion totale et absence de transmission d'une onde plane comme en physique classique. Cependant contrairement au cas classique, la particule a *une probabilité de présence non nulle et exponentiellement décroissante dans la zone interdite* : c'est la densité de probabilité $|B_2|^2 e^{-2q_2 x}$ associée à la fonction d'onde

$\varphi_2(x) = B_2\, e^{-q_2 x}$ qui a une forme *d'onde évanescente*. La situation est à rapprocher de la réflexion totale sur un plasma avec existence d'une onde évanescente derrière l'interface.

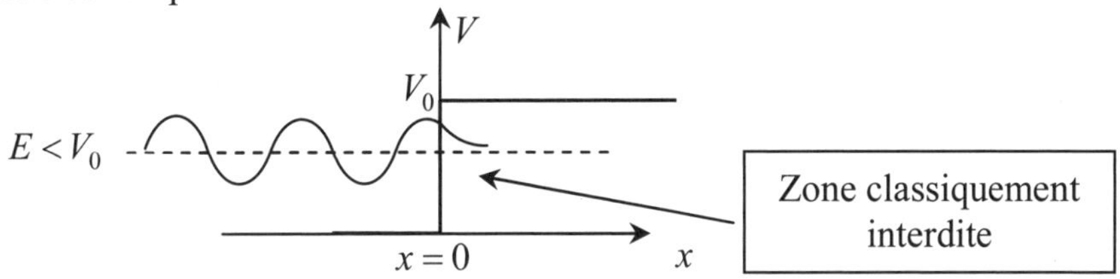

✎ *Le rapport des amplitudes incidente et réfléchie* $\dfrac{B_1}{A_1} = \dfrac{k_1 - i q_2}{k_1 + i q_2}$ *étant complexe, il y a un déphasage à la réflexion lié au retard que prend la particule en pénétrant dans la zone interdite sous forme d'onde évanescente.*

✎ *Dans le cas limite où* $V_0 \to +\infty$, *on a* $q_2 \to +\infty$ *et par suite* $\dfrac{B_1}{A_1} \to -1$ *: il apparaît alors un déphasage de* π *à la réflexion sur une paroi parfaitement réfléchissante. De plus, dans ce cas, la portée* $d = \dfrac{1}{q_2}$ *de l'onde évanescente dans le milieu (2) tend vers zéro, ce qui avec la condition* $A_1 + B_1 \to 0$ *entraîne la nullité de la fonction d'onde en* $x = 0$ *et sa continuité en ce point. Par contre sa dérivée qui passe brutalement de la valeur* $i k_1 A_1 - i k_1 B_1 = 2 i k_1 A_1$ *à zéro, est discontinue.*

Exercice 18.5

1. Avec $k = \dfrac{\sqrt{2mE}}{\hbar}$ et $q = \dfrac{\sqrt{2m(V_0 - E)}}{\hbar}$, la résolution de l'équation de Schrödinger conduit à la forme de la fonction d'onde dans les trois domaines. Dans les régions (1) , (2) et (3) on écrit respectivement :

$$\begin{cases} \varphi_1(x) = A_1 e^{ikx} + B_1 e^{-ikx} & \text{car } E > V \\ \varphi_2(x) = A_2 e^{qx} + B_2 e^{-qx} & \text{car } E < V \\ \varphi_3(x) = A_3 e^{ikx} + B_3 e^{-ikx} & \text{car } E > V \end{cases}.$$

⇨ *Méthode 18.1*

Pour tenir compte de l'absence de source en $+\infty$, on est conduit à poser $B_3 = 0$, ainsi : $\varphi_3(x) = A_3 e^{ikx}$.

2. Les conditions de raccordement, s'écrivent en $x = 0$: $\begin{cases} A_1 + B_1 = A_2 + B_2 \\ ik(A_1 - B_1) = q(A_2 - B_2) \end{cases}$,

et en $x = a$: $\begin{cases} A_2 e^{qa} + B_2 e^{-qa} = A_3 e^{ika} \\ q\left(A_2 e^{ka} - B_2 e^{-ka}\right) = ikA_3 e^{ika} \end{cases}$.

💣 *Les discontinuités du potentiel en $x=0$ et $x=a$ étant finies la fonction d'onde et sa dérivée sont continues.*

➪ *Méthode 18.3*

Ainsi, en éliminant B_1, A_2 et B_2, il vient : $A_1 = A_3 e^{ika}\left[\mathrm{ch}(qa)+\frac{i}{2}\left(\frac{q}{k}-\frac{k}{q}\right)\mathrm{sh}(qa)\right]$.

3. a) Le coefficient de transmission de la barrière est donné par $\mathrm{T}=\frac{J_t}{J_i}$ où $J_i=|A_1|^2\frac{\hbar k_1}{m}$ est la densité linéique de courant de probabilité associée à l'onde plane incidente $A_1 e^{ikx}$ dans la zone (1) et $J_t=|A_3|^2\frac{\hbar k_1}{m}$ est la densité linéique de courant de probabilité associée à l'onde plane transmise $A_3 e^{ikx}$ dans la zone (3).

➪ *Méthode 18.3*

Ainsi, $\mathrm{T}=\left|\frac{A_3}{A_1}\right|^2$. Compte tenu du 2), on obtient alors :

$$\frac{1}{\mathrm{T}}=\left|\frac{A_1}{A_3}\right|^2=\left|e^{ika}\left[\mathrm{ch}(qa)+\frac{i}{2}\left(\frac{q}{k}-\frac{k}{q}\right)\mathrm{sh}(qa)\right]\right|^2$$

$$=\mathrm{ch}^2(qa)+\frac{1}{4}\left(\frac{q}{k}-\frac{k}{q}\right)^2\mathrm{sh}^2(qa)$$

En tenant compte de la relation $\mathrm{ch}^2(x)-\mathrm{sh}^2(x)=1$ et en remarquant que $1+\frac{1}{4}\left(\frac{q}{k}-\frac{k}{q}\right)^2=\frac{1}{4}\left(\frac{q}{k}+\frac{k}{q}\right)^2$, on obtient finalement : $\boxed{\mathrm{T}=\frac{1}{1+\frac{1}{4}\left(\frac{q}{k}+\frac{k}{q}\right)^2\mathrm{sh}^2(qa)}}$.

b) Lorsque $qa\gg1$, ce qui correspond à une barrière dont l'épaisseur a est très grande devant $1/q$, terme homogène à une longueur puisque l'argument de l'exponentielle doit être sans dimension, $\mathrm{sh}(qa)\approx\frac{e^{qa}}{2}$, si de plus $\lambda\gg a$, on $q\gg k$ et l'expression approchée de T est :

$$\boxed{\mathrm{T}\approx\frac{16}{(q/k)^2}e^{-2qa}=16\left(\frac{E}{V_0-E}\right)^2e^{-2qa}\propto e^{-2qa}}.$$

Contrairement à ce que prévoit l'analyse classique de la situation, la probabilité de présence de la particule derrière la barrière est non nulle. Tout se passe comme si la particule avait traversé la barrière dans un « tunnel » couplant les zones (1) et (3). Dans la zone (2), classiquement interdite puisque pour $E<V_0$, la particule ne peut pas se propager, mais l'onde de matière associée a la forme d'une onde évanescente de portée de l'ordre de $1/q$ qui permet tout de même une faible transmission dans le milieu (3) (la situation est l'analogue de la pénétration d'une onde EM dans un conducteur métallique sur une faible épaisseur de peau).

c) Pour un électron d'énergie $E = 1\,\text{eV}$, avec $V_0 = 2\,\text{eV}$ et $a = 10^{-10}\,\text{m}$, la portée dans la zone (2) est de l'ordre de $1/q \approx 1{,}9\cdot 10^{-10}\,\text{m}$. On obtient alors $\text{T} \approx 0{,}79$. Dans le cas où la largeur a de la barrière est telle que $a \leq 1/q$ (ce qui est ici le cas puisqu'on trouve $qa \approx 1/2$), la probabilité de présence de la particule est importante derrière la barrière et la particule a une forte probabilité de traverser par effet tunnel.

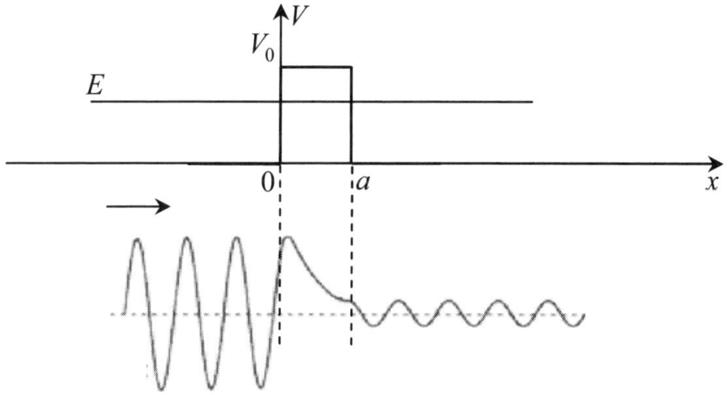

Pour un proton de même d'énergie, on a $qa \gg 1$ et T varie en e^{-2qa}. Cette variation fait que le coefficient de transmission de la barrière devient très faible, en effet, il n'est plus que de l'ordre de $\text{T} \approx 5\cdot 10^{-19}$. La probabilité pour que le proton franchisse la barrière est donc quasi nulle.

4. Pour une barrière épaisse $qa \gg 1$ et d'après ce qui précède, la probabilité de présence $P(x+\text{d}x)$ de la particule en $x+\text{d}x$, est liée à $P(x)$ par :

$P(x+\text{d}x) = P(x)e^{-2q(x)\text{d}x} \approx P(x)(1-2q(x)\text{d}x)$. Ainsi, $P(x+\text{d}x) - P(x) \approx -2q(x)\text{d}x\,P(x)$ donc $\dfrac{\text{d}P(x)}{P(x)} \approx -2q(x)\text{d}x$, de sorte que $\ln P(x) \approx \displaystyle\int_x^{x+\text{d}x} -2q(u)\text{d}u + cte$, soit $P(x) \approx cte'\exp\left(\displaystyle\int_x^{x+\text{d}x} -2q(u)\text{d}u\right)$. En écrivant le coefficient de transmission sous la forme d'un rapport de probabilité $\text{T} = \dfrac{P(x_2)}{P(x_1)}$, et compte tenu de l'expression de $q(x)$, il vient :

$$\text{T} \approx \exp\left[-\frac{2}{\hbar}\int_{x_1}^{x_2} \sqrt{2m\big(V(x)-E\big)}\,\text{d}x\right].$$

Exercice 18.6

1. a) Injectons $\varphi(x) = f(x)e^{-\theta(x)}$ dans l'équation de Schrödinger stationnaire :

$\dfrac{\text{d}^2}{\text{d}x^2}\varphi(x) + \dfrac{2m}{\hbar^2}\big[E - V(x)\big]\varphi(x) = 0$, avec $\varphi' = \big(f' + if\theta'\big)e^{i\theta(x)}$ et

$\varphi'' = \Big(f'' - f\theta'^2 + i\big(2f'\theta' + f\theta''\big)\Big)e^{i\theta(x)}$, il vient :

$$f''-f\theta'^2+\frac{2m}{\hbar^2}\left[E-V(x)\right]f+i\left(2f'\theta'+f\theta''\right)=0.$$

En égalant à zéro parties réelles et imaginaires et en négligeant, dans le cadre de l'approximation WKB f'' devant les autres termes, on obtient, avec $E=\frac{p^2(x)}{2m}+V(x)$:

$$\boxed{\theta'=\frac{1}{\hbar}\sqrt{2m\left[E-V(x)\right]}=\frac{p(x)}{\hbar}} \text{ et } \boxed{2f'\theta'+f\theta''=0}.$$

b) La relation $2f'\theta'+f\theta''=0$ s'écrit encore $f'/f=-\theta''/2\theta$ qui s'intègre en $f(x)=cte\left(\theta'(x)\right)^{-1/2}$, soit avec $\theta'=\frac{1}{\hbar}\sqrt{2m\left[E-V(x)\right]}$: $f(x)=cte\left(E-V(x)\right)^{-1/4}$.

De $\theta'=\frac{p(x)}{\hbar}$ on tire $\theta(x)=\frac{1}{\hbar}\int_0^x p(u)\mathrm{d}u$.

Finalement on obtient : $\boxed{\varphi_{WKB}(x)=cte\left(E-V(x)\right)^{-1/4}\exp\left[\frac{i}{\hbar}\int_0^x p(u)\mathrm{d}u\right]}$.

2. a) En supposant que la relation $2f'\theta'+f\theta''=0$ est encore valable et en négligeant encore f'' devant les autres termes, on obtient :

$$\varphi_{WKB}(x)=cte\left(V(x)-E\right)^{-1/4}\exp\left[-\frac{1}{\hbar}\int_0^x\sqrt{2m\left(V(u)-E\right)}\,\mathrm{d}u\right].$$

b) En utilisant $\mathrm{T}=\left|\frac{\varphi(x_2)}{\varphi(x_1)}\right|^2$, il vient alors $\boxed{\mathrm{T}_{WKB}(x)\approx\exp\left[-\frac{2}{\hbar}\int_{x_1}^{x_2}\sqrt{2m\left(V(x)-E\right)}\,\mathrm{d}x\right]}$.

Exercice 18.7

1. Pour $E<V_0$, la particule fictive est confinée dans l'un des puits de potentiel attractif. Cependant, on constate l'existence de deux minimums de potentiels équivalents séparés par une barrière liée à la répulsion coulombienne. Lorsque la particule fictive se trouve au fond d'un des puits, disons celui de gauche en $x=-b$, la molécule est dans la configuration stable où le plan des hydrogènes (et donc la particule fictive associée) est en dessous de l'atome d'azote à une distance $x=-b$ de celui-ci. Mais il existe une autre configuration stable symétrique de la précédente, réalisée pour $x=+b$, lorsque le particule fictive est au fond du puits de droite, ce qui correspond à la particule fictive au dessus de l'azote (qui lui ne bouge pas), à une distance $x=+b$ de celui-ci.

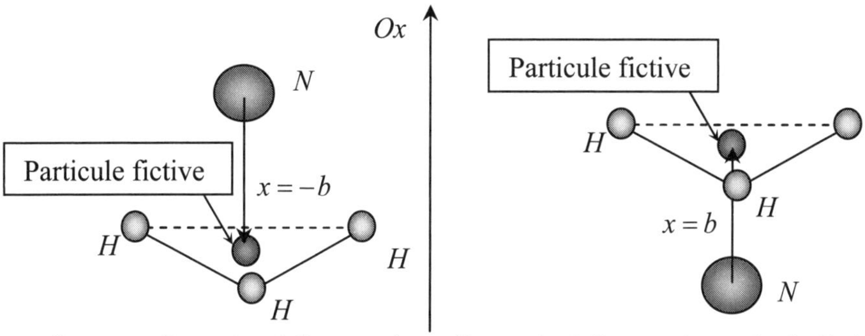

Pour passer d'une configuration à l'autre, donc d'un puits à l'autre, la particule fictive d'énergie E doit franchir la barrière de hauteur V_0 les séparant, ce qui est possible par effet tunnel.

2. a) On remarque que le potentiel présente la symétrie $x \leftrightarrow -x$, autrement dit la fonction $V(x)$ est paire. Le module de la fonction d'onde est alors paire : $|\varphi(x)|^2 = |\varphi(-x)|^2$, d'où la condition : $\varphi(x) = \pm\varphi(-x)$.

À la condition $\varphi(x) = \varphi(-x)$ correspondent les fonctions d'onde paires symétriques par rapport à l'axe de la molécule $\varphi_S(x)$.

À la condition $\varphi(x) = -\varphi(-x)$ correspondent les fonctions d'onde impaires antisymétriques $\varphi_A(x)$.

b) φ_1 et φ_3 doivent s'annuler en $x = \pm\left(b + \dfrac{a}{2}\right)$ pour respecter la condition de nullité de la fonction d'onde sur une paroi parfaitement réfléchissante (potentiel infini en ces points). Ainsi, nécessairement $X_1 = (b + a/2) + x$ et $X_3 = (b + a/2) - x$.

c) $\varphi_2(x) = B\cosh(Kx) = B\dfrac{e^{Kx} + e^{-Kx}}{2}$ correspond à la fonction d'onde paire sous la barrière et $\varphi_2(x) = B\sinh(Kx) = B\dfrac{e^{Kx} - e^{-Kx}}{2}$ à la fonction d'onde impaire. On peut retrouver ce résultat en considérant la solution $A_2\, e^{Kx} + B_2\, e^{-Kx}$ sous la barrière, pour $E < V_0$, où $A_2 = B_2$ pour les fonctions d'onde paires et $A_2 = -B_2$ pour les fonctions d'onde impaires.

d) Pour la fonction d'onde symetrique φ_S on obtient ainsi : $\begin{cases} \varphi_{S1}(x) = A\sin\left[k(b + a/2 + x)\right] \\ \varphi_{S2}(x) = B\cosh(Kx) \\ \varphi_{S3}(x) = A\sin\left[k(b + a/2 - x)\right] \end{cases}$

De même, pour la fonction d'onde antisymetrique φ_A on : $\begin{cases} \varphi_{A1}(x) = -A\sin\left[k(b + a/2 + x)\right] \\ \varphi_{A2}(x) = B\sinh(Kx) \\ \varphi_{A3}(x) = A\sin\left[k(b + a/2 - x)\right] \end{cases}$

3. a) Les conditions de raccordement en $x=+\left(b-\dfrac{a}{2}\right)$ entre les régions (3) et (2) pour la fonction d'onde symétrique s'écrivent :

$$A\sin(ka)=B\cosh\left(K\left(b-\frac{a}{2}\right)\right) \text{ et } -Ak\cos(ka)=BK\sinh\left(K\left(b-\frac{a}{2}\right)\right).$$

⇨ *Méthode 18.2*

Comme A et B ne peuvent être simultanément nuls, on peut faire le rapport de ces deux égalités membre à membre pour obtenir :

$\boxed{\tan(ka)=-\dfrac{k}{K}\coth\left[K(b-a/2)\right]}$ pour les fonctions d'onde symétriques φ_S.

Pour les fonctions d'onde antisymétriques φ_A, on obtient de même :

$\boxed{\tan ka=-\dfrac{k}{K}\tanh\left[K(b-a/2)\right]}$.

Ainsi $f(K)=-\dfrac{k}{K}\coth\left[K(b-a/2)\right]$ et $g(K)=-\dfrac{k}{K}\tanh\left[K(b-a/2)\right]$.

Compte tenu de la relation $k^2+K^2=\dfrac{2mV_0}{\hbar^2}$, la résolution de ces deux équations transcendantes permet d'obtenir l'ensemble des racines k_n^S pour les fonctions d'onde symétriques qui diffère des k_n^A pour les fonctions d'onde antisymétriques puisque les deux équations transcendantes sont différentes. En utilisant $E=\dfrac{\hbar^2k^2}{2m}$ on obtient alors les énergies correspondantes : E_n^S et E_n^A. Comme les solutions k_n^S diffèrent des k_n^A , E_n^S et E_n^A ont pour n fixé des valeurs différentes.

b) Dans le cas où $E \ll V_0$, on a $k \ll K \approx \dfrac{\sqrt{2mV_0}}{\hbar}$. Si de plus $\lambda \ll b-a/2$, $K \gg \dfrac{1}{b-a/2}$ et on peut ainsi écire : $\tan(ka)=-\dfrac{k}{K}\left(1\pm 2e^{-K(2b-a)}\right)$, où le signe + correspondant à φ_S et le signe – à φ_A. On peut alors résoudre le problème graphiquement, les valeurs quantifiées de $k_n a$ étant les abscisses des intersections des branches successives de $y=\tan(ka)$ avec les deux droites $y_S=-\dfrac{k}{K}\left(1+2e^{-K(2b-a)}\right)$ pour les racines correspondantes à φ_S et $y_A=-\dfrac{k}{K}\left(1-2e^{-K(2b-a)}\right)$ pour les racines correspondantes à φ_A.

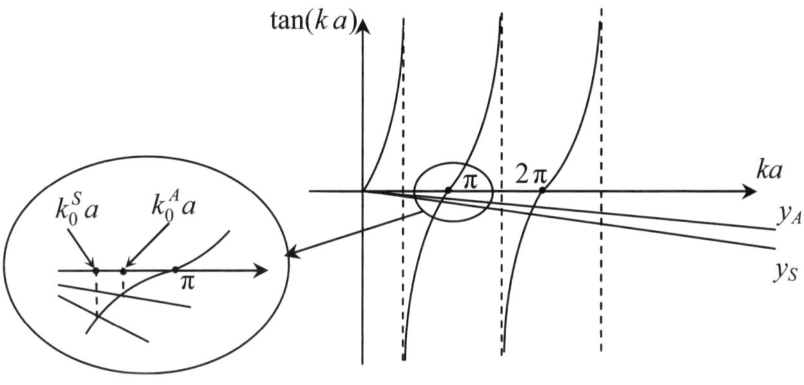

On constate graphiquement que dans le mode fondamental, k_0^S est inférieur à k_0^A, les énergies correspondantes sont données par $E_0^S = \dfrac{\hbar^2}{2m}\left(k_0^S\right)^2$ et $E_0^A = \dfrac{\hbar^2}{2m}\left(k_0^A\right)^2$, on a donc bien $E_0^S < E_0^A$.
D'autre part, dans le cadre de cette approximation, on donne :

$$E_0^A - E_0^S \approx \frac{4\hbar^2\,\pi^2}{K\,m\,a^3} e^{-K(2b-a)}.$$

Comme $2b-a$ est la largeur de la barrière de potentiel entre les deux puits et que K est proportionnel à $\sqrt{V_0 - E}$, la différence d'énergie $E_0^A - E_0^S$ tend exponentiellement vers zéro lorsque la largeur, ou la hauteur V_0 de la barrière de potentiel, augmente. On se retrouve alors dans la situation de deux puits infinis découplés, de même énergie fondamentale.

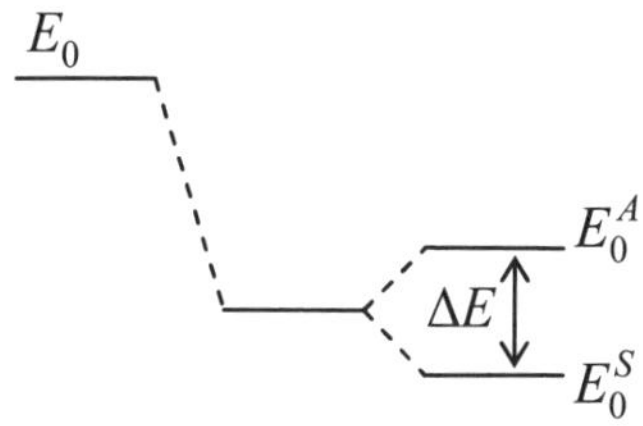

✎ *L'effet du couplage est d'une part d'abaisser l'énergie du fondamental, puisque la particule fictive explore alors une zone de confinement plus large (voir le vrai-faux N° 5 sur la question), et d'autre part de subdiviser le fondamental en deux niveaux d'énergie distincts.*

Exercice 18.8

1. Le cas où $-V_0 < E < 0$ correspond à un état lié, la particule étant classiquement contrainte à se déplacer dans l'intervalle $[-a/2, a/2]$.

Dans les régions (1), (2) et (3), on écrit respectivement : $\begin{cases} \varphi_1(x) = A_1\,e^{q\,x} + B_1\,e^{-q\,x} \\ \varphi_2(x) = A_2\cos(k\,x) + B_2\sin(k\,x) \\ \varphi_3(x) = A_3\,e^{q\,x} + B_3\,e^{-q\,x} \end{cases}$,

avec : $q = \sqrt{-2mE}\,/\,\hbar$ et $k = \sqrt{2m(E+V_0)}\,/\,\hbar$.

➪ *Méthode 18.1*

2. a) Pour assurer la normalisabilité on est conduit à poser $B_1 = A_3 = 0$ (pour annuler les termes divergeants lorsque $x \to \pm\infty$).

b) D'après l'énoncé, la symétrie du problème impose que la densité de probabilité doit être donc une fonction paire de x :

$|\varphi(x)|^2 = |\varphi(-x)|^2$, d'où la condition : $\varphi(x) = \pm\varphi(-x)$.

> ✎ *La fonction d'onde n'étant pas une grandeur physique, elle n'a pas à respecter la symétrie du problème, son module carré oui puisqu'il correspond à une grandeur mesurable : la probabilité de présence de la particule.*

À la condition $\varphi(x) = \varphi(-x)$ correspondent les fonctions d'onde paires.

À la condition $\varphi(x) = -\varphi(-x)$ correspondent les fonctions d'onde impaires.

On va donc par la suite, pour simplifier le problème, considérer séparément les fonctions d'ondes paires et les fonctions d'ondes impaires en écrivant : $\begin{cases} A_1 = \pm B_3 \\ A_2 \text{ ou } B_2 \text{ nulle} \end{cases}$.

Pour les fonctions paires : $\begin{cases} \varphi_1(x) = A_1\, e^{q x} \\ \varphi_2(x) = A_2 \cos(k\, x) \\ \varphi_3(x) = A_1\, e^{-q x} \end{cases}$ et impaires : $\begin{cases} \varphi_1(x) = -A_1\, e^{q x} \\ \varphi_2(x) = A_2 \sin(k\, x) \\ \varphi_3(x) = A_1\, e^{-q x} \end{cases}$.

c) On écrit les conditions de raccordement en $x = a/2$: le potentiel n'admettant ici que des discontinuités finies, φ et φ' sont continues en $x = a/2$, ce qui s'écrit explicitement :

$\varphi_2(a/2) = \varphi_3(a/2)$ et $\dfrac{\mathrm{d}\varphi_2}{\mathrm{d}x}(a/2) = \dfrac{\mathrm{d}\varphi_3}{\mathrm{d}x}(a/2)$.

On obtient ainsi pour les fonctions d'onde paires : $\begin{cases} A_2 \cos\left(\dfrac{k\, a}{2}\right) = A_1\, e^{-q a/2} \\ k\, A_2 \sin\left(\dfrac{k\, a}{2}\right) = q\, A_1\, e^{-q a/2} \end{cases}$.

Pour les fonctions d'onde impaires : $\begin{cases} A_2 \sin\left(\dfrac{k\, a}{2}\right) = A_1\, e^{-q a/2} \\ k\, A_2 \cos\left(\dfrac{k\, a}{2}\right) = -q\, A_1\, e^{-q a/2} \end{cases}$.

En effectuant le rapport membre à membre de ces deux relations on obtient les deux équations de quantification : $\boxed{\begin{cases} k \tan\left(\dfrac{k\, a}{2}\right) = q \quad \text{fonctions paires} \\ k \,\text{cotan}\left(\dfrac{k\, a}{2}\right) = -q \quad \text{fonctions impaires} \end{cases}}$.

⇨ *Méthode 18.2*

Comme k et q dépendent tous les deux de l'énergie E, ces équations ne peuvent être satisfaites que pour certaines valeurs particulières de E : *l'énergie est quantifiée* ce qui est attendu pour un état lié.

3. On écrit pour les fonctions d'onde paires : $k^2 \tan^2\left(\frac{ka}{2}\right) = q^2$, avec $\tan\left(\frac{ka}{2}\right) > 0$ pour garder l'information sur le signe que le passage au carré nous a fait perdre. Compte tenu des expressions de k et q, il vient alors : $2m(E+V_0)\frac{1-\cos^2(ka/2)}{\cos^2(ka/2)} = -2mE$, soit $\cos^2\left(\frac{ka}{2}\right) = \frac{\hbar^2 k^2}{2mV_0}$, et donc : $\left|\cos\left(\frac{ka}{2}\right)\right| = \frac{k}{k_0}$ avec $\tan\left(\frac{ka}{2}\right) > 0$ et $k_0 = \frac{\sqrt{2mV_0}}{\hbar}$.

En procédant de même pour les fonctions d'onde impaires, on obtient $\begin{cases} \left|\sin\left(\frac{ka}{2}\right)\right| = \frac{k}{k_0} \\ \tan\left(\frac{ka}{2}\right) < 0 \end{cases}$.

4. a) La résolution se fait graphiquement. On obtient de façon générale le diagramme (y,k) ci-contre. Les niveaux d'énergie y sont déterminés par l'intersection entre la droite d'équation $y = k/k_0$ avec la partie décroissante des arcs de sinusoïde $y = \left|\cos\left(\frac{ka}{2}\right)\right|$ représentés en pointillés pour les solutions paires et $y = \left|\sin\left(\frac{ka}{2}\right)\right|$ en trait plein pour les solutions impaires. Les point notés P figurent les solutions paires et les points notés I les solutions impaires. On constate graphiquement que k prend des valeurs discrètes k_n où n est un entier strictement positif. Compte tenu de l'expression de k donnée dans l'énoncé, il vient : $E_n = \frac{\hbar^2 k_n^2}{2m} - V_0$. Ainsi l'énergie est quantifiée et prend des valeurs discrètes dans un spectre indexé par n.

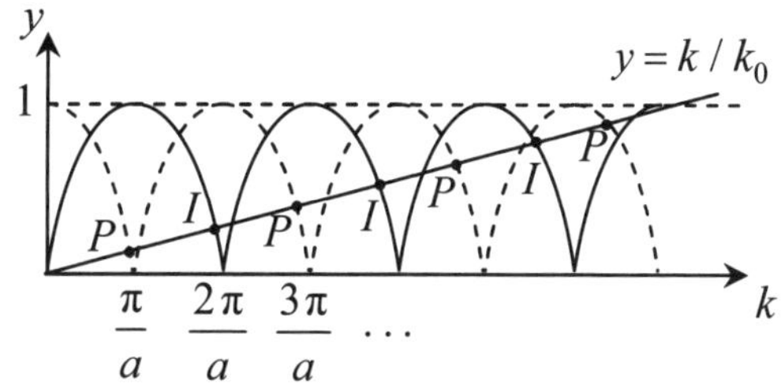

b) On constate graphiquement qu'il apparaît alternativement d'autant plus de solutions paires et impaires que la pente de la droite $y = k/k_0$ est faible. Or la pente de $1/k_0$ diminue à mesure que k_0 augmente et donc que le potentiel V_0 augmente, c'est-à-dire que le puits est d'autant plus profond.

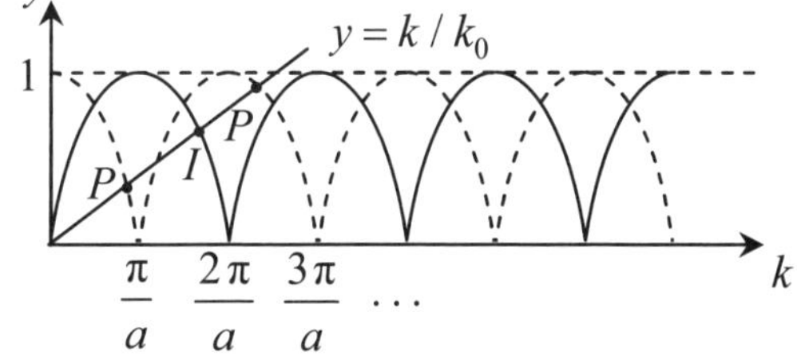

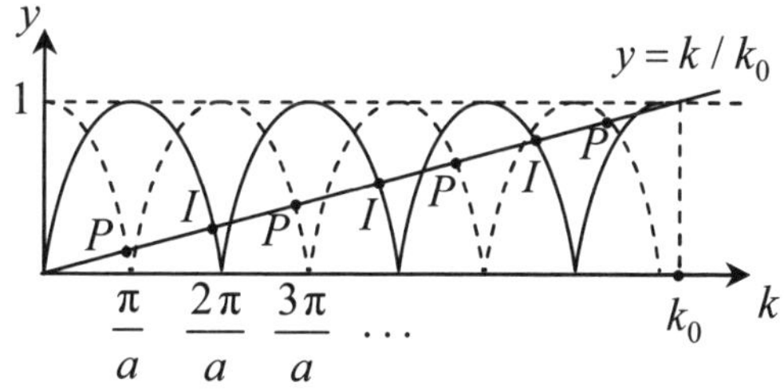

On a donc plus de niveaux d'énergie différents si le puits est plus profond.

c) On constate que même pour des valeurs très faibles de V_0 il existe au moins un état lié correspondant à une fonction d'onde paire, comme le montre la figure ci-dessous.

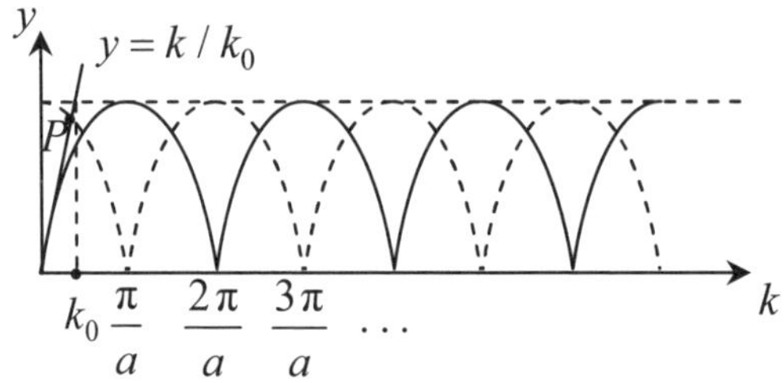

Plus précisément, si $k_0 \leq \frac{\pi}{a}$, c'est-à-dire, compte tenu de la définition de k_0, si $V_0 \leq \frac{\hbar^2 \pi^2}{2ma^2}$, il n'existe qu'un état lié correspondant à une fonction d'onde paire.

d) Pour $k_0 \to +\infty$, c'est-à-dire pour $V_0 \to +\infty$, on doit retrouver le puits infiniment profond. Graphiquement, on voit qu'on a alors $k_n \approx \frac{n\pi}{a}$ (car la droite $y = k / k_0$ est presque horizontale). En rapportant l'origine des niveaux d'énergie au fond du puits (c'est-à-dire en posant $E'_n = E_n + V_0$), on retrouve les niveaux du puits infiniment profond : $E'_n \approx \frac{n^2 \pi^2 \hbar^2}{2ma^2}$.

e) Dans ce cas, à la différence du puits infini, la fonction d'onde est non nulle dans la zone interdite (elle y a la forme d'une onde évanescente puisque φ est en $e^{\pm qx}$ alors que dans le puits infiniment profond elle s'annule sur les parois). Ci-dessous sont représentés les trois premiers états stationnaires du puits plat. On peut dire que par rapport au puits infini, le puits fini a une largeur effective plus importante puisque la particule explore une petite distance dans la zone interdite de part et d'autre des parois du puits sous la forme d'une onde de type évanescente (fonction d'onde exponentielle réelle décroissante).

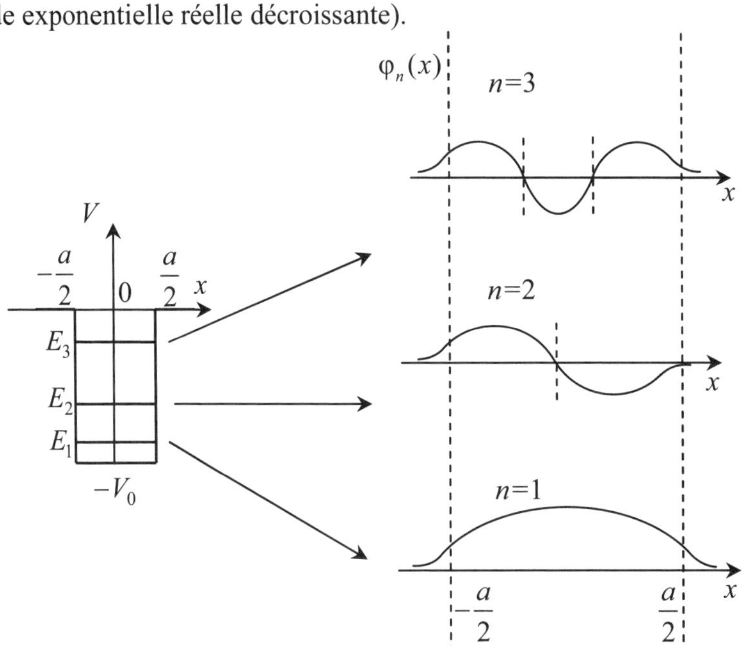

Exercice 18.9

Une particule dans une boîte satisfait l'équation de Schrödinger stationnaire à trois dimensions : $-\frac{\hbar^2}{2m}\nabla^2\varphi(x,y,z) = E\,\varphi(x,y,z)$. Comme la probabilité de trouver la particule à l'extérieur de la boîte doit être nulle, $\varphi\,(x,y,z)$ doit satisfaire aux conditions aux limites :

$\varphi\,(0,y,z) = \varphi\,(a,y,z) = 0$, $\varphi\,(x,0,z) = \varphi\,(x,a,z) = 0$, $\varphi\,(x,y,0) = \varphi\,(x,y,a) = 0$.

⇨ *Méthode 18.2*

Ici on applique la méthode de séparation des variables en posant $\varphi\,(x,y,z) = X\,(x)\,Y(y)\,Z(z)$.

Les trois fonctions $X\,(x)\,Y(y)\,Z(z)$ satisfont respectivement :

$$\frac{\mathrm{d}^2}{\mathrm{d}x^2}X(x) + \left(\frac{2m}{\hbar^2}E_x\right)X(x) = 0\text{, avec } X(0) = X(a) = 0,$$

$$\frac{\mathrm{d}^2}{\mathrm{d}y^2}Y(y) + \left(\frac{2m}{h^2}E_y\right)Y(y) = 0\text{, avec } Y(0) = Y(a) = 0,$$

$$\frac{\mathrm{d}^2}{\mathrm{d}z^2}Z(z) + \left(\frac{2m}{\hbar^2}E_z\right)Z(z) = 0\text{, avec } Z(0) = Z(a) = 0$$

D'après l'exercice 18.1, les solutions de ces trois équations sont de la forme :

$X_{n_1}(x) = A_{n_1}\sin\left(\frac{n_1\pi}{a}x\right)$, $Y_{n_2}(y) = B_{n_2}\sin\left(\frac{n_2\pi}{a}y\right)$, $Z_{n_3}(z) = C_{n_3}\sin\left(\frac{n_3\pi}{a}z\right)$, où n_1 , n_2 et n_3 sont trois entiers positifs.

Avec : $E_x = E_{n_1} = \frac{\hbar^2\pi^2}{2ma^2}n_1^2$, $E_y = E_{n_2} = \frac{\hbar^2\pi^2}{2ma^2}n_2^2$, $E_z = E_{n_3} = \frac{\hbar^2\pi^2}{2ma^2}n_3^2$.

Les entiers positifs n_1, n_2 et n_3 étant à priori différents, on obtient finalement :

$$\boxed{E_{n_1,n_2,n_3} = \frac{\hbar^2\pi^2}{2ma^2}(n_1+n_2+n_3)}.$$

Chapitre 19

Éléments de thermodynamique statistique (MP)

UN SCIENTIFIQUE

Ludwig Boltzmann (1844-1906) est un scientifique mais également un philosophe des sciences. Ses travaux concernent principalement l'étude théorique de la thermodynamique. Son apport principal concerne l'utilisation de la statistique dans l'étude des gaz et l'interprétation de l'entropie.

Précurseur dans de nombreux domaines mais très combattu dans ses idées, il met fin à ses jours. On a gravé sur sa tombe la relation sur l'entropie qu'il avait énoncée et qui porte son nom.

Un peu d'histoire

L'approche statistique des phénomènes physiques apparaît vers le milieu du XIXe siècle alors que les théories mathématiques sur les modèles continus en théorie des probabilités sont devenus solides, surtout grâce à Pierre-Simon Laplace. James Maxwell avait déjà pressenti l'importance de cette démarche pour élaborer ses équations.

Le génie de Ludwig Boltzmann fut de comprendre que, même dans un modèle déterministe, on pouvait étudier avec profit les propriétés des gaz par des modèles probabilistes.

Le deuxième apport fondamental du physicien autrichien fut d'admettre implicitement que la matière est composée d'atomes ou de molécules, ce qui à son époque était loin d'être admis dans la communauté scientifique.

Ce regard original a ouvert la voie à la découverte de la théorie des quantas par Max Planck lors de son étude du rayonnement du corps noir.

Objectifs

Ce qu'il faut connaître

- ▷ Les différentes échelles spatiales d'observation d'un système
- ▷ Les expressions de l'énergie et des fluctuations d'énergie en lien avec la fonction de partition
- ▷ Le lien entre capacité thermique et fluctuations d'énergie
- ▷ La distribution des vitesses pour un gaz parfait et les propriétés associées au modèle
- ▷ Le théorème d'équipartition

Ce qu'il faut savoir faire

- ▷ Reconnaître un facteur de Boltzmann
- ▷ Déterminer la fonction de partition d'un système et la probabilité d'occupation d'un état
- ▷ Exploiter un rapport de probabilités entre deux états
- ▷ Déterminer énergie et capacité thermique pour un système à deux niveaux non dégénérés
- ▷ Estimer la capacité thermique d'un système à partir d'un décompte du nombre de degrés de liberté
- ▷ Exprimer l'énergie moyenne d'équilibre d'un ensemble de N particules dans un puits de infini et faire le lien avec le théorème d'équipartition

■■ Résumé de cours

■ Différentes échelles d'observation d'un système

La description d'un système peut se faire à différentes échelles auxquelles est associée une longueur caractéristique l_{car} :

→ L'échelle **microscopique** ($l_{car} \sim 1\,\text{Å} - 100\,\text{nm}$) permet l'observation du mouvement des particules individuellement. Le système est décrit par $N \sim \mathcal{N}_A = 6 \cdot 10^{23}$ paramètres : les calculs associés sont très difficiles.

→ L'échelle **macroscopique** ($l_{car} \sim L_{système}$) permet d'avoir une vue d'ensemble du système et ce dernier est décrit par un très petit nombre de paramètres (pression, température, vitesse globale,…).

→ L'échelle **mésoscopique** ($l_{car} \sim 1\,\mu\text{m}$) permet de considérer que toutes les particules d'un volume mésoscopique ($N \sim 10^7$ particules) sont en équilibre. À cette échelle, les grandeurs pertinentes (pression, température,...) sont uniformes alors qu'elles varient spatialement à l'échelle macroscopique.

■ Poids de Boltzmann

❑ Exemple de l'atmosphère isotherme

Sous les hypothèses que l'atmosphère est de température uniforme sur toute l'épaisseur et constituée d'un gaz parfait soumis *uniquement* à l'action de la pesanteur, sans mouvement d'ensemble (équilibre mécanique), l'application de l'équation locale de la statique des fluides aboutit à $\boxed{P(z) = P_0\, e^{-\frac{m g z}{k_B T}}}$ où m est la masse d'une particule et z son altitude. On reconnaît là une forme très caractéristique, appelée **poids de Boltzmann** $e^{-\frac{E_1}{E_2}}$ où E_1 et E_2 sont deux énergies différentes qui sont comparées : dans notre cas il y a compétition entre le **poids** (d'énergie potentielle $m g z$) et **l'agitation thermique** (d'énergie caractéristique $k_B T$).

On retrouve le facteur de Boltzmann dans la loi du nivellement barométrique donnant la densité de particules dans l'atmosphère en fonction de l'altitude, $n(z) = n_0\, e^{-\frac{z}{z_0}}$ où z_0 est une hauteur caractéristique $z_0 = \dfrac{k_B T}{m g}$, soit $n(z) = n_0\, e^{-\frac{m g z}{k_B T}}$. On peut relier ce poids à la **probabilité** d'observer une particule à cette altitude.

❑ Généralisation pour une particule indépendante à l'équilibre avec un thermostat

Un thermostat (T) est un système de taille caractéristique très grande devant celle du système étudié (S) et échangeant de l'énergie avec (S). Du fait de cette différence de taille, l'énergie de (T) est constante malgré ces échanges et impose une température T à (S). Cette notion de thermostat est *relative* à la taille de (S).

De manière générale, si on considère une particule indépendante à l'équilibre avec un thermostat, on peut lui associer un **poids de Boltzmann** comparant son énergie E_{int} à l'agitation thermique $k_B T$: $\boxed{e^{-\frac{E_{\text{int}}}{k_B T}}}$.

⇨ **Méthode 19.1. Déterminer un facteur de Boltzmann**

■ Description statistique des systèmes à spectre discret d'énergies

❑ Probabilité d'occupation d'un état

Soit un système (S), à l'équilibre avec un thermostat imposant une température T, pouvant occuper des états énergétiques bien définis et discrets indicés par $n \geq 1$ et dont l'énergie associée est E_n. La probabilité d'occupation d'un état d'énergie E_n est : $\boxed{p(n) = \frac{1}{Z} \mathrm{e}^{-\frac{E_n}{k_B T}}}$ où $\boxed{Z = \sum_{n=1}^{\infty} \mathrm{e}^{-\frac{E_n}{k_B T}}}$ est le facteur de normalisation appelé la **fonction de partition** du système.

Cette quantité caractérise intégralement le système (S).

⇨ **Méthodes 19.2. Comment calculer une fonction de partition ?**
et 19.3. Comment exploiter le rapport de probabilités ?

❑ Moyenne et fluctuations de l'énergie

La fonction de partition fournit **toute l'information** associée au système. En particulier on peut relier la moyenne et les fluctuations de l'énergie du système à Z :

→ La **moyenne** de l'énergie, est définie par : $\langle E \rangle = \sum_{n=1}^{\infty} \left(E_n \, p(n) \right) = \frac{1}{Z} \sum_{n=1}^{\infty} E_n \, \mathrm{e}^{-\frac{E_n}{k_B T}}$ **soit**

$\boxed{\langle E \rangle = \frac{1}{k_B T^2} \frac{\partial \ln(Z)}{\partial T} = -\frac{\partial \ln(Z)}{\partial \beta}}$ où $\beta = \frac{1}{k_B T}$ est appelée **température inverse**.

→ Les **fluctuations d'énergie** autour de la position d'équilibre se déduisent de Z par :

$$(\Delta E)^2 = \left\langle \left(E - \langle E \rangle \right)^2 \right\rangle = \langle E^2 \rangle - \langle E \rangle^2 = -\frac{\partial \langle E \rangle}{\partial \beta} = -\frac{\partial^2 \ln(Z)}{\partial \beta^2}.$$

→ La **capacité thermique** du système $C = \dfrac{\partial \langle E \rangle}{\partial T}$ est reliée aux fluctuations par : $C = \dfrac{(\Delta E)^2}{k_B T^2}$.

❑ Système à *N* particules indépendantes

Si on s'intéresse à un cas plus complexe d'un système comprenant N particules discernables (c'est-à-dire que l'on peut étiqueter), le calcul de la fonction de partition devient plus complexe, car il faut sommer sur tous les états de chaque particule : $Z = \sum_{k_1} \sum_{k_2} \cdots \sum_{k_N} e^{-\beta E_{\text{système}}(k_1, k_2, \ldots, k_N)}$.

Si ces N particules sont **indépendantes** (ou très faiblement couplées pour pouvoir négliger l'énergie de couplage devant leur propre énergie) : $E_{\text{système}} = E_1(k_1) + E_2(k_2) + \ldots + E_N(k_N)$ et

$\boxed{Z = z_1 \times z_2 \times \cdots \times z_N = \prod_{i=1}^{N} z_i}$, où $z_i = \sum_{k_i} e^{-\beta E_i(k_i)}$ est la fonction de partition à une particule.

La fonction de partition à *N* corps se factorise en un produit de *N* fonctions de partition à un corps, indépendantes.

Remarques

Dans le cas où les particules ne sont **pas discernables**, le résultat est modifié : $\boxed{Z = \dfrac{1}{N!} \prod_{i=1}^{N} z_i}$.

Si les particules sont **identiques**, $z_i = z, \forall i$ et si elles sont en plus discernables : $\boxed{Z = z^N}$.

On peut calculer ainsi les probabilités associées :

$P(k_1, k_2, \ldots, k_N) = \dfrac{1}{Z} e^{-\beta E_{\text{système}}(k_1, k_2, \ldots, k_N)} = \prod_i p_i$ où $p_i = \dfrac{1}{z_i} e^{-\beta E_i(k_i)}$ est la probabilité d'observer la i^e particule dans l'état k_i.

Dépendance des fluctuations avec le nombre de particules N : $\boxed{\dfrac{\Delta E}{E} \propto \dfrac{1}{\sqrt{N}} \ll 1}$ pour un « gros » système ($N \gg 1$) : **l'énergie coïncide alors avec celle de l'état le plus probable** $\langle E \rangle$. Il en est de même pour les autres grandeurs P, T, … qui prennent la valeur prédite par la thermodynamique classique.

❑ Cas d'un système à deux niveaux

De nombreux systèmes peuvent néanmoins être décrits avec uniquement deux niveaux d'énergie non dégénérées, que l'on notera $E = \pm \varepsilon$.

On peut citer les spins ou les moments magnétiques soumis à un champ magnétique, l'électron dans la molécule H_2^+, la molécule d'ammoniac, les atomes sous certaines conditions, une impureté dans un solide, et bien d'autres.

Capacités thermiques classiques des gaz et des solides

Théorème d'équipartition

Dans une approche simplifiée, concernant un système en équilibre à la température T, chaque degré de liberté contribue à l'énergie moyenne pour $\boxed{\dfrac{k_B T}{2}}$.

De manière équivalente, chaque **degré de liberté énergétique quadratique** contribue à **l'énergie moyenne** pour $\boxed{\dfrac{k_B T}{2}}$.

⇨ **Méthode 19.4. Appliquer le théorème d'équipartition**

Capacités thermiques en mécanique classique

Expérimentalement, on observe que les capacités thermiques molaires des gaz prennent des valeurs bien définies.

Pour le gaz parfait monoatomique, avec $\langle E \rangle = \dfrac{3}{2} N k_B T$:

$$\boxed{C_{v,m} = \frac{C_v}{n} = \frac{3}{2}R = 12{,}5\,\mathrm{J\cdot K^{-1}\cdot mol^{-1}}}.$$

Pour le gaz parfait diatomique, il faut prendre en compte les degrés de liberté indépendants, qui viennent se rajouter à la translation d'ensemble :

→ À basse température, $\boxed{C_{v,m} = \dfrac{3}{2}R}$, comme pour le gaz monoatomique

→ À partir de $T \sim 50\mathrm{K}$ ($E \sim 1\,\mathrm{meV}$), il faut considérer le mouvement de **rotation** autour de ses deux axes (le troisième axe étant axe de symétrie), soit deux termes quadratiques indépendants supplémentaires : $\boxed{C_{v,m} = \dfrac{3}{2}R + R = \dfrac{5}{2}R}$.

→ Les **vibrations**, que l'on peut modéliser comme un système masse-ressort, viennent s'adjoindre pour $T \sim 5000\mathrm{K}$ ($E \sim 0{,}1\,\mathrm{eV}$) où deux termes quadratiques s'ajoutent à l'énergie totale : énergie cinétique et énergie potentielle élastique, soit : $\boxed{C_{v,m} = \dfrac{7}{2}R}$.

On retrouve ce même type de relations pour des solides décrits à l'aide de la mécanique classique. Si on considère le modèle d'Einstein classique, où le solide est vu comme un assemblage de motifs (atomes, molécules, ions) reliés les uns aux autres par des ressorts indépendants, il faut compter par motif 6 termes quadratiques indépendants soit pour N motifs $\langle E \rangle = 3 N k_B T$. On retrouve alors la loi de **Dulong et Petit** $\boxed{C_{v,m} = 3R}$, cependant incorrecte à basse température, où $C_{v,m} \underset{T \to 0}{\to} 0$: il faut alors faire intervenir la mécanique quantique.

■ Énergie moyenne de N particules dans un puits infini.

On considère un ensemble de N particules confinées dans un puits de potentiel unidimensionnel et infini de largeur a macroscopique. Le système est à l'équilibre thermique avec un thermostat à la température T. Les énergies des états stationnaires forment un spectre discret : $E_n = \dfrac{n^2 \pi^2 \hbar^2}{2ma^2}$ où n est un entier strictement positif. À haute température et pour une pression pas trop élevée, les particules sont indépendantes (faible couplage) et les niveaux d'énergie sont non dégénérés (on tend vers la limite classique). Dans ces conditions, la différence d'énergie entre deux niveaux successifs est de l'ordre de $\dfrac{\pi^2\hbar^2}{2ma^2}$, elle est faible devant $k_B T$: les niveaux d'énergie sont alors décrits comme un continuum (on tend vers la limite continue). L'énergie moyenne du système s'écrit : $\langle E \rangle = N\langle \varepsilon \rangle$, où $\langle \varepsilon \rangle$ est l'énergie moyenne d'une particule. Elle s'écrit encore : $\langle E \rangle = N \times \dfrac{k_B T}{2}$, ce qui est conforme au théorème de l'équipartition de l'énergie.

Méthodes

Méthode 19.1. Déterminer un facteur de Boltzmann

En général l'énoncé met clairement en avant la ou les différentes énergies disponibles pour le système. Il faut impérativement retenir la forme en $e^{-\frac{E}{k_B T}}$, connaître l'ordre de grandeur de $k_B T$ et les limites de la fonction exponentielle pour ne pas effectuer une fausse interprétation physique.

⇨ Exercices 19.1, 19.2, 19.3 et 19.11

Après avoir évalué l'énergie E et $k_B T$, deux cas de figure se présentent :

→ si $E \gg k_B T$ alors $e^{-\frac{E}{k_B T}} \approx 0$ et l'état d'énergie E est peu probable

→ si $E \ll k_B T$ alors $e^{-\frac{E}{k_B T}} \approx 1$ et l'état d'énergie E est quasi certain.

Méthode 19.2. Comment calculer une fonction de partition ?

De manière générale, il faut que les niveaux d'énergie du système soient clairement définis et connus. Si leur nombre est infini, on vous indiquera dans l'énoncé quelques résultats mathématiques (sommes ou intégrales). Vous appliquez alors la formule en prenant bien soin de ne pas oublier de niveaux d'énergie.
D'autre part si les niveaux sont dégénérés, c'est-à-dire que certains niveaux ont la même énergie, il faut prendre en compte le facteur de dégénérescence, c'est-à-dire le nombre de niveaux dégénérés, dans les calculs. En le notant $g(E_i)$ la fonction de partition vaut alors $Z = \sum_{n=1}^{\infty} g(E_n) \mathrm{e}^{-\frac{E_n}{k_B T}}$.

⇨ Exercices 19.4 à 19.7

Prenons l'exemple d'un spin soumis à un champ magnétique. Sa direction est soit la même que le champ, soit l'opposée, et l'énergie vaut alors $E = \pm \mu B$. On peut calculer la fonction de partition associée : $Z = \mathrm{e}^{+\beta \mu B} + \mathrm{e}^{-\beta \mu B} = 2\cosh(\beta \mu B)$.
Cependant, dans l'hypothèse où le niveau d'énergie moins élevé serait **dégénéré deux fois** : $Z = 2 \times \mathrm{e}^{+\beta \mu B} + \mathrm{e}^{-\beta \mu B}$, le facteur 2 est important, le calcul des probabilités doit en tenir compte !

❑ Méthode 19.3. Comment exploiter le rapport de probabilités ?

Le rapport des probabilités nous fournit des informations indépendamment de Z, constante de normalisation : $\dfrac{p(n)}{p(m)} = \mathrm{e}^{-\frac{E_n - E_m}{k_\mathrm{B} T}}$. On retrouve un principe physique, à savoir que les états d'énergie les plus faibles ont une probabilité plus grande d'être peuplés. Si $E_n \geq E_m$ on en déduit que $p(n) \leq p(m)$.

⇨ Exercice 19.4

Supposons un système de N particules à deux niveaux d'énergies tels que $E_1 = 0$ et $E_2 = 1\ \text{eV}$. On a alors simplement $\dfrac{p_2}{p_1} = e^{-\frac{E_2}{k_B T}}$ soit avec $k_B T \sim 25\ \text{meV}$, $\dfrac{p_2}{p_1} \sim \dfrac{1}{2{,}3 \times 10^{18}}$! Donc pour $N \sim \mathcal{N}_A$ soit une mole, sachant que $\dfrac{N_2}{N_1} = \dfrac{p_2}{p_1}$, on aboutit à $N_2 = N_1 \dfrac{p_2}{p_1} = \left(N - N_2\right)\dfrac{p_2}{p_1}$ d'où

$N_2 = N \dfrac{1}{1 + \dfrac{p_1}{p_2}} \sim 2{,}6 \times 10^6$ particules dans le niveau excité !

❑ Méthode 19.4. Appliquer le théorème d'équipartition

Deux cas possibles : soit on connaît l'expression de l'énergie du système en équilibre à la température T, auquel cas il faut comptabiliser le nombre de **termes quadratiques (c'est-à-dire élevés au carré) indépendants** et multiplier ce nombre par $\dfrac{k_B T}{2}$; soit on a une connaissance plus qualitative du système, ce qui implique une analyse physique des degrés de liberté possible, en n'oubliant pas par exemple de tenir compte des éléments de symétrie du problème.

⇨ Exercices 19.6 et 19.8

Prenons le cas du gaz parfait monoatomique, N atomes, chaque atome possède 3 degrés de liberté, soit au total une énergie moyenne de $\langle E \rangle = \dfrac{3}{2} N k_B T = \dfrac{3}{2} nRT$.

Si on connaît l'expression de l'énergie pour ce même système, $E = \displaystyle\sum_{k=1}^{N} \left(\frac{1}{2} m_k \vec{v}_k^2\right)$ et $\vec{v}_k^2 = v_{x,k}^2 + v_{y,k}^2 + v_{z,k}^2$. Pour chaque terme indicé k, il y a donc 3 termes quadratiques à prendre en compte dans la moyenne, soit finalement : $\langle E \rangle = \displaystyle\sum_{k=1}^{N} 3 \times \left(\frac{1}{2} k_B T\right) = \frac{3}{2} N k_B T$.

Méthodes

Notons que si on a des termes quadratiques du type $v_{x,k}v_{y,k}$, ils peuvent ne pas être indépendants. Par exemple : $v_{x,k}^2 + v_{y,k}^2 + 2v_{x,k}v_{y,k}$ est bien le développement d'un carré parfait $\left(v_{x,k} + v_{y,k}\right)^2$, qui ne compte alors que pour **un seul terme** quadratique : les deux degrés de liberté ne sont pas indépendants.

❑ Méthode 19.5. Calculer une fonction de partition pour une infinité de niveaux d'énergie

> Lorsque le système peut être caractérisé par une énergie $E(\vec{r},\vec{p})$ dépendant de paramètres continus que sont la position et la vitesse (de manière équivalente l'impulsion), on admet alors que la fonction de partition pour une particule, devant être normalisées sur toutes les valeurs de ces paramètres, s'écrit $Z = \int_{(\mathbb{R}^3)^2} \frac{\mathrm{d}^3\vec{r}\,\mathrm{d}^3\vec{p}}{h^3} e^{-\frac{E(\vec{r},\vec{p})}{k_B T}}$ où h est la constante de Planck. Dans le cas où l'intégrant $f(\vec{x})$ ne dépend que de la **norme du vecteur** et s'écrit $f(x)$, on rappelle le résultat suivant : $\int_{\mathbb{R}^3} f(x)\,\mathrm{d}^3\vec{x} = \int_0^{+\infty} 4\pi x^2 f(x)\,\mathrm{d}x$.

➪ **Exercices 19.8, 19.10 et 19.11**

Appliquons cette formule à un système tel quel l'énergie est régie par la loi $E = pc$ où c est la vitesse de la lumière (il s'agit de l'énergie pour une particule ultra-relativiste). Calculons alors sa fonction de partition : $Z = \int_{(\mathbb{R}^3)^2} \frac{\mathrm{d}^3\vec{r}\,\mathrm{d}^3\vec{p}}{h^3} e^{-\frac{pc}{k_B T}} = \frac{1}{h^3}\int_{(\mathbb{R}^3)} \mathrm{d}^3\vec{r} \int_0^{+\infty} 4\pi p^2 e^{-\beta pc}\,\mathrm{d}p$. Ainsi, à l'aide d'un changement de variable assez simple $\beta c p = x$, et en posant $V = \int_{(\mathbb{R}^3)} \mathrm{d}^3\vec{r}$, on aboutit à

$$Z = \frac{4\pi V}{h^3(\beta c)^3}\int_0^{+\infty} x^2 e^{-x}\,\mathrm{d}x = 8\pi V\left(\frac{k_B T}{hc}\right)^3 \quad \text{comme} \quad \int_0^{+\infty} x^2 e^{-x}\,\mathrm{d}x = \underbrace{\left[-x^2 e^{-x}\right]_0^{+\infty}}_{=0} - \int_0^{+\infty} 2xe^{-x}\,\mathrm{d}x$$

$$= -\underbrace{\left[-2xe^{-x}\right]_0^{+\infty}}_{=0} + \int_0^{+\infty} 2e^{-x}\,\mathrm{d}x = 2\underbrace{\left[-e^{-x}\right]_0^{+\infty}}_{=1} = 2,$$ après deux intégrations par parties.

■■ Vrai/Faux

		Vrai	Faux
1.	Un thermostat est un système de taille donnée échangeant de l'énergie avec un autre système afin que leur température soit identique.	☐	☐
2.	Les atomes d'un gaz parfait ont une vitesse moyenne nullc, comme ils ont une probabilité égale d'aller dans toutes les directions.	☐	☐
3.	Plus le système comporte de particules, plus ses fluctuations d'énergie sont faibles.	☐	☐
4.	Plus un système a de degrés de libertés, plus sa température augmente.	☐	☐
5.	À très haute température, seuls les états de plus haute énergie sont occupés.	☐	☐
6.	La fonction de partition d'un système de N particules indépendantes est différente selon que les particules sont discernables ou non.	☐	☐
7.	La capacité thermique d'un gaz ne varie pas à très basse température.	☐	☐
8.	Un atome peut être approximé comme un système à deux niveaux d'énergie.	☐	☐
9.	Le théorème d'équipartition s'applique à toute température.	☐	☐
10.	La fonction de partition d'un système le décrit totalement.	☐	☐
11.	Sur les premiers mètres de l'atmosphère, le diazote occupe tout l'espace car statistiquement la probabilité de trouver une molécule de gaz est la même au ras du sol et à faible altitude.	☐	☐
12.	Avec une barrière d'énergie pour une réaction chimique de $E_{mol} \sim 100\,\text{kJ.mol}^{-1}$, la réaction ne peut jamais avoir lieu à 300 K, il faut par conséquent chauffer énormément.	☐	☐
13.	Entre deux chocs, une molécule de gaz ne parcourt qu'une distance inférieure au micron.	☐	☐
14.	Aux températures usuelles, le spectre d'énergie d'un électron dans un puits infini de dimension macroscopique est un continuum.	☐	☐

■■ Énoncé des exercices

❑ Exercice 19.1. Modèle de l'atmosphère isotherme

1. Calculer la diminution de pression entre le sol et le premier étage. Doit-on prendre en compte ce phénomène dans des expériences de laboratoire ?

2. Calculer la diminution de la densité de l'air dans ce modèle entre le niveau de la mer et l'altitude du Mont Blanc (4 810 m).

3. Donner un ordre de grandeur de la hauteur de l'atmosphère.

4. a) Calculer la densité particulaire pour l'air à 20°C à $P = 1$ atm.

b) Combien y a-t-il de particules d'air dans une colonne d'air infiniment haute de section $S = 1\,\text{m}^2$? Est-il raisonnable de supposer g constant ?

❑ Exercice 19.2. Expérience de Jean Perrin et mesure de k_B

Alors que le mouvement erratique de très petites particules, plus connu sous le nom de mouvement brownien, était connu depuis 1827 après les travaux du botaniste Brown, Jean Perrin a pu en 1908 effectuer une mesure expérimentale dudit mouvement, confirmant une théorie d'Einstein. L'idée était d'observer ce mouvement chaotique de grains de taille micrométrique d'une émulsion de gomme-gutte et en particulier comptabiliser le nombre de particules selon l'altitude d'un récipient à l'aide d'un microscope optique.

Données : rayon des grains $r = 0{,}212\ \mu\text{m}$, masse volumique $\rho = 1{,}1942\ \text{g}\cdot\text{cm}^{-3}$ à $T = 293$ K avec une eau de masse volumique $\rho_{eau} = 1{,}003\ \text{g}\cdot\text{cm}^{-3}$.

À l'aide d'une cuve de 100 µm de hauteur et contenant 13 000 grains, il a effectué des mesures de concentrations en quatre plans horizontaux équidistants :

$z(\mu\text{m})$	5	35	65	95
$\frac{n(z)}{n_0}$	100	47	22,6	12

1. Quelle est la masse apparente d'un grain de gomme-gutte en solution ?

2. Exprimer $\ln\left(\frac{n(z)}{n_0}\right)$ en fonction de z, g, k_B, les masses volumiques, T et r.

3. À l'aide d'une régression linéaire, obtenir la valeur de la constante de Boltzmann.

4. En déduire une valeur du nombre d'Avogadro. Commenter.

❑ Exercice 19.3. Vitesse d'une réaction chimique

Une réaction chimique de la forme $A \rightarrow B$ peut être étudiée d'un point cinétique. Sous l'hypothèse qu'elle soit d'ordre 1, on peut écrire la vitesse de réaction sous la forme $v_1 = k_1[A]$, la grandeur d'intérêt est alors la constante de vitesse k_1. On admet que cette constante vérifie la loi suivante : $\dfrac{\mathrm{d}\ln(k_1)}{\mathrm{d}T}=\dfrac{E_{a,1}}{RT^2}$ où $E_{a,1}$ est indépendante de la température appelée énergie d'activation.

1. Quelle est la dépendance de k_1 avec la température ?

2. Reconnaître un facteur de Boltzmann dont on donnera l'énergie caractéristique.
Supposons que la réaction opposée puisse se produire, caractérisée par une constante k_{-1} $A \underset{k_{-1}}{\overset{k_1}{\rightleftarrows}} B$ et que l'on cherche à caractériser l'équilibre. On introduit alors usuellement une constante d'équilibre $K=\dfrac{[B]_{éq}}{[A]_{éq}}$.

3. Que peut-on dire de l'équilibre d'un point de vue des vitesses ? Exprimer alors K en fonction des énergies d'activation.

4. Discuter de la valeur de la constante selon la valeur de $E_{a,1}-E_{a,-1}=\Delta E$. Quelles conséquences pour l'équilibre du système selon l'état initial ?

❑ Exercice 19.4. Inversion de population

Le principe fondamental d'un laser repose sur l'émission stimulée de photons lors de la transition atomique entre deux niveaux d'énergie notés $E_1=-\varepsilon$ et $E_2=+\varepsilon$ (avec $\varepsilon>0$) : on produit simultanément deux photons ayant les mêmes caractéristiques. Dans la suite, notre système est composé de N atomes possédant ces deux niveaux énergétiques.

1. Expliquer à l'aide d'un rapport de probabilités dans quel état on est susceptible de trouver le système à l'équilibre thermodynamique à la température T. On donnera en particulier un ordre de grandeur de $\dfrac{N_2}{N_1}$.

2. Sachant que les deux phénomènes d'absorption d'un photon par un atome et d'émission stimulée s'opposent et sont gouvernés par les équations $\left.\dfrac{\mathrm{d}N_1}{\mathrm{d}t}\right|_{abs}=-\alpha N_1$ et $\left.\dfrac{\mathrm{d}N_1}{\mathrm{d}t}\right|_{spont}=+\alpha N_2$, expliquer en quoi le fonctionnement d'un laser doit reposer sur une « inversion de population ». Est-ce que cette condition est vérifiée ? Peut-on obtenir un laser à l'équilibre thermodynamique ?

3. Calculer la fonction de partition associée à un des systèmes à deux niveaux. En déduire les populations. Commenter leurs limites à haute température.

4. Déterminer l'énergie moyenne et la capacité thermique moyenne et commenter les limites en température.

❑ Exercice 19.5. Système à trois niveaux

Considérons un système à trois niveaux, le fondamental (d'énergie nulle) n'est pas dégénéré, le premier état excité (d'énergie $\epsilon_1=\epsilon$) est dégénéré deux fois, tandis qu'un troisième niveau, d'énergie $\epsilon_2=2\epsilon$, est dégénéré 4 fois.

1. Donner les expressions des probabilités P_0, P_1 et P_2 d'être dans chaque état.
2. Calculer ces probabilités dans les limites $T \to 0$ et $T \to \infty$.
3. Ordonner P_0, P_1 et P_2 en fonction de la température *T*. Définir une température dite d'inversion T_i.

❑ Exercice 19.6. Fonction de partition pour plusieurs spins

Considérons des spins indépendants et discernables soumis à un champ magnétique. Ils peuvent être soit parallèles au champ, dans l'état $|\uparrow\rangle$ d'énergie $-\mu B$, soit opposés au champ, dans l'état $|\downarrow\rangle$ d'énergie μB, où μ est une constante et *B* l'intensité du champ magnétique.

1. Exprimer la fonction *z* de partition pour un spin.
2. Quelle est la probabilité de trouver le spin parallèle au champ *B* ? Discuter des limites à basse et haute températures.
3. Quels sont les états accessibles pour deux spins, et leur énergie ? Et pour trois spins ?
4. Vérifier que l'on a $Z(2\,\text{spins}) = z^2$ et $Z(3\,\text{spins}) = z^3$. Généraliser pour *N* spins. Le résultat est-il attendu ?
5. Calculer l'énergie associée. Discuter des limites en fonction de la température.

❑ Exercice 19.7. Paramagnétisme de Brillouin*

Considérons une assemblée d'atomes, placés aux nœuds d'un réseau cristallin. Ils possèdent un moment magnétique permanent. On suppose que ces atomes sont suffisamment éloignés pour ne pas avoir à prendre en compte d'interactions. En présence d'un champ magnétique extérieur porté par $\overrightarrow{e_z}$, les moments ne peuvent prendre en mécanique quantique que certains niveaux d'énergie bien définis $H = +g\,\mu_B\,J_z\,B$ où *g* est appelé facteur de Landé, μ_B le magnéton de Bohr, J_z le moment cinétique en projection suivant $\overrightarrow{e_z}$ et *B* la norme du champ magnétique. J_z est un entier quantifié : $J_z \in [-J, +J]$. Ce modèle décrit bien un milieu solide dit paramagnétique, dont on va étudier quelques propriétés.

1. Calculer la fonction de partition du système. On donne $\displaystyle\sum_{x=0}^{N} e^{-\alpha x} = \frac{1 - e^{-\alpha(N+1)}}{1 - e^{-\alpha}}$.
2. Calculer l'énergie moyenne.
3. En déduire l'aimantation, définie comme $M = \dfrac{1}{V}\mathcal{M} = -\dfrac{1}{V}\left\langle \dfrac{\partial E}{\partial B} \right\rangle$ où $\mathcal{M}$ est la densité volumique de moment magnétique.
4. Interpréter physiquement les différentes limites en température.
5. **a)** Effectuer un développement limité de *M* pour $B \to 0$. On donne $\coth(x) \underset{x \to 0}{\sim} \dfrac{1}{x} + \dfrac{x}{3}$.

b) Obtenir enfin la susceptibilité magnétique $\chi_m = \lim_{B\to 0} \mu_0 \dfrac{\partial M}{\partial B}$ où $\mu_0 = 4\pi 10^{-7}\ \text{H}\cdot\text{m}^{-1}$ est la perméabilité magnétique du vide. On montrera que χ_m est de la forme $\chi_m = \dfrac{C}{T}$: c'est la loi de Curie.

c) Ordre de grandeur : estimer la densité particulaire pour un solide. On donne $g\mu_B \approx 2\times 10^{-23}\ \text{J}\cdot\text{T}^{-1}$, évaluer alors χ_m à 300 K.

❑ Exercice 19.8. Élasticité d'un polymère*

On peut modéliser, à l'aide de la thermodynamique statistique, le comportement d'un élastique que l'on étire. Supposons en effet que cet élastique soit composé de N maillons indépendants de longueur ℓ, indicés par un entier $i \in [1, N]$, pouvant s'orienter aléatoirement : ils peuvent tourner librement. On note la force $\vec{F} = F\vec{e_x}$ et $\vec{r_i}$ la position de chaque maillon. Sachant que la force se transmet de proche en proche, cette dernière va forcer les maillons à se diriger selon elle.

1. Quelle est l'énergie associée à l'application de cette force ? En déduire le facteur de Boltzmann associé à chaque maillon et à l'ensemble de l'élastique.
Du fait de la symétrie du problème la position de chaque maillon est paramétrée par deux angles θ_i et φ_i. On montre que la probabilité de trouver un maillon dans la position (θ_i, φ_i) à $\mathrm{d}\theta_i$ et $\mathrm{d}\varphi_i$ près est proportionnelle au facteur de Boltzmann et au facteur $\mathrm{d}\Omega_i = \sin(\theta_i)\mathrm{d}\theta_i\mathrm{d}\varphi_i$.

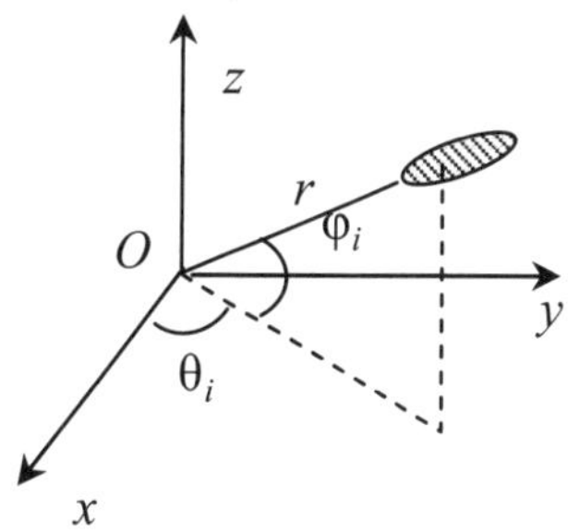

2. En déduire l'expression de cette probabilité en introduisant la fonction de partition pour un maillon.

3. Le calcul de cette fonction de partition est un peu délicat, car chaque maillon peut prendre une infinité de positions : il faut donc faire une intégration sur les angles au lieu d'une somme. Après avoir donné l'expression de la fonction de partition en fonction d'une intégrale double, effectuer l'intégration. On introduira la fonction sinus hyperbolique.

4. Calculer ainsi la fonction de partition pour l'élastique entier.

5. Quelle est la longueur moyenne de l'élastique selon la direction de la force, notée x ? On montrera en particulier que $\langle x \rangle = k_B T \dfrac{\partial \ln(Z)}{\partial \beta}$ et on exprimera le résultat en fonction de la fonction de Langevin : $\mathscr{L}(x) = \coth(x) - \dfrac{1}{x}$.

6. Tracer la longueur moyenne et interpréter physiquement. On fera en particulier un développement limité pour des forces « relativement » (à définir) petites. On donne : $\coth(x) \underset{x\to 0}{\sim} \dfrac{1}{x} + \dfrac{x}{3}$.

7. Quel est le comportement de l'élastique avec la température ? Est-ce surprenant pour un matériau de type polymère ?

D'après agrégation de physique 2006

❑ Exercice 19.9. Oscillateurs harmoniques quantiques

En mécanique quantique, le spectre d'un oscillateur harmonique à une dimension peut être indexé par un nombre quantique n. Si ω est la pulsation de l'oscillateur, les énergies accessibles sont $\varepsilon_n = \hbar\omega\left(n+\frac{1}{2}\right)$.

1. Quel est la fonction de partition pour un oscillateur ?

2. Si on considère $3N$ oscillateurs harmoniques quantiques discernables, quelle sera la fonction de partition associée ?

3. En déduire l'énergie moyenne. Étudier les limites à haute et basse température, est-ce cohérent ?

4. Retrouver le résultat à haute température à l'aide du théorème d'équipartition. On s'appuiera sur le système masse-ressort horizontal sans frottements, qui est un oscillateur harmonique.

5. Calculer la capacité thermique et faire le lien avec la loi de Dulong et Petit. Vous venez de démontrer la relation d'Einstein pour la capacité thermique d'un solide !

❑ Exercice 19.10. Le gaz parfait classique*

On va essayer de démontrer un résultat très simple concernant le gaz parfait, à savoir la relation $PV = nRT$, en se basant évidemment sur la thermodynamique statistique. Pour cela, il va falloir déterminer la fonction de partition du gaz parfait, possédant N particules **indiscernables** en équilibre avec un thermostat à la température T dans une enceinte de volume V.

1. Déterminer la fonction de partition pour une des particules du gaz parfait. On donne :

$$\int_0^{+\infty} x^2 e^{-ax^2}\,\mathrm{d}x = \frac{\sqrt{\pi}}{4a^{3/2}}$$

2. En déduire que la fonction de partition pour le système prend la forme $Z = \frac{1}{N!}\left(\frac{V}{\lambda_T{}^3}\right)^N$ où on introduira une longueur λ_T fonction de la température appelée longueur d'onde thermique. On montrera en particulier que cette longueur d'onde est équivalente à la longueur d'onde de De Broglie lorsque l'énergie d'une particule est de l'ordre de $p^2/2m \sim k_B T$.

3. Déterminer alors l'énergie du système en fonction de N, k_B et T. Est-ce cohérent avec l'application du théorème d'équipartition ?

4. Sachant que la pression du gaz est définie de manière statistique par $P = k_B T \left.\frac{\partial \ln(Z)}{\partial V}\right|_{T,N}$, retrouver la loi du gaz parfait.

❑ Exercice 19.11. Enrichissement de l'uranium en centrifugeuse*

Considérons un cylindre de révolution de rayon R, de hauteur h, contenant un gaz parfait constitué de N molécules de masse m. Il est à l'équilibre thermodynamique avec un thermostat à la température T. On lui fait subir une rotation à vitesse angulaire constante ω. On admettra qu'une molécule située à une distance r de l'axe de rotation (Δ) possède une accélération normale égale à $r\,\omega^2$.

1. Quelle est l'expression de la force centrifuge à laquelle est soumise une molécule située à la distance r de (Δ) ?

2. En déduire l'expression de l'énergie totale de la molécule.

3. Quel facteur de Boltzmann est prévisible ?

4. Calculer la fonction de partition z d'une molécule de gaz. On donne : $\displaystyle\int_0^{+\infty} x^2 e^{-a x^2}\,\mathrm{d}x = \frac{\sqrt{\pi}}{4a^{3/2}}$.

En déduire l'énergie pour l'ensemble du gaz.

5. Quelle est la limite à rotation nulle ? Était-ce prévisible ?

6. Sachant que la pression du gaz est déterminée par $P = n(\vec{r})k_B T$ où $n(\vec{r})$ est la densité de particule, déterminer l'évolution de la pression avec r.

7. Calculer ainsi $\dfrac{P(r)}{P(0)}$ et faire l'application numérique pour le dioxygène gazeux à $T = 300\,\text{K}$ si le cylindre a pour rayon $R = 20\,\text{cm}$ et tourne à $10\,000\,\text{tours/min}$. On donne la masse d'un nucléon $m_p = 1{,}67\cdot 10^{-27}\,\text{kg}$.

8. Cette méthode est employée pour séparer les différents isotopes de l'uranium à des fins nucléaires. Calculer alors le rapport $\dfrac{n_{238}(r)/n_{238}(0)}{n_{235}(r)/n_{235}(0)}$ où $n_x(r)$ est la densité particulaire de l'isotope ${}^{x}U$. Conclure.

❑ Exercice 19.12. *N* particules dans un puits plat infiniment profond

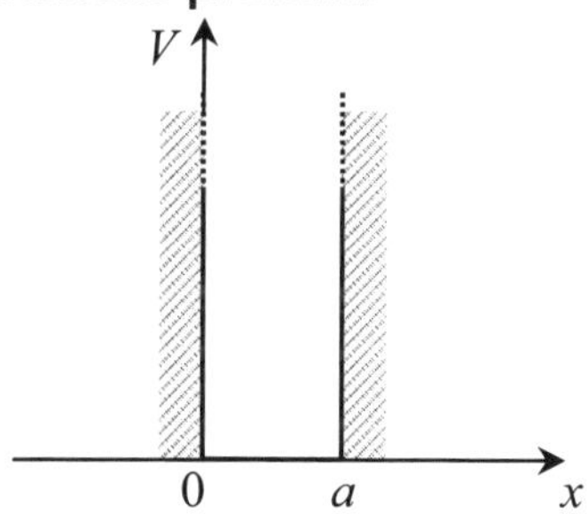

On considère un ensemble de N particules d'hélium, de masse $m = 6{,}64\cdot 10^{-27}$ kg, confinées dans un puits de potentiel donné par $V(x) = 0$ pour $x \in [0, a]$ et infini partout ailleurs. On prendra a = 1 cm. On rappelle (voir exercice 18.1) que les énergies des états stationnaires sont données par : $E_n = \dfrac{n^2\,\pi^2\hbar^2}{2ma^2}$ où n est un entier strictement positif.

On suppose que les N particules sont identiques et indiscernables et en équilibre avec un thermostat à la température $T = 300\,\text{K}$. Pour l'hélium à basse pression, la densité particulaire notée ici n^* (ne pas la confondre avec n) est de l'ordre de $2{,}5\cdot 10^{17}\,\text{cm}^{-3}$.

1. Montrer que par un passage au continuum qui sera clairement justifié il est possible d'écrire la fonction de partition Z_1 de chaque particule sous la forme $Z_1 = \displaystyle\int_0^{+\infty} e^{-\alpha^2 n^2}\,\mathrm{d}n$ où l'expression de α sera précisée. Une attention particulière sera apportée sur la justification de la borne inférieure de cette somme continue.

2. a) On pose $\lambda_{th} = \dfrac{h}{\sqrt{2\pi m k_B T}}$ la longueur d'onde thermique de De Broglie de la particule.

Exprimer Z_1 en fonction de λ_{th} et a. On donne $\displaystyle\int_0^{+\infty} e^{-u^2}\,\mathrm{du} = \frac{\sqrt{\pi}}{2}$. En déduire la fonction de partition Z du système des N particules indépendantes et discernables (c'est-à-dire que l'on peut étiqueter).

b) Sachant que pour N particules identiques, seule une fonction d'onde entièrement symétrique (pour des bosons) ou entièrement antisymétrique (pour des fermions) est physiquement acceptable, comment est modifiée la fonction de partition du système ?

3. On introduit la concentration quantique unidimensionnelle $n_{Q1} = 1/\lambda_{th}$. Proposez-en une interprétation. Sous quelle condition portant sur n_Q et n^*, pourra-t-on considérer qu'on est dans le régime dit classique pour lequel le système peut être considéré comme un gaz « parfait » de particules ? Avec quelle précision cette approximation est-elle valide dans le cas présent ? Le calcul de la fonction de partition du système effectué à la question précédente est-il validé ?

4. Déduire de ce qui précède l'énergie moyenne du système de N particules. Commenter.

■ Pour vous aider à démarrer

Exercice 19.2. Penser à l'action de la poussée d'Archimède.
Exercice 19.3. On utilisera la séparation des variables pour intégrer l'expression aisément.
Exercice 19.4. Trouver un ordre de grandeur de la longueur d'onde de transition atomique pour en déduire l'écart entre les deux niveaux énergétiques.
Exercice 19.7. Changez les bornes de la somme sur les états d'énergie possible lors du calcul de la fonction de partition. On essaiera de faire apparaître des fonctions hyperboliques usuelles. Pour la question 3, réécrire l'aimantation comme une dérivée de la fonction de partition plutôt que de l'énergie.
Exercice 19.8. On pensera au lien entre force conservative et énergie potentielle.
Exercice 19.10. Écrire dans un premier temps l'énergie associée à une particule, puis le facteur de Boltzmann associé.
Exercice 19.11. Pour la question 6, pensez à écrire $n(\vec{r}) = N\mathcal{P}(\vec{r})$ avec $\mathcal{P}(\vec{r})$ la probabilité de trouver la particule au point $\vec{r}$.
*Exercice 19.*12. A la question 1, montrer qu'à cette température $\Delta E \ll k_B T$.

Corrigé des vrai/faux

1.	2.	3.	4.	5.	6.	7.	8.	9.	10.	11.	12.	13.	14.
faux	faux	vrai	faux	faux	vrai	faux	vrai	faux	vrai	vrai	faux	vrai	vrai

1. Attention au vocabulaire employé : quels que soient les corps, s'ils sont mis en contact leur température tendra vers une valeur identique. Le principe du thermostat est que sa température reste la même quel que soit le corps avec lequel il échange de l'énergie.

2. Bien que le gaz parfait soit tel que la répartition des vitesses des atomes soit homogène et isotrope (même vitesse partout et sans direction privilégiée), la vitesse moyenne n'a aucune raison d'être nulle : on peut montrer par des considérations statistiques que $\langle v \rangle = \sqrt{\dfrac{5k_B T}{m}} \neq 0$.

3. C'est effectivement vrai, comme les fluctuations relatives sont proportionnelles à $\dfrac{1}{\sqrt{N}}$, elles tendent vers 0 lorsque le nombre de particules devient très grand. Les grandeurs usuelles telles que l'énergie ou la pression tendent alors vers les valeurs prédites par la thermodynamique.

4. Non, sa température reste identique, c'est son énergie qui augmente, d'après le théorème d'équipartition.

5. Non, dans la limite où $T \to \infty$ les probabilités d'occupation sont telles que $\dfrac{p_i}{p_j} \to 1$ si $i \neq j$, et donc $p_i = \mathrm{c^{te}}, \forall i$: tous les niveaux d'énergies sont **équiprobables**.

7. Bien que n'étant pas prédite par le théorème d'équipartition dans sa version classique, la capacité calorifique doit forcément tendre vers 0. Ceci est dû au troisième principe de la thermodynamique, où $S \underset{T\to 0}{\to} 0$. Comme on peut montrer que $C_v = \dfrac{1}{T}\dfrac{\partial S}{\partial T}\Big|_V$, on a $S(T,V) = S(0,V) + \displaystyle\int_0^T \frac{C_v}{T}\mathrm{d}T$ donc $\dfrac{C_v}{T} \underset{T\to 0}{\to} 0$ et C_v doit décroître plus vite que T vers 0. Il faudra s'armer de la mécanique quantique pour lever ce problème.

8. En première approximation, où l'on ne s'intéresse pas aux sous-niveaux énergétiques atomiques, on peut considérer l'atome comme un système à deux niveaux : étant donné que l'écart énergétique entre le fondamental et le premier état excité vaut $\Delta E \sim 1\ \mathrm{eV}$, et que l'ordre de grandeur est sensiblement le même entre le premier et le second état excité, on peut négliger les états excités supérieurs qui, sauf conditions particulières, ne seront pas peuplés.

9. Il faut faire attention dans les résultats obtenus par le théorème d'équipartition : ce dernier permet d'avoir un résultat un peu grossier, et ne retranscrit pas toujours la réalité à basse ou haute température, où il faut affiner le modèle pour avoir une description plus rigoureuse, en passant en particulier par la fonction de partition puis le calcul de l'énergie.

10. C'est là la puissance de la fonction de partition, dont on peut à partir de son expression, décrire intégralement le système. La grande complexité réside souvent dans son obtention (imaginez que l'on connaisse la fonction de partition de l'univers…), ce qui amène d'ailleurs à des raffinements dans les théories de physique statistique (en particulier lorsque le nombre d'éléments du système n'est plus constant).

11. À 300 K, $k_\text{B}T \simeq 4{,}0\cdot10^{-22}\,\text{J} \simeq 25\,\text{meV}$, tandis qu'à une faible altitude (10 m pour fixer les idées) $\Delta z = 10\,\text{m}$ et $m = \dfrac{M}{\mathcal{N}_A} = \dfrac{28\cdot10^{-3}}{6{,}02\cdot10^{23}} = 4{,}6\cdot10^{-26}\,\text{kg}$, on obtient :

$m\,g\,\Delta z \sim 28\,\mu\text{eV} \ll k_B T$. Par conséquent, $\dfrac{p(z)}{p(0)} = e^{-\frac{m\,g\,z}{k_B T}} \approx 1$ et la probabilité de trouver une molécule est donc la même pour des altitudes très inférieures au kilomètre.

12. Convertissons cette barrière d'énergie à l'échelle d'une entité : $E = \dfrac{E_{mol}}{\mathcal{N}_A} \simeq 1{,}0\,\text{eV} \gg k_\text{B}T$.

Par conséquent $e^{-\frac{E}{k_\text{B}T}} \ll 1$ mais en même temps il y a un grand nombre de molécules qui vont pouvoir réagir ! Il faut donc être prudent avec ce type d'affirmations, la réaction est tout de même possible.

13. En effet, on peut approximer le libre parcours moyen, c'est-à-dire la distance parcourue par une molécule entre deux chocs, à $d_{moy} \sim \sqrt[3]{\dfrac{V}{N}} \sim n^{-\frac{1}{3}} \sim 10\,\text{nm}$ pour un gaz parfait, où $n = \dfrac{P\,\mathcal{N}_A}{RT} = \dfrac{P}{k_B\,T} = 2{,}4\cdot10^{25}\,\text{m}^{-3}$.

14. Les énergies des états stationnaires forment un spectre discret : $E_n = \dfrac{n^2\,\pi^2\hbar^2}{2\,m\,a^2}$ où n est un entier strictement positif. L'écart entre deux niveaux d'énergie successifs est de l'ordre de $\Delta E \approx \dfrac{\pi^2\hbar^2}{2\,m\,a^2}$. Pour un électron de masse $m = 9\cdot10^{-31}\,\text{kg}$, dans le puits de largeur a = 1 mm (pour se fixer un ordre de grandeur à l'échelle macroscopique), la température telle que ΔE est du même ordre que $k_\text{B}\,T$ est $T \approx \dfrac{\pi^2\hbar^2}{2\,k_\text{B}\,m\,a^2} \approx 10^{-8}\,\text{K}$. Ainsi aux températures usuelles, les niveaux d'énergie sont très resserrés et sont alors décrits comme un continuum, c'est la limite continue.

❑ Les erreurs classiques

→ Croire qu'à haute température on peuple les niveaux d'énergie les plus élevés est une idée reçue à balayer, l'exemple flagrant étant le système à deux niveaux, pour lequel les deux niveaux d'énergie $E = \pm\epsilon$ sont **équitablement remplis**.
→ Croire qu'un thermostat est toujours un système d'énergie constante, alors que cette notion est relative à la taille du système : une maison est un thermostat pour une tasse de thé, mais ne l'est pas pour l'atmosphère !
→ Oublier la dégénérescence de niveaux d'énergie dans les calculs de fonction de partition et de probabilités.
→ Bien faire attention, lors des limites à haute et basse température que cela correspond respectivement à $\beta \to 0$ et $\beta \to +\infty$ et non le contraire.

Corrigé des exercices

Exercice 19.1

1. Utilisons la loi obtenue par le modèle de l'atmosphère isotherme. Avec $P(z)=P_0\,\mathrm{e}^{-\frac{mgz}{k_BT}}$, on aboutit à $P(z)-P(0)=P_0\left(e^{-\frac{mgz}{k_BT}}-1\right)=P_0\left(e^{-\frac{Mgz}{RT}}-1\right)$, soit à $T=300\mathrm{K}$, avec $z\sim 3\mathrm{m}$, $P_0\simeq 10^5\,\mathrm{Pa}$ la pression au sol et $M=29\,\mathrm{g\cdot mol^{-1}}$ la masse molaire de l'air ambiant, $\boxed{P(z)-P(0)=35\,\mathrm{Pa}}$, soit une variation extrêmement faible.

2. Avec la loi des gaz parfaits $PV=nRT=\dfrac{m}{M}RT$, que l'on suppose vérifiée à haute altitude également, on a $\rho=\dfrac{MP}{RT}$, soit avec la pression calculée à l'aide de la loi précédente : $P(z=4810\mathrm{m})=0{,}58\mathrm{atm}$, on obtient $\boxed{\rho(z=4810\mathrm{m})=0{,}67\mathrm{kg\cdot m^{-3}}}$ au lieu de $\boxed{\rho(z=0)=1{,}2\mathrm{kg\cdot m^{-3}}}$ au niveau de la mer.

3. À l'aide de la loi du nivellement barométrique, on peut définir une hauteur caractéristique $z_0=\dfrac{k_BT}{mg}$ telle que $P(z)=P_0\,\mathrm{e}^{-\frac{z}{z_0}}$, à partir de laquelle la probabilité de trouver une particule devient faible. Numériquement, elle vaut $z_0=8{,}8\mathrm{km}$, c'est donc une bonne estimation de la hauteur de l'atmosphère.

4. a) À partir de la loi des gaz parfaits, $n_0=\dfrac{N}{V}=\dfrac{P}{k_BT}$, soit dans les conditions demandées, $\boxed{n_0=2{,}41\cdot 10^{25}\,\mathrm{m^{-3}}}$.

b) Pour compter le nombre de particules, il suffit d'intégrer la loi du nivellement barométrique :

$$N_{tot}=S\int_0^\infty n_0e^{\frac{-z}{z_0}}\,\mathrm{d}z=S\,n_0\left[-z_0e^{\frac{-z}{z_0}}\right]_0^\infty=S\,z_0\,n_0 \text{ soit numériquement : } \boxed{N_{tot}=2{,}1\cdot 10^{29}}.$$

Cependant, même si cette valeur donne un bon ordre de grandeur, il faut avoir conscience qu'à partir de quelques kilomètres, il faut prendre en compte la variation de la gravité.

Exercice 19.2

1. Étant donnée la poussée d'Archimède, la masse d'un grain en solution, en équilibre mécanique, se verra affectée d'une valeur moindre : $\boxed{m^*=V\left(\rho-\rho_{eau}\right)=\dfrac{4\pi r^3}{3}\left(\rho-\rho_{eau}\right)}$.

2. À l'aide de la loi du nivellement barométrique, $n(z)=n_0\,\mathrm{e}^{-\frac{m^* g z}{k_B T}}$, soit :

$$\boxed{\ln\left(\frac{n(z)}{n_0}\right)=-\frac{m^* g z}{k_B T}=-\frac{4\pi r^3}{3}(\rho-\rho_{eau})\frac{g z}{k_B T}}.$$

3. En effectuant une régression linéaire, on vérifie aisément, en traçant $ln\left(\frac{n(z)}{n_0}\right)=f(z)$ que la loi est linéaire (ceci reste bien évidemment à prendre avec précaution, étant donné que l'on n'a que *quatre* points, et aucune incertitude expérimentale), avec une pente de $\alpha=-2,4\times10^4\ \mathrm{m}^{-1}=-\frac{4\pi r^3}{3}(\rho-\rho_{eau})\frac{g}{k_B T}$, ce qui permet de calculer $\boxed{k_B=-\frac{4\pi r^3}{3}(\rho-\rho_{eau})\frac{g}{\alpha T}=1,1\cdot10^{-23}\ \mathrm{J\cdot K^{-1}}}$ au lieu de $1,38\cdot10^{-23}\ \mathrm{J\cdot K^{-1}}$, ce qui reste tout à fait acceptable.

4. On peut finalement calculer la constante d'Avogadro par $\boxed{\mathcal{N}_A=\frac{R}{k_B}=\frac{8,31}{1,1\cdot10^{-23}}=7,6\cdot10^{23}}$ au lieu de $6,02\cdot10^{23}$. L'ordre de grandeur est bon. À noter que Jean Perrin a effectué plusieurs mesures de cette constante, en suivant des protocoles différents, et a pu obtenir à chaque fois le même ordre de grandeur.

Exercice 19.3

1. On peut réécrire la loi donnée dans l'énoncé $\mathrm{d}\ln(k_1)=\frac{E_{a,1}}{RT^2}\mathrm{d}T$, soit :

$$\int_{T_0}^{T}\frac{E_{a,1}}{RT^2}\mathrm{d}T=\left[-\frac{E_{a,1}}{RT}\right]_{T_0}^{T}=\frac{E_{a,1}}{RT_0}-\frac{E_{a,1}}{RT}\ \text{et}\ \int_{T_0}^{T}\mathrm{d}\ln(k_1)=\ln\left(\frac{k_1(T)}{k_1(T_0)}\right)\ \text{d'où :}$$

$$\boxed{k_1(T)=k_1(T_0)e^{\frac{E_{a,1}}{RT_0}}e^{-\frac{E_{a,1}}{RT}}}.$$

2. On obtient effectivement un facteur de Boltzmann si on introduit un facteur pré-exponentiel $A=k_1(T_0)e^{\frac{E_{a,1}}{RT_0}}$, soit alors $\boxed{k_1(T)=Ae^{-\frac{E_{a,1}}{RT}}}$, ce qui correspond à la loi d'Arrhenius rencontrée en cinétique chimique. L'énergie caractéristique est $E_{a,1}$, énergie d'activation correspondant en fait à l'énergie à apporter au système pour que la réaction se fasse.

⇨ *Méthode 19.1*

3. D'un point de vue des vitesses, elles sont nécessairement égales à l'équilibre : $v_1=v_{-1}$ soit encore $k_1[A]_{éq}=k_{-1}[B]_{éq}$. Finalement : $\boxed{K=\frac{k_1}{k_{-1}}=e^{-\beta(E_{a,1}-E_{a,-1})}}$, en supposant que les facteurs pré-exponentiels soient identiques.

4. $K = e^{-\beta \Delta E}$. Si $\Delta E > 0$, $K < 1$ et la réaction est favorisée dans le sens (2) indirect, tandis que si $\Delta E < 0$, $K > 1$ et la réaction est favorisée dans le sens (1) direct. À noter qu'en général $|\Delta E| \gg k_B T$ et donc K est soit très grand, soit très petit devant 1, et la réaction sera quasi totale dans le sens favorisée.

Exercice 19.4

1. Même si nous avons une connaissance très vague du système, en particulier si on n'a pas calculé la fonction de partition, on peut se servir du rapport des probabilités d'être dans l'un des deux niveaux d'énergie, soit avec des notations évidentes : $\boxed{\dfrac{p_2}{p_1} = e^{-\frac{E_2 - E_1}{k_B T}} = e^{-\frac{2\varepsilon}{k_B T}}}$. Donc $p_2 < p_1$ et le niveau d'énergie E_2 est moins peuplé que le niveau d'énergie E_1. Comme le nombre de particules dans chaque niveau d'énergie est proportionnel au facteur de Boltzmann, on en déduit que $\dfrac{N_2}{N_1} = e^{-\frac{E_2 - E_1}{k_B T}}$. Avec $E_2 - E_1 = h\nu = \dfrac{hc}{\lambda} \sim 6{,}62 \cdot 10^{-34} \dfrac{3{,}00 \cdot 10^8}{500 \cdot 10^{-9}} \sim 2{,}5\text{eV}$ et $k_B T = 25\text{meV}$, $\boxed{\dfrac{N_2}{N_1} \sim e^{-100} \sim 10^{-44}}$, le résultat est assez parlant, la probabilité de trouver un atome dans l'état excité est quasi nulle.

⇨ *Méthode 19.3*

2. Il faut que le phénomène d'absorption soit au moins compensé par celui d'émission spontanée, c'est-à-dire $\left|\left.\dfrac{\mathrm{d}N_1}{\mathrm{d}t}\right|_{abs}\right| < \left.\dfrac{\mathrm{d}N_1}{\mathrm{d}t}\right|_{spont}$ soit en fait $\boxed{N_2 > N_1}$: ce que l'on appelle « inversion de population » revient à ce que l'on peuple davantage les niveaux excités de notre système pour favoriser les phénomènes d'émission stimulée. Cette condition n'est, d'après la question précédente, absolument pas vérifiée, et il faut donc se placer hors équilibre pour obtenir un laser. C'est pour cela que le laser repose sur un « pompage » permettant de peupler davantage le niveau excité, en général en passant par un troisième niveau d'énergie ayant les propriétés adéquates pour peupler rapidement le niveau excité.

3. Comme il s'agit d'atomes indépendants, on peut se focaliser sur l'un des atomes : on a simplement $z = e^{-\beta\varepsilon} + e^{+\beta\varepsilon} = 2\cosh(\beta\varepsilon)$, soit une population dans les deux états possibles : $p_1 = \dfrac{e^{+\beta\varepsilon}}{z}$ et $p_2 = \dfrac{e^{-\beta\varepsilon}}{z}$. À haute température, on a donc : $\boxed{p_1, p_2 \underset{T\to+\infty}{\to} \dfrac{1}{2}}$, les niveaux sont également peuplés.

⇨ *Méthode 19.2*

4. Comme nous avons calculé les probabilités d'être dans chaque état, calculons de la façon la plus naturelle l'énergie : $\langle E \rangle = p_2(+\varepsilon) + p_1(-\varepsilon) = \dfrac{\varepsilon e^{-\beta\varepsilon} - \varepsilon e^{+\beta\varepsilon}}{z}$ soit avec la question précédente : $\boxed{\langle E \rangle = \varepsilon \dfrac{e^{-\beta\varepsilon} - e^{+\beta\varepsilon}}{e^{-\beta\varepsilon} + e^{+\beta\varepsilon}} = -\varepsilon \tanh(\beta\varepsilon)}$. On retrouve ce résultat en appliquant la formule basée sur la fonction de partition : $\langle E\rangle = -\dfrac{\partial \ln(Z)}{\partial\beta} = -\dfrac{\partial \ln(\cosh(\beta\varepsilon))}{\partial\beta}$ valant $\langle E\rangle = -\varepsilon\tanh(\beta\varepsilon)$.

On observe alors que $\langle E\rangle \underset{T\to 0}{\rightarrow} -\varepsilon$, c'est-à-dire que tous les atomes sont dans l'état de plus basse énergie, tandis qu'à haute température $\langle E\rangle \underset{T\to +\infty}{\rightarrow} 0$, car l'agitation thermique rend équiprobable les deux états énergétiques.

On peut enfin calculer la capacité thermique du système à deux niveaux :

$$C = \frac{\partial\langle E\rangle}{\partial T} = -\varepsilon\frac{\partial}{\partial T}\left(\tanh\left(\frac{\varepsilon}{k_B T}\right)\right), \text{ soit } \boxed{C = \frac{\varepsilon^2}{k_B T^2}\left(1+\tanh^2(\beta\varepsilon)\right)}.$$

Exercice 19.5

1. Calculons d'abord la fonction de partition, en tenant compte des dégénérescences : $Z = 1 + 2e^{-\beta\epsilon} + 4e^{-2\beta\epsilon}$. On obtient alors les probabilités d'occupation : $\boxed{P_0 = \dfrac{1}{Z}}$, $\boxed{P_1 = \dfrac{2e^{-\beta\epsilon}}{Z}}$ et enfin $\boxed{P_2 = \dfrac{4e^{-2\beta\epsilon}}{Z}}$.

⇨ *Méthode 19.2*

2. À la limite de température nulle, $P_0 = 1$, $P_1 = P_2 = 0$, ce qui est prévisible.

À la limite $T\to\infty$, $P_0 = \dfrac{1}{7}$, $P_1 = \dfrac{2}{7}$ et enfin $P_2 = \dfrac{4}{7}$.

3. Aux faibles températures $P_0 > P_2 > P_1$, l'ordre changeant lorsque $P_0 = P_2$ soit $1 = 4e^{-2\beta\epsilon}$, soit pour une température $T_i = \dfrac{\epsilon}{k_B \ln(2)}$. On constate d'ailleurs que $P_1 = P_2$ à cette température. On a donc pour $T > T_i$, $P_2 > P_1 > P_0$.

Exercice 19.6

1. Pour un spin on a simplement : $\boxed{z = \mathrm{e}^{+\beta\mu B} + \mathrm{e}^{-\beta\mu B} = 2\cosh(\beta\mu B)}$.

2. On peut en déduire la probabilité de trouver le spin parallèle au champ B :

$P(\uparrow) = \dfrac{e^{-\beta\mu B}}{z} = \dfrac{e^{-\beta\mu B}}{2\,cosh(\beta\mu B)}$. On constate pour $T\to 0$ que $P\to 1$, ce qui est attendu car l'agitation thermique est nulle, et seul l'effet d'alignement au champ est à prendre en compte ; alors que pour $T\to+\infty$, $P\to 0$, car l'agitation est trop importante et le champ n'a aucun effet.

3. Pour deux spins, quatre cas sont possible : $|\uparrow\uparrow\rangle$ d'énergie $-2\mu B$, $|\uparrow\downarrow\rangle$ ou $|\downarrow\uparrow\rangle$ d'énergie nulle, et $|\downarrow\downarrow\rangle$ d'énergie $2\mu B$. Pour trois spins, le nombre de possibilités augmente, résumé dans le tableau ci-après :

État	Énergie
$\vert\uparrow\uparrow\uparrow\rangle$	$-3\mu B$
$\vert\uparrow\uparrow\downarrow\rangle$ et les permutations (3 au total)	$-\mu B$
$\vert\uparrow\downarrow\downarrow\rangle$ et les permutations (3 au total)	$+\mu B$
$\vert\downarrow\downarrow\downarrow\rangle$	$+3\mu B$

4. D'après les états accessibles, on a donc $Z(2\,\text{spins}) = e^{-2\beta\mu B} + 2 + e^{+2\beta\mu B} = z^2$, tandis que $Z(3\,\text{spins}) = e^{-3\beta\mu B} + 3e^{-\beta\mu B} + 3e^{+\beta\mu B} + e^{+3\beta\mu B} = z^3$. On peut généraliser pour N spins : $\boxed{Z(N\text{spins}) = z^N}$, ce qui est prévisible, dans la mesure où les spins sont indépendants, identiques et discernables on peut factoriser la fonction de partition du système de la sorte.

⇨ *Méthode 19.2*

5. Appliquons le résultats précédents pour le cas de N particules indépendantes et discernables : avec $Z = z^N = (2\cosh(\beta\varepsilon))^N$, $\langle E\rangle = -\dfrac{\partial \ln(Z)}{\partial\beta} = -N\dfrac{\partial \ln(\cosh(\beta\varepsilon))}{\partial\beta}$, soit $\boxed{\langle E\rangle = -N\varepsilon\tanh(\beta\varepsilon)}$.

Les limites de température sont significatives sont les suivantes :

→ si $\langle E\rangle \underset{T\to 0}{\to} -N\varepsilon$: toutes les particules sont dans leur état fondamental, de plus basse énergie ;

→ si $\langle E\rangle \underset{T\to\infty}{\to} 0$, lorsque l'agitation thermique est importante, autant de particules sont dans l'état $+\varepsilon$ ou $-\varepsilon$.

Exercice 19.7

1. Il faut en premier effectuer un calcul de somme pour tous les niveaux d'énergie possibles d'un *seul atome* pour ensuite appliquer ce que l'on sait d'une assemblée d'atomes discernables :

$$z = \sum_{J_z=-J}^{J_z=+J} e^{-\frac{g\mu_B B J_z}{k_B T}} = \sum_{J_z=0}^{J_z=+2J} e^{-\frac{g\mu_B B(J_z-J)}{k_B T}}$$ soit en notant $x = \beta g\mu_B B$,

$$z = e^{xJ}\frac{1-e^{-x(2J+1)}}{1-e^{-x}} = e^{xJ}\,\frac{e^{-x(J+\frac{1}{2})}}{e^{-\frac{x}{2}}}\,\frac{e^{x(J+\frac{1}{2})} - e^{-x(J+\frac{1}{2})}}{e^{\frac{x}{2}} - e^{-\frac{x}{2}}}$$, soit après simplification :

$$z = \frac{\sinh\left(x(J+\frac{1}{2})\right)}{\sinh\left(\frac{x}{2}\right)}.$$

Ainsi la fonction de partition d'une assemblée de N atomes discernables a pour expression :

$$\boxed{Z = z^N = \left(\frac{\sinh\left(x(J+\frac{1}{2}) \right)}{\sinh\left(\frac{x}{2} \right)} \right)^N}.$$

⇨ *Méthode 19.2*

2. Avec $\langle E \rangle = -\frac{\partial \ln(Z)}{\partial \beta} = -N\frac{\partial}{\partial \beta}\left(\ln\left(\sinh\left(x(J+\frac{1}{2}) \right) \right) - \ln\left(\sinh\left(\frac{x}{2} \right) \right) \right)$, on obtient :

$\langle E \rangle = N k_B T x \left(\frac{1}{2}\text{cotanh}\left(\frac{x}{2} \right) - \left(J+\frac{1}{2} \right)\text{cotanh}\left(x\left(J+\frac{1}{2} \right) \right) \right)$.

3. D'après la définition de l'aimantation, on peut obtenir une forme simplifiée utilisant Z : $M = -\frac{1}{V}\left\langle \frac{\partial E}{\partial B} \right\rangle = -\frac{1}{VZ}\sum_J \frac{\partial E_J}{\partial B} e^{-\beta E_J} = \frac{k_B T}{V}\frac{\partial \ln(Z)}{\partial B}$, soit en introduisant la densité de particules $n = \frac{N}{V}$: $\boxed{M = n g \mu_B J \left(\left(J+\frac{1}{2} \right)\text{cotanh}\left(x\left(J+\frac{1}{2} \right) \right) - \frac{1}{2}\text{cotanh}\left(\frac{x}{2} \right) \right)}$.

4. On constate qu'aux hautes températures ($\beta \to 0$), l'aimantation s'annule, l'agitation thermique l'emportant sur un ordre quelconque des moments magnétiques. Pour les basses températures néanmoins, on observe un phénomène de saturation, où l'aimantation ne dépasse pas la valeur $M_{max} = n g \mu_B J$, les moments s'ordonnent tous.

5. a) Avec le développement limité donné dans l'énoncé, on a pour $B \to 0$:

$M = M_{max}\left(\frac{(J+\frac{1}{2})}{J}\left(\frac{1}{x(J+\frac{1}{2})} + \frac{x(J+\frac{1}{2})}{3} \right) - \frac{1}{2J}\left(\frac{1}{\frac{x}{2}} + \frac{x}{3} \right) \right)$, soit : $\boxed{M = M_{max}\frac{J+1}{3}x}$.

b) La susceptibilité magnétique vaut alors $\boxed{\chi_m = \mu_0 n (g\mu_B)^2 \frac{J(J+1)}{3k_B T}}$ de la forme demandée dans l'énoncé.

c) La densité particulaire pour un solide est de l'ordre de $n \sim 10^{28}\,\text{m}^{-3}$, ce qui permet de calculer un ordre de grandeur de la susceptibilité magnétique, sans dimension, pour $J = 1$: $\boxed{\chi_m \sim 4\pi 10^{-7} \cdot 10^{28} \cdot (2 \cdot 10^{-23})^2 \frac{2}{3 \cdot 1{,}38 \cdot 10^{-23} \cdot 300} \sim 10^{-3}}$ ce qui est conforme à ce que l'on peut lire dans les tables pour des milieux solides paramagnétiques.

Exercice 19.8

1. La force s'appliquant de proche en proche, l'énergie associée au niveau de chaque maillon est : $U_i = -W_i = -\vec{F} \cdot \vec{r_i}$ et pour l'ensemble des maillons $U = -\vec{F} \cdot \vec{r}$ comme $\sum_i \vec{r_i} = \vec{r}$. Ainsi le facteur de Boltzmann associé à chaque maillon est simplement $\boxed{e^{-\beta U_i}}$ et pour l'ensemble de l'élastique $\boxed{e^{-\beta U}}$.

2. D'après l'énoncé, $\boxed{p_i = \frac{1}{z_i} e^{-\beta U_i} \times \mathrm{d}\Omega_i}$ où z_i est la fonction de partition pour le maillon *i*.

3. Avec ce qui précède, on peut écrire $z_i = \int_0^{2\pi}\int_0^{\pi} e^{-\beta W_i}\,\mathrm{d}\Omega_i = \int_0^{2\pi}\int_0^{\pi} e^{\beta F \ell \cos(\theta_i)} \sin(\theta_i)\,\mathrm{d}\theta_i\,\mathrm{d}\varphi_i$ soit en intégrant facilement sur φ_i et en reconnaissant une primitive :

$$z_i = 2\pi \int_0^{\pi} -\mathrm{d}\left(\frac{e^{\beta F \ell \cos(\theta_i)}}{\beta F \ell}\right) = 2\pi \left[-\frac{e^{\beta F \ell \cos(\theta_i)}}{\beta F \ell}\right]_0^{\pi} = \frac{2\pi}{\beta F \ell}\left(-e^{-\beta F \ell} + e^{\beta F \ell}\right), \text{ soit : } \boxed{z_i = 4\pi \frac{\sinh(\beta F l)}{\beta F l}}.$$

➪ *Méthode 19.5*

4. Comme les maillons sont discernables et indépendants, on écrit :

$$\boxed{Z = z_i^N = \left(4\pi \frac{\sinh(\beta F l)}{\beta F l}\right)^N}.$$

5. La longueur moyenne s'exprime là encore à l'aide d'une double intégrale continue, où l'on somme sur toutes les configurations possibles : $\langle x \rangle = \frac{1}{Z}\int \mathrm{d}\Omega_1 \ldots \mathrm{d}\Omega_N\, \vec{r}\cdot\vec{e}_x\, e^{\beta F \vec{e}_x \cdot \vec{r}}$ soit en reconnaissant une dérivée partielle : $\langle x \rangle = \frac{1}{Z}\int \mathrm{d}\Omega_1 \ldots \mathrm{d}\Omega_N \frac{1}{\beta}\frac{\partial\, e^{\beta F \vec{e}_x \cdot \vec{r}}}{\partial F} = k_B T \frac{\partial \ln(Z)}{\partial F}$.

Le calcul donne alors $\langle x \rangle = N k_B T \frac{\partial}{\partial F}\left(\ln\left(\frac{4\pi}{\beta \ell}\right) + \ln(\sinh(\beta F \ell)) - \ln(F)\right)$ soit après simplification : $\langle x \rangle = N k_B T \beta \ell \left(\coth(\beta F \ell) - \frac{1}{\beta F \ell}\right)$, soit : $\boxed{\langle x \rangle = N \ell \mathscr{L}(\beta F \ell)}$.

6. Interprétons physiquement l'expression précédente :

→ Pour des forces assez petite, c'est-à-dire telles que $\alpha = \beta F \ell \ll 1$, on a $\mathscr{L}(\alpha) \simeq \left(\frac{1}{\alpha} + \frac{\alpha}{3}\right) - \frac{1}{\alpha} \simeq \frac{\alpha}{3}$ soit encore $\langle x \rangle = N \ell \frac{\beta F \ell}{3}$ d'où une force $F = \frac{3 k_B T}{N \ell^2}\langle x \rangle$ proportionnelle à l'allongement. On retrouve la loi de Hooke pour des petites déformations.

→ À l'inverse, pour $\beta F l \gg 1$, $x = Nl$, on assiste à un phénomène de saturation classique, où à force de tirer, on ne peut plus allonger davantage l'élastique, tous les maillons étant dirigés dans le sens de la force. Cette modélisation ne tient évidemment pas compte de phénomènes de rupture de la chaîne.

7. On peut regarder le comportement de $\langle x \rangle$ en fonction de la température : si on fixe la force, on constate qu'une augmentation de *T*, donc une diminution de β, tend à **diminuer** la longueur de l'élastique ! C'est assez fréquent chez les polymères, ayant des comportements thermo-rétractables (on retrouve aussi des polymères thermodurcissables).

Exercice 19.9

1. Pour un oscillateur, la fonction de partition se calcule de manière très classique, connaissant les niveaux d'énergie ϵ_n. Il faut sommer sur tous les niveaux, de $n=0$ à $n=+\infty$:

$$z=\sum_{n=0}^{+\infty} e^{-\beta\epsilon_n}=e^{-\beta\frac{\hbar\omega}{2}}\sum_{n=0}^{+\infty}\left(e^{-\beta\hbar\omega}\right)^n \text{, soit : } \boxed{z=e^{-\beta\frac{\hbar\omega}{2}}\frac{1}{1-e^{-\beta\hbar\omega}}}.$$

2. Étant donné que ces oscillateurs sont identiques et discernables, on applique le résultat suivant : $\boxed{Z=z^{3N}}$.

➪ *Méthode 19.2*

3. L'énergie moyenne est obtenue en calculant la dérivée partielle $-\dfrac{\partial \ln(Z)}{\partial\beta}=\langle E\rangle$. On obtient alors $\langle E\rangle=3N\dfrac{\partial}{\partial\beta}\left(\dfrac{1}{2}\beta\hbar\omega+\ln\left(1-e^{-\beta\hbar\omega}\right)\right)$, et donc : $\boxed{\langle E\rangle=3N\hbar\omega\left(\dfrac{1}{2}+\dfrac{e^{-\beta\hbar\omega}}{1-e^{-\beta\hbar\omega}}\right)}$.

Aux hautes températures, $\beta\to 0$, ce qui implique que $\dfrac{e^{-\beta\hbar\omega}}{1-e^{-\beta\hbar\omega}}=\dfrac{1}{e^{\beta\hbar\omega}-1}\sim\dfrac{1}{\beta\hbar\omega}$ et l'énergie est équivalente à $\boxed{\langle E\rangle\sim 3N\left(\dfrac{\hbar\omega}{2}+\dfrac{\hbar\omega}{\hbar\omega\beta}\right)\sim 3Nk_BT}$, tandis **qu'aux basses températures**, $\beta\to+\infty$ et $\boxed{\langle E\rangle\to 3N\dfrac{\hbar\omega}{2}}$, c'est-à-dire l'énergie que prend l'ensemble des oscillateurs dans leur état fondamental $n=0$.

4. Appliquons le théorème d'équipartition à haute température. Un oscillateur harmonique possède deux degrés de libertés, si on prend par exemple le système masse-ressort, dont l'énergie peut s'écrire $E=\dfrac{p^2}{2m}+\dfrac{1}{2}k(\Delta l)^2$ où p est l'impulsion, k la constante de raideur, m la masse et Δl l'allongement. Il s'agit donc de la somme de deux termes quadratiques indépendants, soit deux degrés de libertés ! Ainsi l'énergie moyenne pour N oscillateurs harmoniques vaut $\boxed{\langle E\rangle=2\times 3N\times\dfrac{k_BT}{2}=3Nk_BT}$.

➪ *Méthode 19.4*

5. Calculons la capacité thermique à l'aide de la relation $C=\dfrac{\partial\langle E\rangle}{\partial T}=-\dfrac{1}{k_BT^2}\dfrac{\partial\langle E\rangle}{\partial\beta}$ soit encore

$$C=-\frac{1}{k_BT^2}3N\hbar\omega\frac{\partial}{\partial\beta}\left(\frac{1}{2}+\frac{1}{e^{\beta\hbar\omega}-1}\right)=\frac{1}{k_BT^2}3N\hbar\omega\frac{\hbar\omega e^{\beta\hbar\omega}}{\left(e^{\beta\hbar\omega}-1\right)^2}\text{, d'où finalement la relation :}$$

$$\boxed{C=3Nk_B\left(\frac{\beta\hbar\omega}{e^{\beta\hbar\omega}-1}\right)^2 e^{\beta\hbar\omega}}.$$

Corrigé

On peut examiner la **limite à haute température**, soit pour $\beta \to 0$,

$$C \sim 3Nk_B\left(\frac{\beta\hbar\omega}{(1+\beta\hbar\omega)-1}\right)^2 \sim 3Nk_B \text{ et } \boxed{C_m = \frac{C}{n} = 3R}.$$

On retrouve bien la **loi de Dulong et Petit** à haute température.
À noter qu'à basse température, $C \to 0$: ce modèle a permis pour la première fois, même s'il n'est pas exact à très basse température, d'avoir un résultat cohérent avec les prédictions de la thermodynamique.

Exercice 19.10

1. Pour une des particules du gaz parfait, il va falloir sommer sur tous les états possibles qu'elle peut prendre : $z = \int_{(\mathbb{R}^3)^2} \frac{d^3\vec{r}\, d^3\vec{p}}{h^3} e^{-\frac{E(\vec{r},\vec{p})}{k_B T}}$ où $E(\vec{r},\vec{p}) = \frac{1}{2}mv^2 = \frac{p^2}{2m}$, comme il n'y a aucune interaction. On a donc $z = \frac{V}{h^3}\int_{(\mathbb{R}^3)} d^3\vec{p}\, e^{-\beta\frac{p^2}{2m}} = \frac{4\pi V}{h^3}\int_0^{+\infty} p^2 e^{-\beta\frac{p^2}{2m}} dp = \frac{4\pi V}{h^3}\frac{\sqrt{\pi}}{4\left(\frac{\beta}{2m}\right)^{3/2}}$ que l'on peut écrire sous la forme $\boxed{z = V\lambda_T^{-3}}$ où $\boxed{\lambda_T = \frac{h}{\sqrt{2\pi m k_B T}}}$ est homogène à une longueur.

⇨ *Méthode 19.5*

2. On peut appliquer le résultat de cours pour un ensemble de systèmes indépendants et indiscernables : $\boxed{Z = \frac{1}{N!}z^N = \frac{1}{N!}\left(\frac{V}{\lambda_T{}^3}\right)^N}$.

Pour expliquer le nom de λ_T, considérons que l'énergie d'une particule est de l'ordre de $\frac{p^2}{2m} \sim k_B T$, c'est-à-dire l'énergie thermique. On peut lui associer la longueur d'onde de De Broglie $\boxed{\lambda_{dB} = \frac{h}{p} \sim \frac{h}{\sqrt{2mk_B T}}}$, dont l'expression est similaire à λ_T à un facteur $\sqrt{\pi}$ près !

3. Calculons l'énergie du système : $\langle E\rangle = -\frac{\partial \ln(Z)}{\partial\beta} = -\frac{\partial}{\partial\beta}\left(\ln\left(\frac{1}{N!}\left(\frac{V}{\lambda_T{}^3}\right)^N\right)\right)$ d'où $\langle E\rangle = -N\frac{\partial}{\partial\beta}\left(\ln\left(\sqrt{\beta}^{-3}\right)\right) = \frac{3}{2}N\frac{1}{\beta}$, soit encore $\boxed{\langle E\rangle = \frac{3}{2}Nk_B T}$, ce qui cohérent avec le théorème d'équipartition.

4. Calculons la pression telle qu'elle est définie par l'énoncé :

$$P=k_B T\frac{\partial \ln(Z)}{\partial V}\bigg|_{T,N}=k_B T\frac{\partial\left[N\ln\left(\frac{V}{\lambda_T^3}\right)-\ln(N!)\right]}{\partial V}\Bigg|_{T,N}=\frac{N k_B T}{V}$$ que l'on peut réécrire sous la

forme $\boxed{P=N\frac{R}{N_A}\frac{T}{V}=\frac{nRT}{V}}$. On retrouve bien la loi des gaz parfaits !

Exercice 19.11

1. Cette accélération d'entraînement $\overrightarrow{a_e}$ se traduit par une force supplémentaire pour une particule $\boxed{\vec{F}=-m\times\overrightarrow{a_e}=mr\omega^2\vec{e}_r}$

2. Cette force dérive d'une énergie potentielle telle que $\vec{F}=-\vec{\nabla}Ep$ avec $E_p=-\frac{1}{2}m\omega^2 r^2$. Ainsi l'énergie totale pour une particule située à la distance r de l'axe (Δ) est :

$\boxed{E=\frac{p^2}{2m}-\frac{1}{2}m\omega^2 r^2}$.

3. Le facteur de Boltzmann qui est associé à une molécule du gaz est celui qui va comparer l'énergie E à l'énergie thermique, soit $\boxed{e^{-\frac{E}{k_B T}}}$.

⇨ *Méthode 19.1*

4. Calculons la fonction de partition pour une particule : $z=\int\limits_{(\mathbb{R}^3)^2}\frac{\mathrm{d}^3\vec{r}\,\mathrm{d}^3\vec{p}}{h^3}e^{-\frac{E(\vec{r},\vec{p})}{k_B T}}$ soit en décomposant en deux intégrales sur la position et l'impulsion :

$z=\frac{1}{h^3}\int\limits_{\mathbb{R}^3}\mathrm{d}^3\vec{p}\,e^{-\frac{\beta p^2}{2m}}\times\int\mathrm{d}^3\vec{r}\;e^{\frac{\beta m\omega^2 r^2}{2}}$. Le premier terme est identique à celui de l'exercice précédent, et peut donc s'écrire $\frac{1}{h^3}\int\limits_{\mathbb{R}^3}\mathrm{d}^3\vec{p}\,e^{-\frac{\beta p^2}{2m}}=\lambda_T^{-3}$. Le second se calcule comme suit, comme on intègre sur un cylindre, dont l'élément de volume vaut $\mathrm{d}^3\vec{r}=r\,\mathrm{d}r\,\mathrm{d}\theta\,\mathrm{d}z$:

$$\int\mathrm{d}^3\vec{r}\;e^{\frac{\beta m\omega^2 r^2}{2}}=\int_0^h\mathrm{d}z\int_0^{2\pi}\mathrm{d}\theta\int_0^R r\,e^{\frac{\beta m\omega^2 r^2}{2}}\mathrm{d}r=2\pi h\int_0^R\left(\frac{1}{\beta m\omega^2}\right)\mathrm{d}\left(\frac{\beta m\omega^2 r^2}{2}\right)e^{\frac{\beta m\omega^2 r^2}{2}}$$

$$=\frac{2\pi h}{\beta m\omega^2}\left[e^{\frac{\beta m\omega^2 r^2}{2}}\right]_0^R=\frac{2V}{\beta m\omega^2 R^2}\left(e^{\frac{\beta m\omega^2 R^2}{2}}-1\right)$$ où $V=\pi R^2 h$ est le volume du cylindre.

La fonction de partition a donc pour expression : $\boxed{z=\dfrac{2V\lambda_T^{-3}}{\beta m\omega^2 R^2}\left(e^{\frac{\beta m\omega^2 R^2}{2}}-1\right)}$.

Comme les molécules sont indiscernables, la fonction de partition du système est $Z=\dfrac{1}{N!}z^N$, ce qui permet d'en déduire l'expression de l'énergie à partir de la formule :

$$\langle E\rangle=-\frac{\partial \ln(Z)}{\partial\beta}=-N\frac{\partial}{\partial\beta}\left(\ln(V)-3\ln(\lambda_T)-\ln\left(\frac{1}{2}\beta m\omega^2 R^2\right)+\ln\left(e^{\frac{\beta m\omega^2 R^2}{2}}-1\right)\right)$$, soit :

$$\langle E\rangle=0+\frac{3}{2}Nk_B T+Nk_B T-\frac{Nm\omega^2 R^2}{2}\frac{e^{\frac{\beta m\omega^2 R^2}{2}}}{e^{\frac{\beta m\omega^2 R^2}{2}}-1}$$, et donc :

$$\boxed{\langle E\rangle=Nk_B T\left(\frac{5}{2}-\frac{\beta m\omega^2 R^2}{2}\frac{1}{1-e^{-\frac{\beta m\omega^2 R^2}{2}}}\right)}.$$

L'expression est certes un peu complexe, mais traduit bien l'influence de la rotation, qui apporte de l'énergie au gaz, et comme on va le voir dans la suite va servir à la séparation d'isotopes.

⇨ *Méthode 19.5*

5. Etudions la limite où la rotation n'a plus de rôle : pour $\omega\to 0$, $1-e^{-\frac{\beta m\omega^2 R^2}{2}}\sim\dfrac{\beta m\omega^2 R^2}{2}$ et

$\boxed{\langle E\rangle\to\dfrac{3}{2}Nk_B T}$, qui n'est autre que l'énergie d'un gaz parfait à la température T.

De même, on constate que $\boxed{z\to V\lambda_T^{-3}}$ qui est la fonction de partition pour une particule d'un gaz parfait. Ces résultats n'ont rien d'étonnants, le gaz étant parfait, les résultats de l'exercice précédent doivent être retrouvés à rotation nulle.

6. Déterminons la densité particulaire, en cherchant d'abord la probabilité de trouver une particule en $\vec{r}$ dans un volume $d^3\vec{r}$: $\mathcal{P}(\vec{r})d^3\vec{r}$. Or, par définition, la probabilité de trouver une particule dans l'état $(\vec{r},\vec{p})$ est $\mathcal{P}(\vec{r},\vec{p})=\dfrac{e^{-\beta E(\vec{r},\vec{p})}}{Z}$. Donc par intégration sur les impulsions

$$\mathcal{P}(\vec{r})=\int_{\mathbb{R}^3}d^3\vec{p}\,\frac{e^{-\beta E(\vec{r},\vec{p})}}{Z}=\frac{1}{Z}e^{\frac{\beta m\omega^2 r^2}{2}}\lambda_T^{-3}$$ et donc, du fait que $n(\vec{r})=N\mathcal{P}(\vec{r})$:

$$\boxed{P=n(\vec{r})k_B T=N\left(\frac{1}{Z}e^{\frac{\beta m\omega^2 r^2}{2}}\lambda_T^{-3}\right)k_B T}.$$

On observe en particulier que $P\underset{\omega\to 0}{\to}\dfrac{Nk_B T}{V}=P_{GP}$, expression de la pression pour un gaz parfait.

7. On a simplement $\boxed{\dfrac{P(r)}{P(0)}=\dfrac{n(r)}{n(0)}=e^{\frac{\beta m\omega^2 r^2}{2}}=e^{-\frac{E_p}{k_B T}}}$ c'est-à-dire un facteur de Boltzmann comparant l'énergie associée à la rotation à l'énergie thermique ! On retrouve là un résultat cohérent avec notre intuition physique : les particules sont éjectées sur les bords ! Numériquement, on trouve pour $r = R$:

$$m\omega^2 R^2 = \left(32\times 1,67\times 10^{-27}\right)\cdot\left(2\pi 10^4\right)^2\cdot\left(0,20\right)^2 \simeq 8,4\times 10^{-18}\ \text{J} \quad \text{et} \quad k_B T = 4,1\times 10^{-21}\ \text{J}.$$

On a donc $\boxed{\dfrac{P(\text{R})}{P(0)} \gg 1}$.

Les particules se concentrent évidemment sur les bords de la centrifugeuse !

8. On a, d'après ce qui précède :

$$\frac{n_{238}(r)/n_{238}(0)}{n_{235}(r)/n_{235}(0)} = \exp\left(\beta\left(m_{238} - m_{235}\right)\frac{\omega^2 r^2}{2}\right) = \exp\left(3\beta\, m_p \frac{\omega^2 r^2}{2}\right) = \exp\left(\frac{r}{r_0}\right)^2,$$

où $r_0 = \dfrac{2k_B T}{3m_p\,\omega^2} = 0,4$ mm. Donc pour $r \gg r_0$, les atomes d'uranium les plus lourds (isotope 238) sont prédominants, et on récupère donc les atomes d'uranium 235 au centre de la centrifugeuse. C'est le but de l'enrichissement de l'uranium, on souhaite augmenter le pourcentage en l'isotope 235, le mélange final ayant des propriétés nucléaires plus intéressantes pour le fonctionnement des centrales.

Exercice 19.12

1. La fonction de partition d'une particule dans le puits s'écrit :
$$Z_1 = \sum_{n=1}^{\infty} \mathrm{e}^{-\frac{E_n}{k_\mathrm{B} T}} = \sum_{n=1}^{\infty} \mathrm{e}^{-\frac{n^2\pi^2\hbar^2}{2ma^2 k_\mathrm{B} T}}.$$

L'écart entre deux niveaux d'énergie successifs est de l'ordre de $\Delta E \approx \dfrac{\pi^2\hbar^2}{2ma^2}$ qui pour l'hélium de masse $m = 6,64\cdot 10^{-27}$ kg, dans le puits de largeur a = 1 cm, est de l'ordre de $\Delta E = \dfrac{\pi^2\hbar^2}{2ma^2} \approx 10^{-18}\,\text{eV}$. Or, à 300 K, $k_\mathrm{B} T \approx 2,5\cdot 10^{-2}\,\text{eV} = \dfrac{1}{40}\text{eV}$. Ainsi $\Delta E << k_\mathrm{B} T$: à cette température, les niveaux d'énergie sont très resserrés et sont alors décrits comme un continuum, c'est la limite continue. Dans ce cas on peut remplacer la somme discrète par une somme continue : $Z_1 = \displaystyle\int_1^{+\infty} e^{-\alpha^2 n^2}\,\mathrm{d}n$ avec $\alpha^2 = \dfrac{\pi^2\hbar^2}{2ma^2 k_\mathrm{B} T}$.

Notons que dans l'absolu, la somme porte sur n variant de 1 à $+\infty$. Cependant, cette somme peut être sans erreur ramenée de 0 à $+\infty$. En effet, pour l'hélium à 300 K, les niveaux appréciablement peuplés satisfont à $\dfrac{n^2\pi^2\hbar^2}{2ma^2} \leq k_\mathrm{B} T$, soit : $n \leq 10^8$ environ. Comme chaque état accessible correspond à une valeur de n, le nombre d'états différents est considérable et l'erreur commise en remplaçant la borne inférieure par 0 est négligeable.

Finalement, on obtient bien : $Z_1 = \int_0^{+\infty} e^{-\alpha^2 n^2}\,\mathrm{d}n$ avec $\alpha = \dfrac{\pi\hbar}{a\sqrt{2mk_B T}}$.

2. a) Posons $u = \alpha n$, avec $\dfrac{\mathrm{d}u}{\alpha} = \mathrm{d}n$, il vient :

$$Z_1 = \frac{1}{\alpha}\int_0^{+\infty} e^{-u^2}\,\mathrm{d}u = \frac{\sqrt{\pi}}{2\alpha} = a\left(\frac{m\,k_B T}{2\pi^2\hbar^2}\right)^{1/2} = a\left(\frac{2m\pi k_B T}{h^2}\right)^{1/2}$$ et avec $\lambda_{th} = \dfrac{h}{\sqrt{2\pi m k_B T}}$ il vient

finalement : $Z_1 = \dfrac{a}{\lambda_{th}}$.

Dans le cas où elles sont indépendantes et discernables, la fonction de partition des N particules se factorise en un produit des N fonctions de partition d'une particule indépendantes : $\boxed{Z = Z_1^N = \left(\dfrac{a}{\lambda_{th}}\right)^N}$, ce qui, nous allons le voir, conduirait à surévaluer le nombre d'états différents.

b) Notons que pour une densité particulaire de n^*, le nombre de particules par unité de longueur est $n_1{}^* = (n^*)^{1/3} \approx 6\cdot 10^5\ \mathrm{cm}^{-1}$ alors que le nombre d'état différents est de l'ordre de 10^8. Ainsi, la probabilité d'avoir un état dégénéré (plus d'une particule par état) est très faible. On vérifie ici l'idée simple qu'à haute température et basse pression, deux particules ne peuvent avoir le même nombre quantique : le nombre d'états accessibles est si grand que la probabilité de double occupation d'un état est négligeable. On tend alors vers la limite classique.

D'autre part, tous les états quantiques réalisés correspondent, d'après le principe d'exclusion de Pauli, à des états symétriques ou antisymétriques vis-à-vis de l'échange de deux particules. Ainsi, parmi les $N!$ états que l'on peut former en permutant les particules dans les états propres individuels, seul un peut être réalisé : symétrique ou antisymétrique. L'écriture de la fonction de partition $Z = Z_1^N$ ignore ce fait, pour en tenir compte, il faut la diviser par $N!$ Pour les N particules indiscernables : $\boxed{Z = \dfrac{Z_1^N}{N!} = \dfrac{1}{N!}\left(\dfrac{a}{\lambda_{th}}\right)^N}$.

3. Cette concentration correspond à une particule par longueur λ_{th}. Lorsque $n_1{}^* << n_{Q1}$, le système peut être considéré comme un gaz de particules sans interactions se comportant donc comme un gaz parfait classique : on dit alors qu'on est dans le régime classique. Dans le cas présent $n_{Q1} = \dfrac{1}{\lambda_{th}} = 2\cdot 10^8\ \mathrm{cm}^{-1}$, alors que $n_1{}^* = 6\cdot 10^5\ \mathrm{cm}^{-1}$, ainsi $\dfrac{n1^*}{n_{Q1}} \approx 10^{-3}$ ce qui valide l'approximation du régime classique au millième. En l'absence d'interactions, les particules sont bien indépendantes, ce qui permet bien, à la question précédente, de factoriser les N fonctions de partition d'une particule indépendantes.

4. L'énergie moyenne du système est donnée par $\langle E\rangle = -\dfrac{\partial \ln(Z)}{\partial\beta}$, que les particules soient indiscernables ou non, on obtient donc : $\langle E\rangle = -N\dfrac{\mathrm{d}\ln(Z_1)}{\mathrm{d}\beta}$. Notons que ce résultat repose sur l'hypothèse de N particules indépendantes (ou très faiblement couplées pour pouvoir négliger l'énergie de couplage devant leur propre énergie) ce qui est ici le cas dans le cadre du régime classique examiné à la question précédente.

Comme Z_1 est proportionnel à $\beta^{-1/2}$, il vient : $\langle E\rangle = \dfrac{N}{2\beta} = \dfrac{N k_{\mathrm{B}} T}{2}$. En posant $\langle \varepsilon\rangle = \dfrac{k_{\mathrm{B}} T}{2}$ l'énergie moyenne d'une particule dans le puits infini, on retrouve le résultat classique portant sur l'énergie moyenne de N particules indépendantes occupant des niveaux non dégénérés : $\langle E\rangle = N\langle \varepsilon\rangle$.

Or l'énergie moyenne d'une particule libre dans le puits infini est aussi $\langle \varepsilon\rangle = \dfrac{p^2}{2m}$, ce qui conduit à conclure que chaque **degré de liberté énergétique quadratique** contribue à l'énergie moyenne pour $\dfrac{k_B T}{2}$: on retrouve donc le **théorème de l'équipartition de l'énergie**.

Corrigé

Chapitre 20

Signaux périodiques et filtrage

UN SCIENTIFIQUE

Joseph Fourier (1768-1830) montre dès le plus jeune âge des aptitudes exceptionnelles. Après un séjour dans un monastère, il étudie à l'École normale supérieure puis, à peine sorti, enseigne à l'École polytechnique.

Il participe, en tant que scientifique, à l'expédition en Égypte en 1798. Revenu en France, Napoléon le nomme préfet de l'Isère. Dans l'intervalle, il publie sa *Théorie analytique de la chaleur*. À la Restauration, il se consacre uniquement à la recherche scientifique.

Un peu d'histoire

La théorie du signal est relativement jeune mais elle s'est développée sur des bases mathématiques déjà élaborées. Comme les informations sont transportées en général par des ondes, les fonctions périodiques y jouent un rôle fondamental. Joseph Fourier montre que ces fonctions peuvent se développer en sommes de fonctions trigonométriques ce qui permet des codifications très simples. Ces travaux sont effectués dans le but de résoudre les équations différentielles régissant la diffusion de la chaleur dans des milieux continus.

Dans un premier temps, les transferts d'information l'ont été de manière analogique. En 1927, Harry Nyquist détermine des conditions nécessaires pour transformer en forme numérique un signal analogique. Claude Shannon en fera une démonstration précise.

Objectifs

Ce qu'il faut connaître

- ▷ Les critères caractérisant le fonctionnement linéaire d'un système
- ▷ La représentation spectrale d'un signal périodique et sa signification
- ▷ La signification de la fonction de transfert
- ▷ L'action d'un filtre linéaire sur un signal périodique

Ce qu'il faut savoir faire

- ▷ Commenter le spectre d'un signal périodique
- ▷ Déterminer une fonction de transfert
- ▷ Identifier la nature d'un filtre à partir du schéma ou de la fonction de transfert
- ▷ Prévoir le signal de sortie ainsi que sa composition spectrale à partir de la fonction de transfert
- ▷ Transposer la fonction de transfert opérationnelle dans les domaines fréquentiel ou temporel

Résumé de cours

Le système linéaire continu invariant

Définitions

Soit un **système** (circuit électrique, machine, …) donnant à une entrée $e(t)$ une réponse $s(t)$ en sortie.

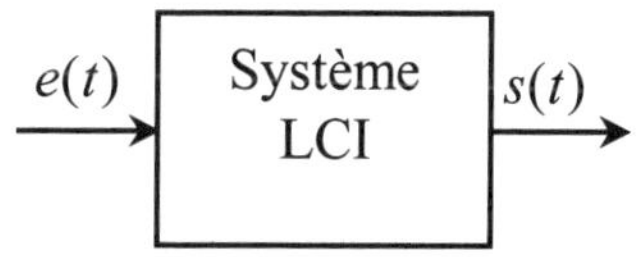

De manière générale, e et s peuvent être des grandeurs électriques, mécaniques, thermodynamiques… Par exemple $e(t)$ peut être le courant d'alimentation d'un moteur, et $s(t)$ la vitesse de rotation de ce moteur.

L'étude est ici limitée aux **systèmes Linéaires, Continus, Invariants** :

→ **Linéaire** : si une entrée $e_1(t)$ donne une réponse en sortie $s_1(t)$ et une entrée $e_2(t)$ donne une réponse en sortie $s_2(t)$, alors une entrée $k_1 e_1(t) + k_2 e_2(t)$ avec k_1 et k_2 constantes donnera une sortie $k_1 s_1(t) + k_2 s_2(t)$;

→ **Continu** : les grandeurs étudiées sont définies pour tout temps ;

→ **Invariant** : son comportement dans le temps reste inchangé ; si l'on reproduit une même entrée à deux instants différents, les réponses seront identiques (décalées de ce même temps).

Propriété

Soit un signal d'entrée sinusoïdal permanent $e(t) = e_0 \cos(\omega t + \varphi)$. Une propriété remarquable des systèmes linéaires (en régime permanent) est de donner nécessairement en sortie un signal également **sinusoïdal** et de **même pulsation** ω qui s'écrit donc $s(t) = s_0 \cos(\omega t + \varphi')$. On dit que les signaux sinusoïdaux sont des fonctions isomorphes des systèmes linéaires.

Prévoir la réponse en sortie d'un système LCI se résume donc à rechercher (s_0 / e_0) rapport des amplitudes, et $(\varphi' - \varphi)$ le déphasage.

La fonction de transfert

Fonction de transfert

Introduisons les notations complexes associées respectivement à $e(t)$ et $s(t)$:

$\underline{e} = e_0 \exp\left(j\left(\omega t + \varphi\right)\right) = \underline{E} \exp\left(j\omega t\right)$ avec $\underline{E} = e_0 \exp\left(j\varphi\right)$ et

$\underline{s} = s_0 \exp\left(j\left(\omega t + \varphi'\right)\right) = \underline{S} \exp\left(j\omega t\right)$ avec $\underline{S} = s_0 \exp\left(j\varphi'\right)$.

La fonction de transfert est par définition : $\boxed{\underline{H}(j\omega)=\dfrac{\underline{s}(j\omega)}{\underline{e}(j\omega)}=\dfrac{\underline{S}}{\underline{E}}=\dfrac{s_0}{e_0}e^{j(\varphi'-\varphi)}}$

⇨ **Méthode 20.2. Calcul de la fonction de transfert dans le domaine fréquentiel**

Compte tenu de la propriété d'isomorphisme précédemment citée, pour déterminer, en régime permanent, le signal de sortie $s(t)$ réponse d'un signal $e(t)$ sinusoïdal, il suffit de connaître $\underline{H}$ à ω :

→ le module de $\underline{H}$, appelé **gain**, donne (s_0 / e_0) rapport des amplitudes ;

→ l'argument de $\underline{H}$ donne $(\varphi'-\varphi)$, appelé **avance de phase** (ou déphasage) du signal de sortie sur le signal d'entrée.

Dans le domaine temporel, un signal d'entrée $e(t)=e_0\cos(\omega t+\varphi)$ donne donc une réponse $\boxed{\mathrm{s}(t)=s_0\cos(\omega t+\varphi')=\left|\underline{H}(j\omega)\right|\mathrm{e}_0\cos\left(\omega t+\varphi+\arg\left(\underline{H}(j\omega)\right)\right)}$.

⇨ **Méthode 20.6. Détermination du signal de sortie en régime établi**

❑ Systèmes régis par une équation différentielle linéaire à coefficients constants

→ Dans le cas d'un circuit électronique associant par exemple des composants R, L ou C, les relations liants tensions et courants peuvent s'écrire dans le domaine temporel sous forme d'équations différentielles linéaires : $u=Ri$, $u=L\dfrac{\mathrm{d}i}{\mathrm{d}t}$, $i=C\dfrac{\mathrm{d}u}{\mathrm{d}t}$. En les combinant judicieusement à l'aide de la loi des mailles et de la loi des nœuds, il est toujours possible d'obtenir une équation différentielle linéaire à coefficients constants reliant $s(t)$ à $e(t)$ de la forme :

$$b_0 s(t)+b_1\frac{\mathrm{d}s(t)}{\mathrm{d}t}+b_2\frac{\mathrm{d}^2 s(t)}{\mathrm{d}t^2}+...+b_n\frac{\mathrm{d}^n s(t)}{\mathrm{d}t^n}=a_0 e(t)+a_1\frac{\mathrm{de}(t)}{\mathrm{d}t}+a_2\frac{\mathrm{d}^2\mathrm{e}(t)}{\mathrm{d}t^2}+...+a_m\frac{\mathrm{d}^m\mathrm{e}(t)}{\mathrm{d}t^m}.$$

L'ordre du filtre est n avec $n\geq m$. Nous nous limiterons à l'ordre 2 pour la suite.

⇨ **Méthode 20.3. Détermination de l'équation différentielle dans le domaine temporel**

→ Utilisons maintenant les notations complexes (domaine fréquentiel). Remarquant que la dérivée temporelle de $\exp(j\omega t)$ est $j\omega\cdot\exp(j\omega t)$, l'équation différentielle se simplifie :

$b_0\,\underline{s}+b_1\,j\omega\,\underline{s}+b_2\left(j\omega\right)^2\underline{s}=a_0\underline{e}+a_1\,j\omega\,\underline{e}+a_2\left(j\omega\right)^2\underline{e}$ soit : $\boxed{\underline{H}=\dfrac{\underline{s}}{\underline{e}}=\dfrac{a_0+a_1\,j\omega+a_2(j\omega)^2}{b_0+b_1\,j\omega+b_2(j\omega)^2}}$

La fonction de transfert se présente donc sous la forme d'une fraction rationnelle de $j\omega$.

❑ Notation de Laplace et transposition entre domaine temporel et domaine fréquentiel

On utilise la notation symbolique de Laplace $H(p)$, p valant $j\omega$ dans le domaine fréquentiel, mais p étant aussi l'opérateur $[\mathrm{d}/\mathrm{d}t]$ dans le domaine temporel. Il est ainsi possible de passer facilement de la fonction de transfert à l'équation différentielle et réciproquement :

$$H(p)=\frac{a_0+a_1 p+a_2 p^2}{b_0+b_1 p+b_2 p^2} \Leftrightarrow \left[b_0+b_1 p+b_2 p^2\right]s(t)=\left[a_0+a_1 p+a_2 p^2\right]e(t) \text{ avec } p=\frac{\mathrm{d}}{\mathrm{d}t}$$

⇨ **Méthode 20.3. Détermination de l'équation différentielle dans le domaine temporel**

■ Le signal périodique non sinusoïdal

❑ La décomposition en série de Fourier d'un signal périodique

J. Fourier a déterminé que tout signal périodique de période T_0 peut se décomposer en une somme infinie de sinus et de cosinus, appelée série de Fourier :

$$\boxed{e(t)=c_0+\sum_{n=1}^{\infty}\left(a_n\cos\left(n\omega_0 t\right)+b_n\sin\left(n\omega_0 t\right)\right)}, \text{ avec } \omega_0=2\pi/T_0.$$

Les coefficients peuvent se calculer d'après les relations établies par Fourier :

$$c_0=\frac{1}{T_0}\int_0^{T_0}e(t)\,\mathrm{d}t \text{ (moyenne)}, \; a_n=\frac{2}{T_0}\int_0^{T_0}e(t)\cdot\cos\left(n\,\omega_0\,t\right)\mathrm{d}t, \; b_n=\frac{2}{T_0}\int_0^{T_0}e(t)\cdot\sin\left(n\,\omega_0\,t\right)\mathrm{d}t.$$

La décomposition en série de Fourier peut aussi s'écrire :

$$\boxed{e(t)=c_0+\sum_{n=1}^{\infty}c_n\cos\left(n\,\omega_0 t-\varphi_n\right)} \text{ avec } c_n=\sqrt{a_n^2+b_n^2}, \; \cos\varphi_n=\frac{a_n}{\sqrt{a_n^2+b_n^2}} \text{ et } \sin\varphi_n=\frac{b_n}{\sqrt{a_n^2+b_n^2}}$$

c_0 est la **composante continue** (valeur moyenne du signal), ω_0 est la pulsation la plus basse que l'on appelle **fondamentale**. Les termes de pulsation $\omega_n=n\,\omega_0$ sont les **harmoniques de rang** n.

Spectre en amplitude de e

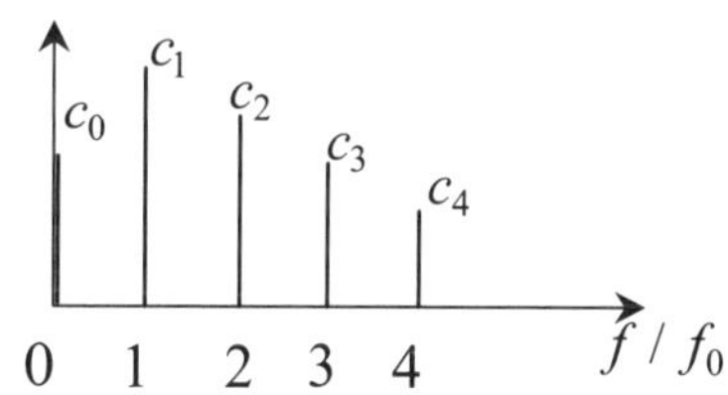

Le spectre est la représentation graphique des coefficients c_n (spectre en amplitude) et φ_n (spectre en phase). À chaque fréquence $f_n=\omega_n/(2\pi)$, on fait correspondre une raie de hauteur c_n.

Pour un signal périodique, le spectre est une représentation souvent plus simple à interpréter que la représentation temporelle.

Par exemple pour le son d'un instrument, la note est donnée par la fréquence du fondamental. Ensuite, le timbre est lié à la présence plus ou moins importante d'harmoniques supérieures (ce qui permet de distinguer une même note d'une flute ou d'une guitare par exemple).

Autre exemple : pour la lumière (onde électromagnétique), chaque couleur correspond à une fréquence, donc à une raie dans le spectre.

❑ Interprétation d'un spectre

Chaque raie du spectre joue un rôle particulier dans la forme du signal analysé.

– Tout d'abord, la raie de **fréquence nulle** s'appelle la **composante continue**. Elle représente la **valeur moyenne** du signal. Si le spectre d'un signal électrique contient une raie à $f = 0$, cela correspond à la présence d'un courant (ou tension) continu.

Toutes les autres raies correspondent à la partie alternative du signal.

– La raie de **fréquence** $f_0 = 1/T_0$ **est le fondamental** et joue un rôle très particulier. C'est elle qui donne la période du signal.

– Enfin, les raies de **fréquence** $f_n = n f_0$ **sont les harmoniques supérieures.** Plus ces harmoniques sont importantes, plus le signal global s'éloigne d'une sinusoïde « pure ».

Cet écart entre le signal et la sinusoïde pure est mesuré par le **taux de distorsion harmonique** :

$THD = \dfrac{\sqrt{c_2^2 + c_3^2 + c_4^2 + ...}}{c_1}$. C'est le rapport de la valeur efficace des harmoniques supérieures à celle du fondamental.

Remarque

La pente maximale de $\cos(n\omega t)$ est $(n\omega)$. La description d'un signal $e(t)$ comportant des **discontinuités ou de fortes pentes** nécessite donc des valeurs de n élevées dans la série de Fourier. Un tel signal a un spectre contenant **des raies à hautes fréquences (rang élevé)**.

⇨ **Méthode 20.1. Comprendre le rôle de chaque raie du spectre dans la forme du signal**

❑ Détermination du signal de sortie et notion de filtrage

Tout signal périodique $e(t)$ peut s'écrire sous forme de série de Fourier, et l'on sait déterminer la réponse en sortie pour chaque signal sinusoïdal placé en entrée. La série de Fourier du signal de sortie $s(t)$ est donc simplement la somme des réponses correspondant à chaque terme de la série de $e(t)$.

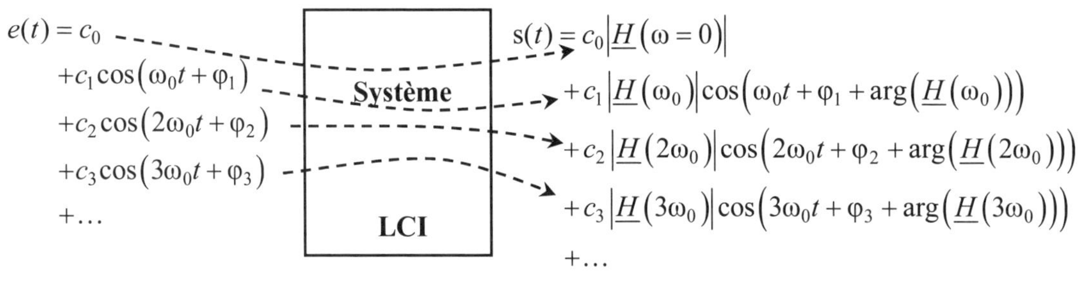

Pour obtenir graphiquement le spectre en amplitude du signal de sortie, on superpose le spectre du signal d'entrée au tracé de $\left|\underline{H}(f)\right|$. Il ne reste qu'à multiplier la hauteur de chaque raie d'entrée de fréquence f par la valeur de $\left|\underline{H}(f)\right|$ à la même fréquence (voir exemple ci-dessous).

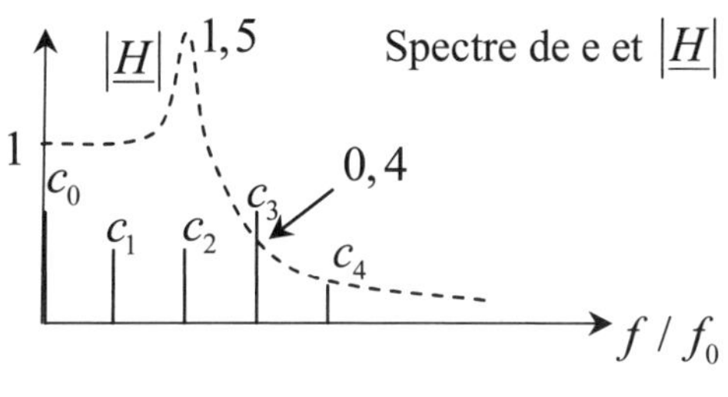

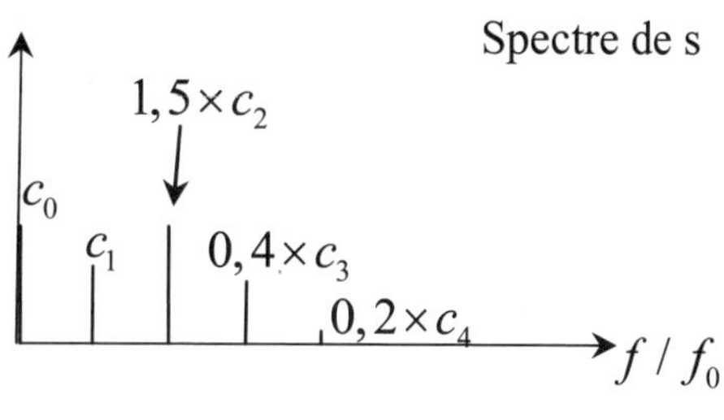

⇨ **Méthode 20.6. Détermination du signal de sortie en régime établi**

Remarque

Pour un système linéaire, les raies du spectre du signal d'entrée se retrouvent dans le signal de sortie. Elles sont éventuellement coupées (si $|\underline{H}(f)|=0$), atténuées ($|\underline{H}(f)|<1$) ou amplifiées ($|\underline{H}(f)|>1$). **L'apparition de nouvelles fréquences** dans le spectre du signal de sortie ne peut se produire que pour un système **non** linéaire.

❑ Modèles simples de filtres passifs

On se reportera à l'étude faite en première année. Seuls les principaux types de filtres d'ordre 1 et 2 sont rappelés ici. Notons $x=\omega/\omega_0$ la pulsation réduite, et Q le facteur de qualité.

	Filtre passe-bas	Filtre passe-bande	Filtre passe-haut
Gabarit	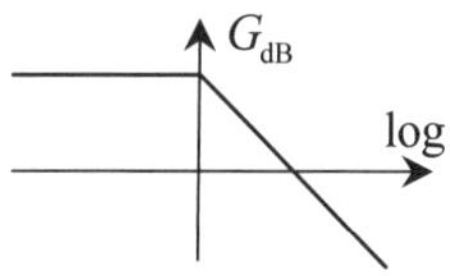	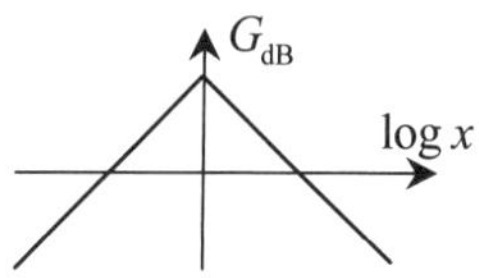	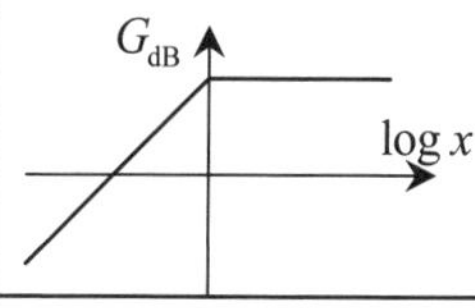
Filtre d'ordre1	$H_0\dfrac{1}{1+jx}$	N'existe pas	$H_0\dfrac{jx}{1+jx}$
Filtre d'ordre 2	$H_0\dfrac{1}{1+j\dfrac{x}{Q}-x^2}$	$H_0\dfrac{j\dfrac{x}{Q}}{1+j\dfrac{x}{Q}-x^2}$	$H_0\dfrac{-x^2}{1+j\dfrac{x}{Q}-x^2}$

Dans le diagramme de Bode, les pentes des filtres d'ordre 1 ne peuvent pas dépasser $\pm 20\,\text{dB}$ par décade, et les filtres d'ordre 2 $\pm 40\,\text{dB}$ par décade.

Comportement du filtre intégrateur ou dérivateur dans un certain domaine de fréquence :

	Équivalents de $\underline{H}$	Diagramme de Bode
Intégrateur	$cte\,/\,j\omega$	Pente : $-20\,\text{dB/decade}$
Dérivateur	$cte\times j\omega$	Pente : $+20\,\text{dB/decade}$

Méthodes

Comment interpréter un spectre ?

Méthode 20.1. Comprendre le rôle de chaque raie du spectre dans la forme du signal

Le spectre d'un signal périodique (période T_0) est formé de raies tous les $n\,f_0 = n/T_0$ avec n entier.

→ La raie $n=0$ est présente pour un signal de moyenne non nulle.

→ Plus la hauteur des raies $n \geq 2$ est importante, plus le signal s'éloigne d'un signal purement sinusoïdal.

→ Un signal temporel avec des discontinuités ou des variations rapides (dent de scie, créneau) a des harmoniques de rang élevé $n \gg 1$.

⇨ **Exercices 20.1 et 20.4**

D'après le magazine de Schneider electric de l'enseignement technologique. et professionnel :
Les faits. Match de foot : 21 h 44 : Le Mans 2 - Gingamp 1 ; 21 h 45 : panne générale d'éclairage, impossibilité de rétablir le courant ; 22 h 00 : match définitivement arrêté et déclaré perdu pour Le Mans. Ce n'est que de la 2e division, certes ! Mais cela aurait-il pu se produire le 12 juillet 98 au stade de France ?
L'étude. La présence de nombreux éléments non linéaires (éclairage à économie d'énergie, téléviseurs allumés à cette heure) a généré des harmoniques supérieures : les mesures effectuées ont mis en évidence un taux d'harmonique 5 identique au fondamental !

La distribution électrique doit être assurée aux usagers avec un signal sinusoïdal non déformé. La présence d'harmoniques supérieures, appelée « pollution harmonique » est susceptible de perturber les appareils électriques et de créer des échauffements. Cette déformation du signal est mesurée par un analyseur de spectre qui donne le THD (taux de distorsion harmonique), généralement voisin de 2% sur les 40 premières harmoniques.
De même, les onduleurs des centrales photovoltaïques des particuliers sont susceptibles de générer du courant déformé, mais aussi du courant continu sur le réseau, ce qui est néfaste.
Application. Un installateur vérifie en sortie de l'onduleur la conformité de son installation. La documentation de l'onduleur garantit un THD inférieur à 3% sur l'ensemble des harmoniques, et de 2% sur le plus mauvais harmonique. De plus, le courant continu ne doit pas dépasser 1% de la valeur efficace du fondamental. L'analyseur donne le spectre suivant (voir tableau). Le courant est-il conforme ?
On supposera la charge purement résistive et on ne tiendra pas compte des harmoniques supérieures à 5.

$f = n \cdot 50\,\text{Hz}$	$n=0$	$n=1$	$n=2$	$n=3$	$n=4$	$n=5$
c_n en V	0,5	$230 \cdot \sqrt{2}$	$1 \cdot \sqrt{2}$	$3 \cdot \sqrt{2}$	$0.5 \cdot \sqrt{2}$	$4 \cdot \sqrt{2}$

Remarque

Les c_i sont les amplitudes. La tension EDF est de $230\,\text{V}$ en valeur efficace, d'où le $\sqrt{2}$ pour avoir les amplitudes.

On a $THD = \dfrac{\sqrt{3^2 + 0,5^2 + 2^2 + 1^2}}{230} = 0,022$ soit $2,2\%$ (le $\sqrt{2}$ au numérateur et dénominateur se simplifie). Sur le plus mauvais harmonique : $4/230 = 0.017$ soit $1,7\%$. La distorsion du signal est conforme. La proportion de courant continu est $0,5/230 = 0,2\%$ ce qui conforme aussi.

■ Comment déterminer la relation entrée/sortie d'un filtre linéaire ?

❑ Méthode 20.2. Calcul de la fonction de transfert dans le domaine fréquentiel

→ Il faut se placer dans le domaine fréquentiel et donc utiliser les impédances complexes.
On applique le pont diviseur de tension quand c'est possible pour obtenir des relations entre les tensions. Quand ce n'est pas possible (au moins 3 branches à un nœud), on applique la loi des nœuds exprimée en terme de potentiel (toutes les intensités sont remplacées par $\underline{u}/\underline{Z}$). Cela donne un système de plusieurs équations à plusieurs inconnues. Il ne faut en aucun cas faire intervenir des courants dans les équations car cela ajoute des inconnues inutiles !
Ensuite, par substitution, éliminer les inconnues pour ne garder que $\underline{e}$ (entrée) et $\underline{s}$ (sortie). $\underline{s}/\underline{e}$ donne la fonction de transfert.

→ Dans le cas où l'équation différentielle entre $s(t)$ et $e(t)$ a déjà été préalablement déterminée, il suffit de la transposer dans le domaine fréquentiel en remplaçant l'opérateur $[\mathrm{d}/\mathrm{d}t]$ par p, puis en déduire s/e.

⇨ **Exercices 20.3 et 20.4**

Calculons la fonction de transfert du circuit (1) dans le domaine fréquentiel.
Plaçons la masse ($v = 0$) sur le fil du bas, et notons v_A le potentiel du nœud A.
Un pont diviseur de tension en sortie s donne

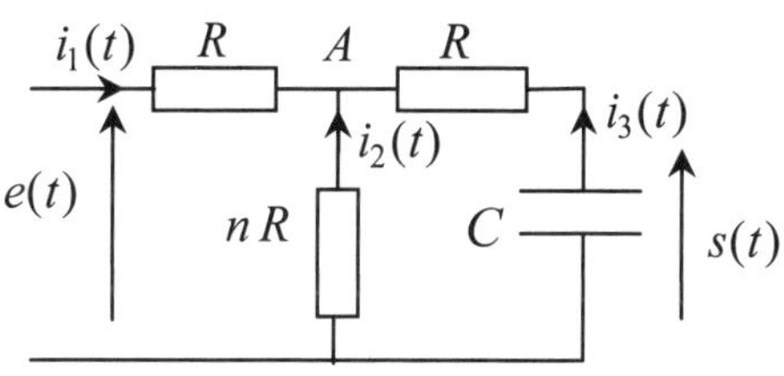

Circuit (1)

$\underline{s} = \dfrac{\underline{Z_C}}{\underline{Z_C} + R}\underline{v}_A$ (2), avec $\underline{Z_C} = \dfrac{1}{jC\omega}$. L'introduction d'un potentiel inconnu $\underline{v}_A$ oblige à rechercher une équation supplémentaire. Celle-ci est obtenue en appliquant la loi des nœuds exprimée avec les potentiels. $\underline{i}_1 + \underline{i}_2 + \underline{i}_3 = 0$ arrivant en A s'écrit : $\dfrac{\underline{e} - \underline{v}_A}{R} + \dfrac{0 - \underline{v}_A}{nR} + \dfrac{\underline{s} - \underline{v}_A}{R} = 0$

soit $\underline{v}_A = \dfrac{n}{2n+1}(\underline{e} + \underline{s})$. Le remplacement de $\underline{v}_A$ dans l'équation (2) donne $\underline{s} = \left(\dfrac{1/jC\omega}{R + 1/jC\omega}\right)\left(\dfrac{n}{2n+1}\right)(\underline{e} + \underline{s})$. En multipliant numérateur et dénominateur par $(jC\omega)$, en remontant les dénominateurs dans le membre de gauche, et en séparant $\underline{s}$ et $\underline{e}$, il vient :

$\big(2n+1+(2n+1)(1+jRC\omega)-n\big)\underline{s} = n\underline{e}$ soit $\boxed{\underline{H} = \dfrac{\underline{s}}{\underline{e}} = \dfrac{n}{(n+1)+(2n+1)jRC\omega}}$ (3).

❑ Méthode 20.3. Détermination de l'équation différentielle dans le domaine temporel

Il y a 2 méthodes pour obtenir l'équation différentielle reliant entrée et sortie.

→ Soit directement. Il faut écrire la loi des nœuds et la loi des mailles aux divers nœuds et mailles, en tachant de faire intervenir le moins d'inconnues possible. On utilise également les lois relatives à chaque dipôle entre $u(t)$ et $i(t)$. Il reste à combiner toutes ces équations pour ne garder qu'une équation différentielle à une seule inconnue $s(t)$.

Cette méthode est à proscrire dès que le circuit contient au moins 3 mailles, car il est parfois difficile de se sortir d'un système de plusieurs équations différentielles couplées à plusieurs inconnues ! Il sera alors préférable d'utiliser la méthode suivante.

→ Commencer d'abord par déterminer la fonction de transfert à l'aide de la méthode 20.2. : $H(p) = \dfrac{s}{e} = \dfrac{a_0 + a_1 p + a_2 p^2}{b_0 + b_1 p + b_2 p^2}$. Les dénominateurs sont remontés dans le membre opposé sous la forme $\left[b_0 + b_1 p + b_2 p^2\right]s = \left[a_0 + a_1 p + a_2 p^2\right]e$ puis l'opérateur p est remplacé par $[\mathrm{d}/\mathrm{d}t]$ (transposition de la fonction de transfert opérationnelle dans le domaine temporel). L'équation différentielle obtenue est :

$$b_0\, s(t) + b_1 \frac{\mathrm{d}\,s(t)}{\mathrm{d}t} + b_2 \frac{\mathrm{d}^2 s(t)}{\mathrm{d}t^2} = a_0 e(t) + a_1 \frac{\mathrm{d}\,e(t)}{\mathrm{d}t} + a_2 \frac{\mathrm{d}^2\, e(t)}{\mathrm{d}t^2}$$

⇨ **Exercice 20.3**

– Déterminons l'équation différentielle vérifiée par $s(t)$ dans le domaine temporel pour le même circuit (1).

→ La loi des nœuds en A s'écrit $i_1 + i_2 + i_3 = 0$. Pour ne pas faire apparaître trop d'inconnues, il est souhaitable de remplacer toutes les intensités par des tensions, en utilisant les lois relatives aux dipôles : $i_1 = (e - v_A)/R$, $i_2 = (0 - v_A)/\mathrm{n}R$ et $i_3 = (s - v_A)/R = -C\,\mathrm{d}s/\mathrm{d}t$ ce qui donne $\dfrac{e(t) - v_A(t)}{R} + \dfrac{-v_A(t)}{nR} - C\dfrac{\mathrm{d}s(t)}{\mathrm{d}t} = 0$ soit $(1+n)v_A(t) = n\,e(t) - n\,RC\dfrac{\mathrm{d}s(t)}{\mathrm{d}t} = 0$. (4)

→ Il reste une inconnue en trop : $v_A(t)$. Nous pouvons maintenant exploiter la loi des mailles à une des 2 mailles présentes. La maille de droite donne : $v_A = s - R\,i_3$ soit, en éliminant avec l'intensité avec $i_3 = -C\,\mathrm{d}s/\mathrm{d}t$: $v_A(t) = s(t) + RC\dfrac{\mathrm{d}s(t)}{\mathrm{d}t}$ (5).

→ Il n'est pas utile d'exploiter la maille de gauche, car les 2 équations (4) et (5) suffisent à éliminer $v_A(t)$ et obtenir une équation différentielle entre $s(t)$ et $e(t)$. $v_A(t)$ tiré de (5) et injecté dans (4) donne, après avoir séparé $s(t)$ et $e(t)$ dans 2 membres séparés :

$$\boxed{(n+1)s(t) + (2n+1)RC\frac{\mathrm{d}s(t)}{\mathrm{d}t} = n\,e(t)}.$$

– Déterminons encore l'équation différentielle vérifiée par $s(t)$ dans le domaine temporel pour le circuit (1), mais en partant de la fonction de transfert obtenue dans le domaine fréquentiel par la méthode 20.2. Avec les notations de Laplace : $H = \dfrac{s}{e} = \dfrac{n}{(n+1) + (2n+1)RC\,p}$, soit en remontant les dénominateurs dans les membres opposés : $\left[(n+1) + (2n+1)RC\,p\right]s = n\,e$. La transposition dans le domaine temporel revient simplement à remplacer p par l'opérateur $[\mathrm{d}/\mathrm{d}t]$: $\boxed{(n+1)s(t) + (2n+1)RC\dfrac{\mathrm{d}s(t)}{\mathrm{d}t} = n\,e(t)}$.

■ Comment déterminer la nature d'un filtre linéaire ?

❑ Méthode 20.4. Nature d'un filtre à partir du schéma

Se placer à basse fréquence, puis à haute fréquence, et remplacer dans chaque cas les bobines et condensateurs par leurs équivalents. Une impédance proche de 0 est équivalente à un fil (ou court-circuit), et une impédance très grande est équivalente à un interrupteur ouvert (le courant ne peut pas passer). On retrace alors le schéma électrique équivalent dans chaque cas et en déduire la tension de sortie. Une tension de sortie nulle indique que les fréquences correspondantes sont coupées.

⇨ **Exercice 20.2**

Considérons toujours le même filtre (1) et cherchons à donner sa nature sans calcul. Voici ci-dessous une synthèse des simplifications que l'on peut faire à BF et HF.

	Basse fréquence $(\omega \to 0)$	Haute fréquence $(\omega \to \infty)$
 $\lvert Z_C \rvert = \dfrac{1}{C\omega}$	 $\lvert Z_C \rvert \to \infty$	 $\lvert Z_C \rvert = 0$
 $\lvert Z_L \rvert = L\omega$	 $\lvert Z_L \rvert = 0$	 $\lvert Z_L \rvert \to \infty$

Schéma (1) simplifié à basse fréquence

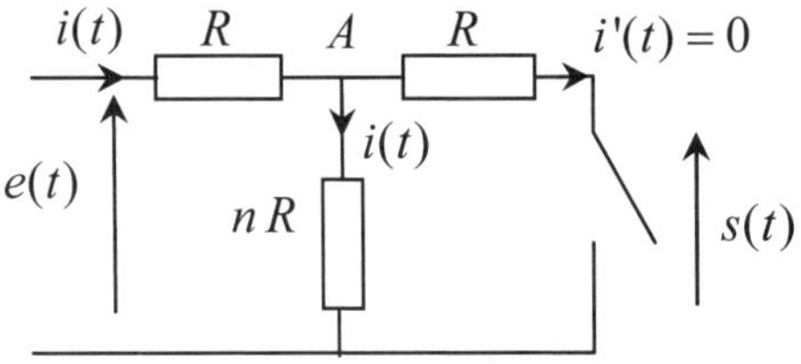

Le condensateur empêche le courant i' de passer donc $s = v_A$. De plus, le courant i circulant dans R (de gauche) et dans nR est le même ce qui permet d'appliquer un pont diviseur de tension : $s = v_A = \dfrac{n}{n+1}e$. (6)

$\to$ $s \neq 0$: les basses fréquences passent.

Schéma (1) simplifié à haute fréquence

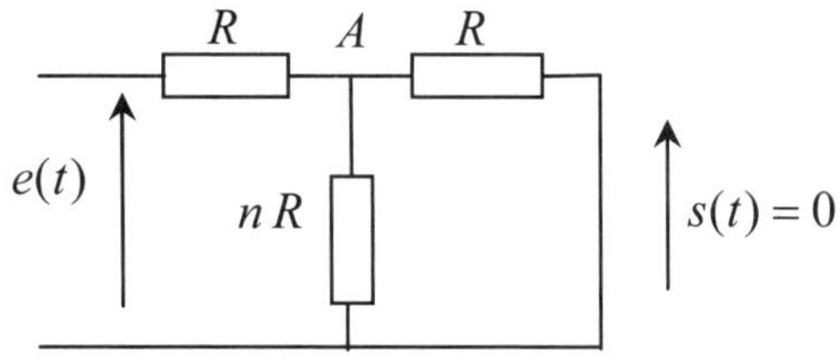

Le condensateur laisse passer le courant à haute fréquence : il se comporte comme un fil (ou court-circuit). La tension s à ses bornes est donc quasi nulle.

$\to$ $s \simeq 0$: les hautes fréquences sont coupées.

Le circuit (1) laisse passer les basses fréquences et coupe les hautes fréquences : il s'agit donc d'un filtre passe-bas.

❑ Méthode 20.5. Nature d'un filtre à partir de la fonction de transfert

La fonction de transfert est écrite sous forme d'une fraction rationnelle avec un polynôme $N(p)$ au numérateur et $D(p)$ au dénominateur : $H(p) = \dfrac{N(p)}{D(p)}$.

Reste à rechercher un équivalent de $H(p)$ à basse fréquence puis à haute fréquence, qui est l'équivalent de $N(p)$ divisé par l'équivalent de $D(p)$.

$\to$ À basse fréquence, l'équivalent d'un polynôme est le terme de plus petit degré. L'équivalent de $H(p)$ est donc le terme de plus petit degré de $N(p)$ divisé par le terme de plus petit degré de $D(p)$. Reste à faire tendre $p \to 0$ à l'équivalent de $H(p)$ obtenu pour savoir si les basses fréquences passent.

$\to$ À haute fréquence, l'équivalent d'un polynôme est le terme de plus haut degré. L'équivalent de $H(p)$ est le terme de plus haut degré de $N(p)$ divisé par le terme de plus haut degré de $D(p)$. Reste à faire tendre $p \to \infty$ à l'équivalent de $H(p)$ obtenu pour savoir si les hautes fréquences passent.

⇨ **Exercice 20.4**

Considérons à nouveau le circuit (1) pour confirmer la nature de ce filtre.

À basse fréquence, on garde les plus petites puissances de p aussi bien au numérateur qu'au dénominateur :

$$H = \frac{n}{(n+1)+(2n+1)RC\,p} \sim \frac{n}{n+1}$$

À haute fréquence, on garde les plus grandes puissances de p aussi bien au numérateur qu'au dénominateur :

$$H = \frac{n}{(n+1)+(2n+1)RC\,p} \sim \frac{n}{(2n+1)RC\,p}$$

Les basses fréquences passent, et l'on retrouve le même signal de sortie (6) à BF que dans la méthode précédente. Les hautes fréquences donnent un équivalent en cte/p qui tend vers 0 quand p tend vers l'infini : les hautes fréquences sont coupées. C'est donc un filtre passe-bas.

→ Il y a un moyen très rapide de reconnaître un passe-bas, passe-bande ou passe-haut directement sur la fonction de transfert, à condition qu'elle ait été préalablement écrite sous forme de fraction rationnelle. Il faut écrire les polynômes en p (ou $j\omega$) sous forme de puissance croissante $a+b\,p+c\,p^2$. La forme du gabarit du filtre donne les coefficients nuls.

Passe-bas	Passe-bande	Passe-haut
$H(p)=\dfrac{a+b\,p+\cancel{c}\,p^2}{a'+b'\,p+c'\,p^2}$	$H(p)=\dfrac{\cancel{a}+b\,p+\cancel{c}\,p^2}{a'+b'\,p+c'\,p^2}$	$H(p)=\dfrac{\cancel{a}+b\,p+c\,p^2}{a'+b'\,p+c'\,p^2}$
$c=0$ et $a\neq 0$ (*b* peut être nul ou non)	$a=0$, $c=0$ $b\neq 0$	$a=0$ et $c\neq 0$ (*b* peut être nul ou non)

Cette méthode est applicable également aux filtres d'ordre 1 (passe-bas et passe-haut). Appliqué au circuit (1), il est clair que c'est un filtre passe-bas.

■ Comment obtenir le signal de sortie d'un filtre ?

❑ Méthode 20.6. Détermination du signal de sortie en régime établi

Le régime établi est décrit par la solution particulière de l'équation différentielle. Dans le cas d'un signal $e(t)$ périodique, il serait vain de vouloir rechercher une solution particulière directement sur l'équation différentielle dans le domaine temporel car le second membre de l'équation différentielle est variable.

→ Rechercher tout d'abord la fonction de transfert $\underline{H}(j\omega)$ dans le domaine fréquentiel en suivant la méthode 20.2.

→ Cas $e(t)$ est sinusoïdal de la forme $e(t)=E_m\cos(\omega_0\,t+\varphi)$.

Le signal de sortie est également un signal sinusoïdal de même pulsation $s(t) = S_m \cos(\omega_0 t + \varphi')$ dont l'amplitude est donnée par $S_m = E_m \cdot |\underline{H}(\omega = \omega_0)|$ et le déphasage par $\varphi' = \varphi + \arg(\underline{H}(\omega = \omega_0))$.

→ Cas $e(t)$ périodique mais non sinusoïdal, ou somme de sinus.

Il faut commencer par écrire la décomposition en série de Fourier de $e(t)$. Comme le filtre est linéaire, on pourra prendre chaque terme de la série individuellement pour rechercher le signal de sortie correspondant à chaque terme. $s(t)$ est la somme de tous ces termes.

⇨ **Exercices 20.2, 20.3, 20.4 et 20.5**

Nous cherchons à fabriquer un filtre moyenneur qui garde la composante continue et coupe la partie alternative. Le filtre passe-bas RC pourrait réaliser cette opération, à condition d'avoir une pulsation de coupure inférieure à la pulsation du fondamental.

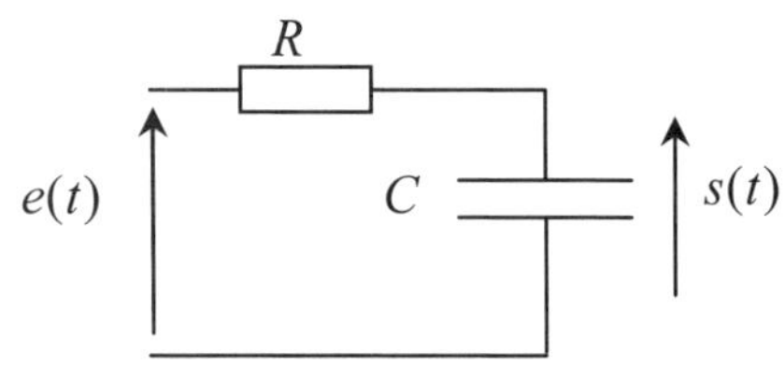

Le signal d'entrée à moyenner est :

$e(t) = 4 + 2\cos(\omega_0 t + 10^\circ) + 1{,}5\cos(2\omega_0 t + 45^\circ)$.

Les amplitudes sont en volt, et les déphasages en degré et $\omega_0 = 500\,\text{rad/s} = 2{,}86.10^4\ °/\text{s}$.

La valeur moyenne de $e(t)$ à garder est $4\,\text{V}$ $(\omega = 0)$, le fondamental (à couper) est le terme $\omega = \omega_0$ et le terme $\omega = 2\omega_0$ est l'harmonique de rang 2.

Cherchons à exprimer le signal de sortie.

La première étape consiste à calculer la fonction de transfert. Le pont diviseur de tension donne

$\underline{s} = \dfrac{1/jC\omega}{1/jC\omega + R}\underline{e} = \dfrac{1}{1 + jRC\omega}\underline{e}$ soit $\underline{H} = \dfrac{1}{1 + jRC\omega}$, de module (ou gain)

$G = |\underline{H}| = \dfrac{1}{\sqrt{1 + (RC\omega)^2}}$ et d'argument $\varphi = -\arctan(RC\omega)$.

La pulsation de coupure à -3dB étant $\omega_{coup} = 1/\text{RC}$, nous choisissons $R = 10\,\text{k}\Omega$ et $C = 1\,\mu\text{F}$ de sorte à avoir $\omega_{coup} = 100\,\text{rad/s} = 5{,}73.10^3\ °/\text{s}$ inférieure à ω_0.

Pour vérifier l'efficacité du filtre moyenneur, calculons le signal de sortie.

Amplitudes (volt)

	$\omega = 0$	$\omega = \omega_0$	$\omega = 2\omega_0$
Entrée e	4	2	1,5
$\lvert\underline{H}(\omega)\rvert$	1	0,20	0,10
Sortie s	4	0,40	0,15

Phases (degré)

	$\omega = \omega_0$	$\omega = 2\omega_0$
Entrée e	10	45
$\arg(\underline{H}(\omega))$	−79	−84
Sortie s	−69	−39

Le signal de sortie est donc :
$e(t) = 4 + 0{,}40\cos\left(\omega_0 t - 69°\right) + 0{,}15\cos\left(2\omega_0 t - 39°\right)$.

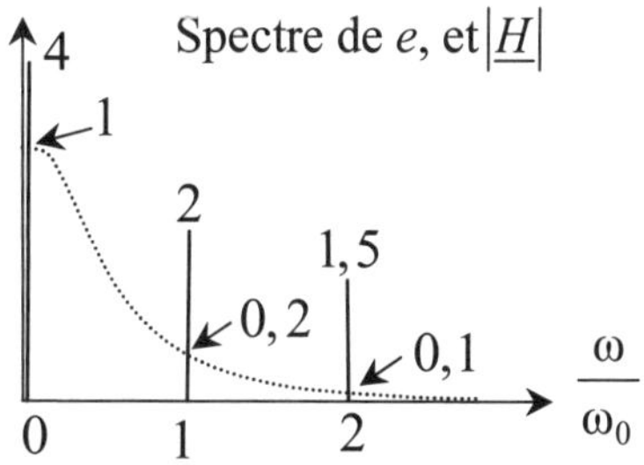

Ce calcul sur les amplitudes s'effectue aisément si l'on superpose le spectre du signal d'entrée avec la représentation de $|\underline{H}|$ (en échelle linéaire) sur un même diagramme (voir figure ci-contre ; échelles différentes pour e et $|\underline{H}|$).

Le taux d'ondulation est de l'ordre de 10%, ce qui en fait un moyenneur peu efficace. Il aurait fallu prendre un filtre d'ordre 2 pour un filtrage plus efficace, ou choisir une fréquence de coupure plus basse.

❑ Méthode 20.7. Détermination du signal de sortie en régime non établi

Pour décrire le régime transitoire de $s(t)$, il faut revenir à l'équation différentielle dans le domaine temporel, obtenue à l'aide de la méthode 20.3.
La solution générale de l'équation différentielle est la somme de :
→ la solution particulière (constante si le second membre est constant), qui décrit le régime établi ;
→ la solution de l'équation homogène (solution de l'équation sans second membre).
Les constantes à déterminer (une pour un système d'ordre 1, 2 pour un système d'ordre 2) sont obtenues en traduisant la continuité de la tension aux bornes du condensateur ou la continuité du courant dans une bobine.

⇨ **Exercice 20.3**

Étudions la réponse à un échelon de tension E_0 du circuit (1). Le condensateur était préalablement déchargé. L'équation différentielle déterminée en méthode 20.3 est :
$(n+1)s(t) + (2n+1)RC\dfrac{\mathrm{d}s(t)}{\mathrm{d}t} = nE_0$. La solution particulière est $s_P = \dfrac{n}{n+1}E_0$ et la solution de l'équation homogène est $s_H = A\exp(-t/\tau)$ avec $\tau = \dfrac{2n+1}{n+1}RC$. La solution générale est donc $s(t) = \dfrac{n}{n+1}E_0 + A\exp(-t/\tau)$. La constante A est déterminée avec la condition de continuité de la tension aux bornes du condensateur. Celui-ci étant au préalable déchargé, la tension reste nulle à $t = 0^+$, ce qui donne : $s(\mathrm{t} = 0^+) = \dfrac{n}{n+1}E_0 + A = 0$ soit $A = -\dfrac{n}{n+1}E_0$.

Finalement : $\boxed{s(\mathrm{t}) = \dfrac{n}{n+1}E_0\left(1 - \exp(-t/\tau)\right)}$ pour $t > 0$.

■■ Vrai/Faux

	Vrai	Faux
1. Nous obtenons un signal en sortie du système LCI $s(t)$ jugé trop faible. Suffit-il d'augmenter $e(t)$ d'un facteur 10 pour avoir un signal $s(t)$ 10 fois plus important ?	☐	☐
2. En sortie de l'alternateur d'une éolienne, la tension produite est sinusoïdale de 600 V et 200 Hz. Il est possible de concevoir un convertisseur linéaire pour ensuite injecter la tension sur le réseau électrique à 230 V et 50 Hz.	☐	☐
3. Un signal sinusoïdal en entrée $e(t)$ d'un système linéaire donne nécessairement un signal sinusoïdal de même fréquence en sortie, mais d'amplitude différente et déphasé.	☐	☐
4. Un signal carré en entrée $e(t)$ d'un système linéaire donne nécessairement un signal carré en sortie de même période, mais d'amplitude différente et déphasé.	☐	☐
5. Il y a exactement les mêmes raies dans le spectre du signal de sortie que dans le spectre du signal d'entrée.	☐	☐
6. Pour obtenir la hauteur des raies ω_i du spectre en amplitude du signal de sortie, il suffit de connaître celles du signal d'entrée et de multiplier, pour chacune, leur hauteur respective par $\left\|\underline{H}(\omega=\omega_i)\right\|$.	☐	☐
7. Soit un filtre de fonction de transfert $\underline{H}(j\omega)$. Un signal $e(t)=E\cos(\omega_0 t)$ placé à son entrée donne en sortie une réponse $s(t)=\underline{H}(j\omega_0)E\cos(\omega_0 t)$.	☐	☐
8. Un filtre intégrateur a une fonction de transfert de la forme $H(p)=\dfrac{H_0}{p}$.	☐	☐
9. Pour pouvoir transposer une fonction de transfert du domaine fréquentiel au domaine temporel, il faut obligatoirement utiliser des signaux sinusoïdaux.	☐	☐
10. Connaître le spectre en amplitude suffit pour reconstruire le signal temporel périodique.	☐	☐

Énoncé des exercices

Exercice 20.1. Spectre et forme du signal - Problème ouvert

Un expérimentateur a effectué le spectre de ces 5 signaux de période 1 ms, donc de fondamental $f_0 = 1$ kHz. Particulièrement mal organisé, il les a mélangés. Pouvez-vous l'aider à retrouver la correspondance entre signaux et spectres ? Vos choix seront bien sûr argumentés !

Signaux (échelle des temps en ms)

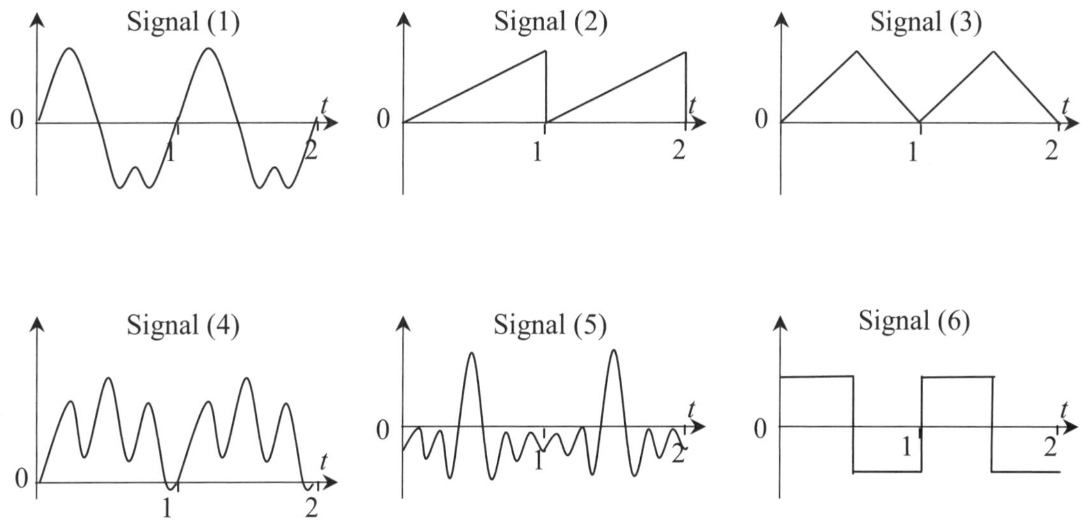

Spectres ($x = f / f_0$ avec $f_0 = 1$ kHz)

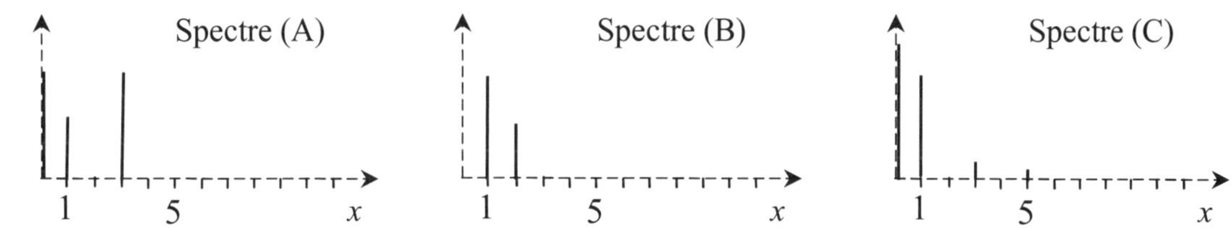

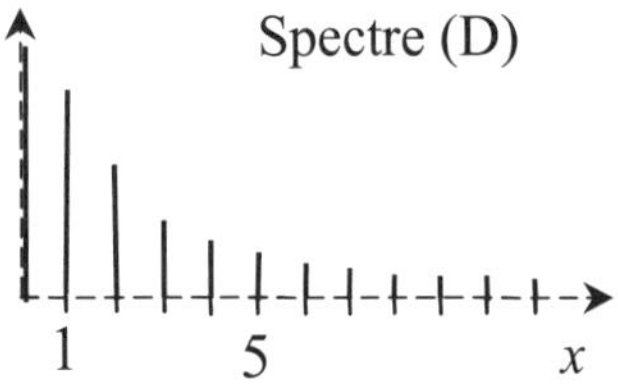

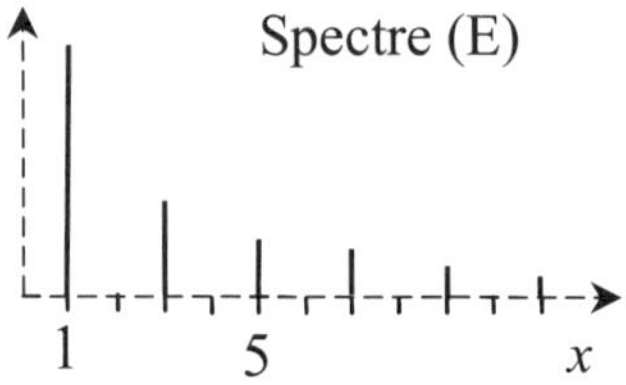

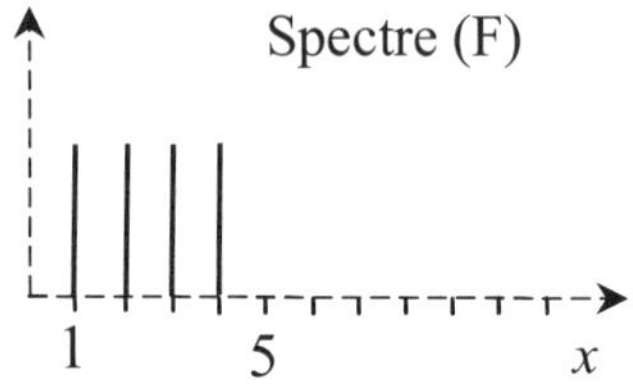

❑ Exercice 20.2. Linéarité et caractéristique d'un filtre

On envoie en entrée de différents filtres le signal $e(t)$ dont le spectre en amplitude est représenté en figure ci-contre. On note $x = f / f_0$ avec $f_0 = 1$ kHz.

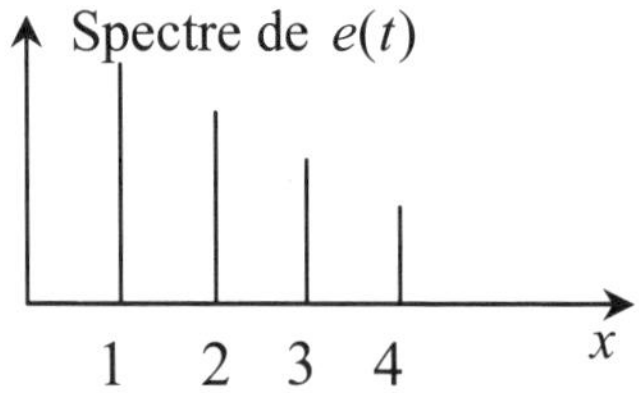

On obtient en sortie des filtres (1), (2) et (3) un signal $s(t)$ dont les spectres en amplitude sont donnés en figure ci-dessous.

1. Quel est (ou quels sont) le(s) filtre(s) non linéaire(s) ?

2. Caractérisez les filtres linéaires, et donnez un ordre de grandeur de leurs fréquences de coupure.

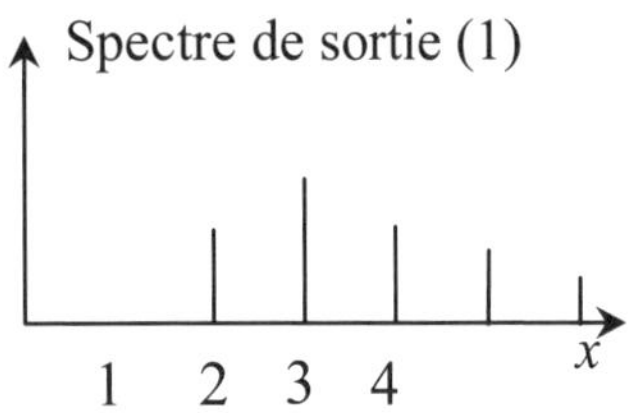

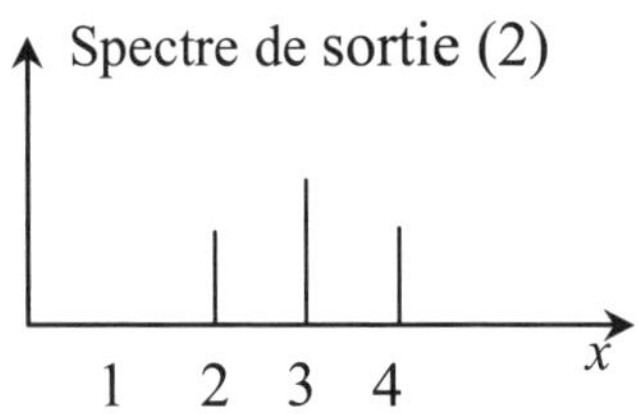

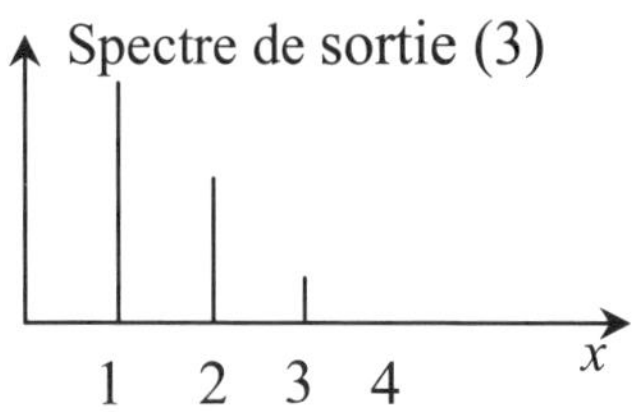

D'après oraux Banque PT, et CAPES sciences physiques

❑ Exercice 20.3. Étude d'un filtre

Considérons le circuit ci-contre, composé d'un condensateur de capacité $C = 10$ nF et de deux résistances $R_1 = 10$ kΩ et $R_2 = 90$ kΩ.

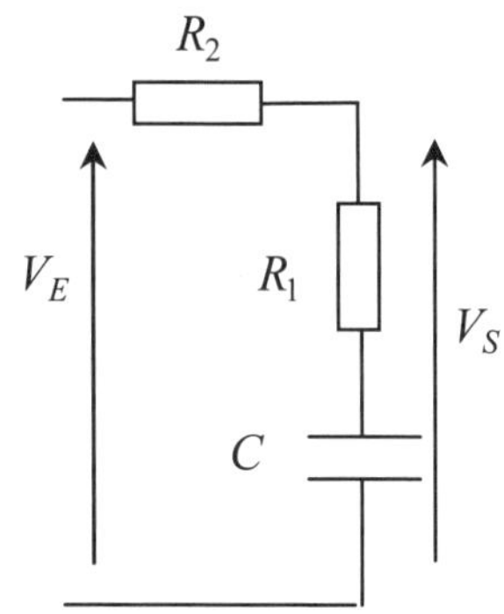

1. Déterminer le rapport d'amplitude $|\underline{V}_S / \underline{V}_E|$ à basse fréquence et haute fréquence en raisonnant directement sur le schéma.

2. Déterminer $\underline{H} = \dfrac{\underline{V}_S}{\underline{V}_E}$ sous la forme $\underline{H}(j\omega) = H_0 \dfrac{1 + j\omega\tau_1}{1 + j\omega\tau_2}$.

3. Donner le diagramme de Bode asymptotique en amplitude à partir des deux fonctions de transfert du 1er ordre.

4. Déterminer la pulsation de coupure à -3 dB.

5. Donner l'équation différentielle de $V_S(t)$ en fonction de $V_E(t)$.

6. On place un signal d'entrée $V_E(t) = A\cos^2(\omega t)$ avec $A = 1$ V et $\omega = 5.10^4$ rad/s. Déterminer le signal de sortie.

7. On place maintenant en entrée un échelon de tension unitaire à $t=0$: $V_E(t>0)=A$. On précise que toutes les tensions était nulles avant $t=0$, et que le condensateur était déchargé. Déterminer le signal de sortie. Tracez l'allure de $V_S(t)$.

D'après oraux Banque PT

❑ Exercice 20.4. Action d'un filtre d'ordre 2 sur divers signaux

On considère un quadripôle électronique linéaire ayant la fonction de transfert suivante :

$$\underline{H}=\frac{j\dfrac{x}{Q}}{1-x^2+j\dfrac{x}{Q}} \qquad \text{où} \qquad x=\frac{\omega}{\omega_0}.$$

1. Quelle est la nature du filtre ?

2. Tracer le diagramme de Bode asymptotique pour $Q=10$.

3. Donner un exemple de circuit permettant d'obtenir ce filtre. Exprimer Q et ω_0 en fonction des valeurs des composants choisis.

4. Donner la réponse $s(t)$ en sortie pour un signal d'entrée $e(t)=E_0\cos^2\left(\dfrac{\omega_0}{2}t\right)$.

5. Donner l'allure de la réponse en sortie pour une entrée en créneau $+E_0/-E_0$ avec $\omega \gg \omega_0$ et Q petit.

6. Même question pour un créneau en entrée avec $\omega=\omega_0$ et $Q\gg 1$.

D'après oraux concours Centrale/Supélec

❑ Exercice 20.5. Filtrage d'un signal sonore

Pour analyser les composantes fréquentielles d'un signal sonore (analyse des phonèmes du langage par exemple), on utilise un transducteur (microphone) qui convertit le signal en une tension v_e, puis un filtre passe-bande qui extrait les composantes sinusoïdales de v_e de fréquences voisines d'une fréquence f_0 donnée. On note v_s la tension de sortie du filtre. Le filtre est un circuit linéaire dont la fonction de transfert s'écrit :

$$\underline{F}(j\omega)=\frac{\underline{v_s}}{\underline{v_e}}=\frac{F_0}{1+jQ\left(\dfrac{\omega}{\omega_0}-\dfrac{\omega_0}{\omega}\right)}.$$

On se propose de déterminer les caractéristiques F_0, Q et ω_0 du filtre à partir des oscillogrammes obtenus en régime périodique pour une tension d'entrée v_e rectangulaire pour deux valeurs de fréquences.

On rappelle la décomposition en série de Fourier de $v_e(t)$ dans le cas où $v_e(t)$ est périodique de période T avec pour $0\le t\le T/2$: $v_e(t)=V_0$ et pour $T/2\le t\le T$: $v_e(t)=0$

$$v_e(t)=V_0\left(\frac{1}{2}+\frac{2}{\pi}\sum_{k=0}^{\infty}\frac{1}{2k+1}\sin\left((2k+1)\omega_1 t\right)\right) \text{ avec } \omega_1=\frac{2\pi}{T}.$$

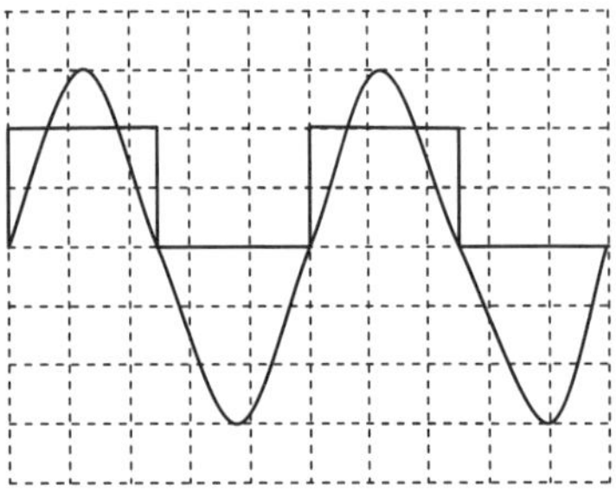

Première expérience

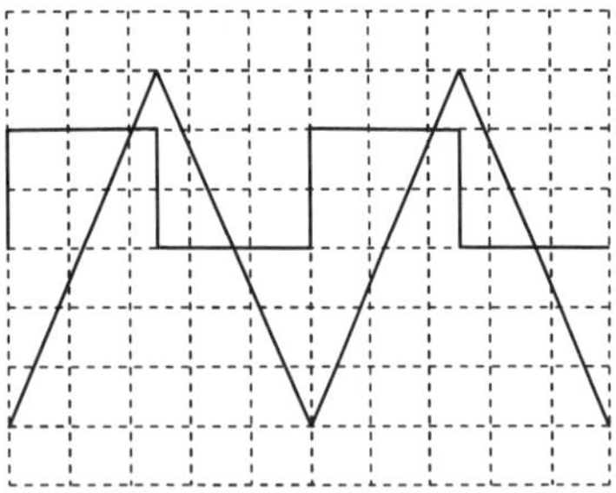

Deuxième expérience

Première expérience (oscillogramme ci-contre) :
→ voies 1 et 2 en position DC
→ base de temps : 50 μs par carreau
→ voie 1 (rectangle) : 0,5 V par carreau
→ voie 2 : 2 V par carreau

Dans cette expérience :
→ la tension v_s obtenue est quasi sinusoïdale ;
→ si on augmente la fréquence de v_e par rapport à la valeur correspondant à cet oscillogramme, on constate que l'amplitude de v_s diminue ;
→ si, par rapport à cette même fréquence, on diminue légèrement la fréquence de v_e, on constate que l'amplitude de v_s diminue également.

Deuxième expérience (oscillogramme ci-contre) :
→ voies 1 et 2 en position DC
→ base de temps : 5 μs par carreau
→ voie 1 (rectangle) : 2 V par carreau
→ voie 2 : 0,2 V par carreau

Dans ce qui suit, on ne demande pas de calculs d'incertitudes, mais les mesures devront être faites avec soin (tous les résultats devront être obtenus avec une incertitude relative inférieure à 10%).

1. Pourquoi, dans chaque expérience, la tension de sortie v_s ne comporte-t-elle pas de composante continue contrairement à la tension d'entrée v_e ?

2. Première expérience : pourquoi peut-on obtenir une tension de sortie v_s quasi sinusoïdale alors que la tension d'entrée est rectangulaire ?

3. Déduire de l'oscillogramme de la première expérience et du commentaire qui l'accompagne la pulsation ω_0 ainsi que la valeur de F_0.

4. Dans la deuxième expérience, v_s est triangulaire alors que v_e est rectangulaire. Le filtre a un comportement intégrateur.

a) Donner l'expression approchée de $\underline{F}(j\omega)$ dans le domaine de fréquence correspondant à la deuxième expérience.

b) En utilisant l'oscillogramme de la deuxième expérience, déterminer, en justifiant précisément la méthode utilisée, le rapport $F_0 \omega_0 / Q$ (on se souviendra – voir question 1. – que la composante continue de v_e n'est pas intégrée).

En déduire la valeur de Q.

D'après concours Commun Polytechnique

■ Pour vous aider à démarrer

Exercice 20.1. Commencer par distinguer les signaux ayant une composante continue.
Exercice 20.2. Un filtre linéaire ne fait pas apparaître de nouvelles fréquences.
Exercice 20.3. Question 1 : utiliser un pont diviseur de tension. Question 2 : si $\underline{H} = \underline{H}_1 \cdot \underline{H}_2$ alors $G_{\mathrm{dB}} = G_{\mathrm{dB1}} + G_{\mathrm{dB2}}$.
Exercice 20.4. Question 3 : *R, L* et *C* placés en série permettent de réaliser les principaux filtres d'ordre 2. Question 5 : chercher l'équivalent de $\underline{H}$ à hautes fréquences pour connaître son comportement.

Corrigé des vrai/faux

1.	2.	3.	4.	5.	6.	7.	8.	9.	10.
vrai	faux	vrai	faux	faux	vrai	faux	vrai	faux	faux

1. Oui…en théorie (!), car c'est la définition même d'un système linéaire. Mais il convient en pratique de se méfier des effets non linéaires apparaissant souvent à niveau plus élevé (distorsion de la source, saturation du signal dans certains composants,…).

2. Un convertisseur **linéaire** peut modifier la tension et l'abaisser de 600 V à 230 V, mais ne peut pas modifier la fréquence. On doit donc avoir recours à des éléments non linéaires. En pratique, la tension est redressée en tension continue, puis un onduleur la transforme en tension sinusoïdale de fréquence adaptée.

4. Bien que le signal carré en entrée puisse se décomposer en série de Fourier, chaque terme de la série de Fourier sera affecté différemment par le filtre linéaire : les termes de la série seront plus ou moins atténués, plus ou moins déphasés. La série de Fourier en sortie a donc toutes les chances de ne pas être celle d'un carré !

5. Il est vrai qu'un système linéaire ne peut pas faire apparaître de nouvelles raies, mais par contre il peut en faire disparaître.

7. Il ne faut pas mélanger écritures réelles et complexes !

10. Il faut avoir le spectre en amplitude ET en phase pour reconstruire le signal temporel périodique.

❑ Les erreurs classiques

→ Ne pas savoir distinguer un filtre linéaire d'un système non linéaire.

→ Ne pas savoir trouver rapidement (sans calculs) les caractéristiques d'un filtre.

→ Multiplier les inconnues dans le calcul de la fonction de transfert.

→ Mélanger les écritures réelles et complexes : il faut choisir entre domaine temporel (réels) et fréquentiel (complexes) !

→ Ne pas savoir résoudre une équation différentielle à coefficients constants avec second membre constant.

→ Vouloir systématiquement résoudre l'équation différentielle pour obtenir le signal de sortie. Si l'entrée $e(t)$ est périodique, il faut raisonner dans le domaine fréquentiel et utiliser les notations complexes !

Corrigé des exercices

Exercice 20.1

Tout d'abord, séparons les signaux de moyenne non nulle : (2), (3) et (4).
Ils ont une raie à $f = 0$ dans le spectre. Il s'agit de (A), (C) et (D).

Parmi les 3 signaux, (2) a les plus fortes pentes (discontinuités) : son spectre a donc des raies de rang élevé : c'est probablement (D).
Reste à départager (3) et (4). (4) est le plus déformé comparé à un sinus de période 1 ms (1 kHz). Son spectre contient donc des harmoniques avec des raies plus hautes comparé au fondamental : c'est (A).

⇨ *Méthode 20.1*

Les signaux de moyenne nulle sont (1), (5) et (6).
Ils n'ont pas de raie à $f = 0$ dans le spectre. Il s'agit de (B), (E) et (F).

Parmi les 3 signaux, (6) a les plus fortes pentes (discontinuités) : son spectre a donc des raies de rang élevé : c'est (E).
Reste à départager (1) et (5). Le signal (1) ressemble beaucoup plus a un sinus de 1kHz. (B) a des raies moins hautes que (F) pour les harmoniques supérieures : (1) va avec (B). (5) est très déformé par rapport au sinus de 1 kHz donc contient des harmoniques supérieures d'amplitude importante (mais pas de rang élevé car pas de discontinuités) : c'est (F)

Ne pas confondre raies hautes et raies de rang élevé. Un signal avec discontinuités contient de nombreuses raies à n élevé, mais pas forcément hautes !

En conclusion, on a : (1)-(B), (2)-(D), (3)-(C), (4)-(A), (5)-(F) et (6)-(E).

Exercice 20.2

1. Le sinus est une fonction isomorphe des filtres linéaires. Cela signifie qu'un filtre linéaire ne peut pas faire apparaître de nouvelles fréquences dans le spectre.
Le filtre (1) comporte 2 raies supplémentaires à 5 et 6 kHz. Il est donc non linéaire.
Par contre, les filtres (2) et (3) semblent linéaires.

Un filtre linéaire ne peut pas faire apparaître de nouvelles raies, mais à l'inverse, il peut en faire disparaître : c'est le principe du filtrage.

2. Le filtre (2) supprime la raie 1, atténue un peu la raie 2, et garde inchangées les raies 3 et 4. Il s'agit d'un passe-haut dont la fréquence de coupure est voisine de 2 kHz. Il pourrait aussi s'agir d'un passe-bande dont la bande passante est $\left[2\,\text{kHz} - f_{\text{coup2}}\right]$ avec $f_{\text{coup2}} > 4$ kHz.

Le filtre (3) garde intactes les raies 1 et 2, atténue la raie 3, et supprime la raie 4. C'est un filtre passe-bas de fréquence de coupure voisine de 3 kHz.

⇨ *Méthode 20.6*

Corrigé

Exercice 20.3

1. → À basse fréquence, le condensateur se comporte comme un interrupteur ouvert. Le courant ne peut donc pas circuler, donc la tension aux bornes de R_2 est nulle, soit $V_E = V_S$.
$|\underline{H}|_{BF} = 1$ soit $G_{dB\,BF} = 0$.

→ À haute fréquence, le condensateur se comporte comme un fil. Un pont diviseur de tension entre R_1 et R_2 donne , soit $V_S = R_1 / (R_1 + R_2) V_E$.
$|\underline{H}|_{HF} = 1/10$ soit $G_{dB\,HF} = -20$.

➪ *Méthode 20.4*

2. Un pont diviseur de tension donne $\dfrac{\underline{V}_S}{\underline{V}_E} = \dfrac{\underline{Z}_C + R_1}{\underline{Z}_C + R_1 + R_2} = \dfrac{1/jC\omega + R_1}{1/jC\omega + R_1 + R_2}$.

Après multiplication du numérateur et du dénominateur par $jC\omega$, il vient :

$$\boxed{\underline{H} = \frac{1 + jR_1C\omega}{1 + j(R_1 + R_2)C\omega} = H_0 \frac{1 + j\omega\tau_1}{1 + j\omega\tau_2}}$$

avec $H_0 = 1$, $\tau_1 = R_1C = 10^{-4}\,\text{s}$ et $\tau_2 = (R_1 + R_2)C = 10^{-3}\,\text{s}$.

➪ *Méthode 20.2*

3. La fonction de transfert s'écrit $\underline{H} = \underline{H}_1 \cdot \underline{H}_2$ avec

$\underline{H}_1 = 1 + j\omega\tau_1$ et $\underline{H}_2 = \dfrac{1}{1 + j\omega\tau_2}$.

→ $\underline{H}_2$ correspond à un filtre passe-bas classique du 1er ordre de pulsation de coupure :
$\omega_{c2} = 1/\tau_2 = 10^3$ rad/s.

→ $\underline{H}'_1 = 1/\underline{H}_1$ correspond également à un filtre passe-bas du 1er ordre de pulsation de coupure :
$\omega_{c1} = 1/\tau_1 = 10^4$ rad/s.

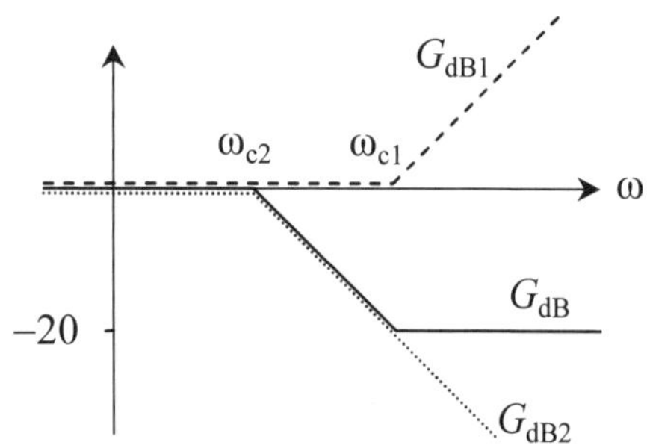

Or $G_{dB} = 20\log|\underline{H}| = 20\log|(1/\underline{H}'_1)\cdot \underline{H}_2| = 20\log|\underline{H}_2| - 20\log|\underline{H}'_1| = G_{dB2} - G'_{dB1}$.

Il suffit de tracer les diagrammes de Bode des filtres G_{dB1} (avec $G_{dB1} = -G'_{dB1}$) et G_{dB2} et de les additionner.

4. La pulsation de coupure à -3dB est donnée par $|\underline{H}_c| = |\underline{H}|_{max} / \sqrt{2}$. Ici $|\underline{H}|_{max} = 1$ correspond au gain statique. $|\underline{H}_c| = 1/\sqrt{2}$ donne $\dfrac{1 + \omega_c^2\tau_1^2}{1 + \omega_c^2\tau_2^2} = \dfrac{1}{2}$ en mettant l'égalité au carré, soit : $2 + 2\omega_c^2\tau_1^2 = 1 + \omega_c^2\tau_2^2$ et donc $(\tau_2^2 - 2\tau_1^2)\omega_c^2 = 1$, qui n'existe que si $\tau_2 > \tau_1$, ce qui est vérifié ici. Dans ce cas : $\boxed{\omega_c = \dfrac{1}{\sqrt{\tau_2^2 - 2\tau_1^2}} = 1{,}01.10^3 \text{ rad/s}}$.

Cette pulsation de coupure correspond quasiment à celle du filtre passe-bas $\underline{H}_2$.

5. La fonction de transfert déterminée à la question 1. s'écrit en notation de Laplace : $H=\frac{V_S}{V_E}=\frac{1+\tau_1 p}{1+\tau_2 p}$ soit $[1+\tau_2 p]V_S=[1+\tau_1 p]V_E$. La transposition dans le domaine temporel donne : $\boxed{\tau_2 \frac{\mathrm{d}}{\mathrm{d}t}V_S(t)+V_S(t)=\tau_1 \frac{\mathrm{d}}{\mathrm{d}t}V_E(t)+V_E(t)}$.

⇨ *Méthode 20.3*

✎ *Il est possible également de déterminer l'équation différentielle à partir de la loi des mailles, sans partir de* H*. Toutefois, il est généralement plus rapide de transposer la fonction de transfert, surtout quand elle a été déjà calculée dans la question précédente !*

6. Le signal d'entrée est périodique. Nous recherchons donc le signal de sortie en régime établi, à partir de la fonction de transfert.

⇨ *Méthode 20.6*

💣 *Il serait vain de vouloir partir de l'équation différentielle pour rechercher la solution* $V_S(t)$ *! En effet, seule la solution particulière est recherchée (régime établi). Or le second membre est variable donc la solution particulière est difficile à trouver sur l'équation différentielle !*

Commençons par décomposer en série de Fourier le signal d'entrée $e(t)$ ce qui se fait simplement en linéarisant le carré du cosinus : $e(t)=A\cos^2(\omega t)=\mathrm{A}/2+\mathrm{A}/2\cos(2\omega t)$.
La série de Fourier contient donc 2 termes :
→ A/2 est la composante continue, correspondant à $\omega=0$. Or $|\underline{H}(\omega=0)|=1$, donc la composante continue du signal de sortie est $A/2\cdot 1=A/2$.
→ $\mathrm{A}/2\cos(2\omega t)$ est une composante alternative de pulsation $\omega'=2\omega=10^5\,\mathrm{rad/s}$. $|\underline{H}(\omega')|=\frac{\sqrt{1+\omega'^2\tau_1^2}}{\sqrt{1+\omega'^2\tau_2^2}}=0{,}10$ et $\mathrm{Arg}(\underline{H})=\arctan(\omega'\tau_1)-\arctan(\omega'\tau_2)=-0{,}09\,\mathrm{rad}$. La composante alternative du signal est donc $0{,}1\cdot\mathrm{A}/2\cos(2\omega t+0{,}09)$.

Le signal de sortie est la somme de ces composantes : $\boxed{V_S(t)=\frac{A}{2}+\frac{A}{20}\cos(2\omega t-0{,}09)}$.

7. Partons de l'équation différentielle obtenue dans la question 4. Pour $t>0$, $V_E(t)=A$ constante donc l'équation différentielle se simplifie : $\tau_2\frac{\mathrm{d}}{\mathrm{d}t}V_S(t)+V_S(t)=A$.

⇨ *Méthode 20.7*

La solution particulière est $V_{S\mathrm{p}}=A$ et la solution de l'équation homogène est $V_{S\mathrm{h}}=\alpha\exp(-t/\tau_2)$. La solution générale est donc $V_S=A+\alpha\exp(-t/\tau_2)$ avec α une constante à déterminer à l'aide de la condition initiale.

✎ *Pour un système d'ordre 1, il y a 1 constante à déterminer, et 1 condition initiale ; pour un système d'ordre 2 , il y aurait 2 constantes à déterminer à l'aide de 2 conditions initiales.*

La condition initiale est donnée par la continuité de la tension aux bornes du condensateur, soit $U_C(t=0^+)=0$. Or $V_E(t=0^+)=A$, qui se partage donc entre R_1 et R_2 selon un pont diviseur de tension : $V_S(0^+)=U_C(0^+)+U_{R_1}(0^+)=0+R_1/\left(R_1+R_2\right)A$. Cette condition appliquée à la solution générale donne $A+\alpha=R_1/\left(R_1+R_2\right)A$ soit $\alpha=-AR_2/(R_1+R_2)$.

Finalement : $\boxed{V_S(t)=A\left(1-\dfrac{R_2}{R_1+R_2}\exp\left(-t/\tau_2\right)\right)}$.

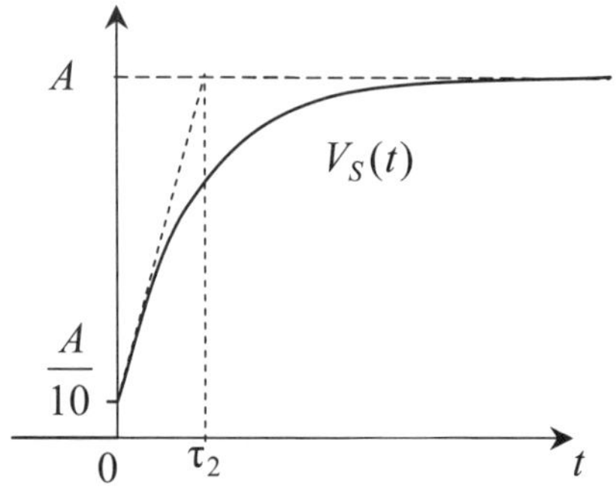

Ne pas conclure hâtivement que la tension $V_S(t)$ est continue donc nulle à $t=0^+$ à cause de la présence du condensateur : le condensateur impose la continuité de la tension à ses bornes uniquement !

Le régime établi est la solution particulière. Comme la tension d'entrée est constante, donc statique, la tension du régime établi est donnée par $A\cdot\left|H\left(\omega=0\right)\right|=A$.

Exercice 20.4

1. Le filtre est un passe-bande, car il n'y a pas de terme de degré 0 ni de degré 2 dans le polynôme du numérateur.

⇨ *Méthode 20.5*

$$\underline{H}=\frac{j\dfrac{x}{Q}}{1+j\dfrac{x}{Q}-x^2}$$

Ce résultat se retrouve sur les équivalents basse et haute fréquence :

→ à BF, $\underline{H}\sim\dfrac{jx/Q}{1}=j\dfrac{x}{Q}$ et $\left|\underline{H}\right|\xrightarrow{x\to 0}0$

→ à HF, $\underline{H}\sim\dfrac{jx/Q}{-x^2}=-j\dfrac{1}{Qx}$ et $\left|\underline{H}\right|\xrightarrow{x\to\infty}0$.

2. À partir des équivalents sont déduites les asymptotes des diagrammes de Bode :

	Équivalent	$G_{\text{dB}}=20\log\left|\underline{H}\right|$	$\varphi=\arg\left(\underline{H}\right)$
BF	$\underline{H}\sim j\dfrac{x}{Q}$	$G_{\text{dB BF}}=20\log x-20\log Q$	$\varphi=\dfrac{\pi}{2}$
HF	$\underline{H}\sim -j\dfrac{1}{Qx}$	$G_{\text{dB HF}}=-20\log x-20\log Q$	$\varphi=-\dfrac{\pi}{2}$

Il est beaucoup plus simple d'écrire d'abord les équivalents de $\underline{H}$, puis ensuite d'en déduire les asymptotes, plutôt que de commencer par exprimer le gain et la phase sur $\underline{H}$ puis d'essayer de les simplifier ensuite.

Remarquons que $\underline{H}\left(x=1\right)=1$ (indépendant de Q) donc la courbe réelle (en pointillés sur le diagramme) passe par $G_{\text{dB}}\left(x=1\right)=0$ et $\varphi\left(x=1\right)=0$.

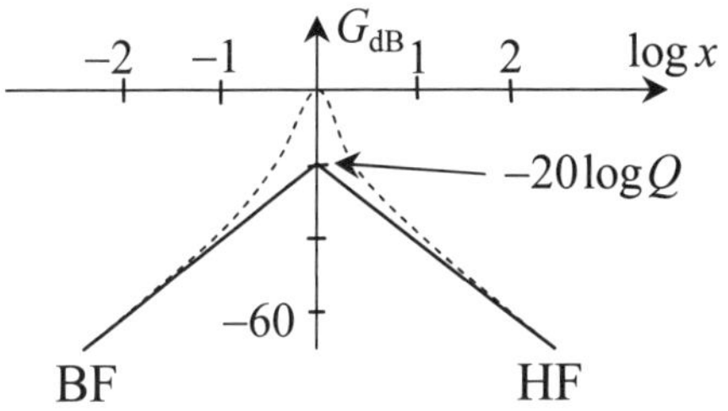

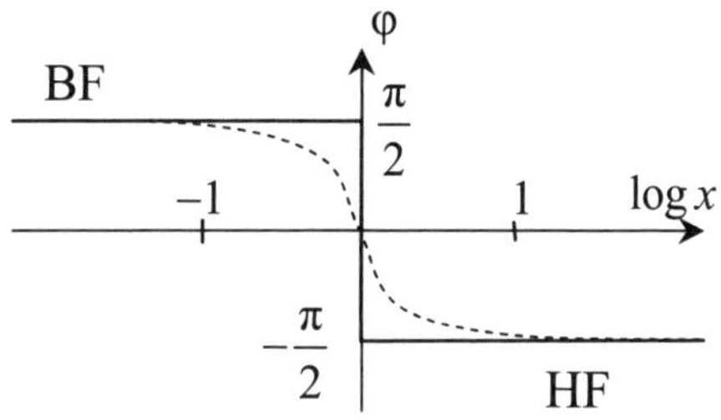

3. Un circuit $R\ L\ C$ permet la réalisation d'un passe-bande : la tension de sortie s est prise aux bornes de R.

⇨ *Méthode 20.2*

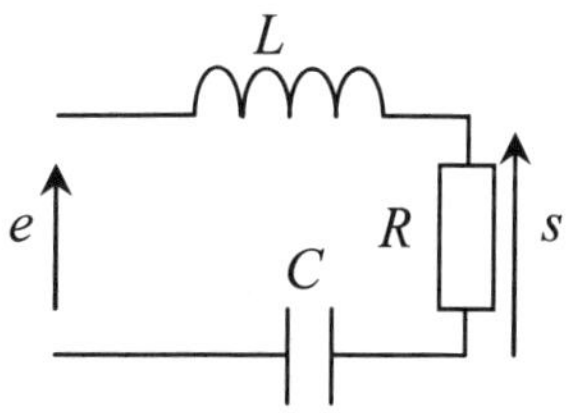

Appliquons un pont diviseur de tension aux bornes de R :

$$\underline{H} = \frac{\underline{s}}{\underline{e}} = \frac{R}{R + jL\omega + 1/jC\omega} = \frac{jRC\omega}{1 + jRC\omega - LC\omega^2}.$$

En identifiant avec la forme de la fonction de transfert proposée,

il vient : $\dfrac{1}{\omega_0 Q} = RC$ et $\dfrac{1}{\omega_0^2} = LC$ soit : $\omega_0 = \dfrac{1}{\sqrt{LC}}$ et $Q = \dfrac{1}{RC\omega_0} = \dfrac{1}{R}\sqrt{\dfrac{L}{C}}$.

4. Le signal d'entrée est périodique. Commençons par le décomposer en série de Fourier, ce qui s'obtient simplement en linéarisant le carré : $e(t) = E_0 \cos^2\left(\dfrac{\omega_0}{2}t\right) = \dfrac{E_0}{2}\left(1 + \cos(\omega_0 t)\right)$.

⇨ *Méthode 20.6*

→ Le premier terme de la série est la composante continue $E_0/2$. Elle est multipliée en sortie par $\left|\underline{H}(x=0)\right|$. Or $\left|\underline{H}(x=0)\right| = 0$: il n'y a donc plus de composante continue en sortie.

→ le terme suivant de la série est $(E_0/2)\cos(\omega_0 t)$. La pulsation $\omega = \omega_0$ correspond à $x = 1$. Or nous avons vu à la question 2. que $\left|\underline{H}(x=1)\right| = 1$ et $\varphi(x=1) = 0$. Cette composante de la série a son amplitude conservée et n'est pas déphasée.

Le signal de sortie est donc $s(t) = (E_0/2)\cos(\omega_0 t)$.

5. À haute fréquence $\omega \gg \omega_0$, on a $\underline{H} \sim -j\dfrac{1}{Qx} = \dfrac{1}{p}\dfrac{\omega_0}{Q}$. La fonction de transfert est en $1/p$: c'est un intégrateur. L'intégration d'un signal créneau $+E_0/-E_0$ donne un signal triangulaire. La condition Q petit est nécessaire pour ne pas avoir un signal trop faible en amplitude en sortie, ce qui pourrait se produire car $x \gg 1$.

6. Il faudrait théoriquement décomposer le signal en série de Fourier et calculer la sortie correspondant à chaque terme. Le signal créneau étant périodique, les pulsations des termes de la série sont des multiples entiers de ω_0. Or l'énoncé spécifie que $Q \gg 1$, ce qui veut dire que le passe-bande est très sélectif et ne garde que les pulsations très proches de $x = 1$ soit dans notre cas uniquement $\omega = \omega_0$. Seule la pulsation fondamentale du créneau passe, donc le signal de sortie est quasi sinusoïdal.

⇨ *Méthode 20.1*

Exercice 20.5

1. Le filtre passe-bande ne laisse pas passer la composante continue : $\left|\underline{H}(\omega = 0)\right| = 0$.

2. Si le signal de sortie est quasi sinusoïdal, c'est que le filtre ne laisse passer qu'une seule composante du spectre du signal d'entrée. Or la période du sinus obtenu est la même que celui du carré : la seule composante conservée du carré est donc le fondamental.

3. La pulsation passante du passe-bande est ω_0, qui correspond à la pulsation du sinus de sortie de la première expérience. On mesure à l'oscilloscope 5 carreaux de $50\,\mu\text{s}$ soit $T_0 = 250\ \mu\text{s}$, ce qui donne $\boxed{\omega_0 = 2\pi / T_0 = 2{,}5.10^4\ \text{rad/s}}$.
La composante fondamentale du carré a une amplitude de $2\ V_0 / \pi$ d'après la décomposition en série de Fourier donnée par l'énoncé. L'amplitude de cette composante de pulsation ω_0 est multipliée par $\left|\underline{F}(j\omega = j\omega_0)\right| = F_0$ d'après l'expression de la fonction de transfert. L'amplitude du signal sinusoïdal de sortie est donc $(2V_0 / \pi) \cdot F_0$.

⇨ *Méthode 20.6*

La lecture des amplitudes des signaux de l'expérience 1 donne 2 carreaux pour V_0 soit $V_0 = 1$ V et 3 carreaux pour le sinus de sortie soit $(2V_0 / \pi) \cdot F_0 = 6$ V.

On en déduit : $\boxed{F_0 = \dfrac{6\pi}{2V_0} = 9{,}4}$. La bande passante est amplifiée.

4. a) Dans la deuxième expérience, la période a été divisée par 10 (voir base de temps) et donc les pulsations multipliées par 10. On peut considérer que $\omega \gg \omega_0$ et rechercher un équivalent de $\underline{F}$: $\boxed{\underline{F}(j\omega) \approx \dfrac{F_0}{jQ\omega/\omega_0} = \dfrac{1}{j\omega}\dfrac{F_0\omega_0}{Q}}$ ou (en notation de Laplace) $\boxed{\dfrac{v_s}{v_e} = \dfrac{1}{p}\dfrac{F_0\omega_0}{Q}}$ qui se comporte donc comme un intégrateur, ce que l'énoncé confirme.

b) La transposition de la fonction de transfert dans le domaine temporel donne $v_s(t) = \dfrac{F_0\omega_0}{Q}\displaystyle\int_0^t v'_e(t')\mathrm{d}t'$. v'_e est la fonction v_e dont on a enlevé la composante continue qui est filtrée (éliminée), donc $v'_e = V_0 / 2$ pendant la première demi-période. Il vient $v_s(t) = \dfrac{F_0\omega_0}{Q}\dfrac{V_0}{2}t + \text{cte}$ pour $0 \le t \le T/2$. La pente est $\dfrac{F_0\omega_0}{Q}\dfrac{V_0}{2}$ et se lit à l'oscilloscope : montée en tension de 6 carreaux ($1{,}2\,\text{V}$) en une durée de 2,5 carreaux ($12{,}5\ \mu\text{s}$), soit une pente de $1{,}2 / 12{,}5 = 0{,}096\,\text{V}/\mu\text{s}$. En conclusion $\boxed{Q = \dfrac{F_0\,\omega_0\,V_0}{2 \times \text{pente}} = 1{,}22}$.

Chapitre 21
Électronique numérique

UN SCIENTIFIQUE

Natif de Suède, **Harry Nyquist** (1889-1976) émigre aux États-Unis en 1907. Il obtient un doctorat en physique en 1917 à l'université de Yale. Il travaille alors dans un organisme de recherche fondé par Graham Bell, l'inventeur du téléphone. Il y effectue des recherches sur le bruit thermique. Ses travaux concernent la théorie de la communication, domaine dans lequel, il ouvre la voie à Claude Shannon dans son élaboration de la théorie de l'information.

Un peu d'histoire

L'électronique numérique est basée sur des schémas logiques étudiés en mathématiques dès le milieu du XIXe siècle par le logicien George Boole.

Pendant la Seconde Guerre mondiale les services secrets américains sollicitent Claude Shannon pour les éclairer sur des problèmes de cryptographie ; ceci l'amène à rédiger un article, publié en 1948, dans lequel il jette les bases de la théorie de l'information de manière très universelle. Il montre en particulier que tout message peut être transformé en unité binaire : c'est le début de l'ère du numérique.

Cependant, le véritable essor de l'électronique numérique démarre en 1957 lorsque *Texas Instrument* produit les premiers circuits intégrés. Depuis, leur miniaturisation a fait exploser les potentialités d'utilisation et l'abaissement des coûts a développé des applications diffusées dans un très large public.

■■ Objectifs

■ Ce qu'il faut connaître

▷ La différence entre un signal analogique et un signal numérique

▷ Ce qu'est un échantillonnage et une quantification

▷ La condition de Nyquist-Shannon

▷ Ce qu'est une analyse spectrale numérique

▷ Ce qu'est un filtre numérique

▷ Les différentes portes logiques (MPI)

▷ La différence entre un circuit astable, monostable et bistable (MPI)

▷ La bascule RS (MPI)

■ Ce qu'il faut savoir faire

▷ Savoir choisir les paramètres : durée, nombre d'échantillons et fréquence d'échantillonnage afin de respecter la condition de Nyquist-Sannon

▷ Savoir mettre en évidence et reconnaître un phénomène de repliement de spectre

▷ Concevoir et coder un filtre numérique en Python

▷ Déterminer la table de vérité d'une association de portes logiques ou d'interrupteurs commandés (MPI)

▷ Déterminer les états stables d'un circuit à rétroaction (MPI)

▷ Décrire le fonctionnement d'une bascule RS (MPI)

▷ Tracer des chronogrammes

Résumé de cours

Les phénomènes réels varient manière **continue** : on parle de signal analogique.
La grandeur à traiter est d'abord convertie en signal électrique à l'aide d'un capteur (microphone, sonde, …), puis numérisée à l'aide d'un convertisseur analogique numérique (CAN). La numérisation consiste à coder le signal en **nombre limité de valeurs bien définies**. Le signal devient alors discret et codé sous forme de bits prenant la valeur 0 ou 1.

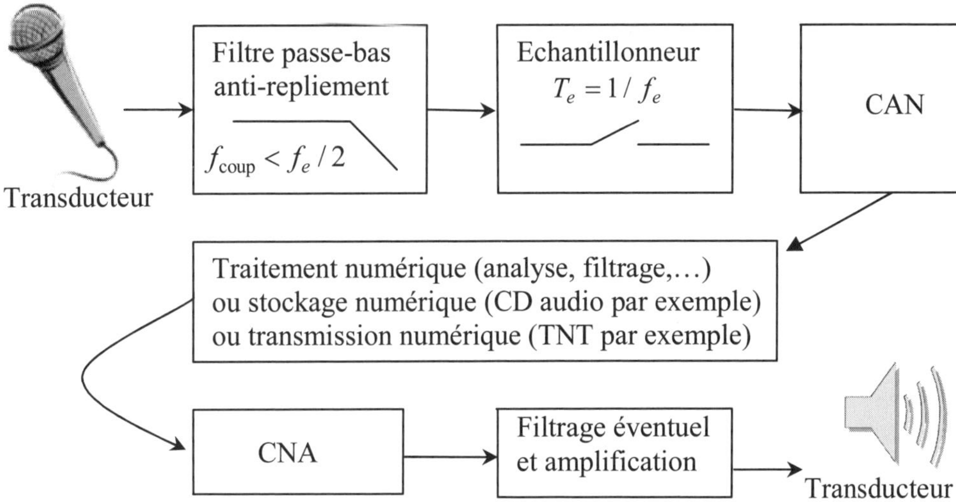

Enfin, une fois le traitement numérique effectué (voir partie suivante), une conversion numérique analogique (CNA) est effectuée après traitement pour restituer un signal analogique au transducteur.

❑ La conversion analogique/numérique (CAN et CNA)

La numérisation (CAN) nécessite un échantillonnage et une quantification.

L'échantillonnage consiste à prendre périodiquement une mesure du signal, à $t = nT_e$. T_e est la période d'échantillonnage (n entier). On note aussi $f_e = 1/T_e$ la fréquence d'échantillonnage. Cette opération est réalisée par un interrupteur commandé appelé échantillonneur.

La quantification affecte une valeur numérique approchée à chaque échantillon prélevé, parmi un nombre limité de valeurs possibles, puis cette valeur est convertie en binaire.

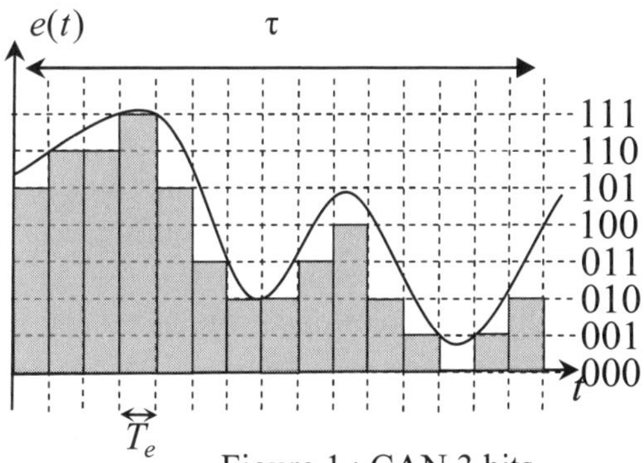

Figure 1 : CAN 3 bits

De plus, l'acquisition ne peut se faire que sur une durée τ limitée, que l'on appelle durée d'acquisition (ou fenêtre d'analyse). En notant N le nombre d'échantillons prélevés, on a $\boxed{\tau = N\,T_e}$.

Dans l'exemple ci-dessus, le signal analogique (courbe continue) est échantillonné avec une période T_e, avec 15 échantillons, et quantifié sur 3 bits, soit $2^3 = 8$ niveaux de quantification.

À l'inverse, après traitement ou stockage numérique, le signal numérique est reconverti en analogique par un CNA.

❑ Analyse spectrale et condition de Nyquist-Shannon

La tension étant maintenant enregistrée sous forme de suite de valeurs numériques, un calcul numérique permet d'obtenir le spectre. Les logiciels utilisent souvent un algorithme appelé FFT (« Fast Fourier Transform »).

⇨ **Méthode 21.2. Transformée de Fourier discrète en Python et limitation introduite par l'échantillonnage.**

Toutefois, ce traitement n'est pas sans défauts, dont les 2 principaux sont les suivants.
Prenons l'exemple de l'acquisition du signal $e(t) = A\cos(2\pi f\,t)$.

Une durée d'acquisition τ non adaptée a pour effet d'élargir les raies du spectre, voire de faire apparaître dans le spectre des raies parasites tous les $f_P = 1/\tau$ de chaque côté de f. Pour remédier ou atténuer ce problème, on peut soit prendre une fenêtre qui contient un nombre entier de périodes de $e(t)$ (c'est l'idéal, mais pas toujours possible), soit choisir une durée d'acquisition assez grande devant la période de $e(t)$.

Par ailleurs, la fréquence d'échantillonnage f_e introduit une discrétisation dans le domaine temporel, qui se traduit par une périodicité f_e dans le domaine fréquentiel.

A cette périodicité du spectre s'ajoute **un repliement de spectre** : tout signal de fréquence f_0 échantillonné à la fréquence f_e fait aussi apparaître une raie à la fréquence $(f_e - f_0)$. Cela s'observe facilement lorsque l'on filme une roue, qui semble parfois tourner à l'envers (effet stroboscopique).

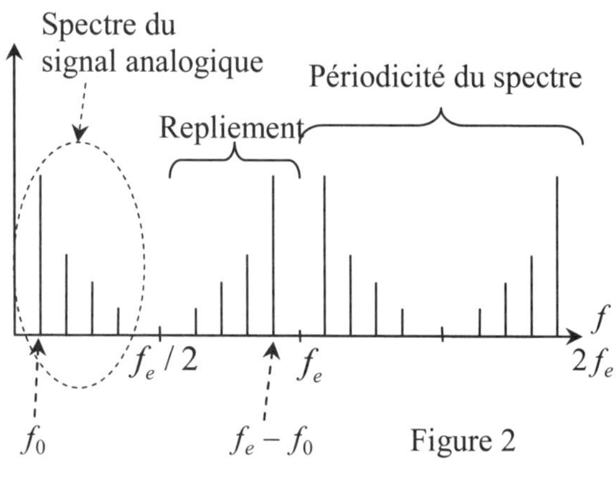

Figure 2

Si le signal comporte une fréquence supérieure à $f_e/2$, celui-ci fait apparaître une fréquence égale à $f_0 - f_e$ qui est inférieure à $f_e/2$. On ne peut alors plus distinguer les fréquences réelles du signal des répliques apparues par repliement de spectre !

Dans l'exemple figure 3, un signal de fréquence $f_0 = 1\text{ kHz}$ a été échantillonné à $f_e = 1{,}05\text{ kHz}$ (carrés noirs) : les carrés semblent parcourir un sinus de basse fréquence ($f_e - f_0 = 1050 - 1000 = 50\,\text{Hz}$).

Afin de respecter la condition de Nyquist-Shannon, on cherche donc à augmenter la fréquence d'échantillonnage, de sorte à avoir **2 points minimum par période** de la plus haute fréquence du signal traité. Toutefois, si ce signal contient beaucoup d'harmoniques (créneau par exemple), le critère de Shannon peut ne pas être respecté pour les harmoniques élevées. Il est alors nécessaire de placer un filtre passe-bas anti-repliement en amont de l'échantillonneur pour supprimer les fréquences supérieures à $f_e/2$. Il y a alors perte des informations contenues dans ces fréquences filtrées

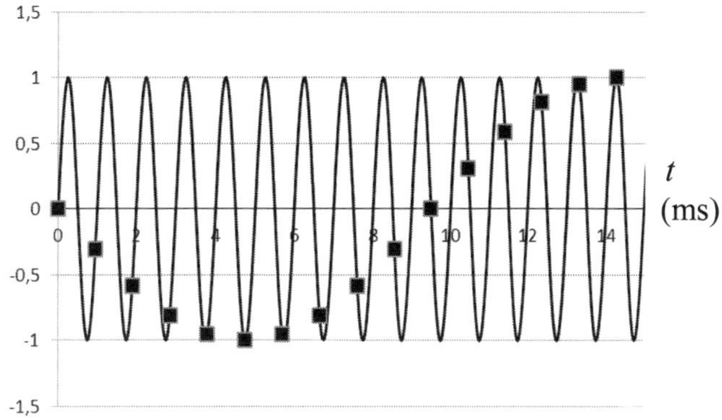

Figure 3

Il est donc indispensable de ne traiter que des signaux ne comportant pas de fréquences supérieures à $f_e/2$: c'est le théorème d'échantillonnage de Nyquist-Shannon.

⇨ **Méthode 21.1. Effectuer un compromis respectant le critère de Nyquist-Shannon**

❑ Filtrage numérique

Un filtrage numérique n'utilise pas de composants physiques tels que résistance, condensateur ou inductance, mais est effectué par des calculs à l'aide de circuit intégré, de processeur programmable ou d'un logiciel dans un ordinateur.

Ces opérations mathématiques peuvent être effectuées soit dans le domaine temporel directement sur les échantillons prélevés, ou encore dans le domaine fréquentiel, après avoir effectué une FFT.

Par exemple, pour réaliser un filtre passe-bas, on pourra, dans le domaine temporel, additionner un nombre n d'échantillons successifs et diviser par n, ce qui réalise une « moyenne glissante » (moyenne = passe-bas). Pour travailler dans le domaine fréquentiel, il est également possible d'effectuer la FFT du signal, puis multiplier les raies obtenues par une fonction de transfert H préalablement choisie (appelée transformée en z). Les coefficients de H peuvent alors être choisis (et modifiés ultérieurement si besoin) pour respecter tous les gabarits voulus. Néanmoins, comme nous l'avons vu sur la FFT, l'échantillonnage nécessaire au traitement numérique n'est pas sans conséquences.

⇨ **Méthode 21.2. Transformée de Fourier discrète en Python et limitation introduite par l'échantillonnage**

⇨ **Méthode 21.3. Filtre passe bas du premier ordre en Python**

■ Portes logiques (MPI)

La programmation informatique, le traitement numérique, utilisent des portes logiques, conçues à partir de transistors. Ces portes logiques permettent d'effectuer des calculs à partir d'une combinaison des bits d'entrées, ce qui est à la base du calcul numérique, et parfois aussi de stocker provisoirement de l'information. Un processeur contient près d'un milliard de transistors !

❑ Interrupteurs commandés par une tension

L'élément de base utilisé dans les circuits électroniques est le transistor **MOS** (Metal-Oxyde Semi-conducteur) composé de matériaux semi-conducteurs. Il contient 3 broches principales : la Source, la Grille (*Gate* en anglais) et le Drain. La Grille fait office de commande, et laisse passer ou non le courant de la Source vers le Drain.

Il y a 2 types de transistors MOS :

- le NMOS est OFF (bloqué) si sa grille est au niveau logique (0)
- le PMOS est ON (passant) si sa grille est au niveau logique (0)

Mettre la grille au niveau (1) change le mode bloqué en mode passant, et inversement.

Le **CMOS** (Complementary MOS) est aujourd'hui le plus répandu : il contient sur un même substrat de silicium les 2 transistors NMOS et CMOS de manière complémentaire.

NMOS	PMOS
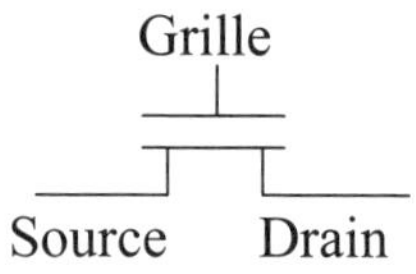	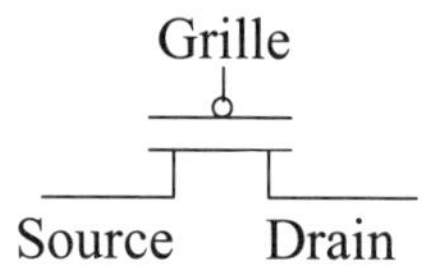
Grille = 0 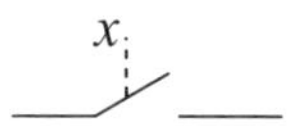 Interrupteur équivalent	Grille = 0 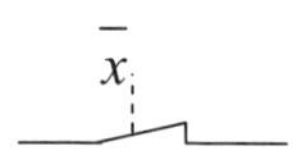 Interrupteur équivalent

❑ Portes logiques

En associant ces transistors NMOS et PMOS en série et/ou en parallèle, il est possible de réaliser les portes logiques NOT, AND, OR, NAND, NOR et XOR. Les x_i sont les entrées, et y la sortie.

Fonction	Table de vérité	Symbole international	Symbole AFNOR	Schéma électrique
NOT (Non) $y=\bar{x}$	x | y 0 | 1 1 | 0	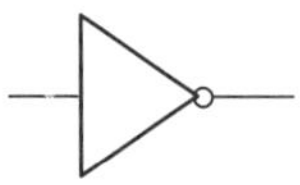	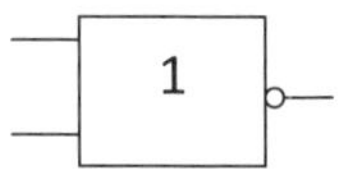	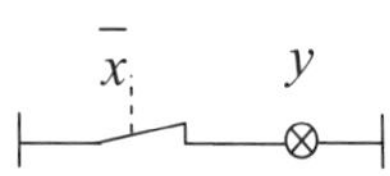
AND (et) $y=x_1\times x_2$	x_1 x_2 | y 0 0 | 0 0 1 | 0 1 0 | 0 1 1 | 1	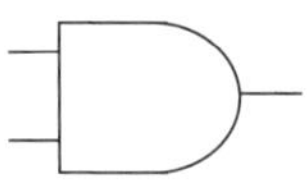	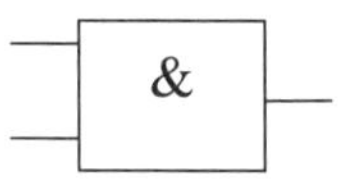	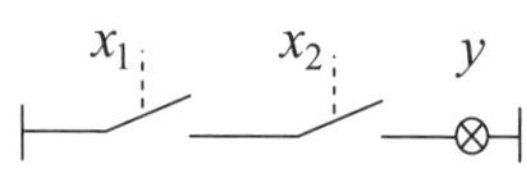

OR (Ou inclusif) $y = x_1 + x_2$	x_1 x_2 | y 0 0 | 0 0 1 | 1 1 0 | 1 1 1 | 1	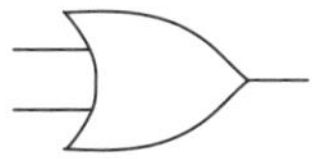	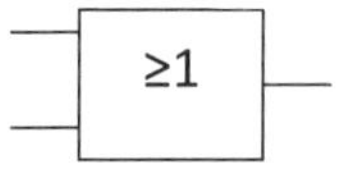	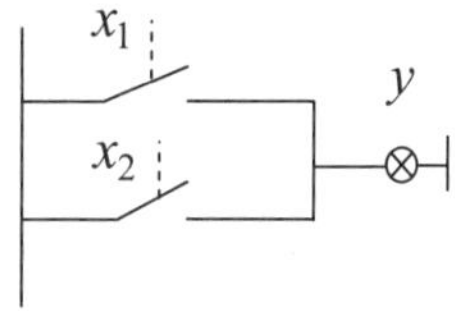
NAND (Non et) $y = \overline{x_1 \times x_2}$ $= \overline{x_1} + \overline{x_2}$	x_1 x_2 | y 0 0 | 1 0 1 | 1 1 0 | 1 1 1 | 0	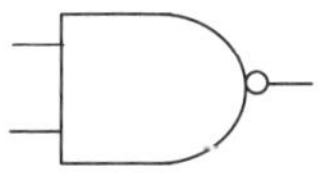	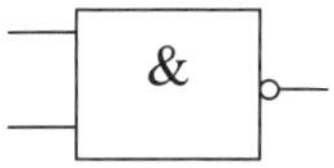	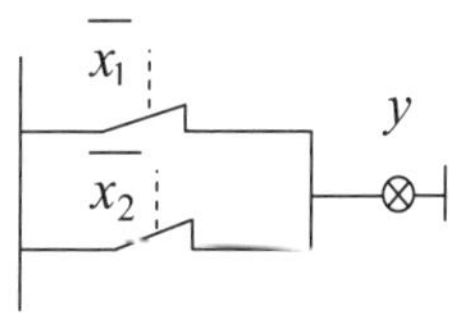
NOR (Non ou) $y = \overline{x_1 + x_2}$ $= \overline{x_1} \times \overline{x_2}$	x_1 x_2 | y 0 0 | 1 0 1 | 0 1 0 | 0 1 1 | 0	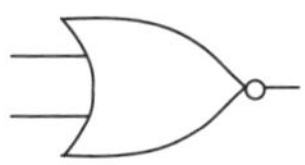	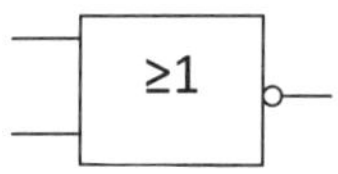	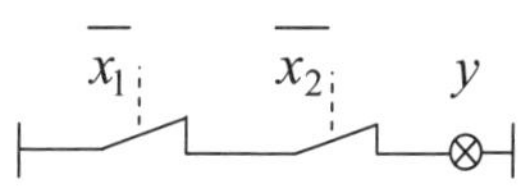
XOR (Ou exclusif) $y = x_1 \oplus x_2$ $= \overline{x_1} \times x_2 + x_1 \times \overline{x_2}$	x_1 x_2 | y 0 0 | 0 0 1 | 1 1 0 | 1 1 1 | 0	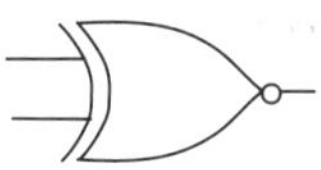	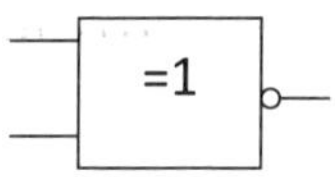	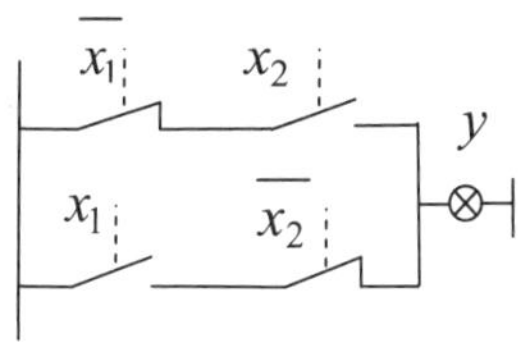

Une opération AND se traduit par une mise en série des interrupteurs ; un OR par une mise en parallèle ; un NOT par un interrupteur OFF si la commande = 0.
Le résultat est (1) si le courant peut passer dans la lampe ⊗, et (0) sinon.
Le principe d'association des interrupteurs est le même si le nombre d'entrées est supérieur à 2.

⇨ **Méthode 21.4. Représenter le schéma électrique équivalent**

■ Logique séquentielle et stabilité (MPI)

Les circuits logiques contiennent des associations de portes logiques, avec une ou plusieurs entrées et une ou plusieurs sorties.
On distingue 2 types de circuits logiques :
– les circuits combinatoires, dont la sortie dépend à l'instant t des entrées à l'instant t ; la sortie n'est jamais rebouclée sur les entrées (pas de rétroactions) ;
– les circuits séquentiels, dont la sortie dépend non seulement des entrées à l'instant t, mais aussi de son état antérieur. Ils ont donc une faculté mémoire, qui permet de retourner

l'information de la sortie vers l'entrée : ce sont des rétroactions. Les variables ainsi stockées dans la mémoire (dans une bascule RS par exemple) sont appelées variables internes. Les circuits séquentiels sont généralement synchrones, c'est-à-dire que l'état de la sortie ne peut changer qu'à des moments $t_N = N \times \tau$ imposés par une horloge interne.

⇨ **Méthode 21.6. Tracer un chronogramme pour comprendre le fonctionnement du circuit**

❑ États stables

L'état d'un système à t est défini par les valeurs prises par les variables d'entrées et internes à l'instant t.
Un état est dit stable, si **les sorties restent inchangées** dans le temps quand on ne modifie pas les variables d'entrées.
L'état transitoire (ou instable) est l'état intermédiaire entre 2 états stables.

⇨ **Méthode 21.5. Poser des hypothèses et effectuer la vérification de stabilité**

❑ Circuits astable, monostable et bistable

– Un circuit astable est un montage qui oscille alternativement entre deux états quasi-stables. Il n'a pas besoin de signal déclencheur pour basculer. Ce montage peut générer un signal créneau, pour réaliser des circuits d'horloge.
– Un circuit monostable change d'état brièvement durant une durée τ en réponse à chaque signal externe de déclenchement, mais revient toujours à son état d'origine, qui est son état vraiment stable.
– Un circuit bistable contient 2 états stables. Il reste toujours dans le même état, jusqu'à ce qu'un signal déclencheur extérieur l'oblige à changer d'état. Dans ce cas, il restera ensuite à son nouvel état, jusqu'à un autre signal externe déclencheur l'oblige à nouveau à basculer.

❑ Bascule RS

La bascule RS tient son nom des entrées utilisées :

R pour Reset (mise à 0) et S pour Set (mise à 1).

Son fonctionnement est le suivant :
→ Tant que R et S restent à 0, la sortie Q garde sa valeur antérieure (mémoire)
→ Si $R = 1$ (et $S = 0$) : la sortie Q est forcée à 0 (Reset)
→ Si $S = 1$ (et $R = 0$) : la sortie Q est forcée à 1 (Set)
→ $S = 1$ et $R = 1$ simultanément donne une sortie indéterminée.
Il est possible de concevoir une bascule RS en associant soit 2 portes NAND, soit 2 portes NOR avec rétroaction, ce qui permet d'obtenir Q en sortie, mais aussi $\overline{Q}$.

Symbole bascule RS

❑ Le chronogramme

Les portes logiques donnent un lien entre les sorties et les entrées de chacune d'entres elles. Partant d'un état initial donné, il est donc possible de prévoir de part en part, à chaque t_N successif, le nouvel état obtenu pour des entrées imposées. Le chronogramme est le tracé de ces états en fonction du temps. Le tracé du chronogramme présente l'avantage d'être généralement simple à effectuer et permet de comprendre le fonctionnement du circuit. Il devient par contre peu adapté à l'étude de circuits dont le nombre de variables est trop important.

⇨ **Méthode 21.6. Tracer un chronogramme pour comprendre le fonctionnement d'un circuit**

■■ Méthodes

■ Comment choisir les paramètres d'une acquisition numérique et visualiser le spectre ?

❑ Méthode 21.1. Effectuer un compromis respectant le critère de Nyquist-Shannon

Il y a 3 paramètres à choisir, liés entre eux : la durée d'échantillonnage T_e, le nombre de points d'acquisition N et la durée d'acquisition τ, les paramètres étant liés entre eux par la relation $\tau = N T_e$.

→ La durée d'échantillonnage doit respecter le critère de Shannon. Il faut avoir une estimation de la plus haute fréquence contenue dans le signal, la multiplier par 2, et prendre f_e supérieure à cette valeur. On a alors $T_e = 1 / f_e$.

→ La durée d'acquisition doit contenir au moins une période si le signal est périodique et que l'objectif est ensuite d'en faire une analyse spectrale. Par contre, si l'objectif est d'enregistrer un concert, la durée doit évidemment être au moins égale à la durée du concert !

→ L'idéal est donc de prendre une fréquence d'échantillonnage la plus grande possible pour être sûr de respecter le critère de Shannon, tout en ayant une durée d'acquisition assez longue… Ce qui peut faire « exploser » le nombre de données à acquérir, car $N = \tau \cdot f_e$! Les capacités des logiciels d'analyse sont limitées. Pour l'enregistrement du concert, le CD audio a également une capacité limitée. Pour la transmission d'un film en numérique (TNT ou internet), c'est le débit de la transmission qui est limité… C'est là que le compromis doit être fait.

⇨ **Exercice 21.1, 21.4. et 21.5.**

Problème ouvert

Un internaute souhaite écouter de la musique à distance en « streaming » (en temps réel). Il dispose d'un débit de 1 Mb/s (10^6 bytes/s). Étant amateur de Hifi (restitution haute fidélité avec un encodage sur 16 bits, sans compression, en stéréo donc sur 2 canaux, et comportant la totalité du spectre audible), il souhaite calculer si son débit est suffisant. Pouvez-vous l'aider ?

Le paramètre important pour une bonne restitution du spectre est le critère de Nyquist-Shannon. Pour garder la totalité du spectre audible qui monte jusqu'à $20\,\text{kHz}$, il faut une fréquence d'échantillonnage au moins double, soit $40\,\text{kHz}$. En réalité, le son Hifi est échantillonné à $44{,}1\,\text{kHz}$. Chaque mesure contient 16 bits, et la stéréo est composée de 2 sons. Chaque seconde, il faut donc envoyer $44\,100 \cdot 16 \cdot 2 = 1{,}41.10^6\ \text{bits}$ soit $1{,}41\ \text{Mb/s}$. Le débit de sa connexion est insuffisant, et il aura donc un son haché. À défaut, il pourra toujours télécharger sa musique avant de l'écouter, mais il lui faudra environ 1 h 30 de téléchargement pour 1 h de musique.

→ Il constate néanmoins qu'il peut téléphoner sans problème à l'aide de sa connexion internet. La fréquence d'échantillonnage est de $8\,\text{kHz}$ avec une quantification sur 8 bits sur 1 canal. Calculer le débit nécessaire correspondant. Que devient un son de $7\,\text{kHz}$ (donc audible) après échantillonnage ? Quelle solution proposez-vous ?

Le débit nécessaire est de $8\,000 \cdot 8 = 64$ Kb/s : son débit est donc très largement suffisant !

Par contre, avec $f_e = 8\,\text{kHz}$, seules les fréquences inférieures à $4\,\text{kHz}$ respectent le critère de Shannon. Le téléphone ne peut pas transmettre les fréquences supérieures à $4\,\text{kHz}$, ce qui n'est pas gênant pour le son de la voix.

Toutefois, il y a repliement du spectre : les fréquences f_i font apparaître des fréquences $f_e - f_i$ dans le spectre. Un son de fréquence $8 - 7 = 1\,\text{kHz}$ (tout à fait audible) est donc transmis et restitué à l'auditeur ! La solution consiste à mettre un filtre passe-bas, appelé filtre anti-repliement, avant la numérisation de la voix pour supprimer les fréquences inférieures à $f_e / 2$. En pratique, seules les fréquences inférieures à $3{,}5\,\text{kHz}$ sont conservées.

❑ Méthode 21.2. Transformée de Fourier discrète en Python et limitation introduite par l'échantillonnage

L'échantillonnage à la fréquence f_e d'un signal contenant une fréquence f_0 fait apparaître dans le spectre une raie à la fréquence $(f_e - f_0)$. Une limitation au traitement d'un signal numérique (échantillonné) est que si le signal analogique comporte une fréquence supérieure à $f_e / 2$, son échantillonnage fait apparaître une fréquence inférieure à $f_e / 2$. Voyons pour fixer les idées le spectre d'amplitude d'un signal comportant un fondamental de fréquence f_0 inférieure à $f_e / 2$ et une harmonique de rang n de fréquence supérieure à $f_e / 2$ (voir Annexe 2 : éléments d'analyse spectrale pour la terminologie).

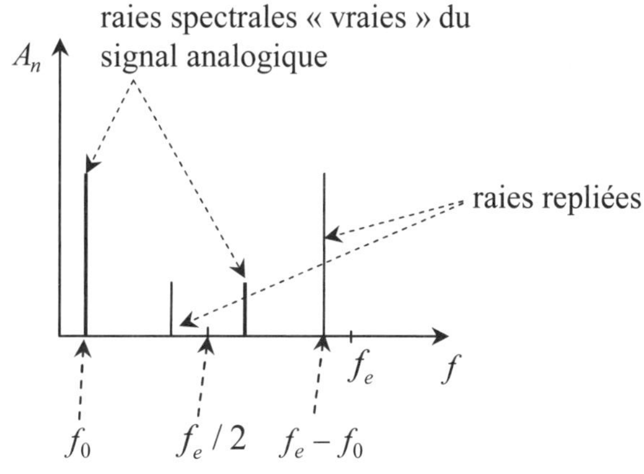

Méthodes

On voit apparaitre la raie repliée correspondant à l'harmonique entre celles relatives au signal analogique (le « vrai » spectre). C'est le problème du **repliement de spectre** : on ne peut plus distinguer les raies spectrales liées aux fréquences réelles du signal de celles apparues par repliement de spectre. Aucun filtrage ultérieur ne permettra de se débarrasser de ces raies « fantômes ». Le problème se manifeste donc si le signal comporte une fréquence supérieure à $f_e/2$. Le critère de **Nyquist-Shannon** impose théoriquement une fréquence d'échantillonnage deux fois supérieure à la plus haute fréquence du signal. En pratique, si le signal contient beaucoup d'harmoniques (créneau par exemple), le critère de Shannon peut ne pas être respecté pour les fréquences des harmoniques de rang élevé, et des raies « fantômes » correspondant à ces harmoniques apparaitront alors dans son spectre à moins qu'elles ne soient filtrées avant échantillonnage (par un filtre anti-repliement). Ce filtrage analogique préalable évitera le repliement mais appauvrira l'information contenue dans le signal (en coupant les hautes fréquences).

⇨ **Exercices 21.4 et 21.5**

Voyons comment illustrer ce problème de repliement de spectre à l'aide de Python. Il nous faut d'abord obtenir le spectre d'un signal échantillonné.
Pour montrer le repliement de spectre on utilisera la fonction FFT (fast Fourier transform) que l'on notera `fourier` et qui sous Python s'écrit avec la bibliothèque `fftpack` de `scipy` ou aussi par la commande `rfft` de la bibliothèque `numpy.fft`. Appliquée au signal temporel, elle donne accès à son spectre (voir annexe).
Les différentes bibliothèques adaptées seront `scipy`, `numpy` et `matplotlib`. On les importera classiquement en début de code :

```
import numpy as np
from scipy import fftpack (ou from numpy.fft import rfft)
from matplotlib import pyplot as plt
```

`fourier =np.fft.fft(…)` appliqué à une liste représentant le signal échantillonné renvoie une liste de N termes qui peuvent être complexes correspondant à la transformée de Fourier du signal.
À noter que l'on peut diviser par la taille de la matrice pour normaliser la FFT :

```
fourier = np.fft.fft(…)/np.size(…)
```

Voyons comment tracer le spectre d'une sinusoïde pure. Dans un premier temps on simule donc l'échantillonnage du signal $s(t)$ purement sinusoïdal de période temporelle $T_0 = 1\text{sec}$ à une fréquence f_e respectant le critère de Shannon. On peut commencer par tracer le signal en faisant apparaitre au moins deux périodes en superposant le signal échantillonné et les points figurant les échantillons. On se place dans le cas où $f_e = 10\,f_0$.
On tracera ensuite le spectre qui doit comporter en ordonnée le module de la FFT et en abscisses la liste des fréquences notée `axe_f` comprenant `N` termes de `0` à la fréquence d'échantillonnage f_e (ne pas se limiter au départ à `fe/2` pour voir apparaitre la fréquence repliée).
L'axe fréquentiel est obtenu comme suit :

`axe_f = np.arange(0.,N)*fe/N` où `np.arange(min,max,p)` renvoie la liste des valeurs de `min` à `max-1` par pas de `p`.
On peut aussi utiliser `np.linspace (début, fin, nombre d'intervalles)` ce qui donne :
`axe_f =np.linspace(0.,fe,N)`

Le spectre est obtenu alors en traçant le module de la FFT donc `np.abs(fourier)` en fonction de `axe_f` comme suit :
`plt.plot(axe_f,np.abs(fftfourier))`

Le choix de la durée du signal n'est pas anodin. En effet, une durée non adaptée a pour effet d'élargir les raies du spectre ce qui peut le rendre inexploitable. Pour remédier à ce problème, on peut soit prendre une fenêtre qui contient un nombre entier de périodes du signal (ce n'est pas toujours possible), soit choisir une durée assez grande devant la période. Ici on prendra 100 fois la période du signal.

Le code associé est le suivant :

```
import numpy as np #appel des bibliothèques
from matplotlib import pyplot as plt

fe = 10 #définition de la fréquence d'échantillonnage en Hz
T = 100 #durée du signal en seconde
N = int(T*fe) #nombre de points d'échantillonnage, N est entier

#Définition de la liste temporelle discrétisée (c'est une matrice une
#ligne N-1 colonnes)
t = np.arange(0.,N)/fe

f0 = 1 #définition de la fréquence du signal en Hz

signal_discret = np.cos(2*np.pi*f0*t)  #définition de la liste du signal
#échantillonné donc discret
#définition de la liste modélisant le signal analogique "continu" en
#créant une liste temporelle de pas très petit
tcont = np.linspace(0, 2, 100)
signal_continu= np.cos(2*np.pi*f0*tcont)

#passage au spectre du signal avec la transformée de fourier rapide, à
#noter que l'on divise par la taille de la matrice pour normaliser la FFT
fourier = np.fft.fft(signal_discret)/np.size(signal_discret)

freq = np.arange(0.,N)*fe/N  #construction de l'axe fréquentiel

plt.figure()
plt.subplot(121) #on va tracer sur une ligne et deux colonnes avec ici
#les deux courbes du signal continu et discret après échantillonnage sur
#le même tracé
plt.plot(tcont,signal_continu,'k-') #figure le signal analogique continu
#avant échantillonnage
plt.plot(t,signal_discret,'bo') #les points (obtenus avec bo) représentent
#les valeurs discrètes aux instants successifs d'échantillonnage
```

```
plt.xlim(0,2)
plt.xlabel('axe temporel, en seconde')
plt.subplot(122)
plt.plot(freq,np.abs(fourier),'k-')
plt.xlabel('axe frequentiel en Hertz')
plt.show()
```

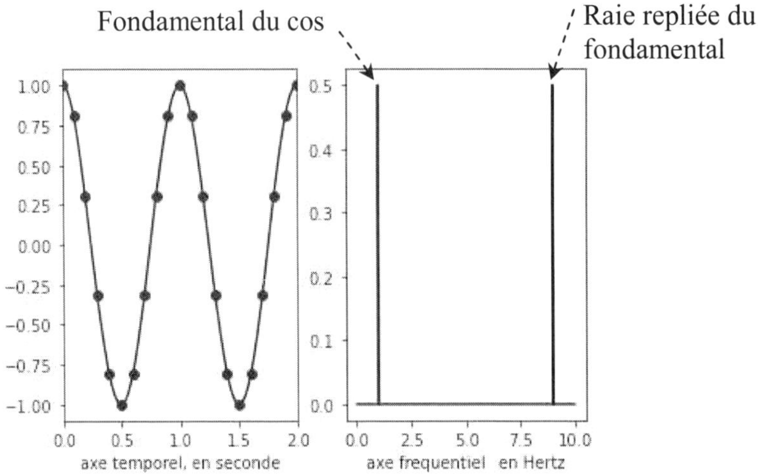

Le spectre replié étant totalement séparé du spectre du signal, il est aisé de s'en affranchir. Il suffit de ne tracer que la raie inférieure à `fe/2`. De façon à ne garder que les fréquences au-dessous de `fe/2` on remplace `freq = np.arange(0.,N)*fe/N` par :

```
freq = (np.arange(0.,N)*fe/N) [:N//2]
```

On obtient ainsi une matrice de taille `N/2+1`. Attention, dans le plot on trace le module de la FFT en ordonnée en fonction des fréquences en abscisse en veillant bien à ce que les deux matrices aient la même taille `N/2+1` : `plt.plot(freq,np.abs(fourier[0:N//2]),'k-')`

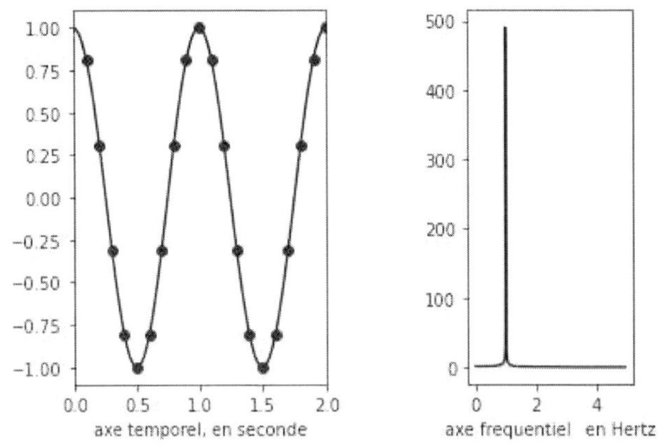

Il est possible d'obtenir le même résultat en utilisant la fonction `rfft` de `numpy` que l'on appelle par `np.fft.rrft` dans la ligne de code pour remplacer la fonction `fft` de `scipy` :

```
fourier = np.fft.rfft(cosinus)
```

Cette fonction est particulièrement efficace lorsqu'on veut réaliser le spectre d'une fonction réelle. En effet dans ce cas, les fréquences négatives sont complexes conjuguées des fréquences positives correspondantes et sont redondantes. La fonction `rfft` ne les traite pas (ce qui est plus rapide) et renvoie directement une matrice de taille `N/2+1` compatible avec l'axe fréquentiel coupé à `fe/2`. D'autre part, il n'est alors plus nécessaire de normaliser la FFT.

On envisage à présent un signal comportant le fondamental, la première harmonique de rang $n=2$ pesant 2/3 du fondamental la suivante $n = 4$ pesant 8/27 et la dernière de rang $n = 6$ pesant 32/243. Pour un fondamental à 1 Hz, l'harmonique de rang 6 (la plus élevée) est de fréquence 6 Hz et une fréquence d'échantillonnage à 15 Hz permettra éviter les raies fantômes.

```
import numpy as np
from scipy import fftpack
from matplotlib import pyplot as plt
#définition de la fréquence d'échantillonnage en Hz correctement choisie
#pour éviter les raies fantômes
fe = 15
T = 100  #durée du signal en seconde
N = T*fe  #nombre de points d'échantillonnage
t = np.arange(0.,N)/fe  #définition de la matrice temporelle
f0 = 1  #définition de la fréquence du fondamental du signal en Hz

#définition de la matrice du signal temporel
fondamentale = np.cos(2*np.pi*f0*t)
harmonique2 = (2/3)*np.cos(4*np.pi*f0*t)
harmonique4 = (8/27)*np.cos(8*np.pi*f0*t)
harmonique6 = (32/243)*np.cos(12*np.pi*f0*t)
signal = fondamentale + harmonique2 + harmonique4 + harmonique6

#passage au spectre du signal avec la transformée de Fourier rapide que
#l'on divise par la taille de la liste du signal pour normaliser la FFT
fourier = fftpack.fft(signal)/np.size(signal)

#axe fréquentiel
axe_f = np.arange(0.,N)*fe/N

plt.figure()
plt.subplot(121)
plt.plot(t,signal,'bo')
plt.plot(t,signal,'k-')
plt.xlim(0,2)
plt.xlabel('axe temporel, en seconde')
plt.subplot(122)
plt.plot(axe_f,np.abs(fourier),'k-')
plt.xlabel('axe frequentiel en Hertz')
plt.show()
```

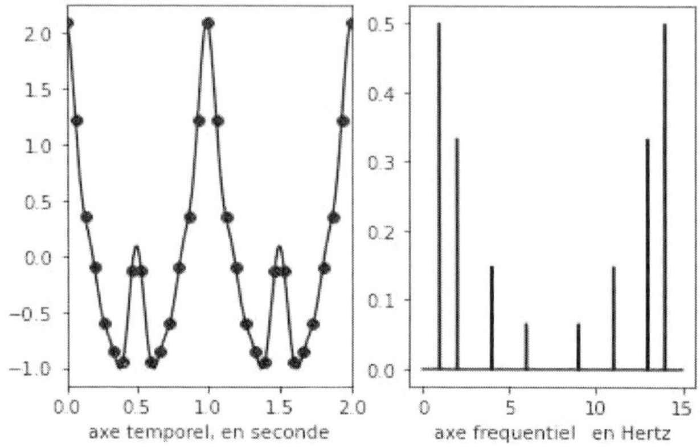

L'utilisation de `rfft` permet dans ce cas de s'affranchir des raies repliées en procédant comme dans l'exemple du spectre du cosinus. On obtient :

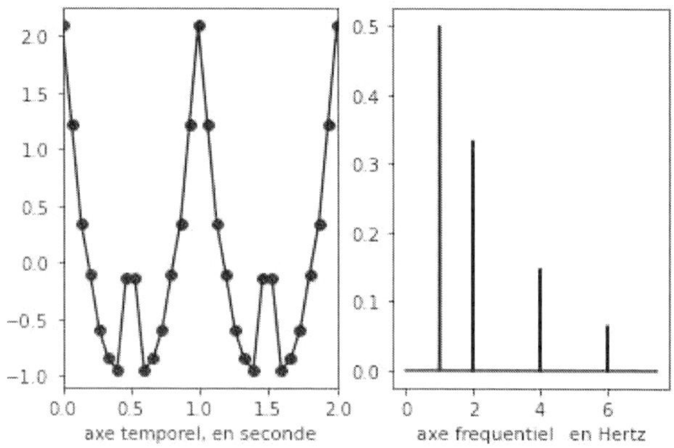

Par contre, un mauvais choix de fréquence d'échantillonnage, par exemple à 11 Hz conduit à l'apparition de raies fantômes en dessous de `fe/2`, comme on le voit ici avec l'apparition d'une raie fantôme de l'harmonique de rang 5 à la fréquence 11 – 6 = 5 Hz. Il n'est pas possible de couper cette raie fantôme sans perdre en même temps la « vraie » raie d'ordre 5 et donc de l'information.

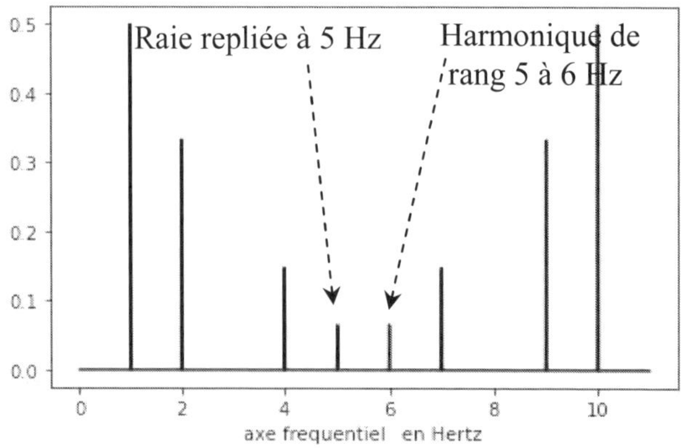

❑ Méthode 21.3. Filtre passe bas du premier ordre en Python

Il s'agit d'appliquer un filtrage passe-bas d'ordre 1 à un signal discret généré en Python comme l'illustre l'exemple de la méthode précédente. On parle de filtrage numérique, par opposition au filtrage analogique (par exemple le filtre *RC* passe bas du premier ordre agissant sur un signal analogique).

La fonction de transfert est de la forme : $\underline{H} = \dfrac{1}{1 + j\dfrac{\omega}{\omega_0}}$. Si $\omega << \omega_0$, alors on peut négliger le terme en $\dfrac{\omega}{\omega_0}$ au dénominateur : $\underline{H} \approx 1$, l'équation de l'asymptote est : $G_{dB} = 20\log\left(\left|\underline{H}\right|\right) \approx 0$. Le gain maximum est obtenu pour $\omega = 0$: il est nul.

Si $\omega >> \omega_0$, alors : $\underline{H} \approx \dfrac{1}{\dfrac{j\omega}{\omega_0}} = \dfrac{\omega_0}{j\omega}$ soit $G_{dB} = 20\log(\omega_0) - 20\log(\omega)$.

Lorsque $\omega = \omega_0$, alors $\left|\underline{H}\right| = \dfrac{1}{\sqrt{2}}$. Ainsi, ω_0 est donc la pulsation de coupure et la fréquence de coupure est $\omega_0/2\pi$.

Il nous faut discrétiser la fonction de transfert pour coder le filtre numérique. Notons *e* et *s* les signaux d'entrée et de sortie du filtre. On commence en discrétisant la dérivée première comme suit : $\dfrac{ds}{dt} = \dfrac{s(t) - s(t - T_e)}{T_e}$ avec $T_e = 1/f_e$ la période d'échantillonnage.

On peut alors exprimer $s(t)$ en fonction de $e(t)$ et $s(t - T_e)$ comme suit :

$$\left(1 + \frac{j\omega}{\omega_0}\right)\underline{S} = \underline{E} \quad \text{soit : } s + \frac{1}{\omega_0}\frac{ds}{dt} = e.$$

Ainsi, $s(t) + \dfrac{s(t) - s(t - T_e)}{\omega_0 T_e} = e(t)$ ou encore :

$s(t) = \dfrac{\omega_0 T_e\, e(t) + s(t - T_e)}{1 + \omega_0 T_e}$. Comme $s(t)$ correspond à $Sf\left[i\right]$, $s(t - T_e)$ à $Sf\left[i-1\right]$ et $e(t)$ à $S\left[i\right]$, on obtient : $Sf\left[i\right] = \dfrac{\omega_0 T_e\, S\left[i\right] + Sf\left[i-1\right]}{1 + \omega_0 T_e}$. On parle de filtre récursif car ici, la liste *Sf* est par itérations successives à partir d'elle-même. Il ne reste qu'à coder la boucle correspondante.

⇨ **Exercice 21.5**

Pour illustrer l'intérêt du filtrage numérique imaginons qu'on enregistre un signal sonore modélisé ici par une sinusoïde pure et qu'un bruit vienne entacher le signal. Si le signal est correctement échantillonné, il sera possible de couper ce bruit par application d'un filtre PB de fréquence de coupure adaptée. Si au contraire l'échantillonnage a été mal réalisé et qu'un repliement de spectre se manifeste, le filtrage sera inefficace. On commence par générer un signal sinusoïdal de fréquence 50 Hz fortement bruité à 400 Hz et correctement échantillonné :

```
#Appel des bibliothèques utiles
import numpy as np
from math import *
from scipy import fftpack
from matplotlib import pyplot as plt
#Définition de la fréquence d'échantillonnage en Hz choisie pour éviter
#les raies fantômes
fe = 1000
T = 10  #durée du signal en seconde
N = int(T*fe)  #nombre de point d'échantillonnage
t = np.arange(0.,N)/fe  #définition de la matrice temporelle
#Définition de la matrice du signal discrétisé
fondamentale = np.sin(2*pi*50.*t) #signal sinusoïdal à 50 Hz
bruit = (1./2)*np.sin(2*pi*400.*t) #bruit à 400 Hz
signal_discret = fondamentale + bruit

#Passage au spectre du signal avec la transformée de Fourier rapide que
#l'on divise la taille de la liste du signal pour normaliser la FFT
fourier = fftpack.fft(signal_discret)/np.size(signal_discret)
#Axe fréquentiel qui doit avoir la même taille de la matrice temporelle
axe_f = np.arange(0.,N)*fe/N
plt.figure()
plt.subplot(121)
plt.plot(t,signal_discret,'k-')
plt.xlim(0,.1)
plt.xlabel('axe temporel, en seconde')
plt.subplot(122)
plt.plot(axe_f,np.abs(fourier),'k-')
plt.xlabel('axe frequentiel en Hertz')
plt.show()
```

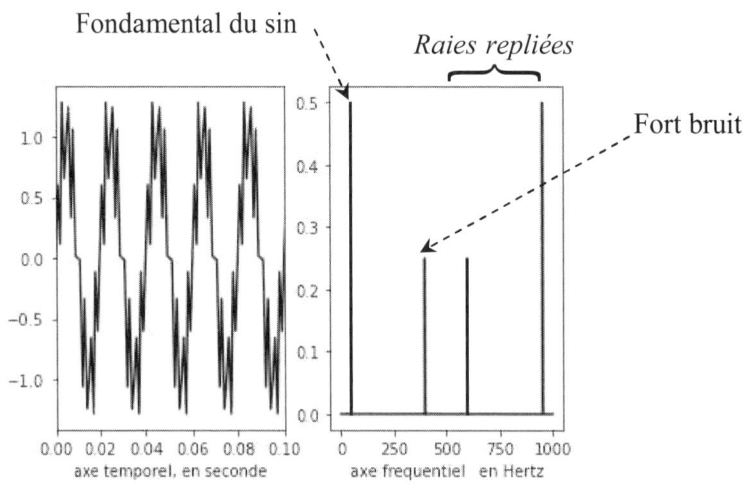

On applique à présent le filtre passe-bas récursif d'ordre 1. On constate que le bruit est atténué et que le signal en sortie du filtre se rapproche d'une sinusoïde (un filtre d'ordre plus élevé donnerait de meilleurs résultats) :

```
#Filtre passe-bas d'ordre 1 de fréquence de coupure 60 Hz
#Définition de la fréquence de coupure du filtre et des coefficients de la
#fonction de transfert
w0 = 2*pi*60
W0Te=w0/fe

Sf=np.zeros(N) #initialisation de la liste du signal filtré
for i in range(1,N):
    Sf[i]=(Sf[i-1]+(W0Te)*signal_discret[i])/(1+W0Te)

fourierSf = fftpack.fft(Sf)/np.size(Sf)

plt.subplot(121)
plt.xlim(0,.1)
plt.plot(t,Sf)
plt.subplot(122)
plt.plot(axe_f,np.abs(fourierSf),'k-')
plt.xlabel('axe frequentiel en Hertz')
plt.show()
```

On obtient le plot ci-dessous :

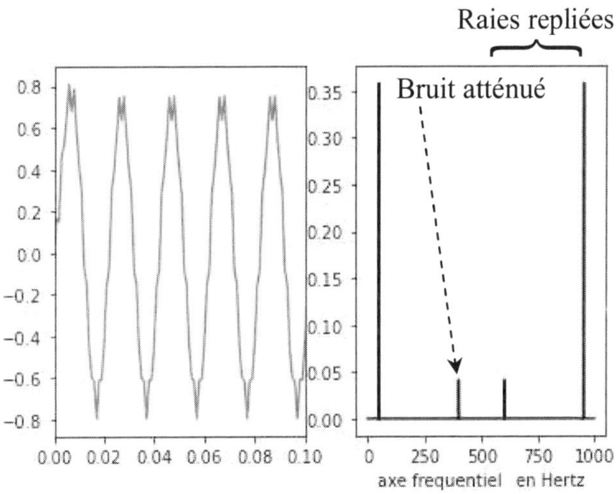

En cas de mauvais échantillonnage, d'une part le signal n'est plus correctement imagé et d'autre part la raie fantôme du bruit posera problème car elle ne pourra pas être efficacement atténuée tout en conservant le fondamental (l'information).

Ci-après le même signal échantillonné à 500 Hz :

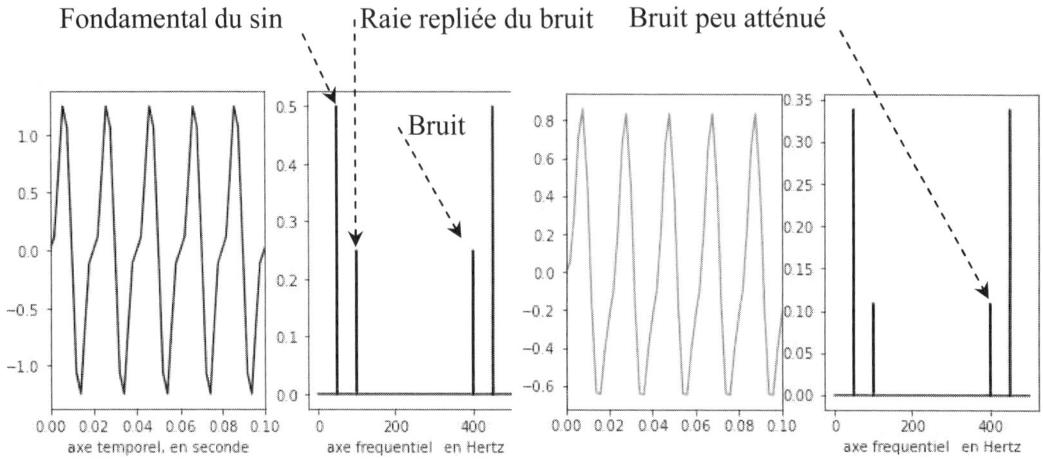

Comment déterminer la table de vérité d'une association de portes logiques ou d'interrupteurs commandés, et trouver la porte logique équivalente ? (MPI)

❑ Méthode 21.4. Représenter le schéma électrique équivalent (MPI)

Pour une association de portes logiques, on cherchera tout d'abord à représenter le schéma électrique équivalent à l'aide d'interrupteurs.
→ une entrée e est représentée par un interrupteur ouvert,
→ un NOT $\bar{e}$ est représenté par un interrupteur fermé,
→ un OR est représenté par une association en parallèle (dérivation),
→ un AND est représenté par une association en série.
Pour cela, ne pas hésiter à écrire l'équation logique complète avant de se lancer dans le schéma, et utiliser le théorème de De Morgan pour que les NOT soient appliquées individuellement sur les entrées et non pas sur l'ensemble de l'opération :

$$\overline{e_1 . e_2} = \overline{e_1} + \overline{e_2} \text{ et } \overline{e_1 + e_2} = \overline{e_1} . \overline{e_2}$$

L'objectif est de ne faire apparaître que les 4 opérations citées ci-dessus : $e, \bar{e}$ OR et AND.
Une fois le schéma électrique équivalent représenté, on peut se lancer dans la détermination de la table de vérité :
→ une entrée (0) signifie que l'interrupteur reste dans l'état représenté sur le schéma,
→ une entrée (1) signifie que l'interrupteur change d'état.
Il ne reste plus qu'à voir si le courant peut trouver un chemin pour circuler d'une borne à l'autre et « allumer » la lampe qui représente l'état de la sortie. Si la lampe est allumée, le résultat est (1), et si elle reste éteinte, le résultat est (0).

On teste ainsi toutes les combinaisons d'entrées possibles, et on remplit ainsi la table de vérité.
Une fois la table de vérité déterminée, il ne reste plus qu'à identifier la porte logique correspondante à l'aide du tableau présent dans le résumé de cours.

⇨ **Exercice 21.6.**

Les portes logiques NOR sont des fonctions logiques universelles, c'est-à-dire que l'on peut réaliser toutes les fonctions possibles à partir de portes NOR exclusivement.
Il en est de même avec les portes NAND : toutes les fonctions logiques peuvent être réalisées exclusivement avec des portes NAND.

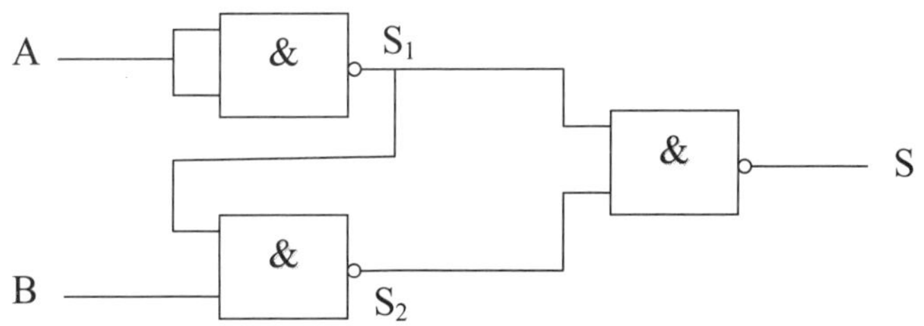

L'une de ces fonctions est représentée ci-dessus avec 3 portes NAND. De laquelle s'agit-il ?
Commençons par écrire les équations logiques pour trouver le schéma électrique équivalent :
$S_1 = \overline{A.A}$, $S_2 = \overline{\overline{S_1}.B}$ et $S = \overline{\overline{S_1}.S_2} = \overline{\overline{S_1}} + \overline{S_2}$ en appliquant le théorème de De Morgan.
Le premier objectif est d'exprimer S uniquement à l'aide de A, B, $\overline{A}$, $\overline{B}$, OR et AND :
$S = \overline{\overline{S_1}} + \overline{S_2} = A.A + S_1.B = A.A + \left(\overline{A.A}\right).B$, soit :

$$\boxed{S = A.A + \left(\overline{A} + \overline{A}\right).B}$$

Le schéma électrique est représenté ci-contre.

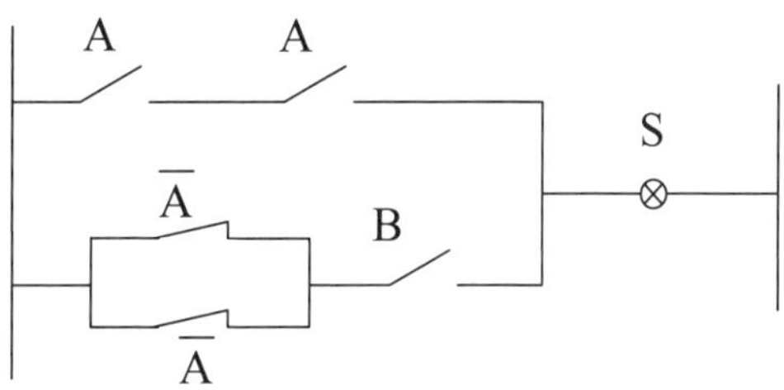

Schéma électrique équivalent

Comme pour les opérations mathématiques, il faut être vigilant à l'ordre de ces opérations pour respecter les règles d'associativité. Il faut d'abord effectuer le $\left(\overline{A} + \overline{A}\right)$ *, puis le AND B, tout cet ensemble étant en parallèle de* $A.A$

Cherchons maintenant à établir la table de vérité.
→ La première ligne de la table est A = 0 et B = 0. Les interrupteurs sont dans la position du
schéma électrique : le courant ne peut pas passer ni par la branche du haut (A est ouvert), ni par celle du cas (B est ouvert). La lampe S est donc éteinte, et donc S = 0.
→ La seconde ligne est A = 0 et B = 1. Comme B = 1 , l'interrupteur B dans la branche du bas change d'état et se ferme. Le courant peut donc passer dans

A	B	S
0	0	0
0	1	1
1	0	1
1	1	1

la branche du bas : S = 1.

→ Pour A = 1 et B = 0 : comme A = 1, les 2 interrupteurs A de la ligne du haut sont fermés (état changé), donc le courant passe par la branche du haut : S = 1.

→ Pour A = 1 et B = 1 : le courant peut également passer par la branche du haut, donc S = 1.

La fonction réalisée est celle de la porte logique OR.

■ Comment déterminer les états stables d'un circuit contenant des portes logiques avec rétroaction ? (MPI)

❑ Méthode 21.5. Poser des hypothèses et effectuer la vérification de stabilité (MPI)

Un circuit logique sans rétroaction donne une sortie prévisible, et sa réponse peut donc s'écrire dans une table de vérité. C'est la logique combinatoire.

L'ajout d'une rétroaction peut rendre le montage astable, ou au contraire permettre 2 états stables pour une même entrée, dans certaines situations. Trouver une sortie compatible avec la ou les entrées fixées ne signifie donc pas que c'est la sortie effectivement observée. Il faut vérifier qu'il n'y a pas une autre solution possible.

Pour cela, on raisonne de la manière suivante :

→ On postule un niveau S = 0 pour la sortie servant de rétroaction, et on recherche de part en part ce que cela implique pour les autres variables en sortie, et ce, jusqu'à revenir à S. Si on trouve à nouveau S = 0, c'est que la solution est stable. Si au contraire cela implique S = 1, c'est contradictoire avec la valeur de S de départ, donc l'état étudié est instable.

→ On postule S = 1, et on effectue le même travail, jusqu'à revenir à S, et comparer avec l'hypothèse de départ.

⇨ **Exercices 21.7 et 21.8**

Appliquons cette méthode sur la bascule RS, ce qui permettra d'en comprendre le fonctionnement.

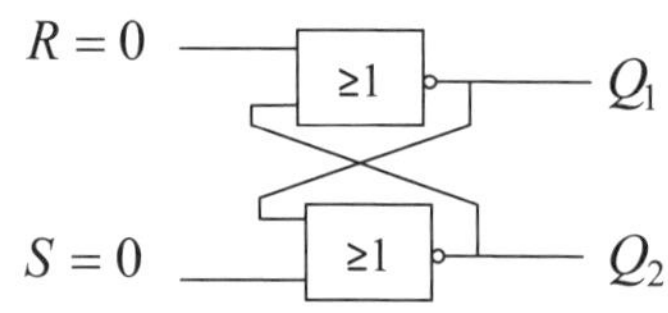

Appelons S et R les 2 entrées, et Q_1 et Q_2 les 2 sorties.

La stabilité des états dépend de la valeur des entrées.

- **Cas R = 0 et S = 0**

Etudions le cas où les entrées R et S sont toutes deux à égales à (0).

Nous pourrions étudier successivement les 4 états possibles Q_1Q_2 qui sont 00, 10, 01, 11, et vérifier leur stabilité ou non, mais nous allons voir que partir de Q_1 uniquement et étudier les 2 hypothèses $Q_1 = 0$ puis $Q_1 = 1$ suffit.

→ Effectuons l'hypothèse $Q_1 = 0$

Cette sortie $Q_1 = 0$ est renvoyée en entrée de la porte NOR du bas, avec S = 0. La sortie est donc nécessairement $Q_2 = 1$.

La sortie $Q_2 = 1$ est renvoyée à son tour en entrée de la porte NOR du haut, avec $R = 0$. La sortie Q_1 doit donc valoir $Q_1 = 0$, ce qui est l'hypothèse de départ. Rien n'oblige Q_1 à basculer, qui va donc garder sa valeur. C'est un état stable.
→ Effectuons l'hypothèse $Q_1 = 1$
Cette sortie $Q_1 = 1$ est renvoyée en entrée de la porte NOR du bas, avec $S = 0$. La sortie est donc nécessairement $Q_2 = 0$.
La sortie $Q_2 = 0$ est renvoyée à son tour en entrée de la porte NOR du haut, avec $R = 0$. La sortie Q_1 doit donc valoir $Q_1 = 1$, ce qui est l'hypothèse de départ. Rien n'oblige Q_1 à basculer, qui va donc garder sa valeur. C'est aussi un état stable !
Dans le cas où R et S sont tous deux à (0), il y a 2 états stables possibles. **Le circuit est un bistable**. On remarque aussi que dans les 2 cas stables, $Q_2 = \overline{Q_1}$.

- **Cas R = 0 et S = 1**

Etudions le cas où S est montée à (1).
→ Effectuons l'hypothèse de départ $Q_1 = 0$
Cette sortie $Q_1 = 0$ est renvoyée en entrée de la porte NOR du bas, avec $S = 1$. La sortie est donc nécessairement $Q_2 = 0$.
La sortie $Q_2 = 0$ est renvoyée à son tour en entrée de la porte NOR du haut, avec $R = 0$. La sortie Q_1 doit donc valoir $Q_1 = 1$, ce qui contraire l'hypothèse de départ. C'est un état instable, car Q_1 ne pourra pas garder sa valeur de départ. Q_1 va donc basculer à (1).
→ Effectuons l'hypothèse $Q_1 = 1$
Il faut maintenant vérifier que nouvel état est stable, ce qui n'est pas évident (il existe des circuits instables). Cette sortie $Q_1 = 1$ est renvoyée en entrée de la porte NOR du bas, avec $S = 1$. La sortie est donc nécessairement $Q_2 = 0$.
La sortie $Q_2 = 0$ est renvoyée à son tour en entrée de la porte NOR du haut, avec $R = 0$. La sortie Q_1 doit donc valoir $Q_1 = 1$, ce qui est l'hypothèse de départ. C'est un état stable, et Q_1 gardera donc sa valeur (1).

- **Cas R = 1 et S = 0**

Etudions le cas où R est montée à (1), et partons de l'état précédent.
→ Effectuons donc l'hypothèse de départ $Q_1 = 1$
Cette sortie $Q_1 = 1$ est renvoyée en entrée de la porte NOR du bas, avec $S = 0$. La sortie est donc nécessairement $Q_2 = 0$.
La sortie $Q_2 = 0$ est renvoyée à son tour en entrée de la porte NOR du haut, avec $R = 1$. La sortie Q_1 doit donc valoir $Q_1 = 0$, ce qui contraire l'hypothèse de départ. C'est un état instable, Q_1 va donc basculer à (1).
→ Effectuons l'hypothèse $Q_1 = 0$
Cette sortie $Q_1 = 0$ est renvoyée en entrée de la porte NOR du bas, avec $S = 0$. La sortie est donc nécessairement $Q_2 = 1$.
La sortie $Q_2 = 1$ est renvoyée à son tour en entrée de la porte NOR du haut, avec $R = 1$. La sortie Q_1 doit donc valoir $Q_1 = 0$, ce qui est l'hypothèse de départ. C'est donc le seul état stable, et Q_1 gardera donc sa valeur (0).
A noter que la bascule RS n'est pas conçue pour être utilisée avec $R = 1$ et $S = 1$ simultanément, cas non étudié ici.

Comment déterminer le chronogramme des grandeurs électriques pertinentes ? (MPI)

❑ Méthode 21.6. Tracer un chronogramme pour comprendre le fonctionnement du circuit (MPI)

Le tracé d'un chronogramme consiste à représenter l'évolution des tensions ou des niveaux (0) ou (1) en fonction du temps. Tracer un chronogramme est très utile pour comprendre le fonctionnement d'un montage. Il n'est toutefois envisageable que si le circuit contient un nombre limité de grandeurs électriques (entrée et sorties).
C'est pourquoi il est préférable de commencer par établir une table de vérité, dans laquelle intervient Q_n l'état de la sortie au temps $t_n = n\tau$ pour prévoir l'état suivant de la sortie Q_{n+1} à $t_{n+1} = (n+1)\tau$.
La valeur des entrées sont imposées, et peuvent varier dans le temps. Il faut commencer par tracer l'évolution de ces entrées en fonction du temps, qui vont déterminer les valeurs successives de la sortie (ou des sorties).
Connaissant l'état à l'instant t_n, c'est-à-dire la valeur de la sortie Q_n, et les valeurs des entrées à t_{n+1}, on en déduit la nouvelle valeur Q_{n+1}, et on la trace.
Ce raisonnement est reproduit par itération à chaque incrément de temps suivant.

Dans le cas où un circuit contient aussi des éléments analogiques, comme des condensateurs, il faut avoir à l'esprit que le condensateur impose la continuité de la tension à ses bornes, ce qui est indispensable pour prévoir l'évolution future de la tension à ses bornes, et donc aux entrées des portes logiques l'entourant.

⇨ **Exercices 21.7 et 21.8**

Reprenons la bascule *RS* précédemment étudiée.
Synthétisons dans une table de vérité les états stables, et écrivons $Q_{n+1} = Q_n$ quand les 2 états de Q sont stables.

R	S	Q_{n+1}
0	0	Q_n
0	1	1
1	0	0
1	1	?

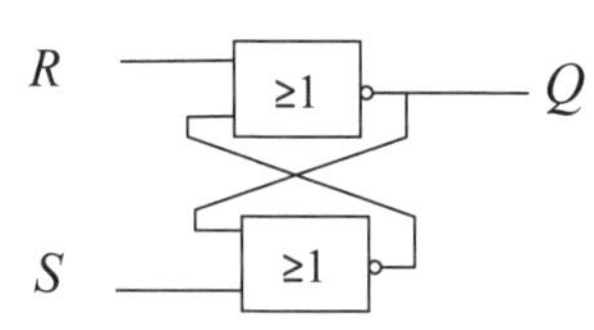

Les entrées R et S sont reliées chacune à un bouton poussoir. Sans appui sur les boutons, leur niveau est à (0). Avec un appui, l'état est (1).

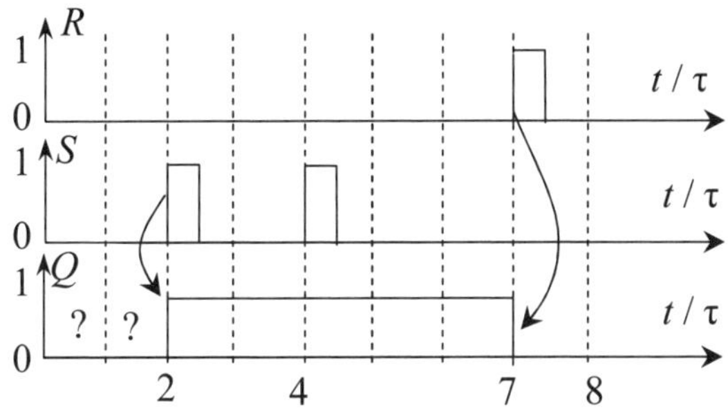

La sortie Q commande un interrupteur alimentant une machine. À un niveau $Q = 0$, l'interrupteur est ouvert, et à $Q = 1$, il est fermé (passant).
Un opérateur appuie brièvement sur S à 2 reprises : à $t = 2\tau$ et à $t = 4\tau$, puis appuie sur R à $t = 7\tau$. Tracez les chronogrammes, et en déduire l'état de la machine en fonction du temps.
Nous traçons ci-dessous les chronogrammes.

Entre $t = 0$ et $t = 2\tau$, R et S sont à 0. Ne connaissant pas la valeur précédente, on ne peut pas prévoir Q.
A $t = 4\tau$, $S = 1$: d'après la table de vérité, Q passe obligatoirement à 1 (S signifie Set). La machine est sous tension.
Ensuite : S reste égal à 1, tant que R reste à 0 (2 premières lignes de la table de vérité). La machine reste sous tension sans nouvel ordre.
A $t = 7\tau$, R passe à 1, et oblige donc Q basculer à 0 (R signifie Reset) : machine éteinte.
Ensuite quand on revient à $S = 0$ et $R = 0$, Q garde sa valeur précédente qui reste un état stable, donc la machine reste éteinte sans nouvel ordre. Il faut attendre $S = 1$ pour à nouveau forcer l'allumage.

Notons que si rien ne force la sortie à basculer, la sortie garde son état antérieur, même s'il existe un autre état stable.

La bascule RS a une fonction mémoire, et peut être utilisée non seulement pour commander une machine, mais également pour garder dans une mémoire temporaire un bit à 0 ou 1, qui pourra être changée au besoin par une impulsion sur R ou S.

Vrai/Faux

		Vrai	Faux
1.	Nous passons aujourd'hui au « tout numérique » car le signal numérique est parfait.	☐	☐
2.	Pour enregistrer un concert sur un CD, un équipement numérique permet de s'affranchir totalement des signaux analogiques.	☐	☐
3.	Un signal sinusoïdal de 1 kHz est numérisé en vue d'une analyse spectrale. Une fréquence d'échantillonnage de 10 kHz convient.	☐	☐
4.	Un signal créneau de 1 kHz est numérisé en vue d'une analyse spectrale. Une fréquence d'échantillonnage de 10 kHz convient.	☐	☐
5.	Un signal contenant les fréquences 3 kHz, 6 kHz et 8 kHz est échantillonné à $f_e = 10$ kHz. En dessous de f_e, le spectre est alors composé, une fois numérisé, des fréquences 2 / 3 / 4 / 6 / 7 et 8 kHz.	☐	☐
6.	Une caméra (24 images par seconde) filme une voiture qui démarre, accélère, puis roule à vitesse constante, avec une vitesse de roue de 23 tours par seconde. La roue semble d'abord tourner à l'endroit, puis finalement à l'envers à 1 tour par seconde.	☐	☐
7.	Une analyse spectrale d'un signal contenant les fréquences 100 Hz et 100 kHz est effectuée. Un échantillonnage à 500 kHz avec une acquisition de 1000 points peut convenir.	☐	☐
8.	Un filtre numérique pourra être modifié ultérieurement sans changer le moindre composant électronique.	☐	☐
9.	Un circuit monostable a une sortie qui ne peut pas être modifié.	☐	☐
10.	Un montage bistable comporte deux états stables. On ne peut donc pas prévoir son état actuel si on ne connaît pas son état antérieur.	☐	☐
11.	Un montage astable ne présente pas d'intérêt, car il ne pourra pas donner de sortie stable.	☐	☐
12.	Une bascule RS joue le rôle de mémoire temporaire grâce à ses 2 états stables, et les entrées R et S permettent de modifier l'état de cette mémoire.	☐	☐

Énoncé des exercices

❑ Exercice 21.1. Critère de Nyquist-Shannon et repliement de spectre

Une tension analogique périodique $e(t)$ est numérisée avec une fréquence d'échantillonnage f_e.

1. Rappeler le critère de Nyquist-Shannon.

2. Les fréquences f_1 et f_2 valent respectivement 1 kHz et 200 Hz, et on note $T_2 = 1/f_2$. Dans chacun des cas suivants, donnez la fréquence minimale d'échantillonnage f_e à appliquer pour le signal $e_i(t)$ soit correctement échantillonné :

a) $e_1(t) = E\cos(2\pi f_1 t)$

b) $e_2(t) = E\sin(2\pi f_2 t)$

c) $e_3(t) = E\cos\left(2\pi(f_1 + f_2)t\right)$

d) $e_4(t) = E\left(\cos(2\pi f_1 t) + \cos(2\pi f_2 t)\right)$

e) $e_5(t) = E\cos(2\pi f_1 t)\cos(2\pi f_2 t)$

f) $e_6(t) = E\cos^2(2\pi f_1 t)$

g) $e_7(t)$ signal créneau de période T_2 dont la série de Fourier s'écrit

$$e_7(t) = \frac{2E}{\pi}\left(\sum_{n=1}^{\infty}\frac{1}{2k-1}\sin\left(2\pi\left(2k-1\right)f_2\, t\right)\right).$$

3. Dans le cas du signal créneau $e_7(t)$, une fréquence d'échantillonnage de 1,5 kHz a été choisie. Convient-elle ? Quelles sont les fréquences parasites obtenues en dessous de $f_e/2$? Dans ce cas, quelle solution proposez-vous si l'on accepte de perdre les harmoniques dont l'amplitude est inférieure à 5% de celle du fondamental ?

❑ Exercice 21.2. Convertisseur analogique/numérique parallèle 3 bits

La figure ci-dessous représente un convertisseur $N = 3$ bits, qui convertit une tension u qui vérifie $0 < u < V_{ref}$. Il est composé de 7 comparateurs, d'une logique de commande et de résistances de valeur r, $2r$ et $3r$. Les comparateurs ont une impédance d'entrée infinie et délivrent un signal logique qui est au niveau haut lorsque la patte reliée à u a un potentiel supérieur à celui de la patte reliée à V_{ref} par l'intermédiaire des résistances, et un niveau bas sinon.

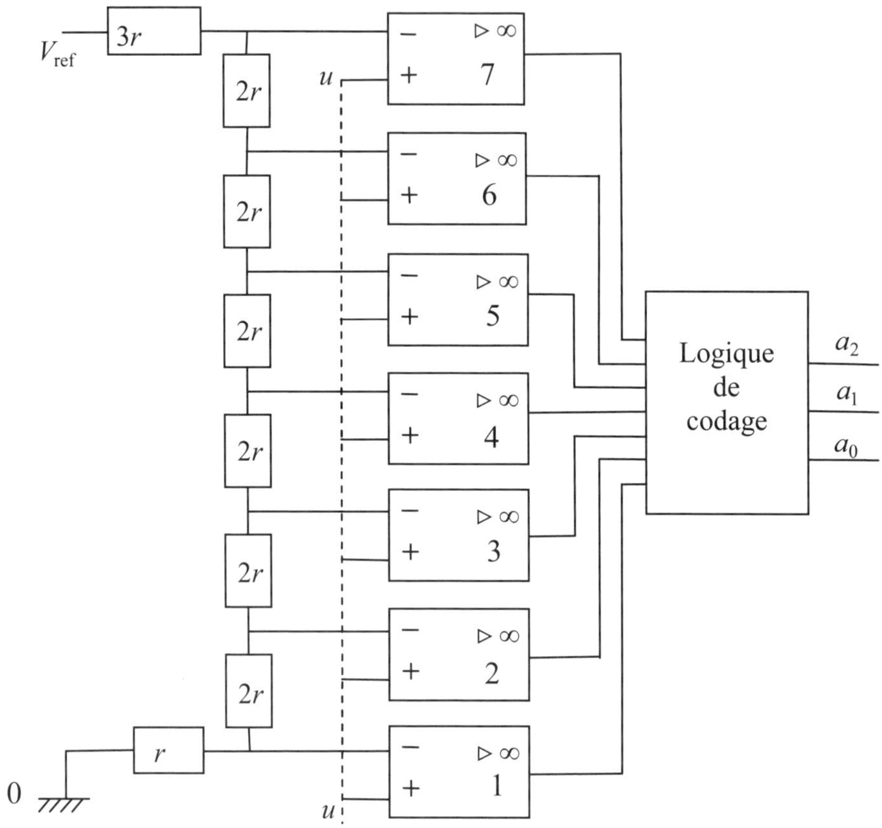

1. Expliquer le fonctionnement de ce convertisseur.

On note $a_2\, a_1\, a_0$ le nombre binaire obtenu en sortie du numériseur, et s_N sa conversion en base décimale. Soit u_N la tension reconstituée de u à partir de s_N. Comment passe-t-on de s_N à u_N ?

2. Pour un convertisseur 8 bits, combien faut-il de comparateurs ?

La figure suivante représente le signal numérisé s_N en fonction de la tension à numériser u.

3. Que vaut N nombre de bits dans l'exemple donné ?

4. Donner les valeurs de s_N en base 2 et de u_N pour $u = 1{,}28$ V

5. Quel type d'erreur induit la numérisation ? Préciser l'écart maximal entre la valeur de la tension numérisée u_N et u.

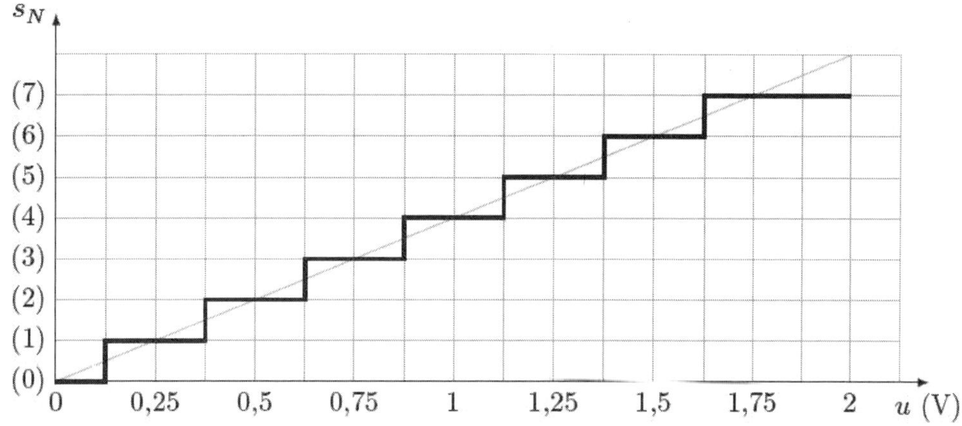

On souhaite enregistrer un signal musical avec une haute fidélité. Le signal à échantillonner possède des harmoniques très élevées, qui risquent de nuire à la qualité de l'enregistrement. Avant la numérisation, le signal doit être filtré. Un composant intégré, le LMF100, réalise différents types de filtrages, selon les branchements qu'on lui applique.

6. Quel type de filtre doit-on utiliser et pourquoi ? Préciser la bande de fréquences qu'il doit sélectionner. Proposer une valeur de la fréquence d'échantillonnage adaptée à la situation.

D'après concours Centrale-Supélec

❑ Exercice 21.3. Convertisseur numérique/analogique 4 bits à résistances pondérées

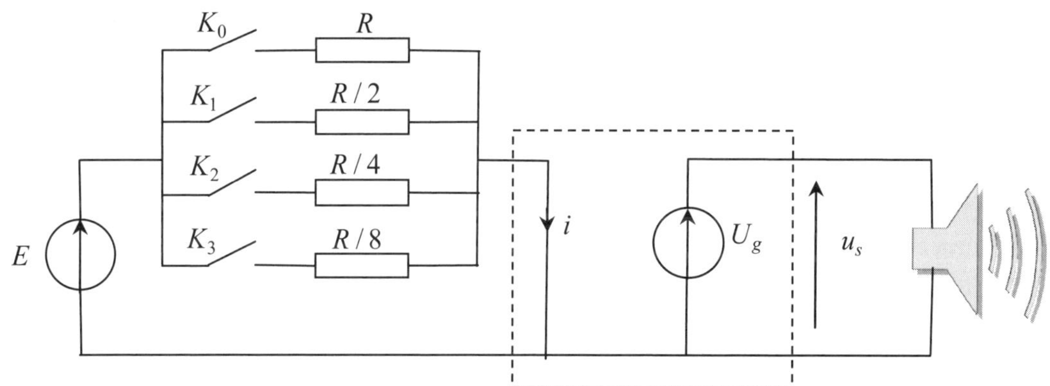

Convertisseur courant tension

Afin d'écouter la musique d'un CD audio, on envoie la sortie numérique donnée par le lecteur CD (ou l'ordinateur) à l'entrée d'un haut-parleur. Le haut-parleur fonctionnant avec un signal analogique, un CNA 4 bits à résistances pondérées représenté ci-après est utilisé. Il est constitué d'une tension E constante de référence, de 4 résistances notées n ($0 \leq n \leq 3$) de valeur $R_n = R / 2^n$ et de 4 interrupteurs K_n. Un interrupteur ouvert est l'état 0, et un interrupteur fermé

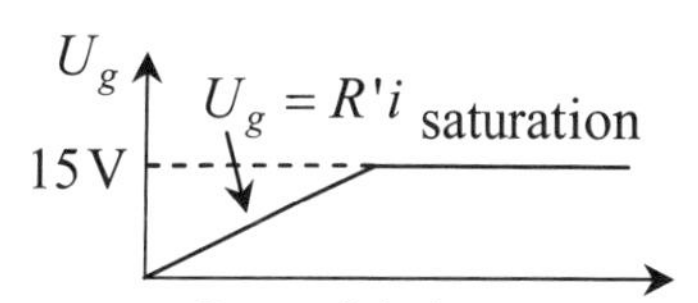

Caractéristique

est l'état 1. Par exemple, 1101 signifie que $K_3 = 1$, $K_2 = 1$, $K_1 = 0$, $K_0 = 1$. Un convertisseur courant-tension (bloc en pointillés) donne une tension U_g.

On donne la caractéristique entrée-sortie du convertisseur (voir tracé) : il se comporte en sortie comme un générateur de tension parfait de f.e.m $U_g = R'i$ tant que la tension de saturation $V_{sat} = 15\,\text{V}$ n'est pas atteint. Il sature à $V_{sat} = 15\,\text{V}$ si on lui demande une tension supérieure.

1. Déterminer l'intensité du courant circulant dans la résistance R_n en fonction de K_n R et E. En déduire u_s en fonction des K_n, de R, R' et de E. Commenter le résultat obtenu.

2. Application numérique. On choisit dans un premier temps $R = R'$ et $E = 1\,\text{V}$. Calculer la valeur de la tension correspondant à 0000, 0001, 0010, 0011, 0100. Calculer également la tension de sortie maximale, correspondant à 1111. Commentaire ?

3. En réalité, le signal audio est enregistré sur un CD avec 16 bits. On place donc en parallèle 16 résistances de valeur $R_n = R/2^n$ $(0 \leq n \leq 15)$. Calculer la valeur maximale correspondante (convertie en décimal), et en déduire la tension maximale demandée en sortie du montage. Quel problème cela pose-t-il ?

4. Pour remédier à ce problème, on décide de changer les valeurs de R, R' et E. Quelle condition doivent vérifier les composants pour que le convertisseur courant-tension ne soit jamais saturé ?

❑ Exercice 21.4. Le CD audio

Nous cherchons à enregistrer un concert sur un CD audio, en format non compressé (WAV par exemple) afin de ne pas perdre en qualité. Le son est capté par un microphone (signal analogique), puis filtré par un passe-bas, et enfin échantillonné avec une fréquence f_e. La fréquence d'échantillonnage d'un CD audio est de $f_e = 44100\,\text{Hz}$, et la quantification est faite sur 16 bits (chaque mesure est codée sur 16 bits).

1. Quelle est la gamme de fréquence audible ? Quelle doit-être alors la fréquence d'échantillonnage minimale pour enregistrer tout le spectre audible ? La fréquence $f_e = 44100$ Hz est-elle compatible ?

2. On choisit tout d'abord de ne pas mettre le filtre passe-bas en amont du CAN. Un son de fréquence $f_1 = 43000$ Hz est présent lors du concert.

a) Ce son est-il audible lors du concert ? Que deviendra-t-il après échantillonnage ? En quoi cela pose problème ?

b) Expliquer en quoi l'ajout du filtre passe-bas en amont de l'échantillonneur peut résoudre ce problème. Estimer sa fréquence de coupure.

c) Quel autre problème peut apporter à son tour ce filtre ? Pour atténuer ce problème, on augmente l'ordre du filtre, et on effectue un sur-échantillonnage (f_e un peu plus élevée que prévu par le critère de Shannon). Expliquer pourquoi.

3. On cherche maintenant à calculer la durée d'enregistrement que peut contenir un CD audio enregistrable du commerce, soit 700 Mo.

a) Sachant que l'enregistrement s'effectue à $f_e = 44100$ Hz sur 16 bits d'échantillonnage, et que l'on enregistre en stéréo, donc 2 sons (2 signaux), de combien de bits a-t-on besoin pour enregistrer 1 seconde de concert ?

b) Quelle durée de concert peut-on enregistrer sur le CD de 700 Mo ? On rappelle que 1 octet vaut 8 bits.

c) Il est possible de compresser le signal pour l'enregistrer au format MP3. La fréquence d'échantillonnage et la quantification sont inchangées, mais un traitement numérique du signal repère les redondances pour ne les écrire qu'une seule fois, et enlève les signaux peu audibles. Le taux de compression peut aller de 4 à 20. Quelle durée de musique peut-on alors enregistrer sur 700 Mo ?

❑ Exercice 21.5. Filtre numérique à moyenne glissante

L'objectif de ce problème est de réaliser un filtre numérique et de comparer ses propriétés avec le filtre analogique analogue.

Pour cela, on réalise un filtre à moyenne glissante. Un signal d'entrée $e(t)$ analogique est échantillonné à la fréquence $f_e = 1000\,\text{Hz}$. On appelle e_k la valeur de l'échantillon n°k : $e_k = e(t = kT_e)$ avec $T_e = 1/f_e$ la période d'échantillonnage du CAN.

Commençons par étudier un filtre à moyenne glissante sur $n = 4$ échantillons dont le signal de sortie s_k est la moyenne des 4 derniers échantillons de e : $s_k = \left(e_k + e_{k-1} + e_{k-2} + e_{k-3}\right)/4$.

1. On applique un échelon de tension unitaire en entrée : $e(t) = 0$ pour $t \leq 0$ et $e(t) = 1$ pour $t \geq 0$. Donner les valeurs de s_k obtenues et les représenter graphiquement. En déduire le type de filtre obtenu ainsi que la valeur du gain $G = |H|$ dans sa bande passante. Ce résultat était-il prévisible ?

2. Afin de tracer la courbe de gain $G(f)$ en fonction de la fréquence, on place en entrée un signal sinusoïdal de la forme $e(t) = 1\cos(2\pi f t)$ (en volt). On teste successivement les fréquences $f = \dfrac{f_e}{4}, \dfrac{f_e}{3}, \dfrac{f_e}{2}, \dfrac{2f_e}{3}, \dfrac{3f_e}{4}$ et f_e.

a) Pour chaque fréquence, remplir un tableau avec les valeurs de e_k pour $0 \leq k \leq 8$ et les valeurs de s_k correspondantes. En déduire l'amplitude du signal sinusoïdal de sortie ainsi que le gain pour chacune des fréquences testées. Reporter ces valeurs sur un diagramme du gain en fonction de la fréquence.

b) Le filtrage des hautes fréquences est-il progressif comme un passe-bas analogique ? Y a-t-il des fréquences rejetées (complètement coupées) ?

c) La fréquence f_e est-elle filtrée comme devrait le faire un passe-bas ? Expliquer en quoi ce résultat était prévisible compte tenu de l'échantillonnage. Quelle précaution prend-on en amont de l'échantillonnage pour éviter ce problème ?

3. Pour affiner le tracé du diagramme de gain, on effectue à l'aide d'une feuille de calcul les mêmes calculs que dans la question précédente pour diverses fréquences. Le tableau reporté ci-dessous a été effectué à l'aide d'une feuille Excel pour différentes fréquences f et différents k. La formule entrée pour chaque case est :

$$s_k = \cos(2\pi f k/1000) + \cos(2\pi f (k-1)/1000)$$
$$+ \cos(2\pi f (k-2)/1000) + \cos(2\pi f (k-3)/1000)$$

Compléter le diagramme du gain et en déduire son allure.

Estimer la fréquence de coupure à -3dB de ce filtre.

	k=0	1	2	3	4	5	6	7	8	9	10	11	12	13	14
f=100	0,45	0,73	0,73	0,45	0,00	-0,45	-0,73	-0,73	-0,45	0,00	0,45	0,73	0,73	0,45	0,00
200	-0,08	0,20	0,20	-0,08	-0,25	-0,08	0,20	0,20	-0,08	-0,25	-0,08	0,20	0,20	-0,08	-0,25
300	0,17	-0,11	-0,11	0,17	0,00	-0,17	0,11	0,11	-0,17	0,00	0,17	-0,11	-0,11	0,17	0,00
400	0,20	-0,08	-0,08	0,20	-0,25	0,20	-0,08	-0,08	0,20	-0,25	0,20	-0,08	-0,08	0,20	-0,25

4. Afin de voir si l'on peut généraliser les résultats précédents, le même travail a été effectué avec une moyenne glissante sur $n = 10$ échantillons. Le tracé du gain est reproduit ci-contre. Estimer à nouveau la fréquence de coupure à -3dB. Le filtre semble-t-il plus efficace si l'on augmente n ? Expliquer le repliement de G observé. Vérifier par lecture de diagramme que les fréquences rejetées sont les multiples de $(f_e / 10)$.

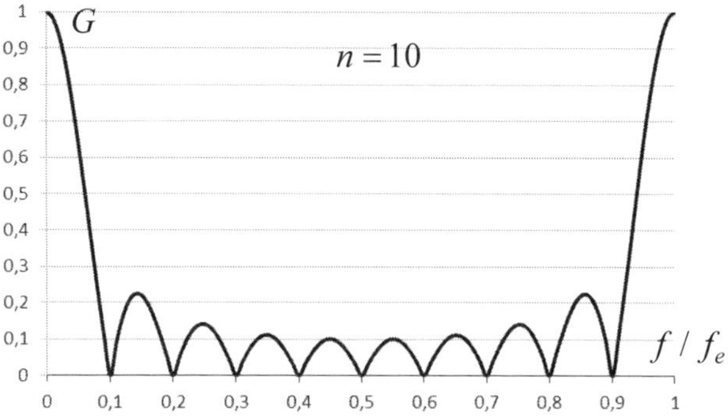

On admettra que ce résultat se généralise, et que les fréquences rejetées pour une moyenne glissante à n échantillons sont les fréquences multiples de (f_e / n), à l'exception de f_e.

5. a) Filtrage numérique à moyenne glissante en Python. On envisage le cas d'un signal sonore enregistré puis échantillonné. Il est modélisé ici par une sinusoïde pure de fréquence 50 Hz et d'un bruit à 400 Hz venant entacher ce signal. Si le signal est échantillonné à 1000 Hz, montrer qu'il est possible de couper ce bruit par application d'un filtre à moyenne glissante sur 10 échantillons.

b) Proposer un script en Python permettant tout d'abord de générer le signal discret modélisant le signal bruité échantillonné puis de tracer le signal en fonction du temps ainsi que son spectre (on s'appuiera sur la méthode 21.2).

c) Coder ensuite le filtre à moyenne glissante sur 10 échantillons. On appellera `Sfmoy` la matrice du signal filtré. Coder le script permettant de tracer le signal en fonction du temps ainsi que son spectre. On devra obtenir les plots suivants dans lesquels on note l'effet du filtrage permettant de totalement s'affranchir du bruit :

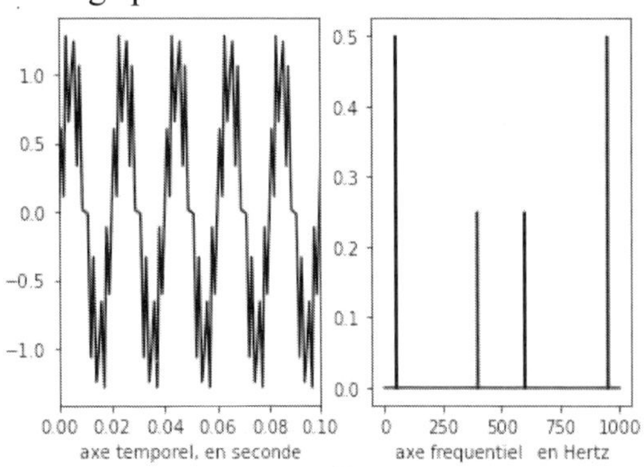

Avant filtrage

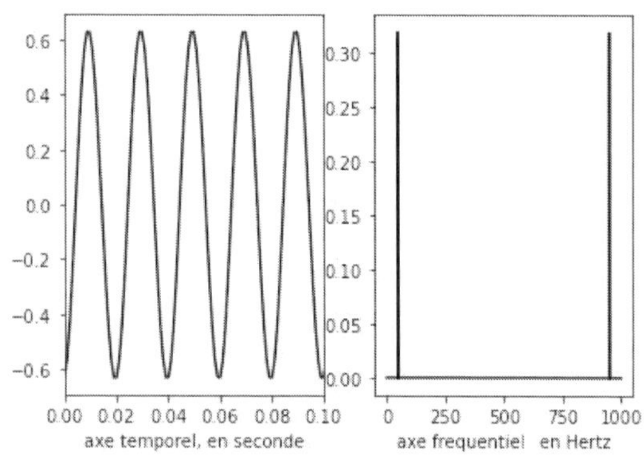

Après filtrage

❑ Exercice 21.6. Universalité des portes NOR (MPI)

Les portes NOR sont des portes logiques universelles : n'importe quelle fonction logique est réalisable en associant convenablement des portes NOR. Nous allons en voir ici quelques réalisations.

On rappelle le théorème de De Morgan pour une porte NOR : $\overline{A+B} = \overline{A}.\overline{B}$

1. Pour chacune des associations suivantes, déterminer la table de vérité et donner le nom de l'opérateur logique réalisé.

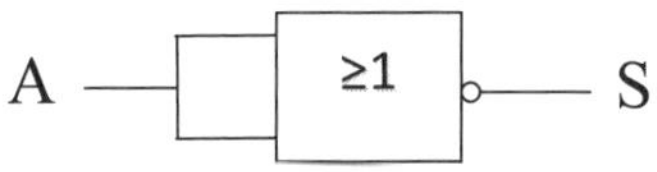

Montage 1

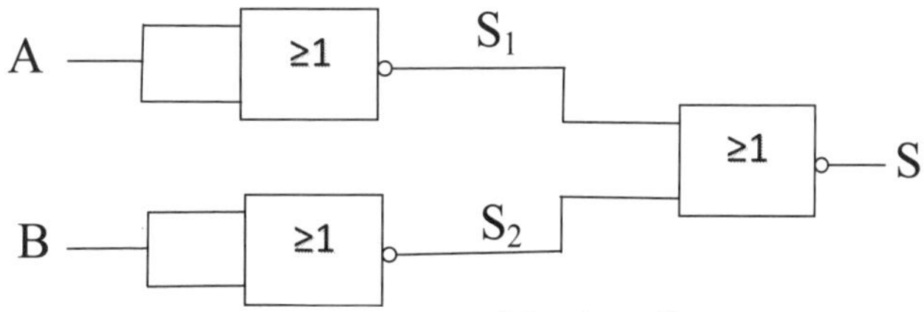

Montage 2

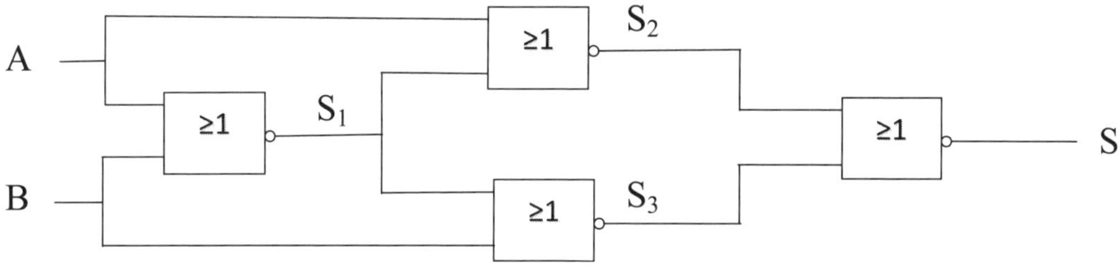

Montage 3

2. À partir du montage 3, réaliser la porte logique OU-Exclusif (XOR) en ajoutant une ou plusieurs porte(s) logique(s) NOR supplémentaire(s).

3. Proposer un script en Python permettant de vérifier votre solution.

❑ Exercice 21.7. Convertisseur fréquence-tension DC (MPI)

On réalise un convertisseur fréquence-tension à l'aide du montage ci-dessous, afin d'avoir une tension $V_3(t)$ image de la fréquence f_0 du signal d'entrée $e(t) = A\sin(2\pi f_0 t)$ avec $f_0 = 40\,\text{kHz}$.

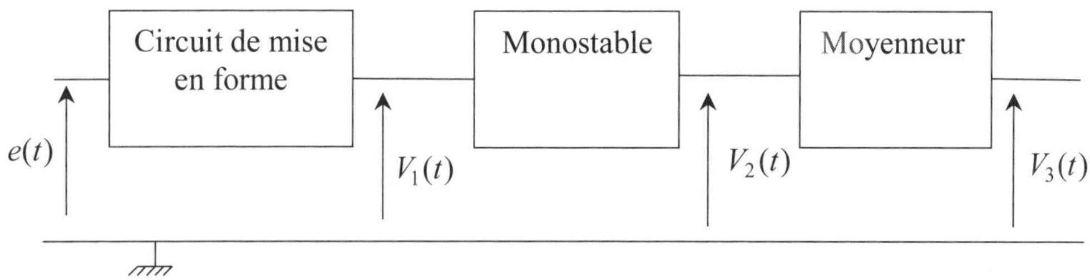

1. Le premier bloc comporte un circuit de mise en forme. Il s'agit d'un amplificateur opérationnel suivi d'une résistance et d'une diode. Il agit comme un comparateur simple :

→ $V_1(t) = +15\,\text{V}$ (niveau haut) si $e(t) > E_0$,

→ $V_1(t) = 0\,\text{V}$ (niveau bas) si $e(t) < E_0$.

On choisit $E_0 = 0$. Tracer sur un même chronogramme $e(t)$ et $V_1(t)$.

2. Etude du monostable.

Le signal $e(t)$ est représenté ci-dessous (en pointillés) ainsi que la réponse $V_2(t)$ en sortie du monostable (en trait continu).

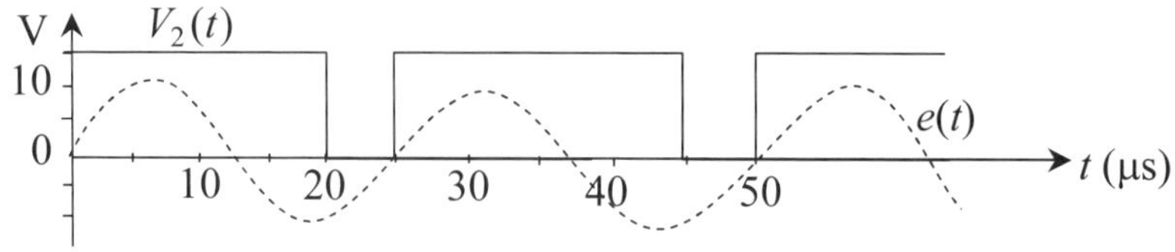

a) Le monostable est-il déclenché par un front montant ou un front descendant de $V_1(t)$?

b) Quelle est la valeur de la tension V_2 pour l'état instable ? Et pour l'état stable ?

c) Donner la durée τ de l'état instable.

3. Étude du moyenneur.
Proposer un filtre permettant de réaliser un filtre moyenneur. Comment choisir sa fréquence de coupure ?

4. Cette condition étant vérifiée, donner la valeur V_3 de sortie du montage en fonction de τ, f_0 et d'une tension constante E que l'on définira.

5. Pour quelle plage de fréquences ce montage est-il adapté ?

6. Le montage testé sur un autre signal d'entrée donne $V_3 = 3\text{V}$. Quelle est sa fréquence ?

❑Exercice 21.8. Circuit astable : oscillateur à porte logique* (MPI)

Les portes logiques sont utilisées en électronique numérique. Ils donnent en sortie un signal binaire (1) ou (0) suivant la valeur de la tension d'entrée. Le (1) correspond à une tension $+V_D$ et le (0) à une tension nulle. Parmi ces portes logiques, la porte NOT donne un signal s opposé au signal d'entrée e : si e est proche de 0, la sortie vaut V_D, et si e est proche de V_D alors la sortie vaut 0. On idéalise la caractéristique (ci-contre) avec une séparation à $V_D / 2$ pour e.

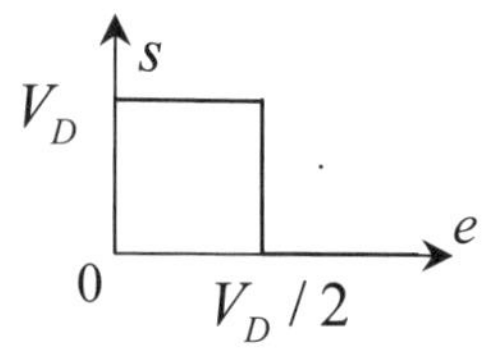

Caractéristique idéalisée NOT

On réalise le montage ci-dessous avec 2 portes NOT, une résistance R et un condensateur C. La résistance d'entrée de ces portes est supposée très grande, et l'impédance de sortie petite (courant de sortie non nul).

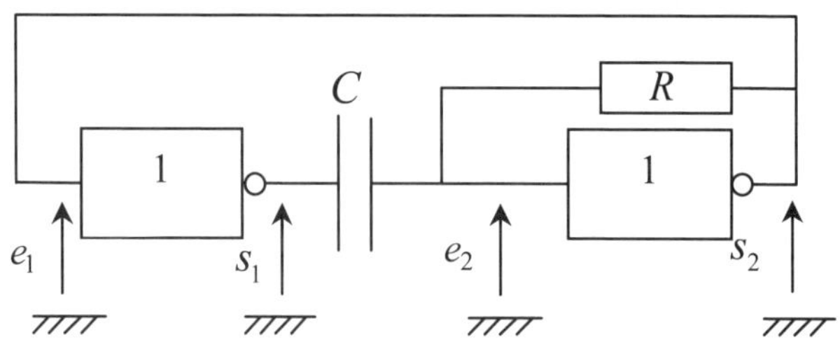

1. On suppose qu'à $t = 0$, la porte 1 vient de basculer à l'état (0) soit $s_1 = 0$ et la porte 2 à l'état (1) soit $s_2 = V_D$. Décrire qualitativement l'évolution ultérieure $s_1(t)$, $e_2(t)$ et $s_2(t)$.

2. Déterminer $s_1(t)$, $e_2(t)$ et $s_2(t)$ lors des 2 phases et les tracer.

3. En déduire la période de l'oscillateur ainsi obtenu.

Pour vous aider à démarrer

Exercice 21.3. Question 1 : le courant i est la somme des courants i_n. Question 3 : la tension de sortie du convertisseur ne doit pas dépasser V_{sat}.
Exercice 21.4. Question 1 : respecter le critère de Shannon. Question 2 : il y a repliement de spectre.
Exercice 21.5. Une moyenne enlève les variations rapides, donc les basses fréquences.
Exercice 21.6. Question 1 : utiliser le théorème de De Morgan avant de chercher à représenter le schéma électrique équivalent.
Exercice 21.8. Commencer par raisonner **qualitativement** par séquences, en traçant l'allure du chronogramme. Ne pas oublier que c'est la tension aux bornes du condensateur qui reste continue, et pas le potentiel. Ceci est important pour avoir les conditions initiales de la séquence suivant.

Corrigé des vrai/faux

1.	2.	3.	4.	5.	6.	7.	8.	9.	10.	11	12
faux	faux	vrai	faux	vrai	vrai	faux	vrai	faux	vrai	faux	vrai

1. La conversion analogique-numérique s'accompagne de pertes d'information : nombre limité de niveaux, et discrétisation temporelle. Ceci peut apporter de mauvaises surprises, comme les repliements de spectres !

2. Le monde réel est analogique ! Le signal acoustique, analogique, devra d'abord être converti en tension électrique analogique, puis être filtré (filtre analogique) pour respecter le critère de Shannon. Le traitement numérique n'intervient qu'après le CAN.

4. Le critère de Nyquist-Shannon est certes vérifié pour le fondamental, mais pas pour les harmoniques supérieures qui sont nombreuses pour un créneau.

5. Le signal contient les 3 fréquences f_i de départ mais aussi les 3 fréquences $f_e - f_i$.

7. La fréquence d'échantillonnage respecte le critère de Nyquist-Shannon, puisque la fréquence d'échantillonnage est 5 fois la haute fréquence. Par contre, la durée d'acquisition est insuffisante : $\tau = N / f_e = 2\text{ ms}$, alors que la période de la basse fréquence est $T_0 = 1/100\text{ s} = 10\text{ ms}$.

9. Un monostable n'a qu'un seul état stable, mais une impulsion en entrée peut le déstabiliser et changer momentanément le signal de sortie. Au bout d'une durée τ seulement, la sortie reprendra son état stable.

11. Un astable bascule périodiquement entre 2 états, ce qui permet d'obtenir un signal alternatif. Cette périodicité du signal peut être utilisée comme horloge par exemple, et synchroniser les opérations réalisées dans les portes logiques.

❑ Les erreurs classiques

Penser que le spectre donné par un logiciel est vraiment le spectre du signal analysé ! Ce n'est le cas que si les paramètres ont été correctement choisis. Une durée d'acquisition trop courte ou une durée d'échantillonnage trop longue peuvent donner des spectres « fantaisistes » !

Penser que le circuit est nécessairement dans un état stable à tout instant : il peut se trouver temporairement dans un état instable.

Penser que l'état d'un circuit de logique séquentiel est prévisible uniquement à partir du schéma : il faut connaître aussi l'état antérieur, de même il faut prendre le temps de tracer au moins l'allure du chronogramme qui permet souvent de comprendre le fonctionnement du montage et sert de fil directeur pour mener à bien les calculs.

Corrigé des exercices

Exercice 21.1

1. La fréquence utilisée pour échantillonner un signal doit au moins être le double de la fréquence maximale présente dans ce signal.

2. a) Le signal ne contient que la fréquence $f_1 = 1\,\text{kHz}$. La fréquence d'échantillonnage doit au moins être le double, soit au minimum 2 kHz.

b) Peu importe la phase, sinus ou cosinus, la règle est la même : f_e doit être au moins le double de f_2, soit 400 Hz.

c) Le double de $(f_1 + f_2)$ soit 2,4 kHz.

d) Pour une somme de cosinus, on prend la plus grande fréquence qui est f_1. L'échantillonnage doit donc être supérieur à $2f_1$ soit 2 kHz.

e) Il faut d'abord linéariser le produit de cosinus :
$e_5(t) = E/2\cos\left(2\pi(f_1 + f_2)t\right) + E/2\cos\left(2\pi(f_1 - f_2)t\right)$. La plus grande fréquence est $(f_1 + f_2)$. L'échantillonnage doit donc se faire à plus de 2,4 kHz.

f) Là encore, il faut linéariser le carré : $e_5(t) = E/2\left(1 + \cos(2\pi \times 2f_1.t)\right)$, de fréquence maximale $2f_1$. L'échantillonnage doit se faire à fréquence supérieure à $4f_1 = 4\,\text{kHz}$.

g) En toute rigueur, un signal créneau contient un nombre infini de raies, donc ne peut pas respecter le critère de Shannon.

3. D'après la réponse précédente, aucune fréquence d'échantillonnage ne convient.
Les fréquences présentes dans le créneau sont $(2k+1)f_2$ et présentent des repliements en $|f_e - (2k+1)f_2|$, listées en deuxième ligne dans le tableau ci-dessous.

k	1	2	3	4	5	6	7
$(2k+1)f_2$	200	600	1000	1400	1800	2200	2600
$\lvert f_e - (2k+1)f_2 \rvert$	1300	900	500	100	300	700	1100

En dessous de $f_e/2 = 750\,\text{Hz}$, on observerait les fréquences 100, 200, 300, 600 et 700 Hz.

En réalité, on observe des raies tous les 100 Hz (également à 400 et 500 Hz) à cause des repliements multiples : $|N f_e - (2k+1)f_2|$ avec N = 1, 2, 3, …. Par exemple, avec N = 2, il apparaît : $2f_e - 1600 = 400\,\text{Hz}$.

La solution peut consister à éliminer à l'aide d'un filtre passe bas les harmoniques susceptibles de replier. Cette solution n'est envisageable que si les harmoniques supprimées par le filtre ne font pas perdre trop d'information dans le signal.

Dans le cas présent, garder les harmoniques jusqu'à $k = 9$ soit $(2k+1) = 19$ et donc $f_{\max} = (2k+1)f_2 = 3{,}8\,\text{kHz}$ ne supprime que les harmoniques d'amplitude inférieures à 1/20 de

Corrigé

celle du fondamental, soit 5%. La fréquence d'échantillonnage doit alors être supérieure à 7,6 kHz.

Exercice 21.2

1. Notons V_i le potentiel à l'entrée (–) du comparateur i. Entre 0 et V_{ref}, il y a une impédance totale $R_{\text{tot}} = r + 6\times(2r) + 3r = 16r$. Comme les impédances d'entrée sont infinies, il est possible d'appliquer un pont diviseur de tension : $V_1 = \frac{r}{R_{\text{tot}}}V_{\text{ref}} = \frac{1}{16}V_{\text{ref}}$; $V_2 = \frac{r+2r}{R_{\text{tot}}}V_{\text{ref}} = \frac{3}{16}V_{\text{ref}}$; $V_3 = \frac{r+2r+2r}{R_{\text{tot}}}V_{\text{ref}} = \frac{5}{16}V_{\text{ref}}$; $V_4 = \frac{7}{16}V_{\text{ref}}$; $V_5 = \frac{9}{16}V_{\text{ref}}$; $V_6 = \frac{11}{16}V_{\text{ref}}$; $V_7 = \frac{13}{16}V_{\text{ref}}$.

Toutes les entrées (+) sont, elles, reliées à la tension u. Si $u > V_i$, la sortie du comparateur i a un potentiel haut, que l'on note 1, codage utilisé, et si $u < V_i$, la sortie est basse, codée 0.

En notant les codages 1 ou 0 en commençant par le comparateur 7, cela donne la correspondance du tableau ci-dessous.

La ligne « cod » est le codage de sortie des comparateurs, et la ligne « bits » la correspondance en binaire (sortie $a_2a_1a_0$ du codeur logique)

$\frac{u}{V_{\text{ref}}}$	$\frac{1}{16}$	$\frac{3}{16}$	$\frac{5}{16}$	$\frac{7}{16}$	$\frac{9}{16}$	$\frac{11}{16}$	$\frac{13}{16}$

cod	0000000	0000001	0000011	0000111	0001111	0011111	0111111	1111111
bits	000	001	010	011	100	101	110	111
s_N	(0)	(1)	(2)	(3)	(4)	(5)	(6)	(7)
$\frac{u_N}{V_{\text{ref}}}$	0	$\frac{2}{16}$	$\frac{4}{16}$	$\frac{6}{16}$	$\frac{8}{16}$	$\frac{10}{16}$	$\frac{12}{16}$	$\frac{14}{16}$

La conversion s'est donc faite sur 3 bits à l'aide de 7 comparateurs, et $u_N = \frac{2s_N}{16}\times V_{\text{ref}}$.

2. Pour un convertisseur 8 bits contenant 2^8 valeurs possibles, il faut donc $2^8 - 1 = 255$ comparateurs.

3. Il y a 8 valeurs possibles de s_N, soit $N = 3$ bits, comme dans l'exemple étudié à la première question.

4. Pour $u = 1{,}28\,\text{V}$, on peut lire $s_N = (5)$, soit 101 en base 2.

Il vient donc $u_N = \frac{10}{16}\times V_{\text{ref}} = \frac{5}{8}\times 2 = 1{,}25\,\text{V}$ au lieu de 1,28V. La numérisation arrondit au plus proche car s_N est nécessairement entier.

5. Comme s_N est nécessairement entier, cela induit une erreur maximale correspondant à la moitié de l'écart entre s_N et s_{N+1}, soit $V_{\text{ref}}/16 = 0{,}125\,\text{V}$.

6. Le filtre doit enlever les fréquences non audibles, car la numérisation du signal provoque des repliements de spectres. Le signal présent dans les ultrasons risque de faire apparaître des fréquences fantômes audibles. Le filtre passe-bas doit donc couper à 20 kHz. La fréquence d'échantillonnage doit être supérieure à $2\times f_{\max}$ soit 40 kHz. Dans la pratique, un échantillonnage à 44,1kHz est couramment effectué.

Exercice 21.3

1. Plaçons la masse (potentiel nul) sur la borne commune du bas. Le potentiel vaut donc E à gauche des interrupteurs. Quand l'interrupteur i est ouvert ($K_n = 0$), l'intensité du courant dans R_n est nulle ; quand l'interrupteur i est fermé ($K_n = 1$), l'intensité du courant dans R_n vaut :

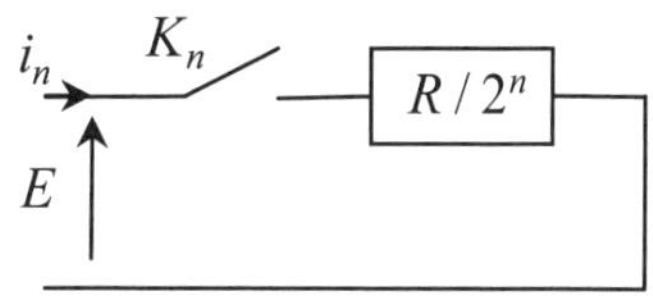

$$i_n = \frac{E}{R_n} = \frac{E}{R/2^n} = 2^n\left(\frac{E}{R}\right).$$

Finalement, l'intensité du courant dans la résistance R_n vaut donc : $\boxed{i_n = K_n\,2^n\left(\frac{E}{R}\right)}$.

Appliquons ensuite la loi des nœuds puis obtenir i total : $i = i_0 + i_1 + i_2 + i_3 = \sum_{n=0}^{3} K_n\,2^n\left(\frac{E}{R}\right)$.

Or $u_s = U_g = R'i$, ce qui donne $u_s = R'\sum_{n=0}^{3} K_n\,2^n\left(\frac{E}{R}\right)$ soit $\boxed{u_s = \frac{R'}{R}E\left(\sum_{n=0}^{3} K_n\,2^n\right)}$.

$\left(\sum_{n=0}^{3} K_n\,2^n\right)$ est une conversion binaire/décimale. Le code binaire est donc converti en analogique avec un signal proportionnel à la conversion décimale obtenue.

2. On a, avec les valeurs numériques données : $(R'/R)E = 1\text{V}$.

En appliquant la formule obtenue question précédente, on remplit le tableau ci-contre, qui illustre clairement la conversion binaire/décimale. Toutefois, U_g est à la limite de la saturation à 1111 (soit 15V). Il est préférable de choisir les valeurs des composants de sorte à ce que la tension de sortie demandée soit strictement inférieure à V_{sat}.

0000	0 V
0001	1 V
0010	2 V
0011	3 V
0100	4 V
…	…
1111	15 V

3. Avec un échantillonnage à 16 bits, le convertisseur aura besoin de 16 résistances en parallèle. La valeur maximale est 1111111111111111 soit en binaire $\sum_{n=0}^{15} 2^n = \frac{2^{16}-1}{2-1} = 2^{16}-1 = 65535$ (suite géométrique de raison 2). C'est évidemment une tension qui dépasse la tension de saturation en sortie.

4. Pour éviter ce problème, il faut que la plus grande tension demandée en

Corrigé

sortie reste inférieure à V_{sat} soit : $u_s = \left(2^{16}-1\right) E \frac{R'}{R} < V_{\text{sat}}$ soit $\boxed{E < \frac{R}{R'} \frac{V_{sat}}{\left(2^{16}-1\right)}}$.

✐ *Ce montage est en réalité peu utilisé à cause de la difficulté à réaliser un réseau de résistances de valeurs $R / 2^n$ très précises.*

Exercice 21.4

1. Les fréquences audibles vont de $20\,\text{Hz}$ à $20\,\text{kHz}$. Le critère de Nyquist-Shannon impose au moins 2 points de mesure par période, soit une fréquence d'échantillonnage au moins double de la plus haute fréquence que l'on souhaite restituer. Ici donc : $f_{\text{échant}} \geq 2 \cdot 20 \ \text{kHZ} = 40 \ \text{kHz}$. La fréquence d'échantillonnage de $44{,}1\,\text{kHz}$ est compatible avec le critère de Nyquist-Shannon.

➪ *Méthode 21.1*

2. a) Un son de $f_1 = 43\,\text{kHz}$ n'est pas audible lors du concert. Par contre, il est susceptible d'être capté par le microphone. Or l'échantillonnage à f_e est à l'origine d'un repliement du spectre, et fait donc apparaître la fréquence $f' = \left|f_e - f_1\right| = 1100\,\text{Hz}$, qui se trouve dans le spectre audible ! Cette fréquence f' qui n'était pas présente lors du concert sera enregistrée et envoyée au haut-parleur lors de l'écoute du CD !

b) Un filtre passe-bas anti repliement de fréquence de coupure $f_c = f_e / 2 = 22{,}5\,\text{kHz}$ est intercalé entre la sortie du microphone et le CAN. Il a pour rôle de supprimer toutes les fréquences susceptibles de se replier à plus basse fréquence (donc gênantes).

➪ *Méthode 21.2*

c) Le problème qui se présente maintenant est que l'on ne sait pas construire un passe-bas qui laisse passer toutes les fréquences inférieures à f_c et coupe entièrement les fréquences supérieures à f_c. Le risque est de commencer à filtrer les hautes fréquences audibles… et à l'inverse, de garder un peu de fréquences supérieures à $20\,\text{kHz}$ susceptibles de se replier !

C'est la raison pour laquelle la fréquence d'échantillonnage est en fait supérieure à $40\,\text{kHz}$: cela laisse une marge pour la transition.

→ les fréquences inférieures à $f_{\max} = 20\,\text{kHz}$ doivent passer à travers le filtre ;

→ les fréquences supérieures susceptibles de se replier en dessous de $20\,\text{kHz}$ doivent être coupées : ce sont les fréquences supérieures à $f_e - f_{\max} = 24{,}1\,\text{kHz}$.

Entre 20 et $24{,}1\,\text{kHz}$, cela n'a pas d'importance : elles ne sont pas audibles, et le repliement n'est pas audible non plus. C'est la zone de transition du filtre passe-bas.

Enfin, plus l'ordre du filtre est grand, plus il coupe rapidement les fréquences supérieures à $20\,\text{kHz}$.

3. a) La fréquence d'échantillonnage donne le nombre de mesures effectuées chaque seconde. Or chaque mesure contient 16 bits. Les 2 signaux du son stéréo occupent donc $N = 44\,100 \cdot 16 \cdot 2 = 1{,}41.10^6$ bytes, soit $\boxed{N = 1{,}41\,\text{Mb}}$ par seconde d'enregistrement.

b) La durée d'enregistrement possible sur un CD enregistrable du commerce de $700\,\text{Mo}$ (soit $700 \cdot 8\,\text{Mb}$) est : $t = \left(700 \cdot 8\right) / 1{,}41 = 3970\,\text{s}$ soit $\boxed{\text{66 minutes}}$.

➪ *Méthode 21.1*

✐ La durée d'enregistrement est un peu moins longue en réalité car on ajoute des bits de correction d'erreur qui permettent de corriger un peu le signal en cas de rayures... dans la limite du raisonnable !

c) Pour un format MP3, la durée d'enregistrement est multipliée par 4 à 20 : sur 700 Mo, il est alors possible d'enregistrer 4 à 20 heures de concert !

Exercice 21.5

1. Calculons les valeurs de s_k obtenues en réponse à un échelon de tension en remplissant le tableau ci-dessous (toutes les valeurs de tension sont en volt) :

k	–3	–2	–1	0	1	2	3	4	5
e_k	0	0	0	1	1	1	1	1	1
s_k	0	0	0	1/4	1/2	3/4	1	1	1

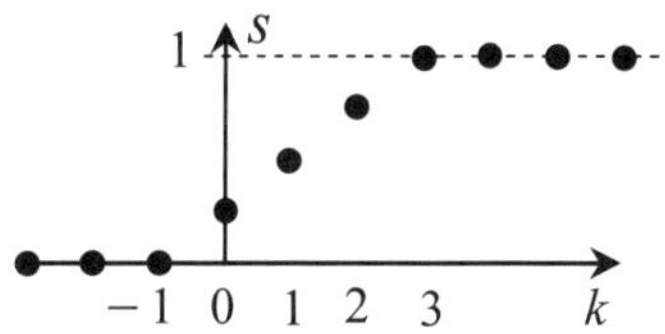

Le signal d'entrée est constant pour $t \geq 0$ (signal continu donc fréquence nulle). Après un régime transitoire de durée $4T_e$, s atteint un régime établi non nul : le signal continu passe, donc les basses fréquences passent. C'est à priori un passe-bas. Ce résultat était prévisible, car l'opération réalisée est une moyenne, qui conserve la composante continue.
Le gain est le rapport de s et de e en régime établi, soit $G(f=0)=1$.

2. a) Pour la fréquence $f = f_e/4$, on a $e(t) = 1\cos(2\pi f t) = \cos(2\pi(f_e/4)t)$ avec $t_k = kT_e$ donc $e_k = \cos\left(k\dfrac{\pi}{2}\right)$. De même, $f = \dfrac{f_e}{3} \Rightarrow e_k = \cos\left(k\dfrac{2\pi}{3}\right)$, $f = \dfrac{f_e}{2} \Rightarrow e_k = \cos(k\pi)$, $f = \dfrac{2f_e}{3} \Rightarrow e_k = \cos\left(k\dfrac{4\pi}{3}\right)$, $f = \dfrac{3f_e}{4} \Rightarrow e_k = \cos\left(k\dfrac{3\pi}{2}\right)$, $f = f_e \Rightarrow e_k = \cos(k2\pi) = 1$.

	k	0	1	2	3	4	5	6	7	8
$\dfrac{f_e}{4}$	$\cos(k\pi/2)$	1	0	–1	0	1	0	–1	0	1
	s_k	0	0	0	0	0	0	0	0	0
$\dfrac{f_e}{3}$	$\cos(2k\pi/3)$	1	–1/2	–1/2	1	–1/2	–1/2	1	–1/2	–1/2
	s_k	1/4	–1/8	–1/8	1/4	–1/8	–1/8	1/4	–1/8	–1/8
$\dfrac{f_e}{2}$	$\cos(k\pi)$	1	–1	1	–1	1	–1	1	–1	1
	s_k	0	0	0	0	0	0	0	0	0
$\dfrac{2f_e}{3}$	$\cos(4k\pi/3)$	1	–1/2	–1/2	1	–1/2	–1/2	1	–1/2	–1/2
	s_k	1/4	–1/8	–1/8	1/4	–1/8	–1/8	1/4	–1/8	–1/8
$\dfrac{3f_e}{4}$	$\cos(3k\pi/2)$	1	0	–1	0	1	0	–1	0	1
	s_k	0	0	0	0	0	0	0	0	0

✐ Les valeurs de s_1, s_2 et s_3 ont été obtenues à l'aide de la périodicité de e_k.

Pour $f = f_e$, e_k vaut toujours 1 donc s_k vaut toujours 1 également.
Il est ainsi possible de relever l'amplitude des sinusoïdes échantillonnées s_k :
0 pour $f_e/4$ ainsi que pour $f_e/2$ et $3f_e/4$, 1/4 pour $f_e/3$ ainsi que pour $2f_e/3$ car il s'agit de la valeur maximale de s_k.

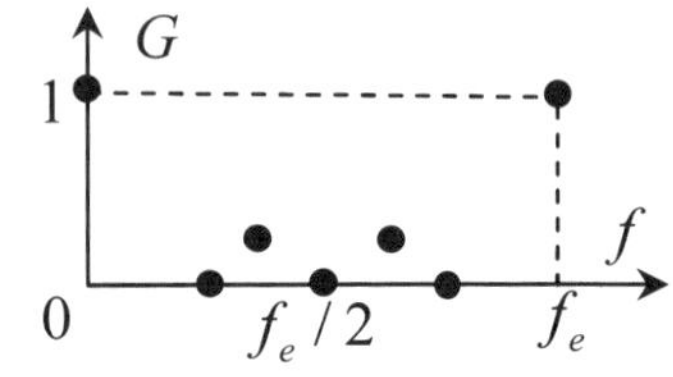

L'amplitude du signal d'entrée étant 1 volt, ces valeurs sont la valeur du gain que l'on reporte sur le tracé ci-contre.

b) Le filtrage n'est pas progressif puisque la fréquence $f_e/4$ est totalement coupée alors que la fréquence $f_e/3$ (supérieure à $f_e/4$) passe à nouveau, du moins en partie ($G = 0,25$). Ce comportement est différent du passe-bas analogique. Les fréquences rejetées sont les fréquences multiples de $f_e/4$, à l'exception de f_e.

c) Comme on vient de le voir, la fréquence f_e passe totalement, ce qui est gênant pour un passe-bas ! Ceci s'explique par l'échantillonnage temporel du signal qui donne une périodicité dans le domaine fréquentiel ainsi qu'un repliement (symétrie par rapport à $f_e/2$) bien visible sur le tracé du gain ci-dessus. La précaution à prendre en amont est de ne pas avoir de fréquence supérieure à $f_e/2$ dans le signal d'entrée, en intercalant par exemple un filtre analogique passe-bas anti-repliement avant l'échantillonnage.

⇨ *Méthode 21.1*

3. Pour chaque fréquence, on estime l'amplitude du signal de sortie en prenant la valeur absolue maximale des valeurs de la ligne du tableau correspondante (cette méthode sous-estime un peu sa valeur). En résumé, voici les valeurs du gain correspondant à chaque fréquence ci-dessous.

f(Hz)	0	100	200	250	300	333	400	500
G	1	0,75	0,25	0	0,17	0,25	0,25	0

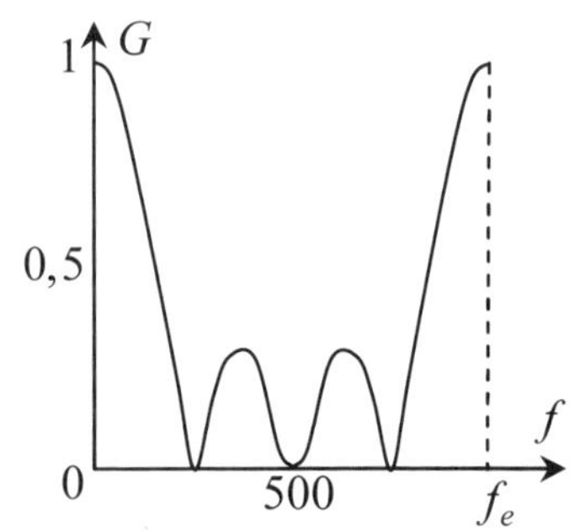

Les valeurs du tableau sont limitées aux fréquences inférieures à $f_e/2$ du fait du repliement en fréquence. L'allure de la courbe de gain est donnée figure ci-contre sur l'intervalle $[0 - f_e]$. La fréquence de coupure à –3dB correspond à $G = G_{\max}/\sqrt{2} = 1/\sqrt{2} \simeq 0,71$. Or on remarque dans le tableau ci-dessus que $G = 0,75$ pour $f = 100\,\text{Hz}$. La fréquence de coupure est donc proche et légèrement supérieure à $\boxed{100\text{ Hz}}$.

4. Pour $n = 10$, la fréquence de coupure est maintenant voisine de $\boxed{50\text{ Hz}}$, par lecture directe sur le diagramme. Le filtre semble plus efficace quand n est augmenté. Par contre, les maxima secondaires restent encore voisins de 0,2 à 0,1. Les hautes fréquences, en dehors des fréquences rejetées, passent encore partiellement… et même passent complètement pour les fréquences proches de f_e ! Ce repliement en fréquence est dû à l'échantillonnage. Le critère de Nyquist-Shannon interdit d'utiliser les fréquences $f > f_e/2$.

⇨ *Méthode 21.1*

✎ *Un passe-bas analogique n'a pas ce comportement, et coupe de plus en plus efficacement quand les fréquences augmentent.*

On peut également vérifier par simple lecture du diagramme que les fréquences proportionnelles à $f_e/10$ sont complètement rejetées.

5. a) La fréquence du bruit à 400 Hz est un multiple de $f_e/10$, elle est donc totalement coupée par le filtre, d'où la disparition totale du pic correspondant au bruit dans le spectre.

b) On codera ici le script détaillé en méthode 21.2.

⇨ *Méthode 21.2*

c) Le script du filtre en Python est le suivant :

```
#Filtre à moyenne glissante
Sfmoy=np.zeros(N) #initialisation de la matrice du signal filtré

for i in range(0,N):    #double boucle imbriquée réalisant la moyenne sur
                        #10 éléments successifs du signal discret
    for j in range(0,10):
        Sfmoy[i]+=signal_discret[i-j]
    Sfmoy[i]=Sfmoy[i]/10.

plt.subplot(121) #place les plots qui suivent sur une ligne et deux
#colonnes, le plot qui suit sera à la première colonne
plt.xlim(0,.1)
plt.plot(t,Sfmoy,'k-')#trace le signal filtré en fonction du temps en noir
plt.xlabel('axe temporel, en seconde')
#Passage au spectre du signal avec la transformée de Fourier rapide, à
#noter que l'on divise par la taille de la liste du signal pour normaliser
#la FFT
fourierSfmoy = fftpack.fft(Sfmoy)/np.size(Sfmoy)

plt.subplot(122) #place le plot qui suit à la deuxième colonne
plt.plot(axe_f,np.abs(fourierSfmoy),'k-')
plt.xlabel('axe frequentiel en Hertz')
plt.show()
```

On obtient le tracé suivant :

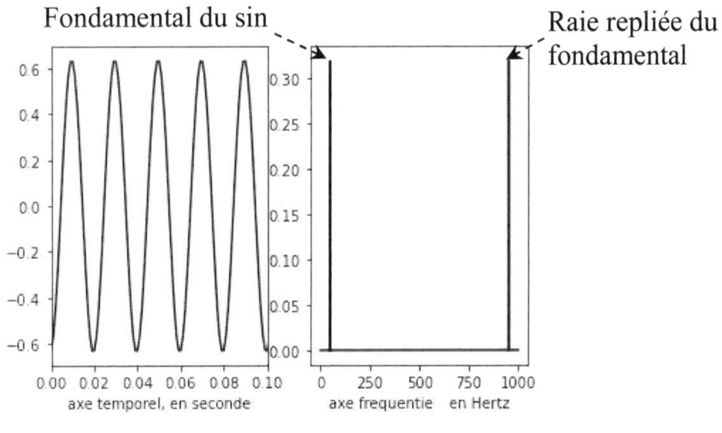

Exercice 21.6

1. → Montage 1 : $S=\overline{A+A}=\overline{A}.\overline{A}$ d'après le théorème de De Morgan.

Il vient donc $\boxed{S=\overline{A}}$. C'est la porte NOT.

→ Montage 2 : d'après le montage 1, $S_1=\overline{A}$ et $S_2=\overline{B}$. Or $S=\overline{S_1+S_2}=\overline{S_1}.\overline{S_2}$, donc $\boxed{S=\overline{\overline{A}}.\overline{\overline{B}}=A.B}$. C'est la porte AND.

→ Montage 3 : $S=\overline{S_2}.\overline{S_3}=\left(\overline{\overline{A+S_1}}\right).\left(\overline{\overline{S_1+B}}\right)=\left(A+S_1\right).\left(S_1+B\right)$. Or $S_1=\overline{A+B}=\overline{A}.\overline{B}$

donc $\boxed{S=\left(A+\overline{A}.\overline{B}\right).\left(\overline{A}.\overline{B}+B\right)}$.

Pour déterminer la table de vérité, nous traçons ci-dessous le schéma électrique équivalent avec les interrupteurs : Bloc (a) : $\left(A+\overline{A}.\overline{B}\right)$; Bloc (b) : $\left(\overline{A}.\overline{B}+B\right)$

⇨ *Méthode 21.4.*

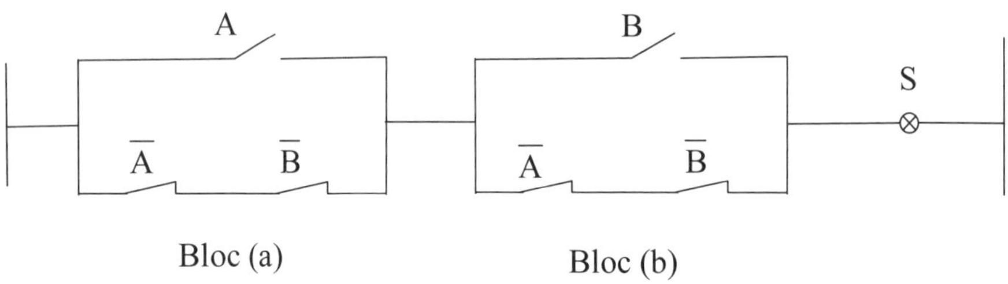

A	B	S
0	0	1
0	1	0
1	0	0
1	1	1

→ Pour A = 0 et B = 0 : le courant passe par les branches du bas des blocs (a) et (b). La lampe S est donc allumée : S = 1.

→ Pour A = 0 et B = 1 : l'interrupteur $\overline{B}$ du bas s'ouvre, donc le courant ne peut donc plus passer par la branche du bas dans le bloc (a). A est inchangé, donc le courant ne peut pas passer non plus par le haut du bloc (a) : S = 0.

→ Pour A = 1 et B = 0 : c'est le bloc (b) qui empêche le courant de passer. Comme A = 1, l'interrupteur $\overline{A}$ du bas s'ouvre et bloque le courant, qui ne peut pas passer non plus par le haut de (b) car B = 0, donc l'interrupteur reste ouvert : S = 0.

→ Pour A = 1 et B = 1 : tous les interrupteurs sont dans leur état inversé par rapport au schéma ci-dessus. Le courant peut donc passer par le haut du bloc (a) car A est passant, et par le haut du bloc (b) car B est passant : S = 1.

La table de vérité est donnée à côté du schéma électrique. Elle ne correspond à aucun opérateur logique listé dans le résumé de cours. Elle correspond à la fonction XOR inversée. Elle est appelée XNOR (Pour XOR : Ou-Exclusif et N pour NOT).

2. Compte tenu de la remarque précédente, il suffit donc d'ajouter l'opération NOT (montage 1) en sortie de l'opérateur XNOR (montage 3), ce qui en fera une porte XOR :

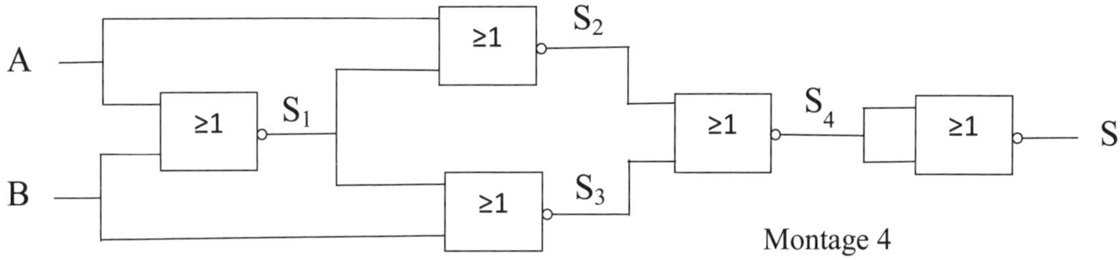

Montage 4

3. Un script en Python est le suivant :

L'instruction `def NOR(a,b)` qui suit définit la fonction logique NOR. Il aurait été possible d'ajouter de la même manière les définitions des autres portes logiques pour élargir les possibilités du code.

```
def NOR(a,b):
    if a==0 and b==0:
        return 1
    else:
        return 0
```

Il suffit ensuite, avec *def montage(a,b)*, d'adapter cette fonction selon les diverses associations de portes logiques rencontrées.

```
def montage(a,b):
    S1=NOR(a,b)
    S2=NOR(a,S1)
    S3=NOR(S1,b)
    S4=NOR(S2,S3)
    S=NOR(S4,S4)
    print(a,',',b,'->',S)
montage(0,0)
montage(0,1)
montage(1,0)
montage(1,1)
```

qui affiche dans l'interpréteur les résultats :

```
0 , 0 -> 0
0 , 1 -> 1
1 , 0 -> 1
1 , 1 -> 0
```

On retrouve bien la table de vérité de la porte logique XOR.

Exercice 21.7

1. Quand $e(t) > 0$ alors $V_1(t) = +15\,\text{V}$, et quand $e(t) < 0$ alors $V_1(t) = 0\,\text{V}$, ce qui donne le chronogramme suivant :

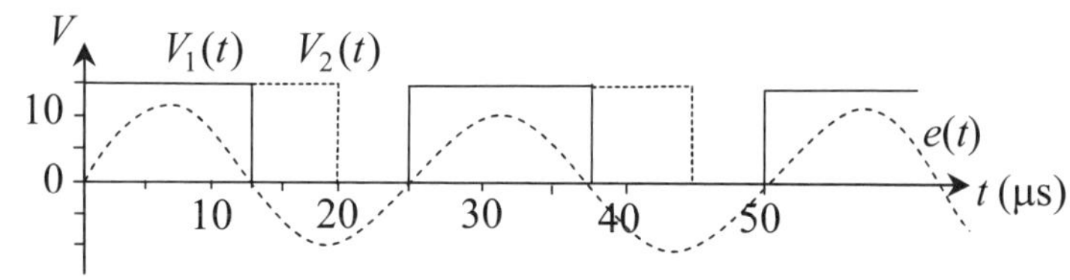

⇨ *Méthode 21.6*

La tension de sortie du circuit de mise en forme $V_1(t)$ est représentée en trait continu, et coupe l'axe $V = 0$ en même temps que $e(t)$ (tracé en pointillés longs).

2. a) L'entrée du monostable $V_1(t)$ et sa sortie $V_2(t)$ sont représentés sur le même chronogramme (ci-dessus : $V_1(t)$ en trait continu et $V_2(t)$ en pointillés courts). On constate que V_2 passe de l'état bas (0) à l'état haut (1) simultanément au front montant de $V_1(t)$. Le déclenchement du monostable est donc le front montant.

b) Le déclenchement d'un monostable le fait passer momentanément à l'état instable. L'état instable est donc l'état haut, dont on peut lire la tension : 15 V.
L'état stable est alors l'état bas, à 0 V.

c) La lecture du chronogramme permet de déterminer la durée de l'état instable. Il démarre à $t = 0$ et se termine à $t = 20\,\mu s$. L'état instable dure donc $20\,\mu s$.

> ✎ *L'état instable d'un monostable a toujours la même durée. Cette phase d'instabilité n'est pas forcément la phase la plus courte des 2, mais celle qui commence au moment du déclenchement causé par l'entrée.*

3. Un moyenneur garde la composante continue, et filtre les composantes alternatives : c'est un filtre passe-bas de fréquence de coupure très basse. Un filtre RC comme représenté ci-contre peut convenir, à condition de bien choisir sa fréquence de coupure. Le signal $V_2(t)$ étant périodique de même période $T_0 = (1/f_0)$ que $e(t)$, sa décomposition en série de Fourier donne une fréquence fondamentale égale à f_0 et des harmoniques multiples de f_0. Pour enlever ces fréquences, le passe-bas doit donc vérifier $f_{\text{coupure}} << f_0$. Or la pulsation de coupure d'un filtre RC est $\omega_{\text{coupure}} = 2\pi f_{\text{coupure}} = 1/(RC)$. On doit donc choisir $\boxed{RC >> 1/(2\pi f_0) \approx 4.10^{-6}\,\text{s}}$.

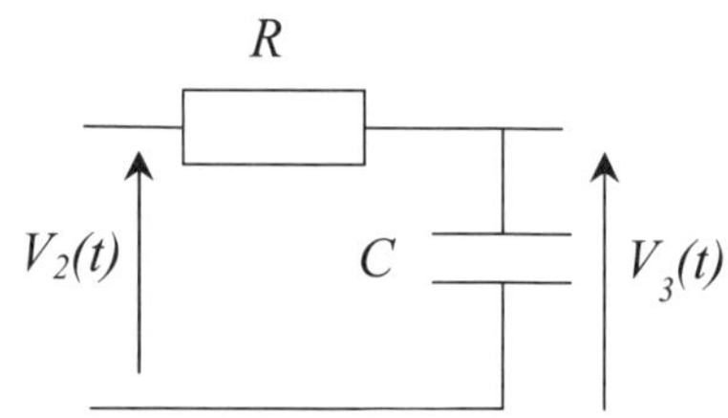

Un condensateur de capacité 1 µF et une résistance d'1 kΩ conviennent, par exemple.

4. Calculons la moyenne de $V_2(t)$:

$$\langle V_2(t)\rangle = \frac{1}{T_0}\int_0^{T_0} V_2(t)\,\mathrm{d}t = \frac{1}{T_0}\left(\int_0^{\tau} V_2(t)\,\mathrm{d}t + \int_{\tau}^{T_0} V_2(t)\,\mathrm{d}t\right) = \frac{1}{T_0}(\tau E + 0)$$

en notant $E = 15\,\text{V}$ la valeur de $V_2(t)$ entre $t = 0$ et $t = \tau$, sachant que $V_2(t)$ est nul ensuite entre $t = \tau$ et $t = T_0$.

Il vient donc $\boxed{V_3 = \langle V_2(t)\rangle = E\,\tau\,f_0}$. La tension continue (DC) V_3 est donc proportionnelle à f_0.

5. Il faut que le monostable ait le temps de revenir à son état stable à chaque période avant d'être à nouveau déclenché. La condition à respecter est donc $T_0 > \tau$ soit $\boxed{f_0 < (1/\tau) = 50\,\text{kHz}}$.

6. Partant de $V_3 = E\,\tau\,f_0$, on peut en déduire : $\boxed{f_0 = V_3/(E\,\tau) = 10\,\text{kHz}}$.

Exercice 21.8

1. Phase (1). A $t=0^+$, $s_1=0$ et $s_2=V_D$, ce qui signifie que son entrée vérifie $e_2<V_D/2$.

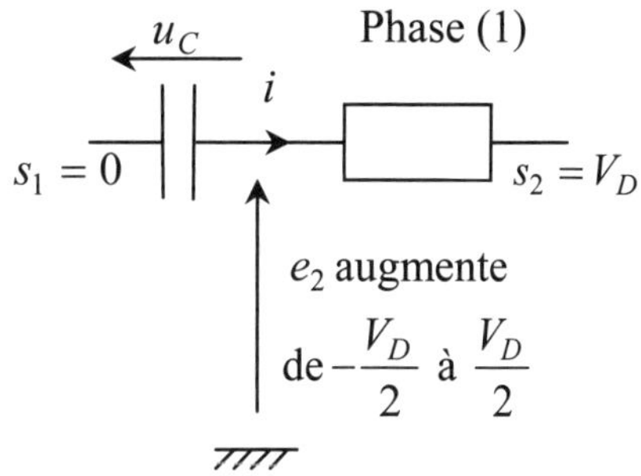

Or le courant ne passe pas dans les portes logiques (impédance d'entrée grande) : il y a donc un simple circuit *RC*. Le condensateur se charge et la tension e_2 tend à rejoindre celle de s_2 soit V_D. e_2 augmente donc jusqu'à atteindre le seuil de basculement $V_D/2$ à t_1.

→ Phase (2). Quand e_2 a atteint $V_D/2$, on a $s_2=0$ donc $e_1=s_2=0$, ce qui fait basculer la porte 1 : $s_1=V_D$. Or il y a continuité de la tension u_C aux bornes du condensateur. Juste avant le basculement, $u_C=0-V_D/2=-V_D/2$. Juste après le basculement, cette tension doit rester inchangée : $-V_D/2=V_D-e_2(t_1^+)$ soit $e_2(t_1^+)=3V_D/2$. Le condensateur se décharge alors et e_2 cherche à rejoindre $s_2=0$. e_2 diminuant vers 0, il y a donc un moment t_2 où e_2 atteint $V_D/2$ ce qui provoque un nouveau basculement $s_2=V_D$.

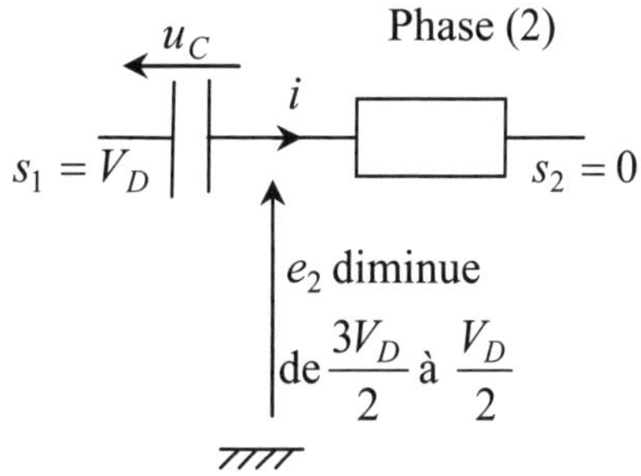

→ Phase (1). Avant basculement, $u_C=V_D-V_D/2=V_D/2$. La tension reste continue aux bornes de C, donc après basculement $u_C=V_D/2=0-e_2(t_2^+)$ soit $e_2(t_2^+)=-V_D/2$. Cela donne le départ de la phase (1)

Attention : c'est la tension (différence de potentiel) qui est continue, mais pas le potentiel ! Il ne faudrait pas conclure par exemple que $e_2(t)$ est continue !

⇨ *Méthode 21.5*

2. Phase (1) : $i=C\dfrac{d(0-e_2)}{dt}=\dfrac{e_2-V_D}{R}$ soit $e_2+RC\dfrac{de_2}{dt}=V_D$ de solution : $e_2=V_D+A\exp(-t/RC)$. A est donné par les conditions initiales $e_2(t=0^+)=-V_D/2=V_D+A$ soit $A=-\dfrac{3}{2}V_D$. Finalement : $\boxed{e_2=V_D\left(1-\dfrac{3}{2}\exp(-t/RC)\right)}$. Le basculement se fait à t_1 tel que $e_2(t_1)=\dfrac{V_D}{2}=V_D\left(1-\dfrac{3}{2}\exp(-t_1/RC)\right)$ soit $\boxed{t_1=RC\ln 3}$

→ Phase (2) : $i = C\dfrac{d(V_D - e_2)}{dt} = \dfrac{e_2 - 0}{R}$ soit $e_2 + RC\dfrac{de_2}{dt} = 0$ de solution $e_2 = A'\exp(-t/RC)$.

A' est donné par les conditions initiales $e_2(t = t_1^+) = 3V_D/2 = A'\exp(-t_1/RC)$ soit $A' = (3V_D/2)\exp(t_1/RC)$. Finalement : $\boxed{e_2 = \dfrac{3}{2}V_D \exp(-(t - t_1)/RC)}$.

Le basculement se fait à t_2 tel que $e_2(t_2) = \dfrac{V_D}{2} = \dfrac{3}{2}V_D \exp(-(t_2 - t_1)/RC)$ soit $\boxed{t_2 = t_1 + RC\ln 3}$

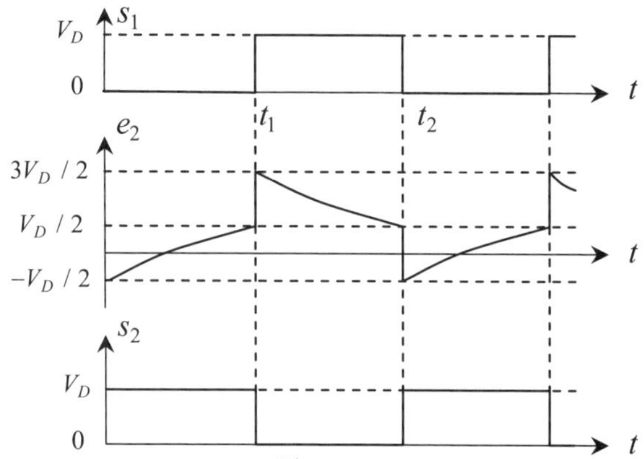

Chronogrammes

⇨*Méthode 21.6*

3. La période des oscillations est $\boxed{T = t_2 = 2RC\ln 3}$.

Annexes

1. Formulaire d'analyse vectorielle

Définition intrinsèque de l'opérateur gradient : l'opérateur gradient $\overrightarrow{\text{grad}}(\ \ )$, aussi noté nabla $\vec{\nabla}(\ \ )$, est utile dans de nombreux problèmes. Sa définition la plus générale (car intrinsèque) est : $\boxed{\mathrm{d}f = \overrightarrow{\text{grad}}(f)\cdot \mathrm{d}\vec{r} = \vec{\nabla}(f)\cdot \mathrm{d}\vec{r}}$ où $\vec{r} = \overrightarrow{OM}$. En l'explicitant (plus ou moins simplement suivant le système de coordonnées choisi), on en tire l'expression de $\vec{\nabla}(\ \ )$ et par suite les autres opérateurs. Cette démarche sort du cadre de cet ouvrage et nous nous contenterons de donner les résultats en coordonnées cartésiennes, cylindriques et sphériques.

❑ Coordonnées cartésiennes

L'espace est rapporté au trièdre direct $(O,\overrightarrow{e_x},\overrightarrow{e_y},\overrightarrow{e_z})$. En coordonnées cartésiennes, l'opérateur gradient de f est donné par le vecteur de dérivation formel nabla $\vec{\nabla}(\ )$ appliqué à f: $\vec{\nabla}(f)$. L'usage du vecteur nabla est particulièrement commode en cartésiennes (le recours à la dérivée covariante est inutile) et permet de donner directement la forme des opérateurs : divergence $\vec{\nabla}\cdot$, rotationnel $\vec{\nabla}\wedge$, laplacien scalaire $\Delta = \vec{\nabla}\cdot\vec{\nabla} = \nabla^2$ et laplacien vectoriel $\vec{\Delta} = \vec{\nabla}^2$.

Remarque

Le laplacien est un opérateur qui, lorsqu'il agit sur un scalaire a, renvoie un scalaire b, on parle dans ce cas de **laplacien scalaire** et nous noterons $\Delta(a) = \nabla^2(a) = b$ pour signifier sa nature scalaire. Lorsqu'il agit sur un vecteur $\vec{X}$ le laplacien renvoie un vecteur $\vec{Y}$, on parle dans ce cas de **laplacien vectoriel** et (suivant les notation récentes aux concours) nous le noterons par commodité $\vec{\Delta}\left(\vec{X}\right) = \vec{\nabla}^2\left(\vec{X}\right) = \vec{Y}$ pour signifier sa nature vectorielle, alors qu'en toute rigueur il faudrait noter $\overrightarrow{\Delta\left(\vec{X}\right)} = \overrightarrow{\nabla^2\left(\vec{X}\right)} = \vec{Y}$.

Dans les autres systèmes de coordonnées, l'opérateur nabla est encore utilisable mais les calculs sont moins commodes. En coordonnées cartésiennes, et uniquement dans ce cas, l'opérateur nabla permet rapidement de retrouver les expressions des opérateurs qu'il n'est donc pas nécessaire de connaître par cœur. En cylindrique ou en sphérique, on se gardera d'écrire directement les opérateurs en utilisant $\vec{\nabla}\cdot$ où $\vec{\nabla}\wedge$, l'utilisation de nabla n'étant qu'une notation. Les expressions des opérateurs sont généralement rappelées dans les énoncés de concours.
Dans l'utilisation des opérateurs on veillera à l'homogénéité, ainsi qu'à ne pas confondre un scalaire avec un vecteur. Par exemple, la divergence est un opérateur scalaire qui à un vecteur associe un scalaire, le rotationnel un opérateur vectoriel qui à un vecteur associe un vecteur…

Gradient en cartésiennes : $\overrightarrow{\text{grad}}(\xi) = \vec{\nabla}(\xi) = \dfrac{\partial \xi}{\partial x}\overrightarrow{e_x} + \dfrac{\partial \xi}{\partial y}\overrightarrow{e_y} + \dfrac{\partial \xi}{\partial z}\overrightarrow{e_z}$

Divergence en cartésiennes : $\text{div}\,\vec{E} = \vec{\nabla}\cdot\vec{E} = \begin{vmatrix}\partial/\partial x\\ \partial/\partial y\\ \partial/\partial z\end{vmatrix} \cdot \begin{vmatrix}E_x\\ E_y\\ E_z\end{vmatrix} = \dfrac{\partial E_x}{\partial x} + \dfrac{\partial E_y}{\partial y} + \dfrac{\partial E_z}{\partial z}$

Rotationnel en cartésiennes : $\overrightarrow{\text{rot}}\,\vec{B} = \vec{\nabla}\wedge\vec{B} = \begin{vmatrix}\partial/\partial x\\ \partial/\partial y\\ \partial/\partial z\end{vmatrix} \wedge \begin{vmatrix}B_x\\ B_y\\ B_z\end{vmatrix} = \begin{vmatrix}\partial B_z/\partial y - \partial B_y/\partial z\\ \partial B_x/\partial z - \partial B_z/\partial x\\ \partial B_y/\partial x - \partial B_x/\partial y\end{vmatrix}$

Laplacien scalaire en cartésiennes : $\Delta(\xi) = \nabla^2(\xi) = \dfrac{\partial^2 \xi}{\partial x^2} + \dfrac{\partial^2 \xi}{\partial y^2} + \dfrac{\partial^2 \xi}{\partial z^2}$

Laplacien vectoriel en cartésiennes : $\vec{\Delta}(\vec{A}) = \vec{\nabla}^2(\vec{A}) = \Delta(A_x)\,\overrightarrow{e_x} + \Delta(A_y)\,\overrightarrow{e_y} + \Delta(A_z)\,\overrightarrow{e_z}$

❑ Coordonnées cylindriques

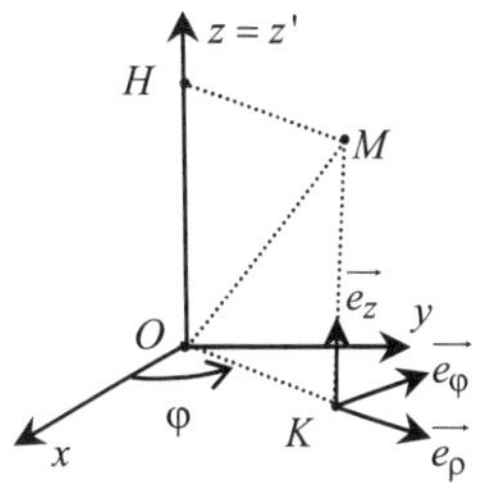

Le système de coordonnées cylindriques (ρ, φ, z) auquel on associe le trièdre direct $\left(\overrightarrow{e_\rho}, \overrightarrow{e_\varphi}, \overrightarrow{e_z}\right)$ est tel que $\overrightarrow{OK} = \rho\,\overrightarrow{e_\rho}$ repère la position de K projeté orthogonal de M sur le plan (xOy). $\overrightarrow{e_\rho}$ est le vecteur unitaire radial et $\overrightarrow{e_\theta}$, déduit de $\overrightarrow{e_\rho}$ par rotation de $\dfrac{\pi}{2}$ autour de $\overrightarrow{e_z}$, est le vecteur unitaire orthoradial. La position d'un point M peut ainsi être repérée par la donnée de son rayon polaire $\left\|\overrightarrow{OK}\right\| = \rho$, de l'angle φ que fait $\overrightarrow{OK}$ avec l'axe (Ox) : $\varphi = \left(\overrightarrow{e_x}, \overrightarrow{e_\rho}\right)$ et de sa cote z.

Gradient en cylindriques : $\overrightarrow{\text{grad}}(\xi) = \vec{\nabla}(\xi) = \dfrac{\partial \xi}{\partial \rho}\overrightarrow{e_\rho} + \dfrac{1}{\rho}\dfrac{\partial \xi}{\partial \varphi}\overrightarrow{e_\varphi} + \dfrac{\partial \xi}{\partial z}\overrightarrow{e_z}$

Divergence en cylindriques : $\text{div}\,\vec{E} = \vec{\nabla}\cdot\vec{E} = \dfrac{1}{\rho}\dfrac{\partial(\rho E_\rho)}{\partial \rho} + \dfrac{1}{\rho}\dfrac{\partial E_\varphi}{\partial \varphi} + \dfrac{\partial E_z}{\partial z}$

Rotationnel en cylindriques :

$$\overrightarrow{\text{rot}}\,\vec{A} = \vec{\nabla}\wedge\vec{A} = \left(\frac{1}{\rho}\frac{\partial A_z}{\partial \varphi} - \frac{\partial A_\varphi}{\partial z}\right)\overrightarrow{e_r} + \left(\frac{\partial A_\rho}{\partial z} - \frac{\partial A_z}{\partial \rho}\right)\overrightarrow{e_\varphi} + \frac{1}{\rho}\left(\frac{\partial}{\partial \rho}(\rho A_\varphi) - \frac{\partial A_\rho}{\partial \varphi}\right)\overrightarrow{e_z}$$

Laplacien scalaire en cylindriques : $\Delta(\xi) = \nabla^2(\xi) = \dfrac{1}{\rho}\dfrac{\partial}{\partial \rho}\left(\rho\dfrac{\partial(\xi)}{\partial \rho}\right) + \dfrac{1}{\rho^2}\dfrac{\partial^2 \xi}{\partial \varphi^2} + \dfrac{\partial^2 \xi}{\partial z^2}$

Laplacien vectoriel en cylindriques :

$$\vec{\Delta}(\vec{A}) = \vec{\nabla}^2(\vec{A}) = \left[\Delta(A_\rho) - \frac{1}{\rho^2}\left(A_\rho + 2\frac{\partial A_\varphi}{\partial \varphi}\right)\right]\overrightarrow{e_\rho} + \left[\Delta(A_\varphi) - \frac{1}{\rho^2}\left(A_\varphi - 2\frac{\partial A_r}{\partial \varphi}\right)\right]\overrightarrow{e_\varphi} + [\Delta(A_z)]\overrightarrow{e_z}$$

❑ Coordonnées sphériques

Le système de coordonnées sphériques (r,θ,φ) est associé au trièdre direct $\left(\overrightarrow{e_r},\overrightarrow{e_\theta},\overrightarrow{e_\varphi}\right)$ où :

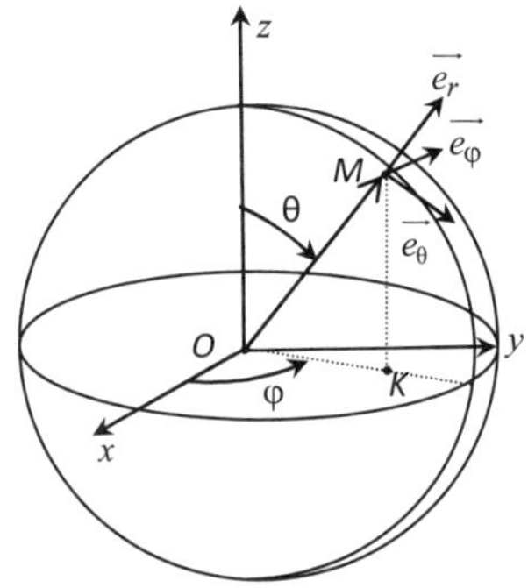

$\overrightarrow{e_r}$ désigne le vecteur unitaire radial portant $\overrightarrow{OM}$

$\overrightarrow{e_\theta}$ désigne le vecteur unitaire tangent à l'arc décrit par M dans le plan méridien (OMK) lors de sa rotation d'angle θ autour de l'axe passant par O et perpendiculaire à ce plan, de vecteur rotation instantanée $\dot{\theta}\,\overrightarrow{e_\varphi}$.

En notant K le projeté orthogonal de M sur le plan équatorial (xOy), $\overrightarrow{e_\varphi}$ désigne le vecteur unitaire tangent à l'arc décrit par K dans un plan équatorial lors de sa rotation d'angle φ autour de l'axe (Oz). Il s'agit donc aussi de l'arc décrit par M dans un plan parallèle au plan équatorial lors de la même rotation d'angle φ autour de l'axe (Oz) de vecteur rotation instantanée $\dot{\varphi}\,\overrightarrow{e_z}$. Ainsi, la position du point matériel M peut être repérée par la norme de son rayon vecteur $r=\left\|\overrightarrow{OM}\right\|$, sa colatitude $\theta=\left(\overrightarrow{e_z},\overrightarrow{OM}\right)$ et sa longitude $\varphi=\left(\overrightarrow{e_x},\overrightarrow{OK}\right)$.

Gradient en sphériques : $\overrightarrow{\text{grad}}(f)=\vec{\nabla}(f)=\dfrac{\partial f}{\partial r}\overrightarrow{e_r}+\dfrac{1}{r}\dfrac{\partial f}{\partial \theta}\overrightarrow{e_\theta}+\dfrac{1}{r\sin\theta}\dfrac{\partial f}{\partial \varphi}\overrightarrow{e_\varphi}$

Divergence en sphériques :

$$\text{div}\,\vec{A}=\vec{\nabla}\cdot\vec{A}=\frac{1}{r^2}\frac{\partial\left(r^2A_r\right)}{\partial r}+\frac{1}{r\sin(\theta)}\frac{\partial\left(A_\theta\sin(\theta)\right)}{\partial\theta}+\frac{1}{r\sin(\theta)}\frac{\partial\left(A_\varphi\right)}{\partial\varphi}$$

Rotationnel en sphériques :

$$\overrightarrow{\text{rot}}\,\vec{A}=\vec{\nabla}\wedge\vec{A}=\left[\frac{1}{r\sin(\theta)}\left(\frac{\partial\left(A_\varphi\sin(\theta)\right)}{\partial\theta}-\frac{\partial A_\theta}{\partial\varphi}\right)\right]\overrightarrow{e_r}+\left[\frac{1}{r}\left(\frac{1}{\sin(\theta)}\frac{\partial A_r}{\partial\varphi}-\frac{\partial\left(rA_\varphi\right)}{\partial r}\right)\right]\overrightarrow{e_\theta}$$
$$+\left[\frac{1}{r}\left(\frac{\partial\left(rA_\theta\right)}{\partial r}-\frac{\partial A_r}{\partial\theta}\right)\right]\overrightarrow{e_\varphi}$$

Laplacien scalaire en sphériques :

$$\Delta(\xi)=\nabla^2(\xi)=\frac{1}{r^2}\frac{\partial}{\partial r}\left(r^2\frac{\partial(\xi)}{\partial r}\right)+\frac{1}{r^2\sin(\theta)}\frac{\partial}{\partial\theta}\left(\sin\theta\frac{\partial\xi}{\partial\theta}\right)+\frac{1}{r^2\sin^2(\theta)}\frac{\partial^2\xi}{\partial\varphi^2}$$

Laplacien vectoriel en sphériques :

$$\vec{\Delta}\left(\vec{A}\right)=\vec{\nabla}^2\left(\vec{A}\right)=\left[\Delta(A_r)-\frac{1}{r^2\sin(\theta)}\left(A_r\sin(\theta)+\frac{\partial\left(A_\theta\sin(\theta)\right)}{\partial\theta}+\frac{\partial A_\varphi}{\partial\varphi}\right)\right]\overrightarrow{e_r}+$$
$$\left[\Delta(A_\theta)-\frac{1}{r^2\sin(\theta)}\left(\frac{A_\theta}{2}-\sin^2(\theta)\frac{\partial A_r}{\partial\theta}+\cos(\theta)\frac{\partial A_\varphi}{\partial\varphi}\right)\right]\overrightarrow{e_\theta}+$$
$$\left[\Delta(A_\varphi)-\frac{1}{r^2\sin(\theta)}\left(\frac{A_\varphi}{2}-\sin(\theta)\frac{\partial A_r}{\partial\varphi}-\cos(\theta)\frac{\partial A_\theta}{\partial\varphi}\right)\right]\overrightarrow{e_\varphi}$$

❑ Combinaison d'opérateurs

Les égalités suivantes sont généralement fournies dans les énoncés. Rien ne sert de les apprendre par cœur.

$$\begin{cases} \operatorname{div}\left(\overrightarrow{\operatorname{grad}}(f)\right) = \Delta f \\ \vec{\nabla}\cdot\left(\vec{\nabla}(f)\right) = \nabla^2(f) \end{cases} \qquad \begin{cases} \overrightarrow{\operatorname{rot}}\left(\overrightarrow{\operatorname{grad}}(f)\right) = \vec{0} \\ \vec{\nabla}\wedge\left(\vec{\nabla}(f)\right) = \vec{0} \end{cases} \qquad \begin{cases} \operatorname{div}\left(\overrightarrow{\operatorname{rot}}\left(\vec{A}\right)\right) = 0 \\ \vec{\nabla}\cdot\left(\vec{\nabla}\wedge\vec{A}\right) = 0 \end{cases}$$

$$\begin{cases} \overrightarrow{\operatorname{rot}}\left(\overrightarrow{\operatorname{rot}}\,\vec{A}\right) = \overrightarrow{\operatorname{grad}}\left(\operatorname{div}\vec{A}\right) - \vec{\Delta}\vec{A} \\ \vec{\nabla}\wedge\left(\vec{\nabla}\wedge\vec{A}\right) = \vec{\nabla}\left(\vec{\nabla}\cdot\vec{A}\right) - \vec{\Delta}\vec{A} \end{cases} \qquad \begin{cases} \overrightarrow{\operatorname{grad}}(f\,g) = g\,\overrightarrow{\operatorname{grad}}(f) + f\,\overrightarrow{\operatorname{grad}}(g) \\ \vec{\nabla}(f\,g) = g\vec{\nabla}(f) + f\vec{\nabla}(g) \end{cases}$$

$$\begin{cases} \operatorname{div}\left(f\vec{A}\right) = \vec{A}\cdot\overrightarrow{\operatorname{grad}}(f) + f\operatorname{div}\vec{A} \\ \vec{\nabla}\cdot\left(f\vec{A}\right) = \vec{A}\cdot\vec{\nabla}(f) + f\left(\vec{\nabla}\cdot\vec{A}\right) \end{cases} \qquad \begin{cases} \overrightarrow{\operatorname{rot}}\left(f\vec{A}\right) = \overrightarrow{\operatorname{grad}}(f)\wedge\vec{A} + f\,\overrightarrow{\operatorname{rot}}\left(\vec{A}\right) \\ \vec{\nabla}\wedge\left(f\vec{A}\right) = \vec{\nabla}(f)\wedge\vec{A} + f\vec{\nabla}\wedge\vec{A} \end{cases}$$

$$\begin{cases} \operatorname{div}\left(\vec{A}\wedge\vec{B}\right) = \vec{B}\cdot\overrightarrow{\operatorname{rot}}\left(\vec{A}\right) - \vec{A}\cdot\overrightarrow{\operatorname{rot}}\left(\vec{B}\right) \\ \vec{\nabla}\cdot\left(\vec{A}\wedge\vec{B}\right) = \vec{B}\cdot\left(\vec{\nabla}\wedge\vec{A}\right) - \vec{A}\cdot\left(\vec{\nabla}\wedge\vec{B}\right) \end{cases}$$

$$\begin{cases} \overrightarrow{\operatorname{rot}}\left(\vec{A}\wedge\vec{B}\right) = \left(\operatorname{div}\vec{B}\right)\vec{A} - \left(\operatorname{div}\vec{A}\right)\vec{B} + \left(\vec{B}\cdot\overrightarrow{\operatorname{grad}}\right)\vec{A} - \left(\vec{A}\cdot\overrightarrow{\operatorname{grad}}\right)\vec{B} \\ \vec{\nabla}\wedge\left(\vec{A}\wedge\vec{B}\right) = \left(\vec{\nabla}\cdot\vec{B}\right)\vec{A} - \left(\vec{\nabla}\cdot\vec{A}\right)\vec{B} + \left(\vec{B}\cdot\vec{\nabla}\right)\vec{B} - \left(\vec{A}\cdot\vec{\nabla}\right)\vec{A} \end{cases}$$

$$\begin{cases} \overrightarrow{\operatorname{grad}}\left(\vec{A}\cdot\vec{B}\right) = \vec{A}\wedge\overrightarrow{\operatorname{rot}}\left(\vec{B}\right) + \vec{B}\wedge\overrightarrow{\operatorname{rot}}\left(\vec{A}\right) + \left(\vec{B}\cdot\overrightarrow{\operatorname{grad}}\right)\vec{A} + \left(\vec{A}\cdot\overrightarrow{\operatorname{grad}}\right)\vec{B} \\ \vec{\nabla}\left(\vec{A}\cdot\vec{B}\right) = \vec{A}\wedge\left(\vec{\nabla}\wedge\vec{B}\right) + \vec{B}\wedge\left(\vec{\nabla}\wedge\vec{A}\right) + \left(\vec{B}\cdot\vec{\nabla}\right)\vec{A} + \left(\vec{A}\cdot\vec{\nabla}\right)\vec{B} \end{cases}$$

❑ Formules utiles

Les formules suivantes sont généralement fournies dans les énoncés. Cependant il est conseillé (au moins pour les oraux) de connaître les formules de Stockes et de Green-Ostrogradsky.

Soit un *contour orienté* (C) et S une surface qui s'appuie sur (C), on écrit :

Formule de Stokes : $$\oint_{(C)} \vec{A}\cdot d\vec{l} = \iint_S \left(\vec{\nabla}\wedge\vec{A}\right)\cdot\vec{n}\,dS = \iint_S \overrightarrow{\operatorname{rot}}\left(\vec{A}\right)\cdot\vec{n}\,dS$$

Formule de Kelvin : $$\oint_{(C)} f\,d\vec{l} = \iint_S \left[\vec{n}\,dS\wedge\left(\vec{\nabla}(f)\right)\right] = \iint_S \left[\vec{n}\,dS\wedge\overrightarrow{\operatorname{grad}}(f)\right]$$

On se reportera, pour les conventions d'orientations des normales, à la méthode 3.3.

Soit une *surface fermée S* qui limite le volume ϑ :

Formule de Green-Ostrogradsky : $$\oiint_S \vec{A}\cdot\vec{n}\,dS = \iiint_\vartheta \left(\vec{\nabla}\cdot\vec{A}\right)d\tau = \iiint_\vartheta \operatorname{div}\left(\vec{A}\right)d\tau$$

Formule du gradient : $$\oiint_S f\,\vec{n}\,dS = \iiint_\vartheta \vec{\nabla}(f)\,d\tau\text{, soit } \oiint_S f\,\vec{n}\,dS = \iiint_\vartheta \overrightarrow{\operatorname{grad}}(f)\,d\tau$$

2. Éléments d'analyse spectrale

❑ Décomposition de Fourier d'un signal périodique

On rencontre fréquemment en physique des fonctions périodiques temporellement et c'est à ce type de fonction que nous allons nous intéresser. Bien entendu le théorème de Fourier a une portée plus large et les résultats suivants se transposent sans peine à une fonction faisant état d'une périodicité spatiale.

D'après le *Théorème de Dirichlet* toute fonction *f* périodique de période T_0, de classe C^1 par morceaux sur $\left[-\frac{T_0}{2},\frac{T_0}{2}\right]$, est la somme d'une série de fonctions sinusoïdales de pulsation multiples de la pulsation $\omega_0 = \frac{2\pi}{T_0}$ de *f* : $\boxed{f(t) = \frac{a_0}{2} + \sum_{n=1}^{\infty} a_n \cos(n\omega_0 t) + \sum_{n=1}^{\infty} b_n \sin(n\omega_0 t)}$,

où les *coefficients de Fourier* sont donnés par :

$$\boxed{a_n = \frac{2}{T_0}\int_I f(t)\cos(n\omega_0 t)\,\mathrm{d}t} \text{ et } \boxed{b_n = \frac{2}{T_0}\int_I f(t)\sin(n\omega_0 t)\,\mathrm{d}t},$$

où suivant les cas on prendra $I = \left[-\frac{T_0}{2},\frac{T_0}{2}\right]$ ou $I = [0, T_0]$.

Lorsque la fonction *f* est impaire, elle s'écrit comme une somme de fonctions sinus, on a alors $a_n = 0$ quel que soit *n*. Lorsqu'elle est paire, elle s'écrit comme une somme de fonctions cosinus, on a alors $b_n = 0$ quel que soit *n*.

Remarque

Les hypothèses de Dirichlet et ne sont pas très contraignantes pour une fonction traduisant les variations d'une grandeur physique.

→ En posant $A_n = \sqrt{a_n^2 + b_n^2}$ et $\tan(\varphi_n) = -\frac{b_n}{a_n}$ on peut encore écrire la série sous la forme :

$$\boxed{f(t) = \frac{a_0}{2} + \sum_{n=1}^{+\infty} A_n \cos(n\omega_0 t + \varphi_n)}.$$

En écrivant : $a_n\cos(n\omega_0 t) + b_n \sin(n\omega_0 t) = a_n \frac{e^{in\omega_0 t} + e^{-in\omega_0 t}}{2} + b_n \frac{e^{in\omega_0 t} - e^{-in\omega_0 t}}{2i}$ soit $C_n e^{in\omega_0 t} + C_{-n} e^{-in\omega_0 t}$ où $C_n = \frac{a_n - ib_n}{2}$ et $C_{-n} = \frac{a_n + ib_n}{2} = C_n^*$, C_n^* étant le complexe conjugué de C_n (pour *f* à valeurs réelles), et en posant $C_0 = \frac{a_0}{2}$ on obtient :

$f(t) = C_0 + \sum_{n=1}^{+\infty} C_n e^{in\omega_0 t} + C_{-n} e^{-in\omega_0 t}$ soit sous une forme plus compacte :

$$\boxed{f(t)=\sum_{n=-\infty}^{+\infty} C_n\, e^{i n \omega_0 t}}.$$

Les coefficients C_n sont obtenus par :

$$\boxed{C_n=\frac{1}{T_0}\int_0^{T_0} f(t)e^{-i n \omega_0 t}\,\mathrm{d}t}.$$

→ Dans ce développement de *f* en série de Fourier, le terme $c_0=\dfrac{a_0}{2}=\dfrac{1}{T_0}\displaystyle\int_0^{T_0} f(t)\mathrm{d}t$, correspondant à $n=0$, est la *moyenne* de *f*. Lorsqu'elle est non nulle, il s'agit de la composante continue de la grandeur physique représentée par *f*.

Le terme suivant est le *fondamental*, correspondant à $n=1$, il est de même pulsation ω_0 que *f*.

Les termes qui suivent, pour $n>1$, sont les *harmoniques de rang n*, de pulsation respective $n\omega_0$.

Remarque

Lorsqu'on a à faire à une fonction $f(x)$ périodique spatialement de période L, les mêmes conditions doivent être vérifiées dans l'intervalle $\left[-\dfrac{L}{2},\dfrac{L}{2}\right]$.

Le développement en série de Fourier s'écrit alors sous la même forme que précédemment en remplaçant formellement $\omega_0=\dfrac{2\pi}{T_0}$ par $q=\dfrac{2\pi}{L}$, de sorte que :

$$\boxed{f(x)=\frac{a_0}{2}+\sum_{n=1}^{\infty} a_n\cos(nqx)+\sum_{n=1}^{\infty} b_n\sin(nqx)},$$

avec :

$$\boxed{a_n=\frac{2}{L}\int_0^L f(x)\cos\left(nqx\right)\mathrm{d}x} \text{ et } \boxed{b_n=\frac{2}{L}\int_0^L f(x)\sin\left(nqx\right)\mathrm{d}x}.$$

❑ Décomposition de Fourier d'un signal non périodique

→ Dans certains cas la fonction $f(x)$ n'est pas périodique mais coïncide avec la fonction périodique précédemment étudiée sur l'intervalle $\left[-\dfrac{L}{2},\dfrac{L}{2}\right]$.

Dans cet intervalle $f(x)$ est développable en série de Fourier comme précédemment avec les mêmes coefficients de Fourier a_n et b_n, mais ce développement n'est alors valable que sur l'intervalle en question alors que pour la fonction périodique, il était valable pour $x\in\left]-\infty,+\infty\right[$.

→ Dans de nombreux autres cas $f(x)$ n'est physiquement définie que sur l'intervalle $\left[0,L\right]$.

Dans ce cas on prolongera la fonction dans l'intervalle $\left[-L,0\right]$ pour se ramener au cas précédent sur l'intervalle $\left[-L,L\right]$.

→ En particulier, en posant $f(x) = f(-x)$, on obtient une fonction paire sur $[-L, L]$, s'identifiant avec la fonction physique sur $[0, L]$, et dont les coefficients b_n sont donc nuls alors que les a_n sont donnés par $a_n = \frac{2}{2L}\int_0^{2L} f(x)\cos\left(\frac{n\pi}{L}x\right)\mathrm{d}x = \frac{2}{L}\int_0^{L} f(x)\cos\left(\frac{n\pi}{L}x\right)\mathrm{d}x$.

Ici la fonction est de période 2L.

Ainsi, dans ce cas la fonction physique définie sur $[0, L]$ se développe en série de cosinus :

$$f(x) = \frac{a_0}{2} + \sum_{n=1}^{\infty} a_n \cos\left(\frac{n\pi}{L}x\right).$$

→ De même, en posant $f(x) = -f(-x)$ on prolonge $f(x)$ sur $[-L, 0[$ par une fonction impaire sur $[-L, L]$, de sorte que les coefficients a_n sont donc nuls alors que les b_n sont donnés par :

$$a_n = \frac{2}{2L}\int_0^{2L} f(x)\sin\left(\frac{n\pi}{L}x\right)\mathrm{d}x = \frac{2}{L}\int_0^{L} f(x)\sin\left(\frac{n\pi}{L}x\right)\mathrm{d}x.$$

Ainsi, dans ce cas la fonction physique définie sur $[0, L]$ se développe en série de sinus :

$$f(x) = \sum_{n=1}^{\infty} b_n \sin\left(\frac{n\pi}{L}x\right).$$

Remarque

Le choix entre les deux se fait naturellement en regardant la continuité de la fonction prolongée. Il conviendra de s'assurer de la continuité de la fonction définie par prolongement aux bornes du domaine de définition de la fonction physique initiale. Dans le cas idéal la fonction prolongée est continue et possède les conditions de Dirichlet ce qui assure une meilleure convergence de la série correspondante (convergence uniforme).

❑ Spectre d'un signal physique

La suite des A_n constitue le spectre d'amplitude de *f*. Celle des φ_n constitue son spectre de phase. On représente communément le spectre d'amplitude en traçant, pour chaque valeur de *n* ou, ce qui est équivalent, pour chaque valeur ν_n de la fréquence, ou encore de la pulsation $\omega_n = n\omega_0$, un trait proportionnel à l'amplitude A_n. Le coefficient A_n donne ainsi le poids de l'harmonique de rang *n* dans le signal *f*. On obtient ainsi un ensemble de raies, formant le spectre d'amplitude du signal. Les spectres (en amplitude et en phase) constituent une signature spectrale du signal et traduisent sa décomposition dans l'espace fréquentiel. Cette approche est complémentaire de la représentation temporelle du signal.

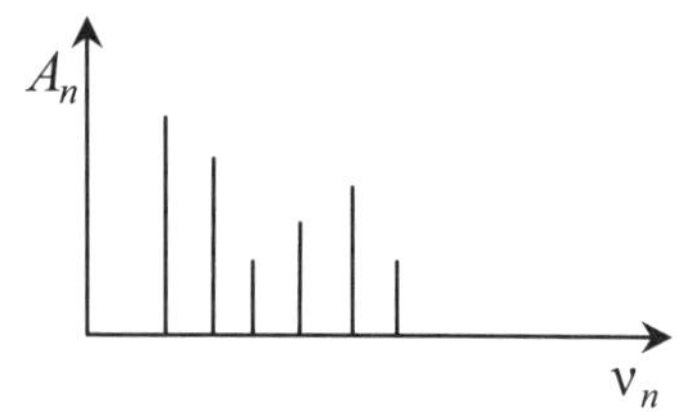

❑ Transformée de Fourier

Considérons la fonction $f(x)$ non périodique définie sur l'intervalle $[-\infty,+\infty]$ et absolument intégrable dans cet intervalle : $\int_{-\infty}^{+\infty}|f(x)|\,\mathrm{d}x$ existe. On suppose que cette fonction est développable en série de Fourier (elle répond aux conditions de Dirichlet) sur un intervalle quelconque $\left[-\frac{L}{2},\frac{L}{2}\right]$ sous la forme : $\boxed{f(x)=\sum_{n=-\infty}^{+\infty} C_n e^{inqx}}$, où $\boxed{C_n=\frac{1}{L}\int_{-L/2}^{L/2} f(x)e^{-inqx}\,\mathrm{d}x}$, avec $q=\frac{2\pi}{L}$. Ainsi : $f(x)=\frac{1}{L}\sum_{n=-\infty}^{+\infty}\left(\int_{-L/2}^{L/2} f(u)e^{-ik_n u}\,\mathrm{d}u\right)e^{ik_n x}$, où $k_n=nq$ est le nombre d'onde d'ordre *n*. Entre deux valeurs consécutives de k_n on a un intervalle de $\Delta k_n=\frac{2\pi}{L}$, de sorte que : $f(x)=\frac{1}{2\pi}\sum_{n=-\infty}^{+\infty}\left(\int_{-L/2}^{L/2} f(u)e^{-ik_n u}\,\mathrm{d}u\right)e^{ik_n x}\Delta k_n$. Les intégrales $\int_{-L/2}^{L/2} f(u)e^{-ik_n u}\,\mathrm{d}u$ convergent puisque : $\left|\int_{-L/2}^{L/2} f(u)e^{-ik_n u}\,\mathrm{d}u\right|\leq\int_{-L/2}^{L/2}|f(u)|\,\mathrm{d}u\leq\int_{-\infty}^{+\infty}|f(u)|\,\mathrm{d}u$.

L'idée consiste à présent à considérer qu'une fonction non périodique est la limite d'une fonction périodique dont la période *L* tend vers l'infini. Passons alors à la limite $L\to\infty$. En remarquant que $\Delta k_n\to 0$ lorsque $L\to\infty$, on peut passer des sommations discrètes utilisant les variables discrètes k_n à une somme continue (une intégrale) utilisant la variable continue *k* :

$$f(x)=\frac{1}{2\pi}\int_{-\infty}^{+\infty}\left(\int_{-\infty}^{+\infty} f(u)e^{-iku}\,\mathrm{d}u\right)e^{ikx}\,\mathrm{d}k.$$

On pose alors $\boxed{F(k)=\frac{1}{\sqrt{2\pi}}\int_{-\infty}^{+\infty} f(x)e^{-ikx}\,\mathrm{d}x=\mathrm{TF}\big(f(x)\big)}$ fonction dite **transformée de Fourier** de la fonction $f(x)$.

D'après ce qui précède, il vient alors $\boxed{f(x)=\frac{1}{\sqrt{2\pi}}\int_{-\infty}^{+\infty} F(k)e^{+ikx}\,\mathrm{d}k=\mathrm{TF}^{-1}\big(F(k)\big)}$ fonction dite **transformée de Fourier inverse** de la fonction $F(k)$.

Pour une fonction *f* dépendant du temps *t* on écrira de même :

$F(\omega)=\frac{1}{\sqrt{2\pi}}\int_{-\infty}^{+\infty} f(t)e^{-i\omega t}\,\mathrm{d}t$: **transformée de Fourier** de la fonction $f(t)$ et

$f(t)=\frac{1}{\sqrt{2\pi}}\int_{-\infty}^{+\infty} F(\omega)e^{+i\omega t}\,\mathrm{d}\omega$: **transformée de Fourier inverse** de la fonction $F(\omega)$.

Ainsi, une fonction *f* dépendant du temps *t* peut être considérée comme une superposition continue de fonctions sinusoïdales du temps *t*. Le terme $F(\omega)$ est alors l'équivalent du terme c_n

de la décomposition en série de Fourier, il représente donc le « poids » de la composante spectacle de pulsation ω. La transformée de Fourier permet ainsi de passer de l'espace temporel à l'espace des pulsations (ou des fréquences $\nu = \dfrac{\omega}{2\pi}$), c'est-à-dire au spectre de *f*. En effet, en traçant $|F|$ en fonction de la variable continue ω on obtient le **spectre d'amplitude** de la fonction *f*, le tracé de $\arg(F)$ donnant son **spectre de phase**.

Le **théorème de Parseval** permet d'écrire : $\boxed{\int_{-\infty}^{+\infty} |f(t)|^2 \,\mathrm{d}t = \int_{-\infty}^{+\infty} |F(\omega)|^2 \,\mathrm{d}\omega}$, il traduit physiquement la **conservation de l'énergie** entre le système physique décrit par la fonction f et les composantes de son spectre : **l'énergie du système est égal à la somme des énergies de chaque composante sinusoïdale**.

Exemple de la fonction créneau f(t) de période T_0

$$f(t) = \begin{cases} f_0 \text{ si } t \in \left[nT_0, \left(n+\dfrac{1}{2}\right)T_0 \right[\\ -f_0 \text{ si } t \in \left[\left(n+\dfrac{1}{2}\right)T_0, (n+1)T_0 \right[\end{cases}$$

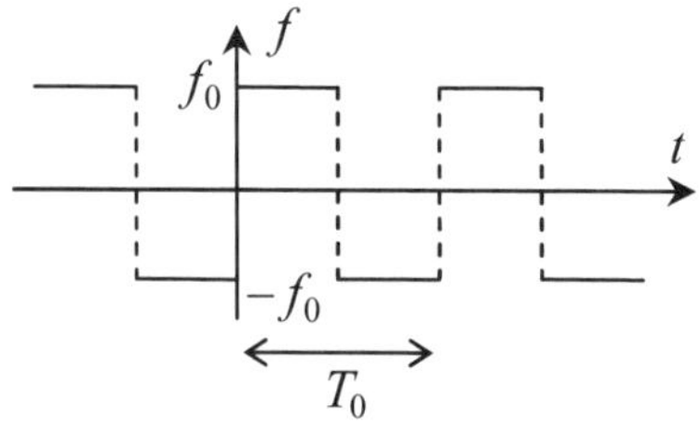

On en cherche la décomposition de Fourier sous la forme :

$f(t) = \dfrac{a_0}{2} + \sum_{n=1}^{\infty} a_n \cos(n\omega_0 t) + \sum_{n=1}^{\infty} b_n \sin(n\omega_0 t)$. Sa valeur moyenne est ici nulle, donc $\dfrac{a_0}{2} = 0$.

La fonction est impaire donc $a_n = 0$ quel que soit *n*.

$$b_n = \frac{2}{T_0}\int_0^{T_0} f(t)\sin(n\omega_0 t)\,\mathrm{d}t = \frac{2}{T_0}\left[\int_{-T_0/2}^{0} (-f_0)\sin(n\omega_0 t)\,\mathrm{d}t + \int_0^{T_0/2} f_0 \sin(n\omega_0 t)\,\mathrm{d}t\right]$$

$$= \frac{4}{T_0}\left[\int_0^{T_0/2} f_0 \sin(n\omega_0 t)\,\mathrm{d}t\right] = \frac{4 f_0}{n\omega_0 T_0}\left[-\cos(n\omega_0 t)\right]_0^{T_0/2} = \frac{2 f_0}{n\pi}\left[1-\cos(n\pi)\right] \text{ car } \omega_0 T_0 = 2\pi.$$

On a donc $\begin{cases} b_n = 0 \ \text{ si } n \text{ est pair} \\ b_n = \dfrac{4 f_0}{n\pi} \ \text{ si } n \text{ est impair} \end{cases}$, et l'on peut écrire : $f(t) = \dfrac{4 f_0}{\pi} \sum_{p=0}^{\infty} \dfrac{\sin((2p+1)\omega_0 t)}{2p+1}$.

Le spectre d'amplitude est donc formé d'un fondamental de fréquence ν_0 et ne contient que des harmoniques impaires de fréquences $\nu_{2p+1} = (2p+1)\nu_0$ avec des amplitudes décroissant comme l'inverse du rang : $A_n \propto \dfrac{1}{n}$. L'enveloppe spectrale est une hyperbole.

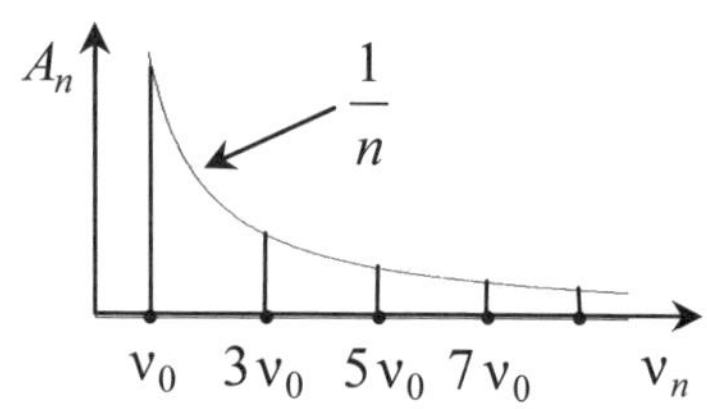

Dans l'espace temporel, on peut montrer qu'on se rapproche d'autant de la fonction *f* que l'on somme un nombre important d'harmoniques :

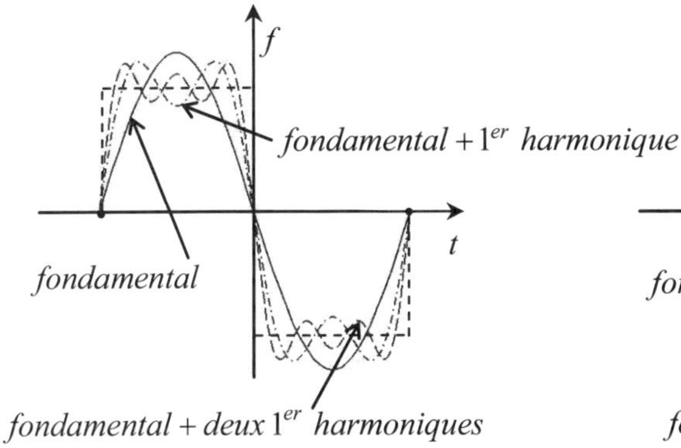

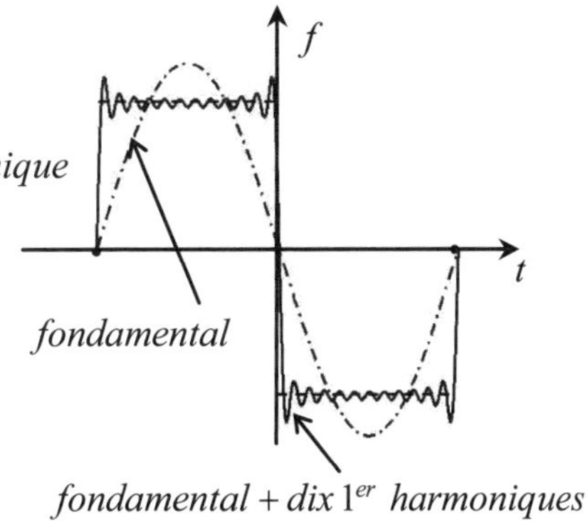

Considérons à présent la fonction non périodique définie par : $f(t) = f_0$ entre 0 et $T_0/2$, $f(t) = -f_0$ entre $T_0/2$ et T_0, nulle partout ailleurs. Elle coïncide donc avec la fonction créneau précédente sur une période. Cette fonction est absolument intégrable puisque $\int_{-\infty}^{+\infty} |f(t)|\,\mathrm{d}t = f_0 T_0$.

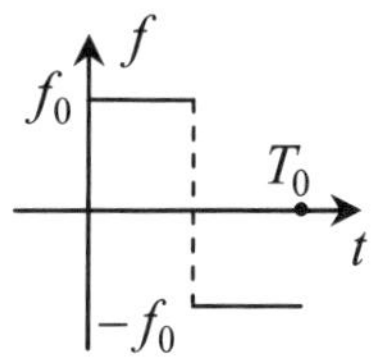

Sa transformée de Fourier a pour expression :

$$F(\omega) = \frac{1}{\sqrt{2\pi}}\left[\int_0^{T_0/2} f_0\, e^{-i\omega t}\,\mathrm{d}t - \int_{T_0/2}^{T_0} f_0\, e^{-i\omega t}\,\mathrm{d}t\right] = \frac{i f_0}{\omega\sqrt{2\pi}}\left[e^{-i\omega T_0/2} - 1 - e^{-i\omega T_0} + e^{-i\omega T_0/2}\right]$$

$$= \frac{i f_0}{\omega\sqrt{2\pi}}\left[2e^{-i\omega T_0/2} - e^{-i\omega T_0} - 1\right] = \frac{i f_0}{\omega\sqrt{2\pi}}\left[2e^{-i\omega T_0/2} - e^{-i\omega T_0} - 1\right] = \frac{i f_0}{\omega\sqrt{2\pi}}\left(1 - e^{-i\omega T_0/2}\right)^2$$

$$= \frac{i f_0}{\omega\sqrt{2\pi}}\left(1 - \cos(\omega T_0/2) + i\sin(\omega T_0/2)\right)^2.$$

Le spectre d'amplitude est obtenu en traçant le module de F en fonction de ω :

$$|F(\omega)| = \frac{f_0}{\omega\sqrt{2\pi}}\left|\left(1 - \cos(\omega T_0/2) + i\sin(\omega T_0/2)\right)^2\right| = \frac{f_0}{\omega\sqrt{2\pi}}\left[\left(1 - \cos(\omega T_0/2)\right)^2 + \sin^2(\omega T_0/2)\right]$$

$$= \frac{f_0\sqrt{2/\pi}}{\omega}\sin^2(\omega T_0/2).$$

Le spectre d'amplitude a donc l'allure ci-contre :
Les raies spectrales sont ainsi remplacées par des pics de largeur $\Delta\omega$ finie. On constate qualitativement que l'essentiel de la fonction f est formée de composantes sinusoïdales de pulsations ω comprise entre 0 et $2\pi/T_0$ (premier zéro de $|F(\omega)|$). En notant alors de façon schématique que la largeur spectrale $\Delta\omega$ est proportionnelle à $\frac{1}{T_0}$, il apparaît que plus l'intervalle T_0 sur lequel la fonction f est non nulle est grand et plus la largeur spectrale est faible. Cette propriété est générale : **le spectre d'une fonction est d'autant plus étroit que cette fonction est définie sur un intervalle large et inversement**.

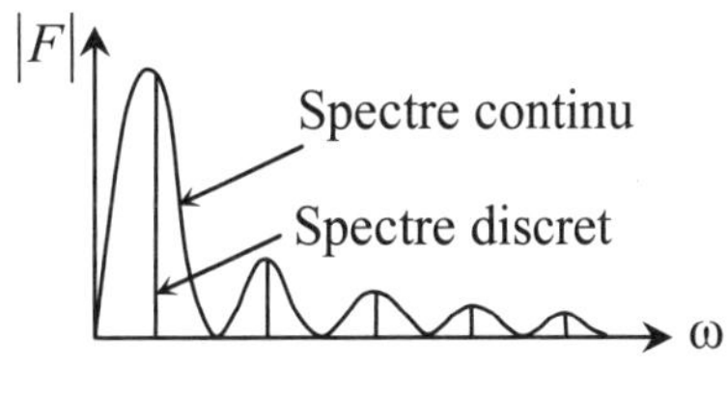

3. Le minimum de savoir-faire en mathématiques

❑ Volumes et surfaces

On veillera à ne pas confondre le volume d'une sphère de rayon R : $\mathcal{V}_{sphère} = \frac{4}{3}\pi R^3$ avec sa surface $S_{sphère} = 4\pi R^2$, et à ne pas confondre cette surface à celle d'un disque de même rayon $S_{disque} = \pi R^2$ (dont le périmètre est $2\pi R$). Une analyse dimensionnelle est vivement conseillée pour éviter cet écueil !

❑ Équation du second degré

Soit l'équation du second degré $ax^2 + bx + c = 0$ où *a*, *b*, *c* sont réels. La nature de ses solutions dépend du signe de son discriminant $\Delta = b^2 - 4ac$:

→ Si $\Delta > 0$, les solutions sont réelles $x_1 = \frac{-b + \sqrt{\Delta}}{2a}$ et $x_2 = \frac{-b - \sqrt{\Delta}}{2a}$.

→ Si $\Delta < 0$, les solutions sont complexes conjuguées $x_1 = \frac{-b + i\sqrt{-\Delta}}{2a}$ et $x_2 = \frac{-b - i\sqrt{-\Delta}}{2a}$.

→ Si $\Delta = 0$, il y a une unique solution $x_1 = x_2 = -\frac{b}{2a}$.

Il peut être utile de retenir que la somme des solutions vaut $S = x_1 + x_2 = -\frac{b}{a}$, leur différence $D = x_1 - x_2 = \frac{\sqrt{\Delta}}{a}$, leur produit $P = x_1 x_2 = \frac{c}{a}$.

❑ Les nombres complexes

On note $\underline{\chi} = a + ib$ (où $i^2 = -1$), un nombre complexe, représenté par un point *M* dans le plan complexe. Son module est $\rho = |\underline{\chi}| = \sqrt{a^2 + b^2}$, en notation trigonométrique on écrit $\underline{\chi} = \rho \exp(i\theta) = \rho(\cos(\theta) + i\sin(\theta))$, où $\theta = \arg(\underline{\chi})$ est l'argument (ou phase) de $\underline{\chi}$.

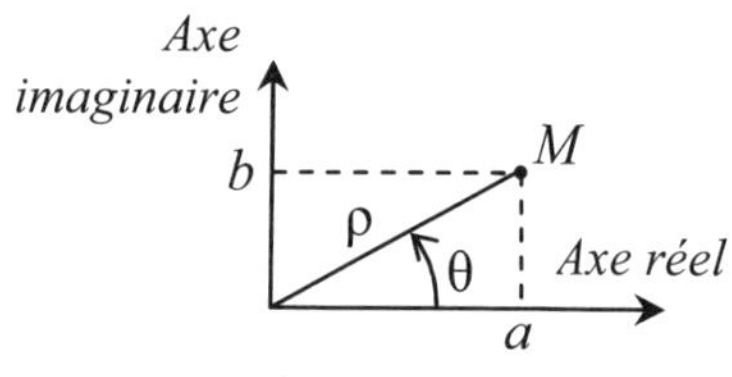

On a $\cos(\theta) = \frac{a}{\rho}$, $\sin(\theta) = \frac{b}{\rho}$ et $\tan(\theta) = \frac{b}{a}$. Si $\underline{\chi}^*$ est le complexe conjugué de $\underline{\chi}$, alors $\underline{\chi}^* = a - ib = \rho\exp(-i\theta)$, de sorte que : $a = \mathrm{Re}\{\underline{\chi}\} = \frac{\underline{\chi} + \underline{\chi}^*}{2}$ et $b = \mathrm{Im}\{\underline{\chi}\} = \frac{\underline{\chi} - \underline{\chi}^*}{2i}$.

Opérations utiles : $\left|\dfrac{\underline{\chi}_1}{\underline{\chi}_2}\right| = \dfrac{|\underline{\chi}_1|}{|\underline{\chi}_2|}$ $\qquad \arg\left(\dfrac{\underline{\chi}_1}{\underline{\chi}_2}\right) = \arg(\underline{\chi}_1) - \arg(\underline{\chi}_2)$.

Si $\underline{\chi}_n = \rho_n \exp(i\theta_n)$ alors le produit des $\underline{\chi}_n$ s'écrit $\prod_n \underline{\chi}_n = \left(\prod_n \rho_n\right) \exp\left(i \sum_n \theta_n\right)$.

❑ Suites

Pour une suite arithmétique $u_n = u_0 + r\,n$, de raison r, de premier terme u_0, la somme des $n+1$ premiers termes est donnée par : $S_n =$ *moyenne des termes extrêmes fois nombre de termes*, c'est-à-dire, $S_n = \dfrac{u_0 + u_n}{2}(n+1)$.

Pour une suite géométrique $u_n = u_0\, q^n$, de raison q, la somme des $n+1$ premiers termes est donnée par : $S_n = 1^{er}$ *terme fois* $\left(\dfrac{\text{un moins la raison puissance le nombre de termes}}{\text{un moins la raison}}\right)$, c'est-à-dire, $S_n = u_0 \dfrac{1 - q^{n+1}}{1 - q}$.

❑ Formule de Taylor-Young et développements limités

Il est important de savoir transposer les notions mathématiques de fonction et de paramètre dans un contexte physique, ce qui n'est pas toujours dénué d'ambiguïté… Voyons par exemple le cas d'une mole de gaz (supposé parfait pour simplifier) enclos dans une enceinte de volume V, de température T variable au cours du temps. Sa pression dépend de la température par la loi des gaz parfaits $P = \dfrac{RT}{V}$ et on écrira alors $P = f(T)$, où la fonction f traduit la dépendance de la grandeur physique P au paramètre physique T. Dans cette écriture P est la fonction et T le paramètre. Cependant si l'on veut rendre compte de la variation de T au cours du temps t, on écrira $T = g(t)$, écriture dans laquelle T est à présent la fonction et t le paramètre. L'identification du paramètre dont dépend une grandeur physique est un préalable nécessaire à toute analyse de son évolution par l'intermédiaire des objets différentiels des mathématiques.

→ En mathématiques, la formule de Taylor-Young, pour une fonction f de classe C^n, s'écrit :

$$f(x_0 + h) = f(x_0) + h\frac{\mathrm{d}f}{\mathrm{d}x}(x_0) + \ldots + \frac{h^n}{n!}\frac{\mathrm{d}^n f}{\mathrm{d}x^n}(x_0) + o\left(h^n\right).$$

→ On l'adapte en physique de la façon suivante : si une grandeur physique désignée par la lettre F dépend d'un paramètre x, on modélise cette dépendance par une fonction f, qui à tout x associe une valeur de la grandeur F. En physique il est *d'usage d'unir la grandeur physique* (qui seule a une réalité tangible) *et la fonction* f (résultat de la modélisation), qui sont alors désignés par la même lettre. *F tient alors lieu à la fois de grandeur physique et de fonction au sens mathématique*. Par exemple, dans le cas du gaz parfait examiné plus haut, on écrira simplement $P = P(T)$, en associant f et P.

Une variation infinitésimale de x d'une quantité élémentaire $\mathrm{d}x$ entraîne une variation (elle aussi élémentaire) de la grandeur F de $\mathrm{d}F$. Cette petite variation est accessible par le biais de « l'arsenal » mathématique transposé à ce contexte.
En effet, la formule de Taylor-Young s'écrit alors (sans faire apparaître le reste puisque, par rapport à l'écriture mathématique, l'intervalle h étant ici une quantité $\mathrm{d}x$ infinitésimale, le reste est négligeable devant le dernier terme de la partie principale du développement) :

$$F(x_0+\mathrm{d}x)=F(x_0)+\mathrm{d}x\left(\frac{\mathrm{d}F}{\mathrm{d}x}\right)_{x_0}+\frac{(\mathrm{d}x)^2}{2!}\left(\frac{\mathrm{d}^2F}{\mathrm{d}x^2}\right)_{x_0}+\ldots+\frac{(\mathrm{d}x)^n}{n!}\left(\frac{\mathrm{d}^nF}{\mathrm{d}x^n}\right)_{x_0}.$$

On notera que mathématiquement la fonction F est supposée être de classe C^n.
En linéarisant cette expression, c'est-à-dire en se limitant au premier ordre (ce qui n'impose plus à la fonction que d'être de classe C^1), on écrit la variation élémentaire de F lorsque x varie d'une quantité infinitésimale $\mathrm{d}x$ *au voisinage* de x_0 :

$$\mathrm{d}F=F(x_0+\mathrm{d}x)-F(x_0)=\left(\frac{\mathrm{d}F}{\mathrm{d}x}\right)_{x_0}\mathrm{d}x.$$

En physique, dans le contexte de l'étude des phénomènes ondulatoires unidimensionnels au programme des classes préparatoires, on modélise souvent les variations spatio-temporelles de la grandeur physique F se propageant par une fonction du temps t et d'un paramètre d'espace x. La formule de Taylor-Young s'écrit alors, en utilisant les dérivées partielles vis-à-vis de la variable x :

$$F(x_0+\mathrm{d}x,t)=F(x_0,t)+\mathrm{d}x\left(\frac{\partial F}{\partial x}\right)_{x_0,t}+\frac{(\mathrm{d}x)^2}{2!}\left(\frac{\partial^2 F}{\partial x^2}\right)_{x_0,t}+\ldots+\frac{(\mathrm{d}x)^n}{n!}\left(\frac{\partial^n F}{\partial x^n}\right)_{x_0,t}.$$

Remarque

Si F est une fonction de x et de t, la notation mathématique *rigoureuse* traduisant *la dérivée de la fonction F par rapport à x prise en x et à t* est $\frac{\partial F}{\partial x}(x,t)$, sa valeur *en* x_0 *et à t* est notée $\frac{\mathrm{d}F}{\mathrm{d}x}(x_0,t)$ ou $\left(\frac{\mathrm{d}F}{\mathrm{d}x}\right)_{x_0,t}$. Par abus de notation, $\frac{\partial F}{\partial x}(x,t)$ est souvent noté dans cet ouvrage, $\frac{\partial F(x,t)}{\partial x}$ ou tout simplement $\frac{\partial F}{\partial x}$. Lorsqu'il n'y a pas de confusion possible nous noterons $\left(\frac{\partial F}{\partial x}\right)_{x_0}$ ou $\left(\frac{\partial F}{\partial x}\right)_{x=x_0}$ sa valeur *en* x_0 *et à t*.

❑ Quelques DL utiles au voisinage de zéro

$\exp(x)=1+x+\frac{x^2}{2!}+\ldots+\frac{x^n}{n!}+o\left(x^n\right)$. Les DL de ch et sh s'en déduisent :

$\mathrm{ch}(x)=1+\frac{x^2}{2!}+\frac{x^4}{4!}+\ldots+\frac{x^{2n}}{(2n)!}+o\left(x^{2n+1}\right)$ (partie paire de $\exp(x)$)

$$\mathrm{sh}(x) = x + \frac{x^3}{3!} + \frac{x^5}{5!} + ... + \frac{x^{2n+1}}{(2n+1)!} + o\left(x^{2n+2}\right)$$ (partie impaire de exp(x)).

En alternant les signes on obtient alors les DL de cos et sin :

$$\cos(x) = 1 - \frac{x^2}{2!} + \frac{x^4}{4!} + ... + (-1)^n \frac{x^{2n}}{(2n)!} + o\left(x^{2n+1}\right) ;$$

$$\sin(x) = x - \frac{x^3}{3!} + \frac{x^5}{5!} + ... + (-1)^n \frac{x^{2n+1}}{(2n+1)!} + o\left(x^{2n+2}\right)$$

$$\frac{1}{1-x} = 1 + x + x^2 + ... + x^n + o\left(x^n\right) ; \frac{1}{1+x} = 1 - x + x^2 - ... + (-1)^n x^n + o\left(x^n\right) ;$$

$$\ln(1+x) = x - \frac{x^2}{2} + \frac{x^3}{3} - ... + (-1)^{n-1} \frac{x^n}{n} + o\left(x^n\right) ; \ln(1-x) = -x - \frac{x^2}{2} - \frac{x^3}{3} - ... - \frac{x^n}{n} + o\left(x^n\right)$$

$$(1+x)^\alpha = 1 + \alpha x + \frac{\alpha(\alpha-1)}{2!} x + ... + \frac{\alpha(\alpha-1)...(\alpha-n+1)}{n!} x^n + o\left(x^n\right).$$

❑ Dérivée de fonctions usuelles et règles de dérivation

En physique on rencontre très souvent (en mécanique par exemple) la dérivée de fonctions de fonctions. Il convient sur ce point d'être vigilant, l'identification du paramètre par rapport auquel on dérive étant essentiel. Si une grandeur physique F dépend d'un paramètre u par une fonction f, et que u dépend lui-même d'un paramètre t (souvent le temps) par une fonction g : $u = g(t)$, on peut écrire F sous la forme $F(t) = f\left(g(t)\right)$. La dérivée de F par rapport à t s'écrit, en dérivant f par rapport à u, et en n'oubliant pas de multiplier par la dérivée de g par rapport à t : $F'(t) = f'(u)g'(t)$, où $f'(u) = \frac{\mathrm{d}f}{\mathrm{d}u}(u)$ et $g' = \frac{\mathrm{d}g}{\mathrm{d}t}(t)$. Avec les notations d'usage en physique, on écrira, u étant une fonction de t : $\left(f(u)\right)' = f'(u)\,u'$. Ainsi, $\left(\exp(u)\right)' = \exp(u)u'$; $\left(\ln(u)\right)' = \frac{1}{u}u'$ et $\left(u^\alpha\right)' = \alpha u^{\alpha-1} u'$. Par exemple la dérivée par rapport au temps de l'énergie cinétique de translation d'une masse ponctuelle m suivant un axe (Ox), $E_c = \frac{1}{2} m \dot{x}(t)^2$, s'écrit, avec $u(t) = \dot{x}(t)$ et $u'(t) = \ddot{x}(t)$:

$$\frac{\mathrm{d}E_c}{\mathrm{d}t} = 2 \times \frac{1}{2} m \dot{x}(t) \times \ddot{x}(t) = m \dot{x}(t) \ddot{x}(t), \text{ où } \dot{x}(t) = \frac{\mathrm{d}x}{\mathrm{d}t}(t) \text{ et } \ddot{x}(t) = \frac{\mathrm{d}^2 x}{\mathrm{d}t^2}(t).$$

Quelques formules utiles

$$(x^\alpha)' = \alpha x^{\alpha-1} ; (\ln x)' = \frac{1}{x} ; (\sin x)' = \cos x ; (\cos x)' = -\sin x ; (\mathrm{sh}\, x)' = \mathrm{ch}\, x ; (\mathrm{ch}\, x)' = \mathrm{sh}\, x$$

Si $u(x)$ et $v(x)$ sont deux fonctions de x, $\left(\frac{u}{v}\right)' = \frac{vu' - uv'}{v^2}$; $(uv)' = uv' + vu'$ et $\left(u+v\right)' = u' + v'$.

❑ Trigonométrie circulaire

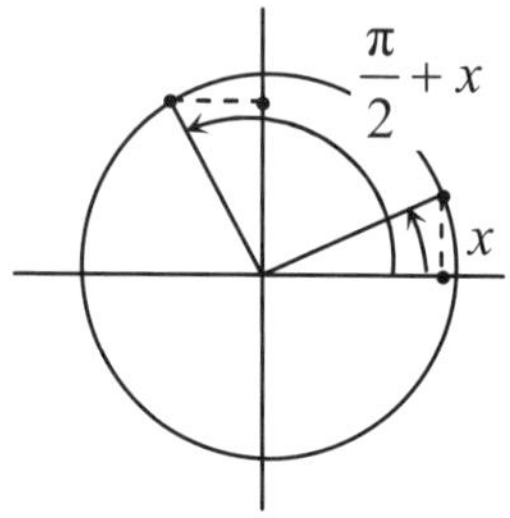

Tout d'abord il est important de prendre conscience que la connaissance d'un minimum de formules de trigonométrie permet de déduire rapidement toutes les autres sans qu'il soit nécessaire de se surcharger l'esprit. Les formules du type :

$\cos(\pi - x) = -\cos(x)$ $\quad \sin(\pi - x) = \sin(x)$ $\quad \cos(\pi + x) = -\cos(x)$

$\sin(\pi + x) = -\sin(x)$ $\quad \cos(\pi/2 - x) = \sin(x)$

$\sin(\pi/2 - x) = \cos(x)$ ...

se déduisent immédiatement du cercle trigonométrique (voir figures ci-contre).

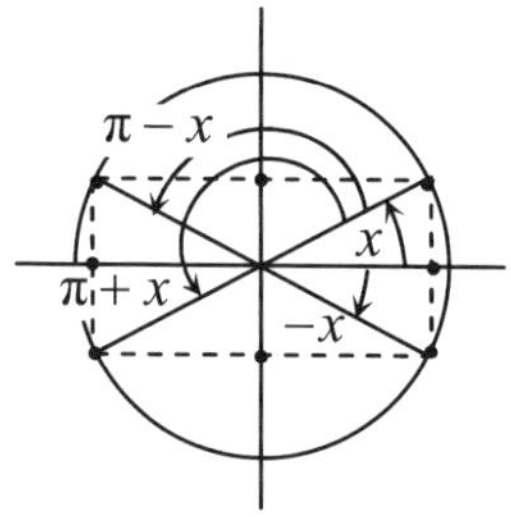

Quelques formules utiles

Formule de Moivre

$$\exp(i\alpha x) = \left(\cos x + i\sin x\right)^{\alpha} = \cos(\alpha x) + i\sin(\alpha x)$$

Les formules d'Euler

$$\cos(x) = \frac{e^{ix} + e^{-ix}}{2} \qquad \sin(x) = \frac{e^{ix} - e^{-ix}}{2i} \qquad \tan(x) = \frac{\sin(x)}{\cos(x)} = -i\,\frac{1 - e^{-2ix}}{1 + e^{-2ix}}, \quad x \neq \frac{\pi}{2}[\pi]$$

Les formules d'addition d'arcs

$\cos(a \pm b) = \cos a \cos b \mp \sin a \sin b$ $\qquad \sin(a \pm b) = \sin a \cos b \pm \cos a \sin b$,

$\cos(2a) = \cos^2(a) - \sin^2(a) = 2\cos^2(a) = 1 - 2\sin^2(a)$, avec $\cos^2 a + \sin^2 a = 1$,

$\sin(2a) = 2\sin a \cos a$.

En cas de doutes sur les signes + ou − le plus simple est de remplacer a par π, ou par une autre valeur bien choisie, dans la formule envisagée et de se reporter au cercle trigonométrique...

Les formules d'additions de fonctions

Elles peuvent être déduites des formules précédentes en posant $p = a + b$ et $q = a - b$. On utilise classiquement :

$$\cos p + \cos q = 2\cos\left(\frac{p+q}{2}\right)\cos\left(\frac{p-q}{2}\right) \qquad \cos p - \cos q = -2\sin\left(\frac{p+q}{2}\right)\sin\left(\frac{p-q}{2}\right)$$

$$\sin p + \sin q = 2\sin\left(\frac{p+q}{2}\right)\cos\left(\frac{p-q}{2}\right) \qquad \sin p - \sin q = 2\cos\left(\frac{p+q}{2}\right)\sin\left(\frac{p-q}{2}\right).$$

❑ Trigonométrie hyperbolique

$$\text{ch}(x) = \frac{e^{x} + e^{-x}}{2} \qquad \text{sh}(x) = \frac{e^{x} - e^{-x}}{2} \qquad \text{th}(x) = \frac{\text{sh}(x)}{\text{ch}(x)} = \frac{1 - e^{-2x}}{1 + e^{-2x}}.$$

Correspondance circulaire-hyperbolique : on peut obtenir toutes les formules de trigonométrie hyperbolique en remplaçant dans la formule de trigonométrie circulaire $\cos(x)$ par $\text{ch}(x)$ et $\sin(x)$ par $i\,\text{sh}(x)$. Par exemple pour transposer $\cos^2 a + \sin^2 a = 1$ en trigonométrie hyperbolique, on écrit $\text{ch}^2 a + (i\,\text{sh}\,a)^2 = 1$, soit $\text{ch}^2 a - \text{sh}^2 a = 1$.

❑ Équations différentielles

Équations linéaires du premier ordre du type : $\frac{\mathrm{d}y}{\mathrm{d}t}+\alpha y=G(t)$, (équation notée EQ), où $\alpha=cte$. La solution de l'équation sans second membre notée EQ' (c'est-à-dire si $G(t)=0$) est $y(t)=C\exp(-\alpha t)$. On recherche une solution particulière de EQ, la solution générale de EQ et de la solution générale de EQ'. La détermination des constantes d'intégrations, à partir des conditions initiales, se fait sur la solution générale de EQ.

Équations linéaires du premier ordre du type : $\frac{\mathrm{d}y}{\mathrm{d}t}+y\,f(t)=G(t)$ (équation EQ). La solution générale de l'équation EQ' (équation à variables séparées puisque $\frac{\mathrm{d}y}{y}=-f(t)\mathrm{d}t$) s'écrit, en notant F une primitive de f, $y(t)=C^{te}\exp(-F(t))$. On reporte cette solution dans EQ en remplaçant Cte par C qui est à présent une fonction de t (méthode de *variation de la constante*) pour écrire : $\frac{\mathrm{d}y}{\mathrm{d}t}=-C\exp(-F(t))\,f(t)+\frac{\mathrm{d}C}{\mathrm{d}t}\exp(-F(t))$.

Avec $G(t)=\frac{\mathrm{d}C}{\mathrm{d}t}\exp(-F(t))$, on obtient (les variables se séparant) $C=\int G(t)\exp(F(t))\mathrm{d}t$.

La solution générale de EQ est donc : $y(t)=\exp(-F(t))\left[\int G(t)\exp(F(t))\mathrm{d}t+C^{te}\right]$.

Équations linéaires du second ordre à coefficients constants : équation de la forme $\frac{\mathrm{d}^2y}{\mathrm{d}t^2}+2\lambda\frac{\mathrm{d}y}{\mathrm{d}t}+\omega_0^2\,y=G(t)$ (équation EQ). L'équation EQ' (sans second membre) s'écrit $\frac{\mathrm{d}^2y}{\mathrm{d}t^2}+2\lambda\frac{\mathrm{d}y}{\mathrm{d}t}+\omega_0^2\,y=0$. Elle a pour équation caractéristique $r^2+2\lambda r+\omega_0^2=0$, dont le discriminant réduit est $\lambda^2-\omega_0^2$. Trois cas sont à distinguer, conduisant à trois types de solutions générales de EQ' :

→ $\lambda^2-\omega_0^2>0$, $y(t)=\exp(-\lambda t)\left(A\,\mathrm{ch}(\omega t)+B\,\mathrm{sh}(\omega t)\right)$, où $\omega=\sqrt{\lambda^2-\omega_0^2}$ (qui correspond à un régime apériodique),

→ $\lambda^2-\omega_0^2<0$, $y(t)=\exp(-\lambda t)\left(A\cos(\omega t)+B\sin(\omega t)\right)$, où $\omega=\sqrt{\omega_0^2-\lambda^2}$ (qui correspond à un régime pseudopériodique),

→ $\lambda^2=\omega_0^2$, $y(t)=\exp(-\lambda t)\left(At+B\right)$ (qui correspond au régime critique).

La solution générale de EQ est la somme de la solution générale de l'équation EQ' et d'une solution particulière de EQ. La détermination des constantes à partir des conditions initiales se faisant toujours sur la solution générale de EQ.

Lorsque le second membre est sinusoïdal, on recherche une solution particulière de EQ sous la forme d'une fonction sinusoïdale de même pulsation que le second membre mais à priori déphasé. On passe alors en complexe pour résoudre.

4. Constantes fondamentales et ordres de grandeur classiques

❑ Électromagnétisme et constituant de l'atome

Perméabilité magnétique du vide	$\mu_0 = 4\pi \cdot 10^{-7}\,\mathrm{H \cdot m^{-1}}$
Permittivité diélectrique du vide	$\varepsilon_0 = \dfrac{1}{36\,\pi} \cdot 10^{-9}\ \mathrm{F \cdot m^{-1}} \left(\approx 8{,}854 \cdot 10^{-12}\,\mathrm{F \cdot m^{-1}}\right)$
	on peut encore retenir que
	$\dfrac{1}{4\pi\varepsilon_0} = 8{,}988 \cdot 10^9\,\mathrm{m \cdot F^{-1}} \approx 9 \cdot 10^9\,\mathrm{m \cdot F^{-1}}$
Célérité de la lumière dans le vide	$c = 1/\sqrt{\varepsilon_0 \mu_0} = 299792458\ \mathrm{m \cdot s^{-1}} \approx 3 \cdot 10^8\ \mathrm{m \cdot s^{-1}}$
Constante de Planck	$h = 6{,}626 \cdot 10^{-34}\ \mathrm{J \cdot s}$
	$\hbar = h/2\pi = 1{,}054 \cdot 10^{-34}\ \mathrm{J \cdot s}$
Charge élémentaire	$e \approx 1{,}6 \cdot 10^{-19}\ \mathrm{C}$
Charge de l'électron	$e \approx -1{,}6 \cdot 10^{-19}\ \mathrm{C}$
Charge du proton	$e \approx +1{,}6 \cdot 10^{-19}\ \mathrm{C}$
Rayon de Bohr	$a_0 \approx 5{,}3 \cdot 10^{-11}\ \mathrm{m} \approx 0{,}5\ \mathrm{Å}$
Masse de l'électron	$m_e \approx 9{,}1091 \cdot 10^{-31}\ \mathrm{kg}$
Masse du proton	$m_p = 1{,}6726 \cdot 10^{-27}\ \mathrm{kg} \approx 2000 \times m_e$
	rapport $\dfrac{m_p}{m_e} = 1836 \approx 2000$
Masse du neutron	$m_n = 1{,}6748 \cdot 10^{-27}\ \mathrm{kg} \approx m_p$
Masse d'un atome de nombre de masse A	$m_{atome} \approx A \times 1{,}67 \cdot 10^{-27}\,\mathrm{kg}$
Conversion joule $\rightarrow$ électron-volt	$1\ \mathrm{eV} \approx 1{,}6 \cdot 10^{-19}\ \mathrm{J}$
Énergie d'ionisation de l'atome d'hydrogène	13,6 eV
Photon émis lors une transition de 1 eV	$\lambda \approx 1{,}2 \cdot 10^{-6}\ \mathrm{m}$
Écart entre niveaux d'énergie électronique	de quelques eV à quelques dizaines d' eV
Énergie thermique à 300 K	1/40 eV

❑ Gravitation et mécanique

Constante gravitationnelle	$G \approx 6{,}674 \cdot 10^{-11}\,\mathrm{m^3 \cdot kg^{-1} \cdot s^{-2}}$
Accélération de la pesanteur	$g \approx 9{,}81\ \mathrm{m \cdot s^{-2}}$

❑ Thermodynamique

Température et pression du point triple de l'eau	$T_\mathrm{T} \approx 273{,}16\ \mathrm{K}$ et $P_\mathrm{T} = 0{,}611\ \mathrm{kPa}$
Pression atmosphérique standard	$P_0 = 101325\ \mathrm{Pa} \approx 10^5\ \mathrm{Pa} = 1\ \mathrm{atm}$
Nombre d'Avogadro	$N_A \approx 6{,}022 \cdot 10^{23}\ \mathrm{mol}^{-1}$
Constante des gaz parfaits	$R \approx 8{,}314\ \mathrm{J} \cdot \mathrm{K}^{-1} \cdot \mathrm{mol}^{-1}$
Constante de Boltzmann	$k_B = \dfrac{R}{N_A} \approx 1{,}381 \cdot 10^{-23}\ \mathrm{J} \cdot \mathrm{K}^{-1}$

5. Calculs d'incertitudes

❑ Variabilité et incertitude-type

Les valeurs obtenues lors de mesures d'une grandeur physique, dans des conditions données, ne sont pas toutes identiques, pour des raisons diverses : bruits parasites, fluctuations des conditions de l'expérience, variation de la grandeur entre deux instants de mesures, incertitude quantique, etc. On dit que les mesures présentent une **variabilité**. Il s'agit alors de caractériser quantitativement cette variabilité, grâce à l'**incertitude-type**.

Lorsque l'on dispose de plusieurs mesures, on évalue l'incertitude-type par l'**écart-type expérimental**. On dit qu'il s'agit d'une incertitude de **type A**. Soient *N* mesures $\{x_1, x_2, ..., x_N\}$ d'une grandeur *X*. La moyenne est donnée par $\overline{X} = \frac{1}{N}\sum_{i=1}^{N} x_i$. L'incertitude-type notée $u(X)$ est alors donnée par $u(X) = \sqrt{\frac{1}{N-1}\sum_{i=1}^{N}\left(x_i - \overline{X}\right)^2}$.

Lorsque l'on ne dispose que d'une seule mesure, on évalue l'incertitude-type grâce à la connaissance de la précision des appareils de mesure ou de l'estimation de la précision de la mesure. Il s'agit d'une incertitude de **type B**. Par exemple, un multimètre fonctionnant en voltmètre indique que la valeur de la tension affichée est précise à 3 % + 2 unités de la plus petite décimale. Ainsi, si on lit *U* = 6,746 V, on calcule $\Delta U = 6{,}746 \times 0{,}03 + 0{,}002 = 0{,}20\,\text{V}$. L'incertitude-type est alors donnée par $u(U) = \frac{\Delta U}{\sqrt{3}} = 0{,}12\,\text{V}$ car on considère que la répartition est uniforme dans l'intervalle $[U - \Delta U, U + \Delta U]$.

On répète *N'* fois (*N'* grand) le même protocole d'une série de *N* mesures $\{x_1, x_2, ..., x_N\}$, chacune des *j* série, $j \in [1, N']$, étant de moyenne $\overline{X}_j = \frac{1}{N}\sum_{i=1}^{N} x_i$ et d'incertitude-type $u(X)$. Le résultat final des mesures est la moyenne des *N'* valeurs $\{\overline{X}_1, \overline{X}_2, ..., \overline{X}_{N'}\}$, soit $\langle X \rangle = \frac{1}{N'}\sum_{j=1}^{N'} \overline{X}_j$, tandis que l'incertitude-type est $u(\overline{X}) = \frac{u(X)}{\sqrt{N'}}$. Ainsi, **une grandeur moyenne possède une variabilité plus petite que la grandeur de base**.

Par exemple, en séance de travaux pratiques, on peut rassembler les résultats des *N'* groupes de T.P. pour en déduire une moyenne et une incertitude-type pour l'ensemble de la classe.

❑ Propagation des incertitudes-types

Si une grandeur Y est fonction d'une grandeur X soit $Y = f(X)$, les incertitudes-types sont liées par $u(Y) = |f'(x)|u(X)$ où $f'(x)$ est la dérivée de f évaluée en x, valeur de la grandeur X.

Par exemple, si une longueur X de valeur $x = 7{,}34$ cm possède une incertitude-type $u(X) = 0{,}15$ cm, la grandeur $Y = \frac{1}{X^2}$ de valeur $y = \frac{1}{x^2} = 1{,}856 \cdot 10^{-2}$ cm^{-2} possède l'incertitude-type $u(Y) = \frac{2}{x^3}u(X) = 7{,}6 \cdot 10^{-4}$ cm^{-2}.

❑ Incertitudes-types composées

Le plus souvent, la grandeur intéressante, notée ici Y, n'est pas mesurée directement mais est obtenue comme résultat d'une fonction d'une ou de plusieurs grandeurs mesurables X_i, $Y(X_1, X_2, ..., X_n)$. L'incertitude-type $u(Y)$ de la grandeur Y est alors dite **composée** des incertitudes-types $u(X_i)$ des grandeurs X_i. Dans le cas de fonction simples ou d'un petit nombre de variables, il existe des relations facilement calculables. Par exemple, pour une somme $Y = X_1 + X_2$, $u(Y) = \sqrt{u(X_1)^2 + u(X_2)^2}$. Dans le cas général, on utilise une méthode numérique, dite de **Monte-Carlo**, fondée sur un grand nombre de tirages aléatoires des valeurs mesurables.

❑ Capacité numérique : simuler un processus aléatoire permettant de caractériser la variabilité de la valeur d'une grandeur composée

Soit une grandeur physique Y calculée à partir de grandeurs mesurables $\{X_1, X_2, ...\}$, soit $Y(X_1, X_2, ...)$. On connaît les valeurs moyennes $\{\bar{X}_1, \bar{X}_2, ...\}$ et les incertitudes-types $\{u(X_1), u(X_2), ...\}$. On veut en déduire l'incertitude-type $u(Y)$ grâce à un processus aléatoire. On génère à cette fin un grand nombre de valeurs x_i de chaque grandeur X_i avec une répartition gaussienne (dite aussi normale) de moyenne $\bar{X}_i$ et d'écart-type $u(X_i)$. On en déduit les valeurs $Y(x_1, x_2, ...)$ dont on calcule la moyenne $\bar{Y}$ puis l'écart-type $u(Y)$ grâce à l'expression $u(Y) = \sqrt{\overline{Y^2} - \bar{Y}^2}$.

Exemple : considérons la mesure d'une résistance R grâce aux mesures de la tension U à ses bornes et de l'intensité I qui la traverse, en convention récepteur. Dans ce cas, $R = \frac{U}{I}$ selon la loi d'Ohm. R joue ici le rôle de la grandeur Y, U et I jouent le rôle des variables X_1 et X_2.

Supposons que les mesures et les évaluations des incertitudes-types fournissent les valeurs $\bar{U} = 2{,}34\text{V}$, $u(U) = 0{,}05\text{V}$, $\bar{I} = 0{,}065\text{A}$ et $u(I) = 0{,}0015\text{A}$.

On commence par charger les bibliothèques des instructions utiles :

```
#Importation des bibliothèques
import numpy as np #commandes de calculs numériques, d'alias np
import random as rd #commandes de générateurs aléatoires, d'alias rd
import matplotlib.pyplot as plt #commandes de tracés, d'alias plt
```

Le cœur du programme consiste à générer une liste de tensions et une liste d'intensités, puis d'en déduire la liste des résistances. Pour générer les valeurs aléatoires, on utilise la fonction **`rd.normalvariate(a,b)`** qui renvoie une valeur aléatoire de répartition gaussienne (loi dite normale) de moyenne **`a`** et d'écart-type **`b`**.

```
#Génération des valeurs des résistances
NbreTirages=100000 #définition du nombre de tirages effectués
U,I=[],[] # on initialise les listes de tensions et d'intensités
Um,u_U = 2.34,0.05 #valeur moyenne de la tension et incertitude-type de
#la tension
Im,u_I = 0.065,0.0015 #valeur moyenne de l'intensité et incertitude-type
#de l'intensité

R=[] #on initialise la liste des résistances calculées

for i in range(NbreTirages): #déclaration de la boucle
  u=rd.normalvariate(Um,u_U) #tirage aléatoire pour une densité normale
  #de  moyenne Um et d'écart-type u_U
  U.append(u) #on incrémente la liste U avec le tirage précédent
  i=rd.normalvariate(Im,u_I) #tirage aléatoire pour une densité normale
  #de  moyenne Im et d'écart-type u_I
  I.append(i) #on incrémente la liste I avec le tirage précédent
  r=u/i #on calcule la valeur de la résistance par la formule r=u/i :
  #c'est ici que l'on implémente la fonction que l'on veut étudier, en
  #l'occurrence l'expression de la résistance en fonction de la tension
  #et de l'intensité
  R.append(r) #et on incrémente la liste R des résistances avec cette
  #valeur
```

Il faut à présent en déduire l'écart-type de l'ensemble des valeurs des résistances dans la liste R. On commence par calculer la résistance moyenne R_m . Pour cela, on peut utiliser la fonction **`sum(R)`** qui renvoie la somme des éléments de la liste **`R`** puis on divise par le nombre d'éléments de **`R`**, donc le nombre de tirages (on pourrait aussi utiliser **`len(R)`**).
Une façon élégante de générer la liste des carrés des résistances consiste à utiliser les listes en compréhension, qui permet d'écrire une boucle dans la liste que l'on veut créer.

```
#Calculs de la résistance moyenne et de son incertitude-type
Rm=sum(R)/NbreTirages #on calcule la moyenne de l'ensemble R des
#résistances calculées
Rcarre=[r**2 for r in R] #liste des carrés des valeurs des résistances
#grâce à une liste  en compréhension. La variable r parcourt toutes les
#valeurs de la liste R et r**2 est stockée dans la liste Rcarre au fur et
#à mesure du parcours
```

```
RcarreMoyen=sum(Rcarre)/NbreTirages #valeur moyenne des carrés des
#résistances
u_R=np.sqrt(RcarreMoyen-Rm**2) #on calcule l'écart-type de l'ensemble R
#des résistances calculées

print('La résistance moyenne est Rm = ',Rm,'ohm,','\nl\'incertitude-type\
est u(R) =',u_R,' ohm.') #affichage des résultats, '\n' permet un retour
#à la ligne
```

Résultats affichés dans l'interpréteur :

```
La résistance moyenne est Rm = 36.01978850841599 ohm,
l'incertitude-type est u(R) = 1.134975771427476 ohm.
```

Il faut évidemment restreindre le nombre de décimales. On retient deux chiffres pour l'incertitude-type et on présente le résultat sous la forme $R = 39{,}0\ \Omega$, $u(R) = 1{,}1\ \Omega$. On peut aussi utiliser l'instruction **`round(Rm,1)`** pour afficher le résultat avec une décimale.

❑ Incertitudes sur les paramètres d'un modèle

Des mesures conduisent à obtenir deux ensembles de valeurs $\{x_1, x_2, ..., x_N\}$ et $\{y_1, y_2, ..., y_N\}$ dont la relation est modélisée par une fonction affine $y = ax + b$. Une méthode numérique de régression linéaire permet d'obtenir les deux valeurs des paramètres pente a et ordonnée à l'origine b. Connaissant l'incertitude-type des abscisses $u(x)$ et des ordonnées $u(y)$, le calcul des incertitudes-types $u(a)$ de la pente et $u(b)$ de l'ordonnée à l'origine est fondé sur la génération de valeurs aléatoires des deux ensembles de valeurs abscisses et ordonnées.

❑ Capacité numérique : simuler un processus aléatoire de variation des valeurs expérimentales – simulation Monte-Carlo – pour évaluer l'incertitude sur les paramètres du modèle

On connaît deux listes de valeurs, l'un pour les abscisses $\{x_1, x_2, ..., x_N\}$, l'autre pour les ordonnées $\{y_1, y_2, ..., y_N\}$ ainsi que l'incertitude-type $u(x)$ supposée identique sur les valeurs des abscisses et l'incertitude-type $u(y)$ supposée identique sur les valeurs des ordonnées. On effectue un grand nombre *NbreTirages* de tirages aléatoires de deux listes $\left[\{\tilde{x}_1, \tilde{x}_2, ..., \tilde{x}_N\}, \{\tilde{y}_1, \tilde{y}_2, ..., \tilde{y}_N\}\right]$ selon une loi normale puis on calcule, pour chaque couple de listes abscisses-ordonnées, la pente a_j et l'ordonnée à l'origine b_j pour $j \in \{1, 2, ..., NbreTirages\}$. L'écart-type $u(a)$ et l'écart-type $u(b)$ fournissent les incertitudes-types des paramètres du modèle affine.

Exemple : prenons comme exemple la décharge d'un condensateur dans une résistance. On mesure dix valeurs de la tension aux bornes du condensateur à dix instants. On déclare deux listes de valeurs mesurées :

```
Temps=[0., 0.1, 0.2, 0.3, 0.4, 0.5, 0.6, 0.7, 0.8, 0.9, 1. ] #instants
#des mesures, en ms
```

```
Umesure=[5.13, 3.69, 3.15, 2.49, 2.08, 1.47, 1.24, 0.96, 0.89, 0.86, 0.46]
#valeurs mesurées de la tension, en V
```

La loi que l'on cherche à modéliser est de la forme $\ln(U)=-\frac{t}{\tau}+\ln(U_0)$, donc une fonction affine de pente $a=-\frac{1}{\tau}$ et d'ordonnée à l'origine $b=\ln U_0$. Pour cela, on utilise l'instruction **`polyfit`** de la bibliothèque `numpy` sous la forme **`np.polyfit`**.

On commence par calculer le logarithme de chaque valeur de tension avant d'utiliser l'outil de régression linéaire de Python. Ainsi, la liste `Temps` forme la liste des abscisses et `lnU` celle des ordonnées.

```
lnU=[np.log(u) for u in Umesure] #on crée la liste lnU des logarithmes
#népériens de chaque valeur de tension mesurée

a,b=np.polyfit(Temps,lnU,1) #cette instruction renvoie le couple (a,b)
#formé de la pente et de l'ordonnée à l'origine de la droite de régression
#Y = a X + b, le troisième paramètre vaut 1, ce qui indique que l'on
#cherche une courbe du premier degré, donc une droite

#On affiche la pente et l'ordonnée à l'origine
print ('La pente est a= ',a,' et l\'ordonnée à l\'origine est b= ',b)
tau=-1/a #on calcule la durée caractéristique du signal
#et on l'affiche, en arrondissant à trois chiffres après la virgule avec
#l'instruction round( ,3))
print('La durée caractéristique est tau = ',round(tau,3),' ms')
```

La pente est `a = -2.1908403969024497` et l'ordonnée à l'origine est `b = 1.5725521497839794`. La durée caractéristique est `tau = 0.456 ms`.

Il s'agit maintenant d'évaluer l'incertitude-type $u(a)$ de la pente a.

On connaît les incertitudes-types des valeurs mesurées, que l'on déclare. L'intervalle de variation est estimé à 0,002 µs pour le temps, ce qui impose l'incertitude-type $u(t)=\frac{0{,}002}{\sqrt{3}}\,\mu\text{s}$ dans le cas d'une distribution uniforme. De même, l'intervalle de variation est estimé à 0,01 V pour la tension, ce qui se traduit par $u(U)=\frac{0{,}01}{\sqrt{3}}\,\text{V}$.

```
u_t=0.002/np.sqrt(3) #incertitude-type sur les mesures des instants, en ms
u_U=0.01/np.sqrt(3)  #incertitude-type sur les mesures de tensions, en V

NbreTirages=10000 #déclaration du nombre de tirage de la méthode de
#Monte-Carlo
A,B=[],[] #initialisation des listes des pentes et des ordonnées à
#l'origine
A_carre,B_carre=[],[] #initialisation des listes des carrés des pentes et
#ordonnées à l'origine, dans le but de calculer les écarts-types
for j in range(NbreTirages): #boucle des tirages aléatoires
  X=[] #initialisation de la liste qui contiendra les tirages aléatoires
       #des instants
```

```
  for t in Temps : #boucle dont la variable parcourt la liste des
                  #instants de la liste Temps
    x=rd.normalvariate(t,u_t) #tirage aléatoire d'une valeur de moyenne t
    #et d'écart-type u_t selon une distribution gaussienne (normale)
    X.append(x) #que l'on place dans la liste X
  Y=[] #initialisation de la liste qui contiendra les tirages
      #aléatoires de ln(Umesure)

  for u in Umesure : #boucle dont la variable u parcourt la liste des
  #valeurs mesurées (la méthode de la liste en compréhension serait moins
  #lisible)
    U_alea=rd.normalvariate(u,u_U) #tirage aléatoire d'une valeur de
    #moyenne u et d'écart-type u_U selon une distribution gaussienne
    y=np.log(U_alea) #on en calcule le logarithme népérien
    Y.append(y) #que l'on place dans la liste Y
  a,b=np.polyfit(X,Y,1) #cette instruction renvoie le couple (a,b) formé
  #de la pente et de l'ordonnée à l'origine de la droite de régression
  #Y = a X + b

  A.append(a) #on ajoute la nouvelle pente à la liste A
  A_carre.append(a**2) #et son carré à la liste A_carre
  B.append(b) #on ajoute la nouvelle ordonnée à l'origine à la liste B
  B_carre.append(b**2) #et son carré à la liste B_carre

am=sum(A)/NbreTirages #moyenne des valeurs des pentes
bm=sum(B)/NbreTirages #moyenne des valeurs des ordonnées à l'origine
u_a=np.sqrt(sum(A_carre)/NbreTirages-am**2) #écart-type des valeurs des
#pentes
u_b=np.sqrt(sum(B_carre)/NbreTirages-bm**2) #écart-type des valeurs des
#ordonnées à l'origine

print('La pente moyenne est a =',am,' d\'incertitude-type\
',u_a,'\nL\'ordonnée à l\'origine est b\ =',bm,' d\'incertitude-type\
',u_b) #affichage des résultats
```

On déduit la durée τ de la pente a, puis l'incertitude-type $u(\tau)$:

```
tau=-1/am  # on calcule tau = -1/am
u_tau=u_a/am**2 # puis l'incertitude-type selon u(tau)=u(a)/a**2
```

Rappelons que si $\tau = \frac{1}{a}$, $u(\tau) = \frac{u(a)}{a^2}$ puisque $\tau = \frac{1}{a} \Rightarrow u(\tau) = \left|\frac{d\tau}{da}\right| u(a) = \frac{1}{a^2} u(a)$

```
print('La durée caractéristique est tau = ',round(tau,4),' ms,\
d\'incertitude-type ',round(u_tau,4),' ms.') #affiche tau et son
#incertitude-type, avec quatre chiffres après la virgule.
```

La pente moyenne est `a = -2.1909048197912093` d'incertitude-type
`u(a) = 0.0071051148584910925`
L'ordonnée à l'origine est `b = 1.572563758820449` d'incertitude-type
`u(b) = 0.002537502078591573`

Résultats affichés dans l'interpréteur :

```
La durée caractéristique est tau = 0.4564 ms, d'incertitude-type
u(tau) = 0.0015 ms.
```

Index

A

Accélération
absolue 5
centripète 6
relative 5
d'entraînement 5
de Coriolis 5
Actions
de contact 33, 35, 36
subie par un dipôle 92, 143, 146
Albédo 560
Amplitude de probabilité 616
Analyse spectrale 774, 775, 818
Angle de frottement 37
Anneaux d'égale inclinaison (d'Haidinger) 463, 468
Approximation
des ondes planes 247
dipolaire 385
des régimes quasi stationnaires (ARQS) 183, 211
Astable 772
Atmosphère isotherme 712
Axe instantané de viration 3

B

Barrière de potentiel 657
Bascule RS 772
Bilan
de masse 523
de puissance électromagnétique 184
thermique 555
Bistable 772
Boltzmann (facteur de) 704
Brouillage 465

C

Câble coaxial 349
Capacité d'un condensateur plan 68
Capacité thermique 705, 706
Champ
d'interférence 431, 460
de gravitation 8, 68, 90
d'un dipôle 92, 143
électrostatique 63, 92, 106
magnétostatique 142
électromagnétique 182
rayonné par un dipôle 385
Charge
électrique 63
élastiquement liée 386
Changement de référentiel 4
Chemin optique 420
Chronogramme 773, 788
Coefficient de diffusion thermique (*voir* diffusivité thermique)
Coefficient
de frottement dynamique 36
de frottement statique 36, 37
de performance 526
de transfert thermique surfacique 558
Cohérence
mutuelle 423, 459
spatiale 423, 465
temporelle 422, 463
Coin d'air 462
Compensatrice (*voir* lame)
Composition des vitesses et accélération 4, 5
Condensateur plan 67, 101
Condition
de normalisation 616

de Nyquist-Shannon 768
de visibilité (*voir* critère de)
Conducteur réel dans l'ARQS 281
Conducteur parfait 319
Conductivité
dynamique 183, 191, 279
statique 183, 191
thermique 556
Cône de frottement 37
Constante de Stefan 560
Contact optique 462
Contraste 425, 435
Convexion 555
Conversion analogique/numérique (CAN et CNA) 767
Courant de déplacement 182
Critère de visibilité 463, 471

D

Densité de probabilité 616
Densité de courant de probabilité 617
Densité linéique
de charge 64
de courant 139
de probabilité 616
Densité surfacique
de charge 64, 319
courant 139
Densité spectrale d'énergie 559
Densité volumique
de charge 64
de courants 139
d'énergie électromagnétique 183
moyenne d'énergie électromagnétique 243
Déphasage entre deux ondes 420
Diagramme de rayonnement (indicatrice de rayonnement) 386
Différence de marche 420
Diffusion
Rayleigh 386
thermique 555
Diffusivité thermique 557
Dipôle
électrique oscillant 385
électrostatique 91, 106
magnétostatique 142, 146
Directivité (du rayonnement dipolaire) 386, 392
Division
d'amplitude 459
du front d'onde 459
Domaine réactif et de transparence 280

E

Échelle micro, méso, macroscopique 703
Éclairement 244, 419
Effet de serre 560, 584
Effet doppler 332
Effet tunnel 657
Émissivité d'un corps gris 560
Énergie
d'une particule libre 615
électromagnétique 183, 184
électrostatique 75
interne 521
magnétostatique 155
moyenne 704, 707
potentielle centrifuge 7
potentielle d'interaction champ-dipôle 92, 143
potentielle électrostatique 91
potentielle gravitationnelle 91
thermique 555
Entropie 521
Épaisseur de peau 281, 282, 319
Équation de conservation
de l'énergie électromagnétique 184
de la charge 181, 211
Équation de Schrödinger 617
Équation de d'Alembert 237
Équation de diffusion
du champ dans un conducteur 286
thermique 557
Équation de Laplace 90, 96
Équations de Maxwel
-Ampère 141, 182, 212
-Flux 142, 181
-Gauss 67, 74, 182
-Faraday 181, 212
Équation de Poisson 90
État de diffusion ou lié 618
État de polarisation d'une OPPM 241, 242, 252
Équation différentielle d'un système linéaire 740
État stationnaire de l'équation de Schrödinger 617

État stationnaire (superposition) 618
Exitance 560

F

Facteur de Boltzmann 704
Fentes d'Young 461
Filtrages
analogiques passe-bas, -bande, -haut 743
numériques 769
Fluctuation de l'énergie 704
Flux thermique 555
Fonction de partition 705
Fonction de transfert 739
Fonction d'onde 615
Force
de Coriolis 6, 14
de Coulomb 63
d'entraînement 6,13
de Laplace 142
de Lorentz 142, 182, 238
Formule de Fresnel 423
Foucault (pendule de) 20
Fourier (loi de) 556
Frange
d'égale épaisseur 463, 470
d'interférences 425, 435

G

Gain directionnel 399
Guide d'onde 350

H

Haidinger (anneaux d'égale inclinaison) 463
Heisenberg (relation d'incertitude) 615

I

Identités thermodynamiques 522
Indicatrice de rayonnement 386
Induction 188
Intensité
du courant électrique 139, 211
lumineuse 419
Interférences
à N ondes 426, 440, 461
entre deux ondes 423
constructives 424
destructives 424
localisées 459, 463, 465
non localisée 459, 465
quantiques 617
Interféromètre de Michelson 462, 476
Interfrange 425, 460
Interrupteur 770
Invariances d'une distribution
de charge 65
de courant 141

L

Lame
compensatrice 476
d'air 462, 467
séparatrice 462, 476
Laplace (notation de) 741
Lignes de champ 66
Logique séquentielle 771
Loi
de Coulomb (en électrostatique) 63
de Coulomb (en dynamique) 36
de Coulomb (en statique) 36
de Dulong et Petit 706
de Fourier 556
de Newton (thermique) 558
de Planck 559
de Stefan 559
de Wien 559
d'Ohm locale 183
Longueur de cohérence temporelle 422, 463
Longueur caractéristique de diffusion thermique 558
Lumière blanche 464, 472

M

Michelson (interféromètre de) 462, 476
Milieu dispersif 280, 281, 351
Milieu transparent 280, 282

Mode propre 326, 350
Moment
dipolaire électrique 91, 385
magnétique 142
Monostable 772
Mouvement
de translation 3, 5
de rotation autour d'un axe fixe 4, 6
de précession (d'un moment magnétique) 150, 159

N

Nœud de vibration 325
Nombre d'onde 240
Nyquist-Shannon (condition de) 768

O

Onde évanescente 280, 282
Onde lumineuse 419, 421
Onde plane
généralité sur les ondes planes 237
progressive (ou régressive) électromagnétique (OPPEM) 238
progressive monochromatique (harmonique) OPPM (OPPH) 239
Onde sphérique 246, 421, 431
Onde stationnaire 320
OPPM dans le vide 238
Ordre d'interférence 424

P

Paquet d'onde 244, 250, 280, 619
Particule libre 615
Particule dans un potentiel 655
Particule discernables (indiscernables) 705
Plasma 279
Poids de Boltzmann 703
Point
coïncidant 4
de contact (entre deux solides) 35
Polarisation d'une OPPM 241, 242, 252
Portes logiques 770
Potentiel
d'un dipôle 92
électrostatique 89
Pouvoir dispersif d'un réseau 479
Premier principe de la thermodynamique
pour un système fermé 521
pour un système ouvert 523
Pression de radiation 329, 330
Principe
de Curie 65
de superposition 63, 182
Probabilité d'occupation d'un état 705
Profondeur de pénétration (*voir* épaisseur de peau)
Puissance
cédée (à la matière par un champ électromagnétique) 183
des actions de contact 37
dissipée par effet Joule 184
indiquée 523
rayonnée par un dipôle oscillant 386
thermique 523, 555
rayonnée 184, 244
Puits de potentiel (quantique) 656
Pulsation de coupure
dans un guide d'onde 351
dans un plasma 280, 284
Pulsation plasma 279

Q

Quantification de l'énergie 618, 656

R

Rapport gyromagnétique 146
Rayonnement
dipolaire 386
du corps noir 559
Recouvrement d'ordre 480
Référentiel
absolu 3
de Copernic 7
géocentrique 7
non galiléen 6
relatif 3
terrestre 8, 14

Réflexion sur un conducteur parfait 319
Relation d'incertitude d'Heisenberg 615
Relation de De Broglie 615
Relation de dispersion
dans un conducteur 281
dans le vide illimité 239
dans un plasma 279
Relation de passage pour le champ électrique et/ou magnétique 77, 156, 319, 322, 323
Relation de Planck-Einstein 615
Relation de structure de l'OPPEM 238
Relation de Varigon 3
Repliement de spectre 768
Réseau plan 461
Résistance thermique 558
Retard de phase entre deux ondes 420
Rotation autour d'un axe fixe (*voir* mouvement de rotation) 4, 6

S

Section efficace de diffusion 393
Second principe de la thermodynamique
pour un système fermé 521
pour un système ouvert 524
Shannon (*voir* Nyquist-Shannon)
Source
non monochromatique 422, 463
secondaire 459
Spectre d'une onde électromagnétique 240
Spectre
d'un signal analogique 742
numérique 768
Stabilité 772, 786
Surface
d'onde 237
équipotentielle 90
Symétrie d'une distribution
de charge 65
de courant 140
Système à deux niveaux 705
Systèmes linéaires 739
Systèmes ouverts 522

T

Teinte
interférentielles 464, 472
plate (contact optique) 462
Temps caractéristique de diffusion thermique 558
Théorème
d'Ampère 141
d'équipartition de l'énergie 706
de Gauss 67, 72
de l'énergie mécanique 7
de l'énergie cinétique 7
de la résultante cinétique (TRC) 6
de Malus 421
du moment cinétique (TMC) 6
Train d'onde 422, 463
Transfert thermique 524
Translation 3, 6
Travail indiqué 524
Trous d'Young 459
Tube de champ 66, 71

V

Vecteur
d'onde 239
de Poynting 184
de Poynting instantané lié à l'OPPM 243
de Poynting moyen lié à l'OPPM 243
de Poynting moyen rayonné 386
densité de courant thermique 555
Vitesse
angulaire instantanée 3
absolue, relative, d'entraînement 5
de glissement 35
de groupe 245, 280, 351, 619
de l'énergie 243, 244, 619
de phase 240, 243, 280, 281, 351

Z

Zone de rayonnement 385

Cet ouvrage a été achevé d'imprimer en mai 2022
dans les ateliers de Normandie Roto Impression s.a.s.
61250 Lonrai (Orne)
N° d'imprimeur : 2202161
Dépôt légal : mai 2022

Imprimé en France